L 789.
Gad. 1.

à conserver

MÉMORIAL

DE

SAINTE-HÉLÈNE.

IMPRIMERIE DE PAUL DUPONT ET COMP.,
Rue de Grenelle-St-Honoré, 55.

MÉMORIAL

DE

SAINTE-HÉLÈNE,

PAR

LE COMTE DE LAS CASES.

TOME PREMIER.

PARIS,

MAGEN ET COMON, LIBRAIRES-ÉDITEURS,

21, quai des Augustins.

AVANT-PROPOS DE L'ÉDITEUR.

Après la chute de Napoléon, le *Mémorial de Sainte-Hélène* fut la première voix qui s'éleva en sa faveur. Ce fut la première défense, franche, entière, énergique de son caractère et de ses actes. Pour se faire une idée juste du mérite qu'il y eut à oser l'entreprendre alors, il faudrait se reporter à toutes les difficultés de l'époque : l'intolérance du parti triomphant, la défaveur d'une cause vaincue, les préjugés, le blâme entassés contre une puissance renversée, les innombrables pamphlets qui tenaient comme obscurcie la raison publique, enfin et par dessus tout l'irritation d'une faction tout nouvellement victorieuse après avoir été si long-temps humiliée. Aussi l'auteur dit-il dans sa préface qu'il ne se dissimule pas tous les obstacles, les inconvéniens, les périls même de son entreprise, mais qu'il se fait un devoir de l'entreprendre, et que rien ne l'arrêtera pour l'accomplir.

M. de Las Cases eut la satisfaction de réussir complètement : il attaqua et détruisit cette foule de bruits absurdes, de mensonges ridicules accumulés depuis des années sur Napoléon par la politique, la mauvaise foi, la haine, la méchanceté. C'est encore à lui que nous dûmes les premières idées justes sur les qualités privées de Napoléon, les agrémens de son esprit et la bienveillance de son cœur, toutes choses tellement ignorées jusque là et si contraires à la croyance commune, qu'elles excitèrent d'abord plus que de la surprise. Mais les assertions de M. de Las Cases respiraient tant de bonne foi, elles étaient appuyées sur des faits si positifs, narrées avec tant de candeur, qu'elles ne tardèrent pas à produire, à cet égard, un changement presque universel et dans tous les pays ; nous disons dans tous les pays, car le *Mémorial*, dès son apparition, obtint un accueil et un succès européens, et fut traduit dans toutes les langues.

Il serait difficile de dire la foule des conversions opérées, celle des préventions détruites et des animosités vaincues dont l'auteur eut la douce satisfaction de recueillir de toute part les nombreux témoignages ; aussi est-il vrai de dire que c'est cet ami fidèle, ce compagnon dévoué qui a commencé et comme accompli la réaction qui a réduit à leur juste valeur et ces pamphlets mensongers et les injures conspiratrices de l'émigration et de l'étranger.

La voix de M. de Las Cases fut comme le signal. Dès que la brèche fut ouverte, un grand nombre d'auteurs distingués s'y précipitèrent à l'envi : entre autres, le baron Fain, le général Pelet, M. de Norvins, le duc de Rovigo, etc., et jusqu'au général Jomini même ; et leurs ouvrages remarquables, concordant tous avec l'exposé du *Mémorial*, sont venus corroborer ses assertions par leurs développemens et par de nouveaux faits ; il en est résulté l'opinion généralement fixée aujourd'hui sur le vrai caractère, les véritables intentions de Napoléon, sur sa magnifique carrière, dont l'éclat, comme il aimait à le prédire sur son roc, s'accroît chaque jour à mesure que le temps détruit l'aveuglement des partis et les clameurs diverses des intérêts contemporains ; aussi sa statue a-t-elle été relevée de nos mains, son nom remue nos cœurs, ses souvenirs enflamment notre imagination ; en un mot, tout ce qui est lui est aujourd'hui et demeurera à jamais éminemment national parmi nous.

PRÉFACE DE L'AUTEUR.

Les circonstances les plus extraordinaires m'ont tenu long-temps auprès de l'homme le plus extraordinaire que présentent les siècles.

L'admiration me le fit suivre sans le connaître; l'amour m'eut fixé pour jamais près de lui dès que je l'eus connu.

L'univers est plein de sa gloire, de ses actes, de ses monumens; mais personne ne connaît les nuances véritables de son caractère, ses qualités privées, les dispositions naturelles de son âme. Or c'est ce grand vide que j'entreprends de remplir ici, et cela avec un avantage peut-être unique dans l'histoire.

J'ai recueilli, consigné jour par jour, tout ce que j'ai vu de Napoléon, tout ce que je lui ai entendu dire durant les dix-huit mois que j'ai été auprès de sa personne. Or, dans ces conversations du dernier abandon, et qui se passaient comme étant déjà de l'autre monde, il devra s'être peint lui-même comme dans un miroir et dans toutes les positions et sous toutes les faces : libre à chacun désormais de l'étudier : les erreurs ne seront plus dans les matériaux.

Tout ce que je donne ici est bien en désordre, bien confus, et demeure à peu près dans l'état où je l'écrivis sur les lieux mêmes. En le retrouvant il y a peu de temps, lorsque le gouvernement anglais me l'a enfin rendu, j'ai voulu d'abord essayer de le refondre, de lui donner une forme et un ensemble quelconques, puis j'ai dû y renoncer : d'un côté l'état de ma santé m'interdisait tout travail; de l'autre, je me sentais gouverné par le temps. Je considérais la prompte publication de mon recueil comme un devoir sacré envers la mémoire de celui que je pleure; je me suis mis à courir pour être plus sûr d'arriver. Puis ce sont mes contemporains aussi qui ont causé ma précipitation : j'avais à cœur de procurer quelques jouissances à ceux qui ont aimé, de forcer à l'estime ceux qui sont demeurés ennemis; enfin un troisième but encore, qui ne m'importait pas moins, c'est que, si quelqu'un s'y trouve maltraité, il aura l'occasion de se défendre; le public sera juge, et l'histoire consacrera avec plus de certitude.

LE COMTE DE LAS CASES.

Passy, le 15 août 1822.

MÉMORIAL
DE
SAINTE-HÉLÈNE.

Depuis le 20 juin 1815, veille de l'abdication de l'Empereur Napoléon, jusqu'au 15 octobre, jour de l'arrivée à Sainte-Hélène.

ESPACE DE PRÈS DE QUATRE MOIS.

PRÉAMBULE.

J'entreprends d'inscrire ici, jour par jour, tout ce qu'a dit et fait l'empereur Napoléon, durant le temps où je me suis trouvé près de lui. Mais, avant de commencer, qu'on me pardonne un préambule qui ne me semble pas inutile.

Jamais je ne me suis attaché à aucune lecture historique sans avoir voulu connaître le caractère de l'auteur, sa situation dans le monde, ses relations politiques et domestiques, en un mot, les grandes circonstances de sa vie : je pensais que là seulement devaient se trouver la clef de ses écrits, la mesure certaine de ma confiance. Aujourd'hui je me hâte de fournir à mon tour, pour moi-même, ce que j'ai toujours recherché dans les autres.

Je n'avais guère que vingt et un ans au moment de la révolution ; je venais d'être fait lieutenant de vaisseau, ce qui correspondait au grade d'officier supérieur dans la ligne ; ma famille était à la cour, je venais d'y être présenté moi-même. J'avais peu de fortune ; mais mon nom, mon rang dans le monde, la perspective de ma carrière, devaient, d'après l'esprit et les calculs du temps, me faire trouver, par mariage, celle que je pouvais désirer. Alors éclatèrent nos troubles politiques.

Un des vices éminens de notre système d'admission au service était de nous priver d'une éducation forte et finie.

Sortis de nos écoles à quatorze ans, abandonnés dès cet instant à nous-mêmes, et comme lancés dans un grand vide, où aurions-nous pris la plus légère idée de l'organisation sociale, du droit public et des obligations civiles ?

Aussi, conduit par de nobles préjugés, bien plus que par des devoirs réfléchis ; entraîné surtout par un penchant naturel aux résolutions généreuses, je fus des premiers à courir au dehors près de nos princes, pour sauver, disait-on, le monarque des excès de la révolte, et défendre nos droits héréditaires que nous ne pouvions, disait-on encore, abandonner sans honte. Avec la manière dont nous avions été élevés, il fallait une tête bien forte ou un esprit bien faible pour résister au torrent.

Bientôt l'émigration devint générale. L'Europe ne connaît que trop cette funeste mesure, dont la gaucherie politique et le tort national ne sauraient trouver d'excuse aujourd'hui que dans le manque de lumière et la droiture du cœur de la plupart de ceux qui l'entreprirent.

Défaits sur nos frontières; licenciés, dissous par l'étranger; repoussés, proscrits par les lois de la patrie, grand nombre de nous gagnèrent l'Angleterre, qui ne tarda pas à nous jeter sur les plages de Quiberon. Assez heureux pour ne pas y avoir débarqué, je pus réfléchir, au retour, sur l'horrible situation de combattre sa patrie sous des bannières étrangères; et dès cet instant mes idées, mes principes, mes projets, furent ébranlés, altérés ou changés.

Désespérant des événemens, abandonnant le monde et ma sphère naturelle, je me livrai à l'étude, et sous un nom emprunté je refis mon éducation, en essayant de travailler à celle d'autrui.

Cependant, au bout de quelques années, le traité d'Amiens et l'amnistie du Premier Consul nous rouvrirent les portes de la France. Je n'y possédais plus rien, la loi avait disposé de mon patrimoine; mais est-il rien qui puisse faire oublier le sol natal ou détruire le charme de respirer l'air de la patrie?

J'accourus; je remerciai d'un pardon qui m'était d'autant plus cher que je pus dire avec fierté que je le recevais sans avoir à me repentir.

Bientôt après, la monarchie fut proclamée de nouveau : alors ma situation, mes sentimens furent des plus étranges; je me trouvais soldat puni d'une cause qui triomphait. Chaque jour on en revenait à nos anciennes idées, tout ce qui avait été cher à nos principes, à nos préjugés se rétablissait; et pourtant la délicatesse et l'honneur nous faisaient une espèce de devoir d'en demeurer éloignés.

En vain le nouveau gouvernement avait-il proclamé hautement la fusion de tous les partis; en vain son chef avait-il consacré ne vouloir plus connaître en France que des Français; en vain d'anciens amis, d'anciens camarades, m'offraient-ils les avantages d'une nouvelle carrière à mon choix; ne pouvant venir à bout de vaincre la discordance intérieure dont je me sentais tourmenté, je me condamnai obstinément à l'abnégation, je me réfugiai dans le travail, je composai, et toujours sous mon nom emprunté, un ouvrage historique qui refit ma fortune, et alors s'écoulèrent les cinq ou six années les plus heureuses de ma vie.

Cependant des événemens sans exemple se succédaient autour de nous avec une rapidité inouïe; ils étaient d'une telle nature et portaient un tel caractère, qu'il devenait impossible à quiconque avait dans le cœur l'amour du grand, du noble et du beau, d'y demeurer insensible.

Le lustre de la patrie s'élevait à une hauteur inconnue dans l'histoire d'aucun peuple : c'était une administration sans exemple par son énergie et par ses heureux résultats; un élan simultané qui, imprimé tout à coup à tous les genres d'industrie, excitait toutes les émulations à la fois; c'était une armée sans égale et sans modèle, frappant de terreur au dehors, et créant un juste orgueil au dedans.

A chaque instant notre pays se remplissait de trophées; de nombreux monumens proclamaient nos exploits; les victoires d'Austerlitz, d'Iéna, de Friedland; les traités de Presbourg, de Tilsitt, constituaient la France la première des nations et l'arbitre des destinées universelles : c'était vraiment un honneur insigne que de se trouver Français! Et pourtant tous ces actes, tous ces travaux, tous ces prodiges, étaient l'ouvrage d'un seul homme!

Pour mon compte, quels qu'eussent été mes préjugés, mes préventions antérieures, j'étais plein d'admiration ; et il n'est, comme on sait, qu'un pas de l'admiration à l'amour.

Or, précisément dans ce temps, l'Empereur appela quelques-unes des premières familles autour de son trône, et fit circuler, parmi le reste, qu'il regarderait comme mauvais Français ceux qui s'obstineraient à demeurer à l'écart. Je n'hésitai pas un instant ; j'avais, me disais-je, épuisé mon serment naturel, celui de ma naissance et de mon éducation ; j'y avais été fidèle jusqu'à extinction ; il n'était plus question de nos princes, nous en étions même à douter de leur existence. Les solennités de la religion, l'alliance des rois, l'Europe entière, la splendeur de la France, m'apprenaient désormais que j'avais un nouveau souverain. Ceux qui nous avaient précédés avaient-ils résisté aussi long-temps à d'aussi puissans efforts, avant de se rallier au premier des Capets? Je répondis donc, pour mon compte, qu'heureux par cet appel de sortir avec honneur de la position délicate où je me trouvais, je transportais désormais librement, entièrement et de bon cœur, au nouveau souverain tout le zèle, le dévouement, l'amour que j'avais constamment nourris pour mes anciens maîtres, et le résultat de ma démarche fut mon admission immédiate à la cour.

Cependant je désirais ardemment à mes paroles joindre quelques actions. Les Anglais envahirent Flessingue, et menacèrent Anvers ; je courus, comme volontaire, à la défense de cette place ; Flessingue fut évacuée, et ma nomination de chambellan me rappela auprès du prince. A ce poste honorifique j'avais besoin, dans mes idées, de joindre quelque occupation utile ; je demandai et j'obtins d'être membre du Conseil d'État. Alors se succédèrent des missions de confiance : je fus envoyé en Hollande, au moment de sa réunion, pour y recevoir les objets relatifs à la marine ; en Illyrie, pour y liquider la dette publique ; et dans la moitié de l'empire, pour inspecter les établissemens publics de bienfaisance. Dans nos derniers malheurs, j'ai reçu de douces preuves qu'après moi j'avais laissé quelque estime dans les pays où j'avais été envoyé.

Cependant la Providence avait posé un terme à nos prospérités : on connaît la catastrophe de Moscou, les malheurs de Leipsick, le siége de Paris. Je commandais dans cette cité une de ses légions, qui s'honora le 31 mars de la perte d'un assez grand nombre de citoyens. Au moment de la capitulation, je remis mon commandement entre les mains de celui qui venait après moi ; je me croyais, à d'autres titres, d'autres devoirs encore auprès de la personne du prince ; mais je ne pus gagner Fontainebleau à temps : l'Empereur abdiqua, et le roi vint régner.

Alors ma situation devint bien plus étrange encore qu'elle ne l'avait été douze ans auparavant. Elle triomphait enfin cette cause à laquelle j'avais sacrifié ma fortune, pour laquelle j'étais demeuré douze ans en exil au dehors, et six ans dans l'abnégation au dedans ; elle triomphait enfin, et pourtant le point d'honneur et d'autres doctrines allaient m'empêcher d'en recueillir aucun bien !

Quelle marche aurait été plus bizarre que la mienne? Deux révolutions s'étaient accomplies en opposition l'une de l'autre : la première m'avait coûté mon patrimoine, la seconde aurait pu me coûter la vie ; aucune des deux ne me procurait d'avantageux résultats. Le vulgaire ne verra là-dedans qu'une tergiversation fâcheuse d'opinions; les intrigans diront que j'ai été deux fois dupe; le petit nombre seulement comprendra que j'ai deux fois rempli de grands et honorables devoirs.

Quoi qu'il en soit, mes anciens amis, dont la marche que j'avais suivie n'avait pu m'enlever ni l'affection ni l'estime, devenus aujourd'hui tout-puissans, m'appelaient à eux. Il me fut impossible d'écouter leur bienveillance; j'étais dégoûté, abattu; je résolus que ma vie publique avait fini. Devais-je m'exposer au faux jugement de ceux qui m'observaient? Chacun pouvait-il lire dans mon cœur?

Devenu Français jusqu'au fanatisme, ne pouvant supporter la dégradation nationale dont, au milieu des baïonnettes ennemies, j'étais chaque jour le témoin, j'essayai d'aller me distraire, au loin, des malheurs de la patrie. J'allai passer quelques mois en Angleterre. Comme tout m'y parut changé! C'est que je l'étais beaucoup moi-même.

J'étais à peine de retour, que Napoléon reparut sur nos côtes. En un clin d'œil il se trouva transporté dans la capitale, sans combats, sans excès, sans effusion de sang. Je tressaillis, je crus voir la souillure étrangère effacée et toute notre gloire revenue. Les destins en avaient ordonné autrement.

A peine sus-je l'Empereur arrivé de Waterloo, que j'allai spontanément me placer de service auprès de sa personne. Je m'y trouvai au moment de son abdication, et quand il fut question de son éloignement, je lui demandai à partager ses destinées.

Tels avaient été jusque là le désintéressement, la simplicité, quelques-uns diront la niaiserie de ma conduite, que, malgré mes relations journalières comme officier de sa maison et membre de son conseil, il me connaissait à peine. « Mais savez-vous jusqu'où votre offre peut vous conduire? » me dit-il dans son étonnement. —Je ne l'ai point calculé, » répondis-je. Il m'accepta, et je suis à Sainte-Hélène.

A présent je me suis fait connaître; le lecteur a mes lettres de créance en ses mains : une foule de mes contemporains sont vivans, on verra s'il s'en lève un seul pour les infirmer. Je commence.

Retour de l'Empereur à l'Elysée après Waterloo.

Mardi 20 juin 1815. — J'apprends le retour de l'Empereur à l'Élysée, et je vais m'y placer spontanément de service. Je m'y trouve avec MM. de Montalembert et de Montholon, amenés par le même sentiment.

L'Empereur venait de perdre une grande bataille, le salut de la France était désormais dans la Chambre des représentans, dans leur confiance et leur zèle. L'Empereur accourait avec l'idée de se rendre, encore tout couvert de la poussière de la bataille, au milieu d'eux; là, d'exposer nos dangers, nos ressources; de protester que ses intérêts personnels ne seraient jamais un obstacle au bonheur de la France, et repartir aussitôt. On assure que plusieurs personnes l'en ont dissuadé, en lui faisant craindre une fermentation naissante parmi les députés.

Du reste, on ne saurait comprendre encore tout ce qui se répand sur cette malheureuse bataille : les uns disent qu'il y a eu trahison manifeste; d'autres, fatalité sans exemple. Trente mille hommes, commandés par Grouchy, ont manqué l'heure et le chemin; ils ne se sont pas trouvés à la bataille; l'armée, victorieuse jusqu'au soir, a été, dit-on, prise subitement, vers les huit heures, d'une terreur panique; elle s'est fondue en un instant. C'est *Crécy*, *Azincourt*, etc. (1)... Chacun tremble, on croit tout perdu !

Abdication.

Mercredi 21. — Tout hier soir et durant la nuit la représentation nationale, ses membres les mieux intentionnés, les plus influens, sont travaillés par certaines personnes, qui produisent, à les en croire, des documens auhentiques, des pièces à peu près officielles, garantissant le salut de la France par la *seule abdication de l'Empereur*, disent-ils.

Ce matin cette opinion était devenue tellement forte qu'elle semblait irrésistible. Le président de l'assemblée, les premiers de l'État, les meilleurs amis de l'Empereur, viennent le supplier de sauver la France en abdiquant. L'Empereur, peu convaincu, répond néanmoins avec magnanimité : il abdique !

Cette circonstance occasionne le plus grand mouvement autour de l'Élysée; la multitude s'y presse, et témoigne le plus vif intérêt; nombre d'individus y pénètrent, quelques-uns même de la classe du peuple en escaladent les murs; les uns en pleurs, d'autres avec les accens de la démence, viennent faire à l'Empereur, qui se promène tranquillement dans le jardin, des offres de toute espèce. L'Empereur seul reste calme, et répond toujours de porter désormais ce zèle et cette tendresse au salut de la patrie.

Dans ce jour je lui ai présenté la députation des représentans : elle venait le remercier de son dévouement à la chose nationale.

Les pièces et les documens qui ont produit une si grande sensation, et amené le grand événement d'aujourd'hui, sont, dit-on, des communications régulières de MM. Fouché et Metternich, dans lesquelles ce dernier garantit Napoléon II et la régence, si l'Empereur veut abdiquer. Ces communications se seraient entretenues depuis long-temps à l'insu de Napoléon.

Il faut que M. Fouché ait un furieux penchant aux opérations clandestines. On sait que sa première disgrâce, il y a quelques années, vint d'avoir entamé de son chef des négociations avec l'Angleterre, sans que l'Empereur en sût rien. Dans les grandes circonstances il a toujours eu quelque chose d'oblique. Dieu veuille que ces actes ténébreux d'aujourd'hui ne deviennent pas funestes à la patrie !

Députation de la Chambre des pairs. — Caulincourt. — Fouché.

Jeudi 22. — Je reviens passer quelques heures chez moi. Dans ce jour on a présenté la députation de la Chambre des pairs.

---

(1) Il y avait au texte *une véritable journée des Éperons*. Je ne dois pas passer ici sous silence ce qui en a amené la radiation.

L'Empereur, à Sainte-Hélène, qui seul savait que je tenais un journal, voulut un jour que je lui en lusse quelques pages. A cette expression de journée des *Éperons*, jetée par négligence, il s'écria avec chaleur : « Ah! malheureux ! qu'avez-vous écrit là ! Effacez, « Monsieur, effacez bien vite !.... Une journée des Éperons !.... Quelle erreur ! quelle ca- « lomnie !... Une journée des Éperons ! répétait-il. Ah ! pauvre armée ! braves soldats, « vous ne vous étiez jamais mieux battus ! » Et après une pause de quelques instans, il reprit avec un accent dont l'expression venait de loin : « Nous avons eu de grands misérables parmi « nous ! Que le ciel le leur pardonne ! Mais pour la France, s'en relèvera-t-elle jamais ! »

Le soir on avait déjà nommé une portion du gouvernement provisoire; MM. de Caulaincourt et Fouché, qui étaient du nombre, se trouvaient au milieu de nous, au salon de service. Nous en faisions compliment au premier, ce qui n'était au vrai que nous féliciter pour la chose publique; il ne nous a répondu que par de l'effroi. Nous applaudissions, disions-nous, aux choix déjà connus. « Il est sûr, a dit Fouché d'un ton léger, que moi
« je ne suis pas suspect. — Si vous l'aviez été, repartit assez brutalement
« le représentant Boulay de la Meurthe qui se trouvait là, croyez que
« nous ne vous aurions pas nommé. »

Gouvernement provisoire présenté à l'Empereur.

Vendredi 23 au samedi 24. — Les acclamations et l'intérêt du dehors continuent à l'Élysée. Je présente le gouvernement provisoire à l'Empereur, qui, en le congédiant, le fait reconduire par le duc Decrès. Les frères de l'Empereur, Joseph, Lucien et Jérôme, sont introduits plusieurs fois dans le jour, et s'entretiennent long-temps avec lui.

Cependant une nombreuse population s'agglomérait tous les soirs autour de l'Élysée; elle allait toujours croissant. Ses acclamations, son intérêt pour l'Empereur, donnaient des inquiétudes aux factions opposées. La fermentation de la capitale était extrême; l'Empereur résolut de s'éloigner le lendemain.

L'Empereur quitte l'Élysée.

Dimanche 25. — J'accompagne l'Empereur, qui se rend à la Malmaison, et lui demande à ne pas le quitter dans ses destinées nouvelles. Ma proposition semble l'étonner, je ne lui étais encore connu que par mes emplois; il l'agrée.

Lundi 26. — Ma femme vient me trouver; elle a pénétré mes intentions; il devient délicat de les lui avouer et difficile de la convaincre. « Chère
« amie, lui dis-je, en m'abandonnant au devoir dont mon cœur se trouve
« plein, j'ai la consolation de ne pas heurter tes intérêts : si Napoléon II
« doit nous gouverner, je te laisse de grands titres auprès de lui; si le ciel
« en ordonne autrement, je t'aurai ménagé un asile bien glorieux, un
« nom honoré de quelque estime; dans tous les cas, nous nous retrouve-
« rons, ne fût-ce que dans un meilleur monde. »

Après des pleurs et des reproches qui ne devaient m'être que doux, elle se rend, me fait promettre qu'elle pourra venir me rejoindre bientôt; et, dès cet instant, je ne trouve plus en elle que l'exaltation, le courage qu'il m'eût fallu, si j'en eusse eu besoin.

Le ministre de la marine vient à la Malmaison.

Mardi 27. — Je vais un moment à Paris avec le ministre de la marine, venu à la Malmaison au sujet des frégates destinées à l'Empereur. Il me lit les instructions qu'il leur envoie, me dit que l'Empereur comptait sur moi, qu'il m'emmène; il me promet de soigner ma femme dans la crise qui se prépare.

Napoléon II est proclamé par la législature.

J'envoie chercher mon fils à son lycée, résolu de l'emmener avec moi.

Nous faisons un très petit paquet de linge et de vêtemens, et retournons à la Malmaison; ma femme nous y accompagne, et revient le soir même. La route commençait à être difficile et inquiétante; l'ennemi approchait.

Mercredi 28. — Je voulais revoir ma femme encore quelques instans; la duchesse de Rovigo me conduisit, ainsi que mon fils, à Paris. L'agitation, l'incertitude devenaient extrêmes dans Paris; l'ennemi était aux portes. En arrivant à la Malmaison, nous vîmes le pont de Chatou en flammes. On plaçait des postes autour de nous; il devenait prudent de se garder. J'entrai chez l'Empereur; je lui peignis ce que m'avait paru la capitale; je lui rendis l'opinion générale que Fouché trahissait effrontément la cause nationale; que l'espoir des bons Français était que lui, Napoléon, se jetterait cette nuit même dans l'armée qui le demandait. L'Empereur m'écouta d'un air pensif, et me congédia sans rien dire.

Le gouvernement provisoire met l'Empereur sous la garde du général Becker. — Napoléon quitte la Malmaison. — Il part pour Rochefort.

Jeudi 29, vendredi 30. — Toute la matinée le grand chemin de Saint-Germain n'a cessé de retentir des cris de *vive l'Empereur!* C'étaient des troupes qui passaient sous les murailles de la Malmaison.

Vers le milieu du jour, le général Becker, envoyé par le gouvernement provisoire, est arrivé; il nous a dit, avec une espèce d'indignation, avoir reçu la commission de garder Napoléon et de le surveiller (1).

(1) A mon retour en Europe, le hasard a mis en mes mains les pièces suivantes, relatives à cette circonstance; je les transcris ici, parce que je les crois inconnues au public. Elles ont été copiées sur les originaux mêmes. J'en abandonne la lecture aux cœurs honnêtes!!! Elles n'ont pas besoin de commentaires.

Copie de la lettre de la commission du gouvernement à M. le maréchal prince d'Eckmuhl, ministre de la guerre.

Paris, ce 27 juin 1815.

« Monsieur le maréchal, les circonstances sont telles qu'il est indispensable que Napoléon se décide à partir pour se rendre à l'île d'Aix. S'il ne s'y résout pas, à la notification que vous lui ferez faire de l'arrêté ci-joint, vous devez le faire surveiller à la Malmaison, de manière à ce qu'il ne puisse s'en évader. En conséquence, vous mettrez à la disposition du général Becker la gendarmerie et les troupes nécessaires pour garder les avenues qui aboutissent de toutes parts vers la Malmaison. Vous donnerez à cet effet des ordres au premier inspecteur général de la gendarmerie. Ces mesures doivent demeurer secrètes autant qu'il sera possible.

Cette lettre, monsieur le maréchal, est pour vous; mais le général Becker, qui sera chargé de remettre l'arrêté à Napoléon, recevra de Votre Excellence des instructions particulières; elle lui fera sentir qu'il a été pris dans l'intérêt de l'État et pour la sûreté de sa personne; que sa prompte exécution est indispensable; enfin que l'intérêt de Napoléon pour son sort futur le commande impérieusement. « *Signé* duc d'OTRANTE. »

Copie de l'arrêté de la commission du gouvernement.

Paris, le 26 juin 1815.

« La commission du gouvernement arrête ce qui suit :

« Art. Ier. Le ministre de la marine donnera des ordres pour que deux frégates du port de Rochefort soient armées pour transporter Napoléon Bonaparte aux États-Unis.

« Art. II. Il lui sera fourni jusqu'au point de l'embarquement, s'il le désire, une escorte suffisante, sous les ordres du lieutenant-général Becker, qui sera chargé de pourvoir à sa sûreté.

« Art. III. Le directeur général des postes donnera, de son côté, tous les ordres relatifs aux relais.

« Art. IV. Le ministre de la marine donnera des ordres nécessaires pour assurer le retour immédiat des frégates aussitôt après le débarquement.

Le sentiment le plus bas avait dicté ce choix. Fouché savait que le général Becker avait personnellement à se plaindre de l'Empereur, et il ne doutait pas de trouver en lui un cœur aigri et disposé à la vengeance. On ne pouvait se tromper plus grossièrement : ce général ne cessa de montrer un respect et un dévouement qui honorent son caractère.

Cependant les momens devenaient pressans; l'Empereur, sur le point de partir, envoie offrir, par le général Becker lui-même, au gouvernement provisoire, de marcher comme simple citoyen à la tête des troupes. Il promettait de repousser Blucher, et de continuer aussitôt sa route. Sur le refus du gouvernement provisoire, nous quittons la Malmaison. L'Empereur et une partie de sa suite prennent la route de Rochefort par Tours; moi, mon fils, MM. de Montholon, Planat, Résigny, nous prenons par Orléans, ainsi que deux ou trois autres voitures de suite.

Nous arrivons à Orléans le 30 au matin, et vers minuit à Châtellerault.

« Art. V. Les frégates ne quitteront pas la rade de Rochefort avant que les sauf-conduits demandés ne soient arrivés.

« Art. VI. Les ministres de la marine, de la guerre et des finances sont chargés, chacun en ce qui le concerne, de l'exécution du présent arrêté. *Signé* duc d'OTRANTE. »

Copie de la lettre du duc d'Otrante au ministre de la guerre.

Paris, le 27 juin 1815, à midi.

« Monsieur le maréchal, je vous transmets copie de la lettre que je viens d'écrire au ministre de la marine relativement à Napoléon. La lecture que vous en prendrez vous fera sentir la nécessité de donner des ordres au général Becker pour qu'il ne se sépare plus de la personne de Napoléon, tant que celui-ci *restera en rade*. Agréez, etc.

« *Signé* duc d'OTRANTE. »

Copie de la lettre du duc d'Otrante au ministre de la marine.

« Monsieur le duc, la commission vous rappelle les instructions qu'elle vous a transmises il y a une heure. Il faut faire exécuter l'arrêté tel que la commission l'avait prescrit hier, et d'après lequel Napoléon Bonaparte restera en rade de l'île d'Aix jusqu'à l'arrivée des passe-ports.

« Il importe au bien de l'État, qui ne saurait lui être indifférent, qu'il y reste jusqu'à ce que son sort et celui de sa famille aient été réglés d'une manière définitive. Tous les moyens seront employés pour que la négociation tourne à sa satisfaction; l'honneur français y est intéressé; mais en attendant on doit prendre toutes les précautions possibles pour la sûreté personnelle de Napoléon, et pour qu'il ne quitte point le séjour qui lui est momentanément assigné. Agréez, etc. *Signé* le duc d'OTRANTE. »

Le ministre de la guerre à M. le général Becker.

Paris, le 27 juin 1815.

« J'ai l'honneur de vous transmettre ci-joint un arrêté que la commission du gouvernement vous charge de notifier à l'empereur Napoléon, en faisant observer à Sa Majesté que les circonstances sont tellement impérieuses, qu'il devient indispensable qu'elle se décide à partir pour se rendre à l'île d'Aix. Cet arrêté, fait observer la commission, a été pris autant pour la sûreté de sa personne que dans l'intérêt de l'État, qui doit toujours lui être cher.

« Si Sa Majesté ne prenait pas une résolution à la notification de cet arrêté, l'intention de la commission du gouvernement est que la surveillance nécessaire soit exercée pour empêcher l'évasion de Sa Majesté, et prévenir toute tentative contre sa personne.

« Je vous réitère, monsieur le général, que cet arrêté est pris dans l'intérêt de l'État et pour la sûreté personnelle de l'Empereur, et que la commission du gouvernement considère sa prompte exécution comme indispensable pour le sort futur de Sa Majesté et de sa famille. J'ai l'honneur, etc. »

N. B. Cette lettre est demeurée sans signature, le prince d'Eckmulh, au moment de l'expédier, ayant dit à son secrétaire : « Je ne signerai jamais cette lettre ; signez-la, ce sera « assez ; » ce que le secrétaire, à son tour, ne se sentit pas plus la force de faire. A-t-elle été envoyée ou non ? c'est ce que je ne saurais dire.

Notre route d'Orléans à Jarnac.

Samedi 1er juillet, dimanche 2. — Nous traversons Limoges le 1er juillet, vers quatre heures du soir.

Nous dînons à la Rochefoucauld le 2, et arrivons à sept heures à Jarnac, où nous couchons, la mauvaise volonté du maître de poste nous forçant d'y passer la nuit.

Mésaventure à Saintes.

Lundi 3. — Nous ne pouvons nous remettre en route qu'à cinq heures du matin. La méchanceté du maître de poste, qui, non content de nous avoir retenus la nuit, employa des moyens secrets pour nous retenir encore, fait que nous sommes contraints de gagner presque au pas le relais de Cognac, où le maître de poste et les spectateurs nous témoignent des sentimens bien différens. Il nous était aisé de juger que notre passage causait beaucoup d'agitation en sens divers. En atteignant Saintes, vers les onze heures du matin, nous avons failli tomber victimes d'une insurrection populaire. Un des zélés de l'endroit, nous a-t-on dit, avait dressé cette embûche, et organisé notre massacre. Nous sommes arrêtés par la populace, garantis par la garde nationale, mais menés prisonniers dans une auberge. Nous emportions, disait-on, le trésor de l'Etat; nous étions des scélérats dont la mort seule pouvait faire justice.

Ceux qui se prétendaient la classe distinguée de la ville, les femmes surtout, se montraient les plus ardentes pour notre supplice.

Elles venaient défiler successivement à des croisées voisines pour insulter de plus près à notre malheur. Elles portaient la rage, le croira-t-on? jusqu'à grincer des dents à l'aspect de notre calme; et c'était pourtant là la première société, les femmes *comme il faut* de la ville!... Réal aurait-il donc eu raison quand il disait si plaisamment, dans les cent-jours, à l'Empereur, qu'en fait de jacobins il avait bien le droit de s'y connaître, et qu'il protestait que toute la différence qu'il y avait entre les *noirs* et les *blancs* était que les uns avaient porté des sabots, et que les autres allaient en bas de soie?

Le prince Joseph, qui, à notre insu, traversait la ville, vint compliquer encore notre aventure. Il fut arrêté, mené à la préfecture, mais fort respecté.

Notre auberge donnait sur une place qui demeurait couverte d'une multitude fort agitée et très hostile; elle nous accablait de menaces et d'injures. Je me trouvai connu du sous-préfet, ce qui lui servit à garantir qui nous étions. On visita notre voiture, et l'on nous tint à une espèce de secret. Vers quatre heures, j'obtins de me rendre auprès du prince Joseph.

Dans ma route à la préfecture, et bien que sous la garde d'un sous-officier, plusieurs individus m'abordèrent, les uns me remettant des billets en secret, d'autres me disant quelques mots à l'oreille; tous se réunissaient pour m'assurer que nous devions être bien tranquilles, que les vrais Français veillaient pour nous.

Vers le soir on nous laissa partir, mais alors tout avait bien changé. Nous quittâmes notre auberge au milieu des plus vives acclamations. Des femmes du peuple, en pleurs, prenaient nos mains et les baisaient. De tous côtés chacun s'offrait à nous suivre, pour éviter, disaient-ils, un guet-apens que les ennemis de l'Empereur nous avaient dressé à quelque distance de la ville. Ce singulier changement des esprits venait de ce que beaucoup de gens des campagnes et grand nombre de fédérés étaient entrés dans la ville, et gouvernaient désormais l'opinion.

Arrivée à Rochefort.

Mardi 4. — A peu de distance de Rochefort, nous rencontrâmes de la gendarmerie qui, sur le bruit de notre mésaventure, avait été expédiée au-devant de nous. Nous arrivâmes à deux heures du matin à Rochefort; l'Empereur y était depuis la veille (1). Le prince Joseph y arriva le soir même; je le conduisis à l'Empereur.

Je profitai du premier instant de loisir pour donner avis au président du Conseil d'État des motifs qui m'en avaient fait absenter : « Des événemens « grands et rapides, lui écrivais-je, m'ont mis dans le cas de m'éloigner de « Paris sans le congé nécessaire.

« La nature et la gravité des circonstances ont amené cette irrégularité. « J'étais de service auprès de l'Empereur au moment de son départ. Je n'ai « pu voir s'éloigner le grand homme qui nous a gouvernés avec tant de « splendeur, qui se bannit pour faciliter les destinées de la patrie, auquel « il ne reste aujourd'hui de la toute-puissance que sa gloire et son nom ; « je n'ai pu, dis-je, le voir s'éloigner sans céder au besoin de le suivre. Au « temps de la prospérité, il daigna verser sur moi quelques faveurs ; au- « jourd'hui je lui dois tous les sentimens et toutes les actions qui m'appar- « tiennent, etc. »

Calme de l'Empereur.

Mercredi 5 au vendredi 7. — A Rochefort, l'Empereur ne portait plus l'habit militaire. Il était logé à la préfecture. Beaucoup de monde demeurait constamment groupé autour de la maison ; de temps à autre des acclamations se faisaient entendre. L'Empereur se montra deux ou trois fois au balcon de la préfecture. Beaucoup de propositions lui sont faites par des généraux qui viennent en personne ou envoient des émissaires particuliers.

Du reste, pendant tout le séjour à Rochefort, l'Empereur y est constamment comme aux Tuileries. Nous ne l'approchons pas davantage ; il ne reçoit guère que Bertrand et Savary, et nous en sommes réduits aux bruits et aux conjectures sur ce qui le concerne. Toutefois il paraît que l'Empereur, au milieu de l'agitation des hommes et des choses, demeure calme, impassible, se montre très indifférent et surtout très peu pressé.

Un lieutenant de vaisseau de notre marine, commandant un bâtiment de commerce danois, vient s'offrir généreusement pour le sauver.

Il propose de le prendre seul de sa personne, garantit de le cacher si bien qu'il échappera à toute recherche, et offre de faire voile immédiatement pour les Etats-Unis. Il ne demande qu'une légère somme pour indemniser ses propriétaires des torts possibles de son entreprise. Bertrand l'accorde, sous certaines conditions qu'il rédige en mon nom, et je signe ce marché fictif en présence et sous les yeux du préfet maritime.

---

(1) ITINÉRAIRE DE L'EMPEREUR. — Parti le 29 juin et couché à Rambouillet. — Le 30, couché à Tours. — Le 1er juillet, couché à Niort. — Le 2, il part de Niort, et arrive le 3 à Rochefort. — Séjourne jusqu'au 8. — Se rend à bord du *Bellérophon* le 15.

Embarquement de l'Empereur.

Samedi 8. — L'Empereur gagne Fourras, vers le soir, aux acclamations de la ville et de la campagne; il couche à bord de *la Saal*, qu'il atteignit sur les huit heures. J'y arrivai beaucoup plus tard; j'avais conduit madame Bertrand dans un canot parti d'un autre endroit.

L'Empereur visite les fortifications de l'île d'Aix.

Dimanche 9. — J'accompagne l'Empereur, qui débarque à l'île d'Aix d'assez bon matin; il visite toutes les fortifications, et revient déjeuner à bord.

Première entrevue à bord du *Bellérophon*.

Lundi 10. — Dans la nuit du dimanche au lundi, je suis expédié, avec le duc de Rovigo, vers le commandant de la croisière anglaise, pour savoir si on y avait reçu les sauf-conduits qui nous avaient été promis par le gouvernement provisoire pour nous rendre aux États-Unis. Il fut répondu que non, mais qu'on allait en référer immédiatement à l'amiral commandant. Nous posâmes la supposition que l'empereur Napoléon sortît sur les frégates avec pavillon parlementaire; il fut répondu qu'elles seraient attaquées. Nous parlâmes de son passage sur un vaisseau neutre. Il fut dit que tout bâtiment neutre serait strictement visité, et peut-être même conduit aux ports anglais; mais il nous fut suggéré de nous rendre en Angleterre, et affirmé qu'on ne pouvait y craindre aucun mauvais traitement. Nous étions de retour à deux heures après midi.

Le vaisseau anglais *le Bellérophon*, à bord duquel nous avions été, nous suivit, et vint mouiller dans la rade des Basques, pour se trouver plus à portée de nous. Les bâtimens des deux nations demeuraient en vue et très-proches les uns des autres.

En arrivant sur le *Bellérophon*, le capitaine anglais nous avait adressé la parole en français; je ne me hâtai point de lui dire que je pouvais, tant bien que mal, entendre et parler un peu sa langue. Quelques expressions entre lui et d'autres officiers anglais, devant le duc de Rovigo et moi, eussent pu nuire à la négociation, si je fusse convenu que je les avais comprises. Lors donc que, quelque temps plus tard, on nous demanda si nous entendions l'anglais, je laissai le duc de Rovigo répondre que non. Notre situation politique suffisait d'ailleurs pour me débarrasser de tout scrupule, et rendait ma petite supercherie fort simple : aussi je n'en parle que parce qu'étant demeuré depuis une quinzaine de jours avec toutes ces personnes, j'ai été contraint de me gêner beaucoup pour ne pas découvrir ce que j'avais caché d'abord, et que plus tard, dans la traversée pour Sainte-Hélène, quelques-uns des officiers anglais ne furent pas sans faire observer que je faisais des progrès bien rapides dans leur langue. Au fait, je lisais l'anglais, mais j'avais la plus grande difficulté à l'entendre; il y avait plus de treize ans que je ne l'avais pratiqué.

L'Empereur incertain sur le parti qu'il doit prendre.

Mardi 11. — Toutes les passes étaient bloquées par des voiles anglaises. L'Empereur semblait encore incertain sur le parti qu'il prendrait; il était question de bâtimens neutres, de chasse-marée montés par de jeunes aspirans. On continuait des propositions du côté de la terre, etc.

L'Empereur à l'île d'Aix.

Mercredi 12. — L'Empereur débarque à l'île d'Aix, au milieu des cris et de l'exaltation de tous. Il quittait les frégates; elles avaient refusé de sortir, soit faiblesse de caractère de la part du commandant, soit qu'il eût reçu de nouveaux ordres de la part du gouvernement provisoire. Plusieurs pensaient que l'entreprise pouvait être tentée avec quelques probabilités de succès : cependant il faut convenir que les vents furent constamment défavorables.

Appareillage des chasse-marée.

Jeudi 13. — Le prince Joseph est venu dans le jour voir son frère à l'île d'Aix. L'Empereur, vers onze heures du soir, est à l'instant de se jeter dans les chasse-marée. Deux appareillent avec plusieurs de ses paquets et de ses gens; M. de Planat était sur l'un d'eux.

Seconde entrevue à bord du *Bellérophon*. — Lettre de Napoléon au prince régent.

Vendredi 14. — Je retourne à quatre heures du matin, avec le général Lallemand, à bord du *Bellérophon*, pour savoir s'il n'était arrivé aucune réponse. Le capitaine anglais nous dit qu'il l'attendait à chaque minute, et il ajouta que si l'Empereur voulait dès cet instant s'embarquer pour l'Angleterre, il avait autorité de le recevoir pour l'y conduire. Il ajouta encore que, d'après son opinion privée, et plusieurs autres capitaines présens se joignirent à lui, il n'y avait nul doute que Napoléon ne trouvât en Angleterre tous les égards et les traitemens auxquels il pouvait prétendre; que, dans ce pays, le prince et les ministres n'exerçaient pas l'autorité arbitraire du continent; que le peuple anglais avait une générosité de sentimens et une libéralité d'opinions supérieure à la souveraineté même. Je répondis que j'allais faire part à l'Empereur de l'offre du capitaine anglais et de toute sa conversation; j'ajoutai que je croyais assez connaître l'empereur Napoléon pour penser qu'il ne serait pas éloigné de se rendre de confiance en Angleterre, même dans la vue d'y trouver les facilités de continuer sa route vers les États-Unis. Je peignis la France, au midi de la Loire, tout en feu; les espérances des peuples se tournant toujours vers Napoléon, tant qu'il serait présent; les propositions qui lui étaient faites de tous côtés, à chaque instant; sa détermination absolue de ne servir ni de cause ni de prétexte à la guerre civile; la générosité qu'il avait eue d'abdiquer pour rendre la paix plus facile; la ferme résolution où il était de se bannir pour la rendre plus prompte et plus entière.

Le général Lallemand qui, condamné à mort, était intéressé pour son propre compte dans la résolution que l'on pouvait prendre, demanda au capitaine Maitland, avec qui il avait été jadis de connaissance en Égypte, dont il avait même été, je crois, le prisonnier, si quelqu'un tel que lui, compromis dans les troubles civils de son pays, pouvait avoir jamais à craindre d'être livré à la France, venant ainsi volontairement en Angleterre. Le capitaine Maitland affirma que non, et repoussa le doute comme une injure. Avant de nous quitter, nous nous résumâmes. Je répétai qu'il serait possible que, vu les circonstances et les intentions arrêtées de l'Empereur, il se rendît, d'après l'offre du capitaine Maitland, pour y prendre ses sauf-conduits pour l'Amérique. Le capitaine Maitland désira qu'il fût bien compris qu'il ne garantissait pas qu'on les accorderait, et nous nous séparâmes. Au fond du cœur je ne pensais pas non plus qu'on nous les accordât. Mais l'Empereur ne voulait plus que vivre tranquille; il était résolu de demeurer désormais personnellement étranger aux événemens politiques. Nous voyions donc sans beaucoup d'inquiétude la probabilité qu'on nous empêchât de sortir d'Angleterre; mais là se bornaient toutes nos craintes et nos suppositions, là se fixait aussi sans doute la croyance de Maitland. Je lui rends la justice de croire qu'il était sincère et de bonne foi, ainsi que les autres officiers, dans la peinture qu'ils nous avaient faite des sentimens de l'Angleterre.

Nous étions de retour à onze heures. Cependant l'orage s'approchait, les momens devenaient précieux; il fallait prendre un parti. L'Empereur nous réunit en une espèce de conseil. On débattit toutes les chances. Le bâtiment danois parut impraticable. Il n'était plus question des chasse-marée; la croisière anglaise était inforçable. Il ne restait plus que de revenir à terre entreprendre la guerre civile, ou d'accepter les offres présentées par le capitaine Maitland. On s'arrêta à ce dernier parti. En abordant *le Bellérophon*, disait-on, on serait déjà sur le sol britannique; les Anglais se trouveraient liés dès cet instant par les droits de l'hospitalité, estimés sacrés chez les peuples les plus barbares; on se trouverait, dès ce moment, sous les droits civils du pays : les Anglais ne seraient pas assez insensibles à leur gloire pour ne pas saisir cette circonstance avec avidité. Alors Napoléon écrivit au prince régent :

« Altesse Royale, en butte aux factions qui divisent mon pays, et à l'ini-
« mitié des plus grandes puissances de l'Europe, j'ai consommé ma carrière
« politique. Je viens, comme Thémistocle, m'asseoir sur le foyer du peuple
« britannique; je me mets sous la protection de ses lois, que je réclame
« de votre Altesse Royale, comme celle du plus puissant, du plus constant,
« du plus généreux de mes ennemis. »

Je repartis vers les quatre heures avec mon fils et le général Gourgaud, pour retourner à bord du *Bellérophon*, où je devais demeurer. Ma mission était d'annoncer la venue de Sa Majesté le lendemain matin, et de remettre au capitaine Maitland la copie de la lettre de l'Empereur au prince régent.

La mission du général Gourgaud était de porter immédiatement la lettre autographe de l'Empereur au prince régent d'Angleterre, et de la remettre à sa personne. Le capitaine Maitland lut cette lettre de Napoléon, qu'il admira beaucoup, en laissa prendre copie à deux autres capitaines, sous secret, jusqu'à ce qu'elle devînt publique, et s'occupa d'expédier sans délai le général Gourgaud sur la corvette *le Slany*.

Il n'y avait encore que peu d'instans que ce dernier bâtiment avait quitté *le Bellérophon*; je me trouvais seul avec mon fils dans la chambre du capitaine; M. Maitland avait été donner des ordres, lorsqu'il rentra précipitamment, le visage et la voix altérés : « Comte de Las Cases, je suis trompé!
« Quand je traite avec vous, que je me démunis d'un bâtiment, on m'an-
« nonce que Napoléon vient de m'échapper; cela me mettrait dans une
« situation affreuse vis-à-vis de mon gouvernement! » Ces paroles me firent tressaillir; j'aurais voulu pour tout au monde la nouvelle vraie. L'Empereur n'avait pris aucun engagement, j'avais été de la meilleure foi du monde,

je me fusse volontiers rendu victime d'une circonstance dans laquelle j'étais parfaitement innocent. Je demandai avec le plus grand calme au capitaine Maitland à quelle heure on avait dit que l'Empereur était parti; Maitland avait été si frappé, qu'il ne s'était pas donné le temps de le demander; il recourut sur le pont, et vint me dire : « A midi. — S'il en était ainsi, lui « dis-je, le départ du *Slany*, que vous ne faites que d'expédier, ne vous « ferait aucun tort. Mais, rassurez-vous, j'ai quitté l'Empereur à l'île d'Aix, « à quatre heures. — Me l'affirmez-vous ? » me dit-il. Je lui en donnai ma parole; et il se retourna vers quelques officiers qu'il avait avec lui, et leur dit en anglais que la nouvelle devait être fausse, que j'étais trop calme, que j'avais l'air trop de bonne foi, et que d'ailleurs je venais de lui en donner ma parole.

La croisière anglaise avait de nombreuses intelligences sur nos côtes; j'ai pu vérifier depuis qu'elle était instruite à point nommé de toutes nos démarches (1).

On ne s'occupa plus que du lendemain. Le capitaine Maitland me demanda si je voulais que ses embarcations allassent chercher l'Empereur ; je lui répondis que la séparation était trop douloureuse pour les marins français, qu'il fallait leur laisser la satisfaction de garder l'Empereur jusqu'au dernier instant.

L'Empereur à bord du *Bellérophon*.

Samedi 15. — Au jour on aperçut en effet notre brick *l'Épervier* qui, sous pavillon parlementaire, manœuvrait sur *le Bellérophon*. Le vent et la marée étant contraires, le capitaine Maitland envoya son canot au-devant. Le voyant revenir, c'était un grand sujet d'anxiété pour le capitaine Maitland de découvrir avec sa lunette si l'Empereur y était descendu ; il me priait à chaque instant d'examiner moi-même, et je ne pouvais lui répondre. Enfin il n'y eut plus de doute : l'Empereur, entouré de ses officiers, aborda *le Bellérophon*; je me trouvai à l'échelle du vaisseau pour lui nommer le capitaine Maitland, auquel il dit : « Je viens à votre bord me mettre sous la « protection des lois d'Angleterre. » Le capitaine Maitland le conduisit dans sa chambre, et l'en mit en possession. Bientôt après, le capitaine présenta tous ses officiers à l'Empereur, qui vint ensuite sur le pont, et visita, dans la matinée, toutes les parties du vaisseau. Je lui racontai la frayeur qu'avait eue la veille le capitaine Maitland touchant son évasion supposée; l'Empereur ne jugea pas comme je l'avais fait : « Qu'avait-il donc à craindre? « me dit-il avec force et dignité, ne vous avait-il pas avec lui? »

Vers les trois heures, nous vîmes arriver au mouillage *le Superbe*, de

---

(1) A bord du *Northumberland*, dans notre traversée pour Sainte-Hélène, l'amiral Cockburn avait mis sa bibliothèque à notre disposition ; il arriva à l'un de nous, feuilletant un volume de l'*Encyclopédie britannique*, d'y trouver une lettre de la Rochelle, adressée au chef de la croisière anglaise ; elle contenait, mot pour mot, toute notre affaire du bâtiment danois, le moment de son appareillage projeté, son intention, etc. Nous nous passâmes cette lettre de main en main, et la replaçâmes soigneusement. Elle nous apprit peu de choses, nous savions combien il existait d'intelligences du dedans au dehors ; mais nous trouvions curieux d'en lire une preuve de la sorte. Comment cette lettre se trouvait-elle à bord du *Northumberland* ? C'est que sans doute le capitaine Maitland, en nous déposant à bord de ce vaisseau, avait remis aussi les pièces qui nous concernaient; et il est à croire que c'est cette même lettre qui causa tant d'effroi au capitaine Maitland sur l'évasion de l'Empereur, lorsque je me trouvais déjà à son bord.

soixante-quatorze, amiral Hotham, commandant la station. Cet amiral vint rendre visite à l'Empereur, demeura à dîner, et, sur les questions que lui fit l'Empereur sur son vaisseau, il demanda s'il daignerait y venir le lendemain; l'Empereur s'y invita à déjeuner avec nous tous.

L'Empereur à bord de l'amiral Hotham. — Appareillage pour l'Angleterre. — L'Empereur commande l'exercice aux soldats anglais.

Dimanche 16. — L'Empereur se rend à bord de l'amiral Hotham; je l'y accompagne. Tous les honneurs, à l'exception du canon, lui sont prodigués. Nous parcourons jusque dans les plus petits détails toutes les parties du vaisseau, que nous trouvons d'un ordre et d'une tenue admirables. L'amiral Hotham déploie toute la grâce et toute la recherche qui caractérisent l'homme d'un rang et d'une éducation distingués. Nous retournons vers une heure à bord du *Bellérophon*, et nous mettons sous voiles pour l'Angleterre, douze jours après notre départ de Paris. Il faisait presque calme.

Le matin, l'Empereur, en sortant pour aller à bord de l'amiral Hotham, s'était arrêté court sur le pont du *Bellérophon* devant les soldats rangés pour lui faire honneur; il leur commanda plusieurs temps d'exercice, leur fit croiser la baïonnette; et comme ce dernier mouvement ne s'exécutait pas tout-à-fait à la française, il s'avança vivement au milieu des soldats, écartant les baïonnettes de ses deux mains, et alla saisir un des fusils du dernier rang, avec lequel il figura lui-même à notre façon. Alors il se fit un mouvement subit et extrême sur le visage des soldats, des officiers, de tous les spectateurs; ils peignaient l'étonnement de voir l'Empereur se mettre ainsi au milieu des baïonnettes anglaises, dont certaines lui touchaient la poitrine. Cette circonstance frappa vivement; à notre retour du *Superbe*, on nous questionnait à cet égard; on nous demandait s'il en agissait souvent ainsi avec ses soldats, et l'on n'hésita pas à frémir de sa confiance. Aucun d'eux n'était fait à l'idée de souverains qui ordonnassent de la sorte, expliquassent et exécutassent eux-mêmes. Il nous fut aisé de reconnaître alors qu'aucun d'eux n'avait une idée juste sur celui qu'ils voyaient en ce moment, bien que depuis vingt années il eût été l'objet constant de toute leur attention, de tous leurs efforts, de toutes leurs paroles.

Influence de l'Empereur sur les Anglais du *Bellérophon*. — Résumé de l'Empereur.

Lundi 17 au samedi 22. — Nous continuons notre route avec des vents peu favorables.

L'Empereur ne fut pas long-temps au milieu de ses plus cruels ennemis, de ceux que l'on avait constamment nourris des bruits les plus absurdes et les plus irritans, sans exercer sur eux toute l'influence de la gloire. Le capitaine, les officiers, l'équipage eurent bientôt adopté les mœurs de sa suite; ce furent les mêmes égards, le même langage, le même respect. Le capitaine ne l'appelait que Sire et Votre Majesté; s'il paraissait sur le pont, chacun avait le chapeau bas, et demeurait ainsi tant qu'il était présent, ce qui n'avait pas eu lieu dans les premiers instans; on ne pénétrait dans sa chambre qu'à travers ses officiers; il ne paraissait à sa table que ceux du vaisseau qu'il y avait invités; enfin Napoléon, à bord du *Bellérophon*, y était empereur. Il paraissait souvent sur le pont, et conversait avec quelques-uns de nous ou avec des personnes du vaisseau.

De tous ceux qui l'avaient suivi, j'étais peut-être celui qu'il connaissait le moins ; on a vu précédemment que, malgré mes emplois auprès de sa personne, j'avais eu peu de relations directes avec lui. Depuis mon départ de Paris, il m'avait à peine encore adressé la parole; mais, durant notre navigation, il a commencé à s'entretenir fort souvent avec moi.

Les occasions et les circonstances m'étaient des plus favorables ; je savais assez d'anglais pour être à même de lui donner bien des éclaircissemens sur ce qui se disait autour de nous.

J'avais été marin, et je donnais à l'Empereur toutes les explications qu'il désirait sur les manœuvres du vaisseau, l'état des vents et de la mer.

J'avais été dix ans en Angleterre ; j'y avais pris des idées arrêtées sur les lois, les mœurs, les usages du pays; je pouvais répondre pertinemment à toutes les questions que l'Empereur daignait m'adresser sur ces objets.

Enfin mon Atlas historique me laissait une foule d'époques, de dates et de rapprochemens sur lesquels il me trouvait toujours prêt.

En même temps j'employai les loisirs de notre navigation au résumé qui suit, touchant notre situation à Rochefort et les motifs qui avaient dicté la détermination de l'Empereur. J'obtenais désormais des données exactes et authentiques. Les voici :

Résumé (1). — La croisière anglaise n'était pas forte : deux corvettes étaient devant Bordeaux, elles y bloquaient une corvette française, et donnaient la chasse à des Américains qui sortaient tous les jours en grand nombre. A l'île d'Aix nous avions deux frégates bien armées ; la corvette *le Vulcain*, de premier échantillon, était au fond de la rade ; enfin un gros brick ; tout cela était bloqué par un vaisseau de soixante-quatorze, des plus petits de la marine anglaise, et par une ou deux mauvaises corvettes. Il est hors de doute qu'en courant risque de sacrifier un ou deux bâtimens, on serait passé ; mais le capitaine commandant était faible, il refusa de sortir; le second, tout-à-fait déterminé, l'eût tenté : probablement le commandant avait reçu des instructions de Fouché, qui déjà trahissait ouvertement, et voulait livrer l'Empereur. Quoi qu'il en soit, il n'y avait rien à attendre du côté de la mer; l'Empereur alors débarqua à l'île d'Aix.

Si cette mission eût été confiée à l'amiral Verhuel, disait l'Empereur, ainsi qu'on le lui avait promis lors de son départ de Paris, il est probable qu'il eût passé. Les équipages des deux frégates étaient pleins d'attachement et d'enthousiasme.

La garnison de l'île d'Aix était composée de quinze cents marins, formant un très beau régiment ; les officiers, indignés de ce que les frégates ne voulaient pas sortir, proposèrent d'armer deux chasse-marée du port de quinze tonneaux chacun ; les jeunes aspirans voulurent en être les matelots ; mais au moment de l'exécution ils déclarèrent qu'il était difficile de gagner l'Amérique sans toucher sur quelque point de la côte d'Espagne ou du Portugal.

Dans ces circonstances, l'Empereur composa une espèce de conseil des personnes de sa suite. On y représenta qu'il ne fallait plus compter sur les frégates ni sur les bâtimens armés ; que les chasse-marée n'offraient aucun résultat probable de succès, qu'ils ne pouvaient guère conduire qu'à être pris en pleine mer par les Anglais ou à tomber entre les mains des alliés. Il ne restait plus dès lors que deux partis : celui de rentrer dans l'intérieur

---

(1) Ce résumé est la dictée même de Napoléon.

pour y tenter le sort des armes, ou celui d'aller prendre un asile en Angleterre. Pour suivre le premier, on se trouvait à la tête de quinze cents marins pleins de zèle et de bonne volonté; le commandant de l'île était un ancien officier de l'armée d'Égypte, tout dévoué à Napoléon; il eût débarqué avec ces quinze cents hommes à Rochefort; on s'y fût grossi de la garnison de cette ville, dont l'esprit était excellent; on eût appelé la garnison de la Rochelle, composée de quatre bataillons de fédérés qui offraient leurs services, et l'on se trouvait en mesure de joindre le général Clausel, si ferme à la tête de l'armée de Bordeaux, ou le général Lamarque, qui avait fait des prodiges avec celle de la Vendée; tous les deux attendaient, désiraient Napoléon; on eût nourri facilement la guerre civile dans l'intérieur de la France. Mais Paris était pris, les Chambres étaient dissoutes; cinq à six cent mille ennemis étaient dans l'intérieur de l'empire; la guerre civile ne pouvait avoir d'autre résultat que de faire périr tout ce que la France avait d'hommes généreux et attachés à Napoléon. Cette perte eût été sensible, irréparable; elle eût détruit les espérances des destinées futures de la France, sans produire d'autre avantage que de mettre l'Empereur dans le cas de traiter et d'obtenir des arrangemens favorables à ses intérêts. Mais Napoléon avait renoncé à être souverain, il ne demandait qu'un asile tranquille; il répugnait, pour un si mince résultat, à faire périr tous ses amis, à devenir le prétexte du ravage de nos provinces, et enfin, pour tout dire, à priver le parti national de ses plus vrais appuis, lesquels tôt ou tard pourraient rétablir l'honneur et l'indépendance de la France. Il ne voulait plus vivre qu'en homme privé; l'Amérique était le lieu le plus convenable, le lieu de son choix; mais enfin l'Angleterre même, avec ses lois positives, pouvait lui convenir encore; et il paraissait, d'après ma première entrevue avec le capitaine Maitland, que celui-ci pourrait le conduire en Angleterre avec toute sa suite, pour y être traité convenablement. Dès ce moment, l'Empereur et sa suite se trouvaient sous la protection des lois britanniques; et le peuple de ce pays aimait trop la gloire pour manquer une occasion qui se présentait naturellement, et devait former les plus belles pages de son histoire. On résolut donc de se rendre à la croisière anglaise sitôt que Maitland aurait exprimé positivement l'ordre de nous recevoir. On retourna vers lui; le capitaine Maitland exprima littéralement qu'il avait autorité de son gouvernement de recevoir l'Empereur, s'il voulait venir à bord du *Bellérophon*, et de le conduire, ainsi que sa suite, en Angleterre (1). Alors l'Empereur s'y rendit, non qu'il y fût contraint par les événemens, puisqu'il pouvait rester en France, mais parce qu'il voulait vivre en simple particulier, qu'il ne voulait plus se mêler des affaires, et surtout ne pas compliquer celles de la France. Certes, il n'eût pas pris ce parti s'il eût pu soupçonner l'indigne traitement qu'on lui ménageait; chacun en demeurera facilement convaincu. Sa lettre au prince régent publie assez hautement sa

---

(1) Quatre ans après la publication du *Mémorial* et dix ans après l'événement, le capitaine Maitland a publié la relation de l'embarquement et du séjour de Napoléon à bord de son vaisseau. Parfaitement d'accord avec le *Mémorial* sur presque tous les points, le capitaine Maitland a différé sur un seul, le peu de bonne foi employé vis-à-vis de nous, dont on était résolu de se rendre maître à tout prix.

C'est ce qu'a fait ressortir d'une manière victorieuse l'un des ornemens de notre barreau, M. Barthe, plus tard, après la révolution de 1830, ministre de la justice et garde des sceaux à différentes reprises.

confiance et sa persuasion ; le capitaine Maitland, à qui elle a été officiellement communiquée avant que l'Empereur se rendît à son bord, n'y ayant fait aucune observation, a, par cette seule circonstance, reconnu et consacré les sentimens qu'elle renfermait.

Ouessant. — Côtes d'Angleterre.

Dimanche 23. — A quatre heures du matin, nous vîmes Ouessant, que nous avions dépassé dans la nuit. Depuis que nous approchions de la Manche, nous apercevions à chaque instant des vaisseaux anglais ou des frégates allant ou venant dans toutes les directions. A la nuit, nous étions en vue des côtes d'Angleterre.

Mouillage à Torbay.

Lundi 24. — Vers les huit heures du matin, nous jetâmes l'ancre dans la rade de Torbay. L'Empereur, levé dès six heures du matin, monté sur la dunette, observait les côtes et les préparatifs du mouillage. Je ne le quittais pas, pour lui fournir toutes les explications relatives.

Le capitaine Maitland expédia aussitôt un courrier à lord Keith, son amiral général, qui était à Plymouth. Le général Gourgaud, qui était parti sur *le Slany*, vint nous rejoindre ; il avait dû se dessaisir de la lettre au prince régent ; on ne lui avait pas permis le débarquement, on lui avait interdit toute communication quelconque. Ce nous fut d'un mauvais augure, et le premier indice des nombreuses tribulations qui vont suivre.

Dès qu'il transpira que l'Empereur était à bord du *Bellérophon*, la rade fut couverte d'embarcations et de curieux. Le propriétaire d'une belle maison de campagne qui était en vue lui envoya un présent de fruits.

Affluence de bateaux pour apercevoir l'Empereur.

Mardi 25. — Même concours de bateaux, même affluence de spectateurs. L'Empereur les considérait de sa chambre, et se laissait voir parfois sur le pont. Le capitaine Maitland, revenant de terre, me remit une lettre de lady C., qui en contenait une de ma femme. Ma surprise fut grande d'abord, et égale à ma satisfaction ; mais cette surprise cessa, quand je considérai que la longueur de la traversée avait permis aux journaux de France de publier et de transmettre au loin notre destinée ; ainsi tout ce qui était relatif à l'Empereur et à sa suite était déjà connu en Angleterre, et nous y étions attendus cinq à six jours avant d'y arriver. Ma femme s'était empressée d'écrire à ce sujet à lady C., et celle-ci avait eu l'adresse d'écrire au capitaine Maitland, sans le connaître, et de lui envoyer mes deux lettres.

La lettre de ma femme respirait une douce affliction ; mais celle de lady C., qui savait déjà à Londres notre destinée future, était pleine des plus vifs reproches. — Je ne m'appartenais pas, pour disposer ainsi de moi ; c'était un crime d'abandonner ma femme et mes enfans. Triste résultat de nos éducations modernes, qui relèvent nos ames assez peu pour qu'on ne conçoive ni le mérite ni le charme des grandes résolutions et des grands sacrifices ! On croit avoir tout dit, on a tout justifié, sitôt qu'on a mis en avant le danger des intérêts privés et des jouissances domestiques ; on ne soupçonne pas que le premier devoir envers sa femme est de lui ménager une situation honorée, et que le plus riche héritage à laisser à ses enfans est l'exemple de quelques vertus, et un nom qui se rattache à un peu de gloire.

Mouillage à Plymouth. — Séjour, etc.

Mercredi 26. — Des ordres étaient venus dans la nuit de nous rendre immédiatement à Plymouth; nous avons appareillé de bon matin; nous sommes arrivés à notre nouvelle destination vers quatre heures de l'après-midi, dix jours après notre appareillage de Rochefort, vingt-sept après notre départ de Paris, et trente-cinq après l'abdication de l'Empereur. Notre horizon s'est rembruni dès lors singulièrement; des canots armés ont entouré le vaisseau : ils ramaient au loin, écartant les curieux, même à coups de fusil. L'amiral Keith, qui était en rade, ne vint point à notre bord. Deux frégates firent le signal d'un départ immédiat; on nous dit qu'un courrier extraordinaire leur avait apporté, le matin, une mission lointaine. On distribua quelques-uns de nous sur d'autres bâtimens. Toutes les figures semblaient nous considérer avec un morne intérêt; les bruits les plus sinistres avaient gagné le vaisseau; il circulait pour nous le chuchotage de plusieurs destinations, toutes plus affreuses les unes que les autres.

L'emprisonnement à la Tour paraissait la plus douce, et quelques-uns parlaient de Sainte-Hélène. Sur ces entrefaites, les deux frégates, sur lesquelles on m'avait fort éveillé, appareillèrent, bien que le vent leur fût contraire pour sortir, et, arrivées par notre travers, elles laissèrent retomber l'ancre à droite et à gauche de nous, presque à nous toucher; alors quelqu'un me dit à l'oreille qu'elles devaient nous enlever la nuit, et faire voile pour Sainte-Hélène.

Non, jamais je ne rendrai l'effet de ces terribles paroles! Une sueur froide parcourut tout mon corps : c'était un arrêt de mort inattendu! Des bourreaux impitoyables me saisissaient pour le supplice; on m'arrachait violemment à tout ce qui m'attachait à la vie; je tendais douloureusement les bras vers ce qui m'était si cher; c'était en vain, il fallait périr! Cette pensée, une foule d'autres en désordre, excitèrent en moi une véritable tempête : c'était le déchirement d'une ame qui cherche à se dégager de ses amalgames terrestres! Mes cheveux en ont blanchi!......... Heureusement la crise fut courte, et mon moral en sortit vainqueur, si pleinement vainqueur, qu'à compter de cet instant je me trouvai au-dessus de toutes les atteintes des hommes. Je sentis que je pouvais désormais défier l'injustice, les mauvais traitemens, les supplices. Je jurai surtout, dès lors, qu'on n'entendrait jamais de moi ni plaintes ni demandes. Mais que ceux d'entre nous auxquels j'ai dû paraître si tranquille dans ces fatales circonstances ne m'accusent point de ne pas sentir! Ils ont prolongé leur agonie en détail; la mienne s'était opérée en masse.

Un des rapprochemens, qui ne sera pas le moins bizarre de ma vie, revint peu après à mon souvenir; vingt ans auparavant, durant mon émigration en Angleterre, ne possédant rien au monde, j'avais refusé d'aller chercher une fortune assurée dans l'Inde, parce que c'était trop loin, me disais-je, et que je me trouvais trop âgé. Aujourd'hui, avec vingt ans de plus, j'allais quitter ma famille, mes amis, ma fortune, mes plus douces jouissances, pour aller à deux mille lieues me reléguer volontairement sur un rocher au milieu de l'Océan, *pour rien*. Mais *non*, je me trompe! le

2.

sentiment qui m'y conduisait était bien supérieur aux richesses que je dédaignai d'aller chercher alors; je suivais, j'accompagnais celui qui gouverna le monde, et remplira la postérité!

L'Empereur parut sur le pont à son ordinaire, je le vis quelque temps dans sa chambre, sans lui communiquer ce que j'avais appris; je voulais être son consolateur, et non contribuer à le tourmenter. Cependant tous ces bruits étaient arrivés jusqu'à lui; mais il était venu si librement et de si bonne foi à bord du *Bellérophon*, et s'y était trouvé si fort attiré par les Anglais eux-mêmes; il regardait tellement sa lettre au prince régent, communiquée d'avance au capitaine Maitland, comme des conditions tacites; enfin il avait mis tant de magnanimité dans sa démarche, qu'il repoussait avec indignation toutes les craintes qu'on voulait lui donner, et ne permettait pas que nous pussions avoir des doutes.

Amiral Keith. — Acclamations des Anglais dans la rade de Plymouth à la vue de l'Empereur.

Jeudi 27, vendredi 28. — On peindrait difficilement notre anxiété et nos tourmens : la plupart d'entre nous ne vivaient plus; la moindre circonstance venue de terre, l'opinion la plus vulgaire de qui que ce fût à bord, l'article du journal le moins authentique, étaient le sujet de nos argumens les plus graves, et la cause de nos perpétuelles oscillations d'espérance et de crainte. Nous allions à la recherche des plus petits bruits; nous provoquions, du premier venu, des versions favorables, des espérances trompeuses; tant l'expansion et la mobilité de notre caractère national nous rendent peu propres à cette résignation stoïque, à cette concentration impassible, qui ne dérivent que d'idées arrêtées et de doctrines positives puisées dès l'enfance.

Les papiers publics, les ministériels surtout, étaient déchaînés contre nous; c'était le cri des ministres préparant au coup qu'ils allaient frapper. On se figurerait difficilement les horreurs, les mensonges, les imprécations qu'ils accumulaient contre nous; et l'on sait qu'il en reste toujours quelque chose sur la multitude, quelque bien disposée qu'elle soit. Aussi les manières autour de nous étaient devenues moins aisées; les politesses embarrassées, les figures incertaines.

L'amiral Keith, après s'être fait annoncer maintes fois, ne fit qu'apparaître : il nous était visible qu'on redoutait notre situation, qu'on évitait nos paroles. Les papiers contenaient les mesures qu'on allait prendre; mais comme il n'y avait rien d'officiel encore, et qu'ils se contredisaient dans quelques petits détails, nous aimions à nous flatter, et demeurions encore dans ce vague, cette incertitude pire néanmoins que tous les résultats.

Cependant, d'un autre côté, notre apparition en Angleterre y avait produit un étrange mouvement; l'arrivée de l'Empereur y avait créé une curiosité qui tenait de la fureur; c'étaient les papiers publics eux-mêmes qui nous apprenaient cette circonstance, en la condamnant. Toute l'Angleterre se précipitait vers Plymouth. Une personne partie de Londres aussitôt mon arrivée, pour venir me voir, fut contrainte de s'arrêter bientôt par le manque absolu de chevaux et de logement dans la route. La mer se couvrait d'une multitude de bateaux autour de nous; on nous a dit depuis qu'il y en avait eu de payés jusqu'à soixante Napoléons.

L'Empereur, à qui je lisais tous les papiers, n'en avait pas moins, en public, le même calme, le même langage, les mêmes habitudes. On savait qu'il paraissait toujours vers les cinq heures sur le pont; quelque temps avant, tous les bateaux se groupaient à côté les uns des autres, il y en avait des milliers; leur réunion serrée ne laissait plus soupçonner la mer, on eût cru bien plutôt cette foule de spectateurs rassemblés sur une place publique. A l'apparition de l'Empereur, le bruit, le mouvement, les gestes de tant de monde, présentaient un singulier spectacle; en même temps il était aisé de juger qu'il n'y avait rien d'hostile dans tout cela, et que, si la curiosité les avait amenés, ils y puisaient de l'intérêt. On pouvait s'apercevoir même que ce sentiment allait visiblement en croissant : on s'était contenté de regarder d'abord, on avait salué ensuite, quelques-uns demeuraient découverts, et l'on fut parfois jusqu'à pousser des acclamations; nos symboles mêmes commençaient à se montrer parmi eux; des femmes, des jeunes gens arrivaient parés d'œillets rouges; mais toutes ces circonstances mêmes tournaient à notre détriment aux yeux des ministres et de leurs partisans, et ne faisaient que rendre plus poignante notre perpétuelle agonie.

Ce fut dans ce moment que l'Empereur, frappé de tout ce qu'il entendait, me dicta une pièce propre à servir de base aux légistes, pour discuter et défendre sa véritable situation politique. Nous trouvâmes le moyen de la faire passer à terre. Je n'en ai point conservé de copie.

Décision ministérielle à notre égard. — Anxiétés, etc.

Samedi 29, *dimanche* 30. — Depuis vingt-quatre heures, ou deux jours, le bruit était qu'un sous-secrétaire d'État venait de Londres pour notifier officiellement à l'Empereur les résolutions des ministres à son égard. Il parut en effet : c'était le chevalier Banbury, qui vint avec lord Keith, et remit une pièce ministérielle qui contenait la déportation de l'Empereur, et limitait à trois le nombre des personnes qui devaient l'accompagner; en excluant toutefois le duc de Rovigo et le général Lallemand, compris dans une liste de proscription en France.

Je ne fus point appelé auprès de l'Empereur; les deux Anglais parlaient et entendaient le français; l'Empereur les admit seuls. J'ai su qu'il avait combattu et repoussé, avec beaucoup d'énergie et de logique, la violence qu'on exerçait sur sa personne : « Il était l'hôte de l'Angleterre, avait-il dit, « il n'était point son prisonnier; il était venu librement se placer sous la pro-« tection de ses lois; on violait sur lui les droits sacrés de l'hospitalité, il « n'accéderait jamais volontairement à l'outrage qu'on lui ménageait, la vio-« lence seule pourrait l'y contraindre, etc., etc. »

L'Empereur me donna la pièce ministérielle pour sa traduction; la voici :

Communication faite par lord Keith au nom des ministres.

« Comme il peut être convenable au général Bonaparte d'apprendre, sans un plus long délai, les intentions du gouvernement britannique à son égard, Votre Seigneurie lui communiquera l'information suivante :

« Il serait peu consistant avec nos devoirs envers notre pays et les alliés de Sa Majesté, si le général Bonaparte conservait les moyens ou l'occasion de troubler de nouveau la paix de l'Europe; c'est pourquoi il devient absolument nécessaire qu'il soit restreint dans sa liberté personnelle, autant que peut l'exiger ce premier et important objet.

« L'île de Sainte-Hélène a été choisie pour sa future résidence : son climat est sain, et sa situation locale permettra qu'on l'y traite avec plus d'indulgence qu'on ne le pourrait faire ailleurs, vu les précautions indispensables qu'on serait obligé d'employer pour s'assurer de sa personne.

« On permet au général Bonaparte de choisir parmi les personnes qui l'ont accompagné en Angleterre, à l'exception des généraux Savary et Lallemand, trois officiers, lesquels, avec son chirurgien, auront la permission de l'accompagner à Sainte-Hélène, et ne pourront point quitter l'île sans la sanction du gouvernement britannique.

« Le contre-amiral sir Georges Cockburn, qui est nommé commandant en chef du cap de Bonne-Espérance et des mers adjacentes, conduira le général Bonaparte et sa suite à Sainte-Hélène, et recevra des instructions détaillées touchant l'exécution de ce service.

« Sir G. Cockburn sera probablement prêt à partir dans peu de jours; c'est pourquoi il est désirable que le général Bonaparte fasse sans délai le choix des personnes qui doivent l'accompagner. »

Bien que nous nous fussions attendus à notre déportation à Sainte-Hélène, nous en demeurâmes affectés, elle nous consterna tous. Toutefois l'Empereur n'en vint pas moins sur le pont, comme de coutume, avec le même visage, et de la même manière, considérer la foule affamée de le voir.

Les généraux Savary et Lallemand ne peuvent suivre l'Empereur.

Lundi 31. — Notre situation était affreuse; nos peines au-delà de toute expression; nous allions cesser de vivre pour l'Europe, pour notre patrie, pour nos familles, pour nos amis, nos jouissances, nos habitudes : on nous laissait, à la vérité, le choix de ne pas suivre l'Empereur; mais ce choix était celui des martyrs; il s'agissait de renoncer à sa religion, à son culte, ou de périr. Une circonstance venait compliquer encore nos tourmens : c'était l'exclusion spéciale des généraux Savary et Lallemand, qui en étaient frappés de terreur; ils ne voyaient plus que l'échafaud; ils étaient persuadés que l'Angleterre, ne distinguant point les actes politiques dans une révolution, des crimes civils dans un État tranquille, les livrerait à leurs ennemis pour subir le supplice. C'eût été un tel outrage à toutes les lois, un tel opprobre pour l'Angleterre elle-même, qu'on eût été tenté de l'en défier; mais on ne pouvait parler ainsi qu'en se trouvant proscrit avec eux. Du reste, nous ne balançâmes pas à vouloir demeurer tous du nombre de ceux que l'Empereur pouvait choisir; nous n'avions qu'une crainte, celle de nous trouver exclus.

L'Empereur me demande si je le suivrai à Sainte-Hélène.

Mardi 1ᵉʳ *août*. — Nous restions toujours dans le même état. Je reçus dans la matinée une lettre de Londres, dans laquelle on exprimait avec beaucoup de force que j'aurais tort, que ce serait même un crime que de m'expatrier. La personne qui me l'adressait écrivit au capitaine Maitland de joindre ses efforts et ses avis pour m'empêcher de prendre un parti aussi extrême. J'arrêtai les premières paroles du capitaine Maitland, en lui faisant observer qu'à mon âge on agissait avec réflexion.

Je lisais chaque jour à l'Empereur les divers papiers-nouvelles. Aujourd'hui il s'en trouva deux dans le nombre, soit que la bienveillance nous les eût fait adresser, soit que les opinions commençassent à se diviser, qui plaidaient notre cause avec beaucoup de chaleur, et nous dédommageaient des grossières injures dont les autres étaient remplis. Nous nous livrâmes à l'espoir qu'à la haine qu'avait inspirée un ennemi succèderait bientôt l'intérêt que doivent exciter les grandes actions, et nous nous dîmes que l'Angleterre avait une foule de cœurs nobles et d'âmes élevées qui deviendraient indubitablement d'ardens avocats, etc., etc.

La foule des bateaux croissait chaque jour; l'Empereur se montrait en public à son heure ordinaire, et l'accueil était de plus en plus favorable.

Quant à son intérieur, l'Empereur demeurait encore pour la plupart de nous toujours comme aux Tuileries; nous l'avions suivi en grand nombre, de tous rangs, de tous grades; le grand maréchal et le duc de Rovigo seuls le voyaient habituellement; tel, depuis notre départ, ne l'avait guère plus approché, et ne lui avait pas parlé davantage qu'il ne l'eût fait à Paris. Moi j'étais appelé dans la journée toutes les fois qu'il y avait des papiers à traduire, et insensiblement l'empereur prit l'habitude régulière de me faire appeler tous les soirs, vers huit heures, pour causer quelque temps.

Aujourd'hui, dans le cours de la conversation, et à la suite de divers sujets, il m'a demandé si je le suivrais à Sainte-Hélène; j'ai répondu avec la dernière franchise, mes sentimens me le rendaient facile. Je lui ai dit qu'en quittant Paris pour le suivre, j'avais sauté à pieds joints sur toutes les chances, celle de Sainte-Hélène n'avait rien qui dût la faire excepter; mais que nous étions en grand nombre autour de lui; qu'on ne lui permettrait d'emmener que trois d'entre nous; que bien des personnes me faisaient un crime d'abandonner ma famille; que j'avais donc besoin, vis-à-vis d'elle et vis-à-vis de ma propre conscience, de savoir que je lui serais utile et agréable; qu'en un mot, j'avais besoin qu'il me choisît; que cette observation, du reste, ne renfermait aucune arrière-pensée, car je lui avais donné désormais ma vie sans restriction.

Sur ces entrefaites, madame Bertrand, sans avoir été demandée, sans s'être fait annoncer, s'est précipitée tout à coup dans la chambre de l'Empereur; elle était hors d'elle-même; elle s'écriait qu'il n'allât pas à Sainte-Hélène, qu'il n'emmenât pas son mari. Sur l'étonnement, le visage et la réponse calme de l'Empereur, elle ressortit aussi précipitamment qu'elle était entrée. L'Empereur, toujours étonné, me disait : « Concevez-vous rien « à cela? » quand nous entendîmes de grands cris, et le mouvement de tout l'équipage qui accourait en tumulte vers l'arrière du vaisseau. L'Empereur m'ordonna de sonner pour en connaître la cause; c'était madame Bertrand qui, après être sortie de chez l'Empereur, avait voulu se jeter à l'eau, et qu'on avait eu toutes les peines du monde à retenir. Qu'on juge, par cette scène, de tout ce qui se passait en nous.

Paroles remarquables de l'Empereur.

Mercredi 2, jeudi 3. — Au matin, le duc de Rovigo m'apprend que je suis décidément du voyage de Sainte-Hélène; l'Empereur, en causant, lui avait dit que, si nous devions n'être que deux à le suivre, il comptait encore que je serais du nombre; qu'il attendait de moi de l'utilité et de la consolation. Je dois à la bienveillance du duc de Rovigo la douceur de connaître ces paroles de l'Empereur : j'en suis reconnaissant; sans lui, elles me seraient toujours demeurées inconnues. A moi, l'Empereur n'avait rien répondu quand nous avions traité ce sujet : c'est sa manière : j'aurai plus d'une fois l'occasion de le montrer.

Je ne me trouvais de véritable connaissance avec aucun de ceux qui avaient suivi l'Empereur, si j'en excepte toutefois le général Bertrand et sa femme, dont j'avais été comblé dans ma mission en Illyrie, où il commandait en qualité de gouverneur général.

Jusqu'alors je n'avais jamais parlé au duc de Rovigo ; certaines préventions m'en avaient toujours tenu au loin ; à peine nous fûmes-nous vus qu'elles furent détruites.

Savary aimait sincèrement l'Empereur ; je lui ai connu de l'âme, du cœur, de la droiture, de la reconnaissance ; il m'a semblé susceptible d'une véritable amitié : nous nous serions sans doute intimement liés. Puisse-t-il lire jamais les sentiments et les regrets qu'il m'a laissés !

L'Empereur m'ayant fait venir ce soir, comme de coutume, pour causer, à la suite de beaucoup d'objets divers, il s'est arrêté sur Sainte-Hélène, me demandant ce que ce pouvait être, s'il serait possible d'y supporter la vie, etc., etc... « Mais après tout, m'a-t-il dit, est-il bien sûr que j'y aille ? Un « homme est-il donc dépendant de son semblable, quand il veut cesser de « l'être ? »

Nous nous promenions dans sa chambre ; il était calme, mais affecté, et en quelque façon distrait.

« Mon cher, a-t-il continué, j'ai parfois l'envie de vous quitter, et cela
« n'est pas bien difficile ; il ne s'agit que de se monter un tant soit peu la tête,
« et je vous aurai bientôt échappé, tout sera fini, et vous irez rejoindre
« tranquillement vos familles... D'autant plus que mes principes intérieurs
« ne me gênent nullement ; je suis de ceux qui croient que les peines de l'autre
« monde n'ont été imaginées que comme supplément aux attraits insuffisans
« qu'on nous y présente. Dieu ne saurait avoir voulu un tel contre-poids à
« sa bonté infinie, surtout pour des actes tels que celui-ci. Et qu'est-ce après
« tout ? Vouloir lui revenir un peu plus vite. »

Je me récriai sur de pareilles pensées. Le poète, le philosophe, avaient dit que c'était un spectacle digne des dieux que de voir l'homme aux prises avec l'infortune ; les revers et la constance avaient aussi leur gloire ; un aussi noble et aussi grand caractère ne pouvait pas s'abaisser au niveau des âmes les plus vulgaires ; celui qui nous avait gouvernés avec tant de gloire, qui avait fait et l'admiration et les destinées du monde, ne pouvait finir comme un joueur au désespoir ou un amant trompé. Que deviendraient donc tous ceux qui croyaient, qui espéraient en lui ? Abandonnerait-il donc sans retour un champ libre à ses ennemis ? L'extrême désir que ceux-ci en faisaient éclater ne suffisait-il pas pour le décider à la résistance ? D'ailleurs, qui connaissait les secrets du temps ? Qui oserait affirmer l'avenir ? Que ne pourrait pas amener le simple changement d'un ministère, la mort d'un prince, celle d'un de ses confidens, la plus légère passion, la plus petite querelle ?... etc., etc.

« Quelques-unes de ces paroles ont leur intérêt, disait l'Empereur : mais
« que pourrons-nous faire dans ce lieu perdu ? — Sire, nous vivrons du passé ;
« il a de quoi nous satisfaire. Ne jouissons-nous pas de la vie de César, de
« celle d'Alexandre ? Nous posséderons mieux, vous vous relirez, Sire ! —
« Eh bien ! dit-il, nous écrirons nos *Mémoires*. Oui, il faudra travailler ; le
« travail aussi est la faux du temps. Après tout, on doit remplir ses desti-

« nées ; c'est aussi ma grande doctrine (1). Eh bien! que les miennes s'ac-
« complissent. » Et reprenant dès cet instant un air aisé et même gai, il passa
à des objets tout-à-fait étrangers à notre situation.

Appareillage de Plymouth. — Croisière dans la Manche, etc. — Protestation.

Vendredi 4. — L'ordre était venu dans la nuit d'appareiller de bon matin. Nous mîmes sous voiles; cela nous intrigua fort. Tous les papiers, les communications officielles, les conversations particulières, nous avaient appris que nous devions être menés à Sainte-Hélène par *le Northumberland;* nous savions que ce vaisseau était encore à Chatam ou à Portsmouth, en armement; nous devions donc compter encore sur huit ou dix jours au moins de relâche. Le *Bellérophon* était trop vieux pour ce voyage, il n'avait point les vivres nécessaires ; de plus, les vents étaient contraires en ce moment pour cingler vers Sainte-Hélène. Aussi, quand nous vîmes remonter la Manche vers l'est, nos incertitudes, nos conjectures recommencèrent; et, quelles qu'elles fussent, elles devenaient un adoucissement à la déportation à Sainte-Hélène.

Cependant nous pensions que l'Empereur, en ce moment décisif, devait montrer une opposition officielle à cette violence. Pour lui, il y attachait peu de prix, et ne s'en occupait pas. Toutefois c'était préparer, disions-nous, des armes à ceux qui s'intéressaient à nous, et laisser dans le public des causes de souvenir et des motifs de défense. Je hasardai de lui lire une rédaction que j'avais essayée; le sens lui plut, il en supprima quelques phrases, corrigea quelques mots, la signa, et l'envoya à lord Keith ; la voici :

PROTESTATION. « Je proteste solennellement ici, à la face du ciel et des
« hommes, contre la violence qui m'est faite, contre la violation de mes
« droits les plus sacrés, en disposant, par la force, de ma personne et de
« ma liberté. Je suis venu librement à bord du *Bellérophon*; je ne suis pas
« le prisonnier, je suis l'hôte de l'Angleterre. J'y suis venu à l'instigation
« même du capitaine, qui a dit avoir des ordres du gouvernement de me
« recevoir, et de me conduire en Angleterre avec ma suite, si cela m'était
« agréable. Je me suis présenté de bonne foi, pour venir me mettre sous la
« protection des lois d'Angleterre. Aussitôt assis à bord du *Bellérophon*, je
« fus sur le foyer du peuple britannique. Si le gouvernement, en donnant
« des ordres au capitaine du *Bellérophon* de me recevoir ainsi que ma suite
« n'a voulu que tendre une embûche, il a forfait à l'honneur et flétri son
« pavillon.
« Si cet acte se consommait, ce serait en vain que les Anglais voudraient

---

(1) Voici un ancien document que la circonstance ci-dessus contribue à rendre précieux : c'est un ordre du jour du Premier Consul à sa garde contre le suicide.

Ordre du 22 floréal an X.

« Le grenadier Gobain s'est suicidé par amour : c'était d'ailleurs un très-bon sujet. C'est le
« second événement de cette nature qui arrive au corps depuis un mois.
« Le Premier Consul ordonne qu'il soit mis à l'ordre de la garde :
« Qu'un soldat doit savoir vaincre la douleur et la mélancolie des passions ; qu'il y a autant
« de vrai courage à souffrir avec constance les peines de l'âme qu'à rester fixe sous la mi-
« traille d'une batterie.
« S'abandonner au chagrin sans résister, se tuer pour s'y soustraire, c'est abandonner
« le champ de bataille avant d'avoir vaincu. »

« parler désormais de leur loyauté, de leurs lois et de leur liberté ; la foi
« britannique se trouvera perdue dans l'hospitalité du *Bellérophon.*

« J'en appelle à l'histoire : elle dira qu'un ennemi, qui fit vingt ans la
« guerre au peuple anglais, vint librement, dans son infortune, chercher
« un asile sous ses lois ; quelle plus éclatante preuve pouvait-il lui donner
« de son estime et de sa confiance? Mais comment répondit-on en Angle-
« terre à une telle magnanimité? On feignit de tendre une main hospitalière
« à cet ennemi ; et quand il se fut livré de bonne foi, on l'immola.

« *Signé* NAPOLÉON.

« A bord du *Bellérophon*, à la mer. »

Le duc de Rovigo m'apprend que l'Empereur a demandé à m'envoyer à Londres vers le prince régent, mais qu'on s'y est obstinément refusé.

La mer était grosse, le vent violent, nous étions en grande partie malades de la mer. Et que ne peut pas la préoccupation du moral sur les infirmités physiques ! C'est la seule fois de ma vie peut-être que je n'aie pas été atteint du mal de mer par un temps pareil.

En sortant de Plymouth, nous avions d'abord gouverné à l'est, vent arrière ; mais bientôt nous vînmes au plus près, nous courions des bords, nous croisions, et nous ne pouvions rien comprendre à cette nouvelle espèce de supplice.

Marques de confiance que me donne l'Empereur.

Samedi 5. — Toute la journée du 5 se passa de la même manière. L'Empereur, à sa conversation habituelle du soir, me donna deux grandes marques de confiance ; je ne puis les livrer au papier (1).

---

(1) Il en est une que je puis raconter aujourd'hui. A mon heure accoutumée, l'Empereur, se promenant avec moi dans la galerie du vaisseau, tire de dessous sa veste, tout en traitant un objet étranger à ce qu'il faisait, une espèce de ceinture qu'il me *passa* en disant : « Gardez-moi cela. » Sans l'interrompre davantage, je la replaçai de la même manière sous mon gilet. Il m'apprit plus tard que c'était un collier de 200,000 fr., que la reine Hortense l'avait forcé de prendre à son départ de la Malmaison. Arrivé à Sainte-Hélène, je parlai plusieurs fois de rendre le collier, sans obtenir un mot de réponse ; m'y étant hasardé de nouveau à Longwood, il me dit assez sèchement : « Vous gêne-t-il ? — Non, Sire. — Eh bien ! gardez-le. » Avec le temps, ce collier, toujours sur moi, ne me quittant jamais, s'identifia en quelque sorte avec ma personne, je n'y songeais plus ; tellement qu'arraché de Longwood, ce ne fut qu'au bout de plusieurs jours, et par le plus grand hasard, qu'il me revint à la pensée, et alors j'en frémis !... Quitter l'Empereur, et le priver d'une telle ressource ! Car comment le lui rendre désormais ? j'étais tenu au secret le plus rigoureux, entouré de geôliers et de sentinelles, nulles communications n'étaient praticables. Je m'évertuais en vain ; le temps courait ; il ne me restait que peu de jours, et rien n'eût égalé mon désespoir de partir de la sorte. Dans cette situation, je risquai le tout pour le tout : un Anglais, à qui j'avais parlé souvent, vint par circonstance particulière, et ce fut sous les yeux mêmes du gouverneur et d'un de ses plus intimes affidés qu'il avait amené avec lui que je me hasardai.

« Je vous crois une belle âme, lui dis-je à la dérobée, je vais la mettre à l'épreuve....
« Rien du reste de nuisible ou de contraire à votre honneur.... seulement un riche dépôt à
« restituer à Napoléon. Si vous l'acceptez, mon fils va le mettre dans votre poche.... »
Pour toute réponse, il ralentit son pas ; mon fils nous suivait, je l'avais préparé, et le collier fut glissé presque à la vue des factionnaires. J'ai eu l'inexprimable satisfaction, avant de quitter l'île, de savoir qu'il avait atteint les mains de l'Empereur. De quelles douces sensations le cœur n'est-il pas remué par le souvenir et le récit d'un pareil trait de la part d'un ennemi et dans de telles circonstances !

Mouillage à Start-point. — Personnes qui accompagnent l'Empereur.

Dimanche 6. — Nous mouillâmes, vers le milieu du jour, à Start-point, où un vaisseau n'est pas en sûreté, et nous n'avions pourtant que deux pas à faire pour être fort bien dans Torbay ; cette circonstance nous étonnait. Toutefois nous avions appris que notre but était d'aller au-devant du *Northumberland*, dont on avait pressé la sortie de Portsmouth en toute hâte. Ce vaisseau parut, en effet, avec deux frégates chargées de troupes qui devaient composer la garnison de Sainte-Hélène. Tout cela vint mouiller près de nous, et les communications entre eux devinrent fort actives ; les précautions, pour qu'on ne nous abordât pas, continuèrent toujours. Cependant le mystère de notre appareillage précipité de Plymouth et de toutes les manœuvres qui avaient suivi perça tant bien que mal. L'amiral Keith avait été averti, nous dit-on, par le télégraphe, qu'un officier public venait de partir de Londres, avec un ordre d'*habeas corpus*, pour réclamer la personne de l'Empereur, au nom des lois ou d'un tribunal. Nous n'avons pu vérifier ni les motifs ni les détails. Lord Keith, ajoutait-on, avait à peine eu le temps d'échapper à cet embarras ; il avait dû se transporter précipitamment de son vaisseau sur un brick, et disparaître au jour de la rade de Plymouth : c'était le même motif qui nous tenait hors de Torbay.

Les amiraux Keith et Cockburn sont venus à bord du *Bellérophon* ; le dernier commande *le Northumberland* : ils ont conféré avec l'Empereur, et lui ont remis un extrait des instructions relatives à notre déportation et à notre séjour à Sainte-Hélène. Elles portaient qu'on devait le lendemain visiter tous nos effets, pour nous prendre en garde, disait-on, l'argent, les billets, les diamans appartenant à l'Empereur ainsi qu'à nous. Nous apprîmes aussi que le lendemain on nous ôterait nos armes, et qu'on nous transporterait à bord du *Northumberland*. Voici ces pièces :

Ordre de l'amiral Keith au capitaine Maitlant du Bellérophon.

« Toutes les armes quelconques seront prises des Français de tous rangs qui sont à bord du vaisseau que vous commandez, seront soigneusement ramassées, et demeureront à votre charge tant qu'ils resteront à bord du *Bellérophon* ; elles seront ensuite à la charge du capitaine du vaisseau à bord duquel ils seront transportés. Start-bay, 6 août 1815. »

Instructions des ministres à l'amiral Cockburn.

« Lorsque le général Bonaparte sera conduit du *Bellérophon* à bord du *Northumberland*, ce sera un moment convenable pour l'amiral sir G. Cockburn de diriger la visite des effets que le général portera avec lui.

« L'amiral sir G. Cockburn laissera passer les articles de meubles, les livres, *les vins*, que le général pourrait avoir avec lui. (*Les vins! observation bien digne des ministres anglais.*)

« Sous l'article des meubles, on comprendra l'argenterie, pourvu qu'elle ne soit pas en si grande quantité qu'on pût la regarder moins comme un usage domestique que comme une propriété convertible en espèces.

« Il devra abandonner son argent, ses diamans et tous ses billets négociables, de quelque nature qu'ils soient.

« Le gouverneur lui expliquera que le gouvernement britannique n'a nullement l'intention de confisquer sa propriété, mais seulement d'en saisir l'administration, afin de l'empêcher d'en faire un instrument d'évasion.

« L'examen doit être fait en présence de quelques personnes nommées par le général Bonaparte, et un inventaire de ces effets devra demeurer signé de ces personnes, aussi bien que par le contre-amiral, ou tout autre individu désigné par lui pour assister à cet inventaire. L'intérêt ou le principal, suivant le montant de la somme, sera applicable à ses besoins, et la disposition en demeurera principalement à son choix. A ce sujet, il communiquera de temps en temps ses désirs, d'abord à l'amiral, et ensuite au gouverneur, quand celui-ci sera arrivé; et à moins qu'il n'y ait lieu à s'y opposer, ils donneront des ordres nécessaires, et paieront les dépenses par des billets tirés sur le trésor de Sa Majesté.

« En cas de mort (*quelle prévoyance!!!*), la disposition des biens du général sera déterminée par son testament, les contenus duquel, il peut en être assuré, seront strictement observés. Comme il pourrait se faire qu'une partie de sa propriété vînt à être dite celle des personnes de sa suite, celles-ci seront soumises aux mêmes règles.

« L'amiral ne prendra à bord personne de la suite du général Bonaparte, pour Sainte-Hélène, que ce ne soit du propre consentement de cette personne, et après qu'il lui aura été expliqué qu'elle devra être soumise à toutes les règles qu'on jugera convenable d'établir pour s'assurer de la personne du général. On laissera savoir au général que, s'il essayait de s'échapper, il s'exposerait à être mis en prison (*en prison!!!*), ainsi que quiconque de sa suite qui serait découvert cherchant à favoriser son évasion. (*Plus tard le bill du parlement soumet ces derniers à la peine de mort.*)

« Toutes les lettres qui lui seront adressées, ainsi qu'à ceux de sa suite, seront données d'abord à l'amiral ou au gouverneur, qui les lira avant de les rendre; il en sera de même des lettres écrites par le général ou ceux de sa suite.

« Le général doit savoir que le gouverneur ou l'amiral ont reçu l'ordre positif d'adresser au gouvernement de Sa Majesté tout désir ou représentation qu'il jugera faire: rien là-dessus n'est laissé à leur discrétion; mais le papier sur lequel les représentations seraient faites doit demeurer ouvert, pour qu'ils puissent y joindre les observations qu'ils jugeront convenables. »

On se peindrait difficilement la masse et la nature de nos sentimens, dans ce moment décisif où s'accumulaient en foule tant de violences, d'injustices et d'outrages!

L'Empereur, contraint de réduire sa suite à trois personnes, arrêta son choix sur le grand maréchal, moi, MM. de Montholon et Gourgaud. Les instructions ne permettant à l'Empereur d'emmener que trois officiers, il fut convenu de me considérer comme purement civil, et d'admettre un quatrième, à l'aide de cette interprétation.

Conversation avec lord Keith. — Visite des effets de l'Empereur. — L'Empereur quitte *le Bellérophon*. — Séparation. — Appareillage pour Sainte-Hélène.

Lundi 7. — L'Empereur adresse à lord Keith une espèce de protestation nouvelle, sur la violence qu'on faisait à sa personne en l'arrachant du *Bellérophon*: je vais la porter à bord du *Tonnant*. L'amiral Keith, très-beau vieillard et de manières parfaites, m'y reçut avec une extrême politesse, mais il évita soigneusement de traiter le sujet, disant qu'il ferait réponse par écrit.

Cela ne m'arrêta pas, j'exposai l'état actuel de l'Empereur; il était très souffrant, ses jambes enflaient, et je témoignai à lord Keith qu'il serait désirable pour l'Empereur de ne pas appareiller immédiatement. Il me répondit que j'avais été marin, et que je devais voir que son mouillage était critique; ce qui était vrai.

Je lui exprimai la répugnance de l'Empereur de savoir ses effets fouillés et visités, ainsi que cela venait d'être déclaré, l'assurant qu'il les verrait sans regret jeter préférablement à la mer. Il me répondit que c'était un ordre qui lui était prescrit et qu'il ne pouvait enfreindre.

Enfin je lui demandai s'il serait bien possible qu'on pût en venir au point d'arracher à l'Empereur son épée. Il répondit qu'on la respecterait; mais que Napoléon serait le seul, et que tout le reste serait désarmé. Je lui montrai que déjà je l'étais : on m'avait ôté mon épée pour me rendre à son bord.

Un secrétaire, qui travaillait à l'écart, fit observer à lord Keith, en anglais, que l'ordre portait que Napoléon lui-même serait désarmé; sur quoi l'amiral lui répliqua sèchement, en anglais aussi, et autant que j'ai pu en saisir : « Monsieur, occupez-vous de votre travail, laissez-nous à nos affaires. »

Continuant toujours, je passai en revue tout ce qui nous était arrivé. J'avais été le négociateur, disais-je, je devais être le plus peiné; j'avais le plus de droit d'être entendu. Lord Keith m'écoutait avec une impatience marquée; nous étions debout, et à chaque instant ses saluts cherchaient à me congédier. Lorsque j'en fus à lui dire que le capitaine Maitland s'était dit autorisé à nous conduire en Angleterre, sans nous laisser soupçonner qu'il nous faisait prisonniers de guerre; que ce capitaine ne saurait nier sans doute que nous étions venus librement et de bonne foi; que la lettre de l'Empereur au prince de Galles, dont j'avais préalablement donné connaissance au capitaine Maitland, avait dû nécessairement créer des conditions tacites, dès qu'il n'y avait fait aucune observation; alors la mauvaise humeur de l'amiral, sa colère même, percèrent tout-à-fait; il me dit avec vivacité que dans ce cas le capitaine Maitland aurait été une bête; car ses instructions n'étaient rien de tout cela, et qu'il en était bien sûr, puisque c'était de lui qu'il les tenait. « Mais, Milord, observai-je en défense du capitaine Maitland, Votre
« Seigneurie s'exprime ici avec une sévérité dont peut-être elle pourrait elle-
« même être responsable; car non seulement le capitaine Maitland, mais
« encore l'amiral Hotham et tous les officiers que nous vîmes alors, se sont
« conduits, exprimés de la même manière vis-à-vis de nous : aurait-il pu en
« être ainsi si leurs instructions avaient été si claires et si positives? » Et je le délivrai de moi; aussi bien il ne tenait plus à voir se prolonger un sujet qui probablement, dans son for intérieur, n'était pas sans quelque délicatesse pour lui.

Un officier des douanes et l'amiral Cockburn firent la visite des effets de l'Empereur : ils saisirent quatre mille napoléons, et en laissèrent quinze cents pour payer les gens : c'était là tout le trésor de l'Empereur.

L'amiral parut singulièrement mortifié du refus de chacun de nous de l'assister contradictoirement dans son opération, bien que nous en fussions requis. Ce qui lui démontrait suffisamment combien cette mesure nous paraissait outrageante pour l'Empereur, et peu honorable pour celui qui l'exécutait.

Cependant le moment de quitter *le Bellérophon* était arrivé. L'Empereur était enfermé depuis long-temps avec le grand maréchal; nous étions dans la pièce qui précédait; la porte s'ouvre; le duc de Rovigo, fondant en larmes, sanglotant, se précipite aux pieds de l'Empereur; il lui baisait les mains. L'Empereur, calme, impassible, l'embrassa, et se mit en route pour gagner le canot. Chemin faisant, il saluait gracieusement de la tête ceux qui étaient sur son passage. Tous ceux des nôtres que nous laissions en arrière étaient en pleurs ; je ne pus m'empêcher de dire à lord Keith, avec qui je causais en ce moment : « Vous observerez, Milord, qu'ici ceux qui pleurent « sont ceux qui restent. »

Nous gagnâmes le *Northumberland* ; il était une ou deux heures. L'empereur resta sur le pont, et causa volontiers et familièrement avec les Anglais qui s'en approchèrent.

Lord Lowther et un M. Litleton eurent avec lui une conversation longue et suivie sur la politique et la haute administration. Je n'en ai rien entendu, l'Empereur semblant avoir désiré que nous le laissassions à lui-même ; mais il s'est plaint plus tard, à la lecture des journaux anglais qui rendaient compte de cette conversation, que ses paroles avaient été étrangement défigurées.

Au moment d'appareiller, un cutter, qui rôdait autour du vaisseau pour en éloigner les curieux, coula, très près de nous, un bateau rempli de spectateurs. La fatalité les avait amenés de fort loin pour être victimes ; deux femmes, m'a-t-on dit, y ont péri. Enfin nous mettons sous voiles pour Sainte-Hélène, treize jours après notre arrivée à Plymouth et quarante après notre départ de Paris.

Ceux des nôtres que l'Empereur n'avait pu emmener sont les derniers à quitter le vaisseau, emportant des témoignages de sa satisfaction et de ses regrets. Ce furent encore bien des pleurs, et une dernière scène fort touchante. L'Empereur s'est retiré, vers sept heures, dans la chambre qui lui avait été destinée.

Les ministres anglais avaient fort blâmé le respect qu'on avait témoigné à l'Empereur à bord du *Bellérophon* : ils avaient donné des ordres en conséquence ; aussi affectait-on, à bord du *Northumberland*, des expressions et des manières toutes différentes : on s'empressait ridiculement surtout de se recouvrir devant lui ; il avait été sévèrement enjoint de ne lui donner d'autre qualification que celle de *général*, et de ne le traiter qu'à l'avenant. Tel fut l'ingénieux biais, l'heureuse conception qu'enfanta la diplomatie des ministres d'Angleterre, tel fut le titre qu'ils imaginèrent de donner à celui qu'ils avaient reconnu comme premier consul ; qu'ils avaient si souvent qualifié de chef du gouvernement français, avec lequel ils avaient traité comme Empereur à Paris, lors de lord Lauderdale, et peut-être même signé des articles à Châtillon. Aussi, dans un moment d'humeur, échappa-t-il à l'Empereur de dire en expressions fort énergiques : « Qu'ils m'appellent comme « ils voudront, ils ne m'empêcheront pas d'être *moi*. » Il était en effet bizarre et surtout ridicule de voir les ministres anglais mettre une haute importance à ne donner que le titre de général à celui qui avait gouverné l'Europe, y avait fait sept à huit rois, dont plusieurs retenaient encore ce titre de sa création ; qui avait été plus de dix ans Empereur des Français, avait été oint et sacré en cette qualité par le chef suprême de l'Église ; qui comptait deux ou trois élections du peuple français à la souveraineté ; qui avait été reconnu Empereur par tout le continent de l'Europe, avait traité comme tel avec tous les souverains, et conclu, avec eux tous, des alliances de sang et d'intérêts : il réunissait donc sur sa personne la totalité des titres religieux, civils et politiques qui existent parmi les hommes, et que, par une singularité bizarre, mais vraie, aucun des princes régnant en Europe n'eût pu montrer accumulée de la sorte sur le premier, le chef, le fondateur de sa dynastie. Toutefois l'Empereur, qui avait eu l'intention de prendre un nom d'incognito, en débarquant en Angleterre, celui de colonel *Duroc* ou *Muiron*, n'y songea plus dès qu'on s'obstina à lui disputer ses vrais titres.

Description minutieuse du logement de l'Empereur à bord du *Northumberland*.

Mardi 8, mercredi 9. — Le vaisseau était dans la plus grande confusion, il était encombré d'hommes et d'objets; nous étions partis dans une si grande hâte que presque rien à bord n'était à sa place, et que, sous voiles, on travaillait sans relâche à l'armement du vaisseau.

Voici la description minutieuse de la partie du vaisseau que nous avons occupée. L'espace en arrière du mât d'artimon renfermait deux pièces en commun et deux chambres particulières; la première était la salle à manger, d'environ dix pieds de large, ayant de long toute la largeur du vaisseau, éclairée par un sabord aux deux extrémités, et par un vitrage supérieur; le salon était composé de tout le reste, diminué de deux chambres symétriques, à droite et à gauche, chacune ayant une entrée sur la salle à manger et une autre sur le salon. L'Empereur occupait celle de gauche, où on avait dressé son lit de campagne; l'amiral avait celle de droite. Il avait été strictement recommandé surtout que le salon demeurât en commun, qu'il ne fût pas abandonné à l'Empereur en propre; les ministres avaient poussé la sollicitude jusqu'à s'alarmer d'une si triviale déférence.

La table à manger suivait la forme de la salle. L'Empereur s'y trouvait adossé au salon, regardant dans le sens du vaisseau; à sa gauche était madame Bertrand; à sa droite l'amiral; à la droite de celui-ci, madame de Montholon; la table tournait alors : sur le petit côté était le commandant du vaisseau (capitaine Ross); en face de lui, sur le côté correspondant, était M. de Montholon, à côté de madame Bertrand, puis le secrétaire du vaisseau; restait le côté opposé à l'Empereur, qui, à partir du commandant du bâtiment, était rempli par le grand maréchal; le général-colonel du 53e; moi et le baron Gourgaud. L'amiral priait tous les jours un ou deux officiers, qui s'intercalaient au milieu de nous. J'étais presque en face de l'Empereur. La musique du 53e, recrutée depuis peu, s'exerçait durant tout le dîner à nos dépens. Nous avions deux services; mais on manquait de provisions; d'ailleurs nos goûts étaient si différens de celui de nos hôtes! ils faisaient, il est vrai, ce qu'ils pouvaient; mais encore ne devions-nous pas être difficiles. Je fus logé avec mon fils à tribord, par le travers du grand mât, dans une petite chambre tracée en toile, et renfermant un canon.

Nous faisions voile, autant que le vent nous le permettait, pour sortir de la Manche, longeant les côtes de l'Angleterre, où l'on envoyait à chaque port chercher des provisions et compléter les besoins du vaisseau. Il nous vint beaucoup d'objets de Plymouth, d'où plusieurs bâtimens nous rejoignirent; il en fut de même de Falmouth.

Nous perdons la terre de vue. — Réflexions.

Jeudi 10. — Le 10, nous fûmes tout-à-fait hors de la Manche, et nous perdîmes la terre de vue. Alors commencèrent à s'accomplir nos nouvelles destinées. Ce moment vint remuer encore une fois le fond de mon cœur; certains objets y retrouvèrent tout leur empire : je mettais une satisfaction amère à me déchirer de mes propres mains ! « O vous que j'aimais ! qui m'at« tachiez à la vie! mes vrais amis, mes plus chères affections, je me suis « montré digne de vous! soyez-le de moi, ne m'oubliez jamais ! »

Cependant nous faisions route, et bientôt nous allions être hors de l'Europe. Ainsi, en moins de six semaines, l'Empereur avait abdiqué son trône, il s'était remis entre les mains des Anglais, il se trouvait condamné sur un roc au milieu du vaste Océan. Certes, c'est une échelle peu commune pour mesurer les chances de la fortune et les forces de l'âme! Toutefois l'histoire jugera, avec plus d'avantage que nous, ces trois autres circonstances : elle aura à prononcer sur un horizon entièrement dégagé; nous, nous n'aurons été que dans les nuages.

A peine Napoléon avait-il abdiqué que, voyant se dérouler les malheurs de la patrie, on lui a fait une faute de ce grand sacrifice. Dès qu'on l'a su prisonnier à Plymouth, on l'a blâmé de sa noble magnanimité; il n'est pas jusqu'à s'être laissé mettre en route pour Sainte-Hélène, dont on n'ait osé lui faire reproche : tel est le vulgaire ! ne prononçant jamais que sur ce qu'il voit à l'instant même. Mais, à côté des maux qu'une résolution n'a pu prévenir, il faudrait savoir mettre tous ceux que la résolution contraire aurait amenés.

Napoléon, en abdiquant, a réuni tous les amis de la patrie vers un seul et même point : son salut! Il a laissé la France ne réclamant plus, devant toutes les nations, que le droit sacré de l'indépendance des peuples; il a ôté tout prétexte aux alliés de ravager et morceler notre territoire; il a détruit toute idée de son ambition personnelle; il est sorti le héros d'une cause dont il demeure le messie. Si l'on n'a pas retiré de son génie et de ses forces ce qu'on pouvait en attendre comme citoyen, la faute en est seule à l'impéritie ou à la trahison du gouvernement transitoire qui lui a succédé. Rendu à Rochefort, et le capitaine des frégates refusant de sortir, devait-il perdre le fruit de son abdication? Devait-il rentrer dans l'intérieur, se mettre à la tête de simples bandes, quand il avait renoncé à des armées! nourrir en désespéré une guerre civile sans résultat, qui ne pouvait servir qu'à perdre les derniers soutiens, les futures espérances de la patrie? Dans cet état de choses, il prit la résolution la plus magnanime : elle est digne de sa vie, et répond à vingt ans de calomnies ridiculement accumulées sur son caractère. Mais que dira l'histoire, de ces ministres d'une nation libérale, gardiens et dépositaires des droits du peuple, toujours ardens à recueillir des Coriolans, n'ayant que des chaînes pour un Camille?

Quant au reproche de s'être laissé déporter à Sainte-Hélène, il serait honteux d'y répondre. Se défendre corps à corps dans une chambre de vaisseau, tuer quelqu'un de sa propre main, essayer de mettre le feu aux poudres, est tout au plus d'un flibustier. La dignité dans le malheur, la soumission à la nécessité, ont aussi leur gloire; c'est celle des grands hommes que l'infortune terrasse.

Quand les ministres anglais se trouvèrent maîtres de la personne de Napoléon, la passion les gouverna beaucoup plus que la justice et la politique. Ils négligèrent le triomphe de leurs lois, méconnurent les droits de l'hospitalité, oublièrent leur honneur, compromirent celui de leur pays. Ils arrêtèrent de reléguer leur hôte au milieu de l'Océan, de le retenir captif sur un rocher, à deux mille lieues de l'Europe, loin de la vue et de la communication des hommes : on eût dit qu'ils eussent voulu confier aux angoisses de l'exil, aux fatigues du voyage, aux privations de toute espèce, à l'influence mortelle d'un ciel brûlant, une destruction dont ils n'osaient pas se charger eux-mêmes. Toutefois, pour s'associer en quelque sorte le vœu de la nation et la nécessité des circonstances, les papiers publics, à leur instigation, aiguillonnèrent les passions de la multitude, en remuant la fange des calomnies et des mensonges passés; tandis que, de leur côté, les ministres déclarèrent que leur détermination n'était qu'un engagement pris avec les alliés. Or, nous nous présentâmes au moment même de l'effervescence, au moment où l'on réveillait ainsi tout ce qui pouvait rendre odieux: les feuilles étaient pleines des déclamations les plus virulentes; on y reproduisait avec fiel tous les actes, les expressions mêmes qui, durant cette lutte de vingt ans, pouvaient blesser l'orgueil national et ranimer la haine. Cependant, durant le séjour que nous fîmes à Plymouth, le mouvement de toute l'Angleterre qui se précipitait vers le sud pour nous apercevoir, l'attitude et les sentimens de ceux qui y parvinrent, purent nous convaincre que cette irritation factice tomberait d'elle-même; nous pûmes espérer en partant que, le peuple anglais se désintéressant chaque jour davantage dans une cause qui cesse d'être la sienne, l'opinion finirait par se tourner, avec le temps, contre les ministres, et que nous leur préparions, dans l'avenir, de redoutables attaques et une grande responsabilité.

Détails et habitudes de l'Empereur à bord.

Vendredi 11 *au lundi* 14. — Nous faisions route pour traverser le golfe de Gascogne et doubler le cap Finistère. Le vent était favorable, mais faible; la saison fort chaude; nos journées des plus monotones. L'Empereur déjeunait dans sa chambre, à des heures irrégulières. Nous, les Français, déjeunions à dix heures, à notre manière; les Anglais avaient déjeuné à huit heures, à la leur.

L'Empereur, dans la matinée, appelait quelqu'un de nous tour à tour, pour connaître le journal du vaisseau, les lieues parcourues, l'état du vent, les nouvelles, etc., etc. Il lisait beaucoup, s'habillait vers quatre heures, et passait alors dans la salle commune, où il jouait aux échecs avec un de nous; à cinq heures, l'amiral, venu de sa chambre quelques instans auparavant, lui disait qu'on était servi.

Tout le monde sait que l'Empereur n'était guère plus d'un quart d'heure à dîner: ici, les deux services seulement tenaient d'une heure à une heure et demie; c'était pour lui une des contrariétés les plus pénibles, bien qu'il n'en témoignât jamais rien; sa figure, ses gestes, toute sa personne, étaient constamment impassibles. Cette cuisine nouvelle, la différence des mets, leur qualité, n'ont jamais obtenu de lui ni approbation ni rebut; jamais il n'a exprimé ni désir ni contrariété; il était servi par ses deux valets de chambre, placés derrière lui. Dans le principe, l'amiral voulait lui offrir de toutes choses; mais il suffit du simple remercîment de l'Empereur, et de la manière dont il fut exprimé, pour qu'il n'y revînt pas. Néanmoins l'amiral continua toujours à être très-attentif; seulement ce n'était plus qu'aux valets de chambre qu'il indiquait ce qu'il pouvait y avoir de préférable; ceux-ci s'en occupaient seuls; l'Empereur y demeurait tout-à-fait étranger, ne voyant, ne cherchant, n'apercevant rien; généralement gardant le silence, et demeurant au milieu de la conversation (bien que toujours en français, mais très-réservée) comme s'il ne l'eût pas entendue. S'il lui arrivait de rompre le silence, c'était pour faire quelques questions scientifiques ou techniques, ou pour adresser quelques paroles à ceux que l'amiral invitait occasionnellement à dîner. J'étais alors, la plupart du temps, celui à qui l'Empereur adressait les questions pour que je les traduisisse.

On sait que les Anglais ont l'habitude de rester fort long-temps à table, après le dessert, pour boire et causer : l'Empereur, déjà très fatigué par la longueur des services, n'eût pu supporter cet usage ; aussi et dès le premier jour, immédiatement après le café, il se leva, et alla sur le pont ; le grand maréchal et moi nous le suivîmes. L'amiral en fut déconcerté ; il se permit de s'en exprimer légèrement avec les siens ; mais la comtesse Bertrand, dont l'anglais est la langue maternelle, reprit avec chaleur : « N'oubliez pas, « monsieur l'amiral, que vous avez affaire à celui qui a été le maître du monde, « et que les rois briguaient l'honneur d'être admis à sa table.—Cela est vrai, » répondit l'amiral. Et cet officier, qui du reste a de la justesse dans l'esprit, une certaine convenance de manières, et parfois beaucoup de grâce, s'empressa de faciliter, dès ce moment, cet usage de l'Empereur : il hâta les services, et demandait, avant le temps, le café pour l'Empereur et ceux qui devaient sortir avec lui. Dès que l'Empereur avait achevé, il partait ; tout le monde se levait jusqu'à ce qu'il fût hors de la chambre ; le reste demeurait à boire plus d'une heure encore.

L'Empereur se promenait alors sur le pont jusqu'à la nuit avec le grand maréchal et moi ; ce qui devint une chose de tous les jours et consacrée.

L'Empereur rentrait ensuite dans le salon, et nous nous mettions à jouer au vingt-et-un. Il se retirait d'ordinaire au bout d'une demi-heure.

Faveur bizarre de la fortune.

Mardi 15 août. — Dans la matinée, nous avons demandé à être admis près de l'Empereur ; nous sommes entrés tous à la fois chez lui ; il n'en devinait pas la cause : c'était sa fête ; il n'y avait pas pensé. Nous avions l'habitude de le voir ce jour-là dans des lieux plus vastes et tout remplis de sa puissance ; mais nous n'avions jamais apporté de vœux plus sincères et des cœurs plus pleins de lui.

Nos journées se ressemblaient toutes : le soir nous jouions constamment au vingt-et-un ; l'amiral et quelques Anglais étaient parfois de la partie. L'Empereur se retirait après avoir perdu d'habitude ses dix ou douze napoléons ; cela lui était arrivé tous les jours, parce qu'il s'obstinait à laisser son napoléon jusqu'à ce qu'il en eût produit un grand nombre. Aujourd'hui il en avait produit jusqu'à quatre-vingts ou cent ; l'amiral tenait la main, l'Empereur voulait laisser encore pour connaître jusqu'à quel point il pourrait atteindre ; mais il crut voir qu'il serait tout aussi agréable à l'amiral qu'il n'en fît rien : il eût gagné seize fois, et eût pu atteindre au delà de soixante mille napoléons. Comme on s'extasiait sur cette faveur singulière de la fortune en faveur de l'Empereur, un des Anglais fit la remarque qu'aujourd'hui était le 15 d'août, jour de sa naissance et de sa fête.

Navigation. — Uniformité. — Occupations. — Sur la famille de l'Empereur. — Son origine. — Anecdotes.

Mercredi 16 au lundi 21. — Nous doublâmes le cap Finistère le 16, le cap Saint-Vincent le 18 ; nous étions par le travers du détroit de Gibraltar le

19, et nous continuâmes les jours suivans à faire voile le long de l'Afrique, vers Madère. Notre navigation n'offrait rien de remarquable, et toutes nos journées se ressemblaient dans nos habitudes et l'emploi de nos heures ; le sujet de la conversation seul pouvait offrir quelque différence.

L'Empereur restait toute la matinée dans sa chambre : la chaleur était grande ; il ne s'habillait pas, et il demeurait à peine vêtu. Il n'avait point de sommeil, et se levait plusieurs fois dans la nuit. La lecture était son grand passe-temps. Il me faisait venir presque tous les matins ; je lui traduisais ce que l'Encyclopédie britannique ou tous les livres que nous avions pu trouver à bord contenaient sur Sainte-Hélène ou sur les pays dans le voisinage desquels nous naviguions. Cela ramena naturellement sous les yeux mon Atlas historique ; il n'avait fait que l'entrevoir à bord du *Bellérophon*, et auparavant il n'en avait qu'une très fausse idée. Il s'en occupa trois ou quatre jours de suite : il s'en disait enchanté ; il ne revenait pas de la quantité de choses qu'il y trouvait, de l'ordre et de l'à-propos dans lesquels elles se présentaient ; il n'avait eu jusque-là, disait-il, nulle idée de cet ouvrage. C'étaient les cartes géographiques seules qu'il parcourait, passant toutes les autres ; la mappemonde surtout fixait particulièrement son attention et son suffrage. Je n'osais lui dire et lui prouver que la géographie était néanmoins la partie faible ; qu'elle présentait beaucoup moins de travail et de fond ; que les tableaux généraux et les tableaux généalogiques étaient bien supérieurs : les tableaux généraux pouvant être difficilement surpassés par leur méthode, leur symétrie, leur clarté et la facilité de leur usage ; et les tableaux généalogiques présentant, chacun isolément, une petite histoire entière du pays qu'ils concernent, ils en étaient tout à la fois et sous tous les rapports l'analyse a plus complète et les matériaux les plus élémentaires.

L'Empereur me demandait si cet ouvrage n'était pas employé dans toutes les éducations. S'il l'eût connu, disait-il, il en eût rempli les lycées et les écoles. Il me demandait aussi pourquoi je l'avais publié sous le nom emprunté de *Le Sage*. Je répondais que j'en avais publié l'esquisse très informe en Angleterre, au moment de mon émigration, dans un temps où nous exposions nos parens au dedans par nos seuls noms au dehors ; et puis encore l'avais-je fait peut-être aussi, lui disais-je en riant, dans mes préjugés d'enfance, à la façon des nobles bretons qui, pour ne pas déroger, déposaient leur épée au greffe durant le temps de leur négoce, etc.

Tous les jours après son dîner, l'Empereur, comme je l'ai déjà dit, se levait fort long-temps avant tout le monde, et le grand maréchal et moi ne manquions pas de le suivre sur le pont ; j'y demeurais même souvent seul, parce que le grand maréchal descendait alors auprès de sa femme, habituellement souffrante.

L'Empereur, après les premières observations sur le temps, le sillage du vaisseau, le vent, prenait un sujet de conversation ; on revenait même à celui de la veille ou des jours précédens ; et après dix ou douze tours de promenade sur la longueur du pont, il allait s'appuyer de coutume sur l'avant-dernier canon de la gauche du vaisseau, près du passavant. Les *midshipmen* (jeunes aspirans) eurent bientôt remarqué cette prédilection d'habitude, et ce canon ne fut appelé dans le vaisseau que *le canon de l'Empereur*.

C'est là que l'Empereur causait souvent des heures entières, et que j'ai entendu pour la première fois une partie de ce que je vais raconter ; avertissant, du reste, que je transporte ici en même temps ce que j'ai recueilli plus tard dans la foule des conversations éparses qui ont suivi, me proposant en cela de présenter de suite et réuni tout ce que j'ai noté de remarquable sur ce sujet. C'est peut-être ici le lieu de dire ou de répéter une fois pour toutes que si dans ce Journal on trouve peu d'ordre, aucune méthode, c'est que le temps me presse; que mes contemporains attendent, désirent, et que mon état de santé m'interdit toute application : je crains de n'avoir pas le temps de finir. Voilà mes trop bonnes excuses, mes vrais titres à l'indulgence sur le style de la narration et l'ordonnance des objets : je reproduis à la hâte ce que je retrouve; j'en demeure à peu près au premier jet.

Le nom de Bonaparte s'écrit indistinctement *Bonaparte* ou *Buonaparte*, ainsi que le savent tous les Italiens. Le père de Napoléon écrivait Buonaparte; un oncle de celui-ci, l'archidiacre Lucien, qui lui a survécu et a servi de père à Napoléon et à tous ses frères, écrivait, sous le même toit et dans le même temps, Bonaparte. Napoléon, durant toute sa jeunesse, a signé Buonaparte, comme son père. Arrivé au commandement de l'armée d'Italie, il se donna bien de garde d'altérer cette orthographe, qui était plus spécialement la nuance italienne; mais plus tard, et au milieu des Français, il voulut la franciser, et ne signa plus que Bonaparte.

Cette famille a joué long-temps un rôle distingué en Italie; elle a été puissante à Trévise; on la trouve inscrite sur le Livre d'or de Bologne et parmi les patrices florentins.

Lorsque Napoléon, alors général de l'armée d'Italie, entra vainqueur dans Trévise, les chefs de la ville vinrent joyeusement au-devant de lui, et lui présentèrent les titres et les actes qui prouvaient que sa famille y avait joué un grand rôle.

A l'entrevue de Dresde, avant la campagne de Russie, l'empereur François apprit un jour à l'empereur Napoléon, son gendre, que sa famille avait été souveraine à Trévise; qu'il en était bien sûr, parce qu'il s'en était fait représenter tous les documens. Napoléon lui répondit en riant qu'il n'en voulait rien savoir, qu'il préférait bien plutôt être le *Rodolphe d'Hapsbourg* de sa famille. François y attachait plus d'importance; il lui disait qu'il était bien indifférent d'avoir été riche et de devenir pauvre; mais qu'il était sans prix d'avoir été souverain, et qu'il fallait le dire à Marie-Louise, à qui cela ferait grand plaisir.

Lorsque Napoléon, dans la campagne d'Italie, entra dans Bologne, *Marescalchi*, *Caprara* et *Aldini*, depuis si connus en France, députés du sénat de leur ville, vinrent lui présenter avec complaisance leur Livre d'or, où se trouvaient inscrits le nom et les armoiries de sa famille.

Plusieurs maisons ou édifices attestent encore dans Florence l'existence dont y avait jadis joui la famille Bonaparte; plusieurs demeurent encore chargés de ses écussons.

Un Corse ou un Bolonais, *Césari*, je crois, choqué à Londres de la manière dont le gouvernement avait reçu la lettre pacifique du général Bonaparte entrant au consulat, publia alors des renseignemens généalogiques qui établissaient ses alliances avec l'antique maison d'*Est*, *Welf* ou *Guelf*, la tige des présens rois d'Angleterre (1).

---

(1) Ce paragraphe s'est trouvé au manuscrit dans un état à me laisser des doutes, et j'ai été sur le point de le supprimer. Toutefois voici ce qui me l'a fait conserver. Que prétends-je? Principalement laisser des matériaux. Or, indiquer comment je les ai recueillis, dire que je

Le duc de Feltre, ministre de France en Toscane, a rapporté à Paris de la galerie de Médicis le portrait d'une Buonaparte, mariée à un des princes de cette famille. La mère du pape Nicolas V, ou de Paul V de Sarzane, était une Bonaparté.

C'est un Bonaparte qui a été chargé du traité par lequel s'est fait l'échange de Livourne contre Sarzane. C'est un Bonaparte à qui, à la renaissance des lettres, on est redevable d'une des plus anciennes comédies, celle de la *Veuve*, qui est à la Bibliothèque publique à Paris.

Lorsque Napoléon, à la tête de l'armée d'Italie, marchait sur Rome, et recevait à Tolentino les propositions du pape, un des négociateurs ennemis observa qu'il était le seul Français qui, depuis le connétable de Bourbon, eût marché sur Rome; mais que ce qui ajoutait, disait-il, à cette circonstance quelque chose de bien bizarre, c'est que l'histoire de la première expédition se trouvait écrite précisément par un des parens de celui qui exécutait la seconde, par monsignor *Nicolas Buonaparte*, qui a laissé en effet *le sac de Rome, par le connétable de Bourbon* (1). De là peut-être, ou du pape mentionné plus haut, le nom de *Nicolas*, qu'on a voulu, dans certains pamphlets, être celui de l'Empereur, au lieu de Napoléon. Cet ouvrage se trouve dans toutes les bibliothèques; il est précédé d'une histoire de la maison Buonaparte, imprimé il y a quarante ou cinquante ans, et rédigé par un professeur de l'université de Pise, le docteur Vaccha.

M. de Cetto, ambassadeur de Bavière, m'a répété souvent que les archives de Munich renfermaient un grand nombre de pièces italiennes qui témoignent l'illustration de cette maison.

Napoléon, au temps de sa puissance, s'est constamment refusé à toute espèce de travail ou même de conversation sur cet objet. Sous son consulat, il découragea trop bien la première tentative de ce genre, pour que personne essayât d'y revenir. Quelqu'un publia une généalogie dans laquelle on rattachait sa famille à d'anciens rois du Nord; Napoléon fit persifler cet essai de la flatterie dans un papier public, où l'on finissait par conclure que la noblesse du Premier Consul ne datait que de *Montenotte* ou du *dix-huit brumaire*.

Cette famille fut, comme tant d'autres, victime des nombreuses révolutions qui désolèrent les villes d'Italie; les troubles de Florence mirent les Bonaparte au Nombre des *fuorusciti* (émigrés). Un d'eux se retira d'abord à Sarzane, et de là passa en Corse, d'où ses descendans ont toujours con-

---

les tiens d'une simple conversation courante, que je puis les avoir défigurés en les saisissant au vol; en laisser entrevoir les vices possibles, et mettre sur la voie pour y remédier, n'ai-je pas assez rempli mon objet?

(1) Vérifié à la bibliothèque, où se trouve en effet cette relation du sac de Rome; mais par *Jacques Buonaparte*, et non pas *Nicolas*. Jacques était contemporain du sac de Rome, et témoin oculaire; son manuscrit a été imprimé pour la première fois à Cologne, en 1756, et le volume renferme une généalogie des Bonaparte, que l'on fait remonter très haut, et que l'on qualifie d'une des plus illustres maisons de la Toscane.

Elle présente quelque chose de bien bizarre sans doute, c'est que le premier Bonaparte, mentionné dans cette généalogie, est dit avoir été exilé de sa patrie comme *gibelin*. Était-il donc du destin de cette famille, dans tous les temps, à toutes les époques, de devoir succomber sous la maligne influence des *guelfes*!

L'éditeur de Cologne écrit tantôt *Buonaparte* et tantôt *Bonaparte*.

Ce monsignor Nicolas Buonaparte, donné, ci-dessus au texte, comme l'historien, n'en est que l'oncle; il est mentionné du reste dans la généalogie comme un savant très distingué, et comme ayant fondé la classe de jurisprudence à l'université de Pise.

tinué d'envoyer leurs enfans en Toscane, à la branche qui y était demeurée à San-Miniato.

Depuis plusieurs générations, le second des enfans de cette famille a constamment porté le nom de *Napoléon*, qu'elle tenait, dans l'origine, d'un Napoléon des Ursins, célèbre dans les fastes militaires d'Italie.

Napoléon, après son expédition de Livourne, se rendant à Florence, coucha à San-Miniato chez un vieil abbé Buonaparte, qui traita magnifiquement tout son état-major. Après avoir épuisé tous les souvenirs de famille, il dit au jeune général qu'il allait lui chercher la pièce la plus précieuse. Napoléon crut qu'il allait lui montrer quelque bel arbre généalogique, fort propre à gratifier sa vanité, disait-il en riant; mais c'était un mémoire fort en règle, en faveur d'un père *Bonaventure Buonaparte,* capucin de Bologne, béatifié depuis long-temps, et qu'on n'avait pu faire canoniser à cause des frais énormes que cela eût nécessités. « Le pape ne vous le refu-
« sera pas, disait le bon abbé, si vous le demandez; et s'il faut payer, au-
« jourd'hui ce doit être peu de chose pour vous. »

Napoléon rit beaucoup de la bonhomie du vieux parent qui était si peu en harmonie avec les mœurs du jour, et qui ne se doutait nullement que les saints ne fussent plus de saison.

Arrivé à Florence, Napoléon crut lui être fort agréable en lui procurant le cordon de l'ordre de Saint-Étienne, dont il n'était que simple chevalier; mais le pieux abbé était moins touché des faveurs de ce monde que de l'attribution céleste qu'il réclamait; et elle n'était pas, au demeurant, sans des fondemens réels; le pape, venu à Paris pour couronner l'empereur Napoléon, mit à son tour sur le tapis les titres du père Bonaventure; c'était lui sans doute, disait-il, qui, du séjour des bienheureux, avait conduit son parent, comme par la main, dans la belle carrière terrestre qu'il venait de parcourir; c'était ce saint personnage, sans doute, qui l'avait préservé de tout danger dans ses nombreuses batailles, etc., etc. L'Empereur fit constamment la sourde oreille, et laissa à la bienveillance personnelle du pape à faire de lui-même quelque chose pour le bienheureux Bonaventure.

Le vieil abbé, dans la suite, laissa son héritage à Napoléon, qui, étant empereur, en a fait présent à un établissement public de Toscane.

Du reste, il serait difficile de lier ici aucun ensemble généalogique sur de seules conversations, l'Empereur n'ayant jamais regardé, disait-il en riant, un seul de ses parchemins. Ils sont toujours demeurés dans les mains de son frère Joseph, qu'il appelait gaiement le *généalogiste de la famille.* Et, dans la crainte de l'oublier, je consignerai ici, à ce sujet, que l'Empereur lui a remis, à l'île d'Aix, au moment de son départ, un volume contenant les lettres autographes que lui ont adressées tous les souverains de l'Europe. J'ai montré plus d'une fois mon chagrin à l'Empereur de s'être dessaisi d'un manuscrit historique si précieux (1).

---

(1) A mon retour en Europe, je n'ai pas manqué de m'informer de cet important dépôt, et je me suis empressé de suggérer au prince Joseph de le faire recopier, pour assurer davantage son existence. Quel a été mon chagrin d'apprendre que ce monument historique était égaré, qu'on ne savait ce qu'il était devenu! Dans quelles mains pourrait-il être tombé? Puissent-elles apprécier une telle collection, et la conserver à l'histoire!

N. B. Depuis la première publication de mon *Mémorial*, voici ce que je trouve à ce sujet dans M. O'Méara, édition de Londres, 1822 pag. 416:

« Le prince Joseph, avant de quitter Rochefort pour l'Amérique, crut prudent de déposer

Charles Bonaparte, père de Napoléon, était fort grand de taille, beau, bien fait. Son éducation avait été soignée à Rome et à Pise, où il avait étudié la loi. Il avait de la chaleur et de l'énergie. C'est lui qui, à la consulte extraordinaire de Corse, où l'on proposait de se soumettre à la France, prononça un discours qui enflamma tous les esprits; il n'avait alors que vingt ans. « Si, pour être libre, il ne s'agissait que de le vouloir, disait-il, tous « les peuples le seraient. L'histoire nous apprend cependant que peu sont « arrivés au bienfait de la liberté, parce que peu ont eu l'énergie, le cou- « rage et les vertus nécessaires. »

Lorsque l'île se trouva conquise, il voulut accompagner Paoli dans son émigration. Un vieux oncle, *l'archidiacre Lucien,* qui exerçait l'autorité d'un père sur le reste de sa famille, le força de revenir.

Charles Bonaparte, en 1779, fut député, pour la noblesse des États de Corse, à Paris, et mena avec lui le jeune Napoléon, alors âgé de dix ans. Il avait passé par Florence, et y avait obtenu une lettre de recommandation du grand-duc Léopold pour la reine de France Marie-Antoinette, sa sœur. Il dut cette lettre au rang et à la considération que la notoriété publique, à Florence, assignait à son nom et à son origine toscane.

A cette époque, deux généraux français se trouvaient en Corse, fort divisés entre eux; leurs querelles y formaient deux partis : c'étaient M. *de Marbeuf,* doux et populaire, et M. *de Narbonne Pellet,* haut et violent. Ce dernier, d'une naissance et d'un crédit supérieurs, devait être naturellement dangereux pour son rival : heureusement pour M. de Marbeuf, beaucoup plus aimé en Corse, la députation de cette province arriva à Versailles. Charles Bonaparte la conduisait; il fut consulté, et la chaleur de ses témoignages fit donner raison à M. de Marbeuf. Le neveu de ce dernier, archevêque de Lyon et ministre de la feuille des bénéfices, crut devoir en venir faire des remercîmens à Charles Bonaparte; et, quand celui-ci conduisit son fils à l'école militaire de Brienne, l'archevêque lui donna une recommandation spéciale pour la famille de Brienne, qui y demeurait la plus grande partie de l'année : de là l'intérêt et les rapports de bienveillance des Marbeuf et des Brienne envers les enfans Bonaparte. La malignité s'est égayée à créer une autre cause; la simple vérification des dates suffit pour la rendre absurde.

Le vieux M. de Marbeuf, commandant dans l'île, demeurait à Ajaccio. La famille Bonaparte y était une des premières. Madame Bonaparte était la plus agréable, la plus belle de la ville : rien de plus naturel que le commandant y fixât ses habitudes, et lui prodiguât ses préférences.

« ces papiers précieux entre les mains d'une personne sur l'intégrité de laquelle il avait
« le droit de compter ; mais il paraît qu'il en a été bassement trahi ; car il y a peu de mois,
« ces lettres originales ont été apportées à Londres dans l'intention d'en trafiquer pour la
« somme de 30,000 livres sterling ; ce qui a été immédiatement communiqué aux ministres
« de Sa Majesté et aux ambassadeurs étrangers. Je tiens de bonne source que l'ambassadeur
« de Russie a payé 10,000 livres sterling pour racheter les seules lettres de son maître.
« Parmi divers passages qui m'ont été répétés par ceux qui ont eu la faveur de parcourir les
« pièces autographes, j'en remarque une du roi de Prusse, écrivant *qu'il s'était toujours*
« *senti un sentiment paternel pour le Hanovre.* En tout il paraît, par ces papiers, que
« les souverains en général faisaient de vives supplications pour obtenir du territoire. »

Si on m'a dit vrai, il se pourrait qu'en dépit de l'infidélité que nous dévoile M. O'Méara, nous ne demeurassions pourtant pas entièrement privés de la connaissance de ce précieux recueil; le dépositaire, m'a-t-on assuré, s'étant, par une double vilenie, précautionné d'une copie à l'insu de ceux auxquels il avait vendu les originaux, et s'en étant arrangé depuis avec un éditeur qui s'occuperait de sa prochaine publication.

Charles Bonaparte mourut, à trente-huit ans, d'un squirrhe à l'estomac. Il avait éprouvé une espèce de guérison dans un voyage à Paris; mais il succomba, dans une seconde attaque, à Montpellier, où il fut enterré dans un des couvens de cette ville.

Sous le consulat, les notables de Montpellier, par l'organe de leur compatriote Chaptal, ministre de l'intérieur, firent prier le Premier Consul de permettre qu'ils élevassent un monument à la mémoire de son père. Napoléon les remercia de leurs bonnes intentions, et les refusa. « Ne troublons « point le repos des morts, dit-il ; laissons leurs cendres tranquilles. J'ai « perdu aussi mon grand-père, mon arrière-grand-père ; pourquoi ne ferait-« on rien pour eux? Cela mène loin. Si c'était hier que j'eusse perdu mon « père, il serait convenable et naturel que j'accompagnasse mes regrets de « quelque haute marque de respect; mais il y a vingt ans; cet événement « est étranger au public, n'en parlons plus. »

Depuis, Louis Bonaparte, à l'insu de Napoléon, fit exhumer le corps de son père, et le fit transporter à Saint-Leu, où il lui consacra un monument.

Charles Bonaparte n'avait été rien moins que dévot ; il s'était même permis quelques poésies anti-religieuses ; et cependant, à sa mort, il ne se trouvait pas assez de prêtres pour lui à Montpellier, disait l'Empereur : bien différent en cela de son oncle, l'archidiacre Lucien, homme d'église, très pieux et vrai croyant, mort long-temps après dans un âge fort avancé. Au moment de s'éteindre, il se fâcha vivement contre Fesch, qui, déjà prêtre, était accouru en étole et en surplis pour l'assister dans ses derniers momens ; il le pria de le laisser mourir tranquille, et il finit entouré de tous les siens, leur donnant les instructions du sage et la bénédiction des patriarches.

N. B. Après la première édition de cet ouvrage, j'ai reçu prière du cardinal Fesch de vouloir bien appliquer ici quelques redressemens, qui, bien que légers, lui semblaient essentiels, et je n'ai pas cru pouvoir mieux faire à cet égard que de transcrire précisément l'article de sa lettre relatif à cet objet :

« Si vous veniez à faire une autre édition, marque-t-il, je désirerais que « vous missiez à l'article où vous parlez de l'archidiacre, quelques mots qui « rendraient la scène de ses derniers instans. Je lui demandai s'il ne voulait « pas faire entrer son confesseur ; il me répondit qu'il n'avait plus rien à lui « dire : or, dans ce moment-là, il avait déjà reçu tous les sacremens de « l'Eglise. Un scrupule ou un zèle excessif de ma part ne pouvait pas donner « occasion de faire soupçonner que l'archidiacre ne se souciait pas de remplir « tous ses devoirs religieux. Il est vrai que l'Empereur n'a dû se souvenir que « d'une partie de la chose, puisqu'il ne put pas entendre ce que je disais au « mourant ; et en effet l'Empereur m'a dit la même chose à moi-même, dans « des conversations particulières, et ne voulut jamais entendre mon explica-« tion. Cependant je puis attester devant Dieu qu'il avait mal saisi ma de-« mande et la réponse de son oncle, si toutefois il put entendre quelque « chose. Au demeurant, cela ne fait rien, le défunt archidiacre n'en recevra « aucun tort; on ne doit pas attendre que l'Empereur fasse pour lui une pro-« fession de foi. — »

L'Empereur revenait souvent sur ce vieil oncle qui lui avait servi de second père, et qui était demeuré long-temps le chef de la famille. Il était archidiacre d'Ajaccio, l'une des premières dignités de l'île. Ses soins et ses économies avaient rétabli les affaires de la famille, que les dépenses et le luxe de Charles avaient fort dérangées. Le vieil archidiacre jouissait d'une grande vénération et d'une véritable autorité morale dans le canton. Il n'était point de querelle que les paysans et les bergers ne vinssent soumettre à sa décision ; et il les renvoyait avec ses jugemens et ses bénédictions.

Charles Bonaparte avait épousé mademoiselle *Lætitia Ramolino*, dont la mère, devenue veuve, s'était mariée à M. Fesch, capitaine dans un des régimens suisses que Gênes entretenait d'habitude dans l'île. De ce second mariage vint le *cardinal Fesch*, qui se trouvait ainsi demi-frère de Madame et oncle de l'Empereur.

Madame était une des plus belles femmes de son temps ; sa beauté était connue dans l'île. Paoli, au temps de sa puissance, ayant reçu une ambassade d'Alger ou de Tunis, voulut donner aux barbaresques une idée des attraits de ses compatriotes ; il rassembla toutes les beautés de l'île : Madame y tenait le premier rang. Plus tard, dans un voyage pour voir son fils à Brienne, elle fut remarquée, même dans Paris.

Madame, lors de la guerre de la liberté en Corse, partagea souvent les périls de son mari, qui s'y montra fort chaud. Elle le suivit parfois à cheval dans ses expéditions, spécialement durant sa grossesse de Napoléon. Madame avait un grand caractère, de la force d'âme, beaucoup d'élévation et de fierté. Elle a eu treize enfans, et eût pu facilement en avoir beaucoup d'autres, étant devenue veuve à environ trente ans, et ayant prolongé au delà de cinquante la faculté d'en avoir. De ces treize enfans, cinq garçons seulement et trois filles ont vécu, et tous ont joué un grand rôle sous le règne de Napoléon.

Joseph, l'aîné de tous, qu'on voulut mettre d'abord dans l'église, à cause de l'archevêque de Lyon, Marbeuf, qui tenait la feuille des bénéfices, fit ses études en conséquence ; mais il s'y refusa absolument lorsque le moment arriva de s'engager. Il a été successivement roi de Naples et d'Espagne.

Louis a été roi de Hollande ; et *Jérôme*, roi de Westphalie ; *Elisa*, grande-duchesse de Toscane ; *Caroline*, reine de Naples ; *Pauline*, princesse Borghèse. *Lucien*, que son second mariage et une fausse direction de caractère privèrent sans doute d'une couronne, ennoblit du moins son opposition et ses différends avec son frère, en venant, au retour de l'île d'Elbe, se jeter dans ses bras, et cela lorsqu'il était loin de regarder ses affaires comme assurées. Lucien, disait l'Empereur, eut une jeunesse orageuse ; dès l'âge de quinze ans, il fut mené en France par M. de Sémonville, qui en fit de bonne heure un révolutionnaire zélé et un clubiste ardent. Et à ce sujet Napoléon disait qu'on trouvait dans les nombreux libelles publiés contre lui quelques adresses ou lettres signées Brutus Bonaparte, ou autrement, qu'on lui attribuait ; il n'affirmerait pas, continuait-il, que ces adresses ne fussent de quelqu'un de la famille ; tout ce qu'il pouvait assurer, c'est qu'elles n'étaient pas de lui, Napoléon.

J'ai vu le prince Lucien de fort près au retour de l'île d'Elbe ; il eût été difficile de montrer des idées politiques plus saines, mieux arrêtées, ainsi qu'un dévouement plus absolu et mieux intentionné.

Madère, etc. — Vent très-fort. — Jeu d'échecs.

Mardi 22 au samedi 26.—Le 22 nous eûmes connaissance de Madère ; à la nuit nous arrivâmes devant le port ; deux bâtimens seuls furent envoyés au mouillage pour les besoins de l'escadre. Le vent était très fort, la mer fort grosse ; l'Empereur s'en trouva gêné, et j'en fus fort malade. Il ventait coups de vent ; l'air était excessivement chaud et comme chargé de sable extrêmement fin : c'étaient ces vents terribles du désert d'Afrique qui en transportaient jusqu'à nous les émanations. Ce temps dura toute la journée du lendemain, la communication avec la terre devint très difficile; cependant le consul anglais vint à bord : il nous dit que depuis nombre d'années l'on n'avait eu un temps pareil ; toutes les vitres de la ville étaient brisées, on respirait à peine dans les rues, et la récolte de vin était perdue. Durant ce temps nous courions des bordées devant la ville ; nous continuâmes ainsi toute la nuit suivante et la journée du 24, où nous embarquâmes quelques bœufs et d'autres provisions, des oranges non mûres, de mauvaises pêches, des poires sans goût, mais des figues et du raisin excellens. Le soir nous fîmes route avec une grande rapidité, le vent étant demeuré toujours très fort. Le 25 et le 26 on mit en panne une partie de la journée, pour distribuer les approvisionnemens dans l'escadre ; le reste du temps on fit bonne et grande route.

Rien n'interrompait l'uniformité de nos momens ; chaque jour passait lentement en détail, et grossissait un passé qui, en masse, nous semblait court, parce qu'il était sans couleur, et que rien ne le caractérisait.

L'Empereur avait accru le cercle de ses diversions d'une partie de piquet, qu'il faisait assez régulièrement vers trois heures. A ce piquet succédaient quelques parties d'échecs avec le grand maréchal, M. de Montholon ou quelque autre, ce qui conduisait au dîner. Il n'y avait personne de très fort aux échecs sur le vaisseau ; l'Empereur l'était infiniment peu ; il gagnait avec les uns, et perdait avec les autres ; ce qui le conduisit un soir à dire : « Comment « se fait-il que je perde très souvent avec ceux qui n'ont jamais gagné celui « que je gagne presque toujours ? Cela n'implique-t-il pas contradiction ? « Comment résoudre ce problème ? » dit-il en clignant de l'œil, pour faire voir qu'il n'était pas la dupe de la galanterie habituelle de celui qui en effet était le plus fort.

Le soir nous ne jouions plus au vingt-et-un, nous l'interrompîmes pour l'avoir porté trop haut, ce qui avait paru déplaire à l'Empereur, fort ennemi du jeu.

Canaries. — Passage du tropique. — Un homme à la mer. — Enfance de l'Empereur. — Détails. — Napoléon à Brienne. — Pichegru. — Napoléon à l'école militaire de Paris. — Dans l'artillerie. — Ses sociétés. — Napoléon au commencement de la révolution.

Dimanche 27 au jeudi 31. — Le dimanche 27, nous nous trouvâmes, au jour, au milieu des Canaries, que nous traversâmes dans la journée, faisant dix ou douze nœuds (trois ou quatre lieues) sans avoir aperçu le fameux pic de Ténériffe : circonstance d'autant plus rare, qu'on le voit, dans des temps plus favorables, à la distance de plus de soixante lieues.

Le 29 nous traversâmes le tropique ; nous apercevions beaucoup de poissons volans autour du vaisseau. Le 31, à onze heures du soir un homme tomba à la mer : c'était un nègre qui s'était enivré ; il redoutait les coups de fouet qui devaient être le châtiment de sa faute ; il avait essayé plusieurs fois, dans la soirée, de se jeter à la mer ; dans une dernière tentative il réussit à s'y précipiter ; mais il s'en repentit aussitôt, car il poussait de grands cris ; il nageait très bien ; cependant un canot le chercha vainement long-temps : il fut perdu.

Le cri d'un homme à la mer a toujours, à bord d'un vaisseau, quelque chose qui saisit ; tout l'équipage ému se transporte et s'agite en tout sens ; le bruit est grand, le mouvement universel. Comme, dans cette circonstance, je me rendais dessus le pont à la chambre commune, par la porte qui conduisait vers l'Empereur, un *midshipman* (aspirant), de dix ou douze ans, d'une figure tout-à-fait intéressante, qui croyait que j'allais trouver l'Empereur, m'arrêta par l'habit, et, avec l'accent du plus tendre intérêt : « Ah! « Monsieur, me dit-il, n'allez pas l'effrayer! Dites-lui bien au moins que tout « ce bruit n'est rien, que ce n'est qu'un homme à la mer. » Bon et innocent enfant qui rendait bien plus ses sentimens que sa pensée.

En général tous ces jeunes gens, qui étaient en assez grand nombre à bord, portaient à l'Empereur un respect et une attention tout-à-fait marqués. Ils répétaient tous les soirs une scène qui imprimait chaque fois quelque chose de touchant : tous les matelots, de grand matin, portent leurs hamacs dans de grands filets sur les côtés du vaisseau ; le soir, vers les six heures, ils les enlèvent à un coup de sifflet ; les plus lents sont punis ; il y a donc une véritable précipitation : or il y avait plaisir, en cet instant, à voir cinq ou six de ces enfans faire cercle autour de l'Empereur, soit qu'il fût au milieu du pont, ou sur son canon de prédilection ; d'un côté ils suivaient d'un œil inquiet ses mouvemens ; de l'autre, ils arrêtaient, dirigeaient ou repoussaient, du geste et de la voix, les matelots empressés. Toutes les fois que l'Empereur me voyait considérer ce mouvement, il observait avec complaisance que le cœur des enfans était toujours le plus disposé à l'enthousiasme.

Je vais continuer ce que divers momens m'ont fourni sur les premières années de l'Empereur.

Napoléon est né le 15 août 1769 (1), jour de l'Assomption, vers midi. Sa mère, femme forte au moral et au physique, qui avait fait la guerre grosse de lui, voulut aller à la messe à cause de la solennité du jour ; elle fut obligée de revenir en toute hâte, ne put atteindre sa chambre à coucher, et déposa son enfant sur un de ces vieux tapis antiques à grandes figures, de ces héros de la fable ou de l'Iliade peut-être : c'était Napoléon.

Napoléon, dans sa toute petite enfance, était turbulent, adroit, vif, preste

---

(1) Extrait du registre des baptêmes de la paroisse et cathédrale de Notre-Dame d'Ajaccio, coté et paraphé le 27 avril 1771 par M. François Cuneo, conseiller du roi, juge royal de la province d'Ajaccio (5ᵉ feuillet verso).

« L'anno mille settecento settant'uno a vent' uno juglio, si sono adoprata le sacre ceremonie e preci sopra di Napoleone figlio nato di legitimo matrimonio dal signor Carlo del fu Giuseppe Bonaparte, et dalla signora Maria Letizia sua moglie, al quale gli fu data l'acqua in casa con licenza, etc., dal maëstro reverentissimo Luciano Bonaparte, nato li quindici agosto del mille settecento sessanto novo, ed hanno assistito alle sacre ceremonie per perdrone, l'illustrissimo Lorenzo Giubica di Calvi, procuratore del re, et per madrina la signora Gertruda, moglie del signor Nicolo Paravicini, presente il padre, quali unitamente a me si sono sottoscriti. *Signé* Giò Balta Diamante, economo. Lorenzo Giubega. Gertruda Paravicini. Et Carlo Buonaparte. »

Traduction de l'acte.

L'an mil sept cent soixante-et-onze, le vingt-et-un juillet, ont été faites les saintes cérémonies et les prières sur Napoléon, fils né du légitime mariage de M. Charles (fils de Joseph Bonaparte), et de la dame Marie Lœtitia, son épouse, lequel avait été ondoyé à la maison, avec la permission du très-révérend Lucien Bonaparte, étant né le 15 août mil sept cent soixante-neuf. Ont assisté aux saintes cérémonies, pour parrain, l'illustrissime Laurent Giubica de Calvi, procureur du roi, et pour marraine, la dame Gertrude, épouse du sieur Nicolas Paravicini ; présent le père : lesquels ont signé avec moi.

Nota. Baptisé le même jour que sa sœur Marie Anne, née le 14 juillet 1771, laquelle est morte enfant, et dont l'acte de baptême est à la suite du sien.

Cet extrait a été pris à Ajaccio, en 1822, par Édouard Favand d'Alais, et offert à M. le comte de Las Cases, le 6 septembre 1824, par son oncle, le colonel Boyer Peyreleau.

à l'extrême; il avait, dit-il, sur Joseph, son aîné, un ascendant des plus complets. Celui-ci était battu, mordu; des plaintes étaient déjà portées à la mère, la mère grondait, que le pauvre Joseph n'avait pas encore eu le temps d'ouvrir la bouche.

Napoléon arriva à l'école militaire de Brienne à l'âge d'environ dix ans. Son nom, que son accent corse lui faisait prononcer à peu près Napoilloné, lui valut des camarades le sobriquet de *la paille au nez*. Cette époque fut pour Napoléon celle d'un changement dans son caractère. Au rebours de toutes les histoires apocryphes qui ont donné les anecdotes de sa vie, Napoléon fut, à Brienne, doux, tranquille, appliqué, et d'une grande sensibilité. Un jour le maître de quartier, brutal de sa nature, sans consulter, disait Napoléon, les nuances physiques et morales de l'enfant, le condamna à porter l'habit de bure et à dîner à genoux à la porte du réfectoire : c'était une espèce de déshonneur. Napoléon avait beaucoup d'amour-propre, une grande fierté intérieure; le moment de l'exécution fut celui d'un vomissement subit et d'une violente attaque de nerfs. Le supérieur, qui passait par hasard, l'arracha au supplice en grondant le maître de son peu de discernement, et le père *Patrault*, son professeur de mathématiques, accourut, se plaignant que, sans nul égard, on dégradât ainsi son premier mathématicien.

(1) « A l'âge de puberté, Napoléon devint morose, sombre; la lecture fut pour lui une espèce de passion poussée jusqu'à la rage; il dévorait tous les livres. Pichegru fut son maître de quartier et son répétiteur.

« Pichegru était de la Franche-Comté, et d'une famille de cultivateurs. Les Minimes de Champagne avaient été chargés de l'école militaire de Brienne; leur pauvreté et leur peu de ressource attirant peu de sujets parmi eux, faisaient qu'ils n'y pouvaient suffire; ils eurent recours aux Minimes de Franche-Comté; le père Patrault fut un de ceux-ci. Une tante de Pichegru, sœur de la charité, le suivit pour avoir soin de l'infirmerie, amenant avec elle son neveu, jeune enfant auquel on donna gratuitement l'éducation des élèves. Pichegru, doué d'une grande intelligence, devint, aussitôt que son âge le permit, maître de quartier, et répétiteur du père Patrault, qui lui avait enseigné les mathématiques. Il songeait à se faire minime : c'était là toute son ambition et les idées de sa tante; mais le père Patrault l'en dissuada, en lui disant que leur profession n'était plus du siècle, et que Pichegru devait songer à quelque chose de mieux; il le porta à s'enrôler dans l'artillerie, où la révolution le prit sous-officier. On connaît sa fortune militaire : c'est le conquérant de la Hollande. Ainsi le père Patrault a la gloire de compter parmi ses élèves les deux plus grands généraux de la France moderne.

« Plus tard, ce père Patrault fut sécularisé par M. de Brienne, archevêque de Sens et cardinal de Loménie, qui en fit un de ses grands-vicaires, et lui confia la gestion de ses nombreux bénéfices.

« Lors de la révolution, le père Patrault, d'une opinion politique bien opposée à son archevêque, n'en fit pas moins les plus grands efforts pour le sauver, et s'entremit à ce sujet avec Danton, qui était du voisinage; mais ce fut inutilement, et l'on croit qu'il rendit au cardinal le service, à la manière des anciens, de lui procurer le poison dont il se donna la mort pour éviter l'échafaud.

« Napoléon ne conservait qu'une idée confuse de Pichegru : il lui restait

(1) Propre dictée de l'Empereur.

qu'il était grand, et avait quelque chose de rouge dans la figure. Il n'en était pas ainsi, à ce qu'il paraît, de Pichegru, qui semblait avoir conservé des souvenirs frappans du jeune Napoléon. Quand Pichegru se fut livré au parti royaliste, consulté si l'on ne pourrait pas aller jusqu'au général en chef de l'armée d'Italie : « N'y perdez pas votre temps, dit-il ; je l'ai connu dans son « enfance ; ce doit être un caractère inflexible : il a pris un parti, et il n'en « changera pas. »

L'Empereur rit beaucoup de tous les contes et de toutes les anecdotes dont on charge sa jeunesse, dans la foule des petits ouvrages qu'il a fait éclore ; il n'en avoue presque aucune. En voici pourtant une qu'il reconnaît au sujet de sa confirmation, à l'école militaire de Paris. Au nom de *Napoléon*, l'archevêque qui le confirmait, ayant témoigné son étonnement, disait qu'il ne connaissait pas ce saint, qu'il n'était pas dans le calendrier ; l'enfant répondit avec vivacité que ce ne saurait être une raison, puisqu'il y avait une foule de saints, et seulement trois cent soixante-cinq jours.

Napoléon n'avait jamais connu de jour de fête avant le concordat : son patron était en effet étranger au calendrier français, sa date même partout incertaine ; ce fut une galanterie du pape qui la fixa au 15 d'août, tout à la fois jour de la naissance de l'Empereur et de la signature du concordat.

(1) « En 1783, Napoléon fut un de ceux que le concours d'usage désigna à Brienne pour aller achever son éducation à l'école militaire de Paris. Le choix était fait annuellement par un inspecteur qui parcourait les douze écoles militaires ; cet emploi était rempli par le chevalier *de Keralio*, officier général, auteur d'une tactique, et qui avait été le précepteur du présent roi de Bavière, dans son enfance duc des Deux-Ponts : c'était un vieillard aimable, des plus propres à cette fonction ; il aimait les enfans, jouait avec eux après les avoir examinés, et retenait avec lui, à la table des Minimes, ceux qui lui avaient plu davantage. Il avait pris une affection toute particulière pour le jeune Napoléon, qu'il se plaisait à exciter de toutes manières ; il le nomma pour se rendre à Paris, bien qu'il n'eût peut-être pas l'âge requis. L'enfant n'était fort que sur les mathématiques, et les moines représentèrent qu'il serait mieux d'attendre à l'année suivante, qu'il aurait ainsi le temps de se fortifier sur tout le reste, ce que ne voulut pas écouter le chevalier de Keralio, disant : « Je sais ce que je fais ; si je passe par-dessus « la règle, ce n'est point ici une faveur de famille, je ne connais pas celle de « cet enfant ; c'est tout à cause de lui-même : j'aperçois ici une étincelle « qu'on ne saurait trop cultiver. » Le bon chevalier mourut presque aussitôt ; mais celui qui vint après, M. *de Régnaud*, qui n'aurait peut-être pas eu sa perspicacité, exécuta néanmoins les notes qu'il trouva, et le jeune Napoléon fut envoyé à Paris.

« Tout annonçait en lui, dès lors, des qualités supérieures, un caractère prononcé, des méditations profondes, des conceptions fortes. Il paraît que, dès sa plus tendre jeunesse, ses parens avaient fondé sur lui toutes leurs espérances : son père, expirant à Montpellier, bien que Joseph fût auprès de lui, ne rêvait dans son délire qu'après Napoléon, qui était au loin à son école : il l'appelait sans cesse pour qu'il vînt à son secours avec *sa grande épée*. Plus tard le vieil oncle Lucien, au lit de mort, entouré d'eux tous, disait à Joseph : « Tu es l'aîné de la famille, mais en voilà le chef, montrant

---

(1) Dictée de Napoléon.

« Napoléon; ne l'oublie jamais. » — « C'était, disait gaiement l'Empereur, « un vrai déshéritage; la scène de Jacob et d'Ésaü. »

Élevé moi-même à l'école militaire de Paris, mais un an plus tôt que Napoléon, j'ai pu en causer dans la suite, à mon retour de l'émigration, avec les maîtres qui nous avaient été communs.

M. *de l'Éguille*, notre maître d'histoire, se vantait que si l'on voulait aller rechercher dans les archives de l'école militaire, on y trouverait qu'il avait prédit une grande carrière à son élève, en exaltant dans ses notes la profondeur de ses réflexions et la sagacité de son jugement. Il me disait que le Premier Consul le faisait venir souvent à déjeuner à la Malmaison, et lui parlait toujours de ses anciennes leçons : « Celle qui m'a laissé le plus d'im-
« pressions, lui disait-il une fois, était la révolte du connétable de Bourbon,
« bien que vous ne nous la présentassiez pas avec toute la justesse possible;
« à vous entendre, son grand crime était d'avoir combattu son roi ; ce qui
« en était assurément un bien léger dans ces temps de seigneuries et de
« souverainetés partagées, vu surtout la scandaleuse injustice dont il avait
« été victime. Son unique, son grand, son véritable crime, sur lequel vous
« n'insistiez pas assez, c'était d'être venu avec les étrangers attaquer son
« sol natal. »

M. *Domairon*, notre professeur de belles-lettres, me disait qu'il avait toujours été frappé de la bizarrerie des amplifications de Napoléon ; il les avait appelées dès lors du *granit chauffé au volcan*.

Un seul s'y trompa, ce fut le gros et lourd maître d'allemand. Le jeune Napoléon ne faisait rien dans cette langue, ce qui avait inspiré au professeur, qui ne supposait rien au-dessus, le plus profond mépris. Un jour que l'écolier ne se trouvait pas à sa place, il s'informa où il pouvait être; on répondit qu'il subissait en ce moment son examen pour l'artillerie. « Mais
« est-ce qu'il sait quelque chose? disait-il ironiquement. — Comment,
« Monsieur, mais c'est le plus fort mathématicien de l'école, lui répondit-
« on. — Eh bien! je l'ai toujours entendu dire, et je l'avais toujours pensé,
« que les mathématiques n'allaient qu'aux bêtes. » — « Il serait curieux,
« disait l'Empereur, de savoir si le professeur a vécu assez long-temps pour
« jouir de son discernement. »

Il avait à peine dix-huit ans que l'abbé *Raynal*, frappé de l'étendue de ses connaissances, l'appréciait assez pour en faire un des ornemens de ses déjeuners scientifiques. Enfin, le célèbre *Paoli*, qui, après lui avoir inspiré long-temps une espèce de culte, le trouva tout à coup à la tête d'un parti contre lui, dès qu'il voulut favoriser les Anglais au détriment de la France, avait coutume de dire que ce *jeune homme était taillé à l'antique, que c'était un homme de Plutarque*.

En 1787, Napoléon, reçu à la fois élève et officier d'artillerie, sortit de l'école militaire pour entrer dans le régiment de La Fère en qualité de lieutenant en second, d'où il passa, dans la suite, lieutenant en premier dans le régiment de Grenoble.

Napoléon, en sortant de l'école militaire, alla joindre son régiment à Valence. Le premier hiver qu'il y passa, il avait pour compagnons de table *Laribossière*, qu'il créa depuis, étant Empereur, inspecteur général de l'artillerie ; *Sorbier*, qui a succédé dans ce titre à Laribossière ; *de Hédouville cadet*, ministre plénipotentiaire à Francfort; *Mallet*, le frère de celui qui conduisit l'échauffourée de Paris en 1812; un nommé *Mabille*, qu'au retour de son émigration l'Empereur plaça, avec le temps, dans l'administration des postes; *Rolland de Villarceaux*, depuis préfet de Nismes; *Desmazzis cadet*, son camarade d'école militaire, et le compagnon de ses premières années, auquel il a confié, devenu Empereur, le garde-meuble de la couronne.

Il y avait, dans le corps, des officiers plus ou moins aisés; Napoléon était au nombre des premiers : il recevait douze cents francs de sa famille, c'était alors la grosse pension des officiers. Deux seulement, dans le régiment, avaient cabriolet ou voiture, et c'étaient de grands seigneurs. Sorbier était l'un de ces deux; il était fils d'un médecin de Moulins (1).

Napoléon, à Valence, fut admis de bonne heure chez madame *du Colombier* : c'était une femme de cinquante ans, du plus rare mérite; elle gouvernait la ville, et s'engoua fort, dès l'instant, du jeune officier d'artillerie : elle le faisait inviter à toutes les parties de la ville et de la campagne; elle l'introduisit dans l'intimité d'un *abbé de Saint-Rufe*, riche et d'un certain âge, qui réunissait souvent ce qu'il y avait de plus distingué dans le pays. Napoléon devait sa faveur et la prédilection de madame du Colombier à son extrême instruction, à la facilité, à la force, à la clarté avec laquelle il en faisait usage; cette dame lui prédisait souvent un grand avenir. A sa mort, la révolution était commencée; elle y avait pris beaucoup d'intérêt; et, dans un de ses derniers momens, on lui a entendu dire que, s'il n'arrivait pas malheur au jeune Napoléon, il y jouerait infailliblement un grand rôle. L'Empereur n'en parle qu'avec une tendre reconnaissance, n'hésitant pas à croire que les relations distinguées, la situation supérieure dans laquelle cette dame le plaça si jeune dans la société, peuvent avoir grandement influé sur les destinées de sa vie.

L'existence privilégiée de Napoléon lui attira une extrême jalousie de la part de ses camarades : ils le voyaient avec peine s'absenter si souvent d'au milieu d'eux, bien que ce ne fût nullement à leur détriment sous aucun rapport. Heureusement le commandant, M. *d'Urtubie*, vieillard respectable, l'avait parfaitement jugé; il ne cessa de lui être favorable, et de lui faciliter tous les moyens d'allier les devoirs du service avec les agrémens de la société.

Napoléon prit du goût pour mademoiselle *du Colombier*, qui n'y fut pas insensible : c'était leur première inclination à tous deux, et telle qu'elle pouvait être à leur âge et avec leur éducation.

Il est faux du reste, ainsi que je l'avais entendu dire dans le monde, que la mère ait voulu ce mariage, et que le père s'y soit opposé, alléguant qu'ils se nuiraient l'un à l'autre en s'unissant, tandis qu'ils étaient faits pour faire fortune chacun de leur côté. L'anecdote qu'on raconte au sujet d'un pareil mariage avec mademoiselle *Clary*, depuis madame *Bernadotte*, aujourd'hui reine de Suède, n'est pas plus exacte.

L'Empereur, en 1805, allant se faire couronner roi d'Italie, retrouva sur son passage à Lyon la fille de M. du Colombier, et fit pour elle tout ce qu'elle demanda.

Mesdemoiselles *de Laurencin* et *Saint-Germain* faisaient dans ce temps-là

---

(1) Son père avait été médecin en chef de la gendarmerie; c'était un homme très-distingué par sa science et les qualités aimables de son caractère, ce qui lui attira la bienveillance particulière de Louis XV, dont il reçut le cordon de Saint-Michel et des lettres de noblesse.

les beaux jours de Valence, et s'y partageaient tous les cœurs : la dernière est devenue madame *de Montalivet*, dont le mari fut alors aussi fort connu de l'Empereur, qui l'a fait depuis son ministre de l'intérieur. « Honnête « homme, qui m'est demeuré, je crois, disait Napoléon, toujours tendre- « ment attaché. »

L'Empereur, à dix-huit ou vingt ans, était des plus instruits, pensant fortement, et de la logique la plus serrée. Il avait immensément lu, profondément médité, et a peut-être perdu depuis, dit-il. Son esprit était vif, prompt; sa parole énergique. Partout il était aussitôt remarqué, et obtenait beaucoup de succès auprès des deux sexes, surtout auprès de celui qu'on préfère à cet âge; et il devait lui plaire par des idées neuves et fines, par des raisonnemens audacieux. Les hommes devaient redouter sa logique et sa discussion, auxquelles la connaissance de sa propre force l'entraînait naturellement.

Beaucoup de ceux qui l'ont connu dans ses premières années lui ont prédit une carrière extraordinaire; aucun d'eux n'a été surpris de celle qu'il a remplie. Vers ce temps il remporta, sous l'anonyme, un prix à l'académie de Lyon, sur la question posée par Raynal : *Quels sont les principes et les institutions à inculquer aux hommes pour les rendre le plus heureux possible?* Le mémoire anonyme fut fort remarqué; il était, du reste, tout-à-fait dans les idées du temps. Il commençait par demander ce qu'était le bonheur, et répondait : De jouir complétement de la vie de la manière la plus conforme à notre organisation morale et physique. Devenu Empereur, il causait un jour de cette circonstance avec M. de Talleyrand. Celui-ci, en courtisan délicat, lui rapporta, au bout de huit jours, ce fameux mémoire, qu'il avait fait déterrer des archives de l'académie de Lyon. C'était en hiver. L'Empereur le prit, en lut quelques pages, et jeta au feu cette première production de sa jeunesse. « Comme on ne s'avise jamais de tout, disait Na- « poléon, M. de Talleyrand ne s'était pas donné le temps d'en faire prendre « copie. »

Le prince de Condé s'annonça un jour à l'école d'artillerie d'Auxonne : c'était un grand honneur et une grande affaire que de se trouver inspecté par ce prince militaire. Le commandant, en dépit de la hiérarchie, mit le jeune Napoléon à la tête du polygone, de préférence à d'autres d'un rang supérieur. Or, il arriva que la veille de l'inspection tous les canons du polygone furent encloués; mais Napoléon était trop alerte, avait l'œil trop vif, pour se laisser prendre à ce mauvais tour de ses camarades, ou peut-être même au piége de l'illustre voyageur.

On croit généralement, dans le monde, que les premières années de l'Empereur ont été taciturnes, sombres, moroses; mais, au contraire, en débutant au service, il était fort gai. Il n'a pas de plus grand plaisir ici que de nous raconter les espiégleries de son école d'artillerie; il semble oublier alors momentanément les malheurs qui nous enchaînent, quand il s'abandonne aux détails de ces temps heureux de sa première jeunesse.

C'était un vieux commandant de plus de quatre-vingts ans, qu'ils vénéraient fort du reste, lequel, venant un jour leur faire faire l'exercice du canon, suivait chaque coup avec sa lorgnette, assurait qu'on devait avoir été bien loin du but; s'inquiétait, s'informait à ses voisins si quelqu'un avait vu porter le coup : personne n'avait garde, les jeunes gens escamotant le boulet toutes les fois qu'ils chargeaient. Le vieux général avait de l'esprit. Au bout de cinq à six coups, il lui prit fantaisie de faire compter les boulets; il n'y eut pas moyen de s'en dédire, il trouva le tour fort gai, et n'en ordonna pas moins les arrêts à tous.

Une autre fois c'étaient quelques-uns de leurs capitaines qu'ils prenaient en grippe, ou bien desquels ils avaient quelque vengeance à tirer; ils arrêtaient alors de les bannir de la société, de les réduire à s'imposer eux-mêmes des espèces d'arrêts. Quatre à cinq jeunes gens se partageaient les rôles, et s'attachaient aux pas du malheureux proscrit; ils se trouvaient partout où celui-ci paraissait en société, et il n'ouvrait pas la bouche qu'il ne fût aussitôt méthodiquement contredit dans les formes les plus polies, avec esprit et logique. Le malheureux n'avait plus qu'à déguerpir.

« Une autre fois encore, c'était un camarade, disait Napoléon, logeant
« au-dessus de moi, qui avait pris le goût funeste de donner du cor; il as-
« sourdissait de manière à distraire de toute espèce de travail. On se ren-
« contre sur l'escalier.—Mon cher, vous devez bien vous fatiguer avec votre
« cor?— Mais non, pas du tout. — Eh bien! vous fatiguez beaucoup les au-
« tres.—J'en suis fâché.—Mais vous feriez mieux d'aller donner de votre cor
« plus loin. — Je suis maître dans ma chambre. — On pourrait vous donner
« quelque doute là-dessus. — Je ne pense pas que personne fût assez osé. »
Duel arrêté. Le conseil des camarades examine avant de le permettre, et il prononce qu'à l'avenir l'un ira donner du cor plus loin, et que l'autre sera plus endurant, etc.

L'Empereur, dans la campagne de 1814, retrouva son donneur de cor dans le voisinage de Soissons ou de Laon; il vivait sur sa terre, et venait donner des renseignemens importans sur la position de l'ennemi. L'Empereur le retint, et le fit son aide de camp : c'était le colonel Bussy.

Napoléon, dans son régiment d'artillerie, suivait beaucoup la société partout où il se trouvait. Les femmes, dans ce temps, accordaient beaucoup à l'esprit : c'était alors auprès d'elles le grand moyen de séduction. Il fit, à cette époque, ce qu'il appelle son voyage sentimental de Valence au Mont-Cenis, en Bourgogne, et fut au moment de l'écrire à la façon de Sterne. Le fidèle Desmazzis était de la partie; il ne le quittait jamais, et ses récits sur la vie privée de Napoléon, venant à se rattacher à sa vie publique, pourraient donner la vie entière de l'Empereur. On verrait que, bien qu'elle soit si extraordinaire dans les événemens, il n'en est pas de plus simple ni de plus naturelle dans sa course.

Les circonstances et la réflexion ont beaucoup modifié son caractère. Il n'est pas jusqu'à son style, aujourd'hui si serré, si laconique, qui ne fût alors emphatique et abondant. Dès l'assemblée législative, Napoléon devint grave, sévère dans sa tenue, et peu communicatif. L'armée d'Italie fut encore une époque pour son caractère. Son extrême jeunesse, quand il en vint prendre le commandement, demandait une grande réserve et la dernière sévérité de mœurs : « C'était nécessaire, indispensable, disait-il, pour pouvoir com-
« mander à des hommes tellement au-dessus de moi par leur âge : aussi ma
« conduite y fut-elle irréprochable, exemplaire. Je me montrais une espèce
« de Caton; je le dus paraître à tous les yeux, et j'étais en effet un philoso-
« phe, un sage. » C'est avec ce caractère qu'il s'est présenté sur la scène du monde.

Napoléon se trouvait en garnison à Valence au moment où commença la révolution, et bientôt on attacha une importance spéciale à faire émigrer les officiers d'artillerie : ceux-ci, de leur côté, étaient fort divisés d'opinions. Napoléon, tout aux idées du jour, avec l'instinct des grandes choses et la passion de la gloire nationale, prit le parti de la révolution, et son exemple influa sur la grande majorité du régiment. Il fut très chaud patriote sous l'Assemblée constituante; mais la législative devint une époque nouvelle pour ses idées et ses opinions.

Il se trouvait à Paris le 21 juin 1792, et fut témoin, sur la terrasse de l'eau, des rassemblemens tumultueux des faubourgs, qui, traversant le jardin des Tuileries, forcèrent le palais. Il n'y avait que six mille hommes : c'était une foule sans ordre, dénotant par les propos et les vêtemens tout ce que la populace a de plus commun et de plus abject.

Il fut aussi témoin du 10 août, où les assaillans n'étaient ni plus relevés ni plus redoutables.

En 1793, Napoléon était en Corse et y avait un commandement de gardes nationales. Il combattit Paoli dès qu'il put soupçonner que ce vieillard, qui lui avait été jusque là si cher, avait le projet de livrer l'île aux Anglais. Aussi rien de plus faux que Napoléon ou aucun des siens ait jamais été en Angleterre, ainsi que cela y était généralement répandu durant notre émigration, offrir de lever un régiment corse à son service.

Les Anglais et Paoli l'emportèrent sur les patriotes corses; ils brûlèrent Ajaccio. La maison des Bonaparte fut incendiée, et toute la famille se trouva dans l'obligation de gagner le continent. Elle se fixa à Marseille, d'où Napoléon se rendit à Paris; il y arriva au moment où les fédéralistes de Marseille venaient de livrer Toulon aux Anglais.

Iles du Cap-Vert. — Navigation. — Détails, etc. Napoléon au siége de Toulon. — Commencemens de Duroc, de Junot. — Querelles avec des représentans du peuple. — Querelles avec Aubry. — Anecdotes sur vendémiaire. — Napoléon général de l'armée d'Italie. — Pureté d'administration. — Désintéressement. — Pourquoi *Petit Caporal*. — Différence du système du Directoire d'avec celui du général de l'armée d'Italie.

Vendredi 1er septembre au mercredi 6.—Le 1er septembre, notre latitude nous annonçait que nous verrions les îles du Cap-Vert dans la journée. L'horizon était couvert; à la nuit nous n'apercevions encore rien. L'amiral, convaincu que nous avions de l'erreur en longitude, allait prendre sur la droite à l'ouest pour rencontrer ces îles, lorsqu'un brick, qui était de l'avant, fit signal qu'il les découvrait à gauche. Il s'éleva dans la nuit une espèce de tempête du sud-est; et, si l'erreur eût été en sens opposé, et que l'amiral eût pris en effet sur la droite, nous aurions pu nous trouver en perdition : ce qui prouve que, malgré les grands progrès de l'art, les chances demeurent encore fort dangereuses. Le vent, toujours très fort et la mer très grosse, l'amiral préféra continuer sa route plutôt que de s'arrêter pour faire de l'eau; il espérait d'ailleurs en avoir assez. Tout nous annonçait un passage prospère; nous étions déjà fort avancés. Les circonstances continuaient d'être favorables, la température était douce. Notre navigation était heureuse; elle eût pu même nous paraître agréable si elle s'était faite dans nos projets et d'après notre volonté. Mais comment oublier nos maux et se distraire de notre avenir !...

Le travail seul pouvait nous faire supporter la longueur et l'ennui de nos journées. J'avais imaginé d'apprendre l'anglais à mon fils; l'Empereur, à qui je parlais de ses progrès, voulut l'apprendre aussi. Je m'étudiai à lui composer une méthode et un tableau très simple qui devaient lui en éviter tout l'ennui. Cela fut très bien deux ou trois jours; mais l'ennui de cette étude était au moins égal à celui qu'il s'agissait de combattre; l'anglais fut laissé de côté. L'Empereur me reprocha bien quelquefois de ne plus continuer mes leçons ; je répondais que j'avais la médecine toute prête, s'il avait le courage de l'avaler. Du reste, vis-à-vis des Anglais surtout, sa manière d'être et de vivre, toutes ses habitudes, continuaient à être les mêmes : jamais une plainte, un désir ; toujours impassible, toujours égal, toujours sans humeur.

L'amiral, qui, je crois, sur notre réputation, s'était fort cuirassé au départ, se désarmait insensiblement, et prenait chaque jour plus d'intérêt à son captif. Il venait, au sortir du dîner, représenter que le serein et l'humidité pouvaient être dangereux ; alors l'Empereur prenait quelquefois son bras et prolongeait avec lui la conversation, ce qui semblait remplir sir Georges Cockburn de satisfaction ; il s'en montrait heureux. On m'a assuré qu'il écrivait avec soin tout ce qu'il pouvait recueillir. S'il en est ainsi, ce que l'Empereur a dit un de ces jours, à dîner, sur la marine, nos ressources navales dans le Midi, celles qu'il avait déjà créés, celles qu'il projetait encore sur les ports, les mouillages de la Méditerranée, ce que l'amiral écoutait avec cette anxiété qui redoute l'interruption, tout cela composera pour un marin un chapitre vraiment précieux.

Je reviens aux détails recueillis des conversations habituelles ; en voici sur le siége de Toulon.

En septembre 1793, Napoléon Bonaparte, âgé de vingt-quatre ans, était encore inconnu au monde qu'il devait remplir de son nom ; il était lieutenant-colonel d'artillerie, et se trouvait depuis peu de semaines à Paris, venant de Corse, où les circonstances politiques l'avaient fait succomber sous la faction de Paoli. Les Anglais venaient de se saisir de Toulon, on avait besoin d'un officier d'artillerie distingué pour diriger les opérations du siége ; Napoléon y fut envoyé. Là le prendra l'histoire, pour ne plus le quitter ; là commence son immortalité.

Je renvoie aux mémoires de la campagne d'Italie ; on y lira le plan d'attaque qu'il fit adopter, la manière dont il l'exécuta ; on y verra que c'est lui précisément, et lui seul, qui prit la place. Ce dut être un bien grand triomphe sans doute ; mais, pour l'apprécier plus dignement encore, il faudrait surtout comparer le procès-verbal du plan d'attaque avec le procès-verbal de l'évacuation : l'un est la prédiction littérale, l'autre en est l'accomplissement mot à mot. Dès cet instant la réputation du jeune commandant d'artillerie fut extrême ; l'Empereur n'en parle pas sans complaisance ; c'est une des époques de sa vie où il a éprouvé, dit-il, le plus de satisfaction ; c'était son premier succès : on sait que c'est celui qui imprime les plus doux souvenirs. La relation de la campagne d'Italie peindra suffisamment les trois généraux en chef qui se sont succédé durant le siége : l'inconcevable ignorance de *Cartaux*, la sombre brutalité de *Doppet*, et la bravoure bonhomière de *Dugommier* ; je n'en dirai rien ici.

Dans ces premiers momens de la révolution, ce n'était que désordre dans le matériel, ignorance dans le personnel, tant à cause de l'irrégularité des temps que de la rapidité et de la confusion qui avaient présidé aux avancemens. Voici qui peut donner une idée des choses et des mœurs de cette époque.

Napoléon arrive au quartier-général ; il aborde le général Cartaux, homme superbe, doré, dit-il, depuis les pieds jusqu'à la tête, qui lui demande ce qu'il y a pour son service. Le jeune officier présente modestement sa lettre qui le chargeait de venir, sous ses ordres, diriger les opérations de l'artil-

4.

lerie. « C'était bien inutile, dit le bel homme, en caressant sa moustache; « nous n'avons plus besoin de rien pour reprendre Toulon. Cependant, soyez « le bien venu, vous partagerez la gloire de le brûler demain, sans en avoir « pris la fatigue. » Et il le fit rester à souper.

On s'assied trente à table, le général seul est servi en prince, tout le reste meurt de faim; ce qui, dans ces temps d'égalité, choqua étrangement le nouveau venu. Au point du jour, le général le prend dans son cabriolet, pour aller admirer, disait-il, les dispositions offensives. A peine a-t-on dépassé la hauteur et découvert la rade, qu'on descend de voiture, et qu'on se jette sur les côtés dans des vignes. Le commandant d'artillerie aperçoit alors quelques pièces de canon, quelque remuement de terre, auxquels, à la lettre, il lui est impossible de rien conjecturer. « Sont-ce là nos batteries? » dit fièrement le général, parlant à son aide de camp, son homme de con- « fiance. — Oui, général. — Et notre parc? — Là, à quatre pas. — Et nos « boulets rouges? — Dans les bastides voisines, où deux compagnies les « chauffent depuis ce matin. — Mais comment porterons-nous ces boulets « tout rouges? » Et ici les deux hommes de s'embarrasser, et de demander à l'officier d'artillerie si, par ses principes, il ne saurait pas quelque remède à cela. Celui-ci, qui eût été tenté de prendre le tout pour une mystification, si les deux interlocuteurs y eussent mis moins de naturel (car on était au moins à une lieue et demie de l'objet à attaquer), employa toute la réserve, le ménagement, la gravité possibles, pour leur persuader, avant de s'embarrasser de boulets rouges, d'essayer à froid pour bien s'assurer de la portée. Il eut bien de la peine à y réussir; et encore ne fut-ce que pour avoir très heureusement employé l'expression technique de *coup d'épreuve*, qui frappa beaucoup, et les ramena à son avis. On tira donc ce coup d'épreuve; mais il n'atteignit pas au tiers de la distance, et le général et son aide de camp de vociférer contre les Marseillais et les aristocrates, qui auront malicieusement, sans doute, gâté les poudres. Cependant arrive à cheval le représentant du peuple : c'était *Gasparin*, homme de sens, qui avait servi. Napoléon, jugeant dès cet instant toutes les circonstances environnantes, et prenant audacieusement son parti, se rehausse tout à coup de six pieds, interpelle le représentant, le somme de lui faire donner la direction absolue de sa besogne; démontre, sans ménagement, l'ignorance inouïe de tout ce qui l'entoure, et saisit, dès cet instant, la direction du siége, où dès lors il commanda en maître.

Cartaux était si borné qu'il était impossible de lui faire comprendre que, pour avoir Toulon plus facilement, il fallait aller l'attaquer à l'issue de la rade; et comme il était arrivé au commandant d'artillerie de dire parfois en montrant cette issue sur la carte, que c'était là qu'était Toulon, Cartaux le soupçonnait de n'être pas fort en géographie; et quand enfin, malgré sa résistance, l'autorité des représentans eut décidé cette attaque éloignée, ce général n'était pas sans défiance sur quelque trahison; il faisait observer souvent avec inquiétude que Toulon n'était pourtant pas de ce côté.

Cartaux voulut un jour forcer le commandant de placer une batterie adossée le long d'une maison qui n'admettait aucun recul; une autrefois, revenant de la promenade du matin, il mande le même commandant pour lui dire qu'il vient de découvrir une position d'où une batterie de six ou douze pièces doit infailliblement procurer Toulon sous peu de jours : c'était un petit tertre d'où l'on pouvait battre à la fois, prouvait-il, trois ou quatre forts et plusieurs points de la ville. Il s'emporte sur le refus du commandant de l'artillerie, qui fait observer que si la batterie battait tous les points, elle en était battue ; que les douze pièces auraient affaire à cent cinquante ; qu'une simple soustraction devait lui suffire pour lui faire connaître son désavantage. Le commandant du génie fut appelé en conciliation, et comme il fut tout d'abord de l'avis du commandant de l'artillerie, Cartaux disait qu'il n'y avait pas moyen de rien tirer de ces corps savans, parce qu'ils se tenaient tous par la main. Pour prévenir des difficultés toujours renaissantes, le représentant décida que Cartaux ferait connaître en grand son plan d'attaque au commandant de l'artillerie, qui en exécuterait les détails d'après les règles de son arme. Voici quel fut le plan mémorable de Cartaux.

« Le général d'artillerie foudroiera Toulon pendant trois jours, au bout
« desquels je l'attaquerai sur trois colonnes, et l'enlèverai. »

Mais, à Paris, le comité du génie trouva cette mesure expéditive beaucoup plus gaie que savante, et c'est ce qui contribua à faire rappeler Cartaux. Les projets du reste ne manquaient pas ; comme la reprise de Toulon avait été donnée au concours des sociétés populaires, ils abondaient de toutes parts ; Napoléon dit qu'il en a bien reçu six cents durant le siége. Quoi qu'il en soit, c'est au représentant *Gasparin* que Napoléon dut de voir son plan, celui qui donna Toulon, triompher des objections des comités de la Convention, il en conservait un souvenir reconnaissant : *C'était Gasparin*, disait-il, *qui avait ouvert sa carrière*.

Aussi verra-t-on l'Empereur, dans son testament, consacrer un souvenir au représentant Gasparin, pour la protection spéciale, dit-il, qu'il en avait reçue.

Il a honoré en même temps d'un précieux souvenir le chef de son école d'artillerie, le général *Duteil*, ainsi que son général en chef à Toulon, *Dugommier*, pour l'intérêt et la bienveillance qu'il avait éprouvés d'eux.

Dans tous les différends que Cartaux avait avec le commandant d'artillerie, lesquels se passaient la plupart du temps devant sa femme, celle-ci prenait toujours le parti de l'officier d'artillerie, disant naïvement à son mari : « Mais
« laisse donc faire ce jeune homme, il en sait plus que toi ; il ne te demande
« rien ; ne rends-tu pas compte ? la gloire te reste. »

Cette femme n'était pas sans beaucoup de bon sens. Retournant à Paris, après le rappel de son mari, les Jacobins de Marseille donnèrent au ménage disgracié une fête superbe ; pendant le repas, comme il y était question du commandant d'artillerie qu'on élevait aux nues : « Ne vous y fiez pas, dit-elle,
« ce jeune homme a trop d'esprit pour être long-temps un *sans culotte*. » Sur quoi le général de s'écrier gravement, et d'une voix de Stentor : « Femme
« Cartaux, nous sommes donc des bêtes, nous ! — Non, je ne dis pas cela,
« mon ami ; mais... tiens, il n'est pas de ton espèce, il faut que je te le dise. »

Un jour, au quartier-général, on vit déboucher par le chemin de Paris une superbe voiture ; elle était suivie d'une deuxième, troisième, d'une dixième, quinzième, etc. Qu'on juge, dans ces temps de simplicité républicaine, de l'étonnement et de la curiosité de chacun ; le grand roi n'eût pas voyagé avec plus de pompe. Tout cela avait été requis dans la capitale ; plusieurs étaient des voitures de la cour ; il en sort une soixantaine de militaires, d'une belle tenue, qui demandent le général en chef ; ils marchent à lui avec l'importance d'ambassadeurs : « Citoyen général, dit l'orateur de la
« bande, nous arrivons de Paris, les patriotes sont indignés de ton inaction
« et de ta lenteur. Depuis long-temps le sol de la république est violé ; elle
« frémit de n'être pas encore vengée ; elle se demande pourquoi Toulon

« n'est pas encore repris, pourquoi la flotte anglaise n'est pas encore brûlée.
« Dans son indignation, elle a fait un appel aux braves ; nous nous sommes
« présentés, et nous voilà brûlans d'impatience de remplir son attente. Nous
« sommes canonniers volontaires de Paris ; faits-nous donner des canons,
« demain nous marchons à l'ennemi. » Le général, déconcerté de cette incartade, se retourne vers le commandant d'artillerie, qui lui promet tout bas de le délivrer le lendemain de ces fiers-à-bras. On les comble d'éloges, et, au point du jour, le commandant d'artillerie les conduit sur la plage, et met quelques pièces à leur disposition. Étonnés de se trouver à découvert depuis les pieds jusqu'à la tête, ils demandent s'il n'y aura pas quelque abri, quelque bout d'épaulement. On leur répond que c'était bon autrefois, que ce n'est plus la mode, que le patriotisme a rayé tout cela. Mais, pendant le colloque, une frégate anglaise vient à lâcher une bordée, et tous les bravaches de s'enfuir. Alors ce ne fut plus qu'un cri contre eux dans le camp ; les uns disparurent, le reste se fondit modestement dans les derniers rangs.

Tout alors n'était que désordre, anarchie. « Le faiseur du général en chef
« qui avait trouvé le secret de nous déplaire extrêmement, disait Napoléon,
« faisait fort l'entendu, et tracassait sans cesse les artilleurs dans leurs parcs
« et leurs batteries. On imagine gaiement de s'en délivrer ; on le tourne en
« ridicule, on s'excite, on se monte la tête ; tout à coup il paraît avec sa con-
« fiance ordinaire, tranchant, ordonnant, furetant ; on lui répond mal, on
« lui tend quelque piége, on se prend de bec ; l'orage se grossit, la tempête
« éclate ; de toutes parts on crie à l'aristocrate, on le menace de la lanterne,
« et mon homme de piquer des deux ; il ne reparut oncques depuis. »

Le commandant d'artillerie était à tout et partout. Son activité, son caractère, lui avaient créé une influence positive sur le reste de l'armée. Toutes les fois que l'ennemi tentait quelques sorties ou forçait les assiégeans à quelques mouvemens rapides et inopinés, les chefs des colonnes et des détachemens n'avaient tous qu'une même parole : « Courez au commandant
« de l'artillerie, disait-on, demandez-lui ce qu'il faut faire ; il connaît mieux
« les localités que personne. » Et cela s'exécutait sans qu'aucun s'en plaignît.
Du reste, il ne s'épargnait point ; il eut plusieurs chevaux tués sous lui, et reçut d'un Anglais un coup de baïonnette à la cuisse gauche ; blessure grave qui le menaça quelques instans de l'amputation.

Étant un jour dans une batterie où un des chargeurs est tué, il prend le refouloir, et charge lui-même dix à douze coups. A quelques jours de là, il se trouve couvert d'une gale très maligne ; on cherche où elle peut avoir été attrapée ; *Muiron,* son adjudant, découvre que le canonnier mort en était infecté. L'ardeur de la jeunesse, l'activité du service, font que le commandant d'artillerie se contente d'un léger traitement, et le mal disparut ; mais le poison n'était que rentré, il affecta long-temps sa santé, et faillit lui coûter la vie. De là, la maigreur, l'état chétif et débile, le teint maladif du général en chef de l'armée d'Italie et de l'armée d'Égypte.

Ce ne fut que beaucoup plus tard, aux Tuileries, après de nombreux vésicatoires sur la poitrine, que Corvisart le rendit tout-à-fait à la santé ; alors aussi commença cet embonpoint qu'on lui a connu depuis.

Napoléon, de simple commandant de l'artillerie de l'armée de Toulon, eût pu en devenir le général en chef avant la fin du siége. Le jour même de l'attaque du Petit-Gibraltar, le général Dugommier, qui la retardait depuis quelques jours, voulait la retarder encore ; sur les trois ou quatre heures après midi, les représentans envoyèrent chercher Napoléon ; ils étaient mécontens de Dugommier, surtout à cause de son nouveau délai, et, voulant le destituer, ils offrirent le commandement au chef de l'artillerie, qui s'y refusa, et alla trouver son général, qu'il estimait et aimait, lui fit connaître ce dont il s'agissait, et le décida à l'attaque. Sur les huit ou neuf heures du soir, quand tout était en marche, au moment de l'exécution, les choses changèrent, les représentans interdisaient alors l'attaque; mais Dugommier, toujours poussé par le commandant d'artillerie, y persista : s'il n'eût pas réussi, il était perdu, sa tête tombait; tels étaient le train des affaires et la justice du temps.

Ce furent les notes que les comités de Paris trouvèrent au bureau de l'artillerie sur le compte de Napoléon qui firent jeter les yeux sur lui pour le siége de Toulon. On vient de voir que dès qu'il y parut, malgré son âge et l'infériorité de son grade, il y gouverna : ce fut le résultat naturel de l'ascendant du savoir, de l'activité, de l'énergie, sur l'ignorance et la confusion du moment. Ce fut réellement lui qui prit Toulon, et pourtant il est à peine nommé dans les relations. Il tenait déjà cette ville, que dans l'armée on ne s'en doutait point encore : après avoir enlevé le Petit-Gibraltar qui pour lui avait toujours été la clef et le terme de toute l'entreprise, il dit au vieux Dugommier, qui était accablé de fatigues : « Allez vous reposer; nous « venons de prendre Toulon, vous pourrez y coucher après-demain. » Quand Dugommier vit la chose en effet accomplie, quand il récapitula que le jeune commandant d'artillerie lui avait toujours dit d'avance, à point nommé, ce qui arriverait, ce fut alors tout-à-fait de sa part de l'admiration et de l'enthousiasme; il ne pouvait tarir sur son compte. Il est très vrai, ainsi qu'on le trouve dans quelques pièces du temps, qu'il instruisit les comités de Paris qu'il avait avec lui un jeune homme auquel on devait une véritable attention, parce que, quelque côté qu'il adoptât, il était sûrement destiné à mettre un grand poids dans la balance. Dugommier, envoyé à l'armée des Pyrénées-Orientales, voulut avoir avec lui le jeune commandant d'artillerie; mais il ne put l'obtenir; toutefois il en parlait sans cesse, et depuis, quand cette même armée, après la paix avec l'Espagne, fut envoyée pour renfort à celle d'Italie, qui reçut bientôt après Napoléon pour général en chef, celui-ci se trouva arriver au milieu d'officiers qui, d'après tout ce qu'ils avaient entendu dire à Dugommier, n'avaient plus assez d'yeux pour le considérer.

Quant à Napoléon, son succès de Toulon ne l'étonna pas trop; il en jouit, disait-il, avec une vive satisfaction, sans s'émerveiller. Il en fut de même l'année suivante à Saorgio, où ses opérations furent admirables : il y accomplit en peu de jours ce qu'on tentait vainement depuis deux ans. « Vendé- « miaire et même Montenotte, disait l'Empereur, ne me portèrent pas en- « core à me croire un homme supérieur; ce n'est qu'après Lodi qu'il me « vint dans l'idée que je pourrais bien devenir après tout un acteur décisif « sur notre scène politique. Alors naquit, continuait-il, la première étincelle « de la haute ambition. ». Toutefois il se rappelait qu'après vendémiaire, commandant l'armée de l'intérieur, il donna dès ce temps-là un plan de campagne qui se terminait par la pacification sur la crête du *Simmering*, ce qu'il exécuta peu de temps après lui-même à *Léoben*. Cette pièce pourrait se trouver peut-être encore dans les archives des bureaux.

On sait quelle était la férocité du temps; elle s'était encore accrue sous les murs de Toulon, par l'agglomération de plus de deux cents députés des associations populaires voisines qui y étaient accourus, et poussaient aux mesures les plus atroces. Ce sont eux qu'il faut accuser des excès sanguinaires dont tous les militaires gémirent alors. Quand Napoléon fut devenu un grand personnage, la calomnie essaya d'en diriger l'odieux sur sa personne : « Ce serait se dégrader que de chercher à y répondre, » disait l'Empereur. Eh bien, au contraire, l'ascendant que ses services lui avaient acquis dans l'armée, ainsi que dans le port et dans l'arsenal de Toulon, lui servirent, à quelque temps de là, à sauver des infortunés émigrés du nombre desquels était la famille *Chabrillant*, émigrés que la tempête ou les chances de la guerre avaient jetés sur la plage française ; on voulait les mettre à mort sur ce que la loi était positive contre tout émigré qui reparaissait en France. Vainement disaient-ils, pour leur défense, qu'ils y étaient venus par accident, contre leur gré ; qu'ils demandaient pour toute grâce qu'on les laissât s'en retourner ; ils eussent péri, si, à ses risques et périls, le général de l'artillerie n'eût osé les sauver, en leur procurant des caissons ou un bateau couvert qu'il expédia au dehors, sous prétexte d'objets relatifs à son département. Plus tard, sous son règne, ces personnes ont eu la douceur de lui parler de leur reconnaissance, et de lui dire qu'ils conservaient précieusement l'ordre qui leur avait sauvé la vie. Ce fait, vérifié auprès des personnes même qui en avaient été l'objet, s'est trouvé non-seulement de la dernière exactitude, mais a fourni encore des détails infiniment touchans que Napoléon semblait avoir oubliés, les ayant négligés dans ses conversations.

Dès que Napoléon se trouva à la tête de l'artillerie, à Toulon, il profita de la nécessité des circonstances pour faire rentrer au service un grand nombre de ses camarades que leur naissance ou leurs opinions politiques avaient d'abord éloignés. Il fit placer le colonel *Gassendi* à la tête de l'arsenal de Marseille ; on connaît l'entêtement et la sévérité de celui-ci ; ils le mirent souvent en péril, et il fallut plus d'une fois toute la célérité et les soins de Napoléon pour l'arracher à la rage des séditieux.

Napoléon, plus d'une fois, courut aussi lui-même des dangers de la part des bourreaux révolutionnaires : à chaque nouvelle batterie qu'il établissait, les nombreuses députations de patriotes qui se trouvaient au camp sollicitaient l'honneur de lui donner leur nom ; Napoléon en nomma une des *Patriotes du Midi*, c'en fut assez pour être dénoncé, accusé de fédéralisme, et, s'il eût été moins nécessaire, il aurait été arrêté, c'est-à-dire perdu. Du reste, les expressions manquent pour peindre le délire et les horreurs du temps : l'Empereur nous disait, par exemple, avoir été témoin alors, pendant son armement des côtes, à Marseille, de l'horrible condamnation du négociant *Hugues*, âgé de quatre-vingt-quatre ans, sourd et presque aveugle ; il fut néanmoins accusé et trouvé coupable de conspiration par ses atroces bourreaux : son vrai crime était d'être riche de dix-huit millions ; il le laissa lui-même entrevoir au tribunal, et offrit de les donner, pourvu qu'on lui laissât cinq cent mille francs dont il ne jouirait pas, disait-il, long-temps ; ce fut inutile, sa tête fut abattue. *Alors vraiment, à un tel spectacle,* disait l'Empereur, *je me crus à la fin du monde !* Expression qui lui est familière pour des choses révoltantes, inconcevables ; les représentans du peuple étaient les auteurs de ces atrocités.

L'Empereur rendait à Robespierre la justice de dire qu'il avait vu de longues lettres de lui à son frère, Robespierre jeune, alors représentant à l'armée du Midi, où il combattait et désavouait avec chaleur ces excès, disant qu'ils déshonoraient la révolution, et la tueraient.

Napoléon, au siége de Toulon, s'attacha quelques personnes dont on a beaucoup parlé depuis. Il distingua, dans les derniers rangs de l'artillerie, un jeune officier qu'il eut d'abord beaucoup de peine à former, mais dont depuis il a tiré les plus grands services : c'était *Duroc*, qui, sous un extérieur peu brillant, possédait les qualités les plus solides et les plus utiles ; aimant l'Empereur pour lui-même, dévoué pour le bien, sachant dire la vérité à propos. Il a été depuis duc de Frioul et grand maréchal. Il avait mis le palais sur un pied admirable et dans l'ordre le plus parfait. A sa mort, l'Empereur pensa qu'il avait fait une perte irréparable, et une foule de personnes l'ont pensé comme lui. L'Empereur me disait que Duroc seul avait eu son intimité et possédé son entière confiance.

Lors de la construction d'une des premières batteries que Napoléon, à son arrivée à Toulon, ordonna contre les Anglais, il demanda sur le terrain un sergent ou caporal qui sût écrire. Quelqu'un sortit des rangs, et écrivit sous sa dictée, sur l'épaulement même. La lettre à peine finie, un boulet la couvre de terre. « Bien, dit l'écrivain, je n'aurai pas besoin de sable. » Cette plaisanterie, le calme avec lequel elle fut dite, fixa l'attention de Napoléon, et fit la fortune du sergent : c'était *Junot*, depuis duc d'Abrantès, colonel-général des hussards, commandant en Portugal, gouverneur général en Illyrie, où il donna des signes d'une démence qui ne fit que s'accroître pendant son retour en France, durant lequel, s'étant mutilé lui-même d'une manière horrible, il périt bientôt victime d'excès qui avaient altéré sa santé et sa raison.

Napoléon, devenu général d'artillerie, commandant cette arme à l'armée d'Italie, y porta la supériorité et l'influence qu'il avait acquises si rapidement devant Toulon ; toutefois ce ne fut pas sans quelques traverses, ni même sans quelques dangers. Il fut mis en arrestation à Nice, quelques instans, par le représentant *Laporte*, devant lequel il ne voulait pas plier. Un autre représentant, dans une autre circonstance, le mit *hors la loi*, parce qu'il ne voulait pas le laisser disposer de tous ses chevaux d'artillerie pour courir la poste. Enfin un décret, non exécuté, le manda à la barre de la Convention, pour avoir proposé quelques mesures militaires relatives aux fortifications à Marseille.

Dans cette armée de Nice ou d'Italie, il enthousiasma fort le représentant *Robespierre le jeune*, auquel il donne des qualités bien différentes de celles de son frère, qu'il n'a du reste jamais vu. Ce Robespierre jeune, rappelé à Paris, quelque temps avant le 9 thermidor, par son frère, fit tout au monde pour décider Napoléon à le suivre. « Si je n'eusse inflexiblement refusé, ob-
« servait-il, sait-on où pouvait me conduire un premier pas, et quelles au-
« tres destinées m'attendaient ? »

Il y avait aussi à l'armée de Nice un autre représentant assez insignifiant. Sa femme, extrêmement jolie, fort aimable, partageait et parfois dirigeait sa mission ; elle était de Versailles. Le ménage faisait le plus grand cas du général d'artillerie ; il s'en était tout-à-fait engoué, et le traitait au mieux sous tous les rapports. « Ce qui était un avantage immense, observait Napo-
« léon ; car, dans ce temps de l'absence des lois ou de leur improvisation,
« disait-il, un représentant du peuple était une véritable puissance. » Celui-ci fut un de ceux qui, dans la Convention, contribuèrent le plus à faire jeter les yeux sur Napoléon, lors de la crise de vendémiaire ; ce qui n'était qu'une suite naturelle des hautes impressions que lui avaient laissées le caractère et la capacité du jeune général.

L'Empereur racontait que, devenu souverain, il revit un jour la belle représentante de Nice, d'ancienne et douce connaissance. Elle était bien changée, à peine reconnaissable, veuve, et tombée dans une extrême misère. L'Empereur se plut à faire tout ce qu'elle demanda ; il réalisa, dit-il, tous ses rêves, et même au delà. Bien qu'elle vécût à Versailles, elle avait été nombre d'années avant de pouvoir pénétrer jusqu'à lui. Lettres, pétitions, sollicitations de tous genres, tout avait été inutile ; tant, disait l'Empereur, il est difficile d'arriver au souverain, lors même qu'il ne s'y refuse pas. Encore était-ce lui qui, un jour de chasse à Versailles, était venu à la mentionner par hasard ; et Berthier, de cette ville, ami d'enfance de cette dame, lequel jusque-là n'avait jamais daigné parler d'elle, encore moins de ses sollicitations, fut le lendemain son introducteur. « Mais comment ne vous « êtes-vous pas servie de nos connaissances communes de l'armée de Nice « pour arriver jusqu'à moi ? lui demandait l'Empereur. Il en est plusieurs « qui sont des personnages, et en perpétuel rapport avec moi. — Hélas ! « Sire, répondit-elle, nous ne nous sommes plus connus dès qu'ils ont été « grands et que je suis devenue malheureuse. »

L'Empereur, entrant un jour avec moi dans les plus petits détails sur cette ancienne connaissance, me disait : « J'étais bien jeune alors, j'étais heureux « et fier de mon petit succès ; aussi cherchai-je à le reconnaître par toutes « les attentions en mon pouvoir ; et vous allez voir quel peut être l'abus de « l'autorité, à quoi peut tenir le sort des hommes : car je ne suis pas pire « qu'un autre. La promenant un jour au milieu de nos positions, dans les « environs du Col de Tende, à titre de reconnaissance comme chef de « l'artillerie, il me vint subitement à l'idée de lui donner le spectacle d'une « petite guerre, et j'ordonnai une attaque d'avant-poste. Nous fûmes vain- « queurs, il est vrai ; mais évidemment il ne pouvait y avoir de résultat ; l'at- « taque était une pure fantaisie, et pourtant quelques hommes y restèrent. « Aussi, plus tard, toutes les fois que le souvenir m'en est revenu à l'esprit, « je me le suis fort reproché. »

Les événemens de thermidor ayant amené un changement dans les comités de la Convention, *Aubry*, ancien capitaine d'artillerie, se trouva diriger celui de la guerre, et fit un nouveau tableau de l'armée ; il ne s'y oublia pas ; il se fit général d'artillerie, et favorisa plusieurs de ses anciens camarades, au détriment de la queue du corps, qu'il réforma. Napoléon, qui avait à peine vingt-cinq ans, devint alors général d'infanterie, et fut désigné pour le service de la Vendée. Cette circonstance lui fit quitter l'armée d'Italie pour aller réclamer avec chaleur contre un pareil changement, qui ne lui convenait sous aucun rapport. Trouvant Aubry inflexible, et qui s'irritait de ses justes réclamations, il donna sa démission. On verra, dans la relation des campagnes d'Italie, comment il fut presque immédiatement employé, lors de l'échec de Kellerman, au comité des opérations militaires, où se préparaient le mouvement des armées et les plans de campagne ; c'est là que vint le prendre le 13 vendémiaire.

Les réclamations auprès d'Aubry furent une véritable scène ; il insistait avec force, parce qu'il avait des faits par-devers lui ; Aubry s'obstinait avec aigreur, parce qu'il avait la puissance : celui-ci disait à Napoléon qu'il était trop jeune, et qu'il fallait laisser passer les anciens ; Napoléon répondait qu'on vieillissait vite sur le champ de bataille, et qu'il en arrivait : Aubry n'avait jamais vu le feu ; les paroles furent très vives.

Je disais à l'Empereur qu'au retour de mon émigration, j'avais occupé long-temps, dans la rue Saint-Florentin, le salon même dans lequel s'était passée cette scène : je l'y avais entendu raconter plus de mille fois ; et, bien qu'elle fût rendue par des bouches ennemies, chacun n'en mettait pas moins un grand intérêt à en retracer les détails, et à se figurer la partie du salon, la feuille du parquet où avait dû s'exprimer tel geste et se prononcer telle parole.

On trouvera, dans la relation de la fameuse journée de vendémiaire, si importante dans les destinées de la révolution et dans celles de Napoléon, qu'il balança quelque temps à se charger de la défense de la Convention.

La nuit qui suivit cette journée, Napoléon se présenta au comité des Quarante, qui était en permanence aux Tuileries. Il avait besoin de tirer des mortiers et des munitions de Meudon; la circonspection du président (*Cambacérès*) était telle que, malgré les dangers qui avaient signalé la journée, il n'en voulut jamais signer l'ordre; mais seulement, et par accommodement, il invita à mettre ces objets à la disposition du général.

Pendant son commandement de Paris, qui suivit la journée du 13 vendémiaire, Napoléon eut à lutter surtout contre une grande disette, qui donna lieu à plusieurs scènes populaires. Un jour entre autres que la distribution avait manqué, et qu'il s'était formé des attroupemens nombreux à la porte des boulangers, Napoléon passait, avec une partie de son état-major, pour veiller à la tranquillité publique; un gros de la populace, des femmes surtout, le pressent, demandant du pain à grands cris; la foule s'augmente, les menaces s'accroissent, et la situation devient des plus critiques. Une femme monstrueusement grosse et grasse se fait particulièrement remarquer par ses gestes et par ses paroles : « Tout ce tas d'épauletiers, crie-t-elle en apos-
« trophant ce groupe d'officiers, se moquent de nous; pourvu qu'ils man-
« gent et qu'ils s'engraissent, il leur est fort égal que le pauvre peuple meure
« de faim. » Napoléon l'interpelle : « La bonne, regarde-moi bien, quel est
« le plus gras de nous deux ? » Or, Napoléon était alors extrêmement maigre.
« J'étais un vrai parchemin, » disait-il. Un rire universel désarme la populace, et l'état-major continue sa route.

On verra, dans les mémoires de la campagne d'Italie, comment Napoléon vint à connaître madame de *Beauharnais*, et comment se fit son mariage, si faussement dépeint dans les récits du temps. A peine l'eut-il connue, qu'il passait chez elle toutes les soirées : c'était la réunion la plus agréable de Paris. Lorsque la société courante se retirait, restaient alors d'ordinaire M. de Montesquiou, le père du grand chambellan, le duc de Nivernais, si connu par les grâces de son esprit, et quelques autres. On regardait si les portes étaient bien fermées, et l'on se disait : « Causons de l'ancienne cour, « faisons un tour à Versailles. »

Le dénûment du trésor et la rareté du numéraire étaient tels dans la république, qu'au départ du général Bonaparte pour l'armée d'Italie, tous ses efforts et ceux du Directoire ne purent composer que deux mille louis qu'il emporta dans sa voiture. C'est avec cela qu'il part pour aller conquérir l'Italie et marcher à l'empire du monde. Et voici un détail curieux : il doit exister un ordre du jour signé Berthier, où le général en chef, à son arrivée au quartier-général à Nice, fait distribuer aux généraux, pour les aider à entrer en campagne, la somme de quatre louis en espèces ; et c'était une grande somme : depuis bien du temps personne ne connaissait plus le numéraire. Ce simple ordre du jour peint les circonstances du temps avec plus de force et de vérité que ne saurait le faire un gros volume.

Dès que Napoléon se montre à l'armée d'Italie, on voit tout aussitôt l'homme fait pour commander aux autres ; il remplit dès cet instant la grande scène du monde; il occupe toute l'Europe : c'est un météore qui envahit le firmament. Il concentre dès lors tous les regards, toutes les pensées, compose toutes les conversations. A compter de cet instant, toutes les gazettes, tous les ouvrages, tous les monumens sont toujours lui. On rencontre son nom dans toutes les pages, à toutes les lignes, dans toutes les bouches, partout.

Son apparition fut une véritable révolution dans les mœurs, les manières, la conduite, le langage. *Decrès* m'a souvent répété que ce fut à Toulon qu'il apprit la nomination de Napoléon au commandement de l'armée d'Italie : il l'avait beaucoup connu à Paris, il se croyait en toute familiarité avec lui. « Aussi, quand nous apprîmes, disait-il, que le nouveau général allait tra-
« verser la ville, je m'offris aussitôt à tous les camarades pour les présenter,
« en me faisant valoir de mes liaisons. Je cours plein d'empressement, de
« joie ; le salon s'ouvre ; je vais m'élancer, quand l'attitude, le regard, le
« son de voix, suffisent pour m'arrêter : il n'y avait pourtant en lui rien
« d'injurieux ; mais c'en fut assez, à partir de là je n'ai jamais été tenté de
« franchir la distance qui m'avait été imposée. » Et certes Decrès n'était pas timide.

Un autre signe caractéristique du généralat de Napoléon, c'est l'habileté, l'énergie, la pureté de son administration ; sa haine constante pour les dilapidations, le mépris absolu de ses propres intérêts. « Je revins de la cam-
« pagne d'Italie, nous disait-il un jour, n'ayant pas trois cent mille francs
« en propre ; j'eusse pu facilement en rapporter dix ou douze millions, ils
« eussent bien été les miens ; je n'ai jamais rendu de comptes, on ne m'en
« demanda jamais. Je m'attendais, au retour, à quelque grande récompense
« nationale : il fut question, dans le public, de me doter de Chambord ;
« j'eusse été très avide de cette espèce de fortune, mais le Directoire fit
« écarter la chose. Cependant j'avais envoyé en France cinquante millions
« au moins pour le service de l'État. C'est la première fois, dans l'histoire
« moderne, qu'une armée fournit aux besoins de la patrie, au lieu de lui être
« à charge. »

Lorsque Napoléon traita avec le duc de Modène, *Salicetti*, commissaire du gouvernement auprès de l'armée, avec lequel il avait été assez mal jusque là, vint le trouver dans son cabinet. « Le commandeur d'Est, lui dit-il,
« frère du duc, est là avec quatre millions en or dans quatre caisses : il
« vient, au nom de son frère, vous prier de les accepter, et moi je viens
« vous en donner le conseil ; je suis de votre pays, je connais vos affaires de
« famille ; le Directoire et le Corps Législatif ne reconnaîtront jamais vos
« services ; ceci est bien à vous, acceptez-le sans scrupule et sans publicité,
« la contribution du duc sera diminuée d'autant, et il sera bien aise d'avoir
« acquis un protecteur. — Je vous remercie, répondit froidement Napoléon,
« je n'irai pas, pour cette somme, me mettre à la disposition du duc de Mo-
« dène, je veux demeurer libre. »

Un administrateur en chef de cette même armée répétait souvent qu'il avait vu Napoléon recevoir pareillement et refuser de même l'offre de sept millions en or, faite par le gouvernement de Venise, pour conjurer sa destruction.

L'Empereur riait de l'exaltation de ce financier, auquel le refus de son général paraissait surhumain, plus difficile, plus grand que de gagner des batailles. L'Empereur s'arrêtait avec une certaine complaisance sur ces détails de désintéressement, concluant néanmoins qu'il avait eu tort, et avait manqué de prévoyance, soit qu'il eût voulu songer à se faire chef de parti et à remuer les hommes, soit qu'il eût voulu ne demeurer que simple particulier dans la foule; car au retour, disait-il, on l'avait laissé à peu près dans la misère, et il eût pu continuer une carrière de véritable pauvreté, lorsque le dernier de ses généraux ou de ses administrateurs rapportait de grosses fortunes. « Mais aussi, ajoutait-il, si mon administrateur m'eût vu « accepter, que n'eût-il pas fait? mon refus l'a contenu.

« Arrivé à la tête des affaires comme consul, mon propre désintéressement « et toute ma sévérité ont pu seuls changer les mœurs de l'administration, « et empêcher le spectacle effroyable des dilapidations directoriales. J'ai eu « beaucoup de peine à vaincre les penchans des premières personnes de « l'État, que l'on a vues depuis, près de moi, strictes et sans reproches. Il « m'a fallu les effrayer souvent. Combien n'ai-je pas dû répéter de fois, dans « mes conseils, que si je trouvais en faute mon propre frère, je n'hésiterais « pas à le chasser! »

Jamais personne sur la terre ne disposa de plus de richesses et ne s'en appropria moins. Napoléon a eu, dit-il, jusqu'à quatre cents millions d'espèces dans les caves des Tuileries. Son domaine de l'extraordinaire s'élevait à plus de sept cents millions. Il a dit avoir distribué plus de cinq cents millions de dotation à l'armée. Et, chose bien remarquable, celui qui répandit autant de trésors n'eut jamais de propriété particulière! il avait rassemblé au Musée des valeurs qu'on ne saurait estimer, et il n'eut jamais un tableau, une rareté à lui.

Au retour d'Italie, et partant pour l'Égypte, il acquit la Malmaison; il y mit à peu près tout ce qu'il possédait. Il l'acheta au nom de sa femme, qui était plus âgée que lui; en lui survivant, il pouvait se trouver n'avoir plus rien; c'est, disait-il lui-même, qu'il n'avait jamais eu le goût ni le sentiment de la propriété : il n'avait jamais eu ni n'avait jamais songé à avoir.

« Si peut-être j'ai quelque chose aujourd'hui (1), continuait-il, cela dé« pend de la manière dont on s'y sera pris au loin depuis mon départ; mais,

---

(1) Le dépôt chez la maison Laffitte.

L'Empereur ayant abdiqué pour la seconde fois, quelqu'un qui l'aimait pour lui-même et connaissait son imprévoyance, accourut pour connaître si l'on avait pris des mesures pour son avenir. On n'y avait pas songé, et Napoléon demeurait absolument sans rien. Pour pouvoir y remédier, il fallut que bien des gens s'y prêtassent de tout leur cœur, et l'on vint à bout de la sorte de lui composer les quatre ou cinq millions dont M. Laffitte s'est trouvé le dépositaire.

Au moment de quitter la Malmaison, la sollicitude des vrais amis de Napoléon ne lui fut pas moins utile. Quelqu'un qui se défiait du désordre et de la confusion inséparables de notre situation, voulut vérifier par lui-même si l'on avait bien pourvu à tout; quel fut son étonnement d'apprendre que le chariot chargé des ressources futures demeurait oublié sous une remise à la Malmaison même; et quand on voulut y remédier, la clef ne se trouva plus. Cet embarras demanda beaucoup de temps; notre départ en fut même retardé de quelques instans.

Cependant M. Laffitte était accouru pour donner à l'Empereur un récépissé de la somme; mais Napoléon n'en voulait point, lui disant : « Je vous connais, Monsieur Laffitte, je sais « que vous n'aimiez point mon gouvernement, mais je vous tiens pour un honnête homme. »

Du reste, M. Laffitte semble avoir été destiné à se trouver le dépositaire des monarques malheureux. Louis XVIII, en partant pour Gand, lui avait fait remettre pareillement une somme considérable. A l'arrivée de Napoléon, le 20 mars, M. Laffitte fut mandé par l'Empereur et questionné sur ce dépôt, qu'il ne nia pas. Et comme il exprimait la crainte qu'un reproche se trouvât renfermé dans les questions qui venaient de lui être faites. « Aucun, « répondit l'Empereur : cet argent était personnellement au roi, et les affaires domestiques « ne sont pas de la politique. »

« dans ce cas encore, il aura tenu à la lame d'un couteau que je n'eusse rien
« au monde. Du reste, chacun a ses idées relatives : j'avais le goût de la
« fondation, et non celui de la propriété. Ma propriété à moi était dans la
« gloire et la célébrité : le *Simplon*, pour les peuples, le *Louvre*, pour les
« étrangers, m'étaient plus à moi une propriété que des domaines privés.
« J'achetais des diamans à la couronne; je réparais les palais du souverain,
« je les encombrais de mobilier, et je me surprenais parfois à trouver que
« les dépenses de Joséphine, dans ses serres ou sa galerie, étaient un véri-
« table tort pour mon Jardin des Plantes ou mon Musée de Paris, etc., etc. »

En prenant le commandement de l'armée d'Italie, Napoléon, malgré son extrême jeunesse, y imprima tout d'abord la subordination, la confiance et le dévouement le plus absolu. Il subjugua l'armée par son génie, bien plus qu'il ne la séduisit par sa popularité : il était en général très sévère et peu communicatif. Il a constamment dédaigné dans le cours de sa vie les moyens secondaires qui peuvent gagner les faveurs de la multitude; peut-être même y a-t-il mis une répugnance qui peut lui avoir été nuisible.

Son extrême jeunesse lorsqu'il prit le commandement de l'armée d'Italie, ou toute autre cause, y avait établi un singulier usage; c'est qu'après chaque bataille, les plus vieux soldats se réunissaient en conseil, et donnaient un nouveau grade à leur jeune général : quand celui-ci rentrait au camp, il y était reçu par les vieilles moustaches, qui le saluaient de son nouveau titre. Il fut fait caporal à Lodi, sergent à Castiglione; et de là ce surnom de *petit caporal*, resté long-temps à Napoléon parmi les soldats. Et qui peut dire la chaîne qui unit la plus petite cause aux plus grands événemens! peut-être ce sobriquet a-t-il contribué aux prodiges de son retour en 1815; lorsqu'il haranguait le premier bataillon qu'il rencontra, avec lequel il fallut parlementer, une voix s'écria : *Vive notre petit caporal! nous ne le combattrons jamais!*

L'administration du Directoire et celle du général en chef de l'armée d'Italie semblaient deux gouvernemens tout différens.

Le Directoire, en France, mettait à mort les émigrés; jamais l'armée d'Italie n'en fit périr aucun. Le Directoire alla même jusqu'à écrire à Napoléon, lorsqu'il sut *Wurmser* assiégé dans Mantoue, de se rappeler qu'il était émigré; mais Napoléon, en le faisant prisonnier, s'empressa de rendre à sa vieillesse un hommage des plus touchans.

Le Directoire employait vis-à-vis du pape des formes outrageantes; le général de l'armée d'Italie ne l'appelait que Très-Saint-Père, et lui écrivait avec respect.

Le Directoire voulait renverser le pape; Napoléon le conserva.

Le Directoire déportait les prêtres et les proscrivait, Napoléon disait à son armée, quand elle les rencontrait, de se rappeler que c'étaient des Français et leurs frères.

Le Directoire eût voulu exterminer partout jusqu'aux vestiges de l'aristocratie; Napoléon écrivait aux démocrates de Gênes, pour blâmer leurs excès à cet égard, et n'hésitait pas à leur mander que, s'ils voulaient conserver son estime, ils devaient respecter la statue de Doria et les institutions qui avaient fait la gloire de leur république.

Uniformité. — Ennui. — L'Empereur se décide à écrire ses Mémoires.

Jeudi 7 au samedi 9. — Nous continuions toujours notre navigation, sans que rien vînt interrompre l'uniformité qui nous entourait. Tous nos jours se ressemblaient; l'exactitude de mon journal pouvait seule me laisser savoir où nous en étions du mois et de la semaine. Heureusement le travail remplissait tous mes momens, et la journée coulait avec une certaine facilité. Les matériaux que j'amassais dans la conversation de l'après-dînée ne me laissaient pas de temps perdu jusqu'à celle du lendemain.

Cependant l'Empereur savait que je travaillais beaucoup; il soupçonnait même l'objet de mon occupation, il voulut s'en assurer, et prit connaissance de quelques pages; il n'en fut pas mécontent. Mais, revenant plusieurs fois sur le même sujet, il trouvait qu'un tel Journal serait plus intéressant qu'utile; que les événemens militaires, par exemple, tirés ainsi de seules conversations courantes, seraient toujours maigres, incomplets, sans objet et sans résultat, de pures anecdotes souvent puériles, au lieu d'opérations et de résultats classiques. Je saisis avidement l'occasion favorable, j'abondai dans son sens, j'osai suggérer l'idée qu'il me dictât les campagnes d'Italie : « Ce serait un bienfait pour la patrie, un vrai monument de la gloire natio-
« nale; et puis nos momens étaient bien vides, nos heures bien longues, le
« travail les tromperait; quelques instans pourraient n'être pas sans char-
« mes. » Ce devint alors le sujet de conversations prises et reprises plusieurs fois.

Enfin l'Empereur se décida, et le samedi 9 septembre 1815, me faisant venir dans sa chambre, il me dicta, pour la première fois, quelque chose sur le siége de Toulon : on le trouvera aux campagnes d'Italie, destinées à former un ouvrage séparé, sans que cela intervienne en rien dans les anecdotes que je continuerai de consigner ici, quand l'occasion s'en présentera.

Vents alizés. — La Ligne.

Dimanche 10 *au mercredi* 13. — Lorsqu'on approche des tropiques, on rencontre ce qu'on appelle les vents alizés, vents éternellement de la partie de l'est. La science explique ce phénomène d'une manière satisfaisante. Lorsqu'en venant d'Europe on commence à atteindre ces vents, ils soufflent du nord-est; à mesure qu'on s'avance vers la ligne, ils se rapprochent de l'est; on a généralement à craindre les calmes sous la ligne. Lorsqu'elle est dépassée, les vents gagnent graduellement vers le sud jusqu'au sud-est; et, quand enfin on dépasse les tropiques, on perd les vents alizés, et l'on rentre dans les vents variables, comme dans nos parages européens. Le bâtiment, qui venant d'Europe se dirige sur Sainte-Hélène, est toujours poussé vers l'ouest par ses vents constans de l'est. Il serait bien difficile qu'il pût atteindre cette île par une route directe : il n'en a pas même la prétention; il pousse sa pointe jusque dans les parages variables du midi, et gouverne alors vers le cap de Bonne-Espérance, de manière à rencontrer les vents alizés du sud-est, qui le ramènent vent arrière sur Sainte-Hélène.

Or, il y a deux systèmes pour aller trouver les vents variables du sud : c'est de couper la ligne du vingt au vingt-quatrième degré de longitude, méridien de Londres; les partisans de cette route disent qu'on y est moins exposé au calme de la ligne, et que, si elle vous présente le désavantage de vous porter souvent jusqu'à la vue du Brésil, elle vous fait alors franchir cet espace en beaucoup moins de temps. L'amiral Cockburn, qui penchait à croire cette route un préjugé et une routine, se décida pour le second système, qui consistait à prendre beaucoup plus à l'est; et d'après des exemples particuliers qui lui étaient connus, il chercha à couper la ligne vers les deuxième ou troisième degrés de longitude. Il ne doutait pas, dans sa route vers les vents variables, de passer assez près sous le vent de Sainte-Hélène pour raccourcir de beaucoup son chemin, si même il ne parvenait à l'atteindre, en courant des bords, sans sortir des vents alizés.

Les vents, qui, à notre grand étonnement, passèrent à l'ouest, circonstance que l'amiral nous dit être plus commune que nous ne pensions, vinrent encore favoriser son opinion; il abandonna les mauvais marcheurs de son escadre, à mesure qu'ils restèrent de l'arrière, et ne songea plus lui-même qu'à gagner sa destination avec le plus de célérité possible.

Orage. — Libelles contre l'Empereur. — Leur examen. — Considérations générales.

Jeudi 14 au lundi 18. — Après de petits vents et quelques calmes, le 16 nous eûmes un orage de pluie très considérable; il fut la joie de l'équipage. Les chaleurs étaient extrêmement modérées; on eût pu même dire qu'à l'exception de Madère, nous avions constamment joui d'une température fort douce. Mais l'eau était fort rare à bord; par motif d'économie précautionnelle, on s'empressa de profiter de cet orage pour en recueillir autant qu'on put; chaque matelot chercha à s'en faire une petite provision. Le fort de l'orage tomba au moment où l'Empereur, après son dîner, venait faire sa promenade habituelle sur le pont; cela ne l'arrêta pas, seulement il fit apporter la fameuse *redingote grise* que les Anglais ne considéraient pas sans un vif intérêt. Le grand maréchal et moi ne quittâmes pas l'Empereur. L'orage dura plus d'une heure dans toute sa force; quand l'Empereur rentra, j'eus toutes les peines du monde à me dépouiller de mes vêtemens; presque tout ce que je portais se trouva perdu.

Les jours suivans le temps fut pluvieux; mes travaux en souffraient tant soit peu; tout était humide et mouillé dans notre mauvaise petite chambre: d'un autre côté, on se promenait difficilement sur le pont; c'étaient les premiers temps de la sorte que nous eussions eus depuis notre départ; ils nous déconcertaient. Je remplis le vide du travail par la conversation avec les officiers du vaisseau; je n'avais d'intimité avec aucun; mais j'entretenais avec tous des relations journalières de politesse et de prévenance. Ils aimaient à nous faire causer des affaires de France; car on aurait de la peine à croire jusqu'à quel point la France et les Français leur étaient étrangers. Nous nous étonnions fort, réciproquement : eux, nous étonnaient par leurs principes dégénérés; et nous, nous les étonnions par nos idées et nos mœurs nouvelles, dont ils ne se doutaient nullement : la France leur était certainement bien plus étrangère que la Chine.

Un des premiers du vaisseau, dans une conversation familière, fut conduit à dire : « Je crois que vous seriez tous bien effrayés, si nous allions vous
« jeter sur les côtes de France. — Pourquoi donc? — Parce que, répon« dit-il, le roi pourrait vous faire payer cher d'avoir quitté votre pays pour
« suivre un autre souverain; et puis, parce que vous portez une cocarde
« qu'il a défendue. — Mais est-ce bien à un Anglais à parler de la sorte? Il
« faut que vous soyez bien déchus! Assurément vous voilà bien loin de votre
« révolution, si justement qualifiée parmi vous de *glorieuse*. Mais nous qui
« nous en rapprochons fort, et qui avons beaucoup gagné, nous vous répon« drons qu'il n'y a pas une de vos paroles qui ne soit une hérésie : d'abord
« notre châtiment ne tient plus au bon plaisir du roi, nous ne dépendons
« à cet égard que de la loi; or, il n'en existe aucune contre nous, et si l'on

« venait à la violer sur ce point, ce serait à vous autres à nous garantir; car
« votre général s'y est engagé par la capitulation de Paris; et ce serait une
« honte éternelle à votre administration, s'il tombait des têtes que votre foi
« publique aurait solennellement garanties.

« Ensuite, nous ne suivons pas un autre souverain : l'empereur Napoléon
« a été le nôtre, c'est incontestable; mais il a abdiqué, et il ne l'est plus. Vous
« confondez ici des actes privés avec des mesures de parti; de l'affection, du
« dévouement, de la tendresse, avec de la politique. Enfin, pour ce qui est
« de nos couleurs, lesquelles semblent vous offusquer, ce n'est qu'un reste de
« notre vieille toilette; nous ne les portons encore aujourd'hui que parce que
« nous les portions hier; on ne se sépare pas indifféremment de ce que l'on
« aime, il y faut un peu de contrainte et de nécessité; pourquoi ne nous les
« avez-vous pas ôtées quand vous nous avez privés de nos armes? l'un n'eût
« pas été plus inconvenable que l'autre. Nous ne sommes plus ici que des hom-
« mes privés; nous ne prêchons pas la sédition; ces couleurs nous sont chè-
« res, nous ne saurions le nier; elles le sont, parce qu'elles nous ont vus
« vainqueurs de tous nos ennemis; parce que nous les avons promenées en
« triomphe dans toutes les capitales de l'Europe; parce que nous les por-
« tions tant que nous avons été le premier peuple de l'univers. Aussi on a
« bien pu les arracher du chapeau des Français, mais elles se sont réfugiées
« dans leur cœur; elles n'en sortiront jamais. »

Dans une autre circonstance, un des mêmes officiers, après avoir parcouru avec moi la grande vicissitude des événemens, me disait : « Que sait-on?
« peut-être sommes-nous destinés à réparer les maux que nous vous avons
« faits! Vous seriez donc bien étonnés si un jour lord Wellington venait à
« reconduire Napoléon dans Paris? — Ah! oui, disais-je, je serais fort
« étonné; et d'abord je n'aurais pas l'honneur d'être de la partie : à ce prix,
« j'abandonnerais même Napoléon! Mais je puis être tranquille, je vous
« jure que Napoléon ne se soumettra pas à cette épreuve; c'est de lui que je
« tiens ces sentimens; c'est lui qui m'a guéri de la doctrine contraire, qui
« fut ce que j'appelle l'erreur de mon enfance. »

Les Anglais se montraient aussi très avides de nous questionner sur l'Empereur, dont le caractère et les dispositions leur avaient été peints, à ce qu'ils
avouaient maintenant, de la manière la plus fausse. Ce n'était pas leur faute,
observaient-ils, ils ne le connaissaient que par les ouvrages publiés par
eux, tous très exagérés contre lui : ils en avaient plusieurs à bord. Un jour,
comme je voulais regarder ce que lisait un des officiers, il ferma son livre
avec embarras, me disant qu'il était si fort contre l'Empereur, qu'il se ferait
conscience de me le laisser voir. Une autre fois l'amiral me questionna longuement sur certaines imputations consignées dans divers ouvrages de sa
bibliothèque, dont quelques-uns, me disait-il, jouissaient d'une certaine
considération, et dont tous, convenait-il, avaient produit un grand effet en
Angleterre contre le caractère de Napoléon. Ces circonstances me donnèrent l'idée de passer en revue successivement tous les ouvrages de ce genre
qui se trouvaient à bord, et d'en consigner mon opinion dans mon Journal,
ne devant jamais se rencontrer de situation aussi favorable que la mienne
pour obtenir au besoin quelque éclaircissement sur les points qui pouvaient
en valoir la peine.

Mais, avant d'entamer aucun de ces extraits, il faut qu'on me passe quelques considérations générales : elles suffiront pour répondre d'avance à la
plus grande partie des inculpations sans nombre que je rencontrerai.

La calomnie et le mensonge sont les armes de l'ennemi civil ou politique, étranger ou domestique; c'est la ressource du vaincu, du faible, de celui qui hait ou qui craint; c'est l'aliment des salons, la pâture de la place publique. Ils s'acharnent d'autant plus que l'objet est plus grand : il n'est rien alors qu'ils ne hasardent et ne propagent. Plus ces calomnies, ces mensonges sont absurdes, ridicules, incroyables, plus ils sont recueillis, répétés de bouche en bouche. Les triomphes, les succès ne feront que les irriter davantage; ils s'amoncelleront toujours en véritable orage moral, qui, venant à crever au moment du revers, précipitera la chute, la complétera, deviendra l'opinion et son immense levier.

Or, jamais on n'en fut autant assailli ni plus défiguré que Napoléon; jamais on n'accumula sur personne autant de pamphlets et de libelles, d'absurdes atrocités, de contes ridicules, de fausses assertions; et cela devait être : Napoléon, sorti de la foule pour monter au rang suprême, marchant à la tête d'une révolution qu'il avait tout-à-fait civilisée, entraîné par ces deux circonstances dans une lutte à mort contre le reste de l'Europe, lutte dans laquelle il n'a succombé que pour avoir voulu la terminer trop promptement; Napoléon, à lui seul le génie, la force, le destin de sa propre puissance, vainqueur de ses voisins, en quelque façon monarque universel; *Marius* pour les aristocrates, *Sylla* pour les démocrates, *César* pour les républicains, devait, au dedans et au dehors, réunir contre lui un ouragan de passions.

Le désespoir, la politique et la rage durent le peindre, dans tous les pays, comme un objet d'horreur et d'effroi. Qu'on ne s'étonne donc plus de tout ce qui a été dit contre lui. S'il y avait à s'étonner, ce serait qu'on n'ait pas dit davantage, ou que l'effet n'ait pas été encore plus grand. Jamais il ne voulut permettre, au temps de sa puissance, qu'on s'occupât de répondre. « Les soins qu'on prendrait, disait-il, ne donneraient que plus de poids aux « inculpations qu'on voudrait combattre. On ne manquerait pas de dire que « tout ce qui serait écrit dans ma défense aurait été commandé et payé. Déjà « les louanges maladroites de ceux qui m'entouraient m'avaient été parfois « plus préjudiciables que toutes ces injures. Ce n'était que par des faits qu'il « me convenait d'y répondre : un beau monument, une bonne loi de plus, « un triomphe nouveau, devaient détruire des milliers de ces mensonges : « les déclamations passent, disait-il, les actions restent ! »

C'est indubitablement vrai pour la postérité : les grands hommes d'autrefois nous sont parvenus dégagés des inculpations éphémères et passionnées de leurs contemporains; mais il n'en est pas ainsi durant la vie, et Napoléon a fait la cruelle épreuve, en 1814, que les déclamations peuvent étouffer jusqu'aux actions mêmes. Au moment de sa chute, ce fut un vrai débordement, il en fut comme couvert. Toutefois il n'appartenait qu'à lui, dont la vie est si féconde en prodiges, de surmonter cette épreuve, et de reparaître, presque aussitôt, tout resplendissant du sein de ses propres ruines. Son merveilleux retour est assurément sans exemple, soit dans l'exécution, soit dans les résultats. Les transports qu'il fit naître se glissèrent jusque chez les voisins, ils y créèrent des vœux publics ou secrets : et celui qu'en 1814 on avait poursuivi, abattu, comme le fléau des peuples, reparut tout à coup en 1815 comme leur espérance.....

Le mensonge et la calomnie aussi virent alors échapper leur proie, tant ils avaient abusé de leurs excès. Le bon sens des peuples en fit en grande partie justice, et ils ne les croiraient plus aujourd'hui. « Le poison ne pou-
« vait plus rien sur Mithridate, me disait l'Empereur il y a peu de jours,

« en parcourant de nouveaux articles contre lui ; eh bien ! la calomnie, de-
« puis 1814, ne pourrait pas davantage aujourd'hui contre moi. »

Quoi qu'il en soit, dans cette clameur universelle dirigée contre lui au temps de sa puissance, l'Angleterre tint toujours le premier rang.

Il y eut constamment chez elle deux grandes fabriques en toute activité : celle des émigrés, à qui tout était bon, et celle des ministres anglais, qui avaient établi cette diffamation en système : ils en avaient organisé régulièrement l'action et les effets ; ils entretenaient à leur solde des folliculaires et des libellistes dans tous les coins de l'Europe ; on leur prescrivait leur tâche; on liait, on combinait leurs attaques, etc., etc.

Mais c'était en Angleterre surtout que le ministère anglais multipliait l'emploi de ces armes puissantes. Les Anglais, plus libres, plus éclairés, avaient d'autant plus besoin d'être remués. Les ministres trouvaient dans ce système le double avantage de monter l'opinion contre l'ennemi commun et de la détourner de leur propre conduite, en dirigeant les clameurs, l'indignation publique sur le caractère et les actes d'autrui ; par là ils sauvaient à leur propre caractère, à leurs propres actes, un examen et des récriminations qui eussent pu les embarrasser. Ainsi l'assassinat de Paul à Pétersbourg, celui de nos envoyés en Perse, l'enlèvement de Naper-Tandy dans la ville libre de Hambourg, la prise en pleine paix de deux riches frégates espagnoles, l'acquisition de toute l'Inde ; Malte, le cap de Bonne-Espérance, gardés contre la foi des traités ; la machiavélique rupture du traité d'Amiens, l'injuste saisie de nos bâtimens sans déclaration de guerre, la flotte danoise enlevée avec une si froide et si ironique perfidie, etc., sont autant d'attentats qui ont été se perdre dans l'agitation universelle qu'on avait eu l'art d'exciter contre un autre.

Pour être juste sur les inculpations accumulées sur Napoléon par la foule d'ouvrages dirigés contre lui, il faudrait donc faire la part aux passions, aux circonstances, rejeter avec mépris tout ce qui est apocryphe, anonyme et de pure déclamation ; s'en tenir aux seuls faits, aux preuves surtout, que n'auront pas manqué de publier ceux qui, l'ayant renversé, sont demeurés maîtres des pièces authentiques, des archives des ministères, de celles des tribunaux, en un mot de toutes les sources de la vérité en usage parmi les hommes ; mais ils n'ont rien publié, rien produit ; et dès lors que de pièces s'écroulent d'elles-mêmes de ce monstrueux échafaudage ! Et pour être plus régulièrement équitable encore, si on ne veut juger Napoléon qu'à côté de ses analogues et de ses pairs, c'est-à-dire à côté des fondateurs de dynasties, ou de ceux qui sont parvenus au trône à la faveur des troubles ; alors, nous ne craignons pas de le dire, il se montre sans égal, il brille pur au milieu de tout ce qu'on lui oppose. Ce serait perdre son temps que de passer en revue les citations sans nombre de l'histoire ancienne et moderne : elles sont à la portée de chacun ; ne considérons que les deux pays qui nous touchent et nous intéressent le plus.

Napoléon a-t-il, comme Hugues Capet, combattu son souverain? l'a-t-il fait mourir prisonnier dans une tour?

Napoléon en a-t-il agi comme les princes de la maison actuelle d'Angleterre, qui deux fois couvrirent, en 1715 et 1745, les échafauds de victimes? victimes auxquelles l'inconséquence politique des ministres anglais d'aujourd'hui ne laisse, d'après leurs propres principes actuels, d'autre qualification que celle de sujets fidèles mourant pour leur souverain légitime, d'autre titre que celui de martyrs !!!

Napoléon a-t-il, comme les princes qui viennent de le remplacer en France, suscité contre eux des machines infernales, organisé leur assassinat, soldé leur meurtre, mis leur vie à prix de mille manières et en mille occasions? Car la contre-révolution avait tenu jusqu'ici tout cela dans une ténébreuse incertitude; mais les coupables, les complices qui avaient jadis nié ces forfaits devant les tribunaux, sont venus aujourd'hui s'en vanter aux pieds du trône, en recevoir le prix, et le roi de France, sortant des belles maximes de Louis XII, n'a pas craint de récompenser les crimes qu'avait conseillés le comte de Lille.

La marche de Napoléon au rang suprême est au contraire toute simple, toute naturelle, tout innocente; elle est unique dans l'histoire; et il est vrai de dire que les circonstances de son élévation la rendent sans égale. « Je n'ai « point usurpé la couronne, disait-il un jour au Conseil d'État, je l'ai relevée « dans le ruisseau; le peuple l'a mise sur ma tête : qu'on respecte ses actes! »

Et en la relevant ainsi, Napoléon a remis la France dans la société de l'Europe, a terminé nos horreurs et ressuscité notre caractère; il nous a purgés de tous les maux de notre crise funeste, et nous en a conservé tous les biens : « Je suis monté sur le trône, vierge de tous les crimes de ma posi- « tion, disait-il dans une autre circonstance. Est-il bien des chefs de dynastie « qui pussent en dire autant? »

Jamais, à aucune époque de l'histoire, on ne vit la faveur distribuée avec autant d'égalité, le mérite plus indistinctement recherché et récompensé, l'argent public plus utilement employé, les arts, les sciences plus encouragés; jamais la gloire ni le lustre de la patrie ne furent élevés si haut : « Je veux, « nous disait-il un jour au Conseil d'État, que le titre de Français soit le plus « beau, le plus désirable sur la terre; que tout Français, voyageant en Eu- « rope, se croie, se trouve toujours chez lui. »

Si la liberté sembla souffrir quelque atteinte, si l'autorité sembla parfois dépasser les bornes, les circonstances le rendaient nécessaire, inévitable. Les malheurs d'aujourd'hui nous éclairent trop tard sur cette vérité; nous rendons justice, quand il n'est plus temps, au courage, au jugement, à la prévoyance qui dictaient alors ces efforts et ces mesures. C'est si vrai que, sous ce rapport, la chute politique de Napoléon a accru de beaucoup sa domination morale. Qui doute aujourd'hui que sa gloire, l'illustration de son caractère, ne gagnent infiniment par ses malheurs!!!

Emploi de nos journées.

Mardi 19 au vendredi 22. — Nous avancions toujours avec le même vent, le même ciel et la même température. Notre navigation, des plus monotones, demeurait fort douce; nos journées étaient longues, mais le travail les faisait passer. L'Empereur me dictait régulièrement ses campagnes d'Italie; je tenais déjà plusieurs chapitres. Les jours qui avaient suivi la première dictée avaient été marqués par peu de ferveur; mais la régularité et la promptitude avec lesquelles je lui portais mon travail chaque matin, ses progrès, l'attachèrent tout-à-fait, et le charme des heures qu'il y employait le lui eurent bientôt rendu comme nécessaire : aussi j'étais sûr que tous les jours, vers onze heures, il me faisait appeler; il semblait attendre lui-même ce moment avec impatience. Je lui lisais ce qu'il avait dicté la veille; il faisait des corrections, et me dictait la suite : cela le conduisait en un clin d'œil jusqu'à quatre heures; il demandait alors son valet de chambre, passait bientôt après dans le salon, où une partie de piquet ou d'échecs le conduisait jusqu'au dîner.

L'Empereur dicte très vite, il faut le suivre presque aussi vite que la parole; j'ai dû me créer une espèce d'écriture hiéroglyphique. Je courais, à mon tour, dicter à mon fils; j'étais assez heureux et assez prompt pour recueillir, à peu près littéralement, toutes les expressions de l'Empereur. Je n'avais plus de momens perdus : tous les jours on venait m'avertir qu'on était déjà à table ; heureusement que je pouvais m'y glisser sans être aperçu, ma place étant à côté de la porte, qui demeurait toujours ouverte ; j'en avais changé depuis long-temps, à la prière du capitaine Ross, commandant du vaisseau qui, ne parlant qu'anglais, était bien aise de pouvoir se faire expliquer ou apprendre quelques mots de français : j'étais venu me mettre entre lui et le grand maréchal. Le capitaine Ross est bon, doux, plein d'attentions ; j'avais créé l'habitude, suivant leur usage de s'offrir un verre de vin, d'adresser le mien à la santé de sa femme ; il me rendait le sien à la santé de la mienne : ce fut depuis notre coutume journalière.

Après le dîner, l'Empereur ne manquait jamais de revenir sur la dictée du matin, comme jouissant de l'occupation et du plaisir qu'elle lui avait causés. Cela me valait en cet instant, comme aussi toutes les fois que je l'abordais dans le jour, certaines interpellations de plaisanteries qu'il avait consacrées par leurs répétitions nombreuses : *Ah! le sage Las Cases!* (à cause de mon Atlas de le Sage), *M. l'illustre mémorialiste! le Sully de Sainte-Hélène!* et plusieurs autres mots de la sorte. Puis il ajoutait maintes fois : « Après tout, mon cher, ces Mémoires seront aussi connus que tous « ceux qui les ont devancés ; vous vivrez autant que tous leurs auteurs ; on « ne pourra jamais s'arrêter sur nos grands événemens, écrire sur ma per- « sonne, sans avoir recours à vous. » Et, reprenant la plaisanterie, il continuait avec gaieté : « On dira, après tout, il devait bien le savoir ; c'était son « conseiller d'État, son chambellan, son compagnon fidèle. On dira : Il faut « bien le croire, il ne ment pas, c'était un honnête homme, etc., etc., » et mille autres choses semblables.

Phénomène du hasard. — Passage de la ligne. — Baptême.

Samedi 23 au lundi 25. — Le vent d'ouest continuait toujours, à notre grand étonnement ; c'était une espèce de phénomène dans ces parages : il nous avait très favorisés jusque là. Mais, en fait de phénomènes, le hasard en combina, le 23, un bien plus extraordinaire encore : ce jour-là nous traversâmes la ligne, par zéro de latitude, zéro de longitude et zéro de déclinaison : circonstance que le seul hasard ne renouvellera peut-être pas dans un siècle ou dans mille ans, puisqu'il faut arriver au premier méridien précisément vers midi, passer la ligne à cette même heure, et y arriver en même temps que le soleil, le jour de l'équinoxe.

Ce fut un jour de grosse joie et de grand désordre dans tout l'équipage : c'était la cérémonie que nos marins appellent le *baptême*, et que les Anglais nomment le jour de *grande barbe*. Les matelots, dans l'appareil le plus burlesque, conduisent en cérémonie, aux pieds de l'un d'eux transformé en Neptune, tous ceux qui n'ont point encore traversé la ligne ; là un immense rasoir vous parcourt la barbe, préparée avec du goudron ; des seaux d'eau dont on vous inonde aussitôt de toutes parts, les gros éclats de rire dont l'équipage accompagne votre fuite, complètent l'initiation des grands mystères; personne n'est épargné : les officiers mêmes sont, en quelque façon, plus maltraités en cette circonstance que les derniers des matelots. Nous seuls, par une grâce parfaite de l'amiral, qui jusque là s'était plu à nous effrayer de cette terrible cérémonie, échappâmes à ces inconvéniens et à ces ridicules : nous fûmes conduits, avec toutes sortes d'attentions et de respects, aux pieds du dieu grossier, dont chacun de nous reçut un compliment de sa façon. Là se bornèrent toutes nos épreuves.

L'Empereur fut scrupuleusement respecté pendant toute cette saturnale, qui d'ordinaire ne respecte jamais rien. Ayant appris l'usage et le ménagement dont on usait à cet égard, il ordonna qu'on distribuât cent napoléons au grotesque Neptune et à sa bande, ce à quoi l'amiral s'opposa, autant par prudence peut-être que par politesse.

Prise d'un requin. — Examen de l'*Anti-Gallican*. — Ouvrage du général Wilson. — Pestiférés de Jaffa. — Traits de la campagne d'Égypte. — Esprit de l'armée d'Égypte. — Railleries des soldats. — Dromadaires. — Mort de Kléber. — Jeune Arabe. — Philippeaux et Napoléon, singularités. — A quoi tiennent les destinées. — Caffarelli, son attachement pour Napoléon — Réputation de l'armée française en Orient. — Napoléon quittant l'Égypte pour aller gouverner la France. — Expédition des Anglais. — Kléber et Desaix.

Mardi 26 au samedi 30. — Le temps continuait toujours de nous être favorable. La ligne passée, nous devions nous attendre à chaque instant au vent d'est ou de sud-est; la continuation du vent d'ouest était extraordinaire, et ne pouvait durer long-temps. Le parti qu'avait pris l'amiral, de se porter beaucoup dans l'est, rendait notre position des plus avantageuses, et nous flattait d'un très court passage.

Un de ces jours, dans l'après-midi, les matelots prirent un énorme requin; l'Empereur voulut savoir la cause du grand bruit et de la confusion arrivés subitement au-dessus de sa tête, et, sur ce qu'il apprit, il eut la fantaisie d'aller voir le monstre marin : il monta sur la dunette, et, s'étant approché de trop près, un effort de l'animal, qui renversa quatre ou cinq matelots, faillit lui casser les jambes; il descendit, le bas gauche tout couvert de sang; nous le crûmes blessé; ce n'était que le sang du requin.

Mes occupations et mes travaux continuaient de la manière la plus uniforme.

L'*Anti-Gallican*, le premier des ouvrages dont j'avais entrepris la lecture, était un volume de cinq cents pages, où l'on avait recueilli tout ce qui avait été composé en Angleterre au moment où l'on s'y trouvait menacé de l'invasion des Français. Il s'agissait alors de nationaliser cet événement, d'exciter tous les esprits, de soulever la nation entière contre sa dangereuse ennemie; ce sont donc des discours publics, des exhortations, des appels de citoyens zélés, des chansons satiriques, des pièces mordantes, des articles exagérés de journaux[1], versant à pleines mains l'odieux ou le ridicule sur les Français et leur Premier Consul, dont l'audace, le génie et le pouvoir inspiraient de vives alarmes. Rien d'ailleurs de plus naturel, de plus légitime : toutes ces productions ne sont autre chose que la nuée de traits qu'on se lançait avant de combattre corps à corps; autant en emportait le vent, si l'on n'en était pas atteint; aussi aucune de ces pièces ne pouvait former un témoignage pour l'homme sensé et ne mérite de contradiction.

On fait peu d'attention aux pamphlétaires, parce que leur caractère est le contre-poison de leurs paroles ; il ne devait pas en être de même d'un historien : toutefois celui-ci s'en rapproche, si, s'écartant du calme et de l'impartialité obligés de son ministère, il s'abandonne à la déclamation, et laisse percer le fiel.

Tel est le sentiment que me laissèrent diverses productions du général Wilson, que je lus après *l'Anti-Gallican*. Cet auteur nous était d'autant plus préjudiciable, que ses talens, sa bravoure, ses nombreux et brillans services, lui donnaient plus de poids aux yeux de ses concitoyens. Une circonstance concourait à rendre ses œuvres plus particulièrement connues à bord du vaisseau, et faisait qu'on nous en parlait davantage ; il avait un de ses enfans au nombre des jeunes aspirans du vaisseau ; et, à ce sujet, mon fils que la similitude d'âge tenait la plupart du temps au milieu d'eux, put voir à son aise le changement qui s'opéra dans ces jeunes têtes à notre égard. Tous ces enfans nous étaient naturellement très défavorables : ils croyaient, en recevant l'Empereur, n'avoir embarqué rien moins que l'ogre capable de les dévorer ; mais bientôt le voisinage et la vérité exercèrent sur eux la même influence que sur le reste du vaisseau, et ce fut aux dépens du petit Wilson, à qui les camarades donnaient la chasse, en expiation, disaient-ils, de toutes les histoires de son père.

. . . .

Ici, dans mon manuscrit, commençait le bâtonnage d'un grand nombre de feuillets ; le motif en était exprimé en marge, ainsi qu'il suit :

« J'avais recueilli un grand nombre de griefs dans l'ouvrage du général Wilson, auxquels je répondais peut-être à mon tour avec un peu d'amertume ; une circonstance récente me les fait supprimer.

« M. Wilson vient de paraître avec éclat dans une cause touchante, qui honore le cœur de ceux qu'elle a compromis : le salut de *Lavalette*. Interpellé devant un tribunal français s'il n'avait pas jadis publié des ouvrages sur nos affaires, il a répondu que oui, et qu'il y avait exprimé ce qu'il croyait *vrai alors*. Ce mot en dit plus que tout ce que j'aurais pu faire, et je me suis hâté d'effacer ce que j'avais écrit, heureux de devenir juste moi-même envers M. Wilson, dont j'accusais, dans ma colère, les intentions et la bonne foi (1).

Je laisse donc de côté les ouvrages de M. Wilson, et les diverses inculpations qu'ils renferment ; je supprime aussi les nombreuses réfutations que j'avais amassées ; je ne m'arrêterai que sur un seul point, parce qu'il a été reproduit en cent ouvrages divers ; qu'il a rempli l'Europe, et a été propagé

---

(1) Après mon enlèvement de Longwood, sir Hudson Lowe, saisi de mes papiers, parcourait, avec mon agrément, ce journal. Il y trouvait des choses fort désagréables pour lui et un moment il me dit : « Monsieur le comte, quel héritage vous préparez à mes enfans !
« — Ce n'est pas ma faute, répondis-je ; il ne tient qu'à vous qu'il en soit autrement ; vous
« me rendrez heureux de me mettre à même d'effacer, ainsi que je l'ai fait il y a peu de
« jours pour le général Wilson. » Sur quoi de demander ce qu'il y avait donc sur celui-ci,
et nous y passons. Après avoir lu tout ce qui le concernait, et le motif de mon effaçure, il dit d'un air piteux, pensif et chagrin : « Oui, je le vois bien, mais je ne comprends pas… ;
« car je connais beaucoup Wilson, et il s'était pourtant bien chaudement montré pour les
« Bourbons. »
Quand nous apprîmes la délivrance de Lavalette, nous en tressaillîmes de joie sur notre rocher. Quelqu'un observant que son libérateur Wilson n'était apparemment pas le même que celui qui avait écrit tant de mauvaises choses sur l'Empereur : « Et pourquoi pas ? dit
« Napoléon. Que vous connaissez peu les hommes et les passions ! qui vous dit que celui-ci
« ne serait pas un de ces esprits ardens, passionnés, qui aura écrit ce qu'il croyait alors ?

même en France avec une grande faveur, je veux dire l'empoisonnement des pestiférés de Jaffa.

Rien assurément ne saurait mieux prouver combien la calomnie peut tout entreprendre avec succès, seulement qu'elle soit audacieuse, impudente, qu'elle ait de nombreux échos, qu'elle soit puissante, qu'elle veuille, et peu importe du reste qu'elle blesse les probabilités, la raison, le bon sens, la vérité; elle est sûre de ses effets.

Un général, un héros, un grand homme, jusque là respecté de la fortune autant que des hommes, fixant en ce moment les regards des trois parties du monde, imposant l'admiration à ses ennemis mêmes, est tout à coup accusé d'un crime réputé inouï, sans exemple; d'un acte dit inhumain, atroce, cruel, et ce qui est surtout bien remarquable, tout-à-fait inutile.

Les détails les plus absurdes, les circonstances les moins probables, les accessoires les plus ridicules, s'accumulent autour de ce premier mensonge; on le répand dans toute l'Europe, la malveillance s'en saisit et l'accroît; on le lit dans toutes les gazettes; il se consigne dans tous les livres; et dès lors il devient pour tous un fait avéré; l'indignation est au comble; la clameur universelle. Vainement voudrait-on raisonner contre le torrent, oser essayer de le combattre, démontrer qu'on ne fournit aucune preuve, qu'on se contredit soi-même; présenter les témoignages opposés, irrécusables, les témoignages de ceux de la profession même qu'on dit avoir administré le poison ou s'y être refusés; soutenir qu'on ne saurait accuser d'inhumanité celui-là même qui, peu de temps auparavant, immortalisa ces mêmes hôpitaux de Jaffa par l'acte le plus sublime, le plus héroïque, en se dévouant à toucher solennellement les pestiférés, pour tromper et vaincre les imaginations malades; qu'on ne saurait prêter une pareille idée à celui qui, consulté par les officiers de santé, pour savoir si l'on devait brûler ou seulement laver les vêtemens de ces malades, faisant valoir la perte considérable qu'amènerait la première mesure, leur répond : *Messieurs, je suis venu ici pour fixer l'attention et reporter l'intérêt de l'Europe sur le centre de l'ancien monde, et non pour entasser des richesses.* Vainement voudrait-on faire voir que ce crime supposé eût été sans but, sans motif quelconque : le général français avait-il à craindre qu'on lui débauchât ses malades; qu'on s'en renforçât contre lui? voulait-il par là se délivrer tout-à-fait de la peste? Mais il y réussissait également en laissant ses malades au milieu de ses ennemis, et de plus il la leur procurait. Vainement voudrait-on démontrer qu'un chef insensible, égoïste, se fût au contraire délivré de tout embarras, en laissant simplement ces malheureux après lui : ils eussent été mutilés, massacrés, il est vrai; mais il ne fût venu dans l'idée de personne de lui adresser aucun reproche.

Tous ces raisonnemens, quelque inattaquables qu'ils fussent, seraient.

« Et puis nous étions ennemis, nous combattions. Aujourd'hui que nous sommes abattus, « il sait mieux; il peut se trouver abusé, trompé, en être mécontent, et peut-être nous « souhaiter à présent autant de bien qu'il a cherché à nous faire de mal. »
La sagacité de Napoléon était telle, ou le hasard ici le conduisait si justement, qu'on pourrait dire qu'il ne faisait que lire de loin. Ce Robert Wilson était en effet l'écrivain même; heurté de voir un grand peuple privé de ses premiers droits, il se récriait désormais contre les alliés, comme s'ils lui eussent imposé des chaînes à lui-même, et personne n'a montré une plus vive indignation sur les traitemens faits à Napoléon, ni témoigné un plus ardent désir de les voir cesser.

vains, inutiles, tant sont grands et infaillibles les effets du mensonge et de la déclamation que souffle le vent des circonstances passionnées. Le crime imaginaire restera dans toutes les bouches, il se gravera dans toutes les imaginations, et pour le vulgaire et sa masse il est désormais et à jamais un fait constant et prouvé.

Ce qui surprendra ceux qui ne savent pas combien il faut se défier des rumeurs publiques, et ce que je me plais à consigner ici, pour montrer une fois de plus de quelle manière peut s'écrire l'histoire, c'est que le grand maréchal Bertrand, qui était lui-même de l'armée d'Égypte, à la vérité dans un grade inférieur qui n'admettait aucun contact direct avec le général en chef, avait cru lui-même, jusqu'à Sainte-Hélène, l'histoire de l'empoisonnement exercé sur une soixantaine de malades; le bruit en était répandu, accrédité dans l'armée même. Or, que répondre à ceux qui vous disaient victorieusement : « C'est bien vrai, je le tiens précisément des officiers qui « s'y trouvaient. » Et pourtant il n'en était rien.

Voici ce que j'ai recueilli de la source la plus élevée, de la bouche de Napoléon même :

1° Que le nombre des pestiférés dont il s'agit n'était, selon le rapport fait au général en chef, que de sept ;

2° Que ce n'est pas le général en chef, mais un homme de la profession même, qui, au moment de la crise, proposa d'administrer l'opium ;

3° Que cet opium n'a été administré à aucun ;

4° Que la retraite s'étant faite avec lenteur, une arrière-garde a été laissée trois jours dans Jaffa ;

5° Qu'à son départ, les pestiférés avaient expiré, à l'exception d'un ou de deux que les Anglais ont dû trouver vivans.

N. B. « Depuis mon retour, ayant eu la facilité de causer avec ceux-là mêmes que leur état ou leur profession rendait naturellement les premiers acteurs de cette scène, ceux dont la déposition avait le droit de passer pour officielle et authentique, j'ai eu la curiosité de descendre aux plus petits détails, et voici ce que j'en ai recueilli :

« Les malades dépendans du chirurgien en chef, c'est-à-dire les blessés, ont tous été évacués sans exception, à l'aide des chevaux de tout l'état-major, sans en excepter même ceux du général en chef, qui marcha longtemps à pied, comme tout le reste de l'armée; ceux-là demeurent donc hors de la question.

« Le reste dépendant du médecin en chef, et au nombre de vingt environ, se trouvant dans un état absolument désespéré, tout-à-fait intransportable, et l'ennemi approchant, il est très vrai que Napoléon demanda au médecin en chef si ce ne serait pas un acte d'humanité que de leur donner de l'opium; il est très vrai encore qu'il lui fut répondu alors par ce médecin : que son état était de guérir, et non de tuer; réponse qui, semblant plutôt s'adapter à un ordre qu'à un objet en discussion, a servi de base peut-être à la malveillance et à la mauvaise foi, pour créer et répandre la fable qui a couru depuis partout à ce sujet.

« Du reste, tous les détails obtenus par moi m'ont donné pour résultat incontestable :

« 1° Que l'ordre n'a pas été donné d'administrer de l'opium aux malades;

« 2° Qu'il n'existait même pas en cet instant, dans la pharmacie de l'armée, un seul grain d'opium pour le service des malades;

« 3° Que l'ordre eût-il été donné et eût-il existé de l'opium, les circonstances du moment et les situations locales, qu'il serait trop long de déduire ici, eussent rendu l'exécution impossible. »

A présent voici peut-être ce qui a pu aider à établir et peut en quelque sorte excuser l'erreur de ceux qui se sont obstinés à soutenir avec acharnement des faits contraires :

« Quelques-uns de nos blessés, qui avaient été embarqués, tombèrent entre les mains des Anglais; or, on manquait de tous médicamens dans le camp, et on y avait pourvu par des compositions extraites d'arbres ou de végétaux indigènes; les tisanes et autres médicamens y étaient d'un goût et d'une apparence horribles. Ces prisonniers, soit pour se faire plaindre davantage, soit qu'ils eussent eu vent de l'opium projeté, soit enfin qu'ils le crussent, à cause de la nature des médicamens qu'on leur avait administrés, dirent aux Anglais qu'ils venaient d'échapper, comme par miracle, à la mort, ayant été empoisonnés par leurs officiers de santé : voilà pour la colonne du chirurgien en chef.

« Voici pour les autres. L'armée avait eu le malheur d'avoir pour pharmacien en chef un misérable auquel on avait accordé cinq chameaux pour apporter du Caire la masse des médicamens nécessaires pour l'expédition. Il eut l'infamie d'y substituer, pour son propre compte, du sucre, du café, du vin et autres comestibles, qu'il vendit ensuite avec un bénéfice énorme. Quand la fraude vint à être découverte, la colère du général en chef fut sans bornes, et ce misérable fut condamné à être fusillé; mais tous les officiers de santé, si distingués par leur courage, et si chers à l'armée par leurs soins, accoururent implorer le général, lui témoignant que l'honneur de leur corps en demeurerait flétri; le coupable échappa donc. Et plus tard, quand les Anglais s'emparèrent du Caire, il les joignit, et fit cause commune avec eux; mais, ayant renouvelé quelque brigandage de sa façon, il fut condamné par eux à être pendu, et il n'échappa que par ses imprécations contre le général en chef Bonaparte, qu'en débitant mille horreurs sur son compte, et en se proclamant authentiquement lui-même comme ayant été celui qui, par ses ordres, avait administré l'opium aux pestiférés : son pardon fut la condition et devint le prix de ses calomnies. Voilà sans doute les premières sources où puisèrent ceux qui n'ont pas été mus par la mauvaise foi.

« Du reste, le temps a déjà fait pleine justice de cette absurde calomnie, comme de tant d'autres qu'on avait entassées sur le même caractère, et il l'a fait avec une telle rapidité, qu'en relisant mon manuscrit, je me suis trouvé embarrassé de l'importance que j'avais mise à combattre un fait qu'on n'oserait plus soutenir aujourd'hui. Toutefois j'ai voulu conserver ce que j'écrivais alors, comme un témoignage de l'impression du moment, et si aujourd'hui j'y ai ajouté de nouveaux détails, c'est que je me les suis trouvés sous la main, et que j'ai pensé qu'il était précieux de les consigner comme historiques. »

M. le général Wilson, dans son erreur, s'est vanté avec complaisance d'avoir été le premier à faire connaître et propager en Europe ces odieuses atrocités. Il est à croire que sir Sidney-Smith, son compatriote, lui disputera cet honneur; d'autant plus qu'en grande partie il pourrait réclamer avec justice celui de leur invention. C'est dans sa fabrique et dans le système de corruption qu'il avait importé dans ces parages, qu'ont pris naissance tous ces bruits mensongers qui ont inondé l'Europe, au grand détriment de notre brave armée d'Égypte.

On sait que sir Sidney ne s'occupait qu'à débaucher notre armée : les fausses nouvelles d'Europe, la diffamation du général en chef, les offres les plus séduisantes aux officiers et aux soldats, tout lui était bon : les pièces sont publiques, on connaît ses proclamations. Un moment elles inquiétèrent même assez le général français pour qu'il s'occupât d'y remédier ; ce qu'il fit en interdisant toute communication avec les Anglais, et mettant à l'ordre du jour que leur commodore était devenu fou ; ce qui fut cru dans l'armée, et désespéra sir Sidney-Smith, qui, dans sa fureur, envoya un cartel à Napoléon. Celui-ci fit répondre qu'il avait de trop grandes affaires en tête pour s'occuper de si peu de chose ; que si c'était le grand Marlborough, encore passe, il verrait ; mais que si le marin anglais avait absolument besoin de bretailler, il allait neutraliser quelques toises sur la plage, et y envoyer un des bravaches de l'armée ; que là le fou de commodore pourrait débarquer, et s'en donner à cœur joie.

Mais, puisque me voilà sur l'Égypte, je vais réunir ici ce que mes conversations éparses m'ont fourni, et ce qui pourrait ne pas se trouver dans les Mémoires de la campagne d'Égypte, dictés par Napoléon au grand maréchal.

La campagne d'Italie montre tout ce que le génie et les conceptions militaires peuvent enfanter de plus brillant et de plus positif ; les vues diplomatiques, les talens administratifs, les mesures législatives, y sont constamment en harmonie avec les prodiges de guerre ; ce qui frappe encore et complète le tableau, c'est l'ascendant subit et irrésistible du jeune général ; l'anarchie de l'égalité, la jalousie républicaine, tout disparaît devant lui ; il n'est pas jusqu'à la ridicule souveraineté du Directoire qui ne semble aussitôt suspendue : le Directoire ne demande pas de comptes au général en chef de l'armée d'Italie, il les attend ; il ne lui prescrit point de plan, ne lui ordonne point de système, mais il reçoit de lui des relations de victoires, des conclusions d'armistices, des renversemens d'États anciens, des créations d'États nouveaux, etc., etc.

Eh bien ! tout ce qu'on admire dans la campagne d'Italie se retrouve dans l'expédition d'Égypte. Celui qui observe et qui réfléchit trouve même que tout cela s'y élève encore plus haut, par les difficultés de tout genre qui donnent à cette expédition une physionomie particulière, et requièrent de son chef plus de ressources et de créations ; car ici tout est différent : le climat, le terrain, les habitans, leur religion, leurs mœurs, la manière de combattre, etc., etc.....

Les Mémoires de la campagne d'Égypte fixeront les idées qui ne furent, dans le temps, que des conjectures et des discussions pour une partie de la société.

1° L'expédition d'Égypte fut entreprise au grand désir mutuel du Directoire et du général en chef.

2° La prise de Malte ne fut point due à des intelligences particulières, mais à la sagacité du général en chef : « C'est dans Mantoue que j'ai pris « Malte, nous disait un jour l'Empereur, c'est le généreux traitement em-« ployé à l'égard de Wurmser qui me valut la soumission du grand maître « et de ses chevaliers. »

3° L'acquisition de l'Égypte fut calculée avec autant de jugement qu'exécutée avec habileté. Si Saint-Jean-d'Acre eût cédé à l'armée française, une grande révolution s'accomplissait dans l'Orient, le général en chef y fondait un empire, et les destinées de la France se trouvaient livrées à d'autres combinaisons.

4° Au retour de la campagne de Syrie, l'armée française n'avait presque pas fait de pertes; elle était dans l'état le plus formidable et le plus prospère.

5° Le départ du général en chef pour la France fut le résultat du plan le plus magnanime, le plus grand. On doit rire de l'imbécillité de ceux qui considérèrent ce départ comme une évasion ou une désertion.

6° Kléber tomba victime du fanatisme musulman; rien ne peut autoriser, en quoi que ce soit, l'absurde calomnie qui essaya d'attribuer cette catastrophe à la politique de son prédécesseur ou aux intrigues de celui qui lui succéda.

7° Enfin il demeure à peu près prouvé que l'Égypte fût restée à jamais une province française, s'il y eût eu, pour la défendre, tout autre que Menou : rien que les fautes grossières de ce dernier ont pu amener sa perte, etc., etc.

L'Empereur disait qu'aucune armée dans le monde n'était moins propre à l'expédition d'Égypte que celle qu'il y conduisit; c'était celle d'Italie : il serait difficile de rendre le dégoût, le mécontentement, la mélancolie, le désespoir de cette armée, lors de ses premiers momens en Égypte. L'Empereur avait vu deux dragons sortir des rangs, et courir à toute course se précipiter dans le Nil. Bertrand avait vu les généraux les plus distingués, Lannes, Murat, jeter, dans des momens de rage, leurs chapeaux bordés sur le sable, et les fouler aux pieds en présence des soldats. L'Empereur expliquait ces sentimens à merveille. « Cette armée avait rempli sa carrière,
« disait-il; tous les individus en étaient gorgés de richesses, de grades, de
« jouissances et de considération; ils n'étaient plus propres aux déserts ni
« aux fatigues de l'Égypte; aussi, continuait-il, si elle se fût trouvée dans
« d'autres mains que les miennes, il serait difficile de déterminer les excès
« dont elle se fût rendue coupable. »

On y complota plus d'une fois d'enlever les drapeaux, de les ramener à Alexandrie, et plusieurs autres choses semblables. L'influence, le caractère, la gloire de leur chef, purent seuls les retenir. Un jour Napoléon, gagné par l'humeur à son tour, se précipita dans un groupe de généraux mécontens, et s'adressant à l'un d'eux, de la plus haute stature : « Vous avez tenu
« des propos séditieux, lui dit-il avec véhémence; prenez garde que je ne
« remplisse mon devoir; vos cinq pieds dix pouces ne vous empêcheraient
« pas d'être fusillé dans deux heures. »

Cependant, quant à la conduite vis-à-vis de l'ennemi, l'Empereur disait que cette armée ne cessa jamais d'être l'armée d'Italie, qu'elle fut toujours admirable. Ceux surtout que l'Empereur appelait la faction des amoureux à grands sentimens ne pouvaient être conduits ni gouvernés; leur esprit était malade; ils passaient les nuits à chercher dans la lune l'image réfléchie des idoles qu'ils avaient laissées au-delà de la mer. A la tête de ceux-ci se trouvait celui qu'il a solennellement décoré plus tard du beau nom de son compagnon d'armes, faible et sans esprit, qui, lorsque le général en chef fut sur le point d'appareiller de Toulon, accourut de Paris en poste, jour et nuit, pour lui dire qu'il était malade et qu'il ne pouvait pas le suivre, bien qu'il fût son chef d'état-major. Le général en chef n'y fit seulement pas attention. Il n'était plus aux pieds de celle qui l'avait dépêché pour s'excuser; aussi s'embarqua-t-il; mais, arrivé en Égypte, l'ennui le saisit, il ne put résister à ses souvenirs; il demanda et obtint de retourner en France. Il prit congé de Napoléon, lui fit ses adieux; mais revint bientôt après, fondant en larmes, disant qu'il ne voulait pas, après tout, se déshonorer, qu'il ne pouvait pas non plus séparer sa vie de celle de son général.

Il portait une espèce de culte à ses amours : à côté de sa tente il en avait une autre toujours aussi magnifiquement soignée que le boudoir le plus élégant ; elle était consacrée au portrait de sa maîtresse auquel il allait jusqu'à brûler parfois des encens. Cette tente s'est dressée même dans les déserts de Syrie. Napoléon disait en souriant qu'il est arrivé néanmoins qu'on a profané plus d'une fois son temple par un culte moins pur, en y introduisant furtivement des divinités étrangères.

Cette espèce d'Amadis a constamment persisté dans son amour, qui l'a conduit plus d'une fois jusqu'au voisinage de l'idiotisme. Dans sa première rédaction de la bataille de Marengo, le fils de sa maîtresse, jeune capitaine au plus, et son aide-de-camp, s'y trouvait nommé cinq ou six fois en souvenir de sa mère : c'était lui, disait l'Empereur, qui avait gagné la bataille ; il fallut que le général en chef jetât le papier au nez du rédacteur.

L'Empereur croyait bien lui avoir donné quarante millions dans sa vie ; mais il pensait que la faiblesse de son esprit, son peu d'ordre, sa ridicule passion, en auraient gaspillé une grande partie.

L'humeur des soldats en Égypte s'exhalait heureusement en mauvaises plaisanteries : c'est ce qui sauve toujours les Français. Ils en voulaient beaucoup au général Caffarelli, qu'ils croyaient un des auteurs de l'expédition ; il avait une jambe de bois, ayant perdu la sienne sur les bords du Rhin. Quand, dans leurs murmures, ils le voyaient passer en boitant, ils disaient à ses oreilles : « Celui-là se moque bien de ce qui arrivera ; il est toujours « bien sûr d'avoir un pied en France. »

Les savans étaient aussi l'objet de leurs brocards. Les ânes étaient fort communs dans le pays ; il était peu de soldats qui n'en eussent à leur disposition, et ils ne les nommèrent jamais que leurs demi-savans.

Le général en chef, en partant de France, avait fait une proclamation dans laquelle il leur disait qu'il allait les mener dans un pays où il les enrichirait tous ; qu'il voulait les y rendre possesseurs chacun de sept arpens de terre. Les soldats, quand il se trouvèrent dans le désert, au milieu de cette mer de sable sans limites, ne manquèrent pas de mettre en question la générosité de leur général : ils le trouvaient bien retenu de n'avoir promis que sept arpens. « Le gaillard, disaient-ils, peut bien assurément en « donner à discrétion, nous n'en abuserons pas. »

Quand l'armée traversait la Syrie, il n'est pas de soldat qui n'eût à la bouche ces vers de Zaïre :

> Les Français sont lassés de chercher désormais
> Des climats que pour eux le destin n'a point faits ;
> Ils n'abandonnent point leur fertile patrie
> Pour languir aux déserts de l'aride Arabie.

Dans un moment de loisir et d'inspection du pays, le général en chef, profitant de la marée basse, traversa la mer Rouge à pied sec, et gagna la rive opposée. Au retour, il fut surpris par la nuit, et s'égara au milieu de la mer montante ; il courut le plus grand danger et faillit périr précisément de la même manière que Pharaon : « Ce qui n'eût pas manqué, disait gaiement « Napoléon, de fournir à tous les prédicateurs de la chrétienté un texte ma- « gnifique contre moi. »

Ce fut à son arrivée sur la rive arabique qu'il reçut une députation des cénobites du mont Sinaï, qui venaient implorer sa protection et le supplier de vouloir bien s'inscrire sur l'antique registre de leurs garanties.

Napoléon se trouva inscrire son nom à la suite d'Ali, de Saladin, d'Ibrahim et de quelques autres!!....

C'est à ce sujet, ou touchant quelque chose de cette nature, que l'Empereur observait que, dans la même année, il avait reçu des lettres de Rome et de la Mecque; le pape l'appelant son cher fils, et le shérif, le protecteur de la sainte Kaba.

Ce rapprochement extraordinaire doit être, du reste, à peine suprenant dans celui qu'on a vu conduire des armées et sur les sables brûlans du tropique, et dans les *steppes* glacés du Nord; qui a failli être englouti par les vagues de la mer Rouge, et a couru des périls dans les flammes de Moscou, menaçant les Indes de ces deux points extrêmes.

Le général en chef partageait la fatigue des soldats; les besoins étaient quelquefois si grands qu'on était réduit à se disputer les plus petites choses, sans distinction de rang; ainsi il était telle circonstance, dans le désert, où les soldats auraient à peine cédé leur place à leur général, pour qu'il vînt tremper ses mains dans une source fangeuse. Passant sous les ruines de Péluze, et suffoqué par la chaleur, on lui céda un débris de porte où il put, quelques instans, mettre sa tête à l'ombre. « Et on me faisait là, disait Napoléon, une immense concession. » C'est précisément là qu'en remuant quelques pierres à ses pieds un hasard bien singulier lui présenta une superbe antique connue parmi les savans.

N. B. C'était un camée d'Auguste, seulement ébauché, mais une superbe ébauche. Napoléon le donna au général Andréossi, qui recherchait beaucoup les antiquités; M. Denon, alors absent, ayant vu plus tard ce camée, fut frappé de sa ressemblance avec Napoléon, qui alors reprit le camée pour lui-même. Depuis il était passé à Joséphine, et M. Denon ne sait plus ce qu'il est devenu. (*Détails fournis par M. Denon, depuis mon retour en France.*)

Quand les Français voulurent se rendre en Asie, ils eurent à traverser le désert qui la sépare de l'Afrique. Kléber, qui commandait l'avant-garde, manqua sa route et s'égara dans le désert. Napoléon, qui le suivait à une demi-journée, vint donner, à la nuit tombante, avec une légère escorte, dans le milieu du camp des Turcs; il fut vivement poursuivi, et n'échappa que parce que, la nuit venue, les Turcs prirent cette circonstance pour une embûche. Mais qu'était devenu tout le corps de Kléber? La plus grande partie de la nuit se passa dans une anxiété cruelle. On reçut enfin des indices par quelques Arabes du désert, et le général en chef courut, sur son dromadaire, à la recherche de ses soldats. Il les trouva dans le plus profond désespoir, à la veille de périr de soif et de fatigue; de jeunes soldats avaient même brisé leurs fusils. La vue du général sembla les rappeler à la vie, en leur rendant l'espérance. Napoléon leur annonça en effet des vivres et de l'eau qui le suivaient. « Mais quand tout cela eût tardé encore davantage, leur dit-il, serait« ce une raison de murmurer et de manquer de courage? Non, soldats, ap« prenez à mourir avec honneur. »

Napoléon voyageait la plupart du temps, dans le désert, sur un dromadaire. La dureté physique de cet animal fait qu'on ne s'occupe nullement de ses besoins; il mange et boit à peine; mais sa délicatesse morale est extrême, il se bute et devient furieux contre les mauvais traitemens. L'Empereur disait que la dureté de son trot donnait des nausées, comme le roulis d'un vaisseau; cet animal fait vingt lieues dans la journée. L'Empereur en créa des régimens, et l'emploi militaire qu'il leur donna fut bientôt la désolation des Arabes. Le cavalier s'accroupit sur le dos de l'animal ; un anneau, passé dans les narines de celui-ci, sert à le conduire : il est très obéissant ; à un certain bruit du cavalier, l'animal s'agenouille pour lui donner la facilité de descendre. Le dromadaire porte des fardeaux très lourds ; on ne le décharge jamais pendant tout le voyage ; arrivé le soir à la station, on place des étais sous le fardeau, l'animal s'accroupit et sommeille ; au jour il se relève, la charge est à sa place, il continue sa route. Le dromadaire n'est qu'une bête de somme, un animal purement de fardeau et nullement de trait. Toutefois, en Syrie, on était venu à bout de les atteler à des pièces d'artillerie, et de leur faire rendre des services assez essentiels.

Napoléon, que les habitants d'Égypte n'appelaient que le sultan *Kébir* (père du feu), s'y était rendu très populaire. Il avait inspiré un respect spécial pour sa personne ; partout où il paraissait, on se levait en sa présence ; on n'avait cette déférence que pour lui seul. Les égards constans qu'il eut pour les cheiks ; l'adresse avec laquelle il sut les gagner, en avaient fait le véritable souverain de l'Égypte, et lui sauvèrent plus d'une fois la vie ; sans leurs révélations, il eût été victime du combat sacré comme Kléber ; celui-ci, au contraire, s'aliéna les cheiks en en faisant bâtonner un ; et il périt. Bertrand se trouva un des juges qui condamnèrent l'assassin, et il nous le faisait observer un jour à dîner, ce qui fit dire à l'Empereur : « Si les libellistes qui
« veulent que ce soit moi qui ai fait périr Kléber, le savaient, ils ne man-
« queraient pas de vous dire l'assassin ou le complice, et concluraient que
« votre titre de grand maréchal et votre séjour à Sainte-Hélène en ont été
« la récompense et le châtiment. »

Napoléon causait volontiers avec les gens du pays, et leur montrait toujours des sentiments de justice qui les frappaient. Revenant de Syrie, une tribu arabe vint au-devant de lui, tout à la fois pour lui faire honneur et vendre ses services de transport. « Le chef était malade, il s'était fait rem-
« placer par son fils, de l'âge et de la taille du vôtre que voilà, me disait
« l'Empereur ; il était sur son dromadaire, marchant à côté du général en
« chef, le serrant de très près, et causant avec beaucoup de babil et de fa-
« miliarité. — Sultan Kébir, lui disait-il, j'aurais un bon conseil à vous don-
« ner, à présent que vous revenez au Caire. — Eh bien ! parle, mon ami ; je
« le suivrai, s'il est bon. — Voici ce que je ferais, si j'étais de vous : en arri-
« vant au Caire, je ferais venir sur la place le plus riche marchand d'escla-
« ves, et je choisirais pour moi les vingt plus jolies femmes ; je ferais venir
« ensuite les plus riches marchands de pierreries, et je me ferais donner
« une bonne part ; je ferais de même de tous les autres ; car à quoi bon ré-
« gner ou être le plus fort, si ce n'est pour acquérir des richesses ! — Mais,
« mon ami, s'il était plus beau de les conserver aux autres ? — Cette maxime
« sembla le faire penser, mais non pas le convaincre. Le jeune homme pro-
« mettait beaucoup, comme on voit, pour un Arabe ; il était vif, intrépide,
« conduisait sa troupe avec ordre et hauteur. Peut-être est-il appelé à choi-
« sir un jour dans la place du Caire tout ce qu'il conseillait d'y prendre. »

Une autre fois des Arabes, avec lesquels on était en inimitié, pénétrèrent dans un village de la frontière, et un malheureux *fellah* (paysan) fut tué. Le sultan Kébir entra dans une grande colère, et donna l'ordre de poursuivre la tribu dans le désert jusqu'à extinction, jurant d'en obtenir vengeance. Cela se passait devant les grands cheiks ; l'un d'eux se prit à rire de sa colère et de sa détermination : « Sultan Kébir, lui dit-il, vous jouez là un mau-
« vais jeu : ne vous brouillez pas avec ces gens-là, ils peuvent vous rendre

« dix fois plus de mal que vous ne pourriez leur en faire. Et puis pourquoi
« tant de bruit ? Parce qu'ils ont tué un misérable ? Est-ce qu'il était votre
« cousin (expression proverbiale chez eux) ? — Il est bien mieux que cela,
« reprit vivement Napoléon, tous ceux que je gouverne sont mes enfans ; la
« puissance ne m'a été donnée que pour garantir leur sûreté. » Tous les
cheiks, s'inclinant à ces paroles, dirent : « Oh ! c'est beau ! tu as parlé comme
« le prophète. »

La décision de la grande mosquée du Caire, en faveur de l'armée française, fut un chef-d'œuvre d'habileté de la part du général en chef : il amena le synode des grands cheiks à déclarer, par un acte public, que les musulmans pouvaient obéir et payer tribut au général français. C'est le premier et le seul exemple de la sorte, depuis l'établissement du Koran qui défend de se soumettre aux infidèles ; les détails en sont précieux ; on les trouvera dans les campagnes d'Égypte.

Il est bizarre sans doute de voir, à Saint-Jean-d'Acre, des Européens venir se battre dans une bicoque d'Asie, pour s'assurer la possession d'une partie de l'Afrique ; mais il l'est bien davantage que ceux qui dirigeaient les efforts opposés fussent de la même nation, du même âge, de la même classe, de la même arme, de la même école.

Philippeaux, aux talens duquel les Anglais et les Turcs durent le salut de Saint-Jean-d'Acre, avait été camarade de Napoléon à l'École militaire de Paris ; ils y avaient été examinés avant d'être envoyés à leurs corps respectifs. « Il était de votre taille, » me disait un jour l'Empereur, qui venait d'en dicter l'éloge dans un des chapitres de la campagne d'Égypte, après y avoir mentionné tout le mal qu'il en avait reçu. « Sire, répondais-je, il y avait bien
« plus d'affinité encore ; nous avions été intimes et inséparables à l'École mi-
« litaire. En passant par Londres avec sir Sidney-Smith, dont il venait de
« procurer l'évasion du Temple, il me fit chercher partout ; je ne le manquai
« à son logement que d'une demi-heure ; je l'eusse probablement suivi, je ne
« faisais rien alors, des aventures m'eussent paru séduisantes, et pourtant
« quelle combinaison nouvelle dans mes destinées !!! »

« — C'est parce que je sais toute la part que le hasard a sur nos détermi-
« nations politiques, disait à ce sujet l'Empereur, que j'ai toujours été sans
« préjugés, et fort indulgent sur le parti que l'on avait suivi dans nos con-
« vulsions : être bon Français, ou vouloir le devenir, était tout ce qu'il me
« fallait. » Et l'Empereur comparait la confusion de nos troubles à des combats de nuit, où souvent l'on frappe sur le voisin au lieu de frapper sur l'ennemi, et où tout se pardonne au jour, quand l'ordre s'est rétabli et que tout s'est éclairci. « Et moi-même puis-je affirmer, disait-il, malgré mes
« opinions naturelles, qu'il n'y eût pas eu telles circonstances qui eussent
« pu me faire émigrer ? le voisinage de la frontière, une liaison d'amitié,
« l'influence d'un chef, etc. En révolution, on ne peut affirmer que ce qu'on
« a fait : il ne serait pas sage d'affirmer qu'on n'aurait pas pu faire autre
« chose. » Et il citait à ce sujet un exemple bien singulier du hasard sur les destinées : *Serrurier* et *Hédouville cadet* marchent de compagnie pour émigrer en Espagne ; une patrouille les rencontre : Hédouville, plus jeune, plus leste, franchit la frontière, se croit très heureux, et va végéter misérablement en Espagne. Serrurier, obligé de rebrousser dans l'intérieur, et s'en désolant, devient maréchal : voilà pourtant ce qui en est des hommes, de leurs calculs et de leur sagesse !

A Saint-Jean-d'Acre, le général en chef perdit *Caffarelli*, qu'il aimait extrêmement et dont il faisait le plus grand cas; celui-ci portait une espèce de culte à son général en chef; l'influence était telle, qu'ayant eu plusieurs jours de délire avant de mourir, lorsqu'on lui annonçait Napoléon, ce nom semblait le rappeler à la vie; il se recueillait, reprenait ses esprits, causait avec suite, et retombait aussitôt après son départ : cette espèce de phénomène se renouvela toutes les fois que le général en chef vint auprès de lui.

Napoléon reçut, durant le siége de Saint-Jean-d'Acre, une preuve de dévouement héroïque et bien touchante : étant dans la tranchée, une bombe tomba à ses pieds; deux grenadiers se jetèrent aussitôt sur lui, le placèrent entre eux deux, et, élevant leurs bras au-dessus de sa tête, le couvrirent de toutes parts. Par bonheur, la bombe respecta tout le groupe; nul ne fut touché.

Un de ces braves grenadiers a été depuis le général *Daumesnil*, l'autre était *Souchon* qui trois fois reçut des armes d'honneur.

Daumesnil, demeuré si populaire parmi les soldats sous le nom de *la jambe de bois*, avait perdu une jambe dans la campagne de Moscou, et commandait la place de Vincennes lors de l'invasion de 1814. La capitale était occupée depuis plusieurs semaines par les alliés que Daumesnil tenait encore. Il n'était alors question, dans tout Paris, que de son obstination à se défendre, et de la gaîté de sa réponse aux sommations russes : « Quand vous « me rendrez ma jambe, je vous rendrai ma place. »

Mais à côté de la plaisanterie, voici du sublime : l'ennemi convoitait fort l'immense matériel renfermé dans la place dont la valeur dépassait cent millions. N'obtenant rien de la menace, il eut recours à la séduction; un million fut offert à Daumesnil qui répondit froidement : « Vous ne serez pas « plus heureux contre ma pauvreté; je ne veux rien, et mon refus *sera la « richesse de mes enfans.* »

Qui croirait qu'un tel acte dont on devrait être si fier d'embellir notre histoire et qu'on devrait être si empressé de présenter à l'imitation, viendrait échouer deux fois contre la proposition d'une récompense et d'une consécration nationales! Comment expliquer un pareil refus que de meilleurs temps tiendront pour incroyable! Mais ce que n'ont pas voulu faire les organes de la représentation nationale, très peu amis en ce moment d'un patriotisme trop exalté, le peuple le fera par lui-même; des souscriptions particulières acquitteront la dette du trésor public, et la mémoire de Daumesnil n'y aura rien perdu.

L'armée française s'était acquis en Égypte une réputation sans égale, et elle la méritait; elle avait dispersé et frappé de terreur les célèbres Mamelouks, la milice la plus redoutable de l'Orient. Après la retraite de Syrie, une armée turque vint débarquer à Aboukir; Mourad-Bey, le plus brave et le plus capable des Mamelouks, sortit de la haute Égypte où il s'était réfugié, et gagna, par des chemins détournés, le camp des Turcs. Au débarquement de ceux-ci, les détachemens français s'étaient repliés pour se concentrer : fier de cette apparence de crainte, le pacha qui commandait dit avec emphase, en apercevant Mourad-Bey : « Eh bien! ces Français tant « redoutés, dont tu n'as pu soutenir la présence, je me montre, les voilà « qui fuient devant moi! » Mourad-Bey, vivement blessé, lui répondit avec une espèce de fureur : « Pacha, rends grâce au Prophète qu'il convienne à « ces Français de se retirer; car s'ils se retournaient, tu disparaitrais devant « eux comme la poussière devant l'aquilon. »

Il prophétisait : à quelques jours de là, les Français vinrent fondre sur cette armée; elle disparut, et Mourad-Bey, qui eut des entrevues avec plusieurs de nos généraux, ne revenait pas de la petitesse de leur taille, et de l'état chétif de leur personne: les Orientaux attachent une haute importance aux formes de la nature; ils ne concevaient pas comment tant de génie pouvait se trouver sous une si mince enveloppe. La vue seule de Kléber satisfit leur pensée : c'était un homme superbe, mais de manières très dures. La sagacité des Égyptiens leur avait fait deviner qu'il n'était pas Français; en effet, bien qu'Alsacien, il avait passé ses premières années dans l'armée prussienne, et pouvait être pris pour un pur Allemand. L'un de nous prétendit alors qu'il avait été janissaire dans sa jeunesse, ce qui fit rire beaucoup l'Empereur, qui lui dit qu'on s'était moqué de lui.

Le grand maréchal disait à l'Empereur qu'à la bataille d'Aboukir il se trouvait pour la première fois dans son armée, et près de sa personne : il était si peu fait, continuait-il, à l'audace de ses manœuvres, qu'il comprit à peine aucun des ordres qu'il entendit donner. « Surtout, Sire, disait-il, « quand je vous entendis crier à un officier de vos guides : Allons, mon cher « Hercule, prenez vingt-cinq hommes, et chargez-moi cette canaille, — « Vraiment je me crus hors de mes sens : Votre Majesté montrait de la main « peut-être mille chevaux turcs. »

Du reste, les pertes de l'armée d'Égypte sont loin d'être aussi considérables que pourraient le faire présumer un sol aussi étranger, l'insalubrité du climat, l'éloignement de toutes les ressources de la patrie, les ravages de la peste, et surtout les nombreux combats qui ont immortalisé cette armée. Elle était, au débarquement, de trente mille hommes; elle s'accrut de tous les débris de la bataille navale d'Aboukir, et peut-être encore de quelque arrivage partiel de France; et cependant la perte totale, depuis l'entrée en campagne jusqu'à deux mois après le départ du général en chef pour l'Europe, c'est-à-dire dans l'espace de vingt-sept à vingt-huit mois, ne s'élève qu'à huit mille neuf cent quinze, ainsi que le prouve le document officiel de l'ordonnateur en chef de cette armée (1).

Assurément il faut bien que la vie d'un homme soit pleine de prodiges, pour qu'on s'arrête à peine sur un des actes dont on ne trouve pas d'exemples dans l'histoire. Quand César passa le Rubicon, et que la souveraineté en fut le résultat, César avait une armée, et marchait dans sa propre défense. Quand Alexandre, poussé par l'ardeur de la jeunesse et par le feu de son génie, alla débarquer en Asie pour faire la guerre au grand roi, Alexandre était fils d'un roi, roi lui-même, et il courait aux chances de l'ambition et de la gloire à la tête des forces de son royaume. Mais qu'un simple particulier, dont le nom trois ans auparavant était inconnu à tous, qui n'avait eu en cet instant d'autre auxiliaire que quelques victoires, son nom et la conscience de son génie, ait osé concevoir de saisir à lui seul les destinées de trente millions d'hommes, de les sauver des défaites du dehors et des dissensions du de-

---

(1) Tués dans les combats.................... 3,614
Morts de leurs blessures.................... 854
Morts par accidens.................... 290
Morts par maladies ordinaires.................... 2,468
Morts de la fièvre pestilentielle.................... 1,689

TOTAL.................... 8,915

L'ordonnateur en chef, SARTELON.

Au Caire, le 10 frimaire an IX.

dans; qu'ému à la lecture des troubles qu'on lui peignait, à l'idée des désastres qu'il prévoyait, il se soit écrié : « De beaux parleurs, des bavards per-
« dent la France! il est temps de la sauver! » Qu'il ait abandonné son armée, traversé les mers, au péril de sa liberté, de sa réputation ; atteint le sol français, volé dans la capitale ; qu'il y ait saisi en effet le timon, arrêté court une nation ivre de tous les excès; qu'il l'ait replacée subitement dans les vrais sentiers de la raison et des principes ; qu'il lui ait préparé, dès cet instant, un jet de puissance et de gloire inconnue jusque-là, et que le tout se soit accompli sans qu'il en coûtât une larme ou une goutte de sang à personne, c'est ce qu'on peut appeler une des plus gigantesques et des plus sublimes entreprises dont on ait jamais entendu parler; c'est ce qui saisira d'étonnement et d'admiration une postérité calme, sans passions ; et c'est pourtant ce que des gens du temps qualifièrent d'évasion désespérée, d'infâme désertion. Toutefois l'armée qu'il laissa après lui occupa l'Égypte deux ans encore. L'opinion de l'Empereur était qu'elle ne devait même jamais y être forcée; le grand maréchal, qui y est resté jusqu'au dernier instant, en convenait aussi.

Après le départ du général en chef pour la France, Kléber, qui lui succéda, circonvenu et séduit par des faiseurs, traita de l'évacuation de l'Égypte; mais quand le refus des ennemis l'eut contraint de s'acquérir une nouvelle gloire et de mieux connaître ses forces, il changea tout-à-fait de pensée, et devint lui-même partisan de l'occupation de l'Égypte ; ce devint aussi le sentiment général de l'armée. Kléber alors ne s'occupa plus qu'à s'y maintenir; il éloigna de lui les meneurs qui avaient dirigé sa première intention, et ne s'entoura plus que de l'opinion contraire. L'Égypte n'eût jamais couru de dangers s'il eût vécu; sa mort seule en amena la perte. Alors l'armée se partagea entre Menou et Regnier ; ce ne fut plus qu'un champ d'intrigues; la force et le courage des Français restèrent les mêmes ; mais l'emploi ou la direction qu'en fit le général ne ressemblèrent plus à rien.

Menou était tout-à-fait incapable. Les Anglais vinrent l'attaquer avec vingt mille hommes ; il avait des forces beaucoup plus nombreuses, et le moral des deux armées ne pouvait pas se comparer. Par un aveuglement inconcevable, Menou se hâta de disperser toutes ses troupes, dès qu'il apprit que les Anglais paraissaient ; ceux-ci se présentèrent en masse, et ne furent attaqués qu'en détail. Ici l'Empereur disait : « Comme la fortune est aveugle !
« Avec des mesures inverses, les Anglais eussent été infailliblement détruits,
« et que de nouvelles chances pouvait amener un tel échec! »

Leur débarquement, du reste, fut admirable, disait le grand maréchal ; en moins de cinq à six minutes ils présentèrent cinq mille cinq cents hommes en bataille, c'était un mouvement d'opéra; ils en firent trois pareils. Douze cents hommes seuls s'opposèrent à ce débarquement, et causèrent beaucoup de dommage. A très peu de temps de là cette masse de treize à quatorze mille hommes fut intrépidement attaquée par le général Lanusse, qui n'en avait que trois mille, et qui, brûlant d'ambition, et ne désespérant pas d'en venir à bout à lui seul, ne voulut attendre personne ; il renversa tout, d'abord, fit un carnage immense, et succomba. S'il eût eu seulement deux à trois mille hommes de plus, il remplissait son projet.

Les Anglais furent bien surpris quand ils jugèrent par eux-mêmes de notre situation en Égypte, et s'estimèrent bien heureux de la tournure qu'avaient prise les affaires.

Le général Hutchinson, qui recueillit la conquête, disait plus tard en

Europe que, s'ils avaient connu le véritable état des choses, ils n'auraient certainement jamais tenté le débarquement; mais on était persuadé en Angleterre qu'il n'y avait pas six mille Français en Égypte. Cette erreur venait des lettres interceptées et des intelligences dans le pays même. « Tant il est « dans le caractère français, disait l'Empereur, d'exagérer, de se plaindre « et de tout défigurer dès qu'on est mécontent. La foule de ces rapports « pourtant n'était que le résultat de la mauvaise humeur ou des imagina- « tions malades: il n'y avait rien à manger en Égypte, écrivait-on; toute « l'armée avait péri à chaque nouvelle bataille; les maladies avaient tout em- « porté, il ne restait plus personne, etc. »

La continuité de ces rapports avait fini par persuader Pitt; et comment ne l'eût-il pas été? Par une bizarrerie des circonstances, les premières dépêches de Kléber adressées au Directoire et les lettres de l'armée furent reçues à Paris précisément par l'ancien général d'Égypte, qui venait d'exécuter le dix-huit brumaire; et qu'on explique, si l'on peut, les contradictions qu'elles renfermaient; qu'on se serve, si l'on veut ensuite, d'autorités individuelles pour soutenir son opinion. Kléber, général en chef, mandait au Directoire qu'il n'avait que six mille hommes; et, dans le même paquet, les états de l'inspecteur aux revues en montraient au delà de vingt mille. Il disait qu'il était sans argent, et les comptes du trésor montraient de grandes sommes. Il disait que l'artillerie n'était plus qu'un parc retranché, vide de toutes munitions, et les états de cette arme constataient des approvisionnemens pour plusieurs campagnes. « Aussi, disait Napoléon, si Kléber, en vertu « du traité qu'il avait commencé, avait évacué l'Égypte, je n'eusse pas « manqué de le mettre en jugement à son arrivée en France. Toutes ces « pièces contradictoires avaient été déjà soumises à l'examen et à l'opinion « du Conseil d'État. »

Qu'on juge, d'après les lettres de Kléber, le général en chef, ce que pouvaient être celles d'un rang inférieur, celles des simples soldats. Voilà cependant ce que les Anglais interceptaient tous les jours, ce qu'ils ont imprimé, ce qui a dirigé leurs opérations, ce qui aurait dû leur coûter bien cher. L'Empereur, dans toutes ses campagnes, disait-il, a toujours vu le même effet des lettres interceptées, et quelquefois il en a recueilli de grands fruits.

Dans les lettres qui lui tombèrent alors dans les mains, il trouva des horreurs contre sa personne; elles durent lui être d'autant plus sensibles, que plusieurs venaient de gens qu'il avait comblés, auxquels il avait donné sa confiance, et qu'il croyait lui être fort attachés. Un d'eux dont il avait fait la fortune, et sur lequel il devait compter le plus, mandait que le général en chef venait de s'évader, volant deux millions au trésor. Heureusement, dans ces mêmes dépêches, les comptes du payeur témoignaient que le général n'avait pas même pris la totalité de son traitement. « A cette lecture, « disait l'Empereur, j'éprouvai un vrai dégoût des hommes : ce fut le pre- « mier découragement moral que j'aie senti; et s'il n'a pas été le seul, du « moins il a été peut-être le plus vif. Chacun dans l'armée me croyait perdu, « et l'on s'empressait déjà de faire sa cour à mes dépens. » Du reste, cette même personne tenta depuis de rentrer en faveur : l'Empereur dit qu'il n'empêcha point qu'on l'employât subalternement; mais il ne voulut jamais le revoir : il répondit constamment qu'il ne le connaissait pas; ce fut là toute sa vengeance.

L'Empereur répétait jusqu'à satiété que l'Égypte devait demeurer à la

France, et qu'elle y fût infailliblement demeurée si elle eût été défendue par Kléber ou Desaix. C'étaient ses deux lieutenans les plus distingués, disait-il ; tous deux d'un grand et rare mérite, quoique d'un caractère et de dispositions bien différentes. On en trouvera les portraits dans les Mémoires de la campagne d'Égypte.

Kléber était le talent de la nature : celui de *Desaix* était entièrement celui de l'éducation et du travail. Le génie de Kléber ne jaillissait que par momens, quand il était réveillé par l'importance de l'occasion, et il se rendormait aussitôt après au sein de la mollesse et des plaisirs. Le talent de Desaix était de tous les instans, il ne vivait, ne respirait que l'ambition noble et la véritable gloire : c'était un caractère tout-à-fait antique. L'Empereur dit que sa mort a été la plus grande perte qu'il ait pu faire ; leur conformité d'éducation et de principes eût fait qu'ils se seraient toujours entendus; Desaix se serait contenté du second rang, et fût toujours demeuré dévoué et fidèle. S'il n'eût pas été tué à Marengo, le Premier Consul lui eût donné l'armée d'Allemagne, au lieu de la continuer à Moreau. Du reste, une circonstance bien extraordinaire dans la destinée de ces deux lieutenans de Napoléon, c'est que le même jour et à la même heure où Desaix tombait à Marengo d'un coup de canon, Kléber périssait assassiné au Caire.

Nature des dictées de l'Empereur.

Dimanche 1er au mardi 3 octobre.—Le vent, la mer, la température restaient toujours les mêmes. Ce vent d'ouest, qui nous avait été d'abord si favorable, commençait à nous devenir contraire : nous nous étions jetés à l'est, dans l'espoir des vents alizés ; mais à présent nous nous trouvions sous le vent de notre destination, par la continuité de ces vents d'ouest, dont la constance surprenait tout le monde et faisait la désolation de tout l'équipage.

Pour l'Empereur, il continuait régulièrement chaque matin ses dictées, auxquelles il s'attachait chaque jour davantage ; aussi les heures lui semblaient-elles désormais moins lourdes.

Le vaisseau avait été poussé tellement vite hors du port, que tout y était resté à faire en pleine mer. Il n'y avait pas long-temps qu'on venait de le peindre. L'Empereur a l'odorat extrêmement délicat ; cette odeur de peinture l'affecta spécialement, il en fut très incommodé, et garda la chambre deux jours.

Chaque soir c'était un plaisir pour lui, en se promenant sur le pont, de revenir sur le travail du matin. Il ne s'était trouvé d'abord d'autre document qu'un mauvais ouvrage, sous le titre de *Guerre des Français en Italie*, sans motif, sans but, sans chronologie suivie : l'Empereur le parcourait, sa mémoire faisait le reste : je la trouvais d'autant plus admirable, qu'elle semblait arriver au besoin et comme de commande.

L'Empereur se plaignait chaque jour, en commençant, que ces objets lui étaient devenus étrangers ; il semblait se défier de lui, disant qu'il ne pourrait jamais arriver au résultat ; il rêvait alors pendant quelques minutes, puis se levait, se mettait à marcher, et commençait à dicter. Dès cet instant, c'était un tout autre homme ; tout coulait de source, il parlait comme par inspiration ; les expressions, les lieux, les dates, rien ne l'arrêtait plus.

Le lendemain, je lui rapportais au net ce qu'il avait dicté. A la première correction qu'il indiquait, il continuait à dicter le même sujet, comme s'il n'eût rien dit la veille; la différence de cette seconde version à la première était fort grande; celle-ci était plus positive, plus abondante, mieux ordonnée; elle présentait même parfois des différences matérielles avec la première.

Le surlendemain, à la première correction, encore même opération et troisième dictée, qui tenait des deux premières, et les mettait d'accord. Mais, à partir de là, eût-il dicté une quatrième, une septième, une dixième fois, ce qui n'a pas été sans exemple, c'était désormais toujours précisément les mêmes idées, la même contexture, presque les mêmes expressions; aussi n'avait-on plus besoin de prendre la peine d'écrire; bien que sous ses yeux, il n'y faisait pas d'attention, et continuait jusqu'au bout. Si l'on n'avait pas entendu, c'eût été vainement qu'on eût essayé de le faire répéter, il allait toujours, et comme c'était extrêmement vite, on ne s'y hasardait pas, dans la crainte de perdre encore davantage, et de ne plus s'y retrouver.

Singulière bizarrerie du hasard.

Mardi 4 au samedi 7. — Les vents constans du sud-ouest étaient devenus une véritable calamité; nous reculions désormais au lieu d'avancer; nous nous enfoncions tout-à-fait dans le golfe de Guinée. Nous y aperçûmes un bâtiment qu'on fit reconnaître : l'on fit signal que c'était un Français égaré comme nous, et hors de sa route, qui, parti d'un port de Bretagne, se rendait à l'île Bourbon. L'Empereur s'occupait beaucoup de son manque de livres; je lui dis en riant que j'en avais peut-être une caisse à bord de ce bâtiment; car j'en avais expédié une vers le Cap, il y avait peu de mois. Ce que peut la bizarrerie du hasard, je disais vrai! Si j'avais cherché ce bâtiment, j'aurais inutilement, sans doute, parcouru toutes les mers : c'était lui; je l'appris le lendemain, quand je connus son nom par l'officier qui en avait fait la visite. Celui-ci avait étrangement surpris le capitaine, vieux bon Français, en lui disant que l'Empereur Napoléon était à bord du vaisseau qu'il voyait, faisant route pour Sainte-Hélène. Le bonhomme, secouant la tête avec douleur, lui avait dit : « Vous nous privez de notre trésor, vous « nous enlevez celui qui pouvait nous gouverner suivant nos mœurs et nos « goûts. »

Murmure contre l'amiral.

Dimanche 8 au vendredi 13. — Le temps était d'une obstination sans exemple. Chaque soir on se consolait de la contrariété du jour, dans l'espoir d'une crise heureuse de la nuit; mais chaque matin on se réveillait avec le même chagrin. Nous avions été presque à la vue du Congo, nous courions pour nous en éloigner. Le temps semblait pris de manière à ne changer jamais. Le découragement était extrême, l'ennui au dernier degré. Les Anglais s'en prenaient à leur amiral : s'il avait pris la route de tout le monde, disait-on, on serait arrivé depuis long-temps; ses caprices l'avaient porté, contre toute raison, à une expérience dont on ne verrait pas la fin. Les murmures cependant n'étaient pas aussi violens que contre Christophe Colomb; nous eussions trop ri, pour notre compte, de le voir réduit à trouver un Saint-Salvador pour se dérober à la crise. Pour moi, que le travail employait en entier, je m'occupais à peine de ce contre-temps : et qu'importait après tout une prison ou une autre! Quant à l'Empereur, il y semblait plus insensible encore, il ne voyait dans tout cela que des jours écoulés.

Cependant, à force de patience et à l'aide de quelques légères variations, nous approchions du but, et, bien que privés de la mousson naturelle, nous portions désormais sur notre destination ou très près.

Vue de Sainte-Hélène.

Samedi 14. — On s'attendait à voir Sainte-Hélène ce jour-là même; l'amiral nous l'avait annoncé. A peine étions-nous sortis de table qu'on cria : *Terre!* C'était à un quart d'heure près de l'instant qu'on avait fixé. Rien ne peut montrer davantage les progrès de la navigation que cette espèce de merveille par laquelle on vient de si loin attaquer et rencontrer, à heure fixe, un seul point dans l'espace; phénomène qui résulte de l'observation rigoureuse de points fixes ou de mouvemens constans dans l'univers.

L'Empereur gagna l'avant du vaisseau pour voir la terre, et crut l'apercevoir. Nous restâmes en panne toute la nuit.

Arrivée à Sainte-Hélène.

Dimanche 15. — Au jour, j'ai vu l'île à mon aise et de fort près : sa forme m'a paru d'abord assez considérable; mais elle rapetissait beaucoup à mesure que nous approchions. Enfin, soixante-dix jours après avoir quitté l'Angleterre, et cent dix après avoir quitté Paris, nous jetons l'ancre vers midi; elle touche le fond, et c'est là le premier anneau de la chaîne qui va clouer le moderne Prométhée sur son roc.

Nous trouvâmes au mouillage une grande partie des bâtimens de notre escadre qui s'étaient séparés de nous, ou que nous avions laissés en arrière comme trop mauvais marcheurs; ils étaient pourtant arrivés il y avait déjà quelques jours : preuve de plus de l'extrême incertitude dans tous les calculs de la mer, dès qu'ils reposent sur le caprice des calmes, la force et les variations du vent.

L'Empereur, contre son habitude, s'est habillé de bonne heure et a paru sur le pont; il s'est avancé sur le passavant pour considérer le rivage plus à son aise. On voyait une espèce de village encaissé parmi d'énormes rochers arides et pelés qui s'élevaient jusqu'aux nues (*voir* la gravure). Chaque plateforme, chaque ouverture, toutes les crêtes, se trouvaient hérissées de canons. L'Empereur parcourait le tout avec sa lunette; j'étais à côté de lui, mes yeux fixaient constamment son visage, je n'ai pu surprendre la plus légère impression, et pourtant c'était là désormais peut-être sa prison perpétuelle! peut-être son tombeau!..... Que me restait-il donc, à moi, à sentir ou à témoigner!

L'Empereur est rentré bientôt après; il m'a fait appeler, et nous avons travaillé comme de coutume.

L'amiral, qui était descendu de bonne heure à terre, est revenu sur les six heures extrêmement fatigué; il avait parcouru toutes les localités, et croyait avoir trouvé quelque chose de convenable; mais il fallait des réparations, elles pouvaient tenir deux mois; il y en avait déjà près de trois que nous occupions notre cachot de bois, et les instructions précises des ministres étaient de nous y retenir jusqu'à ce que notre prison de terre fût prête. L'amiral, il faut lui rendre justice, ne se trouva pas capable d'une telle barbarie ; il nous annonça, en laissant percer une espèce de jouissance intérieure, qu'il prenait sur lui de nous débarquer dès le lendemain.

Débarquement de l'Empereur à Sainte-Hélène.

Lundi 16 *octobre* 1815. — L'Empereur, après son dîner, s'est embarqué dans un canot, avec l'amiral et le grand maréchal, pour se rendre à terre. Un mouvement très remarquable avait réuni tous les officiers sur la dunette, et une grande partie de l'équipage sur les passavans : ce mouvement n'était plus celui de la curiosité, on se connaissait depuis trois mois ; l'intérêt le plus vif avait succédé.

Avant de descendre dans le canot, l'Empereur fit appeler le capitaine commandant le vaisseau, prit congé de lui, et le chargea de transmettre ses remercîmens aux officiers et à l'équipage. Ces paroles ne furent pas sans produire une grande émotion sur ceux qui les entendirent ou se les firent expliquer.

Le reste de la suite de l'Empereur débarqua sur les huit heures. Nous fûmes accompagnés par plusieurs des officiers. Tout le monde, au demeurant, lorsque nous quittâmes le vaisseau, a semblé nous témoigner une véritable sympathie.

Nous trouvâmes l'Empereur dans le salon qu'on lui avait destiné : il monta peu d'instans après dans sa chambre, où nous fûmes appelés. Il n'était guère mieux qu'à bord du vaisseau ; nous nous trouvions placés dans une espèce d'auberge ou d'hôtel garni.

La ville de Sainte-Hélène n'est autre chose qu'une très courte rue, ou prolongement de maisons, le long d'une vallée très étroite, resserrée entre deux montagnes à pic d'un roc tout-à-fait nu et stérile.

SÉJOUR A BRIARS.

L'Empereur se fixe à Briars : séjour d'un mois et vingt-quatre jours. — Descriptions. — Situation misérable.

Mardi 17. — A six heures du matin, l'Empereur, le grand maréchal et l'amiral allèrent à cheval visiter *Longwood* (long bois), maison qui avait été arrêtée pour sa résidence, et située à deux ou trois lieues de la ville. A leur retour, ils virent une petite maison de campagne dans le prolongement de la vallée, à deux milles au-dessus de la ville. L'Empereur répugnait extrêmement à retourner où il avait couché ; il s'y fût trouvé dans une réclusion plus complète encore qu'à bord du vaisseau : des sentinelles gardaient les portes, des curieux se groupaient sous ses fenêtres ; il eût donc été réduit strictement à sa chambre. Un petit pavillon dépendant de cette petite maison de campagne lui plut, et l'amiral convint qu'il y serait mieux qu'à la ville. L'Empereur s'y fixa et m'envoya chercher ; il s'était tellement attaché à son travail des campagnes d'Italie, qu'il ne pouvait plus s'en passer ; je me mis aussitôt en route pour le joindre.

La petite vallée où s'élève le hameau de Sainte-Hélène se prolonge dans l'île long-temps encore, en serpentant au milieu de deux chaînes de montagnes toutes nues qui la bordent et la resserrent. Il y règne constamment un beau chemin de voitures très bien entretenu ; au bout de deux milles environ, ce chemin n'est plus tracé que sur le flanc de la montagne même, sur lequel il s'appuie à gauche, ne montrant plus que des précipices et des abîmes sur son bord de la droite. Mais bientôt le terrain s'élargit en face, et présente un petit plateau où se trouvent quelques bâtisses, de la végétation et plusieurs arbres : c'est une espèce de petite oasis au milieu des rochers. Là était la demeure modeste d'un négociant de l'île (M. Balcombe). A trente ou quarante pas, à droite de la maison principale, et sur un tertre à pic, se voit une espèce de guinguette ou petit pavillon servant à la famille, dans les beaux jours, pour aller prendre le thé et respirer plus à l'aise : c'était là le réduit loué par l'amiral pour la demeure temporaire de l'Empereur, qui l'occupait depuis le matin. Tout en gravissant les contours du monticule, qui sont très rapides, je l'aperçus en effet de loin, et le contemplai. C'était bien lui, un peu courbé, les mains derrière le dos ; cet uniforme si leste et si simple, ce petit chapeau si renommé ! il était debout sur le seuil de la porte, sifflant un air de vaudeville, quand je l'abordai. « Ah ! vous voilà ! « me dit-il, pourquoi n'avez-vous pas amené votre fils ? — Sire, répondis-je, « le respect, la discrétion, m'en ont empêché. — Vous ne sauriez vous en « passer, continua-t-il ; faites-le venir. »

Jamais l'Empereur, dans aucune de ses campagnes, peut-être dans aucune des situations de sa vie, n'eut sans doute de logement plus exigu, ni autant de privations. Le tout ici consistait en une seule pièce au rez-de-chaussée, de forme à peu près carrée ; une porte sur chacun des deux côtés opposés, et deux fenêtres sur chacun des deux côtés perpendiculaires ; du reste, sans rideaux, sans volets, à peine un siége. L'Empereur en ce moment se trouvait seul, ses deux valets de chambre étaient à courir pour lui composer un lit. Il lui prit fantaisie de marcher un peu ; or le monticule n'offrait pas de terre-plein sur aucune des faces de la petite guinguette ; ce n'était tout autour que grosses pierres et débris de rochers. Il prit mon bras et se mit à causer gaiment. Cependant la nuit se faisait, le calme était profond, la solitude entière ; quelle foule de sensations et de sentimens vinrent m'assaillir en cet instant ! Je me trouvais donc seul, tête à tête dans le désert, presque en familiarité avec celui qui avait gouverné le monde ! avec Napoléon enfin !!! Tout ce qui se passait en moi !... tout ce que j'éprouvais !... Mais, pour le bien comprendre, il faudrait peut-être se reporter au temps de sa toute-puissance, au temps où il suffisait d'un seul de ses décrets pour renverser des trônes ou créer des rois ! Il faudrait se mettre bien dans l'esprit ce qu'il faisait éprouver aux Tuileries à tout ce qui l'entourait : l'embarras timide, le respect profond avec lequel l'abordaient ses ministres, ses officiers, l'anxiété, la crainte des ambassadeurs, celle des princes et même des rois ! Or, rien de tout cela n'était encore altéré en moi !...

Lorsque l'Empereur voulut se coucher, il se trouva qu'une fenêtre donnait à nu sur le côté de son lit, presque à la hauteur de son visage ; nous la barricadâmes du mieux que nous pûmes pour le préserver de l'air, auquel il est très sensible, le plus léger courant suffisant pour l'enrhumer ou lui causer des maux de dents. Quant à moi, je gagnai le comble, précisément au-dessus de l'Empereur ; espace de sept pieds carrés, où il n'y avait qu'un lit, sans un seul siége ; c'est là que fut mon gîte et celui de mon fils, pour lequel il fallut placer un matelas par terre. Pouvions-nous nous plaindre ? nous étions si près de l'Empereur : de là nous entendions le son de sa voix, même ses paroles !!!

Ses valets de chambre se couchèrent par terre, en travers de la porte, enveloppés dans leurs manteaux.

Voilà la description littérale de la première nuit de Napoléon à *Briars* (aux ronces): c'était le nom de l'endroit.

Description de Briars. — Son jardin. — Rencontre des petites demoiselles de la maison.

Mercredi 18. — J'ai déjeuné avec l'Empereur: il n'avait ni nappe ni serviettes, son déjeuner était le reste du dîner de la veille.

Un officier anglais avait été logé dans la maison voisine pour notre garde, et deux sous-officiers allaient et venaient militairement sous nos yeux pour surveiller nos mouvemens. Le déjeuner fini, l'Empereur s'est mis au travail, qui a duré quelques heures; après le travail, il lui a pris fantaisie d'explorer notre nouveau domaine, de découvrir le terrain environnant, d'en prendre possession.

En descendant de notre tertre, par le côté opposé à la maison principale, nous trouvâmes un sentier bordé d'une haie de raquettes, et longeant des précipices, lequel nous conduisit, au bout de deux cents pas, à un petit jardin dont la porte se trouvait ouverte. Ce jardin est tout en longueur, et d'un terrain très inégal; une allée assez pleinière en parcourt l'étendue; à l'entrée, une espèce de berceau forme l'une des extrémités; à l'autre bout sont deux cahutes où logent les nègres chargés du soin du jardin. Il s'y trouvait des arbres fruitiers et quelques fleurs. A peine y étions-nous entrés que nous y fûmes joints par les deux filles du maître de la maison, âgées de quatorze à quinze ans: l'une, vive, étourdie, ne respectant rien; l'autre, plus posée, mais d'une grande naïveté; toutes deux parlant un peu le français. Elles eurent bientôt parcouru le jardin, et mis tout à contribution pour l'offrir à l'Empereur, qu'elles accablèrent de questions les plus bizarres et les plus ridicules. L'Empereur s'amusa beaucoup de cette familiarité si nouvelle pour lui. « Nous sortons du bal masqué, » me dit-il quand nous les eûmes quittées.

Sur la jeunesse française. — L'Empereur visite la maison voisine. — Naïvetés.

Jeudi 19, *vendredi* 20. — L'Empereur fait appeler mon fils pour déjeuner; qu'on juge de toute sa joie à une telle faveur! C'était la première fois qu'il allait le voir d'aussi près, l'entendre, peut-être lui parler! son saisissement était extrême.

Du reste, la table demeurait encore sans nappe, le repas continuait de s'apporter de la ville, et ne présentait que deux ou trois mauvais plats. Aujourd'hui il s'y trouvait un poulet; l'Empereur l'a voulu couper lui-même, et nous l'a distribué; il s'étonnait d'y réussir aussi bien; il y avait si longtemps, disait-il, qu'il n'en avait fait autant; car toute sa galanterie, ajoutait-il, avait été se perdre pour toujours dans les affaires et les soucis de son généralat d'Italie.

Le café, qui est un besoin pour l'Empereur, s'est trouvé si mauvais qu'il s'est cru empoisonné; il l'a jeté, et m'a fait rendre le mien.

L'Empereur se servait en ce moment d'une tabatière où se trouvaient enchâssées plusieurs médailles antiques; des inscriptions grecques étaient autour; l'Empereur, doutant d'un des noms de ces portraits, m'a dit de les lui traduire; et comme je lui répondais que c'était au-dessus de mes forces,

il s'est mis à rire, disant : « Vous n'êtes donc pas plus fort que moi ? » Alors mon fils s'est offert en tremblant, et a lu Mithridate, Démétrius-Poliorcètes, et quelques autres. L'extrême jeunesse de mon fils et cette circonstance ont alors attiré l'attention de l'Empereur. « Quoi ! votre fils en est déjà là ? a-t-il dit. C'est bien. » Et il s'est mis à le questionner longuement sur son lycée, ses maîtres, leurs leçons ; puis revenant à moi : « Quelle jeunesse, a-t-il dit, « je laisse après moi ! C'est pourtant mon ouvrage ! Elle me vengera suffi-
« samment par tout ce qu'elle vaudra ; à l'œuvre il faudra bien après tout
« qu'on rende justice à l'ouvrier ! et le travers d'esprit ou la mauvaise foi
« des déclamateurs tombera devant mes résultats. Si je n'eusse songé qu'à
« moi, à mon pouvoir, ainsi qu'ils l'ont dit et le répètent sans cesse, si j'eusse
« réellement eu un autre but que le règne de la raison, j'aurais cherché
« à étouffer les lumières *sous le boisseau ;* au lieu de cela, on ne m'a vu oc-
« cupé que de les produire au grand jour. Et encore n'a-t-on pas fait pour ces
« enfans tout ce dont j'avais eu la pensée. Mon université, telle que je l'avais
« conçue, était un chef-d'œuvre dans ses combinaisons, et devait en être un
« dans ses résultats nationaux. Un méchant homme, un misérable, et je
« n'entends parler ici que de son cœur, m'a tout gâté ; et cela avec mau-
« vaise intention, et par calcul, car il a osé s'en vanter près des nouveau-
« venus. »

Le soir arrivé, l'Empereur a voulu entrer chez les voisins. Le maître, pris par la goutte, était en robe de chambre, étendu sur son canapé ; sa femme et nos deux petites demoiselles du matin étaient autour de lui. Le bal masqué a repris de plus belle ; on a fait échange de tout ce qu'on savait. On a parlé de romans ; l'une des petites avait lu *Mathilde* de madame Cottin : ce fut une très grande joie de voir que l'Empereur la connaissait. Un gros Anglais, à face carrée, vrai *vacuum plenum* à ce qu'il paraît, qui écoutait gravement de toutes ses oreilles pour tâcher de mettre à profit son peu de français, se hasarda de demander avec réserve à l'Empereur si la princesse amie de Mathilde, dont il admirait particulièrement l'excellent caractère, vivait toujours ; l'Empereur lui répondit avec solennité : « Non, Monsieur, elle est morte et en-
« terrée. » Et il allait se croire mystifié, disait-il, quand il vit, à cette malheureuse nouvelle, les larmes prêtes à rouler dans les grands et gros yeux de la grosse face.

Une des petites filles ne fut pas moins naïve : c'était plus pardonnable ; toutefois j'en dus conclure qu'on n'était pas fort ici en chronologie. Parcourant *Estelle* de Florian, pour montrer qu'elle lisait le français, elle tomba sur Gaston de Foix, et le voyant qualifié de général, elle demanda à l'Empereur s'il avait été bien content de lui dans ses armées, s'il avait échappé à toutes les batailles, et s'il vivait encore.

L'amiral vient voir l'Empereur.

Samedi 21. — L'amiral, dans la matinée, est venu rendre visite à l'Empereur ; il a frappé à sa porte ; si je ne m'y fusse pas trouvé, l'Empereur eût été dans la nécessité d'aller ouvrir lui-même, ou l'amiral y serait encore.

Tous les membres épars de notre petite colonie sont aussi venus de la ville, et nous nous sommes trouvés un instant tous réunis. Chacun a raconté ses nombreuses misères, et l'Empereur les a ressenties d'autant plus vivement.

Horreurs et misères de notre exil. — Indignation de l'Empereur. — Note envoyée au gouvernement anglais.

Dimanche 22 au mardi 24. — Les ministres anglais, en violant les droits de l'hospitalité auxquels nous nous étions abandonnés avec tant de confiance, semblaient n'avoir rien épargné pour rendre cette violation plus amère et plus sensible. En nous reléguant au bout de la terre, au milieu des privations, des mauvais traitemens, des besoins de toute espèce, ils avaient voulu nous faire boire le calice jusqu'à la lie. Sainte-Hélène est une véritable Sibérie; la différence n'en est que du froid au chaud, et dans son peu d'étendue

L'empereur Napoléon, qui possédait tant de puissance et disposa de tant de couronnes, s'y trouve réduit à une méchante petite cahute de quelques pieds en carré, perchée sur un roc stérile; sans rideaux, ni volets, ni meubles. Là, il doit se coucher, s'habiller, manger, travailler, demeurer; il faut qu'il sorte s'il veut qu'on la nettoie. Pour sa nourriture on lui apporte de loin quelques mauvais mets, comme à un criminel dans son cachot. Il manque réellement des premiers besoins de la vie; le pain, le vin, ne sont point les nôtres, ils nous répugnent; l'eau, le café, le beurre, l'huile et les autres nécessités y sont rares ou à peine supportables; un bain, si nécessaire à sa santé, ne se trouve pas; il ne peut prendre l'exercice du cheval.

Ses compagnons, ses serviteurs, sont à deux milles de lui; ils ne peuvent parvenir auprès de sa personne qu'accompagnés d'un soldat; ils demeurent privés de leurs armes, sont condamnés à passer la nuit au corps de garde, s'ils reviennent trop tard ou s'il y a quelque méprise de consigne, ce qui arrive presque chaque jour. Ainsi se réunissent pour nous, sur la cime de cet affreux rocher, la dureté des hommes et les rigueurs de la nature! et pourtant il eût été facile de nous procurer une demeure plus convenable et des traitemens plus doux.

Certes, si les souverains de l'Europe ont arrêté cet exil, une haine secrète en a dirigé l'exécution. Si la politique seule a dicté cette mesure comme nécessaire, n'eût-elle pas dû, pour en convaincre le monde, entourer d'égards, de respects, de dédommagemens de toute espèce, l'illustre victime vis-à-vis de laquelle elle se dit forcée de violer les principes et les lois?

Nous nous trouvions tous auprès de l'Empereur; il récapitulait avec chaleur tous ces faits. « A quel infâme traitement ils nous ont réservés, s'écriait-« il. Ce sont les angoisses de la mort! A l'injustice, à la violence, ils joi-« gnent l'outrage, les supplices prolongés! Si je leur étais si nuisible, que « ne se défaisaient-ils de moi? quelques balles dans le cœur ou dans la tête « eussent suffi; il y eût eu du moins quelque énergie dans ce crime! Si ce « n'était vous autres et vos femmes surtout, je ne voudrais recevoir ici que « la ration du simple soldat. Comment les souverains de l'Europe peuvent-« ils laisser polluer en moi ce caractère sacré de la souveraineté! Ne voient-ils « pas qu'ils se tuent de leurs propres mains à Sainte-Hélène! Je suis entré « vainqueur dans leurs capitales; si j'y eusse apporté les mêmes sentimens, « que seraient-ils devenus? Ils m'ont tous appelé leur frère, et je l'étais de-« venu par le choix des peuples, la sanction de la victoire, le caractère de « la religion, les alliances de leur politique et de leur sang. Croient-ils donc « le bon sens des peuples insensible à leur morale, et qu'en attendent-ils?

« Toutefois, faites vos plaintes, Messieurs, que l'Europe les connaisse et
« s'en indigne! les miennes sont au-dessous de ma dignité et de mon ca-
« ractère : j'ordonne ou je me tais. »

Le lendemain un officier ouvrit tout bonnement la porte, et s'introduisit lui-même, sans plus de façon, dans la chambre de l'Empereur, où j'étais à travailler avec lui. Ses intentions, du reste, étaient bonnes : c'était le capitaine d'un des petits bâtimens venus avec nous, qui repartait pour l'Europe et avait voulu venir prendre les ordres de l'Empereur. Napoléon revint sur le sujet de la veille, et, s'animant par degrés, lui exprima, pour son gouvernement, les pensées les plus élevées, les plus fortes, les plus remarquables. Je les traduisais à mesure et rapidement. L'officier semblait frappé de chaque phrase, et nous quitta, promettant d'accomplir fidèlement sa mission. Mais rendra-t-il les expressions, l'accent surtout, dont je fus témoin? L'Empereur en fit rédiger une espèce de note, que l'officier aura trouvée bien faible auprès de ce qu'il avait entendu d'abondance. La voici :

Note. « L'Empereur désire, par le retour du prochain vaisseau, avoir des nouvelles de sa femme et de son fils, et savoir si celui-ci vit encore. Il profite de cette occasion pour réitérer et faire parvenir au gouvernement britannique les protestations qu'il a déjà faites contre les étranges mesures adoptées contre lui.

« 1° Le gouvernement l'a déclaré prisonnier de guerre. L'Empereur n'est point prisonnier de guerre : sa lettre au prince régent, écrite et communiquée au capitaine Maitland avant de se rendre à bord du *Bellérophon*, prouve assez au monde entier les dispositions et la confiance qui l'ont conduit librement sous le pavillon anglais.

« L'Empereur eût pu ne sortir de France que par des stipulations qui eussent prononcé sur ce qui était relatif à sa personne; mais il a dédaigné de mêler des intérêts personnels avec les grands intérêts dont il avait constamment l'esprit occupé. Il eût pu se mettre à la disposition de l'empereur Alexandre, qui avait été son ami, ou de l'empereur François, qui était son beau-père; mais dans la confiance qu'il avait dans la nation anglaise, il n'a voulu d'autre protection que les lois; et, renonçant aux affaires publiques, il n'a cherché d'autre pays que les lieux qui étaient gouvernés par des lois fixes, indépendantes des volontés particulières.

« 2° Si l'Empereur eût été prisonnier de guerre, les droits des nations civilisées sur un prisonnier de guerre sont bornés par le droit des gens, et finissent d'ailleurs avec la guerre même.

« 3° Le gouvernement anglais considérant l'Empereur, même arbitrairement, comme prisonnier de guerre, son droit se trouvait alors borné par le droit public, ou bien il pouvait, comme il n'y avait point de cartel entre les deux nations dans la guerre actuelle, adopter vis-à-vis de lui les principes des sauvages qui donnent la mort à leurs prisonniers. Ce droit eût été plus humain, plus conforme à la justice, que celui de le porter sur cet affreux rocher : la mort qui lui eût été donnée à bord du *Bellérophon* en rade de Plymouth eût été un bienfait en comparaison.

« Nous avons parcouru les contrées les plus infortunées de l'Europe, aucune ne saurait être comparée à cet aride rocher : privé de tout ce qui peut rendre la vie supportable, il est propre à renouveler à chaque instant les angoisses de la mort. Les premiers principes de la morale chrétienne, et ce grand devoir imposé à l'homme de suivre sa destinée, quelle qu'elle soit, peuvent seuls l'empêcher de mettre lui-même un terme à une si horrible existence; l'Empereur met de la gloire à demeurer au-dessus d'elle. Mais si le gouvernement britannique devait persister dans ses injustices et ses violences envers lui, il regarde comme un bienfait qu'il lui fasse donner la mort. »

Vie de Briars, etc. — Nécessaire d'Austerlitz. — Grand nécessaire de l'Empereur. — Son contenu. — Objets, libelles contre Napoléon, etc., abandonnés aux Tuileries.

Mercredi 25 au vendredi 27. — L'Empereur s'habillait de fort bonne heure, il faisait dehors quelques tours, nous déjeunions vers les dix heures, il se promenait encore, et nous nous mettions ensuite au travail. Je lui lisais ce qu'il m'avait dicté la veille, et que mon fils avait recopié le matin; il le corrigeait, et me dictait pour le lendemain. Nous ressortions sur les cinq heures, et revenions dîner à six heures, si toutefois le dîner était arrivé de la ville. La journée était bien longue, les soirées l'étaient bien plus encore. Malheureusement je ne connaissais pas les échecs, j'eus un moment envie de les apprendre la nuit; mais comment, et de qui? Je me donnai pour savoir un peu le piquet, l'Empereur s'aperçut bientôt de mon ignorance, il tint compte de mon intention, mais cessa. Quelquefois le désœuvrement le conduisait dans la maison voisine, où les petites demoiselles le faisaient jouer au whist. Plus souvent encore il restait à table après le dîner, et causait assis; car la chambre était trop petite pour s'y promener.

Un de ces soirs, il se fit apporter un petit nécessaire de campagne, en examina minutieusement toutes les parties, et me le donna, disant : « Il y a « bien long-temps que je l'ai, je m'en suis servi le matin de la bataille d'Au-« sterlitz. Il passera au petit Emmanuel, continua-t-il en regardant mon « fils. Quand il aura quatre-vingts ans, nous ne serons plus, mon cher; « l'objet n'en sera que plus curieux, il le fera voir et dira : C'est l'Empereur « Napoléon qui l'a donné à mon père à Sainte-Hélène. »

Passant de là à l'examen d'un grand nécessaire, il parcourut des portraits de sa propre famille et des présens qui lui avaient été faits à lui-même : c'étaient les portraits de Madame, de la reine de Naples, des filles de Joseph, de ses frères, du roi de Rome, etc.; un Auguste et une Livie des plus rares; une continence de Scipion et une autre antique du plus grand prix donnée par le pape; un Pierre-le-Grand sur boîte, une autre boîte avec un Charles-Quint, une autre encore avec un Turenne; d'autres enfin, dont il se sert journellement, couvertes de médaillons rassemblés de César, d'Alexandre, de Sylla, de Mithridate, etc. Venaient ensuite quelques tabatières où était son portrait enrichi de diamans. Il en chercha alors tout à coup un sans diamans; ne le trouvant pas, il appela son valet de chambre pour qu'on le lui donnât; malheureusement ce portrait se trouvait encore à la ville avec le gros des effets : j'en fus fâché, je pouvais croire que j'y perdais quelque chose.

L'Empereur alors passa en revue plusieurs tabatières de Louis XVIII qui avaient été laissées sur sa table aux Tuileries, lors de son départ précipité. L'une présentait sur un fond noir, en pâte imitant l'ivoire, et dans une contexture bizarre, le portrait de Louis XVI, de la reine et de madame Élisabeth : ils formaient trois croissans adossés l'un à l'autre en forme de triangle équilatéral; une quantité de chérubins fort serrés formaient la bordure extérieure. Une autre boîte représentait une chasse au lavis et croquée, et qui ne pouvait avoir d'autre mérite que la main qui l'avait faite, on la croyait de madame la duchesse d'Angoulême. Une troisième enfin présentait un portrait qui devait être, selon les apparences, celui de la comtesse de Provence. Ces trois objets étaient simples et même communs, et ne pouvaient avoir de précieux que leur historique.

En arrivant à Paris, le 20 mars au soir, l'Empereur trouva le cabinet du roi dans le même état où il avait été occupé; tous les papiers demeuraient encore sur les tables. L'Empereur fit pousser ces tables dans les angles de l'appartement, et en fit apporter de nouvelles; il voulut qu'on ne touchât à rien, se réservant d'examiner ces papiers dans ses momens perdus. Et comme l'Empereur a quitté lui-même la France sans rentrer aux Tuileries, le roi aura trouvé sa chambre et ses papiers à peu près comme il les avait laissés.

L'Empereur jeta les yeux sur quelques uns de ces papiers. Il y trouva des lettres du roi à M. d'Avarai, à Madère, où il est mort : elles étaient de sa main, et lui avaient sans doute été renvoyées. Il y trouva aussi d'autres lettres très confidentielles du roi pareillement de sa main. Mais comment se trouvaient-elles là? Comment lui étaient-elles revenues? Cela était plus difficile à expliquer. Elles étaient de cinq à six pages, fort purement écrites, de beaucoup d'esprit, disait l'Empereur, mais très abstraites et fort métaphysiques. Dans l'une, le prince disait à la personne à laquelle il s'adressait : *Jugez, Madame, si je vous aime, vous m'avez fait quitter le deuil.* Et ce deuil, disait l'Empereur, amenait de longs paragraphes d'un style tout-à-fait académique. L'Empereur ne devinait pas à qui cela pouvait s'adresser, ni ce que ce deuil pouvait signifier; j'étais hors d'état de pouvoir lui donner aucun renseignement.

C'est sur une de ces tables que deux ou trois jours après avoir reconfirmé quelqu'un à la tête d'une institution célèbre, l'Empereur trouva un mémoire de cette personne, qui assurément l'eût empêché de la nommer de nouveau, par la manière dont elle s'y exprimait à l'égard de lui et de toute sa famille.

Il y avait encore beaucoup d'autres pièces de cette nature; mais les véritables archives de la bassesse, du mensonge et de la vilenie, se trouvaient dans les appartemens de M. de Blacas, grand maître de la garde-robe, ministre de la maison : ils étaient pleins de projets, de rapports et de pétitions de toute espèce. Il était peu de ces pièces où l'on ne se fît valoir aux dépens de Napoléon qu'on était assurément bien loin d'attendre. Le tout était si volumineux que l'Empereur fut obligé de nommer une commission de quatre membres pour en faire le dépouillement; il regarde comme une faute de n'avoir pas confié ce dépouillement à une seule personne, et tellement à lui qu'il fût sûr qu'on n'y aurait rien soustrait. Il a eu des raisons de croire qu'il y eût trouvé déjà des indices salutaires sur les perfidies dont il s'est vu entouré à son retour de Waterloo.

On trouva, entre autres, une longue lettre d'une des femmes de la princesse Pauline. Cette volumineuse lettre s'exprimait fort mal sur la princesse et ses sœurs, et ne parlait de *cet homme* (c'était l'Empereur) que sous les plus mauvaises couleurs. On n'avait pas cru que ce fût assez, on en avait raturé une partie, et interligné d'une main étrangère, pour y faire arriver Napoléon lui-même de la manière la plus scandaleuse; et à la marge, et de la main de l'interligneur, il y avait : *Bon à imprimer.* Quelques jours de plus, probablement ce petit libelle allait voir le jour.

Une parvenue, tenant un rang distingué dans l'État et dans l'instruction publique, courbée sous les bienfaits de l'Empereur, écrivait en toute hâte à sa *camarade* de même *espèce*, pour lui apprendre la fameuse décision du Sénat touchant la déchéance et la proscription de Napoléon : « Ma chère « amie, mon mari rentre, il est mort de fatigue; mais ses efforts l'ont em- « porté, nous sommes délivrés de cet homme, et nous aurons les Bourbons. « Dieu soit loué, nous serons donc de *vraies* comtesses! etc. »

Parmi ces pièces, Napoléon eut la mortification d'en rencontrer de très inconvenantes sur sa personne, et cela de la main même de certains qui la veille étaient accourus près de lui et tenaient déjà de ses faveurs. Dans son indignation, sa première pensée fut d'imprimer ces pièces, et de retirer ses bienfaits; un second mouvement l'arrêta. « Nous sommes si volatils, si in- « conséquens, si faciles à enlever, disait-il, qu'il ne me demeurait pas « prouvé, après tout, que ces mêmes gens ne fussent pas revenus réellement « de bon cœur à moi; et j'allais peut-être les punir quand ils recommen- « çaient à bien faire; il valait mieux ne pas savoir, et je fis tout brûler. »

L'Empereur commence la campagne d'Égypte avec le grand maréchal. — Anecdotes sur brumaire, etc. — Lettre du comte de Lille. — La belle duchesse de Guiche.

Samedi 28 au mardi 31. — Nous travaillions mon fils et moi avec la plus grande constance. Il commençait à être malade, la poitrine lui faisait mal; mes yeux se perdaient; nous souffrions réellement de notre grande occupation : il est vrai que nous avions fait un travail étonnant; nous étions déjà presque à la fin des campagnes d'Italie.

N. B. Je conserve encore quelques unes de ces premières dictées de l'Empereur. Bien qu'elles aient éprouvé depuis des variations et reçu un plus grand développement, ce premier jet n'en est pas moins précieux, ne fût-ce même que par sa comparaison avec les idées arrêtées plus tard. Aussi je ne résisterai pas à les reproduire. On les trouvera jetées pêle-mêle dans ce journal; malheureusement je n'en ai qu'un fort petit nombre; lors de mon enlèvement de Longwood et de la saisie de mes papiers, l'Empereur fit réclamer ce que je pouvais avoir des campagnes d'Italie, pour les soustraire à sir H. Lowe; j'en renvoyai ce qui tomba sous mes mains. En ayant retrouvé plus tard quelques autres cahiers, je fis demander à l'Empereur, au moment de mon départ, qu'il me permit de les garder en souvenir de lui. Il me fit répondre qu'il y consentait avec plaisir, sachant que ce qui demeurait entre mes mains était encore comme si cela n'était pas sorti des siennes. Aussi aucune de ces feuilles ne m'a-t-elle quitté, tant que j'ai eu le bonheur de pouvoir espérer qu'il aurait quelque instruction à me faire parvenir relativement aux campagnes d'Italie.

Cependant l'Empereur ne se trouvait pas encore assez occupé, le travail était sa seule ressource, et ce qu'il avait déjà dicté avait pris assez de couleur pour l'y attacher encore davantage. Il allait atteindre bientôt l'époque de son expédition d'Égypte, il avait souvent parlé d'y employer le grand maréchal; d'un autre côté, ceux d'entre nous qui demeuraient à la ville y étaient mal, et s'y trouvaient malheureux d'être éloignés de l'Empereur. Leur caractère s'aigrissait par cette circonstance, et des contrariétés de toute espèce venaient ajouter à leur chagrin. Je suggérai à l'Empereur de nous employer tous ensemble à son travail, et d'attaquer ainsi tout à la fois les campagnes d'Italie, celles d'Égypte, le consulat, le retour de l'île d'Elbe. Les heures lui deviendraient plus courtes; ce bel ouvrage, la gloire de la France, marcherait plus vite, et ces messieurs seraient beaucoup moins malheureux. Cette idée lui sourit, et, à compter de cet instant, un ou deux de ces messieurs venaient régulièrement recevoir la dictée de l'Empereur : ils la lui rapportaient le lendemain, restaient à dîner, et lui procuraient ainsi un peu plus de diversion.

Nous nous étions arrangés aussi de manière à ce qu'insensiblement l'Empereur se trouvât un peu mieux, sous bien des rapports. En prolongement de la chambre qu'il occupait, on dressa une assez grande tente que m'avait fait offrir le général-colonel du 53ᵉ. Le cuisinier de l'Empereur vint s'établir à Briars ; on tira du linge des malles, on sortit l'argenterie, et le premier dîner de la sorte se trouva être une petite fête. Mais les soirées demeuraient toujours aussi difficiles à passer ; l'Empereur retournait quelquefois dans la maison voisine ; quelquefois il essayait de marcher hors de sa chambre ; plus souvent encore il y demeurait à causer, cherchant à atteindre dix ou onze heures. Il redoutait de se coucher trop tôt : il s'éveillait alors au milieu de la nuit, et, cherchant à fuir ses réflexions, il était obligé de se relever pour lire.

Un de ces jours, à dîner, l'Empereur trouva sous ses yeux une de ses propres assiettes de campagne aux armes royales. « Comme ils m'ont gâté « tout cela ! » dit-il en expressions bien autrement énergiques ; et il ne put s'empêcher d'observer que le roi s'était bien pressé de prendre possession de ces objets ; qu'à coup sûr il ne pouvait réclamer cette argenterie comme lui ayant été enlevée, qu'elle était bien incontestablement à lui, Napoléon ; car quand il monta sur le trône il ne s'était trouvé nul vestige de propriété royale ; en le quittant, il avait laissé à la couronne cinq millions d'argenterie, et peut-être quarante ou cinquante millions de meubles ; le tout de ses propres deniers provenant de sa liste civile.

L'Empereur, dans la conversation d'une de ses soirées, a raconté l'événement de brumaire. J'en supprime ici les détails, parce qu'ils ont été dictés plus tard au général Gourgaud, et qu'on retrouvera l'ensemble de ce grand événement dans la publication des dictées de Napoléon.

Sieyes, qui était un des consuls provisoires avec Napoléon, et qui, à la première conférence, le vit discuter tout à la fois les finances, l'administration, l'armée, la politique, les lois, sortit déconcerté, et courut dire à ses intimes, en parlant de lui : « Messieurs, vous avez un maître ! Cet homme « sait tout, veut tout, et peut tout. »

J'étais à Londres à cette époque, et je disais à l'Empereur que nous y avions conçu de grandes espérances, et que nous avions beaucoup compté sur le 18 brumaire et sur son consulat. Plusieurs de nous, qui avaient connu jadis madame de Beauharnais, partirent aussitôt pour Paris, dans l'espoir de parvenir, par elle, à exercer quelque influence ou imprimer quelque direction aux affaires qui se présentaient sous une face nouvelle.

Nous pensâmes généralement, dans le temps, que le Premier Consul avait attendu des propositions de nos princes ; nous nous appuyions sur ce qu'il avait été assez long-temps sans se prononcer à leur égard, ce qu'il avait fait plus tard, dans une proclamation, d'une manière accablante. Nous attribuions ce résultat à la gaucherie et à la brutalité de l'évêque d'Arras, le conseiller, le directeur suprême de nos affaires, qui, du reste, de son propre aveu, opérait les yeux fermés, se vantant de n'avoir pas lu, disait-il, une seule gazette, depuis le temps qu'elles ne contenaient que les succès ou les mensonges de ces misérables.

Au moment du consulat, quelqu'un ayant voulu lui donner l'idée de tenter quelques négociations auprès du Consul par l'intermédiaire de madame Bonaparte, il repoussa la chose avec indignation et dans les termes les plus sales et les plus orduriers ; ce qui força l'auteur de la proposition de lui dire que de telles expressions n'étaient guère épiscopales, et qu'il ne les avait certainement pas lues dans son bréviaire.

Dans le même temps, il apostropha grossièrement le duc de Choiseul, à la table même du prince, et en fut tancé tout aussi vertement ; le tout parce que le duc de Choiseul, sortant des prisons de Calais, et échappant à la mort par le bienfait du Consul, terminait les renseignemens que lui demandait le prince sur Bonaparte en protestant que pour lui désormais il ne pourrait plus désavouer une reconnaissance personnelle.

L'Empereur disait à tout cela qu'il n'avait jamais songé aux princes ; que les phrases auxquelles je faisais allusion étaient du troisième consul, Lebrun, et sans motif particulier. Que nous semblions, au dehors, ne nous être jamais doutés de l'opinion du dedans ; que s'il eût eu pour les princes des dispositions favorables, il n'eût pas été en son pouvoir de les accomplir. Toutefois, il avait reçu vers ce temps-là des ouvertures de Mittau et de Londres.

Le roi lui écrivit, disait-il, une lettre qui lui fut remise par Lebrun, lequel la tenait de l'abbé de Montesquiou, agent secret de ce prince à Paris. Cette lettre, extrêmement soignée, disait : « Vous tardez beaucoup à me « rendre mon trône. Il est à craindre que vous ne laissiez écouler des mo- « mens bien favorables. Vous ne pouvez pas faire le bonheur de la France « sans moi ; et moi je ne puis rien pour la France sans vous. Hâtez-vous « donc, et désignez vous-même toutes les places qui vous plairont pour « vos amis. »

Le Premier Consul répondit : « J'ai reçu la lettre de Votre Altesse Royale ; « j'ai toujours pris un vif intérêt à ses malheurs et à ceux de sa famille. Elle « ne doit pas songer à se présenter en France ; elle n'y parviendrait que « sur cent mille cadavres. Du reste, je m'empresserai toujours à faire tout « ce qui pourrait adoucir ses destinées et lui faire oublier ses malheurs. »

L'ouverture de M. le comte d'Artois eut plus d'élégance et de recherche encore. Il dépêcha la *duchesse de Guiche*, femme charmante, très propre, par les graces de sa figure, à mêler beaucoup d'attraits à l'importance de sa négociation. Elle pénétra facilement auprès de madame Bonaparte, avec laquelle toutes les personnes de l'ancienne cour avaient des contacts naturels : elle en reçut un déjeuner à la Malmaison ; et durant le repas, parlant de Londres, de l'émigration et de nos princes, madame de Guiche raconta qu'il y avait peu de jours, étant chez M. le comte d'Artois, quelqu'un, parlant des affaires, avait demandé au prince ce qu'on ferait pour le Premier Consul, s'il rétablissait les Bourbons ; ce prince avait répondu : « D'abord connétable et tout ce qui s'ensuit, si cela lui plaisait. Mais nous « ne croirions pas que cela fût encore assez ; nous élèverions sur le Car- « rousel une haute et magnifique colonne sur laquelle serait la statue de « Bonaparte couronnant les Bourbons. »

Le Premier Consul arrivant quelque temps après le déjeuner, Joséphine n'eut rien de plus pressé que de lui rendre cette circonstance. « Et as-tu « répondu, lui dit son mari, que cette colonne aurait pour piédestal le « cadavre du Premier Consul ? »

La jolie duchesse était encore là ; les charmes de sa figure, ses yeux, ses paroles, étaient dirigés au succès de sa mission. Elle était heureuse, disait-elle, elle ne saurait jamais assez reconnaître la faveur que lui procurait en ce moment madame Bonaparte de voir et d'entendre un grand homme, un héros. Mais tout fut en vain ; la duchesse de Guiche reçut dans la nuit l'ordre de quitter Paris ; et les charmes de l'émissaire étaient trop propres à alarmer Joséphine pour qu'elle insistât ardemment en sa faveur : le lendemain la duchesse de Guiche était en route pour la frontière.

« Du reste, le bruit courut plus tard, disait Napoléon, que j'avais fait,
« à mon tour, aux princes français des propositions touchant la cession de
« leurs droits ou leur renonciation à la couronne, ainsi qu'on s'est complu
« à le consacrer dans des déclarations pompeuses, répandues en Europe
« avec profusion : il n'en était rien. Et comment cela aurait-il pu être ? moi
« qui ne pouvais régner précisément que par le principe qui les faisait ex-
« clure, celui de la souveraineté du peuple ? Comment aurais-je cherché à
« tenir d'eux des droits que l'on proscrivait dans leurs personnes ? C'eût
« été me proscrire moi-même ; le contre-sens eût été trop lourd, l'absurdité
« trop criante, elle m'eût noyé pour toujours dans l'opinion. Aussi, direc-
« tement ni indirectement, de près ni de loin, je n'ai rien fait qui pût se
« rapporter à cela : c'est ce qu'auront pensé sans doute, dans le temps, les
« gens réfléchis qui m'accordaient de n'être ni fou ni imbécile.

« Toutefois la rumeur causée par cette circonstance me porta à faire re-
« chercher ce qui pouvait y avoir donné lieu, et voici ce que j'ai pu recueillir.

« Au temps de notre intelligence avec la Prusse, et lorsqu'elle s'occupait
« de nous être agréable, elle fit demander si de souffrir des princes fran-
« çais sur son territoire nous causerait de l'ombrage, et on répondit que
« non. Enhardie, elle demanda si on aurait une trop grande répugnance à
« la mettre à même de leur procurer des secours annuels ; on lui répondit
« encore que non, pourvu qu'elle garantît qu'ils demeureraient tranquilles
« et s'abstiendraient de toute intrigue.

« Cette affaire se traitant entre eux, et la négociation une fois en train,
« Dieu sait ce que le zèle de quelque agent, ou même les doctrines du ca-
« binet de Berlin, qui n'étaient pas les nôtres, peuvent avoir proposé ! Voilà
« sans doute le motif et le prétexte qui donnèrent lieu à cette belle lettre de
« Louis XVIII, qui fut fort admirée, et à laquelle adhérèrent avec éclat tous
« les membres de sa famille. Ces princes saisirent avidement cette occasion
« pour réveiller en leur faveur l'intérêt et l'attention de l'Europe qui, dis-
« traite par les grands événemens du temps, ne s'en occupait plus. »

Emploi des journées. — Conseil d'État, scène grave ; dissolution du Corps Législatif en 1813. — Sénat.

Mercredi 1ᵉʳ au samedi 4 novembre. — Nos journées avaient déjà toute l'uniformité de celles que nous passions à bord du vaisseau. L'Empereur me faisait appeler pour déjeuner avec lui : c'était de dix à onze heures. Le déjeuner fini, après une demi-heure de conversation, je lui lisais ce qu'il avait dicté la veille, et il me dictait de nouveau pour le lendemain. L'Empereur ne s'habillait plus dès le matin ; il ne sortait plus avant le déjeuner, cela lui avait rendu la journée trop décousue et trop longue. Il ne s'habillait plus à présent que sur les quatre heures. Il sortait alors, pour qu'on pût faire son lit et nettoyer sa chambre. Nous allions nous promener dans le jardin. Il affectionnait cette solitude ; je fis couvrir d'une toile l'espèce de berceau qui s'y trouve : on y apporta une table, des chaises, et dès ce

7.

moment ce fut là que l'Empereur dictait à celui de ces messieurs qui arrivait de la ville pour le travail.

En face de la maison du propriétaire, au-dessous de nous se trouvait une allée bordée de quelques arbres, c'était là que les deux soldats anglais avaient pris poste pour nous surveiller; mais ils en furent retirés avec le temps, à la demande de notre hôte, qui s'en trouvait choqué pour son propre compte. Néanmoins ils avaient continué de rôder à vue de l'Empereur, attirés par la curiosité, ou conduits par la nature de leurs ordres. Ils finirent par disparaître tout-à-fait, et l'Empereur prit insensiblement possession de cette allée inférieure. Ce fut pour lui une véritable augmentation de domaine; il s'y rendait chaque jour après son travail, en sortant du jardin, pour y attendre l'heure de son dîner. Les deux petites demoiselles et leur mère venaient l'y joindre, et lui raconter les nouvelles. Il y retournait aussi parfois après son dîner, quand le temps le permettait : il passait alors la soirée sans qu'il eût besoin d'entrer chez les voisins, ce qu'il ne faisait qu'à la dernière extrémité, et quand il savait surtout qu'il n'y avait pas d'étranger, ce que j'allais préalablement vérifier au travers des croisées.

Dans une de ces promenades, l'Empereur s'étendit beaucoup sur le Sénat, le Corps Législatif, et le Conseil d'État surtout. Il avait, disait-il, tiré vraiment un grand parti de celui-ci, dans tout le cours de son administration. Je vais tracer ici quelques détails sur ce Conseil d'État, d'autant plus volontiers qu'on en avait fort peu d'idée dans les salons; et comme il ne subsiste plus aujourd'hui sur le même pied, j'intercalerai ici, chemin faisant, quelques lignes sur son mécanisme et ses attributions.

« Le Conseil d'État était généralement composé, disait l'Empereur, de
« gens instruits, bons travailleurs et de bonne réputation : *Fermont* et
« *Boulay*, par exemple, sont certainement de braves et honnêtes gens. Mal-
« gré les immenses affaires litigieuses qu'ils ont gérées, et les gros émolu-
« mens dont ils jouissaient, on ne me surprendrait pas du tout si l'on
« m'apprenait qu'aujourd'hui ils sont tout au plus au-dessus de l'aisance. »

L'Empereur employait individuellement les conseillers d'État à tout, disait-il, et avec avantage. En masse, c'était son véritable conseil, sa pensée en délibération, comme les ministres étaient sa pensée en exécution.

Au Conseil d'État se préparaient les lois que l'Empereur présentait au Corps Législatif, ce qui le rendait tout-à-fait un des élémens de la puissance législative; là se rédigeaient les décrets de l'Empereur, ses règlemens d'administration publique; là s'examinaient, se discutaient et se corrigeaient les projets de ses ministres, etc.

Le Conseil d'État recevait l'appel et prononçait en dernier ressort sur tous les jugemens administratifs; accidentellement, sur tous les autres tribunaux, même sur la Cour de cassation. Là s'examinaient aussi les plaintes contre les ministres; les appels mêmes de l'Empereur à l'Empereur mieux informé. Ainsi le Conseil d'État, constamment présidé par l'Empereur, et souvent en opposition directe avec les ministres, ou en réformation de leurs actes et de leurs écarts, se trouvait donc naturellement le refuge des intérêts ou des personnes lésés par quelque autorité que ce fût; et quiconque y a assisté sait avec quelle chaleur la cause des citoyens s'y trouvait défendue. Une commission de ce Conseil recevait toutes les pétitions de l'empire, et mettait sous les yeux du souverain celles qui méritaient son attention.

Il est étonnant combien, à l'exception des gens de lois et des employés de l'administration, le reste, parmi nous, et surtout ce qu'on appelle la société, était dans l'ignorance de notre propre législation politique; on n'avait point du tout d'idées justes du Conseil d'État, du Corps Législatif, du Sénat. C'était un adage reçu, par exemple, que le Corps Législatif, réunion de muets, adoptait passivement, sans opposition, toutes les lois qu'on lui présentait : on attribuait à la complaisance et à la servilité ce qui ne tenait qu'à la nature et à la bonté de l'institution.

Les lois préparées dans le Conseil d'État étaient présentées par des commissaires tirés de son sein à une commission du Corps Législatif chargée de les recevoir : ils les discutaient ensemble à l'amiable, ce qui les faisait souvent reporter sans bruit au Conseil d'État pour y être modifiées. Quand les deux députations ne pouvaient pas s'entendre, elles allaient tenir des conférences régulières sous la présidence de l'archichancelier ou de l'architrésorier; de sorte que, quand ces lois arrivaient au Corps Législatif, elles avaient déjà l'assentiment des deux partis opposés. S'il existait encore quelque différence, elle était discutée contradictoirement par les deux commissions, en présence de la totalité du Corps Législatif, faisant les fonctions de jury; lequel, quand il se trouvait suffisamment éclairé, prononçait en scrutin secret, ayant ainsi la facilité d'émettre en toute liberté son opinion, puisque personne ne pouvait savoir si l'on mettait une boule noire ou une boule blanche. « Aucun mode, assurément, disait l'Empereur, ne pouvait « être plus convenable contre notre effervescence nationale et notre jeu- « nesse en matière de liberté politique. »

L'Empereur me demandait si la discussion était bien libre au Conseil d'État, si sa présence n'en gênait pas les délibérations. Je lui citai une séance fort longue où il était demeuré constamment seul de son avis, et avait en conséquence succombé. Je fus assez heureux pour lui en rappeler, tant bien que mal, le sujet. Il y fut aussitôt. « Oui, dit-il, ce doit être une « femme d'Amsterdam, sous la peine de mort, trois fois acquittée par les « Cours impériales, et dont la cour de cassation réclamait encore la mise « en jugement. »

L'Empereur voulait que cet heureux concours de la loi eût épuisé sa sévérité à l'égard de l'accusée ; que cette heureuse fatalité des circonstances tournât à son profit. On lui répondait qu'il possédait la bienfaisante ressource de faire grace, mais que la loi était inflexible et qu'il fallait qu'elle eût son cours. La discussion fut fort longue. M. *Muraire* parla beaucoup et très bien ; il entraîna tout le monde. L'Empereur, qui était constamment demeuré seul, se rendit en prononçant ces paroles remarquables : « Mes- « sieurs, on prononce ici par la majorité, je demeure seul, je dois céder ; « mais je déclare que, dans ma conscience, je ne cède qu'aux formes. « Vous m'avez réduit au silence, mais nullement convaincu. »

Dans le monde, où l'on ne se doutait même pas de ce qu'était le Conseil d'État, on était persuadé que personne n'osait y prononcer une parole en sens différent de l'Empereur; et je surprenais fort dans nos salons, lorsque je racontais qu'un jour, dans une discussion assez animée, interrompu trois fois dans son opinion, l'Empereur, s'adressant à celui qui venait de lui couper assez impoliment la parole, lui dit avec vivacité : « Monsieur, « je n'ai point encore fini, je vous prie de me laisser continuer. Après « tout, il me semble qu'ici chacun a bien le droit de dire son opinion. » Sortie qui, malgré le lieu et le respect, fit rire tout le monde et l'Empereur lui-même.

« Toutefois, lui disais-je, on pouvait s'apercevoir que les orateurs cher-

« chaient à deviner quelle serait l'opinion de Votre Majesté ; on se voyait
« heureux d'avoir rencontré juste, embarrassé de se trouver dans un sens
« opposé; on vous accusait de nous tendre des piéges pour mieux connaître
« notre pensée. » Néanmoins, la question une fois lancée, l'amour-propre
et la chaleur faisaient qu'on soutenait généralement sa véritable opinion,
d'autant plus que l'Empereur excitait à la plus grande liberté. « Je ne me
« fâche point qu'on me contredise, disait-il, je cherche qu'on m'éclaire ;
« parlez hardiment, répétait-il souvent, quand on se rendait obscur ou que
« l'objet était délicat ; dites toute votre pensée : nous sommes ici entre
« nous, nous sommes en famille. »

On m'a raconté que, sous le consulat ou au commencement de l'empire, l'Empereur eut à combattre, dans un des membres (*de Fermont*), une différence d'opinion qui devint, par la chaleur et l'obstination de celui-ci, une véritable affaire personnelle et des plus vives. Napoléon se contint et se réduisit au silence ; mais à quelques jours de là, à une de ses audiences publiques, arrivé à son antagoniste : « Vous êtes bien entêté, lui dit-il à
« demi sérieusement, et si je l'étais autant que vous !... Toutefois vous avez
« tort de mettre la puissance à l'épreuve ! Vous ne devriez pas méconnaître
« les infirmités humaines ! »

Une autre fois il disait en particulier à un autre membre qui l'avait également poussé à bout : « Ayez donc l'attention de ménager un peu mon
« humeur. Dernièrement vous avez été bien loin ; vous m'avez réduit à me
« gratter la tempe : c'est un grand signe chez moi ; dorénavant évitez de
« me pousser jusque là. »

Rien n'égalait l'intérêt que la présence et les paroles de l'Empereur répandaient sur les séances du Conseil d'État. Il le présidait régulièrement deux fois par semaine, tant qu'il se trouvait dans la capitale, et alors aucun de nous n'y eût manqué pour tout au monde.

Deux séances, disais-je à l'Empereur, m'avaient surtout laissé les plus vives impressions : l'une de police intérieure, toute de sentiment, lorsqu'il en avait expulsé un membre ; l'autre de décision constitutionnelle, lorsqu'il avait dissous le Corps Législatif.

Un parti religieux soufflait les discordes civiles, on colportait en secret et on faisait circuler des bulles et des lettres du pape. Elles furent montrées à un conseiller d'État chargé du culte, qui, s'il ne les propagea lui-même, du moins n'en arrêta ni n'en dénonça la circulation. Cela se découvrit, et l'Empereur l'interpella subitement en plein conseil. « Quel a pu être votre
« motif, lui dit-il, Monsieur ? Seraient-ce vos principes religieux ? Mais
« alors pourquoi vous trouvez-vous ici ? Je ne violente la conscience de per-
« sonne. Vous ai-je pris au collet pour vous faire mon conseiller d'État ?
« C'est une faveur insigne que vous avez sollicitée. Vous êtes ici le plus jeune
« et le seul peut-être qui y soyez sans des titres personnels ; je n'ai vu en
« vous que l'héritier des services de votre père. Vous m'avez fait un serment
« personnel ; comment vos sentimens religieux peuvent-ils s'arranger avec
« la violation manifeste que vous venez d'en faire ? Toutefois, parlez : vous
« êtes ici en famille, vos camarades vous jugeront. Votre faute est grande,
« Monsieur ! Une conspiration matérielle est arrêtée dès qu'on saisit le bras
« qui tient le poignard, mais une conspiration morale n'a point de terme ;
« c'est une traînée de poudre. Peut-être qu'à l'heure qu'il est des villes
« entières s'égorgent par votre faute. » L'accusé, confus, ne répondait rien ; dès la première interpellation il était convenu du fait. La presque

totalité du Conseil, pour laquelle cet événement était inattendu, gardait, dans son étonnement, le silence le plus profond. « Pourquoi, continuait « l'Empereur, dans l'obligation de votre serment, n'êtes-vous pas venu « me découvrir le coupable et sa machination? Ne suis-je pas abordable à « chaque instant pour chacun de vous? — Sire, se hasarda de répondre « l'interpellé, c'était mon cousin. — Votre faute n'en est que plus grande, « Monsieur, répliqua vivement l'Empereur. Votre parent n'a pu être placé « qu'à votre sollicitation; dès lors vous avez pris toute la responsabilité. « Quand je regarde que quelqu'un est tout-à-fait à moi, comme vous l'êtes « ici, ceux qui leur appartiennent, ceux dont ils répondent sont, dès cet « instant, hors de toute police. Voilà quelles sont mes maximes. » Et comme le coupable continuait à ne rien dire : « Les devoirs d'un conseiller d'État « envers moi sont immenses, conclut l'Empereur, vous les avez violés, « Monsieur, vous ne l'êtes plus. Sortez, ne reparaissez plus ici ! » En sortant, comme il passait assez près de la personne de l'Empereur, l'Empereur lui dit en jetant les yeux sur lui : « J'en suis navré, Monsieur ; « car j'ai présens la mémoire et les services de votre père. » Et quand il fut sorti, l'Empereur ajouta : « J'espère qu'une pareille scène ne se renou- « vellera jamais; elle m'a fait trop de mal. Je ne suis pas défiant, je pour- « rais le devenir! Je me suis entouré de tous les partis; j'ai mis auprès de « ma personne jusqu'à des émigrés, des soldats de l'armée de Condé; bien « qu'on voulût qu'ils m'eussent assassiné, je dois être juste, tous m'ont « été fidèles. Depuis que je suis au gouvernement, voilà le premier indi- « vidu auprès de moi qui m'ait trahi. » Et se tournant vers M. Locré, qui rédigeait les séances du Conseil d'État : « Vous écrirez *trahi*, entendez- « vous? »

Quel recueil que ces procès-verbaux de M. Locré! Que sont-ils devenus? On y trouverait mot pour mot tout ce que je raconte.

Quant à la dissolution du Corps Législatif, le Conseil d'État fut convoqué le dernier ou l'avant-dernier jour de décembre 1813. Nous savions que la séance devait être importante, sans pourtant en connaître l'objet : la crise était des plus graves, l'ennemi entrait sur le territoire français.

« Messieurs, dit l'Empereur, vous connaissez la situation des choses et « les dangers de la patrie. J'ai cru, sans y être obligé, devoir en donner « une communication intime aux députés du Corps Législatif. J'ai voulu « les associer ainsi à leurs intérêts les plus chers; mais ils ont fait de cet « acte de ma confiance une arme contre moi, c'est-à-dire contre la patrie. « Au lieu de me seconder de leurs efforts, ils gênent les miens. Notre atti- « tude seule pouvait arrêter l'ennemi, leur conduite l'appelle; au lieu de « lui montrer un front d'airain, ils lui découvrent nos blessures. Ils me « demandent la paix à grands cris, lorsque le seul moyen pour l'obtenir « était de me recommander la guerre; ils se plaignent de moi, ils parlent « de leurs griefs; mais quel temps, quel lieu prennent-ils? n'était-ce pas en « famille, et non en présence de l'ennemi qu'ils devaient traiter de pareils « objets? Étais-je donc inabordable pour eux? Me suis-je jamais montré « incapable de discuter la raison? Toutefois il faut prendre un parti : le « Corps Législatif, au lieu d'aider à sauver la France, concourt à précipi- « ter sa ruine, il trahit ses devoirs; je remplis les miens, je le dissous. »

Alors il nous fit faire lecture d'un décret qui portait que deux cinquièmes du Corps Législatif avaient déjà épuisé leurs pouvoirs; qu'au 1er janvier un autre cinquième allait se trouver dans le même cas; qu'alors la majorité du Corps Législatif serait réellement composée de gens n'y ayant plus de droit ; que, vu ces circonstances, le Corps Législatif était, dès cet instant, prorogé et ajourné, jusqu'à ce que de nouvelles élections l'eussent complété.

Après la lecture, l'Empereur reprit : « Tel est le décret que je rends ; « et, si l'on m'assurait qu'il doit dans la journée porter le peuple de Paris « à venir en masse me massacrer ici aux Tuileries, je le rendrais encore, « car tel est mon devoir. Quand le peuple français me confia ses destinées, « je considérai les lois qu'il me donnait pour le régir ; si je les eusse crues « insuffisantes, je n'aurais pas accepté. Qu'on ne pense pas que je suis un « Louis XVI ; qu'on n'attende pas de moi des oscillations journalières. « Pour être devenu Empereur, je n'ai pas cessé d'être citoyen. Si l'anar-« chie devait être consacrée de nouveau, j'abdiquerais pour aller dans la « foule jouir de ma part de la souveraineté, plutôt que de rester à la tête « d'un ordre de choses où je ne pourrais que compromettre chacun sans « pouvoir protéger personne. Du reste, conclut-il, ma détermination est « conforme à la loi ; et, si tous veulent aujourd'hui faire leur devoir, je « dois être invincible derrière elle comme devant l'ennemi. » On ne fit pas son devoir !...

L'Empereur, contre l'opinion commune, était si peu absolu et tellement facile avec son Conseil d'État, qu'il lui est arrivé plus d'une fois de remettre en discussion ou même d'annuler une décision prise, parce qu'un des membres lui avait donné depuis, en particulier, des raisons nouvelles, ou s'était appuyé sur ce que son opinion personnelle, à lui l'Empereur, avait influé sur la majorité. Qu'on demande aux chefs de sections surtout.

De même que l'Empereur avait coutume de livrer à des membres de l'Institut toute idée scientifique qui lui venait en tête, de même il livrait toutes ses idées politiques à des conseillers d'État ; souvent même ce n'était pas sans des vues particulières et quelquefois secrètes. C'était un moyen sûr, disait-il, de faire creuser une question, de connaître la force d'un homme, ses penchans politiques, d'essayer sa discrétion, etc. J'ai la certitude qu'en l'an XII il a été confié à trois conseillers d'État l'examen d'une question bien extraordinaire, celle de la suppression du Corps Législatif. La majorité fut pour l'approbation ; un seul s'éleva contre avec force, et parla long-temps et fort bien. L'Empereur, qui avait présidé avec beaucoup d'attention et de gravité, sans laisser échapper aucune parole ni indice d'opinion, termina la séance en disant : « Une question aussi grave mérite « bien qu'on y pense ; nous y reviendrons. » Mais elle n'a jamais reparu.

Il eût été heureux qu'on eût agi de même lors de la suppression du Tribunat, car elle a été dans le temps et est demeurée un grand sujet de déclamation et de reproche. Pour l'Empereur, il n'y vit que la suppression d'un abus coûteux, une économie importante.

« Il est certain, prononçait-il, que le Tribunat était absolument inutile, « et qu'il coûtait près d'un demi-million ; je le supprimai. Je savais bien « qu'on crierait à la violation de la loi ; mais j'étais fort, j'avais la confiance « entière du peuple, je me considérais comme réformateur. Ce qu'il y a « de sûr, c'est que je le fis pour le bien. J'eusse dû le créer, au contraire, « si j'eusse été hypocrite ou malintentionné : car qui doute qu'il n'eût « adopté, sanctionné, au besoin, mes vues et mes intentions ? Mais c'est « ce que je n'ai jamais recherché dans tout le cours de mon administration, « jamais on ne m'a vu acheter aucune voix ni aucun parti par des promesses,

« de l'argent ou des places : non, jamais! Et si j'en ai donné à des minis-
« tres, à des conseillers d'État, à des législateurs, c'est que ces choses
« étaient à donner, et qu'il était naturel et même juste qu'elles fussent dis-
« tribuées à ceux qui travaillaient près de moi.

« De mon temps tous les corps constitués ont été purs, irréprochables,
« je le prononce; ils agissaient par conviction : la malveillance et la sottise
« pouvaient dire le contraire; elles avaient tort. Et si on les a condamnés,
« c'est parce qu'on n'a pas su ou qu'on n'a pas voulu savoir, et puis aussi
« à cause du mécontentement et de l'opposition du temps, et, par-dessus
« tout encore, à cause de cet esprit d'envie, de détraction et de moquerie
« qui nous est si particulièrement naturel.

« On a beaucoup accusé le Sénat; on a beaucoup crié au *servilisme*, à la
« bassesse; mais des déclamations ne sont pas des preuves. Qu'eût-on donc
« voulu du Sénat? qu'il eût refusé des conscrits? que les commissions de la
« liberté individuelle et de la presse eussent fait esclandre contre le gou-
« vernement? qu'il eût fait ce que plus tard, en 1813, a fait une commis-
« sion du Corps Législatif? Mais voyez où celle-ci nous a menés. Je doute
« qu'aujourd'hui les Français lui portent une grande reconnaissance. Le
« vrai est que toutes nos circonstances étaient forcées; les gens sages le
« sentaient et savaient s'y plier. Ce qu'on ignore, c'est que, presque dans
« toutes les grandes mesures, des sénateurs venaient, avant de voter, me
« produire à l'écart, et quelquefois très chaudement, leurs objections ou
« même leurs refus, et qu'ils s'en retournaient convaincus ou par mes rai-
« sonnemens, ou par la force et l'imminence des choses.

« Si je ne faisais pas bruit de tout cela, c'est que je gouvernais en con-
« science, et que je dédaignais la charlatanerie ou tout ce qui pouvait être
« pris pour elle.

« Les votes du Sénat étaient à peu près constamment unanimes, parce
« que la conviction y était universelle. On a essayé de rehausser beaucoup,
« dans le temps, une imperceptible minorité, que les louanges hypocrites
« de la malveillance, leur pure vanité ou tout autre travers de caractère,
« poussaient à une opposition sans danger. Mais ceux qui la composaient
« ont-ils tous montré, dans nos dernières crises, une tête bien saine ou un
« cœur bien droit? Je le répète, la carrière du Sénat a été irréprochable;
« l'instant seul de sa chute a été honteux et coupable. Sans titre, sans pou-
« voir, et en violation de tous les principes, il a livré la patrie et consommé
« sa ruine. Il a été le jouet des hauts intrigans qui avaient besoin de dis-
« créditer, d'avilir, de perdre une des grandes bases du système moderne;
« et il est vrai de dire qu'ils ont complétement réussi, car je ne sache pas
« de corps qui doive s'inscrire dans l'histoire avec plus d'ignominie que le
« Sénat. Toutefois, il est juste encore d'observer que cette tache n'est pas
« celle de la majorité, et que parmi les délinquans se sont trouvés une foule
« d'étrangers, au moins indifférens désormais à notre honneur et à nos
« intérêts. »

Le Conseil d'État, lors de l'arrivée de M. le comte d'Artois, s'agita comme
il put pour s'attirer son attention et capter sa bienveillance. Il lui fut présenté deux fois, et sollicita d'envoyer une députation à Compiègne au-devant du roi. Le lieutenant-général du royaume répondit à cette dernière
demande que le roi en recevrait volontiers les membres individuellement,
mais qu'on ne devait pas songer à lui envoyer une députation. Il est vrai
de dire que les gros bonnets, c'est-à-dire les chefs de sections étaient ab-

sens. Tout ce mouvement d'ailleurs n'avait d'autre but que de tâcher de ne pas perdre le traitement, peut-être même d'être conservé. Ainsi le Conseil d'État fit tout aussitôt son adhésion aux résolutions du Sénat, évitant, à la vérité, toute expression qui eût pu être injurieuse pour l'Empereur : « Et « vous l'avez signée? me dit l'Empereur. — Non, Sire, je refusai ma si-
« gnature à cette adhésion, soutenant que c'était une insigne folie que de
« prétendre demeurer successivement le conseiller et l'homme de confiance
« de deux antagonistes, et que d'ailleurs, si le vainqueur s'y entendait bien,
« le meilleur gage à présenter à son attention devait être la fidélité et le
« respect envers le vaincu. — Et vous raisonniez juste, » observa Napoléon.

Paroles vives. — Circonstances caractéristiques.

Dimanche 5. — Nous nous trouvions à peu près tous réunis auprès de l'Empereur dans le jardin. Ceux de la ville se plaignaient fort de la manière dont ils y étaient, ainsi que des vexations toujours renouvelées dont ils étaient l'objet. L'Empereur qui, depuis près de quinze jours, avait vainement établi le système de ne rien traiter sur cet article que par écrit, comme la manière la plus digne, la plus convenable et la plus propre à amener des résultats; qui avait même arrêté une note à ce sujet, laquelle avait dû être remise depuis long-temps et ne l'avait jamais été, y revint plusieurs fois sous différentes formes, et quelques-unes assez piquantes. Tous les raisonnemens et toutes les observations indirectes s'appliquaient au grand maréchal. Celui-ci finit par s'en fâcher, car quel bon naturel n'aigrissent pas les infortunes! Il s'exprima très vivement; sa femme, très près de la porte, désespérant de neutraliser l'orage, s'esquiva. Je pus observer alors combien toutes les impressions que pouvait créer cette circonstance se succédaient avec rapidité chez l'Empereur. La raison, la logique, on pourrait même dire le sentiment, dominèrent toujours. « Que vous n'ayez point re-
« mis cette lettre, si vous la croyiez nuisible, disait-il, c'est un devoir de
« l'amitié que vous me portez; mais cela demandait-il un retard de plus de
« vingt-quatre heures? Voilà quinze jours que vous ne m'en parlez pas. Si
« ce plan était jugé mauvais, si la rédaction en avait été défectueuse, pour-
« quoi ne pas me le dire? je vous aurais réunis tous pour la discuter avec
« moi. »
Nous demeurions tous arrêtés près du berceau, à l'extrémité de l'allée que l'Empereur parcourait seul devant nous, allant et venant. Dans un des momens où l'Empereur était le plus éloigné, le grand maréchal me dit :
« Je crains de m'être exprimé inconvenablement, et j'en suis bien fâché.
« — Nous allons vous laisser avec l'Empereur, lui dis-je; vous le lui aurez
« bientôt fait oublier dès que vous serez seuls. » Et j'entrainai hors du jardin tout ce qui était là.
Effectivement, le soir, l'Empereur causant avec moi de sa matinée, disait : « C'était après nous être raccommodé avec le grand maréchal... c'é-
« tait avant l'algarade du grand maréchal; » et autres choses pareilles qui prouvaient tout-à-fait que cette circonstance n'avait rien laissé sur son cœur.

Sur les généraux de l'armée d'Italie. — Armée des anciens, Gengiskan, etc. — Invasions modernes. — Caractère des conquérans.

Lundi 6. — L'Empereur a été souffrant, et a travaillé beaucoup dans sa chambre. Il m'a dicté les portraits des généraux de l'armée d'Italie : *Mas-*

séna, d'un rare courage et d'une ténacité si remarquable, dont le talent croissait par l'excès du péril; qui, vaincu, était toujours prêt à recommencer, comme s'il eût été vainqueur.

Augereau, qui, tout au rebours, en avait toujours assez, était fatigué et comme découragé par la victoire même. Toutefois Napoléon dit, dans sa dictée, que c'est Augereau surtout qui décida de la journée de *Castiglione*, et que, quelques torts que l'Empereur eût à lui reprocher par la suite, le souvenir de ce grand service national lui demeura constamment présent, et triompha de tout.

Serrurier, qui avait conservé toutes les formes de la sévérité d'un ancien major d'infanterie; honnête homme, probe, sûr, mais général malheureux.

Steingel, qui possédait si éminemment toutes les qualités d'un général d'avant-garde.

Laharpe, grenadier par le cœur comme par la taille, qui périt si malheureusement.

Vaubois, etc., etc. On trouvera le développement de tout cela aux divers chapitres de la campagne d'Italie.

Dans divers objets de la conversation du jour, je note ce que l'Empereur disait sur les armées des anciens. Il se demandait si l'on devait croire aux grandes armées dont il est question dans l'histoire. Il pensait que la plus grande partie des citations était fausse et ridicule. Ainsi il ne croyait pas aux innombrables armées des Carthaginois en Sicile. « Tant de trou-
« pes, observait-il, eussent été inutiles dans une aussi petite entreprise;
« et si Carthage eût pu en réunir autant, on en eût vu davantage dans l'ex-
« pédition d'Annibal, qui était d'une bien autre importance, et qui pour-
« tant n'avait pas au-delà de quarante à cinquante mille hommes. » Ainsi il ne croyait point aux millions d'hommes de Darius et de Xercès, qui eussent couvert toute la Grèce, et se seraient sans doute subdivisés en une multitude d'armées partielles. Il doutait même de toute cette partie brillante de l'histoire de la Grèce; il ne voyait, dans le résultat de cette fameuse guerre persique, que de ces actions indécises où chacun s'attribue la victoire. Xercès s'en retourna triomphant d'avoir pris, brûlé, détruit Athènes; et les Grecs exaltèrent leur victoire de n'avoir pas succombé à Salamine. « Quant aux détails pompeux des victoires des Grecs et des défaites
« de leurs innombrables ennemis, qu'on n'oublie pas, observait l'Empereur,
« que ce sont les Grecs qui le disent, qu'ils étaient vains, hyperboliques,
« et qu'aucune chronique de Perse n'a jamais été produite pour assurer
« notre jugement par un débat contradictoire. »

Mais l'Empereur croyait à l'histoire romaine, sinon dans tous ses détails, du moins dans ses résultats, parce qu'ils étaient des faits aussi patens que le soleil. Il croyait encore aux armées de Gengiskan et de Tamerlan, quelque nombreuses qu'on les ait prétendues, parce qu'ils trainaient à leur suite des peuples nomades entiers qui se grossissaient encore d'autres peuples dans leur route; et il ne serait pas impossible, disait l'Empereur, que l'Europe finît un jour de cette manière. La révolution opérée par les Huns, et dont on ignore la cause, parce que la trace s'en perd dans le désert, peut se renouveler.

La Russie est admirablement bien située pour amener une telle catastrophe. Elle peut aller puiser à son gré d'innombrables auxiliaires et les déverser sur nous; elle trouvera tous ces peuples errans d'autant mieux disposés, d'autant plus impatiens, que le récit et les succès de ceux des leurs qui dernièrement ont exécuté chez nous des courses si heureuses et si productives auront frappé leur imagination et excité leur avidité.

De là la conversation a conduit aux conquêtes et aux conquérans; et l'Empereur concluait que, pour être conquérant avec succès, il fallait nécessairement être féroce, et que, s'il eût voulu être féroce, il eût conquis le monde. J'ai osé me permettre de combattre ces dernières paroles échappées sans doute à l'humeur du moment. J'ai osé représenter que lui, Napoléon, était précisément la preuve du contraire; qu'il n'avait point été féroce, et pourtant avait conquis le monde; qu'avec de la férocité et nos mœurs modernes il n'eût certainement jamais été jusque-là. En effet, la terreur n'est plus aujourd'hui ce qui peut nous soumettre à un homme; mais seulement de bonnes lois et la persuasion du grand caractère, la connaissance d'une énergie à toute épreuve dans celui chargé de les faire exécuter. Or telle avait été précisément, disais-je, la cause des succès de Napoléon, celle de la soumission et de l'obéissance des peuples.

La Convention fut féroce et inspira la terreur : on plia, mais on ne put la supporter. Si elle eût été un seul homme, on s'en fût bientôt défait; mais c'était une hydre; et encore que de tentatives ne hasarda-t-on pas! que de dangers auxquels elle n'échappa que par miracle! Elle fut obligée de s'ensevelir elle-même au milieu de ses triomphes!

Pour qu'un conquérant pût être féroce avec succès, il faudrait qu'il commandât à des soldats féroces eux-mêmes, et qu'il régnât sur des peuples sans lumières : or, sous ce rapport, la Russie encore possède un avantage immense sur le reste de l'Europe; elle a le rare avantage d'avoir un gouvernement civilisé et des peuples barbares : chez eux les lumières dirigent et commandent, l'ignorance exécute et dévaste. Un sultan turc ne saurait aujourd'hui gouverner long-temps aucune des nations éclairées de l'Europe; l'empire des lumières serait plus fort que sa puissance.

Sur un autre sujet l'Empereur observait que nous autres Français, si nous avions moins d'énergie que les Romains, nous avions plus de bienséance; nous ne nous serions pas donné la mort comme eux sous les premiers empereurs, mais aussi nous n'aurions pas montré toutes les turpitudes, toute la servilité qu'on rencontre sous les derniers. « Même dans nos momens les
« plus corrompus, disait-il, notre bassesse n'était pas sans de certaines
« restrictions : tels des courtisans à qui le prince eût pu tout faire faire chez
« lui, lui eussent refusé de s'agenouiller à son lever, etc. »

J'ai déjà dit que nous n'avions avec nous presque aucun des documens sur les affaires de nos jours. Le peu de livres qui avaient suivi l'Empereur n'étaient guère que des classiques qui l'accompagnaient dans toutes ses campagnes. Je reçus du major Hodson, habitant de l'île, une collection politique depuis 1793 jusqu'à 1807, qui, sous le titre d'*Annual register* (registre annuel), donne la suite assez bien rédigée des événemens de chaque année, ainsi que quelques pièces officielles des plus importantes. Dans notre disette, ce fut une riche acquisition.

Idées, projets, insinuations politiques, etc.

Mardi 7. — L'Empereur a déjeuné seul, et a travaillé beaucoup dans la journée avec le grand maréchal et M. de Montholon.

Le soir, n'étant que nous deux, nous promenant seuls, assez tard, dans l'allée inférieure devenue le lieu favori, je lui dis qu'une personne importante, dont les idées, les récits pouvaient être notre intermédiaire avec le monde régulateur, et influer sur notre destinée future, avait, avec des formes et des préalables assez significatifs, interpellé l'un de nous de lui dire en conscience ce qu'il croyait de l'Empereur, touchant certains objets politiques ; s'il avait donné sa dernière constitution avec la véritable intention de la maintenir ; s'il avait renoncé de bonne foi à ses anciens projets du grand empire ; s'il consentirait à laisser l'Angleterre jouir de la suprématie maritime ; s'il ne lui envierait pas la tranquille possession de l'Inde ; s'il ne se prêterait pas à renoncer aux colonies, et à acheter des Anglais seuls les denrées coloniales au véritable prix du commerce ; s'il ne s'unirait pas aux Américains, dans le cas de leur rupture avec l'Angleterre ; s'il ne consentirait pas à l'existence d'un grand royaume en Allemagne, pour la maison d'Angleterre qui va perdre incessamment celui de la Grande-Bretagne, lors de l'accession au trône de la jeune princesse de Galles, ou, au défaut de l'Allemagne, s'il ne consentirait pas à laisser établir cette domination en Portugal, au cas que l'Angleterre s'en arrangeât avec la cour du Brésil, etc.

Ces questions ne reposaient pas sur des idées vagues ou des opinions oiseuses ; le personnage les appuyait sur des faits positifs : « Nous avons « besoin, disait-il, d'une paix longue et durable sur le continent ; d'une « jouissance paisible de nos avantages actuels pour sortir de la crise financière où nous sommes, et alléger la dette incommensurable sous laquelle « nous courbons : or, l'état présent de la France, ajoutait-il, celui de l'Eu« rope ne sauraient, avec les élémens actuels, nous procurer ce résultat.

« Notre victoire de Waterloo vous a perdus ; mais elle est loin de nous « avoir sauvés ; tous les hommes de bon sens, chez nous, tous ceux qui « peuvent échapper à l'influence momentanée des passions, le pensent ou « le penseront ainsi, etc., etc. »

L'Empereur doutait d'une partie de ce récit, et traitait le reste de rêverie ; puis se ravisant, il me dit : « Eh bien ! votre opinion ? Allons, Monsieur, « vous voilà au Conseil d'État ! — Sire, disais-je, on se permet souvent de « rêver sur les matières les plus graves, et, pour être emprisonné à Sainte« Hélène, il n'est pas défendu de composer des romans ; j'en vais donc « faire un. Pourquoi pas un mariage politique des deux peuples, où l'un « porterait l'armée en dot et l'autre la flotte ? idée folle sans doute aux yeux « du vulgaire, trop hardie peut-être aux yeux des gens plus exercés, et « cela parce qu'elle est tout-à-fait neuve et hors de toute routine, mais « pourtant dans le genre de ces créations imprévues, lumineuses, utiles, « qui caractérisent Votre Majesté, qu'elle seule peut faire écouter et savoir « accomplir.

« Comment, disais-je allant sans doute au-delà des idées de l'interlocu« teur anglais lui-même, Votre Majesté ne donnerait pas demain, si c'était « en son pouvoir, tous les vaisseaux français pour racheter à la France la « Belgique et la rive du Rhin ? Elle ne donnerait pas cent cinquante mil« lions pour recevoir des dizaines de milliards ? Et quel marché du reste « que celui qui procurerait aux deux peuples à la fois l'objet pour lequel « l'un et l'autre se ruinent et s'entre-égorgent sans cesse depuis tant d'an« nées ! marché qui réduirait ces deux peuples à avoir réellement besoin l'un « de l'autre, au lieu d'être entretenus en une perpétuelle inimitié ? Ne se« rait-ce donc rien pour la France, reçue désormais dans toutes les colonies « anglaises sur le pied des Anglais mêmes, que d'avoir ainsi sans coup férir « la jouissance du commerce de toute la terre ? Ne serait-ce pas tout pour

« l'Angleterre que de s'assurer de son côté la souveraineté des mers, l'uni-
« versalité du commerce, pour l'obtention et la conservation desquelles elle
« se met sans cesse en péril, en attachant désormais pour toujours à ce
« système la France, devenue le régulateur, l'arbitre même du continent?

« A l'abri désormais de toute crainte, et forte de toutes les forces de sa
« compagne, l'Angleterre licencierait son armée pour prix du sacrifice que
« la France ferait de sa flotte; elle pourrait même aussi réduire de beau-
« coup le nombre de ses vaisseaux ; alors elle paierait sa dette, allégerait ses
« peuples; elle prospérerait; et, loin de jalouser la France à l'avenir, on
« la verrait, une fois que le système serait compris et que les passions au-
« raient fait place aux vrais intérêts, on la verrait travailler elle-même à
« son agrandissement continental, puisque la France ne serait plus alors
« que l'avant-garde dont elle, l'Angleterre, demeurerait les ressources et
« la réserve.

« L'unité de législation politique des deux peuples, leurs intérêts com-
« muns, des résultats si visiblement avantageux, achèveraient de suppléer
« dans ce plan à ce que les passions des gouvernans pourraient présenter
« d'obstacles ou de difficultés, etc., etc. »

L'Empereur m'écouta, mais ne répondit rien : rarement il se laisse pénétrer ou se prête à des conversations politiques. Dans la crainte de ne m'être
pas assez clairement exprimé, je lui demandai de me permettre d'exposer
ces idées sur le papier; il y consentit, et ne s'en expliqua pas davantage.
Il était fort tard, il se retira.

Contrariétés. — Réflexions morales.

Mercredi 8. — L'Empereur a dicté, dans le jardin, successivement à
MM. de Montholon et Gourgaud, et de là a gagné l'allée favorite.

Il se trouvait fatigué, malade; on a voulu gauchement lui présenter des
femmes qui étaient venues se placer dans son chemin avec intention, ce qui
l'a contrarié : il les a évitées.

Je lui ai parlé d'aller à cheval pour essayer de se distraire un peu; nous
avions trois chevaux à notre disposition depuis quelques jours ; l'Empereur
m'a répondu qu'il ne pouvait se faire à l'idée d'avoir constamment un officier anglais à ses côtés; qu'il renonçait décidément au cheval à ce prix,
ajoutant que tout devait être calcul dans la vie, et que si le mal d'apercevoir
son geôlier était plus grand que le bien que procurerait l'exercice, c'était
un gain tout clair que d'y renoncer.

L'Empereur a peu dîné. Il s'est amusé au dessert à passer en revue les
peintures de quelques assiettes de très belle porcelaine de Sèvres : ce sont
des chefs-d'œuvre en ce genre, elles sont de trente napoléons pièce, et
toutes relatives à des vues ou à des objets d'Égypte.

L'Empereur a fini par se rendre à son allée d'affection. Il s'était fort ennuyé tout le jour, disait-il. Après plusieurs conversations brisées et sans
suite, il a regardé sa montre, et s'est trouvé tout joyeux de voir qu'il avait
atteint dix heures et demie.

La température était délicieuse; insensiblement l'Empereur s'était remis
tout-à-fait. Il se plaignait de sa constitution, qui, bien que forte, le sou-
mettait parfois au plus léger dérangement physique. Il se félicitait du reste
que ses opinions morales fussent de nature à ne pas l'arrêter, quand, à
l'imitation des anciens, il voudrait se soustraire aux dégoûts et aux traver-

ses de la vie. Il disait qu'il n'entrevoyait pas parfois sans horreur le grand nombre d'années qu'il pouvait encore avoir à courir, ainsi que l'inutilité d'une longue vieillesse; que s'il pouvait se dire que la France était heureuse, tranquille et sans besoin de lui, il aurait assez vécu.

Nous remontâmes, il était plus de minuit; c'était une véritable victoire que d'avoir atteint cette heure tardive.

L'Empereur fait renvoyer les chevaux.

Jeudi 9. — Je suis allé d'assez bonne heure chez M. Balcombe lui porter mes lettres pour l'Europe; un bâtiment allait partir. J'y rencontrai l'officier chargé de notre garde. Frappé de l'état d'affaissement où j'avais vu l'Empereur la veille, et du besoin extrême qu'il avait de prendre quelque exercice, je dis à cet officier que je soupçonnais le motif qui empêchait l'Empereur de sortir à cheval, que j'allais lui parler avec franchise, et avec d'autant plus de facilité que j'appréciais tout-à-fait la manière délicate dont il remplissait son office auprès de nous. Je lui demandai donc quelles étaient ses instructions, et ce qu'il ferait si l'Empereur venait à se promener à cheval autour de la maison, lui faisant sentir la répugnance qu'il devait naturellement avoir pour tout ce qui était propre à lui rappeler à chaque instant la réclusion où il se trouvait; l'assurant, du reste, qu'il n'y avait rien qui lui fût personnel, et que si l'Empereur avait envie d'entreprendre de longues courses, j'étais persuadé qu'il le ferait demander de préférence pour en être accompagné. L'officier me répondit que ses instructions étaient de suivre l'Empereur; mais que, se faisant une loi de lui être le moins désagréable possible, il prenait sur lui de ne pas l'accompagner.

A déjeuner, je fis part à l'Empereur de ma conversation avec le capitaine. Il me répondit que c'était bien à lui sans doute, mais qu'il n'en profiterait pas, n'étant pas dans ses principes de jouir d'un avantage qui pourrait compromettre un officier.

Cette détermination fut trop heureuse : entrés le soir chez nos hôtes, le capitaine me prit à part pour me dire qu'ayant été à la ville dans la journée parler à l'amiral de notre conversation du matin, il lui avait été enjoint de se conformer à ses instructions. Je ne pus m'empêcher de répondre avec vivacité que j'étais sûr que l'Empereur allait ordonner le renvoi immédiat des trois chevaux qu'on avait mis à notre disposition. L'officier, auquel je fis connaître, du reste, la réponse que l'Empereur m'avait faite le matin à son sujet, me dit qu'il pensait aussi que c'était très bien de renvoyer les chevaux, qu'il n'y avait rien de mieux à faire; réponse que je crus dictée par l'humeur qu'il éprouvait lui-même du rôle qu'on lui imposait.

En sortant de chez nos hôtes, l'Empereur continua de se promener dans l'allée. Je lui appris ce que venait de me dire l'officier anglais. On eût dit qu'il s'y attendait; mais je ne m'étais pas trompé, il m'ordonna de faire renvoyer les chevaux. Comme ce contre-temps m'avait été fort sensible, je lui dis, avec un peu de vivacité peut-être, que s'il me le permettait j'allais rentrer auprès de l'officier pour qu'il eût à remplir sa volonté sur-le-champ. A quoi il répondit, avec une gravité et un son de voix tout particuliers : « Non, Monsieur, point d'humeur; rarement on fait bien dans cette
« situation : il faut toujours laisser s'écouler la nuit sur l'injure de la
« veille. »

Nous continuâmes jusqu'à près de minuit : la température était délicieuse.

Respect au fardeau.

Vendredi 10. — Aujourd'hui, après nos travaux ordinaires, l'Empereur, prenant une direction nouvelle, est allé sur la route de la ville jusqu'au point d'où l'on aperçoit la rade et les vaisseaux. Au retour il a été rencontré dans le chemin par madame Balcombe, la maîtresse de notre maison, et une madame Stuart, jeune femme de vingt ans, fort jolie, retournant de Bombay en Angleterre. L'Empereur a causé avec elle des mœurs, des usages de l'Inde, des désagrémens de la mer, surtout pour les femmes; de l'Écosse, patrie de madame Stuart; beaucoup d'Ossian, et l'a félicitée de ce que le climat de l'Inde avait respecté son teint d'Écosse.

Des esclaves, chargés de lourdes caisses, ont croisé notre route; madame Balcombe leur ayant dit fort rudement de s'éloigner, l'Empereur s'y est opposé, disant : « *Respect au fardeau*, Madame! » A ces mots, madame Stuart, qui n'avait cessé de chercher avidement à la dérobée les traits et la physionomie de l'Empereur, laissa échapper tout bas à sa voisine : « Mon Dieu, que voilà une figure et un caractère bien différens de ce qu'on « m'avait dit! »

Conversation de minuit, au clair de lune, etc. — Les deux impératrices, Mariage de Marie-Louise. — Sa maison. — Duchesse de Montebello. — Madame de Montesquiou. — Institut de Meudon. — Sentimens de la maison d'Autriche pour Napoléon. — Anecdotes recueillies en Allemagne depuis mon retour en Europe

Samedi 11 *au lundi* 13. — Notre vie continuait d'être des plus régulières à Briars : tous les jours, après m'avoir dicté, l'Empereur sortait entre trois et quatre heures, il se rendait au jardin; là, en se promenant, il dictait à celui qui était venu de la ville pour le travail, lequel écrivait sous la petite tonnelle. Vers les cinq heures et demie, il se rendait, en tournant la maison de nos voisins, dans l'allée inférieure à laquelle il s'attachait chaque jour davantage : ceux-ci alors se trouvaient à leur dîner, ce qui assurait entièrement notre repos et la liberté de cette promenade. J'y venais joindre l'Empereur, il y attendait qu'on l'avertît qu'il était servi.

L'Empereur y descendait encore après son dîner; quelquefois même on y apportait son café. Mon fils se rendait chez nos voisins, et nous restions à continuer la promenade. Nous marchions alors des heures entières; ce qui se prolongeait parfois fort avant dans la nuit quand la lune nous éclairait. C'est là qu'à sa lueur et à la douce température du moment, nous oubliions la chaleur brûlante du jour. Jamais l'Empereur n'était plus causant ni ne se trouvait de distraction plus complète. C'est dans la longueur et l'abandon de ces conversations qu'il se plaisait à raconter son enfance, les premières années de sa jeunesse, les sentimens et les illusions qui d'ordinaire les embellissent; enfin les détails de sa vie privée depuis qu'il avait joué un rôle sur la grande scène du monde. J'ai reporté ailleurs ce que j'ai cru pouvoir en répéter. Il semblait parfois embarrassé d'avoir parlé trop longuement, et d'avoir exprimé des choses trop minutieuses, et me disait alors : « Mais à votre tour à présent, un peu de vos histoires aussi; vous « n'êtes pas conteur. » Je n'avais garde, j'eusse trop craint de perdre quelque chose de ce qui m'attachait si vivement.

C'est dans une de ces promenades nocturnes que l'Empereur disait qu'il avait été fort occupé dans sa vie de deux femmes très différentes : l'une était l'art et les graces ; l'autre l'innocence et la simple nature : et chacune, observait-il, avait bien son prix.

Dans aucun moment de la vie la première n'avait de positions ou d'attitudes qui ne fussent agréables ou séduisantes ; il eût été impossible de lui surprendre ou d'en éprouver jamais aucun inconvénient ; tout ce que l'art peut imaginer en faveur des attraits était employé par elle, mais avec un tel mystère qu'on n'en apercevait jamais rien. L'autre, au contraire, ne soupçonnait même pas qu'il pût y avoir rien à gagner dans d'innocens artifices. L'une était toujours à côté de la vérité, son premier mouvement était la négative ; la seconde ignorait la dissimulation, tout détour lui était étranger. La première ne demandait jamais rien à son mari, mais elle devait partout ; la seconde n'hésitait pas à demander quand elle n'avait plus, ce qui était fort rare : elle n'aurait pas cru pouvoir jamais rien prendre sans payer aussitôt. Du reste, toutes les deux étaient bonnes, douces, fort attachées à leur mari. Mais on les a déjà devinées sans doute, et quiconque les a vues reconnaît les deux impératrices.

L'Empereur disait qu'il les avait constamment trouvées de l'humeur la plus égale, et d'une complaisance absolue.

Le mariage de Marie-Louise s'accomplit à Compiègne, immédiatement après son arrivée. L'Empereur, déroutant toute l'étiquette convenue, alla au devant d'elle, et monta déguisé dans sa voiture. Elle fut agréablement surprise quand elle vint à le connaître ; on lui avait toujours dit que Berthier, qui était venu l'épouser par procuration à Vienne, était, pour la figure et l'âge, l'exacte ressemblance de l'Empereur : elle laissa échapper qu'elle y trouvait une heureuse différence.

L'Empereur voulut lui épargner tous les détails de l'étiquette domestique en usage dans pareille circonstance ; on l'en avait, du reste, soigneusement instruite à Vienne. L'Empereur, pour ce qui le regardait personnellement, lui demanda quelles instructions elle avait reçues de ses grands parens. D'être à lui tout-à-fait, et de lui obéir en toutes choses, fut sa réponse ; et ce fut aussi pour l'Empereur la solution de tout cas de conscience, et non les décisions de certains cardinaux ou évêques, comme on l'a dit dans le temps ; d'ailleurs, dans la même circonstance, Henri IV en avait agi de la sorte.

Le mariage avec Marie-Louise, disait l'Empereur, se proposa et se conclut dans le même jour, et sous les mêmes formes et conditions que celui de Marie-Antoinette, dont le contrat fut adopté pour modèle. Depuis la séparation avec Joséphine, on traitait avec l'empereur de Russie pour une de ses sœurs ; les difficultés ne reposaient guère que sur des arrangemens religieux. Le prince Eugène, causant avec M. de Schwartzemberg, apprit de lui que l'empereur d'Autriche ne serait pas éloigné de donner sa fille ; il en fit part à l'Empereur. Un conseil fut convoqué pour décider quelle alliance, de la Russie ou de l'Autriche, serait la plus avantageuse : Eugène et Talleyrand furent pour l'Autriche, Cambacérès parla contre ; la majorité fut en faveur d'une archiduchesse. Eugène fut chargé d'en faire l'ouverture officieuse, et le ministre des relations extérieures reçut des pouvoirs de signer dans le jour même, si l'occasion s'en présentait ; ce qui en effet arriva ainsi.

La Russie en prit beaucoup d'humeur, et se regarda comme jouée ; elle ne l'était pas : il n'y avait rien d'obligatoire encore vis-à-vis d'elle ; les deux partis demeuraient tout-à-fait libres. Les intérêts de la politique firent passer sur tout le reste.

L'Empereur donna pour dame d'honneur à l'impératrice Marie-Louise la duchesse de Montebello; le comte de Beauharnais pour chevalier d'honneur, et le prince Aldobrandini pour écuyer. Lors des malheurs de 1814, ils ne répondirent pas, disait l'Empereur, au dévouement que l'impératrice avait droit d'en attendre : son écuyer la déserta sans prendre congé; son chevalier d'honneur ne voulut pas la suivre; et la dame d'honneur, malgré l'extrême affection que lui portait l'impératrice, crut, disait Napoléon, tous ses devoirs accomplis lorsqu'elle l'eut déposée à Vienne.

La duchesse de Montebello fut dans le temps un de ces choix heureux qui emportèrent l'approbation universelle. Elle était jeune, belle, d'une conduite parfaite, et veuve d'un général dit le *Roland* de l'armée, qui venait d'expirer tout récemment sur le champ de bataille. Ce choix fut très agréable à l'armée, et rassura le parti national, qui s'effrayait de ce mariage, du nombre et de la qualité des chambellans dont on l'entourait, comme d'un pas vers ce que plusieurs appelaient la contre-révolution, et cherchaient à faire considérer comme telle. Pour l'Empereur, il avait été principalement déterminé par l'ignorance où il était du caractère de Marie-Louise, et la crainte qu'elle n'apportât des préjugés de naissance qui eussent été nuisibles à la cour de l'Empereur. Quand il l'eut connue, quand il sut qu'elle était tout-à-fait dans les idées du jour, l'Empereur regretta de n'avoir pas fait un autre choix, de ne s'être pas arrêté sur la comtesse de *Beauveau*, qui, bonne, douce, inoffensive, n'aurait agi que par les conseils de famille de ses nombreux parens, et eût pu introduire ainsi une sorte de traditions utiles, et une grande quantité de subalternes bien recommandés; elle eût pu rallier encore beaucoup de personnes qui demeuraient éloignées, et tout cela eût été sans nul inconvénient, parce que cela ne fût arrivé que par les combinaisons de l'Empereur même, qui n'était pas homme à se laisser abuser.

L'impératrice prit une affection des plus tendres pour la duchesse de Montebello; celle-ci a pu être reine d'Espagne. Ferdinand VII, à Valencey, demanda à l'Empereur d'épouser mademoiselle de Tascher, cousine germaine de Joséphine et de son propre nom, à l'exemple du prince de Bade qui avait épousé mademoiselle de Beauharnais. L'Empereur, qui pensait déjà à se séparer de l'impératrice Joséphine, s'y refusa, ne voulant pas, par ce nouveau lien, compliquer encore davantage les difficultés. Plus tard, Ferdinand demanda la duchesse de Montebello ou toute autre Française que l'Empereur voudrait adopter. Cette demoiselle de Tascher est celle que l'Empereur maria plus tard au duc d'Aremberg, avec l'intention de la faire gouvernante des Pays-Bas; voulant par la suite du temps dédommager Bruxelles de la perte de son ancienne cour. L'Empereur voulut mettre le comte de Narbonne, qui n'avait pas été étranger au mariage de l'impératrice, à la place du comte de Beauharnais; l'extrême chagrin qu'en fit paraître Marie-Louise retint l'Empereur : l'éloignement de l'impératrice n'avait, du reste, d'autre cause que les intrigues de son entourage qui n'avait rien à craindre de M. de Beauharnais, mais qui redoutait fort l'influence et l'esprit de M. de Narbonne.

En général, quand l'Empereur avait à nommer, nous disait-il, à des places délicates, il demandait d'ordinaire des candidats à ceux qui l'entouraient; et c'est sur ces listes et les renseignemens qu'il se procurait qu'il méditait son choix en secret. Il nous a nommé quelques-unes des personnes qu'on lui avait proposées pour dames d'honneur : la princesse de Vaudémont;

une madame de La Rochefoucauld, devenue madame de Castellanes et plusieurs autres ; puis il nous a demandé de dire nous-mêmes qui nous eussions proposé, ce qui nous a fait passer en revue une bonne partie de la cour. Au nom de Madame de Montesquiou, indiqué par l'un de nous : « Je le « crois bien, a-t-il répondu ; mais elle était plus avantageusement placée « encore. C'est une femme d'un rare mérite : sa piété est sincère, ses prin- « cipes excellens ; elle s'est acquis de grands titres à mon estime et à mon « affection. Il m'en eût fallu deux comme elle, une demi-douzaine ; je les « eusse toutes placées dignement, et j'en eusse demandé encore : elle a « été parfaite à Vienne auprès de mon fils. »

Voici, du reste, qui donnera une idée juste de la manière dont elle élevait le roi de Rome : ce jeune prince occupait le rez-de-chaussée donnant sur la cour des Tuileries ; il était peu d'heures de la journée où un grand nombre de spectateurs ne regardassent par la fenêtre, dans l'espérance de l'apercevoir. Un jour qu'il était dans un violent accès de colère et qu'il se montrait rebelle à tous les efforts de madame de Montesquiou, elle ordonna de fermer à l'instant tous les contrevens ; l'enfant, étourdi de cette obscurité subite, demanda aussitôt à *Maman Quiou* pourquoi tout cela. « C'est que je vous « aime trop, lui dit-elle, pour ne pas cacher votre colère à tout le monde. « Que diraient toutes ces personnes que vous gouvernerez peut-être un jour, « si elles vous avaient vu dans cet état ? croyez-vous qu'elles voulussent vous « obéir, si elles vous savaient aussi méchant ? » Et l'enfant de demander pardon aussitôt, et de bien promettre que cela ne lui arriverait plus.

« Voilà, au fait, observait l'Empereur, des manières différentes de celles « de M. de Villeroi à Louis XV : *Regardez tout ce peuple, mon maître, il* « *vous appartient ; tous ces hommes que vous voyez-là sont les vôtres.* »

Madame de Montesquiou était adorée de cet enfant ; quand on voulut la renvoyer de Vienne, il fallut employer la ruse et le tromper ; ce fut jusqu'à craindre pour sa santé.

L'Empereur avait beaucoup d'idées nouvelles touchant l'éducation du roi de Rome : il comptait sur *l'institut de Meudon*, dont il avait déjà décrété les principes, attendant quelques loisirs pour leurs développemens. Il voulait y rassembler tous les princes de la maison impériale, surtout ceux de toutes les branches qu'il avait élevées sur des trônes étrangers. C'était là joindre, prétendait-il, aux soins de l'éducation particulière tous les avantages de l'éducation en commun. « Destinés, disait-il, à occuper divers trônes et à « régir diverses nations, ces enfans auraient puisé là des principes com- « muns, des mœurs pareilles, des idées semblables. Pour mieux faciliter la « fusion et l'uniformité des parties fédératives de l'empire, chacun de ces « princes eût amené du dehors, avec lui, dix ou douze enfans, plus ou « moins, de son âge et des premières familles de son pays ; quelle influence « n'eussent-ils pas exercée chez eux au retour ! Je ne doutais pas, conti- « nuait l'Empereur, que les princes des autres dynasties étrangères à ma « famille n'eussent bientôt sollicité de moi, comme une grande faveur, d'y « voir admettre leurs enfans. Et quel avantage n'en serait-il pas résulté pour « le bien-être des peuples composant l'association européenne ! Tous ces « jeunes princes, observait Napoléon, eussent été réunis d'assez bonne « heure pour contracter les liens si chers et si puissans de la première en- « fance, et séparés néanmoins assez tôt pour prévenir les funestes effets des « passions naissantes : l'ardeur des préférences, l'ambition du succès, la « jalousie de l'amour, etc. »

L'Empereur eût voulu que toute l'éducation de ces princes-rois se fût fondée sur des connaissances générales, de grandes vues, des sommaires, des résultats; il eût voulu des connaissances plutôt que de la science, du jugement plutôt que de l'acquis; l'application des détails plutôt que l'étude des théories; surtout point de parties spéciales trop poursuivies; car il estimait que la perfection ou le trop de succès dans certaines parties, soit des arts, soit des sciences, était un inconvénient dans le prince. Les peuples, disait-il, n'avaient qu'à perdre d'avoir un poète pour roi, un virtuose, un naturaliste, un chimiste, un tourneur, un serrurier, etc., etc.

Marie-Louise avouait à l'Empereur que, dans les premiers momens qu'il fut question de mariage, elle ne pouvait se défendre d'une certaine frayeur, à cause de tout le mal qu'elle avait entendu dire de Napoléon parmi les siens; sur quoi, quand elle rappelait tout cela, ses oncles, les archiducs, qui la poussaient fort à cette union, lui répondaient : « Tout cela n'était vrai « que quand il était notre ennemi; il ne l'est plus aujourd'hui. »

« Du reste, voici, disait l'Empereur, qui donnera une idée de la bienveil-
« lance qu'on nous portait dans cette famille. Un de ces jeunes archiducs
« brûlait souvent de ses poupées, disant qu'il rôtissait Napoléon. Il est vrai
« que depuis il disait qu'il ne le rôtirait plus, qu'il l'aimait beaucoup à pré-
« sent, parce qu'il donnait beaucoup d'argent à sa sœur Louise pour lui
« envoyer force joujoux. »

Depuis mon retour en Europe, j'ai eu plus d'une occasion de me convaincre des sentimens que cette maison a professés plus tard pour Napoléon. Je tiens de la bouche du témoin même, personnage distingué, qui me le racontait en Allemagne, qu'ayant eu une audience particulière de l'empereur François, dans le voyage qu'il a fait en Italie en 1816, il y fut question de Napoléon : François n'en parla jamais que dans les meilleurs termes. On eût pu penser, me disait le narrateur, qu'il le croyait encore régnant en France, et qu'il ignorait qu'il fût à Sainte-Hélène : il ne lui donna jamais d'autre qualification que celle de l'empereur Napoléon.

La même personne me racontait que l'archiduc Jean, visitant en Italie une rotonde au plafond de laquelle on voyait une action célèbre dont Napoléon était le héros, en levant la tête, son chapeau tomba par terre; sa suite se précipita pour le lui rendre. « Laissez, laissez, dit-il, c'est dans cette « attitude qu'on doit considérer l'homme qui se trouve là-haut. »

Puisque j'en suis là, je vais consigner ici quelques circonstances que j'ai recueillies en Allemagne, à mon retour en Europe; et pour leur assigner tout le prix qu'elles méritent, je dirai que je les tiens de personnes de la haute diplomatie. On sait que tous ces membres composent entre eux une espèce de famille, une sorte de maçonnerie, et que leurs sources sont les plus authentiques.

— L'impératrice Marie-Louise se plaint qu'en quittant la France, M. de Talleyrand s'était réservé l'honneur de venir lui demander la restitution des diamans de l'État, et vérifier si elle s'était faite avec exactitude.

En 1814, lors des désastres de la France, le prince Eugène fut l'objet de beaucoup de séductions et d'un grand nombre de propositions fort brillantes : un général autrichien lui offrit la couronne d'Italie au nom des alliés, s'il voulait se joindre à eux. Cette offre lui vint de plus haut encore et à diverses reprises. Déjà il avait été question de lui, sous l'Empereur, pour les trônes de Portugal, de Naples et de Pologne.

En 1815, des hommes importans dans la diplomatie européenne le sondèrent pour savoir si, dans le cas où Napoléon serait contraint d'abdiquer de nouveau, et le choix du peuple se tournant vers lui, il accepterait. Dans ces circonstances, comme dans tant d'autres, ce prince fut inébranlable dans une ligne de devoir et d'honneur qui le rend immortel : *honneur et fidélité* fut sa constante réponse, et la postérité en fera sa devise.

Lors de la distribution des États en 1814, l'empereur Alexandre, qui allait très souvent à la Malmaison chez l'impératrice Joséphine, voulait procurer à son fils la souveraineté de Gênes. Celle-ci le refusa, à l'instigation d'un des diplomates dirigeans qui la flattait faussement de quelque chose de mieux.

Au congrès de Vienne, le même empereur Alexandre, qui honorait le prince Eugène d'une bienveillance toute particulière, exigeait pour lui au moins trois cent mille sujets. Il lui témoignait alors une très vive amitié, et se promenait régulièrement chaque jour bras à bras avec lui. Le débarquement de Cannes vint mettre un terme, sinon au sentiment, du moins aux démonstrations et à l'intérêt politique de l'empereur de Russie. Il fut même question alors, de la part de l'Autriche, de se saisir de la personne d'Eugène, et de l'envoyer prisonnier dans une forteresse de Hongrie ; mais le roi de Bavière, son beau-père, courut avec indignation chez l'empereur d'Autriche, lui représenter qu'Eugène était venu à Vienne sous sa protection et sa garantie, et que sa confiance ne serait point trompée ; aussi Eugène demeura-t-il libre sur sa parole et celle du roi son beau-père.

— Aussi tard que 1818, les pièces d'or de 20 francs et de 40 francs se frappaient à Milan encore à l'effigie de Napoléon, et avec le millésime de 1814. Soit par voie d'économie ou tout autre motif, on n'avait point encore gravé le nouveau coin.

— Alexandre, depuis la chute de Napoléon, a montré dans plusieurs circonstances particulières un éloignement vif et décidé contre lui. C'est Alexandre qui, en 1815, a été l'âme et le promoteur ardent de la seconde croisade contre Napoléon : il a tout dirigé avec la dernière chaleur, semblant en faire une affaire personnelle, et faisant reposer son aversion sur ce qu'il en avait été, disait-il, trompé et joué. Si ce ressentiment tardif n'était pas affecté, on a des raisons de croire qu'il était dû à un ancien ministre et confident de Napoléon qui, dans des conversations particulières, avait eu l'art, durant le congrès de Vienne, de blesser l'amour-propre d'Alexandre par des récits vrais ou faux sur l'opinion et les confidences de Napoléon à l'égard de son illustre ami.

En 1814, Alexandre a laissé croire qu'il ne se fût pas opposé à voir régner le jeune Napoléon. Depuis la seconde abdication, on est porté à penser qu'il a eu beaucoup moins de bienveillance.

L'empereur Alexandre a marché, dans la seconde croisade, avec des masses immenses. On l'a entendu estimer, à cette époque, que la guerre pourrait bien durer trois ans, mais que Napoléon n'en succomberait pas moins.

A la première nouvelle de la bataille de Fleurus, les têtes de toutes les colonnes russes eurent ordre de s'arrêter sur-le-champ, tandis que toute la masse autrichienne et bavaroise, de son côté, obliqua à l'instant pour s'en séparer et faire bande à part. Si le congrès de Vienne eût été rompu lors du 20 mars, il est à peu près certain qu'on n'eût pas pu renouveler la croisade ; et si Napoléon eût été victorieux à Waterloo, il est à peu près certain aussi qu'elle allait se trouver dissoute.

—La nouvelle du débarquement de Napoléon à Cannes fut un coup de foudre pour notre plénipotentiaire à Vienne. Il est très vrai qu'il fut le rédacteur de la fameuse déclaration du 13 mars; et, toute violente qu'elle est, le projet l'était encore bien davantage; il fut amendé par les autres ministres. La figure et la contenance de ce plénipotentiaire, à mesure qu'on apprenait les progrès de Napoléon, furent un thermomètre qui fit la risée des membres du congrès.

L'Autriche sut de très bonne heure à quoi s'en tenir, ses courriers l'instruisaient à merveille. La légation française seule entretenait des doutes, elle distribuait encore une lettre magnanime du roi à tous les souverains pour leur faire connaître qu'il était déterminé à mourir aux Tuileries, qu'on savait déjà que ce prince avait quitté la capitale pour gagner la frontière.

Un membre du congrès et lord Wellington s'entretenant confidentiellement avec la légation française, et la carte à la main, assignèrent du 20 au 21 l'entrée de Napoléon dans Paris.

L'empereur François, à mesure qu'il reçut les publications officielles de Grenoble et de Lyon, les envoya immédiatement, à Schœnbrunn, à Marie-Louise, qui s'y livra à une joie extrême. Et il est très vrai que plus tard il a été question d'un enlèvement du jeune Napoléon pour le conduire en France.

Le plénipotentiaire français finit par quitter Vienne, et se transporta à Francfort et à Wisbad pour être en meilleure situation de négocier à la fois soit à Gand, soit à Paris. Jamais courtisan des événemens n'eut plus d'embarras ni d'anxiétés. L'ardeur que lui avait imprimée la nouvelle du débarquement à Cannes s'était fort calmée par celle de l'entrée de Napoléon à Paris, et il s'entendit avec Fouché pour que celui-ci le garantît auprès de Napoléon; s'engageant, de son côté, à garantir Fouché auprès des Bourbons. On a le droit de croire que les offres de ce plénipotentiaire envers le souverain revenu allèrent bien plus haut et bien plus loin encore, mais que Napoléon indigné les repoussa pour ne pas trop dégrader sa politique, a-t-il dit.

En 1814, M. de Talleyrand, avant de se déclarer pour les Bourbons, fut d'abord pour la régence; mais il voulait y jouer le principal rôle. Des fatalités malheureuses pour la dynastie de Napoléon empêchèrent de mettre à profit ce moment d'incertitude. Tout semble prouver d'ailleurs que le résultat qui prévalut alors était loin d'être les intentions de l'Autriche; qu'elle y a été probablement jouée, trahie, ou du moins enlevée d'assaut.

La fatalité des mouvemens militaires a fait que les alliés sont entrés dans Paris, sans que le cabinet autrichien y ait concouru. La fameuse déclaration d'Alexandre contre Napoléon Bonaparte et sa famille a été faite sans que cette même puissance d'Autriche fût consultée; et M. le comte d'Artois n'a pénétré en France qu'en s'y glissant, en dépit du quartier-général autrichien, qui même lui avait refusé des passe-ports.

Il paraît que l'Autriche, au retour de Moscou, s'employa de bonne foi à Londres pour y négocier la paix avec Napoléon; mais le cabinet russe y était tout-puissant, et ne voulut entendre à rien. Arriva l'armistice de Dresde, et l'Autriche prit alors le parti de la guerre.

Le négociateur autrichien à Londres, durant tout cet intervalle, ne put jamais être écouté. Il y resta néanmoins fort long-temps encore, et ne quitta que lorsque les alliés étaient au cœur de la France, et au moment où lord Castlereagh fit pressentir un instant que les succès héroïques de Napoléon à Champ-Aubert, à Montereau, son entrée victorieuse à Troyes, pouvaient rendre les négociations indispensables.

Si dans le principe ce négociateur n'eût pas été envoyé à Londres, il eût été destiné pour Paris, et peut-être eût-il influé alors de manière à amener une tournure différente de celle qui eut lieu, durant son absence, entre les Tuileries et Vienne.

Dans le plus fort de la crise, il se trouva retenu en Angleterre comme par force.

Dans son impatience de rejoindre le centre des grandes négociations, il quitta son poste et gagna la Hollande, en bravant une grande tempête. A peine arrivait-il sur le théâtre des affaires, qu'il tomba entre les mains de Napoléon à Saint-Dizier; mais le sort de la France était alors décidé, bien qu'on ne le sût pas encore au quartier-général français, Alexandre entrait dans Paris.

Le négociateur autrichien avait vainement employé tous les moyens pour se procurer à Londres un passe-port qui lui permit de rejoindre son maître, en passant par Calais et Paris. Ce contre-temps accidentel, ou médité, fut une fatalité de plus; il eût gagné Paris avant les alliés, se fût trouvé auprès de Marie-Louise, eût déjoué les derniers projets de M. de Talleyrand, et produit des combinaisons nouvelles.

Il existait deux opinions dans le cabinet autrichien : l'une pour l'union avec la France, l'autre pour l'alliance avec la Russie. Soit intrigues, soit fatalité, le parti russe l'emporta tout-à-fait, et l'Autriche ne fut plus qu'entraînée.

Petits détails intérieurs, etc. — Réflexions.

Mardi 14. — Ce matin on a servi à déjeuner du café plus supportable; il était même bon; l'Empereur a manifesté un vrai plaisir en le goûtant. Quelques momens plus tard il disait, en frottant son estomac de la main, qu'il en sentait le bien là. Il serait difficile de rendre mes sentimens à ces simples paroles : l'Empereur, en appréciant ainsi, contre son usage, une si légère jouissance, me découvrait sans le savoir les progrès de toutes les privations qu'on lui impose, et dont il ne se plaint pas.

Le soir, en remontant de notre promenade de l'après-dînée, l'Empereur dans sa chambre m'a lu le chapitre des *Consuls provisoires*, dicté à M. de Montholon. La lecture finie, l'Empereur a pris un ruban, et s'est mis à attacher lui-même les feuilles éparses. Il était tard : le silence de la nuit régnait autour de nous; je contemplais l'Empereur dans son travail qui se prolongeait.

Mes réflexions étaient ce jour-là tournées vers la mélancolie : je regardais ces mains qui ont régi tant de sceptres; elles étaient en cet instant occupées tranquillement, peut-être même non sans quelque charme, à rattacher de simples feuilles de papier auxquelles il imprime, il est vrai, des traits qui ne se perdront jamais; les portraits qu'il y sème demeureront des jugemens pour la postérité; c'est le livre de vie ou de mort pour beaucoup de ceux qui en sont l'objet. Je me disais silencieusement toutes ces choses, d'autres encore : « Et l'Empereur me lit tout cela! il me parle familièrement, il « me demande parfois ce que j'en pense; j'ose hasarder mon avis! ah! je ne « suis point à plaindre d'être venu à Sainte-Hélène!... »

Détails très privés, etc., etc. — Rapprochemens bien bizarres.

Mercredi 15. — Aussitôt après son dîner, l'Empereur est descendu dans son allée inférieure; il s'y est fait apporter son café, qu'il a pris en se promenant; la conversation est tombée sur l'amour. J'ai dû dire de fort belles choses et très délicates sur ce grand sujet, et me montrer fort sentimental; car l'Empereur, se mettant à rire de ce qu'il appelait mon gazouillement, m'a dit ne rien comprendre à mon verbiage de roman; et parlant à son tour très légèrement, il a affecté de vouloir paraître beaucoup plus familier avec les sensations qu'avec les sentimens. Je me suis permis de dire qu'il s'efforçait de se rendre plus mauvais que ne le portaient les relations du palais, relations très authentiques, bien que fort secrètes : « Et qu'ont-elles appris? » reprenait-il en me fixant gaiment. — Sire, on veut qu'au sommet de votre « toute-puissance, vous vous soyez laissé imposer de douces chaînes, que « vous vous soyez trouvé le héros d'un roman; que, dans une résistance qui « vous surprenait, vous vous soyez attaché à une simple dame : que vous « lui ayez bien écrit une douzaine de lettres; qu'elle vous ait amené et con« traint à vous soumettre au travestissement, à vous rendre seul nuitamment « chez elle dans sa propre demeure au milieu de Paris. — Mais comment « l'aurait-on su? » a-t-il dit en souriant, ce qui ne voulait pas dire non. « Et « on a ajouté sans doute, a-t-il continué, que c'était la plus grande impru« dence de ma vie, car si elle n'eût pas été honnête femme, que ne pouvait« il pas m'arriver, seul et déguisé, dans les circonstances où je me trouvais, « au milieu des embûches dont j'étais entouré? Mais que disait-on encore? « — Sire, on voulait que la postérité de Votre Majesté ne se bornât pas au « roi de Rome; la chronique secrète lui donnait deux aînés : l'un venu d'une « belle étrangère que vous auriez fort aimée en pays lointain; l'autre, fruit « d'une occupation plus voisine, au sein même de votre capitale. On voulait « que tous deux fussent venus à la Malmaison avant notre départ; l'un amené « par sa mère, l'autre introduit par son tuteur, tous deux les portraits vi« vans de leur père (1). »

L'Empereur riait beaucoup de tant de science, disait-il; et, une fois en gaieté, il s'est mis à repasser franchement et dans un entier abandon ses premières années, et m'a raconté force aventures de cœur et d'esprit. Je passe la première moitié. Dans la seconde, je citerai un souper, au commencement de la révolution, dans le voisinage de la Saône et en compagnie du fidèle Desmazzis, que l'Empereur racontait de la manière la plus plaisante; véritable guêpier, disait-il, où son éloquence patriotique avait eu fort à faire contre la doctrine opposée du reste des convives, et l'avait même presque mis en danger. « Nous étions alors sans doute vous et moi bien loin « l'un de l'autre? a-t-il observé. — Mais pas tant pour la distance, Sire, « ai-je répondu, quoique beaucoup assurément pour les doctrines. J'étais « alors aussi moi dans le voisinage de la Saône, sur un des quais de Lyon, « où des patriotes attroupés déclamant contre des canons qu'ils venaient de « découvrir dans des barques, et qu'ils appelaient une contre-révolution, « je me permis d'ouvrir, fort mal à propos, l'avis de s'assurer de ces canons « en leur faisant prêter le *serment civique*, ce qui était partout alors l'acte « du jour. Mon impertinence faillit me faire pendre. Vous voyez, Sire, que « j'aurais pu, au besoin, et dans cet instant-là même, balancer votre compte, « s'il vous fût arrivé malheur parmi vos aristocrates. » Ce rapprochement bizarre ne fut pas le seul de la soirée : l'Empereur m'ayant raconté une

---

(1) Un codicile de conscience, dans le testament de l'Empereur, et qui doit demeurer secret, est venu donner une complète réalité, dit-on, à ces conjectures.

anecdote intéressante de 1788, me dit : « Vous, où pouviez-vous être alors? « — Sire, répondis-je après quelques secondes de recherches, à la Martinique, soupant tous les soirs à côté de la future impératrice Joséphine. »

La pluie vint, il a fallu quitter cette allée, qui peut-être un jour, disait l'Empereur, ne reviendra pas sans charmes dans notre souvenir. « Cela « peut être, observais-je, mais assurément ce ne sera pas sans l'avoir quittée. »

Sur le faubourg Saint-Germain, etc. — L'Empereur sans préjugés, sans fiel, etc. — Paroles caractéristiques.

Jeudi 16. — Aujourd'hui l'Empereur s'informait du faubourg Saint-Germain; il me questionnait sur ce dernier boulevard, disait-il, de la vieille aristocratie, ce refuge encroûté des vieux préjugés; *la ligue germanique*, ainsi qu'il l'appelait. Je lui disais qu'avant les derniers revers, son pouvoir y avait pénétré de toutes parts; il se trouvait envahi, il n'en restait plus que le nom; il avait été ébranlé, vaincu par la gloire; les victoires d'Austerlitz et d'Iéna, le triomphe de Tilsitt, l'avaient conquis. Les jeunes gens, tous les cœurs généreux, n'avaient pu être insensibles au lustre de la patrie. Son mariage avec Marie-Louise avait porté le dernier coup; il n'y avait plus eu d'autres mécontens que ceux dont l'ambition était non satisfaite, ce qui se retrouve dans toutes les classes et dans tous les temps; ou bien encore quelques vieillards intraitables ou de vieilles femmes pleurant leur influence passée. Tous les gens raisonnables et sensés avaient plié sous les talens supérieurs du chef de l'Etat, et cherchaient à se consoler de leurs pertes, dans l'espoir d'un meilleur avenir pour leurs enfans; vers ce point se tournaient désormais toutes leurs illusions. Ils savaient gré à l'Empereur de sa partialité pour les anciens noms; tout autre, convenaient-ils, eût achevé de les anéantir. Ils mettaient du prix à la confiance avec laquelle l'Empereur s'était entouré d'eux, ils lui tenaient compte d'avoir dit, en se saisissant de leurs enfans pour l'armée : « Ces noms appartiennent à la « France, à l'histoire; je suis le tuteur de leur gloire, je ne les laisserai pas « périr. » Ces mots et d'autres semblables lui avaient fait un grand nombre de prosélytes.

L'Empereur disait en ce moment que ce parti n'avait peut-être pas été assez caressé. « Mon système de fusion le demandait, et je l'avais voulu, « ordonné même; mais les ministres, les grands intermédiaires, n'ont jamais bien rempli mes véritables intentions à cet égard, soit qu'ils n'y « vissent pas plus loin, soit qu'ils craignissent d'amener ainsi des rivaux « de faveur, et de diminuer leurs chances. M. de Talleyrand surtout s'y était « toujours montré contraire et n'avait jamais cessé de combattre l'ancienne « noblesse dans ma bienveillance et ma pensée. » Je lui faisais la remarque pourtant que le grand nombre de ceux qu'il avait appelés s'étaient bientôt montrés attachés à sa personne; qu'ils l'avaient servi de bonne foi, et étaient en général demeurés fidèles au moment de la crise. L'Empereur n'en disconvenait pas, et allait même jusqu'à dire que le roi revenu, et lui ayant abdiqué, cette double circonstance avait dû beaucoup influer sur certaines doctrines; qu'aussi, dans son jugement, il mettait une grande différence dans la même conduite tenue en 1814 ou en 1815.

Et ici je dois dire que depuis que j'apprends à connaître l'Empereur, je ne lui ai jamais vu encore un seul moment de colère ou d'animosité contre aucun de ceux qui se sont le plus mal conduits à son égard. Il ne s'exalte

pas sur ceux dont on lui vante la belle conduite : ils avaient fait leur devoir. Il ne s'emporte pas contre ceux qui se sont rendus si coupables ; il les avait en partie devinés ; ils avaient cédé à leur nature ; il les peignait froidement, sans fiel ; attribuait une partie de leur conduite aux circonstances, qu'il confessait avoir été bien difficiles ; rejetait le reste sur les faiblesses humaines. « La vanité avait perdu *Marmont* ; la postérité flétrira justement
« sa vie, disait-il ; pourtant son cœur vaudra mieux que sa mémoire. *Au-*
« *gereau* devait sa conduite à son peu de lumières et à son mauvais entou-
« rage ; *Berthier* à son manque d'esprit et à sa nullité, etc. »

Je faisais observer que ce dernier avait laissé échapper la plus belle occasion, la plus facile de s'illustrer à jamais, celle d'aller présenter de bonne foi ses soumissions au roi, et de le supplier de trouver bon qu'il allât dans la solitude pleurer celui qui l'avait honoré du titre de son compagnon d'armes et l'avait appelé son ami. « Eh bien ! quelque simple que fût cette
« marche, disait l'Empereur, elle était encore au dessus de ses forces. —
« Ses moyens, sa capacité avaient toujours été un objet de discussion parmi
« nous, disais-je alors ; le choix de Votre Majesté, votre confiance, votre
« grand attachement, nous étonnaient beaucoup. — C'est que Berthier,
« après tout, n'était pas sans talent, disait à cela l'Empereur ; et je suis
« loin de renier sa personne et mes sentimens ; mais ses talens, son mérite,
« étaient spéciaux et techniques, et hors de là sans nul esprit quelconque,
« et puis si faible !... » Je faisais observer que pourtant il était plein de prétentions et de morgue avec nous. « Et le titre de favori, disait l'Empereur,
« le comptez-vous pour rien ? » J'ajoutais qu'il était très dur, fort absolu.
« — Mais rien de plus impérieux, mon cher, disait alors l'Empereur, que la
« faiblesse qui se sent étayée de la force : voyez les femmes. »

L'Empereur dans ses campagnes avait Berthier dans sa voiture. C'était pendant sa route et sur les grands chemins que l'Empereur, parcourant les livres d'ordre et les états de situation, prenait ses décisions, arrêtait ses plans et ordonnait les mouvemens. Berthier en prenait note, et à la première station ou au premier moment de repos, soit de jour, soit de nuit, il expédiait à son tour tous les ordres et les différens détails particuliers avec une régularité, une précision et une promptitude admirables, disait l'Empereur ; c'était un travail pour lequel il était toujours prêt et infatigable.
« Voilà quel était le mérite spécial de Berthier ; il était des plus grands et
« des plus précieux pour moi ; nul autre n'eût pu le remplacer. »

Je reviens encore à quelques touches caractéristiques sur l'Empereur. Il est sûr qu'il parle froidement, sans passion, sans préjugés, sans ressentiment des circonstances et des personnes qui remplissent sa vie. On sent qu'il pourrait devenir l'allié de ses plus cruels ennemis, comme de vivre avec l'homme qui lui a fait le plus de mal. Il parle de son histoire passée comme si elle avait déjà trois cents ans de date ; ses récits et ses observations ont le langage des siècles ; c'est une ombre conversant aux Champs-Élysées, de vrais dialogues des morts. Il s'exprime souvent sur lui-même comme sur une tierce personne ; parlant des actes de l'Empereur, indiquant les faits que l'histoire pourrait lui reprocher, analysant les raisons et les motifs qu'on pourrait alléguer pour sa justification.

Il n'aurait pas, disait-il, à s'excuser d'aucune faute sur autrui, n'ayant jamais suivi que sa propre décision ; il aurait à se plaindre tout au plus de fausses informations, mais jamais de mauvais conseils. Il s'était entouré de plus de lumières possible, mais s'en était toujours tenu à son propre

jugement; il était loin de s'en repentir. « C'est, disait-il, l'indécision et
« l'anarchie dans les moteurs, qui amènent l'anarchie et la faiblesse dans
« les résultats. Pour être équitable sur les fautes produites par la seule dé-
« cision personnelle de l'Empereur, continuait-il, il faudrait mettre en ba-
« lance les grandes actions dont on l'aurait privé (1), et les autres fautes
« que lui auraient fait commettre les conseils auxquels on lui reproche de
« ne pas s'être abandonné, etc. »

Dans la complication des circonstances de sa chute, il voit les choses tellement en masse, et de si haut, que les hommes lui échappent. Jamais on ne l'a surpris animé contre aucun de ceux dont on croirait qu'il a le plus à se plaindre. Sa plus grande marque de réprobation, et je m'en suis convaincu bien souvent, est de garder le silence sur leur compte, quand on les mentionne devant lui. Mais combien de fois on l'a vu arrêter les expressions violentes et moins retenues de nous qui l'entourions. « Vous ne connaissez pas
« les hommes, nous disait-il alors, ils sont difficiles à saisir quand on veut
« être juste. Se connaissent-ils, s'expliquent-ils bien eux-mêmes? La plupart
« de ceux qui m'ont abandonné, si j'avais continué d'être heureux, n'eus-
« sent peut-être jamais soupçonné leur propre défection. Il est des vices et
« des vertus de circonstance. Nos dernières épreuves sont au dessus de
« toutes les forces humaines ! Et puis j'ai plutôt été abandonné que trahi ;
« il y a eu plus de faiblesse autour de moi que de perfidie : c'est le *reniement*
« *de saint Pierre*, le repentir et les larmes ont pu être à la porte. A côté de
« cela, qui, dans l'histoire, eut plus de partisans et d'amis ? qui fut plus
« populaire et plus aimé? qui jamais laissa des regrets plus ardens et plus
« vifs?... Voyez la France ; d'ici sur mon roc, ne serait-on pas tenté de dire
« que j'y règne encore? Les rois et les princes, mes alliés, m'ont été fidèles
« jusqu'à extinction, ils ont été enlevés par les peuples en masse ; et ceux
« des miens qui étaient autour de moi se sont trouvés enveloppés, tout
« étourdis, dans un tourbillon irrésistible... Non, la nature humaine pou-
« vait se montrer plus laide, et moi plus à plaindre ! »

Sur les officiers de sa maison en 1814, etc. — Projet d'adresse.

Vendredi 17. — Aujourd'hui l'Empereur me questionnait sur les officiers de sa maison. A l'exception de deux ou trois au plus qui avaient excité les mépris du parti même vers lequel ils avaient été transfuges, il n'y avait guère rien à dire sur le reste; la très grande majorité avait même montré un dévouement actif. L'Empereur alors s'est enquis particulièrement de quelques uns, en les citant par leurs noms, et je n'avais qu'à applaudir à tous. « Que me dites-vous là ? a-t-il dit au sujet de l'un d'eux en m'inter-
« rompant vivement. Et moi qui l'ai si mal reçu aux Tuileries à mon retour.
« Ah ! que je crains d'avoir fait des injustices involontaires ! Ce que c'est
« lorsqu'on est obligé de s'en rapporter au premier mot, et qu'on n'a pas

(1) Dans une circonstance importante, on vint à bout de pousser un des membres de sa famille, le cardinal Fesch, à oser venir lui faire des représentations contre une de ses grandes entreprises. Ils se trouvaient dans une embrasure de fenêtre. L'Empereur, après avoir écouté assez long-temps, et avec plus de patience qu'on aurait pu le croire, interrompant tout à coup l'interlocuteur, et fixant le ciel : « Voyez-vous cette étoile? lui dit-il (or
« on était au milieu du jour). — Non. — Eh bien, moi je la vois, et très distinctement. Sur
« ce, bon jour! Retournez à vos affaires, et surtout fiez-vous-en à ceux qui voient un peu
« plus loin que vous.... »

« un seul instant pour la vérification ! Que je crains aussi d'avoir laissé bien
« des dettes de reconnaissance en arrière ! Qu'on est malheureux quand on
« ne peut pas tout faire soi-même ! »

Je repris : « Sire, il est vrai de dire que s'il y eut faute parmi les officiers
« de votre maison, elle ne fut pas autre que celle de toute la masse ; faute,
« du reste, qui a dû nous ravaler étrangement aux yeux des autres nations.
« Sitôt que le roi a paru, on s'est précipité vers lui, non pas comme vers
« le souverain que nous laissait votre abdication, mais comme vers celui qui
« n'avait jamais cessé de l'être ; non pas avec cette dignité de l'homme fier
« d'avoir constamment rempli tous ses devoirs, mais avec l'embarras équi-
« voque du courtisan qui a été maladroit. Chacun n'a cherché qu'à se justi-
« fier ; Votre Majesté se trouva dès cet instant désavouée, reniée ; la quali-
« fication d'Empereur disparut. Les ministres, les grands, les plus intimes
« de Votre Majesté, ne rougirent pas pour eux, pour leur nation, de ne
« plus dire que *Bonaparte*. On avait été contraint de servir, disait-on ; on
« n'avait pas pu faire autrement ; on eût eu trop de mauvais traitemens à
« redouter, etc. » L'Empereur trouvait bien là notre caractère national,
nous étions toujours les Gaulois d'autrefois ; la légèreté, la même incons-
tance, et surtout la même vanité. « Quand pourrons-nous enfin, disait-il,
« échanger celle-ci contre un peu d'orgueil !...... »

« Toutefois, disais-je, les officiers de la maison de Votre Majesté ont
« laissé échapper une belle occasion de s'honorer tout en se rendant popu-
« laires : il y avait au delà de cent cinquante officiers de la maison ; un très
« grand nombre étaient des premiers noms, tous avaient une fortune indé-
« pendante ; c'était à eux qu'il convenait de présenter un exemple qui, suivi
« par d'autres, eût pu donner une tout autre impulsion à l'attitude natio-
« nale, et nous créer des droits à l'estime publique (1).—Eh bien, dit l'Em-
« pereur, il est sûr que si toutes les premières classes eussent agi de la
« sorte, les affaires eussent tourné bien différemment. Les vieux réacteurs
« n'eussent point rêvé leur chimère du bon vieux temps ; on ne serait pas
« venu vous parler de la ligne droite ni de la ligne courbe ; le roi se serait

(1) C'est dans cet esprit que fut rédigé, à l'exemple des autres corps, un projet d'adresse au roi, au nom des officiers de la maison de l'Empereur. En voici la substance :
« Sire, les soussignés, qui firent partie de la maison de l'Empereur Napoléon sollicitent
« de Votre Majesté le bienfait d'un regard particulier.
« Héritiers des obligations de leurs pères, ils furent dans les temps fidèles défenseurs du
« trône ; plusieurs ont suivi Votre Majesté, durant longues années, en terre étrangère, et
« scellé leur dévouement de la privation de leur patrimoine.
« Ce furent précisément ces principes connus et cette conduite avouée qui devinrent leur
« titre, et firent jeter les yeux sur eux quand il s'agit de relever un trône et de l'entourer.
« L'attente de celui qui s'environna de nous ne fut point trompée, elle ne pouvait l'être ;
« nous avons rempli ces nouvelles obligations avec *honneur et fidélité*. Ces sentimens, Sire,
« gages certains de tous les autres, nous suffiraient pour notre propre estime, si nous
« croyions pouvoir demeurer oisivement à l'écart ; mais doit-il être un repos absolu pour de
« loyaux et bons Français ? Et pourtant, si quelques-uns d'entre nous se croyaient réduits
« par délicatesse à attendre en silence de nouveaux devoirs, leur motif ne pourrait-il pas
« être méconnu ? D'un autre côté, ne pourrait-on pas se méprendre également sur ceux qui,
« ne cédant qu'à leur cœur, se précipiteraient au-devant des faveurs de Votre Majesté ?
« Telle est, Sire, la position particulière et si délicate dans laquelle nous nous trouvons ;
« mais elle a déjà cessé, si Votre Majesté a daigné l'entendre ; son ame royale comprendra
« le mouvement délicat qui nous guide en cet instant ; et accueillera nos vœux sincères de
« la servir, ainsi que la patrie, avec notre zèle et notre fidélité accoutumés. »
Il devint difficile de trouver des signatures à un acte aussi mesuré. On aurait de la peine à croire que cet aveu authentique et non réprouvé de nos fonctions, les mots d'Empereur

« attaché tout bonnement à sa charte ; moi, je n'eusse pas songé à quitter
« l'île d'Elbe; la tête de la nation se serait inscrite dans l'histoire avec plus
« d'honneur et de dignité : nous y aurions tous gagné. »

Idée de l'Empereur de se réserver la Corse. — Opinion sur Robespierre. — Idée sur l'opinion publique. — Intention expiatoire de l'Empereur sur les victimes de la révolution.

Samedi 18. — Après le travail accoutumé, l'Empereur m'a amené au jardin vers les quatre heures. Il venait de finir la dictée sur la Corse : ayant épuisé le sujet sur cette île, celui de Paoli, et parlé de l'influence que lui-même s'y était créée si jeune encore, lors de sa séparation politique d'avec Paoli, il a ajouté que dernièrement il eût été bien sûr d'y réunir tous les vœux, toutes les opinions, tous les efforts ; que s'il s'y était retiré en quittant Paris, il eût été à l'abri contre toute puissance étrangère ; il en avait eu la pensée. En abdiquant pour son fils, il avait été sur le point de se réserver la jouissance de la Corse durant sa vie ; aucun obstacle de mer ne l'eût empêché d'y arriver. Il ne le voulut point, pour rendre, disait-il, son abdication plus franche, plus fructueuse pour la France. Son séjour au centre de la Méditerranée, au sein de l'Europe, si près de la France et de l'Italie, pouvait demeurer un prétexte durable pour les alliés. Il préféra même l'Amérique à l'Angleterre, par le même motif et dans la même pensée : il est vrai qu'il n'avait pas prévu, disait-il, et ne pouvait prévoir, d'après la confiance de ses démarches, l'injuste et violente déportation à Sainte-Hélène.

Plus tard l'Empereur, parcourant divers points de la révolution, s'est arrêté sur *Robespierre*, qu'il n'a pas connu, il est vrai, mais auquel il ne croyait ni talent, ni force, ni système. Il le pensait néanmoins le vrai bouc émissaire de la révolution, immolé dès qu'il avait voulu entreprendre de l'arrêter dans sa course ; destinée commune, du reste, observait-il, à tous ceux qui, jusqu'à lui, Napoléon, avaient osé l'essayer. Les terroristes et leur doctrine ont survécu à Robespierre ; et si leurs excès ne se sont pas continués, c'est qu'il leur a fallu plier devant l'opinion publique. Ils ont tout jeté sur Robespierre ; mais celui-ci leur répondait, avant de périr, qu'il était étranger aux dernières exécutions ; que, depuis six semaines, il n'avait pas paru aux comités. Napoléon confessait qu'à l'armée de Nice, il avait vu de longues lettres de lui à son frère, blâmant les horreurs des commissaires conventionnels, qui perdaient, disait-il, la révolution par leur tyrannie et leurs atrocités, etc., etc. Cambacérès, qui doit être une autorité sur cette époque, observait l'Empereur, a répondu à l'interpellation qu'il lui adressait un jour sur la condamnation de Robespierre, par ces paroles remarquables : « Sire, cela a été un procès jugé, mais non plaidé, » ajoutant que Robespierre avait plus de suite et de conception qu'on ne pensait ; qu'après avoir renversé les factions effrénées qu'il avait eues à combattre, son intention avait été le retour à l'ordre et à la modération. « Quelque

---

Napoléon surtout, furent de grandes objections. Chacun y trouva la sienne, suivant son caractère ; telles furent les mœurs du jour. On ne put réunir que dix-sept signatures ; dix-huit ou vingt promirent de s'y joindre quand il y en aurait vingt-cinq, mais aucun ne voulait aider à compléter ce nombre. Deux même, croyant avoir commis une crânerie qu'ils n'avaient pas bien comprise, leur intention n'ayant été que de solliciter la confirmation de leurs places, recoururent après leur signature, et la raturèrent. L'original de cette pièce doit être demeuré entre les mains d'un des signataires à Paris ou à Versailles.

« temps avant sa chute, ajoutait Cambacérès, il prononça un discours à ce
« sujet, plein des plus grandes beautés : on ne l'a point laissé insérer au
« *Moniteur*, et toutes les traces nous en ont été enlevées. »

Ce n'est pas la première fois que j'ai entendu parler d'une lacune d'exactitude dans le *Moniteur*. Il doit y avoir, vers ce temps là, dans les transactions de l'Assemblée, une époque tout-à-fait infidèle, les procès-verbaux ayant été arbitrairement rédigés par l'un des comités.

Ceux qui sont portés à croire que Robespierre, étant lassé, gorgé, effrayé de la révolution, avait résolu de l'arrêter, disent qu'il ne voulut agir qu'après avoir lu son fameux discours : il le trouvait si beau qu'il ne doutait pas de son effet sur l'Assemblée. S'il en est ainsi, son erreur ou sa vanité lui coûtèrent cher.

Ceux qui pensent différemment objectent que Danton et Camille Desmoulins avaient précisément la même pensée, et que pourtant Robespierre les immola. Les premiers répondent que ce ne serait pas une raison ; que Robespierre les immola pour conserver sa popularité, quand il jugea que le moment n'était pas encore venu ; ou bien encore pour ne pas leur laisser la gloire de l'entreprise.

Quoi qu'il en soit, plus on s'est rapproché des instrumens et des acteurs de cette catastrophe, et plus on y a trouvé d'obscurité et de mystère : cela ne fera que s'accroître encore avec le temps ; aussi la vérité de l'histoire, sur ce point comme sur tant d'autres, ne sera probablement pas ce qui a eu lieu, mais seulement ce qui sera raconté.

Au sujet de ce même Robespierre, l'Empereur disait qu'il avait beaucoup connu son frère, représentant à l'armée d'Italie. Il n'en disait point de mal ; il l'avait conduit au feu, lui avait inspiré beaucoup de confiance et un grand enthousiasme pour sa personne ; si bien que, rappelé par son frère, quelque temps avant le 9 thermidor qui se préparait sourdement, Robespierre le jeune voulait absolument mener Napoléon à Paris. Celui-ci eut toutes les peines du monde à s'en défendre, et ne parvint à lui échapper qu'en faisant intervenir le général en chef Dumerbion, dont il avait toute la confiance, et auquel il se montra comme absolument nécessaire. « Si je l'eusse suivi,
« disait l'Empereur, quelle pouvait être la différence de ma destinée ? A quoi
« tient, après tout, une carrière ? On eût sans doute voulu m'employer ;
« je pouvais donc être destiné, dès cet instant, à tenter une espèce de ven-
« démiaire. Mais j'étais bien jeune encore, je n'avais point alors mes idées
« arrêtées comme je les ai eues depuis ; je crois bien que je n'eusse pas
« voulu l'accepter. Mais, dans le cas contraire, et même victorieux, quels
« résultats eussé-je pu espérer ? En vendémiaire, la fièvre de la révolution
« était tout-à-fait affaissée ; en thermidor, elle était encore dans toute sa
« force, dans la rage de son ascension et de ses excès, etc., etc.

« L'opinion publique, disait-il dans un autre moment et sur un autre su-
« jet, est une puissance invisible, mystérieuse, à laquelle rien ne résiste ;
« rien n'est plus mobile, plus vague et plus fort ; et toute capricieuse qu'elle
« est, elle est cependant vraie, raisonnable, juste, beaucoup plus souvent
« qu'on ne pense.

« Etant consul provisoire, un des premiers actes de mon administration
« fut la déportation d'une cinquantaine d'anarchistes. L'opinion publique,
« à laquelle ils étaient en horreur, tourna subitement pour eux, disait l'Em-
« pereur, et me força de reculer. Mais quelque temps après, ces mêmes
« anarchistes ayant voulu comploter, ils furent terrassés de nouveau par

« cette même opinion qui me revint aussitôt. C'était ainsi qu'à la restaura-
« tion, en s'y prenant mal, on était venu à bout de rendre les régicides po-
« pulaires, eux que la masse de la nation proscrivait un instant auparavant.
   « Il n'appartenait qu'à moi, disait-il, de pouvoir relever en France la
« mémoire de Louis XVI, et laver la nation des crimes dont l'avaient
« souillée quelques forcenés et des fatalités malheureuses. Les Bourbons,
« étant de la famille et venant du dehors, ne faisaient que venger leur cause
« particulière et accroître l'opprobre national. Moi, au contraire, parti
« du peuple, je soignais sa gloire en faisant, en son nom, sortir des rangs
« ceux qui l'avaient souillée, et c'était bien mon intention ; mais j'y procé-
« dais avec sagesse : les trois autels expiatoires à Saint-Denis n'avaient été
« qu'un prélude; le Temple de la Gloire sur les fondemens de la Madeleine
« devait y être consacré avec un bien plus grand éclat : c'était là, près de
« leur tombeau, sur leurs ossemens mêmes, que les monumens des hommes
« et les cérémonies de la religion eussent relevé, au nom du peuple fran-
« çais, la mémoire des victimes politiques de notre révolution. C'était un
« secret qui n'a pas été connu de plus de dix personnes ; mais encore avait-il
« fallu en laisser percer quelque chose à ceux qui dirigeaient l'ordonnance
« de cet édifice. Du reste, je ne l'aurais pas fait avant dix ans, et encore eût-
« il fallu voir les précautions que j'y aurais employées, comme tout y eût
« été arrondi, les aspérités soigneusement écartées. Tous eussent pu y ap-
« plaudir, aucun n'en eût souffert. Tout consiste tellement dans les cir-
« constances et dans les formes, continuait-il, que Carnot n'aurait pas osé
« écrire un mémoire sous mon règne pour se vanter de la mort du roi, et il
« l'a fait sous les Bourbons. C'est que j'eusse marché avec l'opinion publi-
« que pour l'en punir, tandis que l'opinion publique marchait avec lui pour
« le rendre inattaquable. »

Cascade de Briars.

Dimanche 19. — Mon fils et moi nous nous trouvions levés de bon matin, notre tâche avait été finie dès la veille; et l'Empereur ne devant pas me faire demander de long-temps encore, nous avons profité de la fraîcheur du moment pour explorer notre voisinage.

En remontant la vallée de James-Town, il se trouve sur la droite de notre petit plateau de Briars un ravin très profond, coupé de nombreuses crevasses à pic; nous y sommes descendus, non sans beaucoup de peine, et sommes arrivés sur les bords d'un petit ruisseau limpide, présentant une grande abondance de cresson. Nous nous sommes amusés, et comme en herborisant, à remonter le vallon et le ruisseau, et, après quelques sinuosités, nous avons bientôt atteint leur extrémité ou leur origine, formée par un énorme mur de rocher à pic qui les barre transversalement, et du haut duquel tombait, en forme de gouttière avancée, une fort jolie cascade composée des eaux supérieures environnantes, dont la chute dans le vallon dessinait le ruisseau que nous avions remonté, et qui roule parfois en torrent jusqu'à la mer. Cette cascade, en ce moment, se dissipait au dessus de nos têtes en pluie fine ou vapeur légère; mais, dans les momens d'orage, elle doit verser à torrens, et fournir des flots qui sillonnent avec fracas le ravin jusqu'à la mer. L'ensemble formait pour nous un spectacle sombre, solitaire, mélancolique, tout-à-fait attachant, dont nous ne nous sommes arrachés qu'avec peine.

Aujourd'hui, qui était dimanche, nous nous sommes trouvés tous réunis à dîner auprès de l'Empereur : il observa gaiement que nous formions le grand couvert. Après le dîner, le cercle de nos diversions n'étant pas grand, il demanda si nous irions ce soir à la comédie, à l'opéra ou à la tragédie ; on s'est décidé pour la comédie, et il a lu lui-même une partie de *l'Avare*, qui a été continué par d'autres. L'Empereur était enrhumé, il avait un peu de fièvre ; il est rentré de bonne heure chez lui, en me recommandant de le voir plus tard, s'il ne dormait pas. J'ai accompagné les nôtres avec mon fils dans leur retour à la ville ; en rentrant, l'Empereur était couché.

Première et seule excursion durant le séjour à Briars. — Bal de l'amiral.

Lundi 20. — L'Empereur, après son travail avec l'un de ces messieurs, m'a fait appeler vers les cinq heures. Il se trouvait déjà seul ; ces messieurs et mon fils étaient partis de bonne heure pour la ville, où l'amiral donnait un bal. Nous nous sommes promenés sur le grand chemin vers James-Town, jusqu'au point d'où l'on découvre, en face, la rade et les vaisseaux, et sur la gauche, dans le fond de la vallée, une jolie petite habitation. L'Empereur l'a considérée long-temps, parcourant avec sa lunette le jardin qui semblait très soigné, et où l'on voyait courir de fort jolis petits enfans, surveillés par leur mère. On nous avait dit que cette habitation appartenait au major Hodson, habitant de l'île, celui-là même qui m'avait prêté *l'Annual register*. Elle était située au fond du ravin qui prenait naissance dans notre voisinage de Briars, au pied de la cascade dont j'ai parlé plus haut. Il a pris fantaisie à l'Empereur d'y descendre, il était pourtant près de six heures. La route est extrêmement rapide, nous l'avons trouvée plus longue et plus difficile que nous ne l'avions pensé ; nous sommes arrivés tout haletans. Après avoir parcouru la petite demeure qu'on voyait bien être appropriée par une main qui comptait l'habiter, et non par celle d'un passager en terre étrangère ; après avoir reçu les politesses du maître, fait quelques complimens à la maîtresse, l'Empereur songea à quitter ce bon ménage ; mais la nuit était venue, nous étions fatigués, nous avons accepté des chevaux qui nous ont fait regagner promptement notre cabute et notre dîner. Cette petite excursion et l'exercice du cheval, délaissé depuis si long-temps, ont semblé faire du bien à l'Empereur.

Il m'avait commandé d'aller au bal, en dépit de ma répugnance. A huit heures et demie, il eut la bonté de remarquer que la nuit était fort obscure, le chemin mauvais, qu'il était temps que je le quittasse, qu'il le voulait, et a gagné sa chambre, où je l'ai vu se déshabiller et se mettre au lit. Il m'a commandé de nouveau de partir ; je le faisais avec un vrai regret ; je le laissais seul, je brisais une habitude qui m'était devenue bien douce.

Je me suis rendu à la ville à pied. L'amiral avait donné beaucoup d'éclat à son bal ; depuis long-temps on ne cessait d'en parler ; il semblait vouloir persuader qu'il n'était que pour nous ; il nous y avait solennellement invités. Convenait-il d'accepter ou de ne pas s'y rendre ? L'un et l'autre pouvaient également se soutenir : les infortunes politiques n'imposent pas l'attitude du deuil domestique ; il n'y a nulle inconvenance, il peut même être utile de se mouvoir au milieu de ses geôliers ; on pouvait donc prendre indifféremment l'un ou l'autre parti. On se décida à y aller ; mais alors quel rôle y tenir ? celui de la fierté ou celui de l'adresse ? Le premier parti avait des inconvéniens ; dans notre position, toute prétention blessée devenait une injure. Le second n'en présentait aucun; recevoir en homme de bonne compagnie, à qui elles sont dues et qui y est accoutumé, les moindres politesses; ne pas s'apercevoir de celles qu'on n'obtiendrait pas; c'était sans doute le mieux. Je suis arrivé très tard au bal, et en suis sorti de bonne heure, très satisfait sous tous les rapports.

Ma conduite durant l'île d'Elbe.

Mardi 21, mercredi 22. — L'Empereur, aux questions duquel j'avais répondu souvent sur la ligne de conduite d'un grand nombre de ses ministres, des membres de son conseil, des officiers de sa maison, durant son éloignement à l'île d'Elbe, m'a entrepris à mon tour à ce sujet, me disant : « Mais vous-même, mon cher, qu'avez-vous fait sous le roi? Que vous est-« il arrivé durant tout ce temps? Allons, un rapport là-dessus, vous savez « que c'est ma manière; c'est la seule pour bien classer ce que l'on dit et ce « que l'on veut apprendre, et puis ce sera un article de plus pour votre « journal. Eh! ne voyez-vous pas, ajouta-t-il en riant, que vos biographes « n'auront qu'à prendre? ils trouveront tout fait. »

« — Sire, le voici mot à mot; j'ai bien peu à dire. Je commandais, au « 31 mars, la dixième légion de Paris, celle du Corps Législatif. Nous per-« dîmes, dans la journée, un assez bon nombre d'hommes. Dans la nuit, « j'appris la capitulation; j'écrivis à celui qui me suivait que je lui remet-« tais ma légion; qu'à titre de membre du Conseil d'État, j'avais antérieu-« rement eu ordre de me rendre ailleurs, mais que je n'avais pas voulu « quitter ma légion au moment du danger; que ce qui venait d'arriver chan-« geant les circonstances, j'allais courir à de nouveaux devoirs.

« Au point du jour, je me jetai sur la route de Fontainebleau, au milieu « des débris de Marmont et de Mortier. J'étais à pied; mais je comptais « acheter facilement un cheval. J'éprouvai bientôt que des soldats en re-« traite ne sont ni justes ni aimables; mon uniforme de garde nationale, « dans ce moment de désastre, était honni, ma personne maltraitée. Au « bout d'une heure de marche, harassé de fatigue et de deux ou trois nuits « blanches, n'apercevant autour de moi aucune figure de connaissance, sans « apparence de pouvoir me procurer un cheval, je pris le parti de rentrer « tristement dans la capitale.

« La garde nationale fut commandée pour orner l'entrée triomphale des « ennemis; elle était menacée de fournir un service d'honneur auprès des « souverains qui nous avaient vaincus. Je résolus d'être absent de ma de-« meure; j'avais mis ma femme et mes enfans en sûreté hors de Paris, une « ou deux semaines auparavant, et j'allai demander l'hospitalité pour quel-« ques jours à un ami. Je ne sortis plus que sous une mauvaise redingote, « courant les rues, les cafés, les places publiques, les groupes: j'avais à « cœur d'observer les hommes et les choses, et surtout de connaître le vé-« ritable esprit du peuple. Que de choses, dans cette situation, dont je fus « le témoin!

« Je vis, autour du logement de l'empereur de Russie, des hommes dis-« tingués par leur rang, et se disant Français, s'évertuer en cent façons au « milieu de la multitude, pour l'amener à crier : *Vive Alexandre! notre li-« bérateur!*

« Je vis, Sire, votre statue de la place Vendôme fatiguer, épuiser tous

« les efforts de quelques misérables de la lie du peuple, soldés par des gens
« d'un grand nom.

« Enfin je vis, à l'un des coins de cette même place Vendôme, devant l'hô-
« tel du commandant de la place, un officier de votre maison, le soir même
« du premier jour, vouloir débaucher de jeunes conscrits pour un tout au-
« tre service que le vôtre, et recevoir d'eux des leçons qui eussent dû le faire
« rougir, s'il en eût été susceptible.

« Nul doute que ceux dont je parle ici ne prononçassent que je me trouvais
« en ce moment au milieu de la *canaille*; et pourtant je dois à la vérité de dire
« que du moins ce n'était pas du tout de ce côté que partaient les turpitudes du
« jour. Leurs actes étaient loin d'y obtenir l'approbation; ils s'y trouvaient
« censurés, au contraire, par la droiture, la générosité, les sentimens no-
« bles, descendus sur la place publique. Quels reproches je pourrais faire
« entendre, si je répétais tout ce qui fut dit à cet égard!

« Votre Majesté abdiqua; j'avais refusé ma signature à l'adhésion du
« Conseil d'État; je crus alors, je ne sais trop pourquoi, devoir y suppléer
« par une adhésion additionnelle. Le *Moniteur* était plein chaque jour de
« pareilles pièces; mais la mienne ne mérita pas les honneurs de l'impres-
« sion, elle fut même refusée.

« Enfin le roi arriva, c'était désormais notre souverain. Un jour fut indi-
« qué par lui pour recevoir ceux qui avaient eu l'honneur d'être présentés
« à Louis XVI; j'allai aux Tuileries jouir de cette prérogative. Que ne me
« dirent-ils pas ces murs, naguère encore si pleins de votre gloire et de
« votre puissance! Et pourtant je me présentais sincèrement et de bonne
« foi; je n'y voyais pas assez loin pour penser que vous dussiez jamais y re-
« paraître.

« Les députations au roi se multiplièrent à l'infini : une réunion de toute
« l'ancienne marine eut son jour. Je répondis à celui qui me le transmettait
« qu'aucun n'avait plus à cœur de se réunir à ses anciens camarades; qu'il
« ne serait pas parmi eux des vœux plus sincères que les miens; mais que
« les emplois que j'avais remplis me plaçaient dans une situation particu-
« lière et délicate, qui m'imposait la prudence de ne pas me trouver où le
« zèle d'un président pourrait employer des expressions que je ne pouvais,
« ni ne devais, ni ne voulais approuver de ma pensée ni de ma présence.

« Plus tard, en dépit de mon chagrin et de mon dégoût, je voulus pourtant,
« à la sollicitation d'anciens amis, songer à faire quelque chose : on recom-
« posait le Conseil d'État, beaucoup de membres du dernier me dirent qu'en
« dépit de mes conjectures récentes sur ce point, rien pourtant n'était plus
« facile que de s'y faire conserver; qu'ils y avaient réussi seulement en al-
« lant trouver le chancelier de France. Je ne me sentis pas le courage de
« dérober à Sa Grandeur un seul de ses momens, et je me contentai de lui
« écrire que j'avais été maître des requêtes au dernier Conseil d'État; que si
« ce n'était pas un motif d'exclusion pour faire partie du nouveau, je le
« priais de me placer sous les yeux du roi comme conseiller d'État. Je ne
« me ferais pas, disais-je, un titre à ses yeux de onze ans d'émigration, ni
« de la perte de mon patrimoine dans la cause du roi; je n'avais fait, dans
« ce temps, que ce que j'avais cru alors mon devoir, et que toutes les fois
« que je m'en étais connu, je les avais remplis fidèlement *jusqu'à leur ex-
« tinction*. Cette phrase me priva, comme on le pense, même de l'honneur
« d'une réponse.

« Cependant la nouvelle situation de Paris, la vue des étrangers, les accla-

« mations de tous genres me rendaient trop malheureux, et je suivis, comme
« un trait de lumière, la pensée d'aller à Londres passer quelque temps
« auprès d'anciens amis capables de me procurer toutes les consolations
« dont je pouvais être susceptible; mais il me sembla que je retrouverais à
« Londres le même spectacle et les mêmes acclamations qui m'avaient mis
« en fuite de Paris, et c'était vrai. Tout y était fêtes, réjouissances, specta-
« cles, au sujet de leur triomphe et de notre abaissement.

« Pendant que je m'y trouvais encore, on fit à Paris la nouvelle organisa-
« tion de la marine; un de mes anciens camarades, que j'avais perdu de vue
« depuis long-temps, le *chevalier de Grimaldy*, se trouvait membre du
« comité de l'organisation nouvelle; il passa chez moi, dit à ma femme qu'il
« y était conduit par la surprise de n'avoir pas trouvé mes réclamations;
« que la loi me donnait le droit de rentrer dans le corps, ou d'avoir ma
« retraite avec pension déjà fixée; qu'elle devait me décider là-dessus, et
« s'en reposer sur son amitié, bien que le terme touchât à sa fin. Je fus plus
« sensible à cette marque d'affection qu'à la faveur qu'elle cherchait à me
« procurer. Toutefois j'écrivis au comité qu'ayant à cœur de pouvoir porter
« un habit qui m'était cher, je le priais de me faire accorder le titre de
« capitaine de vaisseau *honoraire*; que quant à la pension, j'y renonçais,
« ne m'y croyant aucun droit.

« Je revins à Paris; la divergence des opinions, l'irritation des esprits
« m'y parurent extrêmes. Depuis long-temps je m'étais fort retiré du monde;
« je me confinai en ce moment uniquement dans mon ménage, au milieu
« de ma femme et de mes enfans : jamais je n'avais été meilleur mari ni
« meilleur père, et peut-être aussi ne fus-je jamais aussi heureux.

« Un jour je lus, dans le *Journal des Débats*, l'extrait d'un ouvrage de
« M. Alphonse Beauchamp, donnant le nom de quelques gentilshommes réunis
« le 31 mars sur la place Louis XV pour provoquer à la royauté; le mien s'y
« trouvait : il était en bonne compagnie sans doute; mais enfin je ne mé-
« ritais rien de pareil, et j'avais beaucoup à perdre dans l'estime d'une foule
« de gens, s'ils avaient pu le croire. J'écrivis donc pour prier de relever
« cette erreur qui m'attirait des félicitations qui ne m'étaient pas dues. Je
« m'étais rendu cette démarche impossible, disais-je, quelque attrait d'ail-
« leurs qu'elle eût pu me présenter. Commandant d'une légion de la garde
« nationale, j'avais contracté des engagemens dont aucune affection sur la
« terre n'aurait pu me dégager, etc. J'envoyai ma lettre au député Chabaud
« Latour, que j'aimais beaucoup; c'était l'un des propriétaires du journal,
« il ne voulut pas se prêter à sa publication par pure bienveillance; je
« l'adressai au rédacteur; il ne l'inséra pas par différence d'opinion.

« Cependant la disposition des esprits annonçait une catastrophe inévi-
« table et prochaine; tout faisait présager aux Bourbons le sort des Stuarts.
« Ma femme et moi nous lisions chaque soir cette époque fameuse, décrite
« par Hume; nous l'avions commencée à Charles Ier, et Votre Majesté parut
« avant que nous eussions pu atteindre Jacques II. » (Ici l'Empereur ne put
s'empêcher de rire.)

« Ce fut pour nous, continuai-je, un grand sujet de saisissement et
« d'anxiété que votre marche et votre arrivée. J'étais loin de prévoir l'hono-
« rable exil volontaire qu'elle devait me valoir par la suite, d'autant plus
« que j'étais alors peu connu de Votre Majesté, et que les circonstances,
« nées de l'événement même, m'y ont seules conduit. Si j'avais occupé le
« moindre emploi sous le roi, si même l'on m'eût vu souvent aux Tuileries,

« ce qui eût été très simple et fort légitime, je n'eusse pas paru de long-
« temps devant Votre Majesté ; non que je me fusse rien reproché, ou que
« mes vœux pour vous n'eussent été bien tendres, mais parce que je n'eusse
« pas voulu passer pour un meuble de cour, ou sembler toujours prêt à
« encenser le pouvoir partout où il se présente : j'eusse attendu de l'emploi,
« au lieu de me précipiter pour en obtenir. Mais ici je me trouvais tellement
« libre, tout en moi était en si parfaite harmonie, qu'il me semblait que je
« faisais partie de ce grand événement. Je courus donc avec ardeur vers le
« premier regard de Votre Majesté, je me trouvais des droits à toute sa
« bienveillance et à toutes ses faveurs. Au retour de Waterloo, les mêmes
« sentimens et le même zèle m'ont porté, aussitôt et spontanément, auprès
« de votre personne ; je ne l'ai plus quittée. Et si je ne suivis alors que sa
« gloire publique, je suivrais aujourd'hui ses qualités personnelles ; et s'il
« est vrai qu'il m'en a coûté alors quelque sacrifice, je m'en trouve aujour-
« d'hui payé au centuple par le bonheur de pouvoir vous le dire.

« Du reste, il serait difficile de peindre mon extrême dégoût de toutes
« choses durant les dix mois de votre absence : le mépris absolu des hommes
« et des vanités de ce monde, toutes les illusions détruites ; chaque chose
« me semblait sans couleur ; tout me paraissait fini, ou mériter à peine
« qu'on y attachât le moindre prix. J'avais reçu la croix de Saint-Louis
« dans l'émigration ; une ordonnance voulait qu'on la légitimât par un brevet
« nouveau. Je ne me sentis pas la force d'en faire la demande. Une autre
« ordonnait qu'on se fît confirmer les titres donnés par Votre Majesté : il
« me demeura indifférent de compromettre ceux que j'avais reçus sous
« l'empire. Enfin l'on m'écrivit du ministère de la marine que mon brevet
« de capitaine de vaisseau venait d'y arriver, et il y est encore.

« L'absence de Votre Majesté fut pour moi un veuvage dont je n'avais
« dissimulé à personne ni les regrets ni la douleur ; aussi j'en recueillis le
« fruit à votre retour, dans le témoignage de ceux qui vous entouraient, et
« de qui j'étais à peine connu auparavant. Au premier lever de Votre Majesté,
« celui qui dirigeait par intérim les relations extérieures, M. *d'Hauterive*,
« sortant d'auprès de vous, me prit dans une embrasure de fenêtre pour me
« dire de graisser mes bottes, qu'on allait peut-être me faire faire un voyage ;
« il venait de me proposer, me disait-il, à Votre Majesté, ajoutant qu'il
« m'avait présenté comme fou, mais fou d'elle. Je désirai savoir de quel
« lieu il s'agissait ; c'était ce qu'il ne voulait ni ne pouvait me dire. J'ai su
« plus tard que c'était pour Londres.

« M. *Regnault de Saint-Jean-d'Angely* me mit sur la liste des commissaires
« impériaux que Votre Majesté envoyait dans les départemens. Je l'assurai
« que j'étais prêt à tout ; je lui fis observer seulement que, *noble et émigré*,
« il suffisait de ces deux mots prononcés par le premier venu pour m'annuler
« au besoin en tout temps et en tout lieu. Il trouva mon observation juste,
« et n'y pensa plus.

« Un sénateur, M. *Rœderer*, me demanda à Votre Majesté pour la pré-
« fecture de Metz, sa ville natale, sollicitant même de moi ce sacrifice, pour
« trois mois seulement, disait-il, afin de concilier les esprits et de mettre
« les choses en bon train. Enfin *Decrès* et le *duc de Bassano* me proposèrent
« pour conseiller d'État, et le troisième jour de son arrivée Votre Majesté
« en avait déjà signé le décret. »

Jeudi 23. — L'Empereur a été fort souffrant ; il est demeuré enfermé chez
lui, et n'a voulu recevoir personne. Il m'a fait demander sur les neuf heures

du soir ; je l'ai trouvé très abattu, fort triste ; il m'a à peine dit quelques mots, et moi je n'ai rien osé lui dire. Si sa souffrance était physique, j'avais une vive inquiétude ; si elle était morale, mon chagrin était grand de ne pouvoir employer vis-à-vis de lui toutes les ressources dont le cœur abonde pour celui qu'on aime véritablement. Il m'a renvoyé au bout d'une demi-heure.

Vendredi 24. — L'Empereur a continué d'être fort souffrant, et n'a voulu encore voir personne. Assez tard, il m'avait fait venir pour dîner avec lui. On a servi sur une très petite table, à côté de son canapé sur lequel il est resté ; il a mangé assez bien. Il se sentait le besoin d'une secousse, qui arriverait bientôt, disait-il, tant il connaissait sa constitution. Après dîner, l'Empereur a pris les Mémoires du maréchal de Villars, qui l'amusaient. Il a lu tout haut plusieurs articles qui ont amené des ressouvenirs et plusieurs citations d'anecdotes.

Tempérament de l'Empereur. — Courses. — Système de médecine.

Samedi 25. — Napoléon était encore souffrant ; il avait passé une mauvaise nuit. Il m'a fait venir dîner près de son canapé, dont il ne sortait pas ; mais il était évidemment mieux. Après dîner, il a voulu lire ; il se trouvait sur son sofa au milieu d'un grand nombre de livres ; la rapidité de son imagination, la fatigue du même sujet, ou le dégoût de relire sans cesse ce qu'il sait déjà, lui faisaient prendre, jeter et reprendre encore tous ces livres les uns après les autres ; il finit par s'arrêter sur l'*Iphigénie* de Racine, faisant ressortir les perfections, indiquant et discutant le peu de défauts qu'on lui trouve, et il m'a renvoyé d'assez bonne heure.

L'Empereur, contre l'opinion commune, celle que j'avais entretenue moi-même, est loin d'avoir une forte constitution ; ses membres sont gros, mais sa fibre est très molle ; avec une poitrine fort large, il est toujours enrhumé ; son corps est soumis aux plus légères influences ; l'odeur de peinture suffit pour le rendre malade ; certains mets, la plus petite humidité, agissent immédiatement sur lui ; son corps est bien loin d'être de fer, ainsi qu'on l'a cru, c'est seulement son moral. On connaît ses prodigieuses fatigues au dehors, ses perpétuels travaux au dedans ; jamais aucun souverain n'a égalé ses fatigues corporelles. Ce qu'on cite de plus fort est la course de Valladolid à Burgos, à franc-étrier (trente-cinq lieues d'Espagne en cinq heures et demie, plus de sept lieues à l'heure (1).) Napoléon était parti avec une nombreuse suite, à cause du danger des guérillas : à chaque pas il resta du monde en route ; Napoléon arriva presque seul. On cite aussi la course de Vienne au Simmering (dix-huit ou vingt lieues), où il se rendit à cheval, déjeuna et revint aussitôt après. On lui a vu faire souvent des chasses de trente-huit lieues ; les moindres étaient de quinze. Un jour un officier russe, arrivant en courrier de Pétersbourg, en douze ou treize jours, joignit Napoléon à Fontainebleau, au départ de la chasse ; pour délassement, il eut la faveur d'être invité à suivre : il n'eut garde de refuser ; mais il tomba dans la forêt, et ce ne fut pas sans peine qu'on le retrouva.

(1) Ceci paraîtra incroyable ; moi-même, en relisant aujourd'hui mon manuscrit, je doute ; mais je ne peux oublier cependant que, lorsqu'il en fut question à Longwood, c'était à dîner ; ce devint l'objet d'une discussion assez longue, et je n'ai bien certainement écrit alors que ce qui demeura convenu. D'ailleurs il existe encore plusieurs de ceux qui l'accompagnaient ; on pourra vérifier.

J'ai vu l'Empereur, au Conseil d'État, traiter les affaires huit ou neuf heures de suite, et lever la séance avec les idées aussi nettes, la tête aussi fraîche qu'au commencement. Je l'ai vu lire à Sainte-Hélène, dix ou douze heures de suite, des sujets abstraits, sans en paraître nullement fatigué.

Il a supporté sans ébranlement les plus fortes secousses qu'un homme puisse éprouver ici-bas. A son retour de Moscou ou de Leipsick, après l'exposé du désastre au Conseil d'État, il dit : « On a répandu dans Paris que « les cheveux m'en avaient blanchi ; mais vous voyez qu'il n'en est rien (mon-« trant son front de la main), et j'espère que j'en saurais supporter bien « d'autres. » Mais toutes ces prodigieuses épreuves ne se sont accomplies, pour ainsi dire, qu'en déception de son physique, qui ne se montre jamais moins susceptible que quand l'activité de l'esprit est plus grande.

Napoléon mange très irrégulièrement et en général fort peu. Il répète souvent qu'on peut souffrir de trop manger, jamais d'avoir mangé trop peu. Il est homme à rester vingt-quatre heures sans manger, seulement pour se donner de l'appétit le lendemain. Il boit bien moins encore ; un seul verre de vin de Madère ou de Champagne suffit pour réveiller ses forces ou lui donner de la gaieté. Il dort fort peu, et à des heures très irrégulières ; se relevant au premier réveil pour lire ou pour travailler, et se recouchant pour redormir encore.

L'Empereur ne croit pas à la médecine, il ne prend jamais aucun remède. Il s'est créé un traitement particulier : son grand secret avait été depuis long-temps, disait-il, de commettre un excès en sens opposé à son habitude présente ; c'est ce qu'il appelle rappeler l'équilibre de la nature : s'il était depuis quelque temps en repos, il faisait subitement une course de soixante milles, une chasse de tout un jour.

S'il se trouvait au contraire surpris au milieu de très grandes fatigues, il se condamnait à vingt-quatre heures de repos absolu. Cette secousse imprévue lui causait infailliblement une crise intérieure qui amenait aussitôt le résultat désiré ; cela, disait-il, ne lui avait jamais manqué.

L'Empereur a la lymphe trop épaisse, son sang circule difficilement. La nature l'a doué de deux avantages bien précieux, dit-il : l'un est de s'endormir dès qu'il a besoin de repos, à quelque heure et en quelque lieu que ce soit ; l'autre, de ne pouvoir commettre d'excès nuisible dans son boire ou dans son manger : « Si je dépassais le moindrement mon tirant d'eau, « disait-il, mon estomac rendrait aussitôt le surplus. » Il vomit très facilement, une simple toux d'irritation suffit pour lui faire rendre son dîner.

Continuation de la vie de Briars, etc. — Ma première visite à Longwood. — Machine infernale, son historique.

Dimanche 26 au mardi 28. — Le 26, l'Empereur s'est habillé de très bonne heure, il était tout-à-fait bien ; il avait voulu sortir ; le temps était charmant, et d'ailleurs sa chambre n'avait pas été faite depuis trois jours. Nous avons été dans le jardin, où il a voulu déjeuner sous le berceau ; il se trouvait fort gai, et sa conversation a parcouru beaucoup d'objets et de personnes.

L'Empereur, tout-à-fait rétabli, reprit ses occupations ordinaires : elles étaient sa seule ressource ; sa chambre, la lecture, la dictée, le jardin, devaient remplir toute sa journée ; quelquefois encore l'allée inférieure, dont une nouvelle saison ou l'état de la lunaison nous bannissait insensiblement. Les nombreuses visites que la curiosité attirait chez notre hôte pour y rencontrer l'Empereur l'avaient gêné et l'en avaient tout-à-fait éloigné. Nous demeurions claquemurés dans notre petite enceinte. Nous n'avions dû y rester que quelques jours : six semaines étaient écoulées, et il n'était pas encore question de notre changement. Durant tout ce temps, l'Empereur s'était trouvé aussi resserré que s'il fût demeuré à bord du vaisseau. Il ne s'était encore permis qu'une seule excursion chez le major Hudson, et nous apprîmes plus tard qu'elle avait même causé une extrême inquiétude : elle était parvenue, au milieu du bal de l'amiral, aux oreilles des autorités et les avait mises tout en émoi.

On travaillait toujours à Longwood, qui devait être notre nouvelle demeure. Les troupes que nous avions amenées d'Angleterre étaient campées aux environs. Le colonel donnait un bal, nous y étions invités; l'Empereur voulut que j'y allasse et que j'examinasse l'endroit. Je m'y rendis avec madame Bertrand, dans une voiture attelée de six bœufs; c'est dans cet équipage mérovingien que nous escaladâmes la distance qui nous séparait de Longwood. C'était la première fois que je voyais de nouvelles parties de l'île; toute la route ne me montra qu'une constante répétition des grandes convulsions de la nature : toujours d'énormes rochers hideux et nus, entièrement privés de végétation. Si, à chaque changement d'horizon, on apercevait au loin quelque verdure, quelques bouquets de bois, tout cela disparaissait en approchant, comme les ombres des poëtes; ce n'était plus que quelques plantes marines, quelques arbrisseaux sauvages, ou bien encore quelques tristes arbres à gomme; ceux-ci sont toute la parure de Longwood. Je revins à cheval vers les six heures, pour me retrouver à temps auprès de l'Empereur. Il me questionna beaucoup sur notre nouvelle demeure. Il ne m'en trouva nullement enthousiasmé. Il me demandait, en résumé, s'il y avait à gagner ou à perdre. Je pus lui rendre toute ma pensée en deux mots : « Sire, nous sommes ici en cage; là, nous serons parqués. »

Le 28, l'Empereur quitta son habit militaire, qu'il avait repris pour se rendre à bord du *Bellérophon*, et mit un frac de fantaisie.

Dans diverses conversations de ce jour, il a touché un grand nombre de conspirations dirigées contre lui. La machine infernale a eu son tour : cette invention diabolique, qui causa tant de rumeur et fit tant de victimes, fut exécutée par les royalistes, qui en reçurent l'idée des jacobins.

Une centaine de jacobins forcenés, disait l'Empereur, les vrais exécuteurs de septembre, du 10 août, etc., etc., avaient résolu de se défaire du Premier Consul; ils avaient imaginé, à cet effet, une espèce d'obus de quinze ou seize livres qui, jeté dans la voiture, eût éclaté par son propre choc, et anéanti tout ce qui l'eût entouré; se proposant, pour être plus sûrs de leur coup, de semer une certaine partie de la route de chausse-trapes qui, arrêtant subitement les chevaux, devaient amener l'immobilité de la voiture. L'ouvrier auquel on proposa l'exécution de ces chausse-trapes, prenant des soupçons sur ce qu'on lui demandait, aussi bien que sur la moralité de ceux qui l'ordonnaient, en prévint la police. On eut bientôt tracé ces gens-là si bien qu'on les prit sur le fait essayant hors de Paris, près du Jardin des Plantes, l'effet de cette machine qui fit une explosion terrible. Le Premier Consul, qui avait pour système de ne point divulguer les nombreuses conspirations dont il était l'objet, ne voulut pas qu'on donnât de suite à celle-ci; on se contenta d'emprisonner les coupables. Bientôt on se lassa de les tenir au secret, et ils eurent une certaine liberté. Or, dans la même prison se trouvaient des royalistes, enfermés pour avoir voulu tuer le Premier Consul à l'aide d'un fusil à vent : ces deux bandes fraternisèrent, et ceux-ci transmirent à leurs amis du dehors l'idée de la machine infernale, comme de beaucoup préférable à tout autre moyen.

Il est très remarquable que, pendant la soirée de la catastrophe, le Premier Consul montra une répugnance extrême pour sortir : on donnait un *Oratorio*, madame Bonaparte et quelques intimes du Premier Consul voulaient absolument l'y faire aller; celui-ci était tout endormi sur un canapé, et il fallut qu'on l'en arrachât, que l'un lui apportât son épée, l'autre son chapeau. Dans la voiture même, il sommeillait de nouveau, quand il ouvrit subitement les yeux, rêvant, dit-il, qu'il se noyait dans le Tagliamento. Pour comprendre ceci, il faut savoir que quelques années auparavant, étant général de l'armée d'Italie, il avait passé de nuit, en voiture, le Tagliamento, contre l'opinion de tout ce qui l'entourait. Dans le feu de la jeunesse, et ne connaissant aucun obstacle, il avait tenté ce passage, entouré d'une centaine d'hommes armés de perches et de flambeaux. Toutefois la voiture se mit à la nage, il courut le plus grand danger, et se crut réellement perdu. Or, en cet instant, il s'éveillait au milieu d'une conflagration, la voiture était soulevée, il retrouvait en lui toutes les impressions du Tagliamento, lesquelles, du reste, n'eurent que la durée d'une seconde ; car une effroyable détonation se fit aussitôt entendre. « Nous sommes minés! » furent les paroles qu'il adressa à Lannes et à Bessières qui se trouvaient avec lui. Ceux-ci voulaient arrêter à toute force ; mais il leur dit de s'en bien donner de garde. Le Premier Consul arriva et parut à l'Opéra, comme si de rien n'était. Il fut sauvé par l'audace et la dextérité de son cocher *César*, à qui cette circonstance non moins que son dévouement et sa fidélité imprimèrent une sorte de célébrité.

La machine n'atteignit qu'un ou deux hommes de la queue de l'escorte.

Aussitôt après l'événement, on s'en prit aux jacobins qu'on avait jadis convaincus de la préméditation de cet attentat; et on en déporta un bon nombre : ils n'étaient pourtant pas les vrais coupables ; un autre hasard bien bizarre fit découvrir ceux-ci.

Trois ou quatre cents cochers de fiacre donnèrent un repas de corps à un louis ou douze francs par tête, au cocher du Premier Consul, devenu pour eux le héros du jour et du métier. Dans la chaleur du repas, un des convives buvant à son habileté, lui dit qu'il savait qui lui avait joué ce tour-là. On s'en saisit aussitôt, et il se trouva que le jour même, ou la veille de la fatale explosion, ce cocher s'était arrêté avec son fiacre devant une porte cochère pour laisser passer la petite charrette qui avait fait tout le mal. On courut à cet endroit, où l'on louait en effet des voitures de toute espèce ; les propriétaires ne la renièrent pas ; ils montrèrent le hangar où elle avait été raccommodée ; des traces de poudre y étaient encore. Ils croyaient, dirent-ils, l'avoir louée à des contrebandiers bretons. On retraça facilement tous ceux qui y avaient travaillé, celui qui avait vendu le cheval, etc., etc.; et l'on acquit des indices que ce complot partait des royalistes chouans. On dépêcha quelques gens intelligens à leur quartier-général dans le Morbihan : ils ne s'en cachaient pas, ne se plaignant que de n'avoir pas réussi ; quelques coupables, par là, furent saisis et punis. On assure que le chef a depuis cherché dans les austérités de la religion l'expiation de son crime ; qu'il s'est fait trappiste.

Conspiration de Georges, Pichegru, etc. — Affaire du duc d'Enghien. — Esclave Tobie. — Réflexions caractéristiques de Napoléon.

Mercredi 29, *jeudi* 30. — Je trouve ici, dans mon manuscrit, des détails précieux sur la conspiration de Georges, de Pichegru, de Moreau, et sur le procès du duc d'Enghien ; mais comme il en est question à différentes reprises dans mon journal, je renvoie plus loin ce qui se trouve ici, afin d'en présenter ailleurs l'ensemble complet.

Le petit jardin de M. Balcombe, où nous nous promenions souvent, se trouvait cultivé par un vieux nègre. La première fois que nous le rencontrâmes, l'Empereur, suivant sa coutume, me le fit questionner, et son récit nous intéressa fort. C'était un Indien-Malais qui avait été frauduleusement enlevé de chez lui, il y avait nombre d'années, par un équipage anglais, transporté à bord et vendu à Sainte-Hélène, où il demeurait depuis dans l'esclavage. Sa narration portait tout le caractère de la sincérité ; sa figure était franche et bonne, ses yeux spirituels et encore vifs ; tout son maintien nullement avili, mais tout-à-fait attachant.

Nous fûmes indignés au récit d'un tel forfait ; et à peu de jours de là l'Empereur pensa à l'acheter pour le faire reconduire dans son pays. Il en parla à l'amiral, dont le premier mot, en défense des siens, fut de prétendre que le vieux Tobie (c'était le nom du malheureux esclave) ne devait être qu'un imposteur, et que la chose était impossible. Toutefois il fit une enquête à ce sujet, et la chose ne se trouva que trop vraie ; alors il partagea notre indignation, et promit d'en faire son affaire. Nous avons quitté Briars, nous avons été transportés à Longwood, et le pauvre Tobie, partageant le sort commun de toutes choses ici-bas, a été bientôt oublié ; je ne sais pas ce que le tout sera devenu.

Quoi qu'il en soit, lorsque nous venions dans le jardin, l'Empereur s'arrêtait la plupart du temps près de Tobie, et me le faisait questionner sur son pays, sa jeunesse, sa famille, sa situation actuelle ; on eût dit qu'il cherchait à étudier ses sensations. L'Empereur terminait toujours la conversation en me faisant lui donner un napoléon.

Tobie s'était fort attaché à nous ; notre venue semblait être sa joie ; interrompant aussitôt son travail, et appuyé sur sa bêche, il contemplait d'un air satisfait nos deux figures, n'entendant pas un mot de notre langage entre nous, mais souriant d'avance aux premières paroles que je lui traduirais. Il n'appelait l'Empereur que le *bon monsieur* (the good gentleman) : c'était le seul nom qu'il lui donnait ; il n'en savait pas davantage.

Je me suis arrêté sur ces détails parce que les rencontres de Tobie étaient suivies, de la part de l'Empereur, de réflexions toujours neuves, piquantes, et surtout caractéristiques. On connaît la mobilité de son esprit ; aussi la chose était-elle traitée chaque fois sous une face nouvelle. Je me suis contenté de consigner ici les suivantes.

« Ce pauvre Tobie que voilà, disait-il une fois, est un homme volé à sa
« famille, à son sol, à lui-même, et vendu : peut-il être de plus grand tour-
« ment pour lui ! de plus grand crime dans d'autres ! Si ce crime est l'acte
« du capitaine anglais tout seul, c'est à coup sûr un des hommes les plus
« méchans ; mais s'il a été commis par la masse de l'équipage, ce forfait
« peut avoir été accompli, après tout, par des hommes peut-être pas si
« méchans que l'on croirait ; car la perversité est toujours individuelle,

« presque jamais collective. Les frères de Joseph ne peuvent se résoudre à
« le tuer; Judas, froidement, hypocritement, avec un lâche calcul, livré
« son maître au supplice. Un philosophe a prétendu que les hommes nais-
« saient méchans; ce serait une grande affaire et fort oiseuse que d'aller
« rechercher s'il a dit vrai. Ce qu'il y a de certain, c'est que la masse de la
« société n'est point méchante; car si la très grande majorité voulait être
« criminelle et méconnaître les lois, qui est-ce qui aurait la force de l'arrêter
« ou de la contraindre? Et c'est là précisément le triomphe de la civilisation,
« parce que cet heureux résultat sort de son sein, naît de sa propre nature.
« La plupart des sentimens sont des traditions; nous les éprouvons parce
« qu'ils nous ont précédés : aussi la raison humaine, son développement,
« celui de nos facultés, voilà toute la clef sociale, tout le secret du législa-
« teur. Il n'y a que ceux qui veulent tromper les peuples et gouverner à leur
« profit qui peuvent vouloir les retenir dans l'ignorance; car plus ils sont
« éclairés, plus il y aura de gens convaincus de la nécessité des lois, du be-
« soin de les défendre, et plus la société sera assise, heureuse, prospère.
« Et s'il peut arriver jamais que les lumières soient nuisibles dans la multi-
« tude, ce ne sera que quand le gouvernement, en hostilité avec les intérêts
« du peuple, l'acculera dans une position forcée, ou réduira la dernière
« classe à mourir de misère; car alors il se trouvera plus d'esprit pour se
« défendre ou devenir criminel.

« Mon seul Code, par sa simplicité, a fait plus de bien en France que la
« masse de toutes les lois qui m'ont précédé. Mes écoles, mon enseignement
« mutuel préparent des générations inconnues. Aussi sous mon règne les
« crimes allèrent-ils en décroissant avec rapidité, tandis que chez nos voi-
« sins, en Angleterre, ils allaient au contraire croissant d'une manière
« effrayante. Et c'en est assez pour pouvoir prononcer hardiment sur les
« deux administrations respectives (1) !

« Et voyez comme aux États-Unis, sans efforts aucuns, tout y prospère;
« combien on y est heureux et tranquille : c'est qu'en réalité c'est la volonté,

---

(1) Cette vérité se trouve développée par des documens authentiques qui présentent des résultats bien plus grands, sans doute, qu'on ne saurait se l'imaginer. (Voyez *Situation de l'Angleterre*, par M. de Montvéran.)

FRANCE.			ANGLETERRE.	
HABITANS.	C. A MORT.	ANNÉES.	HABITANS.	C. A MORT.
34,000,000	882	1801	16,000,000	3,400
42,000,000	392	1811	17,000,000	6,400

D'où l'on voit qu'en 1801 en France il y avait vingt-six condamnations à mort par million d'habitans, et qu'en 1811, dix ans après, elles avaient déjà diminué de deux tiers, n'y en ayant plus que neuf par millions d'habitans.

En Angleterre, au contraire, où les condamnations étaient de deux cent douze par million en 1801, elles s'étaient accrues de plus de moitié, étant en 1811 de trois cent soixante-seize par million d'habitans.

On peut observer aussi en passant que ces condamnations en Angleterre se trouvaient alors à celles de France comme 9 est à 376, ou comme 1 à 42.

Le rapport de la mendicité en France aux pauvres à la charge des paroisses en Angleterre est bien autrement prodigieux : la France ne présentait en 1812 guère que trente mille individus sur quarante-trois millions d'habitans, tandis qu'en Angleterre, même année, le quart de la population, ou quatre millions deux cent cinquante mille pauvres, se trouvait à la charge des paroisses. (*Montvéran.*)

« ce sont les intérêts publics qui y gouvernent. Mettez le même gouverne-
« ment en guerre avec la volonté, les intérêts de tous, et vous verrez aussitôt
« quel tapage, combien de tiraillemens, de troubles, de confusion, et sur-
« tout quel accroissement de crimes.

« Arrivé au pouvoir, on eût voulu que j'eusse été un Washington : les
« mots ne coûtent rien, et bien sûrement ceux qui l'ont dit avec autant de
« facilité, le faisaient sans connaissance des temps, des lieux, des hommes
« et des choses. Si j'eusse été en Amérique, volontiers, j'eusse été un Was-
« hington, et j'y eusse eu peu de mérite; car je ne vois pas comment il eût
« été raisonnablement possible de faire autrement. Mais si lui se fût trouvé
« en France sous la dissolution du dedans et sous l'invasion du dehors, je
« lui eusse défié d'être lui-même, ou s'il eût voulu l'être, il n'eût été qu'un
« niais, et n'eût fait que continuer de grands malheurs. Pour moi, je ne
« pouvais être qu'*un Washington couronné*. Ce n'était que dans un congrès
« de rois, au milieu des rois convaincus ou maîtrisés, que je pouvais le de-
« venir. Alors, et là seulement, je pouvais montrer avec fruit sa modéra-
« tion, son désintéressement, sa sagesse; je n'y pouvais raisonnablement
« parvenir qu'au travers *de la dictature universelle* : j'y ai prétendu, m'en
« ferait-on un crime? Penserait-on qu'il fût au dessous des forces humaines
« de s'en démettre? Sylla, gorgé de crimes, a bien osé abdiquer, poursuivi
« par l'exécration publique. Quel motif eût pu m'arrêter, moi qui n'aurais eu
« que des bénédictions à recueillir!...... Mais demander de moi avant le
« temps ce qui n'était pas de saison était d'une bêtise vulgaire; moi l'an-
« noncer, le promettre eût été pris pour du verbiage, du charlatanisme; ce
« n'était point mon genre..... Je le répète, il me fallait vaincre à Mos-
« cou!..... »

Une autre fois, arrêté devant Tobie, il disait : « Ce que c'est pourtant
« que cette pauvre machine humaine! pas une enveloppe qui se ressemble;
« pas un intérieur qui ne diffère! et c'est pour se refuser à cette vérité qu'on
« commet tant de fautes. Faites de Tobie un Brutus, il se serait donné la
« mort; un Ésope, il serait peut-être aujourd'hui le conseiller du gouver-
« neur; un chrétien ardent et zélé, il porterait ses chaînes en vue de Dieu
« et les bénirait. Pour le pauvre Tobie, il n'y regarde pas de si près, il se
« courbe et travaille innocemment! » Et après l'avoir considéré quelques
instans en silence, il dit en s'éloignant : « Il est sûr qu'il y a loin du pauvre
« Tobie à un roi Richard!... Et toutefois, continuait-il en marchant, le for-
« fait n'en est pas moins atroce; car cet homme, après tout, avait sa fa-
« mille, ses jouissances, sa propre vie. Et l'on a commis un horrible forfait
« en venant le faire mourir ici sous le poids de l'esclavage. » Et s'arrêtant
tout à coup, il me dit : « Mais je lis dans vos yeux : vous pensez qu'il n'est
« pas le seul exemple de la sorte à Sainte-Hélène! » Et soit qu'il fût heurté
de se voir en parallèle avec Tobie, soit qu'il crût que mon courage eût
besoin d'être relevé, soit enfin toute autre chose, il poursuivit avec feu et
majesté : « Mon cher, il ne saurait y avoir ici le moindre rapport; si l'at-
« tentat est plus relevé, les victimes aussi offrent bien d'autres ressources.
« On ne nous a point soumis à des souffrances corporelles, et, l'eût-on tenté,
« nous avons une âme à tromper nos tyrans!...... Notre situation peut même
« avoir des attraits! L'univers nous contemple!... Nous demeurons les mar-
« tyrs d'une cause immortelle!..... Des millions d'hommes nous pleurent, la
« patrie soupire, et la gloire est en deuil!...... Nous luttons ici contre l'op-
« pression des dieux, et les vœux des nations sont pour nous!...... » Et

après une pause de quelques secondes, il reprit : « Mes véritables souffran-
« ces ne sont point ici!...... Si je ne considérais que moi, peut-être aurais-
« je à me réjouir!...... Les malheurs ont aussi leur héroïsme et leur gloire!......
« L'adversité manquait à ma carrière!...... Si je fusse mort sur le trône,
« dans les nuages de ma toute-puissance, je serais demeuré un problème
« pour bien des gens; aujourd'hui, grâce au malheur, on pourra me juger
« à nu ! »

Origine des guides.—Autre danger de Napoléon.—Un gros officier allemand.—Un chien.

Vendredi 1ᵉʳ décembre au dimanche 3.—Un grand nombre d'objets remplissent ces journées; j'en élague une partie comme inutile, et j'en tais une autre par convenance; je ne retranscris ici que quelques traits nouveaux, relatifs au général en chef de l'armée d'Italie.

Napoléon après le passage du Mincio, toutes les mesures ordonnées, et l'ennemi poursuivi dans toutes les directions, s'arrêta dans un château sur la rive gauche. Il souffrait de la tête, et prit un bain de pieds. Un gros détachement ennemi, égaré et perdu, arrive, en remontant le fleuve, jusqu'à ce château. Napoléon y était presque seul; la sentinelle en faction à la porte n'a que le temps de la pousser, en criant aux armes, et le général de l'armée d'Italie, au sein de sa victoire, est réduit à s'évader par les derrières du jardin avec une seule botte, l'autre jambe nue. S'il eût été pris avant que sa réputation ne l'eût consacré, les actes de génie par lesquels il venait de débuter n'eussent peut-être jamais été pour le vulgaire que des échauffourées heureuses et blâmables.

Le danger auquel venait d'échapper le général français, circonstance qui, dans sa manière d'opérer, pouvait se renouveler souvent, devint l'origine des guides chargés de garder sa personne. Ils ont été imités depuis par les autres armées.

Napoléon, dans la même campagne, courut encore un aussi pressant danger : Wurmser, réduit à se jeter dans Mantoue, et débouchant subitement dans une plaine, apprit d'une vieille femme qu'il n'y avait qu'un instant que le général français, presque seul de sa personne, se trouvait arrêté devant sa porte, et qu'il avait pris la fuite à la vue même des Autrichiens. Wurmser expédia aussitôt un bon nombre de cavaliers dans toutes les directions, ne doutant pas de la précieuse capture. « Mais il recommandait
« surtout, il faut lui rendre cette justice, disait l'Empereur, de ne pas me
« tuer, ni de me faire aucun mal. » Heureusement la vitesse de son cheval et son heureuse étoile sauvèrent le jeune général.

On va voir que la nouvelle manière de faire la guerre, pratiquée par Napoléon, déconcertait tout le monde. A peine la campagne était ouverte, que toute la Lombardie était inondée dans toutes les directions, et qu'on faisait déjà les approches de Mantoue, pêle-mêle au milieu des ennemis. Le général en chef, se trouvant dans les environs de Pizzighitone, rencontra un gros capitaine ou colonel allemand qu'on venait de faire prisonnier. Napoléon eut la fantaisie de le questionner sans en être connu, et lui demanda comment allaient les affaires. « Oh ! très mal, lui dit l'autre; je ne
« sais pas comment cela finira, mais on n'y comprend plus rien. On nous a
« envoyé pour nous combattre un jeune étourneau qui vous attaque à droite,
« à gauche, par devant, par derrière; on ne sait plus que faire. Cette manière
« est insupportable; aussi, pour ma part, je suis tout consolé d'avoir fini. »

Napoléon disait qu'à la suite d'une de ses grandes affaires d'Italie il traversa lui troisième ou quatrième le champ de bataille dont on n'avait pu encore enlever les morts : « C'était par un beau clair de lune et dans la so-
« litude profonde de la nuit, disait l'Empereur ; tout-à-coup un chien sor-
« tant de dessous les vêtemens d'un cadavre, s'élança sur nous et retourna
« presque aussitôt à son gîte, en poussant des cris douloureux ; il léchait
« tour à tour le visage de son maître, et se lançait de nouveau sur nous ;
« c'était tout à la fois demander du secours et rechercher la vengeance. Soit
« disposition du moment, continuait l'Empereur, soit le lieu, l'heure, le
« temps, l'acte en lui-même, ou je ne sais quoi, toujours est-il vrai que ja-
« mais rien, sur aucun de mes champs de bataille, ne me causa une impres-
« sion pareille. Je m'arrêtai involontairement à contempler ce spectacle. Cet
« homme, me disais-je, a peut-être des amis ; il en a peut-être dans le
« camp, dans sa compagnie, et il gît ici abandonné de tous, excepté de
« son chien ! Quelle leçon la nature nous donnait par l'intermédiaire d'un
« animal !......

« Ce qu'est l'homme ! et quel n'est pas le mystère de ses impressions ! J'a-
« vais sans émotion ordonné des batailles qui devaient décider du sort de
« l'armée ; j'avais vu d'un œil sec exécuter des mouvemens qui amenaient
« la perte d'un grand nombre d'entre nous ; et ici je me sentais ému, j'étais
« remué par les cris et la douleur d'un chien !..... Ce qu'il y a de bien cer-
« tain, c'est qu'en ce moment j'eusse été plus traitable pour un ennemi sup-
« pliant : je concevais mieux Achille rendant le corps d'Hector aux larmes
« de Priam. »

Guerre. — Principes. — Application. — Paroles sur divers généraux.

Lundi 4, mardi 5. — Mes yeux étaient devenus fort malades ; j'ai été obligé d'interrompre mon travail : ils s'en vont tout-à-fait ; je les aurai perdus sur la campagne d'Italie.

Depuis quelque temps la température éprouvait une variation sensible ; au demeurant, nous n'entendions plus rien aux saisons : le soleil passant dans l'année deux fois sur nos têtes, nous devions avoir, disions-nous, du moins deux étés, ou, pour mieux dire, le tout, dans nos idées accoutumées, ne ressemblait plus à rien ; car, pour achever la confusion, nous devions faire tous nos calculs désormais au rebours de l'Europe, puisque nous nous trouvions dans l'hémisphère méridional. Quoi qu'il en fût, il pleuvait souvent, l'atmosphère était très humide, il faisait plus froid. L'empereur ne sortait plus le soir ; il s'enrhumait à chaque instant, il ne reposait pas bien. Il fut obligé de cesser de manger sous la tente, et de faire servir de nouveau dans sa chambre : il s'y trouvait mieux ; mais il ne pouvait y bouger. La conversation continuait à table après qu'on avait desservi. Aujourd'hui il entreprit le général Gourgaud qui était resté pour dîner, sur les élémens et les premiers exercices de l'artillerie. Celui-ci sortait de cette arme, était encore tout frais émoulu. L'examen fut très curieux et fort gai, l'Empereur ne fut jamais le plus faible : on eût dit qu'il venait de passer lui-même son examen à l'école.

On parla ensuite de guerre, de grands capitaines. « Le sort d'une ba-
« taille, disait l'Empereur, est le résultat d'un instant, d'une pensée : on
« s'approche avec des combinaisons diverses, on se mêle, on se bat un cer-
« tain temps, le moment décisif se présente, *une étincelle morale* pro-

« noncé, et la plus petite réserve accomplit. » Il a été parlé de Lutzen et de Bautzen, etc., etc.

Plus tard l'Empereur a dit qu'à la campagne de Waterloo, s'il avait suivi la pensée de tourner la droite ennemie, il y eût réussi facilement; il avait préféré de percer le centre et de séparer les deux armées. Mais tout a été fatal dans cette affaire, qu'il dit avoir pris la teinte d'une absurdité, et pourtant il devait obtenir la victoire. Jamais aucune de ses batailles n'avait présenté moins de doute à ses yeux; il est encore à concevoir ce qui est arrivé.

« *Grouchi* s'est égaré, a-t-il dit.

« *Ney* était tout hors de lui.

« *D'Erlon* s'est rendu inutile.

« Personne n'a été soi-même, etc. »

Si le soir il eût connu la position de Grouchi, continuait-il, et qu'il eût pu s'y jeter, il lui eût été possible au jour, avec cette magnifique réserve, de rétablir les affaires, et peut-être même de détruire les alliés par un de ces prodiges, de ces retours de fortune qui lui étaient familiers et qui n'eussent surpris personne; mais il n'avait nulle connaissance de Grouchi, et puis il n'était pas facile de se gouverner au milieu des débris de cette armée.

« On se la peindrait difficilement dans cette nuit de douleur, disait-il; c'é- « tait un torrent hors de son lit, elle entraînait tout. »

Laissant ensuite cela, il disait que les périls des généraux de nos jours ne pouvaient se comparer à ceux des temps anciens; il n'y avait pas de position aujourd'hui où un général ne pût être atteint par l'artillerie; jadis les généraux ne couraient de risque que quand ils chargeaient eux-mêmes; ce qui n'était arrivé à César que deux ou trois fois.

Il était rare et difficile, disait-il dans un autre moment, de réunir toutes les qualités nécessaires à un grand général. Ce qui était le plus désirable et tirait aussitôt quelqu'un hors de ligne, c'est que chez lui l'esprit ou le talent fût en équilibre avec le caractère ou le courage : c'est ce qu'il appelait être *carré* autant de base que de hauteur. Si le courage, continuait-il, était de beaucoup supérieur, le général entreprenait vicieusement au delà de ses conceptions; et, au contraire, il n'osait pas les accomplir, si son caractère ou son courage demeurait au dessous de son esprit. Il citait alors le *vice-roi*, chez lequel cet équilibre était le seul mérite, et suffisait néanmoins pour en faire un homme très distingué.

De là on a beaucoup parlé du courage physique et du courage moral; et l'Empereur disait, au sujet du courage physique, qu'il était impossible à *Murat* et à *Ney* de n'être pas braves; mais qu'on n'avait pas moins de tête qu'eux, le premier surtout.

Quant au courage moral, il l'avait trouvé fort rare, disait-il, celui de deux heures après minuit; c'est-à-dire le courage de l'improviste, qui, en dépit des événemens les plus soudains, laisse néanmoins la même liberté d'esprit, de jugement et de décision. Il n'hésitait pas à prononcer qu'il était celui qui s'était trouvé avoir le plus de ce courage de deux heures après minuit, et qu'il avait vu fort peu de personnes qui ne fussent demeurées de beaucoup en arrière.

Il disait à la suite de cela qu'on se faisait une idée peu juste de la force d'âme nécessaire pour livrer, avec une pleine méditation de ses conséquences, une de ces grandes batailles d'où vont dépendre le sort d'une armée, d'un pays, la possession d'un trône. Aussi observait-il qu'on trouvait

rarement des généraux empressés à donner bataille : « Ils prenaient bien
« leur position, s'établissaient, méditaient leurs combinaisons; mais là com-
« mençaient leurs indécisions; et rien de plus difficile et pourtant de plus
« précieux que de savoir se décider. »

Passant à un grand nombre de généraux, et daignant répondre à quelques questions : « *Kléber*, disait-il, était doué du plus grand talent; mais il
« n'était que l'homme du moment : il cherchait la gloire comme la seule route
« aux jouissances ; d'ailleurs nullement national, il eût pu, sans effort, ser-
« vir l'étranger : il avait commencé dans sa jeunesse sous les Prussiens, dont
« il demeurait fort engoué.

« *Desaix* possédait à un degré très supérieur cet équilibre précieux défini
« plus haut.

« *Moreau* était peu de chose dans la première ligne des généraux : la na-
« ture, en lui, n'avait pas fini sa création; il avait plus d'instinct que de
« génie.

« Chez *Lannes* le courage l'emportait d'abord sur l'esprit; mais chez lui
« l'esprit montait chaque jour pour se mettre en équilibre. Il était devenu
« très supérieur quand il a péri : je l'avais pris *pygmée*, je l'ai perdu *géant*. »

Chez tel autre qu'il nommait, l'esprit, au contraire, surpassait le caractère : on ne pouvait lui refuser de la bravoure assurément; mais enfin il calculait le boulet, ainsi que beaucoup d'autres.

Parlant d'ardeur et de courage, l'Empereur disait : « Il n'est aucun de
« mes généraux dont je ne connaisse ce que j'appelle son *tirant-d'eau*. Les
« uns, disait-il en s'accompagnant du geste, en prennent jusqu'à la ceinture,
« d'autres jusqu'au menton, enfin d'autres jusque par dessus la tête, et le
« nombre de ceux-ci est bien petit, je vous assure. »

Suchet était quelqu'un chez qui le caractère et l'esprit s'étaient accrus à
surprendre.

Masséna avait été un homme très supérieur qui, par un privilége très particulier, ne possédait l'équilibre tant désiré qu'au milieu du feu : il lui naissait au milieu du danger.

« Les généraux qui semblaient devoir s'élever; les destinées de l'avenir,
« terminait-il, étaient *Gérard*, *Clausel*, *Foy*, *Lamarque*, etc. : c'étaient là
« mes nouveaux maréchaux. »

Situation des princes d'Espagne à Valencey. — Le pape à Fontainebleau. — Réflexions, etc.

Mercredi 6. — L'Empereur, après m'avoir dicté ce matin, a travaillé successivement avec ces messieurs, et a prolongé quelque temps sa promenade
avec eux. A leur départ, je l'ai suivi dans l'allée inférieure : il était triste,
silencieux; sa physionomie avait quelque chose de contrarié et de sévère.
« Eh! bien, m'a-t-il dit en remontant pour dîner, nous aurons à Longwood
« des sentinelles sous nos fenêtres; on voudrait me forcer d'avoir un officier
« étranger à ma table, dans mon salon; je ne saurais monter à cheval sans en
« être accompagné; en un mot, nous ne saurions faire un pas, un mouve-
« ment, sous peine d'un outrage! »

Je lui ai dit que c'était une goutte d'absinthe de plus dans le calice amer
que nous devions boire à sa gloire et à sa toute-puissance passée; que son
stoïcisme d'ailleurs suffisait pour défier ses ennemis, et les ferait rougir de
leur brutalité à la face des nations. Je me suis hasardé de dire que les princes d'Espagne à Valencey, le pape à Fontainebleau, n'avaient sans doute

jamais rien éprouvé de pareil. « Je le crois bien, a-t-il repris ; les princes
« chassaient à Valencey, ils y donnaient des bals, sans soupçonner physi-
« quement leurs chaînes ; le respect, les égards, les entouraient de toutes
« parts. Le vieux roi Charles IV avait été transféré de Compiègne à Marseille,
« et de Marseille à Rome, quand il l'avait voulu. Et cependant quelle dif-
« férence de ces localités à celles d'ici ! Le pape, à Fontainebleau, bien qu'on
« en ait osé dire dans le monde, avait été traité de même ; et encore ne sait-
« on point le nombre des personnes qui, malgré tous ces adoucissemens,
« avaient refusé, dans ces circonstances, d'en être les gardiens ; refus qui
« ne m'avaient point offensé, parce qu'ils m'avaient paru simples : ces em-
« plois étaient du domaine de la délicatesse intérieure, et nos mœurs euro-
« péennes veulent que le pouvoir se trouve limité par l'honneur. » Il ajoutait
que quant à lui, comme homme et comme officier, il n'eût pas hésité à refuser de garder le pape, dont il n'avait jamais ordonné d'ailleurs la translation en France.

Ma figure exprimait une grande surprise. « Ceci vous étonne ? a-t-il repris ;
« vous ne le saviez pas ? Cela est pourtant vrai ainsi que beaucoup d'autres
« choses semblables que vous apprendrez avec le temps. D'ailleurs, faudrait-
« il encore distinguer les actes du souverain qui agit collectivement, de
« ceux de l'homme privé que rien ne gêne dans son sentiment : la politique
« admet, ordonne même à l'un ce qui demeurerait souvent sans excuse dans
« l'autre. »

Le moment du dîner amena d'autres conversations, et trompa son chagrin ; la gaieté prit le dessus.

Cependant l'Empereur songeait sérieusement à quitter sa mauvaise ca-
bane, quelque inconvénient d'ailleurs que fît pressentir la nouvelle demeure.
Il m'a chargé, en allant finir ma soirée chez notre hôte, de lui porter une
boîte avec son chiffre, et de lui dire qu'il était fâché de tout l'embarras qu'il
devait lui avoir causé.

Sur la *Nouvelle Héloïse* et sur l'amour. — Contrariétés.

Jeudi 7. — L'Empereur m'a fait descendre de bonne heure chez lui. Il
s'est mis à lire *la Nouvelle Héloïse*, s'arrêtant souvent sur l'art et la force
des raisonnemens, le charme du style et des expressions ; il a lu plus de
deux heures. Durant le déjeuner, l'ouvrage demeura le sujet de la conversation.

Jean-Jacques avait chargé son sujet, disait l'Empereur ; il avait peint la
frénésie ; l'amour devait être un plaisir et non pas un tourment. Moi j'affirmais
qu'il n'y avait rien dans Jean-Jacques qu'un homme n'ait pu sentir, et que
le tourment même dont parlait l'Empereur était un bonheur. « Je vois, me
« disait-il en riant, que vous avez donné dans le *romanesque*. »

L'Empereur a repris la lecture après le déjeuner. Cependant, à mesure
que nous avancions, il s'arrêtait de temps à autre ; la magie l'atteignait à
son tour. Il finit par laisser le livre, et nous avons pris la route du jardin.
« En effet, disait-il chemin faisant, cet ouvrage a du feu, il remue, il in-
« quiète. » Le sujet a été traité à fond ; nous avons débité beaucoup de verbiage, à la suite duquel il a conclu que l'amour parfait était le bonheur
idéal, que tous deux étaient aussi aériens l'un que l'autre, aussi fugitifs,
aussi mystérieux, aussi inexplicables, et que l'amour, du reste, devait être
l'*occupation* de l'homme oisif, la *distraction* du guerrier, l'*écueil* du souverain.

Le grand maréchal et M. Gourgaud nous ont rejoints; ils arrivaient de Longwood. L'amiral, depuis quelques jours, était fort pressé de nous y envoyer; l'Empereur n'était pas moins désireux de s'y rendre; il était si mal à Briars! Toutefois il fallait que l'odeur de la peinture le lui permît; il était impossible à son organisation particulière de la supporter; jamais, dans les palais impériaux, il n'était arrivé de l'y exposer. Souvent, dans ses voyages, on avait été obligé de changer à la hâte les logemens qu'on lui avait préparés. A bord du *Northumberland* il avait été malade de la seule peinture du vaisseau. Ici on lui avait dit la veille que tout était prêt, qu'il n'y avait plus d'odeur. Il avait dès lors résolu de partir pour Longwood le surlendemain samedi, afin de jouir de l'absence des ouvriers le dimanche; mais le grand maréchal et M. Gourgaud lui ont déclaré en cet instant qu'ils venaient de vérifier la place, qu'elle ne serait pas tenable; ils se sont étendus longuement sur cet objet. L'Empereur a pris beaucoup d'humeur du premier rapport qu'on lui avait fait, et de la résolution qu'il lui avait fait prendre. Ces deux messieurs s'en sont retournés; nous avons gagné l'allée inférieure, l'Empereur toujours assez mal disposé. M. de Montholon est arrivé de Longwood fort mal à propos; il a répété que tout était préparé, que l'Empereur pouvait y aller quand il voudrait; la contrariété et l'humeur ont éclaté à ces deux rapports aussi voisins et aussi contradictoires. Heureusement l'instant du dîner est venu faire diversion; on avait mis le couvert dans la chambre à coucher, l'Empereur était assez enrhumé pour ne plus pouvoir supporter la tente. Après le dîner, il a repris sa lecture; il a fini la journée comme il l'avait commencée, avec *la Nouvelle Héloïse*.

Lieutenant anglais. — Singularité. — Départ pour Longwood arrêté. — Politique. — État de la France. — Mémoire justificatif de Ney.

Vendredi 8, *samedi* 9. — Le doute élevé hier sur l'odeur de la peinture à Longwood m'ayant donné l'idée d'aller le vérifier moi-même, et désirant pouvoir en rendre compte à l'Empereur à son déjeuner, je suis parti de très grand matin, faisant les trois quarts de la route à pied, parce que personne n'était encore levé aux écuries; j'étais de retour avant neuf heures. Il était très vrai que les appartemens sentaient peu; mais c'était encore trop pour l'Empereur.

Le 9, l'Empereur a reçu au jardin la présentation du capitaine du *Minden*, de soixante-quatorze, venant du Cap, et repartant sous peu de jours pour l'Europe. Ce capitaine avait déjà eu l'honneur de lui être présenté à Paris sous le consulat, douze ans auparavant. Il a demandé la permission de présenter à l'Empereur un de ses lieutenans, à cause de quelques circonstances personnelles qui nous ont paru bien singulières. Ce jeune homme était né à Bologne, précisément lors de la première entrée de l'armée française dans cette ville. Le général français, lui Napoléon, était même intervenu, pour quelque chose que le jeune homme ne sut pas expliquer, dans la cérémonie de son baptême; et le général français avait fait présent, à cette occasion, d'une cocarde tricolore, conservée précieusement depuis dans sa famille.

Après le départ de ces personnes, le grand maréchal arriva de Longwood; il trouvait que l'odeur était réellement peu de chose. L'Empereur était si mal! une portion de ses effets était déjà partie, il arrêta de se rendre à Longwood le lendemain. J'en fus bien aise pour mon compte; depuis quelques jours j'avais pu me convaincre du parti pris d'obliger l'Empereur à déguérpir. J'avais gardé pour moi les communications publiques ou secrètes qu'on m'en avait faites; je me faisais une loi de lui épargner autant de contrariétés que possible, me contentant d'agir en conséquence. Il y avait deux jours qu'on était venu enlever la tente, sans que nous l'eussions désiré; l'officier qui en était chargé avait aussi ordre d'enlever en même temps les contrevens de la demeure de l'Empereur. Je pris sur moi de m'y opposer; cela ne se pouvait pas, lui-dis-je, l'Empereur dormait encore, et je le renvoyai. D'un autre côté, afin de m'effrayer, on me dit, on me confia avec mystère et sous le secret que si l'Empereur demeurait plus long-temps, il était question d'envoyer cent soldats camper aux portes de l'enclos. Je répondis que c'était très bien, et n'en tins nul compte, etc., etc.

Quel pouvait être le motif de cette presse nouvelle? Je soupçonnai que le caprice de nos geôliers et l'exercice de l'autorité y avaient beaucoup plus de part que toute autre chose.

Nous avions reçu des papiers jusqu'au 15 septembre; ils devinrent le sujet de la conversation; l'Empereur les analysa: l'avenir demeurait enveloppé des nuages les plus sinistres. Toutefois trois grands résultats seulement s'offraient à la pensée, disait l'Empereur, le partage de la France, le règne violent, précaire, des Bourbons, ou une dynastie nouvelle, avec des institutions nationales. Louis XVIII, observait-il, avait pu régner facilement en 1814, en se faisant national; aujourd'hui il ne lui restait plus que la chance, fort odieuse et très incertaine, d'une excessive sévérité, celle de la terreur; sa dynastie pouvait demeurer, ou celle qui lui succéderait n'être encore que dans le secret du temps. Un de nous ayant fait la remarque qu'il pourrait se faire que ce fût le duc d'Orléans, l'Empereur a, par un mouvement fort serré, fort éloquent, prouvé qu'à moins que le duc d'Orléans n'arrivât au trône par son tour de succession, il eût été dans l'intérêt bien entendu de tous les souverains de l'Europe de le préférer, lui Napoléon, au duc d'Orléans arrivant par un crime; « car que prétend aujourd'hui la doctrine des rois
« contre les événemens du jour? Empêcher le renouvellement de l'exemple
« que j'ai fourni contre ce qu'ils appellent la légitimité? Or, l'exemple que
« j'ai fourni ne se renouvelle pas dans des siècles : celui que donnerait le
« duc d'Orléans, proche parent du monarque sur le trône, peut se renou-
« veler chaque jour, à chaque instant, dans chaque pays. Il n'est pas de
« souverain qui n'ait à quelques pas de lui, dans son propre palais, des
« cousins, des neveux, des frères, quelques parens, propres à imiter faci-
« lement celui qui une fois les aurait remplacés. »

Nous lûmes dans les mêmes papiers l'extrait du Mémoire justificatif du maréchal Ney. L'Empereur le trouvait des plus pitoyables : il n'était pas propre à lui sauver la vie, il ne relevait nullement son honneur. Ses moyens étaient pâles, sans couleur, pour ne pas dire plus. Avec ce qu'il avait fait, il protestait encore de son dévouement au roi, et surtout de son éloignement pour l'Empereur. « Système absurde, disait Napoléon, que semblent
« avoir généralement adopté ceux qui ont paru dans ces momens mémora-
« bles, sans faire attention que je suis tellement identifié avec nos prodiges,
« nos monumens, nos institutions, tous nos actes nationaux, qu'on ne
« saurait plus m'en séparer sans faire injure à la France : sa gloire est à
« m'avouer! et quelque subtilité, quelque détour, quelque mensonge qu'on
« emploie pour essayer de prouver le contraire, je n'en demeurerai pas
« moins encore tout cela aux yeux de cette nation.

« La défense politique de Ney, continuait l'Empereur, semblait toute

« tracée : il avait été entraîné par un mouvement général qui lui avait paru
« la volonté et le bien de la patrie ; il y avait obéi sans préméditation, sans
« trahison. Les revers avaient suivi, il se trouvait traduit devant un tribu-
« nal, il ne lui restait plus rien à répondre sur ce grand événement. Quant
« à la défense de sa vie, il n'avait rien à répondre encore, si ce n'est qu'il
« était à l'abri derrière une capitulation sacrée qui garantissait à chacun le
« silence et l'oubli sur tous les actes, sur toutes les opinions politiques. Si,
« dans ce système, il succombait, ce serait du moins à la face des peuples,
« en violation des lois les plus simples ; laissant le souvenir d'un grand ca-
« ractère, emportant l'intérêt des âmes généreuses, et couvrant de répro-
« bation et d'infamie ceux qui, au mépris d'un traité solennel, l'abandon-
« naient sans pudeur. Mais ce rôle est peut-être au dessus de ses forces
« morales, disait l'Empereur. Ney est le plus brave des hommes : là se bor-
« nent toutes ses facultés. »

Il est certain que Ney quitta Paris tout au roi ; qu'il n'a tourné qu'entraîné par ses soldats. Si alors il s'est montré ardent en sens contraire, c'est qu'il sentait qu'il avait beaucoup à se faire pardonner. Du reste, il est juste de dire qu'après son fameux ordre du jour, il écrivit à l'Empereur que ce qu'il venait de faire était principalement dans l'intérêt de la patrie ; et que ne devant pas lui être agréable, il le priait de trouver bon qu'il se retirât. L'Empereur lui fit répondre de venir, qu'il le recevrait comme le lendemain de la bataille de la Moscowa. Ney, rendu près de Napoléon, lui disait encore que, d'après ce qui était arrivé à Fontainebleau, il devait lui rester sans doute des préventions sur son attachement et sa fidélité, qu'en conséquence il ne lui demandait d'autre poste que celui de grenadier dans sa garde. L'Empereur, pour réponse, lui tendit la main, en l'appelant le Brave des Braves, comme il faisait souvent. Plus tard il disait à l'Empereur. . . . .

L'Empereur fit alors le parallèle de la situation de Ney avec celle de Turenne révolté. Ney pouvait être défendu, disait-il ; Turenne était injustifiable ; et pourtant Turenne fut pardonné, honoré, et Ney allait probablement périr.

« En 1649, Turenne, disait-il, commandait l'armée du roi ; ce comman-
« dement lui avait été conféré par Anne d'Autriche, régente du royaume.
« Quoiqu'il eût prêté serment de fidélité, il corrompit son armée, se déclara
« pour la Fronde, et marcha sur Paris. Mais dès qu'il fut reconnu coupable
« de *haute trahison*, son armée repentante l'abandonna, et Turenne,
« poursuivi, se réfugia auprès du prince de Hesse, pour échapper à la
« justice.

« Ney, au contraire, fut entraîné par le vœu, par les clameurs unanimes
« de son armée. Il n'y avait que neuf mois seulement qu'il reconnaissait un
« monarque qu'avaient précédé six cent mille baïonnettes étrangères ; mo-
« narque qui n'avait pas accepté la constitution à lui présentée par le Sénat,
« comme condition formelle et nécessaire de son retour, et qui, déclarant
« qu'il régnait depuis dix-neuf ans, manifestait par là qu'il regardait tous
« les gouvernemens précédens comme des usurpations. Ney, élevé dans la
« souveraineté nationale, avait combattu pendant vingt-cinq ans pour sou-
« tenir cette cause, et de simple soldat s'était élevé au rang de maréchal. Si
« sa conduite au 20 mars n'est pas honorable, elle est au moins explicable,
« et sous quelques rapports excusable ; mais celle de Turenne était vérita-
« blement criminelle, parce que la Fronde était un parti allié à l'Espagne,
« lequel faisait alors la guerre à son roi ; enfin, parce qu'il était poussé par

« son propre intérêt et celui de sa famille, espérant obtenir une souveraineté aux dépens de la France, et par conséquent au préjudice de sa patrie. »

ÉTABLISSEMENT À LONGWOOD.

Translation à Longwood.—Description de la route.—Prise de possession.—Premier bain, etc.

Dimanche 10. — L'Empereur m'a fait appeler vers les neuf heures pour le suivre dans le jardin : il était contraint de sortir de bonne heure de sa chambre, tout devant en être enlevé le matin même pour être transporté à Longwood. Arrivé au jardin, l'Empereur y avait fait appeler notre hôte, M. Balcombe, et a demandé son déjeuner; il a voulu que M. Balcombe déjeunât avec lui. Il était à merveille; sa conversation a été fort gaie.

Vers les deux heures, on a annoncé l'amiral; il s'avançait avec un certain embarras : la manière dont l'Empereur s'est vu traiter à Briars, les gênes imposées à ceux des siens demeurés à la ville, avaient créé de l'éloignement; l'Empereur avait cessé de recevoir l'amiral : toutefois il l'a traité en ce moment comme s'ils s'étaient vus la veille.

Enfin on a quitté Briars, on s'est mis en route pour Longwood. L'Empereur a monté le cheval qu'on lui avait fait venir du Cap : il le voyait pour la première fois; il était petit, vif, assez gentil. L'Empereur avait repris son uniforme des chasseurs de la garde; sa grace et sa bonne mine étaient particulièrement remarquables ce jour-là; tout le monde en faisait l'observation autour de nous, et je me complaisais à l'entendre dire. L'amiral lui prodiguait ses soins. Beaucoup de monde s'était réuni sur la route pour le voir passer, et plusieurs officiers anglais, joints à nous, grossissaient sa suite.

Pour se rendre de Briars à Longwood on revient pendant quelque temps vers la ville, puis, tournant tout à coup à droite, on franchit, à l'aide de trois ou quatre sinuosités, la chaîne qui forme un des côtés de la vallée; alors on se trouve sur un plateau un tant soit peu ascendant, et l'on découvre un nouvel horizon, de nouveaux sites. On laisse derrière soi la chaîne des montagnes pelées et des rocs stériles qui caractérisent le côté du débarquement; on a en front une nouvelle chaîne transversale, dont le pic de Diane est le sommet le plus élevé, en même temps qu'il semble être la clef et le noyau de tout le système environnant; sur la gauche, qui est la partie orientale de l'île ou le côté de Longwood, l'horizon est fermé par la chaîne crevassée de rochers nus qui forment le contour et la barrière de l'île; le sol se montre entièrement en désordre, inculte et désert; mais sur la droite l'œil plonge sur le terrain assez étendu, fort tourmenté il est vrai, mais du moins montrant de la verdure, un assez grand nombre d'habitations et toutes les traces de la culture; de ce ce côté le tableau, il faut l'avouer, est tout-à-fait romantique et même agréable.

A mesure qu'on avance sur une route en fort bon état, se creuse sur la gauche une vallée profonde. Au bout de deux milles, la route fait brusquement un coude à gauche, à ce coude se trouve *Hut's-gate*, mauvaise petite maison choisie pour la demeure du grand maréchal et de sa famille. A quelques pas de là, la vallée de gauche, qui va toujours en se creusant, forme alors un gouffre circulaire, auquel son étendue, sa profondeur et son ensemble gigantesque ont fait donner le nom de *Bol-de-Punch-du-Diable;* la route étant fort rétrécie en cet endroit par une éminence à droite, on se trouve obligé de prolonger à gauche et de très près ce précipice jusqu'à ce qu'elle s'en détache pour atteindre Longwood, qu'on rencontre bientôt sur la droite.

A la porte de Longwood s'est trouvée une garde sous les armes, rendant les honneurs prescrits à l'auguste captif. Son cheval, vif et indocile, peu accoutumé à tout ce spectacle et effrayé par le tambour, se refusait obstinément à franchir le seuil, et ce n'est que par la force de l'éperon que le cavalier est venu à bout de l'y lancer; et alors aussi des regards significatifs se sont échangés involontairement entre ceux qui formaient son escorte; et nous nous sommes trouvés enfin dans notre nouvelle demeure.

L'amiral s'est empressé de tout montrer dans les plus petits détails : il avait constamment tout dirigé, certains ouvrages étaient même de ses mains. L'Empereur a trouvé le tout très bien; l'amiral s'en est montré des plus heureux; on voyait qu'il avait redouté la mauvaise humeur et le dédain; mais l'Empereur au contraire témoignait une bonté parfaite.

Il s'est retiré vers les six heures et m'a fait signe de le suivre dans sa chambre. Il a parcouru alors divers petits meubles qui s'y trouvaient, s'informant si j'en avais autant; sur la négative, il me les a fait emporter avec une grace charmante, disant : « Prenez toujours; pour moi je ne manquerai « de rien, on me soignera plus que vous. » Il se trouvait très fatigué; il m'a demandé s'il n'en portait pas les traces. C'était le résultat de cinq mois d'un repos absolu : il avait beaucoup marché le matin, et venait de faire quelques milles à cheval.

Cette nouvelle demeure se trouvait garnie d'une baignoire que l'amiral était venu à bout de faire exécuter tant bien que mal par ses charpentiers. L'Empereur, qui avait été privé de bains depuis la Malmaison, et pour qui ils étaient devenus une des nécessités de la vie, a voulu en prendre un dès l'instant même. Il m'a dit de lui tenir compagnie durant ce temps, et là il traçait les petits détails de notre établissement nouveau; et comme le local qu'on m'avait assigné était des plus mauvais, il a voulu que je m'établisse, durant le jour, dans ce qu'il a appelé son cabinet topographique, attenan à son propre cabinet, le tout, disait-il, afin que je me trouvasse moins éloigné de lui. Tout cela était dit avec une bonté qui me pénétrait. Il l'a poussée même jusqu'à me dire, à plusieurs reprises, qu'il fallait que je vinsse le lendemain prendre aussi un bain dans sa baignoire; et sur ce que mon attitude s'en excusait par un respect profond et une retenue indispensable : « Mon cher, a-t-il dit, en prison il faut savoir s'entr'aider. Je ne saurais, « après tout, occuper cette machine tout le jour, et ce bain vous ferait au- « tant de bien qu'à moi. » On eût dit qu'il cherchait à me dédommager de ce que j'allais le perdre, de ce que je ne serais plus le seul auprès de lui. En effet, tant de bonté me donnait du bonheur, il est vrai, mais ce n'était pas sans quelque tristesse. Tout ce que faisait là l'Empereur était le prix de mes assiduités de Briars, sans doute; mais cela m'annonçait aussi peut-être la fin de cette habitude journalière que j'avais due à notre solitude profonde.

Après son bain, l'Empereur ne voulant pas se rhabiller a dîné dans sa chambre et m'a retenu avec lui; nous étions seuls, la conversation a conduit à une circonstance toute particulière, dont le résultat pouvait être d'une *grande importance*. Il m'en a demandé mon avis, et m'a chargé de lui en présenter le lendemain mes idées.....

Description de Longwood, etc.—Détail des appartemens.

Lundi 11 *au jeudi* 14.—Enfin se déroulait pour nous une portion nouvelle de notre existence sur le malheureux rocher de Sainte-Hélène. On venait de nous établir dans nos futures demeures, et de nous assigner les limites de notre sauvage prison.

Longwood, dans le principe, simple ferme de la compagnie, abandonné au sous-gouverneur pour lui tenir lieu de maison de campagne, se trouve dans une des parties les plus élevées de l'île. Le thermomètre anglais marque dix degrés de différence en moins avec la vallée où nous avions débarqué. C'est un plateau assez étendu sur la côte orientale, et assez près du rivage. Des vents éternels, parfois violens et toujours de la même partie, en balayent constamment la surface ; des nuages le couvrent presque toujours ; le soleil, qui y paraît rarement, n'en a pourtant pas moins d'influence sur l'atmosphère : il attaque le foie, si on ne s'en préserve avec soin. Des pluies abondantes et soudaines achèvent d'empêcher qu'on ne distingue ici aucune saison régulière ; il n'en est point à Longwood, ce n'est qu'une continuité de vents, de nuages, d'humidité ; toujours une température modérée et monotone qui présente, du reste, peut-être plus d'ennui que d'insalubrité. L'herbe, en dépit des fortes pluies, disparaît rongée par le vent ou flétrie par la chaleur ; l'eau y est amenée par un conduit, et se trouve si malsaine que le sous-gouverneur, que nous avons remplacé, n'en faisait usage, pour lui ou pour ses gens, qu'après l'avoir fait bouillir : nous avons été contraints d'en faire autant nous-mêmes. Les arbres qu'on y voit, et qui de loin lui prêtent un aspect riant, ne sont que des arbres à gomme, arbuste chétif et bâtard qui ne donne point d'ombre. Une partie de l'horizon présente au loin l'immense mer ; le reste n'offre plus que d'énormes rochers stériles, des abîmes profonds, des vallées déchirées, et au loin la chaîne nuageuse et verdie du Pic-de-Diane. En résumé, l'aspect de Longwood ne saurait être agréable qu'au voyageur fatigué d'une longue navigation, pour qui toute terre a des charmes. S'il s'y trouve transporté par un beau jour, frappé des objets bizarres qui s'offrent soudainement à sa vue, il peut s'écrier même : Que c'est beau ! Mais cet homme n'y est que pour un instant ; et quel supplice sa fausse admiration ne fait-elle pas éprouver alors aux captifs condamnés à y demeurer toujours !

Depuis deux mois on n'avait pas cessé de travailler pour mettre Longwood en état de nous recevoir ; toutefois les résultats étaient bien peu de chose.

On entre à Longwood par une pièce qui venait d'être bâtie, destinée à servir tout à la fois d'antichambre et de salle à manger ; de là on passe dans une pièce attenante, dont on avait fait le salon ; on entre ensuite dans une troisième fort obscure, en travers sur celles-ci ; on l'avait désignée pour recevoir les cartes et les livres de l'Empereur : elle est devenue plus tard la salle à manger. En tournant à droite, dans cette chambre, on trouvait la porte de l'appartement de l'Empereur ; cet appartement consistait en deux très petites pièces égales, à la suite l'une de l'autre, formant son cabinet et sa chambre à coucher ; un petit corridor extérieur, en retour de ces deux pièces, lui servait de salle de bain. A l'opposite de l'appartement de l'Empereur, à l'autre extrémité du bâtiment, était le logement de madame de Montholon, de son mari et de son fils, local qui a formé depuis la bibliothèque de l'Empereur. En dehors de tout cela, et au travers d'issues informes, une petite pièce carrée, au rez-de-chaussée, contiguë à la cuisine, fut ma demeure. Au travers d'une trappe pratiquée au plancher, et à l'aide d'une échelle de vaisseau, on arrivait au gîte de mon fils, véritable grenier qui ne renfermait guère que la place de son lit. Nos fenêtres et nos lits demeuraient sans rideaux ; le peu de meubles de nos chambres provenait évidemment de ce dont les habitans s'étaient défaits dans cette circonstance ; heureux, sans doute, de trouver cette occasion de les placer à profit pour les renouveler ensuite avec avantage.

Le grand maréchal, sa femme et ses enfans avaient été laissés à deux milles en arrière de nous, dans un abri tel que dans le pays même il porte le nom de *Hutte* (Hut's-gate).

Le général Gourgaud fut mis sous une tente, ainsi que le médecin (1) et l'officier préposé à notre garde, en attendant que l'on eût achevé leurs chambres, que construisaient à la hâte les matelots du *Northumberland*.

Une espèce de jardin régnait autour de nous ; mais le défaut d'eau, la nature du climat, le peu de soin que nous pouvions lui donner, faisaient qu'il n'en avait réellement que le nom. En face de nous, et séparé par un ravin assez profond, était campé, à une assez petite distance, le 53ᵉ, dont divers postes couronnaient les sommités voisines : tel était notre nouveau séjour.

Le 12, je rendis compte à l'Empereur de l'objet particulier sur lequel il m'avait dit, deux jours auparavant, de lui représenter mes idées ; il ne décida rien, croyant la chose tout-à-fait inutile. J'avais osé insister, parce que, dans le doute même, il n'y avait du moins rien à risquer ni à perdre : c'était se donner la chance de la loterie sans la dépense de la mise. L'événement a prouvé, du reste, qu'il avait bien jugé ; la chose eût été parfaitement inutile ; elle n'eût pu amener aucun résultat...............................
....

Le même jour le colonel Wilks, ancien gouverneur pour la compagnie, que l'amiral était venu déplacer, vint faire sa visite à l'Empereur ; je servis d'interprète. Le lendemain ou le surlendemain, *le Minden* fit voile pour l'Europe, j'en profitai pour écrire à Londres et à Paris.

Régularisation de la maison de l'Empereur.—Situation morale des captifs entre eux, etc —
Quelques nuances du caractère de l'Empereur.—Portrait de Napoléon, par M. de Pradt, traduit d'une gazette anglaise.—Réfutation.

Vendredi 15, *samedi* 16. — La maison domestique de l'Empereur, au départ de Plymouth, se trouva composée encore de onze personnes. Je me fais un plaisir de consacrer ici leurs noms ; je le dois à leur dévouement.

Personnes composant le service de l'Empereur.

CHAMBRE.

Marchand, Parisien, premier valet de chambre.
Saint-Denis, dit Aly, de Versailles, valet de chambre.
Noverraz, Suisse, valet de chambre.
Santini, Corse, huissier.

---

(1) Ce médecin était le docteur O'Méara du *Northumberland*, qui, voyant Napoléon partir pour Sainte-Hélène sans médecin, s'offrit généreusement, aux grands applaudissemens de tous les siens, et à la vive reconnaissance de nous tous. Les ministres anglais seuls semblent s'en être irrités : tout le monde sait les outrages, les injustices révoltantes, les persécutions que leur froide et barbare furie ont accumulés plus tard sur la tête de ce digne Anglais, qui n'avait fait pourtant qu'honorer l'humanité, son pays et son cœur.

LIVRÉE.

Archambault aîné, de Fontainebleau, piqueur.
Archambault cadet, de Fontainebleau, piqueur.
Gentilini, Elbois, valet de pied.

BOUCHE.

Cypriani, Corse, mort à Sainte-Hélène, maître d'hôtel.
Pierron, Parisien, officier.
Lepage, cuisinier.
Rousseau, de Fontainebleau, argentier.

Quelque nombreuse que se trouvât cette maison de l'Empereur, on pourrait dire cependant que, depuis notre départ d'Angleterre, durant notre traversée, et depuis notre débarquement à Sainte-Hélène, elle avait cessé d'exister pour lui.

Notre dispersion, les incertitudes de notre établissement, nos besoins, l'irrégularité avec laquelle ils étaient satisfaits, avaient nécessairement créé le désordre.

Dès que nous nous trouvâmes tous réunis à Longwood, l'Empereur voulut régulariser tout ce qui était autour de lui, et chercha à employer chacun de nous suivant la pente de son esprit. Conservant au grand maréchal le commandement et la surveillance de tout en grand, il confia à M. de Montholon tous les détails domestiques; il donna au général Gourgaud la direction de l'écurie, et me réserva le détail des meubles avec l'administration intérieure de ce qui nous serait fourni. Cette dernière partie me semblait tellement en contact avec les détails domestiques, et je trouvais que l'unité sur ce point devait être si avantageuse au bien commun, que je me prêtai le plus que je pus à m'en faire dépouiller; ce qui ne fut ni difficile ni long.

Ces nouvelles dispositions de l'Empereur arrêtées, tout commença à marcher tant bien que mal, et nous en fûmes certainement beaucoup mieux. Toutefois ces dispositions, quelque raisonnables qu'elles fussent, ne laissèrent pas de semer parmi nous des germes d'éloignement qui poussèrent de légères racines, et reparurent parfois à la surface : l'un trouvait qu'il avait perdu, l'autre voulait donner trop de lustre à sa partie, un autre se trouvait lésé dans le partage. Nous n'étions pas les membres d'une même famille qui, s'employant chacun selon ses moyens, ne songent qu'à faire prospérer la masse commune. Ce que la nécessité eût dû nous contraindre de faire, nous étions loin de le mettre en pratique; nous nous débattions encore sur les débris de quelque luxe et les restes de quelque ambition.

Quand l'attachement à la personne de l'Empereur nous réunit autour de lui, le hasard seul, et non pas les sympathies, présida à notre agglomération; ce fut un ensemble purement fortuit, et non le résultat des affinités. Aussi formions-nous masse à Longwood, plutôt par encerclure que par cohésion. Et comment en eût-il été autrement? Nous étions presque tous étrangers les uns aux autres, et malheureusement, les circonstances, l'âge, le caractère, étaient en nous autant de dispositions à le demeurer.

Ces circonstances, bien que légères, ont eu pourtant la conséquence fâcheuse de nous priver, en grande partie, de nos plus douces ressources. Elles ont empêché parmi nous cette confiance, cet épanchement, cette union intime, qui peuvent répandre quelques charmes, même au sein des plus cruelles infortunes. Mais aussi, par contre, ces mêmes circonstances m'ont bien souvent rendu témoin des dispositions privées du cœur de l'Empereur:

ses invitations indirectes à nous unir et à confondre nos sentimens ; son soin constant à nous épargner tout juste motif de jalousie ; cette distraction calculée qui lui dérobait ce dont il ne voulait pas s'apercevoir ; enfin, jusqu'aux gronderies même si paternelles dont nous nous rendions quelquefois l'objet, et qui, pour le dire en passant à l'honneur de chacun de nous, étaient évitées avec autant de zèle, reçues avec autant de respect que si elles fussent émanées du trône des Tuileries.

Qui aujourd'hui sur la terre pourrait se flatter de connaître dans l'Empereur l'homme privé plus que moi ? Qui a possédé les deux mois de solitude au désert de Briars ? Qui a joui de ces longues promenades au clair de lune, de ces heures nombreuses écoulées avec lui ? Qui a eu comme moi l'instant, le lieu, le sujet des conversations ? Qui a reçu le ressouvenir des charmes de l'enfance, le récit des plaisirs de la jeunesse, l'amertume des douleurs modernes ? Aussi puis-je m'expliquer à présent bien des circonstances qui semblaient dans le temps, à plusieurs, difficiles à entendre. Je comprends bien, surtout aujourd'hui, ce qui nous frappait si fort, et le caractérisait particulièrement aux jours de sa puissance, savoir : qu'on n'était jamais complétement perdu avec lui ; que, quelque éclatante qu'eût été la disgrace, quelque profond qu'eût été l'abîme où l'on avait été jeté, on devait toujours espérer d'en revenir ; qu'une fois auprès de lui, quelque faute que l'on fît, quelque déplaisir que l'on causât, il était bien rare de s'en voir éloigné tout-à-fait. C'est qu'il est dans l'Empereur, à un degré éminent, deux qualités bien précieuses : un grand fonds de justice et une disposition naturelle à s'attacher. Quels que soient les contrariétés et les mouvemens de colère qu'il vient à éprouver, il est encore un sentiment de justice qui reste tout-puissant sur lui : on est toujours sûr de le rendre attentif à de bonnes raisons ; on est même sûr, si l'on garde le silence, de les lui voir produire lui-même, s'il s'en présente à son esprit. D'un autre côté, il n'oublie jamais les services une fois rendus ; pas davantage les habitudes prises : tôt ou tard le ressouvenir lui en vient à l'esprit. Il se dit tout ce que l'on a dû souffrir, trouve que le châtiment a été assez long, et fait alors chercher au loin celui que le monde même avait oublié. Celui-ci reparaît au grand étonnement de tous, à l'étonnement de lui-même. On en connaît une foule d'exemples.

L'Empereur, sans être démonstratif, s'attache sincèrement. Une fois qu'il a pris l'habitude de quelqu'un, il ne pense pas qu'il puisse s'en séparer. Il en aperçoit les fautes, il les condamne, il blâme son propre choix, il gronde même avec force ; mais on n'a rien à craindre, ce sont comme autant de nouveaux liens.

On sera surpris sans doute de me voir esquisser ces traits du caractère de Napoléon avec autant de simplicité. Tout ce qu'on en écrit ordinairement est si recherché, on se croit obligé à tant d'antithèses, à tant de brillant : c'est qu'en général les autres cherchent l'effet, ils se torturent l'esprit ; moi j'écris ici ce que je vois, j'exprime ce que je sens. Cette réflexion, du reste, ne saurait venir plus à propos.

L'Empereur parcourait aujourd'hui avec moi, dans les papiers anglais, un portrait de lui par l'archevêque de Malines, hérissé d'antithèses et d'afféterie ; il a voulu que le grand maréchal le lui transcrivît mot à mot. En voici les principaux traits :

...... « L'esprit de Napoléon (dit l'abbé de Pradt dans son *Ambas-*
« *sade de Varsovie en* 1812) était vaste ; mais à la manière des Orientaux,
« et par une disposition contradictoire, il retombait comme de son propre

« poids dans des détails qu'on pourrait dire ignobles. Le premier jet était
« toujours grand, et le second petit et vil. Il en était de son esprit comme de
« sa bourse, dont la munificence et la lésine tenaient chacune un cordon.
« Son génie, fait à la fois pour la scène du monde et pour les tréteaux, re-
« présentait un manteau royal joint à un habit d'arlequin. C'était l'homme
« des deux extrêmes; l'homme qui, ayant commandé aux Alpes de s'abais-
« ser, au Simplon de s'aplanir, à la mer de s'approcher ou de s'éloigner de
« ses rivages, a fini par se livrer lui-même à une croisière anglaise.
 « Doué d'une sagacité merveilleuse, infinie; étincelant d'esprit; saisissant,
« créant dans toute question des rapports inaperçus et nouveaux; abondant
« en images vives, pittoresques, en expressions animées, et pour ainsi dire
« dardées, plus pénétrantes par l'incorrection même de son langage, tou-
« jours un peu empreint d'*étrangeté;* sophiste et subtil, mobile à l'excès,
« il s'était fait d'autres règles d'optique que les autres hommes. Joignez à
« ces dispositions l'ivresse du succès, l'habitude de boire dans la coupe en-
« chantée, de s'enivrer de tout l'encens de l'univers, et vous serez sur la
« voie de l'homme qui, unissant dans ses bizarreries tout ce qu'il y a de plus
« élevé et de plus vil parmi les mortels, de plus majestueux dans l'éclat de
« la souveraineté, de plus péremptoire dans le commandement, avec ce qu'il
« y a de plus ignoble et de plus lâche jusque dans ses plus grands attentats;
« joignant les guet-apens aux détrônemens, présente une espèce de *Jupiter*
« *Scapin*, qui n'avait pas encore paru sur la scène du monde. »

Certes voilà de l'esprit et du plus recherché. Je passerai sur l'inconvenance, le scandale du caractère grave d'un prêtre, d'un archevêque comblé des bienfaits de son souverain, auquel, durant sa prospérité, il fit la cour la plus assidue, qu'il entoura des plus grandes flatteries, et qui se permit, au jour de l'infortune, des expressions aussi triviales, aussi grotesques, aussi injurieuses que celles qu'on vient de lire plus haut...... (*Napoléon en habit d'Arlequin!..... Un Jupiter Scapin!...*)

Je ne m'arrêterai que sur le mérite du jugement de M. l'abbé de Pradt quand il dit que « le premier jet de l'Empereur était toujours grand, le se-
« cond petit; que c'était l'homme des extrêmes, l'homme qui, ayant com-
« mandé aux Alpes de s'abaisser, au Simplon de s'aplanir, a fini par se
« livrer lui-même à une croisière anglaise. »

M. l'abbé de Pradt a donc bien peu senti l'élévation, la grandeur, la magnanimité d'une si noble démarche. Se séparer d'un peuple qu'égarent des meneurs infidèles, afin de lui faciliter ses destinées, sacrifier les intérêts personnels aux maux d'une guerre civile, sans résultats nationaux; dédaigner des asiles honorables, assurés, mais dépendans; préférer le refuge chez un peuple dont on fut pendant vingt ans le constant ennemi; lui supposer une magnanimité égale à la sienne; honorer assez ses lois pour s'y croire à l'abri de l'ostracisme de l'Europe : certes, de telles pensées, de telles déterminations ne sauraient être l'opposé du gigantesque, du noble et du grand.

N. B. Ici venaient dans mon journal plusieurs pages de très mauvais détails sur M. l'archevêque de Malines, tous sortis de la bouche de l'Empereur ou produits par nous-mêmes. Je les passe aujourd'hui; je crois le devoir à la satisfaction que l'on m'a dit avoir été éprouvée plus tard par l'Empereur à la lecture des *Concordats,* autre ouvrage subséquent de M. de Pradt. Je cède, pour mon compte, à celle que m'ont causée depuis cent autres témoignages de même nature et de la même source.

L'amende honorable spontanée est de mille fois supérieure à toutes les rétorsions qu'on pourrait accumuler contre eux; et puis il est des personnes pour qui un retour n'est pas sans mérite, et qui se plaisent à en tenir compte; je suis de ce nombre.

Au moment où j'écrivis ceci, on m'a fait lire de M. l'abbé de Pradt des lignes nouvelles qui sont certainement très belles dans leur diction, mais qui sont bien plus belles encore par leur justesse et leur vérité. Je ne puis me refuser à les transcrire ici; elles seront une compensation de celles qui précèdent.

Une déclaration des souverains, émanée de Laybach, qualifiant avec réprobation Napoléon de représentant de la révolution, M. l'archevêque de Malines s'exprime ainsi :

« Il est trop tard pour insulter Napoléon quand il est sans armes, lors-
« que pendant tant d'années on a fléchi devant lui, quand à son tour il en
« avait..... Des mains armées doivent respecter les mains désarmées, et la
« gloire du vainqueur se compose en partie d'égards pour les captifs, sur-
« tout quand ce n'est pas sous le génie, mais sous le nombre qu'on a suc-
« combé. Il est trop tard d'appeler Napoléon révolutionnaire, après l'avoir
« appelé long-temps restaurateur de l'ordre en France, et par elle en Europe.
« Il est trop tard pour lui lancer un trait flétrissant, après lui avoir tendu
« la main comme ami, donné sa foi comme allié, et cherché des appuis
« pour un trône ébranlé, en mêlant son sang avec le sien. »

Plus loin il dit :

« *Lui représentant de la révolution !*
« Elle rompt les liens de la France avec Rome, il les renoue.
« Elle a abattu et fermé les temples, il les relève.
« Elle a fait deux clergés ennemis, il les rappelle à l'amitié.
« Elle a profané Saint-Denis; il le purifie, et offre des expiations aux
« cendres des rois.
« Elle a abattu le trône, il le relève, et le rehausse.
« Elle a éloigné de leur patrie les hautes classes de la France; il leur en
« ouvre les portes avec celles de son palais, quoiqu'il les connaisse pour
« ses irréconciliables ennemies, et pour la plupart ennemies des services
« publics; il les incorpore de nouveau avec la société, dont elles avaient
« été si violemment séparées.
« C'est le *représentant d'une révolution* à laquelle on attache la note d'an-
« tisociale qui a fait venir de Rome le chef de l'Église pour verser sur son
« front l'huile qui consacre les diadèmes.
« C'est le *représentant d'une révolution* qu'on déclare ennemie des rois,
« celui qui en a rempli l'Allemagne, qui a fait passer les princes à des
« rangs supérieurs à ceux qu'ils occupaient, qui a refait la haute royauté,
« et recréé un modèle effacé !
« C'est le *représentant d'une révolution* qu'on veut faire passer pour un
« principe d'anarchie, celui qui, nouveau Justinien, a fait rédiger, au
« milieu du tumulte des armes, des embûches de la politique extérieure,
« tous ces Codes qui sont ce qu'il y a encore de moins défectueux dans la
« législation humaine, et de la main duquel est sortie cette machine de
« gouvernement, la plus vigoureuse qui existe sur la terre !
« C'est le *représentant d'une révolution* accusée vulgairement d'avoir tout
« détruit, celui qui a refait les universités, les écoles, qui a couvert son
« empire de chefs-d'œuvre des arts! c'est l'auteur des travaux les plus

« vastes, les plus hardis qui aient étonné et honoré l'esprit humain : c'est
« en présence des Alpes aplanies à sa voix ; des mers domptées à Cher-
« bourg, à Flessingue, au Helder, à Anvers ; des fleuves docilement cour-
« bés sous le poids des ponts d'Iéna, de Sèvres, de Bordeaux, de Turin ;
« des canaux liant les mers entre elles dans un cours indomptable pour le
« souverain des mers ; enfin, c'est en présence de Paris, métamorphosé
« par lui, qu'on le dit un agent général de destruction ! Celui qui a tout
« refait *représente* ce qui a tout détruit ! Encore une fois, à quels hommes
« privés de discernement croit-on donc parler? etc., etc. »

Ma situation matérielle adoucie. — Mon lit changé, etc.

Dimanche 17. — L'Empereur m'a fait demander à deux heures ; il commençait sa toilette. En me voyant, il m'a trouvé pâle. Je lui ai dit que cela pouvait venir de l'atmosphère de ma chambre, dont le voisinage de la cuisine faisait une véritable étuve souvent remplie de fumée. Il a voulu alors que je m'emparasse tout-à-fait du cabinet topographique pour y travailler le jour et y coucher la nuit, dans le lit même que l'amiral lui avait fait préparer, et dont il n'avait pas voulu faire usage, préférant son lit de campagne habituel. En finissant sa toilette, et choisissant parmi deux ou trois tabatières qu'il avait sous la main, il en a donné une assez brusquement à son valet de chambre (Marchand). « Serrez cela, a-t-il dit, je la retrouve toujours sous
« mes yeux ; elle me fait mal. » Je ne saurais dire ce que c'était ; je présume toutefois qu'il s'agissait d'un portrait du roi de Rome.

L'Empereur est sorti, je l'ai suivi ; il a fait le tour de la maison et a voulu entrer dans ma chambre. Touchant un miroir de toilette, il m'a demandé si c'était celui qu'il m'avait donné. Puis, portant la main à la muraille que chauffe la cuisine, il m'a répété que je ne pouvais pas demeurer là ; qu'il voulait absolument que je couchasse désormais dans son lit du cabinet topographique, ajoutant la parole charmante que c'était le *lit d'un ami*.

Nous nous sommes dirigés ensuite vers une mauvaise ferme qui était en vue. Sur notre chemin se trouvait le casernement des Chinois : ce sont des hommes de main-d'œuvre, des laboureurs, etc., que les bâtimens anglais enrôlent à Macao, qui restent dans l'île au service de la compagnie un certain nombre d'années, et s'en retournent après avoir recueilli un petit pécule à la manière de nos Auvergnats. L'Empereur a voulu leur faire beaucoup de questions, mais nous n'avons jamais pu nous entendre.

Nous avons voulu ensuite entrer dans ce qu'on appelle la ferme de Longwood. L'expression avait séduit l'Empereur ; il croyait trouver ces belles fermes de Flandre ou d'Angleterre ; ce n'était que la fange de nos plus sales métairies. De là nous sommes descendus au jardin de la compagnie, formé dans la rigole des deux ravins opposés. L'Empereur a fait venir le jardinier et celui qui surveille le bétail de la compagnie et commande les Chinois ; il leur a fait, à chacun, une foule de questions relatives à leurs emplois. Il est rentré très fatigué de sa course à pied : nous avions pourtant à peine fait un mille ; mais c'était sa première excursion.

Avant dîner, l'Empereur m'a fait appeler, ainsi que mon fils, pour notre travail accoutumé. Il m'appelait paresseux, et me faisait observer que mon fils en riait sous cape. Il m'en a demandé la raison ; j'ai répondu que c'était sans doute parce que Sa Majesté le vengeait. « Ah ! j'entends, a-t-il dit en
« riant, je suis ici le grand-père. »

Habitudes et heures de l'Empereur. — Son style avec les deux impératrices. — Détails. — Maximes de l'Empereur sur la police. — Police secrète des lettres. — Détails curieux. — L'Empereur pour un gouvernement fixe et modéré.

Lundi 18, *mardi* 19. — Peu à peu nos heures et nos habitudes se régularisèrent et s'établirent. L'Empereur déjeunait vers les dix heures dans sa chambre, sur un guéridon, parfois il appelait l'un de nous. A la table de service nous déjeunions à peu près à la même heure ; l'Empereur, pour notre agrément particulier, nous avait laissés libres d'en faire les honneurs et d'y inviter qui bon nous semblerait.

Il n'y avait pas encore d'heures fixes pour la promenade ; la chaleur était très forte dans le jour, l'humidité prompte et grande vers le soir. On annonçait depuis long-temps des chevaux de selle et de voiture venant du cap de Bonne-Espérance ; mais ils n'arrivaient point. L'Empereur travaillait dans la journée avec plusieurs de nous ; il me réservait d'ordinaire pour le temps qui précédait le dîner, lequel n'était guère servi que sur les huit ou neuf heures. Il me faisait donc venir sur les cinq ou six heures avec mon fils ; je n'écrivais ni ne lisais plus, à cause de l'état de mes yeux ; mon fils était venu à bout de me remplacer ; c'était lui qui écrivait ce que l'Empereur dictait ; je n'étais plus là que pour l'aider à se retrouver plus tard dans son griffonnage, ce à quoi je m'étais habitué de manière à pouvoir reproduire, presque littéralement et dans leur entier, toutes les paroles de l'Empereur.

La campagne d'Italie était finie, nous la repassions en entier ; l'Empereur corrigeait ou dictait de nouveau. On dînait, ainsi que je viens de le dire, de huit à neuf heures ; la table était mise dans la première pièce en entrant ; madame de Montholon était à la droite de l'Empereur ; j'étais à sa gauche ; MM. de Montholon, Gourgaud et mon fils étaient dans les parties opposées. La salle avait encore de l'odeur, surtout quand le temps était humide ; et quelque peu qu'il y en eût, c'était encore assez pour incommoder l'Empereur ; aussi nous n'étions pas dix minutes à table. On préparait le dessert dans la pièce voisine, qui était le salon ; nous allions nous y remettre à table, on y servait le café, la conversation se prolongeait ; on lisait quelques scènes de Molière, de Racine, de Voltaire ; nous regrettions chaque fois de n'avoir pas Corneille. De là on passait à une table de reversi ; c'était le jeu de l'Empereur au temps de sa jeunesse, disait-il. Ce ressouvenir lui était agréable ; il pensait qu'il pouvait s'en amuser long-temps ; il ne tarda pas à se détromper ; du reste, nous le jouions avec toutes ses variantes, ce qui amenait beaucoup de mouvement ; j'ai vu jusqu'à 15 ou 18,000 fiches de remises. L'Empereur essayait presque à chaque coup de faire le reversi, c'est-à-dire de faire toutes les levées ; ce qui est assez difficile, et cela lui réussissait néanmoins souvent : le caractère perce toujours et partout ! On se retirait de dix à onze heures.

Aujourd'hui 19, quand j'aborde l'Empereur, il me donne à lui traduire un libelle qui lui était tombé sous la main. A travers mille inepties, nous arrivons à des lettres privées qu'il adressait à l'impératrice Joséphine, sous la forme solennelle de *Madame et chère épouse*. Ensuite c'était une combinaison d'espions et d'agens, à l'aide desquels l'Empereur lisait dans l'intérieur de toutes les familles en France, et perçait dans l'obscurité de tous les cabinets de l'Europe. L'Empereur n'a pas voulu aller plus loin, et m'a fait jeter le livre, en me disant : « C'est par trop bête ! »

Le fait est que Napoléon, dans ses relations privées, n'a jamais cessé d'écrire très bourgeoisement *tu* à l'impératrice Joséphine, et *ma bonne petite Louise* à Marie-Louise.

La première fois que j'ai vu de l'écriture suivie de l'Empereur, c'est à Saint-Cloud, après la bataille de Friedland, entre les mains de l'impératrice Joséphine, qui se plaisait à nous la faire déchiffrer comme des espèces d'hiéroglyphes. Elle portait : « Mes enfans viennent d'illustrer encore « une fois ma carrière ; la journée de Friedland s'inscrira dans l'histoire à « côté de celles de Marengo, d'Austerlitz et d'Iéna. *Tu* feras tirer le canon ; « Cambacérès fera publier le bulletin....... » Plus tard la même faveur me procura la vue de la même écriture, lors du traité de Tilsit. Elle disait : « La reine de Prusse est réellement charmante ; elle est pleine de coquette- « rie pour moi, mais n'en sois pas jalouse ; je suis une toile cirée sur laquelle « tout cela ne fait que glisser. Il m'en coûterait trop cher pour faire le galant. »

A ce sujet on racontait alors parmi nous, dans le salon de Joséphine, que la reine de Prusse tenant à sa main une fort belle rose, l'Empereur la lui avait demandée ; la reine avait d'abord hésité quelques instans, disait-on, puis elle l'avait donnée en disant : « Pourquoi faut-il que je vous donne si « facilement, vous qui demeurez inflexible sur tout ce que je vous demande ? » Faisant allusion à la place de Magdebourg qu'elle avait ardemment sollicitée. Circonstance du reste tant soit peu variée, ainsi qu'on pourra s'en convaincre plus tard par le récit même de Napoléon qu'on trouvera par la suite.

Telle était pourtant la nature des rapports privés, que des ouvrages anglais d'un certain mérite ont défigurée au point de démontrer l'Empereur comme un tyran farouche, insolent et brutal ; prêt à faire violence, à l'aide de ses mamelouks, à cette belle reine, sous les yeux même de son mari malheureux.

Mais voici précisément sur le même sujet et à la même époque une lettre authentique, dont je n'ai eu connaissance que depuis peu, et qui achèvera de donner une idée juste du style de Napoléon vis-à-vis de Joséphine, en même temps qu'elle fera connaître des formes aimables, et surtout une sensibilité et une galanterie domestiques qu'amis et ennemis étaient assurément bien loin de soupçonner alors en celui que, par toute l'Europe, la calomnie et le mensonge étaient venus à bout de faire passer pour le plus dur, le plus brutal, le plus insensible des hommes. Cette lettre de Napoléon est une réponse à des observations que lui adressait Joséphine sur le bulletin de la grande armée, qui s'exprimait avec trop peu de ménagement sur la reine de Prusse.

« J'ai reçu la lettre où tu me parais fâchée du mal que je dis des femmes.
« Il est vrai que je hais les femmes intrigantes au delà de tout ; je suis accou-
« tumé à des femmes bonnes, douces et conciliantes : ce sont celles que
« j'aime. Si elles m'ont gâté, ce n'est pas ma faute, mais la tienne. Au reste,
« tu verras que j'ai été fort bon pour une qui s'est montrée sensible et
« bonne, madame d'Hatzfeld. Lorsque je lui montrai la lettre de son mari,
« elle me dit en sanglotant, avec une profonde sensibilité et naïvement :
« C'est bien là son écriture. Son accent allait à l'âme, elle me fit peine, je
« lui dis : *Eh bien ! Madame, jetez cette lettre au feu, je ne serai plus assez*
« *puissant pour faire condamner votre mari.* Elle brûla la lettre, et me parut
« bien heureuse ; son mari est depuis tranquille, deux heures plus tard il
« était perdu. Tu vois donc que j'aime les femmes bonnes, naïves et dou-

« ces ; mais c'est que celles-là seules te ressemblent, etc., etc. » (6 novembre 1806, à neuf heures du soir.)

Quant à ce grand échafaudage de police et d'espionnage dont parlait le mauvais livre que nous venons de parcourir, échafaudage qui a fait tant de bruit dans le monde à la même époque, quel État du continent peut se vanter d'en avoir eu moins que le gouvernement français? Et cependant quel terrain pouvait en demander plus que la France? Quelles circonstances le commandaient plus impérieusement? Tous les pamphlets de l'Europe se sont dirigés sur ce point, pour rendre odieux chez autrui ce qu'ils cherchaient par là à cacher d'autant plus chez eux. Toutefois ces mesures, si nécessaires en principe, avilissantes sans doute dans leurs détails, n'ont jamais été traitées que fort en grand par l'Empereur, et toujours d'après sa maxime constante, qu'il n'y a que ce qui est indispensable qui doive être fait. Je l'ai souvent entendu, au Conseil d'État, se faire rendre compte de ces objets, les traiter avec une sollicitude particulière, les corriger, chercher à en prévenir les inconvéniens, créer des commissions de son conseil pour aller visiter les prisons, et lui faire des rapports directs. Employé moi-même dans une mission de cette nature, j'ai pu me convaincre, en effet, de tous les abus, de toutes les vexations des subalternes ; mais aussi de toute l'inclination et de l'extrême désir du souverain de les réprimer.

L'Empereur voulut même, disait-il, chercher à relever, aux yeux des peuples, cette branche d'administration que flétrissaient en quelque sorte les préjugés et l'opinion, en la confiant à quelqu'un dont le caractère et la moralité seraient sans reproches. Il fit appeler en 1810, à Fontainebleau, un de ses conseillers d'État. Celui-ci avait été émigré, ou à peu près. Sa famille, de l'ancien parlement, sa première éducation, ses premières opinions, tout eût pu le rendre suspect à quelqu'un de plus défiant que l'Empereur. Dans le cours de la conversation, il lui demanda : « Si le comte de Lille se dé« couvrait maintenant à Paris, et que vous fussiez chargé de la police, le « feriez-vous arrêter? — Oui, sans doute, répondit le conseiller d'État, « parce qu'il aurait rompu son ban, et qu'il y serait en opposition à toutes « les lois existantes. » Et l'Empereur continuant à poser des questions auxquelles il fut répondu à sa satisfaction, il termina, disant : « Eh bien re« tournez à Paris, je vous y fais mon préfet de police. »

Quant au secret des lettres sous le gouvernement de Napoléon, quoi qu'on en ait dit dans le public, on en lisait très peu à la poste, assurait l'Empereur : celles qu'on rendait aux particuliers, ouvertes ou recachetées, n'avaient pas été lues la plupart du temps ; jamais on n'en eût fini. Ce moyen était employé bien plus pour prévenir les correspondances dangereuses que pour les découvrir. Les lettres réellement lues n'en conservaient aucune trace ; les précautions étaient des plus complètes. Il existait depuis Louis XIV, disait l'Empereur, un bureau de *police politique* pour découvrir les relations avec l'étranger. Depuis ce souverain, les mêmes familles en étaient demeurées en possession ; les individus et leurs fonctions étaient inconnus, c'était un véritable emploi. Leur éducation s'était achevée à grands frais dans les diverses capitales de l'Europe ; ils avaient leur morale particulière, et se prêtaient avec répugnance à l'examen des lettres de l'intérieur : c'étaient pourtant eux qui l'exerçaient. Dès que quelqu'un se trouvait couché sur la liste de cette importante surveillance, ses armes, son cachet, étaient aussitôt gravés par le bureau, si bien que ses lettres, après avoir été lues, parvenaient néanmoins intactes, et sans aucun indice de soupçon, à leur adresse.

Ces circonstances, les graves inconvéniens qu'elles pouvaient amener, les grands résultats qu'elles pouvaient produire, faisaient la principale importance du directeur général des postes, et commandaient dans sa personne beaucoup de prudence, de sagesse et de sagacité.

L'Empereur a donné à ce sujet de grandes louanges à M. Lavalette : il n'était nullement partisan, du reste, de cette mesure, disait-il; car, quant aux lumières diplomatiques qu'elle pouvait procurer, il ne pensait pas qu'elles pussent répondre aux dépenses qu'elles occasionnaient : ce bureau coûtait six cent mille francs. Et quant à la surveillance exercée sur les lettres des citoyens, il croyait qu'elle pouvait causer plus de mal que de bien.

« Rarement, disait-il, les conspirations se traitent par cette voie; et quant aux
« opinions individuelles obtenues par les correspondances épistolaires,
« elles peuvent devenir plus funestes qu'utiles au prince, surtout avec notre
« caractère. De qui ne nous plaignons-nous pas avec notre expansion et
« notre mobilité nationales ? Tel que j'aurai maltraité à mon lever, observait-
« il, écrira dans le jour que je suis un tyran : il m'aura comblé de louanges
« la veille, et le lendemain, peut-être, il sera prêt à donner sa vie pour moi.
« La violation du secret des lettres peut donc faire perdre au prince ses
« meilleurs amis, en lui inspirant à tort de la méfiance et des préventions;
« d'autant plus que les ennemis capables d'être dangereux sont toujours
« assez rusés pour ne pas s'exposer à ce danger. Il est tel de mes ministres
« dont je n'ai jamais pu surprendre une lettre. »

Je crois avoir déjà dit qu'au retour de l'île d'Elbe, on a trouvé aux Tuileries une foule de pétitions et de pièces où Napoléon se trouvait fort indécemment mentionné : il les fit brûler. « Elles eussent formé un recueil bien
« abject, disait l'Empereur. J'eus un moment l'idée d'en insérer quelques-unes
« dans le *Moniteur* ; elles auraient dégradé quelques individus, mais n'eus-
« sent rien appris sur le cœur humain : les hommes sont toujours les
« mêmes ! »

L'Empereur, du reste, était loin de connaître tout ce que la police exécutait en son nom sur les écrits et sur les individus : il n'en avait ni le temps ni les moyens. Aussi tous les jours apprend-il de nous, ou par des pamphlets qui lui tombent sous la main, des arrestations d'individus ou des suppressions d'ouvrages qui sont tout-à-fait neuves pour lui.

En parlant des ouvrages cartonnés ou défendus par la police, sous son règne, l'Empereur disait que n'ayant rien à faire à l'île d'Elbe, il s'y était amusé à parcourir quelques uns de ces ouvrages, et souvent il ne concevait pas les motifs que la police avait eus dans la plupart des prohibitions qu'elle avait ordonnées.

De là il est passé à discuter la liberté ou la limitation de la presse. C'est, selon lui, une question interminable et qui n'admet point de demi-mesure. Ce n'est pas le principe en lui-même, dit-il, qui apporte la grande difficulté, mais bien les circonstances sur lesquelles on aura à faire l'application de ce principe pris dans le sens abstrait. L'Empereur serait même par nature, disait-il, pour la liberté illimitée.

C'est sous ce même point de vue, et avec les mêmes raisonnemens, que je l'ai vu constamment traiter ici toutes les grandes questions; aussi Napoléon a-t-il vraiment été et doit-il demeurer, avec le temps, le type, l'étendard et le prince des idées libérales : elles sont dans son cœur, dans ses principes, dans sa logique. Si parfois ses actions semblent s'en être écartées, c'est que les circonstances l'ont impérieusement maîtrisé. En voici une preuve que j'acquis dans le temps, et que je n'appréciais pas alors autant qu'aujourd'hui.

Causant à l'écart dans un de ses cercles du soir aux Tuileries, avec trois ou quatre personnes de la cour groupées autour de lui, ainsi que cela arrivait souvent, il termina une grande question politique par ces paroles remarquables : « Car moi aussi je suis foncièrement et naturellement pour un « gouvernement fixe et *modéré*. » Et comme la figure d'un des interlocuteurs lui exprimait quelque surprise. « Vous ne le croyez pas, continua-t-il ; pour- « quoi ? Est-ce parce que ma marche ne semble point d'accord avec mes « paroles ? Mais, mon cher, que vous connaîtriez peu les choses et les « hommes ! la nécessité du moment n'est-elle donc rien à vos yeux ? Je n'au- « rais qu'à relâcher les rênes, et vous verriez un beau tapage ; ni vous ni moi « ne coucherions peut-être pas après-demain aux Tuileries. »

Première tournée de l'Empereur à cheval. — Dureté des instructions ministérielles à son égard. — Nos peines, nos plaintes. — Paroles de l'empereur. — Réponses brutales.

Mercredi 20 au samedi 23. — L'Empereur est monté à cheval après déjeuner. Nous avons pris le chemin de la ferme ; nous avons rencontré le fermier dans le jardin de la compagnie ; nous nous en sommes fait suivre. Nous avons parcouru tout le terrain avec lui ; l'Empereur lui faisant une foule de questions sur tous les détails de sa ferme, ainsi qu'il le faisait, me disait-il, dans ses chasses aux environs de Versailles, où il discutait avec les fermiers les idées du Conseil d'État, pour venir reproduire ensuite à ce même Conseil d'État les objections des fermiers. Nous avons prolongé le terrain de Longwood le long de la vallée, jusqu'à ce que les chevaux n'ayant plus de passage, nous nous sommes vus contraints de rétrograder. Nous avons alors traversé le vallon, gagné le plateau du camp, couru jusqu'à la montagne des Signaux, et, prolongeant sa crête, nous sommes venus, en dehors du camp, par la maison des Signaux, jusqu'au chemin qui conduit de Longwood chez madame Bertrand. L'Empereur voulait d'abord aller jusque chez elle ; mais à mi-chemin il s'est ravisé, et nous sommes rentrés dans Longwood.

Les instructions des ministres anglais, à l'égard de l'Empereur à Sainte-Hélène, avaient été dictées avec cette dureté et ce scandale qui ont présidé en Europe à leur violation solennelle du droit des gens. Un officier anglais devait être constamment à la table de l'Empereur ; mesure barbare qui nous eût privés de la douceur de nous trouver en famille : on ne s'en abstint que parce que l'Empereur n'eût jamais mangé que dans sa chambre. Peut-être se repentait-il, et j'ai de bonnes raisons de le croire, de n'en avoir pas agi ainsi à bord du *Northumberland*.

Un officier anglais devait sans cesse accompagner l'Empereur à cheval ; gêne cruelle qui tendait à ne pas lui permettre un moment de distraction dans sa malheureuse situation. On y renonça, du moins pour l'intérieur de certaines limites qu'on nous fixa à cet effet, parce que l'Empereur avait déclaré qu'autrement il ne monterait jamais à cheval.

Dans notre triste situation, chaque jour venait ajouter quelque chose à nos contrariétés ; c'était sans cesse une piqûre nouvelle, d'autant plus cruelle que le mal s'établissait pour un long avenir.

Ulcérés comme il était permis de l'être, nous étions sensibles à tout ; et trop souvent les motifs qu'on nous donnait prenaient encore les couleurs

de l'ironie. Ainsi des sentinelles étaient mises, à la nuit, sous les fenêtres de l'Empereur et jusqu'à nos portes; c'était, nous disait-on, pour notre propre sûreté. On gênait la libre communication avec les habitans, on nous mettait au secret, et l'on répondait que c'était pour que l'Empereur ne fût point importuné. Les consignes, les ordres variaient sans cesse; nous vivions dans la perplexité, dans l'hésitation, dans la crainte d'être exposés à chaque pas à quelque affront imprévu. L'Empereur, qui ressentait vivement toutes ces choses, prit le parti d'en faire écrire à l'amiral par M. de Montholon. Il parlait avec chaleur, et accompagnait ses paroles d'observations dignes de remarque. « Que l'amiral ne s'attende pas, disait-il, que je traite
« aucun de ces objets avec lui. S'il venait demain, malgré mon juste ressen-
« timent, il me trouverait le visage aussi riant et la conversation aussi insi-
« gnifiante que de coutume; non qu'il y eût de la dissimulation de ma part,
« ce ne serait que le fruit de mon expérience. Je me souviens encore de
« lord Withworth qui remplit l'Europe d'une longue conversation avec moi
« dont à peine quelques mots étaient vrais. Toutefois ce fut alors ma faute:
« elle fut assez forte pour m'apprendre à n'y plus revenir. Aujourd'hui l'Em-
« pereur a gouverné trop long-temps pour ne pas savoir qu'il ne doit point
« se commettre à la discrétion de quelqu'un auquel il donnerait le droit de
« dire à faux: *L'Empereur m'a dit cela*; car l'Empereur n'aurait pas même
« la ressource d'affirmer que non. Un témoignage en vaut un autre; il faut
« donc de nécessité qu'il emploie quelqu'un qui puisse dire au narrateur
« qu'il ment dans ce qu'il lui fait dire, et qu'il est prêt à lui rendre raison
« de son expression, ce que l'Empereur ne saurait faire. »

La lettre de M. de Montholon était vive, la réponse fut injurieuse et brutale: *On ne connaissait pas telle chose à Sainte-Hélène qu'un Empereur; la justice et la modération du gouvernement anglais à notre égard seraient l'admiration des âges futurs*, etc., etc..... Le docteur O'Méara fut chargé d'accompagner cette réponse écrite d'additions verbales les plus révoltantes; de demander, par exemple, si l'Empereur désirait que l'amiral lui envoyât des libelles et des lettres anonymes atroces qu'il avait reçus à son adresse, etc., etc....

Je travaillais avec l'Empereur quand on lui rendit compte de cette réponse. Je ne pus cacher l'étonnement et l'indignation que me causaient certaines expressions. Toutefois la philosophie seule devait nous tenir lieu de ressentiment : il fallait bien se dire que toute satisfaction était hors de notre pouvoir; car adresser une plainte directe au prince régent, c'eût été ménager peut-être une jouissance à ce prince, et à celui qui nous offensait un titre méritoire; et puis d'ailleurs il ne pouvait exister de plaintes de l'Empereur adressées à qui que ce fût sur la terre; il n'était plus pour lui, à cet égard, d'autre tribunal que Dieu, les nations et la postérité.

Le 23, la frégate *la Doris* est arrivée du Cap : elle apportait sept chevaux qui y avaient été achetés pour l'Empereur.

Mépris de l'Empereur pour la popularité; ses motifs, ses argumens, etc. — Sur ma femme. — La mère et la sœur du général Gourgaud.

Dimanche 24. — L'Empereur lisait quelque chose où on le faisait parler avec trop de bonté; il s'est récrié sur l'erreur de l'écrivain : « Comment a-
« t-on pu me faire dire cela? C'est trop tendre, trop doucereux pour moi;
« on sait bien que je ne le suis pas. — Sire, disais-je, on a eu une bonne in-

« tention ; la chose est innocente en elle-même, et a pu produire un bon ré-
« sultat au dehors. Cette réputation de bonté, que vous semblez vouloir dé-
« daigner, eût pu avoir un poids immense sur l'opinion ; elle eût prévenu
« du moins les couleurs dont un système en Europe a faussement peint Vo-
« tre Majesté aux yeux des peuples. Votre cœur, que je connais à présent,
« est certainement aussi bon que celui de Henri IV, que je n'ai pas connu ;
« eh bien ! sa bonté est encore proverbiale ; il est demeuré une idole, et je
« soupçonne que Henri IV était un tant soit peu charlatan ; pourquoi Votre
« Majesté a-t-elle dédaigné de l'être aussi ? Elle montre trop d'horreur pour
« cette espèce de moyen. Après tout, c'est le charlatanisme qui gouverne le
« monde ; heureux toutefois quand il n'est qu'innocent ! »

L'Empereur s'est mis à rire de ce qu'il appelait mon verbiage. « Mon cher,
« qu'est-ce que la popularité, la débonnaireté ? disait-il. Qui fut plus popu-
« laire, plus débonnaire que le malheureux Louis XVI ? Pourtant quelle a
« été sa destinée ? Il a péri ! C'est qu'il faut servir dignement le peuple, et ne
« pas s'occuper de lui plaire : la belle manière de le gagner, c'est de lui
« faire du bien ; rien n'est plus dangereux que de le flatter : s'il n'a pas en-
« suite tout ce qu'il veut, il s'irrite et pense qu'on lui a manqué de parole ;
« et si alors on lui résiste, il hait d'autant plus qu'il se dit trompé. Le
« premier devoir du prince, sans doute, est de faire ce que veut le peuple,
« mais ce que veut le peuple n'est presque jamais ce qu'il dit : sa volonté,
« ses besoins, doivent se trouver moins dans sa bouche que dans le cœur
« du prince.

« Tout système peut sans doute se soutenir, celui de la débonnaireté comme
« celui de la sévérité ; chacun a ses avantages et ses inconvéniens : tout se
« balance dans ce bas monde. Que si vous me demandez à quoi ont pu me servir
« mes expressions et mes formes sévères, je répondrai : A m'épargner de
« faire ce dont je menaçais. Quel mal, après tout, ai-je fait ? Quel sang ai-je
« versé ? Qui peut se vanter, dans les circonstances où je me suis trouvé,
« qu'il eût fait mieux ? Quelle époque de l'histoire, semblable à mes difficul-
« tés, offre mes innocens résultats ? Car que me reproche-t-on ? On a saisi
« les archives de mon administration, on est demeuré maître de mes pa-
« piers, qu'a-t-on eu à mettre au grand jour ? Tous les souverains, dans ma
« position, au milieu des factions, des troubles, des conspirations, ne sont-
« ils pas entourés de meurtres et d'exécutions ? Voyez pourtant quel a été
« avec moi le calme subit de la France ? Cette marche vous étonne, conti-
« nua-t-il en riant, vous qui parfois montrez la douceur et la *naïveté* d'un
« enfant ? »

Et me voilà, dans ma propre défense, soutenant vivement à mon tour que
tous les systèmes pouvaient avoir leur avantage. « Tout homme, convenais-
« je, doit se créer sans doute un caractère par l'éducation ; mais il faut qu'il
« en pose les bases sur celui que lui a donné la nature ; autrement il court le
« risque de perdre les avantages de celui-ci, sans obtenir ceux du caractère
« qu'il voudrait se donner ; ce pourrait n'être plus qu'un instrument qui
« fausserait sans cesse. Le cours de la vie de chacun doit être, après tout,
« le résultat évident, le vrai jugement de son caractère. Or, de quoi pourrai-
« je avoir à me plaindre ? Du dernier degré de la misère, je me suis relevé
« seul à une assez belle aisance, et du pavé de Londres je suis parvenu aux
« marches de votre trône, aux siéges de votre conseil ; le tout sans que j'aie
« à être embarrassé, devant qui que ce soit, d'aucune parole, d'aucun écrit,
« d'aucune démarche. N'est-ce pas aussi avoir produit en petit mes petites

11.

« merveilles? Et qu'aurais-je donc pu faire de mieux avec un autre tour
« donné à mon caractère? »

On est venu interrompre la conversation, pour dire à l'Empereur que l'amiral et des dames venues par *la Doris* sollicitaient la faveur d'être présentés. L'Empereur a répondu sèchement qu'il ne voyait personne, qu'on le laissât tranquille.

Au point où nous en étions, la politesse personnelle de l'amiral était une injure de plus, et quant à ceux qui le suivaient, comme on ne pouvait venir à nous qu'avec la permission de l'amiral, l'Empereur ne pouvait accorder qu'on fît ainsi les honneurs de sa personne : s'il était au secret, il fallait qu'on le signifiât ; s'il n'y était pas, il devait voir qui bon lui semblait sans l'intervention de personne. Il ne fallait pas surtout qu'on se targuât en Europe de l'entourer de toutes sortes d'égards et de respects, quand on ne l'abreuvait que d'inconvenances et de caprices.

L'Empereur est sorti à cinq heures et s'est promené dans le jardin. Le général-colonel du 53e régiment est venu l'y trouver, et lui a demandé la permission de lui présenter le lendemain son corps d'officiers ; l'Empereur l'a accepté pour trois heures.

Demeurés seuls nous deux, l'Empereur a prolongé sa promenade ; il s'est arrêté devant une des plates-bandes à considérer une fleur, et m'a demandé si ce n'était pas là un lis ; c'en était un magnifique..... « Ah! voilà
« donc, a dit l'Empereur, la fleur, l'emblème des Bourbons ! Cet éclat, cette
« blancheur sans tache, peut prêter en effet à beaucoup de jolies choses ;
« mais pourquoi faut-il que la stupidité des Bourbons dans leurs derniers
« actes soit venue à bout de rendre tout cela odieux, antipathique à nos po-
« pulations ! »

Après le dîner, durant notre reversi accoutumé, dont l'Empereur commençait du reste à se fatiguer : « Où croyez-vous, m'a-t-il dit tout-à-coup,
« que soit en ce moment madame de Las Cases ? — Hélas ! Sire, lui ai-je ré-
« pondu, Dieu le sait ! — Elle est à Paris, a-t-il continué ; c'est aujourd'hui
« mardi, il est neuf heures, elle est à l'Opéra. — Non, Sire, elle est trop
« bonne femme pour être au spectacle quand je suis ici. — Voilà bien les
« maris, disait l'Empereur en riant, toujours confians et crédules ! » Puis passant au général Gourgaud, il l'a plaisanté de même sur sa mère et sa sœur (1). Celui-ci s'en attristant beaucoup, et ses yeux se mouillant, l'Empereur, le regardant de côté, disait d'une manière charmante : « N'est-ce pas
« bien méchant à moi, bien barbare, bien tyran, de toucher ainsi des cor-
« des si tendres ? »

L'Empereur me demandait ensuite combien j'avais d'enfans ; quand et comment j'avais connu madame de Las Cases. Je lui répondais que madame de Las Cases était ma première connaissance dans la vie ; que notre mariage était un nœud que nous avions lié nous-mêmes dans notre enfance, et que pourtant il avait fallu la plupart des événemens de la révolution pour pouvoir l'accomplir, etc., etc.

---

(1) Le général Gourgaud avait pour sa mère et sa sœur une tendresse extrême ; il en était aimé de même. Ses soins pour elles allaient au point de leur peindre, dans ses lettres, Sainte-Hélène comme un lieu de délices, afin de les tranquilliser sur son compte : c'étaient des forêts d'orangers, de citronniers, un printemps perpétuel, en un mot, tout-à-fait du roman. Et les ministres anglais n'ont pas rougi plus tard de faire tourner contre lui ces innocentes supercheries de sa sollicitude filiale ! ! !

L'Empereur souvent blessé dans ses campagnes. — Cosaques. — *Jérusalem délivrée*.

Lundi 25. — L'Empereur, qui n'avait pas été bien la veille, a continué d'être indisposé, et a fait prévenir qu'il ne pourrait pas recevoir les officiers du 53ᵉ, ainsi qu'il l'avait fixé. Vers le milieu du jour, il m'a fait appeler, et nous avons relu quelques chapitres de la campagne d'Italie. Je comparais celui de la bataille d'Arcole à un chant de l'*Iliade*.

Quelque temps avant l'heure du dîner, nous nous trouvions réunis autour de lui dans sa chambre; on est venu nous dire que nous étions servis; il nous a renvoyés; je sortais le dernier, il m'a retenu. « Restez, m'a-t-il dit, nous « dînerons ensemble; nous sommes les vieux, laissons aller les jeunes; nous « nous tiendrons compagnie. » Puis il a voulu s'habiller, « ayant l'intention, « disait-il, de passer dans le salon après son dîner. »

En faisant sa toilette, il passait sa main sur sa cuisse gauche, où se voyait un trou considérable; il y enfonçait le doigt en me le montrant significativement, et voyant que j'ignorais ce que ce pouvait être, il m'a dit que c'était le coup de baïonnette qui avait failli lui coûter la cuisse au siège de Toulon. Marchand, qui l'habillait, s'est permis d'observer qu'on le savait bien à bord du *Northumberland;* qu'un des hommes de l'équipage lui avait dit, lorsqu'on y arriva, que c'était un Anglais qui, le premier, avait blessé notre Empereur.

L'Empereur, prenant alors ce sujet, disait qu'on avait généralement admiré et prôné le rare bonheur qui le tenait comme invulnérable au milieu de tant de batailles. « Et l'on était dans l'erreur, ajoutait-il; seulement « j'avais toujours fait mystère de tous mes dangers. » Et il a raconté qu'il avait eu trois chevaux tués sous lui au siège de Toulon; qu'il en avait eu plusieurs tués ou blessés dans ses campagnes d'Italie; trois ou quatre au siège de Saint-Jean-d'Acre. Qu'il avait été blessé maintes fois : qu'à la bataille de Ratisbonne une balle lui avait frappé le talon; qu'à celle d'Esling ou de Wagram, je ne saurais plus dire laquelle, un autre coup de feu lui avait déchiré la botte, le bas et la peau de la jambe gauche; en 1814 il avait perdu un cheval et son chapeau à Arcis-sur-Aube, ou dans son voisinage; et après le combat de Brienne, en rentrant le soir à son quartier-général, triste et méditatif, il se trouva chargé inopinément par des Cosaques qui avaient passé sur les derrières de l'armée; il en repoussa un de la main, et se vit contraint de tirer son épée pour sa défense personnelle; plusieurs de ces Cosaques furent tués à ses côtés. « Mais ce qui donne un « prix bien extraordinaire à cette circonstance, disait-il, c'est qu'elle se « passa auprès d'un arbre que je considérais en cet instant, et que je re- « connaissais pour être celui au pied duquel, durant nos récréations, à « l'âge de douze ans, je venais lire la *Jérusalem délivrée*. » C'était donc là que Napoléon avait éprouvé sans doute les premières émotions de la gloire!

L'Empereur répétait qu'il avait été très souvent exposé dans ses batailles; mais on le taisait toujours avec le plus grand soin. Il avait recommandé, une fois pour toutes, le silence le plus absolu sur toutes les circonstances de cette nature. « Quelle confusion, quel désordre n'eussent pas résulté du « plus léger bruit, du plus petit doute touchant mon existence, disait-il. A « ma vie se rattachait le sort d'un grand empire, toute la politique et les desti- « nées de l'Europe! »

Cette habitude, du reste, de tenir ces circonstances secrètes, faisait, ajoutait-il en ce moment, qu'il n'avait pas songé à les relater dans ses campagnes; et puis elles étaient aujourd'hui presque hors de sa mémoire; ce n'était plus guère, disait-il, que par hasard et dans le cours de ses conversations qu'elles pouvaient lui revenir, etc., etc.

Ma conversation avec un Anglais.

Mardi 26. — L'Empereur a continué d'être indisposé.

Un des Anglais, dont la femme avait été refusée hier à la suite de l'amiral, est venu me rendre visite ce matin, dans l'intention d'essayer une nouvelle et dernière tentative pour parvenir à Napoléon. Cet Anglais parlait très-bien le français, ayant demeuré en France pendant toute la guerre. C'était un de ceux connus dans le temps sous le nom de *détenus;* un de ceux qui, venus en France comme voyageurs, s'y trouvèrent arrêtés par le Premier Consul, lors de la rupture du traité d'Amiens, en représailles de ce que le gouvernement anglais avait, suivant sa coutume, saisi nos bâtimens marchands avant de nous déclarer la guerre. Cette circonstance causa une longue et vive discussion entre les deux gouvernemens, et empêcha même, durant toute la guerre, un cartel d'échange. Les ministres anglais s'obstinèrent à ne vouloir pas regarder leurs compatriotes arrêtés comme des prisonniers, dans la crainte que ce ne fût une renonciation implicite à leur espèce de *droit de piraterie.* Toutefois cette obstination de leur part valut une longue captivité à leurs compatriotes; ils ont été retenus en France plus de dix ans : c'est l'absence du siége de Troie, aussi longue, aussi pénible, mais moins glorieuse.

Cet Anglais était beau-frère de l'amiral Burton, qui venait de mourir, commandant la station de l'Inde. Cette circonstance pouvait lui donner quelques rapports directs avec les ministres, à son arrivée en Angleterre; il pouvait avoir été choisi par l'amiral pour y rendre bien des choses qui nous concernent; je n'ai donc pas refusé la conversation, je l'ai même prolongée. Elle a duré plus de deux heures, toute calculée de ma part sur ce qu'il pouvait redire à l'amiral, répéter au gouvernement ou dans les cercles en Angleterre. J'en fais grace; on n'y retrouverait que l'éternelle récapitulation de nos reproches et de nos griefs, la fastidieuse répétition de nos plaintes et de nos douleurs; ce serait encore et toujours la violation des droits estimés les plus sacrés; l'outrage fait à notre bonne foi; l'arrogance, l'impudeur, les plus basses insultes du pouvoir, etc. J'ai particulièrement appuyé sur les mauvais traitemens qu'on nous faisait éprouver ici, sur le travers d'esprit de celui qui tenait ici nos chaînes. « Sa gloire, disais-je, n'est pas de nous soumettre, « mais bien plutôt de nous satisfaire. Il devrait nous faire oublier à force « d'égards toute la rigueur et les injustices de la politique. Rechercherait-il « la réprobation des hommes, lorsque sa bonne fortune le conduisait à mê- « ler noblement son nom à celui de l'homme du temps, du héros de l'his- « toire! Objecterait-il ses instructions? Mais encore, dans nos mœurs eu- « ropéennes, l'honneur est là pour les interpréter convenablement. »

Mon Anglais m'a écouté avec beaucoup d'attention; il a montré même parfois un intérêt marqué, approuvant fort plusieurs de mes observations; mais aura-t-il été sincère, et ne tiendra-t-il pas à Londres un langage tout-à-fait différent?

Chaque fois qu'un bâtiment arrive de Sainte-Hélène en Angleterre, les papiers publics présentent aussitôt sur les captifs de Longwood des relations infidèles, absurdes; qui doivent nécessairement les rendre ridicules à la masse du public. Comme nous nous en exprimions ici avec amertume, des Anglais honnêtes et distingués nous dirent : « Ne vous y méprenez pas, ces « injures ne viennent pas sans doute de nos compatriotes qui vous visitent « ici, mais bien de nos ministres à Londres; car aux excès et à la violence « du pouvoir l'administration qui nous gouverne aujourd'hui joint toute la « petitesse des intrigues les plus basses et les plus viles. »

Sur l'émigration.—Bienfaisance des Anglais.—Ressources des émigrés, etc.

Mercredi 27.—L'Empereur, se trouvant mieux, est monté à cheval vers une heure, et au retour a reçu les officiers du 53ᵉ. Il a été pour eux tout-à-fait aimable et gracieux.

Après cette visite, l'Empereur, qui m'avait dit de demeurer avec lui, s'est promené dans le jardin, je lui ai rendu compte de ma conversation de la veille avec l'Anglais qui était venu me faire visite. De là ses questions se sont portées sur l'émigration, Londres et les Anglais.

Je lui disais que l'émigration n'aimait pas les Anglais, mais qu'il y avait peu d'émigrés qui ne se fussent attachés à quelque Anglais; que les Anglais n'aimaient point l'émigration, mais qu'il y avait peu de familles anglaises qui n'eussent adopté quelque Français. Ce devait être là toute la clef des sentimens et des rapports, souvent contradictoires, qu'on rencontre d'ordinaire sur cet objet. Quant au bien qu'ils nous avaient fait, surtout la classe mitoyenne, qui est celle qui caractérise toujours un peuple, il était au delà de toute expression, et nous endettait envers elle d'une véritable reconnaissance. Il est difficile d'énumérer les bienfaits particuliers, les institutions bienveillantes, les mesures charitables employées vis-à-vis de nous; ce sont les particuliers qui, par leur exemple, ont amené le gouvernement à des secours réguliers; et quand ceux-ci ont été établis, les autres n'ont point cessé.

L'Empereur me demandait si j'avais participé à ces secours. J'avais trouvé plus doux de ne rien devoir qu'à mon travail, et l'organisation sociale et industrielle de l'Angleterre était telle qu'avec ce sentiment on était sûr de réussir.

« Mais n'avez-vous jamais aperçu l'occasion de faire fortune? —Deux fois.
« Un évêque de Rodez, *Colbert,* Écossais de naissance, qui m'aimait beau-
« coup, me proposa de suivre son frère à la Jamaïque : il y allait chef du
« pouvoir exécutif, était un des planteurs les plus considérables; il m'eût
« confié la gestion de ses biens, et m'eût fait avoir celle de ses amis; l'évê-
« que me garantissait en trois ans une véritable fortune. Je ne pus m'y ré-
« soudre, je préférai continuer une vie misérable à m'éloigner des côtes
« de France.

« Une autre fois, des amis voulaient m'envoyer dans l'Inde; j'y eusse été em-
« ployé, protégé; on me garantissait encore, en très peu de temps, une
« fortune considérable. Je ne voulus pas; je me trouvais trop âgé, c'était
« trop loin, disais-je. Il y a vingt ans de cela, et je suis à Sainte-Hélène.

« Cependant il en était peu dont l'émigration, dans le principe, eût été
« plus dure que la mienne, bien qu'il n'en fût pas de plus brillante vers
« sa fin. Je m'étais vu plus d'une fois à la veille de manquer littéralement
« de tout : pourtant je n'avais jamais été découragé ni même malheureux.
« J'avais trouvé le vrai trésor de la philosophie en me comparant au grand
« nombre de ceux qui, autour de moi, étaient plus malheureux encore;
« aux vieillards, aux femmes, à ceux qui, dépourvus d'une certaine in-

« struction, de certaines facultés, n'apprendraient jamais une langue
« étrangère, ne sauraient jamais se créer aucun moyen. Moi, j'avais de la
« jeunesse, de l'ardeur, je me sentais capable de quelque chose, j'étais plein
« d'espérance; je montrais ce que je ne savais pas, tout ce qu'on voulait;
« j'apprenais la veille ce qu'on me demandait pour le lendemain. Plus tard
« mon Atlas historique fut une idée heureuse qui m'ouvrit une mine d'or;
« ce n'était pourtant alors qu'une véritable esquisse; mais à Londres tout
« s'encourage, tout se vend; et puis le Ciel bénit mes efforts. Débarqué à
« l'entrée de la Tamise, j'avais gagné Londres à pied, n'ayant que sept louis
« dans ma poche, sans connaissances, sans recommandations sur ces rives
« étrangères; j'en sortis en poste, possédant deux mille cinq cents guinées,
« ayant fait des amis tendres pour lesquels j'aurais donné ma vie. »

« Mais moi, si j'avais émigré, disait l'Empereur, quel eût été mon sort,
« mon lot? » Il parcourait alors inutilement diverses directions, et s'arrêtait constamment sur le militaire. « J'y aurais toujours bien fourni ma car-
« rière, après tout, disait-il. — Cela n'est pas sûr, répondais-je, Sire; vous
« vous fussiez trouvé étouffé dans la foule. Arrivé à Coblentz ou dans tout
« corps français, vous eussiez été classé d'après le rang du tableau; rien
« n'eût pu vous le faire franchir, car nous étions stricts observateurs des
« formes, etc., etc. »

L'Empereur me demandait ensuite quand et comment j'étais rentré. « Après
« la paix d'Amiens, par le bienfait de votre amnistie; encore m'étais-je glissé
« par contrebande dans une famille anglaise, pour atteindre Paris plus tôt.
« Dès que j'y fus arrivé, de peur de compromettre cette famille, j'allai moi-
« même faire ma déclaration à la police, qui me donna une carte que je
« devais faire viser toutes les semaines ou tous les mois; je n'en fis rien et
« il ne m'en arriva rien. J'étais décidé à me conduire sagement; qu'avais-je
« à craindre? disais-je. Cependant une fois je vis qu'il eût pu m'en coûter
« cher : c'était le moment le plus violent de la crise de Georges et Pichegru;
« d'ordinaire je passais mes soirées dans des sociétés intimes dans ma pro-
« pre maison, je ne sortais presque jamais; mais ici conduit par la fatalité,
« peut-être par le vif intérêt que je prenais à la chose du jour, je m'égarai
« un soir assez tard dans le faubourg Saint-Germain; je manquai le passage
« du pont Louis XVI, que je connaissais si bien, et allai déboucher sur le
« boulevard des Invalides, sans plus savoir où je me trouvais. Les postes
« étaient doublés partout et multipliés; je demandai ma route à une sen-
« tinelle; j'entendis distinctement son camarade, à quelques pas de là, lui
« demander pourquoi il ne m'arrêtait pas; celui-ci répondit que je ne fai-
« sais aucun mal. Je gagnai mon gîte à pas redoublés, frémissant sur le dan-
« ger que je venais de courir : j'étais en contravention formelle vis-à-vis de
« la police; mon émigration, mon nom, mes habitudes, mes opinions me
« classaient parmi les mécontens; tous les renseignemens qu'on eût pris
« m'eussent été défavorables, je n'aurais pu me réclamer de personne; on
« eût trouvé dans ma poche, et c'est ce qui me frappait davantage, cinq
« guinées : bien que je fusse en France depuis plus de deux ans, c'étaient
« les dernières que m'avait valu mon travail; je les portais toujours, je les
« ai ici; leur vue était pour moi une espèce de bonheur, elles me rappe-
« laient un temps pénible qui n'était plus. Or, que ne pouvait-il, que ne
« devait-il pas arriver par le concours de toutes ces circonstances? J'aurais
« eu beau nier, affirmer, personne ne m'eût cru; j'eusse beaucoup souffert
« sans doute, et pourtant je n'étais nullement coupable. Voilà cependant

« la justice des hommes ! Toutefois je ne me mis pas plus en règle vis-à-vis
« de la police, et il ne m'arriva jamais rien.

« Lorsque je fus présenté à la cour de Votre Majesté, les émigrés qui
« étaient dans le même cas que moi firent lever leur surveillance qui était
« de dix ans ; moi, je me promis bien de laisser finir la mienne de sa belle
« mort. Invité, au nom de Votre Majesté, à une fête qu'elle donnait à Fon-
« tainebleau, je trouvai plaisant d'aller à la police demander un passe-port.
« On convint qu'il m'était régulièrement nécessaire, mais on me le refusa,
« pour ne pas rendre, dit-on, l'administration ridicule. Plus tard, devenu
« chambellan de Votre Majesté, j'eus à faire un voyage privé; et pour
« cette fois, ils m'affranchirent pour toujours et en riant de toute formalité
« future.

« Au retour de Votre Majesté, en 1815, voulant rendre service à quelques
« émigrés qui étaient revenus avec le roi, j'allai pour eux à la police. J'étais
« un conseiller d'État, tous les registres me furent ouverts. Après l'article
« de mes amis, je fus curieux de connaître le mien ; j'appris que j'y étais
« noté comme grand courtisan de M. le comte d'Artois, à Londres. Je ne pus
« m'empêcher de réfléchir sur ce que pouvaient amener la différence des
« temps et la bizarrerie des révolutions. Du reste, ma note était tout-à-fait
« inexacte ; j'allais bien, il est vrai, chez M. le comte d'Artois ; mais de mois
« en mois tout au plus peut-être ; pour en être courtisan, avec la meilleure
« volonté, je ne l'aurais pas pu ; j'avais à pourvoir à ma subsistance de cha-
« que jour ; j'avais la fierté de vouloir vivre de mes occupations, le temps
« m'était précieux. » J'amusais beaucoup l'Empereur par mon récit, et je
trouvais un grand charme à le lui faire.

Jeudi 28. — La famille de Briars est venue dans l'espoir de voir l'Empereur ; mais il s'est trouvé incommodé de nouveau. Sa santé s'altère ; cet endroit lui est visiblement contraire. Il m'a fait appeler à trois heures ; il avait
eu un léger accès de fièvre, il se trouvait mieux. Il m'a beaucoup parlé de
ses dispositions domestiques intérieures, qui parfois laissaient venir jusqu'à
lui quelques tracasseries. Ensuite il a fait sa toilette pour essayer de se
promener. Je l'ai décidé à remettre son gilet de flanelle, que, dans ce
lieu de température humide et inconstante, il avait imprudemment mis
de côté.

Nous sommes allés nous promener au jardin, la conversation continuant
toujours sur le même sujet que ci-dessus. L'Empereur, marchant à l'aventure, a gagné les arbres à gomme qui prolongent le parc, causant de notre
situation locale, de nos rapports avec les autorités, formant des conjectures sur les événemens politiques de l'Europe, etc. La pluie est venue nous
surprendre, et nous a forcés à nous abriter sous un arbre. Le grand maréchal et M. de Montholon sont venus nous rejoindre. Au retour, l'Empereur m'a dit de le suivre, et s'est mis à jouer au piquet dans le salon avec
madame de Montholon. Il faisait fort humide, l'Empereur a désiré du feu ; à
peine allumé, la fumée nous a chassés, il a fallu nous réfugier dans la chambre même de l'Empereur, où la partie a continué. Bientôt il n'a plus fait que
tenir les cartes ; sa conversation était devenue tout-à-fait des plus intéressantes : il nous racontait des anecdotes de son plus petit intérieur, confir-
mant, redressant ou détruisant celles que madame de Montholon ou moi lui
disions avoir circulé dans le monde ; rien n'était plus piquant, c'était une
conversation toute confidentielle ; aussi fut-ce un vrai chagrin pour nous d'entendre annoncer à l'Empereur qu'il était servi.

Excursion difficile. — Premier essai de notre vallée. — Marais perfide. — Momens caractéristiques. — Anglais désabusés. — Poison de Mithridate.

Vendredi 29. — Il est un endroit de notre enclos d'où l'on voit au loin la partie de la mer où apparaissent les vaisseaux qui arrivent ; là est un arbre au pied duquel on peut la considérer à son aise. J'étais dans l'habitude, depuis quelques jours, d'y aller dans mes momens d'oisiveté pour voir arriver, me disais-je, le vaisseau qui doit terminer notre exil. Le célèbre *Munich* est demeuré vingt ans au fond de la Sibérie, buvant chaque jour à son retour à Saint-Pétersbourg, avant de voir arriver cet instant désiré. J'aurai son courage ; mais j'espère n'avoir pas besoin de sa patience.

Depuis quelques jours des bâtimens se succédaient ; de très bon matin on en avait aperçu trois, dont j'en jugeai deux bâtimens de guerre. En revenant, on me dit que l'Empereur était déjà levé ; j'allai le trouver dans le jardin pour lui faire part de ma découverte. Il voulut déjeuner sous un arbre, et me retint. Après le déjeuner, il me dit de le suivre à cheval. Nous prolongeâmes en dehors de Longwood tous les arbres à gomme, et essayâmes, à l'extrémité, de descendre dans une vallée très rapide et profondément sillonnée : c'étaient des sables, des cailloux presque mouvans, parsemés de ronces marines ; nous fûmes obligés de descendre de cheval. L'Empereur ordonna au général Gourgaud de prendre par un autre côté avec les chevaux et les deux piqueurs qui formaient notre suite ; il s'obstina à continuer de sa personne, au milieu des difficultés où nous nous trouvions. Je lui donnais le bras ; nous descendions et regrimpions avec peine tous les ravins ; il regrettait la légèreté de sa jeunesse, me reprochait d'être plus leste que lui : il y trouvait plus de différence que le peu d'âge qui nous sépare. C'est, disais-je, que je rajeunissais pour le servir. Chemin faisant, il remarquait que ceux qui pourraient nous considérer en ce moment reconnaîtraient sans peine l'inquiétude et l'impatience françaises. « Au fait, di-« sait-il, il n'y a que des Français auxquels il puisse venir dans l'idée de « faire ce que nous faisons en cet instant. » Nous arrivâmes enfin tout haletans au bas de la vallée (*voy.* la carte géographique). Ce que nous avions pris de loin pour un chemin tracé n'était qu'un petit ruisseau d'un pied et demi de large ; nous voulûmes le traverser en attendant nos chevaux ; mais les bords de ce petit ruisseau étaient perfides, ils semblaient d'une terre sèche qui nous supporta d'abord ; mais bientôt nous nous sentîmes enfoncer subitement, comme si nous eussions été sur de la glace qui se fût brisée ; nous étions menacés de disparaître. J'en avais déjà presque au dessus du genou quand un effort m'en a fait sortir ; je me suis retourné pour donner la main à l'Empereur ; il était enfoncé des deux jambes, ses mains à terre, s'efforçant de se dégager. Ce n'est pas sans peine ni sans boue que nous avons retrouvé la terre ferme ; moi ne pouvant m'empêcher de m'écrier : *Marais d'Arcole ! marais d'Arcole !* Nous les avions travaillés quelques jours auparavant ; Napoléon avait failli y demeurer. Pour lui il répétait en considérant ses vêtemens : « Mon cher, voici une sale aventure. » Et puis il disait : « Si nous « avions disparu ici, qu'eût-on dit en Europe ? Les cafards prouveraient « sans nul doute que nous avons été engloutis pour tous nos crimes. »

Les chevaux nous ayant enfin rejoints, nous avons continué, forçant des haies, escaladant des murs, et avons remonté à grande peine toute la vallée qui sépare Longwood du pic de Diane. Nous sommes rentrés par le côté de madame Bertrand ; il était trois heures. On est venu nous dire que les bâtimens aperçus ce matin étaient un brick et un transport venus d'Angleterre, et un Américain.

Sur les sept heures, l'Empereur m'a fait demander ; il était avec le grand maréchal, qui lui lisait les papiers-nouvelles depuis le 9 jusqu'au 16 octobre ; cela ne finissait pas ; il était neuf heures. L'Empereur, étonné qu'il fût si tard, s'est levé brusquement, et impatienté qu'on ne lui donnât pas son dîner, a marché droit à la table, se plaignant qu'on l'eût fait attendre. On a eu la gaucherie de lui donner une raison fort ridicule ; cette inconvenance domestique l'a vivement choqué, puis il s'est choqué intérieurement encore de s'être montré si choqué ; aussi le dîner a-t-il été sombre et silencieux.

Revenu dans le salon pour le dessert, l'Empereur a cependant pris la parole sur les nouvelles que nous avaient apportées les gazettes : les conditions de la paix, les forteresses livrées aux étrangers, la fermentation des grandes villes. Il a traité ces sujets en maître ; mais il s'est retiré de bonne heure, l'instant qui avait précédé le dîner lui demeurait visiblement sur le cœur.

Peu de temps après il m'a fait demander, voulant continuer les papiers. Comme je me mettais en devoir de lire, il s'est rappelé l'état de mes yeux, et ne l'a plus voulu. J'insistai, disant que je parcourrais vite, et que ce ne serait pas long ; mais il les a éloignés lui-même, ajoutant : « La nature ne « se commande pas ; je vous le défends ; j'attendrai demain. » Il s'est mis à marcher, et bientôt ce qu'il avait dans le cœur en est sorti. Qu'il me semblait aimable dans ses reproches et ses plaintes ! Qu'il était homme et bon ; car ce qu'il disait était juste et vrai ! Mais c'étaient de ces momens précieux où la nature, prise sur le fait, montre à nu le fond du cœur et du caractère. Et je me disais en le quittant, ce que j'ai d'ailleurs si souvent l'occasion de me redire : « Bon dieu, que l'Empereur a été mal connu dans le monde ! »

Au demeurant, on lui rend déjà ici plus de justice. Ces Anglais si acharnés, si excusables d'ailleurs par les fausses peintures dont on les a si constamment nourris, commencent à prendre une idée plus juste de son caractère ; ils avouent qu'ils sont étrangement détrompés chaque jour, et que Napoléon est bien différent de ce Bonaparte que les intérêts politiques et le mensonge leur avaient tracé sous des aspects si odieux. Tous ceux qui ont pu le voir, l'entendre et avoir affaire à lui, n'ont plus qu'une voix làdessus ; il est échappé plus d'une fois à l'amiral, au travers de nos querelles avec lui, de se récrier que l'Empereur était sans contredit le meilleur naturel de toute la bande, le plus raisonnable, le plus juste, le plus facile ; et il disait vrai.

Une autre fois, un honnête Anglais, que nous voyions souvent, confessait à Napoléon, dans toute l'humilité de son âme, et en forme d'expiation, qu'il avait à se reprocher et qu'il était honteux d'avouer qu'il avait cru fermement toutes les abominations débitées sur son compte : ses étranglemens, ses massacres, ses fureurs, ses brutalités ; enfin jusqu'aux difformités de sa personne et aux traits hideux de sa figure. « Après tout, ajou« tait-il candidement, comment ne l'aurais-je pas cru ? Tous nos livres en « étaient pleins, c'était dans toutes nos bouches ; pas une voix ne s'élevait « pour le contredire. — Eh bien ! dit Napoléon en souriant, c'est à vos mi« nistres pourtant que j'ai l'obligation de toutes ces gentillesses : ils ont « inondé l'Europe de pamphlets et de libelles contre moi. Peut-être au-

« raient-ils à dire pour excuse qu'ils ne faisaient que répondre à ce qu'ils
« recevaient de France même ; et ici, il faut être juste, ceux d'entre nous
« qu'on a vus danser sur les ruines de leur patrie ne s'en faisaient pas faute,
« et les tenaient abondamment pourvus.

« Quoi qu'il en soit, on me tourmenta souvent, au temps de ma puissance,
« pour que je fisse combattre ces menées ; je m'y refusai toujours. A quoi
« m'eût servi qu'on m'eût défendu ? On eût dit que j'avais payé, et cela ne
« m'eût que discrédité un peu davantage. Une victoire, un monument de
« plus ; voilà la meilleure, la véritable réponse, disais-je constamment. Le
« mensonge passe, la vérité reste. Les gens sages, la postérité surtout, ne
« jugent que sur des faits. Aussi qu'est-il arrivé ? Déjà le nuage se dissipe,
« la lumière perce, je gagne tous les jours ; bientôt il n'y aura plus rien de plus
« piquant en Europe que de me rendre justice. Ceux qui m'ont succédé tien-
« nent les archives de mon administration, les archives de la police, les
« greffes des tribunaux ; ils ont à leur disposition, à leur solde, ceux qui
« eussent été les exécuteurs, les complices de mes atrocités et de mes cri-
« mes ; eh bien ! qu'ont-ils publié ? qu'ont-ils fait connaître ?

« Aussi, la première fureur passée, les gens d'esprit et de jugement me
« reviendront ; je ne conserverai pour ennemis que des sots ou des méchans.
« Je puis demeurer tranquille, je n'ai qu'à laisser faire, et la suite des évé-
« nemens, les débats des partis opposés, leurs productions adverses, feront
« luire chaque jour les matériaux les plus sûrs, les plus glorieux de mon
« histoire. Et à quoi ont abouti, après tout, les immenses sommes dépen-
« sées en libelles contre moi ? Bientôt il n'y en aura plus de traces ; tandis
« que mes monumens et mes institutions me recommanderont à la postérité
« la plus reculée.

« Aujourd'hui, du reste, on ne saurait plus recommencer ces torts envers
« moi ; la calomnie a épuisé tous ses venins sur ma personne ; elle ne sau-
« rait plus me heurter ; elle n'est plus pour moi que *le poison de Mithridate.* »

L'Empereur laboure un sillon.—Denier de la veuve.—Entrevue avec l'amiral.—Nouveaux arrangemens.—Le polonais Piontowsky.

Samedi 30. — L'Empereur m'avait fait appeler avant huit heures. Pendant qu'il faisait sa toilette, je lui ai achevé les papiers commencés la veille. Une fois habillé, il est sorti, a marché vers les écuries, a demandé son cheval et est parti seul avec moi, tandis qu'on préparait encore ceux de la suite. Nous nous sommes promenés à l'aventure ; arrivés dans un champ qu'on labourait, l'Empereur est descendu de son cheval, dont je me suis emparé, a saisi la charrue, au grand étonnement de celui qui la conduisait, et a tracé lui-même un sillon d'une longue étendue, le tout avec une rapidité singulière et sans autres paroles entre nous que de me dire, en quittant, de donner un napoléon. Remonté à cheval, il a continué sans intention dans le voisinage. Les piqueurs ont rejoint successivement.

Au retour, l'Empereur a voulu déjeuner sous un arbre dans le jardin, et nous a retenus. Il nous avait dit durant sa course qu'il venait de nous faire un petit cadeau, bien léger à la vérité, disait-il, mais tout se mesure aux circonstances, et dans celle-ci c'était pour lui, ajoutait-il, *le denier de la veuve*. C'était un traitement mensuel qu'il venait d'arrêter pour chacun de nous. Or, ce traitement devait être prélevé sur une somme assez peu forte que nous avions dérobée à la vigilance anglaise, et cette somme demeurait ici l'unique et seule ressource de Napoléon. On sent combien elle devenait précieuse ; aussi j'ai employé le premier insant où je me suis trouvé seul avec lui pour lui exprimer ma pensée à cet égard, et ma résolution personnelle de ne pas profiter de son bienfait. Il en a beaucoup ri, et comme j'insistais toujours : « Eh bien ! m'a-t-il dit en me saisissant l'oreille, si vous n'en avez « pas besoin, gardez-le-moi, je saurai où le retrouver quand il me le faudra. »

Après son déjeuner, l'Empereur est rentré dans son intérieur, et je l'ai suivi pour finir les papiers-nouvelles. Il y avait long-temps que je lisais ; M. de Montholon a fait demander à être introduit ; il venait de causer longuement avec l'amiral, qui désirait beaucoup voir l'Empereur. L'Empereur a interrompu ma traduction, s'est promené quelque temps comme s'il eût hésité ; puis, prenant son chapeau, il a gagné le salon pour y recevoir l'amiral. J'en ai eu une vive joie ; s'il était possible que notre état d'hostilité cessât, j'étais sûr que deux minutes de lui aplaniraient plus de difficultés que deux journées entières d'aucun de nous. En effet, j'ai compris que ses argumens, sa logique, sa bonhomie avaient tout entraîné. On m'a assuré que l'amiral était sorti enchanté. Pour l'Empereur, il était fort content ; il est loin de haïr l'amiral, il a même peut-être un faible pour lui. « Vous « pouvez être un très habile homme de mer, doit-il lui avoir dit ; mais vous « n'entendez rien à notre situation. Nous ne vous demandons rien ; nous « pouvons nous nourrir à l'écart de nos peines et de nos privations, nous « suffire à nous-mêmes ; mais notre estime vaut bien qu'on s'en mette en « peine. » L'amiral s'est rejeté sur ses instructions. « Mais ne sait-on pas, « répliquait l'Empereur, l'espace immense qui existe entre la dictée des « instructions et leur exécution ? Tel les ordonne de loin, qui s'y oppose- « rait lui-même s'il devait les voir exécuter. Qui ne sait encore, continua-t- « il, qu'au moindre différend, à la moindre contrariété, au premier cri de « l'opinion, les ministres désavouent des instructions, ou blâment vivement « de ne les avoir pas mieux interprétées ? »

L'amiral a été à merveille ; l'Empereur n'a eu qu'à se louer de lui ; toutes les aspérités se sont émoussées, on s'est entendu sur tout. Ainsi il a été convenu que l'Empereur pourrait aller désormais dans l'île ; que l'officier que les instructions attachaient à sa personne n'exercerait qu'une surveillance lointaine, qui ne pourrait blesser les regards de l'Empereur ; que les visitans arriveraient à l'Empereur, non par la permission de l'amiral, qui était le surveillant de Longwood, mais par celle du grand maréchal, qui en faisait les honneurs.

Ce jour notre petite colonie s'est accrue d'un Polonais, le capitaine Piontowsky. Il était du nombre de ceux que nous avions laissés à Plymouth. Son dévouement pour l'Empereur, sa douleur d'en être séparé, avaient vaincu les Anglais et leur avaient arraché la permission de venir le rejoindre.

Sous-gouverneur de Skelton.

Dimanche 31. — Le sous-gouverneur, colonel Skelton et sa femme, qui s'étaient toujours montrés fort prévenans pour nous, sont venus présenter leurs hommages à l'Empereur, qui, après une bonne heure de conversation, dont j'étais l'interprète, m'a fait traduire au colonel Skelton l'invitation de le suivre dans sa promenade à cheval ; le colonel a accepté avec joie. Nous nous sommes mis en route et avons parcouru la vallée qui nous sépare du pic de Diane, au grand étonnement du colonel, pour qui cette course était

Premier de l'an. — Fusils de chasse, etc. — Famille du gouverneur Wilks.

Lundi 1ᵉʳ janvier 1816 au mercredi 3. — Le premier jour de l'an, nous nous sommes tous réunis vers les dix heures du matin pour présenter nos hommages à l'Empereur, au sujet de la nouvelle année; il nous a reçus quelques instans après; nous avions bien plutôt à lui offrir des vœux que des félicitations. L'Empereur a voulu que nous déjeunassions et passassions tout ce jour ensemble en véritable famille, a-t-il dit, et il s'est arrêté sur notre situation ici. « Vous ne composez plus qu'une poignée au bout du « monde, disait-il, et votre consolation doit être au moins de vous y aimer. » Nous l'avons tous accompagné dans le jardin, où il a été se promener pendant qu'on préparait le déjeuner. En cet instant on lui a apporté ses fusils de chasse, qui avaient été jusque là retenus par l'amiral. Cet envoi n'était, du reste, de la part de l'amiral, qu'un procédé qui témoignait de ses dispositions nouvelles; ces fusils ne pouvaient être d'aucun autre agrément pour l'Empereur, la nature du terrain et le défaut de gibier ne lui permettant aucune illusion sur le divertissement de la chasse : il ne se trouvait parmi nos arbres à gomme que des tourterelles que quelques coups de fusil de la part du général Gourgaud et de mon fils eurent bientôt détruites ou forcées à l'émigration.

Mais il était dit que les meilleures intentions de l'amiral, les plus bienveillantes, porteraient toujours quelques restrictions, quelques teintes de caprice propre à en détruire l'effet : avec les deux ou trois fusils de l'Empereur, il s'en trouvait deux ou trois autres à nous; ils nous furent délivrés, mais avec la condition qu'ils seraient remis chaque soir dans la tente de l'officier de garde. On s'imagine bien qu'une pareille sujétion fit remercier sans hésitation l'offre d'une telle faveur, et ces fusils ne nous restèrent sans condition qu'après quelques pourparlers. Cependant qui étions-nous? quelques malheureux isolés du reste de l'univers, entourés de sentinelles, gardés par tout un camp? Et de quoi s'agissait-il? de deux fusils de chasse. Je cite cette circonstance : elle est bien petite en elle-même; mais elle est caractéristique, et peindra mieux que beaucoup d'autres choses la vérité de notre situation et la nature de nos peines.

Le 3, j'ai été déjeuner chez madame Bertrand avec laquelle je devais aller dîner chez le gouverneur. La distance de Plantation-House, sa demeure, demande une heure et demie de voyage avec six bœufs; un attelage de chevaux serait dangereux. On traverse ou on tourne cinq ou six gorges bordées de précipices de plusieurs centaines de pieds de profondeur (*voyez* la carte géographique); on ôte quatre bœufs aux descentes trop rapides, et on les remet aux montées. Nous nous sommes arrêtés aux trois quarts de la route pour visiter une vieille bonne dame de quatre-vingt-trois ans, qui avait fait beaucoup de prévenances aux enfans de madame Bertrand. Sa demeure était agréable; il y avait seize ans qu'elle n'en était sortie, lorsque, apprenant l'arrivée de l'Empereur, elle se mit en route pour la ville, disant que, dût-il lui en coûter la vie, elle serait heureuse si elle parvenait à l'apercevoir; elle avait eu le bonheur de réussir.

Plantation-House est le lieu le mieux situé et le plus agréable de l'île; le château, le jardin et les dépendances rappellent les demeures, dans nos provinces, des familles de vingt-cinq à trente mille livres de rente. Cet endroit est bien soigné et tenu avec goût : enfermé dans l'enceinte de Plantation-House, on pourrait se croire en Europe, et ne pas soupçonner les lieux de désolation qui composent la plus grande partie du reste de l'île. Le maître de la maison en ce moment, le colonel Wilks, le gouverneur pour la compagnie que l'amiral était venu déplacer, est un homme du meilleur ton, fort agréable ; sa femme est bonne et aimable ; sa fille, charmante.

Le gouverneur avait réuni une trentaine de personnes : les manières, les expressions, les formes, tout y était européen. Nous y avons passé quelques heures qui ont été les seules d'oubli et de distraction que j'aie éprouvées depuis notre sortie de France. Le colonel Wilks me montrait une partialité et une bienveillance toutes particulières ; nous en étions aux complimens et à la sympathie de deux auteurs qui s'encensent réciproquement. Nous avons fait échange de nos productions : il comblait M. Le Sage de choses flatteuses, et celles que je lui rendais étaient des plus sincères ; car son ouvrage renferme des points intéressans et nouveaux sur l'Indostan, qu'il a habité longtemps en mission diplomatique : une douce philosophie, beaucoup d'instruction et un style fort pur, concourent à en faire un livre distingué. M. Wilks, dans ses opinions politiques, est, du reste, un homme très froid, qui juge avec calme et sans passion des affaires du moment, qui conserve les idées saines, les principes libéraux d'un Anglais sage et indépendant.

Au moment de nous mettre à table, à notre grande surprise, on nous a annoncé que l'Empereur venait de passer avec l'amiral presque à la porte de Plantation-House ; et un des convives (M. Doveton de Sandy-Bay) nous dit alors avoir eu la bonne fortune de le posséder ce matin même chez lui pendant trois quarts d'heure.

Vie de Longwood. — Course à cheval de l'Empereur. — Notre nymphe. — Sobriquets. — Des îles, de leur défense. — Grandes forteresses. — Gibraltar. — Culture et lois de l'île. — Enthousiasme, etc.

Jeudi 4 au lundi 8. — Quand je suis entré chez l'Empereur pour lui rendre compte de notre excursion de la veille, il m'a dit, en me saisissant l'oreille : « Eh bien ! vous m'avez abandonné hier, j'ai pourtant bien fini ma « soirée. N'allez pas croire que je ne saurais me passer de vous. » Paroles charmantes, que le ton qui les accompagnait et la connaissance que j'avais de lui désormais me rendaient délicieuses.

Tous les jours le temps a été beau, la température sèche, la chaleur forte, mais tombant subitement, ainsi que de coutume, vers les cinq ou six heures.

L'empereur, depuis son arrivée à Longwood, avait interrompu ses dictées ordinaires : il passait son temps à lire dans son intérieur, faisait sa toilette de trois à quatre heures, et sortait ensuite à cheval avec deux ou trois de nous autres. Les matinées devaient lui paraître plus longues ; mais sa santé s'en trouvait mieux. Nos courses étaient toutes dirigées vers la vallée voisine, dont j'ai déjà parlé ; soit que nous la remontassions en la prenant dans la partie inférieure et revenant par la maison du grand maréchal ; soit au contraire que nous commençassions par ce dernier côté, pour la parcourir en descendant. Une fois même ou deux nous la franchîmes en écharpe, et traversâmes de la sorte d'autre vallées pareilles. Nous explorâmes ainsi le voisinage, et visitâmes le peu d'habitations qui s'y trouvaient : toutes étaient pauvres et misérables. Les chemins étaient parfois impraticables, il nous fallait même de temps en temps descendre de cheval; nous avions à franchir des haies, à escalader des murs de pierre qu'on rencontre fort souvent; mais rien ne nous arrêtait.

Dans ces courses habituelles, nous avions adopté depuis quelques jours une station régulière dans le milieu de la vallée; là, entourée de roches sauvages, s'était montrée une fleur inattendue : sous un humble toit nous avait apparu un visage charmant de quinze à seize ans. Nous l'avions surprise le premier jour dans son costume journalier, il n'annonçait rien moins que l'aisance; le lendemain nous retrouvâmes la jeune personne avec une toilette fort soignée; mais alors notre jolie fleur des champs ne nous parut plus qu'une fleur de parterre assez ordinaire. Toutefois nous nous y arrêtions chaque jour quelques minutes; elle s'avançait alors de quelques pas pour entendre les deux ou trois phrases que l'Empereur lui adressait ou lui faisait traduire en passant, et nous continuions notre route tout en devisant sur ses attraits. Dès cet instant elle augmenta la nomenclature spéciale de Longwood; elle ne fut plus que *notre nymphe*.

L'Empereur, dans son intimité, avait la coutume de baptiser insensiblement tout ce qui l'entourait : ainsi la vallée que nous parcourions d'habitude en cet instant n'avait plus d'autre nom que la *vallée du Silence;* notre hôte de Briars n'était que notre *Amphitryon;* son voisin, le major aux six pieds de haut, notre *Hercule;* sir Georges Cockburn, *monseigneur l'amiral* tant qu'on était en gaieté; dès que l'humeur arrivait, ce n'était plus que le *Requin*, etc., etc.

Notre nymphe est précisément l'héroïne de la petite pastorale dont il a plu au docteur Warden d'embellir ses lettres; bien que j'eusse redressé son erreur lorsqu'il m'en donna lecture avant son départ pour l'Europe, lui disant : « Si vous avez le projet de créer un conte, c'est bien; mais si vous « avez voulu peindre la vérité, vous avez tout à changer. » Apparemment qu'il aura pensé que son conte avait beaucoup plus d'intérêt, et il l'a conservé.

Du reste, on m'a appris que Napoléon avait porté bonheur à notre nymphe : la petite célébrité qu'elle en avait acquise a attiré la curiosité des voyageurs; ses attraits ont fait le reste : elle est devenue la femme d'un très riche négociant ou capitaine de la compagnie des Indes.

Au retour de nos courses, nous trouvions déjà rendues les personnes que l'Empereur invitait à dîner. Il eut successivement le général-colonel du 53e, plusieurs de ses officiers et leurs femmes, l'amiral, la bonne, belle et douce madame Hodson, la femme de notre Hercule, que l'Empereur avait été visiter un jour dans le fond de Briars, et dont il avait tant caressé les enfans, etc., etc.

Après le dîner, l'Empereur faisait une partie, et le reste de la compagnie une autre.

Le jour où y dîna l'amiral, l'Empereur, en prenant son café, a causé quelques instans sur la position de l'île. L'amiral a dit que le 66e venait renforcer le 53e; l'Empereur en a ri, et lui a demandé s'il ne se croyait pas déjà assez fort. Puis, passant à des observations générales, il a dit qu'un soixante-quatorze de plus valait mieux qu'un régiment; que la sûreté d'une île, c'étaient des vaisseaux; que des fortifications n'étaient qu'un retard; qu'un débarquement, fait à forces supérieures, était un résultat tout obtenu, au temps près, si la distance n'admettait point un secours.

L'amiral lui ayant demandé quelle était dans son opinion la place la plus forte du monde, l'Empereur a répondu qu'il était impossible de l'assigner, parce que la force d'une place se compose de ses moyens propres, et de circonstances étrangères indéterminées. Pourtant il a nommé Strasbourg, Lille, Metz, Mantoue, Anvers, Malte, Gibraltar. L'amiral ayant dit qu'en Angleterre on lui avait supposé, pendant quelque temps, le dessein d'attaquer Gibraltar. « Nous nous en serions bien donné de garde, a dit l'Em-« pereur; cela nous servait trop bien. Cette place ne vous est d'aucune « utilité; elle ne défend, n'intercepte rien; ce n'est qu'un objet d'amour-« propre national qui coûte fort cher à l'Angleterre, et blesse singulière-« ment la nation espagnole. Nous aurions été bien maladroits de détruire « une pareille combinaison. »

Le 6 j'ai été invité, avec madame Bertrand et mon fils, à dîner à Briars, où nôtre ancien hôte avait réuni beaucoup de monde. Nous en sommes revenus fort tard, et non sans quelque danger, par les difficultés de la route et l'obscurité de la nuit, qui nous a forcés de faire une partie du chemin à pied, par égard pour la prudence de madame Bertrand.

Le 7, l'Empereur a reçu la visite du secrétaire du gouvernement et d'un des membres du conseil de l'île. Il les a beaucoup questionnés, suivant sa coutume, sur la culture, la prospérité et les améliorations susceptibles de leur colonie. Ils répondaient qu'en 1772 on avait adopté le système de fournir, des magasins de la compagnie, de la viande à moitié prix aux habitans; il en était résulté une grande paresse dans l'industrie et l'abandon de l'agriculture. Depuis cinq ans on avait changé ce système; ce qui, joint à d'autres circonstances, avait ramené l'émulation, et porté l'île à un état supérieur à ce qu'elle avait jamais été. Il est à craindre que notre venue ne soit un coup mortel pour cette prospérité croissante.

Sainte-Hélène, de sept à huit lieues de tour, environ la grandeur de Paris, obéit aux lois générales d'Angleterre et à des lois locales de l'île; ces lois locales se font ici par le conseil, et se sanctionnent en Angleterre par la cour de la compagnie des Indes. Le conseil se compose du gouverneur, de deux membres civils et d'un secrétaire qui tient les registres; tous sont nommés par la compagnie, et sont révocables à volonté. Les membres du conseil sont législateurs, administrateurs et magistrats; ils décident sans appel, à l'aide du jury, au civil et au criminel. Il n'y a ni procureur ni avocat dans l'île : le secrétaire du conseil légitime tous les actes, et se trouve une espèce de notaire unique. La population de l'île est en ce moment de cinq à six mille âmes environ, y compris les noirs et la garnison.

L'Empereur se promenait seul avec moi dans le jardin. Un matelot de vingt-deux à vingt-trois ans, d'une figure franche et ouverte, nous a abordés avec l'émotion de l'empressement et de la joie, et l'inquiétude d'être aperçu par nos surveillans du dehors. Il ne parlait qu'anglais, et me disait avec précipitation avoir bravé deux fois l'obstacle des sentinelles et tous les dangers d'une défense sévère pour voir de près l'Empereur; qu'il obtenait ce bonheur, disait-il tout en le considérant; qu'il mourrait content; qu'il faisait des vœux au ciel pour que Napoléon se portât bien et qu'il fût un jour plus heureux. Je l'ai congédié; et, en nous abandonnant, il se cachait encore derrière les arbres, les haies, afin de nous apercevoir plus long-temps. Nous recevions souvent ainsi des preuves non équivoques du sentiment bienveillant de ces marins. Ceux du *Northumberland* surtout se croyaient désormais des rapports établis avec l'Empereur. Lors de notre séjour à Briars, où notre réclusion était moins complète, ils venaient souvent rôder le dimanche autour de nous, disant qu'ils venaient revoir leur compagnon de vaisseau (*ship's mate*). Le jour où nous quittâmes cet endroit, étant seul avec l'Empereur dans le jardin, il s'en était présenté un à la porte, me demandant s'il pouvait y faire un pas sans offenser. Je lui demandai son pays et sa religion. Sa réponse fut plusieurs signes de croix rapides en signe d'intelligence et de fraternité ; puis, fixant l'Empereur devant lequel il se trouvait, et levant les yeux au ciel, il commença avec lui-même une conversation de gestes que sa grosse figure réjouie rendait partie grotesque, partie sentimentale. Cependant il était difficile d'exprimer avec plus de vérité l'admiration, le respect, les vœux et la sympathie : de grosses larmes commençaient à rouler dans ses yeux. « Dites à ce cher homme que je ne lui veux pas de mal, me disait-« il, que je lui souhaite bien du bonheur. Nous sommes beaucoup comme « cela ; il faut qu'il se porte bien et long-temps. » Il avait à la main un bouquet de fleurs champêtres. Il indiquait la pensée de vouloir les offrir; mais, distrait ou retenu par ce qu'il voyait ou ce qu'il éprouvait, chancelant et comme combattu en lui-même, il nous fit subitement un salut brusque, et disparut.

L'Empereur ne put s'empêcher de se montrer sensible à ces deux circonstances, tant la figure, l'accent, le geste de ces hommes portaient le caractère de la vérité. Il disait alors : « Ce que c'est pourtant que le pouvoir « de l'imagination ! tout ce qu'elle peut sur les hommes ! Voilà des gens qui « ne me connaissaient point, qui ne m'avaient jamais vu, seulement ils « avaient entendu parler de moi: et que ne se sentent-ils pas, que ne fe-« raient-ils pas en ma faveur ! Et la même bizarrerie se renouvelle dans tous « les pays, dans tous les âges, dans tous les sexes? Voilà le fanatisme ! oui, « l'imagination gouverne le monde ! »

L'Empereur vivement contrarié. — Nouvelles brouilleries avec l'amiral.

Mardi 9. — L'enceinte tracée autour de Longwood, où nous avons la liberté de nous promener, ne permet guère qu'une demi-heure de course à cheval; ce qui a porté l'Empereur, pour agrandir l'espace ou gagner du temps, à descendre dans le fond des ravins par des chemins très mauvais et parfois dangereux.

L'île n'ayant pas trente milles de tour, il eût été désirable que l'enceinte eût été portée à un mille des bords de la mer. Alors on eût pu se promener et même varier ses courses sur des espaces de quinze à dix-huit milles. La surveillance n'eût été ni plus pénible ni moins effective en la plaçant sur les rives de la mer et les débouchés des vallées, en traçant même par des signaux tous les pas de l'Empereur. On nous avait fait observer, il est très vrai, que l'Empereur était le maître de parcourir toute l'île sous l'escorte d'un officier anglais; mais l'Empereur était décidé à ne sortir jamais, s'il devait se priver, durant sa promenade, d'être absolument à lui-même ou à l'intimité des siens. L'amiral, dans sa dernière entrevue avec l'Empereur, avait très délicatement arrêté et promis que, lorsque l'Empereur voudrait sortir des limites, il en ferait prévenir le capitaine anglais de service à Longwood ; que celui-ci se rendrait au poste pour ouvrir le passage à l'Empereur, et qu'ensuite la surveillance serait faite, s'il en existait, de manière que l'Empereur, durant le reste de sa promenade, soit qu'il entrât dans quelques maisons ou profitât de quelque beau site pour travailler, n'aperçût rien qui pût le distraire d'un moment de rêverie.

D'après cela, l'Empereur se proposait ce matin de monter à cheval à sept heures. Il avait fait préparer un petit déjeuner, et comptait aller, dans la direction de Sandy-Bay, chercher une source d'eau, et profiter de quelques belles végétations, dont on est privé à Longwood, pour y passer la matinée, et y travailler quelques heures.

Nos chevaux étaient prêts. Au moment de monter, j'ai été prévenir le capitaine anglais, qui, à mon grand étonnement, a déclaré que son projet était de se mêler avec nous; que l'Empereur ne pouvait trouver mauvais, après tout, qu'un officier ne jouât pas le rôle d'un domestique, en restant seul de l'arrière. J'ai répondu que l'Empereur approuverait sans doute ce sentiment, mais qu'il renoncerait dès l'instant à sa partie. « Vous devez trouver simple
« et sans vous en croire offensé, lui ai-je dit, qu'il répugne à la présence de
« celui qui le garde. » L'officier se montrait fort peiné, et me disait que sa situation était des plus embarrassantes. « Nullement, lui ai-je observé, si vous
« n'exécutez que vos ordres. Nous ne vous demandons rien, vous n'avez à
« vous justifier de rien. Il doit vous être aussi désirable qu'à nous de voir
« les limites poussées vers les bords de la mer; vous seriez délivré d'un ser-
« vice pénible et peu digne. Le but qu'on se propose n'en serait pas moins
« bien rempli; j'oserais vous dire qu'il le serait davantage. Quand on veut
« garder quelqu'un, il faut garder la porte de sa chambre ou celles de son
« enceinte; les portes intermédiaires ne sont plus que des peines sans effi-
« cacité. Vous perdez de vue l'Empereur tous les jours quand il descend
« dans les ravins de l'enceinte; vous ne connaissez son existence que par son
« retour. Eh bien! faites-vous un mérite de cette concession qu'amène la
« force des choses; étendez-la jusqu'à un mille du rivage; aussi bien vous
« pouvez le tracer sans cesse, à l'aide de vos signaux, du haut de vos som-
« mités. »

Mais l'officier en revenait toujours à dire qu'il ne demandait ni regard ni parole de l'Empereur, qu'il serait avec nous comme s'il n'y était pas. Il ne pouvait comprendre et ne comprenait pas, en effet, que sa vue seule pût faire du mal à l'Empereur. Je lui ai dit qu'il était une échelle pour la manière de sentir, et que la même mesure n'était pas celle de tout le monde. Il semblait croire que nous interprétions les sentimens de l'Empereur, et que, si les raisons qu'il me donnait lui étaient expliquées, il se rendrait; il était tenté de lui écrire. Je l'assurai que, pour ce qui lui était personnel, il n'en dirait jamais autant à l'Empereur que j'en pourrais dire moi-même; que, du reste, j'allais de ce pas lui rendre mot à mot notre conversation. Je suis revenu bientôt lui confirmer ce que je lui avais dit d'avance. L'Empereur avait dès l'instant renoncé à sa partie.

Voulant toutefois, pour mon compte, éviter tout malentendu qui aurait pu accroître les discussions toujours fâcheuses, je lui ai demandé s'il aurait quelque objection à me montrer le compte qu'il rendait à l'amiral. Il m'a dit qu'il n'en aurait aucune, mais qu'il ne le lui rendrait que de vive voix. Résumant alors notre longue conversation en deux mots, je l'ai réduite à deux points bien positifs : lui, à m'avoir dit vouloir se joindre au groupe de l'Empereur; moi, à lui avoir répondu que l'Empereur dès lors renonçait à sa partie et ne sortirait pas des limites : ce qui a été parfaitement agréé de nous deux.

L'Empereur m'a fait appeler dans sa chambre. Dévorant en silence le contre-temps qu'il venait d'éprouver, il se trouvait déjà déshabillé et en robe de chambre. Il m'a retenu à déjeuner, et a fait observer que le temps tournait à la pluie, que nous aurions eu un mauvais jour pour notre excursion;

12.

mais c'était un faible adoucissement à la contrainte aiguë qui venait de troubler un plaisir innocent.

Le fait est que l'officier avait reçu de nouveaux ordres. Mais l'Empereur n'avait eu l'idée de sa petite excursion que sur les promesses antérieures de l'amiral; promesses pour lesquelles l'Empereur s'était plu à lui témoigner de la satisfaction. Ce changement, survenu sans en avoir rien fait dire, devait nécessairement être très sensible à l'Empereur. On lui manquait de parole, ou l'on avait voulu le rendre dupe. Ce tort de l'amiral est un de ceux qui ont le plus pesé sur le cœur de l'Empereur.

L'Empereur a pris un bain et n'a point dîné avec nous. A neuf heures, il m'a fait appeler dans sa chambre. Il lisait *Don Quichotte*, ce qui nous a amenés à causer de la littérature espagnole, des traductions de Lesage, etc., etc. Il était fort triste et causait peu. Il m'a renvoyé au bout de trois quarts d'heure.

Chambre de Marchand. — Linge, vêtemens de l'Empereur, manteau de Marengo. — Éperons de Champ-Aubert, etc.

Mercredi 10. — Vers les quatre heures, l'Empereur m'a fait appeler dans sa chambre. Il était habillé et en bottes; il comptait monter à cheval ou se promener dans le jardin, mais il pleuvait un peu. Nous avons marché et causé en attendant que le temps s'éclaircit. Il a ouvert la porte de sa chambre sur le cabinet topographique, afin d'allonger sa promenade de toute l'étendue de ce cabinet. En approchant du lit qui s'y trouve, il m'a demandé si j'y couchais toujours. Je lui ai répondu que j'avais cessé dès l'instant où j'avais su qu'il voulait sortir de bon matin. « Qu'importe, m'a-t-il dit, revenez-y; je « sortirai au besoin par ma porte de derrière. » Le salon s'est entr'ouvert, il y est entré : MM. de Montholon et Gourgaud s'y trouvaient. On travaillait à établir un petit lustre assez joli et une petite glace sur la cheminée. L'Empereur a fait redresser cette dernière qui penchait de quelques lignes sur un côté. Il s'est réjoui de cette amélioration dans l'ameublement du salon; ce qui prouve combien tout est relatif! Qu'eussent été ces objets à ses yeux, il y a si peu de temps encore, lui qui avait pour quarante millions de mobilier dans ses palais!

Nous sommes rentrés dans le cabinet topographique, et, la pluie continuant, il a renoncé à la promenade; mais il regrettait que le grand maréchal ne fût pas arrivé. Il se sentait aujourd'hui disposé au travail : depuis quinze jours il l'avait interrompu. En attendant Bertrand, il cherchait à tuer le temps. « Allons chez madame de Montholon, » m'a-t-il dit. Je l'y ai annoncé. Il s'est assis et nous avons causé d'ameublement et de ménage. Il s'est mis alors à faire l'inventaire de l'appartement pièce à pièce, et l'on est demeuré d'accord que le mobilier ne s'élevait guère au delà de trente napoléons. Sortant de chez madame de Montholon, il a couru de chambre en chambre, et s'est arrêté devant l'escalier qui, dans le corridor, conduit en haut chez les gens : c'est une espèce d'échelle de vaisseau fort rapide. « Voyons, dit-il, « l'appartement de Marchand ; on dit qu'il y est comme une petite maîtresse. » Nous avons grimpé. Marchand s'y trouvait. Sa petite chambre est propre ; il y a collé du papier qu'il a peint lui-même. Son lit n'était point garni. Marchand ne couche point si loin de la porte de son maître. A Briars, lui et les deux autres valets de chambre ont constamment couché par terre en travers de la porte de l'Empereur; si bien que, quand j'en sortais tard, il me fallait leur marcher sur le corps. L'Empereur s'est fait ouvrir les armoires; elles n'ont présenté que son linge et ses habits : le tout était fort peu considérable, et pourtant il s'étonnait encore d'être si riche.

On y voyait son habit de Premier Consul, en velours rouge, brodé soie et or. Il lui avait été présenté par la ville de Lyon, circonstance qui faisait sans doute qu'il se trouvait ici, son valet de chambre sachant qu'il l'affectionnait beaucoup, parce qu'il lui venait, disait-il, de sa chère ville de Lyon.

On y voyait aussi le manteau de Marengo, manteau glorieux sur lequel ont été plus tard exposés religieusement les restes mortels de l'immortel vainqueur; manteau qui figure aujourd'hui dans les objets spécialement légués par Napoléon à son fils. O bizarre succession des événemens, des personnes et des choses! Ainsi donc ce manteau de Marengo se verra dans les palais autrichiens, au sein des princes d'Autriche, et précisément comme monument de famille, tandis que l'événement qui le rendit si célèbre avait semblé dans le temps les menacer de la destruction, eux et leur monarchie.

Après un léger inventaire, qui n'était pas sans prix pour moi : « Combien « ai-je d'éperons? a-t-il dit en se saisissant d'une paire? — Quatre paires, a « répondu Marchand. — Y en a-t-il de plus distingués les uns que les autres? « — Non, Sire. — Eh bien! j'en veux donner une à Las Cases. Ceux-ci « sont-ils vieux? — Oui, Sire, ils sont presque usés; ils ont servi à Votre « Majesté dans la campagne de Dresde et dans celle de Paris. — Tenez, « mon cher, m'a-t-il dit en me les donnant, voilà pour vous; ils m'ont servi à « Champ-Aubert. » J'aurais voulu qu'il me fût permis de les recevoir à genoux; ils avaient été illustrés par les belles et glorieuses journées de Champ-Aubert, Montmirail, Craonne, Nangis, Montereau! Au temps des Amadis, fut-il jamais de plus digne monument de chevalerie! « Votre Majesté me fait « chevalier, lui ai-je dit; mais comment gagner ces éperons? Je ne puis plus « prétendre à aucun fait d'armes; et quant à l'amour, au dévouement, à la fi-« délité, depuis long-temps, Sire, je n'ai plus rien à vous donner. »

Cependant le grand maréchal ne venait pas, et l'Empereur voulait travailler. « Vous ne pouvez donc plus écrire, m'a-t-il dit, vos yeux sont tout-à-« fait perdus? » Depuis que nous étions ici, j'avais interrompu tout travail; ma vue disparaissait, et j'en éprouvais une tristesse mortelle. « Oui, Sire, « lui ai-je répondu, ils le sont tout-à-fait, et ma douleur est de les avoir « perdus sur la campagne d'Italie, sans avoir eu le bonheur et la gloire de « l'avoir faite. » Il a cherché à me consoler en me disant qu'avec du repos ma vue se réparerait sans doute, ajoutant : « Ah! que ne nous ont-ils laissé « Planat! ce bon jeune homme me serait aujourd'hui d'un grand service. » Et il a fait venir le général Gourgaud pour lui dicter.

Amiral Taylor, etc.

Jeudi 11. — Après le déjeuner, vers midi et demi, me promenant devant la porte, j'ai vu arriver une nombreuse cavalcade, précédée du général-colonel du 53e : c'était l'amiral Taylor, arrivé la veille du Cap avec son escadre, et repartant le surlendemain pour l'Europe. Parmi ses capitaines était son fils, ayant un bras de moins; il l'avait perdu à Trafalgar, où son père commandait *le Tonnant.*

L'amiral Taylor était venu payer ses respects, me dit-il, à l'Empereur; mais on venait de lui répondre qu'il était malade, et il en était cruellement désappointé. Je lui fis observer que le climat de Longwood était très défavorable à Napoléon. Je choisissais mal mon temps; le ciel était très beau, et le lieu déployait en ce moment toute l'illusion dont il pouvait être susceptible: aussi l'amiral remarqua-t-il que le site était charmant. Mais à peine lui eus-je répondu d'un air triste et vrai : « Oui, monsieur l'amiral, *aujourd'hui, et pour vous qui n'y resterez qu'un quart d'heure,* » qu'il se confondit en excuses, me priant de lui pardonner son impertinente expression, disait-il. Je dois cette justice à toute la grâce qu'il témoigna en cet instant.

L'Empereur couché en joue. — Nos passe-temps du soir. — Romans. — Sortie politique.

Vendredi 12 au dimanche 14. — L'Empereur, depuis plusieurs jours, avait entièrement interrompu ses promenades à cheval. La reprise qu'il voulut en faire le 12 ne fut pas propre à lui en redonner le goût ni l'habitude : nous avions franchi notre vallée ordinaire, nous la remontions sur le revers opposé à Longwood, lorsque, d'une des crêtes où jusque là il n'y avait eu aucun poste, un soldat nous fit beaucoup de cris et de gestes. Comme nous étions dans le bassin de notre enceinte, nous n'en tînmes aucun compte; alors cet homme descendit hors d'haleine, chargeant son arme en courant. Le général Gourgaud resta de l'arrière pour voir ce qu'il voulait, tandis que nous continuâmes notre route. Je pus le voir, à l'aide de plusieurs tournans, colleter le soldat et le contenir; puis il le fit suivre de force jusqu'au poste voisin du grand maréchal, où le général Gourgaud voulait le faire entrer; mais il lui échappa. Il se trouva que c'était un caporal ivre qui avait mal entendu sa consigne; il nous avait plusieurs fois couchés en joue. Cette circonstance, qui pouvait se répéter si facilement, nous fit frémir pour l'existence de l'Empereur; lui n'y vit qu'un affront moral, un nouvel obstacle à son exercice du cheval.

L'Empereur avait interrompu ses invitations à dîner; l'heure, la distance, la toilette étaient pénibles pour les convives; quant à nous, nous en éprouvions de la gêne dans nos habitudes, sans en recueillir aucun agrément. L'Empereur était moins avec nous, sa conversation n'avait plus le même abandon.

L'Empereur avait insensiblement repris son travail régulier : il dictait journellement au grand maréchal sur l'expédition d'Égypte. Quelque temps avant de dîner, il me faisait venir avec mon fils, pour relire et couper en paragraphes les divers chapitres des campagnes d'Italie. Le reversi était tout-à-fait passé de mode, l'Empereur y avait renoncé; l'après-dînée était désormais consacrée à la lecture de quelque ouvrage; l'Empereur lisait lui-même tout haut; quand il était fatigué, il passait le livre à quelqu'un; mais alors il n'en supportait jamais la lecture plus d'un quart d'heure, il s'endormait. Nous en étions en ce moment à des romans; nous en entamions beaucoup que nous ne finissions pas. C'était *Manon Lescaut*, que nous rejetâmes bientôt comme roman d'antichambre; les *Mémoires de Grammont*, si pleins d'esprit, mais qui ne font point d'honneur aux hautes mœurs du temps; le *Chevalier de Faublas*, qui n'est supportable qu'à vingt ans, etc. Quand ces lectures pouvaient nous conduire jusqu'à onze heures ou minuit, l'Empereur en témoignait une véritable joie : il appelait cela des conquêtes sur le temps, et il trouvait qu'elles n'étaient pas les plus faciles.

La politique aussi avait son tour. Environ toutes les trois ou quatre semaines nous recevions un gros paquet de journaux d'Europe : c'était un coup de fouet qui nous ravivait et nous agitait fort durant quelques jours, pendant lesquels nous discutions, classions et résumions les nouvelles ; après quoi nous retombions insensiblement dans le marasme. Les derniers journaux nous avaient été apportés par la corvette *la Levrette*, arrivée depuis quelques jours ; ils remplirent une de nos soirées, et firent éclater dans l'Empereur un de ces momens de chaleur et de verve dont j'ai été parfois le témoin au Conseil d'État, et qui lui échappent de temps à autre ici.

Il marchait à grands pas au milieu de nous, s'animant par degré et ne s'interrompant que par quelques instans de méditation.

« Pauvre France, disait-il, quelles seront tes destinées? Surtout qu'est « devenue ta gloire!... » Je supprime le reste, d'une assez longue étendue, il le faut.

N. B. Aujourd'hui que le temps ne gêne plus cette publication, le voici :

« Quelles seront tes espérances, tes ressources? Un roi sans système,
« incertain, à demi-mesures, quand elles devraient être positives et extrê-
« mes ; une ombre de ministère, quand il lui faudrait tant de force et de ta-
« lent ; division dans la maison royale, quand il n'y faudrait qu'une volonté ;
« un prince du sang à la tête d'une opposition toute nationale! Que de sujets
« de troubles, que de combinaisons pour l'avenir ! qui pourrait assigner le
« dénoûment! Quelles adresses que celles de ces deux Chambres ! On les a
« lues tout à l'heure, à qui de nous en reste-t-il quelque chose? Elles sont
« sans couleur, sans but, sans résultats, propres à tous les temps, à toutes
« les circonstances ; de mauvais oripeaux de souveraineté, guenilles de
« trônes, lieux communs, flagorneries abjectes et stupides, qui nous dégra-
« dent et nous avilissent aux yeux des étrangers. Y a-t-il rien dans tout
« cela de national? je le demande. Aperçoit-on une lueur de cette opposition
« utile à la dignité et à la force du souverain? Comment osent-ils parler de
« son chagrin, pleurer avec lui ! c'est lui qui cause leurs maux, il était de la
« coalition, il est l'allié de leurs bourreaux !..... Ils disent qu'il n'a qu'à par-
« ler, que tous les sacrifices qu'il demandera, ils sont prêts à les faire !.....
« Ils appuient surtout sur le système de la légitimité, auquel ne croient au-
« cun de ceux qui parlent!...... Mais c'est là le discours de Metternich, de
« Nesselrode, de Castlereagh, et non celui de Français!..... A quoi bon des
« assemblées sous le roi? C'est de sa part une faute de plus, elles ne feront
« qu'éveiller, et il fallait endormir. Elles ne sont composées que de ses af-
« fidés, dit-on, soit ; mais qu'en peut-il attendre? Croit-il qu'elles lui don-
« neront du crédit dans la nation? elles sont anti-nationales. Si elles mar-
« chent avec lui, furieuses dans leurs réactions, elles le porteront plus loin
« qu'il ne voudra ; si au contraire elles témoignent la moindre opposition,
« elles le gêneront dans sa marche. Jamais les assemblées n'ont réuni pru-
« dence et énergie, sagesse et vigueur, et c'est pourtant aujourd'hui ce qu'il
« faut au roi.

« Louis XVIII, l'année dernière, pouvait s'identifier avec la nation ; au-
« jourd'hui il n'a plus de choix, il faut qu'il pèse avec les principes de son
« parti, il ne peut plus essayer que le régime de ses pères..... D'un autre
« côté, les alliés n'ont pas mieux entendu leurs intérêts : il fallait affaiblir
« la France, mais non la désespérer ; il fallait lui enlever du territoire, et
« non lui imposer des contributions. Ce n'est pas ainsi qu'on traite vingt-
« huit millions d'hommes. Les Français devaient au moins racheter la perte
« de la gloire par du repos et du bonheur. En imposant des humiliations,
« il fallait donner du pain, il fallait essayer de réduire ce grand corps à la
« stagnation. »

L'Empereur a terminé en disant qu'il était bien sinistre sans doute; mais qu'il avait beau faire, qu'il ne pouvait voir que des catastrophes, des massacres, du sang.

Sur l'*Histoire secrète du cabinet de Bonaparte*, par Goldsmith. — Détails, etc.

Lundi 15. — J'avais entendu parler, à bord du vaisseau, de l'*Histoire secrète du cabinet de Bonaparte*, par Goldsmith, et au premier moment de loisir ici j'avais eu la fantaisie de le parcourir; mais j'ai eu beaucoup de peine à me le procurer, les Anglais s'en défendirent long-temps; ils disaient que c'était un si abominable libelle, qu'ils n'osaient me le mettre dans les mains : ils en avaient honte eux-mêmes, disaient-ils. Il me fallut insister long-temps; leur répéter maintes fois que nous étions tous cuirassés sur de pareilles gentillesses; que celui-là même qui en était l'objet ne faisait qu'en rire quand le hasard les lui plaçait sous la main; et puis, si cet ouvrage était si mauvais qu'on le disait, il manquait son but, il cessait de l'être. Je demandai ce qu'était ce Goldsmith, son auteur. C'était un Anglais, me disait-on, qui avait long-temps desservi son pays à Paris pour de l'argent et qui, de retour en Angleterre, cherchait à échapper au châtiment et à gagner encore quelque argent, en accablant d'injures et d'imprécations l'idole qu'il avait long-temps encensée. J'obtins enfin cet ouvrage. Il faut en convenir, il est difficile d'amasser de plus horribles et de plus ridicules vilenies que n'en présentent ses premières pages : le viol, l'empoisonnement, l'inceste, l'assassinat et tout ce qui s'ensuit, sont accumulés par l'auteur sur son héros, et cela dès la plus tendre enfance. Il est vrai qu'il importe peu à l'auteur, à ce qu'il semble, de les rendre croyables, et qu'il les démontre lui-même impossibles, ou bien les détruit par les anachronismes, les *alibi*, les contradictions de toute espèce, les méprises des noms, des personnes, des faits les plus authentiques, etc. Ainsi, lorsque Napoléon n'avait encore que dix à douze ans, et se trouvait sous les barreaux de son école militaire, il lui fait commettre des attentats qui demanderaient du moins l'âge viril et une certaine liberté. L'auteur lui fait entreprendre ce qu'il appelle ses brigandages d'Italie à la tête de huit mille galériens échappés des bagnes de Toulon. Plus tard, il fait abandonner les rangs autrichiens à vingt mille Polonais, qui passent sous les drapeaux du général français, etc., etc. Le même auteur fait venir Napoléon en fructidor à Paris, quand tout le monde sait qu'il ne quitta jamais son armée. Il le fait traiter avec le prince de Condé, et demander Madame Royale en mariage, pour prix de sa trahison. Je passe une foule de choses d'une aussi absurde impudence. Il est évident que pour la partie surtout des anecdotes sales ou ridicules il n'a fait qu'entasser tout ce qu'il a entendu; mais encore à quelle source a-t-il été puiser? La plupart de ces traits ont pris certainement naissance dans certains cercles fort malveillans de Paris; mais encore, sur ce terrain, avaient-ils un certain esprit, du sel, du mordant, certaines couleurs dans l'apparence, certaines grâces dans la diction; ici ces traits sont déjà descendus des salons dans la rue; ils n'ont été recueillis qu'après avoir roulé dans le ruisseau. Les Anglais convenaient que c'était si fort, qu'à l'exception des classes les plus vulgaires, cet ouvrage avait été un poison qui portait son antidote avec lui.

A présent on s'étonnera peut-être que, dès les premières pages, je n'aie pas repoussé une pareille production. Mais c'est si grossièrement méchant, que cela ne saurait exciter la colère ; d'un autre côté, il n'est point de dégoût que ne fasse surmonter l'oisiveté de Sainte-Hélène, on est heureux d'y avoir quelque chose à parcourir. *Nous n'avons de trop ici que du temps,* disait très plaisamment l'Empereur il y a peu de jours : j'ai donc continué ; et puis, le dirai-je? ce n'est pas sans quelque plaisir que je lis désormais les contes absurdes, les mensonges, les calomnies qu'un auteur tient toujours, comme de coutume, de la meilleure autorité, sur des objets que je connais aujourd'hui si parfaitement moi-même, qui me sont devenus aussi familiers que les détails de ma propre vie. Comme aussi je trouve quelque charme à laisser des pages remplies des couleurs les plus fausses, un portrait purement fantastique, pour venir étudier la vérité aux côtés du personnage réel, dans sa propre conversation pleine de choses toujours neuves, toujours grandes.

Ce matin l'Empereur m'ayant fait venir après son déjeuner, je l'ai trouvé en robe de chambre, étendu sur son canapé. La conversation l'a conduit à me demander quelle était ma lecture du moment. J'ai répondu que c'était un des plus fameux, des plus sales libelles publiés contre lui, et je lui ai cité à l'instant quelques-uns des traits les plus abominables. Il en riait beaucoup, et a voulu voir l'ouvrage ; je l'ai fait venir ; nous l'avons parcouru ensemble. En tombant d'horreurs en horreurs, il s'écriait *Jésus!..... Jésus!....* se signait ; geste que je me suis aperçu lui être familier dans sa petite intimité, lorsqu'il rencontre des assertions monstrueuses, impudentes, cyniques, qui excitent son indignation ou sa surprise, sans le porter à la colère. Chemin faisant, l'Empereur analysait certains faits, redressait des points dont l'auteur avait su quelque chose. Parfois il haussait les épaules de pitié, parfois il riait de bon cœur ; jamais il ne montra le moindre signe d'humeur. Quand il lut l'article de ses nombreuses débauches, les violences, les outrages qu'on lui faisait commettre, il observa que l'auteur avait voulu sans doute en faire un héros sous tous les rapports ; qu'il le livrait du reste à ceux qui voulaient le faire impuissant, que c'était à ces messieurs à s'accorder ensemble, ajoutant gaîment que tout le monde n'était pas aussi malheureux que le plaideur de Toulouse. Toutefois on avait tort, disait-il, de l'attaquer sur ses mœurs, lui que tout le monde savait les avoir singulièrement améliorées partout où il avait gouverné ; on ne pouvait ignorer que son naturel ne le portait pas à la débauche ; la multitude de ses affaires ne lui en aurait pas d'ailleurs *laissé le temps.* Arrivé aux pages où sa mère était peinte à Marseille sous le rôle le plus dégoûtant et le plus abject, il s'est arrêté répétant plusieurs fois, avec l'accent de l'indignation et d'une demi-douleur : « Ah ! Madame !... Pauvre Madame !.... Avec toute sa fierté !.... Si « elle lisait ceci !.... Grand Dieu !... »

Nous avons passé ainsi plus de deux heures, au bout desquelles il s'est mis à sa toilette ; on a introduit le docteur O'Méara, c'était l'heure à laquelle d'ordinaire il était admis. « *Dottore,* lui dit-il en italien, tout en faisant sa « barbe, je viens de lire une de vos belles productions de Londres contre « moi. » La figure du docteur demandait ce que c'était ; je lui fis voir le livre de loin ; c'était précisément lui qui me l'avait prêté, il était déconcerté. «On « a bien raison de dire, continuait l'Empereur, qu'il n'y a que la vérité qui « offense, je n'ai pas été fâché un instant, mais j'ai ri souvent. » Le docteur cherchait à répondre et s'entortillait dans de grandes phrases : c'était un libelle infâme, dégoûtant, tout le monde le savait, personne n'en faisait de cas ; toutefois quelques-uns pouvaient le croire, faute d'y avoir répondu.

« Mais que faire à cela? disait l'Empereur. S'il entrait aujourd'hui dans la
« tête de quelqu'un d'imprimer qu'il m'est venu du poil, et que je marche
« ici à quatre pattes, il est des gens qui le croiraient, et diraient que c'est
« Dieu qui m'a puni comme Nabuchodonosor. Et que pourrais-je faire? Il
« n'y a aucun remède à cela. » Le docteur sortit, concevant à peine la gaîté,
l'indifférence, le naturel dont il venait d'être témoin; pour nous, nous y
étions désormais accoutumés.

L'Empereur se décide à apprendre l'anglais.

Mardi 16. — Sur les trois heures, l'Empereur m'a fait venir pour causer pendant qu'il faisait sa toilette; nous avons été ensuite faire quelques tours dans le jardin. Il est venu à remarquer qu'il était honteux qu'il ne sût pas encore lire l'anglais. Je l'ai assuré que s'il avait continué, après les deux leçons que je lui avais données aux environs de Madère, il lirait aujourd'hui toute espèce de livres anglais. Il en demeurait convaincu, et m'a commandé alors de le forcer chaque jour à prendre une leçon. De là la conversation a conduit à faire savoir que je venais de donner à mon fils sa première leçon de mathématiques; c'est une partie que l'Empereur aime beaucoup, dans laquelle il est très fort. Il s'est étonné que je montrasse à mon fils d'abondance, sans livre et sans cahier; il ne me savait pas de cette force, disait-il, et m'a menacé alors de le voir parfois, à l'improviste, examiner le maître et l'écolier. A dîner il a entrepris ce qu'il a appelé M. le professeur de mathématiques, et bien lui en a pris d'être ferré; une question n'attendait pas l'autre; souvent elles étaient fort subtiles. Il ne revenait pas, du reste, que dans les lycées on ne montrât pas de très bonne heure les mathématiques; il disait qu'on avait gâté toutes ses intentions touchant son université, se plaignait fort de M. de Fontanes, se récriant sur ce qu'on lui gâchait tout chez lui pendant qu'il était contraint d'aller faire la guerre au loin, etc., etc.

Première leçon d'anglais, etc.

Mercredi 17. — Aujourd'hui l'Empereur a pris sa première leçon d'anglais; et comme mon grand but était de le mettre à même de lire promptement les papiers-nouvelles, cette première leçon n'a consisté qu'à faire connaissance avec une gazette anglaise, à en étudier les formes et le plan, à connaître le placement toujours uniforme des divers objets qu'elle renferme, à séparer les annonces et les commérages de ville d'avec la politique, et dans celle-ci apprendre à discerner ce qui est authentique d'avec ce qui n'est qu'un bruit hasardé.

Je me suis engagé, si l'Empereur avait la constance de s'ennuyer tous les jours de pareilles leçons, à ce que dans un mois il pût lire les journaux sans le secours d'aucun de nous. L'Empereur ensuite a voulu faire quelques thèmes : il écrivait des phrases dictées, et les traduisait en anglais, à l'aide d'un petit tableau que je lui ai fait pour les verbes auxiliaires et les articles, et à l'aide du dictionnaire pour les autres mots que je lui faisais chercher lui-même. Je lui expliquais les règles de la syntaxe et de la grammaire, à mesure qu'elles se présentaient : il a fait de la sorte quelques phrases qui l'ont plus amusé que les versions que nous avions aussi essayées. Après la leçon, sur les deux heures, nous sommes passés dans le jardin; on a tiré plusieurs coups de fusil; ils étaient si près qu'il semblait que ce fût dans le jardin même. L'Empereur a fait l'observation que mon fils (nous croyions que c'était lui) semblait faire une bonne chasse; j'ai ajouté que ce serait la dernière fois qu'il la ferait aussi près de l'Empereur. « Effectivement, a-t-il « repris, allez dire qu'il ne nous approche qu'à la portée du canon. » J'y ai couru, nous l'accusions à tort; tout ce bruit se faisait pour les chevaux de l'Empereur que l'on s'occupait à dresser.

Après le dîner, pendant le café, l'Empereur m'acculant à la cheminée, m'appuyait la main sur la tête comme pour me mesurer la taille, et me disait : « Je suis un géant pour vous. — Votre Majesté l'est pour tant d'autres, « lui ai-je répondu, que cela ne saurait m'affecter. » Il a parlé aussitôt d'autre chose, car il ne s'arrête pas volontiers sur les phrases de cette nature.

Nos habitudes journalières. — Conversation avec le gouverneur Wilks. — Armées. — Chimie. — Politique. — Détails sur l'Inde. — *Delphine*, de madame de Staël. — MM. Necker, Calonne.

Jeudi 18 au samedi 20. — Notre vie se passait dans une grande uniformité. L'Empereur ne sortait pas du tout le matin; vers les deux heures, la leçon d'anglais était devenue très régulière; venait ensuite la promenade du jardin ou quelques présentations qui étaient fort rares; puis une petite course en calèche, car les chevaux étaient enfin arrivés; avant le dîner, la révision des campagnes d'Italie ou d'Égypte : après le dîner, la lecture de nos romans.

Le 20, l'Empereur reçut le gouverneur Wilks, avec lequel il eut une conversation à fond sur l'armée, les sciences, l'administration et les Indes. Parlant de l'organisation de l'armée anglaise, il s'est arrêté sur son mode d'avancement, s'étonnant que chez un peuple où existait l'égalité des droits les soldats devinssent si rarement officiers. Le colonel Wilks avouait que leurs soldats n'étaient pas faits pour le devenir, et que les Anglais s'étonnaient à leur tour de l'immense différence, à cet égard, qu'ils avaient remarquée dans l'armée française, où presque chaque soldat leur avait montré les germes d'un officier. « C'est une des grandes conséquences de la con- « scription, faisait observer l'Empereur : elle avait rendu l'armée française « la mieux composée qui fût jamais. C'était, continuait-il, une institution « éminemment nationale et déjà fort avancée dans nos mœurs : il n'y avait « plus que les mères qui s'en affligeassent encore; et le temps serait venu « où une fille n'eût pas voulu d'un garçon qui n'aurait pas acquitté sa « dette envers la patrie. Et c'est dans cet état seulement, ajoutait-il, que la « conscription aurait acquis la dernière mesure de ses avantages : quand « elle ne se présente plus comme un supplice ou comme une corvée, mais « qu'elle est devenue un point d'honneur dont chacun demeure jaloux, alors « seulement la nation est grande, glorieuse, forte; c'est alors que son exis- « tence peut défier les revers, les invasions, les siècles.

« Du reste, continuait-il, il est vrai de dire encore qu'il n'est rien qu'on « n'obtienne des Français par l'appât du danger; il semble leur donner de « l'esprit; c'est leur héritage gaulois.... La vaillance, l'amour de la gloire « sont chez les Français un instinct, une espèce de sixième sens. Combien « de fois, dans la chaleur des batailles, je me suis arrêté à contempler mes « jeunes conscrits se jetant dans la mêlée pour la première fois : *l'honneur* « *et le courage leur sortaient par tous les pores!* »

De là, l'Empereur sachant que le gouverneur Wilks était très fort sur la chimie, l'a attaqué sur cet objet. Il lui a parlé des immenses progrès que cette science avait fait faire à toutes nos manufactures. Il lui a dit que l'Angleterre et la France avaient sans doute également de grands chimistes; mais que la chimie était bien plus généralement répandue en France, et surtout beaucoup plus dirigée vers des résultats utiles; qu'en Angleterre elle demeurait une science; qu'en France elle commençait à n'être plus qu'une pratique. Le gouverneur convenait de la vérité littérale de ces assertions, et ajoutait, avec grâce de son côté, que c'était à lui, Empereur, que ces avantages étaient dus, et que toutes les fois que la science serait conduite par la main du pouvoir, elle aurait de grands et d'heureux résultats pour le bien-être de la société. L'Empereur disait que dans les derniers temps la France avait conquis le sucre de betterave, de même qualité et de même prix que le sucre de canne. Le gouverneur en a été fort étonné: il ne le soupçonnait pas. L'Empereur lui a affirmé que c'était un fait des plus avérés, bien qu'en opposition directe aux préjugés encore existans de l'Europe, et même de la France. Il a ajouté de plus qu'il en était de même du pastel, substitut de l'indigo, et ainsi de presque tous les objets coloniaux, à l'exception du bois de teinture. Ce qui le portait à conclure que si la découverte de la boussole avait produit une révolution dans le commerce, les progrès de la chimie étaient appelés à en produire la contre-révolution.

On a parlé ensuite des émigrations nombreuses actuelles des ouvriers de France et d'Angleterre en Amérique. L'Empereur remarquait que ce pays privilégié s'enrichissait de nos folies. Le gouverneur a souri, disant que celles de l'Angleterre se trouvaient en tête du catalogue, par les nombreuses fautes ministérielles qui avaient amené la révolte de ces colonies et leur émancipation. A cela l'Empereur faisait observer que cette émancipation, au surplus, avait dû être inévitable; que quand les enfans sont devenus aussi grands que leurs pères, il est difficile qu'ils obéissent long-temps.

Alors la conversation a conduit naturellement aux Indes; le gouverneur y a demeuré nombre d'années, il y occupait de hauts emplois, il y a fait de grandes recherches, il a pu répondre à une foule de questions de l'Empereur sur les lois, les mœurs, les usages des Indous, l'administration des Anglais, la nature et la confection des lois actuelles, etc., etc.

Les Anglais, aux Indes, sont régis par les lois d'Angleterre; les indigènes, par les lois locales faites par les divers conseils, agens de la compagnie, qui ont pour règle fondamentale de se rapprocher le plus possible des lois mêmes de ces peuples.

Hyder Aly était un homme de génie; Tippoo, son fils, n'était qu'un présomptueux, fort ignorant et très inconsidéré. Hyder Aly avait eu jusqu'au delà de cent mille hommes; Tippoo n'en avait guère jamais compté que cinquante mille. Ces peuples ne manquent pas de courage; mais ils n'ont pas nos forces physiques; ils sont sans discipline et sans tactique. Dix-sept mille hommes de troupes anglaises, dont quatre mille Européens seulement, avaient suffi pour détruire cet empire de Mysore. Cependant il était à croire que tôt ou tard l'esprit national affranchirait ces contrées du joug britannique: le mélange du sang européen avec celui des indigènes créait une race mixte, dont le nombre et la nature préparaient certainement de loin une grande révolution. Toutefois aujourd'hui ces peuples étaient certainement plus heureux qu'avant la domination anglaise: l'administration d'une exacte justice et la douceur du gouvernement étaient, quant à présent, les plus fortes garanties de la métropole. On avait cru devoir y joindre aussi la défense aux Anglais et aux Européens d'y acheter des terres ou d'y former des établissemens héréditaires, etc., etc., etc. Voilà ce que j'ai recueilli de plus marquant dans l'intéressante conversation de M. Wilks.

Delphine, de madame de Staël, occupait en ce moment nos soirées. L'Empereur l'analysait : peu de choses trouvaient grâce devant lui. Le désordre d'esprit et d'imagination qui y règne animait sa critique : c'était toujours, disait-il, les mêmes défauts qui l'avaient jadis éloigné de son auteur, en dépit des avances et des cajoleries les plus vives de celle-ci.

Dès que la victoire eut consacré le jeune général de l'armée d'Italie, madame de Staël, sans le connaître et par la seule sympathie de la gloire, professa dès cet instant pour lui des sentimens d'enthousiasme dignes de sa *Corinne*; elle lui écrivait, disait Napoléon, de longues et nombreuses épîtres pleines d'esprit, de feu, de métaphysique : c'était une erreur des institutions humaines, lui mandait-elle, qui avait pu lui donner pour femme la douce et tranquille madame Bonaparte : c'était une âme de feu, comme la sienne, que la nature avait sans doute destinée à celle d'un héros tel que lui, etc.

Je renvoie aux campagnes d'Italie pour faire voir que l'ardeur de madame de Staël ne s'était pas ralentie pour n'avoir pas été partagée. Opiniâtre à ne pas se décourager, elle était parvenue plus tard à lier connaissance, même à se faire admettre; et elle usait de ce privilége, disait l'Empereur, jusqu'à l'importunité. Il est très vrai, ainsi qu'on l'a dit dans le monde, que le général voulant le lui faire sentir, s'excusait un jour d'être à peine vêtu, et qu'elle avait répondu avec sentiment et vivacité, que cela importait peu, que le génie n'avait point de sexe.

Madame de Staël nous a transportés naturellement à son père, M. Necker. L'Empereur racontait qu'en allant à Marengo, il avait reçu sa visite à Genève; que là il avait assez lourdement montré le désir de rentrer au ministère, désir du reste que M. de Calonne, son rival, vint aussi témoigner plus tard à Paris avec une inconcevable légèreté. M. Necker avait ensuite écrit un ouvrage dangereux sur la politique de la France, pays qu'il essayait de prouver ne pouvoir plus être ni monarchie ni république, et dans lequel il appelait le Premier Consul l'*homme nécessaire.*

Le Premier Consul proscrivit l'ouvrage, qui dans ce moment pouvait lui être fort nuisible; il en livra la réfutation au consul Lebrun, qui, avec sa belle prose, disait l'Empereur, en fit pleine et prompte justice. La coterie Necker s'en aigrit, madame de Staël intrigua, et reçut l'ordre de sortir de France; depuis elle demeura toujours une ardente et fort active ennemie. Toutefois, au retour de l'île d'Elbe, madame de Staël écrivit ou fit dire à l'Empereur, lui exprimant à sa manière tout l'enthousiasme que venait de lui causer ce merveilleux événement, qu'elle était vaincue, que ce dernier acte n'était pas d'un homme, qu'il plaçait dès cet instant son auteur dans le ciel. Puis, en se résumant, elle finissait par insinuer que si l'Empereur daignait laisser payer les deux millions déjà ordonnancés par le roi en sa faveur, elle lui consacrerait à jamais sa plume et ses principes. L'Empereur lui fit répondre que rien ne le flatterait plus que son suffrage, car il appréciait tout son talent; mais qu'en vérité il n'était pas assez riche pour le payer tout ce prix.

Mon nouveau logement, etc. — Description. — Visite matinale, etc.

Dimanche 21. — J'étais enfin venu dans le logement qu'on avait bâti pour me tirer de mon étuve. Sur un terrain constamment humide on avait posé un plancher de dix-huit pieds de long sur onze de large; on l'avait environné d'un mur d'un pied d'épaisseur, formé d'une espèce de pisé ou de torchis qu'on eût pu abattre d'un coup de pied ; à la hauteur de sept pieds on l'avait abrité d'une toiture en planches recouvertes de papier goudronné : tel était l'ensemble et le contour de mon nouveau palais; partagé en deux pièces, dont l'une renfermait juste deux lits séparés par une commode, et ne pouvait admettre qu'un seul siége ; l'autre, tout à la fois mon salon et mon cabinet, avait une seule fenêtre scellée à demeure, à cause de la violence des vents et de la pluie ; à droite et à gauche d'elle deux tables à écrire pour moi et mon fils, un canapé en face et deux siéges; voilà tout l'emménagement et le mobilier. Qu'on ajoute que l'exposition des deux fenêtres était tournée vers un vent constamment de la même direction, et la plupart du temps au degré de tempête et vers des pluies très communes et fort souvent battantes, qui pénétraient déjà par les ouvertures ou filtraient par le toit et les murs avant que nous fussions venus nous y établir, et l'on aura la description complète de ma demeure.

Je venais de passer ma première nuit dans ce lieu nouveau, je ne me portais pas bien, et le changement de lit m'avait privé de tout sommeil; on vint me prévenir, sur les sept heures, que l'Empereur allait monter à cheval ; je répondis que, me sentant incommodé, j'allais essayer de reposer ; mais peu de minutes s'étaient écoulées que quelqu'un, entrant brusquement dans ma chambre, vint ouvrir mes rideaux avec autorité, trouva mauvais que je fusse aussi paresseux, décida qu'on devait secouer ses incommodités; puis, frappé de l'odeur de la peinture, de l'extrême petitesse du lieu, du voisinage des deux lits, prononça qu'il ne pouvait être toléré de dormir ainsi l'un sur l'autre, que cela devait être trop malsain, que je devais retourner au lit du cabinet topographique, qu'une fausse délicatesse ne devait pas me le faire abandonner, que si j'y gênais on saurait bien me le dire. Ce quelqu'un, on l'a deviné, c'était l'Empereur.

Je fus bientôt, comme on le juge, en bas de mon lit, réveillé, guéri et vêtu. Toutefois il était déjà bien loin, et il me fallut le chercher dans la campagne. Après l'avoir rejoint, la conversation tomba sur la longue audience accordée la veille au gouverneur Wilks. Il s'arrêta avec beaucoup de gaieté sur la grande importance que mon ouvrage (l'Atlas historique de Le Sage) semblait m'avoir donnée à ses yeux, l'extrême bienveillance qu'il semblait lui avoir inspirée. « Du reste, continuait l'Empereur, à charge de revanche « sans doute; tendresse et fraternité usuelle d'auteurs, tant qu'ils ne se cri- « tiquent pas. Et sait-il votre parenté avec le vénérable Las Casas? » J'ai répondu que je n'en savais rien ; mais le général Gourgaud, qui se trouvait à l'autre côté de l'Empereur, lui a dit que oui.

Lectures de l'Empereur. — Madame de Sévigné. — *Charles XII.* — *Paul et Virginie.* — Vertot. — Rollin. — Velly. — Garnier.

Lundi 22 au vendredi 26. — Tous ces jours ont été gâtés par des pluies presque continuelles. L'Empereur n'a pu monter à cheval qu'une fois le matin dans le parc, et tenter une seule fois après midi de franchir notre vallée, que le temps avait rendue presque impraticable. Il n'a pas été plus possible de faire usage de la calèche; il a donc fallu se réduire à quelques tours de jardin, et partager la tristesse du temps. Nous en avons travaillé davantage;

l'Empereur a pris régulièrement d'excellentes et fortes leçons d'anglais. Il passe de coutume toute la matiné à lire ; il lit de suite des ouvrages entiers fort considérables, sans s'en trouver nullement fatigué ; il m'en lisait toujours quelque peu avant que de se mettre à l'anglais.

C'étaient les *Lettres de madame de Sévigné*, dont le style est si coulant et peint si bien les mœurs du moment. Lisant la mort de Turenne et le procès de Fouquet, il remarquait, pour celui-ci, que l'intérêt de madame de Sévigné était bien chaud, bien vif, bien tendre pour de la simple amitié.

C'était *Charles XII*, dont il lisait la défense contre les Turcs dans sa maison de Bender ; il ne pouvait s'empêcher de rire et de répéter avec eux : *Tête de fer ! Tête de fer !* Il me demandait si on était bien d'accord sur la nature de sa mort. Je lui disais tenir de la propre bouche de Gustave III qu'il avait été assassiné par les siens : Gustave l'avait visité dans son caveau ; la balle était d'un pistolet, elle avait été tirée de près et par derrière, etc., etc. Au commencement de la révolution, j'avais connu beaucoup Gustave III aux eaux d'Aix-la-Chapelle, et quoique je fusse bien jeune alors, j'avais eu plus d'une fois l'honneur de sa conversation ; il m'avait même promis de me placer dans sa marine, si nos affaires de France tournaient mal.

Un autre jour, c'était *Paul et Virginie* que lisait l'Empereur ; il en faisait ressortir les endroits touchans, ceux-là étaient toujours simples et naturels ; ceux où abondaient le pathos, les idées abstraites et fausses, tant à la mode lorsque l'ouvrage fut publié, étaient tous froids, mauvais, manqués. l'Empereur disait avoir été fort engoué de cet ouvrage dans sa jeunesse.

Mais si l'Empereur aimait *Paul et Virginie*, il riait de pitié, disait-il, des *Études de la Nature* du même auteur. Bernardin, disait-il, bon littérateur, était à peine géomètre ; ce dernier ouvrage était si mauvais que les gens de l'art dédaignaient d'y répondre ; Bernardin en jetait les hauts cris. Le célèbre mathématicien Lagrange répondait toujours à ce sujet, en parlant à l'Institut : « Si Bernardin était de notre classe, s'il parlait notre langue, « nous le rappellerions à l'ordre, mais il est de l'Académie, et son style n'est « pas de notre ressort. » Bernardin se plaignant un jour, comme de coutume, au Premier Consul du silence des savans à son égard, celui-ci lui dit : « Savez-vous le calcul différentiel, M. Bernardin ? — Non. — Eh bien, « allez l'apprendre ; et vous vous répondrez à vous-même. » Plus tard, étant Empereur, toutes les fois qu'il l'apercevait, il avait coutume de lui dire : « M. Bernardin, quand nous donnerez-vous des *Paul et Viginie* ou des « *Chaumière Indienne ?* Vous devriez nous en fournir tous les six mois. »

En lisant les *Révolutions romaines de Vertot*, que l'Empereur estimait fort d'ailleurs, il en trouvait les harangues délayées. C'est la plainte constante de l'Empereur contre tous les ouvrages qu'il rencontre ; cela avait été aussi, disait-il, son défaut à lui-même dans sa jeunesse ; assurément il s'en est bien corrigé depuis. L'Empereur s'est amusé à rayer au crayon les phrases parasites qu'il condamnait dans Vertot : il est sûr qu'avec ces suppressions, l'ouvrage présentait en effet bien autrement de la force, de l'énergie et de la chaleur. « Ce serait un travail bien précieux et bien goûté sans doute, « disait-il, que de se dévouer à réduire ainsi avec goût et discernement, les « principaux ouvrages de notre langue. Je ne connais guère que Montes- « quieu, disait-il, qui pût échapper à ces réductions. » Il parcourait souvent Rollin, et le trouvait diffus et trop bonhomme. *Crévier*, son continuateur, lui semblait détestable. Il se plaignait de nos matériaux classiques et du temps que de si mauvais livres faisaient perdre à la jeunesse. C'est qu'ils étaient composés par des rhéteurs, de simples professeurs, et que ces sujets immortels, la base de nos connaissances dans la vie, eussent dû être, disait-il, présentés, écrits et rédigés par des hommes d'état et des hommes du monde. Napoléon avait à ce sujet des idées très heureuses; le temps seul lui avait manqué pour les faire exécuter.

L'Empereur était encore moins satisfait de nos histoires de France; il n'en pouvait lire aucune : *Velly* était plein de mots, et vide de choses; ses continuateurs étaient encore pires. « Notre histoire, disait-il, devait être en « quatre ou cinq volumes ou en cent. » Il avait connu *Garnier*, le continuateur de Velly et de Villaret; il demeurait tout près de la Malmaison. C'était un bon vieillard octogénaire qui occupait un entresol sur le chemin, avec une petite galerie. Frappé de l'empressement affectueux que témoignait ce bon vieillard toutes les fois que passait le Premier Consul, celui-ci s'informa qui ce pouvait être. Apprenant que c'était Garnier, il expliqua son empressement. « Il pensait, sans doute, disait gaiement Napoléon, qu'à titre d'his-
« torien, le Premier Consul était de son domaine; mais il devait s'étonner
« de retrouver des consuls où il était habitué à voir des rois. » Et c'est ce que lui dit en riant le Premier Consul, qui le fit appeler un jour et lui donna une forte pension. « Le bonhomme, ajoutait l'Empereur, dans sa recon-
« naissance, eût écrit depuis cet instant volontiers et du fond de son cœur
« tout ce qu'on eût voulu. »

Difficulté vaincue.—Dangers personnels de l'Empereur à Eylau, à Iéna, etc.—Troupes russes, autrichiennes, prussiennes.—Jeune Guibert.—Corbineau.—Maréchal Lannes. —Bessières.—Duroc.

Samedi 27.—Sur les cinq heures, l'Empereur est sorti en calèche; la soirée était fort belle, nous allions fort vite, et l'espace à parcourir est fort court. L'Empereur a fait ralentir dans l'intention de l'allonger. Comme nous rentrions, jetant les yeux sur le camp, dont nous n'étions séparés que par le ravin, il a demandé pourquoi on ne franchissait pas cet espace, qui doublerait notre promenade. On a répondu que c'était impossible, et nous continuions de rentrer; mais comme réveillé tout à coup par ce mot *impossible*, qu'il a si souvent dit n'être pas français, il a ordonné d'aller reconnaître le terrain; nous avons tous mis pied à terre; la calèche seule a continué vers le point difficile; nous l'avons vue franchir les obstacles, et nous sommes rentrés triomphans, comme si nous venions de doubler nos possessions.

Pendant le dîner et après, on a parlé de divers faits d'armes. Le grand maréchal disait que ce qui l'avait le plus frappé dans la vie de l'Empereur était le moment, à Eylau, où, seul avec quelques officiers de son état-major, il se trouva presque heurté par une colonne de quatre à cinq mille Russes : l'Empereur était à pied; le prince de Neufchâtel fit aussitôt avancer les chevaux; l'Empereur lui lance un regard de reproche, donne l'ordre de faire avancer un bataillon de sa garde, qui était assez loin en arrière, et demeure immobile, répétant plusieurs fois, à mesure que les Russes approchaient : *Quelle audace! quelle audace!* A la vue des grenadiers de la garde, les Russes s'arrêtèrent net. « Il était plus que temps, disait Bertrand; « l'Empereur n'avait pas bougé; tout ce qui l'entourait avait frémi. »

L'Empereur avait écouté ce récit sans aucune observation, mais il a ensuite ajouté qu'une des plus belles manœuvres qu'il se rappelait était celle qu'il avait exécutée à Eckmuhl. Malheureusement il n'en a point dit davan-

tage, et n'a rien détaillé. « Le succès à la guerre, a-t-il continué, tient tel-
« lement au coup d'œil et au moment, que la bataille d'Austerlitz, gagnée
« si complétement, eût été perdue si j'eusse attaqué six heures plus tôt. Les
« Russes s'y montrèrent des troupes excellentes qu'on n'a jamais retrouvées
« depuis : l'armée russe d'Austerlitz n'aurait pas perdu la bataille de la
« Moscowa.

« Marengo, continuait Napoléon, était la bataille où les Autrichiens s'étaient
« le mieux battus ; leurs troupes s'y étaient montrées admirables, mais leur
« valeur s'y enterra : on ne les a plus retrouvés depuis.

« Les Prussiens n'ont pas fait à Iéna la résistance qu'on attendait de leur
« réputation. Du reste, les multitudes de 1814 et de 1815 n'étaient que de
« la canaille auprès des vrais soldats de Marengo, d'Austerlitz et d'Iéna. »

L'Empereur disait avoir couru le plus grand danger la veille d'Iéna ; il eût
pu disparaître, pour ainsi dire, sans qu'on connût bien sa destinée : il s'é-
tait approché, durant l'obscurité, des bivouacs ennemis pour les reconnaître ; il n'avait avec lui que quelques officiers. L'idée qu'on se faisait de l'armée prussienne tenait chez nous tout le monde en alerte ; on croyait les Prussiens disposés surtout aux attaques de nuit. L'Empereur, en revenant, reçut
le feu de la première sentinelle de son camp ; ce fut un signal pour toute la
ligne, si bien que Napoléon n'eut d'autre ressource que de se jeter à plat
ventre, jusqu'à ce que la méprise fût reconnue ; encore toute sa crainte
était-elle que la ligne prussienne, dont il était fort près, n'en fît alors autant.

A Marengo, les soldats autrichiens avaient bien conservé le souvenir du
vainqueur de Castiglione, d'Arcole et de Rivoli ; son nom était bien quelque
chose sur leur esprit, mais ils étaient loin de le croire présent ; ils le
croyaient mort ; on avait pris soin de leur persuader qu'il avait péri en
Égypte ; que ce Premier Consul dont on leur parlait n'était que son frère.
Ce bruit s'était tellement accrédité partout, que Napoléon fut dans l'obligation de se montrer publiquement à Milan pour le détruire.

L'Empereur, passant ensuite à un grand nombre d'officiers et de ses ai-
des-de-camp, leur distribuait couramment le blâme et la louange ; il les connaissait tous à fond. Deux des circonstances, disait-il, qui l'avaient le plus
affecté sur les champs de bataille, avaient été la mort du jeune *Guibert* et
celle du général *Corbineau* : un boulet, à Aboukir, avait percé la poitrine
du premier, de part en part, sans l'achever ; l'Empereur, après lui avoir
adressé quelques paroles, s'était vu contraint, par la force de ses propres
sensations, de s'éloigner. L'autre avait été enlevé, roulé, réduit à rien par
un boulet, à Eylau, sous les yeux de l'Empereur, comme il achevait de lui
donner des ordres.

L'Empereur citait aussi les derniers momens du maréchal *Lannes*, ce valeureux duc de Montebello, si justement appelé le *Roland de l'armée*, qui,
visité par l'Empereur sur son lit de mort, semblait oublier sa situation pour
ne s'occuper que de celui qu'il aimait par dessus tout. L'Empereur en faisait le plus grand cas. « Il n'avait été long-temps qu'un sabreur, disait-il,
« mais il était devenu du premier talent. » Quelqu'un a dit alors qu'il serait
curieux de connaître quelle conduite il eût tenue dans ces derniers temps.
« Nous avons appris à ne jurer de rien, disait l'Empereur. Toutefois je ne
« pense pas qu'il eût été possible de le voir manquer à l'honneur et au de-
« voir. D'ailleurs il est à croire qu'il n'aurait pas existé ; brave comme il l'é-
« tait, il est indubitable qu'il se fût fait tuer dans les derniers temps, ou du
« moins qu'il eût été assez blessé pour se trouver à l'écart, hors du centre

« et de l'influence des affaires. Enfin, s'il eût été disponible, il était de ces
« hommes à changer la face des affaires par son propre poids et sa propre
« influence. »

L'Empereur vint ensuite à *Duroc*, sur le caractère et la vie privée duquel il s'arrêta long-temps. « Duroc, concluait-il, avait des passions vives, ten-
« dres et secrètes qui répondaient peu à sa froideur extérieure. J'ai été long-
« temps avant de le savoir, tant son service était exact et régulier ; ce n'était
« que quand ma journée était entièrement close et finie, quand je reposais
« déjà, que la sienne commençait. Le hasard seul ou quelque accident ont
« pu me le faire connaître. Duroc était pur et moral, tout-à-fait désintéressé
« pour recevoir, extrêmement généreux pour donner. »

L'Empereur disait qu'en ouvrant la campagne de Dresde, il avait perdu deux hommes bien précieux, et cela, remarquait-il, le plus bêtement du monde : c'étaient *Bessières* et *Duroc*. Il affectait en ce moment d'en parler avec un stoïcisme qu'on s'apercevait bien n'être pas naturel. Quand il alla voir Duroc, après son coup mortel, il essaya de lui donner quelques espérances ; mais Duroc, qui ne s'abusait pas, ne lui répondit qu'en le suppliant de lui faire donner de l'opium. L'Empereur, trop affecté, ne put prendre sur lui de rester long-temps, et se déroba à ce déchirant spectacle. Alors l'un de nous lui a rappelé que, revenu d'auprès de Duroc, il se mit à se promener seul devant sa tente ; personne n'osait l'aborder. Cependant on avait des mesures essentielles à prendre pour le lendemain ; on se hasarda donc à venir lui demander où il fallait placer la batterie de la garde. *A demain tout*, fut la réponse de l'Empereur. A ce ressouvenir, l'Empereur avec affectation a parlé brusquement d'autre chose.

Duroc fut une de ces personnes dont on ne connaît le prix qu'après l'avoir perdue : telle a été, après sa mort, la phrase de la cour et de la ville, tel a été le sentiment unanime partout.

Duroc était natif de Nancy, département de la Meurthe. On doit avoir lu plus haut l'origine de sa fortune : Napoléon l'avait trouvé au siège de Toulon, et s'y intéressa tout d'abord. Depuis il s'y était attaché chaque jour davantage, et l'on pourrait même dire qu'ils ne s'étaient plus quittés. J'ai dit ailleurs avoir entendu de l'Empereur que, dans toute sa carrière, Duroc seul avait possédé sa confiance aveugle et reçu tous ses épanchemens. Duroc n'était pas brillant, mais il avait un excellent jugement, et rendait des services essentiels que sa modestie et leur nature laissaient peu connaître.

Duroc aimait l'Empereur pour lui-même ; c'était à l'homme privé surtout qu'il portait son dévouement bien plus qu'au monarque. En recevant et accueillant les sensations intimes du prince, il avait acquis le secret, peut-être le droit de les adoucir et de les diriger : combien de fois n'a-t-il pas dit à l'oreille de gens consternés par la colère de l'Empereur : « Laissez-le aller ;
« il dit ce qu'il sent, non ce qu'il pense ni ce qu'il fera demain. » Quel serviteur ! quel ami ! quel trésor que celui-là ! Que d'éclats il a arrêtés ! que d'ordres reçus dans le premier mouvement, qu'il n'a pas exécutés, sachant qu'on lui en saurait gré le lendemain ! L'Empereur s'était fait à cette espèce d'arrangement tacite, et ne s'en abandonnait que davantage à cette explosion qu'arrache parfois la nature, et qui soulage par son épanchement.

Duroc périt de la manière la plus malheureuse, dans un moment bien critique, et sa mort fut encore une des fatalités de la carrière de Napoléon.

Le lendemain de la bataille de Wurchen, sur le soir, le léger combat de Reichenbach venait de finir ; tous les coups avaient cessé. Duroc, du haut d'une éminence, et causant avec le général Kirchner, observait à l'écart la retraite des derniers rangs ennemis. Une pièce fut ajustée sur ce groupe doré, et le fatal boulet fit périr les deux généraux. Le général Kirchner était officier du génie, très distingué, beau-frère du maréchel Lannes, qui l'avait choisi sur son courage et sa capacité.

Duroc influait plus qu'on ne pense sur les déterminations de l'Empereur ; sa mort a peut-être été, sous ce rapport, une calamité nationale. On a des raisons de croire que s'il eût vécu, l'armistice de Dresde, qui nous a perdus, n'aurait pas eu lieu ; on eût poussé jusqu'à l'Oder et au delà : alors les ennemis eussent accédé dès cet instant à la paix, et nous eussions échappé à leurs machinations, à leurs intrigues, et surtout à la longue, basse et atroce perfidie du cabinet autrichien qui nous a perdus.

Plus tard, Duroc eût encore influé sur d'autres grands événemens, et fait prendre sans doute une autre face aux affaires. Enfin, plus tard encore, lors de la chute de Napoléon, Duroc n'eût certainement pas séparé ses destinées de celles de l'Empereur. Duroc se fût trouvé avec nous à Sainte-Hélène, et ce seul secours eût suffi peut-être pour contre-balancer en Napoléon tous les horribles tourmens dont on prétendit l'abreuver.

Bessières, du département du Lot, fut jeté par la révolution dans la carrière des armes : il débuta par être simple soldat dans la garde constitutionnelle de Louis XVI. Devenu plus tard officier de chasseurs, des actes d'une bravoure personnelle extraordinaire attirèrent l'attention du général en chef de l'armée d'Italie qui, lorsqu'il créa ses guides, choisit Bessières pour les commander. Voilà les commencemens de Bessières et l'origine de sa fortune. A compter de cet instant, on le retrouve, toujours à la tête de la garde du Consul ou de la garde impériale, dans des charges de réserve décidant la victoire ou recueillant ses fruits. Son nom se rattache noblement à toutes nos belles batailles.

Bessières grandit avec l'homme qui l'avait distingué, et reçut une part abondante des faveurs que répandit l'Empereur : il fut fait maréchal de l'empire, duc d'Istrie, colonel de la cavalerie de la garde, etc., etc.

Ses qualités, se développant avec les circonstances, le montrèrent toujours à la hauteur de sa fortune : on vit Bessières constamment bon, humain, généreux ; d'une loyauté, d'une droiture antiques ; soldat, homme de bien et citoyen honnête homme. Il employa souvent sa haute faveur à des services et à des obligeances spéciales, même en dépit d'opinions contraires. Je connais des gens qui, s'ils veulent être reconnaissans, le répéteront avec moi, et pourront certifier en lui des sentimens bien noblement hauts.

Bessières était adoré de la garde, au milieu de laquelle il passait sa vie. A la bataille de Wagram, un boulet le renversa de son cheval sans lui causer d'autre dommage. Ce fut un cri de douleur dans toute la garde ; aussi Napoléon lui dit-il, en le retrouvant : « Bessières, le boulet qui vous « a frappé a fait pleurer toute ma garde ; remerciez-le, il doit vous être bien « cher. »

Moins heureux à l'ouverture de la campagne de Saxe, la veille même de la bataille de Lutzen, dans une circonstance assez insignifiante, s'étant porté en avant au milieu des tirailleurs, il y fut frappé dans la poitrine d'un boulet qui le renversa mort. Il avait vécu comme Bayard, il mourut comme Turenne.

J'avais conversé avec lui bien peu de temps avant ce funeste événement. Le hasard nous avait réunis tête à tête en loge particulière au théâtre, où, après avoir causé des affaires qui l'affectaient fort, car il idolâtrait la patrie, son dernier mot, en me quittant, fut qu'il partait pour l'armée dans la nuit, et qu'il désirait que nous pussions nous revoir. « Car, ajoutait-il, « dans la crise des circonstances, et avec nos jeunes soldats, c'est à nous « autres chefs à ne pas nous épargner. » Hélas! il ne devait plus revenir.

Bessières aimait sincèrement l'Empereur, et lui portait une espèce de culte; il n'eût certainement pas, plus que Duroc, abandonné ni sa personne ni ses destinées. Et il semble que le sort, si décidément prononcé contre Napoléon dans ses derniers momens, en lui enlevant deux amis aussi vrais, se soit plu à lui ôter la plus douce jouissance, et à priver deux de ses plus fidèles serviteurs de leur plus beau titre de gloire, celui de la reconnaissance envers le malheur.

L'Empereur avait fait transporter aux Invalides, à Paris, les restes de deux hommes qu'il aimait, et dont il se savait tant aimé. Il leur réservait des honneurs extraordinaires; les événemens qui ont suivi les en ont privés, mais l'histoire, dont les pages sont plus impérissables encore que le marbre et le bronze, les a consacrés à jamais, et les sauve pour toujours de l'oubli des hommes.

Voici ce que l'on trouve dans *la Campagne de Saxe* de 1813, par le baron d'Odeleben, témoin oculaire, sous la date du 10 août, au moment de la reprise d'armes, deux ou trois mois après la mort de Duroc :

« Pendant la marche de Reichenbach à Gorlitz, Napoléon s'arrêta à Makersdorf, et montra au roi de Naples l'endroit où Duroc était tombé; il manda le propriétaire de la petite ferme où le grand maréchal était mort, et lui assigna la somme de vingt mille francs, dont quatre mille francs pour un monument en l'honneur de Duroc, et seize mille francs pour les propriétaires de la maison, mari et femme. La donation fut accomplie dans la soirée, en présence du juge de Makersdorf, l'argent fut compté devant eux, et ils furent chargés de faire ériger ce monument. »

Étude de l'anglais, etc. — Détails. — Réflexions, etc. — Promenade à cheval. — Cheval embourbé, autres traits caractéristiques.

Dimanche 28. — Nos jours se passaient, comme chacun le soupçonne, dans une grande et insipide monotonie. L'ennui, les souvenirs, la mélancolie, étaient nos dangereux ennemis; le travail notre grand, notre unique refuge. L'Empereur suivait très régulièrement ses occupations; l'anglais était devenu pour lui une affaire importante. Il y avait près de quinze jours qu'il avait pris sa première leçon, et, à compter de cet instant, quelques heures tous les jours depuis midi avaient été employées à cette étude, tantôt avec une ardeur vraiment admirable, tantôt avec un dégoût visible, alternative qui m'entretenait moi-même dans une véritable anxiété. J'attachais le plus grand prix au succès, et je craignais chaque jour de voir abandonner les efforts de la veille, d'en être pour l'ennui mortel que j'aurais causé, sans le résultat précieux que je m'étais promis. D'un autre côté, chaque jour aussi j'étais aiguillonné davantage en me voyant approcher du but auquel je tendais. L'acquisition de l'anglais pour l'Empereur était une véritable et sérieuse conquête. Jadis il lui en coûtait, disait-il, annuellement pour de simples traductions cent mille écus, et encore les avait-il bien à point nommé? ajoutait-il; étaient-elles fidèles? Aujourd'hui nous nous trouvions emprisonnés au milieu de cette langue, entourés de ses productions; tous les grands changemens, toutes les grandes questions que l'Empereur avait créées sur le continent, avaient été traités par les Anglais en sens opposé; c'étaient autant de faces nouvelles pour l'Empereur, auquel elles étaient jusque là demeurées étrangères.

Qu'on ajoute que les livres français étaient rares parmi nous, que l'Empereur les connaissait tous et les avait relus jusqu'à satiété, tandis que nous pouvions nous en procurer une foule d'anglais tout-à-fait neufs pour lui. Enfin l'acquisition de la langue d'un étranger devient un titre à ses yeux, c'est un agrément pour soi, un véritable avantage, c'est une facilité de pourparler, et en quelque sorte un commencement de liaison pour tous deux. Quoi qu'il en soit, j'apercevais déjà le terme de nos difficultés; j'entrevoyais le moment où l'Empereur aurait traversé tous les dégoûts inévitables du commencement. Mais qu'on se figure, si l'on peut, tout ce que devait être pour lui l'étude scolastique des conjugaisons, des déclinaisons, des articles, etc. On ne pouvait y être parvenu qu'avec un grand courage de la part de l'écolier, un véritable artifice de la part du maître. Il me demandait souvent s'il ne méritait pas de férules, il devinait leur heureuse influence dans les écoles; il eût avancé davantage, disait-il gaiement, s'il eût eu à les craindre. Il se plaignait de n'avoir pas fait de progrès, et ils auraient été immenses pour qui que ce fût.

Plus l'esprit est grand, rapide, étendu, moins il peut s'arrêter sur des détails réguliers et minutieux. L'Empereur, qui saisissait avec une merveilleuse facilité tout ce qui regardait le raisonnement de la langue, en avait fort peu dès qu'il s'agissait de son mécanisme matériel. C'étaient une vive intelligence et une fort mauvaise mémoire; cette dernière circonstance surtout le désolait; il trouvait qu'il n'avançait pas. Dès que je pouvais soumettre les objets en question à quelque loi ou analogie régulière, c'était classé, saisi à l'instant; l'écolier devançait même alors le maître dans les applications et les conséquences; mais fallait-il retenir par cœur et répéter les élémens bruts, c'était une grande affaire; on prenait sans cesse les mots les uns pour les autres, et il serait devenu trop fastidieux d'exiger d'abord une trop scrupuleuse régularité. Une autre difficulté, c'est qu'avec les mêmes lettres, les mêmes voyelles, ces mots nous demandaient une tout autre prononciation; l'écolier ne voulait reconnaître que la nôtre; et le maître eût décuplé les difficultés et l'ennui, s'il eût voulu exiger mieux. Enfin l'écolier, même dans sa propre langue, avait la manie d'estropier les noms propres; les mots étrangers, il les prononçait tout-à-fait à son gré; et une fois sortis de sa bouche, quoi qu'on fît, ils demeuraient toujours les mêmes parce qu'il les avait, une fois pour toutes logés de la sorte dans sa tête. C'est ce qui ne manqua pas d'arriver pour la plupart de nos mots anglais, et le maître dut avoir la sagesse et l'indulgence de s'en contenter, laissant au temps à rectifier peu à peu, s'il était jamais possible, toutes ces incorrections. De ce concours de circonstances il naquit véritablement une nouvelle langue qui n'était entendue que de moi, il est vrai; mais elle procurait à l'Empereur la lecture de l'anglais, et il eût pu, à toute rigueur, se faire entendre par écrit : c'était déjà beaucoup, c'était tout.

Cependant l'Empereur continuait régulièrement sa campagne d'Égypte avec le grand maréchal; celle d'Italie était finie depuis long-temps : nous la touchions et retouchions sans cesse, quant à sa forme topographique, à la contexture des chapitres et à la coupe des paragraphes, etc. On en verra, dans le courant de cet ouvrage, le peu qui m'en est resté dans les mains.

De temps à autre il dictait de fantaisie des objets séparés à MM. Gourgaud et Montholon. A tout ce travail il joignait fort peu d'exercice : quelques promenades à pied, parfois la calèche, presque plus de cheval.

Le 30, il voulut cependant revenir à notre vallée du Silence, abandonnée depuis long-temps. Nous étions vers son milieu, le passage était bouché par des broussailles mortes et une espèce de barrière faite pour arrêter le bétail. Le chasseur (le fidèle Aly) descendit, comme de coutume, pour nous ouvrir la route. Nous passâmes, mais le cheval du chasseur, pendant son opération, s'était éloigné de lui; quand il voulut le reprendre, il s'enfuit. Il avait beaucoup plu, il alla s'embourber dans un marécage pareil à celui où l'Empereur, peu de jours après notre arrivée à Longwood, s'était vu enfoncer de manière à craindre d'y demeurer. Le chasseur courut après nous pour nous dire qu'il demeurait pour débarrasser son cheval. Nous étions dans un chemin très difficile, fort étroit, à la file les uns des autres; ce ne fut que quelque temps après que l'Empereur nous entendit redire entre nous l'accident du chasseur. Il gronda de ce que nous n'avions point attendu, et voulut que le grand maréchal et le général Gourgaud retournassent vers lui. L'Empereur mit pied à terre pour les attendre, et marcha vers une petite élévation d'où il paraissait comme sur un piédestal, au milieu des ruines. Il avait la bride de son cheval passée autour de son bras, et s'est mis à siffler un air; il avait pour écho une nature muette, et pour tout entourage la nudité du désert. « Et pourtant, me suis-je dit involontairement, naguère encore que
« de sceptres dans ses mains! que de couronnes sur sa tête! que de rois à
« ses pieds!... Il est vrai, continuai-je à part moi, qu'aux yeux de tous ceux
« qui l'approchent, le voient, l'entendent chaque jour, il demeure plus
« grand qu'il ne le fut jamais! C'est le sentiment, l'opinion de tout ce qui
« l'entoure. Nous le servons avec autant d'ardeur; nous l'aimons avec plus
« de tendresse!... »

Sur ces entrefaites arrivèrent le grand maréchal et Gourgaud : ils aidèrent l'Empereur à remonter à cheval, et nous continuâmes. Ces messieurs avouaient du reste que sans leur secours le cheval n'eût jamais pu s'en retirer; les efforts réunis de tous les trois avaient à peine suffi. Assez long-temps après, au tournant d'un coude, l'Empereur observa que le chasseur n'avait pas suivi, et dit qu'il eût fallu attendre de le savoir en état de continuer; ces messieurs pensaient qu'il était demeuré pour nettoyer tant soit peu son cheval. Dans le cours de notre promenade, à plusieurs autres tournans, l'Empereur répéta la même observation. Nous entrâmes chez le grand maréchal, où nous nous reposâmes quelques instans; l'Empereur, en sortant demanda si le chasseur était passé : on ne l'avait pas vu. Enfin, arrivant à Longwood, sa première parole fut encore de demander si le chasseur était arrivé; il l'était depuis long-temps, étant revenu par une route différente.

Je viens d'appuyer peut-être beaucoup sur cette minutieuse circonstance; mais c'est qu'elle m'a paru tout-à-fait caractéristique. Dans cette sollicitude domestique le lecteur aura de la peine à retrouver le monstre insensible, dur, méchant, cruel, en un mot le tyran dont on l'a si souvent, si long-temps entretenu.

La lecture d'O'Méara, depuis la première publication du *Mémorial*, m'a fait connaître deux autres circonstances qui coïncident si bien avec mon observation ci-dessus, et confirment si complétement l'idée que je m'étais faite du cœur et de la sensibilité réelle de Napoléon, que je ne puis résister à les transcrire ici.

O'Méara se trouvait chez l'Empereur en conversation tête à tête avec lui. « Tandis que Napoléon parlait, dit-il, ma vue s'est obscurcie; tous les ob-
« jets m'ont paru tourner autour de moi, et je suis tombé sans connaissance
« sur le plancher. Revenu à moi, non, je n'oublierai jamais la sensation que
« m'a fait éprouver le premier objet offert à ma vue : Napoléon, la figure
« penchée sur mon visage, me considérant avec l'expression du plus grand
« intérêt, de la plus vive anxiété; d'une main il ouvrait mon col de chemise
« et de l'autre me faisait respirer du vinaigre des quatre voleurs. — Lorsque
« vous êtes tombé, m'a-t-il dit, j'ai d'abord cru que votre pied avait glissé;
« mais vous voyant demeuré sans mouvement, j'ai craint que ce ne fût une
« attaque d'apoplexie. Marchand est entré en ce moment, et Napoléon lui
« a commandé de m'apporter de l'eau de fleur d'oranger, un de ses remèdes
« favoris. En me voyant tomber, son empressement avait été tel, qu'il avait
« arraché le cordon de sa sonnette. Il me dit m'avoir relevé, placé sur une
« chaise, arraché ma cravate, inondé d'eau de cologne, et me demandait si
« c'était bien cela qu'il avait dû faire; et quand je l'ai quitté, il a dit à Mar-
« chand, et tout bas pour que je n'entendisse pas, de me suivre, dans la
« crainte d'un nouvel accident en regagnant ma demeure.

« Cypriani, le maître d'hôtel de Longwood, dit ailleurs M. O'Méara, tou-
« chait à son dernier moment; Napoléon, qui l'aimait comme son compa-
« triote et comme lui étant entièrement dévoué, se montrait fort inquiet, et
« demandait souvent de ses nouvelles. On ne désespérait pas tout-à-fait;
« mais il était d'une faiblesse extrême. La veille de sa mort, Napoléon m'en-
« voya chercher à minuit; et comme je lui peignais l'état d'immobilité du ma-
« lade : Mais, me dit-il, si j'allais me montrer au pauvre Cypriani, ma pré-
« sence ne pourrait-elle pas stimuler en lui la nature qui dort, et l'aider à
« vaincre la maladie? Et il tâcha de rendre son opinion plausible en décri-
« vant les effets électriques qu'il avait plus d'une fois produits de la sorte.
« Je répondis que Cypriani avait encore sa connaissance, et que j'étais per-
« suadé que l'amour et la vénération qu'il avait pour son maître le porte-
« raient, en le voyant, à faire un effort pour se lever sur son séant, et qu'il
« était à craindre qu'il ne passât dans ce mouvement. — Alors, conclut-il
« après quelques observations encore, j'y dois renoncer : c'est aux gens de
« l'art à prononcer là-dessus. »

FRAGMENS DE LA CAMPAGNE D'ITALIE.

J'ai dit plus haut quelque part, dans ce recueil, que je donnerais des fragmens de la campagne d'Italie, demeurés en mes mains. Me voilà à la fin d'un mois; j'en vais placer quelques chapitres, imaginant qu'ils ne seront pas sans intérêt pour ceux qui aimeront à comparer ce premier jet avec les idées arrêtées.

Plus tard ces objets ont été publiés sous le titre de *Mémoires de Napoléon*, et j'ai hésité dès lors à reproduire ici mes fragmens. Toutefois le sentiment que j'ai éprouvé en comparant les deux versions; sentiment, ai-je pensé, que beaucoup d'autres pourront partager avec moi, me les a fait garder. J'ai retrouvé des pages littéralement les mêmes, il est vrai; mais tout à coup des mots se trouvent changés, des épithètes altérées, des phrases ou mêmes des paragraphes entiers supprimés, non pour la seule amélioration du style, mais pour la modification évidente du sens. Or il n'est pas sans un grand intérêt pour un grand nombre de pouvoir connaître les motifs intérieurs qui ont amené ces variantes ; suivre la disposition d'esprit qui a dû les dicter, assister, pour ainsi dire, au développement de la pensée du moment, la saisir tout entière dans ses rapports avec les conséquences qu'elle a pour objet de consacrer.

Dans le chapitre actuel, par exemple, les variantes montrent une légère suppression sur Pichegru, quelques additions lors du choix du général pour la journée de vendémiaire, mais surtout la suppression entière du monologue, d'ailleurs si remarquable. Et pourquoi cette dernière détermination ? car ce monologue avait déjà assez arrêté l'attention du narrateur pour avoir reçu des corrections de sa propre main, ainsi que le démontre la version du *Mémorial*. Mais en voilà assez, je pense, pour me justifier.

TREIZE VENDÉMIAIRE.

N. B. Tous les mots en caractère italique sont des corrections faites au manuscrit original, de la main de Napoléon même.

I. *Constitution de l'an III.* — La chute de la municipalité du 31 mai et du parti de Danton, de Robespierre, amena la chute des jacobins et la fin du gouvernement révolutionnaire. *Depuis,* la Convention fut successivement gouvernée par des factions qui ne surent acquérir aucune prépondérance ; ses principes variaient chaque mois. Une épouvantable réaction *affligea* l'intérieur de la république. Les domaines cessèrent de se vendre, et le discrédit des assignats croissant chaque jour, les armées se trouvaient sans solde ; les réquisitions et le maximum y avaient seuls maintenu l'abondance. Les magasins se vidèrent ; le pain même du soldat ne fut plus assuré. Le recrutement, dont les lois avaient été exécutées avec la plus grande rigueur sous le gouvernement révolutionnaire, cessa. Les armées continuèrent d'obtenir de grands succès, parce que jamais elles n'avaient été plus nombreuses ; mais les armées éprouvaient des pertes journalières, il n'y *avait* plus de moyens pour les réparer.

Le parti de l'étranger, qui s'étayait du prétexte du rétablissement des Bourbons, acquérait chaque jour de nouvelles forces. Les salons étaient ouverts, on y discourait sans crainte. Les communications étaient devenues plus faciles avec l'extérieur. La perte de la république se tramait publiquement.

La révolution était vieille ; elle avait froissé bien des intérêts : une main de fer avait pesé sur les individus. Bien des crimes avaient été commis ; ils furent tous relevés avec acharnement, et chaque jour davantage on excita l'animadversion publique contre tous ceux qui avaient gouverné, administré ou participé d'une manière quelconque aux succès de la révolution.

Pichegru avait été gagné : c'était le premier général de la république, fils d'un laboureur de Franche-Comté, et frère minime dans sa jeunesse au collége de Brienne. Il se vendit au parti royal, et lui livra le succès des opérations de son armée.

Les prosélytes des ennemis de la république ne furent pas nombreux dans l'armée ; elle resta fidèle aux principes de la révolution, pour lesquels elle avait versé tant de sang et remporté tant de victoires.

Tous les partis étaient fatigués de la Convention ; elle l'était d'elle-même. Sa mission avait été l'établissement d'une constitution ; elle vit enfin que le salut de la patrie, le sien propre, exigeaient que, sans délai, *elle remplît sa principale mission*. Elle adopta, le 21 juin 1795, la constitution connue sous le titre de constitution de l'an III. Le gouvernement était confié à cinq personnes, sous le nom de Directoire ; la législature à deux Conseils, dits des Cinq Cents et des Anciens. Cette constitution fut soumise à l'acceptation du peuple réuni en assemblée primaire.

II. *Lois additionnelles à la constitution.* — L'opinion était généralement répandue qu'il fallait attribuer la chute de la constitution de 91 à la loi de la Constituante, *qui excluait ses membres de la législature*. La Convention ne *tomba pas dans* la même faute ; elle joignit à la constitution deux lois additionnelles, par lesquelles elle prescrivit que les deux tiers de la législature nouvelle seraient composés des membres de la Convention, et que les assemblées électorales de départemens n'auraient à nommer, *pour cette fois*, qu'un tiers seulement des deux Conseils. La Convention prescrivit de plus que ces deux lois additionnelles seraient soumises à l'acceptation du peuple, comme parties inséparables de la constitution.

Le mécontentement fut dès lors général. Le parti de l'étranger surtout voyait tous ses projets déjoués par ces dispositions. Il s'était flatté que les deux Conseils auraient été entièrement composés d'hommes neufs et étrangers à la révolution, ou même en partie de ceux qui en avaient été victimes ; et dès lors il *espérait* d'arriver à la contre-révolution par l'influence même de la législature.

Ce parti ne manquait pas de très bonnes raisons pour cacher les véritables motifs de son mécontentement. Il alléguait que les droits du peuple étaient méconnus, puisque la Convention, qui n'avait eu de mission que pour établir une constitution, usurpait les pouvoirs d'un corps électoral en donnant elle-même à ses membres les pouvoirs d'un corps législatif ; que la preuve que la Convention savait qu'elle agissait contre l'intention du peuple, c'est qu'elle imposait aux assemblées primaires la condition *arbitraire* de voter à la fois sur l'ensemble de la constitution et ses lois additionnelles. La Convention ne devait vouloir que ce que voulait le peuple. Pourquoi ne laissait-elle pas voter séparément sur la constitution et les lois additionnelles? c'est qu'elle savait que les lois additionnelles seraient unanimement rejetées. Quant à la constitution en elle-même, elle était préférable sans doute à ce qui existait, et, sur ce point, tous les partis étaient d'accord. Les uns, il est vrai, eussent voulu un président au lieu de cinq directeurs ; les autres auraient désiré un Conseil plus populaire ; mais, en général, on vit cette nouvelle constitution avec plaisir. Quant au parti de l'étranger, qui était dirigé par des comités secrets, il n'attachait aucune importance à des formes de gouvernement qu'il ne voulait pas maintenir ; il n'étudiait dans la constitution que le moyen d'en profiter pour opérer la contre-révolution, et tout ce qui tendait à ôter l'autorité des mains de la Convention et des conventionnels lui était agréable.

III. *Les lois additionnelles sont rejetées par les sections de Paris.* — Les quarante-huit sections de Paris se réunirent. Ce furent quarante-huit tribunes dans lesquelles *accoururent* les orateurs les plus virulens : La Harpe, Sérizi, Lacretelle jeune, Vaublanc, Regnault, etc. *Il fallait* peu de talent pour exciter tous les esprits contre la Convention, et *plusieurs* de ces orateurs en montrèrent beaucoup.

La capitale fut ainsi mise en fermentation. *Après le 9 thermidor, on avait organisé* la garde nationale. On avait eu *en vue d'en éloigner* les jacobins, mais on était tombé dans l'excès contraire, et les contre-révolutionnaires s'y trouvaient en assez grand nombre.

Cette garde nationale était de plus de quarante mille hommes, armée et habillée; elle partagea toute l'exaspération des sectionnaires contre la Convention, et les lois additionnelles furent rejetées dans Paris. Les sections se succédèrent à la barre de la Convention, et y manifestaient hautement leur opinion. La Convention cependant croyait encore que toute cette agitation se calmerait aussitôt que les provinces auraient manifesté leur opinion par l'acceptation de la constitution et des lois additionnelles. Elle croyait pouvoir comparer cette agitation de la capitale à ces commotions si communes à Londres, et dont Rome avait si souvent donné l'exemple au temps des comices. Elle proclama, le 23 septembre, l'acceptation de la constitution et des lois additionnelles par la majorité des assemblées primaires; mais, dès le lendemain, les sections de Paris nommèrent des députés pour former une assemblée centrale d'électeurs qui se réunirent à l'Odéon.

IV. *Résistance armée des sections de Paris.* — Les sections avaient mesuré leurs forces, évalué la faiblesse de la Convention : cette assemblée d'électeurs fut une assemblée d'insurgés.

La Convention annula l'assemblée de l'Odéon, la déclara illégale, et ordonna à ses comités de la dissoudre par la force. Le 10 vendémiaire, la force armée se porta à l'Odéon et exécuta cet ordre. Le peuple, rassemblé sur la place de l'Odéon, fit entendre quelques murmures, se permit quelques injures, mais n'opposa aucune résistance.

Le décret de la Convention qui fermait l'Odéon excita l'indignation de toutes les sections. Celle Lepelletier, dont le chef-lieu était au couvent des Filles-Saint-Thomas, paraissait être à la tête de ce mouvement. Un décret de la Convention ordonna que le lieu de ses séances fût fermé, l'assemblée dissoute et la section désarmée.

Le 12 vendémiaire (3 octobre), à sept ou huit heures du soir, le général Menou, accompagné des représentans du peuple, commissaires près de l'armée de l'intérieur, se rendit, avec un corps nombreux de troupes, au lieu des séances de la section Lepelletier pour y faire exécuter le décret de la Convention. Infanterie, cavalerie, artillerie, tout fut entassé dans la rue Vivienne, à l'extrémité de laquelle était le couvent des Filles-Saint-Thomas. Les sectionnaires occupaient *les fenêtres des* maisons de cette rue; plusieurs de leurs bataillons *se rangèrent* en bataille dans la cour du couvent, et la force militaire que commandait le général Menou *se trouva compromise.*

Le comité de la section s'était déclaré représentant du peuple souverain dans l'exercice de ses fonctions. Il refusa d'obéir aux ordres de la Convention; et, après une heure d'inutiles pourparlers, le général Menou et les commissaires de la Convention se retirèrent, par une espèce de capitulation, sans avoir désarmé ni dissous ce rassemblement.

V. *Menou est destitué du commandement de l'armée de l'intérieur.* — La section, demeurée victorieuse, se constitua en permanence, envoya des députations à toutes les autres sections, vanta ses succès, et pressa l'organisation qui pouvait assurer sa résistance. On se prépara *à la journée du* 13 vendémiaire.

Le général Bonaparte, attaché depuis quelques mois à la direction du mouvement des armées de la république, était dans une loge à Feydeau lorsque de ses amis le prévinrent de la scène singulière qui se passait. Il fut curieux d'observer les détails d'un si grand spectacle. Voyant les troupes conventionnelles repoussées, il courut aux tribunes de l'assemblée pour y juger de l'effet de cette nouvelle, et suivre les développemens et la couleur qu'on y donnerait.

La Convention était dans la plus grande agitation. Les représentans auprès de l'armée, pour se disculper, se hâtèrent d'accuser Menou. On attribua à la trahison ce qui n'était dû qu'à la malhabileté. Il fut mis en arrestation.

Alors différens représentans se montrèrent successivement à la tribune ; ils peignirent l'étendue du danger : les nouvelles qui, à chaque instant, arrivaient des sections, ne faisaient voir que trop combien il était grand. Chacun des membres proposa le général qui avait sa confiance. Ceux qui avaient été à Toulon, à l'armée d'Italie, et les membres du comité de salut public qui avaient des relations journalières avec Napoléon, le proposèrent comme plus capable que personne de les tirer de ce pas dangereux par la promptitude de son coup d'œil et l'énergie de son caractère. On l'envoya chercher dans la ville.

Napoléon, qui avait tout entendu et savait ce dont il était question, délibéra près d'une demi-heure avec lui-même sur ce qu'il avait à faire. « Une « guerre à mort éclatait entre la Convention et Paris. *Était-il sage de se dé-* « *clarer*, de parler au nom de toute la France ? Qui oserait descendre seul « dans l'arène pour se faire le champion de la Convention ? La victoire même « aurait quelque chose d'odieux, tandis que la défaite vouerait pour jamais « à l'exécration des races futures.

« Comment se dévouer ainsi à être le bouc émissaire de tant de crimes aux- « quels on fut étranger ! Pourquoi s'exposer bénévolement à aller grossir en « peu d'heures le nombre de ces noms qu'on ne prononce qu'avec horreur ?

« Mais, d'un autre côté, si la Convention succombe, que deviennent les « grandes vérités de notre révolution ? Nos nombreuses victoires, notre sang « si souvent versé, ne sont plus que des actions honteuses. L'étranger, que « nous avons tant vaincu, triomphe et nous accable de son mépris...... Un « entourage insolent et dénaturé reparaît triomphant avec lui ; il nous re- « proche nos crimes, exerce sa vengeance, et nous gouverne en ilotes par « la main de cet étranger.

« Ainsi la défaite de la Convention ceindrait le front de l'étranger, et « scellerait la honte et l'esclavage de la patrie.

« Ce sentiment, vingt-cinq ans, la confiance en ses forces, sa destinée !... »
Il se décida, et se rendit au comité, auquel il peignit vivement l'impossibilité de pouvoir diriger une opération aussi importante avec trois représentans qui, dans le fait, exerçaient tous les pouvoirs et gênaient toutes les opérations du général ; il ajouta qu'il avait été témoin de l'événement de la rue Vivienne, que les commissaires avaient été les plus coupables ; et s'étaient pourtant trouvés au sein de l'assemblée des accusateurs triomphans.

Frappé de ces raisons, mais dans l'impossibilité de destituer les commissaires sans une longue discussion dans l'assemblée, le comité, pour tout concilier, *car on n'avait pas de temps à perdre*, détermina de prendre le général dans l'assemblée même. Dans cette vue, il proposa Barras à la Convention comme général en chef, et donna le commandement à Napoléon, qui, par là, se trouvait débarrassé des trois commissaires, sans qu'ils eussent à se plaindre.

Aussitôt que Napoléon se trouva chargé du commandement des forces qui devaient protéger l'assemblée, il se transporta dans un des cabinets des Tuileries où était Menou, afin d'obtenir de lui les renseignemens nécessaires sur les forces et la position des troupes et celle de l'artillerie. L'armée n'était que de cinq mille hommes de toutes armes, avec quarante pièces de canon, alors aux Sablons, sous la garde de quinze hommes ; il était une heure après minuit. Napoléon expédia aussitôt un chef d'escadron du 21ᵉ de chasseurs (Murat), avec trois cents chevaux, pour se rendre, en toute diligence, aux Sablons, et ramener l'artillerie au jardin des Tuileries. Un moment plus tard, il n'était plus temps. Cet officier arrivant à deux heures aux Sablons, s'y trouva avec la tête d'une colonne de la section Lepelletier qui venait saisir le parc ; mais il était à cheval ; on était en plaine : la section se retira ; et à six heures du matin les quarante pièces entrèrent aux Tuileries.

VI. *Dispositions d'attaque et défense des Tuileries.*—Depuis six heures jusqu'à neuf, Napoléon courut tous les postes, et plaça cette artillerie à la tête du pont Louis XVI, du pont Royal, de la rue de Rohan, au cul-de-sac Dauphin, dans la rue Saint-Honoré, au Pont-Tournant, etc., etc.; il en confia la garde à des officiers sûrs. La mèche était allumée partout, et la petite armée distribuée aux différens postes, ou en réserve au jardin et au Carrousel.

La générale battait par tout Paris, et les gardes nationales se formaient à tous les débouchés, cernant ainsi le palais et les jardins. Leurs tambours portaient l'audace jusqu'à venir battre la générale sur le Carrousel et sur la place Louis XV.

Le danger était imminent, quarante mille gardes nationaux bien armés, organisés depuis long-temps, se présentaient animés contre la Convention ; les troupes de ligne, chargées de la défendre, étaient peu nombreuses, et pouvaient être facilement entraînées par le sentiment de la population qui les environnait. La Convention, pour accroître ses forces, donna des armes à quinze cents individus dits les patriotes de 89. C'étaient des hommes qui, depuis le 9 thermidor, avaient perdu leurs emplois, et quitté leurs départemens où ils étaient poursuivis par l'opinion. On en forma trois bataillons, *que l'on* confia au général Berruyer. Ces hommes se battirent avec la plus grande valeur. Ils entraînèrent la troupe de ligne, et furent pour beaucoup dans le succès de la journée.

Un comité de quarante membres, sous la présidence de Cambacérès, et composé du comité de salut public et de sûreté générale, dirigeait toutes les affaires. On discutait beaucoup, on ne décidait rien, et le danger devenait à chaque instant plus pressant.

Les uns voulaient qu'on posât les armes, et qu'on reçût les sectionnaires comme les sénateurs romains avaient reçu les Gaulois. D'autres voulaient qu'on se retirât sur les hauteurs de Saint-Cloud, au camp de César, pour y être joint par l'armée des côtes de l'Océan. D'autres voulaient qu'on envoyât des députations aux quarante-huit sections *pour leur faire diverses propositions.* Pendant ces vaines discussions, et à deux heures après midi, un nommé Lafond déboucha sur le Pont-Neuf, venant de la section Lepelletier, à la tête de trois ou quatre bataillons, dans le temps qu'une autre colonne de même force venait de l'Odéon à sa rencontre : *ils se réunirent sur* la place Dauphine.

Le général Cartaux, qui avait été placé au Pont-Neuf avec quatre cents hommes et quatre pièces de canon, ayant l'ordre de défendre les deux côtés du pont, quitta son poste, et se replia sous les guichets. En même temps un bataillon de gardes nationaux venait occuper le jardin de l'Infante : il se disait affectionné à la Convention, et pourtant saisissait ce poste sans ordres. D'un autre côté, Saint-Roch, le Théâtre-Français et l'hôtel de Noailles étaient occupés en force par la garde nationale. Les postes opposés n'étaient séparés que de douze à quinze pas. Les sectionnaires envoyaient des femmes à chaque instant, ou se présentaient eux-mêmes, sans armes et les chapeaux en l'air, pour fraterniser avec la ligne.

VII. *Combat du 13 vendémiaire.*—A chaque instant les affaires empiraient.

A trois heures, Danican, général des sections, envoya un parlementaire sommer la Convention d'éloigner les troupes qui menaçaient le peuple, et de désarmer les terroristes. Ce parlementaire traversa les postes les yeux bandés, avec toutes les formes de la guerre. Il fut introduit ainsi au milieu *du comité* des quarante, qu'il émut beaucoup par ses menaces : on le renvoya vers les quatre heures. La nuit approchait, il n'était pas douteux qu'elle ne dût être favorable aux sectionnaires, vu le grand nombre. *Ils pouvaient* se faufiler de maison en maison, dans toutes les avenues des Tuileries, déjà étroitement bloquées. A peu près à la même heure, on apporta dans la salle de la Convention sept cents fusils, des gibernes *et des cartouches* pour armer les conventionnels eux-mêmes comme corps de réserve; ce qui en alarma plusieurs qui ne comprirent qu'alors la *grandeur* du danger où ils étaient.

Enfin, à quatre heures un quart, des coups de fusils furent tirés de l'hôtel de Noailles, où s'étaient introduits les sectionnaires, les balles arrivaient jusqu'au perron des Tuileries. Au même moment la colonne Lafond déboucha par le quai Voltaire, marchant sur le pont Royal. Alors on donna l'ordre aux batteries de tirer. Une pièce de huit, au cul-de-sac Dauphin, commença le feu, et servit de signal pour tous les postes. Après plusieurs décharges, Saint-Roch fut enlevé. La colonne Lafond, prise en tête et en écharpe par l'artillerie placée sur le quai, à la hauteur du guichet du Louvre, et à la tête du pont Royal, fut mise en déroute. La rue Saint-Honoré, la rue Saint-Florentin et les lieux adjacens furent balayés. Une centaine d'hommes essayèrent de résister, au Théâtre de la République; quelques obus les délogèrent en un instant : à six heures tout était fini.

Si l'on entendait *dans la nuit,* de loin en loin, quelques coups de canon, c'était pour empêcher les barricades que quelques *habitans* avaient cherché à établir avec des tonneaux.

Il y eut environ deux cents tués ou blessés du côté des sectionnaires, et presque autant du côté des conventionnels; la plus grande partie *de ceux-ci*, aux portes de Saint-Roch.

Trois représentans, Fréron, Louvet et Sieyes montrèrent de la *résolution.*

La section des Quinze-Vingts, faubourg Saint-Antoine, est la seule qui ait fourni deux cent cinquante hommes à la Convention; tant ses dernières oscillations politiques lui avaient *indisposé toutes les classes;* toutefois, si les faubourgs ne se levèrent point en sa faveur, du moins ils *n'agirent* pas non plus contre elle. Il est faux qu'on ait fait tirer à poudre au commencement de l'action ; cela n'eût servi qu'à enhardir les sectionnaires et à compromettre les troupes; mais il est vrai que le combat une fois engagé, le succès n'étant plus douteux, alors on ne tira plus qu'à poudre.

VIII. *Le 14 vendémiaire.* — Il existait encore des rassemblemens de la section Lepelletier.

Le 14, au matin, des colonnes débouchèrent contre eux, par les boulevards, la rue de Richelieu et le Palais-Royal. Des canons avaient été placés aux principales avenues. Les sectionnaires furent promptement délogés, et le reste de la journée fut employé à parcourir la ville, à visiter les chefs-lieux des sections, à ramasser les armes et à lire des proclamations. Le soir tout était rentré dans l'ordre, et Paris se trouvait parfaitement tranquille.

Lorsque, après ce grand événement, les officiers de l'armée de l'intérieur furent présentés en corps à la Convention, celle-ci, par acclamation, nomma Napoléon général en chef de cette armée, Barras ne pouvant cumuler plus long-temps le titre de représentant avec des fonctions militaires.

Le général Menou fut traduit à un conseil de guerre; on voulait sa mort. Le général en chef le sauva en disant aux juges que si Menou méritait la mort, les trois représentans qui avaient dirigé les opérations et parlementé avec les sectionnaires la méritaient aussi; que la Convention n'avait qu'à mettre en jugement les trois membres, et qu'alors on jugerait Menou. L'esprit de corps fut plus puissant que la voix des ennemis de Menou.

La même commission condamna plusieurs individus *à mort* par contumace, *entre autres Vaublanc.* Le nommé Lafond fut le seul exécuté. Ce jeune homme avait montré beaucoup de courage dans l'action; la tête de sa colonne, sur le pont Royal, se reforma trois fois sous la mitraille avant de se disperser tout-à-fait. C'était un émigré, il n'y eut pas moyen de le sauver, quelque désir que l'on eût : l'imprudence de ses réponses déjoua constamment les bonnes intentions de ses juges.

IX. *Napoléon commande en chef l'armée de l'intérieur.* — Après le 13 vendémiaire, Napoléon eut à organiser la garde nationale, qui était un objet de la plus haute importance, comptant alors jusqu'à cent quatre bataillons.

Il forma en même temps la garde du Directoire, et *réorganisa* celle du Corps Législatif. Ces mêmes élémens se trouvèrent précisément dans la suite une des causes de son succès à la fameuse journée du 18 brumaire. Il avait laissé de tels souvenirs parmi ces corps, qu'à son retour d'Égypte, bien que le Directoire eût recommandé à ses soldats de ne point lui rendre d'honneurs militaires qu'il ne fût en grand uniforme, rien ne put les empêcher de battre au champ, de quelque manière qu'il parût.

Le peu de mois que Napoléon commanda l'armée de l'intérieur se trouvèrent remplis de difficultés et d'embarras. Ce furent, l'installation d'un gouvernement nouveau, dont les membres étaient divisés entre eux et souvent en opposition avec les Conseils; une fermentation sourde parmi les anciens sectionnaires qui composaient la majorité de Paris; la turbulence active des jacobins, qui se reformaient sous le nom de société du Panthéon; les agens des étrangers et ceux du royalisme, *qui* formaient un parti puissant; le discrédit des finances et du papier-monnaie, qui mécontentait les troupes à l'extrême; mais, plus que tout cela encore, l'horrible famine qui, à cette époque, désola la capitale.

Dix ou douze fois les subsistances manquèrent, et les faibles distributions journalières que le gouvernement avait été contraint d'établir furent interrompues. Il fallait une activité, une dextérité peu communes, pour surmonter tant d'obstacles et maintenir le calme dans la capitale, en dépit de circonstances fâcheuses et si graves.

La société du Panthéon donnait chaque jour plus d'inquiétudes au Directoire. La police n'osait aborder cette société de front. *Le général en chef* fit mettre le scellé sur le lieu de ses assemblées, et les membres ne bougèrent plus tant qu'il demeura présent. Ce ne fut qu'après son départ qu'ils parurent de nouveau, sous l'influence de Babeuf, Antonelle et autres, et éclatèrent au camp de Grenelle.

Il eut souvent à haranguer à la halle, dans les rues, aux sections et dans les faubourgs; et une remarque singulière à ce sujet, c'est que, dans toutes les parties de la capitale, le faubourg Saint-Antoine est celui qu'il a toujours trouvé le plus facile à entendre raison et à recevoir des impulsions généreuses.

Ce fut pendant le commandement de Paris que Napoléon fit la connaissance de madame de Beauharnais.

On avait exécuté le désarmement général des sections. Il se présenta à *l'État-Major* un jeune homme de dix à douze ans, qui vint supplier le général en chef de lui faire rendre l'épée de son père, qui avait été général de la république. Ce jeune homme était Eugène de Beauharnais, depuis vice-roi d'Italie. Napoléon, touché de la nature de sa demande et des grâces de son âge, lui accorda ce qu'il demandait : Eugène se mit à pleurer en voyant l'épée de son père. Le général en fut touché, et lui témoigna tant de bienveillance, que madame de Beauharnais se crut obligée de venir le lendemain lui en faire des remercîmens : Napoléon s'empressa de lui rendre sa visite.

Chacun connaît la grâce extrême de l'impératrice Joséphine, ses manières douces et attrayantes. La connaissance devint bientôt intime et tendre, et *ils* ne tardèrent pas à se marier.

X. *Napoléon est nommé général en chef de l'armée d'Italie.* — On reprochait à Scherer, commandant de l'armée d'Italie, de ne pas avoir su profiter de sa bataille de Loano; depuis on était peu satisfait de sa conduite. On voyait à son quartier-général de Nice beaucoup plus d'employés que de militaires. Ce général demandait de l'argent pour solder ses troupes et réorganiser les différens services; il demandait des chevaux pour remplacer les siens qu'on avait laissés périr faute de subsistance : le gouvernement ne pouvait donner ni l'un ni l'autre; on lui fit des réponses dilatoires; on l'amusa par de vaines promesses. Il fit connaître alors que si l'on tardait davantage, il serait obligé d'évacuer la rivière de Gênes, de revenir sur la Roya, et peut-être même de repasser le Var. Le Directoire résolut de le remplacer.

Un jeune général de vingt-cinq ans ne pouvait rester plus long-temps à la tête de l'armée de l'intérieur. Le sentiment de ses talens et la confiance que l'armée d'Italie avait en lui *le désignaient* comme seul capable de la tirer de la fâcheuse situation où elle se trouvait. Les conférences qu'il eut avec le Directoire à ce sujet, et les projets qu'il lui présenta ne laissèrent plus aucun doute. Il partit pour Nice, et le général Hatri, âgé de soixante ans, vint de l'armée de Sambre-et-Meuse le remplacer à l'armée de l'intérieur, laquelle avait perdu son importance, depuis que la crise des subsistances était passée et que le gouvernement se trouvait assis.

BATAILLE DE MONTENOTTE.

Depuis l'arrivée du général en chef à Nice, le 28 mars 1796, jusqu'à l'armistice de Cherasque, le 28 avril suivant : espace d'un mois.

I. *Plan de campagne pour entrer en Italie en tournant les Alpes.* — Le roi de Sardaigne, que sa position géographique et militaire a fait appeler le portier des Alpes, avait en 1796 des forteresses à l'issue de toutes les gorges qui conduisent en Piémont. Si l'on eût voulu pénétrer en Italie, en forçant les Alpes, il eût fallu s'emparer de ces forteresses ; or, les routes ne permettaient pas le transport de l'artillerie de siége : d'ailleurs les montagnes sont couvertes de neige les trois quarts de l'année ; ce qui ne laisse que très peu de temps pour le siége de ces places. On conçut l'idée de tourner les Alpes, et d'entrer en Italie précisément au point où cessent ces hautes montagnes, et où les Apennins commencent. Le Saint-Gothard est le col le plus élevé des Alpes. À partir de ce col, les autres vont toujours en baissant. Ainsi le Saint-Gothard est plus haut que le Brenner ; celui-ci, que les montagnes de Cadore ; les montagnes de Cadore, que le col de Tarvis et les montagnes de la Carniole. De l'autre côté, le Saint-Gothard est plus haut que le Simplon ; le Simplon plus haut que le Saint-Bernard ; le Saint-Bernard plus haut que le Mont-Cénis ; le Mont-Cénis plus haut que le col de Tende. Depuis celui-ci, les Alpes continuent de baisser toujours, et finissent enfin aux montagnes Saint-Jacques, près Savone, où commencent les Apennins. Alors la chaîne de l'Apennin se relève, et va toujours en augmentant par un mouvement inverse ; de sorte que la Bochetta, les cols voisins, ceux qui séparent la Ligurie des États de Parme, la Toscane du Modenais, du Bolonais, vont toujours en s'élevant. La vallée de la Madone de Savone, et les mamelons de Saint-Jacques et de Montenotte sont donc tout à la fois les points les plus abaissés des Alpes et des Apennins, celui où finissent les uns et où les autres commencent.

Savone, port de mer et place forte, se trouvait placée pour servir tout à la fois de magasin et de point d'appui. De cette ville à la Madone, le chemin est une chaussée ferrée de trois milles, et de la Madone à la Carcari il y a quatre ou cinq autres milles. Ce dernier intervalle pourrait être rendu praticable à l'artillerie en peu de jours. À Carcari l'on trouve des chemins de voiture qui conduisent dans l'intérieur du Piémont et du Montferrat.

Ce point était le seul par où l'on pût entrer en Italie sans trouver de montagnes ; les élévations du terrain y sont si peu de chose qu'on a conçu plus tard, sous l'Empire, le projet d'un canal qui aurait joint l'Adriatique à la Méditerranée, à l'aide du Pô et d'une branche de la Bormida, dont la source part des hauteurs qui avoisinent Savone.

En pénétrant en Italie par les sources de la Bormida, on pouvait se flatter de séparer et de désunir les armées sardes et autrichiennes, puisque de là on menaçait également la Lombardie et le Piémont. On pouvait marcher sur Milan comme sur Turin. Les Piémontais avaient intérêt à couvrir Turin, et les Autrichiens à couvrir Milan.

II. *État des deux armées.* — L'armée ennemie était commandée par le général Beaulieu, officier distingué, qui avait acquis de la réputation dans les campagnes du Nord. Cette armée se trouvait munie de tout ce qui pouvait la rendre redoutable. L'armée française, au contraire, manquait de tout, et son gouvernement ne pouvait rien lui donner. L'armée des alliés se composait d'Autrichiens, de Sardes, de Napolitains : ils se trouvaient déjà triples de l'armée française, et devaient s'accroître encore successivement des forces du pape, de Naples, de celles de Modène et de Parme.

Cette armée se divisait en deux grands corps : l'armée active autrichienne, composée de quatre divisions, d'une forte artillerie et d'une nombreuse cavalerie, accrue d'une division napolitaine, formant un total de soixante mille hommes sous les armes. L'armée active de Sardaigne, composée de trois divisions piémontaises, d'une division autrichienne ayant quatre mille chevaux, était commandée par le général autrichien Colli, qui lui-même était aux ordres du général Beaulieu. Le reste des forces sardes tenait garnison dans les places, ou défendait les cols opposés à l'armée française des Alpes : elles étaient commandées par le duc d'Aoste. L'armée française était composée de quatre divisions actives, sous les généraux Masséna, Augereau, Laharpe et Serrurier : chacune de ces divisions pouvait, l'une portant l'autre, présenter six à sept mille hommes sous les armes (1). La cavalerie, de trois mille chevaux, était dans le plus mauvais état, quoiqu'elle eût été long-temps sur le Rhône pour se refaire ; mais elle y avait manqué de subsistances. L'arsenal d'Antibes et celui de Nice étaient bien pourvus, mais on manquait de moyens de transports : tous les chevaux de trait avaient péri de misère. La pénurie des finances était telle en France, que, malgré tous les efforts du gouvernement, on ne put donner que deux mille louis en espèces au trésor de l'armée pour l'ouverture de la campagne ; il n'y avait donc rien à espérer de la France. Toutes les ressources désormais ne pouvaient s'attendre que de la victoire. Ce n'était que dans les plaines d'Italie que l'on pouvait organiser les transports, atteler l'artillerie, habiller les soldats, monter la cavalerie. On conquérait tout cela, si l'on forçait l'entrée de l'Italie. L'armée française n'avait guère à la vérité que trente mille hommes, et on lui en présentait plus de quatre-vingt-dix mille. Si ces deux armées eussent eu à lutter dans une bataille générale, sans doute l'infériorité du nombre de l'armée française et son infériorité en artillerie et cavalerie ne lui eussent pas permis de résister ; mais ici on pouvait suppléer au nombre par la rapidité des marches ; à l'artillerie, par la nature des manœuvres au manque de cavalerie, par la nature des positions ; et le moral de nos troupes était excellent : tous les soldats avaient fait les autres campagnes d'Italie ou celles des Pyrénées.

III. *Napoléon arrive à Nice.* — Napoléon arriva à Nice du 26 au 29 mars. Le tableau de l'armée, qui lui fut présenté par Scherer, se trouva pire encore que tout ce qu'il avait pu s'imaginer. Le pain était mal assuré, depuis long-temps il ne se faisait plus de distributions de viande ; il ne fallait compter que sur deux cents mulets pour les transports, et l'on ne devait pas songer à conduire plus de douze pièces de canon : chaque jour la position empirait. Il ne fallait pas perdre un instant, l'armée ne pouvait plus vivre où elle était, il fallait avancer ou reculer.

Le général français donna des ordres pour que son armée se mît en mouvement. Il voulait surprendre l'ennemi dès le début de la campagne, et l'étourdir par des succès éclatans et décisifs.

(1) On trouve dans le chapitre correspondant à celui-ci, dans les campagnes d'Italie, dictées par Napoléon, et qui ont été publiées plus tard, l'addition curieuse suivante. « Le total présentait trente mille hommes sous les armes : il est vrai que l'effectif de l'armée se montait, sur les états du ministère, à cent six mille hommes ; mais trente-six mille étaient prisonniers, morts ou désertés. Depuis long-temps on attendait à passer une revue régulière pour les effacer des états de situation. Vingt mille étaient dans la huitième division militaire à Toulon, à Marseille, Avignon ; ils ne pouvaient être employés qu'à la défense de la Provence : sur les cinquante mille hommes effectifs restant sur la rive gauche du Var, cinq mille étaient aux hôpitaux ; sept mille formaient les dépôts ; huit mille étaient employés aux garnisons de Nice, Villa-Franca, Monaco, Saorgio, etc. : restait trente mille hommes prêts à entrer en campagne. »

Le quartier-général n'avait jamais quitté Nice depuis le commencement de la guerre : il reçut l'ordre de se rendre à Albenga. Depuis long-temps, toutes les administrations se regardaient comme à poste fixe, et s'occupaient bien plus des commodités de la vie que des besoins de l'armée. Le général français passa la revue des troupes et leur dit : « Soldats! vous êtes nus, « mal nourris; on nous doit beaucoup, on ne peut rien nous donner. Votre « patience, le courage que vous montrez au milieu de ces rochers, sont « admirables; mais ils ne vous procurent aucune gloire. Je viens vous con- « duire dans les plus fertiles plaines du monde. De riches provinces, de « grandes villes seront en notre pouvoir, et là, vous aurez richesses, hon- « neurs et gloire. Soldats d'Italie, manqueriez-vous de courage! »

Ces discours, un jeune général de vingt-cinq ans, en qui la confiance était déjà grande par les opérations brillantes de Toulon, de Saorgio, de Savone, dirigées par lui les années précédentes, étaient accueillis par de vives acclamations.

En voulant tourner toutes les Alpes et entrer en Italie par le col de Cadibonne, il fallait que toute l'armée se rassemblât sur son extrême droite : opération dangereuse, si les neiges n'eussent pas alors couvert les débouchés des Alpes. Le passage de l'ordre défensif à l'ordre offensif est une des opérations les plus délicates. Serrurier fut placé à Garezzio, avec sa division, pour observer les camps que Colli avait sur Ceva. Masséna et Augereau furent placés en réserve à Loano, Finale, et jusqu'à Savone. Laharpe marcha pour menacer Gênes ; son avant-garde, commandée par Cervoni, occupa Voltri. Au même moment, le général en chef fit demander au sénat de Gênes le passage de la Bochetta et les clefs de Gavi, annonçant ainsi qu'il voulait pénétrer en Lombardie, et appuyer ses opérations sur la ville de Gênes. La rumeur fut extrême à Gênes ; les conseils se mirent en permanence.

IV. *Bataille de Montenotte, 11 avril.* — Beaulieu, alarmé, court en toute hâte de Milan au secours de Gênes. Il porte son quartier-général à Novi, partage son armée en trois corps : la droite, sous les ordres de Colli, composée de Piémontais, eut son quartier-général à Ceva ; elle fut chargée de la défense de la Stura et du Tanaro. Le centre, sous les ordres de d'Argenteau, marche sur Montenotte, pour couper l'armée française en tombant sur son flanc gauche, et lui intercepter, à Savone, la route de la Corniche. De sa personne, Beaulieu, avec sa gauche, couvre Gênes et marche sur Voltri. Au premier aspect, ces dispositions paraissaient bien entendues; mais, en étudiant mieux les circonstances du pays, on découvre que Beaulieu divisait ses forces, puisque toute communication directe était impraticable entre son centre et sa gauche, autrement que par derrière les montagnes; tandis que l'armée française, au contraire, était placée de manière à se réunir en peu d'heures, et tomber en masse sur l'un ou l'autre des corps ennemis ; et, l'un d'eux fortement battu, l'autre était dans l'absolue nécessité de se retirer.

Le général d'Argenteau, commandant le centre de l'armée ennemie, vint camper à Montenotte-Inférieure, le 9 avril. Le 10, il marcha sur Monte-Legino, pour déboucher par la Madone. Le colonel Rampon, qui avait été chargé de la garde des trois redoutes de Monte-Legino, ayant eu avis de la marche de l'ennemi, poussa une forte reconnaissance à sa rencontre. Sa reconnaissance fut ramenée depuis midi jusqu'à deux heures, qu'elle rentra dans les redoutes. D'Argenteau essaya de les enlever d'emblée ; il fut repoussé dans trois attaques consécutives : il y renonça. Comme ses troupes étaient fatiguées, il prit position, et remit au lendemain à tourner ces redoutes pour les faire tomber. Beaulieu, de son côté, déboucha le 9 sur Gênes. Toute la journée du 10, Laharpe se trouva engagé avec ses avant-gardes en avant de Voltri, pour lui disputer les gorges et le contenir. Mais le 10 au soir, il se replia sur Savone, et le 11, à la pointe du jour, il se trouvait, avec toute sa division, derrière Rampon et les redoutes de Monte-Legino. Dans cette même nuit du 10 au 11, le général en chef marcha avec les divisions Masséna et Augereau, par le col Cadibonne, et déboucha derrière Montenotte. A la pointe du jour, d'Argenteau, enveloppé de tous côtés, fut attaqué en tête par Rampon et Laharpe, en queue et en flanc par le général en chef. La déroute fut complète; tout le corps de d'Argenteau fut écrasé, dans le même temps que Beaulieu se présentait à Voltri, où il ne trouvait plus personne. Ce ne fut que dans la journée du 11 que le général apprit le désastre de Montenotte et l'entrée des Français dans le Piémont. Il lui fallut alors replier en toute hâte ses troupes sur elles-mêmes, et repasser les mauvais chemins où les dispositions de son plan l'avaient forcé de se jeter. Il s'ensuivit que, trois jours après, à la bataille de Millésimo, une partie seule de ses troupes put arriver à temps.

V. *Bataille de Millésimo*, 14 *avril*. — Le 12, le quartier-général de l'armée française était à Carcari ; l'armée battue s'était retirée : les Piémontais sur Millésimo, et les Autrichiens sur Dégo.

Ces deux positions étaient liées par une division piémontaise qui devait occuper les hauteurs de Biestro.

A Millésimo, les Piémontais se trouvaient à cheval sur le chemin qui couvre le Piémont : ils furent rejoints par Colli avec tout ce qu'il put tirer de la droite.

A Dégo, les Autrichiens occupaient la position qui défend le chemin d'Acqui, route directe du Milanais ; ils furent successivement rejoints par tout ce que Beaulieu put ramener de Voltri : ils se trouvaient là en position de recevoir tous les renforts que pourrait leur fournir la Lombardie. Ainsi les deux grands débouchés du Piémont et du Milanais étaient couverts : l'ennemi se flattait d'avoir le temps de s'y établir et de s'y retrancher.

Quelque avantageuse que nous ait été la bataille de Montenotte, l'ennemi avait trouvé dans la supériorité du nombre de quoi réparer ses pertes; mais, le surlendemain 14, la bataille de Millésimo nous ouvrit les deux routes de Turin et de Milan.

Augereau, formant la gauche de l'armée française, marcha sur Millésimo; Masséna, avec le centre, se porta sur Dégo, et Laharpe, commandant la droite, cheminait sur les hauteurs de Cairo. L'ennemi avait appuyé sa droite, en faisant occuper le mamelon de Cosseria qui domine les deux branches de la Bormida ; mais dès le 13 le général Augereau, qui n'avait pas donné à la bataille de Montenotte, poussa la droite de l'ennemi avec tant d'impétuosité qu'il lui enleva les gorges de Millésimo, et cerna le mamelon de Cosseria. Provera, avec son arrière-garde, forte de deux mille hommes, fut coupé. Dans une position aussi désespérée, il paya d'audace ; ce général se réfugia dans un vieux castel ruiné et s'y barricada. De cette hauteur, il voyait la droite de l'armée sarde qui faisait des dispositions pour la bataille du lendemain, où il espérait être dégagé. Toutes les troupes de Colli, du camp de Ceva, devaient être arrivées dans la nuit. On sentait donc l'importance de s'emparer, dans la journée, du château de Cosseria; mais ce poste était fort; on y échoua. Le lendemain les deux armées en vinrent aux mains. Masséna et Laharpe enlevèrent Dégo après un combat opiniâtre ; Ménars et Joubert, les hauteurs de Biestro. Toutes les attaques de Colli pour dégager Cosseria furent vaines ; il fut battu et poursuivi l'épée dans les reins : alors Provera dut poser les armes. L'ennemi, vivement poursuivi dans les gorges de Spigno, y laissa une partie de son artillerie, beaucoup de *drapeaux et de prisonniers*. La séparation des deux armées autrichienne et sarde fut dès lors bien marquée. Beaulieu porta son quartier-général à Acqui, *route du Milanais*, et Colli se porta à Ceva, pour s'opposer à la jonction de Serrurier et couvrir Turin.

VI. *Combat de Dégo*, 15 *août*. — Cependant une division de grenadiers autrichiens, qui avait été dirigée de Voltri par Sassello, arriva à trois heures du matin à Dégo. La position n'était plus occupée que par des avant-gardes. Ces grenadiers enlevèrent donc facilement le village, et l'alarme fut grande au quartier-général français, où l'on avait peine à comprendre comment les ennemis pouvaient être à Dégo, lorsque nous avions des avant-postes sur la route d'Acqui. Après deux heures d'un combat très chaud, Dégo fut repris, et la division ennemie presque entièrement prisonnière.

Nous perdîmes dans ces affaires le général Banel à Millésimo, et le général Causse à Dégo. Ces deux officiers étaient de la bravoure la plus brillante ; ils venaient tous les deux de l'armée des Pyrénées-Orientales, et il était à remarquer que les officiers qui arrivaient de cette armée montraient une impétuosité et un courage des plus distingués. C'est dans le village de Dégo que Napoléon distingua, pour la première fois, un chef de bataillon qu'il fit colonel ; c'était Lannes qui, depuis, fut maréchal de l'empire, duc de Montebello, et déploya les plus grands talens. On le verra constamment dans la suite prendre la plus grande part à tous les événemens militaires.

Le général français dirigea alors ses opérations sur Colli et le roi de Sardaigne, et se contenta de tenir les Autrichiens en échec. Laharpe fut placé en observation près de Dégo, pour garantir nos derrières et tenir en respect Beaulieu, qui, très affaibli, ne s'occupait plus qu'à rallier et réorganiser les débris de son armée. La division Laharpe, obligée de demeurer plusieurs jours dans cette position, s'y trouva vivement tourmentée par le défaut de subsistances, vu le manque de transports et l'épuisement du pays où avaient séjourné tant de troupes ; ce qui donna lieu à quelques désordres.

Serrurier, instruit à Garessio des batailles de Montenotte et de Millésimo, se mit en mouvement, s'empara de la hauteur de Saint-Jean, et entra dans Ceva le même jour qu'Augereau arrivait sur les hauteurs de Montezemoto. Le 17, après quelques légères affaires, Colli évacua le camp retranché de Ceva, les hauteurs de Montezemoto, et se retira derrière la Cursaglia. Le même jour, le général en chef porta son quartier-général à Ceva. L'ennemi y avait laissé toute son artillerie qu'il n'avait pas eu le temps d'emmener, et s'était contenté de laisser garnison dans le château.

Ce fut un spectacle sublime que l'arrivée de l'armée sur les hauteurs de Montezemoto ; de là se découvraient les immenses et fertiles plaines du Piémont. Le Pô, le Tanaro et une foule d'autres rivières serpentaient au loin ; une ceinture blanche de neige et de glace, d'une prodigieuse élévation, cernait à l'horizon ce riche bassin de la terre promise. Ces gigantesques barrières, qui paraissaient les limites d'un autre monde, que la nature s'était plu à rendre si formidables, auxquelles l'art n'avait rien épargné, venaient de tomber comme par enchantement. « Annibal a forcé les Alpes, « dit le général français en fixant ses regards sur ces montagnes; nous, nous « les aurons tournées. » Phrase heureuse qui exprimait en deux mots la pensée et le résultat de la campagne.

L'armée passa le Tanaro. Pour la première fois, nous nous trouvions absolument en plaine, et la cavalerie put alors nous être de quelque secours. Le général Stengel, qui la commandait, passa la Cursaglia à Lezegno, et battit la plaine. Le quartier-général fut porté au château de Lezegno, sur la droite de la Cursaglia, près de l'endroit où elle se jette dans le Tanaro.

VII. *Combat de Saint-Michel, bataille de Mondovi, 20 et 22 avril.* — Le général Serrurier réunit ses forces à Saint-Michel. Le 20, il passe le pont de Saint-Michel en même temps que Masséna passait le Tanaro pour attaquer les Piémontais. Mais Colli, jugeant le danger de sa position, abandonna le confluent des deux rivières, marcha lui-même pour prendre position à Mondovi. Il se trouva, par une circonstance fortuite, avec ses forces, précisément devant Saint-Michel, comme le général Serrurier débouchait du pont. Il fit halte, lui opposa des forces supérieures et le força de se replier. Serrurier se fût pourtant maintenu dans Saint-Michel, si un de ses régimens d'infanterie légère ne se fût livré au pillage. Le général français déboucha, le 22, par le pont de Torre, et se porta sur Mondovi. Colli y avait déjà élevé quelques redoutes, et s'y est trouvé en position; sa droite à Notre-Dame de Vico, et son centre à la Bicoque. Dans la journée même, Serrurier enleva la redoute de la Bicoque, et décida de la bataille, qui a pris le nom de Mondovi. Cette ville et tous ses magasins tombèrent au pouvoir du vainqueur.

Le général Stengel, qui s'était trop éloigné en plaine avec un millier de chevaux, fut attaqué par les Piémontais, doubles en force. Il fit toutes les dispositions qu'on devait attendre d'un général consommé, et opérait sa retraite sur ses renforts, lorsque, dans une charge, il tomba blessé à mort d'un coup de pointe. Le général Murat, à la tête de la cavalerie, repoussa les Piémontais et les poursuivit à son tour pendant quelques heures. Le général Stengel, Alsacien, était un excellent officier de hussards : il avait servi sous Dumouriez aux campagnes du Nord, était adroit, intelligent, alerte; il réunissait les qualités de la jeunesse à celles de l'âge avancé; c'était un vrai général d'avant-postes. Deux ou trois jours avant sa mort, il était entré le premier dans Lezegno. Le général français y arriva quelques heures après, et, quelque chose dont il eût besoin, tout était prêt. Les défilés, les gués avaient été reconnus; des guides étaient assurés; le curé, le maître de poste avaient été interrogés; des intelligences étaient déjà liées avec les habitans; des espions étaient envoyés dans plusieurs directions; les lettres de la poste saisies, et celles qui pouvaient donner des renseignemens militaires, traduites et analysées; toutes les mesures étaient prises pour former des magasins de subsistances, pour rafraîchir la troupe. Malheureusement Stengel avait la vue basse, défaut essentiel dans sa profession, qui lui devint funeste, et contribua à sa mort.

Après la bataille de Mondovi, le général en chef marcha sur Cherasque; Serrurier se porta sur Fossano, et Augereau sur Alba.

VIII. *Prise de Cherasque, 25 avril.* — Ces trois colonnes entrèrent à la fois le 25 avril, dans Cherasque, Fossano et Alba. Le quartier-général de Colli était à Fossano, le jour même que Serrurier l'en délogea. Cherasque, à l'embouchure de la Stura et du Tanaro, était forte, mais mal armée et point approvisionnée, parce qu'elle n'était pas frontière. Le général français attachait une grande importance à sa possession. Il y trouva du canon, et fit travailler à force à la mettre en état de défense. L'avant-garde passa la Stura, et se porta au delà de la petite ville de Bra.

Cependant la jonction de Serrurier nous avait permis de communiquer avec Nice par Ponte-di-Nava; nous en reçûmes des renforts d'artillerie et tout ce que l'on avait pu préparer. On avait pris dans tous les différens combats beaucoup d'artillerie et de chevaux; on en leva de tous côtés dans la plaine de Mondovi. Peu de jours après l'entrée à Cherasque, l'armée eut soixante bouches à feu approvisionnées; la cavalerie fit des remontes de chevaux. Les soldats, qui avaient été sans distributions durant les huit ou dix jours de cette campagne, commencèrent à en recevoir de régulières. Le pillage et le désordre, suite ordinaire de la rapidité des mouvemens, cessèrent; on rétablit la discipline, et chaque jour l'armée changea de face, au milieu de l'abondance et des ressources qu'offrait ce beau pays. Les pertes se réparèrent. La rapidité des mouvemens, l'impétuosité des troupes, et surtout l'art de les opposer toujours à l'ennemi, au moins en nombre égal, et souvent en nombre supérieur, joint aux succès constans qu'on avait obtenus, avaient épargné bien des hommes : d'ailleurs les soldats arrivaient par tous les débouchés, de tous les dépôts, de tous les hôpitaux, au seul bruit de la victoire et de l'abondance qui régnait dans l'armée. On trouva en Piémont de tous les vins : ceux du Mont-Ferrat ressemblaient aux vins de France. La misère avait été telle jusque là dans l'armée française, qu'on oserait à peine la décrire. Les officiers, depuis plusieurs années, ne recevaient que 8 fr. par mois, et l'état-major était entièrement à pied. Le maréchal Berthier a conservé dans ses papiers un ordre du jour d'Albenga, qui accordait une gratification de trois louis à chaque général.

IX. *Armistice de Cherasque, le 28 avril.* — L'armée n'était plus éloignée que de dix lieues de Turin.

La cour de Sardaigne ne savait plus à quoi se résoudre; son armée était découragée et en partie détruite. L'armée autrichienne, réduite à plus de moitié, semblait n'avoir d'autre pensée que de couvrir Milan. Les esprits étaient fort agités dans tout le Piémont, et la cour ne jouissait nullement de la confiance publique. Elle se mit à la discrétion du général français, et sollicita un armistice; celui-ci y accéda. Bien des personnes eussent préféré que l'armée eût marché et se fût emparée de Turin. Mais Turin est une place forte; si l'on voulait en fermer les portes, on avait besoin d'un train d'artillerie qu'on n'avait pas pour les faire ouvrir. Le roi avait encore un grand nombre de forteresses, et, malgré les victoires qu'on venait de remporter, le moindre échec, le plus léger caprice de la fortune pouvait tout renverser. Les deux armées ennemies, malgré leurs nombreux revers, étaient encore égales à l'armée française : elles avaient une artillerie considérable, et surtout une cavalerie qui n'avait pas souffert. Dans l'armée française, malgré ses victoires, il y avait de l'étonnement : on demeurait frappé de la grandeur de l'entreprise; l'on doutait de la possibilité du succès, quand on considérait la faiblesse des moyens. Le moindre événement douteux eût donc rencontré beaucoup d'esprits disposés à l'exagération. Des officiers, même des généraux, ne concevaient pas qu'on osât songer à la conquête de l'Italie avec aussi peu d'artillerie sans presque de cavalerie, et avec une armée aussi faible, que les maladies et l'éloignement de la patrie allaient affaiblir chaque jour. On trouve des traces de ces sentimens de l'armée dans la proclamation suivante du général en chef, qu'il adressa à ses soldats à Cherasque :

« Soldats! vous avez en quinze jours remporté six victoires, pris vingt-et« un drapeaux, cinquante-cinq pièces de canon, plusieurs places fortes, et
« conquis la partie la plus riche du Piémont. Vous avez fait quinze mille pri« sonniers, tué ou blessé plus de dix mille hommes.

« Vous vous étiez jusqu'ici battus pour des rochers stériles, illustrés par
« votre courage, mais inutiles à la patrie. Vous égalez aujourd'hui par vos
« services l'armée conquérante de la Hollande et du Rhin. Dénués de tout,
« vous avez suppléé à tout. Vous avez gagné des batailles sans canon, passé
« des rivières sans ponts, fait des marches forcées sans souliers, bivoua« qué sans eau-de-vie et souvent sans pain. Les phalanges républicaines, les
« soldats de la liberté étaient seuls capables de souffrir ce que vous avez
« souffert! Grâces vous en soient rendues, soldats! la patrie reconnaissante
« vous devra en partie sa prospérité ; et si, vainqueurs de Toulon, vous pré« sageâtes l'immortelle campagne de 1793, vos victoires actuelles en présa« gent une plus belle encore.

« Les deux armées qui naguère vous attaquaient avec audace fuient épou« vantées devant vous. Les hommes pervers qui riaient de votre misère et
« se réjouissaient, dans leurs pensées, des triomphes de nos ennemis, sont
« confondus et tremblans. Mais, soldats! il ne faut pas vous le dissimuler,
« vous n'avez rien fait, puisqu'il vous reste encore à faire. Ni Turin ni Mi« lan ne sont à vous! Les cendres des vainqueurs de Tarquin sont encore
« foulées par les assassins de Basseville. Vous étiez dénués de tout au com« mencement de la campagne; vous êtes aujourd'hui abondamment pourvus.
« Les magasins pris à vos ennemis sont nombreux, l'artillerie de siége et
« de campagne est arrivée. Soldats! la patrie a droit d'attendre de vous de
« grandes choses! Justifierez-vous son attente? Les plus grands obstacles
« sont franchis sans doute ; mais vous avez encore des combats à livrer, des
« villes à prendre, des rivières à passer. *En est-il entre nous dont le cou*« *rage s'amollisse? En est-il qui préféreraient retourner sur les sommets de l'A*« *pennin et des Alpes, essuyer patiemment les injures de cette soldatesque es*« *clave?* Non, il n'en est pas parmi les vainqueurs de Montenotte, de Mil« lésimo, de Dégo, de Mondovi. Tous brûlent de porter au loin la gloire du
« peuple français. Tous veulent humilier ces rois orgueilleux qui osaient
« méditer de nous donner des fers. Tous veulent dicter une paix glorieuse,
« et qui indemnise la patrie des sacrifices immenses qu'elle a faits. Amis, je
« vous la promets cette conquête ; mais il est une condition qu'il faut que
« vous juriez de remplir, c'est de respecter les peuples que vous délivrez ;
« c'est de réprimer les pillages horribles auxquels se portent des scélérats
« suscités par vos ennemis. Sans cela vous ne seriez point les libérateurs des
« peuples, vous en seriez les fléaux. Vous ne seriez pas l'honneur du peu« ple français, il vous désavouerait. Vos victoires, votre courage, vos suc« cès, le sang de nos frères morts aux combats, tout serait perdu, même
« l'honneur et la gloire. Quant à moi et aux généraux qui ont votre con« fiance, nous rougirions de commander à une armée sans discipline, sans
« frein, qui ne connaîtrait de loi que la force. Mais investi de l'autorité na« tionale, fort de la justice et par la loi, je saurai faire respecter à ce petit
« nombre d'hommes sans courage, sans cœur, les lois de l'humanité et de
« l'honneur qu'ils foulent aux pieds. Je ne souffrirai pas que des brigands

« souillent vos lauriers, je ferai exécuter à la rigueur le règlement que j'ai
« fait mettre à l'ordre. Les pillards seront impitoyablement fusillés; déjà
« plusieurs l'ont été. J'ai eu lieu de remarquer avec plaisir l'empressement
« avec lequel les bons soldats de l'armée se sont portés à faire exécuter les
« ordres.

« Peuples d'Italie! l'armée française vient pour rompre vos chaînes : le
« peuple français est l'ami de tous les peuples; venez avec confiance au de-
« vant d'elle. Vos propriétés, votre religion et vos usages seront respectés.
« Nous ferons la guerre en ennemis généreux, et nous n'en voulons qu'aux
« tyrans qui vous asservissent. »

Les conférences pour la suspension d'armes eurent lieu au quartier-général, chez Salmatoris, alors maître d'hôtel du roi, et qui depuis a été préfet du palais de l'Empereur. Le général piémontais Latour, et le colonel Lacoste, chargés des pouvoirs du roi, se rendirent à Cherasque. Le comte de Latour était un vieux soldat; lieutenant-général au service de Sardaigne, très opposé à toutes les nouvelles idées, de peu d'instruction et d'une capacité médiocre. Le colonel Lacoste, natif de Savoie, était dans la force de l'âge; il s'exprimait avec facilité, avait beaucoup d'esprit, et se montrait sous des rapports avantageux. Les conditions furent que le roi quitterait la coalition, et enverrait un plénipotentiaire à Paris pour y traiter de la paix définitive; que jusque-là il y aurait armistice; que jusqu'à la paix ou à la rupture des négociations Ceva, Coni, Tortone, ou à son défaut Alexandrie, seraient remises sur-le-champ à l'armée française avec toute l'artillerie et les magasins; qu'elle continuerait d'occuper tout le terrain qui se trouvait en ce moment dans sa possession; que les routes militaires, dans toutes les directions, permettraient la libre communication de l'armée avec la France et de la France avec l'armée; que Valence serait immédiatement évacuée par les Napolitains, et remise au général français, jusqu'à ce qu'il eût effectué le passage du Pô. Enfin que les milices du pays seraient licenciées, et que les troupes régulières seraient disséminées dans les garnisons, de manière à ne pouvoir donner aucun ombrage à l'armée française. Désormais les Autrichiens isolés pouvaient être poursuivis jusque dans l'intérieur de la Lombardie. Toutes les troupes de l'armée des Alpes et du voisinage de Lyon, devenues disponibles, allaient rejoindre. Notre ligne de communication avec Paris serait raccourcie de moitié; enfin on avait des points d'appui et de grands dépôts d'artillerie pour former des équipages de siége, et pour assiéger Turin même, si le Directoire ne concluait pas la paix.

X. *Le colonel aide de camp Murat traverse le Piémont, et porte à Paris la nouvelle des victoires de l'armée.* — Le général Murat, premier aide de camp du général en chef, fut expédié pour Paris avec vingt et un drapeaux et la copie de l'armistice. Napoléon avait pris cet officier au 13 vendémiaire; il était alors chef d'escadron au 21ᵉ de chasseurs. Il a été marié depuis à la sœur de l'Empereur, est devenu maréchal d'empire, grand amiral, grand-duc de Berg et roi de Naples. Il a eu une grande part dans toutes les opérations militaires du temps; il a toujours déployé un grand courage, et surtout une singulière hardiesse dans les mouvemens de la cavalerie.

La province d'Alba, que les Français traversèrent, était de tout le Piémont le pays le plus opposé à l'autorité royale, celui qui contenait le plus de germes révolutionnaires : il y avait déjà éclaté des troubles; plus tard encore il en éclata de nouveaux. Si, au lieu de négocier, Napoléon eût voulu continuer la guerre avec le roi de Sardaigne, c'est là qu'il eût trouvé le plus de secours et le plus de disposition à l'insurrection. Ainsi, au bout de quinze jours, le premier point du plan de campagne était atteint, les plus grands résultats obtenus; les forteresses piémontaises des Alpes étaient en notre pouvoir; la coalition se trouvait affaiblie d'une puissance qui avait cinquante mille hommes sur pied, et qui était plus imposante encore par sa position. La législature nationale avait décrété cinq fois que l'armée d'Italie avait bien mérité de la patrie, dans les séances des 21, 22, 24, 25 et 26 avril.

En conformité aux conditions de l'armistice de Cherasque, le roi de Sardaigne envoya à Paris le comte de Revel pour traiter de la paix définitive. Elle y fut conclue et signée le 15 mai. Par ce traité, la place d'Alexandrie resta à demeure aux armées françaises. Suze, Labrunette, Exil, furent démolies. Les Alpes se trouvèrent ouvertes, et le roi demeura à la disposition de la république, n'ayant plus d'autre point fortifié que Turin et le fort de Bard.

N. B. Nous avertissons ici, une fois pour toutes, qu'il se trouvera des différences inévitables entre les rapports officiels et les chapitres. Elles sont fondées sur la précipitation des rapports, le désir du général en chef de déguiser alors ses plans, le besoin de tromper l'ennemi sur ses véritables forces, etc., etc. Par exemple, il est dit, au rapport, que Beaulieu attaqua en personne Montenotte. On le crut alors ainsi. Plus loin, il est dit que l'attaque sur Voltri ne fut faite que par dix mille Autrichiens; mais ils avaient en arrière deux colonnes de même force, qui devaient donner le lendemain, Beaulieu ayant jugé qu'il aurait affaire sur ce point à toute l'armée française. L'on dit aussi que Montenotte ne fut attaquée que par quinze mille hommes, parce que dix mille hommes de ce corps étaient demeurés en arrière, et formaient les communications avec la droite à Ceva. Ce fut sur ces troupes que Masséna, débouchant au point du jour par Cadibonne, tira le premier coup de canon.

S'il n'y est point question des projets du général en chef, ni de ses négociations avec Gênes, c'est que le rapport publié n'est qu'un extrait de la correspondance officielle; et que d'ailleurs, comme nous l'avons déjà observé, il entrait dans les vues du général en chef de dérober à l'ennemi la connaissance de ses plans et de sa manière de faire.

En voilà assez pour expliquer désormais les différences qu'on pourra remarquer. Nous répétons que notre observation actuelle doit être entendue une fois pour toutes.

N. B. Je regrette fort de ne pouvoir reproduire ici le chapitre de la topographie de l'Italie, dont je ne me trouve qu'un très petit fragment. Il contenait l'énumération méthodique de tous les moyens de défense de l'Italie contre l'Autriche, morceau que l'Empereur lui-même n'hésitait pas à dire être très beau et devoir demeurer classique pour le métier, tant que la forme et les détails physiques de la Péninsule, disait-il, ne seront point bouleversés.

Éloge de Sainte-Hélène par l'Empereur. — Petites ressources de l'île.

Jeudi 1er février. — La philosophie la plus heureuse et la plus sage est celle qui nous fait voir parfois le côté le moins défavorable des circonstances les plus fâcheuses : l'Empereur, dans ce sentiment sans doute, nous disait aujourd'hui, en se promenant au fond du jardin, qu'après tout, exil pour exil, Sainte-Hélène était peut-être encore la meilleure place. Dans les latitudes élevées, nous aurions eu beaucoup à souffrir des rigueurs du froid, et nous aurions expiré misérablement sous l'ardeur brûlante de toute autre île du tropique. « Le rocher de Sainte-Hélène, continuait-il, était stérile, « sauvage sans doute, le climat y était monotone, insalubre; mais la tempé-« rature, il fallait en convenir, était douce. »

La conversation l'a mené à me demander ce qui eût été préférable, de l'Amérique ou de l'Angleterre, dans le cas où nous eussions été libres de nos mouvemens. Je répondais que, si l'Empereur avait voulu vivre en philosophe, en sage, dans le repos et loin désormais de l'agitation du monde, il aurait fallu choisir l'Amérique ; mais pour peu qu'il eût conservé le sentiment ou l'arrière-pensée des affaires, il eût fallu préférer l'Angleterre. Et ne voulant pas rester en arrière sur la peinture flatteuse que l'Empereur venait de tracer de notre misérable rocher, j'osai même dire qu'il pourrait être telles chances qui fissent que Sainte-Hélène ne se serait pas trouvée le pire des exils : nous y demeurions à l'écart, quand la tempête rugissait pour les autres; nous nous y trouvions hors de l'atmosphère des passions, circonstance favorable aux chances possibles d'un meilleur avenir : c'était assurément un grand désir de voir en beau; je reculais l'horizon de toute l'étendue de l'imagination.

En attendant, pour se faire une juste idée de l'état de notre exil et de ses ressources, il nous a été dit, dans la journée, que nous devions mettre de l'économie dans plusieurs de nos consommations, peut-être même nous attendre à en faire le sacrifice momentané : on nous a dit que le café devenait extrêmement rare, et qu'il pourrait manquer bientôt; depuis long-temps nous n'avons plus de sucre blanc; il n'en reste plus aujourd'hui que fort peu et très mauvais, réservé exclusivement pour l'Empereur, et nous sommes menacés de le voir bientôt finir; il en est de même de plusieurs autres productions essentielles. Notre île est un vaisseau qui tient la mer; il manque bientôt si la traversée se prolonge ou si on le surcharge de bouches outre mesure. Nous avons suffi pour affamer Sainte-Hélène, d'autant plus que les bâtimens de commerce ne peuvent désormais en approcher : on dirait que ce lieu est devenu pour eux un écueil maudit et redouté, si l'on ne savait que la croisière anglaise donne ses soins à les tenir éloignés. Mais ce qui, dans les privations dont nous sommes menacés, nous a surpris davantage et nous affecterait le plus, c'est le manque de papier à écrire. On nous a dit que depuis trois mois que nous étions ici nous avions épuisé les magasins de la colonie ; ce qui prouverait qu'ils sont d'ordinaire légèrement fournis, ou bien que nous en faisons une furieuse consommation : notre seule réunion à Longwood en emploierait donc à elle seule six ou huit fois plus que tout le reste de la colonie ensemble. Qu'on joigne à ces détails matériels nos privations physiques et morales; qu'on se dise que nous ne jouissons pas même des ressources de l'île, dont l'arbitraire et le caprice nous privent en partie : on nous y refuse l'herbe et le feuillage, qui se trouvent dans d'autres sites de l'île. L'amiral avait promis à l'Empereur qu'il pourrait circuler par toute l'île, parce qu'il pourvoirait à une surveillance que le captif soupçonnerait à peine ; on a vu qu'à la seconde épreuve l'amiral avait rompu cette espèce d'engagement ; un officier, par ses ordres, a prétendu se mêler avec nous; l'Empereur a renoncé dès lors à toute excursion, et nous demeurons séquestrés réellement du commerce des hommes.

Notre vie animale est des plus misérables : soit impossibilité d'être mieux, soit mauvaise administration à cet égard, toutefois est-il certain qu'à peine est-il rien de mangeable : le vin est des plus mauvais ; on ne saurait employer l'huile ; je viens de dire que le café, le sucre manquent, et que nous affamons l'île. On sait bien qu'on peut se passer de tout, qu'on pourrait ne pas mourir à beaucoup moins ; mais quand on prétend nous traiter avec magnificence et nous persuader que nous sommes très bien, on nous amène à nous récrier sur ce que nous sommes très mal et sur ce que nous manquons de tout. Si l'on s'avisait de supposer, sur notre silence, que nous sommes heureux, qu'on apprenne du moins que la seule force de notre moral peut nous faire résister à des maux que les expressions ne sauraient rendre.

Première saignée de mon fils. — L'empereur me donne un cheval.

Vendredi 2. — Mon fils depuis long-temps souffrait de la poitrine, il avait de fortes palpitations ; j'ai réuni trois chirurgiens, ils l'ont condamné à la saignée. C'est du reste en ce moment, chez les Anglais, le remède en faveur, la panacée universelle ; ils l'emploient pour tout et pour rien. Ils rient de notre étonnement, nous pour qui ce système est nouveau.

Vers le milieu du jour nous avons fait un tour en calèche. Au retour de la promenade, l'Empereur s'est fait amener un cheval qu'on venait d'acheter ; il était fort beau et d'une jolie tournure ; il l'a fait essayer, l'a trouvé fort bien, et me l'a donné à l'instant même, avec une bonté toute particulière. Je n'ai pu en faire usage, il s'est trouvé vicieux, et a passé alors au général Gourgaud, meilleur écuyer que moi.

Progrès de l'Empereur dans l'anglais.

Samedi 3 au mardi 6. — Le 3 a été affreux, la pluie a été constante, impossible de sortir. Le mauvais temps a duré plusieurs jours de la sorte ; jamais je n'aurais soupçonné que nous pussions être aussi long-temps sans la possibilité de nous hasarder dehors.

L'humidité nous enveloppait de toutes parts, la pluie gagnait au travers de notre toiture. Nos heures intérieures se ressentent de ce mauvais temps du dehors ; j'en étais triste apparemment.

« Qu'avez-vous ? me disait l'Empereur un de ces matins ; depuis quelques
« jours vous changez, serait-ce le moral ? vous feriez-vous des *Dragons* à la
« manière de madame de Sévigné ? » Je répondais : « Sire, c'est le physi-
« que, l'état de mes yeux m'attriste à la mort ; car le moral, je sais le tenir
« en bride ; au besoin j'aurais le bridon, et Votre Majesté m'a donné des
« éperons qui seraient une dernière et victorieuse ressource. »

Cependant l'Empereur travaillait trois, quatre, jusqu'à cinq heures de temps à l'anglais ; les progrès devenaient réellement très grands, il en était parfois frappé lui-même, et s'en réjouissait en enfant. Il disait un de ces jours à table, et il répète souvent, qu'il me doit cette conquête, et qu'elle est bien grande. Je n'y aurai pourtant eu d'autre mérite que celui que j'ai employé pour les autres travaux de l'Empereur, d'avoir osé en donner l'idée, d'y être revenu sans cesse ; et, une fois entamée, d'avoir mis dans la partie de l'exécution qui dépendait de moi une promptitude et une régularité journalières qui faisaient tout son encouragement. S'il arrivait qu'on

ne fût pas prêt quand il nous demandait, s'il fallait renvoyer au lendemain, le dégoût le saisissait aussitôt, et le travail en demeurait là, jusqu'à ce que quelque chose vînt le remonter. « J'ai besoin d'être poussé, me dit-il con-
« fidentiellement dans une de ces interruptions passagères, le plaisir d'avan-
« cer peut seul me soutenir ; car, mon cher, nous pouvons en convenir entre
« nous, rien de tout ceci n'est amusant, il n'y a pas le mot pour rire dans
« toute notre existence. »

Avant dîner, l'Empereur faisait toujours plusieurs parties d'échecs. A nos après-dînées nous reprîmes le reversi, qui avait été long-temps abandonné. Comme on ne se payait pas jadis très régulièrement, on convint désormais d'en faire une masse commune; on discuta sur sa destination future, l'Empereur demanda les avis ; quelqu'un proposa de l'employer à délivrer la plus jolie esclave de l'île : cette opinion enleva tous les suffrages, l'on se mit au jeu avec ardeur, et la première soirée produisit deux napoléons et demi.

L'Empereur apprend la mort de Murat.

Mercredi 7, jeudi 8. — La frégate *la Thébaine* est arrivée du Cap, et nous a apporté quelques journaux ; je les traduisais à l'Empereur en nous promenant dans le jardin. Un de ces papiers renfermait une grande catastrophe ; je lus que Murat ayant débarqué avec quelques hommes en Calabre, y avait été saisi et fusillé. A ces paroles inattendues, l'Empereur me saisissant le bras, s'est écrié : « Les Calabrois ont été plus humains, plus généreux que
« ceux qui m'ont envoyé ici! « Ce fut tout. Après quelques momens de silence, comme il ne disait plus rien, je continuai.

Murat, sans vrai jugement, sans vues solides, sans caractère proportionné à ces circonstances, venait de périr dans une tentative évidemment désespérée. Il n'est pas impossible que le retour de l'Empereur de l'île d'Elbe ne lui eût tourné la tête, et qu'il n'espérât peut-être en renouveler le prodige pour son propre compte. Ainsi périt si misérablement celui qui avait été une des causes si actives de nos malheurs! En 1814, son courage, son audace, pouvaient nous tirer de l'abîme ; sa trahison nous y précipita ; il neutralisa le vice-roi sur le Pô ; il l'y combattit, lorsque, réunis ensemble, ils eussent pu forcer les gorges du Tyrol, descendre en Allemagne et venir sur Bâle et les rives du Rhin, détruire, saisir les derrières des alliés et leur couper toute retraite en France.

L'Empereur, à l'île d'Elbe, dédaigna toute communication avec le roi de Naples ; mais, partant pour la France, il lui écrivit qu'allant prendre possession de son trône, il se plaisait à lui déclarer qu'il n'était plus de *passé entre eux;* qu'il lui pardonnait sa conduite dernière, lui rendait sa bienveillance, lui envoyait quelqu'un pour lui signer la garantie de ses États, et lui recommandait, sur toute chose, de se maintenir en bonne intelligence avec les Autrichiens, et de se contenter de les contenir, dans le cas où ils voudraient marcher sur la France. Murat, en ce moment, tout au sentiment de sa première jeunesse ne voulut ni garantie ni signature : la parole de l'Empereur, son amitié, lui suffisaient, s'écria-t-il ; il prouverait qu'il avait été plus malheureux que coupable. Son dévouement, son ardeur, allaient, disait-il, lui obtenir l'oubli du passé.

« Mais il était dans la destinée de Murat, disait l'Empereur, de nous faire
« du mal. Il nous avait perdus en nous abandonnant, et il nous perdit en

« prenant trop chaudement notre parti : il ne garda plus aucune mesure ; il
« attaqua lui-même les Autrichiens sans plan raisonnable, sans moyens suf-
« fisans, et il succomba sans coup férir. »

Les Autrichiens, délivrés de cet obstacle, s'en servirent comme de raison ou de prétexte pour en augurer des vues ambitieuses dans Napoléon reparaissant sur la scène. C'est ce qu'ils lui objectèrent constamment toutes les fois qu'il leur protesta de sa modération.

L'Empereur, avant la circonstance malheureuse des hostilités de Murat, avait déjà noué quelques négociations avec l'Autriche. D'autres États inférieurs, que je crois inutile de nommer, lui avaient fait dire qu'il pouvait compter sur leur neutralité. Nul doute que la chute du roi de Naples n'ait donné aussitôt une autre tournure aux affaires.

On a essayé de faire passer Napoléon pour un homme terrible, implacable ; le vrai c'est qu'il était étranger à toute vengeance, et ne savait pas conserver de rancune, quelque mal qu'on lui eût fait. Son courroux, d'ordinaire, s'exhalait par des sorties violentes, et c'était là tout. Ceux qui le connaissaient le savaient bien. Murat l'avait outrageusement trahi ; on vient de lire qu'il l'avait perdu deux fois, et cependant c'est à Toulon que Murat accourt chercher un asile. « Je l'eusse amené à Waterloo, nous disait Na-
« poléon ; mais l'armée française était tellement patriotique, si morale, qu'il
« est douteux qu'elle eût voulu supporter le dégoût et l'horreur qu'avait
« inspirés celui qu'elle disait avoir trahi, perdu la France. Je ne me crus
« pas assez puissant pour l'y maintenir, et pourtant il nous eût valu peut-
« être la victoire ; car que nous fallait-il dans certains momens de la journée ?
« enfoncer trois ou quatre carrés anglais ; or, Murat était admirable pour
« une telle besogne ; il était précisément l'homme de la chose ; jamais à la
« tête d'une cavalerie on ne vit quelqu'un de plus déterminé, de plus brave,
« d'aussi brillant.

« Quant au parallèle des circonstances de Napoléon et de Murat, celui de
« leur débarquement respectif en France et sur le territoire de Naples, il
« n'en saurait exister aucun, disait l'Empereur : Murat n'avait d'autre bon
« argument dans sa cause que le succès, et il était purement chimérique au
« moment où et de la manière dont il l'a entrepris. J'étais l'élu d'un peuple,
« j'étais le légitime dans leurs doctrines nouvelles ; mais Murat n'était point
« Napolitain ; les Napolitains n'avaient jamais élu Murat ; était-il à croire
« qu'il pût exciter parmi eux un bien vif intérêt ? aussi sa proclamation est-
« elle tout-à-fait fausse et vide de choses. Ferdinand de Naples devait et pou-
« vait ne le présenter que comme un fauteur d'insurrection ; c'est ce qu'il a
« fait, et il l'a traité en conséquence.

« Quelle différence avec moi ! continuait Napoléon. Avant mon arrivée,
« toute la France était déjà pleine d'un même sentiment. Je débarque, et ma
« proclamation n'est pleine que de ce même sentiment : chacun y lit ce qu'il
« a dans le cœur. La France était mécontente, j'étais sa ressource ; les maux
« et le remède furent aussitôt en harmonie : voilà toute la clef de ce mouve-
« ment électrique, sans exemple dans l'histoire. Il prit sa source uniquement
« dans la nature des choses ; il n'y eut point de conspiration, et l'élan fut
« général ; pas une parole ne fut portée, et tout le monde s'entendit. Les po-
« pulations entières se précipitaient sur le passage du libérateur. Le premier
« bataillon que j'enlevai de ma personne me valut aussitôt la totalité de l'ar-
« mée. Je me trouvai porté jusqu'à Paris ; le gouvernement existant, tous
« ses agens disparurent sans efforts, comme les nuages se dissipent à la vue

« du soleil. Et encore eussé-je succombé, terminait l'Empereur, encore
« fussé-je tombé dans les mains de mes ennemis, je n'étais pas purement
« un chef d'insurrection ; j'étais un souverain reconnu de toute l'Europe ;
« j'avais mon titre, ma bannière, mes troupes ; je venais faire la guerre à
« mon ennemi. »

Porlier, Ferdinand. — Tableaux de l'Atlas.

Vendredi 9. — Dans des gazettes que je traduisais à l'Empereur, j'ai trouvé l'histoire de Porlier : c'était un des chefs les plus remarquables des fameuses guerrillas. Il venait d'essayer d'en appeler à la nation contre la tyrannie de Ferdinand ; mais il avait échoué, avait été pris et pendu.

L'Empereur a dit : « Je ne suis pas du tout surpris de cette tentative en
« Espagne : à mon retour de l'île d'Elbe, ceux des Espagnols qui s'étaient
« montrés les plus acharnés contre mon invasion, qui avaient acquis le plus
« de renommée dans la résistance, s'adressèrent immédiatement à moi : ils
« m'avaient combattu, disaient-ils, comme leur tyran ; ils venaient m'implo-
« rer comme un libérateur. Ils ne me demandaient qu'une légère somme, di-
« saient-ils, pour s'affranchir eux-mêmes, et produire dans la Péninsule une
« révolution semblable à la mienne. Si j'eusse vaincu à Waterloo, j'allais les
« secourir. Cette circonstance m'explique la tentative d'aujourd'hui. Nul
« doute qu'elle ne se renouvelle encore. Ferdinand, dans sa fureur, a beau
« vouloir serrer avec rage son sceptre, un de ces beaux matins il lui glissera
« de la main comme une anguille. »

Les gazettes finies, l'Empereur, dans son oisiveté, feuilletait mon Atlas ; j'ai eu la grande satisfaction de le voir enfin s'arrêter sur les tableaux généalogiques ; ce que je désirais depuis bien long-temps, car il les passait toujours. J'ai analysé devant lui, sur le tableau de l'Angleterre, la fameuse guerre de la Rose Rouge et de la Rose Blanche, inintelligible pour le grand nombre des lecteurs sans le secours de pareils tableaux. Il a été frappé de leur utilité, et s'est mis alors à en parcourir un grand nombre d'autres ; il remarquait, à celui de Russie, qu'il serait bien difficile, sans un tel secours, de suivre l'ordre irrégulier de succession des derniers souverains; et il a été fort surpris, à celui de France, de la démonstration singulière qu'en dépit de sept ou huit applications de la loi salique Louis XVI eût encore régné comme si cette loi salique n'eût point existé.

L'Empereur s'arrêtait beaucoup sur l'encadrement rigoureux et complet de ces tableaux ; il ne revenait pas de la quantité de points de ralliemens qui s'y trouvaient indiqués en un aussi petit espace : l'ordre numérique du souverain, son degré de génération, l'ensemble de toute sa parenté, etc., etc., et il me répétait alors ce qu'il m'avait déjà dit ou à peu près, que s'il les eût bien connus dans le temps il m'eût fait venir pour obtenir de moi un format plus commode, moins coûteux, et en faire la pâture des lycées.

Il ajoutait qu'il eût voulu voir toutes les histoires réimprimées avec de tels documens à l'appui, pour leur intelligence. Je lui disais que j'avais eu la même idée, qu'elle avait déjà été exécutée sur l'histoire d'Angleterre par Hume, et que, sans nos derniers événemens, elle allait l'être sur l'histoire d'Allemagne de Pfeffeld, sur celle de France de Hainaut, et sur une histoire des trois couronnes du Nord, etc.

Sur les quatre heures, j'ai présenté à l'Empereur le capitaine de *la Thébaine*, qui partait le lendemain pour l'Europe, et le colonel Macoy, du régiment de Ceylan. Ce brave soldat semblait un monument mutilé : il avait une jambe de moins, un coup de sabre lui traversait le front, d'autres cicatrices couvraient son visage. Il était tombé sur le champ de bataille en Calabre, et demeuré prisonnier du général Parthonaux. L'Empereur lui fit un accueil tout particulier; on pouvait voir qu'il y avait sympathie réciproque. Le colonel Macoy avait été major du régiment corse que commandait le nouveau gouverneur que nous attendons. Ce colonel disait à quelqu'un qu'il trouvait un homme tel que l'Empereur bien mal traité ici, et qu'il supposait au général Lowe trop d'élévation pour ne pas penser que sa seule acceptation du gouvernement de l'île annonçait qu'il y viendrait améliorer notre condition.

L'Empereur est ensuite monté à cheval. Nous avons remonté notre vallée accoutumée, et ne sommes rentrés que vers les sept heures. L'Empereur a continué de se promener dans le jardin; la température était des plus douces, le clair de lune charmant; le beau temps était revenu tout-à-fait.

Sur l'Égypte.—Ancien projet sur le Nil.

Samedi 10. — A présent l'Empereur allait couramment dans son anglais; et, à l'aide du dictionnaire, il eût pu, à toute rigueur, se passer de moi. Ses progrès décidés le ravissaient. La leçon s'est passée aujourd'hui à lire, dans l'*Encyclopédie britannique*, l'article du Nil, dont il prenait occasionnellement quelques notes pour ses dictées au grand maréchal. Il s'y est trouvé une citation dont jadis j'avais entretenu l'Empereur, qu'il avait jusque-là regardée comme absurde. Le grand Alburquerque proposait au roi de Portugal de détourner le Nil, avant son entrée dans la vallée d'Égypte, et de le rejeter dans la mer Rouge, ce qui eût rendu l'Égypte un désert impraticable, et consacré le cap de Bonne-Espérance pour la route unique du grand commerce des Indes. Bruce ne croit pas cette gigantesque idée entièrement impossible, elle frappait singulièrement l'Empereur.

Sur les cinq heures, l'Empereur est monté en calèche, la promenade a été extrêmement agréable; la précaution d'avoir fait abattre quelques arbres a triplé l'espace primitif, en créant plusieurs circuits naturels. Au retour, on a profité de la belle soirée pour se promener long-temps dans le jardin; la conversation a été des plus intéressantes, les sujets étaient grands et profonds : c'était sur les diverses religions, l'esprit qui les avait dictées; les absurdités, les ridicules dont on les avait entremêlées, les excès qui les avaient dégradées, les objections qu'on leur avait opposées : l'Empereur a traité tous ces objets avec sa supériorité ordinaire.

Uniformité.—Ennui.—Solitude de l'Empereur.—Caricatures.

Dimanche 11. — L'Empereur a lu aujourd'hui l'article *Égypte*, en anglais, dans l'*Encyclopédie britannique*, et en a recueilli des notes qui ne laissent pas que de lui être utiles pour sa campagne d'Égypte. Cette circonstance lui est très agréable, et lui fait répéter plusieurs fois le jour combien il se trouve heureux de ses progrès; il est de fait qu'il peut maintenant lire tout seul.

Sur les quatre heures, j'ai suivi l'Empereur dans le jardin. Nous y avons marché seuls pendant quelque temps : bientôt après on est venu nous rejoindre. La température était fort douce. L'Empereur a fait observer le calme de notre solitude : c'était dimanche, tous les ouvriers étaient au loin. Il a ajouté qu'on ne nous accuserait pas du moins de dissipation ni d'ardentes poursuites des plaisirs ; en effet, il est difficile d'imaginer plus d'uniformité et plus d'absence de toute diversion.

L'Empereur soutient cette situation d'une manière admirable ; il nous surpasse tous de beaucoup par l'égalité de son caractère et la sérénité de son humeur. Il était difficile d'être plus sage et plus tranquille que lui, remarquait-il. Il se couchait à dix heures, ne se levait ou plutôt ne paraissait qu'à cinq ou six heures du soir. Sa vie extérieure n'était donc guère, disait-il, de plus de quatre heures ; c'était celle du prisonnier qu'on tire chaque jour de son cachot pour le laisser respirer un peu. Mais que de pensées dans son long intérieur ! que de travaux même ! Et, au sujet du travail, l'Empereur disait qu'il se trouvait aussi fort qu'il l'avait jamais été ; qu'il ne se sentait ni flétri ni usé en quoi que ce fût ; qu'il s'étonnait lui-même du peu d'effet sur lui des grands événemens dont il avait été dernièrement l'objet. C'était du plomb, disait-il, qui avait glissé sur le marbre ; le poids avait pu comprimer le ressort, mais n'avait pu le briser : il s'était relevé avec toute son élasticité. L'Empereur ajoutait n'imaginer personne au monde qui eût mieux plié que lui sous la nécessité sans remède ; et c'est là, disait-il, le véritable empire de la raison, le vrai triomphe de l'âme.

L'heure de la calèche est arrivée. En allant la joindre, l'Empereur a aperçu la petite Hortense, la fille de madame Bertrand, qui lui plaît beaucoup. Il l'a fait venir, l'a embrassée tendrement deux ou trois fois, et a voulu la prendre en voiture avec le petit Tristan de Montholon. Durant la course, le grand maréchal, qui venait de parcourir les journaux arrivés, racontait divers bons mots et caricatures qu'il y avait trouvés. Il nous en citait une assez piquante. Deux actions composaient le tableau : l'une était Napoléon donnant à la princesse d'Hatzfeld, pour la jeter au feu, la lettre dont la disparition sauvait son mari. Au bas était : *Acte tyrannique d'un usurpateur*. Le pendant était de toute autre nature : c'était madame de Labédoyère et son fils, prosternée aux pieds du roi qui la repoussait, tandis qu'on fusillait à quelque pas son mari ; et au bas était écrit : *Acte paternel de la légitimité*.

Cela nous a conduits à raconter à l'Empereur la foule de caricatures dont nous avions été inondés après la restauration. Il en était beaucoup qui l'ont fort amusé ; une surtout l'a fait sourire : c'était le château des Tuileries. Une troupe d'oies et de dindons entrait dandinant, par la grande porte, dans le palais, poussée par un cercle de soldats de toutes nations et de toutes armes : au même instant sortait des fenêtres supérieures un aigle aux ailes étendues, s'éloignant d'un vol fier et rapide ; et sur le fronton se lisaient ces seuls mots : *Changement de dynastie*.

L'Empereur a observé que si les caricatures vengeaient quelquefois le malheur, elles harcelaient sans cesse le pouvoir. Et combien n'en a-t-on pas fait sur moi ! disait-il. Alors il nous en a demandé quelques-unes. Parmi toutes celles que nous avons citées, il a fort applaudi celle-ci, comme fort jolie et d'un fort bon goût : c'était le vieux George III qui, de sa côte d'Angleterre, jetait, en colère, à la tête de Napoléon, sur la rive opposée, une énorme betterave, en disant : *Va te faire sucre !*

Longue course à pied de l'Empereur.

Lundi 12. — Vers les quatre heures, l'Empereur se promenait dans le jardin. La température était des plus agréables ; chacun de nous se récriait sur ce que c'était une de nos belles soirées d'Europe : nous n'avions encore rien éprouvé de pareil depuis notre arrivée dans l'île. L'Empereur a fait demander la calèche, et, comme par diversion, il a voulu laisser là nos arbres à gomme, pour aller, par le chemin qui conduit chez le grand maréchal, prendre la route qui contourne le bassin supérieur de notre vallée favorite, et gagner, si c'était possible, le site appartenant à une demoiselle Masson, qui est sur le revers opposé en face de Longwood. Arrivé chez madame Bertrand, l'Empereur l'a fait monter dans sa calèche, où se trouvait déjà madame de Montholon et moi ; le reste suivait à cheval : nous étions tous réunis. A quelques pas de chez madame Bertrand, au poste militaire même qui s'y trouve établi, le terrain était fort à pic et très inégal. Les chevaux se sont refusés, il a fallu descendre. La barrière s'est trouvée à peine suffisante pour la largeur de la voiture ; mais les soldats anglais sont accourus, et, de tout cœur, l'ont, en un instant, fait franchir à force de bras. Cependant, une fois dans le nouveau bassin, la promenade à pied était si agréable que l'Empereur a voulu la continuer. Au bout de quelque temps, comme le jour baissait, il a voulu que la calèche allât seule reconnaître le chemin jusqu'à la porte de mademoiselle Masson, tandis que nous continuerions à marcher. La soirée était réellement des plus agréables. La nuit était venue, mais il faisait le plus beau clair de lune possible. Notre promenade pouvait réveiller le souvenir de celles autour de nos châteaux en Europe, dans les belles soirées d'été.

La calèche revenue, l'Empereur n'a point voulu y monter encore ; il l'a envoyée attendre chez madame Bertrand, et, quand il y a été rendu, il a voulu continuer encore à pied jusqu'à Longwood, où il est arrivé très fatigué. Il avait marché près de six milles, ce qui est beaucoup pour lui, qui n'a jamais été marcheur à aucune époque de sa vie.

Mauvaise température de Sainte-Hélène.—Observation importante sur l'esprit de ce Journal.

Mardi 13 *au vendredi* 16. — J'ai déjà dit qu'il n'y avait point de saisons à Sainte-Hélène : ce sont seulement des veines de bon et de mauvais temps, fort irrégulières. Il a plu constamment chaque jour ; nous n'avons pu sortir à peine que quelques instans. Il me serait difficile d'employer quatre mots à exprimer, durant ces quatre jours, aucune déviation quelconque de notre vie accoutumée. Et ici, d'ailleurs, je saisis l'occasion de prévenir, une fois pour toutes, que s'il se rencontre de temps à autre, dans le cours de mon Journal, plusieurs jours réunis sous un même article, c'est que souvent j'ai élagué une partie de ce que chacun d'eux me présentait ; ce à quoi j'ai été conduit, comme on le devinera sans peine, par divers motifs : parfois les objets m'ont paru trop puérils ; parfois, au contraire, ils m'ont semblé trop graves et demander un temps plus éloigné, ou bien encore ne présentaient-ils que des personnalités, et il est dans mon caractère de les écarter soigneusement ; que si, malgré cela, on en trouve quelques-unes, c'est que j'y aurai été forcément conduit par l'objet essentiel de mon récit, qui est de faire connaître, à tout prix, le caractère de l'Empereur ; et même alors ai-je pu me dire encore, pour ma satisfaction intérieure, que ces personnalités ne concernent guère que des caractères publics, et ne mentionnent que des choses déjà connues de beaucoup de monde.

Du reste, je ne me suis nullement dissimulé que la tâche que j'ai entreprise pouvait me créer de nombreux inconvéniens; mais je me suis cru un devoir sacré, et je m'efforce de le remplir du mieux qu'il m'est possible : advienne que pourra!

Politique de l'Empereur sur les affaires de France.—Sa prédiction sur les Bourbons.

Samedi 17. — A six heures du matin, l'Empereur est monté à cheval. Nous avons fait le tour du parc, en commençant dans la direction de notre vallée, et en venant gagner le chemin qui conduit du camp chez le grand maréchal. Devant la porte de celui-ci, s'est arrêté et mis en ligne, pour nous laisser passer, un gros de cent cinquante à deux cents matelots du *Northumberland*, qui, chaque jour, portent des planches ou des pierres pour le service de Longwood ou du camp. L'Empereur a parlé aux officiers, et a souri avec plaisir à nos anciens compagnons; ils avaient l'air ravi de le voir.

J'ai déjà dit que, de temps à autre, nous recevons des journaux de l'Europe qui nous occupent diversement, et amènent toujours à la fin quelques tableaux vifs et animés de la part de l'Empereur. Il trouvait aujourd'hui qu'en résumé l'état de la France ne s'était point amélioré. « Les Bourbons, « répétait-il, n'avaient eu cette fois d'autre parti que celui de la sévérité. « Quatre mois étaient déjà écoulés; les alliés allaient repartir; on n'avait « pris encore que des demi-mesures; l'affaire demeurait mal embarquée. « Un gouvernement, disait-il, ne peut vivre que de son principe; il est évi-« dent que celui-ci est le retour aux vieilles maximes : il fallait le faire fran-« chement. Les Chambres surtout, dans cette circonstance, seront fatales; « elles inspireront au roi une fausse confiance, et n'auront aucun poids sur « la nation. Bientôt le roi n'aura plus aucun moyen de communication avec « elle; ce ne sera plus la même religion ni la même langage. Il ne sera « personne qui ait le droit de détromper le peuple sur les absurdités qu'il « plaira au premier venu de lui débiter, lorsqu'on voudra lui faire croire « qu'on veut empoisonner les sources, faire sauter le territoire, etc., « etc..... » L'Empereur concluait qu'il y aurait quelques exécutions juridiques, et un extrême désir de réaction; qu'elle serait assez forte pour irriter, pas assez pour soumettre, et que, tôt ou tard, *une éruption volcanique finirait par engloutir le trône, ses alentours et ses partisans.* « Si « les destinées ont réglé que les Bourbons règneront, disait-il, ce ne sera « toutefois que dans quelques générations qu'ils en acquerront la certi-« tude. Quant à présent, ils sont sans doute bien plus mal situés que l'an-« née dernière. Alors on pouvait, à toute rigueur, les présenter comme « médiateurs entre les puissances et le pays; ils n'avaient pas contribué « directement au déchirement de la patrie, à la flétrissure de la gloire « nationale. Mais cette fois ils étaient les alliés de nos ennemis. Ils sont « rentrés sur les cadavres et les décombres qu'ils ont provoqués, dont ils « se sont réjouis; ils ont ruiné la nation, ses forces, sa gloire, ses monu-« mens, et n'ont pas craint de partager ses dépouilles avec les ennemis, « et de se réserver la honte et le mépris en partage. Aux yeux de toute la « France, ils ont cessé d'être Français; ils se sont proscrits eux-mêmes. »

Quant à l'Europe, elle semblait à l'Empereur aussi enflammée qu'elle l'avait jamais été. Elle avait anéanti la France; mais la résurrection de celle-ci pouvait venir un jour de l'explosion des peuples, que la politique des souverains, du reste, était des plus propres à aliéner. Elle pouvait venir encore de la querelle prochaine des puissances entre elles, ce qui très probablement finirait par avoir lieu.

Quant à notre affaire personnelle ici, elle ne pourrait s'améliorer que par l'entremise de l'Angleterre; et celle-ci ne pouvait nous devenir favorable que par quelque intérêt politique, quelque changement de ministre, la mort de quelque souverain, ou bien encore par le sentiment de la gloire nationale, excité par le torrent de l'opinion. Or, les intérêts politiques, il était des combinaisons qui pouvaient les amener. Quant au changement des personnes, il était dans les accidens du temps. Enfin, pour le sentiment de la gloire nationale, si facile à comprendre, le ministère actuel l'avait méconnu; mais un autre pouvait ne pas y être insensible.

Peinture du bonheur domestique par l'Empereur.—Deux demoiselles de l'île.— L'Empereur souffrant.

Dimanche 18, *lundi* 19. — L'Empereur m'a fait appeler sur les dix heures; il venait de rentrer. On m'avait dit qu'il avait été à la chasse; il m'apprit que non, qu'il avait été à cheval vers les six heures, mais qu'il n'avait pas voulu qu'on troublât le sommeil de *Son Excellence*. Nous avons travaillé à l'anglais. Le déjeuner est venu, il était détestable; je n'ai pu m'empêcher de le remarquer. Il m'a plaint d'en faire un aussi mauvais, et m'a dit qu'il était vrai qu'il fallait avoir faim pour pouvoir le manger. Nous avons continué notre leçon jusqu'à une heure; la chaleur alors a commandé le repos.

Sur les cinq heures, l'Empereur a été se promener au jardin. Il s'est mis à peindre le bonheur du particulier honnête et aisé, jouissant paisiblement, dans le fond de sa province, des champs et de la maison qu'il a reçus de ses pères. Rien assurément n'était plus philosophique; nous n'avons pu nous empêcher de sourire à un tableau si paisible, ce qui l'a fait pincer les oreilles de l'un de nous. « Du reste, a-t-il continué, ce bonheur ne peut guère « aujourd'hui se connaître en France que par tradition; la révolution a tout « bouleversé; elle en a privé les anciens, et les nouveaux sont encore neufs « à cette jouissance; ce que je viens de peindre n'existe plus. » Et il faisait alors l'observation qu'être privé de sa chambre natale, du jardin qu'on avait parcouru dans son enfance, n'avoir pas l'habitation paternelle, c'était n'avoir point de patrie. J'ajoutais que perdre la demeure qu'on s'était créée après le naufrage, la maison qu'on avait partagée avec sa femme, celle où l'on avait donné le jour à ses enfans, c'était encore perdre sa seconde patrie. Que de monde en était là!!! et quelle époque avait été la nôtre!!!

Le soir, pendant le dîner, on a parlé de deux demoiselles de l'île, dont l'une est grande, fort belle et très agaçante; l'autre, beaucoup moins jolie, mais douce dans ses manières, d'une grâce et d'une tenue parfaites. Tous les avis se partageaient. L'Empereur qui ne connaissait que la première, tenait fortement pour elle. Quelqu'un a pris la liberté de lui dire que s'il voyait la seconde, elle ne lui ferait pas changer d'opinion. Cela ne lui a pas suffi, il a voulu que ce quelqu'un exprimât son propre choix : celui-ci a répondu qu'il était de beaucoup pour la seconde; ce qui a paru contradictoire; l'Empereur a voulu l'explication. « C'est, ai-je répondu, que si « je voulais acheter une esclave je me fixerais sur la première; mais que, « si je trouvais quelque bonheur à le devenir moi-même, je m'adresserais à « la seconde. — C'est donc à dire, a repris vivement l'Empereur, que vous « me croyez de mauvais goût et de mauvais ton? — Non, Sire, mais je

« soupçonne à votre majesté des dispositions différentes des miennes. » Il a ri et n'a pas contredit.

Le 19, de fort bon matin, l'Empereur est sorti pour monter à cheval; il était à peine six heures, et pourtant j'étais tout prêt, j'avais donné ordre qu'on m'éveillât; il a été surpris de me voir là et de me trouver si diligent. Nous avons erré dans les bois à l'aventure. Nous étions rentrés vers les neuf heures, le soleil commençant déjà à être très chaud.

L'Empereur, sur les quatre heures, a voulu essayer son anglais; mais il n'était pas bien; tout dans la journée lui avait paru mauvais, disait-il, rien ne lui avait réussi. La promenade du jardin ne l'a point remis; il n'était pas bien à dîner; il n'a pu faire ses parties d'échecs accoutumées; il s'est retiré souffrant aussitôt après la première partie.

Travaux de l'Empereur à l'île d'Elbe.—Prédilection des Barbaresques pour Napoléon.

Mardi 20. — Le temps a été extrêmement mauvais. L'Empereur avait été assez mal toute la nuit; au matin il était beaucoup mieux : il n'est pas sorti de sa chambre avant cinq heures. Vers les six heures nous avons profité d'une éclaircie pour faire le tour du parc en calèche. Les chevaux dont on nous a gratifiés sont vicieux, ils se butent au premier obstacle, et demeurent immobiles; ils se sont arrêtés aujourd'hui plusieurs fois; la pluie rendait leur tâche plus pénible; un moment il a fallu réunir tous les efforts pour n'être pas obligés de revenir à pied; le grand maréchal et le général Gourgaud ont été obligés de mettre pied à terre et de pousser à la roue. Enfin, après bien des peines, nous sommes rentrés. La conversation, durant la promenade, était sur l'île d'Elbe : l'Empereur parlait des chemins qu'il y avait faits, des maisons qu'il y avait bâties; les meilleurs artistes d'Italie se disputaient l'honneur d'y travailler, et sollicitaient comme une faveur de pouvoir les embellir, etc.

Il disait que ses couleurs, que son pavillon, étaient devenus les premiers de la Méditerranée. Son pavillon était sacré, disait-il, pour les Barbaresques, qui d'ordinaire faisaient des présens aux capitaines, leur ajoutant qu'ils acquittaient la dette de Moscou. Le grand maréchal ajoutait que quelques bâtimens réunis, de cette nation, étant venus mouiller à l'île d'Elbe, y avaient donné beaucoup d'inquiétude : on avait interrogé ces gens-là sur leurs intentions, et fini par leur demander nettement s'ils avaient des vues hostiles; ils avaient répondu : « Contre le grand Napoléon? Ah! jamais..... « nous ne faisons pas la guerre à Dieu! »

Quand le pavillon de l'île d'Elbe entrait dans un des ports de la Méditerranée, Livourne excepté, il y était reçu avec de vives acclamations; c'était la patrie qui semblait revenir. Quelques bâtimens français, venus de la Bretagne et de la Flandre, qui relâchèrent à l'île d'Elbe, témoignèrent le même sentiment.

« Tout est graduation dans le monde, concluait l'Empereur. L'île d'Elbe, « trouvée si mauvaise il y a un an, est un lieu de délices comparée à Sainte-« Hélène. Quant à Sainte-Hélène, ah! elle peut défier tous les regrets à venir. »

Piontowsky.—Caricature.—Bonté héréditaire et proverbiale des Bourbons.

Mercredi 21 au vendredi 23. — L'Empereur a continué de se lever de bonne heure et de se promener à cheval, bien que ce fût au pas seulement, dans le parc et au milieu des arbres à gomme. Cependant ce léger exercice lui était bon ; il le forçait du moins à prendre l'air ; il revenait avec meilleur appétit, et travaillait avec plus de gaieté. Il déjeunait dans le jardin, sous quelques arbres qu'on avait entrelacés pour lui procurer un peu d'ombrage. Un de ces matins, en se mettant à table, il aperçut au loin le Polonais *Piontowsky*, et le fit appeler pour qu'il déjeunât avec lui. Il s'amuse à le questionner quand il le trouve sous ses pas.

Piontowsky, dont on ne connaît pas trop l'origine, était venu à l'île d'Elbe et avait obtenu d'y servir comme soldat dans la garde ; au retour de l'île d'Elbe, il avait été porté au grade de lieutenant ; à notre départ de Paris, il avait reçu la permission de suivre : il fut à Plymouth du nombre de ceux que les instructions anglaises séparèrent de nous. Piontowsky, avec plus de constance ou plus d'adresse que ses camarades, avait obtenu de nous rejoindre. L'Empereur, du reste, ne l'avait jamais connu, et lui parlait à Sainte-Hélène pour la première fois.

Aucun de nous ne le connaissait davantage ; les Anglais furent surpris de notre peu d'empressement à son arrivée. Quelques uns de ceux qui ne nous aimaient pas écrivaient que nous l'avions fort mal reçu, ce qui était faux ; mais c'en fut assez pour que les papiers ministériels anglais y employassent leur grâce et leur esprit accoutumés : l'Empereur l'avait battu, nous l'avions chassé, et l'on m'a parlé plus tard d'une caricature où l'Empereur le saisissait dans ses griffes ; moi, j'avais sauté dessus pour le dévorer, et ce n'était qu'à l'aide d'un bâton mis entre mes dents que le conducteur des bêtes venait à bout de m'arracher de son épaule : voilà les gentillesses élégantes dont on nous rendait l'objet.

Il est vrai que, par compensation, les Bourbons mêmes n'étaient pas plus épargnés, car chacun avait ses amis et ses ennemis. Ainsi une autre de ces caricatures montrait Louis XVIII sur son trône. Dans un coin du tableau tombait, sous la fusillade ou sous la guillotine, une foule de proscrits. Un de ceux-ci parvenait à s'enfuir, et passait devant le roi, qui s'efforçait de l'arrêter, et qui, l'ayant manqué, s'écriait : *Ah ! malheureux, tu échappes à ma clémence !*

Quelle horreur ! a repris l'un de nous. Quoi ! en dépit de la bonté héréditaire des Bourbons ! — « Oh ! oui, a continué l'Empereur, la bonté prover-
« biale des Bourbons ! c'est cela ! Et pourtant quel n'est pas l'empire des mots
« une fois reçus ! Un historien, dans sa niaiserie, aura hasardé cette phrase
« qui se présente bien ; d'autres la répéteront par adulation, et voilà la mul-
« titude saisie d'un mot qui remplira toutes les bouches, même au milieu des
« faits les plus contraires. En voici des preuves en foule : C'est Henri IV, sans
« contredit le meilleur d'entre eux, offrant la vie au maréchal de Biron, son
« compagnon d'armes, son ami de cœur, si seulement il veut convenir de sa
« faute ; et qui le laisse froidement exécuter, parce que celui-ci s'avise de
« faire l'entêté. C'est Louis XIII qui, au moment de l'exécution de son fa-
« vori, immolé par un ministre implacable, dit en regardant sa montre :
« *Le cher ami passe en cet instant un mauvais quart d'heure.* C'est Louis XIV
« à qui, partant pour la chasse, on annonce la mort inévitable et prochaine
« de sa maîtresse du jour, âgée de dix-huit ans, et qui se contente de dire
« pour tous regrets : *Elle sera morte bien jeune !* C'est le Régent qui, du-
« rant l'agonie du cardinal Dubois, le compagnon de ses débauches, le con-
« fident de ses pensées, son premier ministre, s'apercevant d'un orage, dit :
« *Voilà qui va me délivrer de mon drôle,* et qui, à l'instant où il vient d'ex-

« pirer, écrit à l'un de ses roués exilé par le défunt: *Arrive, je t'attends ce*
« *soir à souper; aussi bien morte la bête, mort le venin!* C'est Louis XV qui,
« perdant la maîtresse, l'amie, la confidente de vingt ans, dit à ses familiers,
« parce qu'il pleuvait beaucoup pendant son convoi : *La marquise a là un*
« *bien mauvais temps pour son voyage.* Enfin cent autres choses de la sorte,
« on n'en finirait pas. Et cependant l'adage d'aller toujours son train; et voilà
« l'histoire pour les innombrables gens futiles et sans réflexion! »

Retour de l'île d'Elbe.—Détails, etc.

Samedi 24.—Après dîner, l'Empereur, prenant le café, disait que c'était à peu près vers ce temps que, l'année dernière, il avait quitté l'île d'Elbe. Le grand maréchal lui a dit que c'était le 26 février et un dimanche.
« A telles enseignes, Sire, que vous avez fait avancer la messe pour avoir
« plus de temps à dicter des ordres. »
L'après-midi même on était parti. Le lendemain matin, nous étions encore en vue sur les dix heures, à la grande anxiété de ceux qui s'intéressaient à notre succès.
L'Empereur, s'abandonnant à la conversation, a causé plus d'une heure des détails de cet événement, unique dans l'histoire par la hardiesse de l'entreprise et les merveilles de l'exécution. Je renvoie plus loin son récit.

Campagne d'Italie et d'Égypte; paroles charmantes de l'Empereur.—Son opinion sur nos grands poètes.—Tragédies modernes.—*Hector.*—*Les États de Blois.*—Talma.

Dimanche 26 au mardi 28. — L'anglais allait de mieux en mieux. l'Empereur convenait avoir eu un moment de dégoût. Il avait un instant, me disait-il, vu passer sa *furia francese;* mais je l'avais ranimé, disait-il, par une méthode qu'il trouvait sûre, infaillible, la meilleure de toutes les méthodes, celle de lire et d'analyser une seule page, et de la recommencer jusqu'à ce qu'elle fût sue imperturbablement. Les règles grammaticales s'expliquent chemin faisant; de la sorte, il n'y a pas un moment de perdu pour l'étude et la mémoire. Les progrès semblent lents d'abord, on croit avancer peu; mais quand on arrive à la cinquantième page, on est tout étonné de savoir la langue. Nous avions donc ajouté une page de *Télémaque* au reste de notre leçon, et nous nous en trouvions très bien. Du reste, l'Empereur, en ce moment, bien qu'il n'eût encore que vingt ou vingt-cinq leçons complètes, parcourait tous les livres, aurait fait entendre par écrit ce dont il eût eu besoin. Il ne comprenait pas tout, il est vrai; mais on ne pourrait désormais lui rien cacher, disait-il, et c'était immense, c'était une conquête achevée.
La campagne d'Égypte était complétée avec Bertrand, autant que le manque de matériaux pouvait le permettre. L'Empereur entamait avec l'un de ces messieurs une nouvelle époque bien précieuse, celle du départ de Fontainebleau jusqu'au retour à Paris, et sa seconde abdication. Il ne possédait aucune pièce sur ces événemens si rapides; mais c'est cette rapidité même qui me faisait le supplier d'employer sa mémoire à consacrer des circonstances que les événemens ou l'esprit de parti pourraient affaiblir ou dénaturer.
L'Empereur revoyait aussi fort souvent avec moi les divers chapitres de la campagne d'Italie; le moment qui précédait le dîner était consacré d'ordinaire à cette révision. Il m'avait chargé de couper chaque chapitre d'une

manière régulière, uniforme, d'en indiquer les paragraphes convenables, d'en noter et d'en recueillir les pièces justificatives, etc., etc. C'est ce qu'il appelait la triture ou la charlatanerie de l'éditeur. « Et cela vous regarde, « me disait-il un jour avec une grâce et une bonté qui me pénétraient; « ce sera désormais votre bien. La campagne d'Italie portera votre nom et « la campagne d'Égypte celui de Bertrand. Je veux qu'elle fasse tout à la « fois la fortune de votre poche et celle de votre mémoire; vous aurez tou- « jours bien là cent mille francs, et votre nom durera autant que le souvenir « de mes batailles. »

Quant à nos après-dînées, les pièces de théâtre nous occupaient en ce moment, les tragédies surtout. L'Empereur les aime particulièrement, et se plaît à les analyser; il y porte une logique singulière et beaucoup de goût. Il sait une foule de vers dont il se souvient depuis son enfance, époque, dit-il, où il savait beaucoup plus qu'aujourd'hui. L'Empereur est ravi de Racine, il y trouve de vraies délices. Il admire éminemment Corneille, et fait fort peu de cas de Voltaire, plein, dit-il, de boursouflure, de clinquant, toujours faux, ne connaissant ni les hommes, ni les choses, ni la vérité, ni la grandeur des passions.

L'Empereur, à un de ses couchers à Saint-Cloud, analysait la pièce qui venait de se jouer : c'était *Hector*, par *Luce de Lancival*. Cette pièce lui plai- sait beaucoup : elle avait de la chaleur, de l'élan; il l'appelait une pièce de *quartier-général*, assurant qu'on irait mieux à l'ennemi après l'avoir enten- due; qu'il en faudrait beaucoup dans cet esprit, etc.

De là passant aux drames, qu'il appelait les tragédies des femmes de chambre, il les disait capables de supporter au plus la première représen- tation. Ils allaient ensuite toujours en perdant; une bonne tragédie, au contraire, gagnait chaque jour davantage. La haute tragédie, continuait-il, était l'école des grands hommes. C'était le devoir des souverains de l'encou- rager et de la répandre; et il n'était pas nécessaire, prétendait-il, d'être poète pour la juger, il suffisait de connaître les hommes et les choses, d'a- voir de l'élévation et d'être homme d'État; et s'animant par degrés : « La « tragédie, disait-il avec chaleur, échauffe l'âme, élève le cœur, peut et « doit créer des héros. Sous ce rapport, peut-être, la France doit à *Corneille* « une partie de ses belles actions : *aussi, Messieurs, s'il vivait, je le ferais « prince.* »

Une autre fois, pareillement à son coucher, il analysait et condamnait *les États de Blois*, qu'on venait de jouer sur le théâtre de la cour pour la première fois; et apercevant parmi nous l'archi-trésorier Lebrun, littéra- teur fort distingué, il lui demanda son opinion. Celui-ci, sans doute dans l'intérêt de l'auteur, se contenta de répondre que le sujet était mauvais. « Mais ce serait la première faute de M. *Raynouard*, répliqua l'Empe- « reur; il l'a choisi lui-même, personne ne le lui a imposé : et puis, il n'est « pas de sujet si mauvais dont le grand talent ne sache tirer quelque parti. Et « Corneille serait encore sans doute Corneille, même dans celui-ci. Quant à « M. Raynouard, il a manqué tout-à-fait son affaire; il ne montre ici d'au- « tre talent que celui de la versification, tout le reste est mauvais, très mau- « vais. Sa conception, ses détails, son résultat, sont manqués; il viole la « vérité de l'histoire. Ses caractères sont faux; sa politique est dangereuse « et peut être nuisible. Cette circonstance me confirme, ce que du reste « chacun sait très bien, qu'il est une énorme différence entre la lecture et « la représentation d'une pièce. J'avais cru d'abord que celle-ci pouvait pas-

« ser; ce n'est que ce soir que j'en ai vu les inconvéniens. Les éloges pro-
« digués aux Bourbons sont les moindres; les diatribes contre les révolu-
« tionnaires sont bien pires. M. Raynouard a été faire du chef des Seize le
« capucin Chabot de la Convention. Il y a dans sa pièce pour tous les partis,
« pour toutes les passions. Si je la laissais donner dans Paris, on pourrait
« venir m'apprendre que cinquante personnes se sont égorgées dans le par-
« terre. De plus, l'auteur a fait de Henri IV un vrai Philinte, et du duc de
« Guise un Figaro, ce qui est trop choquant en histoire. Le duc de Guise
« était un des plus grands personnages de son temps, avec des qualités et
« des talens supérieurs, et auquel il ne manqua que d'oser pour commen-
« cer dès lors la quatrième dynastie; de plus, c'est un parent de l'impéra-
« trice, un prince de la maison d'Autriche avec qui nous sommes en amitié,
« dont l'ambassadeur était présent ce soir à la représentation. L'auteur a
« plus d'une fois étrangement méconnu toutes les convenances. » Et l'Empereur disait ensuite se raffermir plus que jamais dans la détermination
qu'il avait prise de ne pas laisser jouer une tragédie nouvelle sur le théâtre
public avant qu'elle n'eût été mise à l'épreuve sur le théâtre de la cour. Il
fit donc interdire la représentation des *États de Blois*. Mais ce qui est bien
digne de remarque, c'est que, sous le roi, cette pièce a reparu solennellement avec toute la faveur que devait lui donner la proscription de l'Empereur, et qu'elle est tombée néanmoins, tant avait été juste le jugement que
Napoléon en avait porté.

Talma, le célèbre tragique, parvenait très souvent jusqu'à l'Empereur,
qui faisait grand cas de son talent et le récompensait magnifiquement. Quand
le Premier Consul devint Empereur, les bruits de Paris furent qu'il faisait
venir Talma pour prendre des leçons d'attitude et de costume. L'Empereur,
qui n'ignorait jamais rien de ce qui se disait contre lui, en plaisantait un jour
Talma. Celui-ci en demeurait déconcerté, confondu. « Vous avez tort, lui
« disait l'Empereur; je n'aurais sans doute eu rien de mieux à faire, si toute-
« fois j'en avais eu le temps. » Et alors c'était lui qui donnait à Talma des
leçons sur son art : « Racine, lui disait-il, a mal à propos chargé *Oreste* en
« niaiseries, et vous le chargez encore davantage. Dans *la Mort de Pompée*,
« vous ne jouez pas *César* en grand homme. Dans *Britannicus*, vous ne jouez
« pas *Néron* en tyran, etc. » Et tout le monde sait que ce grand acteur a fait
en effet, depuis, de grandes corrections dans ces rôles fameux.

Les faiseurs d'affaires dans la révolution.—Crédit de l'Empereur à son retour.—Sa réputation
dans les bureaux comme vérificateur.—Ministres des finances, du Trésor.—Cadastre.

Du jeudi 29 au vendredi 1ᵉʳ mars. —Après le travail, l'Empereur a été se
promener dans le jardin. Nous sommes ensuite montés en calèche. Il faisait
tout-à-fait nuit et pleuvait fort quand nous sommes rentrés.

Après le dîner, et pendant le café, que nous avons pris à table dans la
salle à manger, la conversation est tombée sur ce qu'on appelle à Paris les
gens d'affaires, les *grandes fortunes* acquises dans la révolution. Il n'était pas
une de ces personnes dont l'Empereur ne connût le nom, la famille, les
affaires et le degré de moralité.

A peine Premier Consul, il se trouva aux prises, dit-il, avec la célèbre
madame *Récamier*. Son père avait été placé dans les postes. Napoléon, en
entrant au gouvernement, avait été obligé de signer de confiance une foule
de listes. Mais il eut bientôt établi une grande surveillance dans toutes les

parties; il trouva qu'une correspondance avec les chouans se faisait sous le couvert de M. Bernard, père de madame Récamier. Il fut aussitôt destitué, et courait risque d'être jugé et mis à mort. Sa fille accourut auprès du Premier Consul, et, sur ses sollicitations, le Premier Consul voulut bien faire grâce du procès; mais il fut inébranlable sur le reste : et madame Récamier, habituée à tout obtenir, ne prétendait à rien moins qu'à la réintégration de son père. Telles étaient les mœurs du temps. Cette sévérité de la part du Premier Consul fit jeter les hauts cris; on n'y était pas accoutumé. Madame Récamier et ses partisans, qui étaient fort nombreux, ne le lui pardonnèrent jamais.

Les fournisseurs et les faiseurs d'affaires étaient ceux surtout qui tenaient le plus au cœur du nouveau magistrat suprême, qui appelait cette classe le fléau, la lèpre d'une nation. L'Empereur faisait l'observation que la France entière n'aurait pas suffi alors à ceux de Paris; qu'à son arrivée à la tête des affaires, ils composaient une véritable puissance, et qu'ils étaient des plus dangereux pour l'État, dont ils obstruaient et corrompaient les ressorts par leurs intrigues, celles de leurs agens et de leur nombreuse clientèle. Au vrai, ils ne pouvaient, disait-il, jamais présenter que des sources empoisonnées et ruineuses, à la façon des juifs et des usuriers. Ils avaient déconsidéré le Directoire, et ils prétendaient bien diriger aussi le Consulat. On peut dire qu'ils composaient alors la tête de la société, qu'ils y tenaient le premier rang.

« Un des plus grands pas rétrogrades, disait l'Empereur, que je fis faire
« à la société vers son état et ses mœurs passés, fut de faire rentrer tout ce
« faux lustre dans la foule; jamais je n'en voulus élever aucun aux hon-
« neurs. De toutes les aristocraties, celle-là me semblait la pire. »

L'Empereur rend à Lebrun la justice de l'avoir affermi spécialement dans ce principe. « Ce parti m'en a toujours voulu depuis, disait Napoléon; mais
« ce qu'il m'a bien moins pardonné encore, c'est l'inquisition sévère que je
« faisais exercer dans leurs comptes vis-à-vis du gouvernement. »

L'Empereur disait avoir fait à ce sujet un usage admirable de son Conseil d'État : il nommait une commission de quatre ou cinq de ses membres, gens intègres et capables; ils lui faisaient leur rapport, et lui, Premier Consul ou Empereur, n'avait plus, s'il y avait lieu à poursuites, qu'à apposer au bas : *Renvoyé au grand juge pour faire exécuter les lois.* Arrivés à ce point, les impliqués venaient d'ordinaire à composition; ils regorgeaient un, deux, trois, quatre millions, plutôt que de se laisser poursuivre. L'Empereur savait bien que tous ces faits étaient faussement représentés dans les cercles de la capitale, qu'ils lui créaient une foule d'ennemis, lui attireraient les reproches d'arbitraire et de tyrannie; mais il acquittait un grand devoir vis-à-vis de la société en masse, et elle devait, pensait-il, lui tenir compte de pareilles mesures vis-à-vis ces sangsues publiques.

« Les hommes sont toujours les mêmes, disait Napoléon; depuis Phara-
« mond, les traitans se sont toujours conduits ainsi, et on en a toujours usé
« de même à leur égard; mais à aucune époque de la monarchie, ils n'ont
« été attaqués avec des formes aussi légales, ni abordés avec autant d'éner-
« gie et de franchise que par moi. L'opinion des gens d'affaires eux-mêmes
« était bien différente de celle des salons; ceux qui avaient de la moralité
« et de la droiture trouvaient même une nouvelle garantie dans cette extrême
« sévérité, et il s'en est vu une preuve bien remarquable au retour de l'île
« d'Elbe; des maisons de Londres, d'Amsterdam, m'ont ouvert secrètement

« un crédit de quatre-vingts à cent millions, au simple taux de sept à huit
« pour cent. L'argent qu'elles déposaient au trésor à Paris, net de tout, leur
« était payé par des rentes sur le grand-livre à cinquante ; elles étaient alors
« pour le public à cinquante-six ou cinquante-sept. »

Cette ressource, si utile pour les affaires, dans la crise où l'on se trouvait, et si satisfaisante, si flatteuse pour celui qui en était l'objet, prouve l'opinion véritable que l'on avait en Europe sur l'Empereur, et la confiance qu'il inspirait dans les affaires. Cette négociation, inconnue dans le temps, explique, ce qu'on ne comprit pas alors à Paris, les moyens financiers que l'Empereur se trouva posséder tout à coup à son retour.

L'Empereur jouissait d'une réputation singulière parmi tous les bureaucrates et les faiseurs de chiffres ; c'est qu'il s'y entendait réellement beaucoup lui-même. « Ce qui commença ma réputation, disait-il, fut que, véri-
« fiant la balance d'une année lors du consulat, je relevai une erreur de
« deux millions, qui se trouvait au désavantage de la république. M. Du-
« fresne, alors chef de la trésorerie, au demeurant parfaitement honnête,
« n'en voulait d'abord rien croire ; pourtant c'était une affaire de chiffres,
« il fallut bien en convenir. On fut plusieurs mois à la trésorerie à pouvoir
« découvrir l'erreur : elle se trouva enfin dans un compte du fournisseur
« Séguin, qui en convint aussitôt, sur la présentation des pièces, et restitua,
« disant qu'il s'était trompé. »

Une autre fois Napoléon, visitant la solde de la garnison de Paris, marqua un article de soixante et quelques mille francs, affectés à un détachement qu'il assura n'avoir jamais été dans la capitale. Le ministre nota cet objet, comme par complaisance, intérieurement convaincu que l'Empereur se trompait ; c'était pourtant vrai, et la somme dut être rétablie.

N. B. La première publication du *Mémorial* m'a fait recevoir de l'autorité la plus compétente (le ministre même du trésor) la confirmation la plus positive de l'article ci-dessus : voici les détails qui m'ont été adressés à ce sujet. Je les transcris littéralement.

« Tous les dix jours (décadi) le directeur, ensuite ministre du trésor,
« apportait au Premier Consul des états de la situation de toutes les par-
« ties de la finance ; ils formaient un volume de trente-cinq à quarante pages
« grand in-folio. C'étaient de nombreuses colonnes de chiffres, auxquelles
« dix commis avaient travaillé pendant plusieurs jours. Le Premier Consul,
« les parcourant, s'arrêtait à divers articles, demandait des explications,
« en donnait lui-même ; c'était une chose merveilleuse que sa promptitude
« à démêler, dans ces lignes pressées, ce qui était vraiment important. Un
« jour, dans le cours du travail, son doigt s'arrêta sur un article de soixante
« mille francs payés à un régiment. Il le fait remarquer au ministre et dit :
« La somme a-t-elle été payée à Paris ? — Sans doute. — Les pièces bien vé-
« rifiées ? — Assurément. — Eh bien ! c'est une grande fraude, le détache-
« ment est à cent lieues d'ici : voyez dès aujourd'hui s'il y a du remède. »

« Je me fis rendre compte ; c'était une fraude hardie, commise à l'aide
« de formules imprimées, revêtues de signatures parfaitement imitées. »

L'Empereur regardait comme de la plus haute importance la séparation du ministère des finances d'avec celui du trésor : elle amenait la distinction des objets, et créait un contrôle mutuel. Le ministre du trésor était, sous un chef tel que lui (Napoléon), l'homme le plus important de l'empire, disait-il, non pas comme ministre du trésor, mais comme contrôleur général : toutes les ordonnances de l'empire lui passaient sous les yeux ; il pouvait donc découvrir les vols et les abus de quelque part qu'ils vinssent, et les faire connaître en secret au souverain; ce qui arrivait en effet journellement.

La *spécialité* était un autre point sur lequel il s'arrêtait avec complaisance, comme ayant été un des ressorts les plus heureux de son administration.

Parlant du *cadastre*, tel qu'il l'avait arrêté, il disait qu'il eût pu être considéré à lui seul comme la véritable constitution de l'empire, c'est-à-dire la véritable garantie des propriétés, et la certitude de l'indépendance de chacun ; car, une fois établi, et la législature ayant fixé l'impôt, chacun faisait aussitôt son propre compte, et n'avait plus à craindre l'arbitraire de l'autorité ou celle des répartiteurs, qui est le point le plus sensible et le moyen le plus sûr pour forcer à la soumission. L'Empereur, durant cette conversation, a donné son opinion sur les talens et le caractère de MM. *Gaudin, Mollien, Louis,* ainsi que sur la plupart de ses autres ministres et conseillers d'État, et a terminé le sujet en concluant qu'il était venu à bout de créer une administration la plus pure et la plus énergique sans doute de l'Europe ; et qu'il en possédait tellement les détails lui-même, qu'il pensait qu'avec les *Moniteurs* seuls il serait en état de tracer d'ici l'histoire de toute l'administration financière de la France durant son règne.

Le 1er mars, sont arrivés des bâtimens venant du Cap; l'un d'eux était le *Wellesley*, de soixante-quatorze canons, qui portait dans sa cale un autre vaisseau démonté. Ils avaient été construits tous les deux dans l'Inde en bois de teck, aux trois quarts meilleur marché qu'en Angleterre. Ce bois est excellent, et le vaisseau de nature à durer beaucoup plus long-temps que ceux d'Europe ; mais jusqu'ici on se plaint qu'ils marchent moins bien ; toutefois c'est une révolution probable qui se prépare dans les matériaux et la construction de la marine anglaise.

Flotte de la Chine.

Samedi 2. — La flotte de la Chine est arrivée ce matin ; plusieurs vaisseaux sont entrés successivement dans la journée, et beaucoup d'autres sont demeurés en vue : c'est la joie, la fête, la moisson de l'île. L'argent que laissent les passagers pendant leur courte relâche fait une grande partie des revenus des habitans.

A cinq heures, l'Empereur est sorti dans le jardin, et est descendu à pied jusqu'à l'ouverture d'une gorge d'où l'on découvrait plusieurs vaisseaux faisant route à toutes voiles pour le mouillage.

Sur l'invasion en Angleterre.—Détails.

Dimanche 3. — L'Empereur m'a fait venir sur les deux heures ; il faisait sa toilette, et m'a dit que je voyais en lui un homme mort, bon à enterrer ; que je devais en savoir quelque chose, qu'il avait dû m'éveiller souvent dans la nuit. Effectivement je l'avais entendu constamment tousser et éternuer ; il avait un rhume de cerveau des plus violens ; il l'avait pris hier au soir en demeurant trop tard à l'humidité ; il se promettait bien, à l'avenir, d'être toujours rentré à six heures. La toilette faite, il s'est mis à travailler un moment à l'anglais ; cela n'a pas été long, il était réellement accablé, tant il avait la tête prise. Il m'a dit de m'asseoir à côté de lui ; et m'a fait bavarder plus de deux heures sur Londres, durant mon émigration. Un moment il a dit : « Ont-ils eu bien peur de mon invasion en Angleterre?

« Quelle fut alors l'opinion générale à ce sujet? — Sire, ai-je répondu, je
« ne saurais vous le dire, j'étais déjà repassé en France. Mais dans les salons
« de Paris, nous en faisions des gorges chaudes, et les Anglais qui s'y trou-
« vaient faisaient comme nous : nous racontions que chacun, jusqu'à Brunet
« même, s'en moquait, et que vous aviez fait mettre ce dernier en prison
« pour avoir eu l'insolence de plaisanter dans ses rôles, avec des coquilles de
« noix surnageant dans une cuvette, ce qu'il appelait travailler aussi à sa
« petite flottille. — Eh bien! a repris l'Empereur, vous avez pu en rire à Pa-
« ris, mais Pitt n'en riait pas dans Londres; il eut bientôt mesuré toute
« l'étendue du danger; aussi me jeta-t-il une coalition sur le dos au moment
« où je levais le bras pour frapper. Jamais l'olygarchie anglaise ne courut
« de plus grand péril.

« Je m'étais ménagé la possibilité du débarquement; je possédais la meil-
« leure armée qui fût jamais, celle d'Austerlitz, c'est tout dire. Quatre jours
« m'eussent suffi pour me trouver dans Londres; je n'y serais point entré en
« conquérant, mais en libérateur : j'aurais renouvelé Guillaume III, mais
« avec plus de générosité et de désintéressement. La discipline de mon ar-
« mée eût été parfaite, elle se fût conduite dans Londres comme si elle eût
« été encore dans Paris : point de sacrifices, pas même de contributions
« exigées des Anglais; nous ne leur eussions pas présenté des vainqueurs,
« mais des frères qui venaient les rendre à la liberté, à leurs droits. Je
« leur eusse dit de s'assembler, de travailler eux-mêmes à leur régénération,
« qu'ils étaient nos aînés en fait de législation politique; que nous ne vou-
« lions y être pour rien, autrement que pour jouir de leur bonheur et de
« leur prospérité, et j'eusse été strictement de bonne foi. Aussi quelques
« mois ne se seraient pas écoulés, que ces deux nations, si violemment en-
« nemies, n'eussent plus composé que des peuples identifiés désormais par
« leurs principes, leurs maximes, leurs intérêts; et je serais parti de là
« pour opérer, du Midi au Nord, sous les couleurs républicaines (j'étais
« alors Premier Consul), la régénération européenne, que plus tard j'ai été
« sur le point d'opérer du Nord au midi sous les formes monarchiques. Et
« ces deux systèmes pouvaient être également bons, puisqu'ils tendaient
« tous les deux au même but, et se seraient tous deux opérés avec fermeté,
« modération et bonne foi. Que de maux qui nous sont connus, que de
« maux que nous ne connaissons pas encore eussent été épargnés à cette
« pauvre Europe! Jamais projet plus large dans les intérêts de la civilisa-
« tion ne fut conçu avec des intentions plus généreuses, et n'approcha da-
« vantage de son exécution. Et, chose bien remarquable, les obstacles qui
« m'ont fait échouer ne sont point venus des hommes; ils sont tous venus
« des élémens : dans le midi, c'est la mer qui m'a perdu; et c'est l'incendie
« de Moscou, les glaces de l'hiver, qui m'ont perdu dans le Nord; ainsi,
« l'eau, l'air et le feu, toute la nature, et rien que la nature, voilà quels ont
« été les ennemis d'une régénération universelle, commandée par la nature
« même!... Les problèmes de la Providence sont insolubles!!!.... »

Après quelques instans de silence, l'Empereur en est revenu à développer son invasion. « On croyait, a-t-il dit, que mon invasion n'était qu'une
« vaine menace, parce qu'on ne voyait aucun moyen raisonnable de la ten-
« ter; mais je m'y étais pris de loin, j'opérais sans être aperçu : j'avais dis-
« persé tous nos vaisseaux, les Anglais étaient obligés de courir après sur
« les divers points du globe; les nôtres pourtant n'avaient d'autre but que
« de revenir, à l'improviste et tous à la fois, se réunir en masse sur nos

« côtes. Je devais avoir soixante-dix ou quatre-vingts vaisseaux français ou
« espagnols dans la Manche : j'avais calculé que j'en demeurerais maître pen-
« dant deux mois ; j'avais trois ou quatre mille petits bâtimens qui n'atten-
« daient que le signal ; mes cent mille hommes faisaient chaque jour la ma-
« nœuvre de l'embarquement et du débarquement, comme tout autre temps
« de leur exercice ; ils étaient pleins d'ardeur et de bonne volonté, l'entre-
« prise était très populaire parmi les Français, et nous étions appelés par les
« vœux d'une grande partie des Anglais. Mon débarquement opéré, je ne
« devais calculer que sur une seule bataille rangée ; l'issue n'en pouvait être
« douteuse ; et la victoire nous plaçait dans Londres, car le local du pays n'ad-
« mettait point de guerre de chicane ; ma conduite morale eût fait le reste.
« Le peuple anglais gémissait sous le joug de l'olygarchie ; dès qu'il eût vu
« son orgueil ménagé, il eût été tout aussitôt à nous ; nous n'eussions plus
« été pour lui que des alliés venus pour le délivrer. Nous nous présentions
« avec les mots magiques de liberté et d'égalité, etc. »

Et après être revenu encore à une foule de petits détails d'exécution tous admirables, et avoir fait remarquer à combien peu il avait tenu que le tout ne s'exécutât, il s'est interrompu assez brusquement, disant : « Mais sortons, allons faire un tour. »

Et nous avons été nous promener dans le jardin. Le temps, qui avait été pluvieux depuis trois jours, s'était remis tout-à-fait au beau. Cependant l'Empereur, se rappelant sa résolution d'être rentré à six heures, a demandé tout de suite la calèche, pour être revenu de bonne heure. Mon fils a suivi à cheval ; c'était la première fois qu'il jouissait d'une telle faveur ; il s'est fort bien acquitté de son début : l'Empereur l'en a complimenté.

L'Empereur, continuant d'être souffrant, s'est retiré encore de fort bonne heure.

Réception de quelques officiers de la flotte de la Chine.

Lundi 4. — Aujourd'hui l'Empereur a reçu quelques capitaines de la flotte de la Chine ; il a causé fort long-temps avec eux sur la nature de leur commerce, la facilité de leurs relations avec les Chinois, les mœurs de ceux-ci, etc., etc... Ces bâtimens de la Chine sont de quatorze ou quinze cents tonneaux, à peu près égaux aux vaisseaux de soixante-quatre ; ils tirent vingt-deux ou vingt-trois pieds ; ils sont chargés presque en totalité de thé ; l'un d'eux en avait près de quinze cents tonneaux à bord. Les six bâtimens qui sont entrés hier sont estimés environ soixante millions ; et comme ils seront frappés en arrivant d'un droit de cent pour cent, ils jetteront dans la circulation de l'Europe une valeur de cent vingt millions.

Les Européens ont très peu de liberté à Canton : ils ne peuvent guère circuler que dans les faubourgs ; ils sont traités avec le plus grand mépris par les Chinois, qui exercent sur eux une grande supériorité et beaucoup d'arbitraire. Ceux-ci sont très intelligens et fort perspicaces, industrieux, alertes, voleurs et de mauvaise foi. Toutes les affaires se traitent en langue européenne, qu'ils parlent avec facilité.

L'arrivée des flottes ici fait le bonheur de l'île et celui des passagers ; les habitans vendent leurs denrées et achètent leurs provisions ; les passagers respirent l'air de terre et se rafraîchissent. Ce mouvement dure ordinairement quinze jours ou trois semaines ; mais dans cette circonstance l'amiral, au grand chagrin de tous, a réduit la relâche à deux jours seulement pour les deux premiers bâtimens venus, obligeant le reste à demeurer sous voile au dehors, pour n'entrer successivement de la sorte que deux à deux. Il faut qu'il ait reçu des ordres bien sévères, ou qu'il conçoive de vives inquiétudes, dont nous ne nous doutons pas.

L'Empereur s'est promené pendant quelque temps dans le jardin, avant de monter en calèche. Au travers des arbres, dans le voisinage, on voyait rôder plusieurs des officiers nouvellement venus, qui cherchaient à apercevoir l'Empereur; ils y attachaient un prix infini.

Cour de l'Empereur, étiquette, etc.—Anecdote de Tarare.—Grands officiers.—Chambellans.—Splendeurs sans égale de la cour des Tuileries.—Belle administration du Palais.—Intention de l'Empereur à ses levers.—Grand couvert.—De la cour et de la ville.

Mardi 5. — Aujourd'hui la conversation de l'Empereur est tombée sur sa cour et sur son étiquette; il s'y est arrêté fort long-temps. Voici ce que j'en ai recueilli.

Au moment de la révolution, disait-il, la cour d'Espagne, celle de Naples, reposaient encore sur l'importance et la grandeur de Louis XIV, mêlées à la boursouflure et à l'exagération des Castillans et des Maures. Elles étaient tristes et ridicules; celle de Pétersbourg avait pris la couleur et les formes des salons; à Vienne, elle était devenue bourgeoise; et il ne restait pas de vestiges du bel esprit, des grâces et du bon goût de celle de Versailles.

Napoléon, arrivant à la souveraine puissance, trouva donc, ainsi qu'on le dit vulgairement, *terre rase et maison nette*, et put composer une cour tout-à-fait à son gré. Il rechercha, dit-il, un milieu raisonnable, voulant accorder la dignité du trône avec nos mœurs nouvelles, et surtout faire servir cette création à l'amélioration des manières des grands et à l'industrie du peuple. Certes, ce n'était pas une petite affaire que de relever un trône sur le terrain même où l'on avait juridiquement exécuté le monarque régnant, et où chaque année l'on avait juré constitutionnellement la haine des rois. Ce n'était pas une petite affaire que de rétablir les dignités, les titres, les décorations, au milieu d'un peuple qui combattait et triomphait depuis quinze ans pour les proscrire. Toutefois Napoléon, qui semblait toujours faire ce qu'il voulait, disait-il, parce qu'il avait l'art de vouloir juste et à propos, enleva de haute lutte ces difficultés. On le fit Empereur, il créa des grands et se composa une cour. Bientôt la victoire sembla prendre le soin elle-même d'affermir et d'illustrer subitement ce nouvel ordre de choses. Toute l'Europe le reconnut, et il fut même un moment où l'on eût dit que toutes les cours du continent étaient accourues à Paris pour composer celle des Tuileries, qui devint la plus brillante et la plus nombreuse que l'on eût jamais vue. Elle eut des cercles, des ballets, des spectacles; on y étala une magnificence et une grandeur extraordinaires. La seule personne du souverain conserva toujours une extrême simplicité, qui servait même à le faire reconnaître. C'est que ce luxe, ce faste, qu'il encourageait autour de lui, étaient dans ses combinaisons, disait-il, non dans ses goûts. Ce luxe, ce faste, étaient calculés pour exciter et payer nos manufactures et notre industrie nationale. Les cérémonies et les fêtes du mariage de l'impératrice, et celles du baptême du roi de Rome, ont laissé bien loin derrière tout ce qui les a devancées, et ne se renouvelleront probablement jamais.

L'Empereur prit à tâche de rétablir au dehors tout ce qui pouvait le mettre en harmonie avec les autres cours de l'Europe ; mais au dedans il eut le soin constant d'ajuster les formes anciennes avec nos nouvelles mœurs.

Ainsi il rétablit les levers et les couchers de nos rois ; mais, au lieu qu'ils étaient réels alors, ils ne furent plus que nominaux. Au lieu de présenter les plus petits détails d'une vraie toilette et les saletés qui pouvaient en être la suite, ces instans, sous l'Empereur, n'étaient réellement consacrés qu'à recevoir le matin ou congédier le soir ceux de sa maison qui avaient des ordres directs à prendre de lui, et dont la prérogative était de pouvoir lui faire leur cour à ces heures privilégiées.

Ainsi l'Empereur rétablit des présentations spéciales auprès de sa personne, des admissions à sa cour ; mais au lieu de ne se décider que sur la naissance, ce ne fut plus que sur la base combinée de la fortune, de l'influence et des services.

Ainsi l'Empereur créa des titres dont la qualification donnait la main à l'ancienne féodalité ; mais, sans valeur réelle et d'un but purement national, sans prérogative, sans privilèges ; ils allaient atteindre toutes les naissances, tous les services, toutes les professions. Il les disait un rapprochement utile avec les mœurs de la vieille Europe au dehors, et un hochet innocent pour bien des vanités du dedans. « Car, observait-il, combien d'hom« mes supérieurs sont enfans plus d'une fois dans la journée ! »

Ainsi l'Empereur fit reparaître des décorations, et distribua des croix et des cordons ; mais, au lieu de ne les répandre que sur des classes spéciales et privilégiées, il les étendit à toute la société, à tous les genres de services, à tous les genres de talens ; et, par un privilège exclusif peut-être en la personne de Napoléon, plus il en accorda, plus ils acquirent de prix. Il estime à vingt-cinq mille peut-être le nombre des décorations de la Légion-d'Honneur qu'il a distribuées, et le désir de les obtenir, disait-il, allait toujours croissant : c'était devenu une espèce de fureur. Après la campagne de Wagram, il l'adressa à l'archiduc Charles ; et, par un raffinement de galanterie qui n'appartenait qu'à Napoléon, ce fut la croix d'argent, précisément celle du simple soldat, qu'il lui envoya.

C'était, disait l'Empereur, la pratique fidèle et volontaire des maximes qu'on vient de voir qui faisait de lui le monarque vraiment national, et qui aurait rendu la quatrième dynastie la dynastie vraiment constitutionnelle. « Aussi, remarquait-il, le peuple du plus bas étage en avait-il l'instinct se« cret. » Et à ce sujet il racontait qu'en revenant de son couronnement d'Italie, et dans les environs de Lyon, la population accourant sur les routes, il lui prit fantaisie de monter seul et à pied la montagne de *Turare*. Il avait défendu que personne ne le suivît ; se mêlant à la foule, il accosta une bonne vieille à qui il demanda ce que cela signifiait ; elle lui répondit que c'était l'Empereur qui allait passer. Sur quoi, après quelques paroles de politique, il lui dit : « Mais la bonne, autrefois vous aviez *le tyran Capet*, « à présent vous avez *le tyran Napoléon*; que diable avez-vous gagné à tout « cela ? » La force de l'argument, disait Napoléon, déconcerta la vieille pour un moment. Mais cependant elle se remit et lui répondit : « Mais « pardonnez-moi, monsieur ; après tout, il y a une grande différence : nous « avons choisi celui-ci, et nous avions l'autre par hasard ; l'un était le roi « des nobles, l'autre est celui du peuple ; c'est le nôtre. — Et la bonne « vieille avait raison, ajoutait l'Empereur, et elle découvrait là plus d'instinct « et de bon sens que bien des gens d'une grande instruction et de beaucoup « d'esprit. »

L'Empereur s'entoura de grands officiers de la couronne, il se composa une nombreuse maison d'honneur en chambellans, écuyers et autres; il les prit et parmi les personnes nouvelles que la révolution avait élevées, et dans les familles anciennes qu'elle avait dépouillées. Les premiers se regardaient sur un terrain qu'ils avaient acquis, les autres sur un terrain qu'ils croyaient recouvrer. Pour l'Empereur, il ne cherchait dans ce mélange que l'extinction des haines et la fusion des partis. Toutefois il est aisé, dit-il, d'apercevoir des mœurs et des manières bien différentes : les anciens mettaient bien plus d'empressement et de grâce dans leur service; une madame de Montmorency se serait précipitée pour renouer les souliers de l'impératrice ; une dame nouvelle y eût répugné; celle-ci eût craint d'être prise pour une femme de chambre; madame de Montmorency n'avait nullement cette crainte. Ces emplois d'honneur étaient pour la plupart sans émolumens, ils portaient même à de grandes dépenses ; mais ils mettaient chaque jour sous les yeux du maître, d'un maître tout-puissant, source des honneurs et des grâces, et qui avait dit hautement qu'il ne voulait pas qu'un officier de sa maison s'adressât à d'autre qu'à lui.

Au moment du mariage de l'impératrice, l'Empereur fit une recrue nombreuse de chambellans dans les premiers rangs de l'ancienne aristocratie; tout à la fois pour montrer à l'Europe qu'il n'existait plus qu'un parti en France, et pour entourer l'impératrice de noms qui eussent pu lui être familiers peut-être. L'Empereur balança même à prendre dans cette classe la dame d'honneur; la crainte que l'impératrice, dont il ne connaissait pas le caractère, n'arrivât avec des préjugés de naissance qui enflerait trop l'ancien parti, lui fit faire un autre choix.

Depuis cet instant jusqu'au moment de nos revers, les plus anciennes, les plus illustres familles sollicitaient avec ardeur d'entrer dans la maison de l'Empereur : et comment ne l'eussent-elles pas fait! l'Empereur gouvernait le monde, il avait élevé la France et les Français au dessus des nations; la puissance, la gloire, la force, étaient son cortége; on était heureux d'entrer dans l'atmosphère d'un tel lustre; appartenir directement à sa personne était, au dedans et au dehors, un titre à la considération, aux hommages, aux respects.

Lors de la restauration, un royaliste de distinction, qui s'était conservé pur et devant lequel j'avais trouvé grâce, me disait le plus sérieusement du monde (car quelle différence d'idées n'amène point la différence des partis) qu'avec mon nom et la conduite franche que j'avais tenue, je ne devais pas désespérer de pouvoir me placer encore auprès du roi, ou dans la maison de quelque prince ou princesse du sang. Quel fut le renversement de ses idées quand je lui répondis : « Mon cher, je me le suis rendu impossi-
« ble : j'ai servi le maître le plus puissant de la terre, je ne saurais désormais
« prendre rien de pareil auprès de qui que ce soit ici bas. Sachez que quand
« nous allions porter au loin les ordres de l'Empereur, dans les cours
« étrangères, en portant sa couleur, nous nous considérions et nous étions
« considérés partout à l'égal des princes. Il nous a fait voir jusqu'à sept rois
« attendant dans ses salons, au milieu de nous et avec nous. Lors de son
« mariage, quatre reines portaient le manteau de l'impératrice, dont un de
« nous pourtant était le chevalier d'honneur et un autre l'écuyer. Croyez
« donc, mon cher, qu'une ambition généreuse se trouve rassasiée après de
« telles grandeurs. »

Du reste, la magnificence et la splendeur qui composaient cette cour sans exemple reposaient sur un ordre et une régularité d'administration qui ont fait l'étonnement et l'admiration de ceux qui sont venus en fouiller les débris. L'Empereur en inspectait plusieurs fois lui-même les comptes dans l'année. On a trouvé tous ses châteaux réparés et embellis; ils renfermaient près de quarante millions de mobilier et quatre millions de vaisselle. S'il eût joui de quelques années de paix, l'imagination a de la peine à s'arrêter, dit-il, sur ce qu'il aurait pu faire.

L'Empereur disait avoir eu une idée heureuse qu'il était bien fâché de n'avoir pas exécutée : c'était d'avoir chargé quelques personnes de rechercher les pétitions les plus importantes : « Elles m'eussent indiqué chaque « jour, disait-il, trois ou quatre particuliers des provinces qui auraient été « admis à mon lever, et m'auraient expliqué directement leur affaire, je « l'eusse discutée immédiatement avec eux, et je leur eusse rendu prompte « justice. »

Je disais à l'Empereur que la commission qu'il avait créée fort anciennement sous le titre de *Commission des Pétitions*, approchait infiniment de son idée actuelle, et faisait en effet beaucoup de bien. J'en avais été président lors du retour de l'île d'Elbe; et, dans le premier mois, j'avais déjà fait droit à plus de quatre mille pétitions.

« Il est vrai, lui disais-je, que les circonstances d'abord, et l'habitude « ensuite, n'avaient jamais permis à cet établissement de jouir de la plus « précieuse prérogative dont il avait doté sa création; celle qui aurait pro- « duit sans doute le plus d'effet sur l'opinion, savoir, de lui présenter offi- « ciellement, à sa grande audience du dimanche, le résultat du travail de « toute la semaine. » Mais la nature des choses, les constantes expéditions de l'Empereur, et surtout la jalousie des ministres, tout avait concouru à dépouiller cette commission de ce beau privilége.

L'Empereur était fâché aussi, disait-il, de n'avoir point établi, par l'étiquette du palais, que toutes les personnes présentées, les femmes surtout, qui pourraient prétendre à obtenir de lui une audience, arriveraient de plein droit au salon de service. L'Empereur, le traversant plusieurs fois dans la journée, eût pu satisfaire en passant à quelques unes de leurs demandes, et se fût épargné de la sorte le refus de ces audiences ou la perte du temps qu'elles lui causaient.

L'Empereur avait balancé quelque temps, disait-il, à rétablir le grand couvert de nos rois, c'est-à-dire le dîner en public, chaque dimanche, de toute la famille impériale. Il nous a demandé notre avis; nous différions : les uns l'approuvaient, présentaient ce spectacle de famille comme fort moral pour le public, et propre à produire le meilleur effet sur son esprit; c'était d'ailleurs, disaient-ils, un moyen pour chaque individu de voir son souverain : d'autres le combattaient, objectant qu'il y avait dans cette cérémonie quelque chose d'idole et de féodal, de badauderie et de servilité, qui n'était plus dans nos mœurs ni dans leur dignité moderne. On pouvait bien aller voir le souverain à l'église ou au spectacle; là, on concourait du moins à ses actes religieux ou l'on prenait part à ses plaisirs; mais aller le voir manger, c'était se donner un ridicule mutuel : la souveraineté, devenue, ainsi que l'avait si bien dit l'Empereur, une magistrature, ne devait se montrer qu'en pleine activité : accordant des grâces, réparant des torts, expédiant des affaires, passant des revues, mais surtout dépouillée des infirmités ou des besoins de l'homme, etc. Son utilité, ses bienfaits devaient être son nouveau prestige; l'apparition du souverain devait être de tous les instans et inattendue, comme la Providence : telle était l'école nouvelle, telle avait été la nôtre.

« Eh bien ! disait l'Empereur, il est peut-être vrai que les circonstances
« du temps auraient dû borner cette cérémonie au prince impérial, et seu-
« lement au temps de sa jeunesse ; car c'était l'enfant de toute la nation, il
« devait donc appartenir dès-lors à tous les sentimens, à tous les yeux. »

Au retour de l'île d'Elbe, l'Empereur disait avoir eu la pensée de dîner chaque dimanche dans la galerie de Diane, au milieu de quatre ou cinq cents convives ; ce qui eût été sans doute, disait-il, d'un immense effet sur le public, surtout au moment du Champ de Mai, lors de la réunion des députés des départemens à Paris ; mais la rapidité et l'importance des affaires l'en empêchèrent : il craignait aussi peut-être qu'on ne vit dans cette mesure une trop grande affectation de popularité, et que les ennemis du dehors ne la transformassent en crainte de sa part.

On est dans l'habitude, disait l'Empereur, de citer l'influence du ton et des manières de la cour sur celles d'une nation : il était loin d'avoir obtenu, remarquait-il, aucun résultat à ce sujet ; mais c'était le vice des circonstances et de plusieurs combinaisons inaperçues : il y avait beaucoup réfléchi, et il pensait qu'il l'eût obtenu avec le temps.

« La cour, continuait-il, prise collectivement, n'exerce point cette in-
« fluence ; ce n'est que parce que ses élémens, ceux qui la composent, vont
« propager, chacun dans sa sphère d'activité, ce qu'ils ont puisé à la source
« commune ; le ton de la cour n'arrive donc à toute une nation qu'au tra-
« vers des sociétés intermédiaires. Or, nous n'avions pas de sociétés, nous
« ne pouvions point encore en avoir. Les sociétés, ces réunions pleines de
« charmes, où l'on jouit si bien des avantages de la civilisation, disparais-
« sent subitement devant les révolutions, et ne se rétablissent qu'avec len-
« teur après la tempête. Les bases indispensables de la société sont l'oisi-
« veté et le luxe ; or, nous étions encore tous dans l'agitation, et les grandes
« fortunes n'étaient pas encore bien établies. Un grand nombre de specta-
« cles, une foule d'établissemens publics, présentaient d'ailleurs des plai-
« sirs plus faciles, moins gênans, plus vifs. La génération des femmes du
« jour était jeune ; elles aimaient mieux courir et se montrer en public que
« de demeurer chez elles, et se composer un cercle rétréci. Mais elles au-
« raient vieilli, disait-il, et avec un peu de temps et de repos, toutes les
« choses eussent repris leur allure naturelle. Et puis encore, faisait-il ob-
« server, ce serait peut-être une erreur que de juger d'une cour moderne par
« le souvenir des cours anciennes : les cours anciennes étaient véritablement
« la puissance ; on disait la cour et la ville. Aujourd'hui, si l'on voulait par-
« ler juste, on était obligé de dire la ville et la cour. Les seigneurs féodaux,
« depuis qu'ils avaient perdu leur pouvoir, cherchaient en dédommagement
« leurs jouissances. Les souverains eux-mêmes semblaient désormais sou-
« mis à cette loi : le trône, avec nos idées libérales, cessait insensiblement
« d'être une seigneurie, et devenait purement une magistrature ; le prince,
« n'ayant plus qu'une représentation morale, toujours triste et ennuyeuse à
« la longue, devait chercher à s'y dérober, pour venir, en simple citoyen,
« prendre sa part des charmes de la société. »

Parmi une grande quantité de mesures nouvelles projetées par l'Empereur pour un avenir plus tranquille, son idée favorite avait été, la paix obtenue et le repos conquis, de ne plus vivre que pour les épurations administratives et les améliorations locales ; de se voir en tournées perpétuelles dans

les départemens : il eût visité et non parcouru, campé et non voyagé; il eût fait usage de ses propres chevaux, se fût entouré de l'impératrice, du roi de Rome, de toute sa cour. Toutefois il eût voulu que ce grand attirail n'eût été onéreux à personne, mais plutôt un bienfait pour tous : une tenture des Gobelins et tous les accessoires, traînés à sa suite, eussent meublé, décoré ses stations. Les autres personnes de la cour, disait-il, eussent été logées à la craie chez les bourgeois, qui eussent regardé leurs hôtes comme un bienfait plutôt qu'un fardeau, parce qu'ils eussent toujours été pour eux la certitude de quelque avantage ou de quelques faveurs. « C'est là, conti-
« nuait-il, que j'eusse pu, dans chaque lieu, prévenir les fraudes, châtier
« les dilapidateurs; ordonner des édifices, des ponts, des chemins; dessé-
« cher des marais, fertiliser des terres, etc........ Si le Ciel alors, continuait-
« il, m'eût accordé quelques années, assurément j'aurais fait de Paris la
« capitale de l'univers, et de toute la France un véritable roman. » Il répétait souvent ces dernières paroles : que de gens déjà auront dit cela, ou le répèteront avec lui!

Jeu d'échecs venu de la Chine.—Présentation des capitaines de la flotte de la Chine.

Mercredi 6. — L'Empereur est monté à cheval à sept heures ; il m'a dit d'appeler mon fils pour nous accompagner ; c'était une grande faveur. Durant notre promenade, l'Empereur est descendu cinq ou six fois pour regarder, à l'aide d'une lunette, des vaisseaux qui étaient en vue ; il en a reconnu un pour être hollandais : les trois couleurs sont toujours pour nous un objet de sentiment et de vive émotion. Dans une de ces stations, le cheval le plus fringant de la bande s'est échappé, il a fallu le poursuivre long-temps; mon fils a gagné ses éperons ; il l'a ramené triomphant, et l'Empereur a remarqué que dans un tournoi ce serait une victoire.

Au retour, l'Empereur a déjeûné à l'ombre ; il nous a retenus tous.

Avant et après le déjeuner, l'Empereur a causé avec moi seul, à l'écart, d'objets sérieux, et que je ne puis confier au papier.........................

La chaleur était devenue forte, il s'est retiré. Il était quatre heures et demie quand il m'a fait appeler ; sa toilette se finissait. Le docteur lui a apporté un jeu d'échecs qu'il avait été acheter à bord des bâtimens chinois ; l'Empereur en avait désiré un. Celui-ci avait été payé trente napoléons ; il était l'objet de l'admiration du pauvre docteur, et rien ne paraissait plus ridicule à l'Empereur : toutes les pièces, au lieu de ressembler aux nôtres, étaient de grosses et lourdes images de leurs noms ; ainsi un cavalier y était armé de toutes pièces, et la tour reposait sur un énorme éléphant, etc. L'Empereur n'a pu s'en servir, disant plaisamment qu'il lui faudrait une grue pour faire mouvoir chaque pièce.

Cependant autour du jardin rôdaient encore beaucoup d'officiers ou des employés des bâtimens de la Chine. Leur curiosité, quelques heures auparavant, les avait portés à pénétrer chez nous; nous avions été littéralement envahis dans nos chambres. L'un disait que l'orgueil de sa vie serait d'avoir vu Napoléon ; l'autre, qu'il n'oserait pas se présenter devant sa femme, en Angleterre, s'il ne pouvait lui dire qu'il avait été assez heureux pour apercevoir ses traits; l'autre, qu'il abandonnerait tous les bénéfices de son voyage pour un seul coup d'œil, etc.

L'Empereur les a fait approcher ; il serait difficile de rendre leur satisfaction et leur joie : ils n'avaient pas osé autant prétendre ni espérer. L'Empereur leur a fait, suivant son usage, de nombreuses questions sur la Chine, son commerce, ses habitans ; leurs rapports, leurs mœurs, les missionnaires, etc. Il les a gardés plus d'une demi-heure avant de les congédier. A leur départ, nous lui peignions l'enthousiasme dont ces officiers nous avaient rendus les témoins, nous lui racontions tout ce qu'ils avaient laissé échapper à son sujet. « Je le crois bien, dit-il ; vous ne vous apercevez « pas qu'ils sont des nôtres. Tout ce que vous avez vu là est du *tiers-état* « d'Angleterre, les ennemis naturels, sans qu'ils s'en rendent peut-être « compte à eux-mêmes, de leur vieille et insolente aristocratie. »

Au dîner l'Empereur a peu mangé, il n'était pas bien : après le café, il a essayé une partie d'échecs ; mais il était trop assoupi, et s'est retiré presque aussitôt.

Mystification.

Jeudi 7. — L'Empereur est monté de fort bonne heure à cheval ; il m'a dit de nouveau d'appeler mon fils pour l'accompagner. L'Empereur, la veille, en le voyant à cheval, m'avait demandé si je ne lui faisais pas apprendre à panser son cheval, que rien n'était plus utile dans la vie, qu'il l'avait particulièrement ordonné dans l'école militaire de Saint-Germain. J'étais fâché qu'une pareille idée m'eût échappé, elle était dans mon genre, je la saisis avec ardeur, et mon fils encore davantage. Aussi il montait en ce moment un cheval auquel personne n'avait touché que lui. L'Empereur, à qui je l'ai dit, en a paru satisfait, et a daigné lui faire subir une espèce de petit examen.

Un instant avant le dîner, je me suis rendu, comme de coutume, au salon ; l'Empereur y jouait une partie d'échecs avec le grand maréchal. Le valet de chambre de service à la porte du salon est venu me porter une lettre ; il y avait dessus : *très pressé*. Par respect pour l'Empereur, je me cachais pour essayer de la lire ; elle était en anglais : on y disait que j'avais fait un très bel ouvrage ; qu'il n'était pourtant pas exempt de fautes ; que si je voulais les corriger dans une nouvelle édition, nul doute que l'ouvrage n'en valût beaucoup mieux ; et sur ce, l'on priait Dieu qu'il m'eût en sa digne et sainte garde. Une pareille lettre, si peu attendue et tant soit peu déplacée, me semblait-il, excitait ma surprise, un peu ma colère ; le rouge m'en était monté au visage ; c'était au point que je ne m'étais pas donné le temps d'en considérer l'écriture. En la parcourant, j'ai reconnu la main, malgré la beauté inusitée de l'écriture, et je n'ai pu m'empêcher d'en rire beaucoup à part. Mais l'Empereur, qui me voyait par côté, m'a demandé de qui était la lettre qu'on m'avait remise. J'ai répondu que c'était un écrit qui m'avait imprimé un premier sentiment bien différent de celui qu'il me laisserait. Je le disais si naturellement, la mystification avait été si complète, qu'il se mit à rire aux larmes. La lettre était de lui ; l'écolier avait voulu se moquer de son maître, et s'essayer à ses dépens. Je garde soigneusement cette lettre ; la gaieté, le style et la circonstance, me la rendent plus précieuse qu'aucun diplôme qu'eût pu me donner l'Empereur au temps de sa puissance.

L'Empereur en état d'employer son anglais. — Sur la médecine. — Corvisart. — Définition. — Sur la peste. — Médecine de Babylone.

Vendredi 8. — L'Empereur n'avait pas dormi de la nuit : dans son insomnie, il s'était amusé à m'écrire une nouvelle lettre en anglais ; il me l'a envoyée cachetée; j'en ai corrigé les fautes, et lui ai répondu, en anglais aussi, par le retour du courrier; il m'a fort bien compris; ce qui l'a convaincu de ses progrès, et lui a prouvé qu'il pourrait désormais, à toute rigueur, correspondre dans sa nouvelle langue.

Depuis près de quinze jours, le général Gourgaud était malade; son incommodité avait tourné en dyssenterie très maligne qui donnait des inquiétudes. L'amiral venait de lui envoyer le médecin du *Northumberland* (le docteur Warden). L'Empereur le fit retenir à dîner. Durant tout le repas, et long-temps après, la conversation fut exclusive sur la médecine, tantôt gaie, tantôt sérieuse et profonde. L'Empereur était en bonne humeur, un mot n'attendait pas l'autre; il accablait le docteur de questions, d'argumens spirituels et subtils qui l'embarrassaient fort; celui-ci n'y voyait que du feu; si bien qu'après le dîner, il me prit à part pour me demander comment il se faisait que l'Empereur fût si fort sur ces matières; il ne doutait pas qu'elles ne fussent l'objet de ses conversations familières. « Pas plus que toute autre
« chose, lui disais-je avec vérité; mais c'est qu'il est peu de sujets qui soient
« étrangers à l'Empereur, et qu'il les traite tous d'une manière neuve et
« piquante. »

L'Empereur ne croit point à la médecine ni à ses remèdes, dont il ne fait aucun usage. « Docteur, disait-il, notre corps est une machine à vivre; il
« est organisé pour cela, c'est sa nature; laissez-y la vie à son aise, qu'elle
« s'y défende elle-même, elle fera plus que si vous la paralysiez en l'encom-
« brant de remèdes. Notre corps est comme une montre parfaite qui doit
« aller un certain temps; l'horloger n'a pas la faculté de l'ouvrir, il ne peut
« la manier qu'à tâtons et les yeux bandés. Pour un qui, à force de la tour-
« menter à l'aide d'instrumens biscornus, vient à bout de lui faire du bien,
« combien d'ignorans la détruisent, etc..... »

L'Empereur ne reconnaissait donc d'utilité à la médecine que dans certains cas assez rares, dans des maladies connues, consacrées par le temps et l'expérience; et il comparait alors l'art du médecin à celui de l'ingénieur dans les siéges réguliers, où les maximes de Vauban, les règles de l'expérience, ont soumis tous les hasards à des lois connues. Aussi, d'après ces principes, l'Empereur avait-il conçu l'idée d'une loi qui n'eût permis à la masse des médecins en France que l'usage des remèdes innocens, et qui leur eût interdit celui des remèdes *héroïques*, c'est-à-dire qui peuvent donner la mort, à moins qu'ils ne fissent trois ou quatre mille francs au moins de leur état; ce qui supposait déjà, disait-il, de l'éducation, des connaissances et un certain crédit public. « Cette mesure, disait-il, était certaine-
« ment juste et bienfaisante; toutefois elle était encore, dans les circon-
« stances où je me trouvais, hors de saison; les lumières n'étaient pas
« encore assez généralement répandues : nul doute que la masse du peuple
« n'eût vu qu'un acte de tyrannie dans la loi qui pourtant le dérobait à ses
« bourreaux. »

L'Empereur avait, disait-il, souvent entrepris, sur la médecine, le célèbre Corvisart, son premier médecin. Celui-ci, à part l'honneur de son corps et de ses collègues, lui confessait avoir à peu près les mêmes opinions, et les mettait même en pratique. Il était très ennemi des remèdes, les employait fort peu. L'impératrice Marie-Louise, souffrant beaucoup dans sa grossesse, et le tourmentant pour être soulagée, il lui donnait malicieusement des pilules de mie de pain, qui ne laissaient pas que de lui faire beaucoup de bien, assurait-elle.

L'Empereur disait qu'il avait amené Corvisart à avouer que la médecine était une ressource privilégiée ; qu'elle pouvait faire du bien aux riches, mais qu'elle était le fléau des pauvres. « Mais ne croyez-vous pas, disait l'Em-
« pereur, que, vu l'incertitude de la médecine en elle-même et l'ignorance
« des mains qui l'emploient, ses résultats, pris en masse, sont plus funes-
« tes aux peuples qu'utiles? » Corvisart en convenait franchement. « Mais
« vous-même n'avez-vous jamais tué personne? disait l'Empereur, c'est-à-
« dire n'est-il pas des malades qui sont morts évidemment de vos remèdes?
« — Sans doute, répondit Corvisart ; mais je ne dois pas l'avoir plus sur la
« conscience que Votre Majesté, qui aurait fait périr des cavaliers, non pas
« parce qu'elle aurait ordonné une mauvaise manœuvre, mais parce qu'il
« s'est trouvé sur leur route un fossé, un précipice qu'elle n'avait pu
« voir, etc..... »

De là l'Empereur est passé à des problèmes et des définitions qu'il proposait au docteur. « Qu'est-ce que la vie? lui disait-il. Quand et comment la
« recevons-nous ? Tout cela est-il autre chose que mystère? »

Puis il définissait la folie innocente une lacune ou divagation de jugement entre des idées justes et leur application : un fou mange des raisins dans une vigne qui n'est pas la sienne, et répond aux reproches du propriétaire :
« Nous sommes deux ici, le soleil nous voit ; donc j'ai le droit de manger
« des raisins. » Le fou terrible était celui chez qui cette lacune ou divagation de jugement s'exerçait entre des idées et des actes : c'était celui qui coupait la tête d'un homme endormi, et se cachait derrière une haie pour jouir de l'embarras du corps mort lorsqu'il viendrait à se réveiller.

L'Empereur demandait encore au docteur quelle était la différence entre le sommeil et la mort, et il y répondait lui-même en disant que le sommeil était la suspension momentanée des facultés sur lesquelles notre volonté exerce son pouvoir ; et la mort, la suspension durable, non seulement de ces mêmes facultés, mais encore de celles sur lesquelles notre volonté est sans pouvoir.

De là la conversation est tombée sur la peste. L'Empereur soutenait qu'elle se prenait par l'aspiration aussi bien que par le contact ; il disait que son plus grand danger et sa plus grande propagation étaient dans la crainte ; son siége principal dans l'imagination : en Egypte, tous ceux dont l'imagination était frappée périssaient. La défense la plus sûre, le remède le plus efficace étaient le courage moral. Lui, Napoléon, avait impunément touché, disait-il, des pestiférés à Jaffa, et sauvé beaucoup de monde en trompant les soldats pendant plus de deux mois sur la nature du mal : ce n'était pas la peste, leur avait-on dit, mais une fièvre à bubons. De plus, il avait observé que le meilleur moyen d'en préserver l'armée avait été de la mettre en marche et de lui donner beaucoup de mouvement : la distraction et la fatigue s'étaient trouvées les plus sûres garanties, etc. (1).

(1) On trouve dans les *Mémoires* de M. Larrey, comme phénomène ou du moins comme chose très-remarquable, que la force des circonstances, dans la retraite de Saint-Jean-d'Acre, ayant fait réduire la nourriture des malades à quelques simples galettes de biscuit, et leur pansement à de l'eau saumâtre, ces malades ont traversé soixante-lieues de désert sans accidens, et avec de tels avantages, que la plupart se sont trouvés guéris lorsqu'ils ont revu l'Égypte. Il attribue cette espèce de prodige à l'exercice direct ou indirect, aux chaleurs sèches du désert, et surtout à la joie de retrouver un pays qui était devenu pour les soldats une espèce de nouvelle patrie.

L'Empereur disait encore au docteur : « Si Hippocrate entrait tout à coup dans votre hôpital, ne serait-il pas bien étonné? adopterait-il vos maximes et vos mesures? ne vous réprouverait-il pas? Vous-même, entendriez-vous son langage? vous comprendriez-vous l'un et l'autre? » Et il terminait enfin par vanter gaîment la médecine de Babylone, où l'on exposait les malades à la porte, et où les parens, assis auprès d'eux, arrêtaient les passans pour leur demander s'ils avaient jamais eu pareille chose, et ce qui les avait guéris. On avait du moins la certitude, disait-il, d'éviter ceux que les remèdes avaient tués.

Samedi 9. — J'étais à déjeuner avec l'Empereur, après la leçon d'anglais, lorsqu'on m'a apporté une lettre de ma femme, qui m'a rempli de joie et de reconnaissance. Elle me mandait que la crainte, ni la fatigue, ni la distance, ne sauraient l'empêcher de venir me rejoindre, qu'elle n'aurait de bonheur qu'auprès de moi, qu'elle n'attendait que la saison. Dévouement admirable! bien supérieur à tout le nôtre ici, en ce qu'il s'exécute aujourd'hui de sa part en toute connaissance de cause. Je ne pense pas qu'on puisse avoir la barbarie à Londres de le lui refuser : que sollicite-t-elle? des grâces, une faveur? Non, elle demande de partager un exil, d'aller, sur un roc abandonné, remplir un devoir, et témoigner sa tendresse (1). Cette lettre était venue par la frégate *l'Owen-Glendower*, qui arrivait du Cap, et qui nous a apporté en même temps les journaux d'Europe jusqu'au 4 décembre.

Procès de Ney.—Voiture perdue à Waterloo.—Entrevue de Dresde.—Sur l'humeur des femmes.—Princesse Pauline.—Beau mouvement de l'Empereur.

Dimanche 10 au mardi 12. — Le temps était tourné à ces mauvaises pluies battantes qui nous permettaient à peine le jardin ; heureusement nous avions des journaux pour nous occuper. Pour cette fois j'eus la satisfaction de voir l'Empereur les parcourir sans le secours de personne.

Dans ces papiers se trouvaient beaucoup de détails sur le procès du maréchal Ney, qui se traitait en cet instant. A ce sujet, l'Empereur disait que l'horizon était bien sombre; que ce malheureux maréchal était certainement en grand péril; que néanmoins il ne fallait pas désespérer encore. « Le roi « se croit sans doute bien sûr de ses pairs, disait-il ; ceux-ci sont sûrement « bien montés, bien résolus, bien acharnés ; eh bien, le plus léger incident, « un vent nouveau, que sais-je? et alors, en dépit de tous les efforts du roi « et de ce qu'ils croient être l'intérêt de leur cause, il peut prendre tout à « coup fantaisie à la Chambre des pairs de ne pas condamner, et Ney se « trouver sauvé. »

Cela a conduit l'Empereur à s'étendre sur notre esprit léger, fugitif, changeant. « Tous les Français, a-t-il dit, sont frondeurs, turbulens ; mais non

---

(1) Que j'étais loin de juger du cœur et de l'âme de ceux qui nous retenaient ! Madame de Las Cases s'est vue constamment repoussée, soit par divers prétextes ou même par le silence. Enfin, et comme pour se débarrasser de son importunité, lord Bathurst lui a fait écrire au commencement de 1817 qu'on pourra lui permettre de se rendre au Cap de Bonne-Espérance (500 lieues plus loin que Sainte-Hélène), d'où, « si le gouverneur de « Sainte-Hélène (sir Hudson Lowe) n'y trouve aucune objection, elle pourra se rendre auprès « de son époux. »

J'abandonne sans commentaire cette espèce de mauvaise plaisanterie à quiconque se sent un cœur d'homme.

« conspirateurs, encore moins conjurés. Leur légèreté est tellement de na-
« ture, leurs variations si subites, qu'on ne pourrait dire qu'elles les dés-
« honorent : ce sont de vrais girouettes au gré des vents ; mais ce vice, chez
« eux, est sans calcul ; et voilà leur meilleure excuse. Du reste, il est bien
« entendu que nous ne parlons ici que de la masse, de celle qui compose
« l'opinion ; car des exemples individuels, au contraire, ont fourmillé dans
« nos derniers temps, qui couvrent certaines classes d'une abjection dé-
« goûtante. »

C'était cette connaissance du caractère national, continuait l'Empereur, qui l'avait toujours empêché d'avoir fait usage de la *haute-cour*. Elle était dans notre constitution, le Conseil d'État en avait même arrêté l'organisation ; mais l'Empereur avait senti tout le danger de l'éclat et de l'agitation que répandent toujours de pareils spectacles. « Une telle procédure,
« disait-il, était un véritable appel au public, et devenait toujours un grand
« échec à l'autorité, si l'accusé l'emportait. Un ministère, en Angleterre,
« pouvait bien supporter sans inconvénient les effets de cet appel perdu ;
« mais un souverain tel que je l'étais, et dans les circonstances où je me
« trouvais, ne l'aurait pas pu sans le plus grand danger pour la chose publi-
« que ; aussi préférais-je m'en tenir constamment aux tribunaux ordinaires.
« La malveillance trouva souvent à y redire, et pourtant, de tous ceux qu'il
« lui plut alors d'appeler des victimes, quel est celui, je vous prie, qui ait
« survécu populaire à nos dernières épreuves ? Elles ont pris soin de me justi-
« fier ; tous demeurent flétris dans l'opinion nationale. »

L'Empereur avait réservé, pour lire avec moi, un article du journal relatif à la voiture qu'il a perdue à Waterloo ; la grande quantité d'expressions techniques le lui avait rendu trop difficile. Le journaliste donnait un détail très circonstancié de cette voiture, et faisait un inventaire très minutieux de tout ce qui s'y trouvait ; il y joignait parfois les réflexions les plus triviales : en mentionnant une petite boîte de liqueur, il observait que l'Empereur ne s'oubliait pas et ne se laissait manquer de rien : en citant certains objets recherchés de son nécessaire, il ajoutait qu'on pouvait voir qu'il faisait sa toilette en *homme comme il faut* (l'expression était en français). Ce dernier mot a produit dans l'Empereur une sensation que n'eût pas excitée sans doute un sujet plus important. « Mais, me dit-il avec une espèce de dégoût mêlé de
« douleur, ce peuple d'Angleterre me croit donc un animal sauvage ? l'a-t-on
« amené véritablement jusque-là ? ou son prince de Galles, espèce de bœuf
« Apis, m'assure-t-on, ne fait-il pas sa toilette comme chacun de ceux qui,
« parmi nous, ont quelque éducation ?.... »

Il est certain que j'aurais été fort embarrassé de lui expliquer ce qu'avait voulu dire le journaliste. Au surplus, il est connu que l'Empereur est la personne du monde qui mettait le moins de prix à ses aises et s'en occupait le moins ; mais aussi, et il se plaît à le confesser, il n'en fut jamais pour qui le dévouement et les soins des serviteurs en réunirent davantage. Comme il mangeait à des heures très irrégulières, on avait trouvé le secret, dans ses courses et ses voyages, d'avoir son dîner fort ressemblant à celui des Tuileries et toujours prêt. Il n'avait qu'à parler, et il se trouvait servi : c'était magique, disait-il lui-même. Durant quinze ans, il a bu constamment un même vin de Bourgogne (Chambertin), qu'il aimait et qu'on croyait lui être salutaire ; ce vin se retrouvait pour lui dans toute l'Allemagne, au fond de l'Espagne, partout, jusqu'à Moscou, etc., etc. ; et il est vrai de dire que les arts, le luxe, le raffinement de l'élégance et du bon goût semblaient se disputer, et comme à son insu, autour de lui, pour lui ménager quelques jouissances. Le journaliste anglais décrivait donc une infinité d'objets qui étaient dans la voiture, sans doute, mais dont l'Empereur n'avait pas la moindre connaissance, bien qu'il ne s'en étonnait nullement, disait-il.

Le mauvais temps, qui continuait de commander notre réclusion, n'a pas influé sur l'humeur de l'Empereur, qui précisément ces jours-ci a montré plus d'abandon, a été plus causeur que de coutume. Il a parlé longuement, et dans les plus grands détails, de la fameuse entrevue de Dresde. Voici ce que j'en extrais :

Cette entrevue a été l'époque de la plus haute puissance de Napoléon ; il y a paru *le roi des rois* ; il en était à se voir obligé de témoigner qu'il fallait qu'on s'occupât de l'empereur d'Autriche, son beau-père. Ce souverain, non plus que le roi de Prusse, n'avaient pas de maison à leur suite ; Alexandre n'en avait pas eu davantage à Tilsit ou à Erfurt. Là, comme à Dresde, on mangeait chez Napoléon. Ces cours, disait l'Empereur, étaient mesquines et bourgeoises : c'était lui qui en fixait l'étiquette, et y donnait le ton ; il faisait passer François devant lui, et celui-ci en était dans le ravissement. Le luxe de Napoléon et sa magnificence durent le faire paraître un roi d'Asie : là, comme à Tilsit, il gorgea de diamans tous ceux qui l'approchèrent. Nous lui apprîmes qu'à Dresde il n'avait pas eu un soldat français autour de lui, et que sa cour parfois n'avait pas été sans inquiétude sur sa personne. Il avait de la peine à nous croire, mais nous l'assurions que c'était un fait, qu'il n'avait eu d'autre garde que les gardes du corps saxons. « C'est « égal, nous disait-il, alors j'étais là dans une si bonne famille, avec de si « braves gens, que j'étais sans risque ; tous m'y aimaient ; et à l'heure qu'il « est je suis sûr que le bon roi de Saxe dit chaque jour un *Pater* et un *Ave* « pour moi. J'ai perdu, ajoutait-il, les destinées de cette pauvre bonne « princesse Auguste, et j'ai eu bien tort. Revenant de Tilsit, je reçus à Ma- « rienverder un chambellan du roi de Saxe, qui me remit une lettre de son « maître ; il m'écrivait : Je viens de recevoir une lettre de l'empereur d'Autri- « che qui me demande ma fille en mariage ; je vous envoie cette lettre pour « que vous me disiez la réponse que je dois faire.—Je serai sous peu de jours « à Dresde, » fut la réponse de l'Empereur, et à son arrivée il condamna ce mariage et l'empêcha. « J'ai eu grand tort, répétait-il, je craignais que « l'empereur François ne m'enlevât le roi de Saxe ; mais au contraire, c'est « la princesse Auguste qui m'eût amené l'empereur François, et je ne se- « rais pas ici. »

Napoléon, à Dresde, travaillait beaucoup, et Marie-Louise, jalouse de profiter des plus petits loisirs de son époux, sortait à peine pour ne pas les perdre. L'empereur François, qui ne faisait rien et s'ennuyait tout le jour à courir la ville, ne comprenait rien à cette réclusion du ménage ; il s'imaginait que c'était pour se donner de la tenue et de l'importance. L'impératrice d'Autriche cherchait beaucoup à faire courir Marie-Louise : elle lui peignait son assiduité comme ridicule. Elle eût volontiers pris des tons de belle-mère avec Marie-Louise, qui n'était pas disposée à le souffrir, leur âge étant à peu près le même. Elle venait souvent le matin à la toilette de Marie-Louise fureter dans son luxe et sa magnificence : elle n'en sortait jamais les mains vides. « Le règne de Marie-Louise a été fort court, disait l'Em- « pereur, mais elle a dû bien en jouir ; elle avait la terre à ses pieds. » L'un de nous s'est permis de demander si l'impératrice d'Autriche n'était pas l'ennemie jurée de Marie-Louise. « Pas autrement, disait l'Empereur, qu'une

« bonne petite haine de cour : de la détestation dans le cœur, mais gazée
« sous des lettres journalières de quatre pages, pleines de tendresse et de
« cajoleries. »

L'impératrice d'Autriche soignait extrêmement Napoléon, avait pour lui une coquetterie toute particulière tant qu'il était présent ; mais sitôt qu'il avait le dos tourné, elle ne s'occupait plus qu'à en détacher Marie-Louise par les insinuations les plus méchantes et les plus malicieuses ; elle était choquée de ne pas réussir à prendre quelque empire sur lui. « D'ailleurs
« elle a de l'adresse et de l'esprit, disait l'Empereur, et assez pour embar-
« rasser son mari, qui avait acquis la certitude qu'elle en faisait peu de cas.
« Sa figure était agréable, piquante, avait quelque chose de tout particu-
« lier ; c'était une *jolie petite religieuse*.

« Quant à l'empereur François, on connaît sa débonnaireté, qui le rend
« toujours dupe des intrigans. Son fils lui ressemblera.

« Le roi de Prusse, comme caractère privé, est un loyal, bon et honnête
« homme ; mais dans sa capacité politique, c'est un homme naturellement
« plié à la nécessité ; avec lui on est le maître tant qu'on a la force et que
« la main est levée.

« Pour l'empereur de Russie, c'est un homme infiniment supérieur à tout
« cela ; il a de l'esprit, de la grâce, de l'instruction, est facilement sédui-
« sant, mais on doit s'en défier : il est sans franchise ; c'est un vrai *Grec
« du Bas-Empire*. Toutefois n'est-il pas sans idéologie réelle ou jouée ; ce
« ne serait du reste, après tout, que des teintes de son éducation et de son
« précepteur. Croira-t-on jamais, disait l'Empereur, ce que j'ai eu à dé-
« battre avec lui ? Il me soutenait que l'hérédité était un abus dans la sou-
« veraineté, et j'ai dû passer plus d'une heure et user toute mon éloquence
« et ma logique à lui prouver que cette hérédité était le repos et le bonheur
« des peuples. Peut-être aussi me mystifiait-il, car il est fin, faux, adroit,
« hypocrite ; je le répète, c'est un Grec du Bas-Empire ; il peut aller loin.
« Si je meurs ici, ce sera mon véritable héritier en Europe. Moi seul pou-
« vais l'arrêter se présentant avec son déluge de Tartares. La crise est
« grande et permanente pour le continent européen, surtout pour Con-
« stantinople : il l'a fort désirée de moi ; j'ai été fort cajolé à ce sujet, mais
« j'ai constamment fait la sourde oreille. Cet empire, quelque délabré qu'il
« parût, devait demeurer notre point de séparation à tous deux : c'était le
« marais qui empêchait de tourner ma droite. Pour la Grèce, c'est autre
« chose ! » Et après s'être arrêté sur ce pays, il a repris : « La Grèce attend
« un libérateur !... Ce serait une belle couronne de gloire !... Il inscrira son
« nom à jamais avec ceux d'Homère, Platon et Épaminondas !... Je n'en
« ai peut-être pas été loin !... Quand, dans ma campagne d'Italie, j'arrivai
« sur les bords de l'Adriatique, j'écrivis au Directoire que j'avais sous mes
« yeux le royaume d'Alexandre !... Plus tard je liai des relations avec Aly-
« Pacha ; et quand on nous a saisi Corfou, on aura dû y trouver des muni-
« tions et un équipement complet pour une armée de quarante à cinquante
« mille hommes. J'avais fait lever les cartes de la Macédoine, de la Servie,
« de l'Albanie.

« La Grèce, le Péloponèse du moins, doit être le lot de la puissance
« européenne qui possédera l'Égypte : ce devait être le nôtre... Et puis, au
« nord, un royaume indépendant, Constantinople avec ses provinces, pour
« servir comme de barrage à la puissance russe, ainsi qu'on a prétendu le
« faire à l'égard de la France en créant le royaume de la Belgique. »

Dans une autre de ces soirées, l'Empereur déclamait contre l'humeur des femmes : Car rien, disait-il, n'annonçait plus chez elle le rang, la bonne éducation, le bon ton, que l'égalité de leur caractère et le constant désir de plaire. Il ajoutait qu'elles étaient tenues à se montrer toujours maîtresses d'elles-mêmes, à être toujours en scène. Ses deux femmes, nous disait-il, avaient toujours été ainsi ; elles étaient assurément bien différentes dans leurs qualités et leurs dispositions ; toutefois elles s'étaient ressemblées tout-à-fait sur ce point. Jamais il n'avait été témoin de la mauvaise humeur de l'une ou de l'autre ; toutes deux avaient été constamment occupées à lui plaire, etc....

Quelqu'un a osé observer pourtant que Marie-Louise s'était vantée que toutes les fois qu'elle voulait quelque chose, si difficile que cela fût, elle n'avait qu'à pleurer. L'Empereur en a ri ; c'était pour lui, disait-il, une découverte : il aurait pu le soupçonner de Joséphine, mais il ne le savait pas de Marie-Louise. Et puis s'adressant à mesdames Bertrand et Montholon : « Vous voilà bien, Mesdames, leur dit-il ; sur certaines choses, vous êtes « toutes les mêmes. »

Il a continué long-temps sur les deux impératrices, et a répété, suivant sa coutume, que l'une était l'innocence et l'autre les grâces. Il est passé de là à ses sœurs, et surtout s'est arrêté particulièrement et long-temps sur les attraits de la *princesse Pauline*. Il a été convenu que c'était, sans contredit, la plus jolie femme de Paris. L'Empereur disait que les artistes s'accordaient à en faire une véritable Vénus de Médicis ; et comme on achevait de détailler ses attraits avec beaucoup d'élégance et de grâces, il a demandé tout-à-coup si une princesse du jour, chez nous, valait cela ; sur quoi quelqu'un s'est écrié que les attraits de madame la duchesse d'Angoulême étaient d'une nature toute différente ; ils étaient purement célestes : c'était la bonté, la douceur, la tendre charité, et surtout l'oubli et le pardon des injures. A ces mots, l'Empereur a avancé la main pour saisir l'oreille du malicieux interlocuteur. Heureusement pour celui-ci, la table de jeu l'en séparait.

Voici du reste, chemin faisant, une anecdote qui, si elle était vraie, serait bien propre à peindre les dispositions passionnées du château contre notre esprit d'égalité. Un Anglais, qui avait été fort de la connaissance de M. le comte d'Artois durant son exil, prenait congé de lui pour retourner en Angleterre, et lui disait qu'il espérait que, malgré la différence de nation, il lui continuerait ses bons souvenirs. « Que voulez-vous dire, Milord, avec « notre différence de nation ? repartit vivement le prince ; il n'en est désor- « mais que deux pour moi : la *noblesse* et la *canaille*. Milord, nous sommes « de la même nation. »

Mais reprenons. On s'est permis de plaisanter sur l'empire que la princesse Pauline avait pris à l'île d'Elbe sur le général Drouot, dont elle accueillait la cour assidue, en dépit de la différence de quelques années et de la sévérité de son visage. La princesse, disait-on, lui avait arraché le secret du départ huit jours d'avance (1). Il avait renouvelé la faute de Turenne, et à cela l'Empereur disait : « Voilà bien les femmes et leur pouvoir dange-

---

(1) Le général Drouot a réclamé, avec raison et en toute justice, contre ce faux bruit. (Voyez ci-après à ce sujet le redressement en note, à la journée du samedi 14 septembre.) Si la rectification n'a pas été faite ici au texte même, c'est par l'extrême désir de s'éloigner le moins possible de la publication primitive.

« reux ! » Sur quoi madame Bertrand s'est récriée que le grand maréchal n'en avait sûrement pas fait autant. « Madame, lui a répliqué vivement l'Em-
« pereur avec un sourire, c'est qu'il était votre mari. » Quelqu'un ayant dit ensuite que la princesse Pauline, étant à Nice, avait organisé un fourgon en poste qui arrivait chaque jour de Paris, chargé de modes et d'ajuste-
mens, l'Empereur disait : « Si je l'avais su, cela n'eût pas continué long-
« temps ; elle eût été grondée d'importance. Mais voilà ce qui arrive, quand
« on est Empereur, on ne sait jamais ces choses-là. »

À la suite de ces conversations, l'Empereur demanda quelle était la date du mois ; c'était le 11 mars. « Eh bien, dit-il, il y a un an aujourd'hui,
« c'était un beau jour ; j'étais à Lyon, je passais des revues, j'avais le maire
« à dîner, qui, par parenthèse, s'est vanté depuis que c'était le plus mau-
« vais dîner qu'il eût fait de sa vie. » L'Empereur s'est animé, il marchait à grands pas. « J'étais redevenu une grande puissance ! » continua-t-il ; et il a laissé échapper un soupir qu'il a relevé aussitôt par ces paroles, dont il serait difficile de tracer l'accent et la chaleur : « J'avais fondé le plus bel
« empire de la terre, et je lui étais si nécessaire qu'en dépit de toutes les
« secousses dernières, ici, sur mon rocher, je semble demeurer encore
« comme le maître de la France. Voyez ce qui s'y passe, lisez les journaux,
« vous le trouverez à chaque ligne. Qu'on m'y laisse pénétrer, on verra ce
« qu'elle est et ce que je puis ! » Et alors que d'idées, que de projets il a développés pour la gloire et le bonheur de la patrie ! Il a parlé long-temps avec tant d'intérêt et un tel abandon que nous pouvions oublier les heures, les lieux et les temps. En voici quelque chose :

« Quelle fatalité, disait-il, que l'on ne s'en soit pas tenu à mon retour de
« l'île d'Elbe ! que chacun n'ait pas vu que j'étais le plus propre et le plus
« nécessaire à l'équilibre et au repos européens ! Mais les rois et les peuples
« m'ont craint ; ils ont eu tort, et peuvent le payer chèrement. Je revenais
« un homme nouveau ; ils n'ont pu le croire ; ils n'ont pu imaginer qu'un
« homme eût l'âme assez forte pour changer son caractère ou se plier à des
« circonstances obligées. J'avais pourtant fait mes preuves et donné quelques
« gages de ce genre. Qui ne sait que je ne suis pas un homme à demi-me-
« sures ? J'aurais été franchement le monarque de la constitution et de la
« paix, comme j'avais été celui de la dictature et des grandes entreprises.

« Et raisonnons un peu sur ces craintes des rois et des peuples à mon
« égard. Quelles pouvaient être les craintes des rois ? Redoutaient-ils toujours
« mon ambition, mes conquêtes, ma monarchie universelle ? Mais ma puis-
« sance et mes forces n'étaient plus les mêmes, et puis je n'avais vaincu et
« conquis que dans ma propre défense ; c'est une vérité que le temps déve-
« loppera chaque jour davantage. L'Europe ne cessa jamais de faire la
« guerre à la France, à ses principes, à moi ; et il nous fallait abattre,
« sous peine d'être abattu. La coalition exista toujours, publique ou se-
« crète, avouée ou démentie ; elle fut toujours en permanence ; c'était aux
« alliés seuls à nous donner la paix : pour nous, nous étions fatigués : les
« Français s'effrayaient de conquérir de nouveau. Moi-même, me croit-on
« insensible aux charmes du repos et de la sécurité, quand la gloire et
« l'honneur ne le veulent pas autrement ! Avec nos deux Chambres, on
« m'eût refusé désormais de passer le Rhin ; et pourquoi l'eussé-je voulu ?
« Pour ma monarchie universelle ? Mais je n'ai jamais fait preuve entière
« de démence ; or ce qui la caractérise surtout, c'est la disproportion entre
« les vues et les moyens. Si j'ai été sur le point d'accomplir cette monar-

« chie universelle, c'est sans calcul, et parce qu'on m'y a amené pas à pas.
« Les derniers efforts pour y parvenir semblaient coûter à peine ; était-il
« si déraisonnable de les tenter? Mais au retour de l'île d'Elbe, une pa-
« reille idée, une pensée aussi folle, un résultat aussi impossible, pouvaient-
« ils entrer dans la tête du moins sage des hommes? Les souverains n'avaient
« donc rien à craindre de mes armes.

« Redoutaient-ils que je les inondasse de principes anarchiques? Mais ils
« connaissent par expérience mes doctrines sur ce point. Ils m'ont vu tous
« occuper leur territoire; combien n'ai-je pas été poussé à révolutionner
« leur pays, municipaliser leurs villes, soulever leurs sujets. Bien qu'on
« m'ait salué, en leur nom, de *moderne Attila*, de *Robespierre à cheval*,
« tous savent mieux dans le fond de leur cœur!!! qu'ils y descendent! Si je
« l'avais été, je régnerais encore peut-être ; mais eux, bien sûrement et de-
« puis long-temps ils ne régneraient plus. Dans la grande cause dont je me
« voyais le chef et l'arbitre, deux systèmes se présentaient à suivre : de faire
« entendre raison aux rois par les peuples, ou de conduire à bon port les
« peuples par les rois ; mais on sait s'il est facile d'arrêter les peuples quand
« une fois ils sont lancés : il était plus naturel de compter un peu sur la
« sagesse et l'intelligence des rois ; j'ai dû leur supposer toujours assez d'es-
« prit pour de si clairs intérêts ; je me suis trompé : ils n'ont tenu compte
« de rien ; et, dans leur aveugle passion, ils ont déchaîné contre moi ce
« que j'avais retenu contre eux. Ils verront!!!

« Enfin les souverains se trouvaient-ils offusqués de voir un simple soldat
« parvenir à une couronne? Redoutaient-ils l'exemple? Mais les solennités,
« mais les circonstances qui ont accompagné mon élévation, mon empres-
« sement à m'associer à leurs mœurs, à m'identifier à leur existence, à m'al-
« lier à leur sang et à leur politique, fermaient assez la porte aux nouveaux
« concurrens. Bien plus, si l'on eût dû avoir le spectacle d'une légitimité
« interrompue, je maintiens qu'il leur était bien plus avantageux que ce fût
« par moi, sorti des rangs, que par un prince membre de leur famille ; car
« des milliers de siècles s'écouleront avant que les circonstances accumulées
« sur ma tête aillent en puiser un autre dans la foule pour reproduire le
« même spectacle ; tandis qu'il n'est pas de souverain qui n'ait à quelques
« pas de lui, dans son palais, des cousins, des neveux, des frères, quel-
« ques parens propres à imiter facilement celui qui une fois les aurait rem-
« placés.

« D'une autre part, de quoi pouvaient s'effrayer les peuples? Que je vinsse
« les ravager, leur imposer des chaînes? Mais je revenais le Messie de la
« paix et de leurs droits ; cette doctrine nouvelle faisait ma force ; la violer,
« c'était me perdre. Cependant les Français mêmes m'ont redouté ; ils ont
« eu l'insanité de discuter quand il n'y avait qu'à combattre, de se diviser
« quand il fallait à tout prix se réunir. Et ne valait-il pas mieux encore courir
« les dangers de m'avoir pour maître que de s'exposer à subir le joug de
« l'étranger? N'était-il pas plus aisé de se défaire d'un despote, d'un tyran,
« que de secouer les chaînes de toutes les nations réunies? Et puis d'où leur
« venait cette défiance sur ma personne? parce qu'ils m'avaient déjà vu
« concentrer en moi tous les efforts et les diriger d'une main vigoureuse.
« Mais n'apprennent-ils pas aujourd'hui à leurs dépens combien c'était né-
« cessaire? Eh bien! le péril fut toujours le même, la lutte terrible et la
« crise imminente. Dans cet état de choses, la dictature n'était-elle pas
« nécessaire, indispensable? Le salut de la patrie me commandait même de

« la déclarer ouvertement au retour de Leipsick. J'eusse dû le faire encore
« au retour de l'île d'Elbe. Je manquai de caractère, ou plutôt de confiance
« dans les Français, parce que plusieurs n'en avaient plus en moi, et c'était
« me faire grande injure. Si les esprits étroits et vulgaires ne voyaient dans
« tous mes efforts que le soin de ma puissance, les esprits larges n'auraient-
« ils pas dû démontrer que, dans les circonstances où nous nous trou-
« vions, ma puissance et la patrie ne faisaient qu'un? Fallait-il donc de si
« grands malheurs sans remèdes, pour pouvoir me faire comprendre?
« L'histoire me rendra plus de justice; elle me signalera, au contraire,
« comme l'homme des abnégations et du désintéressement. De quelles sé-
« ductions ne fus-je pas l'objet à l'armée d'Italie? L'Angleterre m'offrit d'être
« roi de France lors du traité d'Amiens. Je repoussai la paix de Châtillon; je
« dédaignai toute stipulation personnelle à Waterloo : pourquoi? C'est que
« rien de tout cela n'était la patrie, et je n'avais d'autre ambition que la
« sienne, celle de sa gloire, de son ascendant, de sa majesté. Et aussi voilà
« pourquoi, en dépit de tant de malheurs, je demeure si populaire parmi
« les Français. C'est une espèce d'instinct, d'arrière-justice de leur part.

« Qui sur la terre eut plus de trésors à sa disposition? J'ai eu plusieurs
« centaines de millions dans mes caves; plusieurs autres centaines compo-
« saient mon domaine de l'extraordinaire : tout cela était mon bien. Que
« sont-ils devenus? Ils se sont fondus dans les besoins de la patrie. Qu'on me
« considère ici, je demeure nu sur mon roc! Ma fortune était toute dans celle
« de la France! Dans la situation extraordinaire où le sort m'avait élevé,
« mes trésors étaient les siens; je m'étais identifié sans réserve avec ses des-
« tinées. Quel autre calcul eût pu m'atteindre si haut? M'a-t-on jamais vu
« m'occuper de moi? Je ne me suis jamais connu d'autres jouissances, d'au-
« tres richesses que celles du public; c'est au point que quand Joséphine,
« qui avait le goût des arts, venait à bout, à la faveur de mon nom, de s'em-
« parer de quelques chefs-d'œuvre, bien qu'ils fussent dans mon palais, sous
« mes yeux, dans mon ménage, je m'en trouvais comme blessé, je me croyais
« volé : *ils n'étaient pas au Muséum.*

« Ah! sans doute le peuple français a beaucoup fait pour moi! plus qu'on
« ne fit jamais pour un homme! Mais aussi qui fit jamais autant pour lui?…
« qui jamais s'identifia de la sorte avec lui?….

« Mais revenons. Après tout encore, quelles pouvaient être ses craintes?
« Les Chambres et la constitution nouvelle n'étaient-elles pas désormais des
« garanties suffisantes? Ces actes additionnels, contre lesquels on s'est tant
« élevé, ne portaient-ils pas en eux-mêmes tous les correctifs, les remèdes
« absolus? Comment les eussé-je violés? je n'avais pas à moi seul des millions
« de bras, je n'étais qu'un homme; l'opinion m'élevait de nouveau, l'opinion
« pouvait m'abattre de même; et, à côté de ce péril, qu'avais-je à gagner?

« Mais autour de nous, je reviens à celle-là surtout, à l'Angleterre.
« Quelles pouvaient être ses craintes, ses motifs, ses jalousies? On se le de-
« mande en vain. Avec notre constitution nouvelle, nos deux Chambres,
« n'avions-nous pas désormais embrassé sa religion? N'était-ce donc pas là
« un moyen sûr de nous entendre, de faire désormais cause commune? Les
« caprices, les passions des gouvernans une fois enchaînés, les intérêts des
« peuples marchent sans obstacles dans leur route naturelle. Qu'on regarde
« les négocians des nations opposées; ils continuent de s'entendre et de
« faire leurs affaires, bien que leurs gouvernemens guerroyent : les deux
« peuples en étaient arrivés là. Grâce à leurs parlemens respectifs, chacun

« fût devenu la garantie de l'autre ; et saura-t-on jamais jusqu'à quel point
« pouvait se porter l'union des deux peuples et celle de leurs intérêts, les
« combinaisons nouvelles qu'il était possible de mettre en œuvre ? Ce qu'il y a
« de certain, c'est qu'avec l'établissement de nos Chambres et de notre con-
« stitution, les ministres d'Angleterre ont tenu dans leurs mains la gloire et
« la prospérité de leur patrie, les destinées et le bien-être du monde. Si
« j'eusse battu l'armée anglaise et gagné ma dernière bataille, j'eusse causé
« un grand et heureux étonnement ; le lendemain je proposais la paix, et
« pour le coup c'eût été moi qui aurais prodigué les avantages à pleines
« mains. Au lieu de cela, peut-être les Anglais seront-ils réduits à pleurer un
« jour d'avoir vaincu à Waterloo !!!

« Je le répète, les peuples et les rois ont eu tort ; j'avais retrempé les
« trônes ; j'avais retrempé la noblesse inoffensive, et les trônes et la noblesse
« peuvent se trouver de nouveau en péril. J'avais consacré, fixé les limites
« raisonnables des droits des peuples ; et les réclamations vagues, absolues
« et immodérées peuvent renaître.

« Mon retour et mon maintien sur le trône, mon adoption franche cette
« fois de la part des souverains, jugeaient définitivement la cause des rois
« et des peuples ; tous les deux l'avaient gagnée. Aujourd'hui on la remet en
« question : tous deux peuvent la perdre. On pouvait avoir tout fini, on peut
« avoir tout à reprendre ; on a pu se garantir un calme long et assuré, com-
« mencer à jouir ; et au lieu de cela, il peut suffire d'une étincelle pour ra-
« mener une conflagration universelle !... Pauvre et triste humanité !... »

Pénétré comme je le suis des paroles et des opinions que j'ai recueillies de
Napoléon sur son roc, et bien que parfaitement persuadé et convaincu de
toute leur sincérité, je n'en éprouve pas moins une jouissance indicible,
lorsqu'une contre-épreuve vient m'en démontrer l'exacte vérité ; et je dois
dire que je goûte ce bonheur toutes les fois que je rencontre les occasions de
ces contre-épreuves.

On vient de lire le morceau remarquable ci-dessus, dans lequel Napoléon
exprime ses idées, ses intentions, ses sentimens. Quel prix ces paroles,
recueillies à Sainte-Hélène, n'acquièrent-elles pas en les voyant reproduites
en Europe, à deux mille lieues, par un écrivain célèbre, qui lui-même,
avec une nuance différente d'opinion et dans un tout autre temps, les reçut
de la même bouche ? Quelle heureuse circonstance pour l'histoire ! aussi
je ne puis m'empêcher, du reste, de produire ici ce morceau de M. Benjamin Constant, soit à cause du mérite intrinsèque des paroles, soit à cause du
poids qu'elles acquièrent du publiciste distingué qui nous les donne, enfin
soit aussi par tout le plaisir que j'éprouve à les voir coïncider si bien avec ce
que j'ai recueilli moi-même sur un autre hémisphère. Ce sont les mêmes
intentions, le même fonds de pensée, les mêmes sentimens.

« Je me rendis aux Tuileries peu de jours après le 20 mars, dit M. Benjamin Constant ; je trouvai Bonaparte seul. Il commença le premier la conversation : elle fut longue, je n'en donnerai qu'une analyse, car je ne me propose pas de mettre en scène un homme malheureux. Je n'amuserai point
nos lecteurs aux dépens de la puissance déchue ; je ne livrerai point à la
curiosité malveillante celui que j'ai servi par un motif quelconque, et je ne
transcrirai de ses discours que ce qui sera indispensable ; mais, dans ce que
j'en transcrirai, je rapporterai ses propres paroles.

« Il n'essaya de me tromper ni sur ses vues ni sur l'état des choses. Il ne
se présenta point comme corrigé par les leçons de l'adversité ; il ne voulut

point se donner le mérite de revenir à la liberté par inclination ; il examina froidement dans son intérêt, avec une impartialité trop voisine de l'indifférence, ce qui était possible et ce qui était préférable.

« La nation, me dit-il, s'est reposée douze ans de toute agitation politi-
« que, et depuis une année elle se repose de la guerre : ce double repos lui a
« rendu un besoin d'activité. Elle veut ou croit vouloir une tribune et des
« assemblées ; elle ne les a pas toujours voulues. Elle s'est jetée à mes pieds
« quand je suis arrivé au gouvernement ; vous devez vous en souvenir, vous
« qui essayâtes de l'opposition. Où était votre appui, votre force ? Nulle
« part. J'ai pris moins d'autorité que l'on ne m'invitait à en prendre... Au-
« jourd'hui tout est changé : un gouvernement faible, contraire aux intérêts
« nationaux, a donné à ces intérêts l'habitude d'être en défense et de chi-
« caner l'autorité. Le goût des constitutions, des débats, des harangues,
« paraît revenir..... Cependant ce n'est que la minorité qui le veut, ne vous
« y trompez pas. Le peuple, ou, si vous l'aimez mieux, la multitude, ne
« veut que moi ; ne l'avez-vous pas vue, cette multitude, se pressant sur
« mes pas, se précipitant du haut des montagnes, m'appelant, me cher-
« chant, me saluant (1) ? A ma rentrée de Cannes ici, je n'ai pas conquis, j'ai
« administré... Je ne suis pas seulement, comme on l'a dit, l'Empereur des
« soldats, je suis celui des paysans, des plébéiens de la France... Aussi,
« malgré tout le passé, vous voyez le peuple revenir à moi : il y a sympa-
« thie entre nous. Ce n'est pas comme avec les privilégiés : la noblesse m'a
« servi, elle s'est lancée en foule dans mes antichambres ; il n'y a pas de
« places qu'elle n'ait acceptées, demandées, sollicitées. J'ai eu des *Montmo-*
« *rency,* des *Noailles,* des *Rohan,* des *Beauveau,* des *Mortemart;* mais il n'y
« a jamais eu analogie. Le cheval faisait des courbettes, il était bien dressé,
« mais je le sentais frémir. Avec le peuple, c'est autre chose : la fibre po-
« pulaire répond à la mienne ; je suis sorti des rangs du peuple, ma voix
« agit sur lui. Voyez ces conscrits, ces fils de paysans ; je ne les flattais pas,
« je les traitais durement ; ils ne m'entouraient pas moins, ils n'en criaient
« pas moins *vive l'Empereur !* C'est qu'entre eux et moi il y a même nature ;
« ils me regardent comme leur soutien, leur sauveur contre les nobles... Je
« n'ai qu'à faire un signe, ou plutôt détourner les yeux, les nobles seront
« massacrés dans toutes les provinces. Ils ont si bien manœuvré depuis six
« mois !... Mais je ne veux pas être le roi d'une *jaquerie.* S'il y a des moyens
« de gouverner par une constitution, à la bonne heure... J'ai voulu l'em-
« pire du monde ; et, pour me l'assurer, un pouvoir sans bornes m'était
« nécessaire. Pour gouverner la France seule, il se peut qu'une constitution
« vaille mieux... J'ai voulu l'empire du monde, et qui ne l'aurait pas voulu
« à ma place ? Le monde m'invitait à le régir : souverains et sujets se préci-

---

(1) *Note de M Benjamin Constant.* Bonaparte mettait un grand prix à prouver que son retour n'avait pas été un mouvement militaire. Je suis fâché de n'avoir pas avec moi six pages qu'il avait écrites ou dictées à ce sujet, et qu'il avait soigneusement corrigées. Il me les remit lors de la communication que je rapporte ici. Il désirait que je répondisse à lord Castlereagh, qui avait, dans une harangue au parlement, attribué tout son succès à l'armée.

Ne voulant rien écrire avant que d'être sûr que ce n'était pas un despote que je rendais à la France, je me refusai à ce travail ; et, en 1815, je confiai l'esquisse que Napoléon m'avait remise à un de mes amis qui partit pour l'Angleterre, d'où j'ai négligé jusqu'à présent de la faire revenir. Il y avait beaucoup de chaleur, des expressions bizarres, mais fortes, une grande rapidité de pensées, et quelques traits d'une véritable éloquence.

« pitaient à l'envi sous mon sceptre. J'ai rarement trouvé de la résistance en
« France; mais j'en ai pourtant rencontré davantage dans quelques Fran-
« çais obscurs et désarmés, que dans tous ces rois, si fiers aujourd'hui de
« n'avoir plus un homme populaire pour égal..... Voyez donc ce qui vous
« semble possible. Apportez-moi vos idées. Des élections libres? des discus-
« sions publiques? des ministres responsables? la liberté? Je veux tout cela...
« La liberté de la presse surtout; l'étouffer est absurde; je suis convaincu
« sur cet article...... Je suis l'homme du peuple; si le peuple veut réellement
« la liberté, je la lui dois; j'ai reconnu sa souveraineté, il faut que je prête
« l'oreille à ses volontés, même à ses caprices. Je n'ai jamais voulu l'oppri-
« mer pour mon plaisir; j'avais de grands desseins; le sort en a décidé, je
« ne suis plus un conquérant, je ne puis plus l'être. Je sais ce qui est possi-
« ble et ce qui ne l'est pas; je n'ai plus qu'une mission : relever la France et
« lui donner un gouvernement qui lui convienne..... Je ne hais point la
« liberté; je l'ai écartée lorsqu'elle obstruait ma route; mais je la comprends,
« j'ai été nourri dans ses pensées... Aussi bien, l'ouvrage de quinze années
« est détruit; il ne peut se recommencer. Il faudrait vingt ans et deux mil-
« lions d'hommes à sacrifier... D'ailleurs je désire la paix, et je ne l'obtien-
« drai qu'à force de victoires. Je ne veux pas vous donner de fausses espé-
« rances; je laisse dire qu'il y a des négociations, il n'y en a point. Je prévois
« une lutte difficile, une longue guerre. Pour la soutenir, il faut que la
« nation m'appuie; mais en récompense elle exigera de la liberté : elle en
« aura... La situation est neuve. Je ne demande pas mieux que d'être éclairé.
« Je vieillis; l'on n'est plus à quarante-cinq ans ce qu'on était à trente. Le
« repos d'un roi constitutionnel peut me convenir. Il conviendra plus sûre-
« ment encore à mon fils. » (*Minerve française*, 94ᵉ livr., t. *VIII*, IIᵉ *lettre
sur les cent-jours*, par M. Benjamin Constant.)

Mercredi 13. — L'Empereur a fait dire au grand maréchal d'écrire à l'a-
miral pour savoir si une lettre que lui Napoléon écrirait au prince régent
lui serait envoyée.

Vers quatre heures, le sous-gouverneur Skelton et sa femme ont fait demander à présenter leurs hommages à l'Empereur. Il les a reçus, les a menés
promener dans le jardin et les a fait ensuite monter en calèche avec lui. Le
temps avait été fort brumeux toute la journée; dans une éclaircie, nous
avons vu tout à coup une corvette ou frégate fort près entrant à pleines
voiles.

Injure à l'Empereur et au prince de Galles.—Exécution de Ney.—Évasion de Lavalette.

Jeudi 14, *vendredi* 15. — Nous avons reçu la réponse de l'amiral; après
avoir commencé, selon son protocole ordinaire, par dire qu'il ne connaissait personne du titre d'Empereur à Sainte-Hélène, il marquait qu'il enverrait la lettre mentionnée au prince régent, sans doute, mais qu'il s'en
tiendrait à la lettre de ses instructions, qui portaient de ne laisser partir
aucun papier pour l'Angleterre, qu'il n'eût été ouvert et lu par lui.

Cette lettre, il faut l'avouer, nous jeta dans une grande surprise; la partie des instructions citées par l'amiral avait deux objets, tous deux étrangers à l'interprétation que lui donnait cet officier.

Le premier était, au cas que nous fissions des plaintes, pour que les autorités locales pussent y joindre leurs observations, et que le gouvernement,
en Angleterre, pût nous rendre justice plus promptement, sans être obligé

de renvoyer dans l'île pour demander des renseignemens ultérieurs; cette précaution était donc tout-à-fait dans nos intérêts. Le second objet de cette mesure était pour que notre correspondance ne pût être nuisible aux intérêts du gouvernement ou de la politique d'Angleterre. Mais nous écrivions au souverain, au chef, à l'homme même de ces intérêts et de ce gouvernement; et si quelqu'un conspirait ici, ce n'était pas nous qui lui écrivions, mais bien celui qui interceptait notre lettre, ou prétendait en violer le secret. Qu'on établît auprès de nous des geôliers avec tout leur attirail, sans le trouver juste, cela nous paraissait possible; mais que ces geôliers fissent réagir leur fonction jusque sur leur souverain même, c'est ce qui nous semblait n'avoir pas de nom; c'était entacher celui-ci tout-à-fait de l'idée de roi fainéant ou de sultan renfermé dans le fond du sérail; c'était une véritable monstruosité dans nos mœurs européennes!

Depuis long-temps nous avions peu ou point de rapports avec l'amiral. Quelqu'un pensa que la mauvaise humeur peut-être avait dicté sa réponse; un autre voulut qu'il craignît que la lettre ne renfermât des plaintes contre lui. Mais l'amiral connaissait trop bien l'Empereur pour ne pas savoir qu'il ne s'adresserait jamais à d'autre tribunal qu'à celui des nations. Moi qui savais quel eût été le sujet de la lettre, j'en ressentais une plus vive indignation : l'unique intention de l'Empereur avait été d'employer cette voie, la seule qui semblât convenable à sa dignité, pour écrire à sa femme et se procurer des nouvelles de son fils. Toutefois le grand maréchal répondit à l'amiral qu'il outre-passait ou interprétait mal ses instructions; qu'on ne pouvait regarder sa détermination que comme une monstrueuse vexation de plus; que la condition imposée était trop au-dessous de la dignité de l'Empereur, aussi bien que de celle du prince de Galles, pour qu'il conservât la pensée d'écrire.

La frégate qui venait d'arriver était *la Spey*, portant les journaux de l'Europe jusqu'au 31 décembre : ils contenaient l'exécution de l'infortuné maréchal Ney et l'évasion de Lavalette.

« Ney, disait l'Empereur, aussi mal attaqué que mal défendu, avait été
« condamné par la Chambre des pairs, en dépit d'une capitulation sacrée.
« On l'avait laissé exécuter, c'était une faute de plus; on en avait fait dès
« cet instant un martyr. Qu'on n'eût point pardonné Labédoyère, parce
« qu'on n'eût vu dans la clémence qu'une prédilection en faveur de la vieille
« aristocratie, cela se concevait; mais le pardon de Ney n'eût été qu'une
« preuve de la force du gouvernement et de la modération du prince. On dira
« peut-être qu'il fallait un exemple; mais le maréchal le devenait bien plus
« sûrement par un pardon, après avoir été avili par un jugement; c'était
« pour lui une véritable mort morale qui lui ôtait toute influence, et cepen-
« dant le coup de l'autorité était porté, le souverain satisfait et l'exemple ac-
« compli.

« Le refus de clémence vis-à-vis *Lavalette* et son évasion étaient de nou-
« veaux griefs tout aussi impopulaires, disait l'Empereur. Mais les salons de
« Paris, faisait-il observer, montraient les mêmes passions que les clubs, la
« noblesse recommençait les Jacobins. L'Europe, du reste, demeurait dans
« une complète anarchie; on y suivait hautement le code de l'immoralité po-
« litique; tout ce qui tombait sous la main des souverains devenait bon pour
« chacun d'eux. Au moins, de mon temps, étais-je le point de mire de tou-
« tes les récriminations de ce genre. Les souverains alors ne parlaient que
« principes et vertus; mais aujourd'hui, continuait-il, qu'ils étaient victo-

« rieux et sans frein, ils pratiquaient sans pudeur tous les torts qu'ils re-
« prochaient alors eux-mêmes. Quelles ressources et quel espoir laissaient-
« ils donc aux peuples et à la morale? Nos Françaises du moins, faisait-il
« remarquer, illustraient leurs sentimens : madame *Labédoyère* avait failli
« expirer de douleur; ces journaux nous apprennent que madame *Ney* avait
« donné le spectacle du dévoûment le plus courageux et le plus acharné.
« Madame *Lavalette* allait devenir l'héroïne de l'Europe. »

Commission pour le prince régent.

Samedi 16. — L'Empereur avait quitté l'*Encyclopédie britannique* pour prendre ses leçons d'anglais dans les *Annual Registers*. Il y a lu l'aventure d'un M. Spencer-Smith, arrêté à Venise, condamné à se rendre à Valenciennes, et qui s'échappa dans sa route. « Ce doit être une chose très-sim-
« ple, disait l'Empereur, dont le narrateur aura fait une grande histoire.
« Cette affaire m'est tout-à-fait inconnue, a-t-il ajouté, c'était un détail de
« police d'une importance trop inférieure pour qu'il eût pu remonter jus-
« qu'à moi. »

Vers les quatre heures, on a présenté à l'Empereur le capitaine de *la Spey* qui arrivait d'Europe, et le capitaine du *Ceylan* qui partait pour l'Angleterre. L'Empereur était assez triste, il n'était pas bien ; l'audience du premier a été fort courte; celle du second eût été de même, s'il n'eût réveillé l'Empereur en demandant si nous avions des lettres à envoyer en Europe. L'Empereur alors m'a dit de lui demander s'il verrait le prince régent; sur son affirmation, j'ai été chargé de lui traduire que l'Empereur avait voulu écrire au prince régent; mais que sur l'observation inouïe de l'amiral qu'il ouvrirait cette lettre, il s'en était abstenu comme d'une chose contraire à sa dignité et à celle du prince régent lui-même. Qu'il avait bien entendu vanter les lois d'Angleterre, mais qu'il n'en apercevait le bénéfice nulle part; qu'il ne lui restait plus qu'à attendre, qu'à désirer un bourreau; que l'agonie qu'on lui faisait éprouver était inhumaine, barbare; qu'il eût été plus franc, plus énergique de lui donner la mort. L'Empereur m'a fait répéter au capitaine qu'il voulût bien se charger de ces mots, et l'a congédié; celui-ci était très rouge et fort embarrassé.

Esprit de l'Ile-de-France.

Dimanche 17. — Un colonel anglais, arrivé du Cap et venant de l'Ile-de-France, s'est présenté dans la matinée chez moi pour tâcher de pouvoir faire sa cour à l'Empereur. L'amiral n'avait accordé à son vaisseau que deux ou trois heures de mouillage, et ayant obtenu que l'Empereur voulût bien le recevoir à quatre heures, il m'assura qu'il préférerait manquer son vaisseau plutôt que de perdre une telle occasion. L'Empereur n'était pas très bien, il avait passé plusieurs heures dans son bain; à quatre heures il reçut le colonel.

L'Empereur lui fit beaucoup de questions sur l'Ile-de-France, cédée depuis peu aux Anglais : il paraît que sa prospérité et son commerce souffrent du changement de domination.

Au départ du colonel, resté seul avec l'Empereur dans le jardin, je lui ai raconté que sa personne semblait être demeurée bien chère aux habitans de l'Ile-de-France; que le colonel m'avait dit que le nom de Napoléon n'y était prononcé qu'avec attendrissement. Lorsqu'on y apprit sa sortie de France et sa venue à Plymouth, c'était précisément un grand jour de fête dans la colonie; le spectacle devait être tout-à-fait remarquable; la nouvelle étant parvenue dans le jour, le soir il ne parut pas au théâtre un seul colon, soit blanc ou de couleur : il n'y eût que des Anglais, qui en demeurèrent embarrassés et fort irrités. L'Empereur m'écoutait. « C'est tout simple, m'a-t-il dit, après « quelques momens de silence : cela prouve que les habitans de l'Ile-de-« France sont demeurés Français; je suis la patrie, ils l'aiment; on l'a bles-« sée en moi, ils s'en affligent. » J'ajoutai que le changement de domination gênant leurs expressions, ils n'osaient pas porter publiquement sa santé; mais qu'on n'y manquait pourtant jamais, disait le colonel; on buvait à *lui*; ce mot lui était consacré. Ces détails le touchaient. « Pauvres Français, a-t-« il dit avec expression. Pauvre peuple! pauvre nation! Je méritais tout cela, « je t'aimais! Mais toi tu ne méritais pas assurément tous les maux qui pè-« sent sur toi! Ah! que tu méritais bien qu'on se dévouât pour toi! Mais il « faut en convenir, que d'infamie, de lâcheté et de dégradation j'ai eues « autour de moi! » Et, me fixant, il ajouta : « Et je ne parle pas ici de vos « amis du faubourg Saint-Germain; car, pour eux, c'est encore une autre « question. »

Il nous parvenait souvent des traits et des mots qui, pareils à ceux de l'Ile-de-France, étaient propres à remuer la fibre du cœur : l'île de l'Ascension, dans notre voisinage, avait toujours été déserte et abandonnée; depuis que nous sommes ici, les Anglais ont cru devoir y faire un établissement. Le capitaine qui en a été prendre possession nous dit, à son retour, qu'il avait été fort étonné, en débarquant, de trouver sur le rivage : *Vive à jamais le grand Napoléon!*

Dans les derniers journaux qui venaient de nous arriver, parmi plusieurs traits ou jeux de mots bienveillans, il se trouvait, en plusieurs langues, que *Paris* ne serait heureux que quand on lui aurait rendu son *Hélène*: c'étaient quelques gouttes de miel dans notre coupe d'absinthe.

Intentions de l'Empereur sur Rome.—Horrible nourriture.—*Britannicus*.

Lundi 18, *mardi* 19. — L'Empereur est monté à cheval sur les huit heures; il y avait bien long-temps qu'il s'en était abstenu; le défaut d'espace à parcourir en est la cause. Sa santé en souffre visiblement, et l'on doit s'étonner que le manque d'exercice ne soit pas plus nuisible encore à celui qui en prenait journellement de si violens. Au retour, l'Empereur a déjeuné dehors, et nous tous avec lui. Après le déjeuner, la conversation est tombée sur *Herculanum* et *Pompeïa*, le phénomène et l'époque de leur destruction, le temps et les hasards de leur découverte moderne, les monumens et les curiosités qu'ils nous ont fournis depuis. L'Empereur disait que si Rome fût restée sous sa domination, elle fût sortie de ses ruines; il se proposait de la nettoyer de tous ses décombres, de restaurer tout ce qui eût été possible, etc. Il ne doutait pas que, le même esprit s'étendant dans le voisinage, il eût pu en être en quelque sorte de même d'Herculanum et de Pompeïa.

Le déjeuner fini, l'Empereur a envoyé mon fils chercher le volume de Crevier qui renferme les catastrophes d'Herculanum et de Pompeïa, et nous les a lues, ainsi que la mort et le caractère de Pline. Il s'est retiré vers midi pour prendre du repos.

Sur les six heures, nous avons fait en calèche notre course d'habitude;

l'Empereur avait fait monter avec lui M. et Mme Skelton, qui étaient venus lui faire visite.

Au retour, l'Empereur, chassé du jardin par l'humidité, a été voir le général Gourgaud, qui se rétablit rapidement. Après le dîner, en quittant la table et rentrant dans le salon, nous n'avons pu nous empêcher de revenir sur le repas que nous venions de faire; rien à la lettre n'avait été mangeable : le pain mauvais, le vin impotable, la viande dégoûtante et malsaine; on est obligé d'en renvoyer souvent; on tient, malgré les représentations, à nous la fournir tuée, parce que c'est le moyen de nous faire passer les animaux morts. L'Empereur, choqué de ce tableau, n'a pu s'empêcher de dire avec chaleur : « Sans doute il est bien des individus dans une condition physique « pire encore; mais cela ne nous ôte pas le droit de juger la nôtre, ni les « traitemens infâmes dont on nous entoure! Les mauvais procédés du gouver- « nement anglais ne se sont point bornés à nous envoyer ici, ils se sont étendus « jusqu'au choix des individus auxquels on a remis nos personnes et nos « besoins! Pour moi, je souffrirais moins si j'étais sûr qu'un jour quelqu'un « le divulguât à l'univers, de manière à entacher d'infamie ceux qui en sont « coupables! Mais parlons d'autre chose, a-t-il dit; quel jour est aujour- « d'hui? » Quelqu'un a dit : « Le 19 mars. — Quoi, s'est-il écrié, la veille du « 20 mars! » Et après quelques secondes : « Mais parlons encore d'autre « chose. » Il a envoyé chercher un volume de Racine; il a d'abord commencé la comédie des *Plaideurs*; mais, après une ou deux scènes, il nous a lu *Britannicus*. La lecture finie et le juste tribut d'admiration payé, il a dit qu'on reprochait ici à Racine un dénoûment trop prompt; qu'on ne pressentait pas d'assez loin l'empoisonnement de Britannicus. Il a fort loué la vérité du caractère de Narcisse, observant que c'était toujours en blessant l'amour-propre des princes qu'on influait le plus sur leurs déterminations.

Vingt mars. — Couches de l'impératrice.

Mercredi 20. — Après le dîner, un de nous a fait observer qu'à pareil jour, à pareil moment, il y avait un an (20 mars), l'Empereur était moins isolé, moins tranquille. « Je me mettais à table aux Tuileries, a dit Napoléon, « J'y étais parvenu avec difficulté, je venais de courir au moins les dangers « d'une bataille. » En effet, il avait été saisi en arrivant par plusieurs milliers d'officiers et de citoyens; on se l'était arraché; il n'était pas monté au château, on l'y avait porté, et bien plus dans le tumulte de quelqu'un qu'on va déchirer, que dans l'ordre et le respect de celui qu'on veut honorer. Mais, c'était le sentiment et l'intention qu'il fallait juger ici, c'était de l'enthousiasme et de l'amour jusqu'à la rage et au délire.

L'Empereur a ajouté qu'il était à croire que plus d'une personne en parlerait ce soir en Europe, et qu'en dépit de toute surveillance il se viderait bien des bouteilles en son intention.

La conversation est ensuite tombée sur le roi de Rome; ce jour était l'anniversaire de sa naissance; l'Empereur comptait qu'il avait cinq ans. Il est passé de là aux couches de l'impératrice, et semblait se complaire à se vanter d'avoir été dans cette circonstance, disait-il, aussi bon mari que qui que ce fût au monde : il aida constamment toute la nuit l'impératrice à marcher. Nous en savions quelque chose, nous qui étions de la maison; nous avions été convoqués tous au château dès dix heures du soir; nous y passâmes la nuit entière; les cris arrivaient parfois jusqu'à nous. Vers le matin, l'accoucheur ayant dit à l'Empereur que les douleurs avaient cessé et que cela pourrait être long encore, l'Empereur alla se mettre au bain, et l'on nous congédia, en nous prévenant de ne pas nous écarter de chez nous. Il n'y avait pas long-temps que l'Empereur était dans le bain, que les douleurs reprirent, et que l'accoucheur vint, la tête perdue, lui dire qu'il était le plus malheureux des hommes, que sur mille couches qui arrivaient dans Paris, il ne s'en présentait pas de plus difficile. L'Empereur, se rhabillant à la hâte, le rassurait en lui disant qu'un homme qui savait son métier serait impardonnable de perdre la tête; qu'il n'y avait rien ici qui dût le troubler; qu'il n'avait qu'à se figurer qu'il accouchait une bourgeoise de la rue Saint-Denis; que la nature n'avait pas deux lois; qu'il était bien sûr qu'il ferait pour le mieux, et qu'il n'aurait à craindre surtout aucun reproche. On lui représenta qu'il y avait un grand danger pour la mère ou pour l'enfant. « Avec a mère, répondit-il sans hésiter, j'aurai un autre enfant. Conduisez-« vous ici comme si vous attendiez le fils d'un savetier. »

Arrivé auprès de l'impératrice, il put s'assurer qu'elle était réellement en danger; l'enfant se présentait mal, et tout portait à croire qu'il serait étouffé.

L'Empereur demanda à Dubois pourquoi il ne l'accouchait pas. Celui-ci s'en défendit, ne le voulant, disait-il, qu'en présence de Corvisart, qui n'était pas encore arrivé. « Mais que vous dira-t-il? disait l'Empereur. Si c'est « un témoin ou une justification que vous vous réservez, me voilà, moi. » Dubois alors, mettant bas son habit, se mit au travail. A l'aspect des fers, l'impératrice poussa des cris douloureux, s'écriant qu'on voulait la tuer. Elle était fortement tenue par l'Empereur, madame de Montesquiou, Corvisart, qui venait d'entrer, etc. (1). Madame de Montesquiou saisit adroitement l'occasion de la rassurer, en lui disant qu'elle s'était trouvée elle-même plus d'une fois dans cette situation.

Cependant l'impératrice se persuadait toujours qu'on en usait différemment avec elle qu'avec toute autre, et répétait souvent : « Parce que je suis « impératrice, me sacrifiera-t-on! » Elle est convenue depuis avec l'Empereur que cela avait été réellement sa crainte. Enfin on la délivra. Le péril avait été si grand que toute l'étiquette, dit l'Empereur, qui avait été recherchée et arrêtée à ce sujet, fut mise de côté, et l'enfant posé à l'écart sur le plancher pendant qu'on ne s'occupait uniquement que de la mère; il y demeura plusieurs instans, et on le croyait mort; ce fut Corvisart qui le releva, le frotta, et lui fit pousser un cri, etc.

On lit dans l'intéressant ouvrage de M. le baron Fleury de Chaboulon sur le retour de l'île d'Elbe : « Lorsque le jeune Napoléon vint au monde, on « le crut mort; il était sans chaleur, sans mouvemens, sans respiration; on « faisait des efforts multipliés pour le rappeler à la vie, lorsque partirent « successivement les cent et un coups de canon destinés à célébrer sa nais-

---

(1) Cette scène se passait en présence de vingt-deux personnes :
L'EMPEREUR ;
Dubois, Corvisart, Bourdier et Ivan ;
Mesdame de Montebello, de Luçai et de Montesquiou ;
Les six premières dames d'annonces : Ballant, Deschamps, Durand, Hureau, Nabusson et Gérard ;
Cinq femmes de chambre : Mesdemoiselles Honoré, Édouard, Barbier, Aubert et Geoffroy ;
La garde madame Blaise et deux filles de garde-robe.

« sance; la commotion et l'ébranlement qu'ils occasionnèrent agirent si for-
« tement sur les organes du royal enfant qu'il reprit ses sens. »

Conjuration de Catilina.—Les Gracques.—Les historiens.—Sommeil durant la bataille.—
César, ses *Commentaires*.—Des divers systèmes militaires.

Jeudi 21, vendredi 22. — L'Empereur est monté à cheval de fort bonne heure; nous avons fait le tour des limites dans plusieurs directions. C'est durant cette promenade que l'Empereur prend à présent sa leçon d'anglais : je marche à côté de lui : il fait des phrases anglaises que je traduis mot à mot, à mesure qu'il les prononce; ce qui lui fait voir qu'il est entendu ou le met à même de se corriger. Quand il a fini la phrase, je la lui répète en anglais, de manière qu'il l'entende bien à son tour, ce qui sert à lui former l'oreille.

Aujourd'hui l'Empereur lisait, dans l'histoire romaine, *la conjuration de Catilina;* il ne pouvait la comprendre telle qu'elle est tracée : « Quelque « scélérat que fût Catilina, remarquait-il, il devait avoir un objet : ce ne « pouvait être celui de gouverner dans Rome, puisqu'on lui reprochait d'a- « voir voulu y mettre le feu aux quatre coins. » L'Empereur pensait que c'était plutôt quelque nouvelle faction à la façon de Marius et de Sylla, qui, ayant échoué, avait accumulé sur son chef toutes les accusations banales dont on les accable en pareil cas. Quelqu'un alors fit observer à l'Empereur que c'est ce qui lui serait infailliblement arrivé à lui-même, s'il eût succombé en vendémiaire, en fructidor ou en brumaire, avant d'avoir éclairé d'un si grand lustre un horizon purgé de nuages.

Les Gracques lui inspiraient bien d'autres doutes, bien d'autres soupçons, lesquels, disait-il, devenaient presque des certitudes quand on s'était trouvé dans les affaires de nos jours. « L'histoire, faisait-il observer, présente en « résultat les Gracques comme des séditieux, des révolutionnaires, des scé- « lérats; et dans les détails elle laisse échapper qu'ils avaient des vertus, « qu'ils étaient doux, désintéressés, de bonnes mœurs; et puis ils étaient « les fils de l'illustre Cornélie; ce qui, pour les grands cœurs, doit être « tout d'abord une forte présomption en leur faveur. D'où pouvait donc ve- « nir un tel contraste? Le voici, disait l'Empereur : c'est que les Gracques « s'étaient généreusement dévoués pour les droits du peuple opprimé con- « tre un sénat oppresseur, et que leur grand talent, leur beau caractère, « mirent en péril une aristocratie féroce qui triompha, les égorgea et les flé- « trit. Les historiens du parti les ont transmis avec cet esprit; sous les em- « pereurs il a fallu continuer; le seul mot des droits du peuple, sous un « maître despotique, était un blasphème, un vrai crime; plus tard il en a « été de même sous la féodalité, fourmilière de petits despotes. Voilà la fa- « talité sans doute de la mémoire des Gracques : leurs vertus n'ont donc ja- « mais cessé, dans la suite des siècles, d'être des crimes; mais aujourd'hui « qu'avec nos lumières nous nous sommes avisés de raisonner, les Gracques « peuvent et doivent trouver grâce à nos yeux.

« Dans cette lutte terrible de l'aristocratie et de la démocratie qui vient « de se renouveler de nos jours, dans cette exaspération du vieux terrain « contre l'industrie nouvelle qui fermente dans toute l'Europe, nul doute « que si l'aristocratie triomphait par la force, elle ne montrât partout beau- « coup de Gracques, et ne les traitât à l'avenant tout aussi bénignement que « l'ont fait leurs devanciers. »

L'Empereur ajoutait qu'il était aisé de voir, du reste, qu'il y avait lacune chez les auteurs anciens dans cette époque de l'histoire ; que tout ce que nous en présentaient les modernes n'était évidemment formé que de *grappillage*. Puis il revenait sur les reproches déjà faits au bon Rollin et à son élève Crevier : ils étaient tous deux sans talent, sans intention, sans couleur. Il fallait convenir que les anciens nous étaient bien supérieurs sur ce point ; et cela parce que chez eux les hommes d'État étaient hommes de lettres, et les hommes de lettres hommes d'État ; ils cumulaient les professions, tandis que nous les séparons d'une manière absolue. Cette division fameuse du travail, qui chez nous amène la perfection des ouvrages mécaniques, lui est tout-à-fait funeste dans les productions mentales : tout ouvrage d'esprit est d'autant plus supérieur que celui qui le produit est plus universel. Nous devons à l'Empereur d'avoir cherché à établir ce principe, en employant souvent les mêmes hommes à plusieurs objets tout-à-fait étrangers entre eux ; c'était son système. Un jour il nomma de son propre mouvement un de ses chambellans pour aller en Illyrie liquider la dette autrichienne : c'était un objet considérable et fort compliqué ; le chambellan, jusque là étranger à toute affaire, en frémit, et le ministre, privé de cette nomination, et conséquemment mécontent, se hasarda de représenter à l'Empereur que sa nomination étant tombée sur quelqu'un d'entièrement neuf, il était à craindre qu'il ne sût pas s'en tirer. « J'ai la main heureuse, « Monsieur, fut sa réponse ; ceux sur qui je la pose sont propres à tout. »

L'Empereur, continuant sa critique, condamnait aussi beaucoup ce qu'il appelait des niaiseries historiques, ridiculement exaltées par les traducteurs et les commentateurs. Elles prouvaient dans l'origine, disait-il, des historiens qui jugeaient mal des hommes et de leur situation. « C'était à tort, par
« exemple, faisait-il observer, qu'ils vantaient si haut la *continence de Sci-*
« *pion*, et s'extasiaient sur le calme d'Alexandre, de César et d'autres, pour
« avoir dormi la veille d'une bataille. Il n'y a qu'un moine, disait-il, privé
« de femme, dont le visage s'enlumine à leur seul nom et qui hennit à leur
« approche derrière ses barreaux, qui puisse faire un grand mérite à Sci-
« pion de n'avoir pas violé celle que le hasard mettait en son pouvoir, quand
« il en avait tant d'autres à sa libre disposition : autant valait qu'un affamé
« lui tînt aussi grand compte d'être passé tranquillement à côté d'une ta-
« ble bien servie sans s'être rué dessus. Quant à avoir dormi au moment
« d'une bataille, il n'est point, assurait-il, de nos soldats, de nos généraux,
« qui n'aient répété vingt fois cette merveille ; et tout leur héroïsme n'était
« guère que dans la fatigue de la veille. »

A cela le grand maréchal a ajouté qu'il pouvait dire avoir vu, lui, Napoléon dormir, non seulement la veille d'une bataille, mais durant la bataille même. « Il le fallait bien, disait l'Empereur : quand je donnais des batailles qui « duraient trois jours, la nature devait aussi avoir ses droits ; je profitais « du plus petit instant ; je dormais où et quand je pouvais. » L'Empereur avait dormi sur le champ de bataille de Wagram et de Bautzen, durant le combat même, et fort en dedans de la portée des boulets. Il disait sur cela qu'indépendamment de l'obligation d'obéir à la nature, ces sommeils offraient au chef d'une très grande armée le précieux avantage d'attendre avec calme les rapports et la concordance de toutes ses divisions, au lieu de se laisser emporter peut-être par le seul objet dont il serait le témoin.

L'Empereur disait encore qu'il trouvait dans Rollin, dans César même, des circonstances de la guerre des Gaules qu'il ne pouvait entendre. Il ne comprenait rien à l'invasion des Helvétiens, au chemin qu'ils prenaient, au but qu'on leur donnait, au temps qu'ils étaient à passer la Saône, à la diligence de César, qui avait le temps d'aller en Italie chercher des légions aussi loin qu'Aquilée, et qui retrouvait les envahisseurs encore à leur passage de la Saône, etc..... Qu'il n'était pas plus facile de comprendre la manière d'établir des quartiers d'hiver qui s'étendaient de Trèves à Vannes. Et comme nous nous récriions aussi sur les travaux immenses que les généraux obtenaient de leurs soldats, les fossés, les murailles, les grosses tours, les galeries, etc., l'Empereur répondait qu'alors tous les efforts s'employaient en confection et sur les lieux mêmes, au lieu que de nos jours ils consistaient dans le transport. Il croyait d'ailleurs que leurs soldats travaillaient, en effet, plus que les nôtres. Il a le projet de dicter quelque chose là-dessus.

« Au surplus, continuait-il, l'histoire ancienne est longue, et le système
« de guerre a changé souvent. Il en est toujours ainsi. De nos jours, il n'est
« déjà plus celui du temps de Turenne et de Vauban. Aujourd'hui les tra-
« vaux de campagne devenaient inutiles ; le système même de nos places
« était désormais problématique ou sans effet ; l'énorme quantité de bombes
« et d'obus changeait tout. Ce n'était plus contre l'horizontale qu'on avait à
« se défendre, mais contre la courbe et la développée. Aucune des places
« anciennes n'était désormais à l'abri : elles cessaient d'être tenables ; aucun
« pays n'était assez riche pour les entretenir. Le revenu de la France ne
« pouvait suffire à ses lignes de la Flandre ; car les fortifications extérieures
« n'étaient guère aujourd'hui que le quart ou le cinquième de la dépense
« nécessaire ; les casemates, les magasins, les établissemens à l'abri de la
« bombe, voilà désormais ce qui était indispensable et ce à quoi on ne pour-
« rait suffire. » L'Empereur se plaignait surtout de la faiblesse de la maçonnerie actuelle ; le génie avait un vice radical sur cet objet, il lui avait coûté des sommes immenses en pure perte.

L'Empereur, frappé de ces vérités nouvelles, avait imaginé un système tout-à-fait au rebours des axiomes établis jusqu'ici : c'était d'avoir un calibre de gros échantillon, poussé en dehors de la ligne magistrale vers l'ennemi, et d'avoir cette ligne magistrale elle-même, au contraire, défendue par une grande quantité de petite artillerie mobile ; par là, l'ennemi était arrêté court dans son approche subite : il n'avait que des pièces faibles pour attaquer des pièces fortes ; il était dominé par ce gros échantillon, autour duquel les ressources de la place, les petites pièces, venaient se grouper, ou même se portaient au loin en tirailleurs, et pouvaient suivre tous les mouvemens de l'ennemi par leur facile mobilité. Il fallait à l'ennemi dès lors de l'artillerie de siége ; il devait ouvrir la tranchée ; on gagnait du temps, et le véritable objet de la fortification était accompli. L'Empereur a employé ce moyen avec beaucoup de succès, et au grand étonnement des ingénieurs, à la défense de Vienne et à celle de Dresde : il voulait l'employer à celle de Paris, qu'il ne croyait défendable que de la sorte, mais du succès duquel il ne doutait nullement, etc.

Résumé des neuf mois écoulés.

Voilà déjà neuf mois que j'écris mon journal, et je crains bien qu'au travers des parties hétérogènes qui s'y succèdent sans ordre, on n'ait que trop souvent perdu de vue mon principal, mon unique objet, ce qui concerne

Napoléon et peut servir à le caractériser. C'est pour y suppléer, en tant que de besoin, que je vais essayer ici un résumé de quelques lignes; résumé d'ailleurs que je me propose, pour le même motif, de réitérer désormais tous les trois mois.

En quittant la France, nous étions demeurés un mois à la disposition du brutal et féroce ministère anglais; puis notre traversée à Sainte-Hélène avait été de trois mois.

A notre débarquement, nous avons occupé Briars près de deux mois.

Enfin, nous étions à Longwood depuis trois mois.

Or, ces neuf mois eussent composé quatre époques bien distinctes pour celui qui se serait occupé d'observer Napoléon.

Tout le temps de notre séjour à Plymouth, Napoléon demeura concentré et purement passif, n'opposant que la force d'inertie. Ses maux étaient tels et tellement sans remède, qu'il laissait stoïquement courir les évènemens.

Durant toute notre traversée, ce fut en lui constamment une parfaite égalité, et surtout la plus complète indifférence; il ne témoignait aucun désir, n'exprimait aucun contre-temps. On lui portait, il est vrai, les plus grands égards; il les recevait sans s'en apercevoir; il parlait peu, et toujours le sujet était étranger à sa personne. Quiconque tombé subitement à bord aurait été témoin de sa conversation eût été bien loin sans doute de deviner à qui il avait affaire: ce n'était pas l'Empereur. Je ne saurais mieux le peindre dans cette circonstance, qu'en le comparant à ces passagers de haute distinction qu'on transporte avec grand respect au lieu de leur mission.

Notre séjour à Briars présenta une autre nuance. Napoléon, réduit presque à lui seul, ne recevant personne, tout à son travail, semblant oublier les événemens et les hommes, jouissait en apparence du calme et de la paix d'une solitude profonde, dédaignant, par distraction ou par mépris, de s'apercevoir des inconvéniens ou des privations dont on l'environnait; s'il en exprimait parfois quelque chose, ce n'était que réveillé par l'importunité de quelque Anglais, ou excité par le récit des outrages faits aux siens. Toute sa journée était remplie par ses dictées; le reste du temps donné au délassement d'une conversation toute privée. Il ne mentionnait point les affaires de l'Europe; parlait rarement de l'empire, fort peu du consulat, mais beaucoup de son généralat d'Italie, et bien plus encore, et presque constamment, des plus minutieux détails de son enfance et de sa première jeunesse. Ces derniers sujets surtout semblaient, en cet instant, d'un charme tout particulier pour lui. On eût dit qu'ils lui procuraient un oubli complet; ils le portaient même à la gaieté. C'était presque uniquement de ces objets qu'il remplissait les heures nombreuses de ses promenades nocturnes au clair de lune.

Enfin notre établissement à Longwood fut une quatrième et dernière nuance. Toutes nos situations jusque là n'avaient été qu'éphémères et transitoires. Cette dernière devenait fixe, et menaçait d'être durable. Là allaient commencer réellement notre exil et nos destinées nouvelles. L'histoire les prendrait là; les regards de l'univers allaient nous y considérer. L'Empereur, semblant faire ce calcul, régularise tout ce qui l'entoure, et prend l'attitude de la dignité qu'opprime la force; il trace autour de lui une enceinte morale derrière laquelle il se défend à présent pouce à pouce contre les inconvenances et les outrages; il ne passe plus rien à ses persécuteurs, il se montre susceptible sur les formes, hostile contre toute entreprise. Les Anglais n'avaient pas douté que l'habitude ne produisît enfin la familiarité.

L'Empereur les ramène au premier jour, et le respect le plus profond se manifeste.

Ce ne fut pas pour nous une petite surprise ni une légère satisfaction que d'avoir à nous dire que, sans savoir comment ni pourquoi, il devenait pourtant visible que, dans l'esprit et aux regards des Anglais, l'Empereur se trouvait à présent plus haut qu'il ne l'avait été jusque là ; nous pouvions même nous apercevoir que ce sentiment allait chaque jour croissant.

Avec nous, l'Empereur reprit tout-à-fait, dans ses conversations, l'examen des affaires de l'Europe. Il analysait les projets et la conduite des souverains ; il leur opposait la sienne, jugeait, tranchait, parlait de son règne, de ses actes ; en un mot, nous retrouvions l'Empereur, et *tout* Napoléon. Ce n'est pas qu'il eût jamais cessé de l'être un instant pour notre dévouement et nos soins, ni que, de notre côté, nous eussions à en souffrir le moins du monde sous aucun rapport. Jamais il ne fut pour nous d'humeur plus égale, de bonté plus constante, d'affection plus habituelle. C'était précisément au milieu de nous, et tout-à-fait en famille, qu'il concertait ses sorties contre l'ennemi commun ; et celles qu'on trouvera les plus vigoureuses, qui paraîtront dictées par la colère, ne l'ont presque jamais été, même sans quelque rire et sans quelque gaieté.

La santé de l'Empereur, durant les six mois qui précédèrent notre établissement à Longwood, ne sembla pas éprouver la moindre altération ; pourtant c'était un régime si contraire ! Les heures, la nourriture, n'étaient plus les mêmes ; ses habitudes étaient toutes bouleversées. Lui accoutumé à tant de mouvement était demeuré renfermé tout ce temps dans une chambre. Les bains étaient devenus une partie de son existence, et il en avait été constamment privé, etc., etc. Ce ne fut qu'après être arrivé à Longwood, et lorsqu'il eut retrouvé une partie de ces objets, qu'il eut couru à cheval et repris des bains, qu'on commença à apercevoir une altération sensible.

Chose singulière ! tant qu'il avait été mal, il n'y eut point de traces de ses souffrances ; ce ne fut que dès qu'il fut mieux qu'on les vit apparaître. Ne serait-ce pas que, dans l'ordre moral comme dans l'ordre physique, il se trouve souvent un long intervalle entre la cause et les effets ?

Journée de Longwood, etc.—Procès de Drouot.—Jugemens militaires.—Soult.—Masséna. — Camarades de l'Empereur dans l'artillerie.—L'Empereur croyant son nom inconnu même dans Paris.

Samedi 23 au mardi 26. — Ces matinées furent en partie d'un très mauvais temps, de ces pluies battantes qui nous permettaient à peine de mettre le nez dehors. L'Empereur a parcouru l'ouvrage d'une *miss William* sur le retour de l'île d'Elbe ; il venait de nous arriver d'Angleterre ; il en a été bientôt dégoûté, et il devait l'être : cette production est tout-à-fait méchante et mensongère ; c'est le recueil et l'écho des bruits qu'imaginèrent, dans les temps, les salons malveillans de Paris.

Quant à nos soirées, il nous importait peu le temps qu'il faisait, qu'il plût ou qu'il fit beau clair de lune ; dès que la nuit approchait, nous nous constituions littéralement nous-mêmes de vrais prisonniers. Vers les neuf heures, on nous entourait de sentinelles ; c'eût été une douleur que de les rencontrer. Ce n'est pas qu'accompagnés de l'officier anglais préposé à notre surveillance, l'Empereur et nous-mêmes n'eussions pu sortir plus tard ; mais c'eût été pour nous un supplice plutôt qu'un plaisir, et c'est ce que cet officier ne pouvait concevoir. Il laissa deviner, dans le principe, qu'il imaginait que la mauvaise humeur seule dictait cette réclusion, et qu'elle aurait bientôt une fin ; je ne sais ce qu'il aura pensé de notre constance.

L'Empereur, comme je crois l'avoir déjà dit, se mettait à table régulièrement à huit heures ; il n'y demeurait jamais une demi-heure ; parfois à peine un quart d'heure. De retour dans le salon, quand il était souffrant ou silencieux, nous avions toutes les peines du monde à atteindre neuf heures et demie ou dix heures ; ce n'était même qu'à l'aide de quelques lectures. Mais quand il avait de la gaieté ou s'abandonnait à la conversation, nous arrivions en un instant jusqu'à onze heures et au delà : c'étaient nos bonnes soirées. Il se retirait alors avec une espèce de satisfaction d'avoir, disait-il, conquis le temps. Et c'était justement ces jours-là, lorsque nous avions le moins de mérite, qu'il faisait observer qu'il fallait tout notre courage pour supporter une pareille vie.

Dans une de ces soirées, la conversation tomba sur les procès militaires qui s'intruisent aujourd'hui en France. L'Empereur ne pensait pas que le *général Drouot* pût être condamné pour être venu à la suite d'un souverain reconnu, faisant la guerre à un autre. A cela quelqu'un disait que ce que l'on trouvait ici sa justification devait être son plus grand péril au jugement de la légitimité.

L'Empereur convenait, en effet, qu'il n'y avait rien à répondre à la doctrine mise en avant aujourd'hui. D'un autre côté, cependant, en condamnant le général Drouot, l'Empereur disait que l'on condamnait l'émigration, et légitimait les jugemens contre les émigrés. Les doctrines républicaines punissaient de mort quiconque portait les armes contre la France ; il n'en était pas ainsi de la doctrine royale. Si l'on adoptait ici la loi républicaine, l'émigration et le parti royal se condamnaient eux-mêmes.

Du reste, en thèse générale, le cas de Drouot était même bien différent de celui de Ney ; et puis il y avait eu en Ney une vacillation malheureuse qu'on ne retrouvait pas dans Drouot. Aussi l'intérêt qu'on avait porté à Ney ne tenait-il qu'à l'opinion : celui que faisait naître Drouot tiendrait à la personne.

L'Empereur a continué sur les dangers et les embarras des tribunaux dans toute l'affaire du retour de l'île d'Elbe. Une circonstance particulière surtout le frappait à l'extrême, c'était la situation de *Soult*, qu'on nous disait en jugement. Lui Napoléon savait, disait-il, jusqu'à quel point Soult était innocent ; et pourtant, sans cette circonstance toute personnelle, lui Napoléon, s'il était juré, indubitablement le déclarerait coupable, tant les apparences se réunissaient contre lui. Ney, dans sa défense, par un sentiment dont il est difficile de se rendre compte, fait dire faussement à l'Empereur que Soult était d'accord avec lui. Or, toutes les circonstances de la conduite de Soult pendant son ministère, la confiance de l'Empereur après son retour, etc..., s'accordent avec cette disposition : qui donc ne le condamnerait pas ? « Pourtant Soult est innocent, disait l'Empereur : il m'a « même confessé qu'il avait pris un penchant réel pour le roi. L'autorité « dont il jouissait sous celui-ci, disait-il, si différente de celle de mes mi- « nistres, était quelque chose de fort doux, et l'avait tout-à-fait subjugué. »

Masséna, dont les papiers nous annonçaient aussi la proscription, « Masséna, continuait l'Empereur, était une autre personne qu'ils jugeront peut- « être comme coupable de trahison. Tout Marseille était contre lui, les

« apparences l'accablaient, et pourtant il avait rempli son devoir jusqu'au
« moment où il s'était déclaré ouvertement. » Il avait même été loin, revenu
à Paris, de chercher à se faire aucune espèce de mérite auprès de l'Empereur, lorsque Napoléon lui demandait s'il eût dû compter sur lui. « Le vrai,
« continuait l'Empereur, est que tous les chefs avaient fait leur devoir, mais
« qu'ils n'avaient rien pu contre le torrent de l'opinion, et personne n'avait
« bien calculé les sentimens de la masse et l'élan de cette nation. Carnot,
« Fouché, Maret, Cambacérès, m'ont confessé à Paris qu'ils s'étaient fort
« trompés à cet égard. Et personne, continuait l'Empereur, ne le juge bien
« encore, etc., etc. »

« Si le roi, continuait-il, fût resté plus tard en France, il eût peut-être
« péri dans quelque soulèvement; mais s'il fût tombé dans mes mains, je
« me serais cru assez fort pour pouvoir l'entourer de bons traitemens dans
« quelque demeure à son choix, comme Ferdinand l'avait été à Valen-
« cey, etc. »

Précisément avant cette conversation, l'Empereur jouant aux échecs, et
son roi étant tombé, il s'était écrié : « Ah! mon pauvre Louis XVIII, te
« voilà à bas. » Et comme après l'avoir ramassé on le lui rendait mutilé :
« Ah! l'horreur, s'est-il écrié; bien certainement je n'accepte pas l'au-
« gure, et je suis même loin de le souhaiter... Je ne lui en veux pas à ce
« point. »

Je n'aurais eu garde d'omettre cette circonstance, quelque petite qu'elle
soit, tant elle est caractéristique sous bien des rapports. Aussi, l'Empereur
retiré dans son appartement, nous y revînmes entre nous. Quelle gaieté,
quelle liberté d'esprit dans son horrible infortune! nous disions-nous. Quel
calme de cœur! quelle absence de fiel, d'irritation, de haine! Qui reconnaîtrait là celui que l'inimitié, le mensonge se sont plu à désigner si monstrueusement? Qui même des siens l'a bien connu, ou a cherché à le faire
bien connaître?

Dans une autre soirée, l'Empereur parlait de ses premières années dans
l'artillerie et de ses camarades de table : c'est un temps sur lequel il revient
souvent avec un grand plaisir. On lui cita un de ses commensaux qui,
ayant été préfet du même département sous lui et sous le roi, n'avait pu
obtenir de le demeurer encore à son retour. L'Empereur, cherchant à se le
rappeler, a dit ensuite que cette personne avait, à une certaine époque,
manqué sa fortune auprès de lui. Que quand il devint commandant de l'armée de l'intérieur, il l'avait comblé, l'avait fait son aide de camp, et projetait d'en faire un homme de confiance; mais cet aide de camp tant favorisé
avait été fort mal pour lui, au moment du départ pour l'armée d'Italie : il
avait alors abandonné son général pour le Directoire. « Néanmoins, disait
« l'Empereur, une fois sur le trône, il eût encore pu beaucoup sur moi, s'il
« eût su s'y prendre. Il avait le droit des premières années, qui ne se perd
« jamais. Je n'eusse certainement pas résisté à une surprise dans un rendez-
« vous de chasse, par exemple, ou à toute autre demi-heure de conversa-
« tion sur les temps passés; j'aurais oublié ce qu'il m'avait fait; il ne m'im-
« portait plus s'il avait été de mon parti ou non, je les avais désormais réunis
« tous. Ceux qui avaient la clef de mon caractère savaient bien cela; ils
« savaient qu'avec moi, dans quelque disposition que je fusse contre eux,
« c'était comme au jeu de barres, la partie était gagnée aussitôt qu'on avait
« pu toucher le but. Aussi n'avais-je d'autre moyen, si je voulais résister,
« que de refuser de les voir. »

Il nous disait d'un autre ancien camarade qu'avec de l'esprit et les qualités convenables il eût pu tout auprès de lui. Il ajoutait qu'avec moins de cupidité un troisième n'eût jamais été éloigné par lui.

Nous nous demandions s'ils avaient bien soupçonné ce secret et leurs chances, si d'ailleurs l'élévation et le lustre de l'Empereur leur avaient bien laissé la facilité de les mettre à profit.

Au sujet du lustre de la puissance impériale, le grand maréchal dit alors que, quelque grand, quelque resplendissant que l'Empereur lui eût paru sur le trône, jamais il ne lui avait laissé une impression supérieure, peut-être même égale, à celle que lui avait faite sa situation à la tête de l'armée d'Italie. Il développait et prouvait assez bien sa pensée, et l'Empereur ne l'écoutait pas sans une espèce de complaisance. Cependant, remarquions-nous, que de grands événemens depuis! que d'élévation! que de grandeur! que de renommée par toute la terre! L'Empereur écoutait. « Eh bien, a-t-il « dit, malgré tout cela, Paris est si grand, et renferme tant de gens de « toute espèce, et quelques uns tellement bizarres, que je suppose qu'il en « est qui ne m'ont jamais vu, et qu'il peut en être d'autres à qui mon nom « même n'est jamais parvenu. Ne le pensez-vous pas, nous disait-il? » Et il fallait voir avec quelle bizarrerie lui-même, avec quelles ressources d'esprit il développait alors cette assertion qu'il savait mauvaise. Nous nous sommes tous récriés fortement que quant à son nom, il n'était pas de ville et de village en Europe, peut-être même dans le monde, où il n'eût été prononcé. Quelqu'un a ajouté : « Sire, avant de revenir en France, à la paix « d'Amiens, Votre Majesté n'étant encore que Premier Consul, je voulus « parcourir le pays de Galles, comme une des portions les plus extraordi-« naires de l'Angleterre. Je gravis des sommités tout-à-fait sauvages et d'une « hauteur prodigieuse; j'atteignis des chaumières que je croyais appartenir « à un autre univers. En entrant dans une de ces solitudes éloignées, je « disais à mon compagnon de voyage : C'est ici qu'on doit trouver le repos et « échapper au bruit des révolutions. Le maître, nous soupçonnant Fran-« çais à notre accent, nous demanda aussitôt des nouvelles de France, et ce « que faisait son premier consul *Bonaparte.* »

— « Sire, dit un autre de nous, nous avons eu la curiosité de demander « aux officiers de la Chine si nos affaires européennes étaient arrivées jus-« qu'à cet empire. Sans doute, nous ont-ils répondu, confusément à la vé-« rité, parce que cela ne les intéresse nullement; mais le nom de votre « Empereur y est célèbre et associé aux grandes idées de conquête et de « révolution; précisément comme ont pénétré chez nous les noms de ceux « qui ont changé la face de cette partie du monde : les Gengiskan, les Ta-« merlan, etc. »

La publication du *Mémorial* a porté beaucoup de personnes à me fournir des renseignemens sur des faits dont ils avaient été acteurs ou témoins. Et au sujet de l'universelle célébrité de Napoléon, dont il est ici question, l'un a dit qu'après Waterloo et la dissolution de l'armée, ayant été chercher du service en Perse, et se trouvant admis à l'audience du souverain, le premier objet qui avait frappé ses regards avait été le portrait de Napoléon, sur le trône même, au-dessus de la tête du schah.

Un autre, revenant des mêmes contrées, assurait que l'idée du pouvoir de Napoléon était tellement populaire dans toute l'Asie, et y exerçait une telle influence, qu'après sa chute, des agens du roi chargés de remplacer les siens, s'étaient vus souvent réduits à emprunter l'autorité de son nom pour obtenir de la bienveillance sur leur route et se ménager les facilités de parvenir à leur destination.

Enfin un troisième m'a écrit que le capitaine du navire *le Bordelais*, dans le cours de son voyage à la côte nord-ouest d'Amérique, relâchant aux îles Sandwich, avait été présenté au roi, qui, durant l'audience, s'informa du roi Georges III et de l'empereur Alexandre. Au pied du trône se trouvait assise une femme, la favorite du prince, laquelle, à chacun des noms européens qu'avait prononcés le roi, s'était retournée vers lui avec un sourire de dédain et une impatience marquée ; mais n'y pouvant plus tenir, elle interrompit le roi en s'écriant : *Et Napoléon, comment se porte-t-il?*

Examen de conscience politique.—État fidèle de l'Empire, sa prospérité.—Idées libérales de l'Empereur sur la différence des partis.—Marmont.—Murat.—Berthier.

Mercredi 27. — Aujourd'hui l'Empereur se promenait dans le jardin avec le grand maréchal et moi. La conversation nous conduisit à faire notre examen de conscience politique.

L'Empereur avait été très chaud, disait-il, et de fort bonne foi au commencement de la révolution ; il s'était refroidi par degré à mesure qu'il avait acquis des idées plus justes et plus solides ; son patriotisme s'était affaissé, disait-il, sous les absurdités politiques et les monstrueux excès civils de nos législatures ; enfin sa foi républicaine avait disparu lors de la violation des choix du peuple par le Directoire, au temps de la bataille d'Aboukir.

Pour le grand maréchal, il disait n'avoir jamais été républicain, mais très chaud constitutionnel, jusqu'au 10 août où les horreurs du jour l'avaient guéri de toute illusion : il avait failli être massacré en défendant le roi aux Tuileries.

Quant à moi, il était notoire que j'avais débuté par être royaliste pur et des plus ardens. « C'est donc à dire, Messieurs, a repris plaisamment l'Em-
« pereur, qu'ici je suis le seul qui ait été républicain ? — Et encore, Sire,
« avons-nous repris tous deux, Bertrand et moi. — Oui, républicain et pa-
« triote, a répété l'Empereur. — Pour patriote, lui a observé l'un de nous,
« moi aussi je l'ai été malgré mon royalisme ; mais, pour comble de bizar-
« rerie, je ne le suis devenu que sous l'empire. — Comment, vilain ! vous
« êtes donc obligé de convenir que vous n'avez pas toujours aimé votre pays ?
« — Sire, ne faisons-nous pas ici notre examen de conscience ? je me con-
« fesse. Revenu à Paris, en vertu de votre amnistie, pouvais-je m'y regar-
« der d'abord comme Français, quand chaque loi, chaque décret, chaque
« ordonnance tapissant les rues n'accompagnait jamais ma malheureuse qua-
« lification d'émigré que des épithètes les plus outrageantes ! Aussi, en y
« rentrant, je ne pensais pas que j'y demeurasse ; j'y avais été attiré par la
« curiosité ; je n'avais fait que céder à l'attrait invincible du sol, au besoin
« de respirer encore l'atmosphère natale ; je n'y possédais plus rien ; pour
« seulement revoir la France, j'avais été obligé de jurer à la frontière l'aban-
« don de mon patrimoine, la légalisation de sa perte ; aussi je ne me regar-
« dais dans ce pays, jadis le mien, que comme un simple passager ; j'étais un
« véritable étranger de mauvaise humeur et même malveillant. Arriva l'em-
« pire, ce fut une grande chose : c'étaient alors, me disais-je, mes mœurs,
« mes préjugés, mes principes qui triomphaient : ce n'était plus qu'une dif-
« férence dans la personne du souverain. Quand s'ouvrit la campagne d'Au-

« sterlitz, mon cœur s'étonna de se retrouver Français : ma situation était
« pénible ; je me disais tiré à quatre chevaux ; je me sentais partagé entre la
« passion aveugle et le sentiment national ; les triomphes de l'armée fran-
« çaise et de leur général me répugnaient, leur défaite m'eût humilié. Enfin
« les prodiges d'Ulm et l'éclat d'Austerlitz vinrent me tirer d'embarras ; je
« fus vaincu par la gloire : j'admirai, je reconnus, j'aimai Napoléon, et dès
« ce moment je devins Français jusqu'au fanatisme. Depuis lors, je n'ai pas
« eu d'autre pensée, d'autres paroles, d'autres sentimens, et me voici à vos
« côtés. »

L'Empereur est passé alors à une foule de questions sur l'émigration, notre nombre, notre esprit. Je lui disais des choses curieuses sur nos princes, le duc de Brunswick, le roi de Prusse ; je le faisais rire sur la déraison de nos prétentions, le peu de doute de nos succès, le désordre de nos moyens, l'incapacité de nos chefs. « Les hommes, disais-je, n'étaient véri-
« tablement pas alors ce qu'ils ont été depuis. Heureusement ceux que nous
« avions à combattre n'étaient, au commencement, que de notre force ; nous
« croyions surtout, répétions-nous sans cesse, et je croyais fermement que
« l'immense majorité de la nation française était pour nous. J'aurais dû pour-
« tant me désabuser lorsque nos rassemblemens furent parvenus jusqu'à
« Verdun et au delà, car pas un ne venait nous joindre ; tous, au contraire,
« fuyaient à notre approche. Toutefois je l'ai cru long-temps encore, même
« après mon retour d'Angleterre, tant nous nous abusions à la suite des ab-
« surdités dont nous nous nourrissions les uns les autres ; nous nous disions
« que le gouvernement ne reposait que dans une poignée de gens, qu'il ne
« durait que par la force, qu'il était en horreur à la nation ; et il en est qui
« n'auront pas cessé de le croire. Je suis persuadé que parmi ceux qui le
« répètent aujourd'hui aux Chambres, il en est qui sont de bonne foi, tant
« je reconnais l'esprit, les idées et les expressions de Coblentz.—Mais quand
« vous êtes-vous donc désabusé, disait l'Empereur ?—Sire, fort tard ; même
« quand je me suis rallié, quand je suis venu à la cour de Votre Majesté,
« j'étais conduit par l'admiration et le sentiment bien plutôt que par la con-
« viction de votre force et de votre durée. Cependant, quand je me trouvai
« dans votre Conseil d'État, voyant la franchise avec laquelle on votait les
« décrets les plus décisifs, que pas un doute n'existait sur la plus légère ré-
« sistance, qu'il n'y avait autour de moi que conviction et persuasion par-
« faites, il me sembla alors que votre puissance et l'état des choses gagnaient
« avec une rapidité dont je ne me rendais pas compte. A force de chercher
« en moi-même à en deviner la cause, je fis un jour une grande et importante
« découverte ; c'est que tout cela existait en effet depuis fort long-temps,
« mais que je ne l'avais pas su ni voulu l'apercevoir : je m'étais tenu caché
« sous le boisseau, de peur que la lumière ne me parvînt. En ce moment je
« me trouvais lancé au milieu de tout son éclat ; j'en étais ébloui. Dès cet
« instant, tous mes préjugés tombèrent : ce fut la taie qu'on enleva de des-
« sus mes yeux.

« Envoyé depuis en mission par Votre Majesté, et ayant parcouru plus de
« soixante départemens, je mis le soin le plus scrupuleux et la bonne foi la
« plus parfaite à vérifier tout ce dont j'avais douté si long-temps. J'interro-
« geai les préfets, les autorités inférieures, je me fis produire les documens
« et les registres ; j'interrogeai de simples particuliers, sans en être connu ;
« j'employai toutes les contre-épreuves possibles, et je recueillis la conviction
« que le gouvernement était entièrement national et tout-à-fait du vœu des

« peuples ; que jamais la France, à aucune époque de son histoire, n'avait
« été plus forte, plus florissante, mieux administrée, plus heureuse. Jamais
« les chemins n'avaient été mieux entretenus ; l'agriculture avait gagné d'un
« dixième, d'un neuvième, d'un huitième en productions (1).

« Une inquiétude, une ardeur générales animaient tous les esprits au tra-
« vail, et les portaient à une amélioration personnelle et journalière. L'in-
« digo était conquis, le sucre devait l'être infailliblement. Jamais, à aucune
« époque, le commerce intérieur et l'industrie en tout genre n'avaient été
« portés aussi loin : au lieu de quatre millions de livres de coton qui s'em-
« ployaient au moment de la révolution ; il s'en travaillait à présent au delà
« de trente millions de livres, bien que nous ne puissions en recevoir par
« mer, et qu'il nous vînt d'aussi loin par terre que de Constantinople. Rouen
« était devenu un vrai prodige dans ses résultats, etc., etc.

« Les impositions se payaient partout, la conscription était nationalisée ;
« la France, au lieu d'être épuisée, comptait plus de populations qu'aupa-
« ravant, et elle croissait journellement.

« Quand, avec ces données je reparus dans mes anciens cercles, ce fut
« une véritable insurrection ; on jeta les hauts cris, on me rit au nez, mais
« il y avait pourtant dans le nombre des gens sensés, et je revenais bien fort ;
« j'en ébranlai plusieurs, j'en convainquis quelques-uns ; j'eus aussi mes
« conquêtes. »

L'Empereur, résumant, disait qu'il fallait convenir que notre réunion politique à Sainte-Hélène était certainement des plus extraordinaires; que nous
étions arrivés à un centre commun par des routes bien divergentes. Cependant nous les avions parcourues tous de bonne foi. Rien ne prouvait donc
mieux, disait-il, l'espèce de hasard, l'incertitude et la fatalité qui d'ordinaire, dans le dédale des révolutions, conduisent les cœurs droits et honnêtes. Rien ne prouve plus aussi, continuait-il, combien l'indulgence et les
vues sages sont nécessaires pour recomposer la société après de longs troubles. Ce sont ces dispositions et ces principes qui l'avaient fait, disait-il,
l'homme le plus propre aux circonstances de brumaire, et ce sont eux qui
le faisaient sans doute encore l'homme le plus propre aux circonstances actuelles de la France. Il n'avait sur ce point ni défiance, ni préjugés, ni passions; il avait constamment employé des hommes de toutes les classes, de
tous les partis, sans jamais regarder en arrière d'eux, sans leur demander
ce qu'ils avaient fait, ce qu'ils avaient dit, ce qu'ils avaient pensé, exigeant
seulement, disait-il, qu'ils marchassent désormais et de bonne foi vers le
but commun : le bien et la gloire de tous ; qu'ils se montrassent vrais et
bons Français. Jamais surtout il ne s'était adressé aux chefs pour se gagner les partis ; mais, au contraire, il avait attaqué la masse des partis,
afin de pouvoir dédaigner leurs chefs. Tel avait été, disait-il, le système
constant de sa politique intérieure, et malgré les derniers événemens il
était loin de s'en repentir ; s'il avait à recommencer, il le ferait encore.

« C'est sans raison surtout, disait-il, qu'on m'a reproché d'avoir employé
« et des nobles et des émigrés. Imputation banale et tout-à-fait vulgaire !
« Le fait est que sous moi il n'y avait plus en France que des opinions,
« des sentimens individuels. Ce ne sont pas les nobles et les émigrés

(1) Circonstance assez singulière : c'est précisément de M. de Villèle, devenu depuis
célèbre, que j'obtins en Languedoc cette assertion sur l'agriculture.

« qui ont amené la restauration, mais bien plutôt la restauration qui a res-
« suscité les nobles et les émigrés. Ils n'ont pas plus particulièrement con-
« tribué à notre perte que d'autres : les vrais coupables sont les intrigans
« de toutes les couleurs et de toutes les doctrines. Fouché n'était point un
« noble ; Talleyrand n'était pas un émigré ; Augereau et Marmont n'étaient
« ni l'un ni l'autre. Enfin, voulez-vous une preuve dernière du tort de s'en
« prendre à des classes entières, quand une révolution comme la nôtre a
« labouré au milieu d'elles ? comptez-vous ici. Sur quatre, vous vous trou-
« vez deux nobles, dont l'un même est émigré. Le bon M. *de Ségur*, malgré
« son âge, à mon départ, m'a fait offrir de me suivre. Je pourrais multi-
« plier mes citations à l'infini. C'est encore sans raison, continuait-il, qu'on
« m'a reproché d'avoir dédaigné certaines personnes influentes ; j'étais trop
« puissant pour ne pas mépriser impunément les intrigues et l'immoralité
« reconnue de la plupart d'entre eux. Aussi n'est-ce rien de tout cela qui
« m'a renversé, mais seulement des catastrophes imprévues, inouïes, des
« circonstances forcées : cinq cent mille hommes aux portes de la capitale ;
« une révolution encore toute fraîche, une crise trop forte pour les têtes
« françaises, et surtout une dynastie pas assez ancienne. Je me serais relevé
« du pied des Pyrénées mêmes, si seulement j'eusse été mon petit-fils.

« Et ce que c'est pourtant que la magie du passé ! Bien certainement j'é-
« tais l'élu des Français, leur nouveau culte était leur ouvrage. Eh bien !
« dès que les anciens ont reparu, voyez avec quelle facilité ils sont retour-
« nés aux idoles !...

« Et comment une autre politique, après tout, eût-elle pu empêcher ce
« qui m'a perdu ? J'ai été trahi par *Marmont*, que je pouvais dire mon fils,
« mon enfant, mon ouvrage ; lui auquel je confiais mes destinées, en l'en-
« voyant à Paris au moment même où il consommait sa trahison et ma perte.
« J'ai été trahi par *Murat*, que de soldat j'avais fait roi, qui était l'époux de
« ma sœur. J'ai été trahi par *Berthier*, véritable oison que j'avais fait une
« espèce d'aigle. J'ai été trahi, dans le Sénat, précisément par ceux du parti
« national qui me doivent tout. Tout cela n'a donc tenu nullement à mon
« système de politique intérieure. Sans doute on pourrait m'accuser avec
« avantage d'avoir employé trop facilement d'anciens ennemis ou des nobles
« et des émigrés, si un Macdonald, un Valence (1), un Montesquiou m'eus-
« sent trahi, mais ils m'ont été fidèles ; que si on m'objectait la bêtise de Mu-
« rat et de Berthier, je répondrais par l'esprit de Marmont. Je n'ai donc pas
« à me repentir de mon système politique intérieur, etc. »

Chance de danger dans les batailles, etc.—Les bulletins très véridiques.

Jeudi 28. — L'Empereur, pendant le dîner, parlait sur les chances de
danger des bâtimens de la Chine, dont un périssait sur trente, d'après les
renseignemens qu'il avait obtenus des capitaines ; ce qui l'a conduit aux
chances de péril dans les batailles, qu'il a dit être moindres que cela. *Wagram* lui a été citée comme une bataille sanglante ; il n'évaluait pas les tués

---

(1) Parcourant un jour à Longwood le nom des sénateurs qui avaient signé la déchéance,
l'un de nous fit observer celui de M. de Valence, signant comme secrétaire. Mais un autre
expliqua que cette signature était fausse, que M. de Valence s'en était plaint et avait
réclamé. « C'est très vrai, dit l'Empereur, je le sais, il a été très-bien ; Valence a été
« national. »

à plus de trois mille, ce qui n'était qu'un cinquantième : nous étions cent soixante mille. *Esling* avait été peut-être à quatre mille, nous étions quarante mille : c'était un dixième, il est vrai, mais aussi était-elle une des plus funestes : toutes les autres demeuraient incomparablement au dessous.

Cela a porté la conversation sur les bulletins. L'Empereur les a dits très véridiques, a assuré qu'à l'exception de ce que le voisinage de l'ennemi forçait de déguiser pour qu'il n'en tirât pas des lumières nuisibles lorsqu'ils arrivaient dans ses mains, tout le reste était très exact. A Vienne et dans toute l'Allemagne, on leur rendait plus de justice que chez nous. Si on leur avait fait une mauvaise réputation dans nos armées, si on disait communément *menteur comme un bulletin,* c'étaient les rivalités personnelles, l'esprit de parti qui l'avaient établi ainsi ; c'était l'amour-propre blessé de ceux qu'on avait oublié d'y nommer, et qui y avaient ou croyaient y avoir des droits, et, par dessus tout encore, notre ridicule défaut national de ne pas avoir de plus grands ennemis de nos succès et de notre gloire que nous-mêmes.

L'Empereur, après dîner, a fait quelques parties d'échecs. La journée avait été très pluvieuse. Il n'était pas bien ; il s'est retiré de bonne heure.

Insalubrité de l'île.

Vendredi 29. — Le temps était constamment mauvais ; impossible de mettre le pied dehors. La pluie et l'humidité envahissaient nos appartemens de cartons ; la santé de chacun en souffrait. La température est douce ici sans doute, mais le climat y est des plus insalubres. C'est une chose reconnue dans l'île qu'on y atteint rarement cinquante ans, presque jamais soixante. Qu'on joigne à cela notre isolement du reste de l'univers, les privations physiques, les mauvais procédés moraux, il en résultera qu'assurément les prisons d'Europe sont de beaucoup préférables à la liberté de Sainte-Hélène.

Sur les quatre heures, on m'a amené plusieurs capitaines de la Chine qui devaient être présentés à l'Empereur. Ils ont pu voir la petitesse, l'humidité, le mauvais état de mon réduit. Ils s'informaient comment l'Empereur se trouvait dans sa santé. Elle s'altérait visiblement, leur disais-je. Jamais nous n'entendions de plainte de lui. Sa grande âme résistait à tout et contribuait même à le tromper sur son corps ; mais nous pouvions le voir dépérir à vue d'œil. Je les ai conduits quelques instans après à l'Empereur, qui se promenait dans le jardin. Il m'a semblé précisément beaucoup plus altéré que de coutume. Il les a congédiés au bout d'une demi-heure. Il est rentré, et a pris un bain.

Avant et après le dîner, il avait l'air abattu et souffrant. Il a commencé à nous lire *les Femmes savantes ;* mais, dès le deuxième acte, il a passé le livre au grand maréchal, et a sommeillé sur le canapé durant tout le reste de la lecture.

Paroles de l'Empereur sur son expédition en Orient.

Samedi 30, dimanche 31. — Aujourd'hui le temps a continué à être très mauvais ; nous en souffrions tous. De plus, nous sommes littéralement infestés de rats, de puces, de punaises. Notre sommeil en est troublé ; de sorte que les peines de la nuit sont en parfaite harmonie avec celles du jour.

Le temps s'était remis tout-à-fait au beau le 31. Nous sommes sortis en calèche. L'Empereur, dans le cours de la conversation, est arrivé à dire, parlant de l'Égypte et de la Syrie, que s'il eût enlevé Saint-Jean-d'Acre, ce qu'il eût dû faire, il opérait une révolution dans l'Orient. « Les plus petites « circonstances conduisent les plus grands événemens, disait-il. La faiblesse « d'un capitaine de frégate qui prend chasse au large au lieu de forcer son « passage dans le port, quelques contrariétés de détails dans quelques cha- « loupes ou bâtimens légers, ont empêché que la face du monde ne fût « changée. Saint-Jean-d'Acre enlevé, l'armée française volait à Damas et à « Alep; elle eût été en un clin d'œil sur l'Euphrate. Les chrétiens de la Sy- « rie, les Druses, les chrétiens de l'Arménie se fussent joints à elle; les po- « pulations allaient être ébranlées. » Un de nous ayant dit qu'on eût été bientôt renforcé de cent mille hommes : « Dites de six cent mille, a repris « l'Empereur; qui peut calculer ce que c'eût été? J'aurais atteint Constan- « tinople et les Indes; j'eusse changé la face du monde! »

Description de l'appartement de l'Empereur.—Horloge du grand Frédéric.—Montre de Rivoli. —Détails minutieux de sa toilette.—Son costume.—Bruits ridicules, absurdités sur sa personne.—Complot de Georges.—De Cérachi.—Attentat du fanatique de Schœnbrunn.

Lundi 1er, mardi 2 avril. — Tout ce qui touche l'Empereur et le concerne semble devoir être précieux; des milliers de personnes le penseront ainsi. C'est dans ce sentiment, avec cette opinion, que je vais décrire minutieusement ici son appartement, l'ameublement qui s'y trouve, les détails de sa toilette, etc., etc. Et puis, avec le temps, peut-être un jour son fils se plaira-t-il à reproduire les détails, la contexture de sa prison! Peut-être aimera-t-il à s'entourer d'objets éloignés, d'ombres fugitives, qui lui recomposeront une espèce de réalité!

L'appartement de l'Empereur est formé de deux pièces *A* et *B*, ainsi qu'on peut le voir sur le plan de Longwood inséré dans l'ouvrage, chacune de quinze pieds de long sur douze de large, et d'environ sept de haut. Un assez mauvais tapis en couvre le plancher; des pièces de nankin, tendues en guise de papier, les tapissent toutes deux.

Dans la chambre à coucher *A* se voit le petit lit de campagne *a*, où couche l'Empereur; le canapé *b*, sur lequel il repose la plus grande partie du jour. Il est encombré de livres qui semblent lui en disputer l'usage. A côté est un petit guéridon *c*, sur lequel il déjeune et dîne dans son intérieur, et qui, le soir, porte un chandelier à trois branches, recouvert d'un grand chapiteau.

Entre les deux fenêtres, à l'opposite de la porte, est une commode *d*, contenant son linge, et sur laquelle est son grand nécessaire.

La cheminée *e*, supportant une fort petite glace, présente plusieurs tableaux. A droite est celui du roi de Rome sur un mouton, par Aimée Thibault; à gauche, en pendant, est un autre portrait du roi de Rome, assis sur un carreau, essayant une pantoufle, par le même auteur; plus bas, sur la cheminée, est un petit buste, en marbre, du même enfant. Deux chandeliers, deux flacons et deux tasses de vermeil, tirés du nécessaire de l'Empereur, achèvent l'ornement et la symétrie de la cheminée.

Enfin, au pied du canapé, et précisément en regard de l'Empereur quand il y repose étendu, ce qui a lieu la plus grande partie du jour, est le portrait de Marie-Louise, tenant son fils entre ses bras, par Isabey. Ce mauvais petit réduit est ainsi devenu un sanctuaire de famille.

Il ne faut pas oublier, sur la gauche de la cheminée et en dehors des portraits, la grosse montre d'argent du grand Frédéric, espèce de réveille-matin, prise à Potsdam, et, en pendant, à droite, la propre montre de l'Empereur, celle qu'il portait à l'armée d'Italie et d'Égypte, recouverte des deux côtés d'une boîte en or portant son chiffre B (1). Voilà la première chambre.

La seconde pièce B, servant de cabinet, présente le long des murs, du côté des fenêtres, des planches brutes posées sur de simples tréteaux, supportant un bon nombre de livres épars et les divers chapitres écrits par chacun de nous sous la dictée de l'Empereur.

Entre les deux fenêtres est une armoire g, en forme de bibliothèque; à l'opposite, un second lit de campagne h, semblable au premier, sur lequel l'Empereur repose parfois le jour et se couche même la nuit, après avoir quitté le premier dans ses fréquentes insomnies, et avoir travaillé ou marché dans sa chambre.

Enfin dans le milieu est la table de travail i, avec l'indication des places qu'occupent ordinairement l'Empereur et chacun de nous lorsqu'il nous dicte.

L'Empereur fait sa toilette dans sa chambre à coucher. Quand il se déshabille, ce qu'il fait de ses propres mains, il jette tout ce dont il se dépouille par terre, s'il ne se trouve là un de ses valets de chambre pour s'en saisir. Combien de fois je me suis précipité pour ramasser son cordon de la Légion-d'Honneur, quand je le voyais arriver ainsi sur le plancher!

La barbe est une des dernières parties de sa toilette, qui ne vient qu'après qu'on lui a mis ses bas, ses souliers, etc. Il se rase toujours lui-même, ôtant d'abord sa chemise, et demeurant en simple gilet de flanelle, qu'il avait quitté sous les chaleurs de la ligne, et qu'il a été obligé de reprendre à Longwood, à la suite de vives coliques dont il a été immédiatement soulagé par la reprise de la flanelle.

L'Empereur se rase dans l'embrasure de la fenêtre, à côté de la cheminée. Son premier valet de chambre lui présente le savon et un rasoir; un second tient devant lui la glace de son nécessaire, de manière à ce que l'Empereur présente au jour la joue qu'il rase. Ce second valet de chambre l'avertit si le rasoir a laissé quelque chose en arrière. Cette joue rasée, il se fait une évolution complète pour faire l'autre, chacun changeant de côté.

L'Empereur se lave ensuite la figure et très souvent la tête dans un grand *lavabo* d'argent f, fixé dans l'encoignure de la chambre, et apporté de l'Élysée. Vient ensuite l'histoire des dents, après quoi l'Empereur quitte son gilet de flanelle. Il est fort gras, peu velu, a la peau blanche, et présente un certain embonpoint qui n'est pas de notre sexe; ce qu'il observe parfois gaiement. L'Empereur se frotte alors la poitrine et les bras avec une brosse assez rude, la donne ensuite à son valet de chambre, pour qu'il lui frotte le dos et les épaules, qu'il arrondit à cet effet, lui répétant d'ordinaire quand il est de bonne humeur : *Allons fort, comme sur un âne.* Il s'inondait ensuite d'eau de Cologne, tant qu'il en a eu à sa disposition; mais il en a

---

(1) J'ai appris depuis que cette montre, la compagne fidèle des merveilleux travaux des campagnes d'Italie et d'Égypte, est passée dans les mains du grand maréchal.

L'empereur se plaignait que sa montre n'allait pas ou allait mal; on avait tenté vainement de la lui faire raccommoder; et un jour en considérant une que le général Bertrand venait de recevoir du Cap, il lui dit : « Je la garde, et vous donne la mienne : elle ne va pas en « ce moment, mais elle a sonné *deux heures* sur le plateau de Rivoli, quand j'ordonnai les « opérations de la journée. »

bientôt manqué, et, ne s'en trouvant point dans l'île, il a dû se réduire à l'eau de lavande, ce qui a été pour lui une privation réelle.

Quand il était en gaieté ou sans préoccupation, il lui arrivait d'ordinaire, à la fin du frottage de ses épaules, comme à chaque évolution pour les deux côtés de sa barbe, de considérer en face, quelques secondes, le valet de chambre en service, et de lui appliquer ensuite une bonne tape sur les oreilles, en l'accompagnant de quelques mots de plaisanterie.

C'est là sans doute ce que les faiseurs de libelles et de pamphlets ont appelé battre cruellement tout ce qui était autour de lui! car, à nous aussi, il lui arrivait souvent de nous pincer l'oreille ou de nous la prendre à poignée; mais, à l'expression qui accompagnait toujours ce geste, nous devions penser qu'on était bien heureux, au temps de sa puissance, d'une pareille faveur.

C'est ce qui me rappelle et m'explique tout-à-fait aujourd'hui certaines paroles d'un de ses anciens ministres. Ce ministre (le duc Decrès), au temps de sa plus grande faveur, désirait vivement une certaine grâce. Après avoir parcouru avec moi toutes les chances du succès, il lui échappa de dire dans l'épanchement : « Je l'aurai, après tout, la première fois que je serai *bourré*. » Et sur ce qu'il remarquait quelque chose sur ma figure, il ajouta avec un sourire significatif : « Mon cher, c'est qu'après tout ce n'est pas aussi ter-
« rible que tu le penses ; ne l'est pas qui veut, je t'assure... »

L'Empereur ne sortait de sa chambre qu'habillé et toujours en souliers, ne portant des bottes que le matin, s'il allait à cheval. En arrivant à Longwood, il a quitté son petit uniforme vert de la garde ; il n'a plus porté alors qu'un habit de ses chasses dont on avait ôté le galon. Il lui allait assez mal et commençait à être fort usé ; on s'inquiétait déjà comment on le remplacerait. Au demeurant, ce n'était pas le seul besoin de cette espèce dont il était entouré. Nous souffrions de le voir contraint, par exemple, à porter plusieurs jours les mêmes bas de soie, et nous nous récriions sur ce qu'on pouvait compter les jours par le nombre de marques que les souliers y traçaient ; il ne faisait qu'en rire. Dans toute autre chose, il a continué son costume habituel : veste et culotte de casimir blanc et cravate noire. Enfin, quand il allait sortir, celui de nous qui se trouvait là lui donnait son petit chapeau, chapeau remarquable, en quelque sorte devenu identique à sa personne, et dont on lui en a déjà volé plusieurs depuis que nous sommes dans l'île : car quiconque nous approche est avide d'en remporter quelque chose. Combien de fois chacun de nous a été persécuté par les personnes les plus distinguées pour en obtenir ne fût-ce qu'un bouton de son habit ou toute autre minutie de même nature !

J'assistais presque tous les jours à cette toilette, soit que je m'y trouvasse par la fin de mon travail, soit que j'y fusse appelé pour causer.

Un jour, considérant l'Empereur remettre son gilet de flanelle, mes traits exprimaient sans doute quelque chose de particulier. « De quoi sourit *Votre*
« *Excellence* ? (expression de sa bonne humeur.) Qu'est-ce qui l'occupe en
« ce moment ? — Sire, c'est que je viens de trouver dans un pamphlet que
« Votre Majesté, pour plus de sûreté, était cuirassée nuit et jour. Certains
« salons de Paris disaient aussi quelque chose de semblable, et en donnaient
« pour preuve l'embonpoint subit de Votre Majesté, qui, suivant eux, n'é-
« tait pas naturel. Or, je pensais en cet instant que je pourrais témoigner,
« avec connaissance de cause, que cet embonpoint était très naturel, et que
« je pourrais affirmer aussi qu'à Sainte-Hélène, du moins, Votre Majesté

« avait laissé toutes précautions de côté. — C'est une des mille et une bêtises
« qu'ils ont écrites sur mon compte. Celle-ci est d'autant plus gauche, que
« tous ceux qui me connaissent savent le peu de soin que je prenais de ma
« conservation. Accoutumé dès l'âge de dix-huit ans aux boulets des ba-
« tailles, et sachant toute l'inutilité de vouloir s'en préserver, je m'abandon-
« nais à ma destinée. Depuis, lorsque je suis arrivé à la tête des affaires,
« j'ai dû me croire encore au milieu des batailles, dont les conspirations
« étaient les boulets. J'ai continué mon même calcul; je me suis abandonné
« à mon étoile, laissant à la police tout le soin des précautions. J'ai été
« peut-être le seul souverain de l'Europe qui n'avait point de gardes du
« corps. On m'abordait sans avoir à traverser une salle des gardes. Quand
« on avait franchi l'enceinte extérieure des sentinelles, on avait la circula-
« tion de tout mon palais. C'était un grand sujet d'étonnement pour Marie-
« Louise de me voir si peu de défense; elle me disait souvent que son père
« était bien mieux gardé, qu'il avait des armes autour de lui, etc. Pour
« moi, j'étais aux Tuileries comme ici; je ne sais seulement pas où est mon
« épée, la voyez-vous?

« Ce n'est pas, continuait-il, que je n'aie couru de grands dangers. Je
« compte trente et quelques conspirations à pièces authentiques, sans parler
« de celles qui sont demeurées inconnues : d'autres en inventent; moi j'ai
« soigneusement caché toutes celles que j'ai pu. La crise a été bien forte
« pour mes jours, surtout depuis Marengo jusqu'à la tentative de Georges
« et l'affaire du duc d'Enghien. »

Napoléon disait que, huit jours avant l'arrestation de Georges, un des
plus déterminés de sa bande lui avait remis en main propre une pétition à la
parade; d'autres s'introduisirent à Saint-Cloud ou à la Malmaison parmi
les gens; enfin Georges lui-même paraît avoir été fort près de sa personne
et dans un même appartement.

L'Empereur, indépendamment de son étoile, attribue son salut à certaines circonstances qui lui étaient propres. Ce qui l'avait sauvé, disait-il,
c'était d'avoir vécu de fantaisie; de n'avoir jamais eu d'habitudes régulières
ni de marche suivie. L'excès du travail le retenait dans son cabinet et chez
lui, il ne dînait jamais chez personne, allait rarement au spectacle, et ne
paraissait guère que quand et où il n'était pas attendu, etc.

Les deux attentats qui l'avaient mis le plus en péril, me disait-il tout en
gagnant le jardin, sa toilette finie, étaient ceux du sculpteur *Cérachi* et du
fanatique de Schœnbrunn.

Cérachi, avec quelques forcenés, avait résolu la mort du Premier Consul : ils devaient l'immoler au sortir de sa loge au spectacle. Le Consul,
averti, s'y rendit néanmoins, et passa hardiment au travers de ceux qui
s'étaient montrés les plus empressés à venir occuper leurs postes : on ne
les arrêta qu'au milieu ou vers la fin du spectacle.

Cérachi, disait l'Empereur, avait jadis adoré le Consul; mais il avait juré
sa perte depuis qu'il ne voyait plus en lui, prétendait-il, qu'un tyran. Ce
sculpteur avait été comblé par le général Bonaparte, il en avait exécuté le
buste et sollicitait en ce moment, par tous les moyens imaginables, d'obtenir seulement une séance pour une correction, qu'il disait nécessaire.
Conduit par son étoile, le Consul ne put disposer d'un instant, et pensant
que le besoin était la véritable cause des pressantes sollicitations de Cérachi, il lui fit donner six mille francs. Il se méprenait étrangement ! Cérachi
n'avait eu d'autre intention que de le poignarder quand il poserait.

La conspiration fut dévoilée par un capitaine de la ligne, complice lui-même. « Étrange modification de la cervelle humaine, ajoutait Napoléon, « et jusqu'où ne vont pas les combinaisons de la folie et de la bêtise ! Cet « officier m'avait en horreur comme consul, mais il m'adorait comme gé- « néral. Il voulait bien qu'on m'arrachât de mon poste, mais il eût été bien « fâché qu'on m'eût ôté la vie. Il fallait, disait-il, se saisir de moi, ne me « pas faire de mal, et m'envoyer à l'armée pour y continuer de battre l'en- « nemi et de faire la gloire de la France. Le reste des conjurés lui rit au « nez ; mais quand il vit distribuer les poignards et qu'on dépassait ses in- « tentions, il vint lui-même dénoncer le tout au Consul. »

A ce sujet quelqu'un dit à Napoléon qu'il avait été témoin à Feydeau d'une circonstance qui mit la plus grande partie de la salle en émoi. L'Empereur arrivait dans la loge de l'impératrice Joséphine ; à peine assis, un jeune homme grimpe vivement sur la banquette qui était au-dessous de la loge et pose la main sur la poitrine de l'Empereur ; tous les spectateurs du côté opposé frémirent : mais ce n'était qu'une pétition que l'Empereur prit et lut froidement.

Le *fanatique de Schœnbrunn*, disait l'Empereur, était le fils d'un ministre protestant d'Erfurt, qui, vers le temps de la bataille de Wagram, résolut d'assassiner Napoléon en pleine parade. Déjà il était venu à bout de percer l'enceinte des soldats qui retenait la foule éloignée de la personne de l'Empereur ; déjà il en avait été repoussé deux ou trois fois, quand le général Rapp, voulant de nouveau l'éloigner de la main, rencontra quelque chose sous son habit ; c'était un couteau d'un pied et demi de long, pointu et tranchant des deux côtés. « J'en ai frémi en le considérant, disait l'Empe- « reur, il n'était enveloppé que d'une simple gazette ! »

Napoléon se fit amener l'assassin dans son cabinet : il appela Corvisart, et lui ordonna de tâter le pouls au criminel, tandis qu'il lui adressait la parole. L'assassin demeura constamment sans émotion, avouant son acte d'une voix ferme, et citant souvent la *Bible*.

« Que me vouliez-vous ? lui dit l'Empereur. — Vous tuer. — Que vous « ai-je fait ? Qui vous a établi mon juge ici-bas ? — Je voulais terminer la « guerre. — Et que ne vous adressiez-vous à l'Empereur François ? — Lui ! « Et à quoi bon ! Il est si nul ! disait l'assassin. Et puis, lui mort, un autre « lui succéderait ; au lieu qu'après vous les Français disparaîtraient aussitôt « de toute l'Allemagne. »

Vainement l'Empereur chercha à l'émouvoir. « Vous repentez-vous ? lui « dit-il. — Non. — Le feriez-vous encore ? — Oui. — Mais si je vous faisais « grâce ? » Ici pourtant, disait Napoléon, la nature reprit un instant ses droits ; la figure, la voix de l'homme s'altérèrent momentanément. « Alors, « dit-il, je croirais que Dieu ne le veut plus. » Mais bientôt il reprit toute sa férocité. On le garda à l'écart plus de vingt-quatre heures sans manger ; le médecin l'examina encore ; on le questionna de nouveau ; tout fut inutile, il resta toujours le même homme, ou pour mieux dire une véritable bête féroce, et on l'abandonna à son sort.

Partis à prendre après Waterloo.

Mercredi 3. — L'Empereur, dans la matinée, a travaillé à l'ombre dans le jardin. Le temps était superbe, le jour des plus purs et des plus beaux. Il lisait l'expédition d'Alexandre dans Rollin ; il avait plusieurs cartes étendues devant lui; il se plaignait d'un récit fait sans goût, sans intention, qui ne laissait, disait-il, aucune idée juste des grandes vues d'Alexandre; il lui prenait envie de refaire ce morceau, etc., etc.

Sur les cinq heures, j'ai été le joindre dans le jardin; il s'y promenait entouré de tous. D'aussi loin qu'il m'a aperçu, il m'a dit : « Arrivez, venez « nous dire votre opinion sur un point que nous débattons depuis une heure.

« Au retour de Waterloo, croyez-vous que j'eusse pu renvoyer le Corps « Législatif et sauver la France sans lui ? — Non, ai-je dit; le Corps Légis-« latif ne se serait pas dissous volontairement; il eût fallu employer la force : « il eût protesté, et il y eût eu scandale. Le dissentiment qui eût éclaté « dans son sein se fût répété dans la nation. Cependant l'ennemi serait « arrivé. Votre Majesté eût succombé, accusée par toute l'Europe, accu-« sée par les étrangers, accusée par nous-mêmes, emportant peut-être la « malédiction universelle, et semblant n'avoir été qu'un chef d'aventures et « de violences. Au lieu de cela, Votre majesté est sortie pure de la mêlée, et « demeurera le héros d'une cause qui vivra éternellement dans le cœur de « tous ceux qui croient à la cause des peuples; elle s'est assuré, par sa « modération, le plus beau caractère de l'histoire, dont autrement elle eût « pu courir le risque de devenir la réprobation : elle a perdu sa puissance, « il est vrai, mais elle a comblé la mesure de sa gloire !...... »

« — Eh bien ! c'est aussi en partie mon avis, a repris l'Empereur; mais « est-il bien sûr que le peuple français sera juste envers moi ? ne m'accu-« sera-t-il pas de l'avoir abandonné ? L'histoire décidera : je suis loin de la « redouter, je l'invoque !

« Et moi-même, me suis-je demandé quelquefois, ai-je bien fait pour ce « peuple malheureux tout ce qu'il avait droit d'attendre ? Il a tant fait pour « moi ! Saura-t-il jamais, ce peuple, tout ce que m'a coûté la nuit qui pré-« céda ma dernière décision ; cette nuit des incertitudes et des angoisses !

« Deux grands partis m'étaient laissés : celui de tenter de sauver la patrie « par la violence, ou celui de céder moi-même à l'impulsion générale. J'ai « dû prendre celui que j'ai suivi ; amis et ennemis, bien intentionnés et mé-« chans, tous étaient contre moi. Je demeurais seul ; j'ai dû céder ; et une « fois fait, cela a été fait : je ne suis pas pour les demi-mesures ; et puis la « souveraineté ne se quitte pas, ne se reprend pas de la sorte comme on le « ferait d'un manteau.

« L'autre parti demandait une étrange vigueur. Il se fût trouvé de grands « criminels, et il eût fallu de grands châtimens : le sang pouvait couler, et « alors sait-on où nous étions conduits ? Quelles scènes pouvaient se renou-« veler ! Moi, n'allais-je pas par là me tremper, noyer ma mémoire de mes pro-« pres mains dans ce cloaque de sang, de crimes, d'abominations de toute « espèce, que la haine, les pamphlets, les libelles ont accumulés sur moi ? « Ce jour-là je semblais justifier tout ce qu'il leur a plu d'inventer. Je de-« venais pour la postérité et l'histoire le Néron, le Tibère de nos temps. « Si encore, à ce prix, j'eusse sauvé la patrie !... je m'en sentais l'énergie !... « Mais était-il bien sûr que j'aurais réussi ? Tous nos dangers ne venaient pas « du dehors; nos dissentimens au dedans ne leur étaient-ils pas supérieurs ? « Ne voyait-on pas une foule d'insensés s'acharner à disputer sur les nuan-« ces avant d'avoir assuré le triomphe de la couleur ? A qui d'eux eût-on « persuadé que je ne travaillais pas pour moi seul, pour mes avantages per-« sonnels ? Qui d'eux eût-on convaincu que j'étais désintéressé ? que je ne « combattais que pour sauver la patrie ? A qui eût-on fait croire tous les

« dangers, tous les malheurs auxquels je cherchais à la soustraire? Ils
« étaient visibles pour moi; mais quant au vulgaire, il les ignorera toujours
« s'ils n'ont pesé sur lui.

« Qu'eût-on répondu à celui qui se fût écrié : Le voilà de nouveau le des-
« pote, le tyran! le lendemain même de ses sermens, il les viole de nou-
« veau! Et qui sait si, dans tous ces mouvemens, cette complication inex-
« tricable, je n'eusse point péri d'une main même française, dans le conflit
« des citoyens? Et alors que devenait la nation aux yeux de tout l'univers
« et dans l'estime des générations les plus reculées! Car sa gloire est à m'a-
« vouer! Je ne saurais avoir fait tant de choses pour son honneur et son
« lustre, sans elle, en dépit d'elle : elle me rendrait trop grand!..... Je le
« répète, l'histoire décidera!... »

Après cette sortie, il est revenu sur les mesures et les détails de la campagne, et s'arrêtait avec complaisance sur son glorieux début, avec angoisse
sur le terrible désastre qui l'avait terminée.

« Toutefois, concluait-il, rien ne me semblait encore désespéré, si j'eusse
« trouvé le concours que je devais attendre. Nos seules ressources étaient
« dans les Chambres : j'accourus à Paris pour les en convaincre; mais elles
« s'insurgèrent aussitôt contre moi, sous je ne sais quel prétexte, que je
« venais les dissoudre. Quelle absurdité! Dès cet instant tout fut perdu (1).

« Ce n'est pas, ajoutait l'Empereur, qu'il faille peut-être accuser la masse
« de ces Chambres; mais telle est la marche inévitable de ces corps nombreux,
« ils périssent par défaut d'unité; il leur faut des chefs aussi bien qu'aux
« armées : on nomme à celles-ci; mais les grands talens, les génies éminem-
« ment supérieurs, se saisissent des assemblées et les gouvernent. Or, nous
« manquions de tout cela; aussi, en dépit du bon esprit dont le grand nom-
« bre pouvait être animé, tout se trouva, dès l'instant, confusion, vertige,
« tumulte : la perfidie, la corruption, vinrent s'établir aux portes du Corps
« Législatif; l'incapacité, le désordre, le travers d'esprit, régnèrent dans
« son sein, et la France devint la proie de l'étranger.

« Un moment j'eus envie de résister, continuait-il, je fus sur le point de
« me déclarer en permanence aux Tuileries, au milieu des ministres et du
« Conseil d'État; d'appeler autour de moi les six mille hommes de la garde,

---

(1) Le temps qui apprend tout nous a fait connaître les petits ressorts qui ont amené un des plus grands dénoûmens.

Voici ce que je tiens de la propre bouche des acteurs :

En apprenant l'arrivée de Napoléon à l'Elysée après Waterloo, Fouché court aux membres inquiets, défians, ombrageux de la Chambre : « Aux armes! leur crie-t-il. Il revient furieux
« et résolu à dissoudre les Chambres et à saisir la dictature ; nous ne devons pas souffrir ce
« retour de la tyrannie. » Et de là il court aux meilleurs amis de Napoléon : « Savez-vous,
« leur dit-il, que la fermentation est extrême contre l'Empereur parmi certains députés, et
« que nous n'avons d'autre parti pour le sauver que de leur montrer les dents, de leur faire
« voir toute la force de l'Empereur, et combien il lui serait facile de les dissoudre ? »

Les amis de Napoléon, aisément dupés, au fort de cette crise soudaine, ne manquent pas de suivre, ou peut-être même dépassent les suggestions de Fouché, qui recourt ensuite aux premiers, leur disant : « Vous voyez bien que ses meilleurs amis en conviennent,
« le danger est pressant; dans peu d'heures si on n'y pourvoit, il n'y aura plus de Chambres,
« et l'on serait bien coupable de laisser échapper le seul instant de s'y opposer. » Alors la permanence des Chambres, l'abdication forcée de Napoléon, et un grand empire succombe sous les plus petites, les plus subalternes intrigues, à la faveur des rapports, de vrais commérages d'antichambre. Ah! Fouché!... Fouché!... que l'Empereur le connaissait bien, quand il disait qu'on était toujours sûr de trouver son vilain pied sali dans les souliers de tout le monde!

« que j'avais à Paris ; de les grossir de la partie bien intentionnée de la garde nationale, qui était nombreuse, et de tous les fédérés des faubourgs ; d'ajourner le Corps Législatif à Tours ou à Blois ; de réorganiser sous Paris les débris de l'armée et de travailler seul ainsi, et par forme de dictature, au salut de la patrie. Mais le Corps Législatif aurait-il obéi ? J'aurais bien pu l'y contraindre par la force ; mais alors quel scandale et quelle nouvelle complication ! Le peuple ferait-il cause commune avec moi ? L'armée même m'obéirait-elle constamment ? Dans les crises toujours renaissantes, ne se séparerait-on pas de moi ? N'essaierait-on pas de s'arranger à mes dépens ? L'idée que tant d'efforts et de dangers n'avaient que moi pour objet ne serait-elle pas un prétexte plausible ? Les facilités que chacun avait trouvées l'année précédente auprès des Bourbons ne seraient-elle pas aujourd'hui, pour bien des gens, des inductions décisives ?

« Oui, j'ai balancé long-temps, disait l'Empereur, pesé le pour et le contre ; et, comme je vais vite et loin, que je pense fortement, j'ai conclu que je ne pouvais résister à la coalition du dehors, aux royalistes du dedans, à la foule de sectes que la violation du Corps Législatif aurait créées, à cette partie de la multitude qu'il faut faire marcher par la force ; enfin à cette condamnation morale, qui vous impute, quand vous êtes malheureux, tous les maux qui se présentent. Il ne m'est donc resté absolument que le parti de l'abdication ; elle a tout perdu : je l'ai vu, je l'ai dit ; mais je n'ai pas eu d'autre choix.

« Les alliés avaient toujours suivi contre nous le même système ; ils l'avaient commencé à Prague, continué à Francfort, à Chatillon, à Paris et à Fontainebleau. Ils se sont conduits avec beaucoup d'esprit ! Les Français purent en être la dupe en 1814 ; mais la postérité concevra difficilement qu'ils le fussent en 1815 ; elle flétrira à jamais ceux qui s'y laissèrent prendre. Je leur avais dit leur histoire en partant pour l'armée : *Ne ressemblons pas aux Grecs du Bas-Empire qui s'amusaient à discuter entre eux quand le bélier frappait les murailles de leur ville.* Je la leur ai dite encore quand ils m'ont forcé d'abdiquer : *Les ennemis veulent me séparer de l'armée ; quand ils auront réussi, ils sépareront l'armée de vous ; vous ne serez plus alors qu'un vil troupeau, la proie des bêtes féroces.* »

Nous avons demandé à l'Empereur si, avec le concours du Corps Législatif, il eût cru pouvoir sauver la patrie. Il a répondu sans hésitation qu'il s'en serait chargé avec confiance, et eût cru pouvoir en répondre.

« En moins de quinze jours, disait-il, c'est-à-dire avant que les masses de l'ennemi eussent pu se présenter devant Paris, j'en eusse complété les fortifications ; j'eusse réuni sous ses murailles, des débris de l'armée, plus de quatre-vingt mille hommes de bonnes troupes, et trois cents pièces attelées. Au bout de quelques jours de feu, la garde nationale, les fédérés, les habitans de Paris, eussent suffi à la défense des retranchemens ; il me serait donc demeuré quatre-vingt mille hommes disponibles sous la main.

« Et l'on savait, continuait-il, tout le parti que j'étais capable d'en tirer. Les souvenirs de 1814 étaient encore tout frais : *Champ-Aubert, Montmirail, Craonne, Montereau,* vivaient encore dans l'imagination de ceux qui avaient à nous combattre. Les mêmes lieux leur eussent rendu présens les prodiges de l'année précédente ; ils m'avaient alors surnommé, dit-on, le *cent mille hommes.* La rapidité, la force de nos coups, leur avaient arraché ce mot ; le fait est que nous nous étions montrés admirables : jamais

« une poignée de braves n'accomplit plus de merveilles. Si ces hauts faits
« n'ont jamais été bien connus dans le public, par les circonstances de nos
« désastres, ils ont été dignement jugés de nos ennemis, qui les ont comptés
« par nos coups. Nous fûmes vraiment alors les Briarées de la fable!.....

« Paris, continuait-il, serait devenu en peu de jours une place imprenable.
« L'appel à la nation, la magnitude du danger, l'inflammation des esprits,
« la grandeur du spectacle, eussent dirigé de toutes parts des multitudes
« sur la capitale. J'aurais aggloméré indubitablement plus de quatre cent
« mille hommes, et je n'estime pas que les alliés dépassassent cinq cent mille.
« L'affaire était alors ramenée à un combat singulier qui eût causé autant
« d'effroi à l'ennemi qu'à nous ; il eût hésité, et la confiance du grand nombre
« me fût revenue.

« Cependant je me serais entouré d'une consulte ou junte nationale, tirée
« par moi des rangs du Corps Législatif, toute formée de noms nationaux,
« dignes de la confiance de tous ; j'aurais ainsi fortifié ma dictature mili-
« taire de toute la force de l'opinion civile ; j'aurais eu ma tribune ; elle eût
« soufflé le talisman des principes sur toute l'Europe ; les souverains eussent
« frémi de voir la contagion gagner les peuples ; ils eussent tremblé, traité
« ou succombé!...... »

« — Mais, Sire, nous sommes-nous écriés, pourquoi n'avoir pas entre-
« pris ce qui eût infailliblement réussi, et pourquoi nous trouvons-nous ici?

« — Eh bien! vous autres aussi, vous y voilà, reprenait-il, vous blâmez,
« vous condamnez! Mais si je vous faisais passer en revue les chances con-
« traires, vous changeriez bientôt de langage. Et puis vous oubliez que nous
« avons raisonné dans l'hypothèse que le Corps Législatif se fût réuni à moi,
« et vous savez ce qu'il en a été. J'eusse pu le dissoudre, il est vrai ; là
« France, l'Europe me blâment peut-être, et la postérité me blâmera sans
« doute d'avoir eu la faiblesse de ne pas m'en défaire après son insurrection ;
« je me devais, dira-t-on, aux destinées d'un peuple qui avait tout fait pour
« moi. Mais en le dissolvant, je pouvais, tout au plus, obtenir de l'ennemi
« quelque capitulation, et encore, je le répète, m'aurait-il fallu du sang
« et me montrer tyran!....... J'en avais néanmoins arrêté le plan dans la
« nuit du 20, et le 21 au matin allait voir des déterminations d'une étrange
« vigueur, quand, avant le jour, tout ce qu'il y avait de bon et de sage vint
« m'avertir qu'il n'y fallait pas songer ; que tout m'échappait, et qu'on ne
« cherchait aveuglément qu'à s'accommoder. Mais ne recommençons pas ;
« n'en voilà que trop sur un sujet qui fait toujours du mal! Je le répète de
« nouveau, l'histoire décidera!...... » Et l'Empereur est rentré dans son
intérieur en me disant de le suivre..............................

Jeudi 4 avril. — J'ai été trouver l'Empereur, sur les cinq heures, dans
le jardin ; il avait pris un bain trop chaud, et il en souffrait. Nous avons été
en calèche ; le temps était magnifique : depuis plusieurs jours il est fort
chaud et très sec. Napoléon a travaillé avant le dîner avec le grand maréchal, dont la femme dînait chez l'amiral. L'Empereur est rentré de suite
après le dîner dans sa chambre.

Traits caractéristiques.

Vendredi 5 au lundi 8. — Tous ces différens jours, l'Empereur est monté
à cheval sur les six à sept heures du matin, n'emmenant que moi et mon fils.

Je puis affirmer que je n'ai jamais surpris dans Napoléon ni préjugés ni passions, c'est-à-dire jamais un jugement sur les personnes et sur les choses que la raison ne l'eût dicté, et je n'ai jamais vu dans ce qu'on aurait pu appeler passions que de pures sensations; aussi je dis avec vérité que, dans l'habitude de dix-huit mois, je ne l'ai jamais trouvé n'ayant pas raison.

Un autre point dont j'ai pu me convaincre, et que je consigne ici parce qu'il me revient en ce moment, c'est que, soit nature, soit calcul, soit habitude de la dignité, il renfermait la plupart du temps et gardait en lui-même les impressions de la peine vive qu'on lui causait, et encore peut-être davantage les émotions de bienveillance qu'il éprouvait. Je l'ai surpris souvent à réprimer des mouvemens de sensibilité, comme s'il s'en fût trouvé compromis : tôt ou tard j'en fournirai quelques preuves. En attendant, voici un trait caractéristique qui va trop au but que je me propose dans ce Journal, celui de montrer l'homme à nu, de prendre la nature sur le fait, pour que j'aie dû me trouver arrêté par d'autres considérations.

Napoléon, depuis quelques jours, avait quelque chose sur le cœur, il avait été extrêmement choqué d'une circonstance domestique; il s'en trouvait vivement blessé. Durant ces trois jours, pendant lesquels nous nous sommes promenés chaque matin à l'aventure dans le parc, il y est revenu presque chaque fois avec chaleur, me faisant tenir très près à son côté et ayant ordonné à mon fils de pousser en avant. Dans un certain moment, il lui arriva de dire : « Je sais bien que je suis déchu ; mais le ressentir de « l'un des miens ! ah !... »

Ces paroles, son geste, son accent m'ont percé l'âme; je me serais précipité à ses genoux, je les aurais embrassés si j'eusse pu.

« L'homme est exigeant, a-t-il continué, susceptible ; il a souvent tort, « je le sais ; aussi, quand je me défie de moi-même, je me demande : Eût-« on agi de la sorte aux Tuileries? C'est toujours là ma grande épreuve. »

Il a ensuite beaucoup parlé de lui, de nous, de nos rapports réciproques, de notre situation dans l'île, de l'influence que notre attitude individuelle aurait pu exercer, etc., etc.... Et ses réflexions étaient nombreuses, vives, fortes; elles étaient justes. Dans l'émotion qu'elles me causaient, je me suis écrié : « Sire, permettez-moi de m'emparer de cette affaire; jamais elle n'a « paru bien certainement sous de telles couleurs; si elle était vue de la sorte, « je suis sûr qu'elle navrerait de douleur, et vous verriez quels repentirs! Je « ne vous demande qu'à pouvoir dire un mot. » Sur quoi l'Empereur, revenant à lui, a dit avec dignité : « Non, Monsieur; bien plus, je vous le « défends. L'épanchement est fait, la nature a eu son cours, je ne m'en « souviens plus, et vous, vous ne devez jamais l'avoir su. »

En effet, au retour nous avons tous déjeuné dans le jardin, et il s'y est montré plus gai que de coutume. Le soir il a dîné dans son intérieur.

Politique.—État de l'Europe.—Ascendant irrésistible des idées libérales

Mardi 9, mercredi 10.—Il est arrivé le 9 un bâtiment d'Angleterre portant les journaux jusqu'au 21 janvier. L'Empereur, dont les promenades à cheval ont continué tous les matins, a passé le reste du temps dans sa chambre à parcourir ces journaux.

Les derniers numéros que nous venions de recevoir étaient aussi chauds qu'aucun de ceux que nous eussions vus. L'agitation en France allait croissant; le roi de Prusse arrêtait chez lui les sociétés secrètes, il conservait la landwehr; la Russie faisait de nouvelles recrues; l'Autriche se querellait avec la Bavière; en Angleterre la persécution des protestans de France et la violence du parti qui se rendait maître remuaient l'esprit public et préparaient des armes à l'opposition : jamais l'Europe n'avait été plus en fermentation.

Au récit du déluge de maux et des événemens sanglans qui affligeaient tous les départemens, l'Empereur s'est élancé de son canapé, et frappant du pied avec chaleur, il s'est écrié : « Ah! quel malheur que je n'aie pu
« gagner l'Amérique! De l'autre hémisphère même, j'eusse protégé la France
« contre les réacteurs! La crainte de mon apparition eût tenu en bride leur
« violence et leur déraison; il eût suffi de mon nom pour enchaîner les excès
« et frapper d'épouvante! »

Puis, continuant sur le même sujet, il a conclu avec une chaleur qui tenait de l'inspiration : « La contre-révolution, même en la laissant aller, doit
« inévitablement se noyer d'elle-même dans la révolution. Il suffit à présent
« de l'atmosphère des jeunes idées pour étouffer les vieux féodalistes; car
« rien ne saurait désormais détruire ou effacer les grands principes de notre
« révolution; ces grandes et belles vérités doivent demeurer à jamais, tant
« nous les avons entrelacées de lustre, de monumens, de prodiges; nous
« en avons noyé les premières souillures dans des flots de gloire; elles sont
« désormais immortelles! Sorties de la tribune française, cimentées du sang
« des batailles, décorées des lauriers de la victoire, saluées des acclamations
« des peuples, sanctionnées par les traités, les alliances des souverains,
« devenues familières aux oreilles comme à la bouche des rois, elles ne
« sauraient plus rétrograder !!!

« Elles vivent dans la Grande-Bretagne, elles éclairent l'Amérique, elles
« sont nationalisées en France : voilà le trépied d'où jaillira la lumière du
« monde!

« Elles le régiront; elles seront la foi, la religion, la morale de tous les
« peuples : et cette ère mémorable se rattachera, quoi qu'on ait voulu dire,
« à ma personne; parce qu'après tout j'ai fait briller le flambeau, consacré
« les principes, et qu'aujourd'hui la persécution achève de m'en rendre le
« Messie. Amis et ennemis, tous m'en diront le premier soldat, le grand représentant. Aussi, même quand je ne serai plus, je demeurerai encore
« pour les peuples l'étoile polaire de leurs droits; mon nom sera le cri de
« guerre de leurs efforts, la devise de leurs espérances. »

Opinions de l'Empereur sur plusieurs personnages connus.—Pozzo di Borgo.—Metternich.—Bassano.—Clarke.—Champagny.—Cambacérès.—Lebrun.—Talleyrand.—Fouché, etc.

Jeudi 11, *vendredi* 12. — L'Empereur a continué de profiter des matinées supportables pour monter à cheval; il déjeunait dans le jardin; la conversation se prolongeait ensuite avec un grand abandon et beaucoup d'intérêt sur sa vie privée, les événemens publics, les personnes qui l'ont entouré, celles qui ont joué un grand rôle chez les autres puissances, etc., etc....

Il n'était plus question de leçon d'anglais; elles ne se prenaient plus qu'à cheval ou dans le cours de la journée lors de sa promenade; la régularité de la langue y perdait quelque chose, la facilité de s'exprimer gagnait infiniment.

Aujourd'hui, sur les cinq heures, nous avons fait notre tour de calèche accoutumé; le soir les conversations ont recommencé sur les anecdotes ministérielles et sur plusieurs personnages demeurés célèbres.

Napoléon nous a fait l'histoire de M. *Pozzo di Borgo*, son compatriote, qui avait été membre de la législative. C'est lui, à ce qu'on crut, qui a conseillé à l'empereur Alexandre de marcher sur Paris, bien que Napoléon se fût jeté sur ses derrières. « Et en cela, disait l'Empereur, il a par ce seul
« fait décidé des destinées de la France, de celles de la civilisation euro-
« péenne, de la face et du sort du monde. Il était devenu très influent sur
« le cabinet russe. Au 20 mars, disait l'Empereur, il fit retraite dans la Bel-
« gique, et après l'entrée de Napoléon dans Paris il y eut quelques commu-
« nications ministérielles échangées avec lui, et l'on a lieu de croire qu'elles
« eussent pu devenir très importantes, pour peu que la lutte se fût prolon-
« gée, et que les chances eussent été douteuses. »

Il a fait aussi l'histoire de M. *Capo d'Istria*.

Il est passé de là à M. de *Metternich*. C'est lui, nous a-t-il dit, qui l'avait élevé au poste qu'il occupe. « Il serait difficile de rendre toutes les protesta-
« tions personnelles qu'il m'avait si souvent répétées ; sa vénalité n'était
« ignorée de personne, si ce n'est peut-être du pauvre François. »

Il est constant qu'au congrès de Vienne il a échappé à un grand monarque, dans un moment de dépit, de s'écrier : *Ce Metternich me coûte les yeux de la tête.* Paroles qui expliquent assez la tournure de plus d'une décision et les rapports de la fameuse sainte-alliance.

L'Empereur est venu ensuite à ses propres ministres : *Bassano*, qu'il croyait, disait-il, lui avoir été sincèrement attaché ; *Clarke*, dont le temps devait, selon lui, faire pleine justice ; *Champagny*, duc de Cadore, qu'il avait fait successivement ambassadeur à Vienne, ministre de l'intérieur, ministre des relations extérieures, etc., et dont ce méchant Talleyrand disait, avec sa malice ordinaire, que c'était l'homme propre à toutes places la veille du jour qu'on l'y nommait.

Vint ensuite *Cambacérès*, que Napoléon disait être l'homme des abus, avec un penchant décidé pour l'ancien régime ; tandis que *Lebrun*, au contraire, avait, assurait-il, une forte pente en sens opposé : c'était, disait-il, l'homme des idéalités ; et voilà les deux contre-poids, ajoutait-il, entre lesquels s'était placé le Premier Consul, qu'on appela si plaisamment dans le temps *le tiers consolidé*.

M. de Talleyrand et *Fouché* eurent leur tour ; il s'y arrêta long-temps, et partit de là pour faire une vigoureuse sortie sur l'immoralité des hauts administrateurs en France, et généralement de tous les fonctionnaires ou hommes à place ; sur leur manque de religion politique ou de sentiment national, qui les portait à administrer indifféremment, un jour pour l'un, un jour pour l'autre : « Cette légèreté, cette inconséquence nous venaient de
« loin, disait-il ; nous demeurions toujours Gaulois : aussi nous ne vaudrions
« tout notre prix que lorsque nous substituerions les principes à la turbu-
« lence, l'orgueil à la vanité, et surtout l'amour des institutions à l'amour
« des places. »

De tout cela, l'Empereur concluait que les souverains, à la suite de nos derniers événemens, devaient nécessairement avoir retenu une arrière-pensée de mépris et de dépit contre un grand peuple qui se jouait ainsi de la souveraineté. « Du reste, continuait-il, l'excuse est peut-être dans la nature
« des choses, dans la force des circonstances. La *démocratie* élève la sou-
« veraineté, l'*aristocratie* seule la conserve. La mienne n'avait point encore
« pris les racines ni l'esprit qui devaient lui être propres ; au moment de la
« crise, elle s'était trouvée encore de la démocratie ; elle avait été se con-

« fondre dans la foule et céder à l'impulsion du moment, au lieu de lui
« servir d'ancre de salut contre la tempête et de l'éclairer sur son aveu-
« glement. »

Voici ce qui s'est dit de neuf sur M. de Talleyrand et M. Fouché qui reviennent si souvent : je cherche à me répéter le moins possible.

Et qu'on n'aille pas croire que je me complaise ici à des personnalités, on ne saura jamais toutes celles que j'ai supprimées, et je puis même affirmer qu'il n'est aucun de ceux qui croiraient avoir à se plaindre qui ne me doive au contraire quelque chose.

« M. de Talleyrand avait attendu, disait l'Empereur, deux fois vingt-qua-
« tre heures à Vienne, des pleins pouvoirs pour traiter de la paix en mon
« nom. Mais j'aurais eu honte de prostituer ainsi ma politique; et pourtant
« il m'en coûte peut-être l'exil de Sainte-Hélène; car je ne disconviens pas
« qu'il ne soit d'un rare talent, et ne puisse en tout temps mettre un grand
« poids dans la balance.

« M. de Talleyrand, continuait-il, était toujours en état de trahison; mais
« c'était de complicité avec la fortune. Sa circonspection était extrême; se
« conduisant avec ses amis comme s'ils devaient être ses ennemis; avec ses
« ennemis comme s'ils pouvaient devenir ses amis. M. de Talleyrand avait
« toujours été contraire, dans mon esprit, au faubourg Saint-Germain.
« Dans l'affaire du divorce, il avait été pour l'impératrice Joséphine; c'était
« lui qui avait poussé à la guerre d'Espagne, bien que, dans le public, il
« eût eu l'art de s'y montrer contraire. » Aussi était-ce par une espèce de malice que Napoléon avait choisi Valencey pour y placer Ferdinand. « C'é-
« tait lui enfin, disait l'Empereur, qui avait été l'instrument principal et la
« cause active de la mort du duc d'Enghien. »

Une actrice célèbre (mademoiselle *Raucourt*) l'avait peint, assurait Napoléon, d'une manière fort vraie : « Si vous le questionnez, disait-elle, c'est
« une boîte de fer-blanc dont vous ne tirez pas un mot; si vous ne lui de-
« mandez rien, bientôt vous ne saurez comment l'arrêter, ce sera une véri-
« table commère. »

C'est en effet une indiscrétion qui, dans le principe, heurta la confiance de l'Empereur en son ministre, et l'ébranla dans son esprit. « J'avais confié,
« disait Napoléon, une chose fort importante à M. de Talleyrand; peu
« d'heures après, Joséphine me la rendit mot pour mot. J'envoyai chercher
« aussitôt ce ministre, pour lui dire que je venais d'apprendre de l'impé-
« ratrice une chose que je n'avais confiée qu'à lui seul : or, le cercle du rap-
« port se composait déjà de quatre ou cinq intermédiaires.

« Le visage de M. de Talleyrand est tellement impassible, disait l'Empe-
« reur, qu'on ne saurait jamais y rien lire; aussi Lannes ou Murat disaient-
« ils plaisamment de lui que si, en vous parlant, son derrière venait à rece-
« voir un coup de pied, sa figure ne vous en dirait rien. »

M. de Talleyrand avait un intérieur fort doux et même attachant, ses familiers et ses agens l'aimaient et lui étaient fort dévoués.

Dans son intimité, on l'a entendu parler volontiers et gaiement de sa profession ecclésiastique, qu'il n'avait d'ailleurs embrassée que par force, contraint par ses parens, bien que l'aîné de plusieurs frères. Il réprouvait un jour un air que l'on fredonnait autour de lui; il l'avait en horreur, disait-il; il lui rappelait le temps où il était obligé d'apprendre le plain-chant et de chanter au lutrin.

Une autre fois un de ses habitués racontait pendant le souper; M. de Talleyrand, préoccupé, semblait étranger à la conversation. Durant le récit, il échappe au conteur, qui se trouvait en verve, de dire de quelqu'un : *Celui-là est un vilain drôle, c'est un prêtre marié.* M. de Talleyrand, réveillé par ces paroles, saisit une cuiller, la plonge précipitamment dans le plat vis-à-vis de lui, et d'un geste menaçant lui crie : « Un tel, voulez-vous des « épinards ? » Le narrateur de se confondre, et chacun de rire, M. de Talleyrand comme les autres.

L'Empereur, lors du concordat, avait voulu faire M. de Talleyrand cardinal, et le mettre à la tête des affaires religieuses : c'était son lot, lui disait-il, il rentrait dans le giron, réhabilitait sa mémoire, fermait la bouche aux déclamateurs. M. de Talleyrand ne le voulut jamais : son aversion pour l'état ecclésiastique était invincible.

Napoléon avait été sur le point de lui donner l'ambassade de Varsovie, confiée depuis à l'abbé de Pradt; mais des affaires d'agiotage, des saletés, disait-il, sur lesquelles M. de Talleyrand était incorrigible, le forcèrent à y renoncer. C'était par le même motif et sur la réclamation de plusieurs souverains d'Allemagne qu'il s'était vu contraint de lui retirer le portefeuille des relations extérieures.

Fouché, disait l'Empereur, était le Talleyrand des clubs, et Talleyrand le Fouché des salons.

« L'intrigue, ajoutait-il, était aussi nécessaire à Fouché que la nourri« ture : il intriguait en tout temps, en tous lieux, de toutes manières et « avec tous. On ne découvrait jamais rien qu'on ne fût sûr de l'y rencontrer « pour quelque chose ; il n'était occupé que de courir après, sa manie était « de vouloir être de tout !... Toujours dans les souliers de tout le monde. » C'était le mot souvent répété de l'Empereur.

Lors de la conspiration de Georges, quand on arrêta Moreau, Fouché n'était plus au ministère de la police, et cherchait fort à se faire regretter. « Quelle gaucherie ! disait-il, ils ont arrêté Moreau quand il revenait de sa « campagne à Paris, ce qui pouvait montrer en lui une innocente confiance : « c'était quand il se rendait à Gros-Bois, au contraire, qu'il fallait le saisir ; « car il devenait évident alors qu'il fuyait. »

On connaît de lui le mot qu'il a dit, ou qu'on lui a prêté, sur l'affaire du duc d'Enghien : « C'est plus qu'un crime, c'est une faute. » De pareils traits peignent plus le caractère d'un homme que des volumes entiers.

L'Empereur connaissait bien Fouché, et n'en a jamais été la dupe.

On l'a beaucoup blâmé de s'en être servi en 1815, où en effet Fouché l'a indignement trahi. Napoléon n'ignorait pas ses dispositions ; mais il savait aussi que le danger reposait plus sur les événemens que sur la personne. « Si j'eusse été victorieux, disait-il, Fouché eût été fidèle : il est vrai qu'il « se donnait de grands soins pour être prêt selon toutes les chances. Il me « fallait vaincre ! »

L'Empereur, du reste, eut connaissance de ses menées, et l'on va voir qu'il le ménageait peu.

Après le retour de l'Empereur en 1815, un des premiers banquiers de Paris se présente à l'Élysée pour le prévenir que peu de jours auparavant quelqu'un arrivant de Vienne s'était présenté chez lui avec des lettres de crédit, et s'était informé des moyens d'arriver à Fouché. Soit réflexion, soit pressentiment, ce banquier conçut quelques doutes sur cet individu, et vint les communiquer personnellement à l'Empereur, qui fut frappé que Fouché lui en eût fait mystère.

En peu d'heures Réal eut trouvé l'homme en question ; il le conduisit aussitôt à l'Élysée, où il fut enfermé dans un cabinet. L'Empereur se le fit amener au jardin. « Me connaissez-vous ? » dit-il à cet homme. Ce début, les idées qu'inspirait la présence de l'Empereur, ébranlèrent fortement l'étranger. « Je sais toutes vos menées, continua Napoléon avec sévérité ; si vous
« les confessez à l'instant, je puis vous faire grâce, sinon vous ne sortez de
« ce jardin que pour être fusillé.—Je vais tout dire : Je suis envoyé ici par
« M. de Metternich au duc d'Otrante, pour lui proposer de faire partir un
« émissaire pour Bâle : il y rencontrera celui que M. de Metternich y a en-
« voyé de Vienne ; ils doivent avoir des signes de reconnaissance, et les
« voici, dit-il en délivrant quelques papiers.—Avez-vous rempli votre mis-
« sion auprès de Fouché ?—Oui.—A-t-il envoyé son émissaire ?—Je n'en
« sais rien. »

L'homme fut remis sous la clef, et une heure après quelqu'un de confiance était en route pour Bâle ; il s'aboucha avec l'émissaire autrichien, et eut même avec lui jusqu'à quatre conférences.

Cependant Fouché, inquiet de la disparition de son Viennois, se présente un soir chez l'Empereur, affectant une gaieté, une aisance, au travers de laquelle se réfugiait un extrême embarras. « Plusieurs glaces se trouvaient
« dans l'appartement où nous nous promenions, disait l'Empereur ; je me
« plaisais à l'étudier à la dérobée ; sa figure était hideuse ; il ne savait guère
« comment entamer ce qui l'intéressait si fort.—Sire, dit-il enfin, il y a
« quatre ou cinq jours qu'il m'est arrivé une circonstance dont je crains de
« n'avoir pas fait part à Votre Majesté.... mais j'ai tant d'affaires.... je suis
« entouré de tant de rapports, de tant d'intrigues.... Il m'est venu un homme
« de Vienne, avec des propositions si ridicules..... et cet homme je ne le
« trouve plus.

« —Monsieur Fouché, lui dit alors l'Empereur, il pourrait être funeste
« pour vous que vous me prissiez pour un sot. Je tiens votre homme et toute
« son intrigue depuis plusieurs jours. Avez-vous envoyé à Bâle ?—Non,
« Sire.—Ce sera heureux pour vous ; s'il en était autrement, et j'en aurai la
« preuve, vous péririez. »

Les événemens ont montré que ce n'eût été que justice. Toutefois ici il paraît que Fouché n'y avait pas envoyé ; aussi l'affaire en demeura là.

Papiers d'Europe.—Politique.

Samedi 13.—L'Empereur a déjeuné au jardin, et nous y a tous fait appeler. Il a résumé les papiers-nouvelles que nous avions parcourus le matin, et s'est étendu sur la haute politique. Voici ce que j'en ai retenu de plus saillant.

« Paris au 13 vendémiaire était tout-à-fait dégoûté de son gouvernement,
« disait l'Empereur ; mais la totalité des armées, la grande majorité des dé-
« partemens, la petite bourgeoisie, les paysans, lui demeuraient attachés ;
« aussi la révolution triompha-t-elle de cette grande attaque de la contre-
« révolution, bien qu'il n'y eût encore que quatre ou cinq ans que les nou-
« veaux principes eussent été proclamés ; on sortait des scènes les plus ef-
« froyables et les plus calamiteuses ; on cherchait un meilleur avenir.

« Mais quelle différence aujourd'hui ! L'immense majorité des Français
« doit avoir en horreur le gouvernement qui lui est imposé par la force,
« car il lui enlève sa gloire, sa fortune, ses habitudes ; il blesse son orgueil,

« sa doctrine, ses maximes; il la place sous le joug de l'étranger, elle qui
« depuis vingt ans lui donnait des lois. Ce gouvernement, ennemi de toutes
« ces choses si chères à la population, n'a point d'armes; il n'est même pas
« lui-même, il n'agit que par le comité de l'étranger, par ses décisions et
« ses volontés. Il agit sur un peuple dont presque toutes les générations
« sont nées dans la révolution, et se trouvent imprégnées des principes
« qu'on voudrait faire disparaître. Aussi qui pourrait prévoir la fin de tout
« ceci? qui oserait assigner la marche future des choses? En 1814 la nation
« entière a pu aller au roi; aujourd'hui ce ne peuvent être que ses partisans
« seuls, et ses partisans intéressés. Alors c'était une succession paisible,
« aujourd'hui c'est une conquête terrible, outrageante; s'il cherche à for-
« mer une armée nationale, il faudra tout aussitôt qu'il s'en défie. Un soldat,
« dans la longueur de la journée, dans l'ennui de ses casernes, a besoin de
« parler de guerre; il ne peut parler de Fontenoy ni de Prague, qu'il ne
« connaît pas; il faudra qu'il parle des victoires de Marengo, d'Austerlitz,
« d'Iéna, de celui qui les a gagnées, de moi enfin, qui remplis toutes les
« bouches et suis dans toutes les imaginations....

« Une telle situation est sans exemple dans l'histoire; de quelque côté qu'on
« la considère, on ne voit jamais que les malheurs de la France. Que résul-
« tera-t-il de tout cela? Deux peuples sur un même sol, acharnés, irréconci-
« liables, qui se chamailleront sans relâche et s'extermineront peut-être.

« Bientôt la même fureur gagnera toute l'Europe. L'Europe ne formera
« bientôt plus que deux partis ennemis : on ne s'y divisera plus par peuples
« et par territoires, mais par couleur et par opinion. Et qui peut dire les
« crises, la durée, les détails de tant d'orages! car l'issue n'en saurait être
« douteuse, les lumières et le siècle ne rétrograderont pas!.... Quel malheur
« que ma chute!.... J'avais refermé l'outre des vents; les baïonnettes enne-
« mies l'ont déchirée. Je pouvais marcher paisiblement à la régénération
« universelle; elle ne s'exécutera désormais qu'au travers des tempêtes!
« J'amalgamais, peut-être extirpera-t-on! »

Arrivée du gouverneur.—Progrès de l'Empereur dans son anglais.

Dimanche 14, lundi 15. — Des bâtimens étaient en vue; les signaux ont appris qu'ils portaient le nouveau gouverneur sir *Hudson Lowe*.

Pendant le dîner, l'Empereur nous a fait, en anglais, un récit des papiers français, contenant, disait-il, la destinée de M. La Peyrouse, le lieu où il avait fait naufrage, ses divers événemens, sa mort et son journal, etc., etc.; le tout composait des détails curieux, piquans, romanesques, qui nous attachaient extrêmement; l'Empereur en a joui, et s'est mis à rire; car son récit n'était qu'une fable pour nous montrer ses progrès en anglais, disait-il.

Première visite du gouverneur.—Déclaration exigée de nous.

Mardi 16.—Le nouveau gouverneur est arrivé sur les dix heures, malgré le mauvais temps et la pluie; il était accompagné de l'amiral, chargé de le présenter, et qui lui avait dit sans doute que c'était l'heure la plus convenable.

L'Empereur ne l'a point reçu; il était malade, et se fût-il bien porté, il ne l'eût pas reçu davantage. Le gouverneur, en arrivant de la sorte, man- quait aux formes de la bienséance la plus commune; nous soupçonnâmes sans peine que c'était une espièglerie de l'amiral. Le gouverneur qui n'avait peut-être pas l'intention de se rendre aucunement désagréable, a paru fort déconcerté; nous en riions sous cape; pour l'amiral, il en était triomphant.

Le gouverneur, après avoir hésité long-temps et donné des marques évidentes de mauvaise humeur, nous a quittés assez brusquement.

Nous n'avons pu douter que toute l'ordonnance de cette première entrevue n'eût été conduite dans l'intention secrète de nous indisposer, dès les premiers momens, les uns contre les autres. Le gouverneur s'y sera-t-il prêté? n'en aura-t-il eu aucun soupçon? C'est ce que le temps nous apprendra.

Sur les cinq heures et demie, l'Empereur m'a fait appeler dans le jardin; il était seul; il m'a dit qu'il se présentait une nouvelle circonstance personnelle à chacun de nous : on allait exiger notre déclaration individuelle d'unir notre destinée à la sienne, ou, si nous le préférions, on devait nous sortir de Sainte-Hélène et nous rendre à la liberté.

Nous ne devinions pas le motif de cette mesure : était-ce, de la part du ministère anglais, pour se ménager des pièces régulières? mais nous n'étions partis de Plymouth pour Sainte-Hélène qu'avec cette condition préalable; était-ce pour isoler l'Empereur? mais devait-on croire que nous l'abandonnerions?

Il me demanda quelle serait ma détermination à cet égard; je répondis qu'elle ne pouvait être douteuse; que si j'avais pu éprouver quelques déchiremens, c'eût été au moment de ma première détermination; qu'à compter de cet instant, mon sort s'était trouvé irrévocablement fixé : qu'alors j'avais suivi la gloire et mon honneur; que depuis, chaque jour davantage, je suivais mes affections et mes sentimens. La voix de l'Empereur devint plus douce; ce furent là ses remerciemens : je le connaissais désormais, ils étaient grands !

J'ajoutai que d'ailleurs ma détermination aurait peu de mérite; elle ne changerait rien, disais-je, à notre situation, nous demeurerions le lendemain de cette signature ce que nous étions la veille. Notre destinée ne dépendait point du calcul des hommes, mais de la force des choses. Il serait peu sage à nous de compliquer nos peines par des prévoyances ou des combinaisons hors des facultés humaines; nous devions nous abandonner avec tranquillité au cours mystérieux des événemens; trouver quelques jouissances dans l'excès de nos maux, en nous nourrissant de cette satisfaction intérieure, récompense précieuse qu'il était hors du pouvoir des hommes de balancer et de détruire.

Conversation caractéristique.—Retour de l'île d'Elbe prévu dès Fontainebleau.—Introduction du gouverneur.—Mortification de l'amiral.—Nos griefs contre lui.—Signalement de sir Hudson Lowe.

Mercredi 17.— L'Empereur m'a fait venir à neuf heures chez lui; il a lu avec moi un article du *Courrier de Portsmouth*, où l'on peignait fort au long son séjour à Briars. La peinture était fidèle.

Il m'a fait rappeler dans le milieu du jour pour causer. Une partie de la conversation fournit des développemens trop précieux du caractère de l'interlocuteur, pour que je n'en transcrive pas ici quelques traits.

Il se trouvait parfois entre nous des contrariétés, des piquasseries, des bouderies qui gênaient l'Empereur et le rendaient malheureux : il est tombé sur ce sujet; il analysait notre situation avec sa logique ordinaire, appréciait les peines et les ennuis de notre exil, en indiquait les meilleurs soulagemens. Nous devions faire, disait-il, des sacrifices mutuels, nous passer bien des choses : l'homme ne marquait dans la vie qu'en dominant le caractère que lui avait donné la nature, ou en s'en créant un par l'éducation et sachant le modifier suivant les obstacles qu'il rencontrait.

« Vous devez tâcher de ne faire ici qu'une famille, disait-il, vous m'avez
« suivi pour adoucir mes peines ; comment ce sentiment ne suffirait-il pas
« pour tout maîtriser ? Si la sympathie ne peut faire ici tous les frais, il faut
« être conduit du moins par le raisonnement et le calcul ; il faut savoir
« compter ses peines, ses sacrifices, ses jouissances pour arriver à un ré-
« sultat, de même qu'on additionne ou qu'on soustrait tout ce qui se cal-
« cule. Tous les détails de la vie ne doivent-ils pas être soumis à cette règle ?
« Il faut savoir vaincre sa mauvaise humeur. Il est assez simple que vous ayez
« ici des différends, des querelles ; mais il faut une explication et non pas
« une bouderie : l'une amène des résultats, l'autre ne fait que compliquer
« les choses : la raison, la logique, un résultat surtout, doivent être le guide
« et le but constant de tout ici-bas. » Et alors il se citait lui-même, ou pour avoir suivi ces principes, ou pour s'en être éloigné. Il ajoutait qu'il fallait savoir pardonner, et ne pas demeurer dans une hostile et acariâtre attitude qui blesse le voisin et empêche de jouir soi-même ; qu'il fallait reconnaître les faiblesses humaines, et se plier à elles plutôt que de les combattre.

« Que serais-je devenu, disait-il, si je n'eusse suivi ces maximes ! On m'a
« dit souvent que j'étais trop bon, pas assez défiant. C'eût été bien pis si
« j'eusse été le contraire ! J'ai été trahi deux fois ; eh bien ! je le serais peut-
« être encore une troisième ; et c'est par cette grande connaissance du carac-
« tère des hommes, cette indulgence raisonnée que je m'étais créée, que j'ai
« pu gouverner la France, et que je suis le plus propre peut-être, dans l'état
« où elle se trouve, à la gouverner encore. En quittant Fontainebleau,
« n'avais-je pas dit à tous ceux qui me demandaient leur ligne de conduite :
« Allez au roi, servez-le.... J'avais voulu leur rendre légitime ce que beau-
« coup n'eussent pas manqué de faire d'eux-mêmes ; je n'avais pas voulu
« laisser écraser ceux qui eussent été obstinément fidèles ; enfin je n'avais
« pas voulu surtout avoir à blâmer personne au retour. »

Ici, contre ma constante coutume, il m'est échappé d'oser questionner en quelque sorte l'Empereur : « Comment, Sire, me suis-je écrié, dès Fon-
« tainebleau, Votre Majesté a songé au retour ? — Oui, sans doute, et par
« le raisonnement le plus simple. Si les Bourbons, me suis-je dit, veulent
« commencer une cinquième dynastie, je n'ai plus rien à faire ici, mon
« rôle est fini ; mais s'ils s'obstinaient, par hasard, à vouloir recontinuer
« la troisième, je ne tarderai pas à reparaître. On pourrait dire que les
« Bourbons eurent alors ma mémoire et ma conduite à leur disposition,
« s'ils se fussent contentés d'être les magistrats d'une grande nation ; s'ils
« l'eussent voulu, je demeurais pour le vulgaire un ambitieux, un tyran, un
« brouillon, un fléau. Que de sagacité, de sang-froid il eût fallu pour m'ap-
« précier et me rendre justice ! Mais ils ont tenu à se retrouver encore les
« seigneurs féodaux, ils ont préféré n'être que les chefs odieux d'un parti
« odieux à toute la nation. Mais leur entourage, une fausse marche, m'ont
« rendu désirable, et ce sont eux qui ont réhabilité ma popularité et pro-
« noncé mon retour ; autrement ma mission politique était dès lors consom-
« mée ; je demeurais pour toujours à l'île d'Elbe ; et nul doute qu'eux et
« moi nous y eussions tous gagné : car je ne suis pas revenu pour recueillir
« un trône, mais bien pour acquitter une grande dette. Peu le comprendront,

« n'importe, j'entrepris une étrange charge ; mais je la devais au peuple fran-
« çais ; ses cris arrivaient jusqu'à moi, pouvais-je y demeurer insensible ?
« Mon existence, du reste, à l'île d'Elbe, était encore assez enviable,
« assez douce ; j'allais m'y créer en peu de temps une souveraineté d'un genre
« nouveau : ce qu'il y avait de plus distingué en Europe commençait à venir
« passer en revue devant moi. J'aurais offert un spectacle inconnu à l'his-
« toire, celui d'un monarque descendu du trône, qui voyait défiler avec em-
« pressement devant lui le monde civilisé.
 « On m'objectera, il est vrai, que les alliés m'auraient enlevé de mon île,
« et je conviens que cette circonstance a même hâté mon retour. Mais si les
« Bourbons eussent bien gouverné en France, si les Français eussent été
« contens, mon influence avait fini, je n'appartenais plus qu'à l'histoire, et
« l'on n'eût point songé, à Vienne, à me déplacer. C'est l'agitation créée,
« entretenue en France par les Bourbons et leur inepte entourage, qui a forcé
« de songer à mon éloignement. »
 Ici le grand maréchal est entré chez l'Empereur, annonçant l'arrivée du gouverneur, conduit par l'amiral et suivi de tout son état-major.
 Après quelque temps encore de conversation, Bertrand est resté seul avec Napoléon, et j'ai gagné le salon d'attente (*voir le plan*). Nous nous y trouvions en grand nombre, nous efforçant d'échanger quelques mots ; nous nous observions bien plus que nous ne causions.
 Au bout d'une demi-heure, l'Empereur étant passé dans son salon, le valet de chambre en service, à la porte et de notre côté, a appelé le gouverneur, qui a été introduit. L'amiral suivait de près ; mais le valet de chambre, qui n'avait entendu demander que le gouverneur, a refermé brusquement la porte sans admettre l'amiral, qui, sur ses instances, s'est vu même repoussé ; il s'est retiré, fort déconcerté, dans une embrasure de fenêtre.
 Ce valet de chambre était Noverraz, bon et vrai Suisse, dont toute l'intelligence, disait souvent l'Empereur, était dans son attachement à sa personne.
 Nous demeurâmes saisis d'une circonstance aussi inattendue, que nous crûmes être la volonté de l'Empereur. Mais bien que nous eussions à nous plaindre de l'amiral, nous avons été à lui pour le distraire de son embarras ; sa situation vraiment cruelle nous peinait. Cependant l'état-major du gouverneur a bientôt après été demandé et introduit ; l'embarras de l'amiral s'en est accru. Au bout d'un quart d'heure, l'Empereur ayant congédié tout le monde, le gouverneur est ressorti ; l'amiral a couru à lui, ils se sont dit quelques mots avec chaleur, nous ont salués et sont partis.
 Nous avons rejoint l'Empereur au jardin, et lui avons parlé de la déconfiture de l'amiral ; il ignorait tout. Par la plus singulière fatalité, le hasard seul avait amené cette circonstance ; mais il en a été ravi, disait-il ; il en riait aux éclats, il s'en frottait les mains : c'était la joie d'un enfant, celle d'un écolier qui vient d'attraper son régent.
 « Ah ! mon bon *Noverraz*, a-t-il dit, tu as donc eu une fois de l'esprit.
« Vous verrez qu'il m'aura entendu dire que je ne voulais plus voir l'amiral,
« et il se sera cru obligé de lui fermer la porte au nez : c'est charmant ! Il
« n'y aurait pourtant pas à se jouer avec ce bon Suisse ; si j'avais le mal-
« heur de dire qu'il faut se défaire du gouverneur, il serait homme à le tuer
« à mes yeux. Du reste, continuait plus gravement l'Empereur, c'est la
« faute du gouverneur ; que ne demandait-il l'amiral ? d'autant plus qu'il
« m'avait fait dire ne pouvoir m'être présenté que par lui ; que ne l'a-t-il
« fait demander encore, quand il m'a présenté ses officiers ? C'est donc tout-

« à-fait sa faute. Au demeurant, l'amiral y a gagné sans doute, je n'eusse
« pas manqué de l'apostropher en présence de tous ses compatriotes. Je lui
« aurais dit que, par le sentiment de l'habit militaire que nous portions tous
« deux depuis quarante ans, je le plaignais d'avoir, aux yeux du monde,
« compromis, dégradé son ministère, sa nation, son souverain, en man-
« quant, sans nécessité et sans discernement, à un des plus vieux soldats
« de l'Europe : je lui eusse reproché de m'avoir débarqué à Sainte-Hélène
« comme un galérien de Botany-Bay ; je lui eusse dit que, pour un véritable
« homme d'honneur, je devais être plus vénérable sur un roc que sur mon
« trône au milieu de mes armées. »

La force, la nature de ces paroles, mirent fin à toute gaieté et terminè-
rent la conversation.

Mais puisque nous sommes sur le compte de l'amiral, et qu'il va nous
quitter, résumons ici, et avec autant d'impartialité que peuvent l'admettre
notre situation et notre mauvaise humeur, les torts que nous avons à lui
reprocher, le tout pour n'y plus revenir.

Nous ne pouvions lui passer la familiarité affectée dont il usait avec nous,
bien que nous y répondissions peu ; nous lui pardonnions encore moins
d'avoir osé essayer de l'étendre jusqu'à l'Empereur ; nous ne pouvions lui
pardonner non plus l'air gonflé et satisfait de lui-même avec lequel il l'appelait général. Certes, l'Empereur avait immortalisé ce titre ; mais le terme,
le ton et l'intention étaient autant d'outrages.

En arrivant dans l'île, il avait jeté l'Empereur dans une chambre de quelques pieds en carré, et l'y avait retenu deux mois, bien qu'il existât d'autres
logemens dans l'île, notamment celui que lui-même s'était adjugé. Il lui
avait indirectement interdit la promenade à cheval dans l'enclos de Briars ;
on avait abreuvé d'embarras et d'humiliations les officiers de l'Empereur,
lorsqu'ils venaient le visiter journellement dans sa petite cellule.

Plus tard, à Longwood, il avait placé des sentinelles sous les fenêtres mêmes
de l'Empereur ; et, par un tour d'esprit qui ne pouvait être que la plus
amère des ironies, il prétendait que ce n'était que dans l'intérêt du *général* et pour sa propre sûreté. Il ne permettait d'arriver à nous qu'avec un
billet de sa part ; et, en nous mettant ainsi au secret, il disait que c'était
une attention particulière pour que l'on n'importunât pas l'Empereur, et qu'il
n'était là que *grand maréchal.* Il donnait un bal, et envoyait une invitation
par écrit au *général Bonaparte*, comme à chacun de ceux de sa suite. Il répondait avec un persiflage indécent aux notes du grand maréchal qui employait le mot d'*Empereur*, qu'il ne savait pas qu'il y eût aucun *Empereur*
dans l'île de Sainte-Hélène, qu'il n'en connaissait aucun en Europe ou ailleurs qui fût hors de ses États. Il refusait à l'Empereur d'écrire au prince
régent, à moins qu'il ne reçût la lettre ouverte, ou qu'on ne lui en donnât
lecture. Il avait gêné les égards, les expressions, les sentimens d'autrui
pour Napoléon ; mis aux arrêts des subordonnés, nous assurait-on, pour
s'être servis de la qualification d'Empereur, ou autres expressions semblables, usitées souvent néanmoins par ceux du 53e, et sans doute, disait Napoléon, par un sentiment irrésistible de ces braves.

L'amiral avait limité, par son seul caprice, la direction de nos promenades. Il avait même, à cet égard, manqué de parole à l'Empereur ; il l'avait
assuré, dans un moment de rapprochement, qu'il pouvait désormais aller
dans toute l'île sans que la surveillance de l'officier anglais préposé à sa
garde pût même être aperçue. Mais deux ou trois jours après, au moment

où Napoléon mettait le pied à l'étrier pour aller déjeuner à l'ombre, loin de notre demeure habituelle, il eut l'insigne désagrément d'être contraint de rentrer, l'officier ayant déclaré qu'il devait désormais faire partie de son groupe et ne point le quitter d'un pas. Depuis cet instant, l'Empereur ne voulut jamais revoir l'amiral. Celui-ci, d'ailleurs, n'avait jamais observé les formes de bienséance les plus ordinaires, affectant toujours de choisir pour ses visites des heures inaccoutumées; dirigeant dans la même voie les étrangers de distinction qui arrivaient dans l'île, pour éviter par là sans doute qu'ils ne parvinssent jusqu'à l'Empereur, qui ne manquait pas de les refuser. On a vu que l'amiral en avait agi de la sorte lors de la première visite du nouveau gouverneur; sa joie, dans cette dernière circonstance, sur le mauvais succès de sir Hudson Lowe, n'avait que trop visiblement trahi ses intentions.

Toutefois, s'il fallait, à travers notre mauvaise humeur et la délicatesse de sa mission, résumer une opinion impartiale, nous n'hésiterions pas à convenir, à la suite de tant de griefs, que ces griefs reposaient bien plus dans les formes que dans le fond, et nous dirions, avec l'Empereur, qui avait naturellement un faible pour lui, que l'amiral Cockburn est bien loin d'être un méchant homme, qu'il est même susceptible d'élans généreux et délicats, que nous en avons plusieurs fois éprouvé les effets; mais qu'aussi, par contre, nous l'avons trouvé souvent capricieux, irascible, vain, dominateur, fort habitué à l'autorité, l'exerçant avec rudesse, mettant souvent la force à la place de la dignité. Et pour exprimer en deux mots la nature de nos rapports, nous dirions que, comme geôlier, il a été doux, humain, généreux; nous lui devons de la reconnaissance; mais que, comme notre hôte, il a été parfois impoli, souvent pire encore, et nous avons lieu d'en être mécontens et de nous plaindre.

En relisant ce résumé pour une nouvelle impression, je ne puis me défendre d'éprouver qu'il est peut-être plus que sévère. Serait-ce que le temps aurait dissipé l'irritation dans laquelle il fut tracé, ou bien serait-ce parce que je ne suis pas né pour de longs ressentimens, ou bien encore serait-ce enfin parce que les manières, les procédés, les actes du successeur, n'admettant de comparaison avec personne, toutes autres plaintes doivent s'effacer et disparaître au simple souvenir de ce dernier?

Sur les deux ou trois heures, l'Empereur a fait sa promenade accoutumée; il a beaucoup causé avec nous dans le jardin, et en calèche, sur les circonstances du matin; et la conversation sur cet objet a repris encore après le dîner. Quelqu'un a fait observer, toutefois assez plaisamment, que les deux premiers jours du gouverneur avaient été des jours de batailles, et devaient lui faire croire que nous étions intraitables, nous qui étions naturellement si doux et si patiens. A ces dernières expressions, l'Empereur n'a pu s'empêcher de sourire et de pincer l'oreille de l'observateur.

On est passé de là au signalement de sir Hudson Lowe; on l'a trouvé un homme d'environ quarante-cinq ans, d'une taille commune, mince, maigre, sec, rouge de visage et de chevelure, marqueté de taches de rousseur, des yeux obliques fixant à la dérobée et rarement en face, recouverts de sourcils d'un blond ardent, épais et fort proéminens. « Il est hideux! a « dit l'Empereur, c'est une face patibulaire. Mais ne nous hâtons pas de « prononcer : le moral, après tout, peut raccommoder ce que cette figure a « de sinistre; cela ne serait pas impossible. »

[Avril 1816] DE SAINTE-HÉLÈNE. 297

Convention des souverains sur Napoléon, etc. — Paroles remarquables.

Jeudi 18. — Le temps avait été horrible depuis plusieurs jours : aujourd'hui il est devenu très beau ; l'Empereur est sorti de bonne heure pour se promener dans le jardin ; sur les quatre heures, il est monté en calèche, et a fait une promenade plus longue que de coutume. Avant dîner, l'Empereur m'a fait appeler pour lui traduire la convention des souverains relative à sa captivité. La voici :

« Napoléon Bonaparte étant au pouvoir des souverains alliés, Leurs Majestés le roi du royaume-uni de la Grande-Bretagne et d'Irlande, l'empereur d'Autriche, l'empereur de Russie et le roi de Prusse ont agréé, en vertu des stipulations du traité du 25 mars 1815, sur les mesures les plus propres à rendre impossible toute entreprise de sa part contre le repos de l'Europe :

« Art. 1er. Napoléon Bonaparte est considéré par les puissances qui ont signé le traité du 20 mars dernier comme leur prisonnier.

« Art. 2. Sa garde est spécialement confiée au gouvernement britannique.

« Le choix de la place et des mesures qui peuvent le mieux assurer l'objet de la présente stipulation sont réservés à Sa Majesté britannique.

« Art. 3. Les cours impériales d'Autriche et de Russie et la cour royale de Prusse nommeront des commissaires pour se rendre et habiter dans la place que le gouvernement de Sa Majesté britannique aura assignée pour la résidence de Napoléon Bonaparte, et qui, sans être responsables de sa garde, s'assureront de sa présence.

Art. 4. Sa Majesté très chrétienne est invitée, au nom des quatre cours ci-dessus mentionnées, d'envoyer pareillement un commissaire français au lieu de la détention de Napoléon Bonaparte.

« Art. 5. Sa Majesté le roi du royaume-uni de la Grande-Bretagne et de l'Irlande s'oblige à remplir les engagemens qui lui sont assignés par la présente convention.

Art. 6. La présente convention sera ratifiée, et la ratification sera échangée dans quinze jours, ou plus tôt s'il est possible.

« En foi de quoi les plénipotentiaires respectifs ont signé la présente convention, et y ont apposé le sceau de leurs armes.

« Fait à Paris, ce 2 août de l'année de notre Seigneur, 1815. »

La lecture faite, l'Empereur m'a demandé ce que j'en pensais.

« Sire, ai-je répondu, dans la position où nous nous trouvons, j'aime
« mieux dépendre des intérêts d'un seul que de la décision compliquée de
« quatre. L'Angleterre évidemment a dicté ce traité ; voyez avec quel soin
« elle stipule qu'elle seule répondra, disposera du prisonnier ; je ne la vois
« occupée qu'à nantir ses mains *du levier d'Archimède ;* elle ne saurait donc
« avoir l'idée de le briser. »

L'Empereur, sans expliquer sa pensée sur cet objet, est passé aux différentes chances qui pouvaient amener sa sortie de Sainte-Hélène, et a dit ces paroles remarquables : « Si l'on est sage en Europe, si l'ordre s'établit
« partout, alors nous ne vaudrons plus ni l'argent ni les soins que nous
« coûtons ici ; on se débarrassera de nous ; mais cela peut se prolonger en-
« core quelques années : trois, quatre ou cinq ans ; autrement, et à part les
« événemens fortuits qu'il n'est pas donné à l'intelligence humaine de pré-
« voir, je ne vois guère, mon ami, que deux grandes chances bien incer-

« taines pour sortir d'ici : le besoin que pourraient avoir de moi les rois
« contre les peuples débordés, ou celui que pourraient avoir les peuples
« soulevés, aux prises avec les rois ; car, dans cette immense lutte du pré-
« sent contre le passé, je suis l'arbitre et le médiateur naturel ; j'avais as-
« piré à en être le juge suprême; toute mon administration au dedans,
« toute ma diplomatie au dehors, roulaient vers ce grand but. L'issue eût
« été plus facile et plus prompte ; mais le destin en a ordonné autrement.
« Enfin une dernière chance, et ce pourrait être la plus probable, ce serait
« le besoin qu'on aurait de moi contre les Russes ; car dans l'état actuel des
« choses, avant dix ans toute l'Europe peut être *cosaque*, ou toute en *répu-*
« *blique* ; voilà pourtant les hommes d'État qui m'ont renversé. . . . . .
. . . .
. . . . Et puis revenant sur la décision des souverains à son égard, à son style,
au fiel qu'elle témoigne : « Il est difficile de les expliquer, a-t-il dit. »

« *François!* Il est religieux, et je suis son fils.

« *Alexandre!* nous nous sommes aimés !

« *Le roi de Prusse !* je lui ai fait beaucoup de mal sans doute; mais je
« pouvais en faire davantage ; et puis n'y a-t-il donc pas de la gloire, une
« véritable jouissance à s'agrandir par le cœur !

« Pour l'*Angleterre*, c'est à l'animosité de ses ministres que je suis rede-
« vable de tout ; mais encore serait-ce au *prince régent* à s'en apercevoir, à
« interférer, sous peine d'être noté de fainéant ou de protéger une vulgaire
« méchanceté ?

« Ce qu'il y a de sûr, c'est que tous ces souverains se compromettent, se
« dégradent, se perdent en moi . . . . . »

Déclaration exigée de nous.

Vendredi 19. — L'Empereur avait le projet de déjeuner dans le jardin ;
le grand maréchal et madame Bertrand étaient venus en suite de cette intention. L'Empereur avait passé une mauvaise nuit, n'avait point dormi ; il a
déjeuné dans son intérieur.

Le gouverneur nous a notifié officiellement que nous devions lui donner
chacun notre déclaration, exprimant que nous demeurions volontairement
à Longwood, et que nous nous soumettions d'avance à toutes les restrictions
que nécessiterait la captivité de Napoléon. Voici la mienne.

Déclaration. — « Je, soussigné, réitère la déclaration que j'ai déjà faite
« en rade de Plymouth vouloir m'attacher à la destinée de l'empereur Napo-
« léon, l'accompagner, le suivre, et diminuer autant qu'il est en mon pou-
« voir l'injuste traitement qu'il éprouve par la violation la plus inouïe du
« droit des gens, laquelle m'est d'autant plus sensible personnellement,
« que c'est moi qui lui ai transmis l'offre et l'assurance du capitaine Mait-
« land du *Bellérophon*, comme quoi il avait les ordres de recevoir l'Empe-
« reur et sa suite sous la protection du pavillon britannique, si cela lui était
« agréable, et de le conduire en Angleterre.

« La lettre de l'empereur Napoléon (que connaît toute l'Angleterre) au
« prince régent, laquelle j'ai communiquée d'avance au capitaine Maitland,
« sans qu'il m'ait fait la moindre observation, démontre au monde, bien
« mieux que ne pourraient le faire toutes mes paroles, comment l'Empe-
« reur vint librement au-devant de cette offre d'hospitalité, et combien, par

« conséquent, on l'a rendu la dupe de sa confiance et de sa bonne foi.

« Aujourd'hui, malgré l'expérience que j'ai de l'horrible séjour de l'île de
« Sainte-Hélène, si contraire à la santé de l'Empereur et à celle de tout Eu-
« ropéen, et quoique, depuis six mois que nous sommes dans l'île, j'aie
« éprouvé toute espèce de privations, lesquelles je multiplie journellement
« moi-même pour m'exposer le moins possible au manque d'égards que ré-
« clament mon rang et mes habitudes ; toutefois, constant dans les mêmes
« sentimens, et résolu désormais à ce que la crainte d'aucun mal, l'espoir
« d'aucun bien, ne pussent me séparer de l'empereur Napoléon, je réitère
« mon désir de vouloir demeurer auprès de lui, en me soumettant aux res-
« trictions qui seraient arbitrairement imposées. »

Visite d'adieu de l'ancien gouverneur.—Conversation remarquable.—Saillie d'un vieux soldat anglais.

Samedi 20. — Le colonel Wilks, repassant en Europe, est arrivé avec sa fille pour prendre congé de l'Empereur ; elle a été présentée par madame Bertrand. J'ai déjà dit que le colonel Wilks était l'ancien gouverneur de la colonie pour la compagnie des Indes ; c'est lui que l'amiral avait remplacé en cette qualité, au nom du roi, lorsque notre translation à Sainte-Hélène avait fait passer cette île des mains de la compagnie dans celles du gouvernement.

L'Empereur était ce matin d'une gaieté remarquable ; il a causé quelque temps avec ces dames, puis il s'est retiré avec M. Wilks dans une embrasure de fenêtre, me faisant suivre pour servir d'interprète.

Le colonel Wilks a été long-temps agent diplomatique de la compagnie dans la péninsule indienne ; il a écrit une histoire de ces régions, a beaucoup de connaissances, surtout en chimie ; c'était donc un militaire, un littérateur, un diplomate, un chimiste. L'Empereur l'a questionné sur tous ces objets, et les a traités lui-même avec beaucoup d'abondance et d'éclat ; la conversation a été longue, vive et variée, elle a duré plus de deux heures. Voici les principaux traits que j'en ai retenus. Je me répéterai peut-être, car l'Empereur et le colonel Wilks avaient déjà eu, il y a quelques mois, une longue conversation précisément sur les mêmes objets ; mais n'importe, ces objets sont d'un tel intérêt, que j'aime mieux encore répéter quelque chose que de rien laisser perdre.

L'Empereur lui a d'abord parlé de l'armée anglaise, de son organisation, et surtout de son mode d'avancement ; il l'a opposée à la nôtre, et a répété ce que j'ai dit ailleurs sur son excellente composition, les avantages de notre conscription, l'esprit valeureux des Français, etc.

Passant à la politique, il a dit : « Vous avez perdu l'Amérique par l'af-
« franchissement ; vous perdrez l'Inde par l'invasion. La première perte
« était toute naturelle : quand les enfans deviennent grands, ils font bande
« à part ; mais pour les Indous, ils ne grandissent pas, ils demeurent tou-
« jours enfans ; aussi la catastrophe ne viendra que du dehors. Vous ne
« savez pas tous les dangers dont vous avez été menacés par mes armes ou
« par mes négociations, etc., etc.

« Mon système continental !..... Vous en avez ri peut-être ? — Sire, a dit
« le colonel, nous en avons fait le semblant ; mais tous les gens sensés ont
« senti le coup. — Eh bien ! a continué l'Empereur, moi, je me suis trouvé
« seul de mon avis sur le continent ; il m'a fallu pour l'instant employer

« partout la violence. Enfin l'on commence à me comprendre, déjà l'arbre
« porte son fruit : j'ai commencé, le temps fera le reste.

« Si je n'eusse succombé, j'aurais changé la face du commerce aussi
« bien que la route de l'industrie : j'avais naturalisé au milieu de nous le
« sucre, l'indigo ; j'aurais naturalisé le coton et bien d'autres choses encore :
« on m'eût vu déplacer les colonies, si l'on se fût obstiné à ne pas nous en
« donner une portion.

« L'impulsion chez nous était immense ; la prospérité, les progrès crois-
« saient sans mesure ; et pourtant vos ministres répandaient par toute l'Eu-
« rope que nous étions misérables et que nous retombions dans la barbarie.
« Aussi le vulgaire des alliés a-t-il été étrangement surpris à la vue de notre
« intérieur, aussi bien que vous autres, qui en êtes demeurés déconcer-
« tés, etc.

« Le progrès des lumières en France était gigantesque, les idées partout
« se rectifiaient et s'étendaient, parce que nous nous efforcions de rendre
« la science populaire. Par exemple, on m'a dit que vous étiez très forts
« sur la chimie ; eh bien ! je suis loin de prononcer de quel côté de l'eau se
« trouve le plus habile ou les plus habiles chimistes..... — En France, a dit
« aussitôt le colonel. — Peu importe, continue l'Empereur ; mais je maintiens
« que dans la masse française il y a dix et peut-être cent fois plus de con-
« naissances chimiques qu'en Angleterre, parce que les diverses branches
« industrielles l'appliquent aujourd'hui à leur travail ; et c'était là un des ca-
« ractères de mon école : si l'on m'en eût laissé le temps, bientôt il n'y aurait
« plus eu de métiers en France, tous eussent été des arts, etc. »

Enfin il a terminé par ces mots remarquables : « L'Angleterre et la France
« ont tenu dans leurs mains le sort de l'univers, celui surtout de la civilisa-
« tion européenne. Que de mal nous nous sommes fait ! que de bien nous
« pouvions faire !

« Sous l'école de Pitt, nous avons désolé le monde, et pour quel résultat?
« Vous avez imposé quinze cent millions à la France, et les avez fait lever
« par des Cosaques. Moi, je vous ai imposé sept milliards, et les ai fait lever
« de vos propres mains, par votre parlement ; et aujourd'hui encore, même
« après la victoire, est-il bien certain que vous ne succombiez pas tôt ou
« tard sous une telle charge ?

« Avec l'école de Fox, nous nous serions entendus........ Nous eussions
« accompli, maintenu l'émancipation des peuples, le règne des principes ;
« il n'y eût eu en Europe qu'une seule flotte, une seule armée ; nous aurions
« joint nos intérêts et nos efforts ; nous nous serions attelés ensemble pour
« marcher avec plus de certitude au même but ; nous aurions gouverné le
« monde, nous aurions fixé chez tous le repos et la prospérité, ou par la
« force ou par la persuasion..

« Oui, encore une fois, que de mal nous avons fait ! que de bien nous pou-
« vions faire ! »

Jamais Napoléon n'avait été plus causant, et il rit plus d'une fois de la
volubilité avec laquelle je m'efforçais de rendre la rapidité de ses expressions ; pour le colonel, il nous quitta saisi, confondu, ébloui.

Après son départ, l'Empereur a continué de causer long-temps dans le
salon, il a ensuite gagné le jardin, en dépit du mauvais temps ; il a fait appeler tout le monde, il a voulu connaître et lire les déclarations que nous
avions faites : elles sont devenues le sujet de la conversation..............

Quatre bâtimens sont arrivés aujourd'hui d'Europe ; ils amenaient le 66ᵉ, et avaient quitté l'Angleterre avant le départ du *Phaéton*, frégate qui a amené le nouveau gouverneur, sir Hudson Lowe.

Après le dîner, l'Empereur nous a raconté fort plaisamment le dire du plus vieux soldat du 53ᵉ, qui, l'ayant vu hier pour la première fois, était retourné à ses camarades en leur disant : « On m'avait bien trompé, on « m'avait assuré que Napoléon était si vieux ! mais il n'en est rien, le b..... « a encore au moins soixante campagnes dans le corps. »

Nous étions jaloux de ce propos, disions-nous, il était trop français, nous le réclamions pour un de nos grenadiers ; et nous avons raconté à notre tour à l'Empereur un grand nombre de bons mots de nos soldats, durant son absence et lors de son retour ; il en a été fort amusé. Un surtout l'a fait beaucoup rire, c'était la réponse d'un grenadier à Lyon.

M. le comte d'Artois, accouru en toute hâte lors du débarquement de l'île d'Elbe, y passait une grande revue : il disait aux soldats qu'ils étaient bien vêtus, bien nourris, que leur solde était à jour ; à quoi le grenadier auquel il s'adressait répondait à chaque observation : « Oui, assurément. — « Eh bien ! conclut le prince d'un air confiant et proscripteur, vous n'étiez « pas de la sorte avec Bonaparte ? il y avait de l'arriéré, on vous devait ? — « Eh ! qu'est-ce que cela fait, repartit vivement le grenadier, s'il nous plaisait « de lui faire crédit ! »

Message de l'Empereur au prince régent.—Paroles caractéristiques.—Portefeuille perdu à Waterloo.—Sur les ambassadeurs.—M. de Narbonne.—Après Moscou, l'Empereur sur le point d'être arrêté en Allemagne.—Compte de toilette de l'Empereur.—Budget d'un ménage dans les capitales de l'Europe.—L'ameublement de la maison de la rue de la Victoire.—Ameublement des palais impériaux.—Moyens de vérification de Napoléon.

Dimanche 21. — L'Empereur m'a fait demander au jardin, sur les quatre heures, pour servir d'interprète. Un capitaine Hamilton, commandant la frégate *la Havane*, partait le lendemain pour l'Europe. Il était venu prendre congé de l'Empereur avec tous ses officiers.

Le capitaine Hamilton parlait français. Quand je suis arrivé, l'Empereur s'exprimait avec chaleur.

« On veut savoir ce que je désire, disait-il ; je demande ma liberté ou un « bourreau ! Rapportez ces paroles à votre prince régent. Je ne demande plus « de nouvelles de mon fils, puisqu'on a eu la barbarie de laisser mes pre- « mières demandes sans réponse.

« Je n'étais point votre prisonnier : les sauvages eussent eu plus d'égards « pour ma position. Vos ministres ont indignement violé en moi le droit « sacré de l'hospitalité, ils ont entaché votre nation pour jamais ! »

Le capitaine Hamilton s'étant hasardé de répondre que l'Empereur n'était pas prisonnier de l'Angleterre seule, mais de tous les alliés, l'Empereur a repris avec chaleur :

« Je ne me suis point livré à la Russie, elle m'eût bien reçu sans doute ; je « ne me suis point livré à l'Autriche, j'en aurais été également bien traité ; « mais je me suis livré, librement et de mon choix, à l'Angleterre, parce que « je croyais à ses lois, à sa morale publique. Je me suis cruellement trompé ! « Toutefois il est un ciel vengeur, et tôt ou tard vous porterez les peines d'un « attentat que les hommes vous reprochent déjà !... Redites tout cela au « prince régent, Monsieur. » Et accompagnant ces dernières paroles d'un geste de la main, il le congédia.

Nous avons continué de marcher quelque temps encore. Le grand maréchal, qui avait accompagné quelques pas M. Hamilton, étant revenu, nous avons cru devoir le laisser tête à tête avec l'Empereur; mais, à peine rentré dans ma chambre, il m'a fait appeler. Il était seul dans la sienne, et m'a demandé si je ne m'étais pas assez retiré dans la journée. Je lui ai dit que le respect seul et la discrétion m'avaient ôté d'auprès de lui. A quoi il m'a répondu que c'était à tort, qu'il n'y avait rien de mystérieux ni de secret. « Et puis, a-t-il ajouté, une certaine liberté, un certain abandon, « ont bien aussi leur charme. » Ces paroles, découlées négligemment de la bouche de Napoléon, peuvent servir à le peindre plus que beaucoup de pages.

Nous avons alors parcouru une publication anglaise, renfermant les pièces officielles trouvées dans le portefeuille qui lui a été enlevé à Waterloo. L'Empereur, étonné lui-même de tous les ordres qu'il donnait presque à la fois, des détails sans nombre qu'il dirigeait sur tous les points de l'empire, a dit : « Cette publication, après tout, ne saurait me faire du mal, elle fera « dire à bien des gens que ce qu'elle contient n'est pas d'un homme qui « dormait ; on me comparera aux légitimes, je n'y perdrai pas. »

Après le dîner, l'Empereur a causé long-temps de sujets rompus. En parlant de ses ambassadeurs, il a trouvé que M. *de Narbonne* était le seul qui eût bien mérité ce titre et rempli vraiment cette fonction. « Et cela, disait-il, par « l'avantage personnel, non-seulement de son esprit, mais bien plus encore « par celui de ses mœurs d'autrefois, de ses manières, de son nom. Car, « tant qu'on a qu'à prescrire, le premier venu suffit, tout est bon ; peut-« être même l'aide de camp est-il préférable ; mais dès qu'on en est réduit « à négocier, c'est autre chose ; alors à la vieille aristocratie des cours « de l'Europe on ne doit plus présenter que des élémens de cette même « aristocratie ; car elle aussi est une espèce de maçonnerie : un Otto, un « Andréossi entreront-ils dans les salons de Vienne, aussitôt les épanche-« mens de l'opinion se tairont, les habitudes de mœurs cesseront; ce sont « des intrus, des profanes ; les mystères doivent être interrompus. C'est le « contraire pour un Narbonne, parce qu'il y a affinité, sympathie, identité ; « et telle femme de la vieille roche livrera peut-être sa personne à un plé-« béien, qu'elle ne lui découvrira pas les secrets de l'aristocratie. »

L'Empereur aimait beaucoup M. de Narbonne ; il s'y était fort attaché, disait-il, et le regretta vivement. Il ne l'avait fait son aide de camp que parce que Marie-Louise, ajoutait-il, par une intrigue de son entourage, l'avait refusé pour chevalier d'honneur ; poste qui était tout-à-fait son lot, disait Napoléon. « Jusqu'à son ambassade, répétait-il, nous avions été dupes « de l'Autriche. En moins de quinze jours, M. de Narbonne eut tout péné-« tré, et M. de Metternich se trouva fort gêné de cette nomination. »

« Toutefois, remarquait l'Empereur, ce que peut faire la fatalité ! les « succès mêmes de M. de Narbonne m'ont perdu peut-être, ses talens m'ont « été du moins bien plus nuisibles qu'utiles : l'Autriche, se croyant devinée, « jeta le masque et précipita ses mesures. Avec moins de pénétration de « notre part, elle eût prolongé quelque temps encor ses indécisions na-« turelles, et durant ce temps d'autres chances pouvaient s'élever. »

Quelqu'un ayant parlé des ambassades de Dresde et de Berlin, et penchant à blâmer nos agens diplomatiques dans ces cours, lors de la crise du retour de Moscou, l'Empereur a répondu que le vice, à cet instant, n'avait point été dans les personnes, mais bien dans les choses ; que chacun avait

pu prévoir d'un coup d'œil ce qui pouvait arriver, que lui n'en avait pas été la dupe d'une minute. Que s'il n'avait pas ramené l'armée lui-même à Wilna et en Allemagne, ce n'avait été que par la crainte de ne pouvoir regagner la France de sa personne. Il avait voulu remédier, disait-il, à ce péril imminent par de l'audace et de la rapidité, en traversant toute la Germanie, seul et vite. Toutefois, il s'était vu à l'instant d'être retenu en Silésie : « Mais
« heureusement, disait-il, les Prussiens passèrent à se consulter le moment
« qu'ils eussent dû employer à agir. Ils firent comme les Saxons pour
« Charles XII, qui disait gaiement à sa sortie de Dresde, dans une occasion
« semblable : Vous verrez qu'il délibèreront demain s'ils auraient bien fait
« de m'arrêter aujourd'hui, etc., etc. »

L'Empereur, avant dîner, m'a fait appeler dans son cabinet pour faire quelques thèmes anglais ; il venait, me disait-il, de faire son compte de toilette ; elle lui coûtait quatre napoléons par mois. Nous avons beaucoup ri de l'immensité du budget. Il m'a parlé de faire venir ses vêtemens, ses souliers, ses bottes, de ses ouvriers ordinaires qui avaient ses mesures. J'y trouvais de graves inconvéniens ; mais ce qui devait nous mettre d'accord, lui disais-je, c'est que bien certainement on ne le permettrait pas.

« Il est dur, pourtant, disait-il, de me trouver sans argent, et je veux
« régulariser quelque chose à cet égard. Aussi, dès que le bill qui doit fixer
« notre situation ici nous sera notifié, je m'arrangerai pour avoir un crédit
« annuel de sept à huit mille napoléons sur Eugène. Il ne saurait s'y refuser,
« il tient de moi plus de quarante millions peut-être ; et puis ce serait faire
« injure à ses sentimens personnels que d'en douter. D'ailleurs nous avons
« de grands comptes à régler ensemble ; je suis sûr que si j'avais chargé
« une commission de mes conseillers d'État d'un rapport à ce sujet, elle
« m'eût présenté sur lui une reprise de dix à douze millions au moins. »

A dîner, l'Empereur nous a questionnés sur ce qui était nécessaire, disait-il, pour un garçon, dans une capitale de l'Europe, ou pour un ménage raisonnable, ou enfin pour un ménage de luxe.

Il aime ces questions et ces calculs, et les traite avec une grande sagacité et des détails toujours curieux.

Chacun de nous a présenté ses budgets, et l'on s'est accordé, pour Paris, à quinze mille, quarante mille et cent mille francs. L'Empereur s'est arrêté sur l'extrême différence qu'il y avait entre le prix des choses et celui des mêmes choses, suivant les personnes et les circonstances.

« En quittant l'armée d'Italie, a-t-il dit, pour venir à Paris, madame Bo-
« naparte avait écrit qu'on meublât, avec tout ce qu'il y avait de mieux, une
« petite maison que nous avions rue de la Victoire. Cette maison ne valait
« pas plus de quarante mille francs. Quelle fut ma surprise, mon indignation
« et ma mauvaise humeur, quand on me présenta le compte des meubles du
« salon, qui ne me semblaient rien de très extraordinaire, et qui montaient
« pourtant à la somme énorme de cent vingt à cent trente mille francs !
« J'eus beau me défendre, crier, il fallut payer. L'entrepreneur montrait la
« lettre qui demandait tout ce qu'il y avait de mieux : or, tout ce qui était là
« était de nouveaux modèles faits exprès ; il n'y avait pas de juge de paix qui
« ne m'eût condamné. »

De là l'Empereur est passé aux prix fous demandés pour les ameublemens des palais impériaux, aux grandes économies qu'il y avait introduites. Il nous a donné le prix du trône, celui des ornemens impériaux, etc., etc......
Quoi de plus curieux que de tenir de sa bouche ces détails, ces comptes,

le mode de ses économies! Combien je regrette de ne les avoir pas consignés dans le temps! Mais veut-on connaître un de ses moyens de vérification? Il revenait aux Tuileries, qu'on avait magnifiquement meublées en son absence; on n'eut rien de plus pressé que de lui faire voir et admirer le tout: il s'en montre très satisfait, et s'arrêtant à une embrasure de fenêtre, devant une fort riche tenture, il demande des ciseaux, coupe un superbe gland d'or en pendant, le met froidement dans sa poche et continue son inspection, au grand étonnement de ceux qui le suivaient, incertains et cherchant à deviner son motif.

A quelques jours de là, à son lever, le gland ressort de sa poche, et le remettant à celui qui était chargé des ameublemens : « Tenez, mon cher, « lui dit-il, Dieu me garde de penser que vous me volez! mais on vous vole; « vous avez payé ceci un tiers au dessus de sa valeur : on vous a traité en « intendant de grand seigneur, vous eussiez fait un meilleur marché si vous « n'aviez pas été connu. »

C'est que Napoléon, dans une de ses promenades matinales, et déguisé, ce qui lui arrivait fréquemment, était entré dans plusieurs magasins de la rue Saint-Denis, avait fait évaluer ce qu'il avait emporté, proposé des entreprises analogues, et amené le résultat, disait-il, à sa plus simple expression. Chacun connaissait son faire à cet égard, et c'était là, disait-il encore, ses grands moyens d'économie domestique, qui, malgré une extrême magnificence d'ailleurs, était portée au dernier degré d'exactitude et de régularité. En dépit de ses immenses occupations, il revisait lui-même tous ses propres comptes; mais il avait sa manière : on les lui présentait toujours par spécialité; il s'arrêtait sur le premier article venu, le sucre par exemple, et trouvant des milliers de livres, il prenait une plume et demandait au comptable : « Combien de personnes dans ma maison, Monsieur? (Et il fallait « pouvoir lui répondre sur-le-champ.) — Sire, tant. — A combien de livres « de sucre par jour les portez-vous l'une dans l'autre? — Sire, à tant. » Il faisait aussitôt son calcul, et se montrait satisfait, ou s'écriait en lui rejetant son papier : « Monsieur, je double votre propre estimation, et vous dépassez « encore énormément; votre compte est donc faux? Recommencez tout cela, « et montrez-moi plus d'exactitude. » Et il suffisait de ce seul calcul, de cette seule algarade, faisait-il observer, pour tenir chacun dans la plus stricte régularité. Aussi, disait-il parfois de son administration privée, comme de son administration publique : « J'ai introduit un tel ordre, j'em« ploie de telles contre-épreuves, que je ne puis être volé de beaucoup. Si « je le suis encore, je le laisse sur la conscience du coupable; il n'en sera pas « étouffé, cela ne saurait être lourd. »

Le gouverneur visite ma chambre.—Critique du *Mahomet* de Voltaire.—Du Mahomet de l'histoire.—Grétry.

Lundi 22 au jeudi 25. — Depuis plusieurs jours le temps a été très mauvais. L'Empereur a discontinué ses promenades du matin ; son travail est devenu plus régulier, il a dicté chaque jour sur l'époque des événemens de 1814.

Sir Hudson Lowe est venu visiter l'établissement ; il est entré chez moi et y est demeuré un quart d'heure. Il m'a dit être fâché de la manière dont nous nous trouvions; nos demeures étaient plutôt des bivouacs, convenait-il, que des chambres. Et il avait raison : le papier goudronné dont on s'était servi pour la couverture cédait déjà à la chaleur du climat : quand il faisait du soleil, j'étouffais ; quand il pleuvait, j'étais inondé.

Il allait donner l'ordre d'y remédier autant que possible, disait-il, et a ajouté poliment qu'il avait apporté avec lui quinze cents à deux mille volumes français ; que, dès qu'ils seraient en ordre, il se ferait un plaisir de les mettre à notre disposition, etc., etc.....

Racine et Voltaire ont fait les frais de ces soirées : *Phèdre*, *Athalie*, qui nous étaient lues par l'Empereur, ont fait nos délices. Il ajoutait des observations et des commentaires qui leur donnaient un nouveau prix.

Mahomet a été l'objet de sa plus vive critique, dans le caractère et dans les moyens. Voltaire, disait l'Empereur, avait ici manqué à l'histoire et au cœur humain. Il prostituait le grand caractère de Mahomet par les intrigues les plus basses. Il faisait agir un grand homme qui avait changé la face du monde, comme le plus vil scélérat, digne au plus du gibet. Il ne travestissait pas moins inconvenablement le grand caractère d'Omar, dont il ne faisait qu'un coupe-jarrets de mélodrame, et un vrai pourvoyeur de son maître.

Voltaire péchait ici surtout par la base, en attribuant à l'intrigue ce qui n'appartient qu'à l'opinion. « Les hommes qui ont changé l'univers, faisait « observer l'Empereur, n'y sont jamais parvenus en gagnant des chefs, mais « toujours en remuant des masses. Le premier moyen est du ressort de l'in-« trigue, et n'amène que des résultats secondaires ; le second est la marche « du génie, et change la face du monde ! »

De là, l'Empereur, passant à la vérité historique, doutait de tout ce qu'on attribuait à Mahomet. « Il en aura été sans doute de lui comme de tous les « chefs de sectes, disait-il. Le Coran ayant été fait trente ans après lui « aura consacré bien des mensonges. Alors l'empire du Prophète, sa doc-« trine, sa mission étant déjà fondés, accomplis, on a pu, on a dû parler « en conséquence. Néanmoins il reste encore à expliquer comment l'événe-« ment prodigieux dont nous sommes certains, la conquête du monde, a « pu s'opérer en si peu de temps ; cinquante ou soixante ans ont suffi. Par « qui a-t-elle été opérée ? par des peuplades du désert, peu nombreuses, « ignorantes, nous dit-on, mal aguerries, sans discipline, sans système. « Et pourtant elles agissaient contre le monde civilisé, riche de tant de « moyens ! Ici le fanatisme ne saurait suffire ; car il lui a fallu le temps de se « créer lui-même, et la carrière de Mahomet n'a été que de treize ans... »

L'Empereur pensait qu'indépendamment des circonstances fortuites qui amènent parfois les prodiges, il fallait encore qu'il y eût ici, en arrière, quelque chose que nous ignorons ; que le monde chrétien avait été si prodigieusement entamé par les résultats de quelque cause première qui nous demeurait cachée, que peut-être ces peuples, surgis tout à coup du fond des déserts, avaient eu chez eux de longues guerres civiles, parmi lesquelles s'étaient formés de grands caractères, de grands talens, des impulsions irrésistibles, ou quelque autre cause de cette nature, etc.

En somme, Napoléon, sur les affaires de l'Orient, s'éloignait beaucoup des croyances communes tirées de nos livres habituels. Il avait à cet égard des idées tout-à-fait à lui, et pas bien arrêtées, disait-il ; et c'était son expédition d'Égypte qui avait amené ce résultat dans son esprit.

« Il est étonnant, pour revenir à Voltaire, disait-il, combien peu il sup-« porte la lecture. Quand la pompe de la diction, les prestiges de la scène « ne trompent plus l'analyse ni le vrai goût, alors il perd immédiatement « mille pour cent. On ne croira qu'avec peine, continuait-il, qu'au moment

« de la révolution, Voltaire eût détrôné Corneille et Racine : on s'était en-
« dormi sur les beautés de ceux-ci, et c'est au Premier Consul qu'est dû le
« réveil. »

Et l'Empereur disait vrai. Il est sûr que c'est en nous ramenant à la civilisation qu'il nous a ramenés au bon goût. C'est lui qui fit reparaître alors tous nos chefs-d'œuvre nationaux dramatiques et lyriques, jusqu'aux pièces même proscrites par la politique : ainsi on revit *Richard Cœur de Lion*, qu'un tendre intérêt avait comme consacré aux Bourbons.

« Le pauvre Grétry m'en sollicitait depuis long-temps, nous disait un jour
« l'Empereur, et je hasardais en l'accordant une épreuve redoutable; on me
« prédisait de grands scandales. La représentation eut lieu néanmoins sans
« nul inconvénient; alors j'ordonnai de la répéter huit jours, quinze jours
« de suite, jusqu'à indigestion. Le charme rompu, *Richard* a continué d'être
« joué sans qu'on y songeât davantage, jusqu'au moment où les Bourbons
« à leur tour l'ont proscrit, parce qu'un tendre intérêt le consacrait désor-
« mais à ma personne. »

Étrange vicissitude qui s'est renouvelée encore, nous a-t-on dit, pour le drame du prince Édouard ou du prétendant en Écosse. L'Empereur l'avait interdit à cause des Bourbons, et les Bourbons viennent de l'interdire à cause de l'Empereur.

Ma visite à Plantation-House.—Insinuation.—Première méchanceté de sir H. Lowe.—Proclamations de Napoléon.—Sa politique en Égypte.—Aveu d'acte illégal.

Vendredi 26. — J'ai été à Plantation-House faire ma visite. Lady Lowe m'a paru belle, aimable, un tant soit peu actrice. Sir Hudson Lowe l'a épousée peu de temps avant son départ d'Europe, et précisément nous a-t-on dit, pour l'aider à nous faire les honneurs de la colonie. J'ai compris que cette dame était veuve d'un des officiers de l'ancien régiment de sir Hudson Lowe, et sœur d'un colonel tué à Waterloo.

Le gouverneur m'a témoigné une politesse et une bienveillance toutes particulières qui m'ont frappé. Nous étions de connaissance depuis long-temps sans que je m'en doutasse, m'a-t-il dit. Depuis long-temps l'*Atlas de M. Lesage*, continuait-il, avait charmé ses instans, sans qu'il pût imaginer certainement alors la circonstance qui lui ferait connaître son auteur. Il s'était procuré cet ouvrage en Sicile, où il l'avait fait venir de Naples en contrebande. Il ne tarissait pas sur les louanges données à l'Atlas; il avait souvent lu la bataille d'Iéna avec le général Blucher, au quartier-général duquel il était commissaire de sa nation dans la campagne de 1814; il avait toujours admiré les expressions libérales, l'esprit de modération et d'impartialité avec lesquels l'Angleterre, bien qu'ennemie, y était constamment traitée; mais certains passages équivoques l'avaient grandement frappé dans le temps, remarquait-il; c'étaient des passages d'opposition ou de censure envers celui qui nous gouvernait. Il les expliquait par ma qualité et mes doctrines d'ancien émigré, et aujourd'hui cela lui semblait une singulière contradiction de me retrouver ici auprès de cette personne.

Or, nous venions d'apprendre que sir Hudson Lowe avait toujours été en Italie un chef de haute police, un agent actif d'espionnage et d'embauchage. Je n'ai pu me défendre, je l'avoue, de soupçonner dans cette conversation certaine insinuation. S'il en eût été ainsi, et l'Empereur n'en a pas douté, la chose était assez bien embarquée de sa part, et si je me fusse moins respecté, je pouvais lui faire beau jeu et le laisser aller fort loin, mais je me suis contenté de répondre qu'il s'était tout-à-fait mépris sur l'application des passages équivoques, et qu'ils ne pouvaient s'adresser à Napoléon, puisqu'il me voyait auprès de lui.

J'ai trouvé chez moi, au retour, deux ouvrages français que sir Lowe m'avait envoyés dès le matin, avec un billet dans lequel il exprimait son espoir qu'ils seraient agréables à l'Empereur. Le croirait-on! le premier de ces ouvrages était *l'Ambassade de Varsovie*, par l'abbé de Pradt... *Première méchanceté de sir Hudson Lowe!* car c'était une nouveauté, il est vrai, mais un véritable libelle, uniquement dirigé contre Napoléon.

Quant au second, au premier instant je l'ai cru un trésor; j'ai pensé qu'il allait tout-à-fait nous tenir lieu des *Moniteurs*, et nous fournir tous les matériaux qui nous manquaient. C'était le Recueil des proclamations et de toutes les pièces officielles de Napoléon comme *général*, comme *Premier Consul*, comme *Empereur*; mais il était du libelliste Goldsmith fort incomplet; les plus beaux bulletins sont supprimés, etc. Toutefois, dans cet état d'imperfection, ce Recueil demeure encore le plus beau monument qu'aucun homme ait jamais laissé sur la terre.

L'Empereur, après le dîner, s'est amusé à lire dans Goldsmith quelques-unes de ses proclamations à l'armée d'Italie. Elles réagissaient sur lui-même, il s'y complaisait, il en était ému. « Et ils ont osé dire que je ne savais pas « écrire! » s'est-il écrié.

Il est ensuite passé aux proclamations d'Égypte, et a beaucoup plaisanté sur celle dans laquelle il se donnait comme inspiré et envoyé de Dieu. « C'était du charlatanisme, convenait-il, mais du plus haut. D'ailleurs, « tout cela n'était que pour être traduit en beaux vers arabes, et par un de « leurs cheiks les plus habiles. Mes Français, disait-il, ne faisaient qu'en « rire, et leurs dispositions à cet égard étaient telles, en Italie et en Égypte, « que pour pouvoir les ramener à entendre citer la religion, j'étais obligé « d'en parler fort légèrement moi-même, de placer les juifs à côté des chré- « tiens, les rabbins à côté des évêques. »

Du reste, il était faux, comme on le disait dans Goldsmith, qu'il se fût jamais habillé en musulman; s'il était jamais entré dans une mosquée, cela avait toujours été, disait-il, comme vainqueur, jamais comme fidèle (je renvoie à cet égard aux campagnes d'Égypte); il donnait trop à la gravité, avait trop de respect de lui-même pour avoir jamais laissé échapper aucun signe équivoque à ce sujet.

« Et après tout, ajoutait-il gaiement, ce n'est pas qu'il eût été impossible « que les circonstances m'eussent amené à embrasser l'islamisme; et, comme « disait cette bonne reine de France : *Vous m'en direz tant!...* Mais ce n'eût « été qu'à bonne enseigne; il m'eût fallu pour cela au moins jusqu'à l'Eu- « phrate. Le changement de religion, inexcusable pour des intérêts privés, « peut se comprendre peut-être par l'immensité de ses résultats politiques. « Henri IV avait bien dit : *Paris vaut bien une messe.* Croit-on que l'empire « d'Orient, et peut-être la sujétion de toute l'Asie, n'eussent pas valu un « turban et des pantalons? car c'est au vrai uniquement à quoi cela se fût « réduit. Les grands cheiks s'étaient étudiés à nous faire beau jeu, ils avaient « aplani les grandes difficultés; ils permettaient le vin, et nous faisaient « grâce de toute formalité corporelle : nous ne perdions donc que nos culot- « tes et un chapeau. Je dis nous, car l'armée, disposée comme elle l'était, « s'y fût prêtée indubitablement, et n'y eût vu que du rire et des plaisante

« ries. Cependant voyez les conséquences ! Je prenais l'Europe à revers, la
« vieille civilisation européenne demeurait cernée, et qui eût songé alors à
« inquiéter le cours des destinées de notre France ni celui de la génération
« du siècle !...
 « Qui eût osé l'entreprendre ! Qui eût pu y parvenir ! etc. »
L'Empereur, continuant de parcourir Goldsmith, est tombé par hasard
sur l'acte des consuls qui cassait le commandant de Mantoue pour la reddition de sa place. « C'était un acte illégal, tyrannique sans doute, a-t-il
« dit; mais ici c'était un mal nécessaire, c'était la faute des lois. Il était
« cent fois, mille fois coupable, et pourtant il est douteux que nous l'eus-
« sions fait condamner. Son acquittement eût produit le plus mauvais effet.
« Nous le frappâmes donc avec l'arme de l'opinion ; mais, je le répète, c'est
« un acte tyrannique, un de ces coups de boutoir indispensablement néces-
« saires parfois au milieu des grandes nations, et dans les grandes circon-
« stances. »

Première insulte, première barbarie de sir H. Lowe.—Traits caractéristiques.

Samedi 27.—Le gouverneur sir Hudson Lowe est venu sur les deux
heures. Il a fait demander à l'Empereur son agrément pour qu'on fît comparaître tous ses domestiques devant lui. *Première insulte de sir Hudson Lowe.*

Il voulait probablement vérifier s'ils avaient fait leurs déclarations avec
pleine et libre volonté. M. de Montholon, chargé du service de la maison,
a répondu, au nom de l'Empereur à sir Hudson Lowe, que Sa Majesté ne
pouvait imaginer qu'on eût la prétention de mettre le doigt entre lui et son
valet de chambre; que si on demandait sa permission il la refusait; que si
les instructions portaient cette mesure, on avait la force, on pouvait la remplir ; que ce serait un outrage de plus ajouté à ceux que le ministère anglais
accumulait sur sa tête.

Je les ai joints à cet instant ; il m'a été aisé de voir que les deux interlocuteurs étaient peu satisfaits l'un de l'autre. Après quelques momens de
silence et de mécontentement apparent, le gouverneur s'adressant à moi
m'a dit qu'il semblait qu'autour de l'Empereur on ne cherchât qu'à créer
des désagrémens et des embarras. Il m'a mis au courant ; je lui ai fait observer qu'il était assez simple que l'Empereur ayant une maison, qu'il n'avait
pas demandée, il n'y voulût pas de son gré aucune interférence étrangère.
Que si lui gouverneur avait quelques doutes à éclaircir relativement aux domestiques, il avait deux systèmes à suivre : des voies indirectes, inaperçues, qui ne blessent point, ou bien la force et l'autorité ; qu'il possédait
celles-ci, et que rien ne pouvait le gêner à cet égard, mais que la route
qu'il prenait était fort éloignée de nos mœurs. Que l'Empereur, du reste,
voulait se montrer l'homme le plus facile et le plus tranquille du monde
dans sa situation nouvelle ; qu'il se retirait en lui-même, ne voulant, ne
demandant rien ; sentant, dévorant tout ; que la fortune avait pu lui arracher la puissance, mais que rien ne pouvait le dépouiller du respect de lui-
même ; que la connaissance, la délicatesse de sa dignité étaient les seules
choses qui lui restassent, dont il pût se dire le maître.

Toutefois les domestiques vinrent : M. de Montholon et moi nous nous
mîmes à l'écart, pour ne pas sanctionner une telle mesure par notre présence. Le gouverneur leur parla et vint nous joindre ensuite, nous disant :

« Je suis content à présent ; je puis mander à mon gouvernement que tous
« ont signé de plein gré et de leur bonne volonté. »

Il lui restait pourtant de l'humeur sans doute, car il se mit assez hors de propos à nous vanter la beauté du site, nous disant qu'après tout nous n'étions pas si mal ; et comme nous lui disions que dans ce climat brûlant nous restions sans ombrage, sans un seul arbre : *On en plantera,* nous dit-il. Quel mot atroce ! *Première barbarie de sir Hudson Lowe !* et il nous a quittés.

Vers les cinq heures, l'Empereur est monté en voiture pour faire un tour de promenade. En sortant de chez lui, il nous a dit : « *Messieurs, un homme*
« *de moins, et j'étais le maître du monde !* Cet homme, le devinez-vous ? »
Nous écoutions... « Eh bien ! c'est l'abbé de Pradt, a-t-il dit, l'aumônier du
« dieu Mars. » Nous nous sommes mis à rire.

« Je n'en impose pas, a-t-il continué, c'est ainsi qu'il commence dans
« son *Ambassade de Varsovie*, vous pouvez le lire. C'est un bien méchant
« ouvrage contre moi ; un vrai libelle, dans lequel il m'accable de torts,
« d'injures, de calomnies. Mais, soit que j'aie été bien disposé, soit qu'il
« n'y ait, comme on dit, que la vérité qui blesse, il n'a fait que me faire
« rire, il m'a vraiment amusé. »

Au retour de la promenade, l'Empereur est rentré chez lui et a travaillé avec l'un de ces messieurs.

Deux de nous avaient parfois des différends. On ne le trouve ici que parce que j'y rencontre des traits caractéristiques de l'âme et du cœur de celui à qui nous nous étions consacrés, et puis, d'ailleurs, les papiers du temps et le retour de l'un d'eux en Europe, à cause de cette circonstance, l'ont assez fait connaître.

Me rendant au salon pour y attendre le dîner, j'y ai trouvé l'Empereur qui s'exprimait avec la dernière chaleur sur ce sujet, qui le contrariait à l'excès ; cela a été fort long, très vif, fort touchant.................
....

« Vous m'avez suivi pour m'être agréables, dites-vous ? *Soyez frères !* au-
« trement vous ne m'êtes qu'importuns !... Vous voulez me rendre heureux ?
« *Soyez frères !* autrement vous ne m'êtes qu'un supplice

« Vous parlez de vous battre, et cela sous mes yeux ! Ne suis-je donc plus
« tout l'objet de vos soins, et l'œil de l'étranger n'est-il pas arrêté sur nous !...
« Je veux qu'ici chacun soit animé de mon esprit... Je veux que chacun
« soit heureux autour de moi ; que chacun surtout y partage le peu de jouis-
« sances qui nous sont laissées. Il n'est pas jusqu'au petit Emmanuel que
« voilà que je ne prétende en avoir sa part complète... »

Le dîner seul a terminé la mercuriale, l'Empereur y a été silencieux. Au dessert il s'est fait apporter Voltaire, et a entamé la lecture de quelques-unes de ses pièces, qu'il a interrompue bientôt après. Nous nous en dégoûtons chaque jour davantage.

L'Empereur s'est retiré de très bonne heure, et bientôt après m'a fait appeler dans sa chambre à coucher, où je suis demeuré assez tard........

Abbé de Pradt.—Son ambassade à Varsovie.—Guerre de Russie.—Son origine.

Dimanche 28. — L'Empereur est revenu sur M. l'abbé de Pradt et sur son ouvrage ; il le réduisait à la première et à la dernière page. « Dans la pre-
« mière, disait-il, il se donne pour le seul homme qui ait arrêté Napoléon
« dans sa course ; dans la dernière, il laisse voir que l'Empereur, à son

« passage au retour de Moscou, le chassa de son ambassade, ce qui est vrai ; « et c'est ce que son amour-propre cherche à défigurer ou à venger : voilà « tout l'ouvrage.

« Mais l'abbé, continuait-il, n'avait atteint à Varsovie aucun des buts « qu'on se proposait ; il avait, au contraire, fait beaucoup de mal. Les bruits « contre lui étaient accourus en foule de toutes parts au devant de moi. Les « auditeurs de son ambassade, ces jeunes gens mêmes avaient été choqués « de sa tenue, et furent jusqu'à l'accuser d'intelligence avec l'ennemi, ce « que je fus loin de croire. Mais il eut en effet avec moi un longue conver- « sation qu'il dénature, comme de raison ; et c'est pendant même qu'il débi- « tait complaisamment un long verbiage d'esprit, que je jugeais être autant « d'inepties et d'impertinences, que je griffonnai sur le coin de la cheminée, « sous les propres yeux de M. de Pradt, et tout en l'écoutant, l'ordre de le « retirer de son ambassade et de l'envoyer au plus tôt en France. Circon- « stance qui fit beaucoup rire alors, et que l'abbé semble tenir extrêmement « à dissimuler. »

Du reste, je ne puis me refuser de transcrire ici ce qu'il dit dans cet ouvrage de la cour de l'empereur Napoléon à Dresde, parce que ces paroles font image, et donnent une juste idée de la nature des choses et des personnes en ce moment-là.

« O vous, y est-il dit, qui voulez vous faire une juste idée de la prépo- « tence qu'a exercée en Europe l'empereur Napoléon, qui désirez mesurer « les degrés de frayeur au fond de laquelle étaient tombés presque tous les « souverains, transportez-vous en esprit à Dresde, et venez-y contempler « ce prince superbe, au plus haut période de sa gloire, si voisin de sa dé- « gradation !

« L'Empereur occupait les grands appartemens du château. Il y avait « mené une partie nombreuse de sa maison ; il y tenait table, et, à l'excep- « tion du premier dimanche, où le roi de Saxe donna un gala, ce fut tou- « jours chez Napoléon que les souverains et une partie de leurs familles se « réunirent, d'après les invitations adressées par le grand maréchal de son « palais. Quelques particuliers y étaient admis. J'ai joui de cet honneur le « jour de ma nomination à l'ambassade de Varsovie.

« Les levers de l'Empereur se tenaient, comme aux Tuileries, à neuf « heures. C'est là qu'il fallait voir en quel nombre, avec quelle soumission « craintive une foule de princes, confondus avec les courtisans, souvent à « peine aperçus par eux, attendaient le moment de comparaître devant le « nouvel arbitre de leurs destinées. »

Ce morceau et quelques autres, d'une aussi grande vérité et d'une aussi belle diction, sont étouffés sous une foule de détails pleins de déguisement et de malice. Ce sont des faits dénaturés, dit l'Empereur, des conversations mutilées ; et, s'arrêtant sur les détails de l'impératrice d'Autriche, comblée d'adulations, et sur ceux de l'empereur Alexandre, dont l'auteur vante les vertus aimables, les qualités brillantes, au détriment et en opposition de lui, Napoléon, il a conclu : « Certes, ce n'est pas là un évêque français, « c'est un mage de l'Orient, adorateur du soleil qui s'élève. » Et ici je vais supprimer encore, et par un sentiment de justice puisé dans ses derniers écrits, plusieurs autres articles et beaucoup de détails.

Toutefois, à ses efforts pour prouver que nous avons été les injustes agresseurs dans la querelle de Russie, je vais opposer ce qui suit :

L'Empereur, parlant de cette guerre, disait : « Il n'est point de petits évé-

« nemens pour les nations et les souverains : ce sont eux qui gouvernent leurs
« destinées. Depuis quelque temps il s'était élevé de la mésintelligence en-
« tre la France et la Russie.

« La France reprochait à la Russie la violation du système continental.

« La Russie exigeait une indemnité pour le duc d'Oldembourg, et élevait
« d'autres prétentions.

« Des rassemblemens russes s'approchaient du duché de Varsovie ; une
« armée française se formait au nord de l'Allemagne. Cependant on était
« encore loin d'être décidé à la guerre, lorsque tout à coup une nouvelle
« armée russe se met en marche vers le duché, et une note insolente est pré-
« sentée à Paris comme *ultimatum* par l'ambassadeur russe, qui, au défaut
« de son acceptation, menace de quitter Paris sous huit jours.

« Je crus alors la guerre déclarée. Depuis long-temps je n'étais plus ac-
« coutumé à un pareil ton. Je n'étais pas dans l'habitude de me laisser pré-
« venir ; je pouvais marcher à la Russie à la tête du reste de l'Europe. L'en-
« treprise était populaire, la cause était européenne. C'était le dernier effort
« qui restait à faire à la France ; ses destinées, celles du nouveau système
« européen, étaient au bout de la lutte. La Russie était la dernière ressource
« de l'Angleterre. La paix du globe était en Russie, et le succès ne devait
« point être douteux. Je partis : toutefois, arrivé à la frontière, moi à qui la
« Russie avait déclaré la guerre en retirant son ambassadeur, je crus devoir
« envoyer le mien (*Lauriston*) à l'empereur Alexandre, à Wilna. Il fut re-
« fusé, et la guerre commença.

« Cependant, qui le croirait ! Alexandre et moi nous étions tous les deux,
« continuait l'Empereur, dans l'attitude de deux bravaches, qui, sans avoir
« envie de se battre, cherchent à s'effrayer mutuellement. Volontiers je
« n'eusse pas fait la guerre ; j'étais entouré, encombré de circonstances inop-
« portunes, et tout ce que j'ai appris depuis m'assure qu'Alexandre en avait
« bien moins envie encore.

« M. de Romanzof, qui avait conservé des relations à Paris, et qui, plus
« tard, au moment des échecs éprouvés par les Russes, fut fort maltraité
« par Alexandre pour la résolution qu'il lui avait fait prendre, l'avait as-
« suré que le moment était venu où Napoléon, embarrassé, ferait des sa-
« crifices pour éviter la guerre ; que l'occasion était favorable, qu'il fallait
« la saisir ; qu'il ne s'agissait que de se montrer et de parler ferme ; qu'on
« aurait les indemnités du duc d'Oldembourg ; qu'on acquerrait Dantzick,
« et que la Russie se créerait une immense considération en Europe.

« Telle était la clef du mouvement des troupes russes et de la note inso-
« lente du prince Kourakin, qui, sans doute, n'était pas dans le secret, et
« qui avait eu le tort, par son peu d'esprit, d'exécuter ses instructions trop à
« la lettre. La même présomption, le même système amena encore le refus de
« recevoir Lauriston à Wilna ; et voici, disait Napoléon, les vices et le mal-
« heur de ma diplomatie nouvelle ; elle demeurait isolée, sans affinité, sans
« contact, au milieu des objets qu'il s'agissait de manier. Si j'avais eu un
« ministre des relations extérieures de la vieille aristocratie, un homme su-
« périeur, il eût pu, il eût dû dans la conversation deviner cette nuance, et
« nous n'eussions pas eu la guerre. Talleyrand en eût été capable peut-être,
« mais ce fut au dessus de la nouvelle école. Pour moi, je ne pouvais pour-
« tant deviner tout seul. La dignité m'interdisait les éclaircissemens person-
« nels ; je ne pouvais juger que sur les pièces, et j'avais beau les tourner,
« les retourner, arrivé à un certain point, elles demeuraient muettes, et ne
« pouvaient répondre à toutes mes attaques.

« A peine eus-je ouvert la campagne que le masque tomba ; les vrais sen-
« timens de l'ennemi durent se montrer. Au bout de trois ou quatre jours,
« frappé de nos premiers succès, Alexandre me dépêcha quelqu'un pour
« me dire que, si je voulais évacuer le territoire envahi, revenir au Niémen,
« il allait traiter. Mais, à mon tour, je pris cela pour une ruse. J'étais enflé
« du succès ; j'avais pris l'armée russe en flagrant délit : tout était culbuté et
« en désordre. J'avais coupé Bagration, je devais espérer de le détruire ; je
« crus donc qu'on ne voulait que gagner du temps pour le sauver et se ral-
« lier. Nul doute que si j'avais été convaincu de la bonne foi d'Alexandre, je
« n'eusse accédé à sa demande. Je serais revenu au Niémen, il n'eût pas passé
« la Dwina. Wilna eût été neutralisé ; nous nous y serions rendus, chacun
« avec deux ou trois bataillons de notre garde : nous eussions traité en per-
« sonne. Que de combinaisons j'eusse introduites !.. Il n'eût eu qu'à choisir !..
« Nous nous serions séparés bons amis...

« Et malgré les événemens qui ont suivi et le laissent triomphant, est-il
« bien prouvé que ce parti eût été moins avantageux pour lui que ce qui est
« arrivé depuis ? Il est venu à Paris, il est vrai, mais avec toute l'Europe.
« Il a acquis la Pologne. Mais quelles seront les suites de l'ébranlement
« donné à tout le système européen, de l'agitation donnée à tous les peuples,
« de l'accroissement de l'influence européenne sur le reste de la Russie par
« l'agglomération des acquisitions nouvelles, par les courses lointaines des
« soldats russes, par l'influence des hommes et des lumières hétérogènes
« qui viennent s'y réfugier de toutes parts ! etc., etc.

« Les souverains russes se contenteront-ils de consolider ce qu'ils ont ac-
« quis ? Mais si l'ambition les saisit au contraire, à quelle entreprise, à
« quelle extravagance ne peuvent-ils pas se livrer ! Et pourtant ils ont perdu
« Moscou, ses richesses, ses ressources, celles d'un grand nombre d'autres
« villes ! Ce sont autant de plaies qui saigneront plus de cinquante ans. Et
« pourtant que n'aurions-nous pas pu fixer à Wilna pour le bien-être de
« tous, pour celui des peuples aussi bien que pour celui des rois !!!... »

Dans un autre moment l'Empereur disait : « J'ai pu partager l'empire turc
« avec la Russie ; il en a été plus d'une fois question entre nous. Constan-
« tinople l'a toujours sauvé. Cette capitale était le grand embarras, la vraie
« pierre d'achoppement. La Russie la voulait ; je ne devais pas l'accorder.
« C'est une clef trop précieuse ; elle vaut à elle seule un empire : celui qui la
« possédera peut gouverner le monde. »

Et comme l'Empereur se résumant en est revenu à dire : « Qu'a donc gagné
« Alexandre qu'il n'eût obtenu à Wilna à bien meilleur compte ? » il est
échappé à quelqu'un de dire : « Sire, d'avoir vaincu et d'être demeuré triom-
« phant. — Ce pourra être la pensée du vulgaire, s'est écrié l'Empereur, ce
« ne saurait être celle d'un roi. Un roi, s'il gouverne par lui-même, ou ses
« conseils s'il en est incapable, ne doit point, dans une aussi grande entre-
« prise, avoir pour but la victoire, mais bien ses résultats. Et puis, ne s'ar-
« rêterait-on même qu'à cette considération vulgaire, je maintiens que le
« but encore serait manqué, car ici la palme des suffrages doit demeurer
« au vaincu.

« Qui pourrait mettre en parallèle mes succès d'Allemagne avec ceux des
« alliés en France ? Les gens éclairés, réfléchis, l'histoire, ne le feront point.

« Les alliés sont venus traînant toute l'Europe contre presque rien du tout.
« Ils présentaient six cent mille hommes en ligne ; ils avaient une réserve
« égale. S'ils étaient battus, ils ne couraient aucun risque, ils se repliaient.

« Moi, au contraire, en Allemagne, à cinq cents lieues au loin, j'étais à
« peine à force égale. Je demeurais entouré de puissances et de peuples re-
« tenus seulement par la crainte. A chaque instant, au premier échec, ils
« pouvaient se déclarer. Je triomphais au milieu des périls toujours renais-
« sans; il me fallait sans cesse autant d'adresse que de force. Qu'il me fal-
« lut un étrange caractère dans toutes ces entreprises, un étrange coup d'œil,
« une étrange confiance dans mes combinaisons, désapprouvées par tous
« ceux peut-être qui m'environnaient!

« Quels actes les alliés opposeront-ils à de tels actes? Si je n'eusse vaincu
« à Austerlitz, j'allais avoir toute la Prusse sur les bras. Si je n'eusse triom-
« phé à Iéna, l'Autriche et l'Espagne se déclaraient sur mes derrières. Si
« je n'eusse battu à Wagram, qui ne fut pas une victoire aussi décisive,
« j'avais à craindre que la Russie ne m'abandonnât, que la Prusse ne se
« soulevât, et les Anglais étaient déjà devant Anvers.

« Toutefois quelles ont été mes conditions après la victoire?

« A Austerlitz, j'ai laissé la liberté à Alexandre, que je pouvais faire mon
« prisonnier (1).

« Après Iéna, j'ai laissé le trône à la maison de Prusse, que j'en avais
« abattue.

« Après Wagram, j'ai négligé de morceler la monarchie autrichienne.

« Attribuera-t-on tout cela à de la simple magnanimité? Les gens forts et
« profonds auraient le droit de m'en blâmer. Aussi, sans repousser ce sen-
« timent, qui ne m'est pas étranger, aspirais-je à de plus hautes pensées
« encore. Je voulais préparer la fusion des grands intérêts européens, ainsi
« que j'avais opéré celle des partis au milieu de nous. J'ambitionnais d'ar-
« bitrer un jour la grande cause des peuples et des rois. Il me fallait donc
« me créer des titres auprès des rois, me rendre populaire au milieu d'eux.
« Il est vrai que ce ne pouvait être sans perdre auprès des peuples, je le sen-
« tais bien; mais j'étais tout-puissant et peu timide. Je m'inquiétais peu des
« murmures passagers des peuples, bien sûr que le résultat devait me les
« ramener infailliblement.

« Cependant, continuait l'Empereur, je fis une grande faute après Wa-
« gram, celle de ne pas abattre l'Autriche davantage. Elle demeurait trop
« forte pour notre sûreté; c'est elle qui nous a perdus. Le lendemain de la
« bataille, j'aurais dû faire connaître, par une proclamation, que je ne trai-
« terais avec l'Autriche que sous la séparation préalable des trois couronnes
« d'Autriche, de Hongrie et de Bohême. Et, le croira-t-on? un prince de
« la maison d'Autriche m'a fait insinuer plusieurs fois de lui en faire passer
« une, ou même de le mettre sur le trône de sa maison, alléguant que ce ne
« serait qu'alors que cette puissance marcherait de bonne foi avec moi. Il
« offrait de me donner en espèce d'otage son fils pour aide de camp en outre
« de toutes les garanties imaginables. »

L'Empereur disait s'en être même occupé. Il avait balancé quelque temps
avant son mariage avec Marie-Louise. Mais depuis, continuait-il, il en eût
été incapable; il se sentait des sentimens trop bourgeois sur l'article des al-

---

(1) Depuis mon retour en Europe, on m'a assuré qu'il existait deux billets au crayon, de l'Empereur Alexandre, sollicitant anxieusement qu'on le laissât passer. Si cela était vrai, quelle vicissitude de fortune! Le vainqueur magnanime aurait péri dans les fers, au loin de l'Europe, privé de sa famille, et précisément au nom du vaincu qu'il avait si généreusement écouté !!!.

liances, disait-il : « L'Autriche était devenue ma famille, et pourtant ce
« mariage m'a perdu. Si je ne m'étais pas cru tranquille et même appuyé sur
« ce point, j'aurais retardé de trois ans la résurrection de la Pologne ; j'au-
« rais attendu que l'Espagne fût soumise et pacifiée. J'ai posé le pied sur un
« abîme recouvert de fleurs, etc., etc... »

L'Empereur souffrant.—Premier jour de complète réclusion.—Ambassadeurs persan et turc.
—Anecdotes.

Lundi 29. — Sur les cinq heures, le grand maréchal m'a fait une petite visite dans ma chambre ; il n'avait pu voir l'Empereur, qui était resté enfermé toute la journée, étant souffrant, et n'ayant voulu voir personne. Sur la fin du jour, je suis allé me promener dans les allées que l'Empereur parcourt d'ordinaire vers ce temps ; j'étais triste de m'y trouver seul. Nous avons dîné sans lui.

Sur les neuf heures, au moment où je calculais que la journée se serait écoulée sans que je le visse, il m'a fait demander ; je lui ai témoigné de l'inquiétude. Il m'a dit qu'il était bien ; « qu'il ne souffrait pas ; qu'il lui
« avait pris fantaisie de demeurer seul ; qu'il avait lu toute la journée, et
« qu'elle lui avait paru courte et d'un calme parfait. »

Cependant il avait l'air triste, ennuyé. Dans son désœuvrement, il a pris mon Atlas, qui s'est ouvert à la mappemonde ; il s'est arrêté sur la Perse. « Je l'avais bien judicieusement ajustée, a-t-il dit. Quel heureux point d'ap-
« pui pour mon levier, soit que je voulusse inquiéter la Russie ou déborder
« sur les Indes ! J'avais commencé des rapports avec ce pays, et j'espérais les
« amener jusqu'à l'intimité, aussi bien qu'avec la Turquie. Il était à croire
« que ces animaux eussent assez compris leurs intérêts pour cela ; mais ils
« m'ont échappé l'un et l'autre au moment décisif. L'or des Anglais a été
« plus fort que mes combinaisons ! quelques ministres infidèles auront, pour
« quelques guinées, livré l'existence de leur pays ; résultat ordinaire sous
« des monarques de sérail ou des rois fainéants ! »

De là, l'Empereur, laissant la haute politique, est passé à des anecdotes de sérail, puis aux Persans de Montesquieu et à ses *Lettres*, qu'il disait pleines d'esprit, d'observations fines, et surtout la satire sanglante du temps. Il s'est ensuite arrêté sur les ambassadeurs turc et persan qui ont demeuré à Paris sous son règne. Il me demandait quelle impression ils avaient produite dans la capitale ; s'ils y faisaient des visites, s'ils recevaient du monde, etc.; etc.

Je répondais qu'un moment ils avaient occupé la capitale, et fort longtemps fait le spectacle de la cour, le Persan surtout. A son arrivée, il recevait volontiers, et comme il distribuait facilement des essences et allait même jusqu'aux châles, il y eut fureur parmi les femmes ; mais le grand nombre le força bientôt de borner sa libéralité, et dès lors, et le moment de la vogue passé, il ne fut plus question de lui. J'ajoutais à l'Empereur qu'à la cour, et quand Sa Majesté n'y était pas, nous nous étions permis parfois, très inconsidérément sans doute, quelques espiègleries à leur égard. Un jour, entre autres, à un concert de l'impératrice Joséphine, *Askerkan*, avec sa longue barbe peinte, s'ennuyant sans doute de cette musique, s'endormit debout adossé à la muraille, ses pieds un tant soit peu en avant, appuyés à un fauteuil que retenait le coin de la cheminée. On trouva gai de le lui soutirer doucement, de sorte qu'il manqua glisser tout de son long, et ne se retint qu'en faisant un bruit effroyable. C'était celui des deux qui entendait le mieux la plaisanterie. Cependant cette fois il se fâcha violemment; et, comme nous ne nous comprenions que des yeux et du geste, la scène était des plus plaisantes. Le soir, l'impératrice, qui se fit expliquer la cause du bruit qu'elle avait entendu, en rit beaucoup, et gronda bien davantage. « C'était très mal assurément, remarquait l'Empereur; mais aussi que diable « venait-il faire là? — Sire, il venait faire sa cour, ainsi que son camarade « le Turc; ils espéraient que Votre Majesté le saurait, bien qu'elle fût peut-« être alors à cinq cents lieues.» J'ajoutais que nous leur avions vu faire des actes de courtisanerie bien plus forts encore, quoiqu'il ne s'en fût peut-être pas aperçu davantage. « Nous les avons vus, lui disais-je, après les grandes « audiences diplomatiques du dimanche, suivre Votre Majesté à la messe, et « partager les travées de la chapelle avec des cardinaux de la sainte église « romaine. — Quelle monstruosité pour eux! s'écriait l'Empereur. Quel ren-« versement de tous leurs principes et de toutes leurs coutumes! que de « choses extraordinaires j'ai fait faire! et pourtant rien de tout cela n'était « commandé, pas même aperçu! »

La conversation continuant sur les deux Orientaux, je racontais qu'on m'avait dit que l'archichancelier Cambacérès leur avait un jour donné un grand dîner à tous deux ensemble.

Quoique des mêmes contrées et de la même religion, ils montraient pourtant deux nuances fort différentes : le Turc, disciple d'Omar, était le jansé- niste; le Persan, sectateur d'Aly, était le jésuite. On disait plaisamment qu'à ce repas ils s'observaient l'un et l'autre à l'égard du vin, comme deux évêques auraient pu le faire pour le gras du vendredi.

Le Turc, atrabilaire et ignorant, fut déclaré n'être qu'une grosse bête; le Persan, littérateur et fort causant, passa pour avoir beaucoup d'esprit. On observa qu'il prenait tous ses mets à pleines mains, n'employant que ses doigts pour manger, et il s'en serait peu fallu qu'il n'eût servi ses voisins de la sorte. Un de nos usages le frappa, c'était de nous voir manger du pain avec tous nos mets; il ne concevait pas que nous nous crussions obligés, disait-il, de manger constamment de la même chose avec toutes choses.

Je dois avoir déjà dit que rien n'amuse et ne distrait plus complétement l'Empereur que le récit des mœurs et des histoires de nos salons.

L'émigration, le faubourg Saint-Germain étaient des sujets sur lesquels il revenait avec moi le plus volontiers dès que nous étions ensemble; et il expliquait cela, me disant une fois : « J'étais au fait des miens, mais j'ai tou-« jours ignoré ceux-là. » C'était d'ailleurs en lui, ajoutait-il, le penchant naturel de savoir ce qui se passait chez le voisin, le commérage des petites villes. « Ce n'est pas, continuait-il, qu'on ne m'en parlât beaucoup au temps « de ma puissance; mais si l'on m'en disait du bien, je me tenais aussitôt en « garde, je craignais les insinuations; et si l'on m'en parlait mal, je me dé-« fiais de la délation, et j'avais à me défendre du mépris. Ici, mon cher, au-« cun de ces inconvéniens; vous et moi, nous sommes déjà de l'autre monde, « nous causons aux Champs-Élysées : vous êtes sans intérêts, et moi sans « défiance. »

J'étais donc heureux quand l'occasion de raconter se présentait, et je la saisissais avec empressement. Du reste, l'Empereur me devinait à cet égard et m'en tenait compte; car, à la fin d'une de mes histoires, me pinçant l'oreille, il me dit d'un son de voix qui me ravissait : « J'ai trouvé dans vo-« tre Atlas qu'un roi du Nord ayant été muré dans un cachot, un soldat avait

« demandé et obtenu de s'y enfermer avec lui pour le désennuyer, soit en le
« faisant parler, soit en lui racontant. Mon cher, vous voilà ce soldat.
 « Les salons de Paris sont terribles avec leurs quolibets, remarquait alors
« l'Empereur, et cela parce qu'il faut convenir que la plupart sont pleins
« de sel et d'esprit. Avec eux on est toujours battu en brèche, et il est bien
« rare qu'on n'y succombe pas. — Il est sûr, disais-je, que nous ne respec-
« tions rien, que nous nous attaquions même aux dieux; rien ne nous était
« sacré, et Votre Majesté suppose bien qu'elle-même et l'impératrice n'é-
« taient pas épargnées. — Ah! je le crois bien, répondait l'Empereur; mais
« n'importe, racontez toujours. — Eh bien, Sire, on disait qu'un jour Votre
« Majesté, fort mécontente à la lecture d'une dépêche de Vienne, avait dit à
« l'impératrice, dans sa colère et sa mauvaise humeur : *Votre père est une*
« *ganache*. Marie-Louise, qui ignorait beaucoup de termes français, s'adres-
« sant au premier courtisan qui lui tomba sous la main : — L'Empereur me
« dit que mon père est une ganache; que veut dire cela? A cette interpella-
« tion inattendue, le courtisan, dans son embarras, balbutia que cela vou-
« lait dire un homme sage, de poids, de bon conseil. A quelques jours de
« là, et la mémoire encore toute fraîche de sa nouvelle acquisition, l'impé-
« ratrice présidant le Conseil d'État, et voyant la discussion plus animée
« qu'elle ne voulait, interpella, pour y mettre fin, Cambacérès, qui, à ses
« côtés, bayait tant soit peu aux corneilles. — C'est à vous à nous mettre
« d'accord dans cette occasion importante, lui dit-elle; vous serez notre ora-
« cle, car je vous tiens pour la première, la meilleure *ganache* de l'empire. »
A ces paroles de mon récit, l'Empereur riait à s'en tenir les côtés. « Ah!
« quel dommage, disait-il, que cela ne soit véritable! Voyez-vous bien
« l'ensemble du tableau? l'empesure compromise de Cambacérès, l'hilarité
« de tout le Conseil, et l'embarras de la pauvre Marie-Louise, épouvantée
« de tout son succès. »
 La conversation avait duré long-temps ainsi, et peut-être y avait-il déjà
plus de deux heures que j'étais avec l'Empereur. Je m'étais évertué à babil-
ler tant et plus pour le distraire, et j'avais réussi. L'Empereur s'était ranimé;
il avait ri. Quand il me renvoya il était beaucoup mieux, et moi je partais
heureux.

**Deuxième jour de réclusion.—L'Empereur reçoit le gouverneur dans sa chambre.
—Conversation caractéristique.**

Mardi 30. — Je devais aller dîner avec mon fils à Briars, chez notre hôte,
à notre ancienne demeure. Sur les trois heures et demie, je suis allé prendre les ordres de l'Empereur; il était comme hier, et n'avait pas le projet
de sortir davantage.
 Un instant avant d'arriver à Hut's-gate, chez madame Bertrand, j'ai rencontré le gouverneur qui allait à Longwood. Il m'a demandé comment se portait
l'Empereur. Je lui ai dit que j'en étais inquiet, qu'il n'avait reçu aucun de nous
hier, qu'il m'avait dit ce matin être bien, mais qu'à son visage j'eusse préféré qu'il m'eût dit être incommodé.
 Vers les huit heures et demie nous nous sommes mis en route pour revenir
à Longwood; il faisait très obscur. Le temps s'est mis à une pluie battante,
aussi vive, aussi mordante que la grêle; nous avons fait la course la plus
désagréable, la plus pénible, la plus dangereuse; à chaque instant à la veille
de nous précipiter dans les abîmes, parce que nous galopions au hasard
sans rien voir. Nous sommes arrivés transpercés.

[Avril 1816.] DE SAINTE-HÉLÈNE. 317

L'Empereur avait donné l'ordre de m'introduire chez lui à mon retour. Il était bien ; mais il n'était pas sorti plus que la veille, et n'avait pas reçu davantage. Il m'attendait, a-t-il dit, et avait beaucoup de choses à me raconter.

Ayant appris que le gouverneur était venu, il l'avait admis dans sa chambre, bien que n'étant pas habillé et se trouvant obligé de garder son canapé. Il avait parcouru vis-à-vis de lui, dans le calme le plus parfait, disait-il, tous les points qui pouvaient se présenter naturellement à l'esprit. Il a parlé de protester contre le traité du 2 août, où les monarques alliés le déclarent proscrit et prisonnier. Il demandait quel était le droit de ces souverains de disposer de lui sans sa participation, lui qui était leur égal, et avait été parfois leur maître.

S'il avait voulu se retirer en Russie, disait-il, Alexandre, qui s'était dit son ami, qui n'avait eu avec lui que des querelles politiques, s'il ne l'eût pas maintenu roi, l'eût du moins traité comme tel. Le gouverneur n'en disconvenait pas.

S'il eût voulu, continuait-il, se réfugier en Autriche, l'empereur François, sous peine de flétrissure et d'immoralité, ne pouvait lui interdire non seulement son empire, mais même sa maison, sa famille, dont lui Napoléon était membre. Le gouverneur en convenait encore.

« Enfin, si, comptant mes intérêts personnels pour quelque chose, lui
« avait-il dit, je me fusse obstiné à les défendre en France les armes à la
« main, nul doute que les alliés ne m'eussent accordé par traité une foule
« d'avantages, peut-être même du territoire. » Le gouverneur, qui était demeuré long-temps sur les lieux, est convenu positivement qu'il eût obtenu sans peine quelque grand établissement souverain. « Je ne l'ai pas voulu,
« avait poursuivi l'Empereur, je me suis décidé à quitter les affaires, indi-
« gné de voir les meneurs de la France la trahir ou se méprendre grossière-
« ment sur ses plus chers intérêts ; indigné de voir que la masse des repré-
« sentans pouvait, plutôt que de périr, transiger avec cette indépendance
« sacrée, qui non moins que l'honneur, est aussi *une île escarpée et sans*
« *bords*. Dans cet état de choses, à quoi me suis-je décidé ? quel parti ai-je
« pris ? J'ai été chercher un asile dans un pays auquel on croyait des lois
« toutes-puissantes, chez un peuple dont pendant vingt ans j'avais été le plus
« grand ennemi. Vous autres, qu'avez-vous fait ?... Vos actes ne vous honore-
« ront pas dans l'histoire ! Et toutefois il est une Providence vengeresse ; tôt ou
« tard vous en porterez la peine ! Un long temps ne s'écoulera pas que votre
« prospérité, vos lois, n'expient cet attentat ! Vos ministres, par leurs in-
« structions, ont assez prouvé qu'ils voulaient se défaire de moi ! Pourquoi
« les rois qui m'ont proscrit n'ont-ils pas osé ordonner ouvertement ma mort ?
« L'un eût été aussi légal que l'autre ! Une fin prompte eût montré plus d'éner-
« gie de leur part que la mort lente à laquelle on me condamne. Les Calabrois
« ont été bien plus humains, plus généreux que les souverains ou vos minis-
« tres ! e ne me donnerai pas la mort ; je pense que ce serait une lâcheté ; il
« est noble et courageux de surmonter l'infortune ! chacun ici-bas est tenu
« à remplir son destin ! mais si l'on compte me tenir ici, vous me la devez
« comme un bienfait ; car ma demeure ici est une mort de chaque jour ! L'île
« est trop petite pour moi, qui chaque jour faisais dix, quinze, vingt lieues à
« cheval ; le climat n'est pas le nôtre, ce n'est ni notre soleil ni nos saisons.
« Tout ici respire un ennui mortel ! la position est désagréable, insalubre ;
« il n'y a point d'eau ; ce coin de l'île est désert, il a repoussé ses habi-
« tans ! »

Le gouverneur ayant alors remarqué que ses instructions ordonnaient ces limites resserrées, qu'elles commandaient même qu'un officier le suivrait en tout temps : « Si elles eussent été observées ainsi, je ne serais jamais sorti de
« ma chambre ; et si les vôtres ne peuvent point accorder plus d'étendue, vous
« ne pouvez désormais rien pour nous. Du reste, je ne demande ni ne veux
« rien. Transmettez mes sentimens à votre gouvernement. »

Il est échappé au gouverneur de dire : Voilà ce que c'est que de donner des instructions de si loin, et sur une personne que l'on ne connaît pas. Il s'est rejeté sur ce qu'à l'arrivée de la maison ou du palais de bois qui est en route, on pourrait prendre peut-être de meilleures mesures ; que le vaisseau qui arrivait portait un grand nombre de meubles, des comestibles qu'on supposait lui être agréables ; que le gouvernement faisait tous ses efforts pour adoucir sa situation.

L'Empereur a répondu que tous ces efforts se réduisaient à bien peu de choses : qu'il avait prié qu'on l'abonnât au *Morning Chronicle* et au *Statesman* pour lire *la question* sous les expressions les moins désagréables ; on n'en avait rien fait ; il avait demandé des livres, sa seule consolation ; neuf mois étaient écoulés, il ne les avait point reçus ; il avait demandé des nouvelles de son fils, de sa femme, on était demeuré sans répondre.

« Quant aux comestibles, aux meubles, au logement, avait-il continué,
« vous et moi sommes soldats, Monsieur ; nous apprécions ces choses ce
« qu'elles valent. Vous avez été dans ma ville natale, dans ma maison peut-
« être ; sans être la dernière de l'île, sans que j'aie à en rougir, vous avez vu
« toutefois le peu qu'elle était. Eh bien ! pour avoir possédé un trône et
« distribué des couronnes, je n'ai point oublié ma condition première : mon
« canapé, mon lit de campagne, que voilà, me suffisent. »

Le gouverneur a fait l'observation que ce palais de bois et tout ce qui l'accompagne était du moins une attention.

« Pour vous satisfaire peut-être aux yeux de l'Europe, a repris l'Empe-
« reur ; mais à moi ils sont tout-à-fait indifférens et étrangers. Ce n'est point
« une maison, ce ne sont point des meubles qu'il fallait m'envoyer ; mais
« bien plutôt un bourreau et un linceul ! Les uns me semblent une ironie, les
« autres me seraient une faveur. Je le répète, les instructions de vos ministres
« y conduisent, et moi je le réclame. L'amiral, qui n'est point un méchant
« homme, me semble à présent les avoir adoucies ; je ne me plains point de
« ses actes, ses formes seules m'ont choqué. » Ici le gouverneur a demandé si dans son ignorance il n'avait pas lui-même commis quelques fautes :
« Non, Monsieur, nous ne nous plaignons de rien depuis votre arrivée. Tou-
« tefois un acte nous a blessés : c'est votre inspection de nos domestiques ;
« en ce qu'elle était injurieuse à M. de Montholon, dont c'était suspecter la
« bonne foi ; petite, pénible, offensante envers moi, et peut-être aussi en-
« vers un général anglais lui-même, qui venait mettre le doigt entre moi et
« mon valet de chambre. »

Le gouverneur était assis dans un fauteuil en travers de l'Empereur, demeuré étendu sur son canapé. Il faisait sombre, le soir était venu, on ne se distinguait plus bien. « Aussi, remarquait l'Empereur, est-ce inutilement
« que j'ai cherché à étudier le jeu de sa figure et à connaître l'impression
« que je pouvais causer en ce moment. »

Dans le cours de la conversation, l'Empereur, qui avait lu le matin la campagne de 1814 par Alphonse de Beauchamp, dans laquelle tous les bulletins anglais sont signés *Lowe*, a demandé au gouverneur si c'était lui. Celui-ci s'est hâté de répondre et avec un embarras marqué qu'ils étaient de lui, et que cela avait été sa manière de voir.

En se retirant, sir Hudson Lowe, qui dans le cours de la conversation avait plusieurs fois offert à l'Empereur son médecin, qu'il disait très habile, lui a réitéré de la porte la prière de trouver bon qu'il le lui envoyât ; mais l'Empereur le devinait, et l'a constamment refusé.

Après ce récit, l'Empereur a gardé le silence quelques minutes, puis il a repris, comme par suite de réflexion : « Quelle ignoble et sinistre figure que
« celle de ce gouverneur! Dans ma vie je ne rencontrai jamais rien de pareil!
« C'est à ne pas boire sa tasse de café, si on avait laissé un tel homme
« un instant seul auprès!... Mon cher, on pourrait m'avoir envoyé pis qu'un
« geôlier ! »

SUITE DES FRAGMENS DE LA CAMPAGNE D'ITALIE.

Nous allons placer ici trois autres chapitres des campagnes d'Italie.

Le premier montre une campagne de vingt-six jours, pleine des plus grands événemens, et couronnée par la *Bataille de Castiglione*, dont il porte le titre.

Le second et le troisième, sous les titres d'*Arcole* et de *Rivoli*, sont une suite de nouveaux prodiges.

N. B. Tous les mots qui sont en italique sont des corrections au manuscrit de la main même de l'Empereur.

BATAILLE DE CASTIGLIONE.

Depuis l'invasion de Wurmser, le 29 juillet 1796, jusqu'au reblocus de Mantoue, le 24 août suivant, espace de vingt-six jours. (*Voy. la carte.*)

I. *Le maréchal Wurmser quitte le commandement de l'armée d'Allemagne, et prend le commandement de l'armée autrichienne en Italie.* — L'armée d'Italie avait ouvert la campagne au mois d'avril. On était en juin, et les armées du Nord, du Rhin et de Sambre-et-Meuse étaient encore inactives. Ces grandes et belles armées, de plus de deux cent mille hommes, faisant les principales forces de la république, tenaient tranquillement garnison en Hollande, sur Meuse et Rhin, et dans l'Alsace.

Lorsqu'on apprit l'arrivée des Français sur l'Adige et le blocus de Mantoue, la cour d'Autriche renonça à l'offensive qu'elle avait projetée en Alsace et sur le Bas-Rhin, et ordonna au maréchal Wurmser, qui avait été destiné à cette opération, de *revenir* en toute hâte diriger les affaires d'Italie, et d'y amener trente mille hommes de ses meilleures troupes, qui, jointes aux renforts envoyés de toute la monarchie, devaient lui composer une armée de *près* de cent mille hommes.

L'armée française d'Italie avait rempli sa tâche en détruisant l'armée qui lui était opposée. Si les armées du Nord en eussent fait autant, la grande lutte eût été terminée.

Cependant le bruit des préparatifs de la maison d'Autriche retentissait dans toute l'Italie. Toutes les nouvelles confidentielles des agens diplomatiques, toutes les lettres des ennemis de la France étaient pleines de détails sur l'immensité des moyens qu'on allait déployer, sur la certitude que *l'em-*

pereur *d'Allemagne*, avant la fin d'août, serait maître de Milan, et aurait chassé les Français de l'Italie.

II. *Situation de l'armée d'Italie.* — Dès la fin de juin *le général français* suivait attentivement tous ces préparatifs, et en concevait de vives alarmes. Il faisait sentir au Directoire qu'il était impossible que trente mille Français pussent soutenir seuls l'effort de toute la puissance autrichienne. Il demandait qu'on lui envoyât des renforts des armées du Rhin, ou bien que ces mêmes armées entrassent en campagne *sans délai.* Il rappelait la promesse positive qu'on lui avait donnée, à son départ de Paris, qu'elles commenceraient à opérer le 15 avril; il se plaignait que deux mois se fussent écoulés sans qu'elles eussent bougé.

Wurmser quitta le Rhin avec ses renforts vers le commencement de juin; et vers la fin du même mois les armées du Rhin et de Sambre-et-Meuse ouvrirent enfin la campagne. Mais alors leur diversion n'était plus utile à l'armée d'Italie : Wurmser y était déjà arrivé.

Le général français réunit toutes ses forces sur l'Adige et sur la Chiesa; il ne laissa personne dans les Légations, ni en Toscane; si ce n'est un bataillon de dépôt dans la citadelle de Ferrare et deux à Livourne. Il affaiblit autant que possible les garnisons de Coni, Tortone et Alexandrie; il rassembla sous sa main tous les moyens disponibles de l'armée. Le siége de Mantoue commençait à donner des malades; et quelque soin que l'on eût porté à mettre le moins de monde possible devant cette place malsaine, nos pertes ne laissaient pas que d'être considérables.

Le général en chef ne put réunir *en ligne* que trente mille hommes présens sous les armes. C'est avec *cette armée* qu'il allait avoir à lutter contre la principale armée de la maison d'Autriche.

La correspondance des divers pays de l'Italie étant très active avec le Tyrol, où se réunissaient toutes ces forces ennemies, on pouvait s'apercevoir chaque jour de l'influence funeste de ces grands préparatifs sur les esprits. Les partisans des Français tremblaient; ceux de l'Autriche, au contraire, étaient fiers et menaçans. Mais tous s'étonnaient qu'une puissance comme la France laissât une armée qui avait si bien mérité d'elle, sans secours et sans appui. Ces observations pénétraient jusqu'aux soldats mêmes, par leur habituelle communication avec les habitans du pays.

A la fin de juillet, le général Soret avait son quartier-général à Salo : il était chargé de couvrir le débouché de la Chiesa, où passe une grande route qui communique de Trente à Brescia. Masséna était à Bussolengo, faisant occuper la Corona et Montebaldo par la brigade Joubert, et campait, avec le reste de sa division, sur le plateau de Rivoli. La brigade de Dallemagne était postée à Vérone; la division d'Augereau occupait Porto-Legnago et le bas Adige. Le général Guillaume commandait à Peschiera, où six galères, sous les ordres du capitaine de vaisseau Lallemand, assuraient le lac de Guarda. Enfin Serrurier pressait le siége de Mantoue. Kilmaine commandait la cavalerie de l'armée.

III. *Plan de campagne de Wurmser.* — *Wurmser* pouvait passer la Brenta, déboucher par Vicence et Padoue, sur l'Adige. Par là il évitait les montagnes; mais il se trouvait séparé de Mantoue par l'Adige, et obligé de la passer de vive force devant l'armée française; ou bien il pouvait déboucher entre l'Adige et le lac de Guarda, s'emparer de Montebaldo, du plateau de Rivoli, faire venir son artillerie et ses bagages par la chaussée qui suit la rive gauche de l'Adige. Son armée se trouvait alors avoir franchi les montagnes et l'Adige, et n'avoir plus d'obstacle pour arriver jusqu'à Mantoue. Mais son artillerie et sa cavalerie ne pouvaient se joindre à son infanterie qu'après la prise du plateau de Rivoli. Il pouvait donc se trouver attaqué, et obligé de livrer une *bataille décisive*, avant d'être joint par son artillerie et sa cavalerie.

Cependant il ne tint pas compte de cet inconvénient, et adopta ce dernier parti. *Wurmser*, instruit de la prise du camp retranché de Mantoue et des dangers de la place, précipita son mouvement de huit à dix jours. Il divisait son armée en trois corps : le premier et le plus considérable, formant son centre, déboucha par Montebaldo et s'empara de tout le pays entre l'Adige et le lac de Guarda ; il était composé de quatre divisions formant quarante mille hommes. Le second, formant sa gauche, composé d'une division d'infanterie de dix à douze mille hommes avec toute l'artillerie, la cavalerie et les bagages, suivit la chaussée qui de Roveredo conduit à Vérone, le long de la rive gauche de l'Adige, et devait se réunir à l'armée en passant l'Adige, soit au plateau de Rivoli, soit sur les ponts de Vérone. Le troisième, formant sa droite, fort de trois divisions, composant trente à trente-cinq mille hommes, se dirigea sur la rive gauche du lac de Guarda, suivit le débouché de la Chiesa, en côtoyant le lac d'Idro ; par cette marche, ce corps avait tourné le Mincio, coupait une des grandes routes de l'armée française à Milan, et tournait tout le siége de Mantoue. Ce plan était, de la part de l'ennemi, le résultat d'une extrême confiance dans ses forces et dans ses succès. Il comptait tellement sur notre défaite qu'il s'occupait déjà de nous couper toute retraite. Ainsi Wurmser, en perspective, cernait d'avance l'armée française ; la croyant enchaînée à la nécessité de défendre le siége de Mantoue, il pensait que cerner ce point fixe, c'était cerner l'armée française, qu'il en regardait comme inséparable.

IV. *Wurmser débouche par Montebaldo, par la chaussée de Roveredo à Vérone, et par celle de la Chiesa*, 29 *juillet*. — A la fin de juillet, le quartier-général de l'armée française fut transporté à Brescia. Le 28, à dix heures du soir, le général français partit de Brescia pour visiter ses avant-postes. Arrivé le 29 à la pointe du jour à Peschiera, il y apprit que la Corona et Montebaldo étaient attaqués par des forces considérables. Il arriva à huit heures du matin à Vérone. A deux heures après midi, les troupes légères de l'ennemi se montrèrent sur le sommet des montagnes qui séparent Vérone du Tyrol, et s'engagèrent avec nos troupes. Le général en chef rétrograda toute la soirée, et porta le quartier-général à Castel-Novo, entre l'Adige et le Mincio. Il était là plus à portée de recevoir les rapports de toute la ligne.

Dans le courant de la nuit, il apprit que Joubert, attaqué à la Corona par toute une armée, avait résisté tout le jour ; mais qu'il venait de se replier sur le plateau de Rivoli, que Masséna occupait en grande force ; que des lignes nombreuses de feu couvraient toutes les montagnes entre le lac de Guarda et l'Adige ; que, sur les hauteurs de Vérone, les feux indiquaient qu'à la fin du jour les troupes ennemies s'y étaient augmentées ; que du côté de Montebello, Vicence, Bassano, Legnano, il n'y avait ni mouvemens ni ennemis ; mais que du côté de Brescia, trois divisions ennemies avaient débouché par la vallée de la Chiesa. Une couvrait les hauteurs de Saint-Osetto, semblant se diriger sur Brescia ; l'autre avait pris position à Gavardo, et paraissait se porter sur Ponte-Saint-Marco et Lonato ; la troisième avait pris sur Salo, où l'on se battait déjà.

Un peu plus tard, il fut instruit que la division *ennemie* de Saint-Osetto avait déjà envoyé son avant-garde à Brescia, où elle n'avait trouvé aucune résistance, puisqu'on n'y avait laissé que trois cents convalescens pour la garde des hôpitaux. Ainsi la communication de l'armée avec Milan, par Brescia, se trouvant interceptée, on ne pouvait plus correspondre avec cette ville que par Crémone.

Des coureurs ennemis se faisaient déjà voir sur toutes les routes qui de Brescia vont sur Milan, Crémone et Mantoue, annonçant partout qu'une armée de quatre-vingt mille hommes avait débouché par Brescia, en même temps qu'une autre de cent mille débouchait par Vérone.

Il apprit aussi que la division ennemie, dirigée sur Salo, en était venue aux mains avec Soret, et que celui-ci, ayant eu connaissance des deux autres divisions qui se portaient sur Brescia et sur Lonato, avait craint de se trouver coupé et de Brescia et de l'armée, et avait jugé à propos de se replier sur les hauteurs de Dezenzano, afin de conserver ses communications ; qu'il avait laissé le général Guieux à Salo avec quinze cents hommes dans un antique château, espèce de forteresse à l'abri d'un coup de main ; que la division ennemie de Gavardo avait envoyé quelques coureurs sur Ponte-Saint-Marco, mais qu'ils y *avaient été* contenus par une compagnie de chasseurs qui s'y trouvait.

V. *Grande et prompte résolution que prend le général français. Combat de Salo. Combat de Lonato, 31 juillet.* — Dès ce moment, le plan d'attaque de Wurmser se trouvait dévoilé. Seule contre toutes ces forces, l'armée française ne pouvait rien : on n'était pas un contre trois. Mais seul contre chacun des corps ennemis, il y avait égalité.

Le général français prit son parti sur-le-champ. L'ennemi avait pris l'initiative, qu'il espérait conserver ; le général français résolut de déconcerter ses projets en prenant lui-même cette initiative. Wurmser supposait l'armée française fixée à la position de Mantoue. Napoléon décida aussitôt de la rendre mobile, en levant le siége de cette place, sacrifiant son équipage de siége, et se portant rapidement, avec toutes les forces réunies de l'armée, sur un des corps de l'armée ennemie, pour revenir successivement contre les autres corps. La droite de l'armée autrichienne, qui avait débouché par la chaussée de la Chiesa et Brescia, étant la plus engagée, il marcha d'abord sur elle.

Serrurier *brûla ses affûts et ses plates-formes, jeta* ses poudres à l'eau, enterra ses projectiles, encloua ses pièces, et leva le siége de *Mantoue* dans la nuit du 31 juillet au 1er août.

Augereau se porta de *Legnano* sur le Mincio à Borghetto. Masséna défendit, toute la journée du 30, les hauteurs entre l'Adige et le lac de Guarda. Dallemagne se dirigea sur Lonato.

Le général en chef se rendit sur les hauteurs, en arrière de Dezenzano. Il fit marcher Soret sur Salo, pour dégager le général Guieux, qui se trouvait compromis dans la mauvaise position où il l'avait laissé. Cependant ce général s'était battu quarante-huit heures contre toute une division ennemie ; cinq fois on lui avait livré l'assaut, et cinq fois il avait couvert les avenues de cadavres. Soret arriva au moment même où l'ennemi tentait un dernier effort : il tomba sur ses flancs, le défit entièrement, lui prit des drapeaux, et dégagea Guieux.

Dans le même moment, la division autrichienne de Gavardo s'était portée sur Lonato, pour prendre *position sur les hauteurs*, et tâcher d'opérer sa jonction avec Wurmser sur le Mincio. Le général en chef mena lui-même la brigade de Dallemagne contre cette division. *Cette brigade* fit des prodiges de valeur, la 32ᵉ en faisait partie. L'ennemi fut battu, mis en déroute, et éprouva une grande perte.

Ces deux divisions ennemies, battues par Soret et Dallemagne, *se rallièrent* à Gavardo. Soret craignit *de se compromettre*, et revint prendre une position intermédiaire entre Salo et Dezenzano.

Pendant ce temps, Wurmser avait fait passer sur les ponts de Vérone son artillerie et sa cavalerie. Maître de tout le pays entre l'Adige et le lac de Guarda, il plaçait une de ses divisions sur les hauteurs de Peschiera, pour masquer cette place et garder ses communications. Il en dirigeait deux autres, avec une partie de sa cavalerie, sur Borghetto, pour s'emparer du pont sur le Mincio, et déboucher sur la Chiesa, afin de se mettre en communication avec sa droite. Enfin, avec ses deux dernières divisions d'infanterie et le reste de sa cavalerie, il marchait sur Mantoue, pour faire lever le siége de cette place.

Depuis vingt-quatre heures, les troupes françaises avaient tout évacué *de devant Mantoue: Wurmser* y trouva les tranchées et les batteries encore entières, les pièces renversées et enclouées, et partout des débris d'affûts, de plates-formes et de munitions de toute espèce. La précipitation qui semblait avoir présidé à ces mesures dut le réjouir agréablement; tout ce qu'il voyait autour de lui semblait bien plus le résultat de l'épouvante que les suites d'un plan calculé.

Masséna, après avoir contenu l'ennemi toute la journée du 30, passa dans la nuit le Mincio à Peschiera, et continua sur Brescia. La division autrichienne qui *se présenta devant* Peschiera trouva la rive droite du Mincio garnie de tirailleurs fournis *par la garnison et par* une arrière-garde laissée par Masséna, laquelle avait ordre de *disputer le passage du Mincio*, et, lorsqu'il serait forcé, de se concentrer sur Lonato.

En se dirigeant sur Brescia, Augereau avait passé le Mincio à Borghetto. Il avait coupé le pont et laissé aussi une arrière-garde pour border la rivière, avec ordre de se concentrer à Castiglione *lorsqu'elle serait forcée*.

Toute la nuit du 31 juillet au 1ᵉʳ août, *le général en chef* marcha avec *les divisions* Augereau et Masséna sur Brescia, où l'on arriva à dix heures du matin. La division ennemie de Brescia, instruite que toute l'armée française débouchait sur elle par toutes les routes, n'eut garde d'attendre, et se retira en toute hâte. Les Autrichiens, en entrant dans Brescia, y avaient trouvé tous nos malades et nos convalescens; mais ils y restèrent si peu, et furent contraints d'en sortir si précipitamment, qu'ils n'eurent pas le temps de reconnaître leurs prisonnniers ni d'en disposer.

Le général Despinois et l'adjudant-général Herbin, chacun avec quelques bataillons, furent mis à la poursuite des ennemis sur Saint-Osetto et *les débouchés de la Chiesa*.

Les deux divisions Augereau et Masséna *retournèrent*, par une contre-marche rapide, du côté du Mincio, d'où elles étaient parties *pour soutenir leur arrière-grade*.

VI. *Bataille de Lonato*, 3 août. — Le 2 août, Augereau, formant la droite, occupait Montechiaro; Masséna, formant le centre, était campé à Ponte-Marco, se liant avec Soret, qui, formant la gauche, occupait une hauteur entre Salo et Dezenzano, faisant face en arrière pour contenir toute la droite de l'ennemi.

Cependant les arrière-gardes qu'Augereau et Masséna avaient laissées sur le Mincio s'étaient retirées devant les divisions ennemies qui avaient passé

21.

cette rivière. Celle d'Augereau, qui avait ordre de se réunir à Castiglione, quitta ce poste avant le temps, et revint en désordre joindre son corps.

Napoléon, mécontent du général Valette, qui la commandait, le destitua devant les troupes pour n'avoir pas montré plus de fermeté dans cette occasion. Quant au général Pigeon, chargé de l'arrière-garde de Masséna, il vint en bon ordre sur Lonato, qui lui avait été indiqué, et s'y établit.

L'ennemi, profitant de la faute du général Valette, s'empara de Castiglione le 2 même, et s'y retrancha.

Le 3, eut lieu la bataille de Lonato : elle fut donnée par les deux divisions de Wurmser venues de Borghetto, et par une des brigades de la division demeurée sur Peschiera, ce qui, avec la cavalerie, pouvait composer trente mille hommes. Les Français en avaient vingt à vingt-trois mille; aussi le succès ne fut pas douteux. Wurmser, avec les deux divisions d'infanterie et la cavalerie qu'il avait conduites à Mantoue, ne put s'y trouver.

A l'aube du jour, l'ennemi se porta sur Lonato, qu'il attaqua vivement : c'est par là qu'il prétendait faire sa jonction avec sa droite, sur laquelle, du reste, il commençait à concevoir des inquiétudes. L'avant-garde de Masséna fut culbutée; l'ennemi prit Lonato. Le général en chef, qui était à Ponte-Marco, marcha lui-même pour reprendre Lonato. Le général autrichien, s'étant trop étendu, toujours dans l'intention de gagner sur la droite, afin d'ouvrir ses communications avec Salo, fut enfoncé, Lonato repris au pas de charge, et la ligne ennemie coupée. Une partie se replia sur le Mincio, l'autre se jeta sur Salo; mais elle rencontra le général Soret en front, et avait le général Saint-Hilaire en queue.

Tournée de tout côté, elle fut obligée de mettre bas les armes. Si nous fûmes attaqués au centre, ce fut nous qui attaquâmes à la droite. Au jour, Augereau aborda l'ennemi qui couvrait Castiglione, et l'enfonça après un combat opiniâtre où la valeur des troupes suppléa au nombre. L'ennemi éprouva beaucoup de mal, perdit Castiglione, et se retira sur Mantoue, d'où lui arrivèrent les premiers renforts, mais seulement quand la journée était déjà finie. Nous perdîmes beaucoup de braves dans cette affaire opiniâtre; l'armée regretta particulièrement le général Beyraud et le colonel Pourailles, officiers très distingués.

VII. *Reddition des trois divisions de droite de l'ennemi, et d'une partie de son centre.* — Les trois divisions de droite de l'armée ennemie eurent nouvelle dans la nuit de la bataille de Lonato; elles en entendaient le canon : leur découragement devint extrême. Leur jonction avec le corps principal de l'armée devenait impossible. Elles avaient vu d'ailleurs sur elles *plusieurs divisions* françaises, et les croyaient toujours manœuvrant contre elles. *L'armée française* leur semblait innombrable, elles la voyaient partout.

Wurmser avait, de Mantoue, dirigé une partie de ses troupes vers Marcaria, pour poursuivre Serrurier. Il fallut perdre du temps pour faire revenir ces troupes sur *Castiglione*. Le 4, il ne se trouvait pas en mesure. Il employa toute la journée à rassembler ces corps, à réorganiser ce qui avait combattu à Lonato, et à réapprovisionner son artillerie.

Quand le général français, sur les deux ou trois heures après midi, vint observer sa ligne de bataille, il la trouva formidable; elle présentait encore quarante mille combattans. Il ordonna qu'on se retranchât à Castiglione, et partit lui-même pour Lonato, afin de veiller en personne au mouvement de ses troupes, qu'il devenait de la plus haute importance de rassembler dans la nuit autour de Castiglione. Toute la journée, Soret et Herbin d'un côté,

Dallemagne et Saint-Hilaire de l'autre, avaient marché à la suite des trois divisions ennemies de la droite, *et de celles coupées du centre à la journée de Lonato,* les avaient poursuivies sans relâche, faisant des prisonniers à chaque pas. Des bataillons entiers avaient posé les armes à Saint-Osetto, d'autres à Gavardo, d'autres enfin erraient incertains dans les vallées voisines.

Quatre ou cinq mille de ceux-ci sont instruits par des paysans qu'il n'y avait que douze cents Français dans Lonato; ils y marchent dans l'espoir de s'ouvrir un chemin vers le Mincio. Il était quatre heures après midi; Napoléon y entrait de son côté, venant de Castiglione. On lui annonce un parlementaire; il apprend en même temps qu'on prend les armes, que des colonnes ennemies débouchent par Ponte-Saint-Marco, qu'elles veulent entrer dans Lonato, et font sommer cette ville de se rendre.

Cependant nous étions toujours maîtres de Salo et de Gavardo; dès lors il devenait évident que ce ne pouvait être que des colonnes perdues qui cherchaient à se frayer un passage. Napoléon fait monter à cheval son nombreux état-major : il se fait amener l'officier parlementaire, et lui fait débander les yeux au milieu de tout le mouvement d'un grand quartier-général. « Allez dire à votre général, lui dit-il, que je lui donne huit minutes « pour poser les armes. Il se trouve au milieu de l'armée française; passé « ce temps, il n'aurait rien à espérer. »

Harassés depuis trois jours, errans, incertains, ne sachant plus que devenir, persuadés qu'ils avaient été trompés par les paysans, ces quatre ou cinq mille hommes posèrent les armes. Ce seul trait peut donner une idée du désordre et de la confusion de ces divisions autrichiennes, qui, battues à Salo, à Lonato, à Gavardo, poursuivies dans toutes les directions, étaient désormais à peu près fondues. Tout le reste du 4 et la nuit entière se passèrent à rallier la totalité des colonnes et à les concentrer sur Castiglione.

VIII. *Bataille de Castiglione,* 5 août. — Le 5, avant le jour, *l'armée française toute réunie,* forte de vingt-cinq mille hommes, y compris la division Serrurier, *occupa les hauteurs de Castiglione,* excellente position. Le général Serrurier, avec la division du siége de Mantoue, avait reçu l'ordre de marcher toute la nuit, et de tomber au jour sur les derrières de la gauche de Wurmser, son attaque devait être le signal de la bataille. On attendait un grand succès moral de cette attaque inopinée; et, pour la rendre plus sensible, *l'armée française feignit* de reculer.

Aussitôt qu'on entendit les premiers coups du corps de Serrurier, qui, étant malade, avait été remplacé par le *général* Fiorella, on marcha vivement à l'ennemi, et l'on tomba sur des gens déjà ébranlés dans leur confiance, *et n'ayant plus* leur première ardeur. Un mamelon, au milieu de la plaine, formait un fort appui pour la gauche ennemie. L'adjudant général Verdier fut chargé de l'attaquer; l'aide de camp *du général en chef,* Marmont, s'y dirigea avec vingt pièces d'artillerie : le poste fut enlevé. Masséna attaqua la droite, Augereau le centre, Fiorella prit la gauche à revers; partout on fut victorieux, l'ennemi fut mis dans une déroute complète; l'excessive fatigue des troupes françaises put seule sauver les débris de Wurmser : ils fuirent en désordre au delà du Mincio, où Wurmser espérait se maintenir : il y eût trouvé l'avantage de rester en communication avec Mantoue. Mais la division Augereau se dirigea sur Borghetto, celle de Masséna sur Peschiera.

Le général Guillaume, commandant de cette dernière place, qui y avait été laissé avec quatre cents hommes seulement, en avait muré les portes pour s'y mieux défendre. Il eût fallu quarante-huit heures pour les désencombrer. Les soldats durent sauter par dessus les remparts pour aller à l'ennemi. Les troupes autrichiennes qui bloquaient Peschiera étaient fraîches. Elles soutinrent long-temps le combat contre la 18e de ligne. Elles furent enfin enfoncées, perdirent dix-huit pièces de canon, et beaucoup de prisonniers.

Le général en chef marcha avec la division Serrurier sur Vérone. Il y arriva le 7 dans la nuit; Wurmser en avait fait fermer les portes, voulant gagner la nuit pour faire filer ses bagages, mais on les enfonça à coups de canon, et l'on pénétra dans la ville. Les Autrichiens y perdirent beaucoup de monde. La division Augereau, éprouvant des difficultés à opérer son passage à Borghetto, revint passer à Peschiera.

Perdant l'espérance de conserver la ligne du Mincio, Wurmser essaya de conserver les positions importantes du Montebaldo et de la Roca d'Anfo. Le général Saint-Hilaire marcha sur la Roca d'Anfo, attaqua l'ennemi dans la vallée de Loudon, et lui fit beaucoup de prisonniers. On s'empara de Riva, et Wurmser fut obligé de brûler sa flottille. Masséna marcha sur le Montebaldo et reprit la Corona. Augereau remonta la rive gauche de l'Adige, en suivant les crêtes des montagnes, et arriva jusqu'à la hauteur d'Ala. L'ennemi éprouva des pertes considérables dans les tentatives dont il accompagna sa retraite. Ses troupes n'avaient plus de moral.

Après la perte de deux batailles comme celles de Lonato et de Castiglione, Wurmser aurait dû comprendre qu'il ne pouvait plus disputer ce qu'il convenait aux Français d'occuper pour s'assurer de la ligne de l'Adige. Il se retira à Roveredo et à Trente. L'armée française avait elle-même besoin de repos. Les forces de Wurmser, après ses défaites, étaient encore égales aux nôtres, mais avec cette différence que désormais un bataillon de l'armée d'Italie en mettait quatre des ennemis en fuite, et que partout on ramassait du canon, des prisonniers et des objets militaires.

Wurmser avait ravitaillé la garnison de Mantoue, il est vrai; mais il ne ramenait pas en ce moment, de toute sa belle armée, y compris sa cavalerie, plus de quarante à quarante-cinq mille hommes. Du reste, rien ne saurait être comparable au découragement et à la démoralisation de cette belle armée, après ses revers, si ce n'est l'extrême confiance dont elle était animée au commencement de la campagne.

Le plan de Wurmser, qui pouvait réussir dans d'autres circonstances, ou contre un autre homme que son adversaire, devait pourtant avoir l'issue funeste qu'il a eue; et, bien qu'au premier coup d'œil la défaite de cette grande et belle armée, en si peu de jours, semble ne devoir être attribuée qu'à l'habileté du général français, qui improvisa sans cesse ses manœuvres contre un plan général arrêté à l'avance, il faut convenir que ce plan reposait sur des bases fausses. C'était une faute que de faire agir séparément des corps qui n'avaient entre eux aucune communication *vis-à-vis d'une armée centralisée,* et dont les communications étaient faciles.

La droite ne pouvait communiquer avec le centre que par Roveredo et Lodron. Ce fut une seconde faute encore que de subdiviser le corps de la droite et de donner des buts différens à ces différentes divisions. Celle qui fut à Brescia ne trouva personne contre elle, et celle qui atteignit Lonato eut affaire aux troupes qui, la veille, étaient à Vérone devant la gauche *autrichienne,* laquelle dans ce moment n'avait plus rien devant elle. L'armée autrichienne comptait de très bonnes troupes, mais elle en avait aussi de médiocres; tout ce qui était venu du Rhin avec Wurmser était excellent et animé de l'espoir de la victoire, mais tous les cadres de l'ancienne armée de Beaulieu, battue dans tant de circonstances, traînaient avec eux le découragement. Une des dispositions de Wurmser, que les circonstances rendirent des plus funestes, c'est que la plus grande partie de sa droite se trouva composée de Hongrois, troupes lourdes qui, une fois déroutées, ne surent plus comment se tirer de ces montagnes et qui, à cause de leur langage, ne purent se faire entendre.

IX. *Second siége de Mantoue.* — Les premiers *jours* de la levée du blocus de Mantoue furent employés par la garnison à défaire les ouvrages des assiégeans, à faire entrer les pièces et les munitions qu'ils *trouvèrent*. Mais les prompts revers de Wurmser ramenèrent bientôt les Français devant la place. La perte de l'équipage d'artillerie ne laissait plus d'espérance de pouvoir en faire le siége. Cet équipage, formé à grande peine de pièces recueillies dans les différentes places de l'Italie, était presque entièrement perdu. D'ailleurs la saison devenait trop mauvaise, l'ouverture et le service de la tranchée eussent été trop dangereux pour les troupes, au moment où la malignité du climat allait exercer ses ravages. *Le général français* n'ayant donc pas sous la main un équipage de siége qui pût lui donner l'assurance de prendre Mantoue avant six semaines, ne voulut pas songer à en former un second, qui n'eût été prêt qu'au moment même où de nouveaux événemens pouvaient l'exposer à le perdre de nouveau, en le forçant de lever le siége une seconde fois. Il se contenta donc d'un simple blocus. Le général Sahuguet en fut chargé; il attaqua Governolo, et le général Dallemagne Borgo-Forte : ils s'en emparèrent ainsi que de tout le Séraglio, rejetèrent l'ennemi dans la place et en resserrèrent étroitement le blocus. On s'occupa de multiplier les redoutes et les fortifications autour de la ville, afin d'y employer le moins de monde possible; car tous les jours les assiégeans diminuaient par le ravage de la fièvre, et l'on prévoyait avec effroi que ce ravage ne ferait qu'accroître avec l'automne. Il était vrai que la garnison était soumise aux mêmes maux et à la même diminution.

X. *Conduite des différens peuples d'Italie durant cette crise.* — Cependant la position de l'Italie, dans le peu de jours qui venaient de s'écouler, avait été une véritable révélation. Toutes les passions s'étaient montrées au grand jour; chacun se démasqua. Le parti ennemi se montra à Crémone, à Casal-Major, et quelques étincelles se laissèrent voir à Pavie. En général, la Lombardie montra un bon esprit; à Milan surtout presque tout le peuple témoigna une grande constance et beaucoup de fortitude : ils gagnèrent notre confiance, et méritèrent les armes qu'ils ne cessaient de demander avec instances. Aussi le général français leur écrivait-il dans sa satisfaction : « Lors-
« que l'armée battait en retraite, que les partisans de l'Autriche et les enne-
« mis de la liberté la croyaient perdue sans ressource, lorsqu'il était im-
« possible à vous-mêmes de soupçonner que cette retraite n'était qu'une
« ruse, vous avez montré de l'attachement pour la France, de l'amour pour
« la liberté; vous avez déployé un zèle et un caractère qui vous ont mérité
« l'estime de l'armée, et vous mériterez la protection de la république
« française.

« Chaque jour votre peuple se rend davantage digne de la liberté. Il ac-
« quiert chaque jour de l'énergie. Il paraîtra sans doute un jour avec gloire
« sur la scène du monde. Recevez le témoignage de ma satisfaction et du
« vœu sincère que fait le peuple français pour vous voir libres et heureux. »

Les peuples de Bologne, Ferrare, Reggio, Modène, montrèrent un véritable intérêt pour notre cause. Parme demeura fidèle à son armistice, mais la régence de Modène se montra ouvertement notre ennemie. A Rome, les Français furent insultés dans les *rues*, on y proclama leur expulsion de l'Italie. On suspendit l'accomplissement des conditions de l'armistice non encore remplies. Le général en chef eût pu punir une pareille conduite, mais d'autres pensées le portaient ailleurs, et l'obligeaient d'ajourner le châtiment, si les négociations n'amenaient le repentir.

Le cardinal Mattey, archevêque de Ferrare, témoigna sa joie à la nouvelle de la levée du siége de Mantoue. Il appela les peuples à l'insurrection contre les Français. Il prit possession de la *citadelle* de Ferrare, et y arbora les couleurs du pape. Le pape y envoya aussitôt un légat, et par là viola l'armistice. Après la bataille de Castiglione, le général français fit arrêter Mattey et le fit conduire à Brescia. Le cardinal, interdit, ne répondit que par ce seul mot : PECCAVI! ce qui désarma *Napoléon*, qui se contenta de le mettre trois mois dans un séminaire à Brescia. Depuis ce cardinal a été plénipotentiaire du pape à Tolentino. Le cardinal Mattey était d'une famille princière à Rome : c'était un homme borné, de peu de talent, mais qui passait pour être d'une dévotion sincère. Il était minutieusement attaché aux pratiques du culte. Après la mort du pape Pie VI, la cour de Vienne s'agita beaucoup au conclave de Venise pour le faire nommer pape, mais elle ne réussit point. *Chiaramonti, évêque d'Imola, l'emporta, et prit le nom de Pie VII.*

N. B. écrit sous dictée. — Le rapport ne donne que vingt mille hommes amenés du Rhin par Wurmser. Le chapitre dit trente, et celui-ci a raison. L'inégalité des forces a toujours été telle entre les deux armées, que le général français, dans ses rapports, croyait être obligé souvent de diminuer les forces de l'ennemi pour ne pas décourager sa propre armée. C'est ce qui explique la différence des nombres qu'on rencontre parfois entre l'ouvrage et les pièces officielles.

BATAILLE D'ARCOLE.

De l'offensive d'Alvinzi, le 2 novembre 1796, jusqu'à l'entière expulsion de son armée, le 21 du même mois : espace de dix-neuf jours. (*Voy. la carte.*)

I. *Le maréchal Alvinzi prend le commandement de la nouvelle armée autrichienne; sa force.* — Les armées françaises du Rhin et de Sambre-et-Meuse avaient été battues en Allemagne; elles avaient repassé le Rhin. Ces succès consolaient la cour de Vienne de ses pertes en Italie. Ils lui donnaient la facilité d'humilier l'orgueil des Français dans cette partie. Elle donna des ordres pour former une armée, dégager Mantoue, délivrer Wurmser, et réparer les affronts qu'elle avait reçus de ce côté. Elle assembla quatre divisions *d'infanterie et une de cavalerie* dans le Frioul, et deux dans le Tyrol, faisant ensemble soixante mille hommes. Ces troupes se composaient de forts détachemens des armées victorieuses d'Allemagne, des cadres recrutés de l'armée de Wurmser, et d'une levée extraordinaire de quinze mille Croates. Le commandement général fut donné au maréchal Alvinzi, et l'on confia le corps particulier du Tyrol d'environ dix-huit mille hommes au général Davidowich. Le sénat de Venise secondait en secret les Autrichiens. Il lui demeurait démontré que les succès de la cause française seraient la ruine de son aristocratie. Il voyait chaque jour l'esprit de ses peuples de terre ferme se détériorer, et appeler à grands cris une révolution. La cour de Rome avait levé le masque : se trouvant compromise depuis les affaires de Wurmser, elle n'espérait plus son salut que dans les succès de l'Autriche. Elle n'exécutait aucune des conditions de l'armistice de Bologne ; elle s'apercevait avec effroi que le général français temporisait, et que, par une feinte modération et des négociations prolongées, il ajournait l'instant du châtiment. Elle était exaltée d'ailleurs par les succès d'Allemagne, et instruite à point du petit nombre de Français, et du grand nombre de leurs malades ; elle mettait en mouvement ses moyens physiques en levant des troupes, et ses moyens moraux en persuadant les esprits, à l'aide des couvens et des prêtres, de la faiblesse des Français, et de la force irrésistible des Autrichiens.

II. *Bon état de l'armée française; l'opinion des peuples d'Italie appelle ses succès.*—Le général français s'était flatté long-temps de recevoir de nouveaux renforts. Il avait fortement représenté au Directoire, ou que les armées du Nord devaient repasser le Rhin, ou qu'il fallait qu'on lui envoyât cinquante mille hommes. On lui fit des promesses qu'on ne réalisa pas ; et tous les secours qu'on lui donna se réduisirent à quatre régimens, détachés de la Vendée : l'esprit de cette province s'était amélioré. Ces régimens, composant environ huit mille hommes, arrivèrent successivement dans un intervalle de deux mois. Ils furent d'un grand secours, compensèrent les pertes éprouvées *les mois précédens*, et maintinrent l'armée active à son nombre habituel de trente mille combattans. Les lettres du Tyrol, du Frioul, de Venise, de Rome, ne cessaient *de parler* des grands préparatifs qui se faisaient contre les Français ; mais cette fois l'esprit plus prononcé des peuples, et d'autres circonstances, donnaient une tout autre physionomie à l'Italie et aux affaires. Ce n'était plus *comme* avant Lonato et Castiglione. Les prodiges accomplis par les Français, les nombreuses défaites éprouvées par les Autrichiens, avaient tourné l'opinion. Alors les trois quarts de l'Italie pensaient qu'il était impossible que les Français pussent conserver leur conquête. Aujourd'hui les trois quarts de cette même Italie ne croyaient pas qu'il fût au pouvoir des Autrichiens de jamais la leur arracher. On fit sonner bien haut l'arrivée de quatre régimens venant de France. Leur mouvement se fit par bataillons, ce qui composa douze colonnes. On prit toutes les mesures pour que le pays et une partie de l'armée crussent qu'on s'était renforcé de douze régimens.

On croyait que les vivres manquaient dans Mantoue, et que cette place tomberait infailliblement avant que l'armée autrichienne pût recommencer la lutte, de sorte que nos troupes *entendaient parler* des préparatifs de l'Autriche avec confiance : *elles semblaient sûres* de la victoire. L'armée était bien nourrie, bien payée, bien vêtue ; son artillerie était nombreuse et bien attelée ; sa cavalerie faible en nombre, à la vérité, mais ne manquant de rien, et en aussi bon état que possible.

La population de tous les pays occupés par nos armées faisait à présent cause commune avec nous. Elle appelait nos succès de tous ses vœux. La disposition des pays au delà du Pô était telle qu'il pouvait même suffire à contenir les levées que le cardinal secrétaire d'État de Rome appelait l'armée du pape. Cette misérable cour, sans esprit, sans courage, sans talens, sans bonne foi, n'était pas autrement redoutable.

III. *Combat de la Brenta.—Vaubois évacue le Tyrol en désordre.*—Au commencement de novembre, le quartier-général de l'armée autrichienne était à Conegliano, et de nombreux *postes* garnissaient la rive *gauche* de la Piave. Dans le Tyrol, des corps opposés à chacun des nôtres se formaient sur la ligne du Lavisio; partout l'ennemi se montrait en force. Le projet d'Alvinzi n'était pas douteux; il ne voulait pas, comme Wurmser, attaquer par le Tyrol; il craignait de s'engager dans les montagnes. Il attribuait à l'intelligence du soldat français, à sa plus grande dextérité, les succès de *Lonato et de Castiglione*. Il résolut donc de faire sa principale attaque par la plaine, et d'arriver sur l'Adige par le Véronais, le Vicentin et le Padouan. Le 2 novembre, ce général jeta deux ponts sur la Piave, et se porta sur Bassano avec quarante-neuf à cinquante mille hommes. Masséna, en observation, contint toutes ses colonnes, l'obligea de déployer toutes ses forces, gagna quelques jours, et se replia sur Vicence, où il fut joint par le général français, qui amenait avec lui la division Augereau, une brigade de Mantoue, et se trouvait dès lors avoir sous sa main vingt à vingt-deux mille hommes. Le projet de Napoléon était de battre Alvinzi, et de se porter ensuite sur Trente, par un mouvement inverse à celui qu'il avait fait il y avait peu de temps, et de prendre à dos l'armée qui opérait dans le Tyrol. Alvinzi, qui avait passé la Brenta, fut attaqué le 5 et culbuté. Toutes ses divisions furent jetées au delà de cette *rivière*.

Mais Vaubois, qui était aux mains avec l'ennemi, depuis le 2 novembre, n'avait pu se maintenir ni à Trente ni dans aucune position intermédiaire. Sa division, ne disputant plus le terrain, revenait en désordre sur Vérone. Tout paraissait faire craindre que la position de la Corona et du Montebaldo *ne pourrait arrêter l'ennemi. On craignit pour le siège de* Mantoue. Le général en chef *fut donc obligé* de rétrograder sur Vérone, et d'y arriver assez à temps pour rallier Vaubois, et *assurer* les positions de Montebaldo et de Rivoli. Il passa la revue de la division Vaubois sur le plateau de Rivoli. « Sol-
« dats, leur dit-il d'un ton sévère, je ne suis pas content de vous. Vous n'avez
« marqué ni discipline ni constance. Vous avez cédé au premier échec. Au-
« cune position n'a pu vous rallier. Il en était dans votre retraite qui étaient
« inexpugnables. Soldats du 85ᵉ et du 39ᵉ, vous n'êtes pas des soldats fran-
« çais. Que l'on me donne ces drapeaux, et que l'on écrive dessus : Ils ne
« sont plus de l'armée d'Italie! » Un morne silence régnait dans tous les rangs; la consternation était peinte sur toutes les figures. Des sanglots se font entendre; de grosses larmes coulent de tous les yeux, et l'on voit ces vieux soldats, dans leur émotion, déranger leurs armes pour essuyer leurs pleurs. Le général en chef fut obligé de leur adresser quelques paroles de consolation. « Général, lui criaient-ils, *mets-nous à l'avant-garde*, et tu
« verras si nous sommes de l'armée d'Italie!!! » Effectivement, ces régimens qui avaient été le plus grondés furent mis à l'avant-garde, et s'y couvrirent de gloire.

IV. *Bataille de Caldiero*, 12 *novembre*.—Les opérations d'Alvinzi se trouvèrent couronnées des plus heureux succès : déjà il était maître de tout le Tyrol et de tout le pays entre la Brenta et l'Adige; mais le plus difficile lui restait encore *à faire;* c'était de passer l'Adige de vive force, devant l'armée française. Le chemin de Vérone à Vicence longe l'Adige pendant trois lieues, et ne quitte la direction du *fleuve qu'à* Ronco, où il tourne perpendiculairement à gauche pour *se diriger* sur Vicence, à Villa-Nova; la petite rivière de l'Alpon coupe la grande route, et se jette, après avoir traversé Arcole, dans l'Adige, entre Ronco et Albaredo. Sur la gauche de Villa-Nova se trouvent des hauteurs offrant de très belles positions, connues sous le nom de Caldiero. En occupant ces positions, on garde une partie de l'Adige, on couvre Vérone, et l'on se trouve en mesure de tomber sur les derrières de l'ennemi, si celui-ci se dirigeait sur le bas Adige.

Le général français eut à peine *assuré* la défense de Montebaldo, et raffermi les troupes de Vaubois, qu'il voulut occuper Caldiero comme donnant plus de chances à la défensive, et plus d'énergie à son attitude. Il déboucha le 11 de Vérone la brigade de Verdier en tête, culbuta l'avant-garde ennemie, et parvint bientôt au pied de Caldiero : mais Alvinzi lui-même avait occupé cette position qui est *bonne* également contre Vérone. Le 12, à la pointe du jour, on vit toute son armée couronner ces hauteurs, qu'il avait couvertes de formidables batteries. Le terrain reconnu, Masséna dut attaquer la hauteur, et forcer la droite de l'ennemi ; cette hauteur enlevée, et l'ennemi la gardait mal, la bataille se trouvait décidée. Le général Launay marcha avec sa demi-brigade et s'empara de la hauteur ; mais il ne put s'y maintenir, et fut fait prisonnier. Cependant la pluie tombait par torrens, le chemin devint bientôt impraticable pour notre artillerie, pendant que nous étions écrasés par celle de l'ennemi. Nous avions trop de désavantage à gravir contre un ennemi en position. L'attaque fut contremandée, et l'on se contenta de soutenir la bataille tout le reste du jour. Comme la pluie dura toute la journée et celle du lendemain, le général français prit le parti de retourner au camp de Vérone.

Les pertes dans cette affaire avaient été égales, cependant l'ennemi s'attribua avec raison la victoire, ses avant-postes s'approchèrent de Saint-Michel, et la situation des Français devint critique.

V. *Murmures et sentimens divers qui agitent l'armée française.* — Vaubois, battu en Tyrol, avait fait des pertes considérables ; il n'avait plus que six mille hommes. Les deux autres divisions, après s'être vaillamment battues sur la Brenta, s'étaient vues en retraite sur Vérone, ayant manqué leur opération sur Caldiero. Le sentiment des forces de l'ennemi était dans toutes les têtes. Les soldats de Vaubois, pour justifier leur retraite dans le Tyrol, disaient s'y être battus un contre trois. Les soldats mêmes demeurés sous les yeux de Napoléon trouvaient les ennemis trop nombreux. Les deux divisions, après leurs pertes, ne comptaient pas plus de treize mille hommes sous les armes.

L'ennemi avait perdu aussi sans doute, mais il avait eu l'avantage ; il avait acquis le sentiment de sa supériorité, il avait pu compter à son aise le petit nombre des Français ; aussi ne doutait-il déjà plus de la délivrance de Mantoue ni de la conquête de l'Italie. Il avait fait ramasser une grande quantité d'échelles, et en faisait faire beaucoup d'autres, voulant enlever Vérone d'assaut. A Mantoue, la garnison s'était réveillée ; elle faisait de fréquentes sorties, qui harcelaient sans cesse les assiégeans ; et les troupes se trouvaient trop faibles pour contenir une si forte garnison. Tous les jours on était instruit que quelque nouveau secours arrivait à l'ennemi : nous ne pouvions en espérer aucun ! Enfin les agens de l'Autriche, ceux de Venise et du pape, faisaient sonner très haut les avantages obtenus par Alvinzi, et sa supériorité sur nous. Nous n'étions plus en position de prendre l'offensive nulle part : d'un côté, la position de Caldiero, que nous n'avions pu enlever ; de l'autre, les gorges du Tyrol, qui venaient d'être le théâtre de la défaite de Vaubois. Mais eussions-nous occupé des positions qui eussent permis d'entreprendre sur Alvinzi, il avait trop de supériorité par le nombre. Tout interdisait pour l'instant toute offensive ; il fallait donc laisser l'initiative à l'ennemi, et attendre froidement ce qu'il voudrait entreprendre. La saison était extrêmement mauvaise, la pluie tombait par torrens, et tous les mouvemens se faisaient dans la boue. L'affaire de Caldiero, celle du Tyrol, avaient sensiblement baissé le moral de l'armée. On avait bien encore le sentiment de la supériorité sur l'ennemi à nombre égal, mais on ne croyait pas pouvoir lui résister, dans l'infériorité où l'on se trouvait. Un grand nombre de braves avaient été blessés deux ou trois fois à différentes batailles depuis l'entrée en Italie. La mauvaise humeur s'en mêlait.

« Nous ne pouvons pas seuls, disaient-ils, remplir la tâche de tous : l'armée d'Alvinzi qui se trouve ici est celle devant laquelle les armées du Rhin et de Sambre-et-Meuse se sont retirées, et elles sont oisives dans ce moment : pourquoi est-ce à nous à remplir leur tâche ? On ne nous envoie aucun secours ; si nous sommes battus, nous regagnerons les Alpes en fuyards et sans honneur. Si au contraire nous sommes vainqueurs, à quoi aboutira cette nouvelle victoire ? on nous opposera une autre armée semblable à celle d'Alvinzi, comme Alvinzi lui-même a succédé à Wurmser ; et, dans cette lutte constamment inégale, il faudra bien que nous finissions par être écrasés. »

Napoléon faisait *répondre* : « Nous n'avons plus qu'un effort à faire, et l'Italie est à nous. Alvinzi est sans doute plus nombreux que nous ; mais la moitié de ses troupes sont de véritables recrues ; et, lui battu, Mantoue succombe ; nous demeurons maîtres de l'Italie, nous voyons finir nos travaux, car non seulement l'Italie, mais encore la paix générale sont dans Mantoue. Vous voulez aller sur les Alpes, vous n'en êtes plus capables. De la vie dure et fatigante de ces stériles rochers, vous avez bien pu venir conquérir les délices de la Lombardie ; mais des bivouacs rians et fleuris de l'Italie, vous ne vous élèveriez plus aux rigueurs de ces âpres sommets, vous ne supporteriez plus long-temps sans murmurer les neiges ni les glaces des Alpes. Des secours nous sont arrivés ; nous en attendons encore ; beaucoup sont en route. Que ceux qui ne veulent plus se battre, qui sont assez riches, ne nous parlent pas de l'avenir. Battez Alvinzi, et je vous réponds du reste !!! » Ces paroles, répétées par tout ce qu'il y avait de cœurs généreux, relevaient les âmes, et faisaient passer successivement à des sentimens opposés. Ainsi, tantôt l'armée, dans son découragement, eût voulu se retirer ; tantôt, remplie d'enthousiasme, elle parlait de courir aux armes.

Lorsque l'on apprit à Brescia, Bergame, Milan, Crémone, Lodie, Pavie, Bologne, que l'armée avait essuyé un échec, les blessés, les malades sortirent des hôpitaux encore mal guéris, et vinrent se ranger dans les rangs la blessure encore sanglante. Ce spectacle était touchant, et remplit l'armée des plus vives émotions.

VI. *Marche de nuit de l'armée sur Ronco ; elle y passe l'Adige sur un pont de bateaux.* — Enfin le 14 novembre, à la nuit tombante, *le camp de Vérone* prit les armes. Les colonnes se mettent en marche dans le plus grand silence : on traverse la ville, et l'on vient se former sur la rive droite. L'heure à laquelle on part, la direction qui est celle de la retraite, le silence qu'on garde, contre l'habitude constante d'apprendre, par l'ordre du jour, qu'on va se battre ; la situation des affaires, tout enfin ne laisse aucun doute qu'on se retire. Ce premier pas de retraite, qui entraîne nécessairement la levée du siége de Mantoue, *présage* la perte de toute l'Italie. Ceux des habitans qui plaçaient dans nos victoires l'espoir de leurs nouvelles destinées suivent inquiets et le cœur serré les mouvemens de cette armée qui emporte toutes leurs espérances.

Cependant l'armée, au lieu de suivre la route de Peschiera, prend tout à coup à gauche et longe l'Adige : on arrive avant le jour à Ronco. Andréossy achevait d'y jeter un pont; et l'armée, aux premiers rayons du soleil, se voit avec étonnement, par un simple à gauche, sur l'autre rive. Alors les officiers et les soldats, qui du temps qu'ils poursuivaient Wurmser avaient traversé ces lieux, commencèrent à deviner l'intention du général. Ils voient que ne pouvant enlever Caldiero, il le tourne; qu'avec douze mille hommes ne pouvant rien en plaine contre quarante-cinq mille, il les attire sur de simples chaussées, dans de vastes marais, où le nombre ne sera plus rien, mais où le courage des têtes de colonne sera tout. Alors l'espoir de la victoire ranime tous les cœurs, et chacun promet de se surpasser pour seconder un plan si beau et si hardi.

Kilmaine était resté dans Vérone avec quinze cents hommes de toutes armes, les portes étroitement fermées, les communications sévèrement interdites. L'ennemi ignorait parfaitement notre mouvement.

Le pont de Ronco fut jeté sur la droite de l'Alpon, à peu près à un quart de lieue de son embouchure. S'il l'eût été sur la rive gauche, du côté d'Albaredo, on se fût trouvé en plaine, tandis qu'on voulait se placer dans des marais, où le nombre demeurait sans effet. D'un autre côté, on craignait qu'Alvinzi, instruit, ne marchât subitement à Vérone et ne s'en emparât, ce qui eût obligé le corps de Rivoli de se retirer à Peschiera, et eût compromis celui de Ronco. Il fallut donc se placer sur la rive droite de l'Alpon, de manière à pouvoir tomber sur les derrières de l'ennemi qui attaquerait Vérone, et par là soutenir cette place par la rive gauche, ce que l'on n'eût pu faire si l'on eût jeté le pont sur la rive gauche de l'Alpon, parce que l'ennemi aurait pu border la rive droite de cette rivière, et, sous cette protection, enlever Vérone. Cette double raison avait donc déterminé le placement du pont. Or, trois chaussées partaient de Ronco, où ce pont avait été jeté, et toutes étaient environnées de marais. La première se dirige sur Vérone en remontant l'Adige; la deuxième conduit à Villa-Nova, et passe devant Arcole, qui a un pont à une lieue et demie de l'Adige, sur la petite rivière de l'Alpon; la troisième descend l'Adige, et va sur Albaredo.

VII. *Bataille d'Arcole, première journée,* 15 *novembre.* — Trois colonnes se dirigèrent sur ces trois chaussées. L'une, à gauche, *remonta l'Adige* jusqu'à l'extrémité des marais; *de là* l'on communiquait sans obstacle avec Vérone : ce point était des plus importans. Par là, plus de craintes de voir l'ennemi attaquer Vérone, puisqu'on se fût trouvé sur ses derrières. La colonne de droite prit vers Albaredo, et occupa jusqu'à l'Alpon. Celle du centre se porta sur Arcole, où nos tirailleurs parvinrent jusqu'au pont sans être aperçus. Il était cinq heures du matin, et l'ennemi ignorait tout. Les premiers coups de fusil se tirèrent sur le pont d'Arcole, où deux bataillons de Croates, avec deux pièces de canon, bivouaquaient comme corps d'observation pour garder les derrières de l'armée où étaient tous les parcs, et surveiller les partis que la garnison de Legnago aurait pu jeter dans la campagne. Cette place n'était qu'à trois lieues : l'ennemi avait eu la négligence de ne pas pousser des postes jusqu'à l'Adige; il regardait cet espace comme des marais impraticables. L'intervalle d'Arcole à l'Adige n'était point gardé; on s'était contenté d'ordonner des patrouilles de hussards, qui, trois fois par jour, parcouraient les digues et éclairaient l'Adige. La route de Ronco à Arcole rencontre l'Alpon à deux milles, et de là remonte pendant un mille la rive droite de ce petit ruisseau jusqu'au pont, qui tourne perpendiculairement à droite et entre dans le village d'Arcole. Des Croates étaient bivouaqués, *la droite* appuyée au village, et la gauche vers l'embouchure. Par ce bivouac ils avaient devant leur front *la digue*, dont ils n'étaient séparés que par le ruisseau; tirant devant eux, ils prirent en flanc la colonne dont la tête était sur Arcole. Il fallut se replier en toute hâte jusqu'au point de la chaussée, qui ne prêtait plus son flanc à la rive gauche. On instruisit Alvinzi que quelques coups de fusil avaient été tirés au pont d'Arcole; il y fit peu d'attention. Cependant, à la pointe du jour, on put observer de Caldiero et des clochers voisins le mouvement des Français. D'ailleurs les reconnaissances des hussards, qui tous les matins longeaient l'Adige pour s'assurer des événemens de la nuit, furent reçues à coups de fusil de toutes les digues, et poursuivies par la cavalerie française. Alvinzi acquit donc de tout côté la certitude que les Français avaient passé l'Adige, et se trouvaient en force sur toutes les digues. Il lui parut insensé d'imaginer qu'on pût jeter ainsi toute une armée dans des marais impraticables. Il pensa plutôt que c'était un détachement posté de ce côté pour l'inquiéter lorsqu'on l'attaquerait en force du côté de Vérone. Cependant ses reconnaissances du côté de Vérone lui ayant rapporté que tout y était tranquille, Alvinzi crut important de rejeter ces troupes françaises au delà de l'Adige, pour tranquilliser ses derrières. Il dirigea une division sur la digue d'Arcole, et une autre vers la digue qui *longe* l'Adige, avec ordre de tomber tête baissée sur ce qu'elles rencontreraient, et de *tout* jeter dans *la rivière*. Vers les neuf heures *du matin*, ces deux divisions attaquèrent en effet vivement. Masséna, qui était chargé de la digue de gauche, ayant laissé engager l'ennemi, courut sur lui au pas de charge, l'enfonça, lui causa beaucoup de perte, et lui fit un grand nombre de prisonniers. On en fit autant sur la digue d'Arcole : on attendit que l'ennemi eût dépassé le coude du pont. On l'attaqua au pas de charge; on le mit en déroute, et on lui fit beaucoup de prisonniers. Il devenait de la plus haute importance de s'emparer d'Arcole, puisque de là on débouchait sur les derrières de l'ennemi et qu'on pouvait s'y établir avant que l'ennemi pût être formé. Mais ce pont d'Arcole, par sa situation, résistait à toutes nos attaques. Napoléon essaya un dernier effort de sa personne : il saisit un drapeau, s'élança vers le pont et *l'y plaça*. La colonne qu'il conduisait l'avait à moitié franchi, lorsque le feu de flanc fit manquer l'attaque. Les grenadiers de la tête, abandonnés par la queue, hésitent, ils sont entraînés dans la fuite, mais ils ne veulent pas se dessaisir de leur général; ils le prennent par le bras, les cheveux, les habits, et l'entraînent dans leur fuite, au milieu des morts, des mourans et de la fumée. *Le général en chef* est précipité dans un marais; il y enfonce jusqu'à la moitié du corps; *il est au milieu des ennemis;* mais les Français s'aperçoivent que leur général n'est point avec eux. Un cri se fait entendre : « Soldats, en avant pour sauver le général. » Les braves reviennent aussitôt au pas de course sur l'ennemi, le repoussent jusqu'au *delà du pont,* et Napoléon est sauvé. Cette journée fut celle du dévouement militaire. Le général Lannes était accouru de Milan; il avait été blessé à *Governolo;* il était encore souffrant dans ce moment : il se plaça entre l'ennemi et Napoléon, le couvrit de son corps et reçut trois blessures, ne voulant jamais le quitter. Muiron, aide de camp du général en chef, fut tué couvrant de son corps son général..... Mort héroïque et touchante !.... Belliard,

Vignoles furent blessés en ramenant les troupes en *avant*. Le brave *général* Robert y fut tué.

On *fit* jeter un pont à l'embouchure de l'Alpon, afin de prendre Arcole à revers; mais pendant ce temps Alvinzi, instruit du véritable état des choses, et concevant les plus vives alarmes sur le *danger* de sa position, avait abandonné Caldiero, défait ses batteries, et fait repasser l'Alpon à tous ses parcs, ses bagages et ses réserves. Les Français, du haut du clocher de Ronco, virent avec douleur cette proie leur échapper; et c'est alors, et dans les mouvemens précipités de l'ennemi, qu'on put juger toute l'étendue et les conséquences du plan du général français. Chacun vit quels auraient pu être les résultats d'une combinaison si profonde et si hardie : l'armée ennemie échappait à sa destruction. Ce ne fut que vers les quatre heures que le général Guieux put marcher sur Arcole par la rive gauche *de l'Alpon*. Le village fut enlevé sans coup férir; mais alors il n'y avait plus rien d'utile; il était six heures trop tard; l'ennemi s'était mis en position naturelle. Arcole n'était plus qu'un poste intermédiaire entre le front des deux armées. Le matin, ce village était sur les derrières de l'ennemi.

Toutefois de grands résultats avaient couronné cette journée : Caldiero était évacué, et Vérone ne courait plus de dangers. Deux divisions d'Alvinzi avaient été défaites avec des pertes considérables. De nombreuses colonnes de prisonniers et grand nombre de trophées qui défilèrent *au travers du camp*, remplirent d'enthousiasme les soldats et les officiers, et chacun reprit la confiance et le sentiment de la victoire.

VIII. *Seconde journée; 16 novembre*. — Cependant Davidowich, avec son corps du Tyrol, avait attaqué, dès la veille, les hauteurs de Rivoli. Il en avait chassé Vaubois, et l'avait contraint de se retirer sur Castel-Novo. Déjà les coureurs ennemis paraissent aux portes de Vérone. Kilmaine, débarrassé d'Alvinzi et de toutes craintes sur la rive gauche, par l'évacuation de Caldiero, avait dirigé toute *son attention* sur la rive droite; mais il était à craindre que si l'ennemi marchait vigoureusement sur Castel-Novo, il ne forçât Vaubois, n'arrivât à Mantoue, ne surprît l'armée assiégeante, ne se joignît à la garnison, ne coupât la retraite au quartier-général et à l'armée qui était à Ronco. Il fallait donc être, à la pointe du jour, en mesure de soutenir Vaubois, protéger Mantoue et ses communications, et battre Davidowich, s'il s'était avancé dans la journée. Il était nécessaire, pour la réussite de ce projet, de calculer les heures. Il se résolut donc, dans l'incertitude de ce qui se serait passé dans la journée, de supposer que tout avait été mal du côté de Vaubois. Il fit évacuer Arcole, qui avait coûté tant de sang; replia toute son armée sur la rive droite de l'Adige, ne laissant sur la rive gauche qu'une brigade et quelques pièces de canon. Il ordonna, dans cette position, qu'on fît la soupe, en attendant ce qui se serait passé du côté de Vaubois pendant cette journée. Si l'ennemi avait marché sur Castel-Novo, il fallait lever le pont de l'Adige, disparaître de devant Alvinzi, se trouver à dix heures derrière Vaubois à *Castel-Novo, et culbuter l'ennemi sur Rivoli*. On avait laissé à Arcole des bivouacs allumés, ainsi que des piquets de grand'garde pour qu'Alvinzi ne s'aperçût de rien. A quatre heures après minuit, l'on battit pour prendre les armes, afin d'être prêt à marcher. Mais dans le moment on apprit que Vaubois *était encore en* position à moitié chemin de Rivoli à Castel-Novo, et qu'il garantissait de tenir toute la journée. Davidowich était le même général qui avait commandé une des divisions que Wurmser avait fait déboucher par la Chiesa : il se souvenait des résultats; il n'avait garde de se compromettre. Cependant, vers trois heures du matin, Alvinzi, instruit de la marche rétrograde des Français, fit occuper Arcole sur-le-champ, dirigea au jour deux colonnes sur les digues de l'Adige et d'Arcole pour marcher sur nous. La fusillade s'engagea à deux cents toises de notre pont; les troupes le repassèrent au pas de charge, tombèrent sur l'ennemi, le rompirent, le poursuivirent vivement jusqu'aux débouchés des marais qu'ils remplirent de leurs morts. Des drapeaux, du canon et des prisonniers furent les trophées de cette journée, où deux nouvelles divisions d'Alvinzi furent défaites.

Sur le soir, le *général français*, par les mêmes motifs et les mêmes combinaisons, fit le même mouvement que la veille. Il concentra toutes ses troupes sur la rive droite de l'Adige, ne laissant qu'une avant-garde sur la rive gauche.

IX. *Troisième journée*, 17 *novembre*. — Cependant Alvinzi, induit en erreur par un espion qui assurait que le général avait repassé l'Adige, marché sur Mantoue, et n'avait laissé qu'une arrière-garde à Ronco, déboucha à la pointe du jour, avec l'intention d'enlever le pont de Ronco. Un moment avant le jour, on apprit que rien n'avait bougé du côté de Vaubois, que Davidowich n'avait point fait de mouvemens. On revint sur l'autre bord de l'Adige. Les têtes de nos colonnes se rencontrèrent à moitié des digues avec deux autres divisions d'Alvinzi. Il se livra un combat opiniâtre, nos troupes furent *alternativement en avant et en arrière*. *Pendant un moment*, les balles arrivaient sur le pont. La 75e avait été rompue; le général en chef plaça la 32e en embuscade, ventre à terre dans un petit bois de saules, le long *de la digue* d'Arcole. Cette demi-brigade se releva, fit une décharge, marcha à la baïonnette, et culbuta dans les marais une colonne ennemie, épaisse de toute sa longueur; c'était trois mille Croates, et ils y périrent tous. Masséna, sur la gauche, éprouvait des vicissitudes; mais il marcha *à la tête de sa division*, son chapeau au bout de son épée en signe de drapeau, et fit un horrible carnage de la division *qui lui était* opposée.

Après midi, *le général français* jugea qu'enfin le moment d'en finir était venu. Car si Vaubois *avait* été battu le *jour encore* par Davidowich, il serait obligé de se porter, *la nuit prochaine*, à son secours et à celui de Mantoue. Dès lors Alvinzi se porterait sur Vérone; il recueillerait l'honneur et les résultats de la victoire; tant d'avantages remportés dans trois journées seraient perdus. Il fit compter soigneusement le nombre des prisonniers, récapitula les pertes de l'ennemi; il conclut qu'il s'était affaibli *dans ces trois jours* de plus de vingt mille hommes, qu'ainsi désormais ses forces en bataille ne seraient pas *beaucoup plus d'un tiers au dessus des nôtres*. *Il donna ordre de sortir des marais et d'aller attaquer l'ennemi en plaine.*

Les circonstances de ces trois journées avaient tellement changé le moral des deux armées, que la victoire nous était assurée. L'armée passa le pont jeté à l'embouchure de l'Alpon. Elliot, *aide de camp* du général en chef, chargé d'en construire un second, y fut tué. A deux heures *après-midi*, l'armée française était en bataille, sa gauche à Arcole et sa droite dans la direction de Porto-Legnano; elle avait en face l'ennemi, dont la droite s'appuyait sur l'Alpon, et la gauche à des marais. *L'ennemi était à cheval* sur la route de Montebello. L'adjudant Lorcet était parti de Legnago avec six à sept cents hommes, quatre pièces de canon et deux cents chevaux, pour tourner les marais auxquels l'ennemi appuyait sa gauche.

Vers les trois heures, au moment où ce détachement de la garnison de

Legnano se portait sur l'ennemi, que la canonnade était vive sur toute la ligne, et que les tirailleurs en étaient aux mains, *le général français* ordonna au chef d'escadron Hercule de se porter, avec cinquante guides et quatre ou cinq trompettes, au travers des roseaux, et de charger sur l'extrémité de la gauche de l'ennemi, au même moment que la garnison de Legnano commencerait à la canonner par derrière; ce qu'il exécuta avec intelligence, et contribua beaucoup au succès de la journée. L'ennemi fut culbuté partout; sa ligne fut rompue, il laissa beaucoup de prisonniers. Alvinzi avait échelonné sept à huit mille hommes sur ses derrières, pour assurer sa retraite et pour escorter ses parcs, et par là sa ligne de bataille ne se trouva pas plus forte que la nôtre. Il fut mené battant tout le reste de la soirée. Toute la nuit il continua sa retraite sur Vicence. Notre cavalerie le poursuivit au delà de Montebello.

Arrivé à Villa-Nova, Napoléon s'arrêta pour avoir les rapports de la poursuite de l'ennemi et de la contenance que faisait son arrière-garde. Il entra dans le couvent de Saint-Boniface; l'église avait servi d'ambulance. Il y trouva quatre ou cinq cents blessés, la plus grande partie morts; *il en sortait une odeur de cadavre,* il recula d'horreur! il s'entendit appeler par son nom : deux malheureux soldats français blessés étaient depuis trois jours au milieu des morts, sans avoir mangé; ils n'avaient point été pansés, ils désespéraient d'eux-mêmes; mais il furent rappelés à la vie par la vue de leur général : tous les secours leur furent prodigués.

Le général français visita les hauteurs de Caldiero, et se remit en marche vers Vérone. A mi-chemin, il rencontra un officier d'état-major autrichien, que Davidowich envoyait à Alvinzi. Ce jeune homme se croyait au milieu des siens. D'après ses dépêches, il y avait trois jours que les deux armées ne s'étaient communiquées. Davidowich ignorait tout.

X. *L'armée française rentre triomphante dans Vérone par la rive gauche.*— Napoléon entre triomphant dans Vérone par la porte de Venise, trois jours après en être sorti mystérieusement par la porte de Milan. On se peindrait difficilement l'étonnement et l'enthousiasme des habitans; nos ennemis mêmes les plus déclarés ne purent rester froids, et joignirent leurs hommages à ceux de nos amis. Le général français passe *sur la rive droite de l'Adige,* et court sur Davidowich qui était encore à Rivoli. Il est chassé de poste en poste et poursuivi l'épée dans les reins jusqu'à Roveredo. De ses soixante à soixante et dix mille hommes, on calcule qu'Alvinzi en perdit de trente à trente-cinq mille dans ces affaires, et que ce fut l'élite de ses troupes.

Cependant de si grands résultats ne s'étaient pas obtenus sans pertes, et l'armée avait plus que jamais besoin de repos. Le général français ne jugea pas devoir reprendre le Tyrol, et s'étendre jusqu'à Trente. Il se contenta de faire occuper Montebello, la Corona, les gorges de la Chiusa et de l'Adige. Alvinzi se rallia à Bassano, et Davidowich à Trente. Cependant on devait croire qu'on obtiendrait bientôt Mantoue, avant que le général autrichien pût recevoir une nouvelle armée. Les fréquentes sorties de Wurmser pour obtenir quelques vivres, le grand nombre de déserteurs qui étaient maigres et depuis un mois à la demi-ration, le dénûment de ses hôpitaux et le grand nombre de ses malades, tout dut donner l'espoir d'une prompte reddition.

BATAILLE DE RIVOLI.

Depuis l'offensive de Provera, le 1er janvier 1797, jusqu'à la reddition de Mantoue, le 1er février suivant, espace d'un mois. (*Voyez la carte.*)

I. *État de l'Italie.*—Venise faisait de nouvelles levées d'Esclavons, il arrivait tous les jours de nouveaux bataillons dans les lagunes ; les partis étaient en présence dans toutes les villes du pays Vénitien. Les citadelles de Vérone et de Brescia étaient dans les mains des troupes françaises. Des troubles survenus à Bergame firent sentir la nécessité d'occuper la citadelle ; le général Baraguey-d'Hilliers en prit possession.

Les négociations avec Rome continuaient ; *mais elles ne marchaient pas ;* l'expérience avait prouvé qu'on *ne pouvait rien obtenir de cette cour que par les menaces et la présence de la force.*

Le général en chef annonça à Milan son départ pour Rome ; il fit partir *le général Lahosse* avec quatre mille *Italiens* pour Bologne, y dirigea une colonne de trois mille Français, et fit prévenir le grand-duc de Toscane que ses troupes traverseraient ses États pour se rendre à Perrugia ; il partit effectivement lui-même, et *se rendit à Bologne.* Manfredini vint l'y trouver, pour ménager les intérêts de son maître, et s'en retourna convaincu que le général français marchait sur Rome. Pour cette fois, cette cour ne fut point dupe de toutes ces apparences ; elle resta immobile. Elle était au fait des plans adoptés à Vienne, et en espérait le succès. Cependant, lorsqu'elle apprit que le général français était à Bologne, le secrétaire d'État fut étonné ; mais le ministre d'Autriche soutint son courage, en lui faisant comprendre que rien n'était plus heureux pour leurs vues que d'attirer le général français dans le fond de l'Italie, et que, fallût-il quitter Rome, ce serait encore un bonheur, puisque la défaite des Français sur l'Adige en serait d'autant plus assurée.

II. *Situation de l'armée autrichienne.*—Alvinzi recevait tous les jours des renforts considérables. Le Padouan, le Trévisan et tout le Bassanais étaient couverts de troupes autrichiennes. Il s'était écoulé deux mois depuis la bataille d'Arcole ; l'Autriche les avait *mis à profit* pour faire arriver dans le *Frioul les divisions* tirées des rives du Rhin, où les armées françaises étaient inactives et en plein quartier d'hiver. Un mouvement avait été imprimé à toute la monarchie autrichienne. On leva dans le Tyrol plusieurs bataillons d'excellens tireurs : il *fut* aisé de leur persuader qu'il fallait défendre leur territoire et aider à reconquérir l'Italie, si essentielle à la prospérité du Tyrol. Les succès de l'Autriche, dans la campagne dernière en Allemagne, et ses humiliations en Italie, avaient remué *l'esprit public.* Les grandes villes offraient des bataillons de volontaires : Vienne en fournit quatre : on leva ainsi *un renfort* de dix à douze mille volontaires. Les bataillons de Vienne reçurent de l'impératrice des drapeaux brodés de ses propres mains. *Ils les perdirent*, mais les défendirent avec honneur. L'armée d'Autriche se composait de huit divisions de forces inégales, de plusieurs brigades de cavalerie incorporées avec ces divisions, et de deux divisions de cavalerie. On évaluait cette armée à plus de quatre-vingt mille combattans.

III. *Situation de l'armée française.*—L'armée française avait *été renforcée,* depuis Arcole, de deux régimens d'infanterie tirés des côtes de la Provence, la 57e en faisait partie, et d'un régiment de cavalerie. *Cela faisait environ cinq à six mille hommes, et compensait* les pertes d'Arcole et du blocus de

Mantoue. Joubert, avec une forte division, occupait Montebaldo, Rivoli et Busselengo. Rey, avec une division moins forte, était en réserve à Dezenzano. Masséna était à Vérone, avec une avant-garde à Saint-Michel; Augereau à Legnano, avec une avant-garde à Bevilaqua. Serrurier bloquait Mantoue. La Corona était couverte de retranchemens. Les châteaux de Vérone et de Legnano étaient en bon état, ainsi que Peschiera et Pizzighitone. On occupait les citadelles de Brescia, Bergame, le fort de Fuente, la citadelle de Ferrare et le fort Urbin. Des forces navales sur le lac de Guarda nous assuraient la possession de ce lac. Des barques armées, placées sur le lac Majeur et le lac de Côme, y exerçaient une sévère police.

IV. *Plan d'opération adopté par la cour de Vienne.* — Wurmser avait débouché sur trois colonnes : sa droite par la chaussée de Chiusa, au delà du lac de Guarda ; son centre par Montebaldo, entre le lac de Guarda et l'Adige ; sa gauche par la rive gauche de l'Adige. Quelques mois après, Alvinzi avait attaqué sur deux colonnes ; l'une opérant dans le Tyrol, l'autre sur la Piave, la Brenta et l'Adige. Mais *la bataille de Lonato, celles de Castiglione, d'Arcole, avaient fait échouer ces deux plans de campagne. La cour de Vienne adopta cette fois un nouveau plan*, qui se liait avec les opérations de Rome. Il fut arrêté que l'armée autrichienne ferait deux grandes attaques : la première par le Montebaldo, comme avait fait Wurmser ; la seconde sur l'Adige, par les plaines du Padouan ; que les deux corps qui exécuteraient ces deux attaques n'auraient rien de commun entre eux ; qu'ils marcheraient indépendamment l'un de l'autre ; de sorte que si l'un réussissait, le premier but serait rempli et Mantoue débloqué. Le corps principal devait déboucher par le Tyrol ; et, s'il battait l'armée française, il arriverait sous les murs de Mantoue, y ferait sa jonction avec le deuxième corps qui agissait sur l'Adige. Si au contraire la principale attaque échouait, et que le second corps réussît, le siége de Mantoue serait également levé, et la place réapprovisionnée. Alors ce corps d'armée se jetterait dans le Séraglio, et établirait ses communications avec Rome. Le maréchal Wurmser prendrait le commandement de l'armée qui était dans la Romagne. La grande quantité de généraux, d'officiers et de cavalerie démontée qui se trouvait dans Mantoue, servirait à discipliner l'armée du pape, et ferait une diversion qui obligerait le général français à avoir aussi deux corps d'armée, l'un sur la rive gauche, l'autre sur la rive droite du Pô.

Un agent secret *envoyé* de Vienne, fort intelligent, fut arrêté par une sentinelle, comme il franchissait le dernier poste de l'armée française devant Mantoue. On lui fit rendre sa dépêche qu'il avait avalée, renfermée dans une petite boule de cire à cacheter. Cette dépêche était une petite lettre écrite en caractère très fins, signée de l'empereur François. Il annonçait à Wurmser qu'il allait être incessamment dégagé. Dans tous les cas, il lui ordonnait de ne pas se rendre prisonnier, d'évacuer la place, de passer le Pô, ce qu'il pouvait faire puisqu'il était maître du Séraglio, de se rendre dans les États du pape, où il prendrait le commandement de son armée. L'Empereur d'Autriche supposait, comme on le voit, que Wurmser était maître du Séraglio ; il était mal informé.

V. *Combat de Saint-Michel.* — En exécution du plan adopté par la cour de Vienne, Provera eut le commandement du corps d'armée qui devait agir sur l'Adige pour passer cette rivière et se porter sur Mantoue. Les bataillons volontaires de Vienne faisaient partie du corps d'armée, qui était composé de trois divisions formant vingt-cinq mille hommes. Aux premiers jours de janvier, Provera porta son quartier-général à Padoue. Le 12, il se dirigea, avec deux divisions, sur Montagna, où était l'avant-garde d'Augereau, commandée par le brave général Duphot. Au même moment, la troisième division autrichienne, qui avait pris position sur les hauteurs de Caldiero, marcha sur Saint-Michel pour y attaquer l'avant-garde de Masséna, dont le quartier-général était à Vérone ; c'était une fausse attaque. Le général Duphot, attaqué à la pointe du jour par l'avant-garde de Provera, composée des volontaires de Vienne, la contint facilement et la repoussa. Mais vers midi, toute l'armée autrichienne s'étant déployée, Duphot fit retraite et repassa l'Adige à Legnano. La division qui forma la droite de Provera, et qui attaqua Saint-Michel, était la plus faible. Le général Masséna marcha de Vérone au secours de son avant-garde. La division autrichienne fut rompue, dispersée et poursuivie l'épée dans les reins jusqu'au delà de l'Alpon.

Ce fut dans ce moment que le général français arriva en poste de Bologne. Il avait été instruit, par ses agens de Venise, du mouvement de l'armée autrichienne sur Padoue. Il avait fait camper les troupes italiennes sur la frontière de la Transpadane pour s'opposer au pape, dirigé les deux mille Français de Bologne sur Ferrare, où ils avaient passé le Pô à Ponte-di-Lagoscuro, et rejoint l'armée sur l'Adige. De sa personne, il passa le Pô à Borgoforte, se rendit au quartier-général de Roverbella, et arriva à Vérone au plus fort du feu du combat de Saint-Michel. Il ordonna sur-le-champ à Masséna de replier dans la nuit toutes ses troupes sur Vérone.

L'ennemi paraissait être en opération, et il fallait tenir toutes les troupes disponibles pour pouvoir se porter où serait la véritable attaque. Dans la nuit, on reçut des nouvelles du quartier-général de Legnano, qui disaient que toute l'armée autrichienne était en mouvement sur le bas Adige ; que le grand état-major de l'ennemi y était, ainsi que deux équipages de pont. Le rapport du général Duphot, officier de confiance, ne laissait aucun doute sur les nombreuses forces déployées devant lui : il les portait à vingt mille hommes, et supposait que c'était la première ligne de l'ennemi. On fut confirmé dans l'opinion que l'ennemi opérait sur le bas Adige, par la nouvelle de ce qui s'était passé à la Corona. Joubert manda que, pendant toute la journée du 12, il avait été attaqué par l'ennemi, qu'il l'avait contenu, et que la division autrichienne avait été repoussée dans toutes ses tentatives.

VI. *Le général Alvinzi occupe la Corona et jette un pont sur l'Adige.* — Le général français ordonna à la division Masséna de repasser l'Adige et de se réunir sur la rive droite. Il attendit ainsi toute la journée du 13 ce qui se serait passé ce même jour à Legnano, sur l'Adige et la Corona. Les troupes furent prévenues d'être prêtes à faire une marche de nuit, et d'être sous les armes à dix heures du soir. La division qui était à Dezenzano se porta le 11 à Castel-Novo, et attendit là de nouveaux ordres.

Il pleuvait à grands flots. Les troupes étaient sous les armes ; mais le général en chef ignorait encore de quel côté il les dirigerait. A dix heures du soir, les rapports du Montebaldo et du bas Adige arrivèrent. Joubert mandait que le 13, à neuf heures du matin, l'ennemi avait déployé de grandes forces, qu'il s'était battu toute la journée ; que sa position étant très resserrée, il avait eu le bonheur de se maintenir ; mais qu'à deux heures après midi, s'étant aperçu qu'il était débordé par la gauche par la marche d'une division autrichienne qui longeait le lac de Guarda et menaçait de se placer entre Peschiera et lui, et par sa droite par une autre division ennemie qui avait longé la rive gauche de l'Adige, jeté un pont à une lieue au-dessus de

Rivoli, passé ce fleuve, et filait par la rive droite, longeant le pied du Montemagone, pour enlever le plateau de Rivoli, il avait jugé indispensable d'envoyer une brigade pour s'assurer le plateau de Rivoli, la clef de toute la position, et que sur les quatre heures il avait jugé lui-même nécessaire d'abandonner la Corona, afin d'arriver de jour sur le plateau de Rivoli, qu'il serait obligé d'évacuer le lendemain avant neuf heures. Sur le bas Adige, l'ennemi avait bordé la rive gauche. Nous étions sur la rive droite. Le projet de l'ennemi se trouva dès lors démasqué. Il fut évident qu'il opérait avec deux grandes armées sur le Montebaldo et sur le bas Adige. La division Augereau parut suffisante pour disputer et défendre le passage de la rivière. Sur le Montebaldo, il n'y avait pas un moment à perdre, puisque l'ennemi allait faire sa jonction avec son artillerie et sa cavalerie, en s'emparant du plateau de Rivoli; et que si on pouvait l'attaquer avant qu'il ne se fût emparé de ce point important, il serait obligé de combattre sans son artillerie et sans sa cavalerie. Il ne fut plus douteux que la principale attaque de l'ennemi ne fût par le Montebaldo. Toutes les troupes furent donc dirigées sur le plateau de Rivoli. Le général en chef s'y rendit lui-même à deux heures du matin.

VII. *Bataille de Rivoli.* — Le temps s'était éclairci, il faisait un clair de lune superbe. Napoléon monta sur différentes hauteurs et observa les diverses lignes des feux ennemis. Elles remplissaient le pays entre l'Adige et le lac de Guarda; l'atmosphère en était embrasée. On distingua fort bien cinq corps qui paraissaient formés par cinq divisions *qui avaient déjà commencé leur mouvement la veille.* Les feux des bivouacs *annonçaient* quarante ou cinquante mille hommes. Les Français devaient être à six heures du matin à Rivoli, avec vingt-deux mille hommes : *c'était encore une très grande disproportion; mais nous avions sur l'ennemi l'avantage d'avoir soixante pièces de canon et plusieurs milliers de chevaux.* Il fut évident, par la position des cinq bivouacs ennemis, qu'ils *voulaient* nous attaquer vers neuf ou dix heures du matin. La colonne de droite, qui était fort éloignée, avait pour but de venir cerner *le plateau de* Rivoli par derrière : *elle ne pouvait être arrivée avant dix heures*; la première division du centre devait avoir la destination d'attaquer notre position de gauche. La seconde, qui était sur la crête supérieure de Montebaldo, près Saint-Marco, avait pour but de s'emparer de la chapelle de Saint-Marco, de descendre par le plateau de Rivoli, et d'ouvrir le chemin à la colonne de gauche, qui avait longé le pied du Montebaldo, et se trouvait bivouaquée au bord du plateau le long de l'Adige, au fond de la vallée. Le cinquième bivouac paraissait une division de réserve : *il était en arrière.*

Sur ces données, Napoléon établit son plan. Il ordonna à Joubert, qui avait évacué la chapelle Saint-Marco, et qui n'occupait plus le plateau de Rivoli que par une arrière-garde, de reprendre *de suite* l'offensive; de se réemparer de la chapelle, et, à l'aube du jour, de pousser la deuxième division du centre de l'ennemi, qui était sur la crête supérieure, aussi loin que possible. Cent Croates, instruits par un prisonnier de l'évacuation de Saint-Marco, venaient d'en prendre possession, lorsque Joubert remonta sur cette chapelle à quatre heures du matin, et reprit sa position en avant.

La fusillade s'engagea avec un régiment de Croates. Au jour, Joubert attaqua la division qui était devant lui, et la poussa de hauteurs en hauteurs sur la crête supérieure de Montebaldo, qui domine la vallée de l'Adige. La première division autrichienne du centre pressa alors sa marche, et un peu avant neuf heures *elle arriva* sur les hauteurs de gauche du plateau de Rivoli.

Elle n'avait point d'artillerie. La 14⁰ et la 85ᵉ, qui garnissaient ce plateau, avaient chacune une batterie. La 14ᵉ, qui occupait la droite, repoussa les attaques de l'ennemi; la 85ᵉ fut débordée et rompue. Mais le général français courut à la division Masséna, qui, ayant marché toute la nuit, prenait un peu de repos, *la mena à l'ennemi;* et, en moins d'une *demi-heure,* la première division autrichienne du centre fut battue et mise en déroute; il était dix heures et demi. La division autrichienne de la gauche, composée de trois mille hommes d'infanterie, de cinq à six mille hommes de cavalerie, de toute l'ambulance et le gros bagage de l'armée, qui était au fond de la vallée, entendant la fusillade près du plateau, et s'étant aperçue que Joubert, qui était à une lieue en avant, n'avait plus personne à la chapelle Saint-Marco, fit monter quelques bataillons de troupes légères pour l'occuper et prendre Joubert à dos. Lorsque ses bataillons furent à demi-hauteur, l'ennemi se hasarda à faire déboucher douze pièces de canon, deux à trois bataillons d'infanterie et mille chevaux. Cette opération était difficile; c'était une véritable escalade. Joubert, *s'en étant aperçu,* envoya au pas de course trois bataillons qui arrivèrent à la chapelle avant l'ennemi, et le précipitèrent au fond de la vallée. Une batterie de quinze pièces, placée au plateau de Rivoli, mitrailla la partie de la colonne de gauche qui *commençait* à déboucher. Le colonel Leclerc chargea par peloton avec trois cents chevaux. Le chef d'escadron Lasalle était à la tête du premier peloton, et, par son intrépidité, décida du succès. L'ennemi fut culbuté dans le ravin; on prit tout ce qui avait débouché, infanterie, cavalerie, artillerie.

A onze heures, la colonne de droite de l'armée autrichienne arriva à la position qui lui était indiquée. Elle y trouva notre division de réserve de Dezenzano. Elle plaça une brigade pour la tenir en échec. L'autre brigade, forte de quatre mille hommes, *se plaça* sur la hauteur, à cheval sur le chemin de Vérone au plateau de Rivoli. Elle n'avait point d'artillerie; elle croyait avoir tourné l'armée française, mais il était trop tard. A peine arrivée sur la hauteur, elle put voir la déroute de trois divisions autrichiennes *du centre et de la gauche.* On dirigea contre elle douze à quinze *pièces de la réserve. Après une vive* canonnade, *elle fut attaquée,* cernée et entièrement prise. La deuxième brigade, qui était plus en arrière, en position contre la réserve de Dezenzano, se mit en retraite. Elle fut vivement poursuivie; une grande partie fut tuée ou prise. Il était une heure après midi; l'ennemi était partout en retraite et vivement poursuivi.

Joubert avança avec tant de rapidité qu'un moment nous crûmes toute l'armée d'Alvinzi prise. Joubert arrivait à l'escalier, seule retraite de l'ennemi; mais Alvinzi, sentant le danger où il était, marcha avec ses troupes de réserve, contint Joubert, et même lui fit perdre un peu de terrain. La bataille était gagnée. Nous avions du canon, des drapeaux et un grand nombre de prisonniers. Deux de nos détachemens qui venaient rejoindre l'armée *donnèrent dans la division qui nous avait coupé le chemin de Vérone.* Le bruit se répandit aussitôt *sur les derrières* que l'armée française était cernée *et perdue.*

Dans cette journée, le *général en chef* fut plusieurs fois entouré par l'ennemi. Il eut plusieurs chevaux tués ou blessés. Chabot occupait Vérone avec une poignée de monde; mais la division de Caldiero avait été si bien battue le 12 à Saint-Michel, qu'elle n'avait pu rien entreprendre. Elle se contenta de garder sa position.

VIII. *Passage de l'Adige par Provera. Il marche sur Mantoue.* — Le 14,

Provera jeta un pont à Anghiari; et le 15, à la pointe du jour, il passa l'Adige et se mit en marche sur Mantoue. Augereau se porta sur le pont de l'ennemi, fit prisonniers quinze cents hommes que Provera avait laissés pour sa garde, et s'empara du pont pendant la journée du 15; mais Provera avait gagné *une marche* sur lui : *Mantoue était compromise.*

Il est difficile d'empêcher un ennemi qui a plusieurs équipages de pont de passer une rivière, lorsque l'armée qui défend le passage a pour but de couvrir un siége. Le général doit avoir pris ses mesures pour *arriver à une position intermédiaire entre la rivière qu'il défend et la place qu'il couvre avant l'ennemi.* Le général français avait donné des ordres en conséquence. Aussitôt que l'ennemi *aurait* passé, il fallait se diriger sur la Molinella, y arriver avant lui, et, après avoir couvert la place, marcher à sa rencontre. L'oubli de ce principe et de ces instructions compromit Mantoue.

Napoléon, ayant appris à trois heures après midi que Provera jetait un pont à Anghiari, prévit sur-le-champ ce qui allait arriver. Il laissa à Masséna, à Murat et à Joubert le soin de suivre le lendemain Alvinzi, et partit à l'heure même avec quatre régimens pour se rendre devant Mantoue. Il arriva à Roverbello comme Provera arrivait devant Saint-Georges. Hohenzollern, qui commandait l'avant-garde de Provera, parut le 16 à l'aube du jour. Il arrivait à la tête d'un régiment couvert de manteaux blancs à la porte de Saint-Georges. Il savait que ce faubourg n'était point fortifié, qu'il n'était couvert que par un simple retranchement de campagne; il espérait le surprendre. Miolis, qui y commandait, ne se gardait que du côté de la ville. Il savait qu'il était couvert par une division qui était sur l'Adige, et que l'ennemi était très loin. Les hussards de Hohenzollern ressemblaient au premier de hussards français. Cependant un vieux sergent de la garnison de Saint-Georges, qui faisait du bois à deux cents pas de la place, fixa cette cavalerie arrivant sur la ville; il conçut des doutes qu'il communiqua à un de ses camarades; il leur parut que les manteaux blancs étaient bien neufs pour être Berchini. Ces braves gens, dans l'incertitude, se jettent dans Saint-Georges, crient aux armes et poussent la barrière. La cavalerie se mit au galop; mais il n'était plus temps : elle fut reconnue et mitraillée. Toutes les troupes furent bientôt sur les remparts. A midi Provera cerna la place. Le brave Miolis, avec quinze cents hommes, se défendit toute la journée.

IX. *Bataille de la Favorite.* — Cependant Provera communiqua avec Wurmser par une barque au travers du lac. Le 17, à la pointe du jour, Wurmser sort avec la garnison et prend position à la Favorite. A une heure du matin, Napoléon plaça les quatre régimens entre la Favorite et Saint-Georges, et empêcha la garnison de Mantoue de se joindre à Provera. Serrurier attaqua à la pointe du jour la garnison de Mantoue avec les troupes du blocus. Le général en chef attaqua Provera. C'est à cette bataille que la 57e mérita le nom de *terrible*. Seule elle aborda la ligne autrichienne à la baïonnette et renversa tout ce qui voulut résister. A deux heures après midi, la garnison de Mantoue ayant été rejetée, Provera capitula et posa les armes, nous laissant beaucoup de drapeaux, de bagages, plusieurs équipages de pont. Six mille prisonniers et plusieurs généraux restèrent en notre pouvoir. Il ne s'échappa des vingt-deux mille hommes de Provera que ce qui était resté de la division qui le 12 avait attaqué Saint-Michel, et qui continua de rester dans sa position de Caldiero, et quinze cents hommes que Provera avait laissés sur la rive gauche de l'Adige à la garde de ses parcs et magasins ; tout le reste fut pris ou tué. Cette bataille fut appelée de la Favorite.

Le 15, Joubert poussa toute la journée Alvinzi devant lui, et arriva si rapidement sur l'escalier que six à sept mille hommes furent coupés. Murat, avec une colonne, se porta sur la Corona et entra dans le Tyrol. La division Masséna se rendit à Bassano. Une division d'Alvinzi commençait à se rallier sur la Brenta; on la défit, et on la jeta au delà de la Piave. Le général Augereau marcha à Castel-Franco, et de là à Trévise. Il eut aussi à soutenir quelques légères affaires d'avant-garde. Toutes les troupes autrichiennes repassèrent la Piave. Les neiges remplissaient toutes les gorges du Tyrol; ce fut le plus grand obstacle que Joubert eut à surmonter; l'infanterie française triompha de tout. Joubert entra dans Trente. Le général Victor fut envoyé sur le Laviso, et par les gorges de la Brenta il se mit en communication avec Masséna, dont le quartier-général était à Bassano.

On ramassa beaucoup de prisonniers dans divers petits combats; on trouva partout des malades autrichiens et beaucoup de magasins. L'armée se trouva dans la même position qu'après les batailles de Roveredo, de Bassano et avant celle d'Arcole, et Bessières fut envoyé porter de nouveaux trophées à Paris. Les combats de Saint-Michel, de Rivoli, d'Anghiari et de la Favorite firent perdre à Alvinzi plus des deux tiers de son armée. De ses quatre-vingt mille hommes il n'en ramena que vingt-cinq mille en Autriche.

X. *Reddition de Mantoue.* — Désormais nous n'avions plus d'inquiétude sur Mantoue. Depuis long-temps la garnison avait été mise à la demi-ration ; tous les chevaux étaient mangés. On fit connaître à Wurmser les résultats de la bataille de Rivoli; il n'avait plus rien à espérer. On le somma de se rendre ; il répondit fièrement qu'il avait des vivres pour un an. Cependant, à quelques jours de là, Klenau, son premier aide de camp, se rendit au quartier-général de Serrurier : il protesta que la *garnison* avait encore pour trois mois de vivres ; mais que le maréchal, ne croyant pas que l'Autriche pût dégager la place à temps, sa conduite serait réglée par les conditions qu'on lui ferait. Serrurier répondit qu'il allait prendre les ordres du général en chef à ce sujet.

Napoléon se rendit à Roverbello ; Serrurier fit appeler Klenau. Le général français resta inconnu, enveloppé dans sa capote. La conversation s'engagea entre Serrurier et Klenau ; Klenau employait tous les moyens d'usage, et diversait longuement sur les grands moyens qui restaient à Wurmser, et la grande quantité de vivres *qu'il avait dans ses magasins de réserve.* Le général français s'approcha de la table et écrivit près d'une demi-heure ses décisions en marge des propositions de Wurmser pendant que la discussion durait toujours avec Serrurier. *Quand il eut fini :* « Si Wurmser, dit-il
« à Klenau, avait seulement pour dix-huit à vingt jours de vivres et qu'il
« parlât de se rendre, il ne mériterait aucune capitulation *honorable.* Voici
« les conditions que je lui accorde, ajouta-t-il en rendant le papier à Serru-
« rier ; vous y lirez surtout qu'il sera libre de sa personne, parce que j'ho-
« nore son grand âge et ses mérites, et que je ne veux pas qu'il devienne la
« victime des intrigans qui voudraient le perdre à Vienne. *S'il ouvre ses por-*
« *tes demain, il aura les conditions que je viens d'écrire; s'il tarde quinze*
« *jours, un mois, deux, il aura encore les mêmes conditions. Il peut donc*
« *désormais attendre jusqu'au dernier morceau de pain. Je pars à l'instant*
« *pour passer le Pô; je marche sur Rome.* Vous connaissez mes intentions ;
« allez les dire à votre général. »

Klenau, qui n'avait rien conçu aux premières paroles, ne tarda pas à juger *à qui il avait affaire.* Il prit connaissance des décisions, dont la nature le pénétra de reconnaissance et d'admiration pour un procédé aussi généreux et aussi peu attendu. Il ne fut plus question de dissimuler, et il convint qu'il n'avait plus de vivres que pour trois jours. Wurmser fit solliciter *le général français,* puisqu'il devait traverser le Pô, de venir le passer à Mantoue, ce qui lui éviterait beaucoup de détours et de difficultés. Mais déjà tous les arrangemens de voyage étaient disposés. Wurmser lui écrivit pour lui exprimer toute sa reconnaissance. Peu de jours après, il lui expédia un aide de camp à Bologne pour l'instruire d'une trame d'empoisonnement qui devait avoir lieu dans la Romagne, et lui donna des renseignemens nécessaires pour s'en garantir : cet avis fut utile. Le général Serrurier présida donc aux détails de la reddition de Mantoue, et vit défiler devant lui le vieux maréchal et tout l'état-major de son armée. Déjà Napoléon était dans la Romagne. L'indifférence avec laquelle il se dérobait au spectacle si flatteur d'un maréchal de grande réputation, généralissime des forces autrichiennes, à la tête de tout son état-major, lui remettant son épée, fut un sujet d'étonnement *qui retentit dans toute l'Europe.*

N. B. écrit sous dictée. — 1° Alvinzi, quoi qu'on trouve dans les divers rapports, avait quatre-vingt mille hommes, Provera compris. Les forces du Tyrol étaient de plus de cinquante mille hommes. Provera en avait vingt-cinq, dont cinq mille combattaient à Saint-Michel, et dix-huit mille, formant deux divisions, avaient marché sur Mantoue. De ces dix-huit mille hommes, trois mille restèrent sur ses derrières, dix mille arrivèrent à Saint-Georges, et cinq mille restèrent en arrière sur la Molinella pour parer le mouvement d'Augereau qui suivait : tout cela fut pris. S'il ne se trouva que sept mille prisonniers dans la colonne de Provera, c'est qu'il avait livré deux combats ; l'un à Anghiari, un autre à Saint-Georges, et donné la bataille de la Favorite, qui lui avait coûté du monde, et que beaucoup de soldats autrichiens entrés dans les hôpitaux ne sont pas compris dans le nombre des prisonniers. Les rapports ne marquent que vingt-trois mille prisonniers : le vrai est que les Français en firent plus de trente mille ; c'est qu'en général l'armée gardait mal ses prisonniers ; elle en laissait échapper un grand nombre. Le cabinet de Vienne avait organisé des administrations en Suisse et sur les routes pour favoriser leur désertion. On peut calculer qu'un quart des prisonniers se sauvait avant d'être arrivé au quartier-général central ; un autre quart avant de parvenir en France, où 'il n'en arrivait guère qu'une moitié. Beaucoup aussi s'encombraient dans les hôpitaux.

2° Si, dans le rapport officiel, Bessières ne présenta au Directoire que soixante-et-onze drapeaux, c'est que les méprises communes dans les mouvemens d'un grand état-major en retinrent treize en arrière. On les trouva dans le nombre de ceux que présenta Augereau après la prise de Mantoue.

3° Des soixante drapeaux qu'Augereau présenta au Directoire, treize étaient un reste des trophées de Rivoli et de la Favorite qu'aurait dû présenter Bessières. Les quarante-sept autres furent trouvés dans Mantoue, et font connaître les nombreux cadres de l'armée de Wurmser qui s'étaient renfermés dans cette place. Le choix d'Augereau pour porter ces drapeaux fut la récompense des services qu'il avait rendus à l'armée, surtout à la journée de Castiglione. Cependant il eût été plus naturel encore de les envoyer par Masséna, qui avait des titres bien supérieurs. Mais le général en chef comptait beaucoup plus sur celui-ci pour sa campagne d'Allemagne, et ne voulut point s'en séparer. Il en est qui ont cru que Napoléon s'apercevant qu'on affectait d'élever outre mesure le général Augereau, fut bien aise, en l'envoyant à Paris, de mettre chacun à même d'apprécier justement le caractère et les talens de cet officier, qui ne pouvait que perdre à l'épreuve. D'autres ont pensé, au contraire, que le général en chef avait eu pour but de fixer les regards de Paris sur un de ses lieutenans. Augereau était Parisien.

Troisième jour de réclusion. — Beau résumé de l'histoire de l'Empereur par lui-même.

Mercredi 1er *mai*. — L'Empereur n'est pas plus sorti de sa chambre que la veille. Je me suis trouvé malade de la course de Briars; j'ai eu un peu de fièvre et une forte courbature. Sur les sept heures du soir, l'Empereur m'a fait venir dans sa chambre. Il lisait Rollin, que, selon sa coutume, il disait beaucoup trop bonhomme. Il ne semblait pas avoir souffert, et me disait même qu'il était très bien; mais je n'en étais que plus inquiet de sa réclusion et de son calme. Il a voulu dîner plus tard que de coutume, et m'a fait rester. Il a demandé un verre de vin de Constance quelque temps avant son dîner; c'est ce qu'il fait d'ordinaire quand il se sent le besoin d'être réveillé.

Après le dîner, il a parcouru quelques unes des adresses, des proclamations ou actes du Recueil de Goldsmith, d'ailleurs si incomplet; quelques unes l'ont remué. Alors, posant le livre et se mettant à marcher, il a dit :
« Après tout, ils auront beau retrancher, supprimer, mutiler, il leur sera
« bien difficile de me faire disparaître tout-à-fait. Un historien français sera
« pourtant bien obligé d'aborder l'empire; et, s'il a du cœur, il faudra bien
« qu'il me restitue quelque chose, qu'il me fasse ma part, et sa tâche sera
« aisée, car les faits parlent, ils brillent comme le soleil.

« J'ai refermé le gouffre anarchique et débrouillé le chaos. J'ai dessouillé
« la révolution, ennobli les peuples et raffermi les rois. J'ai excité toutes les
« émulations, récompensé tous les mérites, et reculé les limites de la
« gloire! Tout cela est bien quelque chose! Et puis sur quoi pourrait-on
« m'attaquer, qu'un historien ne puisse me défendre? Serait-ce mes intentions? mais il est en fonds pour m'absoudre. Mon despotisme? mais il démontrera que la dictature était de toute nécessité. Dira-t-on que j'ai gêné
« la liberté? mais il prouvera que la licence, l'anarchie, les grands désordres, étaient encore au seuil de la porte. M'accusera-t-on d'avoir trop
« aimé la guerre? mais il montrera que j'ai toujours été attaqué; d'avoir
« voulu la monarchie universelle? mais il fera voir qu'elle ne fut que l'œuvre
« fortuite des circonstances, que ce furent nos ennemis eux-mêmes qui m'y
« conduisirent pas à pas. Enfin sera-ce mon ambition! ah! sans doute, il
« m'en trouvera, et beaucoup, mais de la plus grande et de la plus haute
« qui fût peut-être jamais! celle d'établir, de consacrer enfin l'empire de la
« raison et le plein exercice, l'entière jouissance de toutes les facultés humaines! Et ici l'historien peut-être se trouvera réduit à devoir regretter
« qu'une telle ambition n'ait pas été accomplie, satisfaite! » Et après quelques secondes de silence et de réflexion : « Mon cher, a dit l'Empereur, en
« bien peu de mots, voilà pourtant toute mon histoire. »

Quatrième jour de réclusion absolue. — Le *Moniteur* favorable à l'Empereur.

Jeudi 2. — L'Empereur a encore gardé la chambre comme les jours précédens. Il m'a fait appeler le soir après notre dîner, sur les neuf heures. Il avait passé la journée sans voir personne. Je suis demeuré avec lui jusqu'à onze heures ; il était gai et bien portant. Je l'assurai que les journées nous étaient bien longues quand on ne le voyait pas ; qu'il était difficile qu'il ne sentît pas bientôt les effets funestes de sa stricte réclusion et du manque de respirer l'air du dehors. Pour moi, j'en étais fort inquiet et très affligé. En effet, une demi-heure au moins avant que de me renvoyer, il s'est mis dans son lit. Les jambes lui refusaient, disait-il, le service ; il se sentait fatigué d'avoir tant marché avec moi, bien qu'il n'eût fait que quelques tours dans sa chambre.

Il avait beaucoup parlé de la Légion-d'Honneur, du Recueil de Goldsmith et du *Moniteur*. Il disait, à l'occasion de celui-ci, qu'assurément c'était une chose bien remarquable et dont bien peu d'autres pourraient se vanter, que d'avoir traversé la révolution, si jeune et avec tant de fracas, sans avoir à redouter le *Moniteur*. « Il n'est pas une phrase, disait-il, que j'aie à en faire « effacer. Au contraire, il demeurera infailliblement ma justification toutes « les fois que je pourrai en avoir besoin. »

Sur la Légion-d'Honneur, il a dit, entre autres choses, que la diversité des ordres de chevalerie et leur spécialité de récompense consacraient les castes, tandis que l'unique décoration de la Légion-d'Honneur, avec l'universalité de son application, était au contraire le type de l'*égalité*. L'une entretenait l'éloignement parmi les classes, tandis que l'autre devait amener la cohésion des citoyens ; et son influence, ses résultats dans la grande famille pouvaient devenir incalculables : c'était le centre commun, le moteur universel de toutes les ambitions diverses, le véhicule de tous les lustres ; la récompense et l'aiguillon de tous les efforts généreux, etc., etc.

Notre éducation et nos mœurs passées nous faisaient bien plus vaniteux que forts penseurs. Aussi bien des officiers se trouvaient-ils choqués de voir leur même décoration descendre jusqu'au tambour, et embrasser également le prêtre, le juge, l'écrivain et l'artiste. Mais ce travers se fût passé ; nous marchions vite, et bientôt les militaires se seraient trouvés honorés de se voir en confraternité avec les premiers savans et les plus distingués de toutes les professions, tandis que ceux-ci se seraient sentis ennoblis de se trouver en ligne avec ce qu'il y avait de plus vaillant, et l'ensemble eût composé vraiment la réunion de tout ce qu'il y avait de plus *honorable* dans l'État.

Et il termina par ces paroles remarquables : « Le jour où l'on s'éloignera « de l'organisation première, on aura détruit une grande pensée, et *ma Lé-* « *gion-d'Honneur* cessera d'exister. »

Cinquième jour de la réclusion.

Vendredi 3. — L'Empereur n'est pas sorti davantage ; c'était son cinquième jour de réclusion, il continuait à ne voir personne. Nous ignorions au dehors ce qui se passait dans son intérieur. Il me faisait appeler, pour ainsi dire, à la dérobée. J'y suis entré sur les six heures du soir.

Je lui ai renouvelé notre inquiétude et notre peine de le voir ainsi renfermé. Il m'a dit qu'il supportait fort bien la chose. Mais les journées étaient longues, les nuits encore davantage. Il n'avait rien fait de tout le jour ; il s'était trouvé de mauvaise humeur, disait-il : encore en ce moment il était silencieux, sombre, appesanti. Il s'est mis au bain ; je l'ai suivi, et ne l'ai quitté que pour le laisser essuyer. Il a fini la soirée par des objets ou des récits bien importans..
....

Sixième jour de réclusion.

Samedi 4. — L'Empereur n'est pas sorti encore. Il avait dit pourtant qu'il monterait à cheval sur les quatre heures ; mais la pluie est venue déranger son intention. Il a reçu le grand maréchal.

Sur les huit heures, il m'a fait appeler pour dîner avec lui. Il a dit que le gouverneur était venu chez le grand maréchal, qu'il y était demeuré plus d'une heure. Il y avait tenu une conversation souvent pénible, même parfois offensante. Il avait parcouru divers objets avec beaucoup d'humeur et très peu d'égards, d'une manière très vague et sans résultats, nous reprochant surtout, à ce qu'il paraissait, de nous plaindre beaucoup et sans raison, disait-il. Il soutenait que nous étions très bien, et devrions être contens ; que nous semblions nous abuser étrangement sur nos personnes et nos situations, etc., etc. ; que, du reste (du moins cela a été compris ainsi), il voulait être assuré chaque jour, par témoignage évident, de l'existence et de la présence de l'Empereur.

Il est certain que ce point était la véritable cause de son humeur et de son agitation. Plusieurs jours venaient de s'écouler sans qu'il eût pu recevoir de rapport de son officier ou de ses espions, l'Empereur n'étant point sorti, et personne n'étant censé avoir été admis chez lui.

Mais comment s'y prendrait-il ? c'est ce qui nous a fort occupés à notre tour. L'Empereur ne se soumettrait jamais, fût-ce au péril de sa vie, à une visite régulière, qui pourrait, au fait, se renouveler capricieusement à toute heure du jour et de la nuit. Le gouverneur emploiera-t-il la force et la violence pour disputer à l'Empereur un dernier asile de quelques pieds en carré et quelques heures de repos ? Ses instructions doivent avoir prévu le cas ; aucun outrage, aucun manque d'égards, aucune barbarie ne me surprendraient dans les ordres donnés.

Quant aux expressions du gouverneur sur ce que nous nous abusions sur nos personnes et notre situation, nous savons fort bien qu'au lieu d'être aux Tuileries, nous sommes à Sainte-Hélène ; qu'au lieu d'être maîtres, nous sommes captifs. En quoi dès lors pourrions-nous donc nous abuser ?

Sur la Chine et la Russie. — Rapprochemens des deux grandes révolutions de France et d'Angleterre.

Dimanche 5. — Sur les dix heures du matin, l'Empereur allait monter à cheval : c'était sa première sortie. Le résident de la compagnie des Indes à la Chine se trouvait là, sollicitant depuis long-temps l'honneur de lui être présenté. Il l'a fait appeler, l'a questionné pendant quelques minutes avec beaucoup de bienveillance. Nous avons fait route ensuite pour aller voir madame Bertrand. L'Empereur y est resté plus d'une heure. Il est faible et changé, sa conversation traînante. Nous avons regagné Longwood. L'Empereur a voulu déjeuner à l'air.

Il a fait appeler notre hôte de Briars, le bon M. Balcombe, et le résident de la Chine qui se trouvait encore là. Tout le temps du déjeuner s'est passé en questions sur la Chine et sur sa population, ses lois, ses usages, son commerce, etc.

Le résident racontait qu'il y avait peu d'années il était arrivé un accident entre les Russes et les Chinois, qui eût pu avoir des suites, si les affaires d'Europe n'eussent entièrement absorbé la Russie.

Le voyageur russe Krusenstern, dans son voyage autour du monde, relâcha à Canton avec ses deux bâtimens. On le reçut provisoirement, et on lui permit, tout en attendant les ordres de la cour, de vendre des fourrures dont étaient chargés ses vaisseaux, et de les remplacer par du thé. Ces ordres se firent attendre plus d'un mois. M. de Krusenstern était déjà parti depuis deux jours quand ils arrivèrent. Ils portaient que les deux vaisseaux eussent à sortir à l'instant; que tout commerce avec les Russes, dans cette partie, demeurait interdit; qu'on avait assez accordé à leur empereur, par terre, dans le nord de l'empire; qu'il était inouï qu'il eût tenté de l'accroître encore, dans le midi, par mer; qu'on montrerait un vif mécontentement à ceux qui leur auraient appris cette route. L'ordre portait encore que, si les bâtimens étaient partis avant l'arrivée du rescrit de Pékin, la factorerie anglaise serait chargée de le faire parvenir, par la voie de l'Europe, à l'Empereur des Russes.

Napoléon s'était trouvé très fatigué de sa courte sortie; il y avait sept jours qu'il n'avait pas quitté la chambre: c'était la première fois qu'il reparaissait au milieu de nous. Nous avons trouvé ses traits visiblement altérés.

Sur les cinq heures, il m'a fait appeler; le grand maréchal était auprès de lui. J'ai trouvé l'Empereur déshabillé. Il avait essayé vainement de reposer; il se croyait un peu de fièvre, c'était de la courbature. Il avait fait allumer du feu, et n'avait pas voulu de lumière dans sa chambre. Nous avons causé ainsi dans l'obscurité, à conversation perdue, jusqu'à huit heures.

Il avait été question, dans le jour, du rapprochement des deux grandes révolutions d'Angleterre et de France. « Elles ont beaucoup de similitude « et de différence, faisait observer l'Empereur; elles sont inépuisables « pour la méditation. » Et il a dit des choses fort remarquables et fort curieuses. Je vais réunir ici ce qui a été dit en cet instant, ou bien encore dans d'autres momens.

« Dans les deux pays, la tempête se forme sous les deux règnes indolens et faibles de Jacques Ier et de Louis XV; elle éclate sous les deux infortunés Charles Ier et Louis XVI.

« Tous deux tombent victimes; tous deux périssent sur l'échafaud, et leurs deux familles sont proscrites et bannies.

« Les deux monarchies deviennent deux républiques, et, durant cette périodes, les deux nations se plongent dans tous les excès qui peuvent dégrader l'esprit et le cœur. Elles se déshonorent par des scènes de fureur, de sang et de folie; elles brisent tous les liens et renversent tous les principes.

« Alors dans les deux pays deux hommes, d'une main vigoureuse, arrêtent le torrent et règnent avec lustre. Après eux les deux familles héréditaires sont rappelées; mais toutes deux prennent une mauvaise direction. Elles font des fautes; une nouvelle tempête éclate inopinément dans les deux endroits, et rejette en dehors du territoire les deux dynasties rétablies, sans qu'elles aient pu venir à bout de faire opposer la moindre résistance aux deux adversaires qui les renversent.

« Dans ce parallèle singulier, *Napoléon* se trouve avoir été en France tout à la fois le *Cromwell* et le *Guillaume III* de l'Angleterre. Mais comme tout rapprochement avec Cromwell a quelque chose d'odieux, je me hâte d'ajouter que si ces deux hommes célèbres coïncident dans une seule circonstance, il est difficile de différer davantage sur toutes les autres.

« Cromwell paraît sur la scène dans un âge mûr. Il n'arrive au premier rang qu'à force de duplicité, d'adresse et d'hypocrisie.

« Napoléon s'élance à peine au sortir de l'enfance, et ses premiers pas brillent d'une gloire pure.

« C'est en opposition et en haine de tous les partis, en imprimant une souillure éternelle à la révolution anglaise, que Cromwell arrive au pouvoir suprême.

« C'est au contraire en effaçant les taches de la révolution française, et par le concours de tous les partis qui s'efforcent tour à tour de l'avoir pour chef, que Napoléon monte sur le trône.

« Toute la gloire militaire de Cromwell fut acquise sur le sang anglais; tous ses triomphes durent être autant de deuils nationaux. Ceux de Napoléon ne frappèrent jamais que l'étranger, et remplirent d'ivresse la nation française.

« Enfin la mort de Cromwell fut la joie de toute l'Angleterre; elle devint une délivrance publique. On ne saurait en dire précisément autant de Napoléon.

« En Angleterre, la révolution fut le soulèvement de toute la nation contre le roi. Il avait violé les lois, usurpé le pouvoir absolu : elle voulut rentrer dans ses droits.

« En France, la révolution fut le soulèvement d'une partie de la nation contre une autre partie; celui du tiers-état contre la noblesse; la réaction des Gaulois contre les Francs. Le roi fut moins attaqué comme souverain que comme chef de la féodalité : on ne lui reprocha point d'avoir violé les lois, mais on prétendit s'affranchir et se reconstituer à neuf.

« En Angleterre, si Charles Ier avait cédé de bonne foi, s'il avait eu le caractère modéré, incertain de Louis XVI, il eût survécu.

« En France au contraire, si Louis XVI avait résisté franchement, s'il avait eu le courage, l'activité, l'ardeur de Charles Ier, il eût triomphé.

« Durant tout le conflit, Charles Ier, isolé dans son île, n'eut autour de lui que des partisans, des amis; jamais aucune branche constitutionnelle.

« Louis XVI avait une armée régulière; les secours de l'étranger, deux portions constitutionnelles de la nation, la noblesse et le clergé. Il se présentait en outre à Louis XVI un second parti décisif que n'eut pas Charles Ier, celui de renoncer à être le chef de la *féodalité*, pour le devenir de la *nation* : malheureusement il ne sut prendre ni l'un ni l'autre.

Charles Ier périt donc pour avoir résisté, et Louis XVI pour n'avoir pas résisté. L'un était intimement convaincu des droits de sa prérogative : il est douteux, assure-t-on, que l'autre en fût bien persuadé, non plus que de sa nécessité.

« En Angleterre, la mort de Charles Ier fut l'ouvrage de l'ambition astucieuse, atroce, d'un seul homme.

« En France, ce fut l'ouvrage de la multitude aveuglée, celui d'une assemblée populaire et désordonnée.

« En Angleterre, les représentans du peuple, par une teinte de pudeur, s'abstinrent d'être juges et parties dans le meurtre qu'ils commandaient; ils nommèrent un tribunal pour juger le roi.

« En France, ils ont osé être tout à la fois accusateurs et juges.

« C'est qu'en Angleterre l'affaire était conduite par une main invisible; elle avait plus de réflexion et de calme. En France, elle le fut par la multitude dont la fougue est sans bornes.

« En Angleterre, la mort du roi donna naissance à la république. En

France, au contraire, ce fut la naissance de la république qui causa la mort du roi.

« En Angleterre, l'explosion politique s'opéra par les efforts du fanatisme religieux le plus ardent. En France, elle se fit aux acclamations d'une cynique impiété : chacun selon son siècle et ses mœurs.

« En Angleterre, c'étaient les excès de la sombre école de Calvin. En France, c'étaient ceux des doctrines trop relâchées de l'école moderne.

« En Angleterre, la révolution se trouva mêlée avec une guerre civile. En France, elle le fut avec des guerres étrangères ; et c'est à ces efforts, à cette contradiction des étrangers, que les Français attribuent avec raison la faute de leurs excès. Les Anglais n'ont aucune excuse de ce genre.

« C'est l'armée, en Angleterre, qui fut coupable de toutes les fureurs, de toutes les extravagances ; elle fut le fléau des citoyens.

« En France, au contraire, c'est à l'armée qu'on dut tout. Ce furent ses triomphes au dehors qui affaiblirent ou firent oublier les horreurs du dedans ; c'est elle qui donna à la patrie l'indépendance, la gloire, les trophées.

« En Angleterre, la restauration fut l'ouvrage des Anglais mêmes ; elle fut reçue avec la plus vive exaltation : la nation échappait à l'esclavage, et crut retrouver la liberté.

« En France, au contraire, la restauration fut l'ouvrage des puissances étrangères ; elle porta l'humiliation, le deuil dans les âmes françaises, la nation vit ternir sa gloire et tout rentrer dans l'esclavage.

« En Angleterre, l'expulsion de Jacques II fut l'ouvrage d'un prince et de soldats étrangers ; il y eut hésitation ; et après son succès, le nouveau souverain ne se trouva guère qu'à la tête d'une faction.

« En France, l'expulsion identique fut l'ouvrage d'un seul homme ; il suffit de sa seule présence, parce qu'il ramenait l'indépendance, la gloire, les espérances nationales ; c'était l'homme de la patrie ; il réunissait tous les cœurs, tous les vœux ; sa marche fut un triomphe, son retour un délire.

« Enfin, en Angleterre un gendre renverse son beau-père du trône : il est appuyé de toute l'Europe, et l'ouvrage demeure impérissable et révéré.

« En France, au contraire, l'élu d'un peuple qu'il a déjà gouverné quinze ans avec l'assentiment du dedans et du dehors, ressaisit une couronne qu'il prétend lui appartenir. L'Europe entière se lève en masse ; elle le met hors la loi. Onze cent mille hommes marchent contre sa seule personne ; il succombe ; on le jette dans les fers, et l'on prétend flétrir sa mémoire ! ! ! »

Docteur O'Méara ; explication.—Consulat.—Opinion de l'émigration sur le consul.—Idée de l'Empereur sur le bien des émigrés.—Syndicat projeté.—Circonstances heureuses qui concoururent à la carrière de l'Empereur.—Opinion des Italiens.—Couronnement par le pape.—Les mécontens séduits lors de Tilsitt.—Bourbons d'Espagne.—Arrivée du fameux palais de bois.

Lundi 6 mai.— L'Empereur m'a fait appeler sur les neuf heures. Il était tracassé des dispositions du nouveau gouverneur, surtout de l'idée qu'on osât violer le dernier sanctuaire de son intérieur ; il préférait la mort à ce dernier outrage, et était résolu à en courir les risques. Une catastrophe lui semblait inévitable, il supposait qu'elle était ordonnée, que l'on ne cherchait que les prétextes ; il était décidé à ne pas les éviter.

« Je m'attends à tout, me disait-il dans un certain moment d'abandon ; ils « me tueront ici, c'est certain..... »

Il a fait venir le docteur O'Méara pour connaître son opinion personnelle, et m'a chargé de lui traduire qu'il ne se plaignait nullement de lui jusqu'à présent, bien au contraire, qu'il le regardait comme un honnête homme, et la preuve en était qu'il allait s'en rapporter à ses réponses. Il s'agissait de s'entendre : se considérait-il comme son médecin, à lui personnellement, ou comme le médecin d'une prison, et imposé par son gouvernement? était-il son confesseur ou son surveillant; faisait-il des rapports sur lui, ou en ferait-il au besoin? Dans l'un des deux cas, l'Empereur continuait de recevoir volontiers ses services, était reconnaissant de ceux qu'il avait déjà reçus; dans l'autre, il le remerciait, et le priait de les discontinuer.

Le docteur a répondu bien positivement et avec affection. Il a dit que son ministère étant tout de profession, et entièrement étranger à la politique, il se considérait comme le médecin de sa personne, et demeurait étranger à toute autre considération; qu'il ne faisait aucun rapport, qu'on ne lui en avait pas encore demandé; qu'il n'imaginait pas de cas qui pût le porter à en faire, que celui de maladie grave où il aurait besoin d'appeler les secours d'autres gens de l'art, etc., etc.

Sur les trois heures, l'Empereur est sorti dans le jardin, se préparant à monter à cheval. Il venait de dicter longuement à Gourgaud, et avait à peu près complété son époque de 1815; il était content de son travail.

J'ai osé lui recommander ensuite celle du consulat, cette époque si brillante, où une nation en dissolution se trouva magiquement recomposée en peu d'instans dans ses lois, sa religion, sa morale, dans les vrais principes, les préjugés honnêtes et brillans; le tout aux applaudissemens et à l'admiration universelle de l'Europe étonnée.

J'étais en Angleterre à cette époque; la masse de l'émigration, lui disais-je, avait été vivement frappée de tous ses actes : le rappel des prêtres, celui des émigrés, avaient été reçus comme un bienfait; la grande foule s'était empressée d'en profiter.

L'Empereur me demandait alors si ce mot d'amnistie ne nous avait pas choqués. « Non, disais-je, nous savions toutes les difficultés que le Premier
« Consul avait éprouvées à notre égard; nous savions que tout le bon de cette
« mesure n'était dû qu'à lui, que lui seul était pour nous, que tout ce qu'il
« y avait de mauvais venait de ceux qu'il avait été obligé de combattre en
« notre faveur. Plus tard, ajoutai-je, et rentrés en France, nous trouvions,
« il est vrai, que le Consul eût pu nous traiter mieux à l'égard de nos biens,
« et sans beaucoup de peine, par sa seule attitude silencieuse et passive;
« c'en eût été assez pour amener partout des arrangemens à l'amiable entre
« les dépouillés et les acheteurs.

« — Sans doute je l'eusse pu, disait l'Empereur; mais pouvais-je me fier
« assez à vous autres pour cela?..... Répondez.

« — Sire, disais-je, à présent que je suis plus habitué aux affaires, que
« je vois plus en grand, je comprends facilement que la politique le voulait
« ainsi. Les dernières circonstances ont montré combien c'était sage; il ne
« fallait point désintéresser ainsi la nation. L'affaire des biens nationaux est
« un des premiers arcs-boutans de l'esprit et du parti national.

« — Vous y êtes, répliquait l'Empereur : toutefois j'eusse pu accorder
« toutes choses; j'en ai eu un moment la pensée, et j'ai fait une faute de ne
« pas l'accomplir. C'était de composer une masse, un *syndicat* de tous les
« biens restans des émigrés, et de leur distribuer à leur retour, dans une
« échelle proportionnelle. Au lieu de cela, quand je me suis mis à rendre

« individuellement, je n'ai pas tardé à m'apercevoir que je les rendais trop
« riches et ne faisais que des insolens. Tel à qui, grace à ses mille sollici
« tations et à ses mille courbettes, on rendait cinquante mille écus, cent
« mille écus de rente, ne nous tirait plus le chapeau le lendemain; et loin
« d'avoir la moindre reconnaissance, ce n'était plus qu'un impertinent qui
« prétendait même avoir payé sous main la faveur qu'il avait obtenue. Tout
« le faubourg Saint-Germain allait prendre cette direction. Il se trouva que
« j'allais recréer sa fortune, et qu'il n'en fût pas moins demeuré ennemi et
« anti-national. Alors j'arrêtai, en opposition à l'acte d'amnistie, la resti
« tution des bois non vendus, toutes les fois qu'ils dépasseraient une cer
« taine valeur. C'était une injustice, d'après la lettre de la loi, sans doute;
« mais la politique le voulait impérieusement : la faute en avait été à la ré
« daction et à l'imprévoyance. Cette réaction de ma part détruisit le bon
« effet du rappel des émigrés, et m'aliéna toutes les grandes familles. J'eusse
« pourvu à cet inconvénient, ou j'en eusse neutralisé les effets par mon
« syndicat. Pour une grande famille mécontente, j'eusse attaché cent nobles
« de la province, et satisfait au fond à la stricte justice, qui voulait que
« l'émigration entière, qui avait couru une même chance, embarqué sa for
« tune en commun sur le même vaisseau, éprouvé le même naufrage, encouru
« une même peine, obtînt un même résultat. C'est une faute de ma part,
« ajoutait l'Empereur, d'autant plus grande que j'en ai eu l'idée; mais
« j'étais seul, entouré d'oppositions et d'épines; tous étaient contre vous
« autres; vous vous le peindriez difficilement; et cependant les grandes
« affaires me talonnaient, le temps courait, j'étais obligé de voir ailleurs.

« Encore aussi tard que mon retour de l'île d'Elbe, a continué l'Empe
« reur, j'ai été sur le point d'exécuter quelque chose de la sorte. Si l'on
« m'en eût donné le temps, j'allais m'occuper des pauvres émigrés de pro
« vince que la cour avait délaissés. Et ce qu'il y a d'assez singulier, c'est
« que l'idée en avait été réveillée en moi précisément par un ancien ex-mi
« nistre de Louis XVI (Bertrand de Molleville), que les princes avaient laissé
« fort mal récompensé, et qui me présentait les moyens de réparer avec
« beaucoup d'avantages bien des choses de ce genre. »

Je répondais à l'Empereur : « Les gens raisonnables, parmi l'émigration,
« savaient bien que le peu d'idées généreuses et libérales à leur égard ne
« venaient que de vous; ils ne se dissimulaient pas que tout votre entourage les
« eût détruits. Ils savaient que toute idée de la noblesse lui était odieuse; ils
« vous tenaient grand compte de ne pas penser ainsi. Leur amour-propre,
« le croirez-vous ? trouvait même parfois quelques consolations à se dire que
« vous étiez de leur classe, etc. »

Alors l'Empereur m'a demandé ce que nous disions donc, dans l'émigration, de sa naissance et de sa personne, etc. Je répondais qu'il nous avait
apparu pour la première fois à la tête de l'armée d'Italie : aucun de nous ne
savait ce qui précédait; il nous était tout-à-fait inconnu. Nous ne pouvions
jamais prononcer son nom de *Buonaparte*. Cela l'a beaucoup fait rire, etc.

La conversation alors l'a conduit à dire qu'il s'était souvent arrêté et
avait réfléchi maintes fois sur le concours singulier des circonstances secondaires qui avaient amené sa prodigieuse carrière.

« 1° Si mon père, disait-il, qui est mort avant quarante ans, eût vécu,
« il eût été nommé député de la noblesse de Corse à l'Assemblée constituante.
« Il tenait fort à la noblesse et à l'aristocratie; d'un autre côté, il était très
« chaud dans les idées généreuses et libérales; il eût donc été ou tout-à-fait

« du côté droit, ou au moins dans la minorité de la noblesse. Dans tous les
« cas, quelles qu'eussent été mes opinions personnelles, j'aurais suivi sa
« trace, et voilà ma carrière entièrement dérangée et perdue.

« 2° Si je m'étais trouvé plus âgé au moment de la révolution, j'eusse été
« peut-être moi-même nommé député. Ardent et chaud, j'eusse marqué
« infailliblement, quelque opinion que j'eusse suivie ; mais, dans tous les
« cas, je me serais fermé la route militaire, et alors encore voilà ma car-
« rière perdue.

« 3° Si même ma famille eût été plus connue, si nous eussions été plus
« riches, plus en évidence, ma qualité de noble, même en suivant la route
« de la révolution, m'eût frappé de nullité ou de proscription. Jamais je
« n'eusse obtenu la confiance ; jamais je n'eusse commandé une armée ; ou
« si je l'eusse commandée, je n'eusse jamais osé tout ce que j'ai fait. Suppo-
« sant même tous mes succès, je n'aurais pu suivre le penchant de mes idées
« libérales à l'égard des prêtres et des nobles, et je ne fusse jamais parvenu
« à la tête du gouvernement.

« 4° Il n'est pas jusqu'au grand nombre de mes frères et de mes sœurs
« qui ne m'ait été grandement utile, en multipliant mes rapports et mes
« moyens d'influence.

« 5° La circonstance de mon mariage avec madame de Beauharnais m'a
« mis en point de contact avec tout un parti qui m'était nécessaire pour
« concourir à mon système de fusion, un des principes les plus grands de
« mon administration, et qui la caractérisera spécialement. Sans ma femme,
« je n'aurais jamais pu avoir avec ce parti aucun rapport naturel.

« 6° Il n'y a pas jusqu'à mon origine étrangère, contre laquelle on a es-
« sayé de crier en France, qui ne m'ait été bien précieuse. Elle m'a fait
« regarder comme un compatriote par tous les Italiens ; elle a grandement
« facilité mes succès en Italie. Ces succès, une fois obtenus, ont fait recher-
« cher partout les circonstances de notre famille, tombée depuis long-temps
« dans l'obscurité. Elle s'est trouvée, au su de tous les Italiens, avoir joué
« long-temps un grand rôle au milieu d'eux. Elle est devenue, à leurs
« yeux et à leurs sentimens, une famille italienne ; si bien que quand il a été
« question du mariage de ma sœur Pauline avec le prince Borghèse, il n'y
« a eu qu'une voix à Rome et en Toscane, dans cette famille et tous ses al-
« liés : *C'est bien*, ont-ils tous dit, *c'est entre nous, c'est une de nos familles.*
« Plus tard, lorsqu'il a été question du couronnement par le pape à Paris,
« cet acte de la plus haute importance, ainsi que l'ont prouvé les événe-
« mens, essuya de grandes difficultés ; le parti autrichien, dans le conclave,
« y était violemment opposé ; le parti italien l'emporta, en ajoutant aux con-
« sidérations politiques cette petite considération de l'amour-propre natio-
« nal : *Après tout, c'est une famille italienne que nous imposons aux barba-*
« *res pour les gouverner ; nous serons vengés des Gaulois.* »

De là l'Empereur est passé naturellement au pape, qui n'était pas sans
quelque penchant pour lui, disait-il. Le pape ne lui imputait pas d'avoir
ordonné sa translation en France. Il s'était indigné de lire dans certains ouvrages que l'Empereur s'était porté à des excès sur sa personne. Il avait
reçu à Fontainebleau tous les traitemens qu'il avait désirés : aussi, revenu
à Rome, il était bien loin de lui conserver du fiel. Quand il avait appris le
retour de l'île d'Elbe en France, il avait dit à Lucien, d'un air qui marquait
sa confiance et sa partialité, *è sbarcato, è arrivato* (il est débarqué, il est
arrivé). Il lui avait ajouté plus tard : « Vous allez à Paris, c'est bien ; faites

« ma paix avec lui. Je suis à Rome : il n'aura jamais aucun désagrément de
« moi. »

« Aussi est-il bien sûr, disait l'Empereur, que Rome sera un asile naturel
« et très favorable pour ma famille : on y croira qu'elle est chez elle. Enfin,
« terminait-il en riant, il n'est pas même jusqu'au nom de *Napoléon*, peu
« connu, poétique, redondant, qui ne soit venu ajouter quelques petites
« choses à la grande circonstance. »

Je répétais alors à l'Empereur que la masse de l'émigration était loin d'être injuste à son égard. L'opposition sensée de la vieille aristocratie avait de la haine contre lui, il est vrai, mais uniquement parce qu'elle le rencontrait un obstacle. Elle était loin de ne pas apprécier justement ses actions et ses talens ; elle les admirait malgré elle. Les mystiques mêmes ne trouvaient en lui qu'un défaut : *Ah! que n'est-il légitime!* leur est-il arrivé de dire plus d'une fois. Austerlitz nous ébranla, mais ne nous vainquit pas ; Tilsit subjugua tout. « Votre Majesté, disais-je, a dû juger elle-même et
« jouir à son retour de l'universalité des hommages, des acclamations et
« des vœux.

« — C'est donc à dire, reprenait l'Empereur en riant, que si, à cette
« époque, j'eusse pu ou j'eusse voulu m'en tenir au repos et au plaisir, si
« j'eusse adopté le rôle des fainéans, si tout eût repris son ancien cours,
« vous m'eussiez adoré? Mais, mon cher, si j'en eusse eu le goût et la volonté,
« ce qui n'était pas dans ma nature assurément, les circonstances mêmes
« encore ne m'en eussent pas laissé le maître. »

De là l'Empereur est passé aux difficultés sans nombre qui l'ont entouré et maîtrisé sans cesse ; et, arrivé à la guerre d'Espagne, il a dit : « Cette mal-
« heureuse guerre m'a perdu ; elle a divisé mes forces, multiplié mes efforts,
« attaqué ma moralité ; et pourtant on ne pouvait laisser la Péninsule aux
« machinations des Anglais, aux intrigues, à l'espoir, au prétexte des Bour-
« bons. Du reste, ceux d'Espagne méritaient bien peu qu'on les craignît :
« nationalement, ils nous étaient et nous leur étions tout-à-fait étrangers : au
« château de Marrach, à Bayonne, j'ai vu Charles IV et la reine ne pas sa-
« voir la différence de madame de Montmorency aux dames nouvelles ; les
« derniers noms leur étaient même plus familiers, à cause des gazettes et
« des actes publics. L'impératrice Joséphine, qui avait le tact le plus exquis
« sur tout cela, n'en revenait point. Quoi qu'il en soit, cette famille était à
« mes pieds pour que j'adoptasse une fille quelconque et que j'en fisse une
« princesse des Asturies. Ils me demandèrent nommément mademoiselle de
« *Tascher*, depuis duchesse d'Aremberg ; des raisons personnelles à moi s'y
« opposèrent. Un instant je m'étais fixé sur mademoiselle de *La Rochefou-*
« *cauld*, depuis princesse Aldobrandini ; mais il me fallait quelqu'un qui me
« fût vraiment attaché, une femme qui fût uniquement Française, qui eût
« la tête, les talens à la hauteur d'une telle destinée, et je craignais de ne
« pas trouver tout cela. »

Puis, revenant à la guerre d'Espagne, l'Empereur a repris : « Cette com-
« binaison m'a perdu. Toutes les circonstances de mes désastres viennent se
« rattacher à ce nœud fatal ; elle a détruit ma moralité en Europe, compli-
« qué mes embarras, ouvert une école aux soldats anglais. C'est moi qui ai
« formé l'armée anglaise dans la péninsule.

« Les événemens ont prouvé que j'avais fait une grande faute dans le choix
« de mes moyens ; car la faute est dans les moyens bien plus que dans les
« principes. Il est hors de doute que, dans la crise où se trouvait la France,

23.

« dans la lutte des idées nouvelles, dans la grande cause du siècle contre le
« reste de l'Europe, nous ne pouvions laisser l'Espagne en arrière, à la dis-
« position de nos ennemis : il fallait l'enchaîner, de gré ou de force, dans
« notre système. Le destin de la France le demandait ainsi, et le code du
« salut des nations n'est pas toujours celui des particuliers. D'ailleurs, à la
« nécessité de la politique se joignait ici, pour moi, la force du droit. L'Es-
« pagne, quand elle m'avait cru en péril, l'Espagne, quand elle me sut aux
« prises à Iéna, m'avait à peu près déclaré la guerre. L'injure ne devait pas
« passer impunie; je pouvais la lui déclarer à mon tour; et certes le succès
« ne pouvait point être douteux. C'est cette facilité même qui m'égara. La
« nation méprisait son gouvernement; elle appelait à grands cris une régé-
« nération. De la hauteur à laquelle le sort m'avait élevé, je me crus appelé,
« je crus digne de moi d'accomplir en paix un si grand événement. Je voulus
« épargner le sang, que pas une goutte ne souillât l'émancipation castillane.
« Je délivrai donc les Espagnols de leurs hideuses institutions; je leur don-
« nai une constitution libérale; je crus nécessaire, trop légèrement peut-
« être, de changer leur dynastie. Je plaçai un de mes frères à leur tête; mais
« il fut le seul étranger au milieu d'eux. Je respectai l'intégrité de leur ter-
« ritoire, leur indépendance, leurs mœurs, le reste de leurs lois. Le nou-
« veau monarque gagna la capitale, n'ayant d'autres ministres, d'autres
« conseillers, d'autres courtisans que ceux de la dernière cour. Mes troupes
« allaient se retirer; j'accomplissais le plus grand bienfait qui ait jamais été
« répandu sur un peuple, me disais-je, et je me le dis encore. Les Espa-
« gnols eux-mêmes, m'a-t-on assuré, le pensaient au fond, et ne se sont
« plaints que des formes. J'attendais leurs bénédictions; il en fut autre-
« ment : ils dédaignèrent l'intérêt pour ne s'occuper que de l'injure; ils
« s'indignèrent à l'idée de l'offense, se révoltèrent à la vue de la force, tous
« coururent aux armes. Les Espagnols en masse se conduisirent comme un
« homme d'honneur. Je n'ai rien à dire à cela, sinon qu'ils ont triomphé,
« qu'ils en ont été cruellement punis! qu'ils en sont peut-être à regretter!...
« Ils méritaient mieux!......»

Aujourd'hui l'Empereur a dîné avec nous; il y avait long-temps que nous en étions privés. Après le dîner, il nous a lu *Claudine*, nouvelle de Florian, et des morceaux de *Paul et Virginie*, qu'il aime beaucoup par des ressouvenirs de ses premiers ans, disait-il.

Le transport *l'Adamante* est arrivé : ce vaisseau avait manqué l'île; il faisait partie d'un convoi dont les autres bâtimens étaient arrivés depuis près d'un mois. Sur ces bâtimens était le fameux palais de bois qui avait rempli toutes les gazettes d'Angleterre et probablement celles de toute l'Europe. Là étaient aussi les meubles magnifiques, les envois splendides que ces mêmes gazettes ont tant annoncés. Le palais de bois s'est trouvé n'être qu'un certain nombre de madriers bruts dont on ne sait que faire ici, et qui demanderaient plusieurs années pour être employés convenablement; le reste s'est trouvé à l'avenant. L'ostentation, la pompe, le luxe, ont été pour l'Europe; la vérité et les misères pour Sainte-Hélène.

Iliade, Homère.

Mardi 7. — Le gouverneur est venu vers les quatre heures, a fait le tour de l'établissement et n'a demandé aucun de nous. Sa mauvaise humeur s'accroît visiblement, ses manières deviennent farouches et brutales.

Sur les cinq heures, l'Empereur m'a fait demander; le grand maréchal y était depuis long-temps. Après son départ, nous avons causé littérature; nous avons passé en revue tous les poèmes épiques anciens et modernes. Il s'est arrêté sur l'*Iliade*, en a pris un volume, et en a lu tout haut plusieurs chants. Cet ouvrage lui plaisait infiniment. « Il était, disait-il, ainsi que la *Genèse* « et la *Bible*, le signe et le gage du temps. Homère, dans sa production, « était poète, orateur, historien, législateur, géographe, théologien : c'était « l'encyclopédiste de son époque. »

L'Empereur estimait Homère inimitable. Le père Hardouin avait osé attaquer cette antiquité sacrée, et l'attribuer à un moine du Xe siècle. C'était une imbécillité, disait Napoléon. Du reste, ajoutait-il, jamais il n'avait été aussi frappé de ses beautés qu'en cet instant; et les sensations qu'il lui faisait éprouver lui confirmaient tout à la fois la justesse de l'approbation universelle. Ce qui le frappait surtout, remarquait-il, c'était la grossièreté des manières avec la perfection des idées. On voyait les héros tuer leur viande, la préparer de leurs propres mains, et prononcer pourtant des discours d'une rare éloquence et d'une grande civilisation.

L'Empereur m'a retenu à dîner, « quoique, m'a-t-il dit, vous feriez peut-« être mieux d'aller à la table de service; vous mourrez de faim avec moi.

« — Sire, ai-je répondu, il est sûr que vous êtes bien mal; mais j'aime-« rai toujours ce mal au-dessus de toutes choses. »

Il avait souffert de la tête dans la journée; nous nous en plaignions tous aussi. Je regrettais fort qu'il ne fût pas sorti; le temps avait été très beau.

Après son dîner, il a fait entrer tout le monde dans sa chambre et nous a gardés jusqu'à dix heures.

Mercredi 8. — L'Empereur est sorti vers cinq heures et a fait un tour en calèche. Au retour, l'Empereur a reçu plusieurs Anglais; il leur a fait une foule de questions suivant sa coutume. Leur vaisseau était *le Cornwall*, se rendant à la Chine et devant repasser au mois de janvier prochain, dans son retour pour l'Europe.

Le dîner fini, l'un de nous disait à l'Empereur qu'il avait souffert vivement dans la journée en mettant au net sa dictée sur la bataille de Waterloo, voyant que les résultats n'avaient tenu qu'à un cheveu. L'Empereur, pour toute réponse, avec un accent qui venait de loin, a dit à mon fils : «*My* « *son* (mon fils), c'était son expression d'habitude, allez nous chercher « *Iphigénie en Aulide*, cela nous fera plus de bien. » Et il nous a lu cette belle pièce, qu'on aime chaque fois davantage.

Paroles caractéristiques de l'Empereur relatives à moi.

Jeudi 9. — Je suis allé dîner à Briars avec mon fils et le général Gourgaud; nous y sommes demeurés à un petit bal. J'y rencontrai l'amiral, et jamais je ne le trouvai mieux. C'était la première fois que je le voyais depuis l'aventure de *Noverraz;* je savais combien il devait l'avoir sur le cœur : il allait retourner en Europe, et je connaissais les sentimens de l'Empereur; je fus tenté vingt fois d'aborder franchement le sujet et de le rapprocher ainsi de Napoléon. La vérité, la justice, notre intérêt le demandaient; je fus arrêté par de trop petites considérations sans doute : que de fois je m'en suis blâmé depuis !... mais je n'avais pas reçu cette mission délicate, et je n'osais la prendre tout-à-fait sur moi. L'amiral pouvait lui donner de la publicité et une tournure qui eussent fort déplu à l'Empereur, et m'auraient exposé à des désagrémens très possibles. A ce sujet, je vais citer le trait suivant ; il caractérise trop Napoléon pour être omis.

Il me peignait un jour tous les vices de la faiblesse et de la crédulité dans le souverain, les intrigues qu'elles alimentaient dans le palais, l'instabilité dont elles étaient les sources ; il prouvait très bien qu'il ne pouvait échapper à l'adresse des courtisans ni à celle de la calomnie : « Et je vais vous en « donner une preuve, disait-il ; vous voilà, vous, qui avez tout quitté pour « me suivre ; vous dont le dévouement est noble et touchant ; eh bien ! que « pensez-vous avoir fait ?... Qui croyez-vous être !... Rien qu'un ancien no- « ble, qu'un émigré, agent des Bourbons, et d'intelligence avec les Anglais ; « qui avez concouru à me livrer à eux, et ne m'avez suivi ici que pour « m'observer et me vendre. Votre plus grand éloignement contre le gouver- « neur, sa plus grande animosité contre vous, ne sont que des apparences « convenues pour mieux cacher votre jeu. » Et comme je riais de la tournure spirituelle qu'il créait et de la volubilité avec laquelle il l'exprimait : « Vous « riez ? a-t-il repris ; mais je vous assure qu'ici je n'improvise pas, je ne suis « que l'écho de ce qu'on a essayé de faire parvenir jusqu'à moi..... Et com- « ment voulez-vous, continua-t-il, qu'une tête sans sagacité, faible et cré- « dule, ne soit pas ébranlée par de tels rapprochemens et de telles combi- « naisons ? Allez, mon cher, si je n'étais supérieur à la plupart des légitimes, « j'aurais pu déjà me priver de vos soins ici, et votre cœur droit serait « peut-être réduit aujourd'hui à dévorer au loin les cruels tourmens que « cause l'ingratitude. » Et il finit disant : « Pauvre et triste humanité !........ « L'homme n'est pas plus à l'abri sur la pointe d'un rocher que sous les lam- « bris d'un palais ! il est le même partout ! l'homme est toujours l'homme ! »

Hoche.—Divers généraux.

Vendredi 10. — Le temps a été affreux ; il était impossible de sortir. L'Empereur a été contraint de marcher dans la salle à manger ; il a fait allumer du feu dans le salon, et s'est mis à jouer aux échecs avec le grand maréchal. Après dîner, il nous a lu l'histoire de Joseph, dans la Bible, et ensuite l'*Andromaque* de Racine.

Plusieurs bâtimens étaient entrés la veille au soir : c'était la flotte du Bengale. Lady Loudon, femme de lord Moira, gouverneur général de l'Inde, était au nombre des passagers.

Aujourd'hui, dans le cours de la conversation, le nom de *Hoche* ayant été prononcé, quelqu'un a dit qu'il était bien jeune encore, mais qu'il donnait beaucoup d'espérances. « C'est bien mieux que cela, a repris Napoléon, « dites qu'il les avait déjà beaucoup remplies. » Ils s'étaient vus tous les deux, continuait-il, et avaient causé deux ou trois fois. Hoche avait pour lui de l'estime jusqu'à l'admiration. Napoléon n'a pas fait difficulté de dire qu'il avait sur Hoche l'avantage d'une profonde instruction et les principes d'une éducation distinguée. Du reste, il établissait cette grande différence entre eux. « Hoche, disait-il, cherchait toujours à se faire un parti, et n'obte- « nait que des créatures ; moi, je m'étais créé une immensité de partisans, « sans rechercher nullement la popularité. De plus, Hoche était d'une am- « bition hostile, provoquante ; il était homme à venir de Strasbourg avec « vingt-cinq mille hommes saisir le gouvernement par force, tandis que « moi je n'avais jamais eu qu'une politique patiente, conduite toujours par « l'esprit du temps et les circonstances du moment. »

L'Empereur ajoutait que Hoche, plus tard, ou se serait rangé, ou se serait fait écraser par lui; et comme il aimait l'argent, les plaisirs, il ne doutait pas qu'il ne se fût rangé. Moreau, dans cette même circonstance, disait-il, n'avait su faire ni l'un ni l'autre; aussi Napoléon n'en faisait aucun cas, et le regardait comme tout-à-fait incapable, n'entendant pourtant pas en cela parler de son mérite militaire. « Mais c'était un homme faible, « disait-il, mené par ses alentours, et servilement soumis à sa femme : c'é- « tait un général de vieille monarchie.

« Hoche, continuait l'Empereur, périt subitement et avec des circonstan- « ces singulières qui donnèrent lieu à beaucoup de conjectures; et comme « il existait un parti avec lequel tous les crimes me revenaient de droit, l'on « essaya de répandre que je l'avais fait empoisonner. Il fut un temps où « rien de mauvais ne pouvait arriver que je n'en fusse l'auteur; ainsi, de « Paris, je faisais assassiner Kléber en Égypte; à Marengo, je brûlais la « cervelle à Desaix; j'étranglais, je coupais la gorge dans les prisons; je « prenais le pape aux cheveux, et cent absurdités pareilles; toutefois, comme « je n'y faisais pas la moindre attention, la mode s'en passa; je ne vois pas « que ceux qui m'ont succédé se soient empressés de la réveiller; pourtant « s'il eût existé un seul de ces crimes, ils ont à leur disposition les docu- « mens, les exécuteurs, les complices, etc., etc....

« Néanmoins, tel est l'empire des bruits, quelque absurdes qu'ils soient, « qu'il est probable que tout cela a été cru du vulgaire, et qu'une bonne par- « tie le croit peut-être encore; heureusement qu'il n'en est pas ainsi de l'his- « toire; elle raisonne. »

Puis revenant : « C'est une chose bien remarquable, a-t-il dit, que le nom- « bre de grands généraux qui ont surgi tout à coup dans la révolution. Pi- « chegru, Kléber, Masséna, Marceau, Desaix, Hoche, etc., et presque tous « de simples soldats; mais aussi là semblent s'être épuisés les efforts de la « nature; elle n'a pu rien produire depuis, je veux dire du moins d'une « telle force. C'est qu'à cette époque tout fut donné au concours parmi trente « millions d'hommes, et la nature doit prendre ses droits; tandis que plus « tard on était rentré dans les bornes plus resserrées de l'ordre et de la so- « ciété. On a été jusqu'à m'accuser de ne m'être entouré, au militaire et au « civil, que de gens médiocres, pour mieux me conserver la supériorité; « mais aujourd'hui qu'on ne rouvrira sûrement pas le concours, à eux de « mieux choisir; on verra ce qu'ils trouveront.

« Une autre chose non moins remarquable, continuait-il, c'est l'extrême « jeunesse de plusieurs de ces généraux qui semblent sortir tout faits des « mains de la nature. Leur caractère est à l'avenant; à l'exception de Ho- « che, qui donnait le scandale des mœurs, les autres ne connaissaient uni- « quement que leur affaire : la *gloire* et la *patrie*, voilà tout leur cercle de « rotation; ils tiennent tout-à-fait de l'antique.

« C'est Desaix, que les Arabes nomment *le sultan-juste*; c'est Marceau, « pour les obsèques duquel les Autrichiens observent un armistice, par la « vénération qu'il leur avait inspirée; c'est le jeune Duphot, qui était la vertu « même.

« Mais on ne peut pas dire qu'il en fut ainsi de tous ceux qui étaient plus « avancés en âge; c'est qu'ils tenaient du temps qui venait de disparaître; « M***, A***, B***, et beaucoup d'autres étaient des déprédateurs intrépides.

« L'un d'eux, en outre, était d'une avarice sordide, et l'on a prétendu « que je lui avais joué un tour pendable; que, révolté un jour de ses der-

« nières déprédations, j'avais tiré sur son banquier pour deux ou trois mil-
« lions. Grand embarras! car enfin mon nom était bien quelque chose. Le
« banquier écrivit qu'il ne pouvait payer sans autorisation; il lui fut répondu
« de payer tout de même, que le plaignant aurait les tribunaux pour se
« faire rendre justice; mais l'intéressé n'en fit rien et laissa payer.

« O***, M***, N*** n'avaient que de la bravoure personnelle.

« Moncey était un honnête homme, Macdonald avait une grande loyauté,
« B*** est une de mes erreurs.

« S*** avait bien aussi ses défauts et ses qualités; toute sa campagne du
« midi de la France est très belle; et ce qu'on aura de la peine à croire,
« c'est qu'avec son attitude et sa tenue, qui indiquent un grand caractère,
« il n'était pas le maître dans son ménage. Quand j'appris à Dresde la dé-
« faite de Vitoria et la perte de toute l'Espagne due à ce pauvre Joseph,
« dont les plans, les mesures et les combinaisons n'étaient pas de notre
« temps, mais semblaient tenir bien plutôt d'un Soubise que de moi, je
« cherchai quelqu'un propre à réparer tant de désastres, je jetai les yeux
« sur S***, qui était auprès de moi; il était tout prêt, me disait-il, mais il
« me suppliait de parler à sa femme, qui allait fortement s'y opposer; je lui
« dis de me l'envoyer. Elle parut avec l'attitude hostile, et le verbe haut,
« me disant que son mari ne retournerait certainement pas en Espagne;
« qu'il avait déjà beaucoup fait, et méritait après tout du repos. Madame,
« lui dis-je, je ne vous ai pas mandée pour subir vos algarades; je ne suis
« pas votre mari, moi; et si je l'étais, ce serait encore tout de même. Ce
« peu de paroles la confondit; elle devint souple, obséquieuse, et ne s'oc-
« cupa plus que de gagner quelques conditions: je n'y pris seulement pas
« garde, et me contentai de la féliciter de ce qu'elle savait entendre raison.
« Dans les grandes crises, lui dis-je, Madame, le lot des femmes est d'adou-
« cir nos traverses; retournez à votre mari, et ne le tourmentez pas. »

Invitation ridicule de sir Hudson Lowe.

Samedi 11. — A quatre heures, j'étais chez l'Empereur. Le grand maréchal y est entré; il lui a donné un billet; l'Empereur, après l'avoir parcouru
des yeux, l'a rendu en levant les épaules et disant : « C'est trop sot, point
« de réponse. Passez-le à Las Cases. »

Le croira-t-on? c'était un billet du gouverneur au grand maréchal, invi-
tant *le général Bonaparte* à venir rencontrer à dîner, à Plantation-House,
lady Loudon, femme de lord Moira. Je suis devenu rouge de l'inconvenance.
Pouvais-je imaginer rien au monde de plus souverainement ridicule! Sir
Hudson Lowe ne trouvait sans doute rien de plus simple; et pourtant il a été
long-temps dans les quartiers-généraux du continent; il s'est trouvé mêlé
aux transactions diplomatiques du temps!!!....

Napoléon à l'Institut.—Au Conseil d'État.—Code civil.—Bertrand de Molleville.—Mot pour
lord Saint-Vincent.—Sur l'intérieur de l'Afrique.—Ministère de la marine.—Decrès.

Dimanche 12. — L'Empereur, se promenant au jardin et causant sur divers objets, s'est arrêté sur l'Institut, sa composition, son esprit. Lorsqu'il
y parut à son retour de l'armée d'Italie, dans sa classe composée d'environ
cinquante membres, il pouvait se considérer, disait-il, comme le dixième.
Lagrange, Laplace, Monge, en étaient la tête. C'était un spectacle assez

remarquable, ajoutait-il, et qui occupait fort les cercles, que de voir le jeune général de l'armée d'Italie dans les rangs de l'Institut, discutant en public, avec ses collègues, des objets très profonds et fort métaphysiques. On l'appela alors le *géomètre* des batailles, le *mécanicien* de la victoire, etc., etc.

Napoléon, devenu Premier Consul, ne causa pas moins de sensation au Conseil d'État. Il présida constamment les séances de la confection du Code civil. « Tronchet en était l'âme, disait-il, et lui, Napoléon, le démonstra« teur. Tronchet avait un esprit éminemment profond et juste, mais il sau« tait par dessus les développemens, parlait fort mal, et ne savait pas se dé« fendre. » Tout le Conseil, disait l'Empereur, était d'abord contre ses énoncés; mais lui, Napoléon, dans son esprit vif et sa grande facilité de saisir et de créer des rapports lumineux et nouveaux, prenait la parole, et, sans autre connaissance de la matière que les bases justes fournies par Tronchet, développait ses idées, écartait les objections, et ramenait tout le monde.

En effet, les procès-verbaux du Conseil d'État nous ont transmis les improvisations du Premier Consul sur la plupart des articles du Code civil. On est frappé, à chaque ligne, de la justesse de ses observations, de la profondeur de ses vues, et surtout de la libéralité de ses sentimens.

C'est ainsi qu'en dépit des diverses oppositions, on lui doit cet article du Code : *Tout individu né en France est Français.* « En effet, disait-il, je de« mande quel inconvénient il y aurait à le reconnaître pour Français? Il ne « peut y avoir que de l'avantage à étendre les lois civiles françaises; ainsi, « au lieu d'établir que l'individu né en France d'un père étranger n'obtiendra « les droits civils que lorsqu'il aura déclaré vouloir en jouir, on pourrait « décider qu'il n'en est privé que lorsqu'il y renonce formellement.

« Si les individus nés en France d'un père étranger n'étaient pas consi« dérés comme étant de plein droit Français, alors on ne pourrait soumettre « à la conscription et aux autres charges publiques les fils de ces étrangers « qui se sont mariés en France par suite des événemens de la guerre.

« Je pense qu'on ne doit envisager la question que sous le rapport de « l'intérêt de la France. Si les individus nés en France n'ont pas de biens, ils « ont du moins l'esprit français, les habitudes françaises ; ils ont l'attache« ment que chacun a naturellement pour le pays qui l'a vu naître ; enfin, ils « supportent les charges publiques. »

Le Premier Consul n'est pas moins remarquable dans *la conservation du droit de Français aux enfans nés de Français établis en pays étranger,* qu'il fit étendre de beaucoup, en dépit de fortes oppositions. « La nation fran« çaise, disait-il, nation grande et industrieuse, est répandue partout; elle « se répandra encore davantage par la suite, mais les Français ne vont chez « l'étranger que pour y faire leur fortune. Les actes par lesquels ils parais« saient se rattacher momentanément à un autre gouvernement ne sont faits « que pour obtenir une protection nécessaire à leurs projets. S'il est dans « leur intention de rentrer en France quand leur fortune sera achevée, fau« dra-t-il les repousser ? Se fussent-ils même affiliés à des ordres de cheva« lerie, il serait injuste de les confondre avec les émigrés qui ont été prendre « les armes contre leur patrie.

« Et s'il arrivait un jour qu'une contrée envahie par l'ennemie lui fût « cédée par un traité, pourrait-on avec justice dire à ceux de ses habitans « qui viendraient s'établir sur le territoire de la république, qu'ils ont perdu

« leur qualité de Français pour n'avoir pas abandonné leur ancien pays au
« moment même où il a été cédé, parce qu'ils auraient prêté momentané-
« ment serment à un nouveau souverain pour se donner le temps de déna-
« turer leur fortune et de la transporter en France? »

Dans une autre séance sur les décès des militaires, quelques difficultés s'élevant sur ceux mourant en terre étrangère, le Premier Consul reprit vivement : « Le militaire n'est jamais chez l'étranger lorsqu'il est sous le « drapeau; où est le drapeau, là est la France! »

Sur le divorce, le Premier Consul est pour l'adoption du principe, et parle longuement sur la cause d'incompatibilité qu'on cherchait à repousser; il dit : « On prétend qu'elle est contraire à l'intérêt des femmes, des enfans, « et à l'esprit des familles; mais rien n'est plus contraire à l'intérêt des « époux, lorsque leur humeur est incompatible, que de les réduire à l'al-
« ternative ou de vivre ensemble ou de se séparer avec éclat. Rien n'est plus « contraire à l'esprit de famille qu'une famille divisée. Les séparations de « corps avaient autrefois, par rapport à la femme, au mari, aux enfans, à « peu près les mêmes effets que le divorce, et pourtant n'étaient-elles pas « aussi multipliées que les divorces le sont aujourd'hui? seulement elles « avaient cet inconvénient de plus, qu'une femme effrontée continuait de « déshonorer le nom de son mari, parce qu'elle le conservait, etc. »

Plus loin, combattant la rédaction d'un article qui spécifie les causes pour lesquelles le divorce sera admissible : « Mais quel malheur, dit-il, ne « serait-ce pas que de se voir forcé à les exposer, et à révéler jusqu'aux « détails les plus minutieux et les plus secrets de l'intérieur de son ménage?

« D'ailleurs ces causes, quand elles sont réelles, opéreront-elles toujours « le divorce? La cause de l'adultère, par exemple, ne peut obtenir de succès « que par des preuves toujours très difficiles, souvent impossibles. Cepen-
« dant le mari qui n'aurait pu les faire serait obligé de vivre avec une femme « qu'il abhorre, qu'il méprise, et qui introduit dans sa famille des enfans « étrangers. Sa ressource serait de recourir à la séparation de corps, mais « elle n'empêcherait pas que son nom ne continuât à être déshonoré. »

Revenant à appuyer de nouveau le principe du divorce, et combattant certaines restrictions, il dit encore dans un autre moment : « Le mariage « n'est pas toujours, comme on le suppose, la conclusion de l'amour. Une « jeune personne consent à se marier pour se conformer à la mode, pour « arriver à l'indépendance et à un établissement. Elle accepte un mari d'un « âge disproportionné, dont l'imagination, les goûts, les habitudes ne s'ac-
« cordent pas avec les siens; la loi doit donc lui ménager une ressource pour « le moment où, l'illusion cessant, elle reconnaît qu'elle se trouve dans des « liens mal assortis, et que sa volonté a été séduite.

« Le mariage prend sa forme des mœurs, des usages, de la religion de « chaque peuple; c'est par cette raison qu'il n'est pas le même partout. Il est « des contrées où les femmes et les concubines vivent sous le même toit, où « les enfans des esclaves sont traités à l'égal des autres; l'organisation des «familles ne dérive donc pas du droit naturel : les mariages des Romains « n'étaient pas organisés comme ceux des Français.

« Les précautions établies par la loi pour empêcher qu'à quinze, à dix-
« huit ans, on ne contracte avec légèreté un engagement qui s'étend à toute « la vie, sont certainement sages; cependant sont-elles suffisantes? Qu'après « dix ans de mariage le divorce ne soit plus admis que pour des raisons très «graves, on le conçoit; mais puisque les mariages contractés dans la pre-

« mière jeunesse sont si rarement l'ouvrage des époux, puisque ce sont les
« familles qui les forment d'après certaines idées de convenances, il faut
« que si les époux reconnaissent qu'ils ne sont pas faits l'un pour l'autre,
« ils puissent rompre une union sur laquelle il ne leur a pas été permis de
« réfléchir. Cependant cette facilité ne doit favoriser ni la légèreté ni la pas-
« sion; qu'on l'entoure donc de toutes les précautions, de toutes les formes
« propres à en prévenir l'abus; qu'on décide, par exemple, que les époux
« seront entendus par un conseil secret de famille formé sous la présidence
« du magistrat; qu'on ajoute encore, si l'on veut, qu'une femme ne pourra
« user qu'une fois du divorce; qu'on ne lui permette de se marier qu'après
« cinq ans, afin que le projet d'un autre mariage ne la porte pas à dissoudre
« le premier; qu'après dix ans de mariage, la dissolution soit rendue très
« difficile.

« Vouloir n'admettre le divorce que pour cause d'adultère publiquement
« prouvé, c'est le proscrire absolument; car, d'un côté, peu d'adultères
« peuvent être prouvés; de l'autre, il est peu d'hommes assez éhontés pour
« proclamer la turpitude de leurs épouses. Il serait d'ailleurs scandaleux et
« contre l'honneur de la nation de révéler ce qui se passe dans un certain
« nombre de ménages; on en conclurait, quoiqu'à tort, que ce sont là les
« mœurs françaises. »

Les premiers légistes du Conseil étaient pour que la mort civile entraînât
la dissolution du contrat civil du mariage. La discussion fut très vive. Le
Premier Consul, dans un beau mouvement, s'y opposa en ces termes : « Il
« serait donc défendu à une femme profondément convaincue de l'innocence
« de son mari de suivre dans sa déportation l'homme auquel elle est le
« plus étroitement unie; ou si elle cédait à sa conviction, à son devoir, elle
« ne serait plus qu'une concubine! Pourquoi ôter à ces infortunés le droit
« de vivre l'un auprès de l'autre, sous le titre honorable d'époux légitimes?

« Si la loi permet à la femme de suivre son mari sans lui accorder le titre
« d'épouse, elle permet l'adultère.

« La société est assez vengée par la condamnation, lorsque le coupable
« est privé de ses biens, séparé de ses amis, de ses habitudes; faut-il en-
« core étendre la peine jusqu'à la femme, et l'arracher avec violence à une
« union qui identifie son existence avec celle de son époux? Elle vous dirait:
« Mieux valait lui ôter la vie, du moins me serait-il permis de chérir sa mé-
« moire; mais vous ordonnez qu'il vive, et vous ne voulez pas que je le con-
« sole! Eh! combien d'hommes ne sont coupables qu'à cause de leur faiblesse
« pour leurs femmes! Qu'il soit donc permis à celles qui ont causé leurs mal-
« heurs de les adoucir en les partageant. Si une femme satisfait à ce devoir,
« vous estimez sa vertu, et cependant vous ne mettez aucune différence entre
« elle et l'être infâme qui se prostitue, etc., etc. » On pourrait faire des volumes de pareilles citations.

En 1815, après la restauration, causant avec M. Bertrand de Molleville,
ancien ministre de la marine de Louis XVI, homme très capable et fort
distingué à plus d'un titre, il me disait : « Votre Buonaparte, votre Napo-
« léon, était un homme bien extraordinaire, il faut en convenir. Que nous
« étions loin de le connaître de l'autre côté de l'eau! Nous ne pouvions
« nous refuser à l'évidence de ses victoires et de ses invasions, il est vrai;
« mais Genseric, Attila, Alaric, en avaient fait autant. Aussi me laissait-il
« l'impression de la terreur bien plus que celle de l'admiration. Mais de-
« puis que je suis ici, je me suis avisé de mettre le nez dans les discussions

« du Code civil, et dès cet instant ce n'a plus été que de la profonde vénéra-
« tion. Mais où diable avait-il appris tout cela!... Et puis voilà que chaque
« jour je découvre quelque chose de nouveau. Ah! Monsieur, quel homme
« vous aviez là! Vraiment, il faut que ce soit un prodige!... »

Sur les cinq heures, l'Empereur a reçu le capitaine Bowen, de la frégate *la Salcète*, qui part demain. Il a été fort gracieux pour lui, et comme la conversation a amené le nom de lord Saint-Vincent, qu'il disait être son protecteur, l'Empereur lui a dit : « Vous le verrez. Eh bien, je vous charge
« de lui faire mes complimens comme à un bon matelot, à un brave et di-
« gne vétéran. »

Sur les sept heures, l'Empereur s'est mis au bain; il m'a fait venir, et nous avons beaucoup parlé des affaires du jour, puis de littérature, et enfin de géographie. Il s'étonnait qu'on n'eût pas de notions certaines sur l'intérieur de l'Afrique. Je lui disais que j'avais eu l'idée, il y a quelques années, de présenter à son ministre de la marine un projet de voyage dans l'intérieur de l'Afrique; non pas une excursion furtive et aventureuse, mais une véritable expédition militaire, digne en tout du temps et du faire de l'Empereur. Le ministre me rit au nez lors de ma première conversation à ce sujet, et traita mon idée de folie.

J'avais voulu, disais-je, attaquer l'Afrique par les quatre points cardinaux, soit que de ces quatre points on fût venu se réunir au centre, soit que, débarquées à l'est et à l'ouest, vers son milieu, les deux parties de l'expédition fussent venues au devant l'une de l'autre, pour se séparer de nouveau et aller l'une vers le nord, l'autre vers le sud. Il est à croire, pensais-je, qu'en exigeant de la cour de Portugal tous les renseignemens qu'elle eût pu procurer, on eût trouvé que la communication de l'est à l'ouest existait déjà, ou que ce qui restait à faire était peu de chose. Avec nos idées du jour, notre enthousiasme, nos entreprises, nos prodiges, on eût facilement trouvé cinq à six cents bons soldats, des chirurgiens, des médecins, des botanistes, des chimistes, des astronomes, des naturalistes, tous de bonne volonté, qui eussent indubitablement accompli quelque chose digne du temps.

L'attirail nécessaire en bêtes de somme, en petites nacelles de cuir pour traverser les rivières, en outres pour porter de l'eau à travers les déserts, en petite artillerie très maniable, etc., en eût assuré une entière et facile exécution.

« Nul doute, disait l'Empereur, que votre idée ne m'eût plu. Je m'en se-
« rais saisi, je l'aurais fait passer dans les mains de quelque commission, et
« j'aurais marché au résultat. »

Il regrettait fort, disait-il, de n'avoir pas eu lui-même le temps, durant son séjour en Égypte, d'accomplir quelque chose de cette espèce. Il avait des soldats tout propres à braver le désert. Il avait reçu des présens de la reine du Darfour et lui en avait envoyé. S'il fût demeuré plus long-temps, il allait pousser fort loin nos vérifications géographiques dans les parties septentrionales de l'Afrique, et cela avec la plus grande simplicité d'exécution, en plaçant seulement dans chaque caravane quelques officiers intelligens, pour lesquels il se serait fait donner des otages, etc., etc.

La conversation est passée de là à la marine et à son département. L'Empereur l'a traitée à fond. Il ne pouvait pas dire qu'il fût content de *Decrès*; et l'on pouvait, pensait-il, lui reprocher peut-être sa constance à son égard. Mais le manque de sujets avait dû le maintenir; car après tout, assurait-il,

Decrès était encore ce qu'il avait pu trouver de mieux. *Gantheaume* n'était qu'un matelot nul et sans moyens, qui avait fait manquer trois fois, disait-il, la conservation de l'Égypte. *Caffarelli* avait été perdu dans son esprit, parce qu'on s'était artificieusement étudié à lui peindre sa femme comme une faiseuse d'affaires (1), ce qu'on savait équivaloir pour lui à une proscription certaine. Missiessi était un homme peu sûr; lui et sa famille étaient très attachés aux Bourbons, ce qui les avait fait accuser d'avoir livré Toulon. L'Empereur avait eu un moment l'idée d'Émériau; mais il ne le trouva pas à cette hauteur. Il se demandait si Truguet n'eût pas réussi; il le croyait fort peu capable, bon administrateur pourtant; mais il avait été trop chaud, disait-il, dans la révolution; il avait poussé la chose outre mesure.

« Du reste, remarquait l'Empereur en passant, j'avais rendu tous mes
« ministères si faciles, que je les avais mis à la portée de tout le monde,
« pour peu qu'on possédât du dévouement, du zèle, de l'activité, du tra-
« vail. Il fallait en excepter tout au plus celui des relations extérieures,
« parce qu'il s'agissait souvent, disait-il, dans celui-là d'improviser et de
« séduire. Au vrai, concluait-il, dans la marine la stérilité était réelle, et
« Decrès, après tout, était peut-être encore le meilleur. Il avait du comman-
« dement; son administration était rigoureuse et pure. Il avait de l'esprit,
« et beaucoup, mais seulement pour sa conversation. Il ne créait rien, exé-
« cutait mesquinement, marchait et ne voulait pas courir. Il eût dû passer
« la moitié de son temps dans les ports et sur les flottes d'exercice; je lui en
« eusse tenu compte; mais, en courtisan, il craignait de s'éloigner de son
« portefeuille. Il me connaissait mal; il eût été bien mieux défendu là que
« dans ma cour : son éloignement eût été son meilleur avocat. »

L'Empereur regrettait fort, disait-il, *Latouche-Tréville;* lui seul lui avait présenté l'idée d'un vrai talent : il pensait que cet amiral eût pu donner une autre impulsion aux affaires. L'attaque sur l'Inde, celle de l'Angleterre eussent été du moins entreprises, disait-il, et se fussent peut-être accomplies.

L'Empereur se blâmait touchant les péniches de Boulogne. Il eût mieux fait d'employer, disait-il, de vrais vaisseaux à Cherbourg. Toutefois *Villeneuve*, avec plus de vigueur au cap Finistère, eût pu rendre l'attaque praticable. « J'avais combiné cette apparition de Villeneuve de très loin, avec
« beaucoup d'art et de calcul, en opposition à la routine des marins qui
« m'entouraient. Et tout réussit comme je l'avais prévu jusqu'au moment
« décisif; alors la mollesse de Villeneuve vint tout perdre. Et Dieu sait d'ail-
« leurs, ajoutait l'Empereur, les instructions que lui avait données Decrès.
« Dieu sait les lettres particulières qu'ils se sont écrites et que je n'ai ja-
« mais pu éclaircir, car j'étais bien puissant, bien fureteur, et ne croyez
« pas pourtant que je vinsse à bout de vérifier tout ce que je voulais autour
« de moi.

---

(1) Des amis m'ont assuré que ces expressions avaient été bien pénibles à ceux qui en étaient l'objet ; cependant je puis assurer qu'elles avaient été prononcées dans des intentions tout-à-fait bienveillantes pour Caffarelli, et faites même pour le flatter. L'Empereur, en mentionnant les causes que l'intrigue avait mises en avant pour écarter du ministère cet administrateur distingué, avait été bien loin de prononcer qu'elles étaient réelles; bien au contraire : et j'aurais été d'autant plus malencontreux dans mon récit, que c'est une famille à laquelle je suis fort attaché.

« Le grand maréchal disait l'autre jour qu'il était reconnu parmi vous
« autres, au salon de service, que je n'étais plus abordable sitôt que j'avais
« reçu le ministre de la marine. Le moyen qu'il n'en fût pas ainsi! il n'a-
« vait jamais que de mauvaises nouvelles à me donner. Moi-même j'ai jeté le
« manche après la cognée lors du désastre de Trafalgar. Je ne pouvais pas
« être partout, j'avais trop à faire avec les armées du continent.

« Long-temps j'ai rêvé une expédition décisive sur l'Inde, mais j'ai été
« constamment déjoué. J'envoyais seize mille soldats, tous sur des vais-
« seaux de ligne; chaque soixante-quatorze en eût porté cinq cents, ce qui
« eût demandé trente-deux vaisseaux. Je leur faisais prendre de l'eau pour
« quatre mois; on l'eût renouvelée à l'Ile-de-France ou dans tout autre en-
« droit habité du désert de l'Afrique, du Brésil ou de la mer des Indes;
« on eût au besoin fait la conquête de cette eau partout où on eût voulu re-
« lâcher. Arrivés sur les lieux, les vaisseaux jetaient les soldats à terre
« et repartaient aussitôt, complétant leurs équipages par le sacrifice de
« sept ou huit de ces vaisseaux, dont la vétusté avait déjà marqué la con-
« damnation; si bien qu'une escadre anglaise arrivant d'Europe à la suite
« de la nôtre n'eût plus rien trouvé.

« Quant à l'armée, abandonnée à elle-même, mise aux mains d'un chef
« sûr et capable, elle eût renouvelé les prodiges qui nous étaient familiers,
« et l'Europe eût appris la conquête de l'Inde comme elle avait appris celle
« de l'Égypte. »

J'avais beaucoup connu Decrès, nous avions commencé ensemble dans la
marine. Il avait pour moi, je le crois, toute l'amitié dont il était susceptible; quant à moi, je lui étais tendrement attaché. C'était une passion malheureuse, répondais-je à ceux qui m'en plaisantaient, ce qui arrivait souvent, car son impopularité était extrême; et j'ai pensé plus d'une fois qu'il
s'y complaisait par calcul. J'étais, à Sainte-Hélène comme ailleurs, presque
toujours seul à le défendre. Or, je disais à l'Empereur que j'avais beaucoup
vu Decrès pendant le séjour à l'île d'Elbe, qu'il avait été parfait pour lui.
Nous nous étions parlé alors à cœur ouvert, et j'ai lieu de croire que depuis
il aurait eu en moi une confiance pleine et entière.

« A peine Votre Majesté rentrait aux Tuileries, disais-je, que Decrès et
« moi nous nous sautions au cou, nous écriant: Nous le tenons! nous le te-
« nons! Ses yeux étaient remplis de larmes, je lui dois ce témoignage.
« Tiens, me dit-il encore tout ému et sa femme présente, tu me prouves en
« cet instant que j'ai eu des torts avec toi, et je t'en dois la réparation; mais
« tes anciens titres te rapprochaient si naturellement de ceux qui nous quit-
« tent aujourd'hui, que je ne doutais pas que tôt ou tard tu ne fusses très
« bien auprès d'eux, si bien que tu as gêné plus d'une fois peut-être mes
« expressions et mes vrais sentimens. — Et vous l'aurez cru, pauvre niais!
« s'est écrié l'Empereur en riant aux éclats; n'était-ce pas là plutôt l'admi-
« rable finesse de cour, une touche pour La Bruyère, un vrai trait d'esprit,
« du reste? car, s'il lui était arrivé pendant mon absence de laisser échapper
« quelque drôlerie contre moi, vous voyez que par là il y remédiait à tout,
« et une fois pour toutes. — Eh bien, Sire, ai-je continué, ce que je viens
« de dire peut n'être que plaisant; mais voici ce qui est plus essentiel :
« Au plus fort de la crise de 1814, avant la prise de Paris, Decrès fut
« sondé de la manière la plus délicate pour conspirer contre Votre Majesté,
« et il s'y refusa franchement. Decrès murmurait facilement et souvent; il
« avait une certaine autorité d'expressions et de manières; c'était une ac-

« quisition à ne pas dédaigner dans un parti. Il se trouva, à cette époque
« de douleur, faire visite à un personnage fameux, le héros des machina-
« tions du jour. Celui-ci, qui s'était avancé au devant de Decrès, le rame-
« nant en boitant à sa cheminée, y prit un livre disant : Je lisais tout à
« l'heure quelque chose qui me frappait singulièrement, écoutez : Mon-
« tesquieu, livre tel, chapitre tel, page telle. «Quand le prince s'est élevé au
« dessus de toutes les lois, que la tyrannie est devenue insupportable, il ne
« reste plus aux opprimés.....» — C'est assez, s'écria Decrès en lui mettant la
« main sur la bouche, je n'écoute plus, fermez votre livre. Et l'autre ferma
« tranquillement son livre comme si de rien n'était, et se mit à causer de
« tout autre chose.

« Plus tard un maréchal, après sa fatale défection, effrayé de ses résul-
« tats sur l'opinion, et cherchant vainement autour de lui de l'approbation
« et de l'appui, essaya d'y intéresser Decrès en quelque chose. — Je me suis
« toujours souvenu, lui disait-il, d'une de nos conversations où vous nous
« peigniez si énergiquement les maux et les embarras de la patrie. Votre
« souvenir, la force de vos argumens sont pour beaucoup dans ce qui m'a
« porté à y remédier. — Oui, mon cher, reprit Decrès avec une réproba-
« tion marquée; mais vous êtes-vous dit aussi que vous aviez sauté par des-
« sus le cheval?

« Et pour apprécier justement ces anecdotes, disais-je à l'Empereur, il
« faut savoir qu'elles m'étaient racontées par Decrès lui-même pendant l'ab-
« sence de Votre Majesté, et bien assurément sans le moindre soupçon de
« votre retour. »

La conversation avait duré près de deux heures dans le bain ; l'Empereur
n'a dîné que fort tard. Nous avons causé de l'École militaire de Paris. Comme
je n'en étais sorti qu'un an avant qu'il y arrivât, les mêmes officiers, les
mêmes maîtres, les mêmes camarades nous avaient été communs. Il trouvait
un charme particulier à repasser ainsi de compagnie ce temps de notre enfance, nos occupations, nos espiègleries, nos jeux, etc.

Dans sa gaieté, il a demandé un verre de vin de Champagne, ce qu'il fait
bien rarement ; et sa sobriété est telle qu'il suffit de ce seul verre pour colo-
rer son visage et le porter à parler davantage. On sait qu'il ne passe guère
plus d'un quart d'heure ou d'une demi-heure à table : il y avait plus de deux
heures que nous y étions. Son étonnement a été grand en apprenant de
Marchand qu'il était onze heures. « Comme le temps a passé ! disait-il avec
« une espèce de satisfaction. Que ne puis-je avoir souvent de pareils mo-
« mens ! Mon cher, m'a-t-il dit en me renvoyant, vous me quittez heu-
« reux ! ! ! »

État dangereux de mon fils. — Paroles remarquables. — *Dictionnaire des Girouettes*. — Bertholet

Lundi 13. — Le docteur Warden était venu se joindre à deux autres de ses
confrères pour former une consultation pour mon fils, dont l'indisposition
me donnait de l'inquiétude.

L'Empereur a bien voulu recevoir, à ma requête, cette ancienne connaissance du *Northumberland*, et a causé près de deux heures, passant familièrement en revue les actes de son administration qui ont accumulé sur lui le
plus de haine, de mensonges et de calomnies. Rien n'était plus correct,
plus clair, plus simple, plus curieux, plus satisfaisant, me disait plus tard
ce docteur.

L'Empereur termina par ces paroles remarquables : « Je m'inquiète peu
« de tous les libelles lancés contre moi ; mes actes et les événemens y ré-
« pondent mieux que les plus habiles plaidoyers. Je me suis assis sur un
« trône vide. J'y suis monté vierge de tous les crimes ordinaires aux chefs
« de dynasties. Qu'on aille chercher dans l'histoire et que l'on compare. Si
« j'ai à craindre un reproche de la postérité et de l'histoire, ce ne sera pas
« d'avoir été trop méchant, mais peut-être d'avoir été trop bon. »

Après le dîner, l'Empereur a parcouru le *Dictionnaire des Girouettes* nouvellement arrivé, dont l'idée est plaisante et l'exécution manquée. C'est le
recueil alphabétique des personnes vivantes qui ont paru sur la scène depuis
la révolution, et dont les expressions, les sentimens ou les actes avaient
suivi la variation du vent. Des girouettes accompagnent leur nom, avec
l'extrait des discours en regard, ou les actes qui les leur avaient méritées.
En l'ouvrant, l'Empereur a demandé s'il s'y trouvait quelqu'un de nous.
Non, Sire, lui a-t-on répondu plaisamment; il n'y a que Votre Majesté.
En effet, Napoléon y était pour avoir consacré la république et exercé la
royauté.

L'Empereur s'est mis à nous lire divers articles. La transition des discours
de chacun était vraiment curieuse ; le contraste était parfois exprimé avec
tant d'impudeur et d'effronterie, que l'Empereur, tout en lisant, ne pouvait
s'empêcher d'en rire de bon cœur. Néanmoins, au bout de quelques pages,
il a rejeté le livre avec l'expression du dégoût et de la douleur, faisant observer qu'après tout ce recueil était la dégradation de la société, le code
de la turpitude, le bourbier de notre honneur. Un article lui a été particulièrement sensible, celui de *Bertholet*, qu'il avait tellement comblé, sur lequel il devait tant compter, disait-il.

Tout le monde connaît ce trait charmant : Bertholet ayant éprouvé des
pertes et se trouvant gêné, l'Empereur, qui l'apprit, lui envoya cent mille
écus, ajoutant qu'il avait à se plaindre de lui, puisqu'il avait ignoré que
lui, Napoléon, était toujours au service de ses amis. Eh bien! Bertholet,
lors des désastres, avait été très mal pour l'Empereur, qui en fut vraiment
affecté dans le temps, répétant plusieurs fois : « Quoi! Bertholet! mon ami
« Bertholet!... Bertholet sur lequel j'aurais dû tant compter! »

Au retour de l'île d'Elbe, Bertholet sentit se réveiller ses sentimens pour
son bienfaiteur ; il se hasarda à reparaître aux Tuileries, faisant dire par
Monge à l'Empereur que, s'il n'en obtenait un regard, il se tuerait à la porte
en sortant. Et l'Empereur ne crut pas pouvoir lui refuser un sourire en passant devant lui.

L'Empereur, durant son règne, avait répété sa noble et généreuse obli-
geance en faveur de plusieurs gros manufacturiers. Il voulait chercher leur
article, mais toutes les voix se sont élevées pour témoigner en leur faveur.

Réception des passagers de la flotte de Bengale.

Mardi 14. — Vers les quatre heures, il nous est arrivé un très grand nombre de visiteurs ; c'étaient les passagers de la flotte des Indes, que l'Empereur avait consenti à recevoir. On comptait parmi eux un M. *Strange*, beau-
frère de lord Melvil, ministre de la marine d'Angleterre ; un M. *Arbuthnot*;
sir *Williams Burough*, un des juges de la cour suprême de Calcutta ; deux
aides de camp de lord Moira ; d'autres encore, parmi lesquels plusieurs
femmes. Nous étions tous à causer dans la salle d'attente. L'Empereur, sor-

tant de sa chambre pour gagner le jardin, a excité parmi nos visiteurs un empressement extrême. Ils se sont précipités aux fenêtres pour le voir passer; cela nous rappelait tout-à-fait Plymouth. Le grand maréchal a conduit toutes ces personnes à l'Empereur, qui les a reçues avec une grâce parfaite et ce sourire qui exerce tant d'empire. L'avidité était dans les regards de tous, l'émotion sur la figure de plusieurs.

L'Empereur a parlé à chacun d'eux, connaissant, suivant sa coutume, ce qui se rattachait à certains noms à mesure qu'il les entendait. Il a beaucoup parlé législation et justice avec le juge suprême; commerce et administration avec les officiers de la compagnie; a questionné les militaires sur leurs années de service et leurs blessures; a dit à deux de ces dames des choses fort aimables sur leurs figures et leur teint respecté par les fournaises du Bengale; puis, s'adressant à l'un des aides de camp de lord Moira, il lui a dit que son grand maréchal lui avait appris que lady Loudon était dans l'île; que si elle eût été en dedans de ses limites il se fût fait un vrai plaisir de lui faire sa cour, mais qu'étant en dehors de son enceinte c'était pour lui comme si elle était encore au Bengale.

Durant ces conversations, dont j'ai été l'interprète, M. Strange, avec qui j'avais déjà causé auparavant, ne put s'empêcher de m'attirer à lui par le pan de mon habit, pour me dire avec l'accent de la surprise et de la satisfaction : « Ah! combien d'esprit et de grâce dans la manière dont votre Empe-
« reur tient un lever! — Monsieur, c'est qu'il n'est pas sans quelque habi-
« tude là-dessus. »

Nous les avons reconduits à notre salon, d'où la curiosité les a fait pénétrer jusqu'à la seconde pièce, le salon de l'Empereur. Sir Williams Burough, que son emploi rend marquant dans le gouvernement, m'a demandé si c'était la salle à manger. Je lui ai dit que c'était le salon, et, pour mieux dire, le tout. Il a été fort étonné. Je lui ai montré alors par la fenêtre les deux petites pièces qui composent tout l'intérieur de l'Empereur. Sa figure était peinée; son esprit semblait faire des comparaisons avec le passé; et, considérant les meubles misérables et la petitesse de l'espace, il m'a dit d'un air pénétré : « Mais bientôt vous serez mieux. — Comment donc! quitterions-
« nous cette île? — Non; mais il vous arrive de fort beaux meubles et une
« belle maison. — Le vice n'est point dans les meubles et dans la maison
« qui sont ici; il est dans le roc sur lequel elle repose, dans la latitude qu'elle
« occupe : tant qu'on ne changera pas cette latitude, nous ne serons jamais
« bien. »

Je lui ai répété littéralement ce que l'Empereur avait dit peu de jours auparavant au gouverneur sur le même sujet. Cet homme s'est ému, et, me serrant la main, m'a dit avec chaleur : « Mon cher Monsieur, c'est un trop
« grand homme; il a trop de grands talens, il s'est rendu trop redoutable,
« il est trop à craindre pour nous. — Mais, lui ai-je dit à mon tour, pourquoi
« n'avoir pas tiré ensemble le char de front, au lieu de se tuer réciproque-
« ment à le tirer en sens opposé? Quelle n'eût pas pu être sa course alors ! »
Il m'a regardé, et, me serrant de nouveau la main d'un air pensif, il m'a dit :
« Oui, cela vaudrait bien mieux sans doute; mais.................. »

Du reste, tous étaient également frappés, surtout de la liberté des manières de l'Empereur et du calme de sa figure. Je ne sais ce qu'ils s'attendaient à trouver. L'un d'eux me disait qu'il ne pouvait pas se faire une juste idée de la force d'âme qui avait été nécessaire à Napoléon pour supporter de pareilles secousses. « C'est que personne ne connaît encore bien l'Empereur, ai-je re-

« pris. Il nous disait l'autre jour qu'il avait été de marbre pour tous les grands
« événemens, qu'ils avaient glissé sur lui sans mordre sur son moral ni sur ses
« facultés. »

Égalité des peines. — L'Empereur me commande l'historique minutieusement détaillé de mon Atlas.

Mercredi 15. — L'Empereur, dans la promenade, traitait divers sujets; il s'est arrêté sur celui des délits et des peines. L'Empereur disait que les grands jurisconsultes, même ceux qui avaient été influencés par l'esprit du temps, se partageaient sur le principe de l'égalité des peines. A la consécration du Code, il eût été pour leur inégalité, si les circonstances n'avaient forcé à une décision contraire. Il m'a commandé de donner mon avis.

« J'étais tout-à-fait pour l'inégalité. Nos idées demandaient une hiérarchie
« dans les peines, analogue à celle que nous concevions dans les crimes.
« L'harmonie de nos sensations semblait le demander aussi. Je ne pouvais
« prendre sur moi de mettre sur la même ligne celui qui aurait égorgé son
« père et celui qui n'aurait commis qu'un léger vol avec effraction : pou-
« vaient-ils être punis des mêmes châtimens ?

« Le coupable est celui qui m'occupait le moins dans la question. La peine
« était son affaire, il l'avait méritée ; et puis l'humanité avait bien des moyens
« occultes d'arriver au secours de ses souffrances physiques. C'étaient ses
« idées morales avant le crime, c'étaient celles des spectateurs, celles de
« toute la société que le législateur devait prétendre frapper par l'inégalité
« des peines. C'est à tort que l'on prétendrait que la mort seule suffit, et
« que le genre de supplice n'influe en rien sur l'esprit du criminel ni sur la
« préméditation du crime; car, s'il y avait inégalité, il n'y a pas de condamné
« qui ne fît un choix, si on l'en laissait maître. Que chaque membre de la
« société se consulte, il frémit à l'idée de certains supplices, lorsqu'il se-
« rait à peu près indifférent à certains genres de mort. L'inégalité des pei-
« nes, l'appareil des supplices, sont donc dans la justice et dans la politi-
« que de la civilisation, et je conçois néanmoins qu'il serait impossible au-
« jourd'hui de vaincre l'opinion sur ce point (1). »

L'Empereur était tout-à-fait de cet avis ; et, comme on avait parlé du meurtre du souverain, il disait qu'il était en effet au dessus de tous les autres crimes, à cause de ses grandes conséquences. « Celui qui m'aurait tué en
« France, a-t-il dit, aurait bouleversé l'Europe ; et que de fois j'y ai été
« exposé ! etc. »

Lady Loudon, femme de lord Moira, gouverneur général des Indes, était depuis quelques jours dans l'île et attirait toutes les attentions. C'était une grande dame, répondant peut-être à nos duchesses dans la vieille monarchie. Les officiers anglais lui prodiguaient les derniers égards. L'amiral l'avait à bord du *Northumberland* ce jour-là, et lui donnait une petite fête. Il envoya une ordonnance à cheval me prier de lui prêter *mon Atlas* pour la soirée, voulant le faire considérer à lady Loudon, dont le mari s'y trouvait indiqué comme le premier représentant des Plantagenets, et conséquemment comme *le légitime* du trône d'Angleterre.

---

(1) Et encore devrais-je confesser que mon opinion pourrait bien être erronée, si, comme on me l'a démontré depuis, le relevé des registres en France, depuis l'introduction de l'égalité des peines, comparé à celui fait pendant le même espace de temps sous les anciennes lois pénales, présente un moindre nombre de criminels.

L'amiral et moi nous étions sur le pied d'une complète indifférence, à peu près étrangers l'un à l'autre depuis qu'il m'avait débarqué. C'était donc moins une bienveillance pour moi qu'un compliment pour l'ouvrage lui-même. On s'en était entretenu, la dame avait désiré le voir, et l'on avait eu envie de le lui montrer. Toutefois je ne pus satisfaire ce désir; il était dans la chambre de l'Empereur : ce fut ma réponse.

L'Empereur rit du succès que l'amiral avait voulu me ménager, et moi je plaignais fort la dame sur l'espèce de divertissement qu'on avait voulu lui donner. Tout cela conduisit l'Empereur à s'arrêter lui-même sur l'Atlas, et à rappeler une partie de ce qu'il en avait déjà dit plusieurs fois. Il ne revenait pas, disait-il, d'entendre toujours et partout parler de cet ouvrage, de le voir couru des étrangers à l'égal au moins des nationaux. Il en avait entendu parler à bord du *Bellérophon*, à bord du *Northumberland*, à l'île de Sainte-Hélène; partout, ce qu'il y avait d'instruit et de distingué le connaissait ou demandait à le connaître.

« Voilà ce que j'appelle, concluait-il gaiement, *un vrai triomphe et beau-*
« *coup de bruit dans la république des lettres*, etc. Je veux que vous me fas-
« siez à fond l'historique de cet ouvrage, quand et comment il a été conçu,
« de quelle manière il a été exécuté; ses résultats; pourquoi, dans le prin-
« cipe, vous l'avez mis sous un nom emprunté; pourquoi, plus tard, vous
« ne lui avez pas substitué le véritable, etc.; enfin, mon cher, un vrai rap-
« port; entendez-vous, monsieur le conseiller d'État? »

J'ai répondu que ce serait long, mais que ce ne serait pas sans charme pour moi : que mon Atlas était l'histoire d'une grande partie de ma vie; que je lui devais surtout le bonheur de me trouver ici près de lui, etc...

En effet, voici ce récit tel qu'il s'est trouvé rédigé peu de jours après. Sa longueur réclame l'indulgence sans doute; mais qu'on en cherche l'excuse dans les détails où se complaisent les souvenirs de mes plus douces, de mes plus heureuses années, l'époque de ma jeunesse, celle de ma force et de toute ma santé; en un mot, le précieux et court instant de la plénitude de la vie. On le trouvera long, je le répète, mais qu'on le pardonne aux jouissances qu'il me rappelle. Même, en relisant plus tard, je ne me sens pas la force d'en rien effacer.

HISTORIQUE DE L'ATLAS.

« Cet Atlas a été tout-à-fait le fruit du hasard et surtout de la nécessité, qui, comme dit le proverbe banal, est la mère de l'industrie... Au moment des premiers revers de notre émigration, je fus jeté par l'ouragan politique dans les rues de Londres, sans connaissances, sans moyens, sans ressources, mais avec du courage et de la bonne volonté : or, avec de telles dispositions, Londres alors était pour chacun un terrain assuré.

Après avoir tâté sans succès plusieurs directions, je résolus de n'avoir recours qu'à moi-même, et je me décidai à écrire : c'était à peu près faire comme Figaro. Je balançai un moment à me jeter dans les romans. Les propositions d'un libraire m'en donnèrent la pensée; mais il me demandait trop et prétendait me donner trop peu. Je me décidai pour l'histoire, qui, dans tous les cas, m'assurait un gain moral en me procurant des connaissances positives; alors naquit l'idée mère de l'Atlas historique. Ce fut une inspiration du ciel; je lui dois le reste de ma vie. Ce ne fut d'abord qu'une simple esquisse, bien éloignée de l'ouvrage d'aujourd'hui, une pure nomenclature. Toutefois c'en fut assez pour me tirer dès l'instant d'embarras, et me composer même, relativement aux misères de l'émigration, une véritable fortune. Vint la paix d'Amiens et le bienfait de votre amnistie, Sire. Je me trouvais assez bien dans mes affaires pour pouvoir me rendre à Paris, sans objet et purement comme voyageur, sans autre but que de respirer l'air de la patrie et de visiter la capitale. Une fois là, je me sentis maître de mon langage. Les recherches étaient faciles; mes idées, mon jugement s'étaient agrandis. Je disposais de mon temps et de ma personne; j'entrepris l'ouvrage tel qu'il est aujourd'hui. Je me mis à en publier régulièrement quatre feuilles par trimestre. Alors vraiment j'eus au moral et au matériel un succès prodigieux : intérêt, bienveillance, offres de toute espèce; argent, connaissances, me tombèrent de toutes parts. C'est, sans contredit, l'époque la plus douce de ma vie.

« En Angleterre j'avais mis ma publication sous un nom emprunté, pour ne pas compromettre l'honneur du mien; j'écrivis Le Sage comme j'aurais écrit Leblanc, Legris, Lenoir. Je ne pouvais du reste plus mal choisir, ou du moins en prendre un plus banal; car, à quelque temps de là, une lettre m'ayant été mal adressée sous ce nom, elle ne me parvint qu'après avoir passé, dans les divers rassemblemens français, par les mains de vingt-deux prêtres qui portaient ce nom; et le dernier, qui avait découvert apparemment qu'il ne m'appartenait pas, me renvoyait ma lettre, fort en colère, en y joignant l'avis que, quand on voulait changer son nom, il fallait éviter du moins de prendre celui des autres.

« En France je conservai ce même nom de Le Sage. Il était devenu désormais celui de l'Atlas; un nouveau nom pouvait tromper quelque acheteur en le faisant croire à un nouvel ouvrage. Je n'eusse pas voulu d'ailleurs exposer le mien au hasard d'un succès, peut-être aux affronts d'un journal et aux éclaboussures de la polémique. Quand l'ouvrage eut complétement réussi, je n'en eus pas davantage la pensée, et peut-être par un reste de vieux préjugés que je me déguisais mal.

« Cette gloire littéraire me flattait beaucoup sans doute; mais j'étais d'une race militaire, et forcé rigoureusement, me disais-je, à poursuivre une autre espèce de gloire. Les circonstances me le rendant impossible, je voulais consacrer du moins que j'en reconnaissais l'obligation. Au reste, je n'ai jamais eu lieu de me repentir de ce double nom; mais, au contraire, j'ai eu souvent à m'en applaudir. Indépendamment du vrai motif, il répandait un vernis d'aventures et de roman qui n'a jamais rien eu que d'agréable, et qui était assez d'ailleurs dans la nature de mon caractère. Il a produit une foule de quiproquo et de scènes fort gaies qui n'étaient pas sans prix pour moi. En Angleterre, par exemple, il m'est arrivé d'être questionné en société, de la meilleure foi du monde, touchant le mérite de l'ouvrage de M. Le Sage; et, dans une pension, je me suis vu dire des injures pour m'être obstiné à le dénigrer, etc.

« Tant que je me chargeai moi-même de l'ouvrage, je voulus recevoir tous ceux qui se présentèrent, et traiter directement avec eux. Dès lors je pus faire les connaissances les plus agréables : je n'eus plus rien à rechercher, mais bien plutôt à me défendre. En France surtout je me trouvai comblé. C'étaient les manières, les expressions les plus flatteuses, les plus douces, les plus recherchées : les uns, parce qu'ils savaient qui j'étais; les autres, précisément peut-être parce qu'ils l'ignoraient; tous, parce que je demeurais en parfait équilibre avec chacun. De mon côté, je jouissais d'un spectacle fort curieux. Comme on était obligé de me donner son nom pour la souscription, je passais en revue beaucoup de personnages que je me trouvais connaître à merveille, et que j'observais en silence. C'est là surtout que j'ai pu méditer à mon aise sur la diversité des opinions, des jugemens et des goûts parmi les hommes. La seule chose que *l'un* trouvait à redire dans l'ouvrage était juste ce que le *suivant* admirait le plus; ce qu'*un troisième* conseillait comme indispensable, *un quatrième* le réprouvait comme inadmissible; et chacun, suivant l'usage, ne manquait pas de présenter son opinion comme l'expression générale : c'était absolument celle de tout Paris, celle de tout le monde.

« C'est là surtout que j'ai pu me convaincre du grand avantage de faire ses affaires soi-même, et de tout l'empire qu'exercent la complaisance et les bonnes manières dans les transactions de la vie. J'acceptais tout ce qu'on me proposait; j'étais aussitôt d'accord sur tout ce qu'on voulait, et j'en étais payé au centuple. Tel qui était entré dans l'intention peut-être de ne pas prendre l'ouvrage, non seulement l'emportait, mais encore me ramenait dix, vingt souscripteurs; il en est qui ont été jusqu'à cent; celui-ci faisait déclarer mon ouvrage classique au ministère de l'intérieur, celui-là le faisait adopter aux relations extérieures, un troisième voulait me procurer la décoration de la Légion-d'Honneur, un quatrième insérait d'excellens articles dans les journaux. La bienveillance, l'affection allaient chez quelques-uns jusqu'à l'enthousiasme. Je ne citerai ici que ce souscripteur de province m'écrivant, sans me connaître, pour me supplier en grâce de mettre mon portrait à la tête de l'ouvrage, s'offrant, si je le permettais, de payer la moitié des frais. Et cet autre, propriétaire du beau château de Montmorency, qui, chaque semaine, sous prétexte de voir s'il n'y avait pas une feuille nouvelle, venait, disait-il, passer ses heures les plus heureuses, ajoutant que s'il me prenait envie de faire payer ma conversation comme mes feuilles, il ne tenait qu'à moi de le ruiner. Je sus depuis que c'était un homme extrêmement bizarre, vrai caractère de La Bruyère, tout-à-fait à la Jean-Jacques. Il épuisa long-temps auprès de moi fort délicatement les offres de toute espèce, même des inductions paternelles. « Monsieur Le Sage, « m'a-t-il dit plus d'une fois, vous devriez vous marier; vous feriez le bon-« heur d'une femme, et plus encore celui d'un beau-père. » Or, il n'avait qu'une fille et très riche. Enfin je le perdis de vue, et ce ne fut que long-temps après que, faisant une partie de campagne avec des femmes de ma connaissance, la vue du château de Montmorency, dont il était propriétaire, m'en rappela le souvenir. Je racontai mon histoire; notre curiosité s'en accrut, et nous donna l'envie de visiter ce château : on nous refusa la porte. Le maître n'y était-il pas? Au contraire, c'était parce qu'il s'y trouvait. Je viens de dire qu'il était fort extraordinaire; il s'était claquemuré dans sa demeure, et s'y était rendu tout-à-fait inabordable. J'obtins avec beaucoup de peine qu'on lui portât le nom de M. Le Sage : la magie du nom opéra sur-le-champ. L'affront fait à une calèche élégante, à riche livrée, fut aussitôt réparé. Les portes s'ouvrirent, au grand étonnement surtout de ceux qui les gardaient. Il y eut ordre à l'instant de tout montrer, de tout offrir. Nous avions apporté de quoi faire un petit repas champêtre; mais on commanda sur-le-champ un excellent dîner qu'il fallut accepter de gré ou de force, et dans le beau salon en stuc. Tout cela était fort désintéressé, car le bon vieillard était retenu dans sa chambre par la goutte. Quand il me revit, sa joie fut extrême; c'était pour lui le retour de l'enfant prodigue. Il voulut absolument voir ma compagnie et se fit traîner pour nous faire les honneurs du dessert. Mais ce qui nous ravissait par-dessus tout, c'est qu'il ne doutait pas qu'il n'eût affaire à de petites bourgeoises ; or, c'étaient vraiment de grandes dames. Il ne voulait plus me laisser en aller ; il fallait que je revinsse, disait-il, je serais toujours reçu avec tout ce que j'amènerais. Hélas! il ne me mit pas dans le cas d'en profiter ; à quelques jours de là, je lus dans les papiers la mort de ce tendre et véritable ami.

« Avec le commencement de mes grandeurs finit, sous toutes les faces, l'âge d'or de mon ouvrage. Dès que je fus à la cour et que j'approchai Votre Majesté, je ne crus plus de pareils détails convenables. Je les confiai à un ancien camarade de collège, émigré comme moi, qui n'en tira pas un aussi bon parti.

« En paraissant sur mon nouveau terrain, ce fut d'abord encore de tous côtés de grands complimens sur ma production ; mais j'y répondais faiblement, et cela comme l'on fait au bal, après avoir baissé son masque. Quand on vit que je n'y revenais pas, que je ne citais point, que j'évitais les dissertations, l'on cessa de me parler de mon ouvrage, et l'on finit par s'étonner même que je l'eusse produit, si toutefois l'on n'en douta pas. »

« Mon cher, a dit ici l'Empereur, il n'est pas jusque sur notre roc que ce
« doute ne soit parvenu. On a prétendu pouvoir m'assurer que cet ouvrage
« n'était pas de vous, que vous l'aviez acheté, et l'on en donnait pour une
« des preuves, qu'il n'était pas très certain que vous le connussiez à fond, car
« vous n'en parliez jamais. A quoi il m'a suffi de répondre. Mais avez-vous ja-
« mais vu aucune question demeurée sans complète réponse ? Et puis, ce
« sont toutes ses phrases, leur contexture, les mêmes expressions, etc. »

« Je repris : Beaucoup penseront que je perdis par cette abnégation ; mais je préférais le bon goût à la charlatanerie ; d'ailleurs j'obéissais à ma nature. Votre Majesté, l'autre jour, nous peignait Siéyes arrivant surchargé de plans écrits, et au premier mot de contradiction, dès que venait l'obligation de les défendre, resserrant aussitôt ses papiers et les emportant. Eh bien, me voilà précisément. Je n'ai jamais pu prendre la parole ni soutenir mon opinion devant le monde : il me faut pour cela l'autorité du poste ou l'abandon de l'intimité. Dans tout autre cas, je me voue au silence, quoi que j'entende, à moins qu'on ne m'interroge ou qu'on ne me pousse à bout. Quoi qu'il en soit, dans mon obscurité je m'étais vu entouré de la bienveillance de tous. Mon élévation m'attira des ennemis directs, et ce sentiment vague de jalousie et de malveillance qui marche sur les pas de la fortune. Les journaux dans lesquels depuis long-temps on avait épuisé en quelque façon les expressions flatteuses et agréables en faveur de l'Atlas historique, montrèrent alors quelques articles fort mauvais ; et quand on remonta à la source, l'écrivain avoua franchement que la différence des opinions et de la situation politique en était la seule cause.

« Il fut fait à l'Empereur un rapport par l'Institut sur les ouvrages qui avaient paru depuis quelques années ; l'Atlas y fut maltraité.

« Me trouvant un jour, par hasard et sous mon nom de Le Sage, avec l'auteur de ce rapport, je lui témoignai ma peine. Il me confessa de bonne foi que l'ouvrage et l'auteur lui avaient été inconnus ; que n'ayant pu faire tant de travail à lui seul, il l'avait subdivisé. L'article de Le Sage lui était revenu plus mauvais encore qu'il n'avait paru, il l'avait fort adouci. « Il m'a
« été aisé de voir, continua-t-il, que vous avez des ennemis parmi nous,
« et vous le devez à vos habitudes, à votre situation. Vous vous êtes associé

« avec un M. le comte de je ne sais qui, qui a des places à la cour : les
« courtisans et les lettres ne vont pas bien ensemble. Ces messieurs ne sont
« pas des nôtres. On dit que vous mettez votre mérite, et que lui fournit
« l'argent. A quoi bon cela? Il fait sans doute des profits sur vous, ce M. le
« comte. Votre ouvrage étant très bon, votre libraire vous eût fait crédit.
« Du reste, je ne répète ici que ce que j'ai entendu, et je vous parle dans
« vos intérêts. Si vous désirez notre suffrage, il faut vous rapprocher de
« nous, s'identifier avec nos doctrines et laisser là les grands. »

« Je répondis, avec le plus de ménagement possible, que je le remerciais
sans doute, mais que je ne pouvais suivre tout-à-fait cette morale ; qu'il
jugeait mal mon ami ; que notre bourse, notre existence étaient communes ;
notre union, notre intimité, indissolubles ; que nous nous étions promis de
ne jamais nous séparer, de vivre et de mourir ensemble, et qu'il serait
bien difficile de nous y faire manquer : c'était une vraie scène de comédie.
A quelque temps de là je dînais chez un prince ; j'étais à ses côtés et tout
chamarré. J'aperçus mon membre de l'Institut au nombre des convives.
L'étonnement et l'inquiétude étaient dans ses yeux ; je lui adressai plusieurs fois la parole ; il se penchait vers ses voisins, leur parlait très bas ;
il prenait des renseignemens. Après le dîner, il me joignit, et, prenant la
chose avec beaucoup d'esprit, me pria, disait-il, de le tirer d'embarras ;
qu'il se rappelait bien avoir eu l'honneur de me voir chez lui ; mais qu'il ne
comprenait pas le mauvais tour que je lui avais joué, ni la mystification complète à laquelle je m'étais plu. « Aucune, lui dis-je. Tout ce que vous avez
« vu, tout ce que je vous ai dit est réel ; seulement vous vîtes alors M. Le
« Sage, qui met sa science, et vous voyez aujourd'hui M. le comte, qui
« fournit les fonds : voilà comme on fait les histoires et comment se font les
« rapports. »

« Ce fut aussi quelque méprise de la sorte et tout aussi ridicule qui valut
à M. Le Sage, dans le fameux *Nain jaune*, les honneurs de la girouette,
comme généalogiste de l'ordre, sous le nom assez plaisant, du reste, de
Parvulus Sapiens (Petit Le Sage). Cette faveur, ai-je appris plus tard, était
fondée sur la suppression qui avait été faite, sous le roi, de la généalogie
de Votre Majesté que j'étais supposé faire descendre d'Ascagne et d'Énée.
Il serait difficile de comprendre ce qu'on avait voulu dire, n'y ayant jamais
eu rien dans l'Atlas qui pût mettre en quoi que ce fût, de près ou de loin,
sur une pareille voie. Au demeurant, dans ces diverses circonstances où
l'Atlas et son auteur se trouvèrent attaqués, une foule de partisans zélés et
fervens vinrent me demander s'il me serait agréable qu'ils le défendissent.
Je les suppliai instamment de n'en rien faire ; il me semblait dangereux pour
mon repos d'occuper le public de la sorte. Je riais moi-même des tours
joués à M. Le Sage ; mais il m'eût été pénible de les voir remonter peut-être
par là jusqu'à son homonyme.

« Si l'Atlas, du reste, eut un succès si général et si étendu, c'est qu'il
devait en être ainsi, cet ouvrage étant en effet de tous les âges, de tous les
pays, de tous les temps, de toutes les opinions, de toutes les classes, de
toutes les instructions. C'était l'indicateur de celui qui voulait apprendre,
les ressouvenirs de celui qui avait su, le guide pour l'écolier, le développement pour le maître : il réunissait la chronologie, l'histoire, la géographie,
la politique, etc.

« Quand on le comprend bien et qu'on sait s'en servir, il est vrai de dire
qu'il compose à lui seul toute une bibliothèque : c'est le *Vade Mecum* du

commençant, celui du maître, celui du savant, celui de l'homme du monde.

« Aussi eut-il un immense débit, et jamais ouvrage littéraire, je crois, ne produisit autant. A son apparition, on eut à inscrire jusqu'à deux et trois cents louis de souscription dans un jour. Tant que je suis demeuré chargé personnellement de ces objets, j'ai dû compter les recettes par un revenu de soixante à quatre-vingt mille francs au moins. Il m'avait créé une véritable fortune, je n'en ai pas d'autre; la révolution m'avait enlevé mon patrimoine, dont je n'avais pas dû m'occuper depuis, puisqu'il m'avait fallu faire serment d'y renoncer pour pouvoir mettre le pied sur le territoire.

« Mon ouvrage m'avait fait dans la librairie une réputation équivalente, au besoin, à un véritable fonds. Des libraires sont venus plus d'une fois m'offrir deux cents, trois cents louis pour approuver seulement, et ne faire que mettre mon nom au bas d'ouvrages tout faits. Ils me quittaient bien étonnés de mon refus. J'appris par là que c'était l'habitude de la capitale parmi les imprimeurs de livres. Un auteur de célébrité peut en faire trafic, c'est une portion de sa fortune, il la place à gros intérêts, sans aucune mise dehors; elle devient un article essentiel de son budget de recettes.

« Il s'est déjà publié, en plusieurs éditions, de huit à dix mille exemplaires de l'Atlas, qui ont mis en circulation au delà de huit à neuf cent mille francs, peut-être plus d'un million, desquels trois cent mille francs ont été réalisés quittes de frais, et sont en mes mains : ils composent ma fortune nette, ne possédant rien qui ne me soit venu de l'Atlas et ne soit couché sur ses registres. Cent cinquante mille francs demeuraient encore à mon départ en créances arriérées, bonnes ou mauvaises; ainsi que plus de deux cent mille francs en valeur de livres choisis, obtenus par des échanges, et qui, morcelés par assortimens de mille écus et expédiés aux pays lointains, me promettaient, avec le temps, des rentrées certaines. Malheureusement aujourd'hui de tout ce brillant produit je ne puis, je ne dois plus compter que sur ce que je tiens déjà; le reste est trop hasardé pour ne pas le considérer comme perdu. Personne n'est au courant de mes affaires, je n'ai pas eu le temps d'en charger quelqu'un, les détails en sont trop nombreux, trop épars, trop diversifiés, pour en donner le fil d'ici. Les dettes arriérées vieillissent; les créanciers meurent, se déplacent et disparaissent; et, pour les livres, ils seront égarés, gaspillés, gâtés et perdus.

« Quoi qu'il en soit, cet ouvrage avait été sur le point de me faire une fortune bien autrement brillante encore. La tracasserie la plus injuste m'en priva : les détails en sont assez curieux pour que je les mentionne à Votre Majesté.

« Au commencement de 1813, deux négocians, qui avaient découvert que j'étais l'auteur de l'Atlas historique de Le Sage, pénétrèrent chez moi, et me proposèrent, si je voulais leur en donner pour deux millions, de m'en payer aussitôt le vingt pour cent, argent comptant, et de me les transporter gratis à Londres, où ils seraient encore ma propriété et demeureraient à ma disposition. J'ouvris de grands yeux; je ne pouvais comprendre; je craignais qu'on ne voulût me mystifier. Eux, de leur côté, cherchaient à m'expliquer cette affaire, et me disaient que c'était la marche et le taux actuel des licences, auxquelles ils voyaient bien que j'étais étranger. Toutefois il me resta assez de cette conversation pour que je pusse m'éclairer entièrement ailleurs. En effet, j'appris que les bâtimens de licence, pour aller à Londres chercher des denrées coloniales, ne pouvaient partir de France sans une exportation égale en valeur nominale à l'importation qu'ils projetaient. Les livres étaient compris dans les objets dont l'exportation était permise, et les négocians en cherchaient d'un transport léger et d'un prix très haut, qui à peu de frais pussent leur donner des droits à une importation considérable. Or, mon ouvrage semblait être précisément calculé pour cette opération. Cependant, avant de l'entreprendre, j'allai auprès du directeur général des douanes et du président du comité d'exportation m'assurer que j'avais bien compris et que j'étais en toute règle. Sur leur affirmation, je me mis aussitôt au travail. J'accomplis une des belles opérations qu'on puisse imaginer ; le terme pressait ; on me prescrivait un temps très court. Une trentaine de planches in-folio furent distribuées aux trente plus grandes presses de Paris, qui travaillèrent dès ce moment sans relâche. Tout le papier vélin d'une certaine forme fut arrêté et s'accrut successivement de prix chaque jour jusqu'au delà de cent pour cent. Ce fut un véritable mouvement dans toute l'imprimerie de la capitale, au point d'en inquiéter la police, jusqu'à ce qu'elle eût découvert et compris ce que ce pouvait être. J'employai à l'instant, directement ou indirectement, de trois ou quatre cents ouvriers. Au bout de vingt et un jours, je devais avoir mes deux millions d'Atlas, et recevoir mes quatre cent mille francs d'argent comptant. J'étais le seul dans le monde qui eût pu faire cette opération : un hasard unique faisait que j'avais imaginé dans le temps de garder mes planches toutes composées, en faisant la très grande dépense des caractères. Je recueillais donc en ce moment le fruit d'une industrie et d'une mise dehors de dix ans. C'était un vrai quine à la loterie ; la tête me tournait d'une telle circonstance ; mais je bâtissais sur le sable, et je devais expier cruellement ces premiers instans d'illusion.

« Le directeur général de la librairie, mon camarade au Conseil d'État, s'acharna à me nuire, sans que j'en pusse deviner la cause. Tout en m'assurant qu'il ne m'était nullement défavorable, qu'il aiderait plutôt son collègue, il ne cessa d'écrire sous main et de pousser en avant contre moi les experts libraires qu'il avait trouvé le moyen de faire nommer pour ces opérations. Je n'en pouvais douter, on me communiquait de confiance dans les bureaux ses lettres secrètes ; et la délicatesse m'interdisait encore la satisfaction de pouvoir lui reprocher son indignité.

« Il me fit objecter d'abord que mes feuilles ne pouvaient être admises, parce que la loi n'admettait que les livres. Je demandai à cela si la loi n'admettait pas les ouvrages en feuilles ; et, sur l'affirmative, je fis observer que mes feuilles étaient un livre qui attendait sa reliure. Alors le conseiller d'État, mon camarade, prononça que la faveur accordée par l'Empereur concernait les libraires et non pas les auteurs. Le ministre de l'intérieur, l'honnête M. *de Montalivet*, se révolta contre cette partialité, et fit taire le directeur général. Alors celui-ci prétendit qu'on avait de beaucoup accru le prix de mes feuilles. On lui prouva par plus de deux cents annonces dans les journaux, depuis dix ans, qu'il avait été constamment le même. Alors il se rabattit sur le prix intrinsèque, et voulut prouver que ce que je vendais cent sous ne m'en coûtait que cinq ou six, et créa encore d'autres difficultés aussi ridicules. Cependant le temps courait, les vaisseaux se remplissaient, les avantages offerts par les armateurs diminuaient ; les évaluations arbitraires des comités arrivèrent, et moi qui avais continué mes opérations au milieu des difficultés, je dus me regarder comme très heureux, à travers mille inquiétudes, mille contrariétés, mille vrais chagrins, de ne pas me trouver ruiné, de retirer mes frais, qui avaient été au delà de quatre-vingt mille francs.

« Mais c'est à peine croyable, disait l'Empereur ; comment cela a-t-il pu
« se passer ainsi ? Votre opération eût été dans mes goûts ; elle vous eût
« avancé dans mon esprit, elle m'eût plu ; l'activité, l'organisation de vos
« détails m'eussent frappé. Rien d'ailleurs ne me faisait plus de plaisir que
« de faire gagner légitimement de l'argent à ceux qui étaient autour de moi.
« Que n'êtes-vous venu me trouver, que ne m'avez-vous amené votre anta-
« goniste, vous eussiez vu comme je l'aurais traité ! — Sire, ai-je répondu,
« j'étais bien loin de le voir ainsi, les momens étaient critiques, votre temps
« était précieux ; comment aurais-je pu prétendre à me faire écouter, à me
« faire comprendre de Votre Majesté, dans une affaire aussi compliquée et
« aussi délicate ? Comment lui expliquer que cet ouvrage, qui n'était pas
« sous mon nom, était le mien ? comment oser vous présenter quelqu'un si
« voisin de Votre Majesté, mêlé avec les licences, des vingt pour cent, des
« millions de librairie ? Je me sentais si peu connu de Votre Majesté que je
« frémissais au contraire qu'il ne vous en parvint quelque chose. Aussi je
« me donnai beaucoup de mouvement, mais je fis le moins de bruit possi-
« ble, et je me résignai à tout souffrir.

« — Vous eûtes grand tort, disait l'Empereur, vous avez été très mal-
« adroit avec moi, et encore plus *peut-être* avec votre antagoniste ; je ne sau-
« rais expliquer autrement un acharnement si peu naturel, etc., etc. »

Visite du gouverneur. — Conversation chaude avec l'Empereur.

Jeudi 16. — La brèche était décidée entre nous et le gouverneur depuis ce que l'on m'a vu appeler plus haut sa première *méchanceté*, sa première *injure* et sa première *brutalité*. L'éloignement, la mésintelligence et l'aigreur mutuels allaient toujours croissant ; nous étions fort mal disposés les uns et les autres.

Il s'est présenté sur les trois heures, suivi de son secrétaire militaire ; il désirait voir l'Empereur pour lui parler d'affaires. L'Empereur se portait assez mal ; il n'était point habillé : toutefois il m'a dit qu'il le recevrait, sa toilette faite. En effet, peu d'instans après il est passé dans son salon, et j'ai introduit sir Hudson Lowe.

Demeuré dans le salon d'attente avec le secrétaire militaire, j'ai pu entendre, par le son de la voix de l'Empereur, qu'il s'animait et que la scène était chaude. L'audience a été fort longue et très orageuse. Le gouverneur congédié, j'ai couru au jardin où l'Empereur me faisait demander. Depuis deux jours il n'était pas bien : ceci a achevé de le bouleverser. « Eh bien !
« m'a-t-il dit en m'apercevant, la crise a été forte, je me suis fâché, mon
« cher ! on m'a envoyé plus qu'un geôlier ! sir Lowe est un bourreau ! Quoi
« qu'il en soit, je l'ai reçu aujourd'hui avec ma figure d'ouragan, la tête
« penchée et l'oreille en avant. Nous nous sommes considérés comme deux
« béliers qui allaient s'encorner ; et mon émotion doit avoir été bien forte,
« car j'ai senti la vibration de mon mollet gauche. C'est un grand signe chez
« moi, et cela ne m'était pas arrivé depuis long-temps. »

Le gouverneur avait abordé l'Empereur avec embarras et en phrases coupées. Il était arrivé des pièces de bois, disait-il.... Les journaux devaient le lui avoir appris, à lui Napoléon..... C'était une habitation pour lui...... Il serait bien aise de savoir ce qu'il en pensait,...... etc., etc. A quoi l'Empereur a répondu par le silence et un geste très significatif. Puis, passant rapidement à d'autres objets, il lui a dit avec chaleur qu'il ne lui demandait rien, qu'il ne voulait rien de lui, que seulement il le priait de le laisser tranquille; que tout en se plaignant de l'amiral, il lui avait constamment reconnu un cœur; qu'au milieu et en dépit de ses contrariétés, il l'avait pourtant reçu toujours en parfaite confiance; qu'il n'en était plus de même aujourd'hui; que depuis un mois que lui Napoléon se trouvait en d'autres mains, il avait été plus agacé que durant les six autres mois qu'il avait été dans l'île.

Le gouverneur ayant répondu qu'il n'était pas venu pour recevoir des leçons : « Ce n'est pourtant pas faute que vous en ayez besoin, a repris l'Em-
« pereur. Vous avez dit, Monsieur, que vos instructions étaient bien plus
« terribles que celles de l'amiral. Sont-elles de me faire mourir par le fer
« ou par le poison? Je m'attends à tout de la part de vos ministres : me
« voilà, exécutez votre victime! J'ignore comment vous vous y prendrez
« pour le poison; mais quant à m'immoler par le fer, vous en avez déjà
« trouvé le moyen. S'il vous arrive, ainsi que vous m'en avez fait menacer,
« de violer mon intérieur, je vous préviens que le brave 53ᵉ n'y entrera que
« sur mon cadavre.

« En apprenant votre arrivée, je me félicitais de trouver un général de
« terre, qui, ayant été sur le continent et dans les grandes affaires, aurait
« su employer des mesures convenables vis-à-vis de moi; je me trompais
« grossièrement. » Le gouverneur ayant dit qu'il était militaire dans l'intérêt et les formes de sa nation, l'Empereur a repris : « Votre nation, votre
« gouvernement, vous-même, serez couverts d'opprobre à mon sujet; vos
« enfans le partageront; ainsi le voudra la postérité. Fut-il jamais de barba-
« rie plus raffinée que la vôtre, Monsieur, lorsqu'il y a peu de jours vous
« m'avez invité à votre table sous la qualification de *général Bonaparte*, pour
« me rendre la risée ou l'amusement de vos convives! Auriez-vous mesuré
« votre considération au titre qu'il vous plaisait de me donner? Je ne suis
« point pour vous le général Bonaparte; il ne vous appartient pas plus qu'à
« personne sur la terre de m'ôter les qualifications qui sont les miennes. Si
« lady Loudon eût été dans mon enceinte, j'eusse été la voir sans doute,
« parce que je ne compte point avec une femme; mais j'eusse cru l'honorer
« beaucoup. Vous avez offert, m'a-t-on dit, des officiers de votre état-ma-
« jor pour m'accompagner dans l'île, au lieu du simple officier établi dans
« Longwood. Monsieur, quand des soldats ont reçu le baptême du feu dans
« les batailles, ils sont tous les mêmes à mes yeux; leur couleur n'est point
« ici ce qui m'importune, mais l'obligation de les voir, quand ce serait une
« reconnaissance tacite du point que je conteste. Je ne suis point prison-
« nier de guerre; je ne dois donc point me soumettre aux règles qui en
« sont la suite. Je ne suis dans vos mains que par le plus horrible abus de
« confiance. »

Le gouverneur, au moment de sortir, ayant demandé à l'Empereur de lui présenter son secrétaire militaire, l'Empereur a répondu que c'était fort inutile, que si cet officier avait l'âme délicate, il devait s'en soucier fort peu; que pour lui il le sentait de la sorte. Qu'il ne pouvait d'ailleurs exister aucun rapport de société entre les geôliers et les prisonniers; que c'était donc parfaitement inutile. Il a congédié le gouverneur.

Le grand maréchal est venu nous joindre; il arrivait de chez lui, où le gouverneur était descendu avant et après sa visite à l'Empereur. Il a rendu un compte détaillé de ces deux visites.

En repassant, le gouverneur avait montré une extrême mauvaise humeur, et s'était plaint fortement de celle de l'Empereur. Ne s'en fiant point à son propre esprit, il avait eu recours à celui de l'abbé de Pradt, dont l'ouvrage nous était présent à tous en ce moment. Il avait dit : « Que Napoléon ne s'était pas contenté de se créer une France imaginaire, une Espagne imaginaire, une Pologne imaginaire, mais qu'il voulait encore se créer une *Sainte-Hélène imaginaire.* » Et l'Empereur n'a pu s'empêcher d'en rire.

Nous avons alors fait notre tournée en calèche. Au retour, l'Empereur s'est mis au bain. Il m'a fait appeler, a dit qu'il ne dînerait qu'à neuf heures, et m'a retenu. Il est beaucoup revenu sur la scène du jour, sur les abominables traitemens dont il est l'objet, sur la haine atroce qui les commande, la brutalité qui les exécute. Et après quelques instans de silence et de méditation, il lui est échappé ce qu'il me dit souvent : « Mon cher, ils me tueront « ici! c'est certain! » (quelle horrible prophétie!...)

Vendredi 17. — J'ai été fort malade toute la nuit; l'Empereur a déjeuné dans le jardin; il m'y a fait appeler; il était lui-même triste et abattu; il ne se portait pas bien du tout. Après le déjeuner, nous nous sommes promenés long-temps autour de la maison; il ne disait mot. La chaleur l'a forcé de rentrer vers une heure. Il regrettait vivement de n'avoir point d'ombrage.

Vers quatre heures, il a envoyé savoir si je continuais d'être souffrant; il revenait de la promenade en calèche, où je n'avais pu le suivre. J'ai été le joindre au jardin, où il était demeuré avec le grand maréchal. Il continuait d'être triste, indifférent, distrait; il a fait raconter à Bertrand son séjour à Constantinople en 1796, son voyage à Athènes et son retour au travers de l'Albanie. Il était beaucoup question de Sélim III, de ses améliorations, du baron de Tott, etc., etc. Tout cela était fort curieux, malheureusement je ne trouve dans mon manuscrit que de simples indications que ma mémoire ne saurait m'aider à développer aujourd'hui.

Après dîner, l'Empereur, qui avait à peine mangé, a essayé de nous lire, dans *Anacharsis*, la séance de l'académie. Son accent et toute sa personne n'avaient ni la force ni le feu ordinaires. Contre sa coutume, il a fini sans analyse, sans observation. Il s'est retiré aussitôt que le chapitre a été terminé.

Madame la maréchale Lefèvre.—Traits caractéristiques.

Samedi 18. — L'Empereur a continué d'être souffrant. Au retour d'une promenade en calèche, il s'est mis au bain; il m'a fait appeler. Il y est devenu gai; nous avons causé avec la plus grande liberté jusqu'à huit heures et demie. Il a voulu dîner dans son cabinet, et m'a gardé. Le lieu, le tête-à-tête, l'élégance du service, la propreté de la table, me donnaient, disais-je, l'idée d'une petite bonne fortune; il en a ri. Il m'a beaucoup questionné et m'a fait revenir sur Londres, mon émigration, nos princes, l'évêque d'Arras (de Consié), etc., etc. Il revenait lui-même sur les principales époques de son consulat; il en donnait des détails et des anecdotes bien curieuses; de là nous sommes passés à l'ancienne cour, à la nouvelle, etc. Beaucoup de ces choses ne seraient que des répétitions; je crois les avoir déjà mentionnées ailleurs. D'autres qui ne sont qu'indiquées dans mon manuscrit demeureront pour jamais perdues.

Voici seulement ce que je transcris comme nouveau. Il m'est arrivé d'é-

gayer l'Empereur par les anecdotes et les coq-à-l'âne prêtés gratuitement, sans nul doute, à madame la maréchale Lefèvre, qui pendant long-temps a joui du privilége de faire les gorges chaudes de nos salons et même des Tuileries. « Je m'en étais donné, disais-je, tout comme un autre, jusqu'à ce
« qu'un jour je me l'interdis à jamais, en apprenant un trait d'elle qui prou-
« vait l'élévation de ses sentimens autant que la bonté de son cœur.

« Madame Lefèvre, femme d'un soldat aux gardes, et par conséquent
« d'un état à l'avenant, courait elle-même gaiement, et volontiers, au de-
« vant de ses souvenirs, et même de ses occupations manuelles de cette
« époque. Elle et son mari se trouvaient dans ces temps avoir donné des soins
« domestiques à leur capitaine (le marquis de Valady), parrain de leur en-
« fant, et fameux dans la défection des gardes françaises, non moins fa-
« meux encore dans son fanatisme de république et de liberté, qui ne le pri-
« vait pourtant pas de certains sentimens généreux ; car, membre de la
« Convention, il a péri pour s'être opposé à l'exécution de Louis XVI, qua-
« lifiant hautement cet acte de véritable meurtre, ajoutant de la meilleure
« foi du monde que ce prince était déjà assez malheureux d'avoir été roi,
« pour qu'on songeât à lui infliger d'autre châtiment.

« La veuve de ce député, au retour de son émigration, reçut tout aussi-
« tôt les offres et les soins les plus touchans du ménage Lefèvre, parvenu
« alors à un haut degré de splendeur et de crédit.

« Or, un jour madame Lefèvre accourut chez elle : « Mais savez-vous, lui
« dit-elle, que vous n'êtes pas bons, et que vous avez bien peu de cœur en-
« tre vous autres gens comme il faut ? Nous, tout bêtement soldats, nous
« en agissons mieux. On vient de nous apprendre qu'un de nos anciens
« officiers, et le camarade de votre mari, vient d'arriver de son émigration,
« et qu'on le laisse ici mourir de faim ; ce serait grande honte !........ Nous
« craindrions, nous autres, de l'offenser, si nous venions à son secours,
« mais vous, c'est autre chose ; vous ne pouvez que lui faire plaisir. Portez-
« lui donc cela de votre part. » Et elle lui jeta un rouleau de cent louis, ou
« mille écus. Sire, depuis ce temps, disais-je, je n'ai plus eu envie de me
« moquer de madame Lefèvre ; je n'ai plus senti pour elle qu'une vénération
« profonde ; je m'empressais de lui donner la main aux Tuileries, et je me
« trouvais fier de la promener dans vos salons, en dépit de tous les quoli-
« bets que j'entendais bourdonner autour de moi. »

Nous avons parcouru alors un grand nombre de rapports de bienveillances exercées par les nouveaux parvenus en faveur des anciens ruinés, et
cité beaucoup de traits à l'avenant ; entre autres la galanterie, bien recherchée peut-être, de celui qui, de simple soldat, arrivé au grade de maréchal
ou de haut général, je ne me souviens plus, se procura un jour la satisfaction, dans sa splendeur nouvelle, de réunir en dîner de famille son ancien
colonel et quatre ou cinq officiers du régiment, qu'il reçut avec son ancien
habit de soldat, n'employant constamment vis-à-vis d'eux que les mêmes
qualifications dont il s'était servi autrefois.

« Et voilà pourtant, disait l'Empereur, la vraie manière d'éteindre la fu-
« reur des temps, car de pareils procédés doivent nécessairement créer de
« grands échanges de bienveillances réciproques entre les partis opposés,
« et il est à croire que dans les derniers temps les obligés auront obligé à
« leur tour, ne fût-ce que pour demeurer *quittes*. »

Ce mot de *quittes* me rappelle un trait caractéristique de l'Empereur, qui doit trouver ici sa place.

Un général, dans son département, s'était rendu coupable d'excès, qui, portés devant les tribunaux, devaient lui coûter l'honneur, peut-être la vie. Or, ce général avait rendu les plus grands services à Napoléon dans la journée de brumaire. Il mande le général, et, après lui avoir reproché ses infamies : « Toutefois, lui dit-il, vous m'avez obligé, je ne l'ai point ou- « blié. Je vais peut-être outre-passer les lois, et manquer à mes devoirs : « je vous fais grâce. Monsieur, allez-vous-en ; mais sachez qu'à compter « d'aujourd'hui nous sommes *quittes*. Désormais tenez-vous bien, j'aurai les « yeux sur vous. »

Le gouverneur de Java.—Le docteur Warden.—Conversation familière de l'Empereur sur sa famille.

Dimanche 19.—Le docteur Warden est venu déjeuner avec moi. J'ai donné des éclaircissemens sur des faits historiques concernant l'Empereur, et sur lesquels il me semble vouloir écrire.

N. B. J'ai vu avec regret dans l'ouvrage du docteur qu'il avait tout-à-fait négligé les observations et les redressemens que je m'étais permis, et surtout étrangement défiguré les communications que je m'étais plu à lui donner.

Sur les trois heures, l'Empereur a reçu le gouverneur de Java (Raffles) et ses officiers dans le jardin. Il a fait ensuite un tour en calèche.

En rentrant sur les six heures, je l'ai suivi dans son cabinet ; il a fait appeler le grand maréchal et sa femme, et s'est mis à causer familièrement jusqu'à dîner, parcourant mille objets de sa famille et de son plus petit intérieur au temps de sa puissance. Il s'est arrêté surtout sur l'impératrice *Joséphine*. Ils avaient fait ensemble, disait-il, un ménage tout-à-fait bourgeois, c'est-à-dire fort tendre et très uni, n'ayant eu long-temps qu'une même chambre et qu'un même lit. « Circonstance très morale, disait l'Em- « pereur, qui influe singulièrement sur un ménage, assure le crédit de la « femme, la dépendance du mari, maintient l'intimité et les bonnes mœurs. « On ne se perd point de vue, en quelque sorte, continuait-il, quand on « passe la nuit ensemble ; autrement, on devient bientôt étrangers. Aussi, « tant que dura cette habitude, aucune de mes pensées, aucune action n'é- « chappaient à Joséphine ; elle suivait, saisissait, devinait tout ; ce qui par- « fois n'était pas sans quelque gêne pour moi et pour les affaires. Un moment « d'humeur y mit fin lors du camp de Boulogne. » Certaines circonstances politiques arrivées de Vienne, la nouvelle de la coalition qui éclata en 1805, avaient occupé le Premier Consul tout le jour, et prolongèrent son travail fort avant dans la nuit. Revenant se coucher fort mal disposé, on lui fit une véritable scène de ce retard. La jalousie en était la cause ou le prétexte. Il se fâcha à son tour, s'évada, et ne voulut plus entendre à reprendre son assujettissement. Toute la crainte de l'Empereur, disait-il, avait été que Marie-Louise n'en eût exigé un pareil ; car enfin il l'eût bien fallu. C'est le véritable apanage, le vrai droit d'une femme, ajoutait-il.

« Un fils de Joséphine m'eût été nécessaire, et m'eût rendu heureux, « continuait l'Empereur, non seulement comme résultat politique, mais en- « core comme douceur domestique.

« Comme résultat politique, je serais encore sur le trône, car les Fran- « çais s'y seraient attachés comme au roi de Rome, et je n'aurais pas mis « le pied sur l'abîme couvert de fleurs qui m'a perdu. Et qu'on médite après

« sur la sagesse des combinaisons humaines ! Qu'on ose prononcer avant la
« fin sur ce qui est heureux ou malheureux ici-bas !

« Comme douceur domestique, ce gage eût fait tenir Joséphine tran-
« quille, et eût mis fin à une jalousie qui ne me laissait pas de repos ; et cette
« jalousie se rattachait bien plus à la politique qu'au sentiment. Joséphine
« prévoyait l'avenir, et s'effrayait de sa stérilité. Elle sentait bien qu'un ma-
« riage n'est complet et réel qu'avec des enfans ; or elle s'était mariée ne
« pouvant plus en donner. A mesure que sa fortune s'éleva, ses inquiétudes
« s'accrurent : elle employa tous les secours de la médecine ; elle feignit
« souvent d'en avoir obtenu du succès. Quand elle dut enfin renoncer à
« tout espoir, elle mit souvent son mari sur la voie d'une grande superche-
« rie politique ; elle finit même par oser la lui proposer directement.

« Joséphine avait à l'excès le goût du luxe, le désordre, l'abandon de la
« dépense, naturels aux créoles. Il était impossible de jamais fixer ses
« comptes ; elle devait toujours : aussi c'était constamment de grandes que-
« relles quand le moment de payer ses dettes arrivait. On l'a vue souvent
« alors envoyer chez ses marchands leur dire de n'en déclarer que la moitié.
« Il n'est pas jusqu'à l'île d'Elbe où des mémoires de Joséphine ne soient
« venus fondre sur moi de toutes les parties de l'Italie. »

Quelqu'un qui avait connu l'impératrice Joséphine à la Martinique, a répété à l'Empereur beaucoup de particularités de sa jeunesse et de sa famille. Il est très vrai qu'on lui avait prédit plusieurs fois, dans son enfance,
qu'elle porterait une couronne. Et une autre circonstance non moins remarquable ni moins bizarre serait que la sainte ampoule, qui servait à sa-
crer nos rois, eût été brisée, ainsi que quelques uns l'ont prétendu, précisément par son premier mari, le général Beauharnais, qui, dans un moment de défaveur populaire, aurait espéré, par cet acte, se remettre en
crédit.

On a dit, on a écrit mille bruits absurdes sur le mariage de Napoléon et
de Joséphine. On trouvera dans les campagnes d'Italie la véritable et première cause de leur connaissance et de leur union. C'est par Eugène, encore enfant, qu'elle se fit. Après vendémiaire, il alla demander l'épée de
son père au général en chef de l'armée de l'intérieur (le général Bonaparte);
l'aide de camp Lemarrois introduisit ce jeune enfant, qui, en revoyant l'épée
de son père, se mit à pleurer. Le général en chef fut touché de ce sentiment,
et le combla de caresses. Sur le récit qu'Eugène fit à sa mère de l'accueil
qu'il avait reçu du jeune général, elle accourut lui faire visite et le remercier. « On sait, disait l'Empereur, qu'elle croyait aux pressentimens, aux
« sorciers ; on lui avait prédit dans son enfance qu'elle ferait une grande
« fortune, qu'elle serait souveraine. On connaît d'ailleurs toute sa finesse ;
« aussi me répétait-elle souvent depuis qu'aux premiers récits d'Eugène le
« cœur lui avait battu, et qu'elle avait entrevu dès cet instant une lueur de
« sa destinée, l'accomplissement des prédictions ; etc., etc.

« Une autre nuance caractéristique de Joséphine, disait l'Empereur, était
« sa constante dénégation. Dans quelque moment que ce fût, quelque ques-
« tion que je lui fisse, son premier mouvement était la négative, sa première
« parole *non* ; et ce *non*, disait l'Empereur, n'était pas précisément un men-
« songe, c'était une précaution, une simple défensive ; et c'est ce qui nous
« distingue éminemment, disait-il à madame Bertrand, de vous autres mes-
« dames, ce qui n'est au fond entre nous que différence de sexe et d'éduca-
« tion : vous aimez, et l'on vous apprend à dire *non* ; nous, au contraire,

« nous nous faisons gloire de le dire, même quand cela n'est pas. De là toute
« la clef de nos conduites respectives si différentes. Nous ne sommes vrai-
« ment pas et nous ne saurions être de même espèce dans la vie.

« Lors de la terreur, Joséphine étant en prison, son mari mort sur l'écha-
« faud, *Eugène*, son fils, avait été mis chez un menuisier, et y fut littéra-
« lement en apprentissage et en service. *Hortense* ne fut guère mieux, elle
« fut mise, si je ne me trompe, chez une ouvrière en linge (1). »

Ce fut Fouché qui le premier toucha la corde fatale du divorce; il alla, sans mission, conseiller à Joséphine de dissoudre son mariage, pour le bien de la France, lui disait-il. Le moment pourtant n'était pas encore arrivé pour Napoléon. Cette démarche causa beaucoup de chagrin et de trouble dans le ménage; elle irrita fort l'Empereur; et s'il ne chassa pas alors Fouché, à la vive sollicitation de Joséphine, c'est qu'au fait il avait déjà secrètement arrêté ce divorce en lui-même, et qu'il ne voulut pas, par ce châtiment, donner un contre-coup à l'opinion.

Toutefois il doit à la justice de dire que, dès qu'il le voulut, Joséphine obéit. Ce fut pour elle une peine mortelle; mais elle se soumit et de bonne foi, sans vouloir mettre à profit des tracasseries inutiles qu'elle eût pu essayer de faire valoir. Et ici c'est peut-être le lieu de dire que je tiens de la bouche du prince primat des détails curieux sur le mariage et le divorce. Madame de Beauharnais fut mariée au général Bonaparte par un prêtre insermenté, mais qui avait négligé, par pur accident, l'autorisation obligée du curé de la paroisse. Ce défaut de formalité, ou tout autre, occupa fort depuis le cardinal Fesch, et, soit scrupule ou autrement, il fit si bien qu'il vint à bout, au moment du couronnement, de persuader aux deux époux de se laisser marier par lui, à huis clos, *en tant que de besoin*. Lors du divorce, la séparation civile fut prononcée par le Sénat. Quant à la séparation religieuse, on ne voulait pas s'adresser au pape, et on n'en eut pas besoin. Le cardinal Fesch ayant refait le mariage sans témoins, l'officialité de Paris l'annula pour ce défaut, et déclara qu'il n'y avait pas eu de mariage. A ce jugement l'impératrice Joséphine fit appeler le cardinal Fesch à la Malmaison, et lui demanda s'il oserait attester et signer par écrit qu'elle avait été mariée, et bien mariée. « Sans doute, répondit le cardinal Fesch, je le soutiendrai
« partout, et je vais vous en signer le témoignage. » Ce qu'il fit en effet.

« Mais, disais-je alors au prince primat, quel jugement a donc porté l'of-
« ficialité de Paris?—Celui de la vérité, répondit le prince.—Mais que veut
« dire alors la déclaration du cardinal Fesch? Serait-elle donc fausse?—
« Pas dans son opinion, disait-il, parce qu'il a adopté les doctrines ultra-
« montaines, par lesquelles les cardinaux prétendent avoir le droit de ma-
« rier sans témoins, ce qui n'est pas reconnu en France, et frappe de nul-
« lité. »

Toutefois il semble que l'impératrice Joséphine ne demanda cet écrit que pour sa propre satisfaction, et n'en fit pas autrement usage.

Elle se conduisit avec beaucoup de grâce et d'adresse; elle désira que le vice-roi fût mis à la tête de cette affaire, et fit elle-même, à cet égard, des offres de service à la maison d'Autriche.

Joséphine, ajoutait Napoléon, eût vu volontiers Marie-Louise : elle en

---

(1) L'on m'a assuré depuis que cette circonstance est en effet erronée, et celle relative au prince Eugène inexacte.

parlait souvent et avec beaucoup d'intérêt, ainsi que du roi de Rome : quant à Marie-Louise, elle traitait à merveille Eugène et Hortense; mais elle montrait une grande répugnance pour Joséphine, et surtout une vive jalousie. « Je voulus la mener un jour à la Malmaison, disait l'Empereur; mais, sur « cette proposition, elle se mit à fondre en larmes. Elle ne m'empêchait pas « d'y aller, me disait-elle, se contentant de ne vouloir pas le savoir. Toute-« fois, dès qu'elle en suspectait l'intention, il n'est pas de ruse qu'elle n'em-« ployât pour me gêner là-dessus. Elle ne me quittait plus; et comme ces « visites semblaient lui faire beaucoup de peine, je me fis violence, et n'allai « presque jamais à la Malmaison. Quand il m'arrivait d'y aller, c'étaient « alors d'autres larmes de ce côté, c'étaient des tracasseries de toute espèce. « Joséphine avait toujours devant les yeux et dans ses intentions l'exemple « de la femme de Henri IV, qui, disait-elle, avait vécu à Paris après son di-« vorce, venait à la cour, avait assisté au sacre. Elle, Joséphine, était bien « mieux située encore, prétendait-elle; elle avait ses propres enfans, et ne « pouvait plus en avoir d'autres, etc. »

Joséphine avait une connaissance accomplie de toutes les nuances du caractère de l'Empereur et un tact admirable pour la mettre en pratique. « Ja-« mais il ne lui est arrivé, par exemple, disait l'Empereur, de rien deman-« der pour Eugène, d'avoir jamais même remercié pour ce que je faisais « pour lui; d'avoir même montré plus de soins ou de complaisance le jour « des grandes faveurs, tant elle avait à cœur de se montrer persuadée et de « me convaincre que tout cela n'était pas son affaire à elle, mais bien la mienne « à moi, qui pouvais et devais y rechercher des avantages. Nul doute qu'elle « n'ait eu plus d'une fois la pensée que j'en viendrais un jour à l'adopter « pour successeur. »

L'Empereur se disait convaincu qu'il avait été ce qu'elle aimait le mieux, et ajoutait en riant qu'il ne doutait pas qu'elle n'eût quitté un rendez-vous d'amour pour venir auprès de lui. Elle n'eût pas manqué un voyage, quelque pénible qu'il fût, pour tout au monde. Ni fatigue, ni privations ne pouvaient la rebuter; elle employait l'importunité, la ruse même, pour le suivre. « Montais-je en voiture au milieu de la nuit pour la course la plus lointaine, « à ma grande surprise j'y trouvais Joséphine tout établie, bien qu'elle n'eût « pas dû être du voyage. Mais il vous est impossible de venir : je vais trop « loin; vous auriez trop à souffrir. — Pas le moindrement, répondait José-« phine. — Et puis, il faut que je parte à l'instant. — Aussi me voilà toute « prête. — Mais il vous faut un grand attirail. — Aucun, disait-elle, tout est « préparé. — Et la plupart du temps il fallait bien que je cédasse.

« En somme, concluait l'Empereur, Joséphine avait donné le bonheur à « son mari, et s'était constamment montrée son amie la plus tendre. Pro-« fessant à tout moment et en toute occasion la soumission, le dévouement, « la complaisance la plus absolue. Aussi lui ai-je toujours conservé les plus « tendres souvenirs et la plus vive reconnaissance.

« Joséphine, disait encore l'Empereur, mettait ces dispositions et ces qua-« lités (la soumission, le dévouement, la complaisance) au rang des vertus « et de l'adresse politique dans son sexe, et elle blâmait fort et grondait sou-« vent sur ce point sa fille *Hortense* et sa parente *Stéphanie*, qui vivaient mal « avec leurs maris, montrant des caprices et affectant de l'indépendance.

« *Louis*, disait l'Empereur à ce sujet, était un enfant gâté par la lecture « de Jean-Jacques. Il n'avait pu être bien avec sa femme que très peu de « mois. Beaucoup d'exigences de sa part, de l'étourderie de la part d'Hor-

« tense, voilà les torts réciproques. Toutefois ils s'aimaient en s'épousant,
« ils s'étaient voulus l'un et l'autre; ce mariage, au surplus, avait été le ré-
« sultat des efforts de Joséphine, qui y trouvait son compte. J'aurais voulu
« au contraire, moi, m'étendre dans d'autres familles, et j'avais un moment
« jeté les yeux sur une nièce de M. de Talleyrand, devenue depuis ma-
« dame Juste de Noailles. »

On avait fait courir les bruits les plus ridicules sur les rapports de lui
Napoléon avec Hortense; on avait voulu que son aîné fût de lui. Mais de pareilles liaisons n'étaient, disait-il, ni dans ses idées ni dans ses mœurs; et
pour peu qu'on connût celles des Tuileries, on sent bien, remarquait-il,
qu'il eût pu s'adresser à beaucoup d'autres avant d'en être réduit à un choix
aussi peu naturel, aussi révoltant. « Louis savait bien apprécier la nature de
« ces bruits, disait l'Empereur; mais son amour-propre, sa bizarrerie n'en
« étaient pas moins choqués, et il les mettait souvent en avant comme prétexte.

« Quoi qu'il en soit, *Hortense*, continuait l'Empereur, Hortense, si bonne,
« si généreuse, si dévouée, n'est pas sans avoir eu quelques torts avec son
« mari; j'en dois convenir, en dehors de toute l'affection que je lui porte et
« du véritable attachement que je sais qu'elle a pour moi. Quelque bizarre,
« quelque insupportable que fût Louis, il l'aimait; et, en pareil cas, avec
« d'aussi grands intérêts, toute femme doit toujours être maîtresse de se
« vaincre, avoir l'adresse d'aimer à son tour. Si elle eût su se contraindre, elle
« se serait épargné le chagrin de ses derniers procès; elle eût eu une vie
« plus heureuse; elle eût suivi son mari en Hollande, et y serait demeurée.
« Louis n'eût point fui d'Amsterdam; je ne me serais pas vu contraint de
« réunir son royaume, ce qui a contribué à me perdre en Europe, et bien
« des choses se seraient passées différemment.

« *La princesse de Bade*, a-t-il dit, s'est montrée plus habile. Sitôt qu'elle
« a vu le divorce de Joséphine, elle a connu sa position, elle s'est rappro-
« chée de son mari; ils ont formé depuis le mariage le plus heureux.

« *Pauline* était trop prodigue; elle avait trop d'abandon, elle devait être
« immensément riche par tout ce que je lui ai donné; mais elle donnait tout
« à son tour, et sa mère la sermonnait souvent à cet égard, lui prédisant
« qu'elle pourrait mourir à l'hôpital; mais *Madame* elle-même était aussi par
« trop parcimonieuse; c'en était ridicule; j'ai été jusqu'à lui offrir des som-
« mes fort considérables par mois si elle voulait les distribuer. Elle voulait
« bien les recevoir, mais pourvu, disait-elle, qu'elle fût maîtresse de les
« garder. Dans le fond, tout cela n'était qu'excès de prévoyance de sa part:
« toute sa peur était de se trouver un jour sans rien. Elle avait connu le be-
« soin, et ces terribles momens ne lui sortaient pas de la pensée. Il est juste
« de dire d'ailleurs qu'elle donnait beaucoup à ses enfans en secret; c'est
« une si bonne mère!....

« Du reste, cette même femme à laquelle on eût si difficilement arraché un
« écu, disait l'Empereur, eût tout donné pour préparer mon retour de l'île
« d'Elbe; et après Waterloo elle m'eût remis entre les mains tout ce qu'elle
« possédait pour aider à rétablir mes affaires: elle me l'a offert; elle se fût
« condamnée au pain noir sans murmure (1). C'est que chez elle le grand l'em-

---

(1) Que l'Empereur connaissait bien sa mère ! A mon retour en Europe, j'ai vu se vérifier à la lettre ce qu'il en dit ici, et j'en ai joui avec délices.
A peine eus-je fait connaître à Madame Mère la situation de l'Empereur et ma résolution

portait encore sur le petit : la fierté, la noble ambition marchaient chez elle avant l'avarice. »

Et ici l'Empereur a fait l'observation qu'à l'heure même qu'il était il avait encore présentes à la mémoire des leçons de fierté qu'il en avait reçues dans son enfance, et qu'elles avaient agi sur lui toute la vie. Madame Mère avait une âme forte et trempée aux plus grands événemens; elle avait éprouvé cinq à six révolutions : elle avait eu trois fois sa maison brûlée par les factions en Corse.

« *Joseph* ne m'a guère aidé; mais c'est un fort bon homme; sa femme, « *la reine Julie*, est la meilleure créature qui ait existé. Joseph et moi nous « nous sommes toujours fort aimés et fort accordés, il m'aime sincèrement. « Je ne doute pas qu'il ne fit tout au monde pour moi; mais toutes ses qua- « lités tiennent uniquement de l'homme privé : il est éminemment doux et « bon; il a de l'esprit et de l'instruction; il est aimable. Dans les hautes fonc- « tions que je lui avais confiées, il a fait ce qu'il a pu; ses intentions étaient « bonnes; aussi la principale faute n'est pas à lui, mais bien plutôt à moi, « qui l'avais jeté hors de sa sphère; et dans des circonstances bien gran- « des, la tâche s'est trouvée hors de proportion avec ses forces.

« *La reine de Naples* s'était beaucoup formée dans les événemens, disait « l'Empereur. Il y avait chez elle de l'étoffe, beaucoup de caractère et une « ambition désordonnée. Elle devait beaucoup souffrir en cet instant, re- « marquait-il, d'autant plus qu'on pouvait dire qu'elle était née reine. Elle « n'avait pas comme nous, continuait l'Empereur, connu le simple particu-

de me consacrer uniquement à y apporter quelque adoucissement, que sa réponse, par le retour du courrier, fut que toute sa fortune était à la disposition de son fils, qu'elle se réduirait à une simple servante s'il le fallait; m'autorisant, bien que je n'en fusse pas connu personnellement, à tirer, dès l'instant même, telle somme que je croirais nécessaire au bien-être de l'Empereur. Le cardinal Fesch joignait ses offres d'une manière tout aussi touchante; et c'est ici le cas de faire connaître que tous les membres de la famille de l'Empereur s'empressèrent de témoigner le même zèle, la même tendresse, le même dévouement. Tant que ma santé me permit de correspondre avec eux, j'ai reçu une foule de lettres dont l'ensemble formerait le recueil le plus touchant. Elles honorent leur cœur, et eussent pu être une douce consolation pour l'Empereur, si les restrictions anglaises m'eussent permis de les faire parvenir jusqu'à lui.

N. B. Dans ce chapitre et dans d'autres passages du *Mémorial*, tous les proches de Napoléon se trouvent mentionnés; et l'on devra convenir que loin d'avoir observé plus de ménagement pour eux que pour d'autres, j'en ai certainement employé beaucoup moins, au point même d'avoir laissé échapper des expressions dont l'irrégularité ne saurait être excusée que par la précipitation avec laquelle le manuscrit et la rédaction première ont été envoyées à la presse; c'est que j'ai voulu que mes lettres de créance vis-à-vis du public se lussent précisément dans les chances auxquelles je m'exposais bénévolement : celles de déplaire à d'illustres personnes de la connaissance de la plupart desquelles j'ai été honoré, pour lesquelles je conserve un tendre attachement, une vénération profonde, et dont la bienveillance et l'affection me seraient si chères! Si je n'avais mentionné à leur égard que ce qu'il y avait d'agréable, et que je me fusse tu sur ce qui ne l'était pas, quelles eussent été les garanties de ma véracité aux yeux des contemporains et à ceux de l'histoire? N'eût-on pas pu m'accuser avec quelque avantage de n'être qu'un complaisant, un panégyriste, un flatteur; et alors quelle atteinte n'eût pas pu recevoir mon grand, mon seul, mon unique objet, celui de faire connaître Napoléon par ses propres, ses plus intimes paroles? Or n'est-il pas évident que pour y parvenir j'avais besoin, sur toutes choses, d'être cru? ce que je ne pouvais obtenir qu'en donnant les preuves les plus évidentes d'une minutieuse véracité, quelque inconvénient d'ailleurs qu'elle eût pu créer contre moi. Au surplus, si les illustres intéressés sont justes, je dois être sûr de leur indulgence; s'ils ne l'étaient pas, j'en serais profondément affligé; mais ce serait dans le mérite même de mes intentions que j'irais chercher mes consolations.

25.

« lier. Elle, Pauline, Jérôme, étaient encore des enfans, que j'étais le pre-
« mier homme de France; aussi ne se sont-ils jamais cru d'autre état que
« celui dont ils ont joui au temps de ma puissance.
« Jérôme était un prodigue dont les débordemens avaient été crians. Son
« excuse peut-être pouvait se trouver dans son âge et dans ce dont il s'était
« entouré. Au retour de l'île d'Elbe, il semblait d'ailleurs avoir beaucoup
« gagné et donner de grandes espérances; et puis il existait un beau témoi-
« gnage en sa faveur, c'est l'amour qu'il avait inspiré à sa femme; la con-
« duite de celle-ci, lorsqu'après ma chute, son père, ce terrible roi de Wur-
« temberg, si despotique, si dur, a voulu la faire divorcer, est admirable.
« Cette princesse s'est inscrite dès lors de ses propres mains dans l'histoire. »
A notre grand regret, on est venu annoncer le dîner. L'Empereur a continué d'être fort causant toute la soirée, parcourant comme en famille une
foule d'objets divers, principalement la conduite d'un grand nombre de
personnages pendant son absence et lors de son retour. Il ne s'est retiré
qu'à minuit, et en terminant par ces paroles : « Qu'est en ce moment la
« France, Paris? et que sera-t-il de nous d'aujourd'hui à un an?... »

L'empereur endormi.—Maximes morales et politiques de Napoléon.

Lundi 20.— L'Empereur est monté en calèche de fort bonne heure. Au
retour, vers trois heures, il m'a fait suivre dans sa chambre. « Je suis triste,
« ennuyé, souffrant, m'a-t-il dit; asseyez-vous dans ce fauteuil, tenez-moi
« compagnie. » Il s'est étendu sur son canapé et a fermé les yeux; il s'est
endormi, et moi je le veillais!... Sa tête était découverte; j'étais à deux pas
de lui, je contemplais son front, ce front où je lisais Marengo, Austerlitz
et cent autres actes immortels. Quelles étaient en ce moment mes idées,
mes sensations! Qu'on le juge si l'on peut; pour moi, je ne saurais le rendre.
L'Empereur, au bout de trois quarts d'heure, s'est levé, a fait quelques
tours dans sa chambre, puis il lui a pris fantaisie d'aller visiter toutes les
nôtres. En énumérant en détail les inconvéniens de la mienne, il en riait
d'indignation, et a dit en sortant : « Non, je ne crois pas qu'il y ait de
« chrétien plus mal abrité que cela. »
Après le dîner, l'Empereur a effleuré plusieurs contes moraux. Après
quelques pages de l'un d'eux, il a dit : « La morale va être sans doute que
« *les hommes ne changent jamais*, ce qui n'est pas vrai; ils changent en mal
« et même en bien. Il en est ainsi d'une foule d'autres maximes consacrées
« par les auteurs, toutes également fausses. *Les hommes sont ingrats,*
« disent-ils; non, il n'est pas vrai que les hommes soient aussi ingrats qu'on
« le dit; et si l'on a si souvent à s'en plaindre, c'est que d'ordinaire le bien-
« faiteur exige encore plus qu'il ne donne.
« On vous dit encore que *quand on connaît le caractère d'un homme, on a
« la clef de sa conduite;* c'est faux : tel fait une mauvaise action, qui est
« foncièrement honnête homme; tel fait une méchanceté sans être méchant.
« C'est que presque jamais l'homme n'agit par l'acte naturel de son carac-
« tère, mais par une passion secrète du moment, réfugiée, cachée dans
« les derniers replis du cœur. Autre erreur quand on vous dit que *le visage
« est le miroir de l'âme.* Le vrai est que l'homme est très difficile à connaî-
« tre, et que, pour ne pas se tromper, il faut ne le juger que sur ses actions;
« et encore faudrait-il que ce fût sur celles du moment, et seulement pour
« ce moment.

« Au fait, les hommes ont leurs vertus et leurs vices, leur héroïsme et
« leur perversité ; les hommes ne sont ni généralement bons ni générale-
« ment mauvais ; mais ils possèdent et exercent tout ce qu'il y a de bon et
« de mauvais ici-bas ; voilà le principe : ensuite le naturel, l'éducation, les
« accidens, font les applications. Hors de cela, tout est système, tout est
« erreur ; tel a été mon guide, et il m'a réussi assez généralement. Toutefois
« je me suis trompé en 1814 en croyant que la France, à la vue de ses dan-
« gers, allait ne faire qu'un avec moi ; mais je ne m'y suis plus trompé en
« 1815, au retour de Waterloo. »

L'Empereur ne se sentait pas bien, il s'est retiré de fort bonne heure.

Le gouverneur arrêtant lui-même un domestique.—Lecture de la Bible.—Applications curieuses.

Mardi 21. — Au retour de notre promenade en calèche, nous avons appris que le gouverneur était venu pendant notre absence, et qu'il avait arrêté lui-même un de nos domestiques, dernièrement au service du sous-gouverneur Skelton, et depuis peu de jours à celui du général Montholon. En l'apprenant, l'Empereur a dit : « Quelle turpitude ! c'est ignoble ! un gou-
« verneur !..... Un lieutenant-général anglais, arrêter lui-même un domes-
« tique ! Vraiment, c'est par trop dégoûtant !..... »

Le grand maréchal est venu nous joindre, nous annonçant l'arrivée d'un vaisseau magasin, parti d'Angleterre le 8 mars.

Après le dîner, l'Empereur a demandé : « Que lirons-nous ce soir ? » On s'est accordé pour la *Bible*. « C'est assurément bien édifiant, a remarqué
« l'Empereur : on ne le devinerait point en Europe. » Et il nous a lu le livre de Judith, disant à presque chaque lieu, chaque ville ou village qu'il nommait : « J'ai campé là ; j'ai enlevé ce poste d'assaut ; j'ai donné bataille dans
« ce lieu-là, etc., etc. »

Caprices de l'autorité.—La princesse Stéphanie de Bade, etc.

Mercredi 22. — Dans la journée, il a été beaucoup question des matelots anglais du *Northumberland* qu'on nous avait donnés comme domestiques, et qu'il s'agissait de nous retirer en cet instant. Ils étaient pourtant avec nous en vertu d'un contrat réciproque qui liait les deux parties pour un an. Mais nous sommes en dehors du droit commun. Le gouverneur disait que l'amiral les demandait absolument ; l'amiral disait qu'il les laisserait si le gouverneur le voulait. On nous donnait des soldats en échange ; mais on nous les a pris, rendus, repris et rendus de nouveau, sans que nous pussions deviner ce qu'on voulait.

Me trouvant chez l'Empereur, et, en attendant son dîner, la conversation est tombée sur l'établissement de madame Campan ; les personnes qui y ont été élevées, les fortunes que l'Empereur a faites à plusieurs d'entre elles ; et il s'est arrêté particulièrement sur *Stéphanie de Beauharnais*, devenue princesse de Bade, qu'il a dit affectionner beaucoup ; et il est entré dans un grand nombre de détails à son sujet.

La princesse Stéphanie de Bade avait perdu sa mère n'étant encore qu'une enfant, et fut laissée par elle aux soins d'une Anglaise, son amie intime ; celle-ci, fort riche et sans enfans, l'avait en quelque sorte adoptée, et avait confié son éducation à d'anciennes religieuses, dans le midi de la France, à Montauban, je crois.

Napoléon, encore Premier Consul, entendit un jour Joséphine, dont elle était la parente, mentionner cette circonstance. « Comment pouvez-vous, « s'écria-t-il, permettre une pareille chose? Quelqu'un de votre nom à la « charge d'une étrangère, d'une Anglaise, en cet instant notre ennemie! Ne « craignez-vous pas que votre mémoire n'en souffre un jour? » Et aussitôt un courrier fut expédié pour ramener la jeune enfant aux Tuileries; mais les religieuses ne voulurent point s'en dessaisir. Napoléon, heurté, prit les informations et autorisations nécessaires, et bientôt il fut expédié un second courrier au préfet du lieu, avec ordre de se saisir à l'instant même de la jeune Beauharnais, au nom de la loi.

Or telles étaient, par les circonstances du temps, certaines éducations et les opinions qu'elles pouvaient inspirer, que la jeune Stéphanie ne se vit pas réclamée sans douleur, et qu'elle ne vit pas sans effroi celui qui se disait son allié et voulait être son bienfaiteur. Elle fut placée chez madame Campan, à Saint-Germain; on lui prodigua toutes sortes de maîtres, et elle n'en sortit que pour jeter un grand éclat par sa beauté, ses grâces, son esprit et ses vertus.

L'Empereur l'adopta pour fille, et la maria au prince héréditaire de Bade. Le mariage, durant quelques années, fut loin d'être heureux; mais avec le temps les préventions disparurent, les époux se réunirent, et ils n'ont plus eu, dès cet instant, qu'à regretter le bonheur dont ils s'étaient privés.

La princesse de Bade, aux conférences d'Erfurt, avait été fort distinguée par l'empereur Alexandre, son beau-frère, qui lui prodiguait de véritables attentions. On le savait, et, pour y obvier, les gens dirigeant la haute politique lors de nos désastres de 1813, craignant l'entrevue d'Alexandre avec la princesse de Bade, à Manheim, cherchèrent à détruire à temps son influence par des rapports mensongers et des propos inventés qui lui aliénèrent la bienveillance de ce monarque. Aussi, lors de l'arrivée d'Alexandre à Manheim, dans sa marche triomphale vers Paris, la princesse Stéphanie fut loin d'en être bien traitée : elle put s'en trouver blessée dans ses sentimens; mais sa fierté demeura tout entière, et alors commença pour son mari une véritable gloire de caractère. Les personnages les plus augustes le circonvinrent de toutes parts, et l'importunèrent long-temps pour qu'il répudiât la femme qu'il avait reçue de Napoléon; mais il s'y refusa constamment, répondant avec une noble fierté qu'il ne commettrait jamais une bassesse qui répugnait autant à sa tendresse qu'à son honneur. Ce prince généreux, auquel nous n'avions pas rendu assez de justice à Paris, a succombé depuis sous une maladie longue et douloureuse, durant laquelle la princesse lui a prodigué jusqu'au dernier moment, de ses propres mains, les soins les plus minutieux et les plus touchans, qui lui ont mérité toute la reconnaissance et l'affection de ses proches et de ses peuples.

Elle a embelli l'exercice de la souveraineté, et elle a honoré son caractère de femme; et comme fille, elle a professé dans tous les temps la plus haute vénération, la plus tendre reconnaissance pour celui qui, au sommet d'un pouvoir sans bornes, l'avait bénévolement adoptée pour fille.

Autres maximes de l'empereur.—Scène de Portalis au Conseil d'État, etc.—Accidens de l'Empereur à Saint-Cloud, à Auxonne, à Marly.

Jeudi 23.—L'Empereur m'a fait venir sur les deux heures dans sa chambre; il était souffrant; il avait mal dormi. Il a fait sa toilette, me disant que cela le remettrait. De là nous avons passé au jardin ; la conversation l'a conduit à dire que nos mœurs voulaient que le souverain ne se montrât que comme un bienfait; les actes de rigueur devaient passer par les autres ; la clémence devait lui demeurer : c'était son premier domaine. A Paris, on lui avait reproché parfois, disait-il, certaines conversations, des paroles qu'il n'aurait pas dû, il est vrai, exprimer lui-même. Cependant, ajoutait-il, sa situation personnelle, son extrême activité, la plupart de ses actes, qui venaient tous réellement de lui, auraient dû lui faire passer bien des choses. Du reste, il rendait justice au tact extrêmement fin de la capitale ; nulle part sans doute, remarquait-il, il ne se trouvait autant d'esprit ni plus de goût qu'à Paris. Il se reprochait la scène de *Portalis* au Conseil d'Etat. Moi qui l'avais présente, je lui disais l'avoir trouvée en quelque sorte paternelle. « Il « y avait pourtant quelque chose de trop, a-t-il repris. J'eusse dû m'arrêter « avant de lui commander de sortir. La scène eût dû finir, puisqu'il ne se « justifiait pas, par un simple *c'est bon*; il n'eût dû trouver le châtiment que « chez lui. Le souverain a toujours tort de parler en colère. Peut-être étais-« je excusable dans mon conseil, j'y étais en famille; ou bien peut-être en-« core, mon cher, cela demeure-t-il un vrai tort de ma part : on a ses défauts, « la nature a ses droits. »

Il se reprochait surtout et au dernier degré, dans une autre circonstance, la scène faite aux Tuileries, dans une de ses grandes audiences du dimanche, en présence de toute la cour, tant elle avait été violente et dure; il s'agissait de quelqu'un d'un nom très marquant dans le faubourg Saint-Germain, et père d'un de ses chambellans qu'il estimait fort et aimait beaucoup. « Mais là, continuait-il, je fus vraiment poussé à bout ; j'éclatai contre « mon gré. Je venais de lui donner une des légions de Paris ; la capitale était « menacée, il s'agissait de la défendre. J'ai appris plus tard qu'il se réjouis-« sait de nos désastres, et les appelait ; mais je n'en savais rien encore. Nous « allions avoir l'ennemi sur les bras ; il m'écrit froidement que sa santé ne « lui permet pas ce service ; et néanmoins il ose se montrer frais et dispos « sous mes yeux, en courtisan; j'en fus indigné. Cependant je me contins et « le passai, mais il trouva le secret de se replacer encore trois ou quatre « fois avec empressement sur mes pas. Je n'y pus plus tenir, et la bombe « éclata. « Comment, Monsieur, lui dis-je, vous m'écrivez être malade pour « combattre, et vous accourez ici en courtisan bien portant! Moi qui croyais « que votre nom appartenait à la patrie, je vous ai fait l'honneur de vous « donner une des légions de la capitale, pour la défendre contre l'ennemi « qui est aux portes, et vous me refusez?... Mais que voulez-vous que je « pense? Vous m'embarrassez, Monsieur, j'ai le droit de m'en indigner, et il « faut ici que ma pensée se fasse jour. Il y a de la lâcheté ou de la trahison ; « serait-ce de la trahison?..... Mais je ne violente les sentimens de personne, « Monsieur ; ce n'est pas moi qui ai été vous chercher. Qu'il vous souvienne « de tous vos empressemens et de toutes vos courbettes, de vos nombreuses « cajoleries pour arriver jusqu'à moi ! Ah! quittez cette croix d'honneur que « vous m'avez arrachée! aussi bien elle se sentirait trop déplacée, et sur-« tout ne reparaissez plus dans ce palais dont les murailles ne pourraient que « vous rappeler votre honte ! » Croira-t-on qu'après une telle sortie, que je « me reprochais si fort à moi-même, il ne s'occupa que de me faire entourer « de ses soumissions, de son repentir, de ses nouvelles protestations, en « vrai misérable? mais je ne voulus entendre rien.—Et vous avez bien fait, « Sire, a repris l'un de nous ; car il a justifié jusqu'au bout les prévisions

« de Votre Majesté : lors de l'entrée des alliés, on l'a vu sur la terrasse des
« Tuileries, en face l'hôtel Talleyrand qu'occupait l'empereur de Russie,
« agiter un mouchoir blanc au milieu de la foule pressée, et lui répéter à
« tue-tête : Allons, mes amis, mes enfans, criez : Vive *Alexandre!* vive
« notre ami! notre *libérateur!* » La multitude s'en indigna, et, en dépit de
« la garde russe qui bordait l'hôtel, elle le força de déguerpir aussitôt. Il
« faillit être assommé. »

De là l'Empereur en est revenu, selon son habitude, à me questionner sur un grand nombre de familles et d'individus dont les noms lui étaient familiers, mais les personnes peu connues.

L'Empereur, du reste, était tout-à-fait raisonnable sur les conduites individuelles; dans la grande nomination de chambellans calculée pour l'entourage de Marie-Louise, on avait compris le duc de *Duras*. « Il me fit prier
« de trouver bon, disait l'Empereur, qu'il refusât, ayant été, ajoutait-il,
« premier gentilhomme de la chambre de Louis XVI et de Louis XVIII. Je
« fus le premier à m'écrier : Comment voudrait-on qu'il en pût être autre-
« ment?.... Il a raison. C'était un manque de goût dans ceux qui me l'avaient
« proposé; mais moi, qu'avais-je à y faire? Pouvais-je deviner de pareils
« détails? mes grandes affaires me permettaient-elles d'y descendre? »

Sur les quatre heures, l'Empereur est monté en calèche. Durant notre course accoutumée, il a parlé de plusieurs accidens fort graves qui avaient menacé sa vie.

A Saint-Cloud, il avait voulu une fois mener sa calèche à six chevaux et à grandes guides. L'aide de camp ayant gauchement traversé les chevaux, les fit emporter. L'Empereur ne put prendre le tour nécessaire; la calèche alla, avec toute la force d'une vélocité extrême, frapper contre la grille. L'Empereur se trouva violemment jeté à huit ou dix pieds en travers sur le ventre. Il a été mort, disait-il, huit ou dix secondes; il avait senti le moment où il avait cessé d'exister, ce qu'il appelait le moment de la *négative*. Le premier qui, se jetant à bas de son cheval, vint à le toucher, le ressuscita, le rappela soudainement à la vie par le simple contact, comme dans le cauchemar, où l'on se trouve délivré, disait-il, dès qu'on a pu proférer un cri.

Une autre fois, ajoutait-il, il avait été noyé assez long-temps. C'était en 1786, à Auxonne, sa garnison. Étant à nager et seul, il avait perdu connaissance, coulé, obéi au courant; il avait senti fort bien la vie lui échapper; il avait même entendu, sur les bords, des camarades annoncer qu'il était noyé, et dire qu'ils couraient chercher des bateaux pour reprendre son corps. Dans cet état, un choc le rendit à la vie; c'était un banc de sable contre lequel frappa sa poitrine : sa tête se trouvant merveilleusement hors de l'eau, il en sortit lui-même, vomit beaucoup, rejoignit ses vêtemens, et avait atteint son logis qu'on cherchait encore son corps.

Une autre fois, à Marly, à la chasse du sanglier, tout l'équipage étant en fuite, en véritable déroute d'armée, disait l'Empereur, il tint bon avec Soult et Berthier contre trois énormes sangliers qui les chargeaient à bout portant.
« Nous les tuâmes raides tous les trois, disait-il; mais je fus touché par le
« mien, et j'ai failli en perdre le doigt que voilà. » En effet, la dernière phalange de l'avant-dernier doigt de la main gauche portait une forte blessure.
« Mais le risible, disait l'Empereur, c'était de voir la multitude, entourée
« de tous les chiens et se cachant derrière les trois héros, crier à tue-tête :
« *A l'Empereur! sauvez l'Empereur! à l'Empereur!!!* Mais pourtant per-
« sonne n'avançait, etc., etc. »

Politique du moment.—Sentimens vraiment patriotiques de l'Empereur; beau mouvement de l'Empereur.—Horoscope touchant son fils, etc., etc.

Vendredi 24.—L'Empereur n'est sorti que pour monter en calèche. Notre promenade a été de près d'une heure et demie; nous allions lentement, et nous avons redoublé notre tour. L'Empereur était sur la politique; la lecture des derniers journaux arrivés depuis trois jours en a fourni le sujet.

En France, l'émigration des patriotes était nombreuse, rapide, et l'on semblait vouloir la favoriser en ne confisquant pas les biens, etc., etc........

L'Empereur croyait voir dans les débats du parlement d'Angleterre l'arrière-pensée du partage de la France; il en était navré. « Tout cœur vraiment « français, disait-il, doit être au désespoir; une immense majorité sur le « sol de la patrie doit ressentir les angoisses de la plus vive douleur. Ah! « s'est-il écrié, que ne suis-je dans une sphère en dehors de ce globe! Que « n'ai-je le pied sur un sol évidemment libre et indépendant; où l'on ne pour-« rait soupçonner aucune influence d'autrui! que j'étonnerais le monde! J'a-« dresserais une proclamation aux Français; je leur crierais : Vous allez finir, « si vous ne vous réunissez. L'odieux, l'insolent étranger va vous morceler, « vous anéantir. Relevez-vous, Français! faites masse à tout prix : ralliez-« vous, s'il le faut, *même aux Bourbons*.... car l'existence de la patrie, son « salut avant tout!.... »

Toutefois il pensait que la Russie devait combattre ce partage; elle devait avoir à craindre par là l'accroissement et l'agglomération de l'Allemagne contre elle. L'un de nous ayant fait observer que l'Autriche devait s'y opposer aussi, dans la crainte de n'avoir plus un soutien nécessaire contre les entreprises de la Russie, et ayant de plus mentionné qu'elle pourrait vouloir être utile au roi de Rome et s'en servir, l'Empereur a répliqué : « Oui, comme d'instrument de menace peut-être, mais jamais comme un « objet de bienveillance; il doit leur être trop redoutable. Le roi de Rome « serait l'homme des peuples, il sera celui de l'Italie. Aussi la politique au-« trichienne le tuera, peut-être pas sous son grand-père, qui est un hon-« nête homme, mais qui ne vivra pas toujours : ou bien encore, si les mœurs « de nos jours n'admettent pas un tel attentat, alors ils essaieront d'abrutir « ses facultés, ils l'hébéteront; et si enfin il échappait à l'assassinat phy-« sique et à l'assassinat moral, si sa mère et la nature venaient à le sauver « de tous ces dangers, alors!... alors!... a-t-il répété plusieurs fois comme « en cherchant, alors!... comme alors!... car qui peut assigner les destinées « d'aucun ici-bas! »

L'Empereur est retourné de là à l'Angleterre, concluant qu'elle seule était véritablement intéressée à la destruction de la France; et, dans l'abondance, la mobilité de son esprit, il s'est mis à parcourir les divers plans qu'elle pouvait suivre. Elle ne devait pas trop accroître la Belgique, disait-il; autrement, Anvers lui deviendrait formidable comme sous la France. Elle devait laisser les Bourbons dans le centre avec huit ou dix millions d'habitans seulement, et les environner de princes, ducs ou rois de Normandie, Bretagne, Aquitaine et Provence; de telle sorte que Cherbourg, Brest, la Garonne et la Méditerranée se trouvassent dans des mains différentes. C'était, disait-il, faire rétrograder la monarchie française de plusieurs siècles, faire recommencer les premiers Capets, et ménager aux Bourbons quelques centaines d'années de nouveaux efforts pénibles et laborieux. « Mais heureusement, pour en arriver là, remarquait l'Empereur, l'Angle-

« terre devait avoir à surmonter des obstacles invincibles : l'uniformité de
« la division territoriale en départemens, la similitude du langage, l'iden-
« tité de mœurs, l'universalité de mon code, celle de mes lycées, et la
« gloire, la splendeur que j'ai léguées, voilà autant de nœuds indissolubles,
« d'institutions vraiment nationales. Avec cela, on ne morcelle pas, on ne
« dissout pas un grand peuple, ou il se renouvelle et ressuscite toujours.
« C'est le géant de l'Arioste, que l'on voit courir après chacun de ses mem-
« bres abattus, sa tête même, la replacer et combattre de nouveau. — Ah!
« Sire, a dit alors quelqu'un, la vertu et la puissance du géant tenaient à un
« seul cheveu arraché, et si le cheveu vital de la France devait être Napo-
« léon! — Non, a repris assez brusquement l'Empereur, ce ne saurait être;
« mon souvenir et mes idées survivraient encore. » Et puis, reprenant le
sujet, il a dit : « Avec ma France, au contraire, l'Angleterre devait naturel-
« lement finir par n'en être plus qu'un appendice. La nature l'avait faite une
« de nos îles aussi bien que celles d'Oléron ou de la Corse. A quoi tiennent
« les destinées des empires! disait-il. Que nos révolutions sont petites et in-
« signifiantes dans l'organisation de l'univers! Si, au lieu de l'expédition
« d'Égypte, j'eusse fait celle d'Irlande; si de légers dérangemens n'avaient
« mis obstacle à mon entreprise de Boulogne, que pourrait être l'Angleterre
« aujourd'hui? Que serait le continent? le monde politique? etc., etc. »

Brutus de Voltaire.

Samedi 25.—Après le dîner, l'Empereur a lu *OEdipe*, qu'il a extrêmement
vanté; puis *Brutus*, dont il a fait une analyse très remarquable. Voltaire,
disait-il, n'avait point entendu ici le vrai sentiment. Les Romains étaient
guidés par l'amour de la patrie comme nous le sommes par l'honneur. Or,
Voltaire ne peignait pas le vrai sublime de Brutus sacrifiant ses enfans, malgré ses angoisses paternelles, au salut de la patrie; il en avait fait un monstre d'orgueil, immolant ses enfans à sa situation présente, à son nom, à sa
célébrité. Tout le nœud de la pièce, continuait-il, était conçu à l'avenant.
Tullie était une forcenée qui mettait le marché à la main pour son lit, et non
une femme tendre, dont la séduction et l'influence dangereuse pouvaient
entraîner au crime, etc., etc.

Établissement français sur le fleuve Saint-Laurent.—L'Empereur eût pu gagner l'Amérique.
—Sur la politique du cabinet anglais.—Carnot au moment de l'abdication.

Dimanche 26. — L'Empereur m'a fait appeler vers les deux heures. Nous
avons parcouru quelques journaux.

Les journaux nous apprenaient que son frère Joseph avait acheté de grandes propriétés au nord de l'État de New-York, sur le fleuve Saint-Laurent,
et qu'un grand nombre de Français se groupaient autour de lui, de manière à fonder bientôt un établissement. On faisait observer que le choix du
lieu semblait être fait dans les intérêts des États-Unis, et en opposition à la
politique de l'Angleterre; car, dans le Sud, à la Louisiane par exemple,
les réfugiés n'auraient pu avoir d'autres vues et d'autre avenir que le repos
et la prospérité domestique; tandis qu'aux lieux où on les plaçait, il était
évident qu'ils devaient devenir bientôt un attrait naturel pour la population
du Canada déjà française, et former par la suite une forte barrière ou même
un point hostile contre les Anglais, qui en sont encore les dominateurs.

L'Empereur disait que cet établissement devait compter en peu de temps une réunion d'hommes très forts dans tous les genres. S'ils remplissaient leur devoir, ajoutait-il, il sortirait de là d'excellens écrits, des réfutations victorieuses du système qui triomphe aujourd'hui en Europe. L'Empereur avait déjà eu à l'île d'Elbe quelque idée semblable.

De là il est passé à récapituler tout ce qu'il avait donné aux membres de sa famille, les sommes qu'ils pouvaient avoir recueillies; elles devaient être très considérables. Lui seul, remarquait-il, n'avait rien; s'il se trouvait, avec le temps, posséder quelque chose en Europe, il ne le devrait qu'à la prévoyance et aux combinaisons de quelques amis.

Si l'Empereur eût gagné l'Amérique, il comptait, disait-il, appeler à lui tous ses proches; il supposait qu'ils eussent pu réaliser au moins quarante millions. Ce point serait devenu le noyau d'un rassemblement national, d'une patrie nouvelle. Avant un an, les événemens de la France, ceux de l'Europe auraient groupé autour de lui cent millions et soixante mille individus, la plupart de ceux-ci ayant propriétés, talens et instruction. L'Empereur disait qu'il aurait aimé à réaliser ce rêve; c'eût été une gloire toute nouvelle.

« L'Amérique, continuait-il, était notre véritable asile, sous tous les rap-
« ports. C'est un immense continent, d'une liberté toute particulière. Si
« vous avez de la mélancolie, vous pouvez monter en voiture, courir mille
« lieues, et jouir constamment du plaisir d'un simple voyageur. Vous y êtes
« l'égal de tout le monde; vous vous perdez à votre gré dans la foule, sans
« inconvéniens, avec vos mœurs, votre langage, votre religion, etc., etc. »

L'Empereur disait qu'il ne pouvait désormais se trouver simple particulier sur le continent de l'Europe; son nom y était trop populaire; il tenait trop maintenant par quelque côté à chaque peuple; il était devenu de tous les pays.

« Pour vous, m'a-t-il dit en riant, votre lot naturel était les pays de l'O-
« rénoque ou ceux du Mexique. Les souvenirs du *bon Las Casas* n'y sont
« point effacés; vous y auriez eu ce que vous eussiez voulu. Il est de la sorte
« des destinations toutes marquées. Grégoire, par exemple, n'a qu'à aller à
« Haïti, on l'y fera pape. »

Au moment de la seconde abdication de l'Empereur, un Américain à Paris lui écrivit : « Tant que vous avez été à la tête d'une nation, tout pro-
« dige de votre part était possible, toutes les espérances pouvaient être con-
« çues; mais aujourd'hui rien ne vous est plus possible en Europe. Fuyez,
« gagnez les États-Unis. Je connais le cœur des chefs et les dispositions de
« la multitude; vous trouverez là une patrie et de véritables consolations. »
L'Empereur ne le voulut pas. Il pouvait sans nul doute, à la faveur de la célérité ou du déguisement, gagner Brest, Nantes, Bordeaux, Toulon, et probablement atteindre l'Amérique, mais il ne pensait pas que sa dignité lui permît le déguisement ni la fuite. Il se croyait tenu à montrer à toute l'Europe son entière confiance dans le peuple français et l'extrême affection de celui-ci à sa personne, en traversant son territoire, dans une telle crise, en simple particulier et sans escorte. Enfin, et c'était par dessus tout ce qui le dirigeait en cet instant critique, il espérait qu'à la vue du danger les yeux se dessilleraient, qu'on reviendrait à lui, et qu'il pourrait sauver la patrie. C'est ce qui lui fit allonger le temps le plus qu'il put à la Malmaison, c'est ce qui le fit retarder beaucoup encore à Rochefort. S'il est à Sainte-Hélène, c'est à ce sentiment qu'il le doit; jamais il ne put se séparer de cette pensée. Plus tard, quand il n'y eut plus d'autre ressource que d'accepter l'hospita-

lité du *Bellérophon*, peut-être ce ne fut pas sans une espèce de secrète satisfaction intérieure qu'il s'y voyait irrésistiblement amené par la force des choses : être en Angleterre, c'était ne pas être éloigné de la France. Il savait bien qu'il n'y serait pas libre, mais il espérait être entendu ; et alors que de chances s'ouvraient à la nouvelle direction qu'il pourrait imprimer !

« Les ministres anglais, ennemis de leur patrie ou vendus à l'étranger, di« sait-il, ont trouvé ma seule personne encore trop redoutable. Ils ont
« pensé que ma seule opinion dans Londres eût été plus que l'opposition
« tout entière, qu'il leur eût fallu changer de système ou quitter leurs pla« ces ; et, plutôt que de céder à un changement et pour conserver leurs
« places, ils ont lâchement sacrifié les vrais intérêts de leur pays, le triom« phe, la gloire de ses lois, la paix du monde, le bonheur de l'Europe, la
« prospérité, les bénédictions de l'avenir. »

Le soir, l'Empereur, dans le cours de la conversation, s'est trouvé revenir de nouveau sur Waterloo, sur les anxiétés, les indécisions qu'il avait éprouvées avant de prendre un parti décisif touchant sa nouvelle abdication. Je passe une foule de détails, pour ne pas me répéter ; je n'en garde que ce qui suit :

Son discours à ses ministres, en agitant l'abdication, fut la prophétie littérale de ce que nous avons vu depuis. Carnot fut le seul qui sembla le comprendre. Il combattit cette abdication, qui, selon lui, était le coup de mort de la patrie ; il voulait qu'on se défendît jusqu'à extinction, en désespérés. Il fut le seul de son avis ; tout le reste opina pour l'abdication. Elle fut résolue, et alors Carnot, s'appuyant la tête de ses deux mains, se mit à fondre en larmes.

Dans un autre endroit l'Empereur disait : « Je ne suis pas un dieu ; je
« ne pouvais pas faire tout à moi seul ; je ne pouvais sauver la nation qu'avec
« elle-même. J'étais bien sûr que le peuple avait ce sentiment ; aussi souf« fre-t-il aujourd'hui sans l'avoir mérité. C'est la tourbe des intrigans, ce
« sont les gens à titres, à emplois, qui ont été les vrais coupables. Ce qui
« les a séduits, ce qui m'a perdu, c'est la douceur du système de 1814, la
« bénignité de la restauration ; ils ont cru à sa répétition. Le changement
« de prince était devenu pour eux une mauvaise plaisanterie. Il n'y en a pas
« un qui n'ait cru demeurer tout ce qu'il était en me voyant remplacé par
« Louis XVIII ou par tout autre. Dans cette grande affaire, ces hommes
« malhabiles, avides, égoïstes, ne voyaient qu'une compétition qui leur
« importait peu, et ne songeaient qu'à leurs intérêts individuels, lorsqu'il
« s'agissait d'une guerre de principes à mort qui devait les dévorer tous ; et
« puis pourquoi le dissimuler ? convenons-en, j'avais élevé et il s'est trouvé
« dans mon entourage *de fiers misérables*. » Et se tournant vers moi, il a ajouté : « Et ceci encore n'est pas pour votre faubourg Saint-Germain ; son
« affaire est une autre question. Ceux-là ne sont pas sans pouvoir fournir
« quelque espèce d'excuse. Lors du premier renversement, en 1814, les
« grands traîtres ne sont pas partis de là. Je n'eus pas trop à m'en plaindre,
« et, à mon retour, ils ne me devaient plus rien. J'avais abdiqué, le roi était
« revenu ; ils étaient retournés à leurs premières affections. Ils avaient recom« mencé un nouveau bail, etc., etc. »

État de l'industrie en France.—Sur les physionomies.

Lundi 27.—L'Empereur est sorti vers les deux heures ; le temps était fort beau. La saison est sensiblement différente de celle que nous avions en arrivant ; elle est infiniment plus fraîche. L'Empereur néanmoins était souffrant et semblait fort ennuyé. Il a marché vers l'extrémité du bois, en attendant que la calèche vînt nous prendre. Nous avons fait notre tour ordinaire.

La conversation est tombée sur l'état de l'industrie en France. L'Empereur l'avait portée, disait-il, à un degré inconnu jusqu'à lui ; et on ne le croyait pas en Europe, même en France. Les étrangers en ont été grandement surpris à leur arrivée. L'abbé de Montesquiou, disait-il, ne revenait pas d'en avoir les preuves en main lors de son ministère de l'intérieur.

L'Empereur était le premier en France qui eût dit : d'abord l'agriculture, puis l'industrie, c'est-à-dire les manufactures ; enfin le commerce qui ne doit être que la surabondance des deux premiers. C'était encore lui qui avait défini et mis en pratique d'une manière claire et suivie les intérêts si divergens des manufacturiers et des négocians. C'était lui à qui on devait la conquête du sucre, de l'indigo et du coton. Il avait proposé un million pour celui qui parviendrait à filer, par mécanique, le lin comme le coton, et il ne doutait pas que ce résultat n'eût été obtenu, et que la fatalité des circonstances eût seule empêché de consacrer cette magnifique découverte, etc., etc. (1).

Les ennemis de notre propre bien, la vieille aristocratie, disait-il, s'était perdue en mauvaises plaisanteries, en frivoles caricatures sur tous ces objets ; mais les Anglais, qui sentaient le coup, n'en riaient point, et en demeurent encore affectés aujourd'hui.

Quelque temps avant le dîner, l'Empereur m'a fait venir dans sa chambre : il était fort souffrant ; il essayait de causer ; il n'en avait pas la force ; il attribuait sa situation à de mauvais vin nouvellement arrivé. Et à propos de vin, il racontait que Corvisart, Berthollet et autres chimistes et médecins lui avaient souvent recommandé et répété, à lui qui était si éminemment exposé, que si jamais en buvant il lui arrivait de trouver le moindre mauvais goût à du vin, il devait le cracher à l'instant.

De là, la conversation l'a conduit à s'étonner du caractère de quelqu'un dont les traits étaient un vrai contraste avec ce caractère. « Cela prouve, « disait-il, qu'on ne doit pas prendre les hommes à leur visage ; on ne les « connaît bien qu'à l'essai. Que de figures j'ai eues à juger dans ma vie ! que « d'expériences j'ai pu faire ! que de dénonciations, que de rapports j'ai « entendus ! Aussi m'étais-je fait la loi constante de ne plus me laisser in- « fluencer jamais par les traits ni par les paroles. Néanmoins il faut con- « venir que les traits fournissent parfois de bizarres rapprochemens ! Par « exemple, en considérant *notre Monseigneur* (le gouverneur), qui ne trouve « du *chat-tigre* dans ses traits ? Autre exemple : J'avais quelqu'un en service « intime auprès de moi ; je l'aimais beaucoup, et j'ai été obligé de le chas- « ser, parce que je l'ai pris plusieurs fois la main dans le sac, et qu'il volait « par trop impudemment : eh bien ! qu'on le regarde, on lui trouvera un « *œil de pie.* »

A ce sujet quelqu'un a cité Mirabeau, qui, en parlant du visage d'un membre distingué de nos diverses législatures, le sénateur Pastoret, disait : « Il y a du *tigre* et du *veau*, mais le *veau* domine. » Ce qui a beaucoup fait rire Napoléon, parce que cela, remarquait-il, était exactement vrai.

---

(1) Effectivement, elle avait été obtenue dans la Belgique.

L'Empereur devant le camp anglais.

Mardi 28.—L'Empereur est sorti vers les deux heures. Le temps était fort doux et fort agréable. Nous avons été en calèche près d'une heure. Il avait d'abord été question d'aller à cheval ; l'Empereur en sent le besoin pour sa santé, mais il semble y porter un dégoût extrême : il ne saurait, dit-il, tourner sur lui-même de la sorte ; dans nos limites il se croit dans un manége, il en a des nausées. Cependant, au retour, nous sommes venus à bout de l'y déterminer. Il nous avait tous auprès de lui ; nous avons gagné la crête du prolongement de la montagne des Chèvres qui sépare l'horizon de la ville d'avec celui de Longwood (*voir la carte*). Nous sommes revenus en passant sur le front du camp ; c'était la seconde fois depuis notre séjour à Longwood. Tous les soldats, quelles que fussent leurs occupations, ont tout quitté, et sont accourus spontanément pour former la haie. « Quel « soldat européen, disait l'Empereur à ce sujet, n'est pas ému à mon appro- « che ! » Et c'est parce qu'il le savait qu'il évitait soigneusement ici de passer devant le camp anglais, dans la crainte qu'on ne l'accusât de vouloir provoquer ce sentiment. Cette petite course et la fatigue qu'elle a causée ont été agréables à tout le monde. Nous étions de retour à cinq heures. L'Empereur trouvait la journée bien longue : depuis quelque temps il ne dicte plus. Il a aperçu des espèces de quilles façonnées par les gens pour leur usage ; il les a fait apporter, et nous avons fait une partie. J'y ai perdu contre l'Empereur un napoléon et demi, qu'il m'a bien fait payer, pour les jeter au valet de pied qui nous servait la boule.

La Corse et le pays natal.—Paroles de Paoli.—Magnanimité de Madame Mère.—Lucien destiné à la Corse.— Cour du Consul.— Madame de Chevreuse.— Lettre de Madame Mère.

Mercredi 29. — Depuis long-temps l'Empereur se promet, chaque soirée, à notre sollicitation, de monter à cheval le lendemain de bon matin ; mais, au moment d'exécuter ce projet, il ne s'en trouve plus le courage. Aujourd'hui il était donc au jardin dès huit heures et demie ; il m'y a fait appeler. La conversation est tombée sur la Corse, et y est demeurée plus d'une heure. « La patrie est toujours chère, disait-il ; Sainte-Hélène même pourrait « l'être à ce prix. » La Corse avait donc mille charmes ; il en détaillait les grands traits, la coupe hardie de sa structure physique. Il disait que les insulaires ont toujours quelque chose d'original, par leur isolement, qui les préserve des irruptions et du mélange perpétuel qu'éprouve le continent ; que les habitans des montagnes ont une énergie de caractère et une trempe d'âme qui leur est toute particulière. Il s'arrêtait sur les charmes de la terre natale : tout y était meilleur, disait-il ; il n'était pas jusqu'à l'odeur du sol même ; elle lui eût suffi pour le deviner les yeux fermés ; il ne l'avait retrouvée nulle part. Il s'y voyait dans ses premières années, à ses premières amours ; il s'y trouvait dans sa jeunesse, au milieu des précipices, franchissant les sommets élevés, les vallées profondes, les gorges étroites ; recevant les honneurs et les plaisirs de l'hospitalité ; parcourant la ligne des parens dont les querelles et les vengeances s'étendaient jusqu'au septième degré. Une fille, disait-il, voyait entrer dans la valeur de sa dot le nombre de ses cousins. Il se rappelait avec orgueil que n'ayant que vingt ans, il avait fait partie d'une grande excursion de Paoli à Porte di Nuovo. Son cortége était nombreux ; plus de cinq cents des siens l'accompagnaient à cheval ; Napoléon marchait à ses côtés ; Paoli lui expliquait, chemin faisant, les positions, les lieux de résistance ou de triomphe de la guerre de la liberté. Il lui détaillait cette lutte glorieuse ; et sur les observations de son jeune compagnon, le caractère qu'il lui avait laissé apercevoir, l'opinion qu'il lui avait inspirée, il lui dit : *O Napoléon ! tu n'as rien de moderne ! tu appartiens tout-à-fait à Plutarque.*

Quand Paoli voulut livrer son île aux Anglais, la famille Bonaparte demeura chaude à la tête du parti français, et eut le fatal honneur de voir *intimer* contre elle *une marche* des habitans de l'île, c'est-à-dire d'être attaquée par la levée en masse.

« Douze ou quinze mille paysans, disait l'Empereur, fondirent des mon-
« tagnes sur Ajaccio ; notre maison fut pillée et brûlée, les vignes perdues,
« les troupeaux détruits. *Madame*, entourée d'un petit nombre de fidèles,
« fut réduite à errer quelque temps sur la côte, et dut gagner la France.
« Toutefois Paoli, à qui notre famille avait été si attachée, et qui lui-même
« avait toujours professé une considération particulière pour Madame, Paoli
« avait essayé près d'elle la persuasion avant d'employer la force. Renoncez
« à votre opposition, lui avait-il fait dire, elle perdra vous, les vôtres, votre
« fortune ; les maux seront incalculables, rien ne pourra les réparer. » En effet, l'Empereur faisait observer que sans les chances que lui a procurées la révolution, sa famille ne s'en serait jamais relevée. « Madame répondit
« en héroïne, et comme eût fait Cornélie, disait Napoléon, qu'elle ne con-
« naissait pas deux lois, qu'elle, ses enfans, sa famille, ne connaissaient
« que celle du devoir et de l'honneur. Si le vieil archidiacre Lucien eût vécu,
« ajoutait l'Empereur, son cœur eût saigné à l'idée du péril de ses moutons,
« de ses chèvres et de ses bœufs, et sa prudence n'eût pas manqué de con-
« jurer l'orage. »

Madame, victime de son patriotisme et de son dévouement à la France, crut être accueillie à Marseille en émigrée de distinction ; elle s'y trouva perdue, à peine en sûreté, et fut fort déconcertée de ne trouver le patriotisme que dans les rues et tout-à-fait dans la boue.

Napoléon, dans sa jeunesse, avait écrit une histoire de la Corse, qu'il adressa à l'abbé Raynal, ce qui lui valut quelques lettres et des distinctions flatteuses de la part de cet écrivain, alors l'homme à la mode. Cette histoire s'est perdue.

L'Empereur nous disait que, lors de la guerre de Corse, aucun des Français qui étaient venus dans l'île n'en sortait tiède sur le caractère de ses montagnards ; les uns en étaient pleins d'enthousiasme, les autres ne voulaient y voir que des brigands.

A Paris, on avait dit au Sénat que la France avait été chercher un maître chez un peuple dont les Romains ne voulaient pas pour esclaves. « Ce séna-
« teur a pu vouloir m'injurier, disait l'Empereur, mais il faisait là un grand
« compliment aux Corses. Il disait vrai ; jamais les Romains n'achetaient
« d'esclaves corses ; ils savaient qu'on n'en pouvait rien tirer ; il était impos-
« sible de les plier à la servitude. »

Lors de la guerre de la liberté en Corse, quelqu'un proposa le singulier plan de couper ou de brûler tous les châtaigniers, dont le fruit faisait la nourriture des montagnards : « Vous les forcerez, disait-il, à descendre
« dans la plaine vous demander la paix et du pain. » Heureusement, disait l'Empereur, que c'était de ces plans inexécutables qui ne sont quelque chose

que sur le papier. Par un sentiment contraire, Napoléon, dans ses premières années, déclamait constamment contre les chèvres, qui sont nombreuses dans l'île, et causent de grands dégâts aux arbres. Il voulait qu'on les extirpât entièrement. Il avait à ce sujet des prises terribles avec le vieil archidiacre son oncle, qui en possédait de nombreux troupeaux et les défendait en patriarche. Dans sa fureur, il reprochait à son neveu d'être un *novateur,* et accusait les *idées philosophiques* du péril de ses chèvres.

Paoli mourut fort vieux à Londres; il vit Napoléon Premier Consul et Empereur, et le chagrin de celui-ci est de ne pas l'avoir rappelé près de lui. « C'eût été une grande jouissance pour moi, un vrai trophée, disait-il; mais, « entraîné par les grandes affaires, j'avais rarement le temps de me livrer « à mes sentimens personnels. »

Au retour de l'Empereur, en 1815, Joseph, à l'arrivée de Lucien à Paris, conseilla à l'Empereur de l'envoyer gouverneur général en Corse : cela avait même été résolu; l'importance et la précipitation des événemens l'ont empêché. S'il en avait été ainsi, disait l'Empereur, il y fût demeuré le maître; cela eût offert de grandes ressources à nos patriotes persécutés. A combien de malheureux la Corse n'eût-elle pas servi d'asile! Du reste, il répétait qu'il avait peut-être fait une faute, en abdiquant, de ne pas s'être réservé la souveraineté de la Corse, avec quelques millions de la liste civile; de n'avoir pas emporté ce qu'il avait de précieux, et gagné Toulon, d'où rien n'eût pu gêner son passage; qu'alors il se fût trouvé chez lui; la population eût été sa famille; il eût disposé de tous les bras, de tous les cœurs. Trente mille, cinquante mille alliés n'auraient pu le soumettre. Aucun d'eux n'en eût voulu prendre la charge; mais c'est précisément cette position même si heureuse qui l'a retenu. Il n'avait pas voulu qu'on eût pu dire que dans le naufrage du peuple français, qui lui était visible, lui seul avait eu l'art de gagner le port.

On lui racontait alors qu'il avait couru dans le monde qu'il eût été le maître en 1814 d'avoir la Corse au lieu de l'île d'Elbe. « Sans doute, disait l'Em« pereur, et quand on saura bien les affaires de Fontainebleau, on sera bien « surpris! J'eusse pu alors me réserver ce que j'eusse voulu; l'humeur du « moment me décida pour l'île d'Elbe. Toutefois, si j'avais eu la Corse, il est « à croire que le retour de 1815 n'eût pas été tenté. A l'île d'Elbe même, ce « n'est qu'en gouvernant mal, qu'en n'accomplissant pas vis-à-vis de moi les « engagemens stipulés qu'on a prononcé mon retour. »

Nous avons alors rappelé à l'Empereur sa première intention de monter à cheval; il nous a dit qu'il aimait mieux causer et marcher. Il a demandé son déjeuner, à la suite duquel nous sommes demeurés long-temps à parler de l'ancienne cour, de la noblesse qui la composait, de ses prétentions, des carrosses du roi, etc., et tout cela se comparait à mesure avec ce qu'avait créé l'Empereur.

De là il est remonté à l'époque de son consulat et aux grandes difficultés qu'avait présentées l'espèce de cour qu'il s'agissait alors de composer. Le Premier Consul, en arrivant aux Tuileries, succédait à des orages, à des temps, à des mœurs qu'il était résolu de faire oublier. Mais il avait toujours été aux armées; il arrivait d'Égypte, il avait quitté la France jeune et sans expérience. Il ne connaissait personne, et c'est ce qui lui causa d'abord un grand embarras. Lebrun fut pour lui, dans ces premiers momens, une espèce de tuteur fort précieux. Les banquiers ou faiseurs d'affaires étaient alors ceux qui donnaient le ton; à peine le Consul était-il nommé, que plusieurs s'empressèrent d'offrir des prêts considérables. Ce dévouement ne semblait que généreux, mais renfermait d'arrière-espérances. C'étaient en général des gens mal famés ; ils furent refusés.

Le Premier Consul avait une répugnance naturelle contre les faiseurs d'affaires ; il s'était fait un devoir, disait-il, de montrer d'autres principes que ceux du temps du Directoire. Il voulait que la probité devînt le premier ressort et le caractère de son nouveau gouvernement. Le Consul se vit aussi presque aussitôt entouré de femmes de fournisseurs ; elles étaient toutes charmantes et de la dernière élégance : ces deux circonstances semblaient être de rigueur parmi tous les faiseurs d'affaires et entrer pour beaucoup dans leurs spéculations. Mais le sévère Lebrun était là pour éclairer son jeune Télémaque. Il fut résolu de ne pas les admettre dans la société des Tuileries. Toutefois on n'était pas sans embarras pour la composer ; on ne voulait pas de nobles, pour ne pas effaroucher les opinions publiques : on ne voulait pas de faiseurs d'affaires, afin de relever les mœurs nouvelles ; il ne restait pas grand'chose : aussi fut-ce d'abord pendant quelque temps une espèce de lanterne magique fort mêlée et très changeante. Cependant cette réunion eut bientôt sa couleur, son ton, son mérite.

A Moscou, le vice-roi trouva une correspondance de la princesse Dolgorowcki, qui avait habité Paris à cette époque. Elle parlait fort bien des Tuileries dans ses lettres. Elle disait que ce n'était pas précisément une cour, mais que ce n'était pas non plus un camp ; que c'était une autorité, une tenue toute nouvelle ; que le Premier Consul n'avait pas le chapeau sous le bras ni l'épée d'acier, il est vrai, mais que ce n'était pas non plus un homme à sabre, etc., etc. « Et, continuait l'Empereur, voilà pourtant ce que sont
« les hommes et les rapports ; c'est sur de pareilles expressions, mais mal
« présentées, que la princesse Dolgorowcki a dû être fort maltraitée par
« moi. Je dois lui avoir donné l'ordre dans le temps de quitter la France ;
« nous la supposions mauvaise, et nous étions, comme on le voit, dans
« l'erreur. Madame Grant, dont le ministre des relations étrangères n'avait
« point encore fait sa femme, a beaucoup contribué à nous aliéner les
« Russes. »

L'Empereur disait qu'au retour de l'île d'Elbe il aurait éprouvé moins d'embarras pour composer sa société. « Elle était même toute trouvée, ajou-
« tait-il, dans ce que j'appelais *mes veuves* : la duchesse d'Istrie, madame
« Duroc, mesdames Regnier, Legrand et toutes les autres veuves de mes pre-
« miers généraux. Je disais aux princesses qui me demandaient comment
« recomposer leur cour de suivre mon exemple. Rien n'était plus naturel,
« plus beau, plus moral. Elles étaient encore jeunes, et pourtant déjà for-
« mées au monde ; dans le nombre il s'en trouvait même de charmantes et
« de fort aimables : la plupart auront été ruinées ; plusieurs, dit-on, se
« remarient et changent de nom, de sorte que de tant de fortunes et de
« tant d'élévation fondées par moi, tout, jusqu'aux noms mêmes, disparaî-
« tra peut-être. S'il en était ainsi, ne donneront-ils pas l'occasion de dire
« qu'il fallait après tout qu'il y eût un vice radical dans les choix que j'avais
« faits ? Ce serait du reste tant pis pour eux ; ils ne feront là que ménager
« un triomphe et des insolences à la vieille aristocratie. »

Nous sommes revenus à lui rappeler la course à cheval ; nous y tenions, parce que nous savions que sa santé en dépendait, mais il n'y a pas eu moyen. « Nous sommes bien ici, a-t-il dit, bâtissons-y trois tentes, etc., etc. » Et la causerie a continué sur le faubourg Saint-Germain, l'hôtel de Luynes, qu'il en disait la métropole; et il a raconté l'exil de madame de Chevreuse. Il l'avait menacée maintes fois, et pour des torts réels, pour de véritables insolences, assurait-il. Un jour, poussé à bout, il lui avait dit: « Madame, « dans vos maximes et dans vos doctrines féodales, vous vous prétendez les « seigneurs de vos terres; eh bien! moi, d'après vos principes, je me dis « le seigneur de la France, et Paris est mon village. Or, je n'y souffre per- « sonne qui veuille m'y déplaire. Je vous juge par vos propres lois; sortez- « en, et n'y rentrez jamais. » L'Empereur, en l'exilant, s'était promis d'être inflexible pour son retour, parce qu'il avait beaucoup supporté avant de punir, et qu'il fallait, disait-il, un exemple sévère qui épargnât le besoin de le répéter sur d'autres. C'était là un de ses grands principes.

Je disais à l'Empereur que j'avais été fort souvent à l'hôtel de Luynes, que j'avais beaucoup connu madame de Chevreuse et sa belle-mère, à laquelle je demeurais toujours fort attaché. Celle-ci avait fait preuve d'une rare et constante affection pour sa belle-fille, ayant voulu partager son exil et l'ayant suivie dans tous ses voyages. Dans ma mission en Illyrie, je les rencontrai de nuit dans une auberge au pied du Simplon, et ce fut pour elles une véritable joie, une bonne fortune inattendue que de pouvoir se procurer au milieu du désert les plus petits détails de Paris et de la cour: c'était l'avidité de Fouquet aux récits de Lauzun; car l'éloignement de la capitale était devenu pour elles une véritable mort, et elles en étaient au désespoir.

Enfin j'ajoutais que j'avais vu l'hôtel de Luynes pendant long-temps, sinon conquis, du moins calmé, et peut-être moins qu'indifférent. Les désastres inattendus avaient tout réveillé.

Quant à madame de Chevreuse, jolie, spirituelle, aimable, presque un peu plus que bizarre, elle avait été sans doute poussée par l'appât de la célébrité et par l'essaim de ses courtisans ou de ses adorateurs: « J'entends, « reprit l'Empereur, elle espérait recommencer la Fronde; mais moi je n'é- « tais pas un roi mineur. »

Le brick *le Musquito*, parti d'Angleterre le 23 mars, est arrivé avec les journaux français jusqu'au 5 mars, et ceux de Londres jusqu'aux 21. Rentrant dans son cabinet, l'Empereur m'a dit de le suivre. Il y a lu le *Journal des Débats*. Pendant cette lecture, il m'a été remis de la part du grand maréchal, pour l'Empereur, une lettre venant de l'Europe. Je la lui ai remise; il l'a lue une fois, a soupiré; il l'a relue encore, l'a déchirée et jetée sous la table: elle était arrivée ouverte!... Il s'est remis à sa lecture des journaux, puis, s'interrompant tout à coup au bout de quelques minutes, il m'a dit: « C'est de la pauvre Madame; elle se porte bien, et veut venir me joindre!...» et il s'est remis à lire. Ces nouvelles, les premières qui fussent parvenues à l'Empereur sur sa famille, étaient de la main du cardinal Fesch, et l'Empereur se montrait visiblement blessé de les avoir reçues ouvertes.

Moreau.—Georges.—Pichegru.—Opinion du camp de Boulogne, de Paris.—Maubreuil.

Jeudi 30. — L'Empereur est sorti sur les deux heures. Nous nous trouvions tous autour de lui; il est revenu sur les journaux des *Débats*, sur les statues que les papiers annonçaient devoir être élevées à Moreau et à Pichegru. « A Moreau, disait-il, dont la conspiration de 1803 est aujourd'hui si bien « prouvée! à Moreau, qui en 1813 est mort sous la bannière russe! à Pichegru, « coupable d'un des plus grands crimes que l'on connaisse; un général qui « s'est fait battre exprès, qui a fait tuer ses soldats de connivence avec l'en-

« nemi! Et après tout, continuait-il, comme l'histoire n'est guère que ce que
« répètent les hommes, à force de répéter que ce sont de grands hommes
« qui ont bien mérité de leur pays, ils finiront par passer pour tels, et leurs
« adversaires ne seront plus que des misérables. »

On lui faisait observer qu'il ne pouvait en être ainsi que dans les temps de ténèbres et d'ignorance ; qu'aujourd'hui la quantité d'actes et de monumens publics, l'impression, la gravure et l'universalité des lumières feraient toujours ressortir la vérité pour ceux qui voudraient la connaître, que chaque parti aurait ses historiens, à l'aide desquels l'homme sage pourrait toujours porter un jugement impartial.

L'Empereur alors a repris toute l'affaire de Moreau, Georges et Pichegru, dont j'ai déjà parlé et dont j'ai promis plus tard les détails ; il a dit aujourd'hui que celui qui confessa les premières indications désigna, sans pouvoir la nommer, une personne à laquelle Georges et les autres chefs ne parlaient que chapeau bas, avec beaucoup d'égards et de respect. On présuma d'abord que ce devait être le duc de Berri. Un instant on pensa que cela avait pu être l'apparition momentanée du duc d'Enghien. Un des conspirateurs, que la mélancolie saisit dans sa prison, déchira le voile sans intention. Il se pendit peu de jours après son arrestation ; on accourut au bruit, on le délivra, mais la nature avait repris ses droits : gisant sur son grabat, et dans la crise qu'il venait d'éprouver, il répétait des imprécations contre Moreau, l'accusait d'avoir appelé traîtreusement un bon nombre d'honnêtes gens, de leur avoir promis une grande assistance, et de n'avoir personne ; il nommait aussi Georges et Pichegru. Ce furent les premiers soupçons qu'on eut contre Moreau, les premiers indices contre Pichegru ; on n'avait pensé jusque là ni à l'un ni à l'autre. Ce fut alors que Réal, qui était accouru à cette espèce de confession de mort, proposa au Consul d'arrêter Moreau.

« La crise était des plus fortes, disait l'Empereur ; l'opinion publique fer-
« mentait, on calomniait la sincérité du gouvernement sur la conspiration
« dont il parlait, sur les conspirateurs qu'il dénonçait. Ils étaient au nombre
« d'environ quarante que le gouvernement affirmait être dans Paris. On en
« publia les noms, et le Premier Consul mit son honneur à s'en saisir. Il
« manda Bessières, et commanda que sa garde entourât Paris et gardât ses
« murailles. Pendant six semaines personne ne sortit plus de Paris sans des
« motifs précis et autorisés. Tous les esprits étaient sombres ; mais chaque
« matin le Moniteur annonçait la capture d'un, deux ou trois des individus
« mentionnés. L'opinion tourna, elle me revint, et l'indignation croissait à
« mesure qu'on saisissait des conspirateurs. Il n'en échappa pas un seul, ils
« furent tous arrêtés. »

Les papiers du temps disent comment le fut Georges, qui ne succomba qu'après avoir tué deux hommes. Il paraît qu'il avait été trahi par son camarade, qui conduisait le cabriolet où ils étaient ensemble l'un et l'autre.

Quant à Pichegru, il fut victime de la plus infâme trahison. « C'est vrai-
« ment, disait l'Empereur, la dégradation de l'humanité ; il fut vendu par
« son ami intime, cet homme, disait l'Empereur, que je ne veux pas nom-
« mer, tant son acte est hideux et dégoûtant. » Et ici nous lui apprîmes que ce nom était dans le Moniteur, ce qui l'étonna. « Cet homme, continua-t-il,
« ancien militaire, et qui depuis a fait le négoce à Lyon, vint offrir de le li-
« vrer pour cent mille écus. Il raconta qu'ils avaient soupé la veille ensem-
« ble, et que Pichegru, se lisant chaque matin dans le Moniteur, et sentant

« approcher sa destinée, lui avait dit : Mais si moi et quelques généraux
« nous allions résolument nous présenter au front des troupes, ne les en-
« lèverions-nous pas?—Non, lui dit son ami, vous ne vous doutez pas de la
« France; vous n'auriez pas un seul soldat, et il disait vrai. La nuit venue,
« l'infidèle ami conduisit les agens de police à la porte de Pichegru, leur
« détailla les formes de la chambre, ses moyens de défense. Pichegru avait
« des pistolets sur sa table de nuit, la lumière était allumée, il dormait; on
« ouvrit doucement la porte avec de fausses clefs que l'ami avait fait faire
« exprès. On renversa la table de nuit, la lumière s'éteignit, et l'on se col-
« leta avec Pichegru, réveillé en sursaut. Il était très fort; il fallut le lier et
« le transporter nu. Il rugissait comme un taureau. »

De là l'Empereur est passé à dire qu'en arrivant au consulat il avait eu à cœur d'apaiser les départemens de l'Ouest. Il avait fait venir la plupart des chefs; il en avait ému plusieurs, et avait, disait-il, fait verser des larmes à quelques uns au nom de la patrie et de la gloire. Georges eut son tour; l'Empereur dit qu'il tâta toutes ses fibres, parcourut toutes les cordes; ce fut en vain : le clavier fut épuisé sans produire aucune vibration. Il le trouva constamment insensible à tout sentiment vraiment élevé; Georges ne se montra que froidement avide du pouvoir : il en demeurait toujours à vouloir commander ses cantons. Le Premier Consul, après avoir épuisé toute conciliation, prit le langage du premier magistrat. Il le congédia en lui recommandant d'aller vivre chez lui tranquille et soumis, de ne pas se méprendre surtout à la nature de la démarche qu'il venait de faire en cet instant, de ne pas attribuer à faiblesse ce qui n'était que le résultat de sa modération et de sa grande force; qu'il se dît bien et répétât à tous les siens que, tant que le Premier Consul tiendrait les rênes de l'autorité, il n'y aurait ni chance ni salut pour quiconque oserait conspirer. Georges s'en fut; et la suite a prouvé que ce n'était pas sans avoir puisé dans cette conférence quelque estime pour celui qu'il ne cessa de vouloir détruire.

Moreau était le point d'attraction et de ralliement qui avait attiré la nuée de conspirateurs qui vint de Londres fondre sur Paris. Il paraît que Lajollais, son aide de camp, les avait trompés en leur parlant au nom de Moreau, et en leur disant que ce général était sûr de toute la France et pouvait disposer de toute l'armée. Moreau ne cessa de leur dire, à leur arrivée, qu'il n'avait personne, pas même ses aides de camp; mais que, s'ils tuaient le Premier Consul, il aurait tout le monde.

Moreau, livré à lui-même, disait l'Empereur, était un fort bon homme, qu'il eût été facile de conduire : c'est ce qui explique ses irrégularités. Il sortait du palais tout enchanté, il y revenait plein de fiel et d'amertume; c'est qu'il avait vu sa belle-mère et sa femme. Le Premier Consul, qui eût été bien aise de le rallier à lui, se raccommoda une fois à fond; mais cela ne dura que quatre jours. En effet, depuis on essaya maintes fois de les rapprocher; Napoléon ne le voulut plus. Il prédit que Moreau ferait des fautes, qu'il se perdrait; et certes il ne pouvait le faire d'une manière qui justifiât plus complètement la prédiction du Premier Consul et le servit davantage.

A Wittemberg, quelques jours avant la bataille de Leipsick, on intercepta des chariots et des effets dans lesquels étaient les papiers de Moreau qu'on renvoyait à sa veuve en Angleterre. L'une de ces lettres était de madame Moreau elle-même, qui avait écrit à son mari de laisser là ses hésitations, son insignifiance habituelle, et de savoir prendre hardiment un parti;

de faire triompher le légitime, celui des Bourbons. Moreau répondait à cela, peu de jours avant sa mort, qu'elle le laissât tranquille avec ses chimères. « Me voilà bien rapproché de la France, lui mandait-il, bien à même « de prendre de bonnes informations..... Eh bien ! on m'a fait donner dans « un véritable guêpier. »

L'Empereur fut au moment de faire imprimer ces papiers dans *le Moniteur;* mais il existait encore en France quelques personnes aveuglément tenaces sur l'opinion qu'elles avaient toujours conservée de Moreau, s'obstinant à le regarder comme une victime de la tyrannie. La contre-révolution n'avait pas encore permis qu'on vînt se vanter de ses actes désavoués jusque là, et en réclamer la récompense. La circonstance d'inimitié personnelle arrêta l'Empereur. Il ne trouva pas qu'il fût bien de la réveiller à son avantage, et de flétrir un homme qu'un boulet venait de frapper sur le champ de bataille.

Le grand procès de Moreau et de Pichegru fut fort long et agita grandement l'esprit public. Ce qui vint ajouter encore à l'éclat de cette affaire et à la crise, remarquait Napoléon, fut de se trouver compliquée avec l'affaire du duc d'Enghien, qui vint à la traverse. « Les hommes d'État, disait l'Em- « pereur, m'ont reproché une grande faute dans ce procès, et l'ont com- « parée à celle de Louis XVI dans l'affaire du collier, qu'il mit entre les « mains du Parlement, au lieu de la faire juger par une commission. Selon « ces hommes d'État, j'aurais dû me contenter de livrer les coupables à une « commission militaire ; c'eût été terminé en deux fois vingt-quatre heures ; « *je le pouvais*, c'était légal, et l'on ne m'en eût pas voulu davantage ; je « ne me serais pas exposé aux chances que je courus. Mais je me sentais un « pouvoir tellement indéterminé, j'étais en même temps si fort en justice, « que je voulus que le monde entier demeurât témoin. Aussi les ambassa- « deurs, les agens de toutes les puissances assistèrent-ils constamment aux « débats ! »

Quelqu'un alors fit observer à l'Empereur que le parti qu'il avait pris se trouvait bien heureux aujourd'hui, et pour l'histoire, et pour son caractère. Il existait par là trois volumes de pièces authentiques du procès.

Un de nous, qui servait alors à l'armée de Boulogne, disait que tous ces événemens, même celui du duc d'Enghien, y avaient paru en règle; qu'ils y avaient été tous adoptés, et que sa surprise avait été grande, revenant quelques mois après à Paris, d'y trouver l'exaspération qu'ils y avaient créée.

L'Empereur convenait qu'elle avait été extrême, surtout celle causée par la mort du duc d'Enghien, sur laquelle même encore aujourd'hui en Europe on semblait, disait-il, juger aveuglément et avec passion. Il énumérait de nouveau son droit et ses raisons; il a fait passer en revue les nombreuses tentatives pratiquées sur sa personne. Il remarquait que pourtant il devait à la justice de dire qu'il n'avait jamais trouvé Louis XVIII dans une conspiration directe contre sa vie; ce qui avait été, l'on pouvait dire, permanent chez M. le comte d'Artois. Il n'avait jamais connu de Louis XVIII que des plans systématiques, des opérations idéales, etc., etc.....

« Si je fusse demeuré en 1815, a-t-il continué, j'allais produire au grand « jour quelques uns des derniers attentats. L'affaire Maubreuil surtout eût « été solennellement instruite par la première Cour de l'empire, et l'Europe « eût frémi d'horreur en voyant jusqu'où pouvait remonter la honte de l'as- « sassinat et du guet-apens. »

[Politique.—Angleterre.—Lettres retenues par le gouverneur.—Paroles caractéristiques.

Vendredi 31. — A cinq heures, j'ai été joindre l'Empereur dans le jardin ; nous y étions tous réunis. Il était sur la politique, il peignait la triste situation de l'Angleterre au milieu de ses triomphes ; le gouffre de sa dette, la folie, le besoin, l'impossibilité pour elle d'être un pouvoir continental, les dangers de sa constitution, les véritables embarras des ministres, la juste clameur de tous. L'Angleterre, avec ses cent cinquante ou deux cent mille soldats, faisant autant d'efforts que lui en avait jamais fait à l'époque de sa grande puissance, elle faisait peut-être davantage. Jamais il n'avait eu plus de cinq cent mille Français au complet. Les traces de son système continental étaient suivies maintenant par toutes les puissances du continent : elles le seraient plus à mesure qu'elles s'assiéraient davantage. Il n'hésitait pas à dire, et il le prouvait, que, malgré les événemens du jour, l'Angleterre eût gagné à demeurer fidèle au traité d'Amiens ; que l'Europe entière y eût gagné ; que lui seul Napoléon et sa gloire y eussent perdu, et que c'était l'Angleterre pourtant, et non pas lui, qui l'avait rompu.

Il n'était plus qu'un système pour l'Angleterre, continuait-il, celui de revenir à sa constitution, d'abandonner le système militaire, de ne plus se mêler du continent que par l'influence de la mer, sur laquelle elle régnait seule aujourd'hui. Si elle prenait toute autre marche, on pouvait lui prédire de grands malheurs ; et elle la prendrait inévitablement cette marche, parce que toute son aristocratie le voudrait ainsi, et que l'ineptie, l'orgueil ou la vénalité de son ministère présent le feraient persister dans sa marche actuelle.

L'Empereur est rentré dans son cabinet où je l'ai suivi. Il m'a parlé d'une lettre qui, m'ayant été envoyée d'Angleterre par la poste ordinaire, aurait été retenue par le gouverneur, pour ne lui avoir pas été adressée officiellement. On en disait autant d'une lettre pour le grand maréchal. L'Empereur remarquait que, s'il en était ainsi, il y aurait quelque chose de barbare et d'inhumain dans la conduite du gouverneur de les avoir renvoyées sans nous en avoir parlé, sans nous donner la consolation d'apprendre de qui elles étaient..... Un défaut de forme, disait-il, peut se réparer aisément dans l'île ; il ne saurait en être de même à deux mille lieues de distance de nous. A ce sujet j'ai raconté à l'Empereur qu'il m'était arrivé, du reste, quelque chose d'à peu près pareil, il y avait huit à dix jours. « Une per-
« sonne allant en Europe m'avait persécuté pour m'être utile. Je m'étais
« rendu. Je l'avais chargée d'un vieux soulier, comme modèle, et d'une
« montre à me faire changer, puisqu'ici on ne saurait les raccommoder. Le
« gouverneur avait défendu ces commissions, parce qu'elles ne lui avaient
« pas été adressées à lui-même. Je n'en ai rien dit à personne, Sire, parce
« que mon principe est de dévorer une injure que je ne puis pas faire ré-
« parer ; mais je trouverai le moment d'en faire connaître mon opinion au
« gouverneur. En attendant, ni lui, ni mon commissionnaire, n'ont eu la
« satisfaction de m'arracher ni un mot ni une ligne, bien que le dernier soit
« revenu plusieurs fois à la charge. »

Après le dîner, l'Empereur, causant sur notre situation et la conduite du gouverneur, qui est venu aujourd'hui faire rapidement le tour de nos murailles, revenait sur la dernière entrevue qu'ils avaient eue ensemble, et disait des choses précieuses à ce sujet. « Je l'ai fort maltraité sans doute,

« disait-il, et rien que ma situation présente ne saurait me justifier; mais la
« mauvaise humeur m'est permise : j'en rougirais dans toute autre situation.
« Si c'eût été aux Tuileries, je me croirais en conscience obligé à des ré-
« parations. Jamais, au temps de ma puissance, je ne maltraitai quelqu'un
« qu'il n'y eût de ma part quelque mot qui raccommodât le tout; mais ici il
« n'y en a eu aucun, et je n'en avais pas l'envie. Toutefois il y a été peu sen-
« sible; sa délicatesse n'en a pas semblé blessée. J'aurais aimé, pour son
« honneur, à lui voir, par exemple, témoigner de la colère, repousser la
« porte avec violence en sortant, ou toute autre chose pareille. J'eusse été
« certain du moins qu'il y avait en lui du ressort et de l'élasticité; mais je
« n'y ai rien trouvé. »

BATAILLE DU TAGLIAMENTO.

Depuis le passage de la Piave, le 13 mars 1797, jusqu'à l'entrée de l'armée française en Allemagne, le 28 du même mois : espace de dix-sept jours.

N. B. Les italiques marquent les corrections faites de la main de Napoléon au manuscrit.

Je vais mettre ici ce qui me reste des chapitres de l'armée d'Italie, pour ne les pas trop éloigner de ceux qui précèdent.

Dans ce qui a été publié plus tard sur ces campagnes d'Italie émanant directement de l'Empereur, je dois dire que j'y remarque des chapitres entièrement neufs, et que ceux que je connaissais montrent parfois quelque accroissement dans les détails, soit que Napoléon, dans ses loisirs, y soit revenu par pure prédilection, soit qu'il y ait été amené par la connaissance d'ouvrages publiés en Europe sur le même sujet.

I. *Situation de l'Italie au commencement de 1797.* — La *paix de Tolentino* avait *rétabli les relations avec Rome*. La cour de Naples *était* satisfaite de la modération des Français *à l'égard du pape : elle y voyait une preuve que l'intention de la république était de ne pas se mêler de ses affaires intérieures, et de ne donner aucun appui aux mécontens.* Nous étions maîtres de la république de Gênes, le parti oligarchique y était sans crédit. Les républiques cispadane et transpadane étaient animées du meilleur esprit; nous y trouvions toute espèce d'assistance. *En Piémont*, Alexandrie, Fenestrelles, Cherasque, Coni, Tortone, avaient garnison française; Suze, Labrunette, Desmont, étaient démolies. La misère et le mécontentement étaient à l'extrême *parmi le peuple*. Des mouvemens d'insurrection s'étaient manifestés dans diverses provinces *contre la cour*; le roi de Sardaigne *avait* réuni ses troupes de ligne en corps d'armée *pour les dissiper*. Le général français avait tout fait pour *maintenir l'ordre et la tranquillité en Piémont :* il avait souvent menacé de faire marcher des troupes contre *les mécontens;* mais les communications *étaient* rétablies entre le Piémont, la France et les républiques cispadane et transpadane. *L'esprit qui dominait dans ces républiques se propageait en Piémont.* Les officiers et les soldats français, *animés des principes républicains, les propageaient dans toute l'Italie.* Les circonstances étaient *devenues* telles qu'il fallait, *pour assurer les desseins du général français,* ou détruire *le roi de Sardaigne,* ou dissiper entièrement toutes ses inquiétudes, *et contenir les mécontens. Le général français imagina de proposer* un traité offensif et défensif à la cour de Sardaigne; il fut signé par le général Clarke et le marquis de Saint-Marsan. La république garantissait au roi sa couronne ; le roi *déclarait la guerre à l'Autriche, et fournissait un contingent de dix mille hommes et vingt pièces de canon à l'armée française.* Ce traité était très important pour *l'exécution du grand plan du général en chef;* son armée se trouvait renforcée, et il avait avec lui des otages qui lui assuraient le Piémont pendant son absence de *l'Italie.* Mais le Directoire ne sentit point l'importance de ce traité, et en ajourna constamment la ratification. Cependant la publicité du traité donna un nouveau crédit au roi et découragea les malveillans. L'état de Venise seul donnait des inquiétudes : Brescia, Bergame, la Polésine, une partie du Vicentin et du Padouan étaient parfaitement disposés pour la cause française; mais *le parti autrichien, qui était celui du sénat de Venise, pouvait disposer de la plus grande partie du Véronais, et de douze mille Esclavons qui étaient dans Venise.* Tous les moyens que Napoléon put imaginer pour aplanir les difficultés ayant échoué, il fut obligé de passer outre, de se contenter d'occuper la forteresse de Vérone, et de laisser un corps de réserve pour observer le pays vénitien et garantir la sûreté de ses derrières. On verra dans le chapitre suivant les raisons qui s'opposèrent à ce qu'il mit fin aux troubles de cette république avant d'entrer en Allemagne.

II. *L'empereur d'Allemagne refuse de reconnaître la république française et d'entrer en négociation. Le général français se dispose à l'y forcer.*—Avant et après la prise de Mantoue, diverses ouvertures pacifiques avaient été faites à la cour de Vienne : toutes furent infructueuses ; le général Clarke avait été envoyé de Paris avec une lettre du Directoire à l'empereur d'Allemagne, et des pleins pouvoirs pour négocier et conclure des préliminaires de paix. Une conférence avait eu lieu à Vicence, avant la bataille de Rivoli, entre Clarke et le baron de Vincent, *aide de camp de l'empereur.* Ce dernier *dit* que son maître ne reconnaissait point la république française, et ne *pouvait* entendre parler de paix *sans le concours de son allié, c'est-à-dire de l'Angleterre.* Depuis la prise de Mantoue, Clarke fit une seconde tentative. Il se rendit à Florence, et vit le grand-duc ; il obtint la même réponse. Le général français, tranquille sur l'Italie, résolut de rejeter les Autrichiens au delà des Alpes Juliennes, de les poursuivre sur la Drave, sur la Muer, de passer le Simmering, et d'obliger l'empereur d'Autriche à signer la paix dans Vienne. Le projet était vaste, le succès paraissait assuré. Le général en chef promit la paix au gouvernement *français* dans le courant de l'été.

L'armée d'Italie n'avait jamais été si belle, si nombreuse, ni en meilleur état : elle se composait de huit divisions d'infanterie, de six mille chevaux, et comptait cent cinquante pièces de canon bien attelées. Ses troupes étaient bien habillées, bien chaussées, bien nourries, bien payées, composées de vieux soldats et d'excellens officiers. Cette armée, d'environ soixante mille hommes, *pouvait* tout entreprendre.

L'armée française, depuis la prise de Mantoue, menaçait directement les États héréditaires de la maison d'Autriche; ses avant-postes étaient sur les frontières. Les armées françaises du Rhin et de Sambre-et-Meuse, qui avaient leurs quartiers d'hiver sur la rive gauche du Rhin, en étaient éloignées de plus de cent lieues, *en étant séparées par les États* du corps germanique. L'armée d'Italie était éloignée d'environ cent quatre-vingts lieues de Vienne, et les armées du Rhin et de Sambre-et-Meuse de plus de deux cents lieues. L'armée d'Italie fixa donc toute l'attention de la cour de Vienne. Le prince Charles, qui avait obtenu des succès *sur le Danube* dans les campagnes précédentes, fut envoyé sur la Piave avec quarante mille hommes de *renfort* des meilleures troupes de la monarchie.

Dès le mois de janvier, les ingénieurs autrichiens parcouraient tous les cols et les hauteurs des Alpes Noriques, projetaient des retranchemens, dressaient des plans pour fortifier Gradisca, Clagenfurt, Tarvis. Mais tous ces travaux ne pouvaient se commencer qu'après la fonte des neiges, qui, dans les Alpes Noriques, ne disparaissent que vers la fin de mars. Il était donc important de prévenir l'ennemi, avant qu'il n'eût réuni tous ses moyens et retranché les gorges et passages difficiles qu'on avait à traverser : Napoléon résolut d'être en Allemagne à la fin de mars.

III. *Plan de campagne de l'armée française pour marcher sur Vienne.* — Le Brenner est la sommité la plus élevée des Alpes du Tyrol ; c'est la division géographique de l'Allemagne et de l'Italie. L'Inn, l'Adda et l'Adige prennent leurs sources sur cette haute chaîne ; l'Inn coule du sud-ouest au nord-est, cinquante lieues dans le Tyrol, sur le revers du Brenner, vers le Danube, dans lequel il se jette, séparant la Bavière de l'Autriche. L'Adda, dont les sources sont près de celles de l'Inn, coule du nord au sud, et se jette, après vingt-huit lieues de cours, dans le lac de Côme, d'où elle sort pour traverser la Lombardie. L'Adige, qui prend sa source à peu de lieues de celle de l'Inn, court du nord au sud, à une cinquantaine de lieues sur l'autre penchant du Brenner, entre en Italie à Vérone, d'où elle se jette dans l'Adriatique près de l'embouchure du Pô. Un grand nombre d'affluens coulent dans ces diverses rivières, et forment des gorges à pic où il est impossible de pénétrer sans être maître des sommités. C'est la partie des Alpes la plus rude et la plus difficile, celle qui est la plus coupée et dont la pente est la plus brusque.

Pour se rendre de l'Italie à Vienne, il n'y a que trois grandes chaussées : celle du Tyrol, celle de la Carinthie et celle de la Carniole. La première traverse la chaîne supérieure des Alpes au col du Brenner; la seconde au col des Alpes Noriques, entre Ponteba et Tarvis; la troisième au col des Alpes de la Carniole, à quelques lieues de Laybach. Suivant la loi générale des Alpes, le col du Brenner est beaucoup plus élevé que le col de Tarvis; le col de Tarvis que celui de Laybach.

La chaussée du Tyrol part de Vérone, remonte la rive gauche de l'Adige, passe à Trente, Bolzano, Brixen ; traverse le Brenner à soixante lieues de Vérone; rencontre l'Inn à Innspruck, à neuf lieues et demie; longe l'Inn jusqu'à demi-chemin de Rattemberg à Kuftein, et trouve Salzburg à trente-quatre lieues et demie, d'où elle traverse Ens sur le Danube, à trente-deux lieues, et de là jusqu'à Vienne court trente-six lieues. Cette chaussée, qui porte le nom de chaussée du Tyrol, a donc de Vérone à Vienne cent soixante et onze lieues.

La chaussée de la Carinthie part de Saint-Danièle, traverse la chaîne des Alpes Noriques entre Tarvis et la Ponteba, en parcourant trente et une lieues; elle passe la Drave à Villach, à vingt-quatre lieues et demie ; traverse Clagenfurt, capitale de la Carinthie, à huit lieues de Villach; rencontre la Mur, qu'elle suit jusqu'à Judenbourg, à vingt lieues et demie, et continue, en serpentant sur l'une et l'autre rive jusqu'à Bruch, pendant l'espace de douze lieues. De Bruch, la chaussée quitte la Mur et monte pendant douze lieues sur le Simmering, montagne qui sépare la vallée du Danube de la vallée de la Mur, et de là descend dans la plaine qui conduit à Vienne, qui n'en est plus qu'à vingt lieues. Il y a donc des frontières de l'Italie à Vienne quatre-vingt-dix-sept lieues, ou de Saint-Danièle cent vingt-huit lieues.

La chaussée de la Carniole part de Goritz, arrive à Laybach après vingt-sept lieues, passe la Save, les Alpes, et descend sur la Drave, qu'elle passe à Marbourg, à trente lieues et demie de Laybach ; de Marbourg, elle rencontre la Mur à Ehrenhausen, à quatre lieues et demie ; elle longe cette rivière jusqu'à Bruch, en passant par Gratz, capitale de la Styrie, pendant l'espace de vingt-six lieues ; là elle rencontre la chaussée de la Carinthie : de Goritz à Vienne il y a donc, par la chaussée de la Carniole, cent trois lieues.

La chaussée du Tyrol se joint à la chaussée de la Carinthie par six communications transversales : 1° un peu au-dessus de Brixen, une chaussée dite Pusthersthal prend à droite, remonte un des affluens de l'Adige, passe à Lienz, Spital, et aboutit à Villach, à quarante-six lieues et demie de Brixen ; 2° de Salzbourg part une chaussée qui traverse Rastadt, rencontre le Pusthersthal à Spital, et arrive à Villach, à cinquante-deux lieues de Salzbourg ; 3° de la seconde chaussée transversale, à quatre lieues au-dessous de Rastadt, part une chaussée qui suit la Mur jusqu'à Scheiffing, où elle rencontre la chaussée de la Carinthie ; elle a environ seize lieues ; 4° de Lintz sur le Danube part une chaussée qui passe l'Ens près de Rottenman, traverse de hautes montagnes, et descend sur Judenbourg ; 5° d'Ens sur le Danube, une chaussée remonte l'Ens pendant environ vingt lieues, et redescend sur Leoben pendant environ huit lieues ; 6° enfin du Danube par Saint-Polten, une chaussée arrive à Bruch, qui en est à environ vingt-quatre lieues. Les deux chaussées de la Carniole et de la Carinthie se joignent par trois communications transversales : 1° de Goritz, en remontant l'Isonzo pendant dix lieues, on arrive à Caporetto, où l'on trouve la chaussée d'Udine ; six lieues plus haut, on trouve la Chiusa autrichienne ; et enfin, cinq lieues plus haut, Tarvis, où elle joint la chaussée de la Ponteba ou de la Carinthie ; 2° de Laybach part une chaussée qui traverse la Save, la Drave, et arrive, après dix-sept lieues, à Clagenfurt ; mais elle est très difficile pour l'artillerie ; 3° enfin de Marbourg une chaussée remonte la Drave, et arrive, après environ vingt-cinq lieues, à Clagenfurt, où elle rencontre la chaussée de la Carinthie ; une fois dépassé Clagenfurt et Marbourg, ces deux chaussées de la Carinthie et de la Carniole cheminent parallèlement à une vingtaine de lieues l'une de l'autre, et n'ont plus aucune communication transversale praticable aux voitures.

Le projet de Napoléon était de pénétrer en Allemagne par la chaussée de *la Carinthie*, de traverser la Carniole, la Styrie, et d'arriver sur le Simmering ; mais le prince Charles *avait deux* armées : *l'une* en Tyrol, et l'autre *derrière* la Piave ; il fallait donc laisser une partie de l'armée en observation contre l'armée du Tyrol. Le général français préféra faire prendre également l'offensive aux divisions du Tyrol, les faire arriver jusqu'à Brixen, et *les diriger sur Clagenfurt* par la chaussée de Pusthersthal, dans le temps que le principal corps de l'armée se porterait sur la Piave, traverserait le Tagliamento, déboucherait par la chaussée de la *Carinthie* sur la Drave et Villach, *où il serait rejoint par* son aile du Tyrol ; et alors toute l'armée réunie marcherait sur le Simmering.

Trois divisions, formant un ensemble de quinze mille hommes sous les ordres du général Joubert, furent destinées à l'opération du Tyrol ; quatre, sous les ordres du général en chef en personne, *faisant* trente-cinq mille hommes, marchèrent sur le Tagliamento ; le 8°, qui se composait en partie des troupes qui avaient marché sur Rome, fut destiné à former un corps d'observation contre Venise, et assurer la tranquillité de nos derrières. Les généraux de division Baraguey-d'Hilliers et Delmas commandaient dans le Tyrol sous Joubert; les généraux Masséna, Serrurier, Guieux et Bernadotte étaient à la tête des quatre divisions d'infanterie qui marchaient sur le Tagliamento; le général Dugua commandait la cavalerie. Les armées du Rhin et de Sambre-et-Meuse devaient passer le Rhin et entrer en Allemagne, de manière à arriver sur le Lech *et le Danube* en même temps que l'armée française arriverait sur le Simmering. On avait compté sur la division du Piémont, forte de dix mille hommes; mais le retard des ratifications priva l'armée française de ce renfort *si important*.

IV. *Passage de la Piave*, 13 mars. — Dans le Tyrol, tout le mois de février se passa en fortes escarmouches. Les Autrichiens s'y étaient montrés en force et très hardis. Sur la Piave le prince Charles fit divers mouvemens pour profiter de l'éloignement *d'une partie* de l'armée française, qu'il supposait sur Rome. Le général Guieux se crut menacé à Trévise, et repassa la Brenta; mais le prince Charles, *mieux instruit, sut que le général français n'avait mené sur Rome que quatre ou cinq mille hommes*, et s'arrêta. Tout se réduisit à quelques escarmouches. Le quartier-général français arriva dans les premiers jours de mars à Bassano.

La proclamation suivante fut mise à l'ordre du jour :

« La prise de Mantoue vient de finir une campagne qui vous a donné des
« titres éternels à la reconnaissance de la patrie.

« Vous avez remporté la victoire dans quatorze batailles rangées et
« soixante-dix combats; vous avez fait plus de cent mille prisonniers, pris à
« l'ennemi cinq cents pièces de canons de campagne, deux mille de gros ca-
« libre, quatre équipages de pont.

« Les contributions mises sur les pays que vous avez conquis ont nourri,
« entretenu, soldé l'armée pendant toute la campagne; vous avez en outre
« envoyé trente millions au ministère des finances pour le soulagement du
« trésor public.

« Vous avez enrichi le Muséum de Paris de plus de trois cents objets,
« chefs-d'œuvre de l'ancienne et nouvelle Italie, et qu'il a fallu trente siècles
« pour produire.

« Vous avez conquis à la république les plus belles contrées de l'Europe;
« les républiques lombarde et transpadane vous doivent leur liberté; les cou-
« leurs françaises flottent pour la première fois sur les bords de l'Adriati-
« que, en face et à vingt-quatre heures de navigation de l'ancienne Macé-
« doine; les rois de Sardaigne, de Naples, le pape, le duc de Parme, se
« sont détachés de la coalition de nos ennemis, et ont brigué notre amitié;
« vous avez chassé les Anglais de Livourne, de Gênes, de la Corse.... Mais
« vous n'avez pas encore tout achevé; une grande destinée vous est réser-
« vée : c'est en vous que la patrie met ses plus chères espérances; vous con-
« tinuerez à en être dignes.

« De tant d'ennemis qui se coalisèrent pour étouffer la république à sa
« naissance, l'empereur seul reste devant nous : se dégradant lui-même du
« rang d'une grande puissance, ce prince s'est mis à la solde des marchands
« de Londres; il n'a plus de volonté, de politique, que celles de ces insu-
« laires perfides, qui, étrangers aux malheurs de la guerre, sourient avec
« plaisir aux maux du continent.

« Le Directoire exécutif n'a rien épargné pour donner la paix à l'Europe;

« la modération de ses propositions ne se ressentait pas de la force de ses
« armées, il n'avait pas consulté votre courage, mais l'humanité et l'envie
« de vous faire rentrer dans vos familles : il n'a pas été écouté à Vienne; il
« n'est donc plus d'espérance pour la paix qu'en allant la chercher dans le
« cœur des États héréditaires de la maison d'Autriche. Vous y trouverez un
« brave peuple accablé par la guerre qu'il a eue contre les Turcs, et par la
« guerre actuelle. Les habitans de Vienne et des États d'Autriche gémissent
« sur l'aveuglement et l'arbitraire de leur gouvernement : il n'en est pas un
« qui ne soit convaincu que l'or de l'Angleterre a corrompu les ministres
« de l'Empereur. Vous respecterez leur religion et leurs mœurs ; vous pro-
« tégerez leurs propriétés : c'est la liberté que vous apporterez à la brave
« nation hongroise.

« La maison d'Autriche, qui depuis trois siècles va perdant à chaque
« guerre une partie de sa puissance, qui mécontente ses peuples en les dé-
« pouillant de leurs priviléges, se trouvera réduite, à la fin de cette sixième
« campagne (puisqu'elle nous contraint à la faire), à accepter la paix que
« nous lui accorderons, et à descendre, dans la réalité, au rang des puis-
« sances secondaires, où elle s'est déjà placée en se mettant aux gages et à
« la disposition de l'Angleterre.

« *Signé* BONAPARTE. »

L'armée se mit en mouvement. Il fallait passer la Piave, que défendait l'armée du prince Charles, et chercher à gagner avant lui les gorges d'Osopo et de la Ponteba. Masséna, avec sa belle division, fut destiné à remplir cet objet important; il partit de Bassano, passa la Piave et le Tagliamento dans les montagnes, tournant ainsi toute l'armée du prince Charles. *Celui-ci détacha* une division pour l'opposer à cette manœuvre. Masséna la battit, la poursuivit l'épée dans les reins, lui prit beaucoup de monde et quelques pièces de canon. Parmi ces prisonniers se trouva le général de Lusignan, qui avait insulté les malades français ses compatriotes, aux hôpitaux de Brescia, durant les succès éphémères de Wurmser. Masséna se rendit maître de Feltres, de Cadore et de Bellune, *menant battant* la division autrichienne, sans éprouver de pertes considérables.

Le général en chef se porta le 12 sur Azolo, avec la division Serrurier, passa la Piave à la pointe du jour, marcha sur Conégliano, où était le quartier-général autrichien, tournant ainsi toutes les divisions autrichiennes qui défendaient la basse Piave, ce qui permit au général Guieux d'exécuter son passage, à deux heures après midi, à Ospedaletto. La rivière dans cet endroit est assez haute, et eût exigé un pont; mais la bonne volonté y suppléa. Un seul tambour courut des risques, et fut sauvé par une vivandière de l'armée, qui se jeta à la nage : le général en chef la récompensa en lui attachant au cou une chaîne d'or. Le 12, le général français fut à Conégliano avec les divisions Serrurier et Guieux. La division Bernadotte rejoignit le lendemain.

Le prince Charles avait choisi les plaines du Tagliamento pour champ de bataille, les croyant avantageuses *pour tirer parti* de sa cavalerie. Son arrière-garde essaya de tenir à Sacile; mais elle fut battue par le général Guieux, qui y entra le 13.

V. *Bataille du Tagliamento, 16 mars.* — Le 16, à neuf heures du matin, les deux armées furent en présence, l'armée française sur la rive droite, l'armée autrichienne sur la rive gauche du Tagliamento. Les divisions Guieux,

Serrurier, Bernadotte faisaient la gauche du centre, et la droite était avec le quartier-général, en avant de Valvasone. Le prince Charles, avec des forces à peu près égales, était rangé de la même manière, en face, sur la rive gauche. Par cette position, le prince Charles *ne couvrait pas la chaussée de la Ponteba*. Les débris de la division opposée à Masséna n'étaient plus capables de l'arrêter. Cependant la Ponteba était la route la plus courte de Vienne, et la direction naturelle pour couvrir cette capitale. Cette conduite du prince Charles ne pouvait s'expliquer qu'en supposant qu'il ne connaissait pas encore bien le nouveau terrain sur lequel il devait opérer, lequel n'avait jamais été le théâtre de la guerre dans les temps modernes ; ou que, ne croyant pas le général français assez hardi pour se porter sur Vienne, il n'eût de crainte que pour Trieste, centre des établissemens maritimes de l'Autriche ; ou enfin, que ses positions n'étant point définitivement prises, et que, couvert par le Tagliamento, il espérait gagner quelques jours qui suffiraient à une division de grenadiers déjà arrivée à Clagenfurt, pour venir renforcer la division opposée à Masséna.

La canonnade s'engagea d'une rive à l'autre. La cavalerie légère fit plusieurs charges sur le gravier du torrent. Le général en chef, voyant l'ennemi trop bien préparé, fit poser les armes à ses soldats et établir les bivouacs. Le général autrichien y fut trompé ; il crut que l'armée française, *qui avait marché toute la nuit*, prenait position ; il fit un mouvement en arrière, *et alla* reprendre ses bivouacs. Mais deux heures après, quand tout fut tranquille dans les deux camps, les Français reprirent subitement les armes, et Duphot, à la tête de la 27ᵉ légère, formant l'avant-garde de Guieux, et Murat, à la tête de la 15ᵉ légère, conduisant l'avant-garde de Bernadotte, soutenus chacun par leurs divisions, chaque brigade formant une ligne, et celles-ci appuyées par Serrurier, marchant derrière en réserve, se précipitèrent dans la rivière. L'ennemi avait couru aux armes ; mais déjà toutes nos troupes avaient passé dans le plus bel ordre, et se trouvaient rangées en bataille sur la rive gauche. La canonnade et la fusillade s'engagèrent de toute part. Aux premiers coups de canon, Masséna exécuta son passage à Saint-Danièle : il éprouva peu de résistance et s'empara d'Osopo, cette clef de la chaussée de Ponteba que l'ennemi avait fait la faute de négliger : il l'intercepta désormais à l'armée autrichienne, sépara tout-à-fait de celle-ci la division qui lui était opposée, et la poursuivit jusqu'au pont de Casasola, en la jetant toujours sur la Carinthie. Le prince Charles désespéra de la victoire. Après plusieurs heures de combat et différentes charges d'infanterie et de cavalerie, il se mit en retraite, nous laissant du canon et des prisonniers.

VI. *Plan de retraite du prince Charles.* — Le prince Charles ne pouvait plus se retirer vers la Ponteba *par la chaussée de Saint-Danièle et d'Osopo,* que Masséna tenait en sa possession. Il prit le parti de regagner cette chaussée à Tarvis, *avec la plus grande partie de son armée,* par Udine, Cividale, Caporetto, la Chiusa autrichienne ; il jeta une de ses divisions sur sa gauche, par Palma-Nova, Gradisca et Laybach, pour couvrir *la Carniole.* Mais Masséna n'était qu'à deux journées de Tarvis, et l'armée autrichienne, par cette nouvelle route, avait cinq ou six marches à faire. Le prince Charles compromettait donc son armée : il le sentit, et, de sa personne, courut à Clagenfurt presser la marche d'une division de grenadiers qui s'y trouvait. *Cependant Masséna avait lui-même perdu deux jours ; mais ayant reçu l'ordre de se porter sans hésitation sur Tarvis, il y rencontra le prince Charles en* bataille, avec les débris de la division qui, depuis la Piave, fuyait devant lui, et une belle division de grenadiers hongrois.

Le combat fut vif et opiniâtre de part et d'autre. Chacun sentait l'importance du succès : car si Masséna parvenait à s'emparer du débouché de Tarvis, la partie de l'armée autrichienne que le prince Charles avait engagée dans la vallée de l'Isonzo était perdue. Le prince Charles se prodigua de sa personne, et fut *plusieurs fois* sur le point d'être arrêté par les tirailleurs français. Le général Brune, qui commandait une brigade de la division Masséna, s'y comporta avec la plus grande valeur. Le prince Charles fut rompu : il avait fait donner jusqu'à ses dernières réserves ; il ne put opérer aucune retraite. Les débris de ses troupes allèrent se rallier à Villach, derrière la Drave. Masséna, maître de Tarvis, s'y établit, *en faisant face du côté de Villach et du côté de Goritz, barrant les débouchés de l'Isonzo.*

VII. *Combat de Gradisca. Prise de Laybach et de Trieste.* — Le lendemain de la bataille du Tagliamento, le quartier-général se rendit à Palma-Nova : c'est une place forte qui appartient aux Vénitiens. Le prince Charles l'avait fait occuper, et y avait établi ses magasins ; mais jugeant qu'il lui faudrait laisser cinq à six mille hommes pour la garder, son artillerie de place n'étant pas encore arrivée, il résolut de l'évacuer. *Nous l'armâmes aussitôt et la mîmes à l'abri d'un coup de main.* Le lendemain 19, on marcha sur l'Isonzo.

Le général Bernadotte se présenta à Gradisca pour passer cette rivière. Il trouva la ville fermée, et fut reçu à coups de canon ; on voulut parlementer avec le commandant de la place, mais il s'y refusa. Napoléon partit alors avec la division Serrurier, prit le chemin de Montefalcone, et marcha jusqu'au lieu où la rive gauche de la rivière cesse de dominer la rive droite. Il lui fallait perdre du temps pour construire un pont ; le colonel Andréossi, directeur des ponts, se jeta le premier dans la rivière pour la sonder ; les colonnes suivirent son exemple, et l'on passa, ayant de l'eau jusqu'à mi-corps, sous la faible fusillade de deux bataillons de Croates qui furent mis en déroute. Il était une heure après midi ; on prit alors sur la gauche ; on monta sur les hauteurs, qu'on suivit jusque vis-à-vis Gradisca, où l'on arriva à cinq heures du soir. La place se trouva ainsi cernée et dominée. La division Serrurier avait marché avec d'autant plus de rapidité, que la fusillade était vive sur la rive droite, où Bernadotte était aux prises. Ce général avait eu l'imprudence de vouloir enlever la place d'assaut : il avait été repoussé, et avait perdu quatre à cinq cents hommes sans nécessité. Cet excès d'ardeur était justifié par l'envie qu'avaient les troupes de Sambre-et-Meuse de se signaler, et par la noble émulation d'arriver à Gradisca avant les anciennes troupes d'Italie. Lorsque le gouverneur de Gradisca vit l'Isonzo passé et les hauteurs couronnées, il capitula, et se rendit prisonnier de guerre *avec plusieurs régimens et beaucoup de canons.* Le quartier-général fut porté le surlendemain à Goritz. La division Bernadotte fut dirigée sur Laybach. Le général Dugua, *avec mille chevaux, prit possession de Trieste.* La division Serrurier, de Goritz remonta l'Isonzo pour soutenir le général Guieux, et regagner à Tarvis la chaussée de la Carinthie. Le général Guieux, du champ de bataille du Tagliamento, s'était dirigé vers Udine et Cividale, et avait rencontré à Caporetto la chaussée de l'Isonzo. Il avait eu tout le jour de forts engagemens avec le *principal corps* du prince Charles, qui avait pris la même route pour gagner Tarvis ; il lui avait tué beaucoup de monde et fait beaucoup de prisonniers. Le général autrichien avait laissé une arrière-garde à la Chiusa vénitienne, et s'était porté sur Tarvis, espérant que le prince Charles l'occupait encore. Mais Masséna y était depuis deux jours. Il fut attaqué en front par Masséna, et en queue par Guieux. La position même de la Chiusa vénitienne, qui était *forte*, ne put résister à l'impétueuse 4ᵉ de ligne; elle gravit avec une rapidité inouïe une montagne qui domine la gauche de la Chiusa; et tournant ainsi ce poste important, il ne resta plus d'autre ressource aux ennemis que de poser les armes. Bagages, canons, parc, drapeaux, tout fut pris. On ne fit que cinq mille prisonniers; dix mille avaient été tués ou blessés dans différens combats. *Depuis le Tagliamento, dix mille soldats, habitans* de la Carniole ou de la Croatie, voyant *que tout était perdu*, se débandèrent dans les gorges et gagnèrent isolément leurs villages.

Le quartier-général se rendit successivement à Caporetto, à Tarvis, à Villach, à Clagenfurt.

VIII. *Entrée en Allemagne, passage de la Drave, prise de Clagenfurt*, 29 *mars*.— La province de Goritz, qui est la première des États héréditaires de la maison d'Autriche, confine avec l'Italie. Les habitans y parlent italien. Cette province fut sur-le-champ organisée; le vieux château de Goritz fut armé : on composa un gouvernement provisoire des sept personnes les plus considérables, que l'on chargea de l'administration du pays. Toutes les mesures furent prises pour rassurer les habitans et pour alléger le fardeau que leur occasionnait la garnison.

Les mêmes mesures furent prises à Trieste pour l'Istrie. Toutes les marchandises anglaises furent confisquées; on répara le vieux château pour servir de refuge à la petite garnison qu'on voulait y laisser. Les habitans étaient dans des dispositions très favorables aux Français.

Laybach est la capitale de la Carniole : on y organisa un gouvernement provisoire sur les mêmes principes qu'à Goritz et Trieste. Cette ville fût mise en état de défense : elle avait une enceinte bastionnée d'un très vieux tracé. On abattit les maisons qui se trouvaient sur les remparts.

Dans ces pays situés près des Alpes, la saison était encore froide. Les habitans, qui avaient d'abord été effrayés, n'eurent qu'à se louer de l'armée française, laquelle à son tour n'eut pas à se plaindre de ces peuples.

Les dispositions des habitans du cercle de Villach parurent favorables aux Français; ils fournirent avec un grand empressement tout ce qui était nécessaire à l'armée. Nous étions en Allemagne, les mœurs y étaient différentes, nos soldats eurent beaucoup à se louer de l'esprit d'hospitalité qui caractérise le paysan allemand. La grande quantité de chevaux et de voitures, qu'ils se procuraient plus facilement qu'en Italie, leur fut d'une grande utilité.

On mit en état la ville de Clagenfurt, capitale de la Carinthie : on y organisa aussi un gouvernement provisoire. Cette ville a une enceinte bastionnée, mais négligée depuis des siècles et ne servant guère qu'à la police de la ville; les remparts étaient couverts de maisons, on les abattit, et on en fit un point d'appui pour l'armée.

Le général Dugua, à Trieste, confisqua tous les magasins appartenant aux Anglais ou aux Autrichiens; on en trouva de considérables et de toute espèce. On prit également possession des mines d'Idria : on y trouva pour plusieurs millions de vif-argent, qu'on évacua immédiatement sur Palma-Nova.

En entrant en Carinthie, on avait publié la proclamation suivante :

« L'armée française ne vient point dans votre pays pour le conquérir ni
« pour porter aucun changement à votre religion, à vos mœurs, à vos cou-
« tumes. Elle est l'amie de toutes les nations, et particulièrement des braves
« peuples de la Germanie.

« Le Directoire exécutif de la république française n'a rien épargné pour
« terminer les calamités qui désolent le continent : il s'était décidé à faire le
« premier pas et à envoyer le général Clarke à Vienne, comme plénipoten-
« tiaire, pour entamer des négociations de paix. Mais la cour de Vienne a
« refusé de l'entendre; elle a même déclaré à Vicence, par l'organe de M. de
« Vincent, qu'elle ne reconnaissait pas la république française. Le général
« Clarke a demandé un passe-port pour aller lui-même parler à l'empereur;
« mais les ministres de la cour de Vienne ont craint, avec raison, que la
« modération des propositions qu'il était chargé de faire ne décidât l'em-
« pereur à la paix. Ces ministres, corrompus par l'or de l'Angleterre, trahis-
« sent l'Allemagne et leur prince, et n'ont plus de volonté que celle de ces
« insulaires perfides, l'horreur de l'Europe entière.

« Habitans de la Carinthie, je le sais, vous détestez autant que nous et les
« Anglais qui seuls gagnent à la guerre actuelle, et votre ministère qui leur
« est vendu. Si nous sommes en guerre depuis six ans, c'est contre le vœu
« des braves Hongrois, des citoyens éclairés de Vienne, et des simples et
« bons habitans de la Carinthie.

« Eh bien ! malgré l'Angleterre et les ministres de la cour de Vienne,
« soyons amis. La république française a sur vous les droits de conquête;
« qu'ils disparaissent devant un contrat qui nous lie réciproquement. Vous
« ne vous mêlerez pas d'une guerre qui n'a pas votre aveu. Vous fournirez les
« vivres dont nous pourrons avoir besoin. De mon côté, je protégerai votre
« religion, vos mœurs, vos propriétés; je ne tirerai de vous aucune contri-
« bution : la guerre n'est-elle pas par elle-même assez horrible ! Ne souf-
« frez-vous pas déjà trop, vous, innocentes victimes des sottises des autres !
« Toutes les impositions que vous avez coutume de payer à l'empereur servi-
« ront à indemniser des dégâts inséparables de la marche d'une armée, et à
« payer les vivres que vous nous aurez fournis. »

IX. *Affaire du Tyrol.* — Immédiatement après la bataille du Tagliamento, le général français expédia l'ordre au général Joubert d'attaquer l'armée qui lui était opposée, de s'emparer de tout le Tyrol italien, d'exécuter hardiment la marche qu'il lui avait prescrite, et de pénétrer en Carinthie par le Pusthersthal.

Le général Joubert entra en opération le 28 mars, passa le Lavisio, battit l'ennemi, *lui fit plusieurs milliers de prisonniers, passa l'Adige, le battit* à Tramin, s'empara de Bolzano, livra un nouveau combat à Clauzen, força les gorges d'*Innspruck* le 28, *rejeta les troupes autrichiennes au delà du Brenner*, et se dirigea sur la Carinthie, après avoir fait éprouver beaucoup de pertes à l'ennemi et lui avoir pris sept à huit mille hommes. Le général Joubert montra du talent, de la constance et de l'activité dans la direction de cette opération difficile. *Les généraux Delmas, Baraguey-d'Hilliers et Dumas se distinguèrent. Les troupes montrèrent la plus grande intrépidité.*

X. *Résumé.* — Ainsi, en dix-sept jours, les deux armées du prince Charles avaient été défaites. L'ennemi, rejeté au delà du Brenner, avait évacué le Tyrol, après avoir fait des pertes très considérables. L'Autriche avait perdu Palma-Nova, place très forte, et Trieste et Fiume, seuls ports de la monarchie autrichienne; la province de Goritz, l'Istrie, la Carniole, la Carinthie étaient conquises; la Save, la Drave, les Alpes Noriques étaient passées. L'armée n'était plus qu'à soixante lieues de Vienne. Elle était fondée à espérer d'y arriver avant la fin de mai.

L'armée autrichienne, démoralisée et ruinée, ne pouvait plus lutter contre l'armée française, qui n'avait éprouvé aucune perte sensible, et chez qui le moral et le sentiment de sa supériorité étaient à un degré inexprimable.

FRAGMENS DE LÉOBEN.

VI. *Opérations de Joubert dans le Tyrol.* — Joubert avait battu l'ennemi sur le Lavisio le 20 mars, il lui avait fait plusieurs milliers de prisonniers; il l'avait poursuivi à Botzen, l'avait défait de nouveau à Clauzen, avait forcé les gorges d'Inspruck le 28, et se dirigeait à la droite par le Pusthersthal le long de la Drave, avait marché pour déboucher la Carinthie et venir prendre la gauche de l'armée française. Il avait laissé un corps d'observation sur le Lavisio, pour couvrir Vérone en Italie. Ce corps devait au besoin se replier sur le Montebaldo.

Bernadotte, de son côté, après avoir organisé la Carniole, avait rejoint l'armée, en laissant sous les ordres du général Friant un corps d'observation pour couvrir Laybach : on était menacé du côté de la Croatie. L'Autriche avait fait une levée très considérable dans cette population d'une organisation spéciale toute militaire. Friant avait eu des affaires très brillantes; mais, ne croyant pas garder Fiume, il se contenta de prendre une position propre à couvrir Laybach et Trieste. Du reste, il avait eu pour instruction de regagner, en cas de besoin, Palma-Nova, qui avait été bien armée, et d'y grossir le corps d'observation qu'on y avait laissé pour couvrir l'Italie. De Clagenfurt, l'armée française continua sa marche pour gagner la Mur.

Le prince Charles espérait tenir dans les gorges de Newmark : il lui était très important de couvrir ses communications avec Salzbourg, l'Inn et le Tyrol, d'où il attendait des renforts très considérables. Pour en être plus certain, il demanda une suspension d'armes au général français, qui, comprenant son but, la lui refusa. Il fut donc attaqué à Newmarck et forcé sans coup férir : il perdit du canon et des prisonniers. Une division de grenadiers venue du Rhin couvrait sa retraite; il fut attaqué encore et battu de nouveau à Hundsmarck. Enfin le quartier-général atteignit Judemburg, et nos avant-postes parvinrent jusqu'au Simmering. Dès lors toute combinaison du prince Charles à l'égard de ses renforts se trouva déjouée. Nous lui coupions désormais les deux routes du Tyrol et de Salzbourg. Les troupes qui avaient été opposées à Joubert et dans le Tyrol, et que ce prince avait appelées à lui, celles bien plus considérables encore qui lui arrivaient du Rhin par Salzbourg, et qui se trouvaient déjà les unes et les autres engagées dans ces routes transversales, furent obligées de rétrograder, ne pouvant plus désormais se rallier au prince Charles que par derrière le Simmering.

Le désordre et la terreur régnaient dans Vienne, rien n'arrêtait cette redoutable armée française. Tant de positions réputées inexpugnables, tant de gorges que l'on croyait impossible de forcer, se trouvaient toutes franchies, et le pavillon tricolore flottait sur le sommet du Simmering, à trois journées de Vienne. Une partie de la famille impériale avait quitté cette capitale; Marie-Louise, mariée depuis à Napoléon et impératrice des Français, alors âgée de cinq ans, fut mise en route avec ses sœurs; les archives et les objets les plus précieux se transportaient en Hongrie; toutes les premières familles, imitant celle du souverain, faisaient évacuer à la hâte ce qu'elles avaient de plus cher; et les esprits les plus sages voyaient la monarchie à la veille d'un entier bouleversement.

Lorsque le général français avait ouvert la campagne, le gouvernement lui avait promis qu'aussitôt qu'il aurait passé l'Isonzo les armées du Rhin et de Sambre-et-Meuse, fortes de plus de cent cinquante mille hommes, sortiraient de leurs quartiers d'hiver et pénétreraient en Allemagne. Mais l'Isonzo était déjà passé depuis long-temps, et ces armées demeuraient encore dans leurs quartiers d'hiver. Le général français, profitant de la victoire du Tagliamento et des fausses directions que le prince Charles avait données à ses colonnes, avait franchi et sans perte, par cette seule victoire, tous les obstacles entre les Alpes et le Simmering.

VII. *Napoléon écrit au prince Charles.* — Le lendemain de la victoire du Tagliamento, Napoléon instruisit le Directoire qu'il suivait le prince Charles l'épée dans les reins, et que bientôt les drapeaux français flotteraient sur les sommités du Simmering; qu'il se flattait que les armées du Rhin et de Sambre-et-Meuse étaient en marche, ou que, si elles n'y étaient pas, elles y seraient bientôt; il insistait surtout pour connaître le moment précis de leurs mouvemens; quinze à vingt jours de retard lui importaient peu, mais il devait en être instruit, afin d'agir en conséquence; il prévenait qu'il aurait constamment toute son armée réunie sous sa main, et que ses positions seraient telles qu'il demeurerait toujours maître des événemens, qu'il suffirait donc de lui désigner seulement l'époque précise de la marche de ces deux armées. Ce fut à Clagenfurt qu'il reçut la réponse à cette dépêche: elle portait les félicitations du Directoire sur ses nouveaux succès, mais contenait en même temps la déclaration singulière et inattendue que les armées du Rhin, de Sambre-et-Meuse ne passeraient pas le Rhin, et qu'on ne devait plus compter sur leur diversion en Allemagne, parce que les désastres de la campagne dernière les privaient de bateaux et du matériel nécessaire. Cette étrange dépêche ne pouvait provenir que d'intrigues ou de vues politiques qu'il devenait inutile de pénétrer; seulement il ne convenait plus au général français de réaliser désormais ce qui avait été le plus ardent de ses vœux, de planter ses drapeaux victorieux sur les remparts de Vienne. Il ne devait plus songer à dépasser le Simmering sans manquer aux règles de la sagesse. Aussi, deux heures après la réception du courrier, il écrivit au prince Charles qu'ayant pouvoir de négocier, il lui offrait la gloire de donner la paix au monde et de finir les maux de son pays.

« Monsieur le général en chef, les braves militaires font la guerre et dési-
« rent la paix : celle-ci ne dure-t-elle pas depuis six ans? Avons-nous assez
« tué de monde et assez commis de maux à la triste humanité? Elle ré-
« clame de tous côtés. L'Europe, qui avait pris les armes contre la républi-
« que française, les a posées; votre nation reste seule, et cependant le
« sang va couler encore plus que jamais. Cette sixième campagne s'an-
« nonce par des présages sinistres ; quelle qu'en soit l'issue, nous tuerons
« de part et d'autre quelques milliers d'hommes de plus, et il faudra bien
« que l'on finisse par s'entendre, puisque tout a un terme, même les pas-
« sions haineuses!

« Le Directoire exécutif de la république française avait fait connaître à

« Sa Majesté l'empereur le désir de mettre fin à la guerre qui désole tous les
« peuples; l'intervention de la cour de Londres s'y est opposée : n'y a-t-il
« donc aucun espoir de nous entendre? et faut-il, pour les intérêts et les
« passions d'une nation étrangère aux maux de la guerre, que nous conti-
« nuions à nous entr'égorger? Vous, Monsieur le général en chef, qui par
« votre naissance approchez si près du trône et êtes au dessus de toutes les
« petites passions qui animent souvent les ministres et les gouvernemens,
« êtes-vous décidé à mériter le titre de bienfaiteur de l'humanité entière
« et de vrai sauveur de l'Allemagne? Ne croyez pas, Monsieur le général
« en chef, que j'entende par là qu'il ne soit pas possible de la sauver par la
« force des armes; mais, dans la supposition que les chances de la guerre
« vous deviennent favorables, l'Allemagne n'en sera pas moins ravagée.
« Quant à moi, Monsieur le général en chef, si l'ouverture que je viens de
« vous faire peut sauver la vie à un seul homme, je m'estimerai plus fier de
« la couronne civique que je me trouverais avoir méritée, que de la triste
« gloire qui peut revenir des succès militaires.

« Je vous prie, etc.

« *Signé* BUONAPARTE. »

Ces nouvelles laissèrent respirer à Vienne et y donnèrent quelques espérances. Le marquis de Gallo, ambassadeur de Naples, fut aussitôt envoyé
au général français; mais, n'ayant pas de pouvoirs, il fut obligé de retourner, après une conférence de deux heures. Le lendemain, les généraux
Bellegarde et Merfelt vinrent au quartier-général français à Judemburg,
et sur leur parole que des plénipotentiaires allaient arriver de Vienne
pour y traiter de la paix définitive, ils obtinrent une suspension d'armes qui
assurait à l'armée française la possession des pays qu'elle occupait déjà, et
d'autres encore qu'elle n'occupait pas, mais qui étaient nécessaires à sa ligne. Les généraux autrichiens comprenaient avec peine comment le général
français, dans sa belle situation, pouvait accorder un armistice; ils ne l'ex-
pliquaient que par l'inaction des armées françaises sur le Rhin.

Cependant Napoléon ressentait vivement la force des circonstances; il
déplorait dans son cœur qu'un défaut de combinaison ou qu'une vaine jalousie le privassent des immenses résultats qu'il était à la veille de recueillir. S'il avait été peu sensible à la gloire d'entrer dans Rome, il s'était pas-
sionné de l'idée d'entrer dans Vienne, et rien que la seule déclaration du
Directoire pouvait en ce moment l'en empêcher.

IX. *Les préliminaires furent signés à Léoben.* — Pour la signature, on se
réunit dans une petite maison de campagne qu'on neutralisa. Les secrétaires
dressèrent d'abord le procès-verbal de la neutralisation, et les plénipotentiaires respectifs s'y rendirent ensuite pour signer. Les commissaires autrichiens avaient mis en tête du traité que l'empereur reconnaissait la république française. « Effacez, dit Napoléon : l'existence de la république est
« aussi visible que le soleil; un pareil article ne pourrait convenir qu'à des
« aveugles; nous sommes maîtres chez nous nous voulons y établir le gou-
« vernement qu'il nous plaît, sans que personne y trouve à redire. » A Léoben,
le quartier-général français se trouva chez l'évêque même. On était alors
dans la semaine sainte : toutes les cérémonies religieuses de cette semaine
et celles de Pâques se firent avec la plus grande solennité au milieu de l'armée
française. Cette armée, accoutumée au respect pour le culte et les religions

du pays où elle se trouvait, en agit ici comme auraient agi les troupes autrichiennes : ce qui satisfit au dernier degré le peuple et le clergé.

Les préliminaires avaient été signés à Léoben le 18, et le 20 le général français reçut de nouvelles dépêches du Directoire, annonçant que les armées du Rhin se mettaient en mouvement, qu'elles allaient passer le Rhin, et qu'elles seraient bientôt au cœur de l'Allemagne. Effectivement, quelques jours après on apprit que l'armée de Sambre-et-Meuse, sous le commandement de Hoche, avait passé le Rhin le 19, veille du jour même de la signature des préliminaires de Léoben, mais quarante jours après l'ouverture de la campagne en Italie. L'adjudant général Dessolles, qui portait les préliminaires à Paris, rencontra nos troupes aux prises avec celles de l'ennemi. Il est difficile d'expliquer la cause de ce changement subit dans le système du gouvernement. Si Napoléon eût appris le 17, au lieu du 20, les nouvelles intentions du Directoire, il est certain que les préliminaires n'auraient pas été signés, ou qu'on eût exigé de bien meilleures conditions ; toutefois celles qu'on obtint dépassèrent encore de beaucoup les espérances du Directoire. Dans ses instructions au général français, on l'avait autorisé à conclure la paix toutes les fois que les frontières constitutionnelles de la république seraient reconnues. Il est vrai qu'en donnant ces instructions, le Directoire avait été loin de deviner les succès et l'ascendant de cette armée, et n'avait pu prévoir ainsi tout ce qu'il pourrait exiger.

X. Parmi les diverses causes auxquelles on attribua l'étrange conduite du Directoire dans cette occasion, beaucoup ont pensé que bien des personnes en France voyaient avec quelque jalousie la grande renommée de Napoléon ; sa marche hardie et décidée leur inspirait des craintes sur les projets ultérieurs que pourrait nourrir son ambition. La proclamation par laquelle il avait protégé en Italie les prêtres déportés, et qui lui avait gagné beaucoup de partisans en France, son style respectueux envers le pape, son refus de détruire le saint-siége, ses ménagemens pour le roi de Sardaigne et pour les aristocrates de Gênes et de Venise ; tout cela avait fait de grandes impressions, et se trouvait commenté souvent avec des intentions fort malignes. Lorsqu'on vit la victoire du Tagliamento et les succès qui suivirent, les Alpes Noriques passées, et l'Allemagne envahie par cette route inconnue, la joie de la république à la vue des grandes humiliations de notre implacable ennemi fut beaucoup diminuée, aux yeux de plusieurs, par la crainte de voir Napoléon acquérir une nouvelle gloire en entrant triomphant dans Vienne, et réunir alors sous son commandement toutes les forces de la république. Qui pourra, se disaient-ils, sauver la liberté publique de l'influence d'un caractère et d'une gloire si extraordinaires ? Si les armées du Rhin ont été battues l'an passé, elles ne devront leur succès cette année qu'à Napoléon, qui aura tourné à lui seul toute l'Allemagne et les devancera de quinze à vingt jours dans Vienne. Ces armées d'ailleurs, participant déjà à la gloire de l'armée d'Italie par les deux divisions qui ont été envoyées, partageront aussi son enthousiasme pour le jeune héros : il les maîtrisera toutes. Beaucoup de raisons faisaient donc désirer que Napoléon fût empêché d'entrer dans Vienne ; que non-seulement les trois armées demeurassent séparées, mais qu'encore on alimentât entre elles une certaine jalousie. Il parut que ces idées influèrent d'abord sur la décision du Directoire ; mais dès que les nouvelles des brillans succès de l'armée d'Italie et son entrée en Allemagne eurent atteint les armées du Rhin par la voie des papiers publics et les relations de l'ennemi, alors elles s'indignèrent elles-mêmes de leur oisiveté, et demandèrent à grands cris si l'armée d'Italie devait tout faire. A ce mouvement se joignit le sentiment du grand nombre de familles qui avaient leurs enfans à l'armée d'Italie, et l'opinion de la généralité des citoyens, animés de sentimens nobles et purs, qui ne pouvaient rien comprendre à l'inaction des autres armées. L'impulsion fut si violente que ces armées du Rhin, de Sambre-et-Meuse durent alors passer le fleuve et marcher en Allemagne. On retira le commandement de l'armée de Sambre-et-Meuse à Beurnonville, homme nul, sans talent civil ou militaire, et on le confia à Hoche, jeune général du plus grand mérite. Son patriotisme ardent, joint à une extrême activité, à une ambition désordonnée, au soin qu'il prenait de se concilier les officiers et de se créer un grand nombre de partisans, faisait espérer que, placé à la tête de l'armée la plus nombreuse, et secondé de toute l'influence du gouvernement, il serait aisément un rival propre à partager l'opinion des soldats et des citoyens, et garantir ainsi la république, quelles que fussent d'ailleurs l'amitié, l'estime, l'espèce d'enthousiasme même que Hoche n'eût cessé de témoigner en toute occasion pour Napoléon.

Ces réflexions étaient faites publiquement dans les sociétés de Paris, et ne pouvaient manquer de revenir à Napoléon qui, au sommet des grandeurs et de la gloire, ne se trouvait donc environné que de précipices. La guerre ne pouvait plus désormais qu'empirer sa situation, surtout en accroissant sa gloire : il en chercha aussitôt une nouvelle dans la paix, qui devait le rendre cher à toute la population, et créer pour lui un nouvel ordre d'événemens; car c'était désormais le seul qui pût soustraire la république à la situation fâcheuse à laquelle la portait en ce moment la fausse direction de l'esprit public dans l'intérieur.

RETOUR DE RASTADT.

N. B. Les mots en italique sont au manuscrit des corrections de la propre main de Napoléon.

I. *Retour de Rastadt à Paris.* — Napoléon partit de Rastadt, traversa la France incognito, *arriva* à Paris sans s'arrêter, et *descendit* à sa petite maison, chaussée d'Antin, rue Chantereine. Une délibération de la municipalité de Paris *donna quelques jours après, à cette rue,* le nom de rue de la Victoire. Le corps municipal, l'administration du département, les Conseils, cherchèrent à l'envi les moyens de lui témoigner la reconnaissance nationale. On proposa au Conseil des Anciens de lui donner la terre de Chambord et un grand hôtel à Paris; c'eût été tout-à-fait convenable. Le général de l'armée d'Italie, qui pendant deux ans avait nourri son armée, créé et entretenu son matériel, *soldé plusieurs années de solde arriérée,* fait passer trente ou quarante millions aux caisses de France, *et plusieurs centaines de millions en chefs-d'œuvre des arts,* tout aux affaires *publiques,* avait négligé sa propre fortune. *Il ne possédait pas* cent mille écus en argenterie, bijoux, argent, *meubles,* etc. Une grande récompense nationale eût donc été tout-à-fait à sa place; mais le Directoire, sans qu'on sache pourquoi, s'alarma de cette proposition, et ses affidés l'écartèrent, en répandant que les services du général n'étaient point de ceux qu'on récompense avec de l'argent.

Dès son arrivée, les chefs de tous les partis se présentèrent chez lui, mais ils n'y furent point admis. Le public était extrêmement avide de le voir; les rues, les places par où l'on croyait qu'il passerait, étaient pleines de monde, mais il ne se montrait nulle part.

L'Institut venait de le nommer membre de la classe de *mécanique;* ce fut le costume qu'il adopta.

Il ne reçut d'habitude que quelques savans, tels que Monge, Berthollet, Borda, Laplace, Prony, Lagrange; *peu de* généraux, *seulement* Kléber, Desaix, Lefebvre, Cafarelli du Falga et un petit nombre de députés.

Le Directoire voulut le recevoir en audience publique; on fit des échafaudages dans la place du Luxembourg pour cette cérémonie, où il fut conduit et présenté par le ministre des relations extérieures, Talleyrand. La substance de son discours fut que, quand la république aurait les meilleures lois organiques, son bonheur et celui de l'Europe seraient assurés. Il évita de parler de fructidor; des affaires *du temps et* de l'expédition d'Angleterre.

Ce discours simple donna cependant beaucoup à penser, et ne put donner prise à aucun ennemi. Le Directoire et le ministre des relations extérieures lui donnèrent deux fêtes; il parut à l'une et à l'autre, *y resta peu* de temps. *Il eut l'air d'être peu sensible à ces fêtes.* Celle du ministre des relations extérieures, Talleyrand, fut marquée au coin du bon goût; tout Paris y était. Une femme célèbre (madame de Staël), déterminée à lutter avec le vainqueur de l'Italie, l'interpella au milieu d'un grand *cercle*, lui demandant quelle était à ses yeux la première femme du monde morte ou vivante. *Celle qui a fait le plus d'enfans, lui répondit-il.*

On courait aux séances de l'Institut pour y voir le général; il n'y manquait jamais. Il n'allait aux spectacles qu'en loges grillées. Il rejeta bien loin la proposition des administrateurs de l'Opéra qui voulaient donner une représentation d'apparat. Le maréchal de Saxe, de Lovendal, Dumouriez y avaient triomphé au retour de l'armée.

Lorsqu'au retour d'Égypte, au 18 *brumaire,* il parut aux Tuileries, il était encore inconnu aux habitans de Paris, *ce qui redoubla le désir de le voir.*

II. *Jalousie du Directoire.* — Le Directoire lui témoignait les plus grands égards; quand il le voulait consulter, il envoyait toujours un des ministres le prendre : il était admis sur-le-champ, prenait séance entre deux des directeurs, et donnait son avis sur les objets du moment.

Les troupes *rentrant en France* chantaient des chansons en son honneur, le portaient aux nues. Elles disaient qu'il fallait chasser les avocats, et le faire roi.

Les directeurs affectaient la franchise jusqu'à lui montrer les rapports secrets que leur en faisait la police, mais *ils dissimulaient mal la peine qu'ils éprouvaient de tant de popularité.* Le général d'Italie appréciait toute la délicatesse et les embarras de sa situation. *Le gouvernement* marchait mal, et beaucoup d'espérances se tournaient vers lui. Le Directoire eut d'abord la pensée de le faire retourner à Rastadt *pour* s'ôter la responsabilité du congrès; mais le général refusa cette mission, représentant qu'il ne convenait pas que la même main maniât la plume et l'épée. Depuis, le Directoire le nomma commandant de l'armée d'Angleterre, ce qui servit à couvrir, aux yeux de l'ennemi, l'intention et les apprêts de l'expédition d'Égypte.

Les troupes qui composaient cette armée d'Angleterre couvraient la Normandie, la Picardie, la Belgique. Son nouveau général en chef fut inspecter tous ces points, mais il voulut les parcourir incognito : ces courses mystérieuses inquiétaient d'autant plus l'ennemi, et masquaient davantage les préparatifs du Midi. Il avait la satisfaction de vérifier partout les sentimens qu'imprimaient sa personne et sa gloire. Il se trouvait partout l'objet de toutes les conversations, de tous les préparatifs. C'est dans ce voyage, en visitant Anvers, qu'il conçut, pour la première fois, les grandes idées maritimes qu'il y fit exécuter depuis. C'est alors encore qu'il jugea à Saint-Quentin de tous les avantages du canal qu'il a fait construire dans la suite. Enfin c'est alors qu'il fixa ses idées sur la supériorité que la marée donnait à Boulogne sur Calais, pour tenter avec de simples *péniches* une entreprise sur l'Angleterre.

III. *Premier incident qui détermine le Directoire à abandonner les principes de politique posés à Campo-Formio.* — Les principes de la politique qui réglaient la république avaient été déterminés à Campo-Formio. Le Directoire y était étranger. *D'ailleurs il ne pouvait maîtriser ses passions, chaque incident le dominait. La Suisse en fournit le premier exemple.* La France avait constamment à se plaindre du canton de Berne et de l'aristocratie suisse. Tous les agens étrangers qui avaient agité la France avaient toujours eu à Berne leur levier, leur point d'appui. Il s'agissait de profiter de la grande influence que nous venions d'acquérir en Europe pour détruire la prépondérance de nos ennemis en Suisse. *Le général d'Italie* approuvait fort le ressentiment du Directoire ; il pensait que le moment était venu d'assurer à la France l'influence politique de la Suisse, mais il ne croyait pas nécessaire pour cela de bouleverser ce pays. Il fallait, pour se conformer à la politique *adoptée*, arriver à son but avec le moins de changement possible. Il proposait que notre ambassadeur en Suisse présentât une note appuyée de deux corps d'armée en Savoie et en Franche-Comté, dans laquelle il ferait connaître que la France et l'Italie croyaient nécessaire à leur politique et à leur sûreté, ainsi qu'à la dignité réciproque des trois nations, que le pays de Vaud, l'Argovie et les bailliages italiens devinssent des cantons libres, indépendans, égaux aux autres cantons ; que la France et l'Italie avaient beaucoup à se plaindre de l'aristocratie de certaines familles de Berne, de Soleure, de Fribourg ; mais qu'elles oublieraient tout, si les paysans de ces cantons étaient réintégrés dans leurs *droits* politiques. *Tous ces changemens se seraient opérés sans efforts et sans l'emploi des armes ;* mais Rewbell, *entraîné* par des démagogues de la Suisse, fit adopter un système différent, sans égard aux mœurs, à la religion et aux localités des cantons. On arrêta de soumettre toute la Suisse à une constitution unique semblable à celle de la France. Les petits cantons s'irritèrent de perdre leur liberté, et toute la Suisse se souleva à l'aspect d'un bouleversement qui forçait tous les intérêts, allumait toutes les passions. On courut aux armes. Il fallut faire entrer nos troupes et conquérir tout le pays. *Du sang fut versé :* l'Europe fut alarmée.

IV. *Second incident.* — D'un autre côté, cette misérable cour de Rome, par une suite du vertige qui la caractérisait, aigrie plutôt que corrigée par le traité de Tolentino, continuait dans son système d'aversion et de fautes contre la France, dans l'espoir de comprimer dans son sein les amis de la France. Ce cabinet de faibles vieillards sans sagesse fit fermenter autour d'eux les opinions contraires. Il se mit en querelle avec la république cisalpine. Il eut l'imprudence de mettre le général autrichien Provera à la tête de ses troupes. Il excita son propre parti de toutes les manières. Il y eut tumulte ; le jeune *Duphot*, général de la plus belle espérance, qui se trouvait à Rome comme voyageur, fut massacré à la porte de l'ambassadeur de France, cherchant à empêcher le désordre, et l'ambassadeur français Joseph, frère du *général*, se retira à Florence.

Napoléon, consulté, répondit par son adage accoutumé, que ce n'était point à un incident à gouverner la politique, mais bien à la politique à gouverner les incidens ; que, quelque tort qu'eût cette inepte cour de Rome, le parti à prendre vis-à-vis d'elle demeurait toujours une fort grande question. Qu'il fallait la corriger, mais non pas la détruire; qu'en renversant le pape et révolutionnant Rome, on aurait infailliblement la guerre avec Naples, ce qu'il fallait, sur toutes choses, éviter. Qu'il fallait ordonner à notre ambassadeur de retourner à Rome demander un exemple des coupables; exiger qu'une ambassade extraordinaire vînt faire des excuses au Luxembourg ; faire sortir Provera, mettre à la tête des affaires les prélats les plus modérés, et forcer le pape à conclure un concordat avec la république cisalpine, afin que, par toutes ces mesures réunies, Rome tranquille ne pût plus avoir part aux affaires; que ce concordat avec la Cisalpine aurait de plus l'avantage de préparer de loin les esprits en France à une pareille mesure. Mais La Réveillère, entouré de ses théophilanthropes, fit décider qu'on marcherait contre le pape. Le temps était venu, disait-il, de faire disparaître cette idole. Le mot d'ailleurs de république romaine suffisait pour transporter toutes les imaginations ardentes de la révolution. Le général français avait été trop circonspect dans le temps ; et si on avait des querelles aujourd'hui avec le pape, c'était uniquement sa faute ; mais peut-être avait-il ses vues particulières. En effet, ses formes civiles, ses ménagemens vis-à-vis du pape, sa généreuse compassion pour des prêtres déportés, avaient, dans le temps, fortement frappé les esprits en France.

Quant à la crainte que la révolution de Rome n'entraînât la guerre avec Naples, on la traita de subtilité. Nous avions nous-mêmes un parti nombreux à Naples ; et nous ne devions rien craindre d'une puissance du troisième ordre. Berthier reçut donc l'ordre d'aller avec une armée saisir Rome et y établir la république romaine; ce qui fut exécuté. On établit à Rome trois consuls pour exercer le pouvoir, un sénat et un tribunat composèrent la législature. Quatorze cardinaux se rendirent à la basilique de Saint-Pierre, et chantèrent un *Te Deum* en commémoration du rétablissement de la république romaine, qui n'était rien moins que l'abolition de l'autorité temporelle du pape. Mais le peuple, enivré un moment de l'idée de l'indépendance, entraîna la plus grande partie du clergé. Cependant la main qui avait jusque là retenu les officiers et les administrations de l'armée n'y était plus : on se livra dans Rome aux dernières dilapidations; on gaspilla tout le mobilier du Vatican; on saisit partout les tableaux et les objets rares. On indisposa tellement le pays, que le pays à son tour vint à bout d'indisposer l'armée : elle se souleva contre des généraux qu'elle accusait. Ce mouvement séditieux des soldats fut du plus grand danger; on eut beaucoup de peine à les contenir. On croit avec raison qu'ils furent excités par des agens napolitains, anglais, autrichiens.

V. *Troisième incident.* — Bernadotte avait été nommé ambassadeur à Vienne. Ce choix *ne fut pas bon* : un général ne pouvait être agréable à une nation si constamment battue : il aurait fallu envoyer un personnage de l'ordre civil ; mais le Directoire avait peu de ceux-ci à sa disposition : ou ils étaient trop obscurs, ou il les avait éloignés. Quoi qu'il en soit, Bernadotte, alors d'un caractère fort exalté, fit des fautes graves dans son ambassade. Un jour, sans qu'on en puisse deviner le motif, il fit arborer le pavillon tricolore au haut de sa maison. On pense qu'il y fut insidieusement poussé par des agens qui voulaient compromettre l'Autriche. En effet, la populace, à l'instigation des mêmes agens, se trouva tout à coup insurgée : elle arracha le drapeau et insulta Bernadotte.

Le Directoire, dans sa fureur, manda le *général d'Italie* pour s'appuyer de son influence dans l'opinion, et lui donna lecture d'un message aux Conseils, qui déclarait la guerre à l'Autriche, et d'un décret qui lui donnait à lui-même le commandement de l'armée d'Allemagne. Il ne partagea pas l'opinion du Directoire. Si vous vouliez la guerre, il fallait vous y préparer indépendamment de l'événement de Bernadotte ; il fallait ne pas engager vos troupes en Suisse, dans l'Italie méridionale, sur les bords de l'Océan ; *il fallait ne pas proclamer le projet de réduire l'armée* à cent mille hommes, projet qui n'est pas encore exécuté, il est vrai, mais qui est connu, et décourage l'armée. Ces mesures indiquent que vous aviez compté sur la paix. Bernadotte a matériellement tort : en déclarant la guerre, c'est le jeu de l'Angleterre que vous jouez. Ce n'est pas connaître la politique du cabinet de Vienne que de croire que s'il eût voulu la guerre, il vous eût insulté. Il vous aurait caressé, endormi, pendant qu'il ferait marcher ses troupes. Vous n'auriez connu ses véritables intentions que par son premier coup de canon. Soyez sûrs que l'Autriche vous donnera toute satisfaction. Ce n'est point avoir un système politique, *que d'être entraîné ainsi par tous les événemens.* La force de la vérité calma le gouvernement. L'Autriche donna des satisfactions ; les conférences de Seltz eurent lieu ; mais cet incident retarda l'expédition d'Égypte de quinze jours.

VI. *Retard de l'expédition d'Égypte.* — Napoléon commença à craindre qu'au milieu des orages que l'impéritie du gouvernement et la nature des choses accumulaient autour de nous, cette entreprise ne fût funeste aux vrais intérêts de la patrie ; il témoigna sa pensée au Directoire : L'Europe, disait-il, n'était rien moins que tranquille. Le congrès de Rastadt ne se terminait pas ; on était obligé de garder des troupes dans l'intérieur, pour s'assurer des élections et comprimer les départemens de l'Ouest. Il proposait de contremander l'expédition, d'attendre des circonstances plus favorables.

Le Directoire, alarmé, soupçonnant *qu'il avait* le projet d'aspirer à la direction des affaires, n'en fut que plus ardent à presser l'expédition, d'autant plus qu'il ne sentait pas toutes les *conséquences* des changemens qu'il avait faits dans *le système public.* Selon lui, l'événement de la Suisse, loin de nous affaiblir, nous donnait d'excellentes positions et les troupes helvétiques pour auxiliaires. L'affaire de Rome était terminée, puisque le pontife était déjà à Florence, et la république romaine proclamée ; et celle de Bernadotte ne devait plus avoir de suites, car l'empereur avait offert des réparations. Le moment était donc plus favorable que jamais d'attaquer l'Angleterre, ainsi qu'on l'avait médité, en Irlande et en Égypte. Il offrit alors de laisser au moins Kléber ou Desaix, qui brûlaient d'être *de l'expédition.* Leur grand caractère et leurs talens supérieurs pouvaient au besoin être en France d'une grande utilité ; mais on refusa Kléber, que Rewbel détestait, et Desaix, qu'on n'appréciait pas. La république, répondit-on, n'en était pas à ces deux généraux près : il s'en trouverait une foule pour faire triompher la patrie, si jamais elle était en danger.

VII. *L'intérieur de la république est menacé d'une crise.* — *Le Directoire était sur un abîme, mais il ne le croyait pas.* Les affaires allaient mal aussi dans l'intérieur. Le Directoire avait abusé de sa victoire de fructidor. Il avait eu le tort de ne pas rallier à la république tout ce qui, n'ayant pas fait partie de la faction de l'étranger, n'avait été que séduit ou égaré. Il était privé par là de l'assistance et des talens d'un grand nombre d'individus qui, par ressentiment, se jetaient dans le parti opposé à la république, bien que leurs intérêts et leurs opinions les portassent naturellement vers ce gouvernement. Il se trouvait contraint d'employer des hommes sans moralité. De là le mécontentement de l'opinion publique, et la nécessité de maintenir un grand nombre de troupes au dedans, pour s'assurer des élections et contenir la Vendée.

Il était facile de prévoir que les nouvelles élections amèneraient une crise, que le nouveau tiers de législateurs serait composé d'hommes exagérés qui accroîtraient la source des maux qui pesaient sur la patrie. Le Directoire n'avait aucune politique intérieure; il marchait au jour le jour, entraîné par le caractère individuel des directeurs, ou par la nature vicieuse d'un gouvernement de cinq personnes. Il ne prévoyait rien et n'apercevait de difficulté que quand il était matériellement arrêté. Quand on leur disait : Comment ferez-vous aux élections prochaines? — Nous y pourvoirons par une loi, répondit La Reveillère. La suite a fait voir de quelle nature était la loi méditée par le Directoire. *Quand on leur disait : Pourquoi ne relevez-vous pas tous les amis de la république qui n'ont été que menés et trompés en fructidor par le parti de l'étranger? Pourquoi ne pas rappeler Carnot, Portalis, Dumolard, Barbé-Marbois, etc., etc., afin de faire un faisceau contre le parti de l'étranger et les exagérés? Mais les directeurs attachaient peu de prix à ces observations : ils se croyaient populaires et assis sur un terrain solide et ferme. Un parti composé des députés ayant influence dans les deux Conseils, des fructidoriens patriotes qui cherchaient un protecteur, des généraux les plus influens et les plus éclairés, pressèrent long-temps le général d'Italie de faire un mouvement et de se mettre à la tête de la république; il s'y refusa : il n'était pas encore assez fort pour marcher tout seul.* Il avait sur l'art de gouverner, et sur ce qu'il fallait à une grande nation, des idées si différentes des hommes de la révolution et des assemblées, que, ne pouvant agir seul, il craignait de compromettre son caractère. Il se détermina à partir pour l'Égypte, mais résolu de reparaître si les circonstances venaient à rendre sa personne nécessaire ou utile.

VIII. *Cérémonie du 21 janvier.*— Talleyrand, ministre des relations extérieures, *était l'homme* du Directoire. Il était évêque d'Autun lors de la révolution; il fut un des trois évêques qui prêtèrent serment à la constitution civile du clergé, et qui sacrèrent les évêques constitutionnels; ce fut lui qui dit la messe à la fameuse fédération de 1790. Député à l'Assemblée constituante, il y fit plusieurs rapports sur les biens du clergé. Sous la Législative, il fut envoyé à Londres pour traiter avec le gouvernement anglais. Mais quand la révolution eut pris une pente plus rapide et plus acerbe, *il devint suspect*, et fut contraint de se réfugier en Amérique.

Après le 13 vendémiaire, la Convention raya l'ancien évêque d'Autun de la liste des émigrés; il reparut alors en France, et y fut très protégé par *la coterie* de madame de Staël. Il était discret, souple, insinuant, et gagna la faveur des directeurs Barras, Merlin, Rewbell, et même de La Reveillère-Lepaux, auxquels il faisait la cour comme il la faisait jadis à Versailles. Il devint ministre des affaires étrangères, ce qui le mit en correspondance avec le négociateur de Campo-Formio. Talleyrand s'attacha, dès cet instant, à plaire *au général* et à s'insinuer dans son esprit; c'est lui que le Directoire employait constamment auprès *du général d'Italie.* À l'approche du 21 janvier, où le gouvernement célébrait l'anniversaire de l'exécution de Louis XVI, ce fut un grand objet de discussion entre les directeurs et les ministres de savoir si Napoléon devait aller à la cérémonie ou non. On craignait d'un côté que, s'il n'y allait pas, cela ne dépopularisât la fête; de l'autre, que, s'il y allait, on oubliât le Directoire, pour s'occuper de lui. Néanmoins on conclut qu'il devait y aller. Talleyrand, comme de coutume, se chargea de la négociation; *le général* s'en excusa, disant qu'il n'avait pas de fonctions publiques, qu'il n'avait personnellement rien à faire à cette cérémonie, qui, par sa nature, plaisait à fort peu de monde. Il ajoutait que cette fête était des plus impolitiques; que l'événement qu'elle rappelait était une catastrophe, un vrai malheur national; qu'il comprenait très bien qu'on célébrât le 14 juillet, parce que c'était une époque où le peuple avait conquis ses droits: mais que le peuple aurait pu conquérir ses droits, établir même une république, sans se souiller du supplice *d'un prince déclaré inviolable et non responsable par la constitution même.* Qu'il ne prétendait pas discuter si cela avait été utile ou inutile, mais qu'il soutenait que c'était un incident malheureux. Qu'on célébrait des fêtes nationales pour des victoires, mais qu'on pleurait sur les victimes *restées sur le champ de bataille.* Qu'il était assez simple d'ailleurs que lui, Talleyrand, étant ministre, dût y paraître; mais qu'un simple particulier n'avait rien à y faire. Que cette politique de célébrer la mort d'un homme ne pouvait jamais être l'acte d'un gouvernement, mais seulement celui d'une faction, *comme qui dirait d'un club de jacobins.* Qu'il ne concevait pas comment le Directoire, qui avait proscrit les jacobins et les anarchistes, qui aujourd'hui traitait avec tant de princes, ne sentît pas qu'une telle cérémonie faisait à la république beaucoup plus d'ennemis que d'amis, éloignait au lieu de rapprocher, aigrissait au lieu d'adoucir, ébranlait au lieu de raffermir, était indigne enfin du gouvernement d'une grande nation. Talleyrand mettait en jeu tous ses moyens; il essayait de prouver que c'était juste parce que c'était politique, et que c'était politique, disait-il, car tous les pays et toutes les républiques avaient célébré comme un triomphe la chute du pouvoir absolu et le meurtre des tyrans. Ainsi Athènes avait toujours célébré la mort de Pisistrate, et Rome la chute des décemvirs. Il ajoutait que d'ailleurs c'était une loi qui régissait le pays, et que dès lors chacun lui devait soumission et obéissance; il concluait enfin que l'influence du général sur l'opinion était telle qu'il devait y paraître, ou qu'autrement son absence pourrait blesser les intérêts de la chose publique. Après plusieurs pourparlers, on trouva un *mezzo termine*: l'Institut se rendait à cette fête; il fut convenu que *le membre de l'Institut suivrait* sa classe qui remplissait un devoir de corps. Cette affaire, ainsi ménagée par Talleyrand, fut très agréable au Directoire.

Cependant, quand l'Institut entra dans l'enceinte (1) où se célébrait cette cérémonie, quelqu'un qui reconnut Napoléon l'ayant fait apercevoir, il n'y eut plus, dès cet instant, d'yeux que pour lui. Ce que le Directoire avait craint lui-même arriva; il se trouva complétement éclipsé. Quand la fête

---

(1) Dans la première édition il est dit à *Saint-Sulpice.* On m'a démontré qu'il y avait erreur matérielle. Napoléon se sera trompé de nom, ce qui lui arrivait quelquefois. Peut-être trouvera-t-on par la publication de ses Mémoires qu'il se sera redressé lui-même. Au surplus, celui qui tiendrait rigoureusement ici à l'exactitude locale peut se satisfaire aisément en cherchant dans les papiers du temps où s'est passé l'anniversaire du 21 janvier en 1798.

fut terminée, on laissa le Directoire sortir tout seul. La multitude demeura pour celui qui avait voulu se perdre dans la foule de l'Institut, et fit retentir les airs de *vive le général des armées d'Italie!* de sorte que cet événement ne fit qu'accroître les déplaisirs des gouvernans.

Un autre événement mit Talleyrand à même d'être encore *agréable au Directoire*. Dans un café ou lieu public, chez Garchi, deux jeunes gens, sous prétexte de ralliement politique, suspectés par la manière dont leurs cheveux étaient tressés, furent insultés, attaqués, assassinés. Ce guet-apens avait été dirigé par les ordres du ministre de la police, Sottin, et par ses agens. Or, les circonstances étaient déjà telles pour *le général d'Italie*, que, bien qu'au fond de son domicile, il était obligé néanmoins, pour sa propre sûreté, de porter une attention inquisitive sur des événemens de cette nature. Il fit éclater son indignation, et Talleyrand lui fut envoyé pour le calmer. Celui-ci disait qu'un pareil événement était commun en temps de crise, que les momens de révolution sortaient de la loi commune, qu'ici il devenait nécessaire d'en imposer à la haute société, et de réprimer la hardiesse des salons; qu'il était des genres de fautes que les tribunaux ne sauraient atteindre ou réprimer; qu'on ne pouvait sans doute approuver la lanterne de l'Assemblée constituante, et que cependant sans elle la révolution n'eût jamais marché; qu'il est des maux qu'on doit tolérer, parce qu'ils évitaient de plus grands maux. *Le général* répondait qu'un pareil langage eût été tout au plus supportable avant fructidor, lorsque les partis étaient en présence, et qu'on avait mis le Directoire plutôt dans le cas de se défendre que dans la situation d'administrer; qu'alors, peut-être, cet acte eût pu s'excuser sur la nécessité; mais qu'aujourd'hui que ce gouvernement se trouvait investi de toute la puissance, que la loi ne trouvait d'opposition nulle part, que les citoyens étaient tous sinon affectionnés, du moins soumis, cette action devenait un crime atroce, un véritable outrage à la civilisation; que partout où se prononçaient les mots de loi et de liberté, tous les citoyens demeuraient solidaires les uns des autres; qu'ici, dans cette expédition de coupe-jarrets, chacun devait se trouver frappé de terreur, se demander où cela s'arrêterait, se croire sous le régime des janissaires. Ces raisons étaient trop plausibles pour avoir besoin d'être développées à un homme de l'esprit et du caractère de M. de Talleyrand; mais il avait une mission, il cherchait à justifier une administration dont il ambitionnait de conserver la faveur et la confiance.

Voltaire.—Jean-Jacques.—Anglais et Français, différence caractéristique.—M. de Châteaubriand; son discours pour l'Institut.—Colères feintes de l'Empereur; ses principes à cet égard.

Samedi 1er juin. — L'Empereur m'a fait venir; il avait pris un bain de trois heures. Il me donnait à deviner ce qu'il avait lu; c'était la *Nouvelle Héloïse* qui l'avait tant charmé à Briars. En l'analysant de nouveau, il la sabrait cette fois tout-à-fait. Le rocher de la Meillerie est venu en citation; il croyait l'avoir détruit par la route qu'il avait fait ouvrir pour le passage du Simplon; je l'ai assuré qu'il en restait encore assez pour en conserver le parfait souvenir : il s'avançait, disais-je, en saillie sur le chemin même, et ferait encore, au besoin, un très beau saut de Leucade.

L'Empereur attribuait en grande partie au beau portrait de milord Édouard, dans la *Nouvelle Héloïse*, et à quelques pièces de théâtre de Voltaire, la belle réputation du caractère anglais en France. Il s'étonnait de la facilité de l'opinion dans ces temps-là : Voltaire et Jean-Jacques l'avaient gouvernée à leur gré; ils seraient bien moins heureux aujourd'hui. Si Voltaire, surtout, avait régné sur ses contemporains, disait-il, s'il avait été le héros du temps, c'est que tous alors n'étaient que des nains.

Passant à la différence des Anglais aux Français : « La première classe, « chez les Anglais, disait l'Empereur, avait de l'orgueil; chez nous, elle « avait le malheur de n'avoir que de la vanité; là gisait la grande différence « caractéristique des deux peuples. La masse du nôtre présentait certaine- « ment aujourd'hui le peuple de l'Europe qui avait le plus de sentiment na- « tional; il avait profité de ses vingt-cinq ans de révolution ; mais malheu- « reusement la classe qu'elle avait élevée, remarquait-il, n'avait point répondu « à ses nouvelles destinées ; elle n'avait montré que corruption et versatilité ; « elle n'avait déployé dans les dernières crises ni talens, ni caractère, ni « vertu; elle avait perdu l'honneur du peuple. »

On a lu à l'Empereur un discours de M. de Châteaubriand pour rendre le clergé apte à hériter. C'était, disait-il, un discours d'Académie, et non pas une opinion de législateur. Il y avait beaucoup d'esprit, fort peu de sens, aucune vue. « Laissez hériter le clergé, continuait l'Empereur, et personne « ne mourra sans être obligé de payer son absolution; car, de quelque « opinion qu'on soit, personne ne sait où il va en quittant la vie. C'est là le « grand, le dernier compte ; aussi personne ne peut répondre de son dernier « sentiment ni de la force de sa tête. Qui peut dire que je ne mourrai pas « dans les bras d'un confesseur, et qu'il ne me fera pas faire amende hono- « rable pour le mal même que je n'aurai pas fait? »

Lors de la catastrophe de 1814, M. de Châteaubriand s'est signalé par des pamphlets si outrageusement passionnés, tellement virulens, si effrontément calomnieux, qu'il est à croire qu'il les regrette à présent, et qu'un aussi beau talent que le sien ne se prostituerait pas à les reproduire aujourd'hui.

Quelques années avant nos désastres, l'Empereur, lisant quelques morceaux de cet écrivain, demanda comment il se faisait qu'il ne fût pas de l'Institut. Ces paroles furent aussitôt une recommandation toute puissante, et M. de Châteaubriand fut bientôt nommé à la presque unanimité. C'était un usage de rigueur à l'Institut que le récipiendaire fît l'éloge de son prédécesseur : M. de Châteaubriand, s'écartant de la route battue, consacra une partie de son discours à flétrir les principes politiques de M. Chénier son devancier, et à le proscrire comme régicide. Ce fut un vrai plaidoyer politique, où il discutait la restauration de la monarchie, le jugement et la mort de Louis XVI. Ce fut alors une grande rumeur dans tout l'Institut; les uns refusant d'entendre un discours qui leur paraissait indécent, d'autres, au contraire, appuyant pour qu'on en admit la lecture. De l'Institut, la querelle se répandit dans Paris ; elle remplit et divisa bientôt tous les cercles de la capitale. L'Empereur, à qui tout parvenait, et qui voulait tout connaître, se fit apporter ce discours : il le trouva de la dernière extravagance, et en prononça sur-le-champ l'interdiction. Un de ses grands officiers (M. de Ségur), membre de l'Institut, qui avait opiné vivement pour la lecture du discours, lui servit à l'un de ses couchers à manifester son opinion : « Et « depuis quand, Monsieur, lui dit-il avec sévérité, l'Institut se permet-il de « devenir une assemblée politique? Qu'il fasse des vers, qu'il censure les « fautes de la langue, mais qu'il ne sorte pas du domaine des Muses, ou je

« saurai l'y faire rentrer. Est-ce bien vous, Monsieur, qui ayez voulu auto-
« riser une pareille diatribe? Que M. de Châteaubriand ait de l'insanité ou
« de la malveillance, il y a pour lui des petites-maisons ou un châtiment;
« et puis peut-être encore est-ce son opinion, et il n'en doit pas le sacrifice
« à ma politique qu'il ignore, comme vous qui la connaissez si bien : il peut
« avoir son excuse; vous ne sauriez avoir la vôtre, vous qui vivez à mes
« côtés, qui savez ce que je fais, ce que je veux. Monsieur, je vous tiens
« pour coupable, pour criminel : vous ne tendez à rien moins qu'à ramener
« le désordre, la confusion, l'anarchie, les massacres. Sommes-nous donc
« des bandits, et ne suis-je qu'un usurpateur? Je n'ai détrôné personne,
« Monsieur ; j'ai trouvé, j'ai relevé la couronne dans le ruisseau, et le peu-
« ple l'a mise sur ma tête : qu'on respecte ses actes!....

« Analyser en public, mettre en question, discuter des faits aussi récens,
« dans les circonstances où nous nous trouvons, c'est rechercher des con-
« vulsions nouvelles, c'est être l'ennemi du repos public. La restauration
« de la monarchie est et doit demeurer un mystère ; et puis, qu'est-ce que
« cette nouvelle proscription prétendue des conventionnels et des régicides?
« Comment oser réveiller des points aussi délicats? Laissons à Dieu à pro-
« noncer sur ce qu'il n'est plus permis aux hommes de juger! Seriez-vous
« donc plus difficile que l'impératrice? Elle a bien des intérêts aussi chers
« que vous, peut-être, et bien autrement directs ; imitez plutôt sa modéra-
« tion, sa magnanimité ; elle n'a voulu rien apprendre ni rien connaître.

« Eh quoi! l'objet de tous mes soins, le fruit de tous mes efforts serait-il
« donc perdu! C'est donc à dire que si je venais à vous manquer demain,
« vous vous égorgeriez encore entre vous de plus belle? » Et marchant à
grands pas, il se frappait le front de la main disant : « *Ah! pauvre France!
« que tu as long-temps encore besoin d'un tuteur!* »

Puis il reprit : « J'ai fait tout au monde pour accorder tous les partis : je
« vous ai réunis dans les mêmes appartemens, fait manger aux mêmes
« tables, boire dans les mêmes coupes ; votre union a été l'objet constant
« de mes soins : j'ai le droit d'exiger qu'on me seconde...

« Depuis que je suis à la tête du gouvernement, m'a-t-on jamais entendu
« demander ce qu'on était, ce qu'on avait été, ce qu'on avait dit, fait,
« écrit?... Qu'on m'imite!

« On ne m'a jamais connu qu'une question, un but unique : *Voulez-vous
« être bon Français avec moi?* et, sur l'affirmative, j'ai poussé chacun dans
« un défilé de granit sans issue, à droite ou à gauche, obligé de marcher
« vers l'autre extrémité, où je montrais de la main l'honneur, la gloire, la
« splendeur de la patrie. »

Le mercuriale fut si vive que celui à qui elle s'adressait, homme d'honneur et de grande délicatesse d'ailleurs, se crut dans l'obligation de demander une audience le lendemain, voulant remettre sa démission. Cette
audience lui fut accordée, et l'Empereur l'apercevant, lui dit : « Mon cher,
« vous venez pour la conversation d'hier ; elle vous a affligé et moi aussi;
« mais c'est un avertissement que j'ai voulu donner à plusieurs ; s'il pro-
« duit quelque bien, ce doit être notre consolation à tous deux : qu'il n'en
« soit plus question. » Et il parla d'autres choses.

C'est ainsi que souvent l'Empereur attaquait toute une masse sur de
simples individus; et il le faisait avec un grand éclat, pour qu'on en demeurât frappé davantage; mais ses colères publiques, dont on a fait tant
de bruit, n'étaient que feintes et factices. L'Empereur disait qu'il avait

prévenu par là bien des fautes et s'était épargné beaucoup de châtimens.

Un jour, dans une des grandes audiences, il attaqua un colonel avec la plus grande chaleur et tout-à-fait avec l'accent de la colère, sur de légers désordres commis par son régiment envers les habitans du pays qu'il venait de traverser en rentrant en France; et comme le colonel, pensant la punition fort au-dessus de la faute commise, cherchait à se disculper et y revenait souvent, l'Empereur lui disait à voix basse sans discontinuer la mercuriale publique : « C'est bien ; mais taisez-vous. Je vous crois; mais demeurez « tranquille.... » Et plus tard, en le revoyant seul, il lui dit : « C'est que je « fustigeais en vous des généraux qui vous entouraient, et qui, si je me « fusse adressé directement à eux, se seraient trouvés mériter la dernière « dégradation, peut-être davantage. »

Mais si l'Empereur attaquait de la sorte en public, il lui arrivait parfois aussi de se voir attaqué à son tour : j'ai été témoin de plusieurs exemples.

Un jour, à Saint-Cloud, à la grande audience du dimanche, et précisément à mon côté, un sous-préfet ou autre fonctionnaire piémontais, l'air égaré, et tout hors de lui, l'interpelle de la voix la plus élevée, lui demandant justice sur sa destitution, soutenant qu'il avait été faussement accusé et condamné. « Allez trouver mes ministres, lui répondit l'Empereur. — Non, « Sire, c'est par vous que je veux être jugé. — Je ne le saurais; je n'en ai « point le temps; j'ai à m'occuper de tout l'empire, et mes ministres sont « institués pour s'occuper des individus. — Mais ils me condamneront tou- « jours. — Et pourquoi? — Parce que tout le monde m'en veut. — Et pour- « quoi encore? — Parce que je vous aime. Il suffit qu'on vous soit attaché « pour qu'on devienne en horreur à tout le monde. — Ce que vous dites là « est bien fort, Monsieur, dit l'Empereur avec calme; j'aime à croire que « vous vous trompez. » Et il passa tranquillement au voisin, tandis que nous en demeurions déconcertés, et en étions devenus rouges d'embarras. Une autre fois, à une parade, un jeune officier, aussi tout hors de lui, sort des rangs pour se plaindre qu'il est maltraité, dégradé; qu'on a été injuste à son égard, qu'on lui a fait éprouver des passe-droits, et qu'il y a cinq ans qu'il est lieutenant sans pouvoir obtenir d'avancement. « Calmez-vous, lui « dit l'Empereur, moi je l'ai bien été sept ans, et vous voyez qu'après tout, « cela n'empêche pas de faire son chemin. » Tout le monde de rire, et le jeune officier, subitement refroidi, d'aller reprendre son rang. En tout, rien n'était plus commun que de voir les individus s'attaquer à l'Empereur et lui tenir tête.

Je l'ai vu maintes fois, dans de vives et chaudes réclamations, ne pouvoir obtenir la dernière parole, et prendre le parti de céder, en passant à d'autres personnes ou en changeant de sujet.

Principe général. Les actes de l'Empereur, quelque passionnés qu'ils parussent, étaient toujours accompagnés de calculs. « Quand un de mes « ministres, disait-il, ou quelque autre grand personnage avait fait une « faute grave, qu'il y avait vraiment lieu à se fâcher, que je devais vraiment « me mettre en colère, être furieux, alors j'avais toujours le soin d'admettre « un tiers à cette scène; j'avais pour règle que quand je me décidais à frap- « per, le coup devait porter sur plusieurs; celui qui le recevait ne m'en « voulait ni plus ni moins; et celui qui en était le témoin, dont il eût fallu « voir la figure et l'embarras, allait discrètement transmettre au loin « ce qu'il avait vu et entendu : une terreur salutaire circulait de veine en « veine dans le corps social. Les choses en marchaient mieux; je punissais

« moins, je recueillais infiniment, et sans avoir fait beaucoup de mal. »

Dans une de ces grandes occasions, le ministre de la marine (Decrès) se trouva admis de conserve avec le véritable patient, et l'Empereur l'avait choisi dans la triple intention qu'il fût le témoin, qu'il reçût sa part directe d'un avertissement salutaire, et servît néanmoins de terme de comparaison propre à confusionner d'autant celui qu'il avait réellement en vue ; car, après s'être exprimé vis-à-vis de celui-ci avec la dernière violence, et être entré dans les plus petits détails d'une menace extrême, se retournant tout à coup vers Decrès, il lui dit : « Et vous aussi, Monsieur le ministre de la « marine, on m'apprend que vous vous avisez d'être de l'opposition ; c'est « fort étrange, j'en suis très irrité, quoique après tout je sache bien que « chez vous il y a du moins des *tirans d'eau* d'honneur et de fidélité que vous « ne dépasserez jamais. »

Réflexions sur le gouverneur.—Dépenses de la maison de l'Empereur aux Tuileries.—Sur les bonnes comptabilités.—MM. Mollien, La Bouillerie.

Dimanche 2 juin. — L'Empereur est sorti à cheval sur les huit heures ; il y avait bien long-temps qu'il s'en était abstenu. En remontant la vallée du jardin de la compagnie, il est entré chez un des adjudans du camp dont la femme est catholique ; il y est demeuré quelques instans et y a été fort gai. De là nous nous sommes dirigés vers la demeure de madame Bertrand, où l'Empereur est descendu et s'est arrêté long-temps. Il y peignait énergiquement et avec beaucoup d'esprit les rapports du gouverneur avec nous, ses mesures subalternes, son peu d'égards, le rétréci de sa police, le ridicule de sa gestion, son ignorance des affaires et des manières. « Nous avions, « disait-il, à nous plaindre sans doute de l'amiral, mais au moins était-il « Anglais ; au lieu que celui-ci n'est qu'un mauvais sbire d'Italie. Nous n'avons « pas les mêmes mœurs, disait-il, nous ne saurions nous entendre ; nos sen-« timens ne parlent pas le même langage : il ne se doute pas que des mon-« ceaux de diamans ne sauraient effacer l'arrestation qu'il est venu faire « d'un de nos domestiques, presque à mes yeux. Depuis ce jour-là, il a ré-« pandu la pâleur sur toute ma maison. »

Au retour, nous avons déjeuné dans le jardin. Le soir, le temps s'est passé à tracer le budget de celui qui, à Paris, aurait cinquante mille livres de rente : l'écurie, disait l'Empereur, devait y entrer pour un sixième, la table pour un quart, etc.

J'ai déjà dit qu'il aimait ces calculs, qui prenaient toujours quelque chose de neuf et de piquant dans sa bouche.

La conversation a conduit à des détails plus curieux sur la liste civile et les dépenses de la maison de l'Empereur. Voici ce que j'en ai recueilli :

La table était d'un million ; et pourtant le dîner de la personne de l'Empereur n'était dans ce compte que pour cent francs par jour. Jamais on n'a pu arriver à le faire manger chaud, parce qu'une fois au travail on ne savait jamais quand il quitterait ; aussi, l'heure du dîner venue, on mettait pour lui des poulets à la broche de demi-heure en demi-heure ; et l'on en a vu rôtir des douzaines avant d'atteindre celui qui lui a été présenté.

De là on est passé aux avantages d'une bonne comptabilité. L'Empereur citait surtout sur ce point MM. *de Mollien* et *La Bouillerie*. Le premier avait ramené le trésor public à une simple maison de banque ; si bien que l'Empereur, dans un seul tout petit cahier, avait, disait-il, constamment sous les yeux l'état complet de ses affaires, sa recette, sa dépense, ses arriérés ses ressources, etc., etc.

L'Empereur disait avoir eu dans ses caves, aux Tuileries, jusqu'à quatre cents millions en or qui étaient tellement à lui, qu'il n'en existait d'autres tracés qu'un petit livret dans les mains de son trésorier particulier. Tout s'est fondu à mesure, et surtout lors des revers, dans les dépenses de l'État. Comment aurait-il pu, disait-il, songer à s'en réserver quelque chose? il s'était identifié tout-à-fait avec la nation.

Il disait encore avoir fait entrer en France plus de deux milliards de numéraire, sans compter tout ce que les individus pouvaient en avoir rapporté pour leur propre compte.

L'Empereur disait avoir été vivement sensible à ce qu'en 1814 M. de La Bouillerie, se trouvant à Orléans avec des dizaines de millions à lui Napoléon, sa propriété personnelle, il les eût portés à M. le comte d'Artois, à Paris, au lieu de les conduire à Fontainebleau, comme cela était de son devoir et de sa conscience. « La Bouillerie pourtant n'était pas un méchant
« homme, disait l'Empereur, je l'avais aimé et estimé. Au retour de 1815,
« il sollicita vivement d'être admis près de moi (1) et de pouvoir se justifier;
« il aurait prouvé sans doute que c'était la faute de son ignorance et non
« de son cœur. Il me connaissait bien; il savait que s'il arrivait jusqu'à moi,
« il en serait quitte pour quelques paroles de colère. Mais je me connaissais
« aussi: j'étais résolu de ne pas le reprendre; je refusai de le voir. C'était
« le seul moyen que j'avais en cette occasion de résister à lui et à plusieurs
« autres.

« Toutefois *Estève*, son prédécesseur, n'en eût pas fait autant; il m'était
« chaudement attaché; il m'eût conduit mon trésor par force à Fontaine-
« bleau. S'il ne l'eût pu, il l'eût enterré, jeté dans les rivières, distribué
« plutôt que de le livrer. »

Sur les femmes, etc.—La polygamie.

Lundi 3. — L'Empereur, après un bain de trois heures, est sorti vers le cinq heures pour se promener dans le jardin. Il était fort triste, silencieux; il avait l'air souffrant. Nous sommes montés en calèche, et peu à peu il s'est remis et est devenu plus causant.

Au retour, il s'est promené encore quelque temps pour faire la guerre à l'une de ces dames qui étaient avec nous. Il s'est amusé à déclamer contre les femmes. « Nous n'y entendions rien, nous autres peuples d'Occident,
« disait-il (et un clignotement de côté nous prévenait de sa malice); nous
« avions tout gâté en traitant les femmes trop bien. Nous les avions portées,
« à grand tort, presque à l'égal de nous. Les peuples de l'Orient avaient bien
« plus d'esprit et de justesse, ils les avaient déclarées la véritable propriété
« de l'homme; et en effet la nature les avait faites nos esclaves; ce n'est que
« par nos travers d'esprit qu'elles osent prétendre à être nos souveraines;
« elles abusaient de quelques avantages pour nous séduire et nous gouver-
« ner. Pour une qui nous inspirait quelque chose de bien, il en était cent
« qui nous faisaient faire des sottises. » Et, continuant d'applaudir aux

---

(1) L'impartialité me commande de faire connaître ici que M. La Bouillerie réclame contre cette assertion.

maximes de l'Orient, il approuvait fort la polygamie, la prétendait dans la nature, et se montrait fort adroit, très fécond dans ses preuves : « La fem- « me, disait-il, est donnée à l'homme pour qu'elle fasse des enfans. Or, une « femme unique ne pourrait suffire à l'homme pour cet objet; elle ne peut « être sa femme quand elle est grosse, elle ne peut être sa femme quand « elle nourrit, elle ne peut être sa femme quand elle est malade, elle cesse « d'être sa femme quand elle ne peut plus lui donner d'enfans : l'homme, « que la nature n'arrête ni par l'âge ni par aucun de ces inconvéniens, doit « donc avoir plusieurs femmes, etc.

« Et de quoi vous plaindriez-vous après tout, Mesdames? continuait-il « en souriant; ne vous avons-nous pas reconnu une âme? vous savez qu'il « est des philosophes qui ont balancé. Vous prétendriez à l'égalité? Mais c'est « folie : la femme est notre propriété, nous ne sommes pas la sienne; car « elle nous donne des enfans, et l'homme ne lui en donne pas. Elle est donc « sa propriété comme l'arbre à fruit est celle du jardinier. Si l'homme fait « une infidélité à sa femme, qu'il lui en fasse l'aveu, s'en repente, il n'en « demeure plus de traces; la femme se fâche, pardonne, ou se raccom- « mode, et encore y gagne-t-elle parfois. Il ne saurait en être ainsi de l'in- « fidélité de la femme : elle aurait beau l'avouer, s'en repentir ; qui garantit « qu'il n'en demeurera rien? Le mal est irréparable; aussi ne doit-elle, ne « peut-elle jamais en convenir. Il n'y a donc, Mesdames, et vous devez l'a- « vouer, que le manque de jugement, les idées communes et le défaut d'édu- « cation qui puissent porter une femme à se croire en tout l'égale de son « mari : du reste, rien de déshonorant dans la différence ; chacun a ses pro- « priétés et ses obligations : vos propriétés, Mesdames, sont la beauté, les « grâces, la séduction; vos obligations, la dépendance et la soumission, « etc., etc. »

Après le dîner, l'Empereur a envoyé mon fils chercher les Mémoires du chevalier de Grammont et un volume du Théâtre de Voltaire. Se créant, disait-il, la tâche d'atteindre onze heures, il a lu assez long-temps du premier ouvrage, remarquant combien peu de chose peut amuser quand on y répand du véritable esprit. Quant à Voltaire, il a parcouru *Mahomet*, *Sémiramis* et autres, en faisant ressortir les vices, et concluant comme de coutume que Voltaire n'a connu ni les choses, ni les hommes, ni les grandes passions.

Reprise des Mémoires de l'Empereur, etc.

Mardi 4.— L'Empereur m'a fait appeler vers les quatre heures pour aller en calèche. Il m'a dit qu'il venait enfin de dicter de nouveau, et que cela n'était pas sans quelque mérite; qu'il avait été toute la matinée d'une humeur détestable ; qu'il avait d'abord essayé de sortir vers une heure, mais qu'il était rentré bientôt, absorbé par le dégoût et l'ennui, et que, ne sachant que faire, il lui était venu dans l'idée de se remettre à dicter.

Il y avait long-temps que l'Empereur avait interrompu le travail régulier de ses Mémoires. Ma campagne d'Italie était finie depuis plusieurs mois; celle d'Égypte de Bertrand l'était aussi; le général Gourgaud avait été fort malade ; tout cela avait amené des lacunes qui avaient créé le dégoût. L'Empereur en était demeuré là, et ne se sentait pas le courage de s'y remettre. J'ai profité de ce qu'il venait de dire pour faire observer que ses dictées étaient pour lui le grand, le seul moyen de tromper son ennemi, d'user le temps;

et pour nous l'inestimable avantage d'acquérir de véritables trésors chers à l'honneur, à la gloire de la France; qu'il était d'une importance réelle qu'il continuât son histoire. Chacun de nous, assurais-je, donnerait volontiers son sang pour l'obtenir; il le devait à sa mémoire, à sa famille, à nous. Où son fils trouverait-il sa véritable histoire? Qui pourrait la lui tracer dignement? Sans ces documens précieux, que de choses finiraient avec Napoléon! Nous qui l'entourions jadis, que savions-nous alors? que n'avons-nous pas appris ici? etc. L'Empereur a répondu qu'il allait s'y remettre, et il a posé la question sur le plan à suivre : serait-ce une histoire? seraient-ce des annales? il l'a discuté long-temps sans pouvoir rien arrêter.

A dîner, il a dit : « J'ai été fort grondé aujourd'hui sur ma paresse; je
« viens donc me remettre au travail, attaquer plusieurs points à la fois, cha-
« cun aura son lot. Hérodote n'a-t-il pas, je crois, donné le nom des Muses
« à ses livres? a-t-il dit en me regardant. Eh bien! je veux que chacun des
« miens porte un des vôtres. Il n'y aura pas jusqu'au petit Emmanuel qui
« n'ait le sien. Je vais entamer le consulat avec Montholon. Gourgaud aura
« quelque autre époque ou des batailles détachées, et le petit Emmanuel
« préparera les pièces et les matériaux de l'époque du couronnement. »

École militaire.—Plan d'éducation ordonné par l'Empereur.—Ses intentions pour les vieux militaires.—Changemens opérés dans les habitudes de la capitale.

Mercredi 5. — L'Empereur est sorti vers les quatre heures : durant la promenade, la conversation a été sur l'ancienne École militaire de Paris, le luxe qu'on y employait à notre égard, la sévérité au contraire que l'Empereur avait établie dans les siennes.

A l'École militaire de Paris, nous étions nourris, servis magnifiquement, traités en toutes choses comme des officiers jouissant d'une grande aisance, plus grande certainement que celle de la plupart de nos familles, et fort au-dessus de celle dont beaucoup de nous devions jouir un jour. L'Empereur, dans ses Écoles militaires, avait voulu, disait-il, éviter ce travers; il avait voulu surtout que ses jeunes officiers, qui devaient commander un jour des soldats, eussent commencé par être eux-mêmes de vrais soldat, eussent pratiqué eux-mêmes tous les détails techniques, ce qui est d'un avantage immense, disait-il, dans le reste de la vie, pour pouvoir les suivre et les faire observer dans ceux que l'on doit faire obéir. Ainsi, à Saint-Germain, les jeunes gens pansaient eux-mêmes leurs chevaux, apprenaient à les ferrer, etc., etc. A Saint-Cyr, on pratiquait de même tous les détails correspondans de l'infanterie : on y était vraiment à la chambrée, on y mangeait à la gamelle, etc.; le tout, sans que le reste des instructions analogues à la condition future des jeunes gens en souffrît aucunement; en un mot, ils ne sortaient qu'ayant réellement gagné leur grade d'officier, et capables de commander et de faire aller des soldats. « Aussi, disait l'Empereur, si les « jeunes gens qui se présentèrent dans les corps à l'origine de cette institu- « tion y furent reçus d'abord avec une grande jalousie, du moins fut-on « obligé de rendre pleine justice à leur tenue et à leur capacité. »

On voit le même esprit présider aux institutions d'Ecouen, de Saint-Denis, et autres établissemens que la bienfaisante sollicitude de Napoléon créa pour les filles des membres de la Légion-d'Honneur. Des règlemens dressés par lui-même ordonnaient de n'y employer que ce qui aurait été confectionné dans la maison et par les mains mêmes des élèves. Ces règlemens bannis-

28.

saient toute espèce de luxe, la coquetterie, le théâtre, et devaient n'avoir d'autre but, disait l'Empereur, que d'en faire de bonnes ménagères et d'honnêtes femmes.

Napoléon, auquel la voix publique donnait au temps de sa puissance un caractère si dur et un cœur si froid, est pourtant bien certainement le souverain qui a mis le plus de véritables sentimens en actions ; c'est que, par une tournure d'esprit qui lui était particulière, il évitait toutes démonstrations de sensibilité avec autant de soin que d'autres en mettent à les prodiguer.

Il avait adopté tous les enfans des militaires tués à Austerlitz, et pour lui un tel acte ne se bornait pas à une pure formalité ; il les eût dotés.

Je tiens de la bouche d'un jeune homme, qui me l'a raconté depuis mon retour en Europe, et encore avec les larmes de la reconnaissance, qu'ayant été assez heureux, sortant à peine de l'enfance, pour donner une preuve de dévouement qui avait été remarquée, l'Empereur lui demanda quelle carrière il voulait suivre ; et, sans attendre sa réponse, en désigna une luimême. A quoi le jeune homme ayant fait observer que la fortune de son père ne le permettrait pas : « Que vous importe, reprit vivement Napoléon, *ne suis-je pas aussi votre père ?* » Ceux qui l'ont connu dans son intérieur, ou ont vécu près de sa personne, peuvent citer mille traits de la sorte.

Il avait beaucoup fait pour les militaires et les vétérans, et il se proposait encore bien davantage : c'étaient chaque jour quelques pensées nouvelles.

Il nous fut présenté au Conseil d'État un projet de décret pour qu'à l'avenir les places dans les douanes, les perceptions, les droits réunis, etc., fussent données à des militaires blessés ou à des vétérans susceptibles de les exercer, à partir du simple soldat jusqu'aux rangs supérieurs. Et, comme ce projet était reçu avec froideur, l'Empereur, adressant son adage ordinaire à l'un des opposans, le somma d'abord franchement la question et de dire toute sa pensée. « Eh bien ! Sire, dit M. Malouet, c'est que je crains « que les citoyens ne se trouvent heurtés de se voir préférer des militaires. — « Monsieur, repartit vivement l'Empereur, vous séparez là ce qui ne l'est « pas ; les citoyens et les soldats aujourd'hui ne font qu'un. Dans la crise « où nous nous trouvons, la conscription atteint tout le monde ; la carrière « militaire n'est plus une affaire de goût, elle est une affaire de force. La « plupart de ceux qui s'y trouvent ont perdu leur état contre leur gré ; il « est donc juste de leur en tenir compte. — Mais, répétait encore l'opposant, « c'est qu'on pourrait croire, par la rédaction du projet, que Votre Ma« jesté ne veut désormais donner la plus grande partie de ces places qu'aux « militaires. — Mais c'est bien aussi mon intention, Monsieur, dit l'Empe« reur ; il ne s'agit que de savoir si j'en ai le droit et si je blesse la justice. « Or la constitution me donne la nomination à tous ces emplois, et il me sem« ble qu'il est de toute justice que ce soient ceux qui ont le plus souffert qui « aient le plus de droits aux indemnités. » Puis, haussant la voix : « Mes« sieurs, la guerre n'est point un métier de roses ; vous ne la connaissez ici, « sur vos bancs, que d'après la lecture des bulletins ou le récit de nos triom« phes. Vous ne connaissez pas nos bivouacs, nos marches forcées, nos pri« vations de tous genres, nos souffrances de toutes espèces. Moi, je les con« nais, parce que je les vois et que parfois je les partage. »

Quoi qu'il en soit, ce projet de décret, après plusieurs rédactions, finit par disparaître comme beaucoup d'autres, et les intentions de l'Empereur ne furent même pas connues du public, que je sache, bien qu'il eût semblé mettre un vif intérêt à le voir adopté, et qu'il en eût poursuivi la défense dans les plus petits détails.

« Mais, Sire, lui avait-on objecté dans le principe, Votre Majesté don-
« nerait-elle de ces places à un militaire qui ne saurait point lire? — Pour-
« quoi pas? — Mais comment pourrait-il remplir sa place, tenir ses regis-
« tres? — Eh bien ! Monsieur, il appellerait son voisin ; il ferait venir de ses
« parens, et le bienfait intentionné pour un se répandrait sur plusieurs.
« D'ailleurs je ne tiens pas à votre objection ; nous n'avons qu'à prescrire la
« condition qu'il sera capable de la remplir, etc. »

À la nuit, l'Empereur m'a fait appeler dans sa chambre. Il y était seul, avec un peu de feu et dans l'ombre ; les lumières étaient dans la chambre voisine. Cette obscurité plaisait, disait-il, à sa mélancolie. Il était triste et silencieux.

Après le dîner, l'Empereur répétait avoir beaucoup médité sur les moyens de recréer la société. Il avait eu des cercles à la cour, des spectacles, des voyages à Fontainebleau. Cela gênait, disait-il, les gens de la cour, et n'influait pas sur les cercles de la capitale. Il n'y avait point encore assez de cohésion dans toutes ces parties hétérogènes pour qu'elles pussent réagir convenablement les unes sur les autres ; cependant cela fût venu avec le temps, assurait-il. On lui faisait remarquer qu'il avait beaucoup contribué à raccourcir les soirées de la capitale. Tout ce qui tenait au gouvernement travaillait beaucoup, et, devant se lever de grand matin, était obligé de se coucher de fort bonne heure.

« Ce fut, du reste, un grand étonnement pour Paris, disait l'Empereur,
« une véritable révolution dans les mœurs, presque une sédition dans la
« société, lorsque le Premier Consul voulut qu'on quittât les bottes pour
« venir en société, qu'on se mît en bas, et qu'on soignât tant soit peu sa
« toilette. »

L'Empereur revenait beaucoup sur ce qui formait le bon ton et les manières agréables des sociétés de sa jeunesse. Il s'est arrêté surtout à définir ce qui rendait alors les intimités agréables ; la teinte légère de flatterie réciproque, ou du moins l'opposition fine et délicate, etc., etc.

Résistance à la médecine.—*Gil-Blas.*—Général Bizanet.

Jeudi 6. — Je n'ai vu l'Empereur qu'à six heures ; il était demeuré dans sa chambre, souffrant, et n'avait encore rien mangé de la journée. Il se trouvait du malaise, disait-il, et s'amusait en ce moment à parcourir des gravures sur la ville de Londres, que le docteur lui avait prêtées. Celui-ci avait eu l'honneur de le voir dans la journée, et l'avait beaucoup fait rire. « Ap-
« prenant que je n'étais pas bien, disait l'Empereur, il avait prétendu se
« saisir de moi comme de sa proie, en me conseillant aussitôt une médecine,
« à moi qui ne me rappelle point en avoir jamais pris dans ma vie. »

Il était déjà plus de sept heures ; l'Empereur a dit que celui qui se sentait faim n'était pas bien malade. Il a demandé à manger, on lui a apporté un poulet, qu'il a trouvé excellent : cela l'a remis ; il est devenu causant, et a passé en revue divers romans français. La lecture de *Gil Blas* avait rempli la plus grande partie de sa journée. Il était plein d'esprit, disait-il, mais il aurait mérité les galères lui et tous les siens. De là il s'est mis à parcourir un recueil chronologique, et s'est arrêté sur la belle affaire de Berg-op-Zoom par le général *Bizanet*.

« Que de belles actions pourtant, disait l'Empereur, ont été se perdre
« dans la confusion de nos désastres, ou même dans la multiplicité de celles
« que nous avons produites! Celle de Berg-op-Zoom est du nombre: la gar-
« nison naturelle de cette place était de huit à dix mille hommes peut-être,
« et pourtant elle ne comptait en cet instant pas plus de deux mille sept
« cents combattans. Un général anglais, à la faveur de la nuit, et d'intelli-
« gence avec les habitans, s'y introduit avec quatre mille huit cents hom-
« mes d'élite. Ils sont dans la place, la population est pour eux; mais rien
« ne saurait triompher de la valeur française! on se bat en désespérés dans
« les rues, la presque totalité de la troupe anglaise est tuée ou demeure pri-
« sonnière. Certes, concluait l'Empereur, voilà un acte de braves! le géné-
« ral Bizanet est un brave! »

Il est sûr que dans nos derniers momens, comme le disait l'Empereur, une foule de hauts faits, de traits historiques, ont été se perdre dans la confusion de nos désastres et le gouffre de nos malheurs.

C'est l'extraordinaire et singulière défense d'Huningue par l'intrépide *Barbanègre*.

C'est la belle résistance du général *Teste* à Namur, où, dans une ville ouverte, avec une poignée de braves, il arrête court l'élan des Prussiens, et favorise la rentrée de Grouchi sans être entamé.

C'est l'expédition brillante du brave *Excelmans* dans Versailles, qui eût pu avoir des suites si importantes, si elle eût été soutenue, ainsi que cela avait été décidé; et enfin un grand nombre d'autres.

Romans de l'Empereur.—Napoléon peu connu de sa maison même.—Ses idées religieuses.

Vendredi 7, samedi 8. — Dans une longue conversation privée du matin, l'Empereur aujourd'hui revenait sur toutes les horreurs de notre situation présente, et épuisait les chances d'un meilleur avenir.

A la suite de tous ces objets, que je ne puis rendre ici, s'abandonnant à son imagination, il disait qu'il n'y avait plus pour lui de séjour que l'Angleterre et l'Amérique. Celui de son inclination, disait-il, serait l'Amérique, parce qu'il y serait vraiment libre, et qu'il n'aspirait plus qu'à l'indépendance et au repos; et il faisait alors son roman. Il se voyait près de son frère Joseph, entouré d'une petite France, etc., etc.

Toutefois la politique, remarquait-il, pouvait décider pour l'Angleterre. Il devait demeurer peut-être l'esclave des événemens. Il se devait, après tout, à un peuple qui avait fait plus pour lui qu'il ne lui avait rendu lui-même à son tour, etc. Et alors il faisait encore son roman, etc., etc.

De là, la conversation allant toujours, l'Empereur ne revenait pas de s'être convaincu que beaucoup de ceux qui l'entouraient et qui formaient sa cour croyaient la plupart des absurdités et des balivernes qui avaient été débitées sur son compte, et allaient jusqu'à douter de la fausseté des horreurs dont on souillait son caractère. Qu'ainsi nous le croyions cuirassé au milieu de nous, soumis aux pressentimens et au fatalisme, sujet à des accès de rage ou d'épilepsie; ayant étranglé Pichegru, fait couper le cou à un petit capitaine anglais, etc..... Et sa sortie contre nous était en quelque sorte méritée; nous étions obligés d'en convenir; seulement nous avions à répondre que bien des circonstances se réunissaient pour que le gros de son entourage d'alors demeurât encore le vulgaire. Nous apercevions souvent sa personne, disais-je; mais nous n'avions jamais aucune communication avec

lui : tout demeurait mystère pour nous. Aucune voix ne s'élevait pour réfuter, tandis qu'il en était une foule dans l'ombre, et quelques unes des plus rapprochées de lui, qui, par travers d'esprit ou mauvaise intention, ne semblaient occupées qu'à insinuer sans cesse. Quant à moi, je confessais de bonne foi n'avoir eu d'idée certaine de son caractère qu'ici, bien que j'eusse à me féliciter de l'avoir réellement en partie deviné. « Et pourtant, répli-
« quait-il à cela, vous m'avez vu et entendu souvent au Conseil d'État. »

Le soir, après le dîner, la conversation tomba sur la religion. L'Empereur s'y est arrêté long-temps. Je vais en transcrire ici avec soin le résumé, comme tout-à-fait caractéristique sur un point qui a dû exercer sans doute souvent la curiosité de plusieurs.

L'Empereur, après un mouvement très vif et très chaud, a dit : « Tout
« proclame l'existence d'un Dieu, c'est indubitable (1) ; mais toutes nos re-
« ligions sont évidemment les enfans des hommes. Pourquoi y en avait-il
« tant ? pourquoi la nôtre n'avait-elle pas toujours existé ? pourquoi était-
« elle exclusive ? que devenaient les hommes vertueux qui nous avaient de-
« vancés ? pourquoi ces religions se décriaient-elles, se combattaient-elles,
« s'exterminaient-elles ? pourquoi cela avait-il été de tous les temps, de
« tous les lieux ? C'est que les hommes sont toujours les hommes, c'est
« que les prêtres ont toujours glissé partout la fraude et le mensonge.
« Toutefois, disait l'Empereur, dès que j'ai eu le pouvoir, je me suis em-
« pressé de rétablir la religion. Je m'en servais comme de base et de racine.
« Elle était à mes yeux l'appui de la bonne morale, des vrais principes, des
« bonnes mœurs. Et puis l'inquiétude de l'homme est telle qu'il lui faut ce
« vague et ce merveilleux qu'elle lui présente. Il vaut mieux qu'il le prenne là
« que d'aller le chercher chez Cagliostro, chez mademoiselle Lenormand,
« chez toutes les diseuses de bonne aventure et chez les fripons. » Quelqu'un ayant osé lui dire qu'il pourrait se faire qu'il finît par être dévot, l'Empereur a répondu, avec l'air de conviction, qu'il craignait que non, et qu'il le prononçait à regret ; car c'était sans doute une grande consolation ; que toutefois son incrédulité ne venait ni de travers ni de libertinage d'esprit, mais seulement de la force de sa raison. « Cependant, ajoutait-il,
« l'homme ne doit jurer de rien sur tout ce qui concerne ses derniers ins-
« tans. En ce moment, sans doute, je crois bien que je mourrai sans con-
« fesseur ; et néanmoins voilà un tel, montrant l'un de nous, qui me con-
« fessera peut-être. Je suis bien loin d'être athée, assurément ; mais je ne
« puis croire tout ce que l'on m'enseigne en dépit de ma raison, sous peine
« d'être faux et hypocrite.

« Sous l'empire, et surtout après le mariage de Marie-Louise, on fit tout

(1) Depuis mon retour en Europe, je tiens de M. l'évêque Grégoire qu'au plus fort de la crise du concordat, mandé avant le jour à la Malmaison, quand il y arriva, le Premier Consul se promenait déjà dans une allée, discutant vivement avec le sénateur Volney. « Oui, « Monsieur, lui disait-il, on dira ce qu'on voudra, mais il faut au peuple une religion, et « surtout de la croyance ; et quand je dis le peuple, Monsieur, je ne prétends pas encore « dire assez, car moi-même, » et il étendait en cet instant ses bras avec une espèce d'inspiration enthousiaste vers le soleil qui précisément en cet instant apparaissait radieux à l'horizon, « moi-même, exprimait-il avec chaleur, à la vue d'un tel spectacle, je me sur-
« prends à être ému, entraîné, convaincu ; » et se tournant vers l'abbé Grégoire, il lui dit :
« Et vous, Monsieur, qu'en dites-vous ? » A quoi celui-ci n'eut qu'à répondre qu'un pareil spectacle était bien fait pour donner lieu aux plus sérieuses et aux plus fécondes méditations.

« au monde pour me porter, à la manière de nos rois, à aller en grande
« pompe communier à Notre-Dame; je m'y refusai tout-à-fait : je n'y croyais
« pas assez, disais-je, pour que ce pût m'être bénéficiel, et je croyais trop
« encore pour m'exposer froidement à un sacrilége. » A cela, comme on
citait quelqu'un qui s'était vanté en quelque sorte de n'avoir pas fait sa première communion : « C'est fort mal à lui, a repris l'Empereur : il a manqué
« là à son éducation, ou l'on s'est rendu coupable vis-à-vis d'elle. » Puis,
continuant son sujet : « Dire d'où je viens, ce que je suis, où je vais, est au
« dessus de mes idées, et pourtant tout cela est. Je suis la montre qui existe
« et qui ne se connaît pas. Toutefois le sentiment religieux est si consolant
« que c'est un bienfait du ciel que de le posséder. De quelle ressource ne
« nous serait-il pas ici? quelle puissance pourraient avoir sur moi les hom-
« mes et les choses, si, prenant en vue de Dieu mes revers et mes peines,
« j'en attendais le bonheur futur pour récompense!..... A quoi n'aurais-je
« pas droit, moi qui ai traversé une carrière aussi extraordinaire, aussi
« orageuse, sans commettre un seul crime; et j'ai pu tant en commettre! Je
« puis paraître devant ce tribunal de Dieu, je puis attendre son jugement
« sans crainte. Il n'entreverra jamais au dedans de moi l'idée de l'assassi-
« nat, de l'empoisonnement, de la mort injuste ou préméditée, si com-
« mune dans les carrières qui ressemblent à la mienne. Je n'ai voulu que la
« gloire, la force, le lustre de la France; toutes mes facultés, tous mes ef-
« forts, tous mes momens étaient là. Ce ne saurait être un crime, je n'ai
« vu là que des vertus! Quelle serait donc ma jouissance, si le charme d'un
« avenir futur se présentait à moi pour couronner la fin de ma vie, etc. »

.... Plus loin, il disait : « Mais comment pouvoir être convaincu par
« la bouche absurde, par les actes iniques de la plupart de ceux qui nous
« prêchent? Je suis entouré de prêtres qui me répètent sans cesse que leur
« règne n'est pas de ce monde, et ils se saisissent de tout ce qu'ils peuvent.
« Le pape est le chef de cette religion du ciel, et il ne s'occupe que de la
« terre. Que de choses celui d'aujourd'hui, qui assurément est un brave et
« saint homme, m'offrait pour retourner à Rome! La discipline de l'Église,
« l'institution des évêques, ne lui étaient plus rien, s'il pouvait à ce prix
« redevenir prince temporel. Aujourd'hui même, il est l'ami de tous les pro-
« testans, qui lui accordent tout parce qu'ils ne le craignent pas. Il n'est l'en-
« nemi que de l'Autriche catholique, parce que celle-ci serre de près son ter-
« ritoire, etc.

« .... Nul doute, du reste, continuait-il encore, que mon espèce
« d'incrédulité ne fût, en ma qualité d'Empereur, un bienfait pour les peu-
« ples; et autrement, comment aurais-je pu exercer une véritable tolérance?
« comment aurais-je pu favoriser avec égalité des sectes aussi contraires, si
« j'avais été dominé par une seule? comment aurais-je conservé l'indépen-
« dance de ma pensée et de mes mouvemens, sous la suggestion d'un con-
« fesseur qui m'eût gouverné par les craintes de l'enfer? Quel empire un
« méchant, le plus stupide des hommes, ne peut-il pas, à ce titre, exer-
« cer sur ceux qui gouvernent les nations? N'est-ce pas alors le moucheur
« de chandelles qui, dans les coulisses, peut faire mouvoir à son gré l'Her-
« cule de l'Opéra? Qui doute que les dernières années de Louis XIV n'eus-
« sent été bien différentes avec un autre confesseur? J'étais tellement péné-
« tré de ces vérités que je me promettais bien de faire en sorte, autant qu'il
« eût été en moi, d'élever mon fils dans la même ligne religieuse où je me
« trouve, etc., etc. »

L'Empereur a terminé cette conversation en envoyant mon fils chercher l'Évangile, et le prenant au commencement, il ne s'est arrêté qu'après le discours de Jésus sur la montagne. Il se disait ravi, extasié de la pureté, du sublime et de la beauté d'une telle morale, et nous tous l'étions de même.

Portrait des directeurs.—Anecdotes.—18 fructidor.

Dimanche 9.—L'Empereur a beaucoup parlé de la création du Directoire; il l'avait installé, se trouvant alors commandant en chef de l'armée de l'intérieur. Cela l'a conduit à passer en revue les cinq directeurs dont il a donné les portraits et le caractère. Il a peint leurs ridicules et leurs fautes, ce qui a conduit aux événemens de fructidor, et a fourni un grand nombre de choses fort curieuses. Voici ce que j'en ai recueilli, partie de ses conversations perdues, partie de ses dictées sur les campagnes d'Italie.

« *Barras,* disait l'Empereur, d'une des bonnes familles de Provence, était
« officier au régiment de l'Ile-de-France ; à la révolution, il fut nommé dé-
« puté à la Convention nationale par le département du Var. Il n'avait au-
« cun talent pour la tribune, et nulle habitude de travail. Après le 31 mai,
« il fut nommé, avec Fréron, commissaire à l'armée d'Italie et en Provence,
« alors foyer de la guerre civile. De retour à Paris, il se jeta dans le parti
« thermidorien ; menacé par Robespierre, ainsi que Tallien et tout le reste
« du parti de Danton, ils se réunirent, et firent la journée du 9 thermidor.
« Au moment de la crise, la Convention le nomma pour marcher contre la
« commune, qui s'était insurgée en faveur de Robespierre ; il réussit.

« Cet événement lui donna une grande célébrité. Tous les thermidoriens,
« après la chute de Robespierre, devinrent les hommes de la France.

« Le 12 vendémiaire, au moment de la crise, on imagina, pour se défaire
« subitement des trois commissaires près de l'armée de l'intérieur, de réu-
« nir dans sa personne les pouvoirs de commissaire et ceux de commandant
« de cette armée. Mais les circonstances étaient trop graves pour lui, elles
« étaient au dessus de ses forces : Barras n'avait pas fait la guerre, il avait
« quitté le service n'étant que capitaine ; il n'avait d'ailleurs aucune connais-
« sance militaire.

« Les événemens de thermidor et de vendémiaire le portèrent au Direc-
« toire : il n'avait point les qualités nécessaires pour cette place ; il fit mieux
« que ceux qui le connaissaient n'attendaient de lui.

« Il donna de l'éclat à sa maison ; il avait un train de chasse, et faisait une
« dépense considérable. Quand il sortit du Directoire, au 18 brumaire, il
« lui restait encore une grande fortune ; il ne la dissimulait pas. Cette fortune
« n'était pas, il s'en faut, de nature à avoir influé sur le dérangement des
« finances ; mais la manière dont il l'avait acquise, en favorisant les fournis-
« seurs, altéra la morale publique.

« Barras était d'une haute stature ; il parla quelquefois dans des mo-
« mens d'orage, et sa voix couvrait alors la salle. Ses facultés morales ne
« lui permettaient pas d'aller au delà de quelques phrases. La passion avec
« laquelle il parlait l'aurait fait prendre pour un homme de résolution, il ne
« l'était point ; il n'avait aucune opinion faite sur aucune partie de l'adminis-
« tration publique.

« En fructidor il forma, avec Rewbell et La Reveillère-Lepaux, la majo-
« rité contre Carnot et Barthélemi ; après cette journée, il fut en apparence
« l'homme le plus considérable du Directoire ; mais en réalité c'était Rewbell

« qui avait la véritable influence des affaires. Barras soutint constamment en
« public le rôle d'un ami chaud de Napoléon. Lors du 30 prairial, il eut l'a-
« dresse de se concilier le parti dominant dans l'assemblée, et ne partagea
« pas la disgrâce de ses collègues.

« *La Reveillère-Lepaux*, natif d'Angers, était de la très petite bourgeoi-
« sie, petit, bossu, de l'extérieur le plus désagréable qu'on puisse imagi-
« ner : c'était un véritable Ésope. Il écrivait passablement ; son esprit était
« de peu d'étendue, il n'avait ni l'habitude des affaires ni la connaissance
« des hommes. Il fut alternativement dominé, selon les temps, par Carnot
« et Rewbell. Le jardin des Plantes et la *théophilanthropie*, nouvelle religion
« dont il avait la manie de vouloir être fondateur, faisaient toute son oc-
« cupation. Du reste, il était patriote chaud et sincère, honnête homme,
« citoyen probe et instruit ; il entra pauvre au Directoire et en sortit pau-
« vre. La nature ne lui avait accordé que les qualités d'un magistrat su-
« balterne. »

Napoléon, après son retour de l'armée d'Italie, se trouva, sans qu'il en
pût deviner la cause, l'objet tout particulier du soin, de l'attention et des
cajoleries du directeur La Reveillère, qui un jour lui offrit un dîner *strictement* en famille, et cela, disait-il, pour être plus ensemble. Le jeune
général l'accepta ; et en effet il ne s'y trouvait que la femme et la fille du directeur ; et tous les trois, par parenthèse, disait l'Empereur, étaient trois
chefs-d'œuvre de laideur. Après le dessert, les deux femmes se retirèrent,
et la conversation devint sérieuse. La Reveillère s'étendit longuement sur
les inconvéniens de notre religion, la nécessité néanmoins d'en avoir une,
et vanta en grand détail les avantages de celle qu'il prétendait instituer, *la
théophilanthropie*. « Je commençais à trouver, disait l'Empereur, la con-
« versation longue et un peu lourde, quand tout à coup, se frottant les
« mains avec satisfaction et d'un air malin : De quel prix serait pourtant
« une acquisition comme la vôtre ! de quelle utilité, de quel poids ne serait
« pas votre nom ! et comme cela serait glorieux pour vous ! Allons, qu'en
« pensez-vous ? Le jeune général était loin de s'attendre à une pareille pro-
« position ; toutefois il répondit avec humilité qu'il ne se sentait pas digne
« d'un tel honneur ; et puis, que dans les routes obscures il avait pour prin-
« cipe de suivre ceux qui le devançaient ; qu'ainsi il était résolu de faire là
« dessus comme avaient fait son père et sa mère. Une réponse si positive
« fit bien voir au grand prêtre qu'il n'y avait rien à faire, et il en demeura
« là ; mais aussi, depuis, plus de petits soins ni de cajoleries pour le jeune
« général.

« *Rewbell*, disait l'Empereur, natif d'Alsace, était un des meilleurs avo-
« cats de Colmar. Il avait de l'esprit, esprit qui caractérise un bon prati-
« cien ; il influença presque toujours les délibérations, prenait facilement
« des préjugés, croyait peu à la vertu, était d'un patriotisme assez exalté.
« C'est un problème que de savoir s'il s'est enrichi au Directoire : il était
« environné de fournisseurs, il est vrai ; mais, par la tournure de son esprit,
« il serait possible qu'il se fût plu seulement dans la conversation d'hommes
« actifs et entreprenans, et qu'il eût joui de leurs flatteries sans leur faire
« payer les complaisances qu'il avait pour eux. Il avait une haine particu-
« lière contre le système germanique : il a montré de l'énergie dans les as-
« semblées, soit avant ou après sa magistrature ; il aimait à travailler et à
« agir ; il avait été membre de la Constituante et de la Convention : celle-ci
« le nomma commissaire à Mayence, où il montra peu de caractère et nul

« talent militaire ; il contribua à la reddition de la place, qui pouvait encore
« se défendre. Il avait, comme les praticiens, un préjugé d'état contre les
« militaires.

« *Carnot*, natif de Bourgogne, était entré très jeune dans le génie, et
« soutint dans son corps le système de Montalembert. Il passait pour un ori-
« ginal parmi les camarades, et était déjà chevalier de Saint-Louis lors de
« la révolution, qu'il embrassa chaudement. Il fut nommé à la Convention
« et membre du comité de salut public avec Robespierre, Barrère, Cou-
« thon, Saint-Just, Billaud-Varennes, Collot-d'Herbois, etc. Il montra une
« grande exaltation contre les nobles, ce qui lui occasionna plusieurs que-
« relles avec Robespierre, qui, sur les derniers temps, en protégeait un
« grand nombre.

« Carnot était travailleur, sincère dans tout, mais sans intrigues, et fa-
« cile à tromper. Il fut employé auprès de Jourdan comme commissaire de
« la Convention au déblocus de Maubeuge, où il rendit des services ; au co-
« mité de salut public, il dirigea les opérations de la guerre, et il fut utile ;
« du reste, sans expérience ni habitude de la guerre. Il montra toujours un
« grand courage moral.

« Après thermidor, lorsque la Convention mit en arrestation tous les
« membres du comité de salut public excepté lui, Carnot voulut partager
« leur sort. Cette conduite fut d'autant plus noble, que l'opinion publique
« était violemment prononcée contre le comité. Il fut nommé membre du
« Directoire après vendémiaire ; mais depuis le 9 thermidor il avait l'âme
« déchirée par les reproches de l'opinion publique, qui attribuait au comité
« tout le sang qui avait coulé sur les échafauds. Il sentit le besoin d'acquérir
« de l'estime, et en croyant diriger lui-même, il se laissa entraîner par des
« meneurs du parti de l'étranger. Alors il fut porté aux nues ; mais il ne
« mérita pas les éloges des ennemis de la patrie ; il se trouva placé dans une
« fausse position, et succomba en fructidor.

« Après le 18 brumaire, Carnot fut rappelé et mis au ministère de la
« guerre par le Premier Consul ; il eut beaucoup de querelles avec le mi-
« nistre des finances et le directeur du trésor Dufrènes, dans lesquelles il
« est juste de dire qu'il avait toujours tort. Enfin il quitta le ministère, per-
« suadé qu'il ne pourrait plus aller faute d'argent.

« Membre du Tribunat, il parla et vota contre l'empire ; mais sa conduite
« toujours droite ne donna point d'ombrage à l'administration. Plus tard, il
« fut fait inspecteur en chef aux revues, et reçut de l'Empereur une pension
« de retraite de vingt mille francs.

« Tant que les choses prospérèrent, l'Empereur n'en entendit point par-
« ler ; mais, après la campagne de Russie, lors des malheurs de la France,
« Carnot demanda du service. La ville d'Anvers lui fut confiée ; il s'y com-
« porta bien. Au retour de 1815, l'Empereur, après quelque hésitation, le
« nomma ministre de l'intérieur, et il n'eut pas lieu de s'en plaindre ; il le
« trouva fidèle, probe, travailleur, et toujours vrai. Nommé de la commis-
« sion du gouvernement provisoire au mois de juin, et peu propre à cette
« fonction, il y fut joué.

« *Le Tourneur de la Manche* est né en Normandie ; il avait été officier
« dans le génie avant la révolution. On a peine à s'expliquer comment il
« fut nommé au Directoire ; ce ne peut être que par une de ces bizarreries
« attachées aux grandes assemblées. Il était de peu d'esprit, de peu d'in-
« struction, et d'un petit caractère. Il y avait à la Convention cinq cents dé-

« putés qui lui étaient préférables. Du reste, il était probe et honnête homme;
« il sortit pauvre du Directoire.

« Le Tourneur se rendit la fable et la risée de Paris. Il vint, dit-on, de
« son département, prendre possession au Directoire, dans un chariot,
« avec sa gouvernante, ses ustensiles de cuisine, sa basse-cour. Les mauvais
« plaisans de la capitale l'ajustèrent, et il fut aussitôt noyé. On le faisait
« revenir du jardin des Plantes, où il était accouru tout d'abord, et raconter
« ce qu'il y avait trouvé de rare; et, comme on lui demandait s'il y avait vu
« *Lacépède*, il s'étonnait fort de l'avoir passée, assurant qu'on ne lui avait
« montré que *la Girafe* (1).

« A peine le Directoire fut établi, qu'il se compromit à tous les yeux par
« de grands travers d'esprit, de mœurs et de combinaisons. Ce ne furent
« que fautes et absurdités; il se trouva discrédité, perdu, au moment même
« de son apparition. Les directeurs, étourdis de leur élévation, songèrent à
« se donner des manières, et coururent après le bon ton. Pour mieux y
« réussir, chacun des directeurs se composa une petite cour, où fut
« accueillie la haute classe, jusque là disgraciée et leur ennemie naturelle,
« tandis qu'on en repoussait la masse des anciennes connaissances, celle des
« camarades, comme trop vulgaire désormais. Tous ceux qui, dans la révo-
« lution, avaient montré plus d'énergie que les membres du Directoire ou
« avaient marché avec eux, leur devinrent importuns et furent aussitôt
« éloignés. Le Directoire donna donc à rire à l'un des deux partis et
« s'aliéna l'autre. Les cinq petites cours exigeaient d'autant plus de servi-
« tude qu'elles étaient subalternes et ridicules; mais un grand nombre
« d'hommes ne purent se résoudre à plier devant des formes que ni les cir-
« constances récentes, ni la nature du gouvernement, ni le prestige des
« gouvernans, ne pouvaient faire admettre.

« Cependant tout ce que le Directoire fit pour gagner les salons de Paris
« ne lui réussit pas; il n'acquit aucune influence sur eux, et le parti des
« Bourbons gagna du terrain. Lorsque le Directoire s'en aperçut, il revint
« brusquement en arrière; mais alors il ne trouva plus les républicains qu'il
« avait aliénés. Ce furent donc des oscillations perpétuelles qui ressem-
« blaient à des caprices; on naviguait sans direction, on n'avait aucun but;
« on n'était pas un. On ne voulait ni terreur ni royalisme, mais on ne savait
« pas prendre la route qui devait faire arriver.

« Le Directoire crut alors remédier à ces incertitudes et éviter ces perpé-
« tuelles oscillations en frappant à la fois les deux partis extrêmes, qu'ils
« l'eussent mérité ou non. S'il faisait arrêter un royaliste qui avait conspiré
« ou troublé la tranquillité publique; il faisait au même instant arrêter un
« républicain, n'eût-il rien fait. Ce système s'appela *la bascule politique*.

« L'injustice, la fausseté de ce système discrédita le gouvernement; toutes
« les âmes se resserrèrent : ce fut un gouvernement de plomb. Tous les sen-
« timens vrais et généreux furent contre le Directoire.

« Les gens d'affaires, les agioteurs, les intrigans s'emparèrent des res-
« sorts et eurent tout crédit. Les places furent données à des hommes vils,
« à des protégés ou à des parens. La corruption s'introduisit dans toutes les
« branches de l'administration; les dilapidateurs l'eurent bientôt senti et

---

(1) On m'a dit plus tard qu'une partie de ces quolibets étaient étrangers à Le Tourneur, et ne devaient regarder que Letourneux, ministre vers ces temps-là.

« purent agir sans crainte. Les affaires étrangères, les armées, les finances,
« l'intérieur, tout se ressentit d'un système aussi vicieux.

« Un tel état de choses amoncela bientôt un orage politique, et l'on
« marcha à grands pas vers la crise de fructidor.

« A cette époque, la manière du Directoire continuait d'être molle, capri-
« cieuse, incertaine. Des émigrés rentrés, des journalistes aux gages de
« l'étranger, flétrissaient audacieusement les meilleurs patriotes. La rage des
« ennemis de la gloire nationale irritait, exaspérait les soldats de l'armée
« d'Italie; ceux-ci se prononçaient hautement contre eux. Les Conseils, de
« leur côté, ne parlaient plus que prêtres, cloches et émigrés; ils agissaient
« en vrais contre-révolutionnaires : aussi tous les officiers de l'armée qui
« avaient plus ou moins marqué dans les départemens, dans les bataillons
« volontaires, ou même dans les troupes de ligne, se sentant attaqués dans
« ce qui les touchait de plus près, irritaient encore la colère de leurs sol-
« dats; tous les esprits étaient enflammés.

« Dans une circonstance aussi orageuse, quel parti devait prendre le gé-
« néral de l'armée d'Italie? Il s'en présentait trois :

« 1º Se ranger du parti dominant dans les Conseils? Mais il était déjà trop
« tard; l'armée se prononçait, et les meneurs du parti, les orateurs du Con-
« seil, en l'attaquant sans cesse, lui et l'armée, ne lui laissaient plus la pos-
« sibilité de prendre cette résolution.

« 2º De prendre le parti du Directoire et de la république? C'était le plus
« simple, celui du devoir, l'impulsion de l'armée, celui même où l'on se
« trouvait déjà engagé : car tous les écrivains restés fidèles à la révolution
« s'étaient déclarés d'eux-mêmes les ardens défenseurs et les apologistes
« zélés de l'armée et de son chef.

« 3º De dominer les deux factions, en se présentant franchement dans la
« lutte comme régulateur de la république? Mais, quelque fort que Napo-
« léon se sentît de l'appui des armées, quelque accrédité qu'il fût en France,
« il ne pensait pas qu'il fût encore dans l'esprit du temps, ni dans l'opinion
« publique, de lui permettre une marche aussi audacieuse. Et d'ailleurs,
« quand ce troisième parti eût été son but secret, il n'eût pu y arriver im-
« médiatement, et sans avoir au préalable épousé un des deux partis qui se
« partageaient en ce moment l'arène politique. Il fallait de nécessité d'abord
« se ranger ou du côté des Conseils ou du côté du Directoire, lors même
« qu'on eût voulu former un tiers parti.

« Ainsi des trois partis à prendre, le troisième, pour son exécution,
« rentrait dans l'un des deux premiers. Depuis le renouvellement des Conseils
« et l'attaque déjà formée par eux contre Napoléon, l'un des deux autres,
« le premier, lui était absolument interdit. Cette analyse, faisait observer
« l'Empereur, ressortait tout naturellement d'une profonde méditation sur
« les circonstances actuelles de la France. Le général n'avait donc rien à
« faire qu'à laisser aller les événemens et seconder l'impulsion naturelle de
« ses troupes. De là l'adresse de l'armée d'Italie et le fameux ordre du jour
« de son général.

« Soldats, je le sais, disait-il, votre cœur est plein d'angoisses sur les
« malheurs de la patrie; mais si les menées de l'étranger pouvaient l'empor-
« ter, nous volerions du sommet des Alpes, avec la rapidité de l'aigle, pour
« défendre cette cause qui nous a déjà coûté tant de sang. »

« Ces mots décidèrent la question. Les soldats, en délire, voulaient tous
« marcher sur Paris; le contre-coup en retentit aussitôt dans la capitale. Il

« s'y fit une véritable explosion ; et le Directoire, que chacun croyait perdu,
« qui l'instant d'auparavant chancelait seul et abandonné, se trouva tout
« à coup fort de l'opinion publique ; il prit aussitôt l'attitude et la marche
« d'un parti triomphant ; il terrassa à l'instant tous ses ennemis.

« Le général de l'armée d'Italie avait fait porter l'adresse de ses soldats au
« Directoire par Augereau, parce qu'il était de Paris, et fort prononcé dans
« les idées du moment.

« Cependant les politiques du temps se demandèrent : Qu'aurait fait Na-
« poléon si les Conseils l'eussent emporté ? si cette faction, qui fut vaincue,
« avait au contraire culbuté le Directoire ? Dans ce cas, il paraît qu'il était
« décidé à marcher sur Lyon et Mirbel avec quinze mille hommes. Là se
« fussent aussitôt ralliés à lui tous les républicains du midi et de la Bourgo-
« gne. Les Conseils, victorieux, n'auraient pas été trois ou quatre jours
« sans se diviser violemment ; car si ses membres étaient uniformes dans
« leur marche contre le Directoire, on savait qu'ils étaient loin de l'être
« dans le but ultérieur qu'ils se proposaient. Les meneurs, tels que Piche-
« gru, Imbert-Colomès et autres, vendus à l'étranger, poussaient violem-
« ment au royalisme et à la contre-révolution, tandis que Carnot et autres
« voulaient des résultats tout-à-fait contraires. La confusion et l'anarchie
« n'eussent donc pas manqué d'être aussitôt dans l'État. Alors toutes les
« classes des citoyens, toutes les factions auraient vu avec plaisir dans Na-
« poléon une ancre de salut, un point de ralliement, seul propre à sauver
« tout à la fois et de la terreur royale et de la terreur démagogique. Il de-
« vait donc arriver facilement à Paris, et s'y trouver naturellement porté à
« la tête des affaires par le vœu et l'assentiment de tous les partis. La ma-
« jorité des Conseils était forte et positive, à la vérité, mais c'était unique-
« ment contre les directeurs. Elle devait se diviser à l'infini sitôt qu'ils se-
« raient renversés.

« Le choix de trois nouveaux directeurs venant à mettre au grand jour la
« véritable intention des mesures de la contre-révolution, l'immensité des
« citoyens, dans son effroi, allait se précipiter vers Napoléon déployant
« l'oriflamme nationale ; car les vrais contre-révolutionnaires étaient, au
« fait, en petit nombre, et leurs prétentions trop ridicules et trop absur-
« des. Tout eût plié devant Napoléon, l'eût-on appelé César ou Cromwell.
« Il marchait avec une religion, un parti dont les idées étaient fixes et po-
« pulaires ; il était maître de ses soldats ; les caisses de l'armée étaient plei-
« nes ; il possédait tous les autres moyens propres à s'assurer leur constance
« et leur fidélité ; et il s'agissait de dire si Napoléon, dans le secret de son
« cœur, n'aurait pas désiré que les affaires eussent pris cette tournure. Nous
« penserions que oui. Que le triomphe de la majorité des Conseils fût son
« désir et son espérance, nous sommes portés à le croire par le fait sui-
« vant : c'est que, dans le moment de la crise entre les deux factions, un ar-
« rêté secret, signé des trois membres composant le parti du Directoire, lui
« demanda trois millions pour soutenir l'attaque des Conseils, et que Na-
« poléon, sous divers prétextes, ne les envoya pas, quoique cela lui fût fa-
« cile ; et l'on sait qu'il n'est pas dans son caractère d'hésiter pour des me-
« sures d'argent.

« Aussi, quand la lutte fut finie, et que le Directoire triomphant se plut
« à déclarer tout haut qu'il devait toute son existence à Napoléon, il con-
« serva néanmoins dans le cœur quelques sentimens vagues que Napoléon
« n'avait embrassé son parti que dans l'espoir de le voir culbuté et de se
« mettre à sa place.

« Quoi qu'il en soit, après le 18 fructidor, l'ivresse de l'armée fut au com-
« ble et le triomphe de Napoléon complet. Mais le Directoire, malgré sa
« reconnaissance apparente, l'entoura, dès ce moment, de nombreux agens
« qui épièrent ses pas et cherchèrent à pénétrer ses pensées.

« La position de Napoléon était délicate, quoique sa conduite eût été si
« régulière et si parfaite, qu'encore, même à présent, nous n'entretenons
« que de simples conjectures sur cet objet ; seulement c'est dans cette déli-
« catesse de position que nous croyons trouver les principales raisons de la
« conclusion de la paix à Campo-Formio, du refus de demeurer au congrès
« de Rastadt, et enfin de l'entreprise de l'expédition d'Égypte.

« Comme il arrive toujours en France, aussitôt après le 18 fructidor, le
« parti vaincu disparut tout à coup, et la majorité du Directoire triompha
« sans modération. Il devint tout, et réduisit les Conseils à rien.

« Napoléon sentit alors la nécessité de la paix, qui, terminant les affaires
« actuelles, lui donnerait une nouvelle popularité. Il avait tout à craindre
« de la continuation de la guerre ; elle pouvait fournir, à ceux qui l'auraient
« suspecté, des prétextes faciles de lui nuire. On pouvait vouloir l'exposer
« dans des situations difficiles, et se servir contre lui du concours des au-
« tres généraux.

« Deux des plus célèbres d'alors avaient manifesté des dispositions authen-
« tiques dans cette grande affaire de fructidor : c'étaient Moreau et Hoche.

« Moreau s'était tout-à-fait montré contre le Directoire ; et, par une con-
« duite pusillanime et répréhensible, il se perdit tout à la fois sous le rap-
« port du devoir et sous celui du point d'honneur.

« Hoche fut en entier pour le Directoire. Cédant à la fougue de son carac-
« tère, il fit marcher sur Paris une partie de son armée, manqua son but
« par trop d'impétuosité. Ses troupes furent contremandées par la puissance
« des Conseils ; et lui-même fut obligé de se sauver de Paris, dans la crainte
« de se voir arrêté par ces mêmes Conseils.

« Hoche n'avait donc rien fait pour le succès de cette journée ; il y avait
« même nui par trop de zèle. Mais il avait montré un homme tout dévoué ; et
« la majorité du Directoire pouvait se fier aveuglément à lui, bien que son
« imprudence eût manqué de le perdre.

« Cette même majorité du Directoire doutait, au contraire, de Napo-
« léon qui l'avait fait triompher ; il lui restait toujours que ce général avait
« pu calculer que le Directoire succomberait sous les Conseils, et qu'il pour-
« rait s'élever sur ses ruines.

« Cependant comment le Directoire pouvait-il arranger cette pensée avec
« les actes de ce général, qui avait tout mis dans la balance pour le faire
« triompher ? car il est évident que, sans l'ordre du jour de Napoléon et
« l'adresse de son armée, le Directoire était perdu.

« Des personnes bien instruites pensent qu'au vrai Napoléon n'avait pas
« assez calculé son influence personnelle en France ; qu'il s'en était laissé
« imposer par les libelles et les journaux dirigés contre lui ; qu'il avait cru
« les mesures qu'il prenait propres, non à faire triompher tout-à-fait le Di-
« rectoire, mais juste ce qu'elles devaient être pour devenir lui-même le sau-
« veur et le vrai soutien de la république. Ces personnes ajoutent qu'au mo-
« ment où les officiers que Napoléon avait à Paris et toute la correspondance
« de la France lui eurent appris que sa proclamation avait du soir au matin
« changé tout-à-fait l'esprit de l'intérieur, alors seulement il s'aperçut qu'il
« avait trop fait. Nous nous rangerions d'autant plus volontiers de cette opi-

« nion, que nous ne saurions comprendre comment Napoléon aurait pensé
« sérieusement à conserver trois directeurs dont il ne faisait aucun cas. Ce-
« lui de tous qu'il estimait (Carnot) était du parti opposé, et nous savons
« qu'il était indigné de la corruption ou de la faiblesse des autres.

« Le nommé Bottot, agent intime de Barras, fut expédié auprès de Napo-
« léon avec la mission secrète de le pénétrer, et de savoir pourquoi il n'avait
« pas envoyé les trois millions dont le Directoire avait eu tant de besoin.

« Bottot joignit le général français à Passeriano; il intrigua beaucoup
« dans les alentours de Napoléon; mais il trouva chacun très chaud pour
« le parti qui avait triomphé; et, ayant quelques intérêts à traiter pour lui-
« même, il finit par avouer, dans quelques conversations intimes, le secret
« de sa mission et les soupçons vagues du Directoire. Il avait été facilement
« détrompé par la simplicité de l'entourage du général, la franchise de Na-
« poléon, et surtout l'élan de toute l'armée et celui de l'Italie entière en sa
« faveur. Mais le Directoire eût-il eu raison, il n'eût pas été difficile, au mi-
« lieu de cette atmosphère, avec des prévenances et quelques conversations
« naïves et simples, d'ôter à Bottot jusqu'au plus petit ombrage. Aussi écri-
« vit-il à Paris que les craintes conçues n'étaient que de véritables chimères,
« bien moins dangereuses que le mauvais esprit des gens qui voulaient les fair
« croire. Mais les trois millions, lui disait-on, d'où peut venir ce refus? —
« Napoléon avait prouvé que l'ordre envoyé par le Directoire était mysté-
« rieux, irrégulier, et qu'environné de fripons qui avaient déjà si notoire-
« ment volé le trésor, il avait dû s'assurer prudemment de la vérité; qu'il
« avait aussitôt expédié à Paris son aide de camp de confiance Lavalette, et
« qu'aussitôt que Lavalette lui eut mandé le véritable état des choses, les
« trois millions partaient lorsque la journée se trouva décidée. »

Sur la diplomatie anglaise.—Lords Whitworth, Chatam.—Castlereagh, Cornwalis, Fox, etc·

Lundi 10. — Aujourd'hui la suite de la conversation a conduit l'Empereur à dire que rien n'était dangereux et perfide comme les conversations officielles avec les agens diplomatiques anglais. « Les ministres anglais, disait-il, ne pré-
« sentent jamais une affaire comme de leur nation à une autre nation, mais
« bien comme d'eux-mêmes à leur propre nation, s'embarrassant peu de ce
« qu'ont dit ou de ce que disent leurs adversaires; ils présentent hardiment
« ce qu'ont dit leurs agens diplomatiques, ou ce qu'ils leur font dire, se re-
« tranchant sur ce que ces agens ayant un caractère public, étant notariés,
« ils doivent avoir titre de foi dans leurs rapports. C'est ainsi, faisait-il ob-
« server, que les ministres anglais avaient dans le temps publié une longue
« conversation avec moi, Napoléon, sous le nom de lord Whitworth, laquelle
« était entièrement fausse (1). »

Cet ambassadeur avait sollicité une audience du Premier Consul et des communications personnelles. Le Premier Consul, qui lui-même aimait à traiter directement les affaires, s'y prêta volontiers. « Mais ce fut pour moi,

---

(1) Nous tous qui avons été à Sainte-Hélène, nous tous qui avons vu et avons été pour quelque chose dans les faits allégués au parlement d'Angleterre par lord Bathurst, nous pouvons affirmer devant Dieu et devant les hommes que les ministres anglais n'ont pas cessé de mériter les justes reproches encourus au temps de lord Whitworth. Nombre d'Anglais, sur les lieux mêmes, en sont demeurés d'accord avec nous, et en ont rougi, ont-ils dit, pour leur pays !!!....

« disait l'Empereur, une leçon qui changea ma méthode pour jamais. A
« compter de cet instant, je ne traitai plus officiellement d'affaires politi-
« ques que par l'intermédiaire de mon ministre des relations extérieures.
« Celui-là du moins pouvait donner un démenti authentique et formel; le
« souverain ne le pouvait pas.

« Il est entièrement faux, continuait l'Empereur, que notre entrevue per-
« sonnelle ait eu rien qui sortît des bienséances accoutumées. Lord Whit-
« worth lui-même, au sortir de la conférence, se trouvant avec d'autres
« ambassadeurs, leur dit en avoir été très satisfait, et qu'il ne doutait pas
« que toutes nos affaires ne se terminassent bien. Or quel ne fut pas l'éton-
« nement de ces mêmes ambassadeurs lorsqu'ils lurent à quelque temps de
« là dans les papiers anglais le rapport de lord Whitworth, dans lequel il
« m'accusait de m'être livré à des emportemens extrêmes et inconvenans !
« Nous avions alors des amis chauds parmi ces ambassadeurs, et quelques
« uns furent jusqu'à témoigner leur surprise au diplomate anglais, en lui
« rappelant que cela ressemblait peu à ce qu'il leur avait dit au sortir de la
« conférence même. Lord Whitworth escobarda comme il put, mais n'en
« maintint pas moins les assertions du document officiel.

« Le fait, ajoutait l'Empereur, est que tous les agens politiques anglais
« sont dans le cas de faire deux rapports sur le même objet : l'un public et
« faux pour les archives ministérielles, l'autre confidentiel et vrai pour les
« seuls ministres ; et quand la responsabilité de ceux-ci se trouve en jeu, ils
« produisent le premier, qui, bien que faux, répond à tout et les met à cou-
« vert. Et c'est ainsi, disait l'Empereur, que les meilleures institutions de-
« viennent vicieuses quand la morale cesse d'en être la base, et quand les
« agens ne sont plus conduits que par l'égoïsme, l'orgueil et l'insolence. Le
« pouvoir absolu n'a pas besoin de mentir ; il se tait. Le gouvernement res-
« ponsable, obligé de parler, déguise et ment effrontément.

« C'est, du reste, une chose bien remarquable que, dans ma grande lutte
« avec l'Angleterre, son gouvernement ait eu l'art de jeter constamment
« tant d'odieux sur ma personne et mes actes ; qu'il se soit si impudem-
« ment récrié sur mon despotime, mon égoïsme, mon ambition, ma perfi-
« die, précisément quand lui seul était coupable de tout ce dont il osait
« m'accuser. Il fallait donc qu'il existât un bien fort préjugé contre moi, et
« que je fusse réellement bien à craindre, puisqu'on pouvait s'y laisser pren-
« dre. Je le conçois de la part des rois et des cabinets, il y allait de leur exis-
« tence ; mais de la part des peuples !!!...

« Les ministres anglais ne cessaient de parler de mes déceptions ; mais
« pouvait-il être rien de comparable à leur machiavélisme, à leur égoïsme,
« durant tout le temps de bouleversement et les convulsions qu'ils alimen-
« taient eux-mêmes ?

« Ils sacrifièrent la malheureuse Autriche en 1805, uniquement pour
« échapper à l'invasion dont je les menaçais.

« Ils la sacrifièrent encore en 1809, seulement pour se mettre plus à l'aise
« sur la péninsule espagnole.

« Ils sacrifièrent la Prusse en 1806, dans l'espoir de recouvrer le Hanovre.

« Ils ne secoururent pas la Russie en 1807, parce qu'ils préféraient al-
« ler saisir des colonies lointaines, et qu'ils essayaient de s'emparer de l'É-
« gypte.

« Ils donnèrent le spectacle de l'infâme bombardement de Copenhague
« en pleine paix, et du larcin de la flotte danoise par un vrai guet-apens.

« Déjà ils avaient donné un pareil spectacle par la saisie, aussi en pleine
« paix, de quatre frégates espagnoles chargées de riches trésors ; ce qu'ils
« avaient opéré en véritable vol de grands chemins.

« Enfin, durant toute la guerre de la péninsule, dont ils cherchent à pro-
« longer la confusion et l'anarchie, on ne les voit s'empresser qu'à trafiquer
« des besoins et du sang espagnol, en faisant acheter leurs services et leurs
« fournitures au poids de l'or et des concessions.

« Quand toute l'Europe s'égorge à la faveur de leurs intrigues et de leurs
« subsides, eux ne s'occupent à l'écart que de leur propre sûreté, des avan-
« tages de leur commerce, de la souveraineté des mers et du monopole du
« monde. Pour moi, je n'avais jamais rien fait de tout cela, et jusqu'à la
« malheureuse affaire d'Espagne, qui du reste ne vient qu'après celle de
« Copenhague, je puis dire que ma moralité demeure inattaquable. Mes
« transactions avaient pu être tranchantes, dictatoriales, mais jamais per-
« fides.

« Et que l'on s'étonne à présent, que l'on se demande comment il s'est fait
« qu'en 1814, l'Angleterre ayant été la vraie libératrice de l'Europe, au-
« cun Anglais néanmoins n'ait pu faire un pas sur le continent sans trouver
« partout les malédictions, la haine, l'exécration !... C'est que tout arbre
« porte son fruit, que l'on ne recueille que ce que l'on a semé, et que tel de-
« vait être le résultat infaillible des méfaits de l'administration anglaise, de
« la dureté, de l'insolence des ministres à Londres, et de celle de leurs
« agens par tout le globe.

« Depuis un demi-siècle, les ministères anglais ont toujours été en bais-
« sant de considération et d'estime publiques. Jadis ils étaient disputés par
« de grands partis nationaux, caractérisés par de grands systèmes dis-
« tincts ; aujourd'hui ce ne sont plus que les débats d'une même oligarchie,
« ayant toujours le même but, et dont les membres discordans s'arrangent
« entre eux, à l'aide de concessions et de compromis : ils ont fait du cabinet
« de Saint-James une boutique.

« La politique de lord Chatam pouvait avoir ses injustices ; mais il les pro-
« clamait du moins avec audace et énergie : elles avaient une certaine gran-
« deur. M. Pitt y a introduit l'astuce et l'hypocrisie ; lord Castlereagh, son
« soi-disant héritier, y a réuni le comble de toutes les sortes de turpitudes
« et d'immoralités. Chatam se faisait gloire d'être un *marchand* ; lord Castle-
« reagh, au grand détriment de sa nation, s'est donné la jouissance de faire
« le *Monsieur* ; il a sacrifié son pays pour fraterniser avec les grands du
« continent, et dès lors a joint les vices du salon à la cupidité du comp-
« toir ; la duplicité, la souplesse du courtisan, à la dureté, à l'insolence du
« parvenu.

« La pauvre constitution anglaise est gravement compromise aujourd'hui :
« il y a loin de là aux Fox, aux Sheridan, aux Gray ; à ces grands talens,
« à ces beaux caractères de l'opposition, que l'oligarchie victorieuse a tant
« bafoués. »

« Lord Cornwalis, disait l'Empereur, est le premier Anglais qui m'ait
« donné une sérieuse bonne opinion de sa nation ; puis Fox, et je pourrais
« encore ajouter ici au besoin l'amiral d'aujourd'hui (Malcolm).

« *Cornwalis*, disait-il, était dans toute l'étendue du terme un digne, brave
« et honnête homme. Lors du traité d'Amiens, et l'affaire convenue, il avait
« promis de signer le lendemain à une certaine heure : quelque empêche-
« ment majeur le retint chez lui ; mais il envoya sa parole. Le soir même un

« courrier de Londres vint lui interdire certains articles ; il répondit qu'il
« avait signé, et vint apposer sa signature. Nous nous entendions à mer-
« veille ; je lui avais livré un régiment qu'il s'amusait fort à faire manœu-
« vrer. En tout j'en ai conservé un agréable souvenir, et il est certain qu'une
« demande de lui eût eu plus d'empire sur moi peut-être que celle d'un sou-
« verain. Sa famille a paru le deviner ; on m'a fait quelquefois des demandes
« en son nom, elles ont toutes été satisfaites.

« *Fox* vint en France immédiatement après le traité d'Amiens. Il s'occu-
« pait d'une histoire des Stuart, et me fit demander à fouiller dans nos
« archives diplomatiques. J'ordonnai que tout fût mis à sa disposition. Je le
« recevais souvent ; la renommée m'avait entretenu de ses talens ; je reconnus
« bientôt en lui une belle âme, un bon cœur, des vues larges, généreuses,
« libérales, un ornement de l'humanité : je l'aimais. Nous causions souvent,
« et sans nul préjugé, sur une foule d'objets ; quand je voulais l'asticoter,
« je le ramenais sur la machine infernale ; je lui disais que ses ministres
« avaient voulu m'assassiner ; il me combattait alors avec chaleur, et finis-
« sait toujours en me disant dans son mauvais français : *Premier Consul,
« ôtez-vous donc cela de votre tête.* Mais il n'était pas convaincu sans doute
« de la bonté de sa cause, et il est à croire qu'il s'escrimait bien plus en
« défense de l'honneur de son pays qu'en défense de la moralité des mi-
« nistres. »

L'Empereur a terminé disant : « Il suffirait d'une demi-douzaine de Fox
« et de Cornwalis pour faire la fortune morale d'une nation........ Avec
« de telles gens, je me serais toujours entendu ; nous eussions été bientôt
« d'accord. Non seulement nous aurions eu la paix avec une nation foncière-
« ment très estimable, mais encore nous aurions fait ensemble de très bonne
« besogne. »

*Histoire de la Convention par Lacretelle.—Statistique des bœufs de l'île.—Calembours.—
De la statistique en général.*

Mardi 11. — Aujourd'hui a été un de ces jours affreux de pluie et de vent
si communs ici. L'Empereur a profité d'un petit moment sur les trois heures
pour aller au jardin. Il m'y a fait appeler ; il venait de lire l'histoire de la
Convention par Lacretelle. Ce n'était pas mal écrit sans doute, disait-il,
mais c'était mal digéré, on n'en retenait rien : le tout était une surface plane,
sans nulle aspérité qui vous arrêtât. Il ne creusait pas son sujet ; il ne rendait pas assez de justice à beaucoup d'acteurs célèbres ; il ne faisait pas assez
ressortir les crimes de plusieurs autres, etc.

La pluie nous a forcés de rentrer ; nous avons marché seuls long-temps
dans le salon et la salle à manger.

On nous disait qu'il y avait dans l'île quatre mille bœufs, et qu'il s'en
consommait en ce moment cinq cents dans l'année, dont cent cinquante
pour nous, cinquante pour la colonie et trois cents pour les vaisseaux. On
ajoutait qu'il fallait quatre ans pour reproduire les bœufs, etc. ; et de là
nous faisions nos calculs : on sait combien l'Empereur les aimait.

C'est une grande affaire dans l'île que l'existence de ces bœufs et leur consommation : il ne peut s'en tuer un seul sans l'ordre préalable du gouverneur ; et l'un des nôtres racontait à ce sujet que dans une des maisons ou
cabanes de l'île, le maître lui avait dit : « On prétend que vous vous plai-
« gnez là haut, et que vous vous trouvez malheureux (il parlait de Long-

29.

« wood); mais nous ne le comprenons pas, car on dit que vous avez du
« bœuf tous les jours ; nous, nous ne pouvons en avoir que trois ou quatre
« fois l'année, et encore nous le payons trente ou quarante sous la livre. »
L'Empereur, qui riait fort de ce détail, a dit : « Parbleu! vous auriez pu
« l'assurer qu'à nous il nous coûtait plus d'une *couronne* (1). »

Je remarquais plus tard que c'était le seul calembour que j'eusse jusqu'ici entendu de la bouche de l'Empereur ; mais celui à qui je parlais me dit alors en avoir recueilli un pareil, et sur le même sujet, à l'île d'Elbe. Un maçon, employé aux constructions ordonnées par l'Empereur, était tombé et s'était blessé. L'Empereur, cherchant à le rassurer, lui disait que cela ne serait rien. « J'ai fait bien une autre chute que toi, lui disait-il, et pourtant regarde-
« moi : je suis debout, je me porte bien. »

L'Empereur s'est arrêté sur la *statistique politique*. Il a beaucoup vanté les progrès et l'utilité de cette science nouvelle, si propre, disait-il, à mettre sur la voie de la vérité, et à asseoir le jugement et les décisions. Il l'appelait *le budget des choses* : et sans budget point de salut, disait-il gaiement.

Alors quelqu'un a cité l'application singulière qu'en avait faite un Anglais ou un Allemand, qui avait eu la patience et le courage d'évaluer le nombre de fois que chaque lettre de l'alphabet se trouvait répété dans la Bible. Il en a cité une autre application moins triste et non moins singulière : celle d'un vieil Allemand de quatre-vingts ans qui s'était amusé à évaluer ce qu'il pouvait bien avoir mangé durant sa vie en bœufs, moutons, volaille, légumes, etc.; ce qu'il pouvait avoir bu. Or cela composait d'immenses troupeaux, d'énormes amoncellemens de toute espèce. La place publique ne suffisait plus pour contenir tout ce qu'il avait engouffré. Le minutieux staticien ne s'en tenait pas là ; il avait la curiosité de rechercher combien de fois il pouvait avoir remangé les mêmes choses. Car, remarquait-il judicieusement, leur transmutation dans sa personne devait avoir nécessairement servi à les reproduire, etc., etc. l'Empereur a beaucoup ri de ce calcul, et surtout de la rotation des allées et des venues des mêmes choses.

Caractères.—Bailli, La Fayette, Monge, Grégoire, etc.—Saint-Domingue.—Système à suivre.—Lacretelle.

Mercredi 12. — Nous avions eu trois jours d'un temps affreux, l'Empereur a profité d'un instant de beau pour monter en calèche. Il venait de lire l'histoire de la Constituante par Rabeau de Saint-Étienne. Il portait contre celui-ci à peu près les mêmes plaintes que contre Lacretelle ; il est passé de là à certains caractères : « *Bailli*, disait-il, avait été bien loin d'être
« méchant, mais c'était un niais politique. *La Fayette* en avait été un autre.
« Sa bonhomie politique devait le rendre constamment dupe des hommes et
« des choses. Son insurrection des Chambres, au retour de Waterloo, avait
« tout perdu. Qui avait donc pu lui persuader que je n'arrivais que pour
« les dissoudre, moi qui n'avais de salut que par elles ? »

Quelqu'un ayant dit comme excuse ou atténuation : « Sire, c'est pour-
« tant le même homme qui, traitant plus tard avec les alliés, s'est indigné
« qu'on lui proposât de livrer Votre Majesté, leur demandant avec chaleur

---

(1). *Couronne*, en anglais et dans plusieurs langues du continent, veut dire aussi un écu.

« si c'était bien au prisonnier d'Olmutz qu'on osait s'adresser. — Mais, « Monsieur, a repris l'Empereur, vous quittez là un sujet pour en prendre « un autre, ou plutôt vous concordez avec ma pensée, loin de la combattre. « Je n'ai point attaqué les sentimens ni les intentions de M. de La Fayette, « je ne me suis plaint que de ses funestes résultats. »

Puis l'Empereur a continué de la sorte à passer en revue les premiers acteurs du temps ; il s'est fort arrêté sur l'affaire Favras, etc.

« Du reste, concluait l'Empereur, rien n'était plus commun que de ren-
« contrer des hommes de cette époque fort au rebours de la réputation que
« sembleraient justifier leurs paroles et leurs actes d'alors. On pourrait
« croire *Monge*, par exemple, un homme terrible. Quand la guerre fut dé-
« cidée, il monta à la tribune des Jacobins, et déclara qu'il donnait d'avance
« ses deux filles aux deux premiers soldats qui seraient blessés par l'ennemi ;
« ce qu'il pouvait faire à toute rigueur pour son compte, disait l'Empe-
« reur ; mais il prétendait qu'on y obligeât tout le monde, et voulait qu'on
« tuât tous les nobles, etc. Or Monge était le plus doux, le plus faible des
« hommes, et n'aurait pas laissé tuer un poulet s'il eût fallu en faire l'exé-
« cution lui-même, ou seulement devant lui. Ce forcené républicain, à ce
« qu'il croyait, avait pourtant une espèce de culte pour moi, c'était de
« l'adoration : il m'aimait comme on aime sa maîtresse, etc.

« Autre exemple, disait l'Empereur. *Grégoire*, si acharné contre le
« clergé, qu'il voulait ramener à sa simplicité première, eût pu être pris
« pour un héros d'irréligion ; et Grégoire, quand les révolutionnaires
« reniaient Dieu et abolissaient la prêtrise, faillit se faire massacrer en mon-
« tant à la tribune pour y proclamer hautement ses sentimens religieux, et
« protester qu'il mourrait prêtre. Quand on détruisait les autels dans toutes
« les églises, Grégoire en élevait un dans sa chambre, et y disait la messe
« chaque jour. Du reste, ajoutait l'Empereur, le lot de celui-ci est tout
« trouvé. S'ils le chassent de France, il doit aller se réfugier à Saint-Domin-
« gue. L'ami, l'avocat, le panégyriste des nègres, sera un Dieu, un saint
« parmi eux. »

De là, la conversation est passée naturellement à Saint-Domingue. Dans ma jeunesse, j'avais vu cette colonie au plus haut point de sa splendeur. L'Empereur m'a questionné beaucoup, et s'est informé de tous les détails de cette époque éloignée. Après toutes mes réponses, il a dit : « Je vais bien
« vous étonner sans doute ; mais je suis persuadé, d'après vos renseigne-
« mens mêmes, que cette île n'a pas en ce moment perdu d'un tiers, bien
« sûrement pas d'une moitié, et que, sous peu, elle vaudra tout ce qu'elle a
« valu. »

Au fait, je n'en serais pas étonné ; les contes absurdes que l'on avait répandus au dehors, en Europe, sur notre France, devaient nous tenir en garde sur ceux qu'on pourrait bien nous faire touchant Saint-Domingue.

« Après la restauration, disait l'Empereur, le gouvernement français y avait
« envoyé des émissaires et des propositions qui avaient fait rire les nègres.
« Pour moi, ajouta-t-il, à mon retour de l'île d'Elbe, je me fusse accom-
« modé avec eux : j'eusse reconnu leur indépendance, je me fusse contenté
« de quelques comptoirs, à la manière des côtes d'Afrique, et j'eusse tâché
« de les rallier à la mère patrie et d'établir avec eux un commerce de
« famille, ce qui, je pense, eût été facile à obtenir.

« J'ai à me reprocher une tentative sur cette colonie lors du consulat.
« C'était une grande faute que d'avoir voulu la soumettre par la force ; je

« devais me contenter de la gouverner par l'intermédiaire de Toussaint. La
« paix n'était pas encore assez établie avec l'Angleterre. Les richesses terri-
« toriales que j'eusse acquises en la soumettant n'auraient enrichi que nos
« ennemis. » L'Empereur avait d'autant plus à se reprocher cette faute,
disait-il, qu'il l'avait vue et qu'elle était contre son inclination. Il n'avait fait
que céder à l'opinion du Conseil d'État et à celle de ses ministres, entraînés
par les criailleries des colons, qui formaient à Paris un gros parti, et qui
de plus, ajoutait-il, étaient presque tous royalistes et vendus à la faction
anglaise.

L'Empereur assurait que l'armée qui y fut envoyée n'était que de seize
mille hommes, et qu'elle était suffisante. Si l'expédition manqua, ce fut
purement par des circonstances accidentelles, comme la fièvre jaune, la
mort du général en chef, surtout les fautes qu'il commit, une nouvelle
guerre, etc.

« L'arrivée du capitaine général Leclerc, disait l'Empereur, fut suivie
« d'un succès complet; mais il ne sut pas s'en assurer la durée. S'il avait
« suivi les instructions secrètes que je lui avais adressées moi-même, il eût
« sauvé bien des malheurs et se fût épargné de grands chagrins. Je lui or-
« donnais, entre autres choses, de s'associer les hommes de couleur pour
« mieux contenir les noirs; et, aussitôt après la soumission de la colonie,
« d'envoyer en France tous les généraux et officiers supérieurs noirs à la
« disposition du ministre de la guerre, qui les eût employés dans leurs gra-
« des respectifs. Cette mesure, qui eût privé la population nègre de ses chefs
« et de ses meneurs, eût été d'une politique décisive, sans blesser en eux
« les lois et les règlemens militaires. Mais Leclerc fit tout le contraire; il
« abattit le parti de couleur et donna sa confiance aux généraux noirs: il
« arriva ce qui devait arriver, il fut dupé par ceux-ci, se vit assailli d'em-
« barras, et la colonie fut perdue. Il ne voulut pas envoyer en France, dans
« le principe, Toussaint, qui y eût occupé un poste éminent, et à quelque
« temps de là il se vit contraint à le faire arrêter et à nous l'envoyer prison-
« nier, ce que la malveillance ne manqua pas de peindre sous les couleurs
« odieuses de la tyrannie et de la déloyauté, représentant Toussaint comme
« une innocente victime digne du plus vif intérêt; et pourtant il était émi-
« nemment criminel.

« Toussaint n'était pas un homme sans mérite, bien qu'il ne fût pas ce
« qu'on a essayé de le peindre dans le temps. Son caractère d'ailleurs prê-
« tait peu, il faut le dire, à inspirer une véritable confiance : il était fin, as-
« tucieux; nous avons eu fort à nous en plaindre; il eût fallu toujours s'en
« défier (1).

« Un officier de génie ou d'artillerie, directeur des fortifications de Saint-
« Domingue (le colonel Vincent), le conduisait en grande partie. Cet offi-
« cier était venu en France avant l'expédition de Leclerc; on avait conféré
« long-temps avec lui; il avait beaucoup cherché à détourner de l'entre-
« prise; il en avait peint exactement toutes les difficultés, sans prétendre
« néanmoins qu'elle fût impossible. » L'Empereur pensait que les Bourbons
réussiraient à soumettre Saint-Domingue, s'ils employaient la force; mais ce

---

(1) Les *Mémoires de Napoléon* (Paris, Bossange frères, 1823) présentent des notes de
Napoléon sur une histoire de Saint-Domingue, qui renferment des détails précis et curieux
sur l'expédition contre cette colonie, les causes qui l'ont fait entreprendre, celles qui l'ont
fait échouer, etc.

n'était pas le résultat des armes qu'il fallait calculer ici, c'était plutôt le résultat du commerce et de la haute politique. Trois ou quatre cents millions de capitaux enlevés de France pour être transportés au loin, un temps indéfini pour en recueillir les avantages, la presque certitude de les voir enlevés par les Anglais, ou les révolutions, etc., voilà ce qu'il y avait à considérer, et l'Empereur terminait, disant : « Le système colonial que nous « avons vu est fini pour nous, il l'est pour tout le continent de l'Europe ; « nous devons y renoncer et nous rabattre désormais sur la libre naviga- « tion des mers et l'entière liberté d'un échange universel. »

L'histoire de la Convention, dont on a vu plus haut que Napoléon se montrait si mécontent, lui revenait dans la tête ; il était loin d'être satisfait de Lacretelle. « Beaucoup de phrases, répétait-il, et peu de couleur ; point de ré- « sultat : il est académique, et nullement historien. »

Le Moniteur, etc.—Liberté de la presse.

Jeudi 13.—L'Empereur venait de parcourir beaucoup de *Moniteurs*. « Ces « *Moniteurs*, disait-il, si terribles, si à charge à tant de réputations, ne « sont constamment utiles et favorables qu'à moi seul. C'est avec les pièces « officielles que les gens sages, les vrais talens, écriront l'histoire ; or, ces « pièces sont pleines de moi, et ce sont elles que je sollicite et que j'invo- « que. » Il ajoutait qu'il avait fait du *Moniteur* l'âme et la force de son gouvernement, son intermédiaire et ses communications avec l'opinion publique du dedans et du dehors. Tous les gouvernemens depuis l'ont imité plus ou moins.

Arrivait-il au dedans, parmi les hauts fonctionnaires, une faute grave quelconque, « aussitôt, disait l'Empereur, trois conseillers d'État établis- « saient une enquête ; ils me faisaient un rapport, affirmaient les faits, discu- « taient les principes ; moi, je n'avais plus qu'à écrire au bas : *Envoyé pour « faire exécuter les lois de la république* ou *de l'empire,* et mon ministère « était fini, le résultat public obtenu, l'opinion faisait justice. C'était là le « plus redoutable et le plus terrible de mes tribunaux. S'agissait-il, au de- « hors, de quelques grandes combinaisons politiques ou de quelques points « délicats de diplomatie, les objets étaient indirectement jetés dans *le Mo- « niteur ;* ils attiraient aussitôt l'attention universelle, occupaient toutes les « discussions, c'était le mot d'ordre pour les partisans du gouvernement, « en même temps qu'un appel à l'opinion pour tous. On a accusé *le Moniteur* « pour ses notes tranchantes, trop virulentes contre l'ennemi ; mais, avant « de les condamner, il faudrait mettre en ligne de compte le bien qu'elles « peuvent avoir produit ; l'inquiétude parfois dont elles torturaient l'ennemi ; « la terreur dont elles frappaient un cabinet incertain ; le coup de fouet « qu'elles donnaient à ceux qui marchaient avec nous ; la confiance et l'au- « dace qu'elles inspiraient à nos soldats, etc., etc. »

La conversation est tombée de là sur la liberté de la presse. L'Empereur nous demandait notre avis. Nous avons bavardé longuement et débité force lieux communs. Les uns étaient contre : Rien ne résiste à la liberté de la presse, disaient-ils ; elle est capable de renverser tout gouvernement, de troubler toute société, de détruire toute réputation. Ce n'est que son interdiction qui est dangereuse, disaient les autres ; si on la comprime, c'est une mine qui fera explosion ; si on la laisse à elle-même, ce n'est plus qu'un arc débandé qui ne saurait blesser personne. A ceci l'Empereur disait qu'il

était loin d'être convaincu; mais que ce n'était plus là au demeurant la question; qu'il était des institutions aujourd'hui, et la liberté de la presse était de ce nombre, sur lesquelles on n'était plus appelé à décider si elles étaient bonnes, mais seulement s'il était possible de les refuser au torrent de l'opinion. Or, il prononçait que son interdiction, dans un gouvernement représentatif, était un anachronisme choquant, une véritable folie. Aussi, à son retour de l'île d'Elbe, avait-il abandonné la presse à tous ses excès, et il pensait bien qu'ils n'avaient été pour rien dans sa chute nouvelle. Quand on voulut discuter au Conseil, devant lui, les moyens d'en mettre l'autorité à l'abri : « Messieurs, avait-il dit plaisamment, c'est apparemment pour vous
« autres que vous voulez défendre ou gêner cette liberté; car, pour moi,
« désormais je demeure étranger à tout cela. La presse s'est épuisée sur moi
« en mon absence; je la défie bien à présent de rien produire de neuf ou de
« piquant contre moi. »

Guerre et Maison d'Espagne.—Ferdinand à Valencey.—Fautes dans l'affaire d'Espagne.—
Historique de ces événemens, etc.—Belle lettre de Napoléon à Murat.

Vendredi 14. — L'Empereur a été malade toute la nuit; il était encore souffrant tout le jour; il a pris un bain de pieds, et ne s'est pas trouvé en humeur de sortir; il a dîné seul dans son intérieur, et m'a fait venir vers le soir.

L'Empereur s'est remis en causant; le sujet a été constamment la guerre d'Espagne : j'en ai déjà mentionné quelque chose plus haut, où l'on a vu que l'Empereur s'y condamne entièrement. Je cherche à répéter le moins possible, aussi je vais inscrire ici seulement ce qui m'a paru neuf.

« Le vieux roi et la reine, disait l'Empereur, étaient, au moment de l'évé-
« nement, l'objet de la haine et du mépris des sujets. Le prince des Astu-
« ries conspira contre eux, les fit abdiquer et devint aussitôt l'amour, l'es-
« poir de la nation. Toutefois cette nation était mûre pour de grands chan-
« gemens, et les sollicitait avec force; j'y étais très populaire; c'est dans cette
« situation des esprits que tous ces personnages furent réunis à Bayonne; le
« vieux roi me demandant vengeance contre son fils, le jeune prince solli-
« citant ma protection contre son père et me demandant une femme. Je ré-
« solus de profiter de cette occasion unique pour me délivrer de cette bran-
« che des Bourbons, continuer dans ma propre dynastie le système de
« famille de Louis XIV, et enchaîner l'Espagne aux destinées de la France.
« Ferdinand fut envoyé à Valencey; le vieux roi, à Compiègne, à Marseille,
« où il voulut; et mon frère Joseph fut régner dans Madrid avec une con-
« stitution libérale adoptée par une junte de la nation espagnole qui était
« venue la recevoir à Bayonne.

« Il me paraît, continuait-il, que l'Europe et même la France n'ont jamais
« eu une idée juste de la situation de Ferdinand à Valencey. On se méprend
« étrangement dans le monde sur le traitement qu'il a éprouvé, et plus
« encore peut-être sur ses dispositions et ses opinions personnelles relatives
« à sa situation. Le fait est qu'il était à peine gardé à Valencey, et qu'il n'eût
« pas voulu s'en échapper. S'il se trama quelques intrigues pour favoriser
« son évasion, il fut le premier à les dénoncer. Un Irlandais (baron de Colli)
« pénétra jusqu'à sa personne au nom de George III, lui offrant de l'enlever;
« mais, loin d'y accéder, Ferdinand tout aussitôt en donna connaissance à
« l'autorité.

« Il ne cessait de me demander une femme de ma main. Il m'écrivait

« spontanément pour me complimenter toutes les fois qu'il m'arrivait quel-
« que chose d'heureux. Il avait donné des proclamations aux Espagnols
« pour qu'ils se soumissent ; il avait reconnu Joseph ; choses qu'on eût pu
« regarder comme forcées peut-être ; mais il lui demandait son grand cor-
« don : il m'offrait don Carlos, son frère, pour commander les régimens
« espagnols qui allaient en Russie, choses auxquelles il n'était nullement
« obligé. Enfin il me sollicitait vivement de le laisser venir à ma cour à Paris,
« et si je ne me suis pas prêté à un spectacle qui eût frappé l'Europe, et
« lui eût prouvé par là tout l'affermissement de ma puissance, c'est que la
« gravité des circonstances qui m'appelaient au dehors, et mes fréquentes
« absences de la capitale ne m'en ont pas laissé l'occasion. »

Vers un commencement d'année, à un lever de l'Empereur, je me trouvais le voisin du chambellan comte d'Arberg, faisant le service à Valencey près des princes d'Espagne. Arrivé à lui, l'Empereur demanda comment se conduisaient ces princes, s'ils étaient sages ; et puis il ajouta : « Vous m'avez
« apporté une bien jolie lettre : entre nous, c'est vous qui la leur aurez
« faite ? » D'Arberg l'assura qu'il ignorait même l'objet de son contenu. « Eh
« bien ! dit l'Empereur, elle est charmante ; un fils n'écrirait pas autrement
« à son père. »

« Quand les circonstances devinrent difficiles pour nous en Espagne,
« disait l'Empereur, je proposai plus d'une fois à Ferdinand de s'en retour-
« ner, d'aller régner sur son peuple, lui disant que nous nous ferions
« franchement la guerre, que le sort des armes en déciderait. — Non,
« répondit le prince, qui semble avoir été bien conseillé, et ne varia ja-
« mais de ce système ; des troubles politiques agitent mon pays, je ne man-
« querais pas de compliquer les affaires, je pourrais en devenir la victime
« et porter ma tête sur l'échafaud : je reste ; si vous voulez m'accorder
« votre protection et l'appui de vos armes, je pars, et je vous serai un
« allié fidèle.

« Plus tard, lors de nos désastres, et vers la fin de 1813, je me rendis à
« cette proposition, et le mariage de Ferdinand fut arrêté avec la fille aînée
« de Joseph ; mais alors les circonstances n'étaient plus les mêmes, et Fer-
« dinand demanda d'ajourner le mariage. — Vous ne pouvez plus m'accor-
« der l'appui de vos armes, disait-il, je ne dois point me donner en ma
« femme un titre d'exclusion aux yeux de mes peuples. Et il partit dans des
« intentions de bonne foi, à ce qu'il semble, continuait l'Empereur, car il
« est demeuré fidèle aux principes de son départ jusqu'aux événemens de
« Fontainebleau. »

Il est hors de doute que, si les affaires de 1814 eussent tourné différemment, il n'eût accompli, assurait l'Empereur, son mariage avec la fille de Joseph.

L'Empereur, en revenant sur ces événemens, disait que les résultats lui donnaient irrévocablement tort, mais qu'indépendamment de ce tort du destin, il se reprochait aussi des fautes graves dans l'exécution. Une des plus grandes était d'avoir mis de l'importance à détrôner la dynastie des Bourbons, et à maintenir comme base de ce système, pour souverain nouveau, précisément celui qui, par ses qualités et son caractère, devait nécessairement le faire manquer.

Lors de la réunion à Bayonne, l'ancien précepteur de Ferdinand, son principal conseil (Escoiquiz), apercevant tout aussitôt les grands projets de l'Empereur, et défendant la cause de son maître, lui disait : « Vous voulez

« vous créer un travail d'Hercule lorsque vous n'avez sous la main qu'un jeu
« d'enfant. Vous voulez vous délivrer des Bourbons d'Espagne : pourquoi
« les craindriez-vous? Ils sont nuls, ils ne sont plus Français. Vous connais-
« sez la force des vôtres : ils sont des aigles comparés aux nôtres. Vous
« n'avez aucunement à les craindre : ils sont tout-à-fait étrangers à votre na-
« tion et à vos mœurs. Vous avez ici madame de Montmorency et de vos
« dames nouvelles ; ils ne connaissent pas plus les unes que les autres, elles
« sont sans différence à leurs yeux, etc., etc. » Malheureusement l'Empereur en décida autrement. Je me suis permis de lui dire que des Espagnols m'avaient assuré que si l'orgueil national avait été épargné, que si la junte espagnole se fût tenue à Madrid au lieu de Bayonne, ou bien encore qu'on eût renvoyé Charles IV et gardé Ferdinand, la révolution eût été populaire, et les affaires auraient pris une autre tournure. L'Empereur n'en doutait pas, et convenait que cette entreprise avait été mal embarquée, que beaucoup de circonstances eussent pu être mieux conduites. « Toutefois,
« disait-il, Charles IV était usé pour les Espagnols : il eût fallu user de
« même Ferdinand ; le plan le plus digne de moi, le plus sûr pour mes pro-
« jets, eût été une espèce de médiation à la manière de celle de la Suisse.
« J'aurais dû donner une constitution libérale à la nation espagnole, et char-
« ger Ferdinand de la mettre en pratique. S'il l'exécutait de bonne foi, l'Es-
« pagne prospérait et se mettait en harmonie avec nos mœurs nouvelles ; le
« grand but était obtenu, la France acquérait une alliée intime, une addi-
« tion de puissance vraiment redoutable. Si Ferdinand, au contraire, man-
« quait à ses nouveaux engagemens, les Espagnols eux-mêmes n'eussent
« pas manqué de le renvoyer, et seraient venus me solliciter de leur donner
« un maître. Quoi qu'il en soit, terminait l'Empereur, cette malheureuse
« guerre d'Espagne a été une véritable plaie, la cause première des mal-
« heurs de la France. Après mes conférences d'Erfurt avec Alexandre, di-
« sait-il, l'Angleterre devait être contrainte à la paix par la force des armes
« ou par celle de la raison. Elle se trouvait perdue, déconsidérée sur le
« continent ; son affaire de Copenhague avait révolté tous les esprits ; et
« moi je brillais en ce moment de tous les avantages contraires, quand cette
« malheureuse affaire d'Espagne est venue tourner subitement l'opinion
« contre moi et réhabiliter l'Angleterre. Elle a pu dès lors continuer la
« guerre ; les débouchés de l'Amérique méridionale lui ont été ouverts ; elle
« s'est fait une armée dans la péninsule, et de là elle est devenue l'agent
« victorieux, le nœud redoutable de toutes les intrigues qui ont pu se for-
« mer sur le continent, etc., c'est ce qui m'a perdu !

« On m'assaillit alors de reproches que je ne méritais pas : l'histoire me
« lavera. On m'accusa dans cette affaire de perfidie, d'embûches et de mau-
« vaise foi, et il n'y avait rien de tout cela. Jamais, quoi qu'on en ait dit, je
« ne manquai de foi ni ne violai de parole, pas plus contre l'Espagne que
« contre aucune autre puissance.

« On sera certain un jour que dans les grandes affaires d'Espagne je fus
« complétement étranger à toutes les intrigues intérieures de sa cour, que
« je ne manquai de parole ni à Charles IV ni à Ferdinand VII ; que je ne
« rompis aucun engagement vis-à-vis du père ni du fils ; que je n'employai
« point de mensonge pour les attirer tous deux à Bayonne, mais qu'ils y
« accoururent à l'envi l'un de l'autre. Quand je les vis à mes pieds, que je
« pus juger par moi-même de toute leur incapacité, je pris en pitié le sort
« d'un grand peuple, je saisis aux cheveux l'occasion unique que me pré-

« sentait la fortune pour régénérer l'Espagne, l'enlever à l'Angleterre et
« l'unir intimement à notre système. Dans ma pensée, c'était poser une des
« bases fondamentales du repos et de la sécurité de l'Europe. Mais loin d'y
« employer d'ignobles, de faibles détours, comme on l'a répandu, si j'ai
« péché, c'est au contraire par une audacieuse franchise, par un excès
« d'énergie. Bayonne ne fut pas un guet-apens, mais un immense, un écla-
« tant coup d'État. Quelque peu d'hypocrisie m'eût sauvé, ou bien encore
« si j'avais voulu seulement abandonner le prince de la Paix à la fureur du
« peuple; mais l'idée m'en parut horrible; il m'eût semblé recueillir le
« prix du sang; et puis il est vrai de dire encore que Murat m'a beaucoup
« gâté tout cela....

« Quoi qu'il en soit, je dédaignais les voies tortueuses et communes, je
« me trouvais si puissant!.... J'osai frapper de trop haut. Je voulus agir
« comme la Providence qui remédie aux maux des mortels par des moyens
« à son gré, parfois violens, et sans s'inquiéter d'aucun jugement.

« Toutefois j'embarquai fort mal toute cette affaire, je le confesse; l'im-
« moralité dut se montrer par trop patente, l'injustice par trop cynique, et
« le tout demeure fort vilain, puisque j'ai succombé; car l'attentat ne se
« présente plus dès lors que dans sa hideuse nudité et privé de tout le gran-
« diose, des nombreux bienfaits qui remplissaient mon intention. La posté-
« rité l'eût préconisé pourtant si j'avais réussi, et avec raison peut-être, à
« cause de ses grands et heureux résultats : tel est le sort et le jugement
« dans les choses d'ici-bas!!!... Mais, je le répète, il n'y eut ni manque de
« foi, ni perfidie, ni mensonge; bien plus, il n'y avait nulle occasion pour
« cela. » Et ici l'Empereur a repris dans son entier et dans son principe tout
l'historique de l'affaire d'Espagne, répétant beaucoup de choses déjà dites
plus haut.

« Deux partis, disait l'Empereur, divisaient la cour et la famille régnante :
« l'un était celui du monarque, aveuglément gouverné par son favori, le
« prince de la Paix, lequel s'était fait le véritable roi. L'autre était celui
« de l'héritier présomptif, conduit par son précepteur, Escoiquiz, qui aspi-
« rait à gouverner. Ces deux partis recherchaient également mon appui et
« me faisaient beau jeu ; nul doute que je ne fusse résolu d'en tirer tout l'a-
« vantage possible.

« Le favori, pour se maintenir dans son poste, aussi bien que pour se
« mettre à l'abri de la vengeance du fils (la mort du père arrivant), m'offrait,
« au nom de Charles IV, de faire de concert la conquête du Portugal, se
« réservant pour lui la souveraineté des Algarves comme asile.

« D'un autre côté, le prince des Asturies m'écrivait clandestinement, à
« l'insu de son père, pour me demander une femme de ma main, et implo-
« rer ma protection.

« Je conclus avec le premier, et laissai le second sans réponse. Mes trou-
« pes étaient déjà admises dans la péninsule quand le fils profita d'une émeute
« pour faire abdiquer son père et régner à sa place.

« On m'a imputé bêtement d'avoir pris part à toutes ces intrigues; mais
« j'y étais d'autant plus étranger, que la dernière circonstance surtout dé-
« rangeait tous mes projets arrêtés avec le père, et par suite desquels mes
« troupes se trouvaient déjà au sein de l'Espagne. Les deux partis sentirent
« bien dès lors que je pouvais et devais être leur arbitre. Le roi détrôné s'a-
« dressa donc à moi pour obtenir vengeance, et le fils y eut recours pour être
« reconnu. Tous deux s'empressèrent de venir plaider devant moi, également

« poussés par leurs conseillers respectifs, ceux-là mêmes qui les gouver-
« naient tout-à-fait, et qui ne voyaient plus d'autres moyens pour assurer
« leur propre tête que de se jeter dans mes bras.

« Le prince de la Paix, ayant failli être massacré, persuada facilement ce
« voyage à Charles IV et à la reine, qui s'étaient eux-mêmes vus en danger
« de périr par la multitude.

« De son côté, le précepteur Escoiquiz, le véritable auteur de tous les
« maux de l'Espagne, alarmé de voir Charles IV protester contre son ab-
« dication, ne voyant que l'échafaud si son pupille ne triomphait pas, fut
« fort ardent à déterminer le jeune roi. Ce chanoine, d'ailleurs très confiant
« dans ses moyens, ne désespérait pas d'influencer de vive voix sur mes dé-
« terminations, et de m'amener ainsi à reconnaître Ferdinand, m'offrant,
« pour son propre compte, de gouverner, disait-il, tout-à-fait à ma dévo-
« tion, aussi bien que pourrait le faire le prince de la Paix au nom de
« Charles IV. Et il faut convenir, disait l'Empereur, que si j'eusse écouté
« plusieurs de ses raisons et suivi quelques-unes de ses idées, je m'en serais
« beaucoup mieux trouvé.

« Quand je les tins tous réunis à Bayonne, ma politique se trouva possé-
« der bien au delà de ce qu'elle eût jamais osé prétendre; il en a été ainsi
« de plus d'un autre événement de ma vie dont on a fait honneur à ma poli-
« tique, et qui n'appartenait qu'au hasard : je n'avais pas combiné, mais je
« profitais. Ici j'avais le nœud gordien devant moi, je le coupai; j'offris à
« Charles IV et à la reine de me céder la couronne d'Espagne et de vivre
« paisiblement en France; ils s'y prêtèrent, je pourrais dire presque volon-
« tiers, tant ils étaient ulcérés contre leur fils, et tant eux et leur favori ne
« recherchaient autre chose désormais que le repos et la sûreté. Le prince
« des Asturies n'y résista pas extraordinairement; mais il ne fut employé
« contre lui ni violence ni menace; et si la peur le décida, ce que je crois
« bien, cela ne dut regarder que lui.

« Voilà, mon cher, en bien peu de mots, tout l'historique de l'affaire d'Es-
« pagne : quoi qu'on en dise ou qu'on écrive, on en arrivera là; et vous
« voyez qu'il ne saurait y avoir occasion pour moi à détour, mensonges,
« manque de paroles ou violations d'engagemens. Pour m'en rendre coupa-
« ble, il eût donc fallu vouloir me salir gratuitement; or jamais je n'ai mon-
« tré ce penchant.

« Du reste, dès que j'eus prononcé, la tourbe des intrigans qui fourmille
« dans toutes les cours, ceux-là mêmes qui avaient été les plus actifs à pro-
« voquer les malheurs, cherchèrent aussitôt à faire leur affaire auprès de
« Joseph, comme ils l'avaient faite auprès de Charles IV et de Ferdinand VII;
« mais, soigneusement attentifs à la marche des événemens, ils ont tourné
« plus tard à mesure que les circonstances devenaient difficiles et que nos
« désastres approchaient; si bien que ce sont encore eux qui se trouvent
« gouverner aujourd'hui Ferdinand; et, chose effroyable! pour mieux s'as-
« seoir, ils n'ont pas hésité à rejeter l'odieux et le crime des malheurs éprou-
« vés sur la masse des *niais*, qu'ils ont proscrits et qu'ils tiennent dans le
« bannissement, de ces gens naturellement honnêtes qui, dans le principe,
« blâmèrent fort le voyage de Ferdinand, dont plusieurs même s'y oppo-
« sèrent, puis prêtèrent serment à Joseph, qui leur sembla identifié pour
« lors au bonheur et au repos de leur patrie, et lui demeurèrent fidèles jus-
« qu'à ce que la grande catastrophe vint le faire descendre du trône.

« Il serait difficile d'accumuler plus d'effronterie et de turpitude que n'en

« ont montré tous ces intrigans, principaux acteurs de cette grande scène ;
« ce qui, pour le dire en passant, atténue la dégradation dont de pareilles
« vilenies ont chargé la France aux yeux de l'Europe. On voit qu'elles ne lui
« sont pas exclusives ; les intrigans, les ambitieux, les avides, se trouvent
« partout, sont les mêmes partout, les individus seuls sont coupables ; les
« nations ne sauraient être responsables, leur seul tort est de se trouver
« pour le moment en évidence : malheur à celle qui occupe la scène ! »

N. B. Aujourd'hui l'affaire d'Espagne demeure parfaitement connue, grâce aux écrits des principaux acteurs, le chanoine Escoiquiz, le ministre Cevallos et autres, et surtout l'honnête et respectable M. Llorente, qui, sous la signature anagrammatique de Nellerto, a publié les mémoires du temps, appuyés du recueil de toutes les pièces officielles. Les contradictions adverses des deux premiers, leurs disputes entre eux, les réclamations et les dénégations des contemporains, ont réduit leurs écrits à leur juste valeur, tout en les dépouillant de tout ce qu'il y avait d'erroné, de faux ou même de falsifié : il en résulte qu'aux yeux de tout homme impartial et froid, ils concourent tous, même involontairement, à confirmer les assertions justificatives émises plus haut par Napoléon; non qu'ils ne reproduisent cette différence qu'on doit inévitablement attendre de la diversité de parti et d'intérêts, mais seulement parce qu'il est vrai de dire qu'aucun n'établit avec fondement une occasion positive, qu'il ne présente aucune pièce officielle qui puisse la constater, tandis que toutes celles qui existent attestent et consacrent le contraire.

Ce qu'on peut observer encore dans l'histoire, aujourd'hui bien authentique de ces affaires, c'est que l'Angleterre elle-même s'y est trouvée tout-à-fait étrangère, du moins dans le principe, ce qui était loin de la pensée de Napoléon, qui accusa dans les temps les Anglais d'être la première cause de toutes les intrigues, et qui les en accusait encore à Sainte-Hélène, tant il était habitué à les trouver au fond de tout ce qui se tramait contre lui.

Au surplus, voici sur cette affaire d'Espagne une lettre de l'Empereur qui y jette plus de jour que ne sauraient le faire des volumes. Elle est admirable ; les événemens qui ont suivi la rendent un chef-d'œuvre. Elle fait voir la rapidité, le coup d'œil d'aigle avec lequel Napoléon jugeait immédiatement les choses et les personnes.

Malheureusement elle montre aussi combien l'exécution des subalternes, la plupart du temps, détruisait ou gâtait les plus belles, les plus hautes conceptions, et, sous ce rapport encore, cette lettre demeure bien précieuse pour l'histoire. Sa date la rend prophétique.

29 mars 1808.

« Monsieur le grand-duc de Berg, je crains que vous ne me trompiez sur
« la situation de l'Espagne, et que vous ne vous trompiez vous-même. L'af-
« faire du 20 mars a singulièrement compliqué les événemens. Je reste dans
« une grande perplexité.

« *Ne croyez pas que vous attaquiez une nation désarmée, et que vous*
« *n'ayez que des troupes à montrer pour soumettre l'Espagne.* La révolution
« du 20 mars prouve qu'il y a de l'énergie chez les Espagnols. Vous avez
« affaire à un peuple neuf : il a tout le courage et il aura tout l'enthousiasme
« que l'on rencontre chez les hommes que n'ont point usés les passions poli-
« tiques.

« L'aristocratie et le clergé sont les maîtres de l'Espagne. S'ils craignent
« pour leurs priviléges et pour leur existence, ils feront contre nous des

« levées en masse qui pourront éterniser la guerre. J'ai des partisans; si je
« me présente en conquérant, je n'en aurai plus.

« Le prince de la Paix est détesté, parce qu'on l'accuse d'avoir livré l'Es-
« pagne à la France. Voilà le grief qui a servi l'usurpation de Ferdinand. Le
« parti populaire est le plus faible.

« Le prince des Asturies n'a aucune des qualités qui sont nécessaires au
« chef d'une nation; cela n'empêchera pas que, pour nous l'opposer, on en
« fasse un héros. Je ne veux pas que l'on use de violence envers les person-
« nages de cette famille : il n'est jamais utile de se rendre odieux et d'en-
« flammer les haines. L'Espagne a plus de cent mille hommes sous les armes,
« c'est plus qu'il ne faut pour soutenir avec avantage une guerre intérieure.
« Divisés sur plusieurs points, ils peuvent servir de noyau au soulèvement
« total de la monarchie.

« Je vous présente l'ensemble des obstacles qui sont inévitables; il en est
« d'autres que vous sentirez. L'Angleterre ne laissera pas échapper cette
« occasion de multiplier nos embarras. Elle expédie journellement des avisos
« aux forces qu'elle tient sur les côtes du Portugal et dans la Méditerranée :
« elle fait des enrôlemens de *Siciliens* et de *Portugais*.

« La famille royale n'ayant point quitté l'Espagne pour aller s'établir aux
« Indes, il n'y a qu'une révolution qui puisse changer l'état de ce pays. C'est
« peut-être celui de l'Europe qui y est le moins préparé. Les gens qui voient
« les vices monstrueux de ce gouvernement et l'anarchie qui a pris la place de
« l'autorité légale font le plus petit nombre; le plus grand nombre profite
« de ces vices et de cette anarchie.

« Dans l'intérêt de mon empire, je puis faire beaucoup de bien à l'Espa-
« gne. Quels sont les meilleurs moyens à prendre?

« Irai-je à Madrid? Exercerai-je l'acte d'un grand protectorat, en pro-
« nonçant entre le père et le fils? Il me semble difficile de faire régner
« Charles IV; son gouvernement et son favori sont tellement dépopularisés
« qu'ils ne se soutiendraient pas trois mois.

« Ferdinand est l'ennemi de la France, c'est pour cela qu'on l'a fait roi.
« Le placer sur le trône sera servir les factions qui, depuis vingt-cinq ans,
« veulent l'anéantissement de la France. Une alliance de famille serait un
« faible lien. *La reine Élisabeth et d'autres princesses* françaises ont péri mi-
« sérablement lorsque l'on a pu les immoler impunément à d'atroces ven-
« geances. Je pense qu'il ne faut rien précipiter, qu'il convient de prendre
« conseil des événemens qui vont suivre... Il faudra fortifier les corps d'ar-
« mée qui se tiendront sur les frontières du Portugal et attendre...

« Je n'approuve pas le parti qu'a pris Votre Altesse Impériale de s'emparer
« aussi précipitamment de Madrid. Il fallait tenir l'armée à dix lieues de la
« capitale. Vous n'aviez pas l'assurance que le peuple et la magistrature
« allaient reconnaître Ferdinand sans contestation. Le prince de la Paix doit
« avoir dans les emplois publics des partisans; il y a d'ailleurs un attache-
« ment d'habitude au vieux roi qui pouvait produire des résultats. Votre
« entrée à Madrid, en inquiétant les Espagnols, a puissamment servi Ferdi-
« nand. J'ai donné ordre à Savary d'aller auprès du nouveau roi voir ce qui
« se passe. Il se concertera avec Votre Altesse Impériale. J'aviserai ultérieu-
« rement au parti qui sera à prendre; en attendant, voici ce que je juge
« convenable de vous prescrire :

« Vous ne m'engagerez à une entrevue *en Espagne* avec Ferdinand que si
« vous jugez la situation des choses telle que je doive le reconnaître comme

« roi d'Espagne. Vous userez de bons procédés envers le roi, la reine et le
« prince Godoy. Vous exigerez pour eux et vous leur rendrez les mêmes
« honneurs qu'autrefois. Vous ferez en sorte que les Espagnols ne puissent
« pas soupçonner le parti que je prendrai. Cela ne vous sera pas difficile : je
« n'en sais rien moi-même.

« Vous ferez entendre à la noblesse et au clergé que si la France doit
« intervenir dans les affaires d'Espagne, leurs priviléges et leurs immunités
« seront respectés. Vous leur direz que l'Empereur désire le perfectionne-
« ment des institutions politiques de l'Espagne, pour la mettre en rapport
« avec l'état de civilisation de l'Europe, pour la soustraire au régime des
« favoris... Vous direz aux magistrats et aux bourgeois des villes, aux gens
« éclairés, que l'Espagne a besoin de recréer la machine de son gouverne-
« ment, et qu'il lui faut des lois qui garantissent les citoyens de l'arbitraire
« et des usurpations de la féodalité, des institutions qui raniment l'indus-
« trie, l'agriculture et les arts. Vous leur peindrez l'état de tranquillité et
« d'aisance dont jouit la France, malgré les guerres où elle s'est toujours
« engagée; la splendeur de la religion, qui doit son établissement au con-
« cordat que j'ai signé avec le pape. Vous leur démontrerez les avantages
« qu'ils peuvent tirer d'une régénération politique : l'ordre et la paix dans
« l'intérieur, la considération et la puissance dans l'extérieur. Tel doit être
« l'esprit de vos discours et de vos écrits. Ne brusquez aucune démarche; je
« puis attendre à Bayonne, je puis passer les Pyrénées, et, me fortifiant
« vers le Portugal, aller conduire la guerre de ce côté.

« Je songerai à vos intérêts particuliers, n'y songez pas vous-même..... Le
« Portugal restera à ma disposition. Qu'aucun projet personnel ne vous
« occupe et ne dirige votre conduite : cela me nuirait, et vous nuirait encore
« plus qu'à moi.

« Vous allez trop vite dans vos instructions du 14; la marche que vous
« prescrivez au général Dupont est trop rapide, à cause de l'événement du
« 19 mars. Il y a des changemens à faire; vous donnerez de nouvelles dis-
« positions, vous recevrez des instructions de mon ministre des affaires
« étrangères.

« J'ordonne que la discipline soit maintenue de la manière la plus sévère :
« point de grâce pour les plus petites fautes. L'on aura pour l'habitant les plus
« grands égards. L'on respectera principalement les églises et les couvens.

« L'armée évitera toute rencontre, soit avec des corps de l'armée espa-
« gnole, soit avec des détachemens : il ne faut pas que, d'aucun côté, il soit
« brûlé une amorce.

« Laissez *Solano* dépasser *Badajoz*, faites-le observer; donnez vous-même
« l'indication des marches de mon armée, pour la tenir toujours à une dis-
« tance de plusieurs lieues des corps espagnols. Si la guerre s'allumait, tout
« serait perdu.

« C'est à la politique et aux négociations qu'il appartient de décider des
« destinées de l'Espagne. Je vous recommande d'éviter des explications avec
« Solano, comme avec les autres généraux et les gouverneurs espagnols.

« Vous m'enverrez deux estafettes par jour. En cas d'événemens majeurs,
« vous m'expédierez des officiers d'ordonnance. Vous me renverrez sur-le-
« champ le chambellan qui vous porte cette dépêche; vous lui remettrez un
« rapport détaillé.

« Sur ce, je prie Dieu, Monsieur le grand-duc de Berg, qu'il vous ait, etc.

« *Signé* NAPOLÉON. »

Samedi 15. — Le temps était magnifique ; nous avons fait notre tour en calèche, durant lequel nous avons aperçu très près du rivage un gros bâtiment, dont la manœuvre nous a paru singulière. Les marques distinctives nous l'ont fait prendre pour *le Newcastle*, annoncé depuis quelque temps comme venant relever *le Northumberland;* mais ce n'était qu'un bâtiment de la compagnie.

Dans une partie de la journée, l'Empereur, au travers d'un grand nombre d'objets, en est arrivé à mentionner plusieurs personnes qui viendraient le joindre à Sainte-Hélène, disait-il, si on leur en laissait la liberté, et il s'est mis à analyser les motifs qui les détermineraient. De là il est passé aux motifs de ceux qui se trouvent autour de lui. « *Bertrand*, disait-il, est désormais identifié avec mon sort : c'est devenu historique. *Gourgaud* était mon premier officier d'ordonnance : il est mon ouvrage, c'est mon enfant. *Montholon* est le fils de Semonville, un beau-frère de Joubert, un enfant de la révolution et des camps. Vous, mon cher, disait-il au quatrième, vous... » Et après avoir cherché un instant, il a repris : « Mais vous, mon cher, au fait, par quel diable de hasard vous trouvez-vous ici ? — Sire, lui a-t-il répondu, par le bonheur de mon étoile, et pour l'honneur de l'émigration. »

Effets envoyés d'Angleterre.—L'Empereur avait voulu proscrire le coton en France.—Conférences de Tilsit.—Reine de Prusse, le roi.—Empereur Alexandre.—Anecdotes, etc.

Dimanche 16. — L'Empereur est entré vers les dix heures dans ma chambre : je m'habillais, je dictais à mon fils précisément mon journal. L'Empereur y a jeté les yeux quelques instans et n'a rien dit ; il l'a quitté pour saisir quelques dessins commencés : c'était la topographie à la plume de quelques uns des champs de bataille d'Italie, un essai de mon fils et une surprise que nous nous plaisions à ménager à l'Empereur. Nous les avions travaillés jusque là en secret.

J'ai suivi l'Empereur au jardin, il y a beaucoup causé sur des objets qu'on venait de nous envoyer d'Angleterre : c'était principalement des meubles ; il a fait ressortir le peu de grâce et la gaucherie de ceux qui étaient chargés de nous les remettre ; en nous offrant, faisait-il observer, même ce qui nous eût été le plus agréable, ils trouvaient encore moyen de nous offenser ; aussi était-il bien déterminé à n'en pas faire usage, et il avait déjà fait remercier pour deux fusils de chasse qui étaient particulièrement destinés à lui être offerts. L'Empereur a voulu déjeuner en plein air, et nous y a tous fait appeler.

La conversation s'étant trouvée sur la mode et les parures, l'Empereur a dit qu'un moment il avait voulu proscrire l'usage du coton en France, pour mieux soutenir les batistes et les linons de nos villes de la Flandre. L'impératrice Joséphine s'était révoltée, elle avait poussé les hauts cris : il avait fallu y renoncer.

L'Empereur était très causant, le temps fort doux et assez agréable : il s'est mis à marcher dans l'espèce d'allée perpendiculaire à la face de la maison. La conversation s'est fixée sur l'époque fameuse de Tilsit ; voici les détails précieux que j'en ai recueillis :

L'Empereur racontait que si la reine de Prusse était venue au commencement des négociations, elle eût pu influer beaucoup sur leur résultat ; heureusement elle arriva les choses assez avancées pour que l'Empereur pût se décider à conclure vingt-quatre heures après. On a pensé que le roi l'en avait empêchée jusque là par un commencement de jalousie contre un grand personnage; et cette jalousie, disait l'Empereur, n'était pas, assurait-on, sans quelque léger fondement.

Dès le moment de son arrivée, l'Empereur se rendit chez elle pour lui faire visite. La reine de Prusse, disait-il, avait été très belle, mais elle commençait à perdre de sa première jeunesse.

L'Empereur dit que cette reine le reçut comme mademoiselle Duchesnois dans Chimène, demandant, criant *justice*; renversée en arrière, en un mot tout-à-fait en scène; c'était de la véritable tragédie : il en fut un moment interloqué, et il n'imagina, dit-il, d'autre moyen de se débarrasser qu'en ramenant la chose au ton de la haute comédie; ce qu'il essaya en lui avançant un siége et la forçant de s'y asseoir; elle n'en continua pas moins du ton le plus pathétique. « La Prusse s'était aveuglée sur sa puissance, disait-elle; elle avait osé combattre un héros, s'opposer aux destinées de la France, négliger son heureuse amitié : elle en était bien punie!... La gloire du grand Frédéric, ses souvenirs, son héritage, avaient trop enflé le cœur de la Prusse, ils causaient sa ruine!...... » Elle sollicitait, suppliait, implorait. Magdebourg surtout était l'objet de ses vœux. L'Empereur eut à se tenir le mieux qu'il put; heureusement le mari arriva; la reine, d'un regard expressif, réprouva ce contre-temps, et montra de l'humeur. « En effet, le roi essaya de mettre son mot dans la conversation, gâta toute l'affaire, et je fus délivré, » dit l'Empereur.

L'Empereur eut la reine à dîner : elle déploya, disait-il, vis-à-vis de lui tout son esprit, elle en avait beaucoup; toutes ses manières, elles étaient fort agréables; toute sa coquetterie, elle n'était pas sans charmes. « Mais j'étais résolu de tenir bon, ajoutait-il; toutefois il me fallut beaucoup d'attention sur moi-même pour demeurer exempt de toute espèce d'engagement et de toute parole douteuse, d'autant plus que j'étais soigneusement observé, et tout particulièrement par Alexandre. »

Un instant avant de se mettre à table, Napoléon s'étant approché d'une console y avait pris une très belle rose, qu'il présenta à la reine, dont la main exprima d'abord une espèce de refus apprêté; mais, se ravisant aussitôt, elle dit : *Oui, mais au moins avec Magdebourg.* Sur quoi l'Empereur lui répliqua : « Mais..... je ferai remarquer à Votre Majesté que c'est moi qui la donne, et vous qui allez la recevoir. » Le diner et tout le reste du temps se passa de la sorte.

La reine était à table entre les deux empereurs, qui firent assaut de galanterie. On s'était placé d'après la bonne oreille d'Alexandre : il en est une dont il entend à peine. Le soir venu, et la reine retirée, l'Empereur, qui n'avait cessé d'être de la plus grande amabilité, mais qui s'était vu pourtant souvent poussé à bout, résolut d'en finir. Il manda M. de Talleyrand et le prince Kourakin, parla de la grosse dent; et lâchant, dit-il, les gros mots, fit sentir qu'après tout une femme et la galanterie ne pouvaient ni ne devaient altérer un système conçu pour les destinées d'un grand peuple; qu'il exigeait que l'on conclût à l'instant, et que l'on signât de suite; ce qui fut fait comme il l'avait voulu. « Ainsi la conversation de la reine de Prusse, disait-il, avança le traité de huit ou quinze jours. » Le lendemain, la reine se préparait à venir renouveler ses attaques; elle fut indignée quand elle apprit la signature du traité. Elle pleura beaucoup, et résolut de ne plus voir l'empereur Napoléon. Elle ne voulait pas accepter son second dîner. Alexan-

dre fut obligé d'aller lui-même la décider ; elle jetait les hauts cris, elle prétendait que Napoléon lui avait manqué de parole. Mais Alexandre avait toujours été présent. Il avait été un témoin même dangereux, prêt à témoigner en sa faveur au moindre geste, à la moindre parole échappés à Napoléon. « Il ne vous a rien promis, lui disait-il ; si vous pouvez me prouver le
« contraire, je m'engage ici à le lui faire tenir d'homme à homme, et il le
« fera, j'en suis sûr. — Mais il m'a donné à entendre, disait-elle... — Non,
« disait Alexandre, et vous n'avez rien à lui reprocher. » Enfin elle vint. Napoléon, qui n'avait plus à se défendre, n'en fut que plus aimable pour elle. Elle joua quelques momens le rôle de coquette offensée ; et le dîner fini, quand elle voulut se retirer, Napoléon la reconduisant, arrivé au milieu de l'escalier où il s'arrêtait, elle lui serra la main, et lui dit avec une espèce de sentiment : « Est-il possible qu'ayant eu le bonheur de voir d'aussi
« près l'homme du siècle et de l'histoire, il ne me laisse pas la liberté et la
« satisfaction de pouvoir l'assurer qu'il m'a attachée pour la vie !... — Ma-
« dame, je suis à plaindre, lui répondit gravement l'Empereur ; c'est un ef-
« fet de ma mauvaise étoile. » Et il prit congé d'elle.

Arrivée à sa voiture, elle s'y jeta en sanglotant, fit appeler Duroc qu'elle estimait beaucoup, lui renouvela toutes ses plaintes, et lui dit, en montrant le palais : « Voilà une maison où l'on m'a cruellement trompée. »

« La reine de Prusse, disait l'Empereur, avait certainement des moyens,
« beaucoup d'instruction et une grande habitude ; elle régnait véritablement
« depuis plus de quinze ans. Aussi, en dépit de mon adresse et de tous mes
« efforts, se montra-t-elle constamment maîtresse de la conversation, la
« domina toujours, revint sans cesse à son sujet, peut-être trop, mais du
« reste avec une grande convenance, et sans qu'il fût possible de s'en fâcher ;
« et il est vrai de dire que l'objet était important pour elle, le temps pré-
« cieux et court.

« Un des hauts contractans lui répéta plusieurs fois, disait l'Empereur,
« qu'elle eût dû venir dès le principe ou pas du tout, lui rappelant que,
« pour sa part, il avait fait tout son possible pour qu'elle vînt tout de suite.
« On voulait, disait l'Empereur, qu'il y eût recherché un intérêt person-
« nel ; mais, par contre, le mari avait mis un intérêt tout aussi personnel à
« s'y opposer.

« Le roi de Prusse, disait-il, m'avait fait demander son audience de congé.
« Alexandre me fit prier, avec mystère, de la retarder seulement de vingt-
« quatre heures. Je le fis, croyant bien que je me montrais là bon ami. Le
« roi de Prusse ne me l'a jamais pardonné, non qu'il se doutât en aucune
« manière de mon véritable tort, disait-il en souriant malignement, mais
« parce qu'il trouvait la majesté royale blessée d'avoir vu renvoyer au len-
« demain l'audience qu'il demandait pour le jour même.

« Un autre poids à mon sujet, qu'il n'a jamais pu s'ôter de dessus le cœur,
« c'était d'avoir violé, disait-il, son territoire d'Anspach, dans notre guerre
« d'Austerlitz. Dans toutes nos rencontres depuis, quelque grands que fus-
« sent les intérêts du moment, il les laissait tous de côté pour revenir à me
« prouver que j'avais bien réellement violé son territoire à Anspach. Il avait
« tort ; mais enfin il en était persuadé, et son ressentiment était celui d'un
« honnête homme : toutefois sa femme s'en dépitait, et lui eût voulu une
« plus haute politique, etc. »

Napoléon, du reste, se reprochait, disait-il, comme une véritable faute d'avoir reçu en aucune manière le roi de Prusse à Tilsit. Sa première déter-

mination avait été de le refuser. Il eût alors été tenu à moins de ménagemens envers lui, et eût pu lui garder la Silésie ; il en eût enrichi la Saxe et se fût probablement par là réservé d'autres destinées. Il disait aussi : « J'ap-
« prends que les politiques aujourd'hui blâment fort mon traité de Tilsit.
« Ils ont découvert, depuis mes désastres, que par là j'avais mis l'Europe à
« la merci des Russes ; mais si j'avais réussi à Moscou, et on sait à combien
« peu cela a tenu, ils auraient admiré sans doute alors combien j'avais mis,
« au contraire, par ce traité, les Russes à la merci de l'Europe. J'avais de
« grandes vues sur les Allemands..... Mais j'ai échoué, et partant, j'ai eu tort :
« cela est de toute justice... »

Presque tous les jours, à Tilsit, les deux empereurs et le roi sortaient ensemble à cheval ; mais celui-ci était toujours maladroit ou malheureux, disait Napoléon. Les Prussiens en souffraient visiblement. Napoléon était constamment entre les deux souverains : or, le roi pouvait à peine suivre, ou bien heurtait et gênait sans cesse Napoléon. Revenait-on, d'un saut les deux empereurs étaient à terre, et ils se prenaient par la main pour monter ensemble les escaliers. Mais comme Napoléon faisait les honneurs, il n'eût pas voulu rentrer avant d'avoir vu passer le roi : alors il fallait l'attendre long-temps, et, comme il plut souvent, il en résultait que les deux empereurs se mouillaient à cause du roi, au grand mécontentement de tous les spectateurs.

« Cette maladresse ressortait d'autant plus, disait l'Empereur, qu'Alexan-
« dre est plein de grâces, et se trouverait de niveau avec tout ce qu'il y a
« de plus aimable dans les salons de Paris. Alexandre se trouvait parfois si
« fatigué de son compagnon, qu'absorbaient ses chagrins ou toute autre
« cause, que nous rompions de concert la société, pour nous délivrer plus
« tôt. On se séparait donc immédiatement après le dîner, sous prétexte de
« quelques affaires chez soi ; mais Alexandre et moi nous nous retrouvions
« bientôt ensuite pour prendre le thé chez l'un ou chez l'autre, et nous restions alors à causer ensemble jusqu'à minuit et au delà. »

Alexandre et Napoléon se revirent quelque temps après à Erfurt, et se donnèrent les plus grandes marques d'affection. Alexandre y proféra hautement les sentimens d'une amitié tendre et d'une admiration véritable. Ils passèrent ensemble quelques jours dans le charme d'une intimité parfaite et les communications les plus familières de la vie privée. « C'étaient deux jeu-
« nes gens de bonne compagnie, disait l'Empereur, dont les plaisirs en
« commun n'auraient eu rien de caché l'un pour l'autre. »

Napoléon avait fait venir à Erfurt tout ce que notre scène française comptait de plus distingué. Une actrice fort connue, l'une des jeunes premières, attira l'attention de son hôte, qui eut un moment la fantaisie de faire sa connaissance. Il demandait à son compagnon s'il ne pouvait y avoir aucun inconvénient. « Nul, répondit celui-ci ; seulement, ajouta-t-il avec inten-
« tion, c'est un moyen sûr et rapide pour que vous soyez bientôt connu de
« tout Paris. Après-demain, jour de poste, partiront les plus petits rensei-
« gnemens, et, sous peu, il n'y a pas de statuaire à Paris qui ne pût facile-
« ment modeler votre personne de la tête aux pieds. » Le danger d'une telle publicité calma sur-le-champ l'ardeur naissante ; car le soupirant, disait Napoléon, se montrait fort circonspect sur cet article, et sans doute, remarquait-il gaîment, par la crainte de l'adage connu : Quand le masque tombe, le héros s'évanouit.

Si l'Empereur l'eût voulu, Alexandre, assurait-il, lui eût certainement donné sa sœur en mariage ; sa politique l'y eût déterminé, si même son inclination n'y avait pas été. Il fut saisi en apprenant le mariage avec l'Autriche, et s'écria : « Me voilà renvoyé au fond de mes forêts ! » S'il sembla tergiverser d'abord, c'est qu'il lui fallait quelque temps pour prononcer ; sa sœur était bien jeune, et puis il fallait le consentement de sa mère. Le testament de Paul le voulait ainsi, et l'impératrice mère était des plus passionnées contre Napoléon. Livrée d'ailleurs à toutes les absurdités, aux contes ridicules qu'on s'était plu à répandre sur sa personne : « Comment, « disait-elle, marierai-je ma fille à un homme qui ne peut être le mari de « personne? Un autre homme viendra donc dans le lit de ma fille, si l'on « veut en avoir des enfans? elle n'est pas faite pour cela. — Ma mère, lui di« sait Alexandre, pouvez-vous bien vous nourrir des libelles de Londres et « des lazzis des salons de Paris? Si c'est là toute la difficulté, s'il n'y a que « cela qui vous embarrasse, moi je vous le cautionne, et beaucoup d'autres « pourront vous le cautionner avec moi.

« Si l'affection d'Alexandre a été sincère pour moi, disait encore l'Empe« reur, c'est l'intrigue qui me l'a aliéné. Des intermédiaires, Metternich ou « autres, à l'instigation de Talleyrand, ou même ce dernier directement, « n'ont cessé, en temps opportun, de lui citer les ridicules dont je l'avais « accablé, disaient-ils, l'assurant qu'à Tilsit et à Erfurt, il n'avait pas plus « tôt le dos tourné que je m'égayais fort d'ordinaire à son sujet. Alexandre « est fort susceptible, ils l'auront facilement aigri. Ce qu'il y a de certain, « c'est qu'il s'en est plaint amèrement à Vienne lors du congrès, et pourtant « rien n'était plus faux, il me plaisait et je l'aimais. »

Un aide de camp de Napoléon fut envoyé, aussitôt après le traité de Tilsit, auprès d'Alexandre, à Pétersbourg ; il y fut comblé de bons traitemens, et ne tarit pas sur les efforts et la galanterie d'Alexandre pour se rendre agréable à son nouvel allié.

Ce même aide de camp devint plus tard ministre de la police, et en 1814, peu de temps après la restauration, il fit, assure-t-on, une citation heureuse au sujet de sa mission en Russie. Lui étant demandé un jour, aux Tuileries, avec une sorte d'abandon tout-à-fait naïf, par quelqu'un très avant dans la confiance du roi : « A présent que tout est fini, vous pouvez tout dire ; ap« prenez-nous quel était votre agent à Hartwell (c'était, comme l'on sait, « la demeure de Louis XVIII en Angleterre). L'interpellé, surpris du peu « de goût de la question, répondit avec dignité : Monsieur le comte, l'Em« pereur regardait l'asile des rois comme un sanctuaire inviolable, et nous « l'observions. On nous a fait connaître aujourd'hui qu'on n'en agissait pas « de même à son égard. Mais vous, Monsieur le comte, vous devriez avoir « moins de doute qu'un autre. Quand j'arrivai à Pétersbourg, vous y étiez « au nom du roi. L'empereur Alexandre, dans la première chaleur de sa ré« conciliation, me donna connaissance de tout ce qui vous concernait, et « demanda si l'on voulait qu'il vous fît sortir de ses États. Je n'avais point « d'ordres ; j'écrivis pour prendre ceux de l'Empereur. Sa réponse fut, cour« rier par courrier, qu'il lui suffisait de l'amitié sincère d'Alexandre ; que « jamais il n'entrerait dans ses autres rapports particuliers; qu'il n'avait pas « de haine personnelle contre les Bourbons ; que, s'il croyait même qu'il « leur fût possible de l'accepter, il leur offrirait un asile en France, et tel « château royal qui leur serait agréable. Si vous ignorâtes alors cette lettre, « continua le duc de Rovigo, faites-la chercher aujourd'hui, vous la trouve« rez sans doute dans les cartons des relations extérieures. »

Arrivée des commissaires étrangers.—Étiquette forcée de Napoléon, anecdotes.—Conseil d'État ; détails du local ; habitudes.—Citations de quelques séances ; digression.—Gassendi.—Les régimens croates.—Ambassadeurs.—Bans de la garde nationale, l'Université, etc., etc.

Lundi 17. — L'Empereur est sorti de bonne heure. Il a demandé la calèche pour faire un tour avant déjeuner. Au moment de monter, on est venu nous dire que la frégate *le Newcastle* et la frégate *l'Oronte* étaient devant le port, courant des bordées pour entrer. Ces deux bâtimens avaient manqué l'île dans la nuit, et étaient obligés de l'attaquer sous le vent. Ils avaient quitté l'Angleterre le 23 avril, et nous apportaient le bill qui concerne la détention de l'Empereur. La législature anglaise avait converti en loi la détermination des ministres à cet égard. Les commissaires des trois puissances d'Autriche, de France et de Russie, étaient aussi à bord de ces bâtimens.

Dans le courant de la journée, l'Empereur, parlant des formes, des costumes qu'il avait prescrits, de l'étiquette qu'il avait introduite, disait : « Il « m'était devenu bien difficile de m'abandonner à moi-même. Je sortais de « la foule ; il me fallait, de nécessité, me créer un extérieur, me composer « une certaine gravité, en un mot, établir une étiquette, autrement l'on « m'eût journellement frappé sur l'épaule. En France, nous sommes natu- « rellement enclins à une familiarité déplacée, et j'avais à me prémunir sur- « tout contre ceux qui avaient *sauté à pieds joints* sur leur éducation. Nous « sommes très facilement courtisans, très obséquieux au début, portés « d'abord à la flatterie, à l'adulation ; mais bientôt arrive, si on ne la ré- « prime, une certaine familiarité qu'on porterait aisément jusqu'à l'inso- « lence. On sait que nos rois n'étaient pas exempts de cet inconvénient. » Et l'Empereur a cité une anecdote, sous Louis XV, fort caractéristique, celle de ce courtisan, disait-il, à qui ce prince demanda, à son lever, combien il avait d'enfans. « Quatre, Sire, » répondit-il. Le roi, ayant eu occasion de lui parler en public deux ou trois fois dans la journée, lui fit précisément toujours la même question : « Un tel, combien avez-vous d'enfans ? » Et toujours l'autre répondit : « Quatre, Sire. » Enfin le soir, au jeu, le roi lui ayant demandé encore : « Un tel, combien avez-vous d'enfans ?—Sire, ré- « pondit-il cette fois, six. — Comment diable ! reprit le roi, mais il me « semble que vous m'aviez dit quatre ?—Ma foi, Sire, c'est que j'ai craint « de vous ennuyer en vous répétant toujours la même chose. »

« Sire, dit alors à l'Empereur l'un de nous, voici une anecdote d'un pays « voisin, digne de celle qui vient d'être mentionnée, et qui pourra servir « à comparer l'insolence gratuite du courtisan d'un maître absolu avec l'éner- « gique ressentiment de celui qui n'a rien à redouter de son souverain con- « stitutionnel.

« Quelqu'un de la haute société, à Londres, ayant à se plaindre d'un « grand personnage dont il avait été fort maltraité, à je ne sais quel sujet, « jura devant ses amis de le lui faire payer ostensiblement. Ayant appris que « le grand personnage devait paraître à une fort belle assemblée, il s'y rend « lui-même de bonne heure, et se place près de la maîtresse de la maison. « Quand le grand personnage vient à débiter à cette dame son petit mot de « compliment, et qu'il n'a pas encore la face retournée, le mécontent se « penche négligemment vers la dame, lui demandant à haute voix quel peut « être là son gras ami (who is your fat friend). La dame, qui en devient « rouge, le pousse du coude, lui disant tout bas : Taisez-vous donc, ne voyez-

« vous pas que c'est le prince régent? A quoi le monsieur de répondre, d'une
« voix encore plus élevée : Comment, le prince !... mais, sur mon honneur,
« le voilà devenu aussi gras qu'un cochon (how the prince !... but, upon my
« word, he is grown as fat as a pig). »

Libre à chacun de deviser sur le mérite relatif des deux insolens : tous deux sont fort blâmables sans doute, et, si le nôtre présente moins de grossièreté, il faut convenir aussi que son impertinence est tout-à-fait sans but et purement gratuite.

Dans un autre moment de la journée, l'Empereur a dit beaucoup de choses sur les séances du Conseil d'État. Je lui en avais cité plusieurs; d'autres nous demeuraient déjà douteuses et effacées. « Et bien, m'a-t-il ajouté, « encore quelque temps, et il en restera à peine vestige dans le souvenir. » Ne pouvant dormir cette nuit, ces paroles me sont revenues, et, durant mon insomnie, je repassais minutieusement dans mon esprit tout ce que j'avais connu du Conseil d'État, le local de ses séances, les habitudes, les formes, etc., etc.; et je ne crois pouvoir mieux employer l'oisiveté de notre solitude de Sainte-Hélène que de les consigner ici. J'y joindrai de temps à autre ce qui me reviendra des séances dont j'ai été le témoin, à mesure qu'elles se présenteront à ma mémoire. Il en est pour qui tous ces détails seront de quelque prix.

La salle du Conseil d'État aux Tuileries, lieu ordinaire des séances, était une pièce latérale à la chapelle et de toute sa longueur; le mur mitoyen présentait plusieurs portes pleines, qui, ouvertes le dimanche, formaient les travées de la chapelle; c'était une très belle pièce allongée. A l'une de ses extrémités, vers l'intérieur du palais, était une grande et belle porte qui servait de passage à l'Empereur, lorsque, suivi de sa cour, il se rendait le dimanche à sa tribune pour y entendre la messe. Cette porte ne s'ouvrait le reste de la semaine que pour l'Empereur, quand il arrivait à son Conseil d'État. Les membres de ce Conseil n'entraient que par deux petites portes pratiquées à l'extrémité opposée.

Dans toute la longueur de la salle, à droite et à gauche, était établie accidentellement, et pour le temps du conseil seulement, une longue file de tables assez éloignées du mur pour y admettre un siége et une libre circulation extérieure. Là s'asseyaient hiérarchiquement les conseillers d'État, dont la place d'ailleurs se trouvait désignée par un carton portant leur nom, et renfermant leurs papiers. A l'extrémité de la salle, vers la grande porte d'entrée et transversalement à ces deux files de tables, il en était placé de semblables pour les maîtres des requêtes; les auditeurs prenaient place sur des tabourets ou des chaises, en arrière des conseillers d'État.

A l'extrémité supérieure de la salle, en face de la grande porte d'entrée, se trouvait la place de l'Empereur, sur une estrade élevée d'une ou deux marches. Là étaient son fauteuil et une petite table recouverte d'un riche tapis et garnie de tous les accessoires nécessaires, ainsi qu'en avaient devant eux tous les membres du conseil : papier, plumes, encre, canifs, etc.

A la droite de l'Empereur, mais au dessous de lui et à notre niveau, le prince archichancelier, sur sa petite table séparée; à sa gauche, le prince architrésorier, qui y assistait fort rarement; et enfin, à la gauche encore de celui-ci, M. Locré, rédacteur des procès-verbaux du Conseil.

Quand il venait accidentellement des princes de la famille, ils avaient une pareille table placée sur le même alignement, et selon leur rang hiérarchique. Si c'étaient seulement des ministres, qui tous d'ailleurs avaient faculté de se présenter au Conseil quand bon leur semblait, ceux-ci prenaient place sur les files latérales, en tête des premiers conseillers d'État. Une grande enceinte intérieure restait vide; elle n'était jamais traversée que par l'Empereur ou les membres du Conseil quand ils allaient lui prêter serment.

Des huissiers, même pendant les délibérations, parcouraient silencieusement la salle pour le service des membres du Conseil. Chacun de ceux-ci d'ailleurs se levait à son gré, et circulait extérieurement pour chercher auprès de ses collègues les renseignemens particuliers dont il eût pu avoir besoin.

Les pourtours supérieurs de la salle représentaient des peintures allégoriques relatives aux fonctions du Conseil d'État : telles que la Justice, le Commerce, l'Industrie, etc., etc. ; et enfin le plafond se trouvait décoré du beau tableau de la bataille d'Austerlitz par Gérard ; ainsi c'était sous un des plus beaux lauriers dont Napoléon ait ennobli la France qu'il administrait son intérieur.

C'est dans cet endroit que, durant près de dix-huit mois, j'ai joui de la satisfaction inappréciable d'assister régulièrement deux fois la semaine à des séances si précieuses par leur intérêt spécial, et bien plus encore par la présence de l'Empereur, qui n'y manquait jamais, et semblait en être réellement l'âme et la vie. C'est là que je l'ai vu prolonger quelquefois les séances depuis onze heures du matin jusqu'à neuf heures du soir, et montrer à la fin autant de facilité, d'abondance, de fraîcheur d'esprit et de tête qu'en commençant, lorsque nous autres nous tombions tous de lassitude et de fatigue.

Quand la cour était à Saint-Cloud, c'était là que le Conseil était convoqué; mais quand la séance y était indiquée de trop bon matin, ou s'annonçait devoir être trop longue, alors il arrivait à l'Empereur de la suspendre, pour qu'on pût prendre quelque nourriture, et il s'élevait alors dans quelques pièces voisines, pour les besoins du Conseil, une certaine quantité de petites tables des plus magnifiquement servies, et surtout comme par enchantement; car, pour le dire en passant, rien ne saurait donner une juste idée de l'espèce de féerie en toutes choses dont nous avons été les témoins dans les palais impériaux.

L'heure de la séance du Conseil était indiquée chaque fois dans nos lettres de convocation ; en général, c'était pour onze heures.

Quand un nombre suffisant de membres était arrivé, l'archichancelier, qu'on y trouvait toujours le premier, et qui présidait le Conseil en l'absence de l'Empereur, ouvrait la séance, et entamait alors ce qu'on appelait *le petit ordre du jour*, ne contenant que les affaires de simples localités et de pure forme.

Une heure plus tard, d'ordinaire, le tambour, battant au champ dans l'intérieur du palais, nous annonçait l'arrivée de l'Empereur. La grande porte s'ouvrait, on annonçait Sa Majesté : tout le Conseil se levait, et l'Empereur entrait, précédé de son chambellan et de son aide de camp de service, qui lui présentaient son fauteuil, recevaient son chapeau, et demeuraient à la séance en arrière de lui, prêts à recevoir et à exécuter ses ordres.

L'archichancelier présentait alors à l'Empereur *le grand ordre du jour*, contenant la série des objets en délibération. L'Empereur les parcourait, et nommait tout haut l'objet qu'il lui plaisait de déterminer. Le conseiller d'État chargé de ce rapport en faisait lecture, et la délibération commençait.

Chacun pouvait prendre la parole : si plusieurs se présentaient à la fois, l'Empereur en désignait l'ordre : on parlait de sa place et assis ; on ne pouvait pas lire, il fallait improviser. Quand l'Empereur jugeait la discussion, à laquelle d'ailleurs il prenait beaucoup de part lui-même, suffisamment éclaircie, il faisait un résumé toujours lumineux, souvent neuf et piquant, concluait et mettait aux voix.

J'ai dit ailleurs de quelle liberté on jouissait dans ces délibérations. L'ardeur, s'animant par degrés, devenait parfois extrême, et souvent les discussions se prolongeaient outre mesure, surtout lorsque l'Empereur, s'occupant probablement d'autre chose, semblait, par distraction ou autrement, y être devenu étranger ; alors d'ordinaire il promenait sur la salle un œil incertain, ou mutilait les crayons avec son canif, ou piquait avec ce même canif le tapis de sa table, ou le bras de son fauteuil, ou bien encore usait son crayon ou sa plume à des griffonnages ou à des traits bizarres, qui, à son départ, devenaient l'objet de la convoitise des jeunes gens, qui se les arrachaient ; et il fallait voir alors, si par hasard il y avait tracé quelque nom de pays ou de capitale, les inductions à perte de vue qu'on cherchait à en tirer.

Quelquefois aussi, comme l'Empereur venait au Conseil précisément après avoir mangé, et souvent après de grandes fatigues du matin, il lui arrivait d'arrondir son bras sur la table, d'y poser sa tête et de s'endormir. L'archichancelier se saisissait, dès cet instant, de la délibération, qui allait toujours son train, et que l'Empereur, à son réveil, reprenait au point où elle se trouvait, si même elle n'était terminée et remplacée par une nouvelle. Il arrivait encore très souvent à l'Empereur de demander un verre d'eau et du sucre ; et à cet effet, et pour son usage, il se trouvait toujours sur l'une des tables de la chambre voisine, et hors de toute précaution, tout ce qui était nécessaire.

L'Empereur avait l'habitude, comme l'on sait, de prendre du tabac à chaque instant ; c'était en lui une espèce de manie exercée la plupart du temps par la distraction. Sa tabatière se trouvait bientôt vide, et il n'en continuait pas moins d'y puiser à chaque instant, ou de la porter constamment tout ouverte à son nez, surtout quand il avait lui-même la parole. C'était alors aux chambellans qui s'étaient faits le plus à son service, ou qui y mettaient le plus de recherche, à lui soustraire cette tabatière vide pour y en substituer une pleine ; car il existait une grande émulation de soins, de galanterie parmi les chambellans favorisés du service habituel près de l'Empereur, service extrêmement envié. C'était, du reste, à peu près toujours les mêmes, soit qu'ils s'intriguassent beaucoup pour y demeurer, soit qu'il fût naturellement plus agréable à l'Empereur de voir continuer un service déjà goûté. Au demeurant, c'était le grand maréchal Duroc qui arrêtait toutes ces dispositions.

Au sujet de ces soins et de cette galanterie, l'un d'eux qui s'était aperçu que l'Empereur, allant au théâtre, oubliait parfois sa lorgnette, dont il faisait un grand usage au spectacle, avait imaginé d'en faire faire une toute semblable et de verres pareils, si bien que la première fois qu'il vit l'Empereur en être privé, il la lui présenta comme la sienne. De retour dans son intérieur, l'Empereur se trouva donc avoir deux lorgnettes, sans qu'on pût lui dire comment. Le lendemain il s'enquit du chambellan dont il l'avait reçue, qui lui répondit simplement que c'en était une en réserve pour son besoin.

L'Empereur ne laissait pas d'être fort sensible à ces soins, innocens en eux-mêmes, l'on pourrait même dire touchans, s'ils ne venaient que du cœur et s'ils n'avaient d'autre guide qu'une véritable affection ; car alors on ne se montrait pas par là un courtisan servile, mais bien un serviteur tendrement dévoué ; d'autant plus que Napoléon, de son côté, bien qu'on en ait voulu dire dans les salons de Paris, était plein de véritables égards pour les personnes de son service. Quand il quittait Paris pour Saint-Cloud, la Malmaison ou autres lieux, en un mot, ce qu'on appelait à la cour être à la campagne, il admettait d'ordinaire son service au nombre des réceptions privées qui composaient le soir son cercle familier, et dont la faveur était tenue à si haut prix. Dans ces circonstances encore, il faisait manger avec lui ses chambellans. Aussi un jour, à Trianon, à table, et fort enrhumé du cerveau, ce qui lui arrivait souvent, il eut besoin d'un mouchoir ; et comme on courait le chercher, le chambellan de service, assis à ses côtés, et parent de Marie-Louise, s'empressa de lui en présenter un dont il avait eu soin de se précautionner, et voulait reprendre l'autre. « Je vous remercie, « dit l'Empereur ; mais je ne pardonnerais pas qu'on pût dire que j'ai laissé « M. un tel toucher mon mouchoir sale. » Et il le jeta par terre. Tel était pourtant l'homme que dans nos cercles l'on disait si grossier, si brutal, maltraitant tout son service, et jusqu'aux dames du palais même. Le fait est que l'Empereur, au contraire, était des plus scrupuleusement attaché aux convenances, et fort sensible aux petits soins qu'il recevait, bien qu'il n'en témoignât jamais rien, il est vrai ; c'était manie ou système chez lui ; il fallait savoir le deviner, et l'on s'en apercevait à son œil devenu plus attentif, au son de sa voix plus radouci. Au rebours d'autres qui accablent d'expressions touchantes, qu'ils ne sentent souvent pas, Napoléon semblait s'être fait la loi de contenir ou de déguiser les sensations bienveillantes qu'on lui inspirait. Je crois l'avoir déjà dit ailleurs ; en voici quelques preuves nouvelles qui me reviennent en cet instant : elles seront d'autant plus caractérisques, qu'elles appartiendront à Longwood même, où Napoléon néanmoins devait avoir plus d'abandon et se tenir moins en garde.

J'étais d'ordinaire assis auprès de mon fils quand l'Empereur lui dictait, tout en marchant dans son appartement ; or il lui arrivait souvent de s'arrêter derrière moi pour voir où en était la dictée. Combien de fois, dans cette situation, il me serrait la tête de ses deux bras ! Souvent alors une légère pression me rapprochait d'abord de lui ; mais presque aussitôt réprimant ce mouvement, il ne semblait plus qu'avoir voulu s'accouder sur mes épaules, ou bien encore s'essayer, comme par jeu, de me faire plier, se récriant alors sur ma force.

A mon fils, qu'il aimait beaucoup, je l'ai vu souvent faire de la main ce qu'on eût pu appeler une caresse ; et comme pour annuler tout aussitôt ce geste, l'accompagner à l'instant de paroles dites d'une voix relevée, approchant fort de la brusquerie. Enfin je l'ai vu entrant un jour au salon, dans des dispositions de contentement et de distraction, prendre affectueusement la main de madame Bertrand, l'élever pour la porter à ses lèvres, et s'arrêter subitement par un mouvement qui eût eu de la gaucherie, si madame Bertrand elle-même n'y eût pourvu en s'empressant, avec cette grâce parfaite qui la caractérise, de baiser elle-même cette main qui lui avait été tendue. Mais me voilà bien loin de mon sujet, je me suis laissé aller au bavardage. Revenons au Conseil d'État.

On nous distribuait, imprimés et à domicile, tous les rapports, les projets d'avis et de décrets que nous devions discuter. Il est tel objet, l'Université, par exemple, qui a subi peut-être vingt rédactions; d'autres languissaient long-temps dans les cartons, ou finissaient même par disparaître tout-à-fait sans qu'il en fût donné aucun motif.

Au retour de ma mission en Hollande, et tout nouvellement membre du Conseil d'État, spécialement attaché à la marine, dans tout le feu de mon premier zèle, et fort de mes observations en Hollande, je pris la parole sur la conscription, laquelle se discutait en cet instant. Je demandai qu'il fût permis à tous les conscrits hollandais, vu leur sympathie naturelle, de choisir le service de la marine. Je demandai encore que dans toute la conscription française, il fût loisible à chacun de faire le même choix. Je faisais ressortir les inconvéniens qu'on évitait par là, et les grands avantages qu'on se procurait. On ne pouvait, disais-je, trop multiplier nos marins. Nos équipages de vaisseaux étaient de vrais régimens; les mêmes hommes étaient donc tout à la fois matelots et soldats, canonniers et pontonniers; avec la même solde, on obtenait deux services, etc. Le tout allait fort bien jusque là ; je me félicitais intérieurement, je touchais à ma conclusion, quand le mot eut le malheur de me manquer; l'absence atteignit bientôt jusqu'à l'idée, et me voilà muet, interdit, sans plus savoir ni ce que je voulais, ni même où j'étais. Je parlais là pour la première fois ; j'avais fait une entreprise extraordinaire, celle de surmonter ma timidité naturelle. Un silence profond régnait autour de moi, une multitude d'yeux m'ajustaient; je crus que j'allais défaillir. Il ne me resta plus qu'à avouer ma souffrance, à dire à l'Empereur que je préférerais bien davantage de me trouver à une bataille, et qu'à lui demander enfin la permission d'achever par la lecture de quelques lignes écrites. Mais à partir de là il ne m'est jamais venu l'envie de prendre la parole de nouveau ; j'en ai été guéri pour toujours ; mon éloquence ne s'est jamais répétée. Toutefois, et malgré ma mésaventure, mon peu de paroles n'avait pas été perdu pour l'Empereur ; car, à quelques jours de là, l'aide de camp de service, le comte Bertrand, me dit que Sa Majesté jouant au billard, et voyant entrer le ministre de la marine, l'avait apostrophé sur le sujet, lui disant : « Eh bien! Las Cases nous a lu au Conseil un très bon mé« moire sur la composition des matelots : il est loin d'être de votre avis sur « l'âge que vous voulez d'eux, etc., etc. »

Il n'y avait pas de séance présidée par l'Empereur qui ne fût du plus grand intérêt, parce qu'il y parlait toujours, et que tout ce qu'il disait était extrêmement remarquable. J'en sortais toujours enthousiasmé ; mais ce qui me surprenait fort et m'indignait beaucoup, c'était d'entendre le soir répéter dans les salons quelques-unes de ces choses, mais toujours très défigurées et en général très malveillantes. D'où pouvait naître une si singulière circonstance? Était-ce infidélité dans celui qui avait entendu? était-ce méchanceté chez celui à qui on l'avait redit? Toutefois la chose était ainsi.

J'eus plus d'une fois l'envie, dans le temps, d'écrire ce dont j'avais été le témoin, et j'ai beaucoup regretté depuis de ne l'avoir pas fait. Je vais transcrire ici quelques souvenirs épars qui reviennent à ma mémoire.

Un jour l'Empereur, parlant des droits politiques à accorder à des étrangers d'origine française, disait : « Le plus beau titre sur la terre est d'être « né Français ; c'est un titre dispensé par le ciel, qu'il ne devrait être donné « à personne sur la terre de pouvoir retirer. Pour moi, je voudrais qu'un « Français d'origine, fût-il à sa dixième génération d'étranger, se trouvât « encore Français s'il le réclamait. Je voudrais, s'il se présentait sur l'autre

« rive du Rhin disant : Je veux être Français, que sa voix fût plus forte que
« la loi, que les barrières s'abaissassent devant lui, et qu'il rentrât triomphant
« au sein de la mère commune. »

Une autre fois il disait, au sujet de je ne sais quoi : « L'Assemblée con-
« stituante fut bien gauche d'abolir jusqu'à la noblesse purement titulaire,
« ce qui humilia beaucoup de monde. Moi, je fais mieux, j'anoblis tous
« les Français ; chacun peut être fier. »

Une autre fois, et je l'ai peut-être déjà cité ailleurs, il disait : « Je veux
« élever la gloire du nom français si haut qu'il devienne l'envie des nations ;
« je veux un jour, Dieu aidant, qu'un Français voyageant en Europe croie
« se trouver toujours chez lui. »

Enfin une autre fois encore, et au sujet d'un projet de décret dont je ne
me rappelle pas quel a été le résultat, mais qui avait pour objet de déterminer que les rois de la famille impériale occupant des trônes étrangers lais-
seraient leurs titres et leur étiquette de roi à la frontière, pour ne les reprendre qu'en sortant, l'Empereur, répondant à quelques objections et ex-
posant les motifs, dit : « Du reste, je leur réserve en France un bien plus
« beau titre encore ; ils y seront plus que rois, ils seront princes français. »

Je pourrais multiplier à l'infini une foule de citations pareilles : elles doivent être demeurées dans le souvenir de tous les membres du Conseil comme
dans le mien. A présent l'on s'étonnera peut-être qu'ayant vu si souvent
l'Empereur, qu'en ayant entendu de telles paroles, j'aie dit que je ne le connaissais pas encore quand je me suis déterminé à le suivre. Ma réponse est
que dans les temps dont je parle j'avais à son sujet encore plus d'admiration
et d'enthousiasme que de véritable conviction. Nous étions assaillis, dans
le palais même, de tant de bruits absurdes sur sa personne et son petit intérieur, nous avions si peu de communication directe avec lui, qu'à force
d'avoir entendu répéter les mêmes choses, il me restait peut-être, à l'insu
de moi-même, une espèce de défiance et de doute. On nous le disait si dissimulé, si astucieux, si rusé, qu'il était possible, après tout, qu'il pronon-
çât en public d'aussi magnifiques paroles dans quelque vue particulière et
sans le sentir aucunement : il en est tant qui pensent si mal et s'expriment
si bien ! Aussi ce n'est qu'ici, à Longwood, et depuis que j'ai appris à le
connaître à fond, que je sais combien il était là réellement et naturellement
lui-même. Jamais peut-être sur la terre nul n'aima la France et son lustre
comme lui ; il n'est pas de sacrifice qui lui eût coûté pour elle. Il l'a prouvé
à Chatillon, il l'a prouvé au retour de Waterloo, et il l'exprimait énergiquement quand sur son roc il me disait ces paroles mémorables que j'ai déjà
citées : « Non, mes véritables souffrances ne sont point ici ! »

Mais voici d'autres sujets, les uns plaisans, d'autres plus graves. Un jour
le conseiller d'État, général Gassendi, se trouvant prendre part à la discussion du moment, s'y appuya de la doctrine des économistes ; l'Empereur, qui l'aimait beaucoup à titre d'ancien camarade de l'artillerie, l'arrêtant, lui dit : « Mais, mon cher, qui vous a rendu si savant ? où avez-vous
« pris de tels principes ? » Gassendi, qui parlait rarement, après s'être défendu de son mieux, se trouvant dans ses derniers retranchemens, répondit qu'après tout c'était de lui, Napoléon, qu'il avait pris cette opinion.
« Comment ! s'écria l'Empereur avec chaleur, que dites-vous là ? est-ce bien
« possible ? Comment ! de moi, qui ai toujours pensé que s'il existait une mo-
« narchie de granit, il suffirait des idéalités des économistes pour la réduire
« en poudre ! » Et après quelques autres développemens, partie ironiques,

partie sérieux, il conclut : « Allons, mon cher, vous vous serez endormi « dans vos bureaux, et vous y aurez rêvé tout cela. » Gassendi, qui se fâchait aisément, lui riposta : « Oh! pour nous endormir dans nos bureaux, « Sire, c'est une autre affaire, j'en défierais bien avec vous, vous nous y « tourmentez trop pour cela. » Et tout le Conseil de rire, et l'Empereur plus fort que les autres.

Une autre fois on s'occupait d'organiser les provinces illyriennes, acquises depuis peu. La partie de ces provinces limitrophes des Turcs avait des régimens croates dont l'organisation était toute particulière; c'étaient de vraies colonies militaires : elles avaient été imaginées, il y avait plus d'un siècle, par le grand Eugène pour servir de barrrière contre les incursions et les brigandages des Turcs, et avaient toujours depuis fort bien rempli leur destination. La commission chargée de ce travail proposait la dissolution de ces régimens croates, et les remplaçait par une garde nationale à l'instar de la nôtre. « Est-on fou? s'écria l'Empereur à cette lecture; des « Croates sont-ils des Français, et a-t-on bien compris l'excellence de l'insti- « tution, son utilité, son importance? — Sire, répondit celui qui se trou- « vait dans l'obligation de défendre le rapport, les Turcs n'oseraient pas au- « jourd'hui recommencer leurs excès. — Et pourquoi cela? — Sire, parce « que Votre Majesté est devenue leur voisin. — Eh bien? — Sire, ils auraient « trop de respect pour votre puissance. — Ah! oui, Sire, Sire, reprit verte- « ment l'Empereur, des complimens à présent! Eh bien, Monsieur, allez les « porter aux Turcs, qui vous répondront par des coups de fusil, et vous « viendrez m'en donner des nouvelles. » Et il prononça dès cet instant que les régimens croates seraient conservés.

Un jour on nous proposa un projet de décret touchant les ambassadeurs. Ce projet était fort remarquable, je ne pense pas qu'on en ait eu connaissance dans le monde. La froideur du Conseil à ce sujet le fit disparaître, ainsi que beaucoup d'autres qui ont éprouvé le même sort; ce qui, pour le dire en passant, donne une preuve de plus d'une certaine indépendance dans le Conseil, et montre dans l'Empereur plus de modération qu'on ne lui en croyait.

L'Empereur, qui semblait seul appuyer ce décret et y tenir beaucoup, dit, dans sa défense, des choses très curieuses. Il prétendait que les ambassadeurs n'eussent ni prérogatives ni priviléges qui pussent les mettre à l'abri des lois du pays; tout au plus accorderait-il qu'ils fussent soumis seulement à une juridiction plus relevée. « Je ne m'opposerais pas, par exemple, disait-il, « à ce qu'ils ne devinssent justiciables qu'après une décision préalable d'une « réunion des ministres et des hauts dignitaires de l'empire, à ce qu'ils ne « fussent jugés que par un tribunal spécial, composé des premiers magistrats « et des premiers fonctionnaires de l'Etat. M'objecteriez-vous que les souve- « rains, se trouvant compromis dans la personne de leurs représentans, ne « m'enverraient plus d'ambassadeurs? Où serait le malheur? Je retirerais « les miens, et l'État gagnerait d'immenses salaires fort onéreux, et souvent « au moins très inutiles. Pourquoi voudrait-on soustraire les ambassadeurs « à toute juridiction? Ils ne doivent être envoyés que pour être agréables, « pour entretenir un échange de bienveillance et d'amitié entre les souve- « rains respectifs. S'ils sortent de ces limites, je voudrais qu'ils rentrassent « dans la classe de tous, dans le droit commun. Je ne saurais admettre ta- « citement qu'ils pussent être auprès de moi à titre d'espions à gages, ou « bien alors je suis un sot, et je mérite tout le mal qu'il peut m'en arriver.

« Seulement il s'agit de s'entendre et de le proclamer d'avance, afin de ne
« pas tomber dans l'inconvénient de violer ce qu'on est convenu d'appeler
« jusqu'ici le droit des gens et les habitudes reçues.

« Au plus fort d'une crise célèbre, disait-il, on vint m'avertir qu'un grand
« personnage (M. le comte d'Artois), venu furtivement de Londres, s'était
« réfugié chez M. de Cobentzel, et s'y croyait à l'abri sous les immunités de
« cet ambassadeur d'Autriche. Je mandai M. de Cobentzel pour connaître le
« fait, et lui déclarer qu'il serait malheureux qu'il en fût ainsi ; car un pué-
« ril usage ne serait rien à mes yeux contre le salut d'une nation ; que je
« n'hésiterais pas à faire saisir le coupable et son receleur privilégié, à les
« livrer tous deux à un tribunal, et à les faire exécuter : et je l'aurais fait,
« Messieurs, ajouta-t-il fièrement en élevant la voix. On le savait bien, aussi
« on ne s'y frottait pas. » Ces paroles me parurent terribles alors, mais aujourd'hui que je connais si bien Napoléon, je suis sûr qu'elles étaient prononcées bien moins pour le personnage qu'elles concernaient que pour nous
tous qui écoutions.

L'Empereur, long-temps avant son expédition de Russie, un ou deux ans
peut-être, avait voulu établir dès lors un classement militaire de la nation.
Il fut lu au Conseil d'État jusqu'à quinze ou vingt rédactions de l'organisation des trois bans de la garde nationale en France. Le premier, celui des
jeunes gens, était d'aller jusqu'à la frontière ; le second, celui de l'âge mitoyen et des hommes mariés, ne sortait pas du département ; enfin le dernier, celui des hommes âgés, demeurait uniquement à la défense de la ville.
L'Empereur, qui y tenait beaucoup, y revint souvent, et dit de très belles
choses extrêmement patriotiques ; mais il y eut constamment dans tout le
Conseil une défaveur marquée, une opposition sourde et inerte. Les affaires
marchaient, et l'Empereur, attiré par d'autres objets, vit échapper ce plan
que sa prévoyance calculait sans doute pour notre salut ; et qui l'eût été en
effet ! Par ce plan plus de deux millions d'individus se seraient trouvés classés,
armés lors des désastres ; qui alors eût osé nous aborder ? Dans une de ces
séances, l'Empereur eut un mouvement fort chaud, fort remarquable. Un
membre (M. Malouet) employait beaucoup de circonlocutions peu favorables à cette organisation. L'Empereur lui adressa sa phrase habituelle. « Par-
« lez hardiment, Monsieur, ne mutilez pas votre pensée, dites-la tout en-
« tière ; nous sommes ici entre nous. » L'orateur alors déclara que cette
mesure alarmait tout le monde, que chacun frémissait de se voir classé,
dans la persuasion que, sous le prétexte de la défense intérieure, on ne s'occupait que du moyen de les transporter au dehors. « Eh bien ! à la bonne
« heure, dit l'Empereur, je vous comprends à présent. Mais, Messieurs,
« dit-il en s'adressant à tout le Conseil, vous êtes tous pères de famille,
« jouissant d'une grande fortune, exerçant des emplois importans ; vous de-
« vez avoir une immense clientèle ; vous devez être bien gauches ou bien
« peu soigneux, si, avec tous ces avantages, vous n'exercez pas une grande
« influence d'opinion. Or, comment se fait-il que vous, qui me connaissez si
« bien, me laissiez si peu connu ! Et depuis quand m'avez-vous vu employer
« la ruse et la fraude dans mon système de gouvernement ? Je ne suis point
« timide, et n'ai point l'usage des voies obliques. Si j'ai un défaut, c'est de
« m'expliquer trop vertement, trop laconiquement peut-être ; je me con-
« tente de prononcer ; j'ordonne, parce que je m'en repose ensuite, pour
« les formes et les détails, sur les intermédiaires qui exécutent ; et Dieu sait
« si, sur ce point, j'ai beaucoup à me louer ! Si donc j'avais besoin de monde,

« je le demanderais hardiment au Sénat qui me l'accorderait ; et si je ne
« l'obtenais de lui, je m'adresserais au peuple même, que vous verriez mar-
« cher avec moi. Je vous étonne peut-être, car vous semblez parfois ne pas
« vous douter du véritable état des choses. Sachez que ma popularité est
« immense, incalculable ; car, quoi qu'on en veuille dire, partout le peuple
« m'aime et m'estime ; son gros bon sens l'emporte sur toute la malveillance
« des salons et la métaphysique des niais. Il me suivrait en opposition de
« vous tous. Cela vous étonne encore, et pourtant il en serait ainsi ; c'est
« qu'il ne connaît que moi : c'est par moi qu'il jouit sans crainte de tout ce
« qu'il a acquis ; c'est par moi qu'il voit ses frères, ses fils, indistinctement
« avancés, décorés, enrichis ; c'est par moi qu'il voit ses bras facilement et
« toujours employés, ses sueurs accompagnées de quelques jouissances. Il
« me trouve toujours sans injustice, sans préférence. Or il voit, il touche,
« il comprend tout cela et rien de plus, rien surtout de la métaphysique ;
« non que je repousse les vrais, les grands principes, le Ciel m'en préserve !
« on me les voit pratiquer autant que nos circonstances extraordinaires me
« le permettent ; mais je veux dire que le peuple ne les comprend pas en-
« core, au lieu qu'il me comprend tout-à-fait, et s'en fie à moi. Croyez donc
« qu'il fera toujours ce que nous réglerons pour son bien. Ne vous en lais-
« sez pas surtout imposer par l'opposition que vous mentionnez : elle
« n'existe que dans les salons de Paris, nullement dans la nation ; et, dans
« le projet qui nous occupe en cet instant, je n'ai nulle vue ultérieure au
« dehors, je le déclare ; je ne pense qu'à la sûreté, au repos, à la stabilité
« de la France au dedans. Poursuivez donc les bans de la garde nationale ;
« que chaque citoyen connaisse son poste au besoin ; que M. Cambacérès,
« que voilà, soit dans le cas de prendre son fusil si le danger le requiert, et
« alors vous aurez vraiment une nation maçonnée à chaux et à sable, capa-
« ble de défier les siècles et les hommes. Je relèverai, du reste, cette garde
« nationale à l'égal de la ligne ; les vieux officiers retirés en seront les chefs
« et les pères ; j'en ferai solliciter les grades à l'égal des faveurs de la cour,
« etc., etc. »

On doit retrouver tout cela dans les registres de M. Locré, partie au sujet des bans de la garde nationale, partie encore, autant que je puis me le rappeler, au sujet d'une des conscriptions annuelles. Je me souviens aussi qu'il fut particulièrement question, un jour, de l'Université. L'Empereur se fâchait sur le peu de progrès et la mauvaise direction de sa marche. M. de Ségur fut chargé de présenter un rapport à ce sujet, et le fit avec sa franchise et sa loyauté accoutumées. Il abordait franchement la question, trouvait que la création de l'Empereur était mal comprise, mal exécutée ; que la science ne devait y être que secondaire ; que les principes et la doctrine nationale devaient y passer avant tout, et que c'était pourtant ce dont on semblait s'y occuper le moins.

L'Empereur ne se trouvait pas à la séance. Une telle sortie déplut sans doute aux amis du principal intéressé. Nous avions le tort de sacrifier beaucoup à l'esprit de coteries. Ce rapport ne reparut jamais ; on le retira de nos cartons, et l'on y mit même assez d'importance pour le redemander à ceux de nous qui l'avaient emporté chez eux.

Toutefois, à quelque temps de là, les grands dignitaires de l'Université furent mandés à la barre du Conseil. L'Empereur se fâcha, parla de la mauvaise organisation, du mauvais esprit qui semblait présider à cette institution importante, dit qu'on gâtait toutes ses idées, qu'on n'exécutait jamais bien ses intentions. Le grand maître courba devant l'orage, et n'en continua pas moins son train accoutumé; et l'Empereur dit qu'à son retour de l'île d'Elbe on l'a assuré que ce même grand maître de l'Université s'était vanté, auprès du gouvernement qui succédait, d'avoir gêné, dénaturé, autant qu'il avait été en son pouvoir, l'impulsion que Napoléon avait prétendu imprimer aux générations qui s'élevaient.

Souvenirs de Waterloo.

Mardi 18. — L'Empereur m'avait fait appeler dans son cabinet avant le dîner : il était occupé à lire les journaux de France qui venaient d'arriver.

« Un soin tout particulier, disait-il, semblait en cet instant animer les Bourbons en France, celui de déterrer les morts. Quelques vestiges retrouvés, réels ou supposés, étaient pour eux une grande affaire ; c'était là, avec des créations de moines, les triomphes nouveaux dont ils illustreraient désormais la nation. »

« Il est sûr, ajoutait l'Empereur, qu'ils vont faire tout leur possible pour « *encapuciner* cette pauvre France ; il vont la couvrir de moines et de prê- « tres, bien plus par hypocrisie que par ferveur, tant ils sont persuadés et « tant il est vrai que le trône et l'autel sont des alliés naturels, indispensa- « bles pour enchaîner le peuple et l'abrutir..... » Puis il a repris « O na- « tions ! avec votre sagesse, quelles sont pourtant vos destinées ! Vous êtes en « masse le jouet des passions et du caprice comme on pourrait l'être des « vents et de la mode..... De mon temps, on n'a entendu que guerres, ba- « tailles, bulletins ; aujourd'hui, ce ne sont que prières, cloches et ser- « mons..... Toutes mes casernes peuvent se transformer en séminaires, et « peut-être une conscription d'abbés remplacera notre conscription de sol- « dats, etc. »

Après dîner, en résumant les papiers déjà lus, l'Empereur remarquait que l'agitation et l'incertitude continuaient à régner en France ; il faisait observer que les derniers papiers anglais s'exprimaient avec la dernière indécence sur la famille royale..... Plus tard, un autre article l'a porté à dire : « Les circonstances actuelles, les besoins du moment et une sympathie d'an- « cienne date concourent extrêmement à favoriser le retour des moines en « France : cela doit y être caractéristique comme chez le pape. » Et s'arrêtant sur celui-ci, il concluait : « Encore pour lui, du moins, est-ce son « affaire spéciale, et qui peut lui redonner une force réelle. Croirait-on bien « que, prisonnier à Fontainebleau, et lorsqu'il s'agissait de savoir s'il exis- « terait lui-même, il discutait sérieusement avec moi l'existence des moines, « et prétendait m'amener à les rétablir !..... C'est bien là de la cour de « Rome !..... etc., etc. »

C'était aujourd'hui l'anniversaire de la bataille de Waterloo. Le souvenir en a été réveillé par quelqu'un ; il a produit une impression visible sur l'Empereur. « Journée incompréhensible ! a-t-il prononcé avec douleur..... Con- « cours de fatalités inouïes !... Grouchy !... Ney !... d'Erlon !... N'y a-t-il eu « que du malheur ! Ah ! pauvre France !... » Et il s'est couvert les yeux de la main. « Et pourtant, disait-il, tout ce qui tenait à l'habileté avait été ac- « compli !... tout n'a manqué que quand tout avait réussi !... »

Dans un autre moment, il disait, sur le même sujet : « Singulière campa- « gne, où, dans moins d'une semaine, j'ai vu trois fois s'échapper de mes « mains le triomphe assuré de la France et la fixation de ses destinées.

« Sans la désertion d'un traître, j'anéantissais les ennemis en ouvrant la
« campagne.
« Je les écrasais à Ligny, si ma gauche eût fait son devoir.
« Je les écrasais encore à Waterloo, si ma droite ne m'eût pas manqué.
« .... Singulière défaite, où, malgré la plus horrible catastrophe, la
« gloire du vaincu n'a point souffert, ni celle du vainqueur augmenté : la
« mémoire de l'un survivra à sa destruction; la mémoire de l'autre s'ense-
« velira peut-être dans son triomphe !...... »

Départ du *Northumberland*.—Introduction et forme des campagnes d'Italie.—Campagne de Russie, par un aide de camp du vice-roi.

Mercredi 19. —Aujourd'hui *le Northumberland* est parti pour l'Europe.
Nous avions fait la traversée sur ce vaisseau, nous avions souvent conversé avec tous les officiers, qui nous avaient extrêmement bien traités; l'équipage nous avait montré beaucoup de bienveillance ; enfin l'amiral Cockburn même, contre lequel nous avions bien plus d'humeur que de répugnance, et dont les torts au fond ne nous avaient pas blessé le cœur; soient ces choses réunies, ou toute autre dont je ne me rends pas compte, ou bien peut-être encore cette disposition si forte, si naturelle à s'attacher à ses semblables, et à se créer des liens sociaux, toujours est-il certain que nous ne nous trouvâmes pas indifférens à ce départ; il nous semblait que nous perdions quelque chose.

L'Empereur avait eu une très mauvaise nuit : il a mis les pieds dans l'eau, pour soulager un grand mal de tête.

Il est sorti vers une heure pour se promener dans le jardin tenant le premier volume d'un ouvrage anglais sur sa vie. Il le parcourait en marchant. L'auteur se donnait pour moins malintentionné que Goldsmith. Il renfermait moins de saletés, il est vrai ; mais c'étaient encore les mêmes inventions ou la même ignorance, les mêmes contes, les mêmes faussetés. Il lisait l'article de son enfance, ou des premières années de son collége. Tout y était imaginaire et controuvé; ce qui lui fit me dire que j'avais eu bien raison d'insister pour que tous ces objets se trouvassent en tête de la campagne d'Italie, que ce qu'il lisait en ce moment l'y décidait plus que jamais.

Pour comprendre ceci, je dois dire, ce que j'ai toujours négligé de faire, que la campagne d'Italie dictée, les chapitres réglés et finis, l'Empereur s'était montré très incertain sur la manière d'entrer en matière. Il avait varié beaucoup et souvent, tournant autour de trois ou quatre idées qu'il abandonnait et reprenait tour à tour. Quelquefois il voulait commencer par quelques entreprises insignifiantes dont il avait fait partie avant le siège de Toulon ; une expédition manquée sur la Sardaigne, etc. Quelquefois encore il voulait mettre en tête les premiers commencemens de notre révolution, l'état de l'Europe et les mouvemens de nos armées. Je combattais toujours ces idées ; cela devait le mener trop loin, disais-je. Il avait commencé par me dicter le siége de Toulon, et c'était là, soutenais-je constamment, le véritable point de départ, l'ordre naturel, car ce n'était pas, remarquai-je, une histoire qu'il voulait entreprendre, mais bien ses mémoires particuliers. Or, dans ce bel épisode des siècles, il devait, disais-je, apparaître tout à coup sur la scène et sur le premier plan qu'il était destiné à ne jamais plus quitter. C'était à moi, éditeur, à consacrer dans une introduction de ma façon tous les détails des premières années et des temps antérieurs à celui où lui Napoléon prenait la parole. Il goûta enfin cette idée, l'exposa, la débattit un jour à table, et prononça qu'il s'y arrêtait. Voilà l'historique de la forme des campagnes d'Italie, et ce à quoi l'Empereur faisait allusion plus haut.

A trois heures, le gouverneur et le nouvel amiral sir Pulteney Malcolm ont été introduits chez l'Empereur, qui, bien qu'il fût souffrant, a été néanmoins très gracieux et fort causant.

Avant et après le dîner, l'Empereur a parcouru l'ouvrage d'un ancien aide de camp du vice-roi sur la campagne de Russie. On le lui avait dit affreux. L'Empereur s'est tellement habitué aux libelles et aux pamphlets que les déclamations ne lui font plus rien. Il ne voit plus dans ces ouvrages que les faits; et, sous ce point, il ne trouvait pas celui-ci si mauvais qu'on le lui avait dit : « Un historien y prendrait de bonnes choses, disait-il, des « faits, et négligerait les déclamations, qui ne sont faites que pour les sots. « Or, ici l'auteur prouve que les Russes eux-mêmes ont brûlé Moscou, Smo-« lensk, etc....., que nous avons été victorieux dans toutes les affaires. Les « faits, dans cet ouvrage, remarquait alors l'Empereur, ont été évidemment « rédigés pour être publiés sous mon règne au temps de ma puissance. Les « déclamations ont été intercalées depuis ma chute.

« Quant aux désastres de la retraite, je ne lui ai laissé rien à dire non « plus qu'aux autres libellistes, mon vingt-neuvième bulletin a été leur dés-« espoir. Ils ont été, dans leur rage, jusqu'à me reprocher d'avoir exa-« géré. Ils étaient furieux; je les privais aussi d'un beau sujet; je leur avais « enlevé leur proie. »

Après la citation de cet auteur et de plusieurs autres Français, tous dénaturant nos victoires et déclamant contre nous-mêmes, il n'a pu s'empêcher de remarquer qu'il était sans exemple de voir une nation s'acharner ainsi à ruiner sa propre gloire, de voir s'élever de son propre sein les mains occupées à flétrir et à détruire ses trophées. « Mais du milieu d'elle s'élève-« ront indubitablement aussi, disait-il, des vengeurs. Les temps à venir « noteront d'infamie le délire d'aujourd'hui. » Et il s'écriait : « Se peut-il « bien que ce soient des Français qui parlent, qui écrivent ainsi? N'ont-ils « donc ni cœur ni entrailles pour la patrie? Non, ils ne sont point Fran-« çais; ils parlent notre langue peut-être, ils sont nés sur le même sol que « nous; mais ils n'ont ni notre cœur ni nos sentiments. Ils ne sont point « Français! »

Paroles prophétiques, etc.—Lord Holland, etc., princesse Charlotte de Galles.—Conversation particulière et personnelle inappréciable pour moi.

Vendredi 21. — L'Empereur marchait dans le jardin; nous étions tous autour de lui. La conversation est tombée sur la possibilité de se trouver un jour en Europe, de revoir la France. « Mes chers amis, nous a-t-il dit « avec un véritable sentiment, avec une expression impossible à rendre, « vous autres vous la reverrez! — Non pas sans vous! » nous sommes-nous écriés tous. Cela a conduit à analyser de nouveau les chances probables de sortir de Sainte-Hélène, et toutes venaient se perdre dans l'obligation et la nécessité de convenir que ce ne pouvait être qu'avec l'intermédiaire des Anglais. Et l'Empereur ne voyait pas trop comment cela pourrait arriver. « L'impression est faite, disait-il, elle est trop profonde, ils me craindront « toujours. M. Pitt le leur a dit : il n'y a point de salut pour vous avec un

« homme qui a toute une invasion dans sa seule tête. — Mais, reprenait
« quelqu'un, s'il venait à se trouver pourtant de nouveaux intérêts ; s'il arri-
« vait un ministère vraiment libéral et constitutionnel, n'aurait-il donc aucun
« avantage à fixer par vous, Sire, les principes libéraux en France, et à les
« propager par là sur tout le continent? — A la bonne heure, disait l'Empe-
« reur, je conçois ceci. — Ce ministère, continuait-on, n'aurait-il donc au-
« cune garantie dans ces principes libéraux mêmes, et dans vos propres
« intérêts? — J'en conviens encore, disait l'Empereur. Lord Holland, mi-
« nistre, m'écrivant à Paris : Si vous faites cela, je serai renversé ; ou la
« princesse Charlotte de Galles qui m'eût tiré d'ici, me faisant dire à Paris :
« Si vous agissez ainsi, je deviendrai l'horreur, j'aurai été le fléau de ma
« nation, seraient des paroles qui m'arrêteraient court et m'enchaîneraient
« plus que des armées, etc., etc.

« Et puis, au fait, qu'aurait-on à craindre ! Que je fisse la guerre? je suis
« trop vieux. Que je courusse encore après la gloire? je m'en suis gorgé,
« j'en avais fait litière, et, pour le dire en passant, c'était une chose que
« j'avais rendue désormais tout à la fois bien commune et bien difficile. Que
« je commençasse des conquêtes? je n'en fis pas par manie, elles étaient le
« résultat d'un grand plan, je dirais bien plus, de la nécessité : elles furent
« raisonnables dans leur temps ; aujourd'hui elles seraient impossibles ; elles
« étaient exécutables alors, il serait insensé d'en avoir l'intention à présent ;
« et puis, les bouleversemens et les malheurs de la pauvre France ont dé-
« sormais enfanté assez de difficultés ; il y aurait assez de gloire à la dé-
« blayer, pour n'avoir pas à en rechercher d'autre. »

Deux de ces messieurs avaient été à la ville voir les nouveaux arrivans et courir après les nouvelles. Leur retour et leur récit ont fait au jardin, quelques instans, l'occupation de l'Empereur. Il est rentré sur les six heures dans son cabinet, où il m'a dit de le suivre ; bientôt après, le hasard a amené une très longue conversation d'un intérêt et d'un prix inexprimables pour moi. Bien que le sujet m'en soit purement et exclusivement personnel, je n'ai garde de le passer sous silence : les traits caractéristiques relatifs à Napoléon, lesquels s'y rencontrent à chaque instant, seraient mon excuse si j'en avais besoin.

Les nouveaux venus sur *le Newcastle* avaient encore parlé beaucoup de mon Atlas historique, ce qui porta l'Empereur à remarquer de nouveau qu'il était inouï le bien que m'avait fait cet ouvrage, et qu'il était inouï aussi qu'il n'en eût pas eu une exacte connaissance !

« Comment ne s'est-il donc trouvé, me disait-il, aucun de vos amis qui
« m'en ait donné une idée juste? Je ne l'ai bien vu qu'à bord du *Northum-*
« *berland*, et il est connu de toute la terre. Comment n'avez-vous pas de-
« mandé à m'en entretenir vous-même? je vous eusse apprécié, je vous eusse
« fait une tout autre fortune. J'en avais une idée tellement confuse et telle-
« ment subalterne, que peut-être vous était-elle défavorable. Voilà les sou-
« verains et leur malheur ; car personne n'avait plus de bonne volonté sans
« doute que moi. Ceux qui étaient déjà fixés autour de ma personne eussent
« pu tout, auprès de moi, pour une chose comme la vôtre, parce que c'é-
« tait un fait que je pouvais juger moi-même, et que je ne demandais
« pas mieux. A présent que je connais vos cartes, que j'ai une idée juste du
« classement inappréciable qu'elles présentent, de l'impression ineffaçable
« qu'elles doivent inculquer aux enfans, quant aux temps, aux distances,
« aux embranchemens, j'aurais voulu créer une espèce d'*École normale* pour

« cet objet, ou en assurer du moins l'enseignement uniforme. Votre ou-
« vrage, ou certaines parties, *eussent inondé les lycées*; je lui aurais donné
« une bien autre célébrité. Je vous le répète, pourquoi ne me l'avez-vous pas
« fait connaître? C'est un secret fâcheux à confesser; mais il faut le dire,
« mon cher, un peu d'intrigue est indispensable auprès des souverains; la
« modestie est presque toujours perdue. Se peut-il que Clarke, Decrès,
« Montalivet, M. de Montesquiou, ne m'en aient pas parlé d'après vos sug-
« gestions, même Barbier, mon bibliothécaire? car c'est encore une autre
« vérité à confesser, qu'on réussit quelquefois mieux par la porte du valet
« de chambre qu'autrement. Comment madame de S....., votre amie, ne m'en
« parlait-elle pas? Nous avons été si souvent, dans le principe, en voiture
« ensemble; elle eût pu faire alors de vous ce qu'elle eût voulu, en vous
« peignant à moi ce que vous êtes. — Oui, Sire, répondais-je..... mais alors
« je.... — Je vous entends, alors vous ne le cherchiez pas peut-être? — Sire,
« mon heure n'était pas encore venue. » Alors a suivi une explication très
prolongée sur la manière dont j'étais arrivé auprès de l'Empereur, les missions qu'il m'avait données, l'opinion qu'il avait prise; les traits dont,
suivant sa coutume, il m'avait frappé à demeure dans son esprit. Je demeurais debout, près de la table de travail, dans la seconde pièce; l'Empereur allait et venait de toute la longueur des deux chambres; le sujet était
des plus précieux pour moi; et pour bien comprendre mes sensations présentes, il faudrait se reporter à la toute-puissance de Napoléon, à ce temps
où, bien que près de lui, personne n'eût osé espérer connaître le fond de
sa pensée sur soi, ni supposer qu'on eût jamais la possibilité de s'en entretenir contradictoirement et confidentiellement avec lui : le bonheur d'une
telle circonstance m'eût paru alors un rêve; aujourd'hui ce me semblait une
véritable conversation aux Champs-Élysées. « Je n'avais nulle idée juste de
« vous, disait-il, je n'avais aucune connaissance exacte de ce qui vous con-
« cernait. Vous n'avez eu auprès de moi aucun ami pour vous faire appré-
« cier; vous l'avez négligé vous-même. Quelques uns de ceux sur qui vous
« auriez pu compter vous ont même desservi. Je ne connaissais pas votre
« ouvrage; cela eût fait beaucoup. J'ignorais que vous eussiez été à l'É-
« cole militaire de Paris comme moi; c'eût été encore un titre à mon
« attention.

« Vous avez été émigré, vous n'auriez jamais eu mon entière confiance; je
« savais que vous aviez été très attaché aux Bourbons, vous n'auriez jamais
« été dans les grands secrets. — Mais, Sire, Votre Majesté m'avait admis
« auprès de sa personne, elle m'avait fait entrer dans son Conseil d'État, elle
« m'avait donné des missions. — C'est que je m'étais fait de vous l'idée d'un
« honnête homme, je ne suis pas défiant non plus : sans savoir pourquoi,
« je vous regardais comme très pur en fait d'argent. Si vous étiez venu me
« dire un mot lors de votre affaire de licences, je vous eusse donné raison à
« l'instant; mais, je le répète, je ne vous eusse mis dans aucune affaire po-
« litique. — Quel danger, Sire, n'ai-je donc pas couru quand, à Paris et en
« Hollande, les Anglais situés vis-à-vis de nous comme nous le sommes au-
« jourd'hui à Sainte-Hélène vis-à-vis d'eux, je n'hésitai pas, vu mes anciens
« rapports, et en dépit de vos règlemens, de faire passer leurs lettres quand
« je les avais lues, et qu'elles ne me présentaient aucun inconvénient! De
« quel danger, d'après vos idées, n'eût pas été pour moi une dénonciation
« du ministre de la police à ce sujet! et pourtant je ne croyais en cela que
« faire un usage naturel et discrétionnaire des dignités auxquelles m'avait

31.

« élevé Votre Majesté, de la confiance qu'elle m'avait accordée. J'étais si
« fort dans ma conscience, si droit dans mes intentions, que je me croyais
« au dessus de ces lois, je ne les croyais pas faites pour moi.—Eh bien!
« je l'eusse compris, je l'aurais même cru, disait l'Empereur, si vous vous
« étiez exprimé ainsi; car personne au monde n'entendait plus facilement
« raison que moi, et c'est précisément de la sorte que j'aurais voulu être
« servi; et pourtant il est certain que vous eussiez été perdu, parce que
« tout eût parlé contre vous. Voilà la fatalité des circonstances et l'un des
« malheurs de ma situation. De plus, quand j'avais pris un préjugé, il me
« demeurait : c'était encore le malheur de ma place et de mes circonstances;
« pouvais-je faire autrement? avais-je du temps pour des explications? Je
« ne pouvais agir qu'avec des sommaires et des extraits ; j'étais bien sûr que
« je pouvais me tromper souvent; mais comment faire? En est-il beaucoup
« qui aient mieux fait que moi?

« — Sire, continuais-je, j'éprouvais un chagrin secret : Votre Majesté ne
« me disait jamais rien à ses cercles ni à ses levers, elle me passait toujours,
« et pourtant ne manquait jamais de parler de moi à ma femme quand j'é-
« tais absent. J'en étais à douter quelquefois que je fusse bien connu de
« vous, ou à craindre, surtout dans les derniers temps, que Votre Majesté
« n'eût quelque chose contre moi.—En aucune manière, cela, disait-il; si
« je parlais de vous absent, c'est que j'avais pour principe de parler tou-
« jours aux femmes de leurs maris en mission. Si je vous passais présent,
« c'est que je ne faisais pas assez de cas de vous. Il en était ainsi d'une foule
« d'autres; vous étiez pour moi dans la masse, vous étiez placé dans mon
« esprit d'une façon tout-à-fait banale. Vous m'approchiez, et vous n'aviez
« pas su en tirer parti; vous aviez eu des missions, vous n'aviez pas su les
« faire valoir au retour : c'est un grand tort sur le terrain de la cour que de
« ne pas savoir se mettre en avant; vous étiez pour moi sans couleur. Je
« me rappelle même à présent que j'ai voulu parfois avoir recours à vous.
« Celui du ministère duquel vous dépendiez en quelque sorte, que vous
« dites votre ami, qui eût pu vous servir, vous a éloigné; il m'a maintenu
« dans mes idées sur votre compte : lui vous connaissait bien, peut-être
« vous a-t-il craint : on savait que j'allais vite en besogne.—Sire, disais-je
« à tout cela, ma situation était d'autant plus pénible, que dans le monde
« on ne cessait de m'entrenir de la bienveillance de Votre Majesté, et de
« me prédire une grande fortune. On me nommait à chaque instant à toutes
« sortes de places : c'était la préfecture maritime de Brest, celle de Tou-
« lon, d'Anvers, le ministère de l'intérieur, celui de la marine ; une place
« importante dans l'éducation du roi de Rome, etc., etc. — Eh bien! a re-
« pris l'Empereur, vous me le rappelez, il y avait quelque fondement dans
« une partie de ce que vous venez de dire là ; vous étiez en effet dans ma
« pensée pour quelque chose auprès du roi de Rome, et je vous avais des-
« tiné, à votre retour de Hollande, à la préfecture maritime de Toulon, ce
« qui, pour moi, à cette époque, était une espèce de ministère : il y avait
« vingt-cinq vaisseaux de ligne en rade, et je voulais les accroître encore.
« Eh bien! c'est votre ami le ministre qui m'en a détourné : vous étiez de
« la vieille marine, disait-il ; vos préjugés et ceux de la nouvelle devaient
« vous rendre incompatibles l'un à l'autre. Cela me parut péremptoire, et je
« n'y pensai plus; cependant, tel que je vous connais aujourd'hui, vous
« étiez l'homme qu'il m'eût fallu.

« Je crois bien, en effet, avoir eu encore pour vous d'autres idées ; mais

« vous avez tout perdu vous-même, je le répète : vous vous êtes refusé,
« quand il eût fallu assaillir. Mon cher, faut-il le dire, avec la meilleure vo-
« lonté de ma part, mes nominations aux emplois tenaient beaucoup de la
« loterie. Une idée me venait, je destinais ; mais si l'application n'était pas
« immédiate, cela me passait : j'avais tant à faire ! Survenait un tiers plus
« heureux, et il était nanti. Mais reprenez. — Sire, continuais-je, moi qui
« ne savais pas un mot de vos bonnes intentions, j'étais dans une situation
« véritablement ridicule au milieu des félicitations nombreuses que je re-
« cevais. Je tâchais de m'en tirer le moins gauchement possible ; mais plus
« je faisais d'efforts dans ce sens, plus on l'attribuait à ma modestie. Je
« n'avais demandé qu'une chose à Votre Majesté, maître des requêtes : elle
« me l'accorda aussitôt. Clarke, à ce sujet, me reprochait de m'être abaissé.
« Il fallait demander, me disait-il, à être conseiller d'État ; vous l'eussiez
« été tout de même. — Non, répondait l'Empereur, je ne vous connaissais
« pas assez, j'eusse pris cela pour une ambition absurde. — Sire, disais-je,
« j'avais eu le tact de juger votre opinion. — Eh bien ! avec cela, con-
« tinuait l'Empereur, c'est bizarre sans doute, mais Clarke a peut-être eu
« raison ; la demande de simple maître des requêtes a pu vous rabaisser dans
« ma pensée, c'est-à-dire vous maintenir sur la ligne où je vous avais fixé ;
« j'étais bien aise de voir mes chambellans faire quelque chose, mais maître
« des requêtes était bien peu. Cependant c'est singulier, continuait-il,
« comme la mémoire revient, à présent que je m'y arrête. Vous aviez des
« choses isolées qui m'ont passé rapidement sans qu'on me les rappelât ; si
« elles eussent été réunies et bien présentées, elles eussent dû me donner
« de vous une tout autre idée. Vous fûtes faire la campagne de Flessingue
« comme volontaire. Je le sus, et ce qui n'eût été rien dans tout autre, me
« frappa dans un émigré qui quittait son ménage et n'était pas sans fortune.
« — Sire, j'en reçus la plus douce récompense au retour, Votre Majesté
« m'en parla. — Vous voyez bien, me dit-il ; mais vous avez laissé noyer cela
« dans le fleuve d'oubli. Vous m'avez écrit plusieurs fois ; tout cela me re-
« vient à présent peu à peu. Vous m'avez présenté des combinaisons sur la
« mer Adriatique qui m'ont séduit ; il s'agissait de maîtriser cette mer, et
« d'y fonder une flotte à bas prix, à l'aide des immenses forêts de la Croa-
« tie. J'envoyai le tout au ministre, qui ne m'en a jamais parlé. Vous m'avez
« encore envoyé d'autres choses ? — Sire, peut-être des idées sur le système
« de guerre maritime à adopter contre l'Angleterre, accompagnées d'une
« carte géographique à l'appui. — Oui ; je m'en souviens, et la carte a de-
« meuré plusieurs jours sur mon bureau dans mon cabinet ; je vous ai
« même fait demander, mais vous étiez en mission. — Sire, à peu près dans
« le même temps, j'eus l'honneur de vous adresser un projet pour transfor-
« mer le Champ de Mars en une *naumachie* qui eût servi d'ornement au pa-
« lais du roi de Rome. Je le creusais assez pour recevoir de petites corvettes
« qui eussent été construites, équipées, montées, manœuvrées par l'école
« de marine, que j'établissais à l'École Militaire. Tous les princes de la mai-
« son impériale eussent été contraints d'en faire partie deux ans, quelle
« qu'eût été d'ailleurs leur destination ultérieure. Votre Majesté eût porté
« tous les grands de l'empire à en faire autant de quelques uns de leurs en-
« fans. Je ne doutais pas que ces circonstances réunies et le spectacle offert
« à la capitale n'eussent été des moyens infaillibles de rendre la marine tout-
« à-fait populaire et nationale en France. — Eh bien ! je n'ai pas eu connais-
« sance de cela, disait l'Empereur, sous la pensée duquel tout se magnifiait

« immédiatement. Cette idée m'eût plu, je l'eusse fait examiner ; elle pou-
« vait avoir en effet d'immenses résultats. De là il n'y avait plus qu'un pas
« à vouloir rendre la Seine navigable ou à tirer un canal de Paris à la mer ;
« et qu'est-ce que cela eût eu de trop gigantesque ? Les Romains autrefois
« et les Chinois aujourd'hui ont fait davantage ; ce n'eût été qu'un jeu pour
« l'armée en temps de paix. J'ai eu bien des projets de la sorte ; mais nos en-
« nemis m'ont enchaîné à la guerre. De quelle gloire ils m'ont privé !... Al-
« lons, continuez. — Sire, je dois encore avoir fait mettre sous vos yeux des
« idées sur le complément des écoles de marine. — Les ai-je adoptées dans
« les écoles que j'ai formées ? disait l'Empereur ; étiez-vous dans mon sens ?
« — Sire, vos écoles étaient arrêtées, je n'en proposais que le complément.
« — A présent, je crois me rappeler un peu ; n'y avait-il pas quelque chose
« de trop démocratique ? — Non, Sire, je partais du principe que Votre
« Majesté avait pourvu au concours exclusif de la classe intermédiaire, et
« je proposais d'y adjoindre au dessous toutes les chances que pouvait pré-
« senter le concours des matelots, et de placer au dessus celles que pou-
« vait présenter le concours des grands de votre cour. — Oui, je me rap-
« pelle, disait l'Empereur, qu'il y avait des idées neuves et singulières qui
« attirèrent mon attention. J'envoyai encore le tout au ministre, qui l'a
« gardé pour lui ou l'a tourné en ridicule. Il me revient encore que, dans
« votre mission en Hollande, dont je me faisais présenter la correspon-
« dance, je trouvai l'idée de faire déboucher nos flottilles, de la mer d'Al-
« lemagne dans la mer Baltique, à l'aide des canaux qui unissent l'Elbe,
« l'Oder et la Vistule. Cette idée me frappa, elle était dans mon genre. Aussi,
« à votre retour, en vous revoyant au lever, je dois vous avoir mis sur la
« voie ; mais vous ne comprîtes pas mes questions, ou vos réponses furent
« insignifiantes, non positives. J'en conclus que vous aviez eu peut-être un
« faiseur, et je passai à votre voisin. Il en était ainsi avec moi ; mais, je le
« répète, je n'avais pas le temps de faire autrement.

« Quand je me rappelle à présent tout cela, j'y trouve pour vous tant de
« motifs d'attention de ma part que je m'en étonne, et me dis qu'il faut que
« vous ayez admirablement manœuvré pour vous y refuser ; il faut que vous
« ne l'ayez pas voulu. Ce qu'il y a de bien certain, c'est que ce n'est qu'en
« cet instant que tout cela me revient, et que, lors de notre départ et en-
« core long-temps après, vous ne m'avez jamais représenté, à votre nom et
« à votre figure près, que quelqu'un de neuf et sur lequel je ne savais rien.
« Tâchez de comprendre cela, expliquez-le si vous pouvez ; mais c'est pour-
« tant de la sorte.

« Aussi pourquoi n'avez-vous pas mieux employé vos amis ? Pourquoi n'ê-
« tes-vous pas venu vous-même à moi ? — Sire, tous ceux qui vous appro-
« chaient de fort près ne songeaient guère qu'à eux, leur amitié n'allait pas
« au-delà de la bienveillance. Parler, demander pour un autre s'appelait
« user son crédit, et on le réservait tout entier pour soi ; d'ailleurs, une
« fois moi-même auprès de votre personne, il ne convenait plus que d'autres
« vous parlassent pour moi que moi-même. Or, Sire, les momens étaient si
« courts, vos dispositions pour moi si incertaines, il fallait tellement en peu
« de mots frapper votre esprit, j'étais si peu sûr de me bien faire entendre,
« je craignais tant de laisser une impression défavorable, de me perdre tout-
« à-fait, que je préférais m'en abstenir ; car ce n'était pas tout que d'avoir de
« l'intrigue, encore fallait-il qu'elle portât son résultat. — Eh bien, disait
« l'Empereur, vous avez peut-être tout aussi bien fait ; vous avez jugé la chose

« à merveille : avec ce que je connais de vous à présent, votre réserve, vo-
« tre timidité, vous vous seriez peut-être en effet perdu. Je me rappelle
« aussi, car tout me revient à présent peu à peu, une circonstance qui vous
« a peut-être été défavorable. M. de Montesquiou, en vous proposant pour
« chambellan, vous donna une très grande fortune. Bientôt après, je sus le
« contraire, non que cela dût vous faire tort, ni qu'il y eût rien de personnel
« contre vous ; mais d'autres qui auraient voulu être chambellans se récriè-
« rent sur ce qu'on ne les avait pas préférés pour leur grande fortune, ou
« bien encore vous citaient, si on leur objectait qu'ils n'en avaient pas assez.
« C'est ainsi que cela se passe à la cour.

« — Mais c'est donc à dire, continuais-je, Sire, qu'avec mon caractère,
« j'étais destiné à n'être jamais connu de Votre Majesté? — Si fait, disait
« l'Empereur, et c'était à peu près obtenu. Ne vous avais-je pas renommé
« chambellan à mon retour? Le nombre en fut très petit : ne fûtes-vous pas
« immédiatement conseiller d'État? C'est que vous étiez de l'ancienne aris-
« tocratie ; vous aviez été émigré, et vous aviez résisté à une grande épreuve,
« à celle des Bourbons ; ce devenait un titre immense à mes yeux. De plus,
« bien des voix à présent vantaient votre conduite : tôt ou tard nous nous
« serions connus à fond, etc., etc. »

Arrivée de la bibliothèque.—Témoignage d'Horneman en faveur du général Bonaparte.

Samedi 22. — Le temps était fort mauvais. Sur les trois heures, l'Empereur m'a fait appeler ; il était dans le cabinet topographique, entouré de tous, occupés à déballer des caisses de livres arrivés par *le Newcastle*. L'Empereur y mettait la main avec une espèce de joie. Les hommes se modèlent à leurs circonstances ; leurs jouissances se façonnent à leurs peines. En voyant la collection des *Moniteurs* tant attendue, l'Empereur a ressenti un plaisir extrême ; il s'en est saisi, et ne l'a plus quittée le reste du jour.

Après dîner, l'Empereur s'est mis à parcourir les relations des voyages en Afrique de Park et d'Horneman, dont il suivait les traces sur mon Atlas. Horneman et la société africaine de Londres s'étendaient, dans cette relation, sur les services, la générosité du général en chef de l'armée d'Égypte (Bonaparte), qui s'était empressé d'aider à leurs découvertes, etc., etc.... Les expressions polies et agréables employées à ce sujet étonnaient et réjouissaient l'Empereur, qui depuis long-temps n'est plus habitué à lire son nom, qu'il retrouve cependant partout, qu'entouré d'épithètes toujours outrageantes.

Sur la mémoire.—Commerce.—Idées et système de Napoléon sur divers points d'économie politique.

Dimanche 23.—L'Empereur, dans la première jouissance de ses nouveaux livres, avait passé toute la nuit à lire et à dicter des notes à Marchand ; il était fort fatigué ; ma visite lui a donné du repos. Il a fait sa toilette, et nous avons été nous promener dans le jardin.

Pendant le dîner, l'Empereur parlait des immenses lectures de sa jeunesse. Tous les livres qu'il vient de parcourir relatifs à l'Égypte lui font voir qu'il n'avait rien oublié de ce qu'il avait lu ; il n'avait rien ou presque rien à corriger de ce qu'il avait dicté sur l'Égypte. Il y avait ajouté bien des choses qu'il n'avait pas lues, mais qu'il se trouve, par ces livres, avoir devinées juste.

On a parlé de la mémoire. Il disait qu'une tête sans mémoire est une place sans garnison. La sienne était heureuse ; elle n'était point générale, absolue, mais relative, fidèle, et seulement pour ce qui lui était nécessaire. Quelqu'un ayant dit que sa mémoire, à lui, tenait de sa vue, qu'elle devenait confuse par l'éloignement des lieux et des objets, à mesure qu'il changeait de place, l'Empereur a repris que, pour lui, la sienne tenait du cœur, qu'elle conservait le souvenir fidèle de tout ce qui lui avait été cher.

A propos de bonne mémoire et de tendres ressouvenirs, je dois placer ici un mot de l'Empereur qui m'a échappé dans le temps. Racontant un jour à table une de ses affaires en Égypte, il nommait numéro par numéro les huit ou dix demi-brigades qui en faisaient partie ; sur quoi madame Bertrand ne put s'empêcher de l'interrompre, demandant comment il était possible, après tant de temps, de se rappeler ainsi tous ces numéros : « Madame, le « souvenir d'un amant pour ses anciennes maîtresses, » fut la vive réplique de Napoléon.

Après dîner, l'Empereur s'est fait apporter mon Atlas, voulant y vérifier le résumé de tout ce qu'il venait de parcourir dans ses livres sur l'Afrique, et il s'est étonné de l'y retrouver si fidèlement.

Il est passé de là au commerce, à ses principes, aux systèmes qu'il a enfantés. L'Empereur a combattu les économistes, dont les principes pouvaient être vrais dans leur énoncé, mais devenaient vicieux dans leur application. La combinaison politique des divers États, continuait-il, rendait ces principes fautifs ; les localités particulières demandaient à chaque instant des déviations de leur grande uniformité. Les douanes, que les économistes blâmaient, ne devaient point être un objet de fisc, il est vrai, mais elles devaient être la garantie et les soutiens d'un peuple ; elles devaient suivre la nature et l'objet du commerce. La Hollande, sans productions, sans manufactures, n'ayant qu'un commerce d'entrepôt et de commission, ne devait connaître ni entraves ni barrière. La France, au contraire, riche en productions, en industrie de toute sorte, devait sans cesse être en garde contre les importations d'une rivale qui lui demeurait encore supérieure ; elle devait l'être contre l'avidité, l'égoïsme, l'indifférence des purs commissionnaires.

« Je n'ai garde, disait l'Empereur, de tomber dans la faute des hommes
« à systèmes modernes ; de me croire, par moi seul et par mes idées, la sa-
« gesse des nations. La vraie sagesse des nations, c'est l'expérience. Et voyez
« comme raisonnent les économistes : ils nous vantent sans cesse la prospé-
« rité de l'Angleterre, et nous la montrent constamment pour modèle. Mais
« c'est elle dont le système des douanes est le plus lourd, le plus absolu ;
« et ils déclament sans cesse contre les douanes ; ils voudraient nous les in-
« terdire. Ils proscrivent aussi les prohibitions ; et l'Angleterre est le pays
« qui donne l'exemple des prohibitions ; et elles sont en effet nécessaires
« pour certains objets ; elles ne sauraient être suppléées par la force des
« droits : la contrebande et la fantaisie feraient manquer le but du législa-
« teur. Nous demeurons encore en France bien arriérés sur ces matières dé-
« licates : elles sont encore étrangères ou confuses pour la masse de la so-
« ciété. Cependant quel pas n'avions-nous pas fait, quelle rectitude d'idées
« n'avait pas répandue la seule classification graduelle que j'avais consacrée
« de l'agriculture, de l'industrie et du commerce ! objets si distincts et d'une
« graduation si réelle et si grande !

« 1° *L'agriculture;* l'âme, la base première de l'empire ;

« 2° *L'industrie*; l'aisance, le bonheur de la population ;
« 3° *Le commerce extérieur;* la surabondance, le bon emploi des deux
« autres.

« L'agriculture n'a cessé de gagner durant tout le cours de la révolution.
« Les étrangers la croyaient perdue chez nous. En 1814, les Anglais ont
« été pourtant contraints de confesser qu'ils avaient peu ou point à nous
« montrer.

« L'industrie ou les manufactures, et le commerce intérieur ont fait sous
« moi des progrès immenses. L'application de la chimie aux manufactures
« les a fait avancer à pas de géant. J'ai imprimé un élan qui sera partagé
« de toute l'Europe.

« Le commerce extérieur, infiniment au-dessous dans ses résultats aux
« deux autres, leur a été aussi constamment subordonné dans ma pensée.
« Celui-ci est fait pour les deux autres ; les deux autres ne sont pas faits pour
« lui. Les intérêts de ces trois bases essentielles sont divergens, souvent op-
« posés. Je les ai constamment servis dans leur rang naturel, mais n'ai ja-
« mais pu ni dû les satisfaire à la fois. Le temps fera connaître ce qu'ils me
« doivent tous, les ressources nationales que je leur ai créées, l'affranchis-
« sement des Anglais que j'avais ménagé. Nous avons à présent le secret du
« traité de commerce de 1783. La France crie encore contre son auteur ;
« mais les Anglais l'avaient exigé sous peine de recommencer la guerre. Ils
« voulurent m'en faire autant après le traité d'Amiens ; mais j'étais puissant
« et haut de cent coudées. Je répondis qu'ils seraient maîtres des hauteurs
« de Montmartre, que je m'y refuserais encore ; et ces paroles remplirent
« l'Europe.

« Ils en imposeront un aujourd'hui, à moins que la clameur publique,
« toute la masse de la nation, ne les forcent à reculer ; et ce servage en ef-
« fet serait une infamie de plus aux yeux de cette même nation, qui com-
« mence à posséder aujourd'hui de vraies lumières sur ses intérêts.

« Quand je pris le gouvernement, les Américains, qui venaient chez nous
« à l'aide de leur neutralité, nous apportaient les matières brutes, et avaient
« l'impertinence de repartir à vide pour aller se remplir à Londres des ma-
« nufactures anglaises. Ils avaient la seconde impertinence de nous faire
« leurs paiemens, s'ils en avaient à faire, sur Londres, de là les grands pro-
« fits des manufacturiers et des commissionnaires anglais, entièrement à no-
« tre détriment. J'exigeai qu'aucun Américain ne pût importer aucune va-
« leur, sans exporter aussitôt son exact équivalent.; on jeta les hauts cris
« parmi nous, j'avais tout perdu, disait-on. Qu'arriva-t-il néanmoins ? C'est
« que mes ports fermés, en dépit même des Anglais qui donnaient la loi sur
« les mers, les Américains revinrent se soumettre à mes ordonnances. Que
« n'eussé-je donc pas obtenu dans une meilleure situation !

« C'est ainsi que j'avais naturalisé au milieu de nous les manufactures de
« coton, qui comportent :

« 1° *Du coton filé*. Nous ne le filions pas ; les Anglais le fournissaient même
« comme une espèce de faveur.

« 2° *Le tissu*. Nous ne le faisions point encore ; il nous venait de l'étranger.

« 3° Enfin *l'impression*. C'était notre seul travail. Je voulus acquérir les deux
« premières branches ; je proposai au Conseil d'État d'en prohiber l'impor-
« tation ; on y pâlit. Je fis venir Oberkampf ; je causai long-temps avec lui ;
« j'en obtins que cela occasionnerait une secousse sans doute ; mais qu'au
« bout d'un an ou deux de constance, ce serait une conquête dont nous re-

« cueillerions d'immenses avantages. Alors je lançai mon décret en dépit de
« tous ; ce fut un vrai coup d'État.

« Je me contentai d'abord de prohiber le tissu ; j'arrivai enfin au coton
« filé, et nous possédons aujourd'hui les trois branches, à l'avantage im-
« mense de notre population, au détriment et à la douleur insigne des An-
« glais : ce qui prouve qu'en administration comme à la guerre, pour réus-
« sir il faut souvent mettre du caractère. Si j'avais pu réussir à faire filer le
« lin comme le coton (et j'avais offert un million pour prix de l'invention,
« que j'aurais obtenue indubitablement sans nos malheureuses circonstan-
« ces (1), j'en serais venu à prohiber le coton, si je n'eusse pu le naturali-
« ser sur le continent.

« Je ne m'occupais pas moins d'encourager les soies. Comme Empereur
« et Roi d'Italie, je comptais cent vingt millions de rente en récolte de
« soie.

« Le système des licences était vicieux sans doute : Dieu me garde de
« l'avoir posé comme principe ! Il était de l'invention des Anglais ; pour moi,
« ce n'était qu'une ressource du moment. Le système continental lui-même,
« dans son étendue et sa rigueur, n'était, dans mes opinions, qu'une me-
« sure de guerre et de circonstance.

« La souffrance et l'anéantissement du commerce extérieur, sous mon rè-
« gne, étaient dans la force des choses, dans les accidens du temps. Un
« moment de paix l'eût ramené aussitôt à son niveau naturel. »

Artillerie.—Son usage.—Ses vices.—Anciennes écoles.

Lundi 24. — L'Empereur avait passé les vingt-quatre heures entières, disait-il, dans ses *Moniteurs* sur la Constituante. Il s'en était amusé comme d'un roman. Il y voyait, remarquait-il, poindre les hommes qui ont plus tard joué un si grand rôle. Toutefois il avouait qu'il était nécessaire d'avoir une idée des ressorts extérieurs ; autrement, ce qu'on lisait sur cette assemblée perdait beaucoup de son intérêt, de sa couleur, demeurait souvent même inintelligible. L'esprit des premiers momens, les premiers intérêts de la révolution demeuraient entièrement souterrains, etc.

Après dîner, l'Empereur a beaucoup parlé sur l'artillerie. Il eût désiré plus d'uniformité dans les pièces, moins de subdivision. Le général était souvent hors d'état de juger leur meilleur emploi, et rien ne pouvait être supérieur aux avantages de l'uniformité dans tous les instrumens et tous les accessoires.

L'Empereur se plaignait qu'en général l'artillerie ne tirait pas assez dans une bataille. Le principe à la guerre était qu'on ne devait pas manquer de munitions : quand elles étaient rares, c'était l'exception ; hors de cela, il fallait toujours tirer. Lui qui avait souvent manqué périr par des boulets perdus, qui savait de quelle importance c'eût été pour le sort de la bataille et de la campagne, il était d'avis de tirer sans cesse sans calculer les dépenses des boulets. Bien plus, s'il eût voulu, disait-il, fuir le poste du danger, il se serait mis à trois cents toises plutôt qu'à huit cents : à la première distance, les boulets passent souvent sur la tête ; à la seconde, il faut que tous tombent quelque part.

---

(1) En effet, le lin se file aujourd'hui comme le coton.

Il disait qu'on ne pouvait jamais faire tirer les artilleurs sur les masses d'infanterie, quand ils se trouvaient attaqués eux-mêmes par une batterie opposée. C'était lâcheté naturelle, disait-il gaiement, violent instinct de sa propre conservation. Un artilleur parmi nous se récriait contre une telle assertion. « C'est pourtant cela, continuait l'Empereur, vous vous mettez « aussitôt en garde contre qui vous attaque ; vous cherchez à le détruire, « pour qu'il ne vous détruise pas. Vous cessez souvent votre feu, pour qu'il « vous laisse tranquille et qu'il retourne aux masses d'infanterie, qui sont « pour la bataille d'un bien autre intérêt, etc. »

L'Empereur revenait souvent sur le corps de l'artillerie au temps de son enfance : c'était le meilleur, le mieux composé de l'Europe, disait-il ; c'était un service tout de famille, des chefs entièrement paternels, les plus braves, les plus dignes gens du monde, purs comme de l'or ; trop vieux, parce que la paix avait été longue. Les jeunes gens en riaient parce que le sarcasme et l'ironie étaient la mode du temps ; mais ils les adoraient, et ne faisaient que leur rendre justice.

Napoléon, dans ses dernières volontés, s'est ressouvenu de ce sentiment, et l'a consacré par un legs en faveur des enfans ou des petits-enfans du baron Dutheil, son ancien chef d'artillerie : « Comme souvenir de reconnaissance, « est-il écrit de sa main, pour les soins que ce brave général prit de nous, « lorsque nous étions comme lieutenant et capitaine sous ses ordres. »

Mardi 25. — Nous avons reçu le troisième et dernier envoi des livres apportés par la frégate. L'Empereur s'est beaucoup fatigué en travaillant lui-même au déballage.

Sur les trois heures, l'Empereur a reçu plusieurs présentations, entre autres l'amiral et sa femme. Il s'est trouvé souffrant, et a dîné dans son intérieur avec le grand maréchal.

Mes instructions et mes dernières volontés sur l'impression des campagnes d'Italie.—Idées de l'Empereur sur le général Drouot.—Sur la bataille d'Hohenlinden.

Mercredi 26. — L'Empereur m'a fait venir avec mon fils, et nous a assigné notre travail dans les *Moniteurs* pour l'accomplissement et la vérification des chapitres de notre campagne d'Italie.

L'Empereur, bien qu'il en eût dit précédemment, n'avait pourtant pas repris son travail, et je me réjouis fort d'une circonstance qui semblait devoir provoquer enfin une ferveur nouvelle.

Il s'agissait de recueillir dans *le Moniteur* tous les rapports, les lettres officielles, de manière à en composer les pièces justificatives. L'Empereur voulait qu'elles fussent classées, et que nous en évaluassions l'étendue, afin qu'il pût calculer d'un trait de plume celle de l'impression, ajoutant de nouveau que tous ces soins étaient désormais les miens ; que je ne travaillais plus là que pour moi. Douces paroles, auxquelles le son de sa voix, l'air de familiarité, toute son expression, donnaient bien plus de prix encore que leur signification !

L'Empereur m'a dit si souvent que cette relation des campagnes d'Italie porterait mon nom, qu'il me la donnait, qu'elle serait mienne, que je puis bien m'abandonner peut-être au rêve de leur impression future, et tracer ici déjà mes idées à cet égard, afin que mon fils, les recueillant, puisse les suivre, si cet instant arrivait trop tard pour moi.

L'Empereur me donne là un monument précieux, magnifique, national ;

ne le compromettons, ne le dégradons pas. Aussi, point de spéculations à son sujet, nul bénéfice détrimental surtout. Et ce n'est pas assez encore; je veux en outre l'entourer de soins et de détails de sentiments qui lui soient tout particuliers.

Ainsi, 1° garder la propriété de l'ouvrage : il formera au plus quatre volumes;

2° Faire les frais de l'impression, et la soigner soi-même;

3° Rechercher s'il n'y aurait pas moyen que les cartes fussent faites par des officiers de l'armée d'Italie, l'impression composée et exécutée par des ouvriers sortis de la même armée, ainsi que le libraire, etc..... Ce concours serait heureux, j'y attacherais le plus grand prix;

4° Comme il n'y a pas un mot dans cette relation qui ne vienne de l'Empereur, que c'est de son entière dictée, ne permettre, sous aucun prétexte, la plus légère altération ni correction, etc., à moins que ce ne fût par quelque note qui en donnât le motif ou l'explication;

5° Composer son introduction du résumé de tout ce que j'ai recueilli dans mon journal sur les premières années de l'Empereur, antérieures au commencement de sa relation ;

6° Tirer cent exemplaires, sans aucune épargne de frais, et avec tout le luxe possible, pour être vendus, quelle que soit d'ailleurs leur véritable valeur intrinsèque, *mille francs pièce*. On pourra joindre à chacun de ces exemplaires non pas un *fac simile*, mais quelques lignes de l'écriture véritable de Napoléon dont j'ai une certaine quantité en mes mains;

7° Garder en réserve une seconde centaine d'exemplaires pareils aux précédens, pour être vendus avec le temps, si les premiers sont épuisés, à *cinq cents francs*;

8° Après ces deux cents exemplaires, ne plus tirer que sur du papier le plus commun et aux moindres frais possibles, de manière à pouvoir livrer l'ouvrage à un très bas prix. Tout invalide de l'armée d'Italie le recevra gratis, tout soldat blessé ne le paiera que moitié, et tout officier les trois quart;

9° Traiter avec un libraire anglais, un allemand, un russe, un italien et un espagnol, de manière à leur assurer une traduction antérieure à tous leurs confrères, sans autre rétribution de leur part que l'obligation de prendre cinq cents exemplaires français, ou de s'engager eux-mêmes, s'ils le préféraient, à répandre les cinq cents premiers exemplaires de leur édition avec le texte français en regard;

10° Enfin, si le bénéfice de l'ouvrage le permet, imprimer comme complément et suite de l'ouvrage les rôles de l'armée d'Italie, qu'on pourra se procurer sans doute aux archives de la guerre. Si mon fils venait à avoir d'autres idées, ou qu'on lui en procurât de meilleures, il les joindra à celles-ci, ou leur donnera la préférence si elles le méritent.

Un moyen sûr d'en obtenir et de ne pas se tromper à cet égard serait de s'entourer d'un petit comité de membres de cette armée d'Italie qui eussent le même zèle pour cet ouvrage.

Aujourd'hui à dîner, l'Empereur passait encore en revue ses généraux. Il a fait l'éloge de beaucoup d'entre eux; la plupart n'existent plus. Il élevait au plus haut point les talens et les facultés du *général Drouot*. Tout est problème dans la vie, disait-il; ce n'est que par le connu qu'on peut arriver à l'inconnu. Or, il connaissait déjà, remarquait-il, comme certain dans le général Drouot tout ce qui pouvait en faire un grand général. Il avait les raisons suffisantes pour le supposer supérieur à un grand nombre de ses maréchaux. Il n'hésitait pas à le croire capable de commander cent mille hommes. « Et peut-être ne s'en doute-t-il pas, ajoutait-il, ce qui ne serait en lui « qu'une qualité de plus. »

Il est revenu sur la bravoure prodigieuse de Murat et de Ney, dont le courage, disait-il, devançait tellement le jugement! Et voilà l'énigme, concluait-il après quelques développemens, de certaines actions dans certaines gens ; l'inégalité entre le caractère et l'esprit : elle explique tout.

La conversation a conduit à la bataille d'*Hohenlinden*, si célèbre. « C'était, « disait l'Empereur, une de ces grandes actions enfantées par le hasard, « obtenues sans combinaisons. Moreau, répétait-il alors, n'avait point de « création, il n'était pas assez décidé; aussi valait-il mieux sur la défensive. « Hohenlinden avait été une échauffourée ; l'ennemi avait été frappé au « milieu même de ses opérations, et vaincu par des troupes qu'il avait lui-« même déjà coupées et qu'il devait détruire. Le mérite en était surtout aux « soldats et aux généraux des corps partiels qui s'étaient trouvés le plus en « péril et avaient combattu en héros. »

Nous disions à l'Empereur, au sujet de sa campagne d'Italie, des victoires rapides et journalières dont elle avait occupé la renommée, qu'il avait dû avoir bien des jouissances. « Aucune, répliquait-il.—Mais au moins Vo« tre Majesté en a bien procuré au loin ? — Cela se peut ; au loin on ne li« sait que le succès, on ignorait la position. Si j'avais eu des jouissances, je « me serais reposé; mais j'avais toujours le péril devant moi; et la victoire « du jour était aussitôt oubliée, pour s'occuper de l'obligation d'en rempor« ter une nouvelle le lendemain, etc. »

Hohenlinden, Moreau me rappellent une opinion bien caractéristique d'un général très distingué (Lamarque). Il avait été attaché à Moreau, s'était trouvé long-temps sous ses ordres, et, cherchant à me faire comprendre la différence du faire de ce général avec celui de Napoléon, il disait : « Si « leurs deux armées eussent été en présence et prêtes à combattre, je me « serais mis dans les rangs de Moreau, tant il y aurait eu de régularité, de « précision, de calcul : il était impossible de lui être supérieur à cet égard, « peut-être même de l'égaler. Mais si les deux armées étaient venues au de« vant l'une de l'autre, à la distance de cent lieues, l'Empereur eût escamoté « trois, quatre, cinq fois son adversaire avant que celui-ci eût eu le temps « de se reconnaître. »

Les rats, vrai fléau pour nous, etc. — Impostures de lord Castlereagh. — Héritières françaises.

Jeudi 27. — Nous avons failli n'avoir point de déjeuner : une irruption de rats qui avaient débouché de plusieurs points dans la cuisine durant la nuit, avait tout enlevé. Nous en sommes littéralement infestés ; ils sont énormes, méchans et très hardis ; il ne leur fallait que fort peu de temps pour percer nos murs et nos planchers. La seule durée de nos repas leur suffisait pour pénétrer dans le salon, où les attirait le voisinage des mets. Il nous est arrivé plus d'une fois d'avoir à leur donner bataille après le dessert ; et un soir, l'Empereur voulant se retirer, celui de nous qui voulut lui donner son chapeau en fit bondir un des plus gros. Nos palefreniers avaient voulu élever des volailles, ils durent y renoncer, parce que les rats les leur dévoraient outes. Ils allaient jusqu'à les saisir la nuit, perchées sur les arbres.

Aujourd'hui, l'Empereur traduisant une espèce de revue ou journal dans lequel il se trouvait que lord Castlereagh, dans une grande assemblée publique, avait prononcé que Napoléon, depuis sa chute même, n'avait pas fait difficulté de dire que tant qu'il eût régné il eût continué de faire la guerre à l'Angleterre, n'ayant jamais eu d'autre but que de la détruire; l'Empereur n'a pas pu s'empêcher de se sentir aiguillonné par ces paroles. « Il faut, a-« t-il dit avec indignation, que lord Castleragh soit bien familier avec le men-« songe, et qu'il compte bien sur la bonhomie de ses auditeurs. Serait-il « donc possible que leur bon sens leur permît de croire que j'aurais dit une « pareille sottise, lors même qu'elle eût été dans ma pensée?... »

Plus loin se lisait encore que lord Castlereagh avait dit en plein parlement que si l'armée française était si fort attachée à Napoléon, c'est qu'il faisait une espèce de conscription de toutes les héritières de l'empire, et qu'il les distribuait ensuite à ses généraux. « Ici, a repris encore l'Empereur, lord « Castlereagh se ment de nouveau à lui-même. Il est venu au milieu de nous ; « il a vu nos mœurs, nos lois, la vérité; il doit être sûr qu'une pareille « chose était impossible, tout-à-fait au dessus de ma puissance. Pour qui « prendrait-il donc notre nation ? Les Français étaient incapables de souffrir « jamais une telle tyrannie. Sans doute j'ai fait beaucoup de mariages, et « j'eusse voulu en faire des milliers d'autres : c'était un des grands moyens « d'amalgamer, de fondre en une seule famille des factions inconciliables. « Si j'eusse eu plus de temps à moi, je me serais occupé d'étendre ces « unions aux provinces réunies, même à la confédération du Rhin, afin de « resserrer davantage ces portions éparses ; mais dans tout cela je n'ai ja-« mais employé que mon influence, jamais mon autorité. Lord Castlereagh « n'y regarde pas de si près; sa politique a besoin de me rendre odieux; « tous les moyens lui sont bons : il ne recule devant aucune calomnie ; il se « trouve à son aise pour cela ; je suis dans les fers, il a pris tous les moyens « de me tenir la bouche fermée, de me rendre impossible toute réplique, et « je suis à mille lieues du théâtre ; il est donc bien posté, rien ne le gêne; « mais certes c'est là le comble de l'impudence, de la bassesse, de la « lâcheté ! »

Voici, du reste, un exemple qui peut servir de preuve aux assertions émises plus haut par Napoléon ; j'en tiens le récit de la bouche même du premier intéressé : M. d'Aligre avait une fille, héritière immense : il vint à la pensée de l'Empereur de la marier à M. de Caulincourt, duc de Vicence. L'Empereur l'affectionnait beaucoup, on le regardait comme une espèce de favori; ses qualités personnelles non moins que ses emplois en faisaient un des premiers personnages de l'empire. L'Empereur n'imaginait donc pas qu'il pût se présenter le moindre obstacle à cette union. Il mande M. d'Aligre, qui venait souvent à la cour, et lui fait sa demande; mais M. d'Aligre avait d'autres vues, et s'y refusa. Napoléon le retourna de toutes manières; M. d'Aligre fut inébranlable. En me le racontant, il me laissait apercevoir qu'il croyait avoir montré beaucoup de courage, et en effet il en avait tout le mérite; car il pensait, ainsi que nous tous, qu'il était très dangereux de contrarier les volontés de l'Empereur : il se trompait ainsi que nous; nous ne le connaissions pas. Je sais aujourd'hui que la justice privée et surtout les droits de famille sont tout-puissans sur lui ; aussi je ne sache pas que M. d'Aligre ait jamais eu à souffrir ou à se plaindre pour son refus.

Détails du gouverneur sur les dépenses à Longwood, etc. — Anecdote travestie par Goldsmith. — Gaieté.

Vendredi 28, samedi 29. — Le gouverneur était entré chez le grand maréchal, et lui avait fait pressentir vaguement des réductions à Longwood. Il avait naïvement exprimé qu'on avait pensé à Londres que la liberté qui nous avait été offerte de revenir en Europe eût diminué de beaucoup l'entourage de l'Empereur. Il avait dit aussi, sans que le grand maréchal pût bien le comprendre, que si nous avions de la fortune à nous, nous pouvions nous aider de notre argent, et tirer sur nous-mêmes, ainsi que je l'avais déjà fait, faisait-il observer, etc., etc. Il a dit que son gouvernement n'avait entendu donner à l'Empereur qu'une table journalière de quatre personnes au plus, et de ne lui permettre qu'un dîner prié par semaine... Quels détails!... Aurait-il eu la pensée d'insinuer que, quant à nous, nous devions payer pension, et entrer à l'avenir pour quelque chose dans la dépense de la maison? Qu'on ne le regarde pas comme incroyable; nous apprenons journellement ici à croire que tout est possible.

Dans un autre moment, l'Empereur, revenant sur une lecture qu'il venait de faire, et où se trouvait l'histoire d'une Irlandaise au sujet de laquelle Goldsmith le maltraitait fort, se rappelait très bien, disait-il, que, se rendant à Bayonne au château de Marrach, à la fête que lui donna la ville de Bordeaux, il vit aux côtés de l'impératrice Joséphine une figure charmante, de la plus grande beauté; il en fut vivement frappé. On ne fut pas sans s'apercevoir de l'impression qu'elle avait causée. Elle avait été prévue et ménagée à dessein. « Et Dieu sait, dit l'Empereur, pour quelles intentions. C'était
« une nouvelle lectrice de l'impératrice Joséphine. Cette jeune personne
« suivit donc au château de Marrach, et elle n'eût pas manqué de faire de
« grands progrès. Elle occupait déjà véritablement la pensée, quand celui
« qui avait le secret des postes vint détruire le charme, en m'envoyant di-
« rectement une lettre adressée à la jeune personne. Cette lettre était de sa
« mère ou de sa tante, laquelle était Irlandaise; on y stylait la petite per-
« sonne, on lui traçait le rôle qu'elle devait jouer, on lui recommandait de
« l'adresse, et on insistait surtout pour qu'elle ne manquât pas de se mé-
« nager à propos et à tout prix des traces vivantes qui pussent prolonger
« sa faveur ou lui réserver de grands rapports d'intérêt. A cette lecture,
« toute illusion s'évanouit, disait l'Empereur; la saleté de l'intrigue, la
« turpitude des détails, le style, la main qui l'avait tracé, mais par dessus
« tout encore son titre d'étrangère, amenèrent un dégoût immédiat, et la
« petite et jolie Irlandaise fut en effet, comme le dit Goldsmith, mise dans
« une chaise de poste et soudainement acheminée vers Paris. Et voilà que
« j'apprends, nous disait l'Empereur, qu'un libelliste m'en fait un crime,
« lorsqu'au fait c'était bien plutôt de ma part une vertu, un acte de conti-
« nence dont je pourrais me vanter à plus juste titre peut-être que le fameux
« Scipion; mais c'est ainsi qu'on écrit l'histoire. »

L'Empereur, après le dîner, dans l'embarras de ce que nous lirions, a dit que, puisqu'il était reconnu que nous n'avions pas assez d'esprit pour faire chacun notre conte ou notre histoire, nous devions nous condamner du moins à choisir chacun à notre tour notre lecture du soir; et il a commencé par indiquer pour son compte le poème de *la Pitié*, de l'abbé Delille. Il a trouvé les vers bien faits, le langage pur, les idées agréables, mais pourtant c'était encore, remarquait-il, sans création et sans chaleur. C'était supérieur de versification à Voltaire, sans doute, mais bien loin encore de nos autres grands maîtres.

Aujourd'hui samedi, l'Empereur a déjeuné dans le jardin, et nous y a fait tous appeler. Après déjeuner, il a fait quelques tours de promenade. Il était en gaieté, il nous plaisantait tour à tour. À l'un, c'était sur la beauté et l'élégance de son logement; à l'autre, sur les sommes que le gouverneur avait payées pour lui, que la belle layette de son enfant allait grossir encore; à moi, sur le goût que le gouverneur semblait prendre à mes lettres de change, qui le portait à désirer que les autres en fissent autant. Il riait et s'amusait beaucoup de nos récriminations.

Pendant toute la promenade en calèche, la conversation a roulé sur nos rois et leurs maîtresses : mesdames de Montespan, de Pompadour, Dubarry, etc. On a vivement discuté le principe; les opinions étaient différentes, et on les a chaudement défendues. L'Empereur, qui s'était amusé à flotter alternativement entre les opinions opposées, a fini par conclure néanmoins tout-à-fait en l'honneur de la morale.

Historique politique de la cour de Londres durant notre émigration; George III; M. Pitt; le prince de Galles.—Anecdotes, etc., etc.—Les Nassau.—Retour remarquable de Napoléon sur lui-même, etc.

Dimanche 30.—L'Empereur m'a fait appeler de bonne heure pour déjeuner avec lui; il était triste, soucieux, peu causant; les paroles ne venaient pas. Le hasard ayant ramené la citation de Londres et de mon émigration, l'Empereur m'a dit, comme pour fixer un sujet et trouver une distraction :
« Mais à Londres vous devez avoir vu la cour, le roi, le prince de Galles,
« M. Pitt, M. Fox, et autres grands personnages qui figuraient alors? Dites-moi ce que vous en savez. Quelle était l'opinion? Faites-moi un historique.—Sire, Votre Majesté oublie en ce moment ou n'a peut-être jamais
« bien su la position d'un émigré à Londres. Je doute qu'on nous eût reçus
« à la cour; le bon vieux George III était plein d'intérêt pour nos malheurs
« individuels, mais il répugnait fort à nous avouer politiquement. Et eût-
« on voulu nous y recevoir, nos moyens ne nous permettaient pas d'y paraître. Je n'ai donc pas été à la cour. Toutefois j'ai vu la plupart de ceux
« que mentionne Votre Majesté, et surtout j'en ai entendu beaucoup parler.

« J'ai vu et entendu le roi de très près plusieurs fois à la chambre des
« pairs; le prince de Galles dans les mêmes circonstances, et de plus, dans
« les cercles de la capitale. Et puis, il n'en est pas de Londres comme de la
« France; on n'y retrouve pas cette immense distance entre la cour et la
« masse de la nation : le pays est si ramassé, les lumières si générales, l'éducation si rapprochée, l'aisance si commune, la sphère d'activité si rapide, que toute la nation semble être dans le même lieu et sur le même
« plan; et qu'à la vue de cet ensemble, qu'on pourrait dire distingué, on est
« tenté de se demander *où est le peuple?* ce qui est en effet la question que
« l'on prête à Alexandre lors de sa visite à Londres. Il en résulte donc
« qu'ayant vu beaucoup de monde de toutes les classes, de tous les états,
« de toutes les opinions, je dois avoir reçu des notions qui nécessairement
« peuvent fort approcher de la vérité. Malheureusement alors je m'occupais peu d'observer et de recueillir, et je crains bien qu'aujourd'hui, après
« un si long temps, tous ces objets ne sortent que très confusément de ma
« mémoire.

« George III était le plus honnête homme de son empire; ses vertus pri-
« vées le rendaient pour tous un objet de vénération profonde; une extrême
« moralité, un grand respect pour les lois, furent le principal caractère de
« toute sa vie. Roi à vingt ans, et vivement épris des charmes d'une belle
« Écossaise des premières familles du pays, on craignait fort qu'il ne vou-
« lût l'épouser; mais il suffit de lui rappeler que c'était contraire à la loi,
« et il consentit dès cet instant à épouser celle qu'on lui désignerait : ce
« fut une princesse de Mecklembourg. Dans sa douleur il la trouva fort
« laide, et elle l'était en effet beaucoup; néanmoins George III est demeuré
« toute sa vie un époux exemplaire; jamais on ne lui a connu la moindre
« distraction.

« L'avénement de George III a été une véritable révolution politique en
« Angleterre : les prétendans avaient fini; la maison de Hanovre se trouvait
« désormais assise; les whigs, qui l'avaient placée sur le trône, furent évin-
« cés de l'administration : c'étaient des surveillans incommodes dont on
« n'avait plus besoin; elle fut ressaisie par les torys, ces amis du pouvoir,
« qui l'ont toujours conservé depuis, au grand détriment des libertés pu-
« bliques.

« Toutefois le roi personnellement était exempt de passion à cet égard :
« il aimait sincèrement les lois, la justice, et surtout le bien-être et la pros-
« périté de son pays. Si l'Angleterre a pris un parti si violent contre notre
« révolution française, c'est bien moins à George III qu'il faut s'en prendre
« qu'à M. Pitt, qui en fut le véritable boute-feu. Celui-ci était mû par la
« haine extrême qu'il portait à la France, héritage de son père le grand
« Chatam; et aussi par une vive tendance vers le pouvoir de l'oligarchie.
« M. Pitt, au moment de notre révolution, était l'homme de la nation; il
« gouvernait l'Angleterre; il entraîna le roi, qu'on gagnait toujours par les
« faits; et il faut convenir que les excès et les souillures de notre premier
« début étaient, sous ce rapport, des armes bien favorables aux disposi-
« tions et à l'éloquence de M. Pitt. Sire, il est à croire que si l'infortuné
« George III eût conservé sa raison, Votre Majesté en eût à la fin tiré aussi
« un grand parti, parce qu'elle lui eût présenté d'autres faits, et qu'il s'y
« serait rendu. George III avait sa nature et sa mesure de caractère : elle
« était en harmonie avec ses conceptions intellectuelles; il voulait savoir,
« être convaincu. Une fois sa route prise, il était difficile de l'en faire sortir;
« toutefois ce n'était pas impossible; son bon sens laissait de grandes res-
« sources.

« Sa maladie, sous ce rapport, a été un fléau pour nous, un fléau pour
« l'Europe, un fléau pour l'Angleterre même, qui commence à revenir de la
« haute opinion qu'elle avait conçue de M. Pitt, dont elle ressent aujour-
« d'hui les funestes erreurs.

« Ce fut le premier accès de la maladie du roi qui fixa la réputation de
« M. Pitt et son crédit. A peine au dessus de vingt-cinq ans, il osa lutter
« seul contre la masse de ceux qui abandonnaient le roi, le croyant perdu,
« contre la masse de ceux qui se hâtaient de proclamer son incapacité pour
« se saisir du pouvoir sous son jeune successeur. Cette conduite rendit Pitt
« l'idole de la nation; c'est la belle époque de sa vie; et son plus doux triom-
« phe a été sans contredit de conduire George III à Saint-Paul, allant rendre
« grâces à Dieu de sa guérison au milieu d'un concours immense de peuple
« ivre de joie et de satisfaction.—Mais, disait l'Empereur, quelle fut la
« conduite du prince de Galles dans cette circonstance?—Sire, il faut croire

« qu'elle fut bonne ; toutefois on parla beaucoup alors d'une caricature très
« maligne qui représentait un jeune homme fort ressemblant, *comme de*
« *coutume, s'agitant à plat ventre dans la boue au milieu de la rue; elle por-*
« tait pour légende : *Jeune héritier courant ventre à terre féliciter son père sur*
« *son retour à la santé.*

« L'on ne doutait pas que M. Pitt n'eût été en cette occasion le véritable
« sauveur du roi, ainsi que le sauveur de la paix publique ; car l'expérience
« prouva que George III avait la capacité de régner encore, et l'on ne dou-
« tait pas que si la régence eût été organisée ainsi que le prétendait l'oppo-
« sition, cette capacité eût été difficilement reconnue par la suite, et eût
« sans doute donné lieu à une guerre civile.

« J'ai souvent entendu dire que le dérangement mental de George III
« n'était pas une folie ordinaire, que son aliénation ne venait pas précisé-
« ment de l'affection locale du cerveau, mais bien de l'engorgement des
« vaisseaux qui y conduisent ; dérangement produit par une maladie depuis
« long-temps particulière à cette famille. Son mal, disait-on, était plutôt
« chez lui du délire que de la folie. La cause cessant, le prince retrouvait
« aussitôt toutes ses facultés, et avec autant de force que si elles n'avaient
« subi aucune interruption ; c'est ce qui explique ses nombreuses rechutes
« et ses nombreux rétablissemens. On en donnait pour preuve la force
« mentale qui avait dû lui être nécessaire pour pouvoir, à l'instant de sa
« première convalescence, supporter la pompe, le spectacle de la popula-
« tion de Londres réunie sur son passage et remplissant l'air de ses accla-
« mations.

« Une autre preuve non moins remarquable, c'était, après une seconde
« rechute, le calme et le sang-froid avec lesquels il reçut au spectacle le
« feu de son assassin en entrant dans sa loge. Il en fut si peu troublé qu'il
« se retourna aussitôt vers la reine, qui se trouvait encore en dehors, pour
« lui dire de ne pas s'effrayer, que ce n'était qu'une fusée qu'on venait de
« tirer dans la salle ; et il demeura sans émotion apparente tout le reste du
« temps. Certes, tout cela n'annonçait pas une tête faible. Il est vrai qu'on
« pourrait opposer à ces choses la permanence du mal dans ses dernières
« années, s'il est certain qu'il n'eut point de longs intervalles lucides.

« George III, ce monarque si honnête homme et si bien intentionné, a
« manqué périr plus d'une fois de la main des assassins ; sa carrière fournit
« l'exemple de plusieurs tentatives, et je ne crois pas qu'aucun des coupa-
« bles ait subi la mort, parce que tous se sont trouvés en démence de fana-
« tisme religieux ou politique. La dernière tentative, la plus fameuse, est
« en 1794, je crois. Le roi arrivait au spectacle, ce qui, dans ces temps de
« crise, était une espèce de fête qu'il répétait de temps à autre, comme
« pour maintenir l'esprit public. En entrant dans sa loge, un homme du
« parterre l'ajusta avec un pistolet d'arçon, et la balle n'épargna le monarque
« que parce qu'il se baissait en cet instant pour saluer le public. Qu'on juge
« du tumulte effroyable ! L'homme ne chercha point à déguiser son forfait ;
« c'était précisément le fanatique de Schœnbrunn voulant immoler Votre
« Majesté, et soutenant toujours qu'il n'avait eu d'autre but que la paix et
« le bonheur de son pays ; le jury le prononça aliéné, et il ne fut condamné
« qu'à la réclusion.

« Lors de mon excursion à Londres, en 1814, un hasard singulier m'a
« mis sous les yeux précisément cet assassin. L'esprit encore tout frais de la
« mission que Votre Majesté m'avait confiée l'année d'auparavant concernant

« les dépôts de mendicité et les maisons de correction, j'eus la fantaisie de
« visiter ces mêmes établissemens en Angleterre. Comme on me montrait
« Newgate dans le plus grand détail, j'entrai dans une salle où se trouvait
« un grand nombre de condamnés jouissant d'une certaine liberté. L'un de
« ceux qui frappèrent d'abord les regards de mon conducteur se trouva être
« Heatfield, qu'il me nomma, et dont je me rappelai aussitôt le nom, lui
« demandant si ce serait l'assassin de George III. C'était lui-même, me dit-
« il, qui subissait à Newgate la réclusion perpétuelle à laquelle il avait été
« condamné pour sa folie. Je fis l'observation que dans le temps cette folie
« avait été pour le public, ainsi que cela arrive toujours, un objet de beau-
« coup de doute et de grande contestation. Il me fut répondu que Heatfield
« était incontestablement fou, mais seulement par crise ; que sa folie d'ail-
« leurs était tellement momentanée qu'on le laissait passer le jour en ville
« sur sa parole, et qu'il était le premier à indiquer qu'on fît attention à lui
« quand il sentait que son mal allait le reprendre ; et alors mon conducteur
« l'appela. M'étant hasardé de lui faire quelques questions, il me reconnut
« aussitôt à mon accent pour Français, et me dit qu'il s'était beaucoup battu
« contre les nôtres en Flandre. (Il avait été chasseur ou dragon sous le duc
« d'York.) Il en portait les marques, me disait-il, en me montrant plusieurs
« balafres ; et pourtant, ajoutait-il, il était loin de les haïr, car ils étaient
« braves et n'avaient point de tort dans cette affaire ; on avait été se mêler
« de leurs discussions qui ne regardaient qu'eux. Et il commençait à s'ani-
« mer beaucoup, ce qui porta mon conducteur à me faire signe et à le ren-
« voyer. Il était là sur la corde délicate, me dit le surveillant, et pour peu
« qu'on l'y eût tenu, il serait devenu furieux.

« Mais je reviens à George III. Le sentiment dominant de ce prince était
« l'amour du bien public et le bien-être de son pays. Il lui a constamment
« tout sacrifié, c'est ce qui l'a porté à garder si long-temps M. Pitt, pour
« lequel il avait conçu une grande répugnance, parce qu'il en était fort mal
« traité.

« La crise étant des plus grandes pour l'Angleterre, le péril imminent,
« les talens du premier ministre supérieurs, celui-ci était donc nécessaire.
« Abusant de cette circonstance, toute-puissante sur l'esprit du monarque,
« M. Pitt le gouvernait avec dureté et sans aucun ménagement ; à peine lui
« laissait-il la disposition de la moindre place. Un emploi venait-il à vaquer,
« le roi avait-il à récompenser quelque serviteur particulier, il arrivait tou-
« jours trop tard, M. Pitt venait d'en disposer, et pour le bien de l'État,
« disait-il, pour le succès du service parlementaire. Si le roi témoignait trop
« son mécontentement, M. Pitt avait sa phrase toute prête et toujours la
« même, il allait se retirer et céder sa place à un autre. Arriva enfin une
« circonstance très délicate pour la conscience du roi, qui était fort reli-
« gieux : l'émancipation des catholiques d'Irlande, à laquelle il se refusait
« avec obstination. M. Pitt insistait vivement ; il s'y était engagé, disait-il,
« et il s'appuya de sa menace ordinaire : pour cette fois le roi le prit au mot,
« et dans sa joie de se voir délivré, il répétait le jour même à plusieurs qu'il
« venait de se défaire du taureau qui depuis vingt ans lui donnait de la corne
« dans le ventre. Et il n'est peut-être pas inutile de faire connaître ici comme
« une singularité remarquable, au sujet des mauvais traitemens de M. Pitt
« pour le roi, qu'on a entendu dire à George III que de tous ses ministres,
« M. Fox, tant accusé de républicanisme, et peut-être avec quelque raison,
« avait été celui qui, venu à la tête des affaires, lui avait constamment montré

« le plus d'égards, de déférence, de respect et de condescendance.

« Toutefois tel était sur l'esprit du roi l'ascendant de l'utilité publique,
« qu'en dépit de toute sa répugnance il reprit M. Pitt au bout d'un an.
« On crut dans le temps que M. Pitt, en se retirant, avait eu l'adresse d'as-
« seoir au ministère M. Addington, sa créature, afin de s'y replacer bien-
« tôt sans obstacles ; mais il a été prouvé plus tard que M. Pitt avait été
« contraint de recourir lui-même aux intrigues pour renverser son succes-
« seur et obtenir son second ministère, qui d'ailleurs fut peu digne de lui :
« il n'est plein que des désastres qu'il avait du reste tous provoqués. Et
« c'est le boulet victorieux d'Austerlitz qui le tua dans Londres.

« Le temps sape chaque jour davantage la réputation de M. Pitt, non
« dans l'éminence de ses talens, mais dans leur funeste application. L'An-
« gleterre gémit des maux dont il l'a accablée, et dont le plus fatal est
« l'école et les doctrines qu'il lui a léguées. C'est lui qui a introduit la police
« en Angleterre, qui a familiarisé ce pays avec la force armée, et com-
« mencé ce système de délation, d'embûches et de démoralisation de toute
« espèce, si complétement perfectionné par ses successeurs.

« Sa grande tactique fut d'exciter constamment nos excès sur le conti-
« nent, et de les montrer ensuite comme un épouvantail à l'Angleterre, qui
« lui accordait dès-lors tout ce qu'il voulait.—Mais vous autres, demandait
« l'Empereur, que disiez-vous de tout cela? quelle était l'opinion de l'émi-
« gration?—Sire, répondais-je, nous autres nous voyions tout et toujours
« dans la même lorgnette ; ce que nous avions dit le premier jour de notre
« émigration, nous le répétions encore le dernier jour de notre exil. Nous
« n'avions pas avancé d'un pas ; nous étions devenus, nous demeurions peu-
« ple. M. Pitt était notre oracle ; tout ce que disaient lui, Burke, Windham
« et les plus fougueux de ce côté nous semblait délicieux ; ce qu'objectaient
« leurs adversaires, abominable. Fox, Shéridan, Gray n'étaient pour nous
« que d'infâmes jacobins, jamais nous ne leur avons donné d'autres épi-
« thètes.—C'est bien, disait l'Empereur ; mais reprenez votre George III.

« — Ce prince vertueux aimait par-dessus tout la vie privée et les soins
« de la campagne ; il consacrait le temps que lui laissaient les affaires à la
« culture d'une ferme à peu de milles de Londres ; et il ne retournait guère
« à la capitale que pour ses levers réguliers ou les conseils extraordinaires
« que nécessitaient les circonstances, et il retournait aussitôt à ses champs,
« où il vivait sans faste et en *bon fermier*, disait-il lui-même. Quant aux
« intrigues, elles demeuraient à la ville autour des ministres et parmi eux.

« George III eut beaucoup de chagrins domestiques. Il eut pour sœur
« cette Mathilde, reine de Danemark, dont l'histoire est un si malheureux
« roman ; ses deux frères lui donnèrent beaucoup de contrariétés par leur
« mariage, et il n'avait pas lieu d'être content de son fils aîné.

« Les deux frères de George III étaient le duc de Cumberland et le duc
« de Glocester. J'ai beaucoup connu celui-ci en société très-privée : c'était
« le plus digne, le plus honnête, le plus loyal gentilhomme de l'Angleterre.
« Tous deux, selon l'esprit de la constitution britannique, n'étaient que
« d'illustres particuliers totalement étrangers aux affaires. Or il parvint
« au roi que l'un d'eux avait épousé ou allait épouser une simple particu-
« lière : c'était une grande faute à ses yeux ; il avait fait, lui, un si grand
« sacrifice pour ne pas la commettre : il s'en fâcha beaucoup ; et, comme il
« envoyait à ce sujet un message au parlement contre celui de ses frères
« qui s'était rendu coupable, voilà qu'il apprend que l'autre s'est évadé à

« Calais pour en déclarer autant. C'était comme une fatalité, une véritable
« épidémie; car on répandait aussi de tous côtés que l'héritier même du
« trône s'était marié secrètement. — Quoi! dit l'Empereur, le prince de
« Galles? — Oui, Sire, lui-même : on racontait partout son mariage, qu'on
« entourait de détails trop peu sûrs pour que je me permette de les hasar-
« der; mais le fait semblait généralement reconnu. Il est vrai que le prince
« l'a fait démentir plus tard en parlement par l'organe de l'opposition, et
« dès-lors il faut le croire.

« Toutefois je tiens de la bouche même d'un très-proche parent de sa
« prétendue femme que la chose était positive. Je lui ai entendu jeter feu
« et flamme lors du mariage solennel du prince, et menacer de se porter
« à des excès personnels. Cela pouvait donc demeurer un point contesté,
« qui prenait la couleur inévitable de l'esprit de parti : les uns soutenaient
« avec obstination la réalité de ce mariage, tandis que les autres le niaient
« avec violence. Peut-être pourrait-on concilier cette contradiction en
« disant que celle que l'on prétendait qu'il avait épousée (madame Fitz
« Herbert), étant catholique, cette circonstance rendait le mariage impos-
« sible aux yeux de la loi, et parfaitement nul dans l'héritier de la cou-
« ronne. Quoi qu'il en soit, j'ai souvent rencontré madame Fitz Herbert en
« société; sa voiture était aux armes du prince, et sa livrée la livrée du
« prince. Cette dame était beaucoup plus âgée que lui. Au surplus, belle,
« aimable, de beaucoup de caractère et d'une fierté peu endurante, ce qui
« la brouillait souvent avec le prince, et amenait entre eux, disait-on,
« des scènes de violence fort peu dignes d'un rang aussi élevé. C'est dans
« une dernière querelle de ce genre, lorsque madame Fitz Herbert avait,
« assurait-on, fait fermer sa porte obstinément au prince, que M. Pitt eut
« l'adresse de saisir l'occasion favorable pour le faire consentir à épouser
« la princesse de Brunswick. — Mais arrêtez-vous, me dit l'Empereur, vous
« allez beaucoup trop vite, vous passez ce qui m'intéresse davantage. Sous
« quels auspices le prince de Galles entra-t-il dans le monde? Quelle fut sa
« nuance politique? son attitude avec l'opposition? etc. — Sire, ce prince
« se présenta au public avec tous les avantages de la figure, tous ceux du
« corps et de l'esprit. Il fut accueilli avec un enthousiasme universel; mais
« il développa bientôt ces penchans et ces actes, qui, dans le milieu du
« dernier siècle, semblaient former le rôle obligé de grands seigneurs à la
« mode. Ce furent la fureur du jeu et ses inconvéniens, les excès de la table
« et le reste; surtout un entourage en grande partie réprouvé par l'opi-
« nion. Alors les cœurs généreux se resserrèrent, les espérances se terni-
« rent, et la portion intermédiaire, qui partout constitue véritablement la
« nation, et qui en Angleterre, il faut en convenir, présente la population
« la plus morale de l'Europe, désespéra de son avenir. C'était un adage
« reçu en Angleterre, répété surtout parmi le peuple, que le prince de
« Galles ne règnerait jamais; les diseuses de bonne aventure, les sorciers,
« disait-on, devaient le lui avoir prédit à lui-même, etc., etc.

« L'opposition, dans les bras de laquelle il s'était jeté, ainsi que cela
« n'est que trop commun aux héritiers présomptifs; l'opposition, dont il
« était l'appui et les espérances, cherchant à s'aveugler ou autrement, se
« tirait d'affaire, quand on lui exposait tous ses griefs, en répondant qu'il
« renouvellerait Henri V; que Henri V avait montré un bien mauvais sujet
« pour prince de Galles; mais qu'il était devenu le premier roi de la mo-
« narchie, et ils en concluaient que le prince de Galles serait un de leurs plus

« grands rois. — Mais, disait l'Empereur, est-ce qu'il a pris le parti de la
« révolution et défendu nos idées modernes? — Non, Sire; à mesure que
« la crise des principes allait chez nous en croissant, la décence le forçait
« de s'éloigner de l'opposition qui en prenait la défense; il cessait une al-
« liance ostensible, et remplissait le vide de sa vie en s'abandonnant aux
« plaisirs et à leurs inconvéniens; il était constamment surchargé de dettes,
« bien que le parlement les eût déjà payées plusieurs fois; elles l'embarras-
« saient fort, et compromettaient son caractère et sa popularité. Ce fut
« dans une de ses gênes extrêmes, combinées avec la querelle de madame
« Fitz Herbert, que M. Pitt s'empara du prince, en offrant de faire acquit-
« ter encore une fois ses dettes, s'il voulait enfin se rapprocher tout-à-fait de
« son père et consentir à se marier. Il lui fallut en passer par tout ce qu'on
« voulut, et la main de la princesse de Brunswick fut demandée et obtenue.
« Mais dans le court intervalle de la négociation, une femme célèbre qui
« convoitait depuis long-temps de gouverner le prince, trouvant la place
« vide, s'y établit. On lui prête d'avoir dit qu'elle y visait depuis vingt ans;
« car elle était encore beaucoup plus âgée que lui, circonstance qui était
« comme un goût particulier à la famille; on l'a remarquée aussi dans plu-
« sieurs de ses frères. Cette personne fut aussitôt nommée dame d'honneur
« de la future princesse de Galles; elle fut même la chercher, et l'amena
« en Angleterre. Ce fut sous de tels auspices, et sous cette maligne in-
« fluence, que la nouvelle épouse mit le pied sur le sol britannique. Aussi
« assure-t-on que cette malheureuse princesse n'eut même pas la douceur
« de vingt-quatre heures complètes de cet instant privilégié, si significative-
« ment appelé par les Anglais la *lune de miel*. Dès le lendemain, les moque-
« ries, les manques d'égards, le mépris, demeurèrent son partage.

« Tout ce qu'il y avait de généreux, de moral en Angleterre prit parti
« pour elle, et jeta les hauts cris. Néanmoins le plus odieux, il faut en con-
« venir, en retomba sur celle qui en était la cause, et qu'on accusa d'avoir
« ensorcelé le prince. Elle devint l'exécration publique, et toutefois le prince,
« assurait-on, n'avait même pas pour excuse les prestiges de son aveugle-
« ment; car on prétend qu'à la suite d'un repas très gai, au milieu de ses
« joyeux compagnons, l'un d'eux fut conduit par la conversation à dire
« qu'il connaissait la madame *de Merteuil* de notre roman des *Liaisons dan-
« gereuses*. Un grand nombre d'autres s'écrièrent aussitôt qu'ils en connais-
« saient aussi une. Alors le prince, dit-on, proposa follement que chacun
« écrivît à part son secret. Tous les billets furent jetés dans un vase, et il
« en sortit autant de lady*** qu'il y avait de convives; le prince lui-même
« n'ayant pas soupçonné une telle unanimité, et n'imaginant pas être re-
« connu, avait aussi, dit-on, écrit ce nom!!!

« J'ai connu cette dame, et il faut avouer que sa figure et tout son ensem-
« ble répondaient si peu à son âge, qu'il était bien difficile de le deviner. Elle
« avait tous les charmes de la première jeunesse, rehaussés de toute la grâce
« des meilleures manières, et je dois dire que dans les cercles où je l'ai vue,
« elle exerçait même une certaine attraction de bienveillance; soit que les
« mœurs de cet étage disposassent à l'indulgence, soit qu'en effet elle ne
« méritât pas toutes les malédictions dont on l'accablait dans la rue.

« Une faculté tout-à-fait privilégiée dans le prince de Galles semble avoir
« été ce que les Anglais appellent le pouvoir de *la fascination*. Il en est doué au
« dernier degré : on dirait qu'il suffit de sa volonté pour ramener la multitude
« et corrompre en quelque sorte l'opinion; il la reconquiert au moindre pas

« qu'il fait vers elle. Sa vie est pleine de ces pertes, de ces retours de po-
« pularité, et peut-être est-ce la certitude de cet heureux secret qui l'a porté
« si souvent à affronter, ainsi qu'on le lui a reproché, cette opinion publi-
« que. Ses ennemis ont dit de lui qu'il avait porté cette espèce de courage
« jusqu'à l'héroïsme. Ils lui ont reproché l'audace avec laquelle, sous la con-
« damnation lui-même d'une vie domestique désordonnée, disaient-ils, il
« s'était acharné à vouloir trouver dans sa femme ce dont il était le trop cou-
« pable exemple; inconséquence qu'on ne doit attribuer pourtant sans
« doute qu'aux suggestions funestes de pernicieux conseillers ennemis de
« sa gloire et de son repos. Toujours est-il certain qu'on a employé contre la
« princesse et la corruption la plus basse et le secours des lois, et toute l'in-
« fluence de l'héritier du trône; et tout cela en vain : ce qui, disait-on, fai-
« sait le supplice du prince, et le livrait au ridicule; car on riait de son gui-
« gnon sans exemple, de ne pouvoir venir à bout de prouver ce que tant
« d'autres maris paieraient si cher pour tenir secret. La haine s'accrut à cha-
« que nouvelle défaite, et les tourmens de la victime avec elle. On la ré-
« duisit à une espèce d'exil à quelques milles à Londres; on la priva de sa
« fille, on l'outragea à la vue des souverains alliés venus à Londres. Toute-
« fois les expressions manifestées par la multitude étaient constamment
« là pour la venger; et il fallut en venir à lui faire quitter l'Angleterre, ce
« qu'on obtint d'elle-même à l'aide des insinuations perfides, peut-être, de
« quelques prétendus amis. »

Ici l'Empereur m'a interrompu de nouveau, disant que j'omettais encore
un point trop essentiel. Quand et comment le prince était-il arrivé au pouvoir royal? Comment s'était-il arrangé avec l'opposition? Qu'avait-il fait de
ses anciens amis? « Sire, ai-je dit, ici finissent mes véritables informations.
« Il a été un temps où la crise politique a porté Votre Majesté à couper toute
« communication entre l'Angleterre et la France. Les journaux ne nous
« parvenaient plus; les lettres nous étaient interdites; les deux peuples n'a-
« vaient plus rien de commun. Il existe donc en moi une véritable lacune
« que je craindrais de ne remplir que par de vrais barbouillages. Toutefois
« je crois avoir compris qu'après des chutes et des rechutes du vieux roi,
« tous les partis s'accordèrent enfin à remettre au prince de Galles la ré-
« gence, avec le plein exercice de l'autorité souveraine. Alors arriva cette
« époque tant attendue de changemens et d'espérances. Le ciel s'ouvrait
« enfin pour cette opposition si long-temps panégyriste du prince, pour ces
« anciens amis, qui, dès l'enfance, semblaient avoir uni leurs destinées à
« la sienne. Mais, à la grande surprise de tous, et par je ne sais quelle roue-
« rie, dit-on, de lord Castlereagh, rien ne fut changé. Ces anciens minis-
« tres, si long-temps l'objet de la réprobation du prince, demeurèrent, et
« ces amis si chers, si tendres, si long-temps flattés, n'arrivèrent point!

« L'opposition jeta les hauts cris : mais on lui répondit plaisamment que,
« quand le méchant prince de Galles était devenu un grand roi, son pre-
« mier acte avait été de repousser son entourage. Cela pouvait être gai, mais
« nullement applicable; car les plus beaux caractères de l'empire se trou-
« vaient à la tête de cette opposition, et ils étaient loin d'être des *Falstaff*
« ou autres bouffons et autres mauvais sujets de la sorte; aussi montrèrent-
« ils dès cet instant pour le prince un éloignement absolu : les uns ne vou-
« lurent plus le voir; d'autres refusèrent ses invitations ou repoussèrent les
« avances qui leur étaient faites. On en cite un pourtant qui, par la suite, se
« laissa aller, dit-on, à accepter du prince un dîner privé. Celui-ci, recourant

« à ses moyens de séduction constamment victorieux, essaya de lui prouver,
« avec sa grâce accoutumée, qu'il n'avait pas pu agir différemment, et de-
« manda de lui dire enfin ce dont ses anciens amis pouvaient l'accuser avec
« justice. Le convive, le cœur encore gros, profita de l'occasion et lui réca-
« pitula sans ménagement tous ses torts ; et le tout avec une telle chaleur
« que la princesse Charlotte, qui se trouvait à table et penchait peut-être en
« secret pour l'opinion du convive, se mit à fondre en larmes. Cette scène
« étant parvenue le lendemain à lord Byron, il la consacra dans des vers
« qui firent quelque bruit.

« Pleure, fille des rois, y était-il dit, pleure les fautes de ton père ! Puisse
« chacune de tes larmes effacer un de ses torts ! Puisse surtout le peuple
« d'Angleterre, pressentant dans ta douleur son heureux avenir, payer
« d'un sourire chacun de tes pleurs (1) !

« En 1814, lors de ma course à Londres, j'ai eu l'honneur d'être présenté
« au prince de Galles à Carlton-House. — Et que diable alliez-vous faire là ?
« m'a dit l'Empereur. — Votre Majesté a certainement bien raison ; mais j'y
« fus conduit par une espèce de point d'honneur ; je crus ne pouvoir pas
« faire autrement : beaucoup de Français étaient en cet instant à Londres ;
« j'étais le seul qui eût approché Votre Majesté, porté ses couleurs, suivi
« la ligne qu'on semblait réprouver en cet instant. Quelqu'un m'ayant dit
« que les autres ne souffriraient certainement pas ma présentation, cela
« me décida. Nous fûmes en effet vingt-deux Français présentés à la fois à
« un des grands levers du prince, et je dois dire que je ne vis jamais plus
« de grâce dans les manières, plus de charmes dans l'expression, plus
« d'harmonie dans tout l'ensemble, je crus apercevoir le beau idéal du bon
« ton. Je conçus tout le pouvoir, toute la vérité de cette magie d'enchante-
« ment que j'avais entendu si souvent lui attribuer ; et encore en ce mo-
« ment, Sire, en me retraçant cette belle figure où je croyais lire l'élévation
« d'âme, l'appréciation, le désir de la gloire, je suis à me demander com-
« ment Votre Majesté se trouve ici ; comment des ministres atroces ont pu le
« faire condescendre à se déclarer le geôlier, le bourreau ! — Mon cher, m'a
« dit l'Empereur, c'est que peut-être vous n'êtes pas physionomiste, vous
« avez pris l'auréole de la coquetterie pour celle de la grandeur, l'occu-
« pation de plaire pour l'amour de la gloire ; et puis l'amour de la gloire
« n'est pas précisément sur la figure ; il se trouve au fond du cœur, et vous
« ne l'avez pas fouillé (2).

(1) Depuis mon retour en Europe, je me suis procuré ces vers en original. Si ma traduction présente quelque différence, c'est qu'à Sainte-Hélène je citais de mémoire. Les
voici :

> Weep daughter of a royal line,
> A sire's disgrace, a realm's decay;
> Ah, happy ! if each tear of thine
> Could wash a father's fault away!
> Weep for thy tears are virtue's tears
> Auspicious to these suffering isles;
> And be each drop in future years
> Repaid thee by thy people's smiles!
> *March.* 1812.

(2) Depuis ces paroles, la grande victime a succombé !..... Moi, son serviteur, j'ai vu
commencer ses tortures; d'autres m'ont transmis les angoisses de sa longue agonie!!!......
Elle a expiré !!!.... Et l'on n'a cessé de frapper constamment au nom du prince ! Aussi
l'immortelle victime a-t-elle laissé de ses propres mains ces mots terribles : « *Je lègue l'op-*
« *probre de ma mort à la maison régnante d'Angleterre !...* »

« Et ne me traduisiez-vous pas l'autre jour, a continué alors l'Empereur,
« je ne sais quel papier ou quel ouvrage où il était dit que le prince régent
« avait fait un grand étalage d'intérêt et de sympathie en faveur des der-
« niers Stuart? qu'il a mis le plus haut prix à obtenir ce qui leur avait ap-
« partenu, ce qu'ils avaient laissé? qu'il parlait d'élever un monument au
« dernier d'entre eux? Il y a là-dedans, a ajouté l'Empereur, encore bien
« plus de calcul que de magnanimité; c'est qu'il est soigneux d'affirmer et
« de consacrer leur extinction. Là commence, se dit-il, sa légitimité, sa
« sécurité, et il a raison. Si de mon temps et dans les circonstances où les
« ministres anglais avaient plongé l'Angleterre, il se fût trouvé encore quel-
« que jeune Stuart, brave, entreprenant, capable, à la hauteur du siècle,
« il eût été débarqué en Irlande, escorté des doctrines modernes, et l'on
« eût vu sans doute le spectacle des Stuart régénérés, chassant à leur tour
« les Brunswick dégénérés. L'Angleterre aussi eût eu son 20 mars. Et ce que
« c'est pourtant qu'un trône et tous ses poisons; à peine y est-on assis, qu'on
« en ressent la contagion. Ces Brunswick, amenés par les idées libérales,
« élevés par la volonté du peuple, sont à peine assis, qu'ils ne recherchent
« que l'arbitraire et la toute-puissance; il leur faut absolument rouler dans
« l'ornière qui a fait culbuter leurs devanciers; et cela, parce qu'ils sont de-
« venus rois!... Et l'on dirait que c'est la marche inévitable! Cette belle tige
« des Nassau, par exemple, ces patrons en Europe d'une noble indépen-
« dance, eux dont le libéralisme devrait être dans le sang et jusque dans la
« moelle de leurs os; ces Nassau enfin, qui ne seront qu'à la queue par leur
« territoire, et qui pourraient se placer à la tête par leurs doctrines, on
« vient à les asseoir sur un trône; eh bien! vous les verrez infailliblement
« ne s'occuper que de se rendre ce qu'on appelle aujourd'hui légitimes, en
« prendre les principes, la marche, les travers, etc. Eh! mon cher, moi-
« même, après tout, ne m'a-t-on pas fait le même reproche? et peut-être
« n'est-ce pas sans quelque apparence de raison, car enfin peut-être bien
« des nuances se seront dérobées à moi-même. J'ai pourtant déclaré dans
« une circonstance solennelle qu'à mes yeux la souveraineté n'était
« point dans le titre, ni le trône dans son appareil. On m'a reproché qu'à
« peine au pouvoir j'avais exercé le despotisme, l'arbitraire; mais c'est la
« dictature qu'il fallait dire, et les circonstances m'absoudront assez. Ce
« qu'on m'a reproché encore, c'est de m'être laissé enivrer par mon alliance
« avec la maison d'Autriche, de m'être cru bien plus véritablement souve-
« rain après mon mariage, en un mot, de m'être cru dès cet instant Alexandre
« devenu le fils d'un dieu! Mais tout cela était-il bien juste? Ai-je donc
« prêté véritablement à de tels travers? Il m'arrivait une femme jeune, belle,
« agréable; ne m'était-il donc pas permis d'en témoigner quelque joie?
« Ne pouvais-je donc, sans encourir le blâme, lui consacrer quelques instans?
« Ne m'était-il donc pas permis, à moi aussi, de me livrer à quelques mo-
« mens de bonheur? Eût-on donc voulu qu'à la façon de votre prince de
« Galles, j'eusse maltraité ma femme dès la première nuit? Ou bien encore
« attendait-on que j'eusse fait voler sa tête, à la façon de ce sultan, pour
« échapper aux reproches de la multitude? Non, ma seule faute dans cette
« alliance a été vraiment d'y avoir apporté un cœur trop bourgeois... J'avais
« si souvent répété que le cœur d'un homme d'État ne devait être que dans
« sa tête!... Malheureusement ici le mien était demeuré à sa place pour les
« sentimens de famille, et ce mariage m'a perdu, parce que je croyais sur-
« tout à la religion, à la piété, à la morale, à l'honneur de François. Je

« l'estimais essentiellement... Il m'a cruellement trompé !... Je veux bien
« qu'on l'ait trompé à son tour ; aussi je lui pardonne... Mais l'histoire l'épar-
« gnera-t-elle? Si toutefois... »
. Et Napoléon a gardé le silence quelques instans, la tête appuyée sur une
de ses mains. Puis se réveillant : « Quel roman pourtant que ma vie !... a-t-il
« dit en se levant. Mais ouvrez ma porte et marchons. » Et nous avons parcouru quelque temps les diverses pièces adjacentes............
....

Résumé des trois mois, avril, mai et juin.

J'ai déjà fait observer qu'il était impossible, dans un recueil comme le
mien, de maintenir en quoi que ce soit l'unité d'intérêt et de but ; or je vais
essayer d'y ramener, en retraçant ici en bien peu de mots, et sans interruption, les aggravations dont on a frappé l'Empereur pendant ces trois
mois; les mauvais traitemens qu'on a multipliés, la détérioration visible de
sa santé, l'ensemble de ses habitudes et les principaux objets de sa conversation ; en un mot, le bulletin physique et moral de sa personne.

Dans cette courte période :

1° Un nouveau gouverneur arrive, et il se trouve que c'est un homme à
vues fort étroites ou très méchant; un caporal avec sa consigne, et non un
général avec ses instructions.

2° On exige de chacun des captifs une déclaration comme quoi il se soumet d'avance à toutes les restrictions qu'on pourrait imposer à Napoléon, le
tout dans l'espoir de les détacher de sa personne.

3° On nous communique officiellement la convention des souverains alliés
qui, sans autre forme de procès, proclament et consacrent l'ostracisme,
l'emprisonnement de Napoléon.

4° Nous recevons le bill du parlement d'Angleterre qui convertissait en
loi l'acte oppressif des ministres anglais sur la personne de Napoléon.

5° Enfin des commissaires viennent, au nom de leurs monarques, surveiller les chaînes et contempler les souffrances de la victime. Ainsi notre
horizon se rembrunit de plus en plus, les chaînes se raccourcissent, toute
espérance d'amélioration future nous échappe, et le plus sinistre avenir
seul demeure.

L'arrivée du nouveau gouverneur est le signal des grandes misères. C'est
pour la personne de l'Empereur le commencement d'un supplice nouveau ;
chaque jour il reçoit un coup d'épingle.

Le premier pas de sir Hudson Lowe est *une insulte*; une de ses premières
paroles, *une barbarie*; un de ses premiers actes, *une méchanceté*.

Bientôt il ne semble plus avoir d'autre occupation, n'avoir reçu d'autre
emploi que de nous tourmenter et de nous faire souffrir sous toutes les formes, sur tous les objets, de toutes les manières.

L'Empereur, qui s'était promis d'abord de s'en tenir au plus complet stoïcisme, s'en émeut néanmoins et s'en exprime fortement. Les conversations
sont chaudes, la brèche s'ouvre, chaque jour va l'agrandir.

La santé de l'Empereur s'altère visiblement, et nous le voyons changer à
vue d'œil. Contre sa nature, il se sent incommodé très souvent; une fois il
garde sa chambre jusqu'à six jours de suite sans sortir du tout ; une mélancolie secrète qui se déguise à tous les yeux, peut-être aux siens propres, un
mal concentré, commencent à le saisir; il rétrécit chaque jour le cercle déjà

si resserré de son mouvement et de ses distractions ; il renonce au cheval ; il n'invite plus d'Anglais à dîner ; il abandonne même son travail régulier ; ses dictées, auxquelles jusque là il avait semblé trouver quelques charmes, ne vont plus : le dégoût l'avait saisi, et il ne se trouvait plus le courage, me disait-il parfois, de s'y remettre. La plupart de ses journées se passent à parcourir des livres dans sa chambre ou en conversations avec nous, publiques ou privées, et le soir il nous lit lui-même, après son dîner, quelques pièces de théâtre de nos grands maîtres, ou toute autre production amenée par le hasard ou les caprices du moment.

Toutefois la sérénité de son âme, son égalité de caractère, n'éprouvent par ces circonstances nulle altération vis-à-vis de nous ; au contraire, nous n'en semblons que plus resserrés en famille ; il est plus à nous, et nous lui appartenons davantage ; ses conversations présentent plus d'abandon, d'épanchement et d'intérêt.

Il me faisait venir à présent très souvent dans sa chambre pour causer, et ses conversations privées le conduisaient parfois à des sujets très importans, tels que la guerre de Russie, celle d'Espagne, les conférences de Tilsit et d'Erfurt, qu'on rencontre dans cette période de mon recueil. Et ici je dois faire ou répéter quelques observations que je prie ceux qui me liront de ne pas perdre de vue durant tout le cours de cet ouvrage ; elles serviront à prévenir quelques reproches ou objections qu'on serait tenté d'élever sur le manque d'ordre, l'insuffisance et le peu de fini d'objets aussi essentiels. C'est que, si je ne l'ai déjà dit, en conversation publique ou privée avec l'Empereur, je ne me suis jamais permis aucune observation ou demande d'éclaircissemens, lors même qu'ils m'ont semblé les plus nécessaires ; je me sentais cette réserve commandée :

1° Par le respect et la bienséance ;

2° Par la crainte d'interrompre une conversation constamment précieuse ;

3° Par l'espoir de prendre la vérité, pour ainsi dire, au vol, et de la saisir de la sorte plus naturellement ;

4° Par la persuasion d'être à demeure maintenant et pour toujours auprès de l'Empereur ; la certitude par là qu'avec le temps j'entendrais mentionner de nouveau les mêmes objets qui se redresseraient et se compléteraient d'eux-mêmes ;

5° Parce que l'Empereur devait, avec le temps, voir lui-même mon Journal, et que je ne doutais pas qu'encouragé par ce qu'il y trouverait déjà sur ces divers objets, il ne les convertît en dictées régulières ; je ne les ai pas eues, et par là, de quels morceaux nous demeurons privés !

6° Enfin, et ceci a été un de mes grands motifs, c'est que l'Empereur, arrivé parfois dans le cours de longues conversations tout-à-fait familières à des objets de la plus haute importance, ne racontait pas néanmoins pour m'apprendre, mais le plus souvent par désœuvrement, seulement pour causer ; et l'on eût pu dire par forme de rabâchage, s'il était permis d'appliquer une telle expression à une telle personne et à de tels objets. Il s'en entretenait avec moi comme si j'eusse dû les connaître aussi bien que lui-même.

Or, j'étais tout-à-fait étranger à ses grands projets, à ses hautes conceptions, circonstance d'ailleurs que je me suis convaincu plus tard ici m'être commune avec la plupart de ceux qui, lors de sa puissance, l'approchaient davantage, voire même ses ministres ; aussi lui arrivait-il quelquefois, soit que ma figure exprimât trop l'étonnement, soit que revenant à lui, et sachant bien ce qu'il en était, de me dire : « Mais cela est peut-être neuf pour vous ? » A quoi je n'avais rien de mieux à répondre, pour être vrai, que : « Oui, Sire, et tout-à-fait, pour la plus grande partie. » Qu'eût-ce donc été si, dans ces occasions inappréciables, j'eusse été gauchement l'interrompre pour lui faire apercevoir que j'avais de la peine à le suivre ou à l'entendre ! je n'eusse pas manqué de le dégoûter de causer, et moi j'aurais perdu beaucoup. Je le laissais donc aller, quelque désir que j'eusse eu parfois de m'éclaircir. Ce que j'en saisissais une première fois me semblait déjà du plus haut prix. L'Empereur se répétait souvent, je le savais : Alors j'en apprendrai davantage avec le temps, me disais-je, et je ne désespérais pas d'arriver de la sorte à être assez maître de la matière pour oser me permettre par la suite de la raisonner tant soit peu avec lui ; ce que sa bonté pour moi, dans les derniers temps, eût daigné trouver convenable ; je lui eusse même été agréable, j'en suis sûr, en ce que cela eût réveillé ses idées et fourni un aliment nouveau à sa conversation. Malheureusement mon enlèvement subit et imprévu d'auprès de sa personne m'a laissé les seuls détails que j'avais recueillis jusque là ; et à la douleur d'avoir été enlevé à des soins pieux qui étaient devenus mon bonheur, se joindront désormais d'éternels regrets d'avoir, par ma trop grande circonspection peut-être, perdu pour l'histoire une occasion unique qui ne peut se renouveler jamais.

J'ai été bien aise d'entrer minutieusement ici dans ces détails, afin qu'on comprît comment j'ai obtenu une portion de mes récits, et qu'en me lisant, on pût se répondre à soi-même pourquoi des objets aussi importans demeurent aussi imparfaits.

Toutefois, si l'historien n'y trouve pas la trace lumineuse qu'il recherche et qu'il aurait cru devoir y trouver, du moins y rencontrera-t-il une foule d'étincelles propres à le mettre inévitablement sur la voie ; circonstance spéciale qui me servira à caractériser moi-même mon propre recueil, en disant qu'il y a de *tout* et qu'il n'y a *rien* ; qu'il n'y a rien, mais qu'il y a de tout ; et en disant qu'il n'y a *rien*, je me trompe assurément, car on y rencontrera une foule de traits sur les qualités privées, les dispositions naturelles, le cœur et l'âme de l'homme extraordinaire auquel cet ouvrage est consacré ; si bien qu'il deviendra impossible à tout homme de bonne foi et recherchant la vérité de n'être pas à même de se fixer sur son caractère. Or, je prie de se rappeler que tel a été mon unique but, le seul que j'aie annoncé.

FIN DU PREMIER VOLUME.

TABLE DES SOMMAIRES

DU PREMIER VOLUME.

	Pages.
AVANT-PROPOS DE L'ÉDITEUR...	v
PRÉFACE DE L'AUTEUR..	VII
PRÉAMBULE...	1
Retour de l'Empereur à l'Élysée après Waterloo...........................	4
Abdication...	5
Députation de la Chambre des pairs.—Caulaincourt.—Fouché..............	ib.
Gouvernement provisoire présenté à l'Empereur.............................	6
L'Empereur quitte l'Élysée..	ib.
Le ministre de la marine vient à la Malmaison...............................	ib.
Le gouvernement provisoire met l'Empereur sous la garde du général Bécker. —Napoléon quitte la Malmaison.—Il part pour Rochefort................	7
Notre route d'Orléans à Jarnac..	9
Mésaventure à Saintes...	ib.
Arrivée à Rochefort..	10
Calme de l'Empereur...	ib.
Embarquement de l'Empereur..	11
L'Empereur visite les fortifications de l'île d'Aix...........................	ib.
Première entrevue à bord du *Bellérophon*...................................	ib.
L'Empereur incertain sur le parti qu'il doit prendre.......................	ib.
L'Empereur à l'île d'Aix...	12
Appareillage des chasse-marée...	ib.
Seconde entrevue à bord du *Bellérophon*.—Lettre de Napoléon au prince régent.	ib.
L'Empereur à bord du *Bellérophon*...	14
L'Empereur à bord de l'amiral Hotham.—Appareillage pour l'Angleterre.— L'Empereur commande l'exercice aux soldats anglais....................	15
Influence de l'Empereur sur les Anglais du *Bellérophon*.—Résumé de l'Empereur...	ib.
Ouessant.—Côtes d'Angleterre...	18
Mouillage à Torbay..	ib.
Affluence de bateaux pour apercevoir l'Empereur..........................	ib.
Mouillage à Plymouth.—Séjour, etc...	19
L'amiral Keith.—Acclamations des Anglais dans la rade de Plymouth, à la vue de l'Empereur..	20
Décision ministérielle à notre égard.—Anxiétés, etc......................	21
Les généraux Savary et Lallemand ne peuvent suivre l'Empereur........	22
L'Empereur me demande si je le suivrai à Sainte-Hélène.................	ib.
Paroles remarquables de l'Empereur...	23
Appareillage de Plymouth.—Croisières dans la Manche, etc.—Protestation...	25
Marques de confiance que me donne l'Empereur...........................	26

I.   33

TABLE DES SOMMAIRES.

Pages.

Mouillage à Start-Point.—Personnes qui accompagnent l'Empereur......... 27
Conversation avec lord Keith.—Visite des effets de l'Empereur.—L'Empereur quitte le *Bellérophon*.—Séparation.—Appareillage pour Sainte-Hélène..... 28
Description minutieuse du logement de l'Empereur à bord du *Northumberland*. 31
Nous perdons la terre de vue.—Réflexions................................ ib.
Détails et habitudes de l'Empereur à bord................................ 33
Faveur bizarre de la fortune.. 34
Navigation.—Uniformité.—Occupations.—Sur la famille de l'Empereur.—Son origine.—Anecdotes... ib.
Madère, etc.—Vent très-fort.—Jeu d'échecs............................... 41
Canaries.—Passage du tropique.—Un homme à la mer.—Enfance de l'Empereur.—Détails.—Napoléon à Brienne.—Pichegru.—Napoléon à l'école militaire de Paris.—Dans l'artillerie.—Ses sociétés.—Napoléon au commencement de la révolution... 42
Iles du Cap-Vert.—Navigation.—Détails, etc.—Napoléon au siége de Toulon. Commencemens de Duroc, de Junot.—Querelles avec des représentans du peuple.—Querelles avec Aubry.—Anecdotes sur vendémiaire.—Napoléon général de l'armée d'Italie.—Pureté d'administration.—Désintéressement.— Pourquoi *Petit Caporal*.—Différence du système du Directoire avec celui du général de l'armée d'Italie.. 50
Uniformité.—Ennui.—L'Empereur se décide à écrire ses Mémoires......... 62
Vents alizés.—La ligne... 63
Orage.—Libelles contre l'Empereur.—Leur examen.—Considérations générales... 64
Emploi de nos journées... 68
Phénomène du hasard.—Passage de la ligne.—Baptême..................... 69
Prise d'un requin.—Examen de l'*Anti-Gallican*.—Ouvrages du général Wilson. Pestiférés de Jaffa.—Traits de la campagne d'Égypte.—Esprit de l'armée d'Égypte.—Railleries des soldats.—Dromadaires.—Mort de Kléber.—Jeune Arabe.—Philippeaux et Napoléon; singularité.—A quoi tiennent les destinées.—Caffarelli, son attachement pour Napoléon.—Réputation de l'armée française en Orient.—Napoléon quittant l'Egypte pour aller gouverner la France.—Expédition des Anglais.—Kléber et Desaix.................... 70
Nature des dictées de l'Empereur....................................... 85
Singulière bizarrerie du hasard.. 86
Murmures contre l'amiral... ib.
Vue de Sainte-Hélène... 87
Arrivée à Sainte-Hélène.. ib.
Débarquement de l'Empereur à Sainte-Hélène............................. 88
Séjour a Briars.—L'Empereur se fixe à Briars : séjour d'un mois et vingt-quatre jours.—Description.—Situation misérable....................... ib.
Description de Briars.—Son jardin.—Rencontre des petites demoiselles de la maison.. 90
Sur la jeunesse française.—L'Empereur visite la maison voisine.—Naïvetés... ib.
L'amiral vient voir l'Empereur... 91
Horreur et misère de notre exil.—Indignation de l'Empereur.—Note envoyée au gouvernement anglais... 92
Vie de Briars, etc.—Nécessaire d'Austerlitz.—Grand nécessaire de l'Empereur. —Son contenu.—Objets, libelles contre Napoléon, etc., abandonné aux Tuileries.. 94
L'Empereur commence la campagne d'Égypte avec le grand maréchal.— Anecdotes sur brumaire, etc.—Lettre du comte de Lille.—La belle duchesse de Guiche... 96
Emploi des journées.—Conseil d'Etat, scène grave; dissolution du Corps Législatif en 1813.—Sénat... 99

TABLE DES SOMMAIRES.   511

Pages.

Paroles vives.—Circonstances caractéristiques........................... 106
Sur les généraux de l'armée d'Italie.—Armée des anciens, Gengiskan, etc.
— Invasions modernes.—Caractère des conquérans..................... *ib.*
Idées, projets, insinuations politiques, etc............................. 108
Contrariétés.—Réflexions morales...................................... 110
L'Empereur fait renvoyer les chevaux................................... 111
Respect au fardeau.. 112
Conversations de minuit, au clair de lune, etc.— Les deux impératrices.—
Mariage de Marie-Louise.—Sa maison.—Duchesse de Montebello.—Madame
de Montesquiou.—Institut de Meudon.—Sentimens de la maison d'Autriche
pour Napoléon.—Anecdotes recueillies en Allemagne depuis mon retour
en Europe.. *ib.*
Petits détails intérieurs, etc.—Réflexions............................... 119
Détails très privés.—Rapprochemens bien bizarres...................... *ib.*
Sur le faubourg Saint-Germain, etc. — L'Empereur sans préjugés, sans
fiel, etc.—Paroles caractéristiques.................................. 121
Sur les officiers de sa maison en 1814, etc.—Projet d'adresse............. 123
Idée de l'Empereur de se réserver la Corse.—Opinion sur Robespierre.—Idée
sur l'opinion publique.—Intention expiatoire de l'Empereur sur les victimes
de la révolution... 125
Cascade de Briars... 127
Première et seule excursion durant le séjour à Briars.—Bal de l'amiral..... 128
Ma conduite durant l'île d'Elbe.. 129
Tempérament de l'Empereur.—Courses.—Système de médecine............ 133
Continuation de la vie de Briars, etc.—Ma première visite à Longwood.—Ma-
chine infernale, son historique...................................... 134
Conspiration de Georges, Pichegru, etc.—Affaire du duc d'Enghien.—Esclave
Tobie.—Réflexions caractéristiques de Napoléon...................... 137
Origine des guides.—Autre danger de Napoléon.—Un gros officier allemand.
—Un chien.. 140
Guerre.—Principes.—Application.—Paroles sur divers généraux........... 141
Situation des princes d'Espagne à Valencey.—Le pape à Fontainebleau.—Ré-
flexions, etc... 143
Sur la *Nouvelle Héloïse* et sur l'amour.—Contrariétés..................... 144
Lieutenant anglais.—Singularité.—Départ pour Longwood arrêté.—Politique.
—État de la France.—Mémoire justificatif de Ney.................... 145
Établissement a Longwood.—Translation à Longwood.—Description de la
route.—Prise de possession.—Premier bain.......................... 148
Description de Longwood, etc.—Détail des appartemens................. 149
Régularisation de la maison de l'Empereur.—Situation morale des captifs en-
tre eux, etc.—Quelques nuances du caractère de l'Empereur.—Portrait de
Napoléon, par M. de Pradt, traduit d'une gazette anglaise.—Réfutation.... 151
Ma situation matérielle adoucie.—Mon lit changé, etc.................... 156
Habitudes et heures de l'Empereur.—Son style avec les deux impératrices.—
Détails.—Maximes de l'Empereur sur la police.—Police secrète des lettres.
—Détails curieux.—L'Empereur pour un gouvernement fixe et modéré..... 157
Première tournée de l'Empereur à cheval.—Dureté des instructions ministé-
rielles à son égard.—Nos peines, nos plaintes.—Paroles de l'Empereur.—
Réponses brutales.. 161
Mépris de l'Empereur pour la popularité; ses motifs, ses argumens, etc.—
Sur ma femme.—La mère et la sœur du général Gourgaud............ 162
L'Empereur souvent blessé dans ses campagnes.—Cosaques.—*Jérusalem délivrée.* 165
Ma conversation avec un Anglais...................................... 166
Sur l'émigration.—Bienfaisance des Anglais.—Ressources des émigrés, etc.. 167
Excursion difficile.—Premier essai de notre vallée.— Marais perfide.—Momens

TABLE DES SOMMAIRES.

	Pages.
caractéristiques.—Anglais désabusés.—Poison de Mithridate............	170

L'Empereur laboure un sillon.—Denier de la veuve.—Entrevue avec l'amiral.
—Nouveaux arrangemens.—Le polonais Piontowsky.................... 172
Sous-gouverneur Skelton... 173
Premier de l'an.—Fusils de chasse, etc.—Famille du gouverneur Wilks..... 174
Vie de Longwood.—Course à cheval de l'Empereur.—Notre nymphe.—Sobriquets. — Des îles, de leur défense. — Grandes forteresses.—Gibraltar.—
Culture et lois de l'île.—Enthousiasme, etc................................ 175
L'Empereur vivement contrarié.—Nouvelles brouilleries avec l'amiral........ 178
Chambre de Marchand.—Linge, vêtemens de l'Empereur, manteau de Marengo.
—Éperons de Champ-Aubert, etc.. 180
Amiral Taylor, etc.. 181
L'Empereur couché en joue.—Nos passe-temps du soir.—Romans.—Sortie politique.. 182
Sur l'*Histoire secrète du cabinet de Bonaparte*, par Goldsmith.—Détails, etc... 184
L'Empereur se décide à apprendre l'anglais............................... 186
Première leçon d'anglais, etc.. ib.
Nos habitudes journalières.—Conversation avec le gouverneur Wilks.—Armées.—Chimie.—Politique.—Détails sur l'Inde.—*Delphine*, de madame de Staël.—MM. Necker, Calonne... 187
Mon nouveau logement, etc.—Description.—Visite matinale, etc.............. 189
Lectures de l'Empereur.—Madame de Sévigné.—*Charles XII.*—*Paul et Virginie.*—Vertot.—Rollin.—Velly.—Garnier................................ 190
Difficulté vaincue.—Dangers personnels de l'Empereur, à Eylau, à Iéna, etc.
—Troupes russes, autrichiennes, prussiennes.—Jeune Guibert.—Corbineau.
—Maréchal Lannes.—Bessières.—Duroc................................ 192
Étude de l'anglais, etc.—Détails.—Réflexions, etc.—Promenade à cheval.—
Cheval embourbé, autres traits caractéristiques.......................... 196
Fragmens de la campagne d'Italie... 199
Treize vendémiaire... 200
Bataille de Montenotte... 207
Éloge de Sainte-Hélène par l'Empereur.—Petites ressources de l'île........ 217
Première saignée de mon fils.—L'Empereur me donne un cheval........... 219
Progrès de l'Empereur dans l'anglais.................................... ib.
L'Empereur apprend la mort de Murat.................................... 220
Porlier, Ferdinand.—Tableaux de l'Atlas................................. 222
Sur l'Égypte.—Ancien projet sur le Nil................................... 223
Uniformité.—Ennui.—Solitude de l'Empereur.—Caricatures............... ib.
Longue course à pied de l'Empereur..................................... 224
Mauvaise température de Sainte-Hélène.—Observation importante sur l'esprit de ce journal.. 225
Politique de l'Empereur sur les affaires de France.—Sa prédiction sur les Bourbons.. 226
Peinture du bonheur domestique par l'Empereur.—Deux demoiselles de l'île.
—L'Empereur souffrant.. 227
Travaux de l'Empereur à l'île d'Elbe.—Prédilection des Barbaresques pour Napoléon... 228
Piontowski.—Caricature.—Bonté héréditaire et proverbiale des Bourbons.... ib.
Retour de l'île d'Elbe.—Détails, etc...................................... 230
Campagnes d'Italie et d'Égypte; paroles charmantes de l'Empereur.—Son opinion sur nos grands poëtes.—Tragédies modernes.—*Hector.*—*Les États de Blois.*—Talma... 230
Les faiseurs d'affaires dans la révolution.—Crédit de l'Empereur à son retour.
—Sa réputation dans les bureaux comme vérificateur.—Ministre des finances, du Trésor.—Cadastre.. 232
Flotte de la Chine.. 235

TABLE DES SOMMAIRES.

Pages.

Sur l'invasion en Angleterre.—Détails... 235
Réception de quelques officiers de la flotte de la Chine...................... 237
Cour de l'Empereur, étiquette, etc.—Anecdote de Tarare.—Grands officiers. —Chambellans.—Splendeur sans égale de la cour des Tuileries.—Belle administration du palais.—Intention de l'Empereur à ses levers.—Grand couvert.—De la cour et de la ville... 238
Jeu d'échecs venu de la Chine.—Présentation des capitaines de la flotte de la Chine.. 243
Mystification 244
L'Empereur en état d'employer son anglais.—Sur la médecine.—Corvisart.—Définition.—Sur la peste.—Médecine de Babylone........................ *ib.*
Procès de Ney.—Voiture perdue à Waterloo.—Entrevue de Dresde.—Sur l'humeur des femmes.—Princesse Pauline.—Beau mouvement de l'Empereur.. 247
Injure à l'Empereur et au prince de Galles.—Exécution de Ney.—Évasion de Lavalette... 257
Commission pour le prince régent... 259
Esprit de l'île de France... *ib.*
Intentions de l'Empereur sur Rome.—Horrible nourriture.—*Britannicus*..... 260
20 mars.—Couches de l'Impératrice... 261
Conjuration de Catilina.—Les Gracques.—Les historiens.—Sommeil durant la bataille.—César, ses *Commentaires*.—Des divers systèmes militaires....... 263
Résumé des neuf mois écoulés.. 265
Journées de Longwood, etc.—Procès de Drouot.—Jugemens militaires.—Soult.—Masséna.—Camarades de l'Empereur dans l'artillerie.—L'Empereur croyant son nom inconnu même dans Paris............................ 267
Examen de conscience politique.—État fidèle de l'Empire, sa prospérité.—Idées libérales de l'Empereur sur la différence des partis.—Marmont.—Murat.—Berthier.. 271
Chance de danger dans les batailles, etc.—Les bulletins très-véridiques...... 274
Insalubrité de l'île... 275
Paroles de l'Empereur sur son expédition en Orient......................... *ib.*
Description de l'appartement de l'Empereur.—Horloge du grand Frédéric.—Montre de Rivoli.—Détails minutieux de sa toilette.—Son costume.—Bruits ridicules, absurdités sur sa personne.—Complot de Georges.—De Cérachi. —Attentat du fanatique de Schœnbrun..................................... 276
Partis à prendre après Waterloo... 280
Traits caractéristiques.. 284
Politique.—État de l'Europe.—Ascendant irrésistible des idées libérales..... 285
Opinions de l'Empereur sur plusieurs personnages connus.—Pozzo di Borgo. Metternich.—Bassano.—Clarke.—Champagny.—Cambacérès.—Lebrun.—Talleyrand.—Fouché, etc.. 286
Papiers d'Europe.—Politique... 290
Arrivée du gouverneur.—Progrès de l'Empereur dans son anglais........... 291
Première visite du gouverneur.—Déclaration exigée de nous................ *ib*
Conversation caractéristique.—Retour de l'île d'Elbe prévu dès Fontainebleau. Introduction du gouverneur.—Mortification de l'amiral.—Nos griefs contre lui.—Signalement de sir Hudson Lowe..................................... 292
Convention des souverains sur Napoléon, etc.—Paroles remarquables....... 297
Déclaration exigée de nous... 298
Visite d'adieu de l'ancien gouverneur.—Conversation remarquable.—Saillie d'un vieux soldat anglais... 299
Message de l'Empereur au prince régent.—Paroles caractéristiques.—Portefeuille perdu à Waterloo.—Sur les ambassadeurs.—M. de Narbonne.—Après Moscou, l'Empereur sur le point d'être arrêté en Allemagne.—Compte de toilette de l'Empereur.—Budget d'un ménage dans les capitales de l'Europe.

TABLE DES SOMMAIRES.

Pages.

—L'ameublement de la maison de la rue de la Victoire.—Ameublement des palais impériaux.—Moyens de vérification de Napoléon 301
Le gouverneur visite ma chambre.—Critique du *Mahomet* de Voltaire.—Du Mahomet de l'histoire.—Grétry 304
Ma visite à Plantation-House.—Insinuation.—Première méchanceté de sir H. Lowe.—Proclamations de Napoléon.—Sa politique en Égypte.—Aveu d'acte illégal 306
Première insulte, première barbarie de sir H. Lowe.—Traits caractéristiques. 308
Abbé de Pradt.—Son ambassade à Varsovie.—Guerre de Russie.—Son origine 309
L'Empereur souffrant.—Premier jour de complète réclusion.—Ambassadeurs persan et turc.—Anecdotes 314
Deuxième jour de réclusion.—L'Empereur reçoit le gouverneur dans sa chambre.—Conversation caractéristique 316
Suite des fragmens de la campagne d'Italie 319
Bataille de Castiglione .... *ib.*
Bataille d'Arcole 328
Bataille de Rivoli 338
Troisième jour de réclusion. — Beau résumé de l'histoire de l'Empereur par lui-même 346
Quatrième jour de réclusion absolue. — Le *Moniteur* favorable à l'Empereur. *ib.*
Cinquième jour de réclusion 347
Sixième jour de réclusion 348
Sur la Chine et la Russie.— Rapprochemens des deux grandes révolutions de France et d'Angleterre .... *ib.*
Docteur O'Méara; explication. — Consulat. — Opinion de l'émigration sur le consul. — Idée de l'Empereur sur le bien des émigrés. — Syndicat projeté. — Circonstances heureuses qui concoururent à la carrière de l'Empereur. — Opinion des Italiens. — Couronnement par le pape. —Les mécontens séduits lors de Tilsit. — Bourbons d'Espagne. —Arrivée du fameux palais de bois 351
Iliade, Homère 356
Paroles caractéristiques de l'Empereur relatives à moi 357
Hoche. — Divers généraux 358
Invitation ridicule de sir Hudson Lowe 360
Napoléon à l'Institut. — Au Conseil d'État. — Code civil. —Bertrand de Molleville. — Mot pour lord Saint-Vincent. — Sur l'intérieur de l'Afrique. — Ministère de la Marine. — Decrès .... *ib.*
Etat dangereux de mon fils. — Paroles remarquables. — *Dictionnaire des Girouettes*. — Bertholet 367
Réception des passagers de la flotte de Bengale 368
Egalité des peines. — L'Empereur me commande l'historique minutieusement détaillé de mon Atlas 370
Historique de l'Atlas 371
Visite du gouverneur. — Conversation chaude avec l'Empereur 378
Madame la maréchale Lefèvre. — Traits caractéristiques 380
Le gouverneur de Java. — Le docteur Warden. — Conversation familière de l'Empereur sur sa famille 382
L'Empereur endormi. — Maximes morales et politiques de Napoléon 388
Le gouverneur arrêtant lui-même un domestique. — Lecture de la Bible. — Applications curieuses de la Bible 389
Caprices de l'autorité. — La princesse Stéphanie de Bade, etc .... *ib.*
Autres maximes de l'Empereur. — Scène de Portalis au conseil d'Etat, etc.— Accidens de l'Empereur à Saint-Cloud, à Auxonne, à Marly 390
Politique du moment. — Sentimens vraiment patriotiques de l'Empereur; beau

TABLE DES SOMMAIRES.

mouvement de l'Empereur. — Horoscope touchant son fils, etc., etc....... 393
Brutus de Voltaire... 394
Établissement français sur le fleuve Saint-Laurent. — L'Empereur eût pu gagner l'Amérique. — Sur la politique du cabinet anglais. — Carnot au moment de l'abdication.. *ib.*
Etat de l'industrie en France. — Sur les physionomies.................. 396
L'Empereur devant le camp anglais..................................... 398
La Corse et le pays natal. — Paroles de Paoli. — Magnanimité de Madame Mère. — Lucien destiné à la Corse. — Cour du Consul. — Madame de Chevreuse. — Lettre de Madame Mère.................................... *ib.*
Moreau. — Georges. — Pichegru. — Opinion du camp de Boulogne, de Paris. — Maubreuil... 402
Politique. — Angleterre. — Lettres retenues par le gouverneur. — Paroles caractéristiques... 406
Bataille du Tagliamento.. 407
Fragmens de Léoben.. 417
Retour de Rastadt... 421
Voltaire. — Jean-Jacques. — Anglais et Français, différence caractéristique. — M. de Châteaubriand; son discours pour l'Institut. — Colères feintes de l'Empereur; ses principes à cet égard.................................... 428
Réflexions sur le gouverneur. — Dépenses de la maison de l'Empereur aux Tuileries. — Sur les bonnes comptabilités. — MM. Mollien, La Bouillerie.. 432
Sur les femmes, etc. — La polygamie................................... 433
Reprise des Mémoires de l'Empereur, etc............................... 434
Ecole militaire. — Plan d'éducation ordonné par l'Empereur. — Ses intentions pour les vieux militaires. — Changemens opérés dans les habitudes de la capitale... 435
Résistance à la médecine. — *Gil-Blas.* — Général Bizanet.............. 437
Romans de l'Empereur. — Napoléon peu connu de sa maison même. — Ses idées religieuses... 438
Portrait des directeurs. — Anecdotes. — 18 fructidor................... 441
Sur la diplomatie anglaise. — Lords Whitworth, Chatam. — Castlereagh, Cornwalis, Fox, etc... 448
Histoire de la Convention par Lacretelle. — Statistique des bœufs de l'île. — Calembours. — De la statistique en général................................ 451
Caractères. — Bailli, La Fayette, Monge, Grégoire, etc. — Saint-Domingue. — Système à suivre. — Lacretelle..................................... 452
Le Moniteur, etc. — Liberté de la presse.............................. 455
Guerre et Maison d'Espagne. — Ferdinand à Valencey. — Fautes dans l'affaire d'Espagne. — Historique de ces événemens, etc. — Belle lettre de Napoléon à Murat... 456
Effets envoyés d'Angleterre. — L'Empereur avait voulu proscrire le coton en France. — Conférences de Tilsit. — Reine de Prusse, le roi. — Empereur Alexandre. — Anecdotes, etc.. 464
Arrivée des commissaires étrangers. — Etiquette forcée de Napoléon, anecdotes. — Conseil d'Etat; détail du local; habitudes. — Citations de quelques séances; digression. — Gassendi. — Les régimens croates. — Ambassadeurs. — Bans de la garde nationale, l'Université, etc.. etc................... 469
Souvenirs de Waterloo... 479
Départ du *Northumberland.* — Introduction et forme des campagnes d'Italie. — Campagne de Russie, par un aide de camp du vice-roi................ 480
Paroles prophétiques, etc. — Lord Holland, etc., princesse Charlotte de Galles. — Conversation particulière et personnelle inappréciable pour moi.... 481
Arrivée de la bibliothèque. — Témoignage d'Horneman en faveur du général Bonaparte.. 487

	Pages.
Sur la mémoire.—Commerce.— Idées et système de Napoléon sur divers points d'économie politique...	487
Artillerie. — Son usage. — Ses vices. — Anciennes écoles..................	490
Mes instructions et mes dernières volontés sur l'impression des campagnes d'Italie. — Idées de l'Empereur sur le général Drouot. — Sur la bataille d'Hohenlinden...	491
Les rats, vrai fléau pour nous, etc.— Impostures de lord Castlereagh. —Héritières françaises...	493
Détails du gouverneur sur les dépenses à Longwood, etc.—Anecdote travestie par Goldsmith. — Gaieté...	495
Historique politique de la cour de Londres durant notre émigration; George III; M. Pitt; le prince de Galles. — Anecdotes, etc., etc.— Les Nassau.—Retour remarquable de Napoléon sur lui-même; etc........................	496

FIN DE LA TABLE.

www.ingramcontent.com/pod-product-compliance
Lightning Source LLC
Chambersburg PA
CBHW051354230426
43669CB00011B/1640